Corporate Finance, 9/e

コーポレートファイナンスの原理 第9版

Stephen A. Ross
Randolph W. Westerfield [著]
Jeffrey F. Jaffe
大野 薫 [訳]

一般社団法人金融財政事情研究会

われわれの家族と友人に、愛と感謝をこめて

Corporate Finance, 9/e
By S. Ross, R. Westerfield & J. Jaffe

Japanese translation rights arranged
with The McGraw-Hill Companies, Inc.
through Japan UNI Agency Inc., Tokyo.

前 書 き

コーポレートファイナンスの教育と実践は、かつてないほどチャレンジングでエキサイティングなものになってきている。この10年は、金融市場と金融商品に根本的な変化をもたらした。21世紀の初頭には、新聞に、企業買収、ジャンク債、財務リストラ、新規公開、倒産、デリバティブといった内容についての発表を引き続きみることだろう。加えて、“リアル”オプション、プライベート・エクイティとベンチャー・キャピタル、サブプライム住宅ローン、ベイルアウト（緊急援助)、信用スプレッドに対する新たな認識もある。最近のグローバルな信用危機と株式市場の暴落が教えてくれたように、世界の金融市場はかつてないほど統合されている。コーポレートファイナンスの理論と実践の双方がきわめて速い速度で進行しており、われわれの教育も歩調をあわせなければならない。

これらの発展は、コーポレートファイナンスの教育に新たな負担を負わせている。一方で、ファイナンスの変わり行く世界は、内容を最新のものに維持することをよりむずかしくする。他方で、教師は一時的なものから恒久的なものを識別し、一時的な流行を追いかけたい誘惑を避けなければならない。この問題に対するわれわれの解決法は、ファイナンス理論の現代的な基礎を強調し、最新の例を用いて理論に命を吹き込むことである。ますます、多くの例題は米国外のものになってきている。往々にして、初心者はコーポレートファイナンスを、主に1冊の本のなかで取り上げられているという理由だけでひとまとめにされた、無関係な話題のコレクションであるとみなしがちである。これまでの版と同様、われわれの目的はコーポレートファイナンスを、少数の統合された強力な法則の作用として提示することである。

意図する読者

本書は、MBA レベルにおけるコーポレートファイナンスの入門クラス用、および多くの学部プログラムの中間レベルのクラス用に書かれている。一部のインストラクターは、このテキストを学部レベルの入門クラス用としても適切であるとみなすだろう。

われわれは、ほとんどの学生が会計学、統計学、および経済学のクラスをすでに履修ずみか、あるいは同時に履修中であると仮定している。これらの科目での学習は、よりむずかしい内容を理解する手助けになる。しかしながら、本書はすべてを含んでおり、これらの分野の事前知識は必須ではない。唯一前もって必要な数学は、基本的代数である。

第9版の新しい内容

・債券と株式を別の章に分離。
・債券と株式の内容を拡大し、流れをよりよくするためにキャピタル・バジェッティングの後に移動。
・統合された、短期ファイナンス、信用、現金管理。
・統合された長期負債と長期資金調達の紹介。
・各章に結びつけられた、より多くのエクセル例題問題。

第1章　コーポレートファイナンスの紹介
・サーベンス・オクスリー法を含む、コーポレート・ガバナンスと規制。

第3章　財務諸表分析と財務モデル
・EBITDAとエンタープライズ・バリュー（EV）を含む、アップデートされた最新の財務分析情報。

第4章　割引キャッシュフロー評価
・いくつかの新たなスプレッドシート・アプリケーション。

第8章　新しい章：金利と債券の評価
・TIPSに関する追加カバレッジ。
・金利の期間構造に関する追加カバレッジ。
・信用リスクに関する新しい教材。
・どのように債券が購入され売却されるのかに関するアップデートされたカバレッジ。

第9章　新しい章：株式の評価
・配当、キャッシュフロー、価値の関連に関するより多くのカバレッジ。
・現実の企業を用いたより多くの適用例。
・内部留保の意思決定と株主価値に関する新たなセクション。
・株式市場の取引と報道に関する新たな教材。

第10章　リスクとリターン―市場ヒストリーからの教訓
・2008年の世界的な株式市場崩壊に関する新たな教材。

第11章　リターンとリスク―資本資産価格モデル（CAPM）

・分散化と非システマチックおよびシステマチック・リスクに関する改善され拡張された議論。

第12章　リスクとリターンのもう一つの見解—裁定価格理論

・Kenneth French によるファクター・モデルに関する新たな「彼ら自身の言葉で」コラム。

第13章　リスク、資本コスト、そしてキャピタル・バジェッティング

・市場リスク・プレミアムに関する追加教材。

・発行費用に関する拡大したカバレッジ。

・優先株に関する追加教材。

・無配当株式と資本コストを議論する新たなセクション。

第14章　効率的資本市場と行動的挑戦

・近年の世界的な株式市場崩壊に関するより多くの教材。

第15章　長期資金調達—イントロダクション

・普通株式と長期企業負債に関する拡大されアップデートされたカバレッジ。

・アップデートされた資本構成の傾向。

第25章　デリバティブとリスク・ヘッジ

・クレジット・ディフォルト・スワップ（CDS）教材の追加。

第30章　財務的困難

・Z モデルの追加。

教授法に対する配慮

新しく強化された教授法

『コーポレートファイナンスの原理』第9版では、一貫して理解しやすいように教材を提示するために、われわれの特色を更新し改良した。加えて、『コーポレートファイナンスの原理』は、学生たちが財務管理の基礎の学習をうまく行える助けになるよう、有益な学習ツールとサポートに満ちている。

章頭のビニエット

各章は、章で解説される概念と、それらの現実の企業への関連性を際立たせる、同時代的スケッチで始まる。

表と図

このテキストは、実際のデータを幅広く用い、それらをさまざまな表と図で提示する。本文、例、および章末問題の説明は、これらの図表の多くを参照する。

例

別個の理解を促す例は、章を通して織り込まれる。それぞれの例は、直観的あるいは数学的適用を、段階的な形式で解説する。解説は十分詳細に行われるので、学生は追加的情報をどこか他で探さなくてもよい。

“彼ら自身の言葉で”コラム

全章を通して配されたこのユニークなシリーズは、著名な学者や実務者がテキスト内の重要なポイントについて書いた記事からなっている。コラムは、Edward I. Altman、Robert S. Hansen、Robert C. Higgins、Michael C. Jensen、Richard M. Levich、Merton Millar、Jay R. Ritter による評論を含む。

スプレッドシート・アプリケーション

いくつかの章に組み合わされたスプレッドシート・アプリケーション・コラムでは、一般的なファイナンスの問題を分析するために、どのようにスプレッドシートを構築するのかを例証しながら、学生にエクセルを再紹介する。これはすべてのビジネス専攻の学生にとって必須の教育である。

解説的ウェブサイト・リンク

これらのウェブサイト・リンクは、教材に添えるために特に選ばれており、学生と教員にインターネット上での追加的な情報の素早い参照を提供する。

番号付きの数式

重要な数式には参照しやすいように番号をふった。

章末教材

章末教材は、章で習った概念と主要学習点を、熟考させ、強化する。

要約と結論

要約は、その章における重要な概念の素早い復習を提供する。

質問と問題

問題を解くことは学生の学習にとってあまりにも重要なので、新しい質問と問題を加え、これまでの質問と問題は改定した。また、すべての問題を再吟味し、誤りをチェックした。

問題は余白に示された難易度（基本、中級、チャレンジ）によってグループ化されている。

加えて、特に価値、リスク、資本構成といった決定的に重要な概念の章の問題は、ことさらチャレンジングで興味を引くように心がけた。

一部の問題の解答を、巻末の付章Bに提示する。

エクセル問題

余白のエクセル・アイコンで示されたこれらの問題は、ほとんどすべての章末に見出すことができる。

章末ケース

ほとんどすべての章末にあるこれらのミニケースは、重要なコーポレートファイナンスのトピックを例示する一般的な企業の状況に焦点をあわせる。それぞれのケースは新しいシナリオ、データ、そしてジレンマを提示する。各ケースの後のいくつかの質問は、学生にその章で学習したすべての内容を分析し集中することを要求する。

謝　辞

この版の構想は、本書に興味をもち、MBAの入門クラスを定期的に教える多くの同僚とともに始まった。われわれは、彼らのコメントおよび提案を第9版の随所に織り込んだ。この版に貢献した人々は以下を含む。

Lucy Ackert（Kennesaw State University）
Anne Anderson（Lehigh University）
Kevin Chiang（University of Vermont）
Jonathan Clarke（Georgia Institute of Technology）
Ted Day（University of Texas, Dallas）
Marcos de Arruda（Drexel University）
Eliezer Fich（Drexel University）
Partha Gangopadhyay（St. Cloud University）
Stuart Gillan（Texas Technical University）
Ann Gillette（Kennesaw State University）
Re-Jin Guo（University of Illinois at Chicago）
Qing Hao（University of Missouri-Columbia）
Robert Hauswald（American University）
Thadavilil Jithendranathan（University of St. Thomas）
Brian Kluger（University of Cincinnati）
Gregory LeBlanc（University of California, Berkeley）
Vassil Mihov（Taxas Christian University）
James Nelson（East Carolina University）
Darshana Palker（Minnesota State University, Mankato）
Kimberly Rodgers（American University）
Raghavendra Rau（Purdue University）
Bill Reese（Tulane University）
Ray Sant（St. Edwards University）
Kevin Schieuer（Bellevue University）
Joeseph Stokes（University of Massachusetts, Amherst）
Sue White（University of Maryland）
John Zietlow（Malone College）

過去、他の多くの人々も、このテキストを執筆するにあたって、時間と専門知識を提供してくれた。われわれは、彼らの助力と無数の洞察に再び感謝したい。

R. Aggarwal（John Carroll University）
Christopher Anderson（University of Missouri-Columbia）
James J. Angel（Georgetown University）
Nasser Arshadi（University of Missouri-St. Louis）
Kevin Bahr（University of Wisconsin-Milwaukee）
Robert Balik（Western Michigan University）
John W. Banllantine（Babson College）
Thomas Bankston（Angelo State University）
Brad Barber（University of California-Davis）
Michael Barry（Boston College）
Swati Bhatt（Rutgers University）

Roger Bolton (Williams College)
Gordon Bonner (University of Delaware)
Oswald Bowlin (Texas Technical University)
Ronald Braswell (Florida State University)
William O. Brown (Claremont McKenna College)
Kirt Butler (Michigan State University)
Bill Callahan (Southern Methodist University)
Steven Carvell (Cornell University)
Indudeep S. Chhachhi (Western Kentucky University)
Andreas Christofi (Monmouth University)
Jeffrey L. Coles (Arizona State University)
Mark Copper (Wayne State University)
James Cotter (University of Iowa)
Jay Coughenour (University of Massachusetts-Boston)
Arnold Cowan (Iowa State University)
Raymond Cox (Central Michigan University)
John Crockett (George Mason University)
Mark Cross (Louisiana Technical University)
Ron Crowe (Jacksonville University)
William Damon (Vanderbilt University)
Sudip Datta (Bentley College)
Anand Desai (University of Florida)
Miranda Lam Detzler (University of Massachusetts-Boston)
David Distad (University of California-Berkeley)
Dennis Draper (University of Southern California)
Jean-Francois Dreyfus (New York University)
Gene Drzycimski (University of Wisconsin-Oshkosh)
Robert Duvic (The University of Texas at Austin)
Demissew Ejara (University of Massachusetts-Boston)
Robert Eldridge (Fairfield University)
Gary Emery (University of Oklahoma)
Theodore Eytan (City University of New York-Baruch College)
Don Fehrs (University of Notre Dame)
Steven Ferraro (Pepperdine University)
Andrew Fields (University of Delaware)
Paige Fields (Texas A&M University)
Adlai Fisher (New York University)
Michael Fishman (Northwestern University)
Yee-Tien Fu (Stanford University)
Bruno Gerard (University of Southern California)
Frank Ghannadian (Mercer University-Atlanta)
Michael Goldstein (University of Colorado)
Indra Guertler (Babson College)
James Haltiner (College of William and Mary)
Janet Hamilton (Portland State University)
Robert Hauswald (American University)
Delvin Hawley (University of Mississippi)
Hal Heaton (Brigham Young University)
John A. Helmuth (University of Michigan-Dearborn)

John Helmuth (Rochester Institute of Technology)
Michael Hemler (University of Notre Dame)
Stephen Heston (Washington University)
Andrea Heuson (University of Miami)
Edith Hotchkiss (Boston College)
Charles Hu (Claremont McKenna College)
Hugh Hunter (Eastern Washington University)
James Jackson (Oklahoma State University)
Raymond Jackson (University of Massachusetts-Dartmouth)
Prem Jain (Tulane University)
Narayanan Jayaraman (Georgia Institute of Technology)
Jarl Kallberg (New York University)
Jonathan Karpoff (University of Washington)
Paul Keat (American Graduate School of International Management)
Dolly King (University of Wisconsin-Milwaukee)
Narayana Kocherlakota (University of Iowa)
Robert Krell (Gerorge Mason University)
Ronald Kudla (The University of Akron)
Youngsik Kwak (Delaware State University)
Nelson Lacey (University of Massachusetts)
Gene Lai (University of Rhode Island)
Josef Lakonishok (University of Illinois)
Dennis Lasser (State University of New York-Binghamton)
Paul Laux (Casa Western Reserve University)
Bong-Su Lee (University of Minnesota)
Youngho Lee (Howard University)
Thomas Legg (University of Minnesota)
James T. Lindley (University of Southern Mississippi)
Dennis Logue (Dartmouth College)
Michael Long (Rutgers University)
Yulong Ma (Cal State-Long Beach)
Ileen Malitz (Fairleigh Dickinson University)
Terry Maness (Baylor University)
Surendra Mansinghka (San Francisco State University)
Michael Mazzco (Michigan State University)
Robert I. McDonald (Northwestern University)
Hugh McLaughlin (Bentley College)
Joseph Meredith (Elon University)
Larry Merville (University of Texas-Richardson)
Joe Messina (San Francisco State University)
Roger Mesznik (City College of New York-Baruch College)
Rick Meyer (University of South Florida)
Richard Miller (Wesleyan University)
Naval Modani (University of Central Florida)
Edward Morris (Lindenwood University)
Richard Mull (New Mexico State University)
Jim Musumeci (Southern Illinois University-Carbondale)
Robert Nachtmann (University of Pittsburgh)
Edward Nelling (Georgia Tech)

Gregory Niehaus (University of South Carolina)
Peder Nielsen (Oregon State University)
Ingmar Nyman (Hunter College)
Dennis Officer (University of Kentucky)
Joseph Ogden (State University of New York)
Venky Panchapagesan (Washington University-St. Louis)
Bulent Parker (University of Wisconsin-Madison)
Ajay Patel (University of Missouri-Columbia)
Dilip Kumar Patro (Rutgers University)
Gary Patterson (University of South Florida)
Glenn N. Pettengill (Emporia State University)
Pegaret Pichler (University of Maryland)
Christo Pirinsky (Ohio State University)
Jeffrey Pontiff (University of Washington)
Franklin Potts (Baylor University)
Annette Poulsen (University of Georgia)
N. Prabhala (Yale University)
Mao Qiu (University of Utah-Salt Lake City)
Latha Ramchand (University of Houston)
Gabriel Ramirez (Virginia Commonwealth University)
Narendar Rao (Northeastern Illinois University)
Steven Raymar (Indiana University)
Stuart Rosenstein (East Carolina University)
Bruce Rubin (Old Dominion University)
Patricia Ryan (Drake University)
Jaime Sabal (New York University)
Anthony Sanders (Ohio State University)
Andy Saporoschenko (University of Akron)
William Sartoris (Indiana University)
James Schallheim (University of Utah)
Mary Jean Scheuer (California State University at Northridge)
Faruk Selcuk (University of Bridgeport)
Lemma Senbet (University of Maryland)
Kuldeep Shastri (University of Pittsburgh)
Betty Simkins (Oklahoma State University)
Sudhir Singh (Frostburg State University)
Scott Smart (Indiana University)
Jackie So (Southern Illinois University)
John Stansfield (Columbia College)
John S. Strong (College of William and Mary)
A. Charlene Sullivan (Purdue University)
Michael Sullivan (University of Nevada-Las Vegas)
Timothy Sullivan (Bentley College)
R. Bruce Swensen (Adelphi University)
Ernest Swift (Georgia State University)
Alex Tang (Morgan State University)
Richard Taylor (Arkansas State University)
Andrew C. Thompson (Virginia Polytechnic Institute)
Timothy Thompsom (Northwestern University)

Karin Thorburn（Dartmouth College）
Satish Thosar（University of Massachusetts-Dorchester）
Charles Trzcinka（State University of New York-Buffalo）
Haluk Unal（University of Maryland-College Park）
Oscar Varela（University of New Orleans）
Steven Venti（Dartmouth College）
Avinash Verma（Washington University）
Lankford Walker（Eastern Illinois University）
Ralph Walkling（Ohio State University）
F. Katherine Warne（Southern Bell College）
Susan White（University of Texas-Austin）
Robert Whitelaw（New York University）
Berry Wilson（Georgetown University）
Robert Wood（Tennessee Tech University）
Donald Wort（California State University, East Bay）
Thomas Zorn（University of Nebraska-Lincoln）
Kent Zumwalt（Colorado State University）

第9版への助力に対して、以下の方々に感謝したい。Stephen Dolvin、Bulter University；Patricia Ryan、Colorado State University；Joe Smolira、Belmont University、Bruce Costa、University of Montanaによる補助教材開発の仕事に対して。また、いくつかの思慮深いコメントと計りしれない助力を提供してくれた、University of KentuckyのBradford D. Jordan、New York UniversityのEdward I. Altman、Virginia TechのRobert S. Hansen、そしてUniversity of FloridaのJay Rittterにも深い感謝を負っている。

Laura Coogan、Steve Hailey、Jacob PrewittおよびAngela Sundinには、徹底的な校正と問題チェックの努力に感謝したい。

過去3年間にわたって、読者がエラーの発見と報告に助力してくれた。われわれの目標は、このテーマに関して最高のテキストブックを提供することである。したがって、この情報は第9版を準備するにあたって、きわめて貴重なものだった。

McGraw-Hill/Irwinの多くの有能なプロフェッショナルが、この第9版に貢献してくれた。特に、Michele Janicek、Elizabeth Hughes、Melissa Caughlin、Christine Vaughan、Pam Verros、Michael McCormick、Brain Nacikに感謝したい。

最後に、われわれの家族と友人、Carol、Kate、Jon、Jan、Mark、Lynnの忍耐と助力に対して感謝したい。

Stephen A. Ross
Randolph W. Westerfield
Jeffrey F. Jaffe

著者について

Stephen A. Ross *Sloan School of Management, Massachusetts Institute of Technology*

Stephen A. Rossは、マサチューセッツ工科大学Sloan School of ManagementのFranco Modigliani Professor of Financial Economicsである。Ross教授はファイナンスと経済学の分野で最も広く論文を発表している研究者の一人であり、その研究を通しての、シグナリング、エージェンシー理論、オプション理論、金利の期間構造理論、その他多くのテーマに対する重要な貢献はもちろん、裁定価格理論開発の業績で知られている。全米ファイナンス学会の元会長であり、現在いくつかの学会誌と実務ジャーナルのアソシエイト・エディター、およびCalTechの理事を務めている。

Randolph W. Westerfield *Marshall School of Business, University of Southern California*

Randolph W. Westerfieldは、南カリフォルニア大学Marshall School of Businessの名誉学部長で、Charles B. Thornton Professor of Financeである。

Westerfield教授は、ペンシルバニア大学Wharton Schoolで20年間にわたってファイナンス学部の学部長ならびにファイナンス教員を務めた後、南カリフォルニア大学に移った。彼はまた、Financial Economists Roundtableのメンバーに選ばれている。彼は、Health Management Associates,Inc、William Lyon Homes、Nicholas Applegate成長ファンドなどのいくつかの公開企業の取締役会メンバーである。彼の専門分野は、企業財務政策、投資マネジメント、および株式市場の価格動向を含む。

Jeffrey F. Jaffe *Wharton School of Business, University of Pennsylvania*

Jeffrey F. Jaffeは、*Quarterly Economic Journal*、*The Journal of Finance*、*The Journal of Financial and Quantitative Analysis*、*The Journal of Financial Economics*、*The Financial Analysis Journal* といったファイナンスと経済学の学会誌に頻繁に論文を発表してきた。彼の最も知られた業績はインサイダー取引に関するもので、企業インサイダーが取引から異常リターンを得ることが可能で、しかも法規制はこれらの利益に対してほとんど影響を及ぼさないことを明らかにした。彼はまた新規株式公開、公益企業の規制、マーケット・メーカーの行動、金価格の動向、金利に対するインフレの理論的影響、資本資産価格に対するインフレの実証的影響、小型株と１月効果、そして資本構成の意思決定でも貢献をしている。

目　次

第Ⅰ部　概　観

第Ⅱ部　価値とキャピタル・バジェッティング

第6章 資本投資の意思決定 ……268

第7章 リスク分析、リアル・オプション、そしてキャピタル・バジェッティング……321

第8章 金利と債券の評価 ……364

第Ⅲ部　リスク

第Ⅳ部　資本構成と配当政策

第V部　長期資本調達

第Ⅵ部　オプション、先物、そしてコーポレートファイナンス

第25章　デリバティブとリスク・ヘッジ ……………………1199

第Ⅶ部　短期財務

第Ⅷ部　スペシャル・トピックス

第30章　財務的困難 ……1458

第 I 部

概　観

第1章 コーポレートファイナンスの紹介

米国における企業経営幹部の報酬は、引き続き重大な問題となっている。CEOの報酬は、法外な水準（少なくともいくつかのケースにおいては）にまで達したと広くみなされている。それに応えるかたちで、2007年4月、米国下院議会は、“Say on Pay”法案を可決した。この法案は企業に、役員報酬に対する無拘束の株主投票の許可を義務づける（この法案は企業に適用されるので、有権者に下院議員の報酬に対して“Say on Pay”を与えるものでないことに注意）。

具体的には、この法案は株主が企業の役員報酬プランに賛同するかしないかの意思表示を可能にする。投票には拘束力がないので、株主は報酬パッケージを否認したり役員報酬に制限を設けたりすることはできない。いくつかの企業では、連邦議会が関与する前に、すでに株主に役員報酬に対する意思表示を認めるイニシアチブを実際に始めていた。2008年5月5日、“しゃべるアヒル”でよく知られる保険会社のアフラックが、米国で初めて役員報酬に対する株主投票を行った。

企業がどのように役員報酬を定め、株主がそのプロセスでどのような役割を担うのか理解することは、組織の法人形態、企業の目的、企業統治にかかわる問題につながっていく。本章では、これらのすべてをカバーする＊。

1.1　コーポレートファイナンスとは

あなたがテニスボールの製造会社を始めることを決意したと仮定しよう。そのた

＊ 訳者注①：日本では「企業」という、より包括的な言葉が、一般に「株式会社」と同じ意味合いで、ややあいまいに使われることが多い。翻訳に際しては、厳密な区別を必要とする場合を除いて、この慣習に感覚的に従うことにした。

めに経営陣を雇って原材料を購入し、テニスボールを生産、販売するための労働力を集める。金融用語でいえば、在庫、機械設備、土地、そして労働といった資産に投資をすることになる。資産に投資する資金の額は、調達した資金の額と等しくなければならない。テニスボールの販売を始めると、会社に現金が入ってくる。これが価値創造の基本である。会社の目的は、あなた、すなわち所有者にとっての価値を生み出すことである。この価値は簡単な企業の貸借対照表モデルの枠組みで表すことができる。

企業の貸借対照表モデル

ある時点における、企業とその活動の財務的スナップ写真を取り上げてみよう。図1.1は貸借対照表の概念を図で表しており、コーポレートファイナンスの紹介に役立つ。

企業の資産は貸借対照表の左側にある。これらの資産は、流動的なものおよび固定的なものに分けて考えることができる。*固定資産*は、建物のように長期にわたり存続する資産である。一部の固定資産は、機械や設備のように有形のものであり、その他の固定資産は、特許権や商標権のような無形のものである。それ以外の資産の分類である*流動資産*は、在庫品（棚卸資産）のように短期に存在するものである。あなたの会社でつくったテニスボールのうちまだ売られていないものは、棚卸資産の一部になる。過剰生産をしない限り、棚卸資産は企業から短期間でなくなる。

企業が資産に投資する前に、企業はファイナンシングを獲得しなければならな

図1.1　企業の貸借対照表モデル

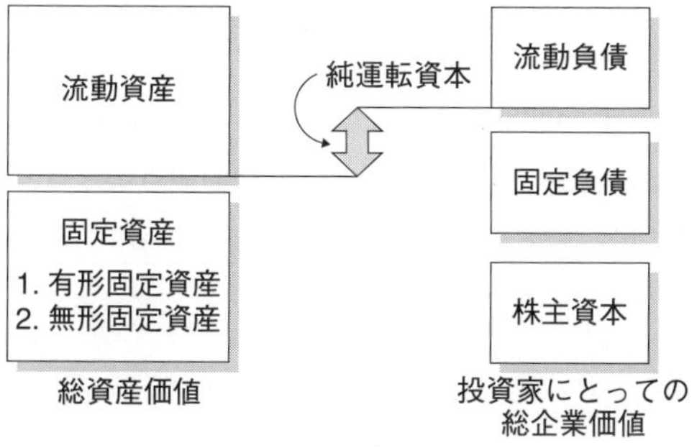

い。これは投資のために支払う資金を調達しなければならないことを意味する。資金調達の形態は貸借対照表の右側に表されている。企業は*負債*（ローン契約）あるいは*株式*（equity share，株券）と呼ばれる紙切れを発行（もしくは売却）する。資産が長期と短期に分類されるのと同じように、負債も分類することができる。短期負債は*流動負債*と呼ばれる。短期負債とは、１年以内に返済されなければならない借入れおよびその他の債務を意味する。固定負債は、１年以内に返済しなくてもよい負債である。株主資本は、資産の価値と、企業の負債との差を表している。その意味で、これは企業資産に対する残余財産請求権である。

企業の貸借対照表モデルから、なぜファイナンスが以下の三つの質問に関する研究として考えられるのかが簡単にわかる。

1．企業はどのような長期資産に投資すべきか。この質問は貸借対照表の左側にかかわっている。当然ながら、企業が必要とする資産の種類と比率は、ビジネスの性質によって決定される傾向にある。われわれは、**キャピタル・バジェッティング（capital budgeting，資本支出予算）**という用語を用いて、長期資産に対する支出計画と管理の手順を説明する。
2．企業は、必要な資本支出のために、どのように現金を調達するのか。この質問は貸借対照表の右側にかかわっている。この質問に対する答えは、企業の流動負債、固定負債、株主資本からの資金調達の割合を表す、**資本構成（capital structure）**に関係する。
3．どのように短期の営業キャッシュフローを管理すべきか。この質問は、貸借対照表の上部にかかわっている。営業活動中には、しばしば、現金流入と現金流出のタイミングに不一致が生じる。そのうえ、営業キャッシュフローの金額とタイミングをあらかじめ確実に知ることはできない。財務管理者は、このキャッシュフローのギャップについてうまく管理するよう努力しなければならない。貸借対照表の観点からは、キャッシュフローの短期管理は、企業の**純運転資本（net working capital）**に関連している。純運転資本は、流動資産から流動負債を引いたものとして定義される。財務的観点からは、短期キャッシュフローの問題は、現金流入と流出のミスマッチから生じる。これは短期財務のテーマである。

財務管理者（The Financial Manager）

大企業においては、たいてい副社長や最高財務責任者（CFO）のような企業の幹部役員と、それより少し下位の責任者が、財務活動にかかわっている。図1.2では、企業内の財務活動に重点を置いた一般的な組織図を描いている。最高財務責任者に報告するのは、財務部長と、経理部長である。財務部長は、キャッシュフローの取扱い、資本支出の意思決定の管理、財務計画策定に責任をもっている。経理部長は、税金、原価計算と財務会計、情報システムを含む会計機能を扱う。

現在 CFO が直面している問題は、www.cfo.com を参照。

図1.2　仮想的組織図

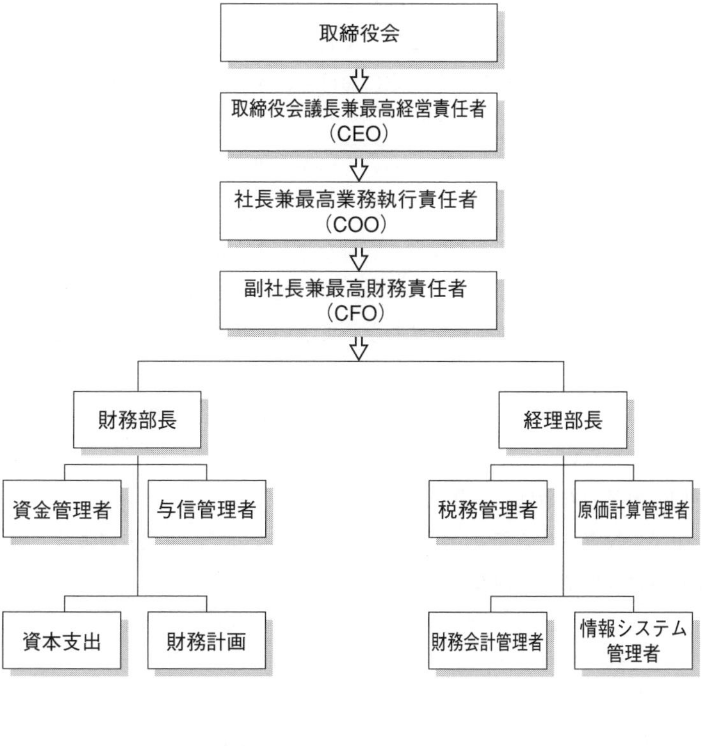

1.2 法人企業（The Corporate Firm）

会社とは、多くの個人の経済活動を組織化する手段である。企業の基本的な問題は、どのように資金を調達するかである。ビジネスの法人形態、つまり株式会社として企業を組織することは、巨額の資金調達に際して直面する問題を解決するための標準的方法となっている。しかしビジネスは他の形態をとることも可能である。この節では、会社組織の三つの基本的な法的形態について考え、それぞれの形態において、企業が大きな資金調達という仕事をどのように行うかをみてみよう。

個人事業

個人事業（sole proprietorship）とは、一人の個人によって所有される事業のことである。あなたがネズミ捕りを生産する事業を始めることに決めたとしよう。事業を始めるのは簡単である。つまり、聞いてくれるすべての人に、「今日からよいネズミ捕りをつくるつもりだ」と告げればよい。

多くの大都市では営業許可をとることを要求される。その後で必要なだけの人材を雇い、必要な資金を借りる。年度末における、すべての利益と損失があなたのものとなる。

以下は、個人事業を考えるうえでのいくつかの重要な要素である。

1. 個人事業は、設立するのに最も安価なビジネス形態である。正式な設立証書がいらないし、たいていの産業において、従うべき政府の規制も少ない。
2. 個人事業は、法人所得税を払わなくてよい。事業の全利益は個人所得として課税される。
3. 個人事業は、事業の負債と債務に対して無限責任をもつ。個人と事業の資産は区別されない。
4. 個人事業の寿命は、事業主の寿命に限定される。
5. 事業に投資される資金は事業主のものだけなので、事業主によって調達できる資本は、事業主の個人財産に限定される。

小さなビジネス組織に関してのより詳しい情報は、www.nolo.com の“Business and Human Resources”セクションを参照。

パートナーシップ

任意の二人、またはそれ以上の個人が一緒になってパートナーシップ（partnership）をつくる。パートナーシップには二つのカテゴリーがある。①ゼネラル・パートナーシップと②リミテッド・パートナーシップである。

*ゼネラル・パートナーシップ*においては、すべてのパートナーが労働と資金の一部を供給し、利益と損失を共有することに同意する。それぞれのパートナーが、パートナーシップ全体の負債に責任を負う。パートナーシップ契約は、協定の性質を具体的に定める。パートナーシップ契約は、口頭での契約か、あるいは合意を記述した正式な書面の場合もある。

*リミテッド・パートナーシップ*は、一部のパートナーの責任を、それぞれがパートナーシップに貢献しただけの金額に限定することを許容する。リミテッド・パートナーシップでは、通常以下のことが必要になる。①少なくとも一人のパートナーがゼネラル・パートナーになる。②リミテッド・パートナーは事業の経営に参加しない。ここで、パートナーシップを考えるうえでいくつかの重要な点をあげる。

1．パートナーシップは、通常それほど費用がかからず簡単につくることができる。複雑な協定においては書面にした証書が必要になる。営業許可証と申請料が必要になる場合もある。
2．ゼネラル・パートナーは、すべての負債に対して無限責任を負う。通常リミテッド・パートナーの責任は、それぞれがパートナーシップに貢献した分に限られる。仮に、一人のゼネラル・パートナーがその契約義務を果たせなかった場合、不足分は他のゼネラル・パートナーが補わなければならない。
3．ゼネラル・パートナーシップは、ゼネラル・パートナーが死亡または脱退したときに終結する（しかし、リミテッド・パートナーには当てはまらない）。解散せずにパートナーシップの所有権を譲渡することは困難である。通常、すべてのゼネラル・パートナーが同意しなければならない。しかしながら、リミテッド・パートナーは事業の持分を売却することができる。

4．パートナーシップでは、大きな資金を調達することはむずかしい。持分資本への貢献額は、通常パートナーシップに貢献するパートナーの能力と願望に限定される。アップル・コンピューターがそうだったように、多くの企業は、個人事業か、パートナーシップで会社を始めるが、ある時点で法人企業への転換を選択する。
5．パートナーシップの所得は、パートナーへの個人所得として課税される。
6．経営管理はゼネラル・パートナーに帰属する。通常、事業に内部留保される利益額のような重要な事柄については、多数決による決定が必要とされる。

大きなビジネス組織が、個人事業あるいはパートナーシップとして存在するのはむずかしい。個人事業やパートナーシップのメリットは、主に開業時の費用である。後々重大になるかもしれないデメリットは、①無限責任、②会社の有限寿命、③所有権移転の困難さ、である。これら三つのデメリットは、④資金調達の困難につながる。

株式会社

多くのビジネス組織形態のなかで、**株式会社**（**corporation**）はずば抜けて重要である。それは明確な法的実体である。それゆえに、株式会社は名前をもつことができ、自然人同様の法的な力の多くを享受できる。たとえば、株式会社は土地建物を取得し、交換することができる。株式会社は契約を結ぶことができ、告訴したり、されたりすることもある。司法権上は、株式会社は設立された州の一市民とみなされる（ただし投票はできない）。

株式会社を始めるのは、個人事業やパートナーシップを始めることよりも、さらに複雑である。発起人は株式会社の定款と各種内規を準備しなければならない。定款は以下のものを含まなければならない。

1．社名
2．会社の予定される存続期間（永久であるかもしれない）
3．事業の目的
4．異なる種類の株式に関する権利および制限の記載とあわせて、会社が発行を許可される株式の数

5．株主に与えられる権利の内容
6．初期取締役会のメンバーの数

内規は、自らの存在を規制するために会社によって用いられる規則であり、株主、取締役、および役員にかかわるものである。内規は、会社の経営陣のための最も簡潔な規則の記述から、文書が何百ページにも及ぶものまで多岐にわたる。

最も簡単な形態として、株式会社は、株主（所有者)、取締役、執行役員（最高経営陣）という三つの明確な利害関係者から成り立つ。伝統的に、株主が会社の方向、方針、そして事業活動に対する支配権をもつ。株主は、取締役会を選任し、次に取締役会が経営陣を選定する。経営陣のメンバーは執行役員として会社に仕え、株主の利益のために、会社の運営を管理する。少数の株主によって所有された会社では、株主、取締役、経営陣の間でかなりの重複があるかもしれない。しかしより大きな企業では、株主、取締役、経営陣は、おおむね明確なグループに分けられる。

経営からの所有権の潜在的な分離は、株式会社に、個人事業やパートナーシップよりも優れたいくつかのメリットをもたらす。

1．株式会社の所有権は株式の保有によって表されるので、所有権は容易に新しい所有者に譲渡できる。株式を保有する人たちとは独立して株式会社が存在するので、パートナーシップと異なり、株式の譲渡に制限がない。
2．株式会社は無期限に存続する。株式会社はその所有者から独立しているので、所有者の死亡や退出は、会社の法的存在に影響しない。株式会社は創業者の退出後も存続することができる。
3．株主の責任は、所有株式へ投資した金額に制限される。たとえば、株主が会社の株式を1,000ドル分購入したとすると、潜在的最大損失は1,000ドルになる。パートナーシップにおいては、1,000ドルの出資をしたゼネラル・パートナーが、パートナーシップの他の負債によって1,000ドル以上の損失を被ることもある。

有限責任、所有権移転の容易さ、永続継承権は、ビジネス形態としての株式会社の主なメリットである。これらは、より大きな資金調達能力を株式会社に与える。

しかしながら、会社を株式会社化することには、一つの大きな不利益がある。連邦政府（州も同様に）が法人所得に課税することである。この税金は、株主が受け

表1.1　パートナーシップと株式会社の比較

	株式会社	パートナーシップ
流動性と市場性	出資持分を会社の終結なしに交換できる。普通株式は証券取引所に上場できる。	持分ユニットの譲渡性にかなり制限がある。通常、パートナーシップ・ユニットについて確立された取引市場はない。
議決権	通常、投票が必要とされる事柄や取締役の選出において、普通株式一つに1票の投票権がある。取締役会が役員を決定する。	リミテッド・パートナーに多少の投票権がある場合もある。とはいえ、ゼネラル・パートナーに独占的な支配権と経営権がある。
課　税	株式会社は、二重課税である：会社の利益と、株主への配当双方に課税される。	パートナーシップは課税されない。パートナーは、パートナーシップの利益に対して個人税を支払う。
再投資と配当	会社は配当支払の決定に幅広い自由度をもつ。	パートナーシップでは、一般的にパートナーシップの利益を再投資することが禁じられている。すべて利益はパートナーに分配される。
責　任	株主は会社の債務に個人的責任がない。	リミテッド・パートナーは、パートナーシップの債務に責任がない。ゼネラル・パートナーは無限責任の場合もある。
存続性	永久に存続できる。	期間が限定される。

取る配当所得の個人所得税に加えて、課税されるものである。これは、個人事業やパートナーシップの課税と比べると、株主にとって二重課税となる。表1.1に、パートナーシップと株式会社の議論をまとめてある。

今日では、50州のすべてが、有限責任会社（limited liability company, LLC）という、比較的新しいビジネス組織形態の設立を認める法律を制定している。この実体の目的は、パートナーシップと同じように運営され課税されるが、所有者の有限責任は保持することである。よって、LLCは基本的にパートナーシップと株式会社のハイブリッドといえる。州によってLLCの定義に違いがあるが、より重要な公式記録員は内国歳入庁（Internal Revenue Service, IRS）である。IRSは、ある特別な基準を満たさない限り、LLCを株式会社とみなし、二重課税の対象とする。本質において、LLCは株式会社のようになりすぎることはできず、そうでないとIRSに株式会社として扱われる。LLCは一般的になってきている。たとえば、ウォール街で最後までパートナーシップを残していた一つであるゴールドマン・サックスは、私的パートナーシップからLLCに転換することを決めた（後に、株式を公開

表1.2　国際的企業

会社	本国	原語	翻訳
Bayerishe Motoren Werke (BMW) AG	ドイツ	Aktiengesellschaft	株式会社
Dornier GmGB	ドイツ	Gesellschaft mit Beschränkter Haftung	有限責任会社
Rolls-Royce PLC	英国	Public limited company	公開有限会社
Shell UK Ltd.	英国	Limited	株式会社
Unilever UV	オランダ	Naamloze Vennootschap	共同出資会社
Fiat SpA	イタリア	Società per Azioni	共同出資会社
Volvo AB	スウェーデン	Aktiebolag	共同出資会社
Peugeot SA	ノルウェー	Société Anonyme	共同出資会社

し上場企業になった)。大量の大手会計事務所や法律事務所が、LLCに転換した。

LLCに関してのより詳しい情報は、www.incorporate.comを参照。

別の名前による株式会社……

世界中で、組織の法人形態には多くのバリエーションがある。もちろん公有性と有限責任はそのままであるが、国と国とで厳密な法律や条例が異なる。これらの会社は、会社の特質や本国によって、しばしば*共同出資会社*（joint stock company)、*公開有限会社*（public limited company)、あるいは*有限責任会社*（limited liability company）と呼ばれる。

表1.2は、いくつかのよく知られた国際的企業の名前、本国、社名に続く略語の翻訳をリストしている。

1.3　キャッシュフローの重要性

財務管理者の最も重要な仕事は、企業のキャピタル・バジェッティング、資金調達、および純運転資本活動などから価値を生み出すことである。いったい財務管理者は、どのようにして価値を創造するのだろうか。

1．費用よりも多くの現金を生み出す資産の購入を試みる。

2．費用よりも多くの現金を調達できる債券や株式その他の金融商品を販売する。

したがって企業は、使用するよりも多くのキャッシュフローをつくりださなければならない。企業が債券保有者と株主に支払うキャッシュフローは、彼らによって企業に投入されたキャッシュフローよりも多くなければならない。これがどうやって成し遂げられるのかをみるために、われわれは企業から金融市場へ向かい、そして再び戻ってくるキャッシュフローの流れをたどることができる。

企業の財務活動と、金融市場との相互作用は図1.3に示されている。図の矢印は企業から金融市場へのキャッシュフローと、その逆をたどっている。まず企業の資金調達活動から始めるとしよう。資金を調達するために、企業は負債と株式を金融市場で投資家に販売する。この結果、キャッシュフローは金融市場から企業に流れる（A）。この現金は経営陣によって企業の投資活動に投資される（B）。企業によって生み出された現金（C）は、株主と債券保有者に支払われる（F）。株主は配当というかたちで現金を受け取り、企業に資金を貸し付けた債券保有者は利息を受け取り、当初の融資が完済されるときに元本も受け取る。企業のすべての現金が支払われるわけではない。一部は企業に内部留保され（E）、そして一部は政府に税金として支払われる（D）。

時間を経て、株主と債券保有者に支払われる現金（F）が、金融市場で調達される現金（A）より大きければ、価値が生み出されたことになる。

図1.3　企業と金融市場との間のキャッシュフロー

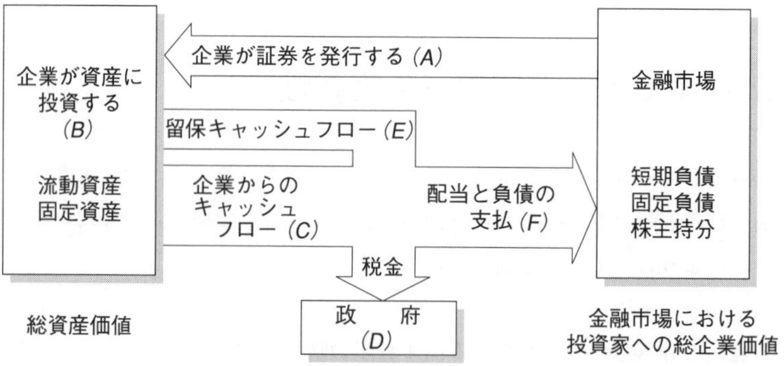

● コラム ●

彼ら自身の言葉で

eFinance. com における最高財務責任者に必要なスキル

チーフ・ストラテジスト：CFO は重大な決断を素早く下すために、リアルタイムの財務情報を利用する必要がある。

チーフ・ディール・メーカー：CFO はベンチャー・キャピタル、企業の合併と買収、戦略的パートナーシップに精通していなければならない。

チーフ・リスク・オフィサー：リスクを限定することは、市場がよりグローバルになり、ヘッジ手段がより複雑になるにつれ、さらに重要になる。

チーフ・コミュニケーター：ウォール・ストリートとメディアに対して信頼を得ることが必要不可欠である。

（出所：「ビジネス・ウィーク」2000年8月28日、p120）

キャッシュフローの識別

残念なことに、キャッシュフローを直接観察することは容易ではない。われわれが得ることのできる情報の大部分は財務諸表からであり、財務分析のほとんどが財務諸表からキャッシュフロー情報を取り出すという作業である。以下の例でこれがどのようになされるかを説明する。

例1.1　会計利益 vs キャッシュフロー

ミッドランド社は、金の精錬と売買を行っている。年度末に2,500オンスの金を100万ドルで売却した。会社はその金を年初に90万ドルで手に入れていた。金を購入した際、現金で支払をした。残念なことに、金を売却した顧客からまだ代金を回収していない。次に示すのは、ミッドランド社の年度末における財務状況を、標準的な会計手段により表現したものである。

ミッドランド社
会計の見方
損益計算書
12月31日終了事業年度

売上高	＄1,000,000

－費用	－900,000
利益	$　100,000

「一般に公正妥当と認められた会計原則」(Generally Accepted Accounting Principles, GAAP) に従うと、売上げはたとえ顧客から支払を受けていなくても計上される。そこでは顧客はすぐに支払うものと仮定されている。会計の観点からは、ミッドランド社は利益があがっているようにみえる。しかしながら、コーポレートファイナンスの観点では違っている。キャッシュフローに焦点を当てると、次のようになる。

ミッドランド社
コーポレートファイナンスの見方
損益計算書
12月31日終了事業年度

キャッシュインフロー	$　　　0
キャッシュアウトフロー	－900,000
	$ －900,000

コーポレートファイナンスの観点では、ミッドランド社の金売買業務によってキャッシュフローが生み出されたかどうかが重要である。価値の創造はキャッシュフローに依存する。ミッドランド社の場合、価値の創造は、はたしていつ実際に100万ドルを受け取れるかどうかにかかっている。

キャッシュフローのタイミング

企業によってなされる投資の価値は、キャッシュフローのタイミングに依存している。ファイナンスにおける最も重要な仮定の一つは、人はキャッシュフローを後よりも先に受け取ることを好むということである。今日受け取る１ドルは、来年受け取る１ドルよりも価値がある。

例１.２　キャッシュフローのタイミング

ミッドランド社は、新製品に関する二つの提案から選ぼうとしている。どちらの提案も、４年間にわたって追加のキャッシュフローをもたらし、初期費用は１万ドルである。これらの提案からのキャッシュフローは次のとおりである。

年	新製品A	新製品B
1年目	$　　0	$ 4,000
2年目	0	4,000
3年目	0	4,000
4年目	20,000	4,000
合計	$20,000	$16,000

一見、新製品Aのほうが最善にみえる。しかし提案Bからのキャッシュフローは、Aからのものよりも早く入ってくる。もっと情報がないと、どちらのキャッシュフローが債券保有者や株主に最も価値を生み出すかは判断できない。Bから現金を早く得られる価値のほうが、合計した現金で勝るAより大きいかどうかによる。債券と株式の価格は、このより早く得られる現金を好むということを反映するが、AかBかの選択において、そのことをどのように利用するのかみてみよう。

キャッシュフローのリスク

企業はリスクを考慮しなければならない。キャッシュフローの金額とタイミングは、通常確実にはわからない。ほとんどの投資家は、リスクを嫌う。

例1.3　リスク

ミッドランド社は海外に事業を拡大しようと考えている。候補地としてヨーロッパか日本のどちらかを審査中である。ヨーロッパは比較的安全だと考えられている一方で、日本での事業は大変リスクが高いとみられている。どちらの場合も、1年後には業務を閉鎖する予定である。

完全な財務分析をした結果、ミッドランド社は次のような三つの等確率のシナリオ（悲観的、中立的、楽観的）に基づく事業拡大案選択肢のキャッシュフローに至った。

	悲観的	中立的	楽観的
ヨーロッパ	$75,000	$100,000	$125,000
日本	0	150,000	200,000

仮に悲観的なシナリオを無視すれば、おそらく日本が最善の選択肢である。悲観的シナリオを考慮に入れると、選択は不確かになる。日本はよりリスクが高いようにみえるが、同時により高いレベルの期待キャッシュフローも提供している。何がリスクで、それはどのように定義されるのだろうか。われわれはこの重要な質問への解答を試みなければならない。コーポレートファイナンスは、リスクを伴う選択肢に対処するのを避けることはできず、本書のほとんどが、リスクを伴う選択肢を評価するための手法を見出すことに費やされている。

1.4　財務管理の目的

営利ビジネスに議論を限定すると仮定すれば、財務管理の目的は、所有者のためにお金を稼ぐか価値を追加することである。もちろんこの目的はややあいまいなので、より正確な定義にたどり着くように、いくつかの異なる表現方法を吟味する。そのような定義は、財務意思決定を行い評価するための客観的な原則につながるので重要である。

考えられる目的

もしわれわれが考えうる財務目的を考察するとしたら、以下のようないくつかのアイデアが浮かぶかもしれない。

・存続する。
・財務的困難と倒産を避ける。
・競合他社を打ち負かす。
・売上げや市場シェアを最大化する。
・コストを最小化する。
・利益を最大化する。
・安定的な利益成長を維持する。

これらは思いつくうちのほんの少しにすぎない。そのうえ、これらはそれぞれ、財務管理者にとっての目的としては問題を抱えている。

たとえば、市場シェアや販売数量をふやすことは簡単である。単に価格を下げるか信用販売条件を緩めるだけでよい。同様に、研究開発のようなものをやめるだけで、いつでもコストを削減できる。倒産も、決して資金を借りないか、いかなるリスクもとらないことによって、避けることができる。ほかについても、同様である。これらの行動のいずれもが、株主の利益のためなのかはっきりしない。

利益の最大化は、おそらく最も一般的にあげられる目的だろうが、これでさえ正確な目標ではない。これは今年の利益を意味するのだろうか。もしそうなら、メンテナンスを延期したり、在庫を減少させたり、他の短期のコスト・カットの手法をとったりする行動は、現在の利益を増加させるが、必ずしも望ましいものではない。

利益を最大化するという目的は、なんらかの「長期」や「平均」利益を指しているのかもしれないが、それでもまだ、これが正確に何を意味するのかあいまいである。第一に、これは会計上の純利益や1株当り利益のようなものを意味するのだろうか。次の章で詳しくみるように、これらの会計上の数値は、会社にとって何がよいか悪いかにほとんど関係ないかもしれない。われわれは実際にはキャッシュフローに、より興味がある。第二に、長期とは何を意味するのだろうか。かつて有名な経済学者が述べたように、長期ではわれわれはみんな死んでいる！　さらに重要なのは、この目的が現在と将来の利益の間のトレードオフを教えてくれないことである。

ここにリストした目的はすべて異なっているが、これらは二つのクラスに分類される傾向がある。これらの最初のグループは、利益性に関係している。売上げ、市場シェア、コスト管理に関連した目的はすべて、少なくとも潜在的には、収益や利益増加の異なる方法に関連している。倒産回避、安定性、安全性に関連する2番目のグループは、なんらかの意味でリスクをコントロールすることに関連している。不運なことに、これら二つの目的のタイプは、多少矛盾している。利益の追求は通常、いくぶんかのリスクの要素を伴うので、安全と利益の両方を最大化することは、実際に可能ではない。したがって必要なのは、両方の要因を包含する目的である。

財務管理の目的

企業の財務管理者は、会社の株主のために意思決定を行う。そこで、財務管理者にとっての考えうる目的を列挙するかわりに、われわれはもっと基本的な質問に本当に答える必要がある。株主の観点からは、何がよい財務意思決定だろうか。

もし株主が金銭的利益を追求するために株式を購入すると仮定すれば、その答えは明白である。よい意思決定は株式の価値を増加させ、悪い意思決定は株式の価値を減少させる。

ここでの観察から、財務管理者は株式の価値を増加させる意思決定を行うことによって、株主利益のために行動するということになる。よって、財務管理者にとっての適切な目的は、至極簡単に述べることができる。

財務管理の目的は、現存する株式の、1株当りの現在の価値を最大化することである。

株式の価値を最大化するという目的は、前に列挙した異なる目的にかかわる問題を回避する。基準にあいまいさはなく、短期対長期の問題もない。目的が*現在の*株式価値を最大化することであると、明瞭に意味している。

もしこの目的が、若干強すぎるか、一面的であると思えるなら、株主は会社の残余所有者であることに留意しよう。これは彼らが、従業員、サプライヤー、債権者（そして合法的請求権をもつだれでも）が正当に支払われた後に残ったものにのみ、権利があるということである。もしこれらのグループの一つでも未払いなら、株主は何も受け取れない。したがって株主が、残り物である残余部分が成長しているという意味において勝利を収めているなら、他のだれもが同様に勝利を収めているのは真実に違いない。

財務管理の目的は株式の価値を最大化することなので、われわれは株式の価値に好ましいインパクトを与える投資と資金調達の手はずを、どのように見出すのか学習する必要がある。これがまさしくわれわれがこれから学んでいくものである。前のセクションで、われわれは価値の創造におけるキャッシュフローの重要性を強調した。実際、*コーポレートファイナンス*を、ビジネスにおける、意思決定、キャッシュフロー、および株式価値相互間の、関連性の研究と定義することもできた。

もっと一般的な目的

もしわれわれの目的が、先に述べられたように株式の価値を最大化することなら、明白な質問が生じる。会社の株式が取引されていない場合、適切な目的は何だろうか。株式会社はもちろんただ一つのビジネス形態ではなく、また多くの企業で株式が滅多に取引されない。したがって、ある時点において1株当りの価値がいくらなのかをいうことはむずかしい。

われわれが営利ビジネスに限って考察している限り、ただわずかな修正が必要になる。企業の株式の総価値は、単純に所有者のエクイティ（持分）に等しい。したがって、われわれの目的のもっと一般的な言い方は、次のようになる。現在の所有者のエクイティ価値を最大化せよ。

これを念頭に置けば、ビジネスが個人事業であろうと、パートナーシップであろうと、株式会社であろうと、関係ない。それらのどれでも、よい財務意思決定は所有者エクイティの市場価値を増加させ、まずい財務意思決定は減少させる。実際、これからの先の章では株式会社に焦点を当てるが、われわれが展開する原則はすべてのビジネス形態に当てはまる。それらの多くは、非営利分野にさえ当てはまる。

最後に、われわれの目的は、財務管理者が会社のエクイティ価値を高めるために、違法または倫理に反する行動をとるべきであるとは意味しない。財務管理者は、自由な市場で望まれ評価されるゆえに会社に価値を追加する、物やサービスを見極めることによって、ビジネス所有者にいちばん尽くすことができる。

ビジネス倫理は www.business-ethics.com で考察されている。

1.5　エージェンシー問題と企業の支配権

われわれは、財務管理者が株式の価値を高める行動をとることによって、株主のために働くことを理解した。しかしながら、大企業では所有権はきわめて多くの株主に拡散している可能性がある[1)]。この所有権の拡散は、経営陣が企業を事実上支配していることを、ほぼ間違いなく意味する。この場合、経営陣は必ず株主のために行動するだろうか。ほかの言い方をすると、経営陣は株主を犠牲にして自身の目的を追求しないのだろうか。以下で、この疑問に関連するいくつかの議論を簡単に考察する。

エージェンシー関係

株主と経営陣との関係はエージェンシー*関係*と呼ばれる。このような関係は、だれか（依頼人）が自分の利益の代表として他のだれか（エージェント、代理人）を雇ったときに必ず存在する。たとえば、あなたは自分が学校に行っている間に車を売るために、だれか（エージェント）を雇うかもしれない。すべてのそのような関係においては、依頼人と代理人の間で利害の対立が起こる可能性がある。そのような対立はエージェンシー問題（agency problem）と呼ばれる。

あなたが車を売るためにだれかを雇い、車が売れたら固定報酬を支払うことに同意したとしよう。この場合の代理人のインセンティブは車を売ることであり、必ずしもあなたのために最も高い価格を勝ち取ることではない。もしあなたが固定報酬ではなく、売却価格のたとえば10%の歩合報酬をオファーしたら、この問題は存在しないかもしれない。この例は、代理人がどのように報酬を受けるのかが、エージェンシー問題に影響を与える一つの要因であることを例証している。

1）これは少々大げさである。実際には、米国と英国を除くほとんどの国で、株式公開企業は、通常一人かあるいはそれ以上の大株主によってコントロールされている。さらに、米国や英国のように強力な株主保護がある国と比較して、限られた株主保護を伴う国では、大株主は、小株主にエージェンシー・コストを押し付ける、より大きな機会をもっているかもしれない。たとえば、“Investor Protection and Corporate Valuation,” by Rafael La Porta, Florencio Lopez-De-Silanes, Andrei Shleifer, and Robert Vishny, *Journal of Finance* 57（2002), pp.1147-1170；そして“Cash Holdings, Dividend Policy, and Corporate Governance : A Cross-Country Analysis,” by Lee Pinkowitz, René Stulz, and Rohan Williamson, *Journal of Applied Corporate Finance*, Vol.19, No.1（2007), pp.81-87を参照。彼らは、その国の投資家保護の枠組みが、企業の現金保有と配当支払を理解するうえで重要であることを示している。たとえば彼らは、投資家保護が高い米国に比べて、投資家保護が低い国では、株主が企業の現金保有を高く評価しないことを見出した。

基本的な企業統治の仕組みでは、株主が取締役会を選任し、次に取締役会がCEOのような企業経営陣を任命する。通常、CEOは取締役会のメンバーである。あまり議論されない企業統治の一つの側面は、独立した取締役会議長の問題である。しかしながら、多くの米国企業では、CEOと取締役会議長は同一の人物である。“U.S. Corporate Governance : Accomplishment and Failings, A discussion with Michael Jensen and Robert Monks”(moderated by Ralph Walking), *Journal of Applied Corporate Finance*, Vol.20, No.1（Winter 2008）において、CEOと取締役会議長を一緒にすることは、芳しくない企業統治の一因となりうることが指摘されている。JensenとMonksの両者が、90%以上の英国企業でCEOではなく外部役員が議長であることから、特に英国における統治が優れているとしている。これは多くの米国企業が直面する継続的な問題である。たとえば2008年５月、複数のエクソン・モービルの最も大きな投資家たちと創業家であるロックフェラー一族を含む19の機関投資家が、CEOと取締役会議長の仕事を分離する決議案を支持した。約40%の株主が分離に投票した。

経営陣の目的

どのように経営陣と株主の利害が異なるかもしれないかみるために、ある会社が新たな投資を考えているとしよう。この新たな投資は株式価値に好ましい影響を与えると期待されるが、それはまた比較的リスキーな冒険的事業でもある。株式価値の上昇が見込まれるので、会社の所有者たちは投資を行いたいが、投資が失敗に終わり経営陣が職を失う可能性もあるので、経営陣は投資したくないかもしれない。もし経営陣が投資を行わなかったら、株主は貴重な機会を失うかもしれない。これが*エージェンシー・コスト*の一例である。

より一般的には、*エージェンシー・コスト*という用語は、経営陣と株主の利害衝突のコストを指す。これらのコストは間接的かあるいは直接的なものである。間接的コストの一例は、ちょうど説明したような失われた機会である。

直接的エージェンシー・コストは、二つのかたちで生じる。1番目のタイプは、経営陣を利するが、株主にはコストとなる企業経費である。おそらく豪華で不必要な社用ジェット機は、この見出しの下に入るだろう。直接的エージェンシー・コストの2番目のタイプは、経営陣の行動を監視する必要から生じる費用である。外部の監査人に財務諸表情報の正確性を査定するために報酬を支払うのは、一例だろう。

経営陣は、もし放置された場合、自分の支配下にある資源（あるいはもっと一般的には会社の権力や富）を最大化する傾向があると時々主張される。この目的は、企業の規模や成長に対する過度の強調につながりうる。たとえば、単に事業規模の拡大や企業の力を示威するために高い値段で他企業を買収した経営陣が、支払いすぎであると非難されるケースは珍しいことではない。明らかに、支払いすぎたのなら、このような買収は、買収会社の株主の利益にはならない。

われわれの議論は、経営陣が、自身の雇用の安定を守るために組織の存続を強調しすぎる傾向にあるかもしれないことを示唆する。また経営陣は、外部の干渉を嫌がるかもしれず、独立性と自給自足は重要な目的かもしれない。

経営陣は株主利益のために行動するか

はたして経営陣が実際に株主の利益のために行動するかどうかは、二つの要因に依存する。第一に、経営陣の目的は、どれだけぴったり株主の目的と同調されているだろうか。この質問は、少なくとも部分的に、経営陣がどのように報酬を受けるかに関係している。第二に、経営陣が株主の目的を追求しなかったら、彼らを取り換えられるだろうか。この問題は会社の統治に関係している。これから議論していくが、たとえ最も大きな企業でも、経営陣には株主の利益のために行動するかなりのインセンティブがあると考える多くの理由がある。

経営陣の報酬

経営陣は二つの理由で、しばしば株式価値を増加させるためのかなりの経済的インセンティブをもつ。第一に、経営陣の報酬は、特にトップにおいて、通常、一般的な財務パフォーマンス（特にしばしば株式価値）に結びつけられている。たとえば、経営陣にはバーゲン価格で株式を購入するオプションが頻繁に与えられる。株式の価値が上がれば上がるほど、このオプションの価値は上がる。実際オプションは、最高経営陣だけでなく、すべての従業員のモチベーションを高めるために、しばしば用いられる。2007年の*ウォール・ストリート・ジャーナル*紙によると、ゴールドマン・サックス社のCEOであるロイド・ブランクファインは、サラリーとして60万ドル、財務パフォーマンスにリンクしたボーナスで6,790万ドルを稼いだ。すでに述べたように、多くの企業もまた、経営陣に株式や株式オプションを授与することによって、会社の所有者利益を与える。2007年のゼネラル・ダイナミックス社のCEO、ニコラス・チャブラジャの総報酬は1,510万ドルと*ウォール・ストリート・ジャーナル*が報道した。彼の基本サラリーは130万ドルで、ボーナスが350万ドル、ストック・オプション授与が690万ドル、制限付株式授与が340万ドルだった。CEO報酬の高い水準に対して多くの批判が集まっているが、株主の観点からすると、企業業績に対する報酬の感度は、通常もっと重要である。

経営陣の二つ目のインセンティブは、仕事の見通しに関係している。社内でのより優れた業績は、昇進につながる傾向がある。もっと一般的には、株主の目的を追求するのに成功した経営陣は、労働市場においてより高い需要があり、その結果より高いサラリーを要求できる。

実際、株主の目的追求に成功した経営陣は、とてつもない報酬を獲得できる。たとえば、2008年における高額報酬経営者のトップはオラクル社CEOのラリー・エリソンで、*フォーブス*誌によると約1億9,300万ドルを得た。これを他と比較すると、J.K.ローリングは3億ドル、オプラ・ウィンフリーは約2億7,500万ドルを稼いだ*。2004～2008年の期間に、エリソンは4億2,900万ドルを稼いだ[2)]。

会社の支配権

会社の支配権は、究極的には株主に握られている。彼らが取締役会を選任し、次に取締役会が経営陣を雇用し、そして解雇する。

不満足な株主が、現在の経営陣を取り換えられる一つの重要な手段は、*委任状争奪戦*と呼ばれる。委任状は、他の株主のかわりに投票する権限である。委任状争奪戦は、ある集団が現在の取締役会を入れ替え、それによって現在の経営陣を入れ替えるために、委任状を懇請することから始まる。2002年、ヒューレット・パッカード社とコンパック社の合併提案は、史上最も広く報道され、激しく争い、推定価格が優に１億ドルを超える高価な委任状争奪戦を引き起こした。

経営陣を入れ替えることができる他の方法は、テイクオーバーによるものである。まずい経営の会社は、よい経営の会社よりも、大きな利益ポテンシャルが存在するので、買収候補として、より魅力的である。よって、他社によるテイクオーバーを避けることは、経営陣に株主利益のために行動するもう一つのインセンティブを与える。不満を抱える著名な株主は、会社の最高経営陣に異なるビジネス戦略を提案することができる。これが、カール・アイカーンとモトローラ社とのケースだった。カール・アイカーンはテイクオーバーを専門にしている。彼のモトローラ社への投資額は2008年に7.6%の所有権に達したので、彼は特に重要で不満な株主だった。この大きな投資額は、新たな取締役会メンバーのための投票とテイクオーバーの脅威を、より説得力のあるものにした。彼のアドバイスは、モトローラ社が、業績が低迷する携帯電話端末部門を、ホームおよびネットワーク・ビジネスと分離し、二つの公開企業を創設するというものだった。この戦略を会社は受け入れた。

結　　論

関連する理論と証拠は、株主が会社を支配し、株主の富の最大化が企業の適切な目的であるという見方と一致している。たとえそうでも、経営陣の目的が株主の犠牲のもとに追求されるときが、少なくとも一時的には、疑いようもなくあるだろう。

＊ 訳者注②：J.K.ローリングは、「ハリー・ポッター・シリーズ」の作者で、オプラ・ウィンフリーは米国で人気を集めるトーク番組「オプラ・ウィンフリー・ショー」の司会者。

2）　これは、最高経営陣報酬の水準と、他の従業員との関係の問題を提起する。*ニューヨーク・タイムズ*紙によると、2007年における CEO の平均報酬は、平均従業員報酬の180倍以上だったが、1994年には90倍しかなかった。とはいえ、最高経営陣と他の従業員との間のギャップを統べる正確な公式は存在しない。

ステークホルダー

ここまでのわれわれの議論は、経営陣と株主が会社の意思決定に興味をもつ唯一のグループであることを暗示している。もちろん、これは過度の単純化である。従業員、顧客、サプライヤー、そして政府すべてが、会社に金銭上の利害関係をもっている。

全体としてみると、これらのグループは会社のステークホルダー（利害関係者）である。一般に、ステークホルダーは、株主や債権者以外で、会社のキャッシュフローに対する請求権を潜在的にもつだれかである。このようなグループもまた、会社に対して支配権を発揮しようと試みるだろう。

1.6 規　制

ここまで、株主と取締役会が、彼らと経営陣の間の利害の衝突を軽減するためにとれる行動について主に議論してきた。規制については議論していない[3]。最近まで、連邦規制の主要な趣旨は、投資家と潜在的投資家に対して、企業にすべての適切な情報を公開するよう要求することだった。企業による適切な情報開示は、すべての投資家を同等の情報競技場に置き、結果として利害の衝突を減らすことを意図している。もちろん、規制は企業にコストを課すので、規制のどのような分析も、利益とコストの両方を含まなければならない。

1933年証券法と1934年証券取引所法

1933年証券法（Securities Act of 1933）と1934年証券取引所法（Securities Exchange Act of 1934）は、米国における証券の市場取引に対して、基本的な規制の枠組みを

3）本書のこの段階では、企業統治の規制に焦点をあわせる。連邦準備制度理事会（Federal Reserve Board）のような、金融市場における他の多くの規制機関は議論しない。第8章で、米国における全国的に認知された統計的格付機関（NRSRO）を議論する。それらは、フィッチ・レーティングス、ムーディーズとスタンダード＆プアーズである。彼らの格付は、社債のような証券を評価する手助けとして、市場参加者によって利用されている。多くの格付機関の批判家は、2007～2009年のサブプライム信用危機を、これらの機関に対する弱い規制監督にあると非難している。

提供する。

1933年証券法は、新証券の発行に焦点をあわせる。基本的に、1933年証券法は、企業に、証券取引委員会（Securities Exchange Commission, SEC）への、登録届出書の提出を義務づける。登録届出書は、新証券のすべての購入者に利用可能にされなければならない。登録届出書の意図は、潜在的な株主に妥当な意思決定を行うためのすべての必要な情報を提供することである。1934年証券取引所法は、証券が発行された後の市場での証券取引のために、1933年証券法の情報開示要件を拡大する。1934年証券取引所法は、SECを創設し、企業報告、株式公開買付け、インサイダー取引など数多くの問題を取り扱う。1934年証券取引所法は、企業に年次報告書（Form 10K）、四半期報告書（Form 10Q）、月次報告書（Form 8K）の提出を義務づける。

すでに述べたように、1934年証券取引所法は、インサイダー取引という重要な問題を扱う。違法なインサイダー取引は、非公開の特別な情報（すなわち内部情報）を得た人物が、その情報に基づいて証券を買ったり売ったりするときに起きる。1934年証券取引所法の一つのセクションは、取締役、役員、そして大株主のようなインサイダーを取り扱い、他のセクションでは内部情報を獲得しただれもが対象になる。1934年証券取引所法のこれらのセクションの意図は、インサイダーや内部情報を得た人物が、外部者との取引で、これらの情報で不正なアドバンテージを得るのを防ぐためである

説明のために、ABC社が、他の企業に現在の株価よりも相当高い価格で買収されることに同意したと公表しようとしているのを、あなたが知ったとしよう。これは内部情報の一つの例である。1934年証券取引所法は、あなたが、この情報を知らない株主からABC株を購入することを禁止する。この禁止令は、もしあなたがABC社のCEOだったら、ことさら厳しいものになるだろう。他の種類の会社の内部情報として、最初の配当支払に関する知識、がんを治す薬の発見、負債の不履行などがあげられよう。

最近のインサイダー取引の一例は、バイオ医薬品会社であるイムクローン・システムズ社の創業者兼CEOのサミュエル・ワクサルに絡むものである。彼は、食品医薬品局（FDA）が、イムクローン社の抗がん剤エルビタックスの申請を却下するつもりであると知ったことで告発された。何がこれをインサイダー取引の事例にしたかというと、申立てによれば、ワクサル（ならびに彼の家族と友達もまた）は、この情報が発表される前にイムクローン社の株を売却しようとした。彼は2002

年6月に逮捕され、10月に証券詐欺(ほかにもあるが)に関して有罪を認めた。2003年にワクサルは懲役7年超の判決を受けた。

サーベンス・オクスリー法

エンロン、ワールドコム、タイコ、アデルフィアといった会社の企業スキャンダルを受けて、2002年にアメリカ合衆国議会はサーベンス・オクスリー法を制定した。この法律は、サーボックス（Sarbox）として非常によく知られているが、企業の不正濫用行為から投資家を保護することを意図している。たとえば、ワールドコムのバーニー・エバーズCEOが受けたような、企業がその役員に個人ローンを行うことを禁止する。

サーボックス法の鍵となるセクションの一つが、2004年11月15日に効力を発した。セクション404は、特に各企業の年次報告書が、会社の内部統制体制と財務報告の査定を含まなければならないと規定している。したがって監査人は、これらの点に関する経営陣の査定を評価し証明しなければならない。サーボックス法はまた、新たな監査のガイドラインと倫理基準を確立するために、公開会社会計監視委員会（Public Company Accounting Oversight Board, PCOB）を設置した。公開企業の取締役会の会計監査委員会は、年次監査を監督するために独立した外部役員のみを含まなければならず、もし委員会に金融のエキスパートがいるなら（もしいないなら、なぜなのか)、そのことを開示しなければならない。

サーボックス法は、他の重要な要件も含んでいる。たとえば、企業の役員は年次報告書を精査し署名しなければならない。彼らは、年次報告書に虚偽の記載や重要な省略がないこと、財務諸表は財務結果を公正に反映していること、彼らが内部統制のすべてに責任を負っていることを、明確に宣言しなければならない。最後に、年次報告書は、内部統制のいかなる欠陥も列挙しなければならない。本質において、サーボックス法は、企業経営陣に会社の財務諸表の正確性に責任をもたせる。

もちろん、どんな法律にもコストが存在する。サーボックス法は、企業監査の費用を、時に劇的に増加させた。2004年において、大企業の平均コンプライアンス費用は451万ドルだった。2006年には、平均コンプライアンス費用は292万ドルに下がった。したがって負担は軽くなってきているようにみえるが、特に小さな企業にとっては、依然として些細なものではない。この追加費用は、いくつかの意図せぬ結果をもたらした。たとえば、2003年には198の企業が上場を廃止し（あるいは「暗闇に去った」)、ほぼ同数が2004年に上場を廃止した。1999年における上場廃止は30社だった。上場を廃止した多くの企業が、理由はサーボックス法にかかわるコストを避けるためだと述べた[4]。

暗闇に去った企業は四半期や年次報告書を提出しなくてよい。独立監査人による年次監査は要求されず、経営陣は財務諸表の正確さを証明する必要もない。したがって、節約は非常に大きくなる可能性がある。もちろん、コストもある。一般的に、会社が暗闇に去ることを発表すると株価は下落する。さらにそのような会社は、典型的に資本市場へのアクセスが制限され、通常、より高い金利の銀行ローンを用いることになる。

サーボックス法はまた、米国において株式公開することを選択した多くの企業にも、おそらく影響を及ぼした。たとえば、フロリダ州ボイントンビーチにあるピーチ・ホールディングス社が2006年に株式公開を決めたとき、米国の株式市場を避け、かわりにロンドン証券取引所のAIM市場を選んだ。米国で公開するには、会社は約10万ドルの手数料とサーボックス法を満たすための200万ドルを支払う必要があったが、AIM市場での公開で、会社は50万ドルを費やしたに過ぎなかった。全体的に、2006年は、ヨーロッパの取引所で651社が公開した記録的な年だった一方で、米国の取引所は224の会社が株式公開した活気のない年だった。

要約と結論

本章で、コーポレートファイナンスの基本的な考え方をいくつか紹介した。

1．コーポレートファイナンスには3つの主要課題がある。
   a. *キャピタル・バジェッティング*：企業はどのような長期投資をすべきか。
   b. *資本構成*：投資を支払うために、企業はどこから長期資金調達を行うか。また、事業資金をまかなうために、どのような負債と株主資本の割合を用いるべきか。
   c. *運転資金管理*：企業は毎日の財務活動をどのように管理すべきか。

4）しかしながら、“Has New York Become Less Competitive in Global Markets? Evaluating Foreign Listing Choices Over Time”（NBER Working Paper No.13029）2008で、Craig Doidge, Andrew Karolyi, and René Stulzは、上場廃止の減少は、サーベンス・オクスリー法に直接関係していないことを見出した。彼らは、ほとんどのニューヨーク上場廃止は、合併、買収、財務的困難、再構築が理由だと結論している。

2．営利事業における財務管理の目的は、株式の価値を上げる意思決定を行うことである。あるいはもっと一般的には、エクイティ価値を高めることである。
3．組織の株式会社形態は、資金調達と所有者持分の移転に関して他の形態よりも優れているが、二重課税というきわめて不利な点もある。
4．大企業では、株主と経営陣の間に潜在的な利害衝突がある。これらの衝突を*エージェンシー問題*と呼び、どのようにしたらコントロールし、減らせる可能性があるか議論した。
5．株式会社形態の優位性は、金融市場の存在によって高められる。

ここまで議論した話題のなかで、最も重要なのは財務管理の目的（株式価値の最大化）である。このテキストを通して、多くの異なる財務意思決定を分析していくが、われわれはいつでも同じ質問を投げかける。考慮中の意思決定は、どのように株式の価値に影響を及ぼすだろうか。

Concept Questions

1．エージェンシー問題

会社を所有しているのはだれか。所有者が会社の経営陣を支配するプロセスを説明せよ。組織の株式会社形態にエージェンシー問題が存在する主要な理由は何か。この背景において、どのような種類の問題が生じるか。

2．非営利企業の目的

あなたが非営利ビジネス（たぶん非営利病院）の財務管理者だったとしよう。どのような目的が適切だと思うか。

3．会社の目的

以下の文章を評価せよ。経営陣は現在の株式価値に焦点をあわせるべきではない。なぜなら、そうすることは、長期的利益を犠牲にして、短期利益を過度に強調してしまうからである。

4．倫理と会社の目的

株式価値を最大化する目的は、非倫理的もしくは違法な行為を避けるというような他の目的と相いれないか。特に、顧客と従業員の安全、環境、そして公益といった課題は、この枠組みに適合していると思うか。それともこれらは基本的に無視されているか。あなたの答えを例証する特定のシナリオを考えよ。

5．国際的な企業目的

株式価値を最大化する目的は、外国における財務管理では異なるか。なぜか、あるいはなぜそうでないのか。

6．エージェンシー問題

あなたはある会社の株式を所有しているとする。1株の現在の価格は25ドルである。他の会社が、あなたの会社の発行済株式すべてを、1株当り35ドルで買いたいとちょうど発表した。あなたの会社の経営陣は、すぐさまこの敵対的買収に対抗し始めた。経営陣の行動は、株主の利益にかなっているか。なぜか、あるいはなぜそうでないのか。

7．エージェンシー問題と企業の所有権

企業の所有権は、国によってさまざまである。歴史的に、米国では個人が上場企業の株式のほとんどを所有してきた。しかしながら、ドイツと日本では、銀行や他の大手金融機関および他の企業が、上場企業の株式のほとんどを所有している。米国に比べてドイツと日本では、エージェンシー問題はより深刻そうか、あるいはそうでない可能性が高いか。

8．エージェンシー問題と企業の所有権

近年、投資信託や年金基金のような大きな機関投資家は、米国において株式の支配的所有者になり、そしてこれらの機関は企業の業務に対して、よりアクティブになってきている。この傾向はエージェンシー問題と企業コントロールに関して、どのような含意をもつか。

9．役員報酬

米国における最高経営陣への報酬は、まったく高すぎ、減らさなければならないと評論家は非難する。オラクル社のラリー・エリソンは、米国における最も高報酬なCEOの一人で、2008年だけで約1億9,300万ドル、2004～2008年の間では4億2,900万ドルを受け取った。このような金額は過剰だろうか。答えるにあたって、タイガー・ウッズのようなスポーツのスーパースター、トップ・エンターテイナーのトム・ハンクスやオプラ・ウィンフリー、そして他の分野における多くのトップが、仮にそれ以上でないにしても、最低限同じくらいを得ているのを認識するのは役立つかもしれない。

10. 財務管理の目的

なぜ財務管理の目的は、会社の現在の株価を最大化することなのか。言い換えれば、なぜ将来の株価の最大化が目的ではないのか。

第２章

財務諸表とキャッシュフロー

頻繁な償却は、会社の資産の価値が下がったことを意味する。たとえば、2009年の第１四半期に、高級住宅メーカーのトール・ブラザース社は、会社が所有する土地の価格が下落したことを主な理由として、資産評価を１億5,700万ドル切り下げたと語った。もちろんトール・ブラザース社だけが苦しんでいる住宅メーカーではなかった。ホブナニアン・エンタープライゼズ社は、１億3,200万ドルの償却を行うと発表し、センテックス社は、５億9,000万ドルの償却を発表した。同時期、着工数でいちばん大手のD.R.ホートン社は、ずっと少ない5,600万ドルを償却した。もちろん、D.R.ホートン社は、すでに2008年の第４四半期に、10億1,500万ドルを償却していた。

ということは、この償却によって、これらの住宅メーカーの株主は何億ドルもの（あるいはもっと）損失を被ったのだろうか。答えはおそらくノーである。なぜなのかその理由を理解することは、本章のメイン・テーマにつながる。すなわち、*キャッシュフロー*として知られる最も重要な実体である。

2.1　貸借対照表

貸借対照表（balance sheet）は、ある特定の日付における、あたかもその瞬間に企業が止まっているかのような、企業の会計的価値のスナップショットである。貸借対照表には二つの側面がある。左側は*資産*、右側は*負債と株主資本*である。貸借対照表は、企業が何を所有しているのか、そしてどのように資金調達されているのかを表す。貸借対照表の根底にあり、均衡を表す会計上の定義は、

資産＝負債＋株主資本

表2.1　U.S.コンポジット社の貸借対照表（2010年度および2009年度）

（単位：100万ドル）

資産の部	2010年	2009年	負債および資本の部	2010年	2009年
流動資産：			流動負債：		
現金および現金同等物	＄140	＄107	買掛金	＄213	＄197
売掛金	294	270	支払手形	50	53
棚卸資産	269	280	未払費用	223	205
その他	58	50	流動負債合計	＄486	＄455
流動資産合計	＄761	＄707			
			固定負債：		
固定資産：			繰延税金負債	＄117	＄104
土地、建物、設備	＄1,423	＄1,274	固定負債[1]	471	458
（控除）減価償却累計額	(550)	(460)	固定負債合計	＄588	＄562
土地、建物、設備の純額	873	814	株主持分：		
無形固定資産とその他	245	221	優先株式	＄39	＄39
固定資産合計	＄1,118	＄1,035	普通株式（1ドル額面）	55	32
			資本剰余金	347	327
			累積利益剰余金	390	347
			（控除）自己株式[2]	(26)	(20)
			資本合計	＄805	＄725
資産合計	＄1,879	＄1,742	負債および資本合計[3]	＄1,879	＄1,742

（注）1　固定負債は、1,300万ドル（＝4億7,100万ドル－4億5,800万ドル）増加した。これは8,600万ドルの新しい債務と、古い債務の返済額7,300万ドルとの差である。

2　自己株式は600万ドル増加した。これは、600万ドルのU.S.コンポジット社株式の買戻しを反映している。

3　U.S.コンポジット社は、4,300万ドル、資本が増加したことを報告している。会社は2,300万株を1株1.87ドルで発行した。普通株式の額面価値は2,300万ドル増加し、資本剰余金は2,000万ドル増加した。

である。この貸借対照表等式に3本線の等式記号を用いたのは、定義上、均衡が常に保たれなければならないことを示している。実際、株主資本は、企業の資産と負債との差として*定義*される。原則として、株主資本は企業が債務を返済した後に、株主に残ったものである。

表2.1は、2010年と2009年における架空企業U.S.コンポジット社の貸借対照表である。貸借対照表のなかの資産は、運営中の企業がその資産を現金化するのに通常要する期間の長さによって順番に並べられている。資産の側は、事業の性質と、経営陣がどのように指揮をするのかに依存する。経営陣は、現金かあるいは流動性の高い有価証券か、信用販売かあるいは現金販売か、商品をつくるかあるいは買うか、品物をリースするかあるいは購入するか、どのような事業を行うかなど、いろいろと決定しなければならない。負債と株主資本は、典型的に支払われる順番に並べられている。

負債と株主資本の側は、資金調達の種類と割合を反映する。それは負債か株式か、そして流動負債か固定負債かという、経営陣による資本構成の選択に依存している。

貸借対照表を分析するとき、財務担当者は三つの重要な点に留意しなければならない。会計的流動性、負債 vs 株主資本、価値 vs 原価である。

企業財務情報の二つの優れた情報源は、finance.yahoo.com と money.cnn.com を参照。

流 動 性

*流動性*とは、大幅な価値の損失なしに、資産を現金化できる容易さと速さを指す。*流動資産*は最も流動性があり、現金および貸借対照表日から1年以内に現金に転換される資産が含まれる。*売掛金*は、顧客に売った商品やサービスから（潜在的不良債権を調整した後）、まだ回収していない金額のことである。*棚卸資産*（在庫）は、生産に使われる原材料、仕掛品（中間在庫）、完成品で構成される。*固定資産*は最も流動性の低い種類の資産である。有形固定資産には、不動産、工場と設備が含まれる。これらの資産は、通常の事業活動では現金に転換せず、給与のような費用の支払には使われない。

固定資産には有形でないものもある。無形資産は物理的に存在しないが、きわめて大きな価値をもちうる。無形資産の例として、商標の価値や特許の価値があげられる。資産の流動性が高い企業ほど、短期債務の支払に問題を起こす可能性が低い。したがって、企業が財務的困難を回避する確率は、企業の流動性に関係づけることができる。残念ながら、流動資産は往々にして固定資産より収益率が低く、たとえば現金は何の投資収入も生み出さない。企業が流動資産に投資すればするほど、より高い利益を生む投資手段に投資する機会を犠牲にすることになる。

ほとんどの米国上場企業の年次および四半期諸表は、www.sec.gov の EDGAR データベースに見出すことができる。

負債 vs 株主資本

*負債*は、規定された期間内に、現金の支払を必要とする企業の債務である。多

くの負債は、ある期間にわたって、決められた金額と利息の返済を明記した契約義務を伴う。したがって負債（liability）は債務（debt）であり、*債務元利返済額（debt service）*と呼ばれる名目上の固定現金負担と、しばしば関連づけられる。これがもし支払われなかった場合、企業は債務契約不履行に陥る。*株主資本*は、企業の残余資産に対する、金額の定められていない請求権である。一般用語でいえば、企業が借入れをするとき、債券保有者に企業のキャッシュフローに対する最初の権利を与える[1)]。債券保有者は、もし企業が債券契約の不履行をしたら、企業を訴えることができる。これは企業を自己破産に導くかもしれない。株主資本は、資産と負債の残差である。

資産－負債≡株主資本

これは、会計用語で表された企業における株主の持分である。株主資本の会計価値は、利益剰余金が追加されたときに増加する。これは企業が利益の一部を、配当として支払うかわりに、内部留保したときに起こる。

価値 vs 原価

企業資産の会計価値は、しばしば、*資産の繰越価値（carrying value）*、もしくは*帳簿価値（book value）*と呼ばれる[2)]。一般に公正妥当と認められた会計原則（Generally Accepted Accounting Principles, GAAP）のもとでは、米国企業の監査済財務諸表は、資産を原価で計上する[3)]。したがって、*繰越価値*と*帳簿価値*の用語は不適切である。会計上の数字が実際には原価に基づいているとき、ことさら「価値」と言明する。これは、多くの財務諸表の読み手を、企業資産の本当の市場価値が記録されているかのように誤解させてしまう。*市場価値*（時価）とは、売り手と買い手がすすんで資産の取引を行う価格である。もし会計価値と市場価値が同じであったとしたら、それはただの偶然だろう。実際、経営陣の仕事は、かかっ

1）債券保有者は、企業の負債への投資家である。彼らは企業の債権者である。この議論のなかでは、*債券保有者*は*債権者*と同じ意味である。

2）多くの財務会計用語が同じ意味をもつので、しばしば混乱を招く。これは財務諸表の読み手に、専門用語の問題を引き起こす。たとえば次の用語は通常同じことを意味する。*資産－負債*、*正味資産*、*株主資本*、*所有者持分*、ならびに*株式資本*。

3）正式には、GAAPは資産が、市場価値あるいは原価のいずれか低いほうで計上されることを要求する。ほとんどの場合、原価は時価より低い。

た費用より多くの価値を企業に生み出すことである。

多くの人々が貸借対照表を利用するが、引き出したい情報は同じではない。銀行員は貸借対照表を会計流動性と運転資本の証拠としてみるだろう。サプライヤーはまた、買掛金の大きさと、その結果としての一般的な支払の速さに注目するかもしれない。経営者と投資家を含む多くの財務諸表の利用者は、原価ではなく企業の価値を知りたがっている。この情報は貸借対照表上に見つけることはできない。実際、よい経営、独占的資産、好ましい経済状態等、企業の本当の資源の多くが、貸借対照表には現れない。今後、われわれが資産の価値や会社の価値に言及するときはいつでも、通常は市場価値を意味する。したがって、たとえば財務管理の目的は株式の価値を増加させることであるというとき、われわれはたいてい簿価ではなく、株式の市場価値を意味している。

例2.1　市場価値 vs 簿価

クーニー社は、簿価で700ドル、査定済市場価値で約1,000ドルの固定資産をもっている。純運転資本は簿価で400ドルだが、もしすべての流動勘定を換金すると600ドルになる。クーニー社には500ドルの固定負債があり、その簿価と時価は等しい。株主資本の簿価と市場価値はいくらだろうか。

会計上（簿価）と、経済上（市場価値）の、二つの簡単な貸借対照表を構築できる。

クーニー社
貸借対照表
市場価値 vs 簿価

	資産の部			負債および資本の部	
	帳簿	市場		帳簿	市場
純運転資産	$ 400	$ 600	固定負債	$ 500	$ 500
純固定資産	700	1,000	株主持分	600	1,100
	$1,100	$1,600		$1,100	$1,600

この例では、株主持分は実際には帳簿に現れたものよりほぼ2倍の価値がある。簿価は市場価値と相当異なることがありうるからこそ、簿価と市場価値の区別は重要である。

2.2 損益計算書

損益計算書（income statement）は、1年というような、特定の期間にわたる業績を測る。利益の会計上の定義は、

収益－費用≡利益

である。もし貸借対照表がスナップショットのようであるなら、損益計算書は二つのスナップショットの間に人々が何をしたかを記録したビデオのようなものである。表2.2は、2010年のU.S.コンポジット社の損益計算書を表している。

損益計算書は通常いくつかの区分を含む。営業項目は、企業の主要な事業からの収益と費用を報告する。特に重要な数字は、税金および資金調達費用と税金を控除する前の利益を要約する、利払い・税引き前利益（earnings before interest and taxes, EBIT）である。損益計算書の営業外損益区分は、支払利息などのすべての資金調達費用を含む。通常2番目の区分は、利益に対して徴収された税金の金額を別の項目として報告する。損益計算書の最後の項目はボトムライン、すなわち当期純利益を示す。当期純利益はしばしば普通株式1株当り、つまり1株当り利益（earnings per share, EPS）で表される。

損益計算書を分析するとき、財務担当者は、一般に公正妥当と認められた会計原則（GAAP）と、非現金項目、期間、原価に留意しなければならない。

一般に公正妥当と認められた会計原則
(Generally Accepted Accounting Principles)

収益は、利益獲得過程が事実上完了して、商品やサービスの交換が生じると、損益計算書上で認識される。したがって、実現していない所有財産価値の上昇は利益として認識されない。これは、都合がよいときに価値の上がった財産を売却することで、利益を平準化するための方策を提供する。たとえば、もし企業が、価値が2倍に上がった植林場を所有していたとしたら、他の事業からの利益が下落したときに、何本か木材を売ることによって、全体の利益をあげることができる。一般に公正妥当と認められた会計原則（GAAP）の対応原則は、収益を費用に対応させることを規定している。したがって、利益は、必ずしもキャッシュフローが発生してい

表2.2　U.S.コンポジット社の損益計算書(2010年度)

（単位：100万ドル）

総営業収益	＄2,262
売上原価	1,655
販売費および一般管理費	327
減価償却費	90
営業利益	＄　190
営業外収益	29
利払い・税引き前利益（EBIT）	＄　219
支払利息	49
税引き前利益	＄　170
税金	84
当期：＄71	
繰延税金：＄13	
当期純利益	＄　86
利益剰余金：	＄　43
配当金：	＄　43

（注）発行済株式数は2,900万株である。1株当りの利益と、1株当りの配当金は、次のように計算できる。

$$1株当り利益=\frac{当期純利益}{発行済株式総数}$$
$$=86/29$$
$$=\$2.97\ (1株当り)$$

$$1株当り配当金=\frac{配当金}{発行済株式総数}$$
$$=43/29$$
$$=\$1.48\ (1株当り)$$

なくても、それが得られたか、発生したときに報告される（たとえば、商品が信用販売されたとき、売上げや利益が報告される）。

非現金項目

資産の経済的価値は、将来の増分キャッシュフローと密接に関係している。しかしキャッシュフローは損益計算書には現れない。収益に対する費用としていくつかの非現金項目（noncash items）があるが、キャッシュフローには影響しない。これらのなかで最も重要なのは*減価償却費*である。減価償却費は、生産過程で使われた設備費用の会計上の見積りを反映する。たとえば、償却期間が5年で、再売却価値ゼロの資産を、1,000ドルで購入したとしよう。会計上、1,000ドルの原価は資産の耐用年数に応じて計上されなければならない。もし定額法が使われるのなら、5年均等分割になり、毎年200ドルの減価償却費用を負うことになる。ファイナンスの観点からすると、資産の原価は、資産を取得したとき実際に負担したマイナスのキャッシュフローである（すなわち、1,000ドルのことで、均等化された年200ドルの減価償却費用ではない）。

他の非現金費用として、*繰延税金（deferred taxes）*がある。繰延税金は、会計上の利益と、真の課税所得との間の差から生じる[4]。U.S.コンポジット社の損益計算書では、会計上の税金が8,400万ドルであることに注目されたい。これは、当期の税金と、繰延税金とに分類することができる。当期の税金部分は実際に税務当局、たとえば内国歳入庁（Internal Revenue Service, IRS）に送られる。繰延税金部分は送られない。しかしながら、理論上は、もし今期の課税所得が会計上の利益よりも少なければ、後々には課税所得が会計上の利益より多くなるだろうということである。結果として、今日未払いの税金は、将来支払わなければならなくなるので、それは企業にとっての負債であることを意味する。これは、貸借対照表に繰延税金負債として現れる。しかしキャッシュフローの観点からみると、繰延税金は現金流出ではない。

実際には、キャッシュフローと会計上の利益は劇的に異なることがあるので、違いを理解することは重要である。たとえば、2009年の第1四半期、ニューヨーク・ニックス（プロ・バスケットボール・チーム）やニューヨーク・レンジャース（プロ・アイスホッケー・チーム）を所有する、マスコミ界の巨人であるケーブルビジョン社は、3億2,100万ドルの損失を発表した。非常に悪い業績のようだが、しかしケーブルビジョン社は、4億9,800万ドルのプラスの営業キャッシュフローを報告していた！　この違いの大きな部分は、前年度のケーブルビジョン社によるニューズデイ新聞社の買収に伴う、非現金支出負担によるものだった。

時間と費用

時には、将来のすべての時間が、*短期（short run）*と*長期（long run）*という二つの明確な部分をもつと思い浮かべることは有効である。短期は、企業のある種の設備、資源、責務が固定された期間であるが、その時間は、企業がより多くの労働力と原材料を使用することにより、生産高を変化させるのに十分な長さである。短期は、すべての産業において同一というような正確な期間ではない。しかし、短

4）　課税所得が会計上の利益より低くなる一つの状況は、企業がIRSに対しては加速減価償却法を用い、報告目的のためにはGAAPによって認められた定額償却法を用いる場合である。

期における意思決定を行っているすべての企業は、いくらかの固定費をもつ。すなわち固定された責務のために、変動しない費用である。実際の商業活動における固定費の実例は、債券利息、間接費、そして固定資産税である。固定されていない費用は変動費である。変動費は、企業の生産高の変化とともに変動する。例としては、製造ラインの原材料、労働者の賃金などである。

長期では、すべての費用が変動である。財務会計上は、変動費と固定費を区別しない。そのかわり、会計上の費用は通常、期間原価と製品原価をはっきり区別した分類に収める。製品原価は、期間中に発生した原材料、直接労務費、製造間接費などを合計した総製造原価で、売上原価として損益計算書に報告される。変動費と固定費は両方とも製品原価に含まれる。期間原価は、時間に割り当てられる費用である。すなわち、販売費および一般管理費と呼ばれるものである。期間原価の一つとして、社長の給料もあげられるだろう。

2.3　税　金

税金は、企業が経験するなかで、最も大きな現金流失の一つでありうる。商務省によると、2007年の米国における税引き前の企業利益の合計は約1.6兆ドルで、企業利益に対する税金は約4,500億ドル（税引き前利益の約28%）だった。企業の徴収税額のサイズは、頻繁に改正される規則である税法によって決まる。この節では、法人税率と、どのように税金が計算されるのかを考察する。

もし課税のさまざまな規則が、少々奇妙で入り組んでいるようにみえるなら、税法は経済的な理由ではなく、政治的な力の結果であることに留意するとよい。結果として、それが経済的に妥当でなければならない理由はどこにもない。法人課税の複雑さを全体的にとらえてみると、ゼネラル・エレクトリック社の2006年の納税申告書は、２万4,000ページを要した。到底印刷できる代物ではない。電子的に提出された申告書は、237メガバイトにのぼった。

法人税率

2008年に施行されている法人税率は、表2.3に示されている。1986年税制改革法（Tax Reform Act of 1986）で制定され、1993年包括財政調整法（Omnibus Budget

表2.3　法人税率

課税所得	税　率
$　0—　50,000	15%
50,001—　75,000	25
75,001—　100,000	34
100,001—　335,000	39
335,001—10,000,000	34
10,000,001—15,000,000	35
15,000,001—18,333,333	38
18,333,334＋	35

Reconciliation Act of 1993）で拡大された、課税の一つの奇妙な特徴は、法人税率が厳密に増加していかないことである。表に示されたように、法人税率は15～39%まで上がっていくが、所得が33万5,000ドルを超えると、34%に下落する。その後38%に上がり、続いて35%に下がる。

現在の税法規の発案者たちによると、法人税率は四つしかない。15%、25%、34%、35%である。38%と39%枠は、34%と35%に「追加税」が適用されたので生じる。とはいえ、税は税なので、表に示したように実際には六つの法人税枠が存在する。

平均 vs 限界税率

財務意思決定を行う際、平均税率と限界税率を区別することは、往々にして重要である。**平均税率（average tax rate）**は、課税額を課税所得で割ったものである。言い換えれば、所得のうち、税金として支払われるパーセンテージである。**限界税率（marginal tax rate）**は、さらに1ドル稼いだら、追加で支払うことになる税金（%）である。表2.3の税率は、すべて限界税率である。他の言い方をすると、税率は、すべての所得ではなく、示されたレンジの所得にのみ適用される。

平均税率と限界税率の違いは、簡単な例を用いるとわかりやすい。われわれの会社には、20万ドルの課税所得があるとしよう。課税額はいくらになるだろうか。表2.3を用いて、以下のように課税額を求められる。

0.15（$50,000）　＝$　7,500
0.25（$75,000－50,000）　＝　6,250

0.34（＄100,000－75,000）　＝　8,500
0.39（＄200,000－100,000）　＝　39,000
＄61,250

したがって、われわれの税金は6万1,250ドルである。

この例で、平均税率はいくらだろうか。われわれには20万ドルの課税所得があり、課税額は6万1,250ドルだった。したがって、平均税率は30.625%（＝＄61,250/200,000）である。限界税率はいくらだろうか。もしわれわれがあと1ドル儲けたとしたら、その1ドルに対する税金は39セントなので、限界税率は39%である。

IRSは素晴らしいウェブサイトをもっている。www.irs.gov

例2.2　税の心の奥深く

アルジャーノン社は、課税所得が8万5,000ドルある。課税額はいくらだろうか。平均税率と限界税率はいくらだろうか。

表2.3から、最初の5万ドルに適用される税率は15%であるとわかる。次の2万5,000ドルに適用されるのは25%である。そしてその後10万ドルまでに適用されるのが34%である。したがって、アルジャーノン社は、0.15×＄50,000＋0.25×25,000＋0.34×(85,000－75,000)＝＄17,150を支払わなければならない。よって、平均税率は20.18%（＝＄17,500/85,000）である。アルジャーノン社にもう1ドルの課税所得があったら、34セント税金がふえるので、限界税率は34%になる。

表2.4には、いくつかの異なる企業の課税所得、限界税率、平均税率をまとめてある。どのように平均税率と限界税率が一緒になるのか注意されたい。

*一律課税（flat-rate tax）*では、ただ一つの税率しかなく、すべての所得水準が同じ率である。このような課税では、限界税率は常に平均税率と同じである。現在のところ、米国における法人課税は、修正した一律課税をベースにしており、最高所得水準では真の一律になる。

表2.4をみると、企業がより多く稼げば、税金として支払われる課税所得の割合

表2.4　法人税額と税率

(1) 課税所得	(2) 限界税率	(3) 総課税額	(3)/(1) 平均税率
$ 45,000	15%	$ 6,750	15.00%
70,000	25	12,500	17.86
95,000	34	20,550	21.63
250,000	39	80,750	32.30
1,000,000	34	340,000	34.00
17,500,000	38	6,100,000	34.86
50,000,000	35	17,500,000	35.00
100,000,000	35	35,000,000	35.00

は大きくなる。言い方をかえると、現在の税法では、限界税率が下がっても、平均税率は決して下がることはない。例示したように、法人の平均税率は15%から始まり、最高の35%まで上がっていく。

一般的に、限界税率が財務意思決定には適切である。その理由は、新たなキャッシュフローは、限界税率で課税されるからである。財務意思決定は通常、新たなキャッシュフローや既存のものからの変化にかかわるので、この率が課税額に対する意思決定の限界効果を教えてくれる。

企業に影響を及ぼす税法に関して、もう一つ最後に気づくべきことがある。もし課税所得が1,833万ドル以上なら、法人課税額は単に課税所得の一律35%であることを証明するのはたやすい。また、課税所得が33万5,000ドルから1,000万ドルのレンジにある多くの中規模企業では、税率は一律の34%である。通常、われわれは大企業について語っているので、そうでないと明示されない限り、平均税率と限界税率は35%であると仮定してよい。

先に進む前に、この節で議論した税率は、連邦税のみにかかわることに注意しなければならない。州、地方、その他の税金を考慮した場合、全体的な税率はもっと高くなりうる。

2.4　純運転資本

純運転資本とは、流動資産から流動負債を引いたものである。純運転資本は、流動資産が流動負債より大きいときにプラス（正）になる。これは今後12カ月間にわたって、支払われなければならない現金より、入ってくる現金のほうが大きいことを意味する。U.S.コンポジット社の純運転資本は、2010年には2億7,500万ドルで、2009年では2億5,200万ドルである。

	流動資産 (単位：100万ドル)		流動負債 (単位：100万ドル)		純運転資本 (単位：100万ドル)
2010年	$761	−	$486	=	$275
2009年	707	−	455	=	252

固定資産への投資（すなわち資本支出）に加えて、企業は純運転資本に投資できる。これは**純運転資本の変化**（**change in net working capital**）と呼ばれる。2010年の純運転資本の変化は、2010年と、2009年の純運転資本の差額であり、2,300万ドル（＝$2億7,500万－$2億5,200万）になる。純運転資本の変化は、成長企業においては通常プラスである。

2.5　財務キャッシュフロー

財務諸表から抽出することができるおそらく最も重要な項目は、企業の実際のキャッシュフロー（**cash flow**）である。キャッシュフロー*計算書*と呼ばれる正式な財務諸表がある。この計算書は会計上の現金および現金同等物の変化を説明するのに役立つ。これは2010年のU.S.コンポジット社では、3,300万ドルであった（2.6節参照）。表2.1において、現金および現金同等物は、2009年の1億700万ドルから、2010年の1億4,000万ドルへと増加していることに注目されたい。しかしながら、われわれはキャッシュフローを違った観点、すなわちファイナンスの観点からみていく。ファイナンスにおける企業の価値は、財務キャッシュフローを生み出す能力にある（後の章で、財務キャッシュフローについて詳しく述べる）。

われわれが言及すべき第一の点は、キャッシュフローが純運転資本と同じではないということである。たとえば、棚卸資産の増加は現金の使用を必要とする。棚卸資産と現金は両方とも流動資産であるから、これは純運転資本に影響しない。この場合、棚卸資産のような特定の純運転資本勘定の増加は、キャッシュフローの減少を伴う。

ちょうど企業資産の価値が、常に負債価値と株主資本価値の合計と等しいと定められたように、企業資産から得られる（すなわち営業活動）キャッシュフロー

CF(*A*) は、企業債権者へのキャッシュフロー CF(*B*) および、株式投資家へのキャッシュフロー CF(*S*) と等しくなければならない。

$$\mathrm{CF}(A) \equiv \mathrm{CF}(B) + \mathrm{CF}(S)$$

企業のキャッシュフローを測定する最初のステップは、*営業活動*からのキャッシュフローを計算することである。表2.5にみられるように、営業キャッシュフローは、商品やサービスの販売を含む、事業活動によって生み出されたキャッシュフローである。営業キャッシュフローは税金の支払を反映するが、資金調達、資本支出、純運転資本の変化は反映しない。

（単位：100万ドル）

利払い・税引き前利益	＄219
減価償却費	90
当期税金	−71
営業キャッシュフロー	＄238

もう一つの重要なキャッシュフローの構成要素は、固定資産の変化に関連している。たとえば、U.S.コンポジット社が2010年に発電システムの子会社を売却したとき、それは2,500万ドルのキャッシュフローを生んだ。固定資産の正味変化は、固定資産の売却額マイナス固定資産の購入額に等しい。結果は、資本支出のために使われたキャッシュフローである。

表2.5　U.S.コンポジット社の財務キャッシュフロー（2010年度）

（単位：100万ドル）

会社のキャッシュフロー	
営業キャッシュフロー	＄238
（利払い・税引き前利益＋減価償却費－税金）	
資本支出	−173
（固定資産の購入－固定資産の売却）	
純運転資本への追加	−23
合計	＄ 42
会社の投資家へのキャッシュフロー	
負債	＄ 36
（利息＋負債の償還－長期資金調達）	
株式	6
（配当金＋株式の買戻し－新規株式調達）	
合計	＄ 42

固定資産の購入	＄198	
固定資産の売却	−25	
資本支出	＄173	（＝＄149＋＄24＝土地・建物、工場、設備の増加＋無形資産の増加）

資本支出はまた、次のように簡単に計算できる。

資本支出＝期末の純固定資産−期首の純固定資産＋減価償却費
＝＄1,118−1,035＋90
＝＄173

キャッシュフローはまた、純運転資本への投資としても使われる。2010年のU.S.コンポジット社における、*純運転資本への追加*は、次のとおりである。

純運転資本への追加	＄23

この2,300万ドルは、すでに計算した純運転資本の変化であることに注意されたい。

会社の資産によって生み出されたキャッシュフローは、以下の合計である。

営業キャッシュフロー	＄238
資本支出	−173
純運転資本への追加	−23
企業のキャッシュフローの合計	＄　42

企業から出ていくキャッシュフローの合計は、債権者に支払われるキャッシュフローと、株主に支払われるキャッシュフローとに、区別することができる。債権者へ支払われるキャッシュフローは、表2.5のデータの再編成と、支払利息の明示的な記載を意味する。債権者には、一般に*債務元利返済額（debt service）*と呼ばれる金額が支払われる。債務元利返済額は、利息の支払に、元本の返済（つまり負債の償還）を足したものである。

キャッシュフローの重要な源泉は、新たな負債の販売からである。U.S.コンポジット社の固定負債は、1,300万ドル増加した（8,600万ドルの新規負債と、7,300万ドルの旧負債の償還との差額[5]）。したがって、固定負債の増加は、新規借入れと、満期債務償還に支払利息をあわせた正味の結果である。

5）　新規負債と旧負債の償還は、通常貸借対照表の「注記」のなかにみることができる。

債権者へ支払われたキャッシュフロー

	（単位：100万ドル）
支払利息	＄49
負債の償還	73
債務元利返済	122
固定負債の売却代金	－86
合計	＄36

債権者へ支払われたキャッシュフローはまた、次のように計算できる。

債権者へ支払われたキャッシュフロー＝利息支払－正味借入れ
＝支払利息－（期末の固定負債
－期首の固定負債）
＝＄49－（471－458）
＝＄36

企業のキャッシュフローはまた、株主にも支払われる。それは、配当金支払に、発行済株式の買戻しと新株の発行を加味した正味の結果である。

株主へのキャッシュフロー

	（単位：100万ドル）
配当金	＄43
株式の買戻し	6
株主への現金	49
新規株式の売却代金	－43
合計	6

一般に、株主へのキャッシュフローは、以下のように求められる。

株主へのキャッシュフロー＝配当支払－正味株主資本調達額
＝配当支払－（株式売却－株式買戻し）

株式売却額を求めるには、まず普通株式と資本剰余金勘定が、あわせた分（23＋20＝＄43）増加したことに気づかなければならない。これは会社が4,300万ドル分の株式を売却したことを意味する。２番目に金庫株が＄６上がった。これは会社が600万ドル分の自社株を買い戻したことを意味する。したがって、新しい正味の株主資本は＄43－６＝＄37となる。配当支払は4,300万ドルなので、株主へのキャッシュフローは以下となる。

株主へのキャッシュフロー＝＄43－(43－ 6)＝＄ 6

これはすでに計算したものである。

ここでのキャッシュフローの議論から、いくつかの重要な所見を得ることができる。

1．いくつかのタイプのキャッシュフローは、企業の財務状況を理解するために重要な意味をもつ。利払い・減価償却控除前利益－税金として定義される営業キャッシュフロー（operating cash flow）は、資本支出や必要運用資本を含まない営業活動から生み出されるキャッシュフローを測定する。それは通常プラスで、もし営業キャッシュフローが長期間マイナスであれば、企業は困難に陥っているということである。なぜなら、企業は営業費用を支払うための、十分な現金を生み出していないからである。企業の総キャッシュフロー（total cash flow of the firm）は、資本支出調整と、純運転資本の追加額を含む。それはしばしばマイナスとなる。企業が急速な率で成長しているとき、棚卸資産と固定資産への支出は、売上げからのキャッシュフローより、高くなりうる。
2．当期純利益はキャッシュフローではない。U.S.コンポジット社の2010年の当期純利益は8,600万ドルであるのに、キャッシュフローは4,200万ドルである。この二つの数字は通常同じではない。企業の経済的、財務的な状態を測る際に、キャッシュフローはその姿をより明らかにする。

会社の総キャッシュフローは、時にフリー・キャッシュフローという異なる名称で呼ばれる。もちろん、どこにもそんな「タダ」のお金はない（あったらいいが！)。そうではなく、この名称は、企業が運転資本や固定資産への投資に必要ではないので、債権者と株主に自由に分配できる現金を指す。実際には、フリー・キャッシュフローが正確にどう計算されるのかに多少のバリエーションがあるので、われわれはこの重要な概念のラベルとして、「会社の総キャッシュフロー」という呼び方を使い続ける。とはいうものの、「フリー・キャッシュフロー」というフレーズを聞いたらいつでも、議論されているのは資産からのキャッシュフローか、あるいはきわめて似たものであることを理解しなければならない。

2.6　キャッシュフロー計算書

すでに述べたように、キャッシュフロー*計算書*と呼ばれる、正式な財務諸表がある。この計算書は会計上の現金の変化を説明するのに大変有用である。U.S.コンポジット社の2010年における会計上の現金の変化は、3,300万ドルである。キャッシュフロー計算書は、財務的キャッシュフローを理解するのに大変役に立つ。

現金の変化を測定する最初のステップは、営業活動からのキャッシュフローを計算することである。これは、商品とサービスの生産、販売という通常の企業活動の結果として生み出されるキャッシュフローである。2番目のステップは、投資活動からもたらされるキャッシュフローに調整を加えることである。最後のステップは、財務活動からもたらされるキャッシュフローに調整を加えることである。財務活動は、その年の間に支払われた、債権者と所有者への正味支払額（支払利息を含まない）である。

キャッシュフロー計算書の三つの構成要素は、次のように決定される。

営業活動からのキャッシュフロー

営業活動からのキャッシュフローを計算するには、当期純利益から始める。当期純利益は、損益計算書のなかに見出すことができ、8,600万ドルである。ここで、非現金費用を加え戻し、流動資産と負債（現金と支払手形以外）における変化を調節する必要がある。その結果が、営業活動からのキャッシュフローである。支払手形は、財務活動の部に含められる。

U.S.コンポジット社営業活動からのキャッシュフロー
（2010年度）（単位：100万ドル）

当期純利益	$ 86
減価償却費	90
繰延税金	13
資産および負債の増減	
売掛金	−24
棚卸資産	11
買掛金	16
未払費用	18
その他	−8
営業活動からのキャッシュフロー	$ 202

投資活動からのキャッシュフロー

投資活動からのキャッシュフローは、資本的資産の変化に関連している。つまり、固定資産の取得と固定資産の売却（すなわち純資本的支出）である。U.S.コンポジット社の結果は次のとおりである。

U.S.コンポジット社投資活動からのキャッシュフロー
（2010年度）　（単位：100万ドル）

固定資産の取得	−$ 198
固定資産の売却	25
投資活動からのキャッシュフロー	−$ 173

財務活動からのキャッシュフロー

債権者と所有者に対する支払と受取りのキャッシュフローは、株主資本と負債の変化を含む。

U.S.コンポジット社財務活動からのキャッシュフロー（2010年度）	（単位：100万ドル）
固定負債の償還	－＄73
長期負債の発行による収入	86
支払手形の増減	－3
配当金	－43
株式の買戻し	－6
新規株式の発行による収入	43
財務活動からのキャッシュフロー	＄ 4

キャッシュフロー計算書は、営業活動からのキャッシュフロー、投資活動からのキャッシュフロー、財務活動からのキャッシュフローを足したものであり、表2.6に示されている。すべてのキャッシュフローを足し合わせると、賃借対照表上の3,300万ドルの現金の変化を得る。

キャッシュフロー計算書と呼ばれる正式な財務諸表と、ファイナンスで使われる

表2.6 U.S.コンポジット社の統合されたキャッシュフロー計算書（2010年度）（単位：100万ドル）

営業活動	
当期純利益	＄ 86
減価償却費	90
繰延税金	13
資産および負債の増減	
売掛金	－24
棚卸資産	11
買掛金	16
未払費用	18
その他	－8
営業活動からの総キャッシュフロー	＄202
投資活動	
固定資産の取得	－＄198
固定資産の売却	25
投資活動からの総キャッシュフロー	－＄173
財務活動	
固定負債の償還	－＄ 73
長期負債の発行による収入	86
支払手形の増減	－3
配当金	－43
株式の買戻し	－6
新規株式の発行による収入	43
財務活動からの総キャッシュフロー	＄ 4
現金の増減（貸借対照表上）	＄ 33

企業の総キャッシュフローとの間には、緊密な関係がある。前節に戻ると、ここでわずかな概念上の問題に気づかなければならない。支払利息は、本来財務活動に含められるべきであるが、不幸にも、会計上はそのように取り扱われていない。理由は、純利益を計算する際、利息は費用として控除されるからである。結果として、財務活動からのキャッシュフローと、企業の総キャッシュフロー（表2.5参照）の主な違いは、支払利息である。

2.7 キャッシュフロー管理

キャッシュフロー分析がポピュラーな理由の一つは、キャッシュフローを操作したり加工したりするのが困難だからである。GAAP 会計原則は、多くの重要な部分でかなりの主観的意思決定を行うことを許容する。企業を評価する尺度としてのキャッシュフローの使用は、主観性が入る余地が少なく、したがって数字を加工するのがよりむずかしいという考え方から来る。しかし、近年のいくつかの例は、企業が依然としてそうする方法を見つけられることを明らかにした。

たとえば、2007年、レンタカー会社のエイビス・バジェット・グループは、2007年第１四半期の営業キャッシュフローを、4,500万ドル以上修正することを余儀なくされた。会社はそのキャッシュフローを、投資キャッシュフローではなく、営業キャッシュフローとして、不適切に分類していた。この操作は、投資キャッシュフローを減らし、営業キャッシュフローを同額分ふやす効果があった。2007年８月、ベイル・リゾーツ社は、不動産投資からのキャッシュフローを、営業キャッシュフローではなく投資キャッシュフローであると記載し直すことを強いられたとき、同様な問題に直面した。

タイコ社は、キャッシュフローを変えるいくつかの策略を用いた。たとえば、会社は８億ドル以上の顧客セキュリティー・アラーム口座をディーラーから購入した。これらの取引からのキャッシュフローは、キャッシュフロー計算書の財務活動の部で報告された。タイコ社が顧客から支払を受けたとき、現金流入は営業キャッシュフローとして報告された。タイコ社が用いたもう一つの方法は、買収した会社に営業費用を事前に支払わせるというものだった。言い換えると、タイコ社に買収された会社は、まだ受け取っていない品物に対して売主に支払を行う。あるケースでは、支払は5,000万ドル以上に達した。買収された会社がタイコ社に統合されたとき、この前払いはタイコ社の現金支出を減らし、営業キャッシュフローを増加させた。

巨大エネルギー企業のダイナジー社は、数多くの複雑な循環取引にかかわっていたとして告発された。この循環取引は、相手方に天然資源を売却し、同時にその相手から同じ値段で資源を買い戻すというものであった。基本的には、ダイナジー社は資産を100ドルで売却し、すぐさまそれを買い手から100ドルで買い戻す。問題は、売却からのキャッシュフローの取扱いで生じた。ダイナジー社は、この資産売却からの現金を営業キャッシュフローとして取り扱っていたが、買戻しを投資の現金支出として分類した。これらの循環取引で、ダイナジー社が取引した契約の合計は、3億ドルに達した。

アデルフィア・コミュニケーションズ社は、キャッシュフローを操作したとされるもう一つの企業である。アデルフィア社のケースでは、ケーブルを施設するのに必要な労働力を資産化した。言い換えると、会社はこの労務経費を固定資産として分類した。この慣行は通信業界ではかなり一般的だが、アデルフィア社は普通行われているよりも高い割合を資産化した。この分類の効果は、労務費が投資キャッシュフローとして取り扱われ、営業キャッシュフローを増加させた。

これらの例のそれぞれで、会社はキャッシュフローを異なる見出しに移すことで、営業キャッシュフローをかさ上げしようとしていた。気づかなければならない重要な点は、これらの動きは、会社の総キャッシュフローに影響を及ぼさないということである。それゆえ、われわれは営業キャッシュフローだけでなく、この数値に集中することを勧めるのである。

要約と結論

企業会計を紹介するほかに、典型的な企業の財務諸表からキャッシュフローをどのように測定するかを教えるのが本章の目的であった。

1．キャッシュフローは、企業によって生み出され、債権者と株主に支払われるものである。それは以下のように分類できる。
   a. 営業活動からのキャッシュフロー
   b. 固定資産の変化からのキャッシュフロー
   c. 運転資本の変化からのキャッシュフロー

2．それぞれのキャッシュフローの計算はむずかしくはないが、減価償却費や繰延税金などの非現金費用を適切に処理するために、気配りと細部への特別な注意が必要になる。純運転資本と当期純利益の変化によるキャッシュフローを混同しないことが特に重要である。

Concept Questions

1．流動性

正しいか間違っているか。「すべての資産は流動的で、同じ価格である」説明せよ。

2．会計とキャッシュフロー

なぜ、標準的な損益計算書に示された収益と費用の数値は、この期間に発生した実際の現金流入と流出を表していないかもしれないのか。

3．キャッシュフロー計算書

キャッシュフロー計算書の最後の行の数値は何を意味するのか。企業を分析するために、この数値はどれだけ有効か。

4．キャッシュフロー

どのように財務キャッシュフローとキャッシュフロー計算書は異なるのか。どちらのほうが企業の分析に有効か。

5．簿価 vs 市場価値

標準的な会計規則のもとでは、企業の負債が資産を超えることが可能である。これが起こったとき、株主持分はマイナスになる。これは市場価値でも起こるか。なぜか、なぜそうでないのか。

6．資産からのキャッシュフロー

なぜ、ある特定の期間において、資産からのキャッシュフローがマイナスになることは、必ずしも悪いことではないのか。

7．営業キャッシュフロー

なぜ、ある特定の期間において、営業キャッシュフローがマイナスになることは、必ずしも悪いことではないのか。

8．純運転資本と資本支出

所与の年度において、会社の純運転資本の変化はマイナスになりうるか（ヒント：Yes)。どうしたらそうなるのか説明せよ。純資本支出についてはどうか。

9．株主と債権者へのキャッシュフロー

所与の年度において、会社の株主へのキャッシュフローはマイナスになりうるか（ヒント：Yes）。どうしたらそうなるのか説明せよ。債権者へのキャッシュフローについてはどうか。

10．企業価値

本章の最初のD.R.ホートン社の例に戻ると、D.R.ホートン社の株主は、報告された損失の結果に、おそらく痛手を被らなかったとわれわれは示唆した。この結論の根拠はなんだと思うか。

質問と問題

◆基本（問題1－10）

1．貸借対照表の構築

カリガン社には、5,300ドルの流動資産、2万6,000ドルの純固定資産、3,900ドルの流動負債、1万4,200ドルの固定負債がある。この会社の株主持分勘定の価値はいくらか。純運転資本はいくらか。

2．損益計算書の構築

ラグスデール社には、49万3,000ドルの売上高、21万ドルの費用、3万5,000ドルの減価償却費、1万9,000ドルの支払利息があり、法人税率は35％である。会社は現金配当として5万ドルを支払ったとする。利益剰余金の追加額はいくらか。

3．市場価値と簿価

クリンゴン・クルーザー社は、3年前、950万ドルで新しいクローキング装置を購入した。この装置は、いま630万ドルでロミュラン社に売却することができる。クリンゴン社の現在の貸借対照表は、500万ドルの純固定資産、210万ドルの流動負債、80万ドルの純運転資本があることを示している。もしすべての流動資産が今日清算されたとしたら、会社は280万ドルの現金を得る。クリンゴン社の現在の資産の簿価はいくらか。市場価値はいくらか。

4．税金の計算

ヘレラ社には、24万6,000ドルの課税所得がある。表2.3の税率を用いて、会社の所得税額を計算せよ。平均税率はいくらか。限界税率はいくらか。

5．営業キャッシュフローの計算

ラネイ社には、１万4,900ドルの売上高、5,800ドルの費用、1,300ドルの減価償却費、780ドルの支払利息がある。もし税率が40%だったら、営業キャッシュフローはいくらか。

6．純資本支出の計算

ゴードン自動車教習所の純固定資産は、2009年の貸借対照表では165万ドルで、2010年の貸借対照表では173万ドルだった。2010年の会社の損益計算書によると、減価償却費は28万4,000ドルだった。2010年のゴードン社の純資本支出はいくらだったか。

7．貸借対照表の構築

次の表は、１年前のインフォメーション・コントロール社の固定負債と株主持分を表している。

固定負債	$72,000,000
優先株式	9,000,000
普通株式（１ドル額面）	20,000,000
累積利益剰余金	97,000,000
資本剰余金	43,000,000

昨年度、インフォメーション・コントロール社は、合計4,300万ドルで1,000万株の新たな株式を発行し、1,000万ドルの新たな長期負債を発行した。会社は900万ドルの純利益をあげ、200万ドルを配当として支払った。過去１年間にインフォメーション・コントロール社に起こった変化を反映して、現在の貸借対照表を構築せよ。

8．債権者へのキャッシュフロー

アンナのテニスショップ社の固定負債は、2009年の貸借対照表では134万ドルで、2010年の貸借対照表では139万ドルだった。2010年の損益計算書によると、支払利息は11万8,000ドルだった。2010年の会社の債権者へのキャッシュフローはいくらだったか。

9．株主へのキャッシュフロー

アンナのテニスショップ社の2009年の貸借対照表では、普通株式勘定が43万ドルであり、加えて払込剰余金勘定が260万ドルだった。2010年の貸借対照表では、二つの勘定がそれぞれ45万ドルと305万ドルだった。もし2010年に会社が38万5,000ドルの現金配当を支払ったとしたら、この年の株主へのキャッシュフローはいくらだったか。

10. キャッシュフローの計算

前の二つの問題のアンナのテニスショップ社の情報を所与として、あなたはまた、会社の2010年の純資本支出が87万5,000ドルで、会社は純運転資本投資を6万9,000ドル減らしたと知っているとする。会社の2010年の営業キャッシュフローはいくらだったか。

◆中級（問題11－24）

11. キャッシュフロー

リッター社の会計担当者は、以下の2010年度末の財務諸表を作成した。

a. 2010年における現金の変化を説明せよ。

b. 2010年の純運転資本の変化を求めよ。

c. 2010年に、会社の資産が生み出したキャッシュフローを求めよ。

リッター社損益計算書（2010年）

収益	$ 600
費用	405
減価償却費	90
当期純利益	$ 105
配当金	$ 45

リッター社貸借対照表（12月31日）

	2010年	2009年
資産の部		
現金	$ 50	$ 35
その他流動資産	155	140
純固定資産	340	290
資産合計	$ 545	$ 465
負債および資本の部		
流動負債	$ 85	$ 95
固定負債	135	105
株主資本	325	265
負債および資本合計	$ 545	$ 465

12. 財務キャッシュフロー

スタンシル社は、次の直近の情報を提供した。

長期借入れからの収入	＄19,000
普通株式の売却による収入	3,000
固定資産の購入	15,000
棚卸資産の購入	1,500
配当金の支払	19,500

会社からのキャッシュフローと株主へのキャッシュフローを求めよ。

13. 損益計算書の構築

年度を通して、センベット・ディスカウント・タイヤ社には120万ドルの総売上高があった。会社の売上原価と販売経費は、それぞれ45万ドルと22万5,000ドルだった。センベット社にはまた、90万ドルの支払手形もあった。これらの手形の利息は９％だった。減価償却費は11万ドルで、税率は35％だった。

a. センベット社の純利益はいくらだったか。

b. センベット社の営業キャッシュフローはいくらだったか。

14. 総キャッシュフローの計算

シュワート社は、2010年の損益計算書で、以下の情報を示した。売上高＝＄167,000、費用＝＄91,000、他の費用＝＄5,400、減価償却費＝＄8,000、支払利息＝＄11,000、税金＝＄18,060、配当＝＄9,500。加えて、会社は2010年に7,250ドルの新株を発行し、7,100ドルの発行済長期負債を償還した。

a. 2010年の営業キャッシュフローはいくらか。

b. 2010年の債権者へのキャッシュフローはいくらか。

c. 2010年の株主へのキャッシュフローはいくらか。

d. もしこの年に純固定資産が２万2,400ドル増加したとしたら、純運転資本への追加はいくらか。

15. 損益計算書を用いる

以下のオハラ・マリーン社の情報を用いて、減価償却費を計算せよ。売上高＝＄43,000、費用＝＄27,500、利益剰余金への追加＝＄5,300、支払配当＝＄1,530、支払利息＝＄1,900、法人税率＝35％。

16. 貸借対照表の作成

以下の情報を用いて、2010年のジャロウ社の貸借対照表を作成せよ。現金＝＄183,000、特許権および著作権＝＄695,000、買掛金＝＄465,000、売掛金＝＄138,000、有形固定資産＝＄3,200,000、棚卸資産＝＄297,000、支払手形＝＄145,000、累積利益剰余金＝＄1,960,000、固定負債＝＄1,550,000。

17. 残余請求権

フアン社は、債権者に対して早急に9,700ドルを支払う義務がある。

a. もし資産の市場価値が1万500ドルだったら、株主持分はいくらか。

b. もし資産が6,800ドルだったらどうか。

18. 限界 vs 平均税率

表2.3参照。グロウス社の課税所得は7万8,000ドルで、インカム社の課税所得は780万ドルだった。

a. それぞれの会社の課税額はいくらか。

b. 両社が、課税所得を1万ドル増加させる新たなプロジェクトを見つけたと仮定する。それぞれの会社がいくら追加的な税金を支払うか。なぜこの金額が等しいのか。

19. 純利益と営業キャッシュフロー

2010年度のレインズ・アンブレラ社の売上高は74万ドルだった。売上原価、販売費および一般管理費、減価償却費はそれぞれ、61万ドル、10万5,000ドル、14万ドルだった。加えて、会社の支払利息は7万ドルで、税率は35%だった（税務上の欠損金繰戻しや繰越欠損金はすべて無視すること）。

a. 2010年のレインズ社の純利益はいくらか。

b. 営業キャッシュフローはいくらか。

c. あなたの（a）と（b）の答えを説明せよ。

20. 会計価値 vs キャッシュフロー

問題19で、レインズ・アンブレラ社が3万ドルの現金配当を支払ったとする。これは可能か。もし純固定資産に対する支払と純運転資本がゼロで、新株が発行されなかったとすると、会社の固定負債額の変化はいくらか。

21. キャッシュフローの計算

キュージック工業の2010年の営業結果は、以下のとおりである。売上高＝＄15,300、売上原価＝＄10,900、減価償却費＝＄2,100、支払利息＝＄520、支払配当＝＄500。期首の純固定資産は1万1,800ドル、流動資産は3,400ドル、流動負債は1,900ドルだった。期末の純固定資産は1万2,900ドル、流動資産は3,950ドル、流動負債は1,950ドルだった。2010年の税率は40%だった。

a. 2010年の純利益はいくらか。

b. 2010年の営業キャッシュフローはいくらか。

c. 2010年の資産からのキャッシュフローはいくらか。これは可能か。説明せよ。

d. もしこの年に新規負債が発行されなかったら、債権者へのキャッシュフローはいくらか。株主へのキャッシュフローはいくらか。(a) から (d) の、あなたの答えの符号（プラスかマイナスか）を説明し、解釈せよ。

22. キャッシュフローの計算

以下のウエストン・エンタープライズ社の簡略化した財務諸表を考慮せよ。

ウエストン・エンタープライズ社
2009年と2010年の部分的貸借対照表

資産			負債および株主持分		
	2009年	2010年		2009年	2010年
流動資産	$　780	$　846	流動負債	$　318	$　348
純固定資産	3,480	4,080	固定負債	1,800	2,064

ウエストン・エンタープライズ社
2010年の損益計算書

売上高	$10,320
原価	4,980
減価償却	960
支払利息	259

a. 2009年と2010年の株主持分はいくらか。

b. 2010年の純運転資本の変化はいくらか。

c. 2010年、ウエストン・エンタープライズ社は、1,800ドルの新しい固定資産を購入した。会社は、固定資産をいくら売却したか。この年の資産からのキャッシュフローはいくらか（法人税率は35%）。

d. 2010年に、ウエストン・エンタープライズ社は、新たな固定負債で360ドルを調達した。会社は、固定負債をいくら償還したか。債権者へのキャッシュフローはいくらか。

問題23と24には、以下のインガーソル社の情報を用いよ（税率は34%を仮定する）。

	2009年	2010年
売上高	$ 5,223	$ 5,606
減価償却	750	751
売上原価	1,797	2,040
その他費用	426	356
支払利息	350	402
現金	2,739	2,802
売掛金	3,626	4,085
短期支払手形	529	497
固定負債	9,173	10,702
純固定資産	22,970	23,518
買掛金	2,877	2,790
棚卸資産	6,447	6,625
配当金	637	701

23. 財務諸表

この会社の2009年と2010年の損益計算書と貸借対照表を作成せよ。

24. キャッシュフローの計算

2010年度について、資産からのキャッシュフロー、債権者へのキャッシュフロー、株主へのキャッシュフローを計算せよ。

◆チャレンジ（問題25－27）

25. キャッシュフロー

あなたはタイム製造社について調査しており、以下の最新のキャッシュフロー計算書を見つけた。あなたはまた、会社が8,200万ドルの税金を支払い、支払利息が4,300万ドルであることを知っている。会計キャッシュフロー計算書を用いて、財務キャッシュフロー計算書を構築せよ。

タイム製造社キャッシュフロー計算書
（単位：100万ドル）

営業活動	
当期純利益	＄144
減価償却費	78
繰延税金	16
資産および負債の増減	
売掛金	−15
棚卸資産	18
買掛金	14
未払費用	−7
その他	2
営業活動からの総キャッシュフロー	＄250
投資活動	
固定資産の取得	−＄148
固定資産の売却	19
投資活動からの総キャッシュフロー	−＄129
財務活動	
固定負債の償還	−＄135
長期負債の発行による収入	97
支払手形の増減	5
配当金	−72
株式の買戻し	−11
新規株式の発行による収入	37
財務活動からの総キャッシュフロー	−＄ 79
現金の増減（貸借対照表上）	＄ 42

26. 純固定資産と減価償却費

貸借対照表上で、純固定資産（NFA）勘定は、固定資産の獲得費用を記録した総固定資産（FA）勘定から、固定資産に対して会社が行った減価償却の合計額を記録した減価償却累計（AD）勘定を引いた金額に等しい。NFA＝FA−AD であるという事実を用いて、純資本支出の式 $NFA_{期末}-NFA_{期首}+D$ は、$FA_{期末}-FA_{期首}$ と同等であることを示せ（D は年度における減価償却費）。

27. 税　　率

表2.3の法人限界税率の情報を参照する。

a. あなたはなぜ、限界税率が課税所得10万1ドルで34%から39%にジャンプし、その後、課税所得33万5,001ドルで34%に戻ると思うか。

b. 課税所得がちょうど33万5,001ドルの会社の平均税率を計算せよ。これは（a）におけるあなたの説明を裏付けるか。ちょうど1,833万3,334ドルの会社の平均税率はいくらか。同じことがここでも起こっているか。

c. 39%と38%の税率は、双方が税の「バブル」を表している。政府が39%の限界税率枠の上限を33万5,000ドルから20万ドルに下げたがっていると仮定する。新しい39%バブル税率は、いくらにならなければならないか。

ミニケース

●ワーフ・コンピューター社におけるキャッシュフロー

ワーフ・コンピューター社は、15年前にコンピュータ・プログラマーのニック・ワーフにより設立された。会社をスタートするための最初の小さな投資は、ニックと彼の友人たちが行った。長年にわたって、この同じグループが、会社に必要な限られた追加投資を、株式と短期および長期負債の双方のかたちで提供してきた。最近、会社はバーチャル・キーボード（VK）を開発した。VKは高度な人工知能アルゴリズムを用い、ユーザーが自然に話すと、コンピュータが文章を自動で入力し、スペルと文法エラーを修正し、ユーザーがあらかじめ設定したガイドラインに沿って文書をフォーマットする。VKはさらに他の言い回しや文章構造を提案し、詳細なスタイルの診断を提供する。独自のきわめて高度なソフト/ハードのハイブリッド技術をベースにしたこのシステムは、現在市場にあるものより、完全に一世代先を行っている。VKを売り出すために、会社はかなりの外部投資が必要になる。

ニックは、この外部資金調達を、新たな株主資本投資と銀行ローンに求めることにした。当然ながら、新しい投資家と銀行は詳細な財務分析を要求する。あなたの雇い主、アンガス・ジョーンズ&パートナーズLLCは、あなたにニックから提供された財務諸表の分析を依頼した。以下は、直近2年間の貸借対照表と、最も新しい損益計算書である。

ワーフ・コンピューター社貸借対照表

（単位：100万ドル）

	2010年	2009年		2010年	2009年
流動資産：			流動負債：		
現金および現金同等物	$ 290	$ 251	買掛金	$ 262	$ 245
売掛金	459	428	支払手形	71	66
棚卸資産	411	425	未払費用	158	257
その他	59	50	流動負債合計	$ 491	$ 568
流動資産合計	$1,219	$1,154			
固定資産：			固定負債：		
土地、建物、設備	$2,631	$2,038	繰延税金負債	$ 212	$ 103
(控除)減価償却累計額	859	700	固定負債	756	736
土地、建物、設備の純額	$1,772	$1,338	固定負債合計	$ 968	$ 839
無形固定資産とその他	508	454	株主持分：		
固定資産合計	$2,280	$1,792	優先株式	$ 13	$ 13
			普通株式	81	80
			資本剰余金	509	499
			累積利益剰余金	1,558	1,028
			(控除)自己株式	121	81
			資本合計	$2,040	$1,539
資産合計	$3,499	$2,946	負債および資本合計	$3,499	$2,946

ニックはまた次の情報も提供していた。この年度、会社は11万8,000ドルの新しい長期負債を発行し、９万8,000ドルの長期負債を償還した。会社はまた１万1,000ドルの新株を発行し、４万ドルの自社株を買い戻した。会社は78万6,000ドルの固定資産を購入し、13万9,000ドルの固定資産を売却した。

ワーフ・コンピューター社損益計算書

（単位：100万ドル）

総営業収益	$4,844
売上原価	2,858
販売費および一般管理費	543
減価償却費	159
営業利益	$1,284
営業外収益	48
利払い・税引き前利益（EBIT）	$1,332
支払利息	95
税引き前利益	$1,237
税金	495
当期：　$386	
繰延税金：109	
当期純利益	$　742
利益剰余金：	$　530
配当金：	$　212

アンガス氏はあなたに、財務キャッシュフロー計算書と会計キャッシュフロー計算書を準備するよう要請した。彼はまた、あなたに以下の質問に答えるよう求めた。

1．ワーフ・コンピューター社のキャッシュフローをどう説明するか。
2．どちらのキャッシュフロー計算書が、会社のキャッシュフローを正確に表しているか。
3．上の答えをふまえて、ニックの拡大計画についてコメントせよ。

第3章

財務諸表分析と財務モデル

トレンディな衣料品小売業であるエアロポステール社の普通株式価格は、2009年4月2日に、約28ドルで取引を終えた。この株価での、エアロポステール社の株価収益率は12.7だった。すなわち、投資家はエアロポステール社が稼いだ1ドルの利益に対して、12.7ドルを進んで支払う気持ちがあったということである。同じ時、投資家はシェブロン、コカコーラ、グーグルが稼いだ1ドルに対して、それぞれ6ドル、18.2ドル、27.2ドルを進んで支払う気持ちがあった。他の極端な例は、材木会社のウェアハウザー社である。会社は前年度損失を出していたが、株式には1株当り約30ドルの価格がついていた。利益がマイナスだったので、株価収益率もマイナスになってしまい、報告されていなかった。ウォール街で語られるところによると、同じ時期、S&P500インデックスの典型的な大企業株式は、株価収益率が約12.4、もしくは利益の12.4倍、で取引されていた。

株価と利益の比較は、財務比率活用の一例である。本章でみていくように、財務比率には幅広いバリエーションが存在し、それらはすべて企業の特定の側面を要約するように意図されている。どのように財務諸表を分析し、財務比率を計算するのか議論するのに加えて、だれがなぜこの情報を用いるのかに関して、われわれには語るべきことがかなりたくさんある。

3.1　財務諸表分析

第2章で、財務諸表とキャッシュフローに関して、いくつかの基本的な概念を議論した。この章は、先の議論が残したところから継続する。ここでのわれわれの目標は、財務諸表情報の活用（と濫用）に関する学生の理解を拡大することである。

財務諸表とそれらの表から導かれる数値は、社内と社外双方において財務情報を伝える主要な手段なので、財務諸表の実用的知識は議論の余地なく望ましいものである。簡単にいえば、企業財務のほとんどの用語は、本章で議論する考え方に根ざしている。

明らかに、会計士の重要な目的は、利用者に意思決定に使いやすいかたちで、財務情報を報告することである。皮肉なことに、情報は多くの場合、そのようなかたちで利用者に届けられない。言い方をかえれば、財務情報はユーザー・ガイドとともに届かない。本章は、このギャップを埋める最初のステップである。

諸表の標準化

企業の財務諸表を用いて、われわれが明らかに行いたいものの一つは、他の似通った企業と比較することである。しかしながら、われわれはすぐさま問題に直面する。規模が異なるので、二つの会社の財務諸表を直接比較するのは、ほとんど不可能である。

たとえば、フォードとゼネラル・モーターズ（GM）は、自動車市場において間違いなく重要なライバルであるが、GMのほうが大きいので、それらを直接比較することは困難である。この点に関していえば、もし会社の規模が変わっていたら、同じ会社の異なる時点における財務諸表でさえ、比較するのはむずかしい。規模の問題は、仮にGMとたとえばトヨタを比較しようとした場合、いっそうひどくなる。もしトヨタの財務諸表が日本円をもとにしているなら、規模と通貨の違いが存在する。

比較を始めるために、財務諸表をどうにかして標準化することを試みたい。これを行う一般的かつ有効な一つの方法は、金額ではなくパーセンテージで作業することである。その結果として作成された財務諸表は、共通規模諸表（common-size statements）と呼ばれる。次にこれらを考察する。

共通規模貸借対照表

簡単な参照のために、表3.1にプルフロック社の2009年と2010年の貸借対照表が与えられている。これらを用いながら、各項目を総資産のパーセント割合で表すことで、共通規模貸借対照表を作成する。プルフロック社の共通規模貸借対照表は、表3.2に示されている。

表３.１　プルフロック社貸借対照表（2009年および2010年12月31日）

（単位：100万ドル）

	2009年	2010年
資産		
流動資産		
現金	$ 84	$ 98
売掛金	165	188
棚卸資産	393	422
合計	$ 642	$ 708
固定資産		
土地、建物	$2,731	$2,880
資産合計	$3,373	$3,588
負債および株主持分		
流動負債		
買掛金	$ 312	$ 344
支払手形	231	196
合計	$ 543	$ 540
固定負債	$ 531	$ 457
株主持分		
普通株式および払込剰余金	$ 500	$ 550
利益剰余金	1,799	2,041
合計	$2,299	$2,591
負債および資本合計	$3,373	$3,588

いくつかの合計は、四捨五入誤差のために正確には一致しないことに注意されたい。また、期首ならびに期末の数値は、合計が100%にならなければならないので、総変化はゼロになることにも気づかれたい。

このかたちでの財務諸表は、読むのも比べるのも比較的簡単である。たとえば、プルフロック社の二つの貸借対照表をただみるだけで、2010年の流動資産は総資産の19.7%で、2009年の19.1%から上昇したことがわかる。同時期に流動負債は、負債および資本合計の16.0%から、15.1%に減少した。同様に株主持分は、負債および資本合計の68.1%から、72.2%に上がった。

全体的に、プルフロック社の流動性はこの１年の間に向上した。流動性は、流動資産を流動負債と比較して測定される。同時に、プルフロック社の総資産に対する債務の割合は減少した。貸借対照表は「より強く」成長したと結論したくなるかもしれない。

表3.2　プルフロック社共通規模貸借対照表（2009年および2010年、12月31日）

（単位：100万ドル）

	2009年	2010年	変化
資産			
流動資産			
現金	2.5%	2.7%	+0.2%
売掛金	4.9	5.2	+0.3
棚卸資産	11.7	11.8	+0.1
合計	19.1	19.7	+0.6
固定資産			
土地、建物	80.9	80.3	−0.6
資産合計	100.0%	100.0%	0.0%
負債および株主持分			
流動負債			
買掛金	9.2%	9.6%	+.4%
支払手形	6.8	5.5	−1.3
合計	16.0	15.1	−0.9
固定負債	15.7	12.7	−3.0
株主持分			
普通株式および払込剰余金	14.8	15.3	+0.5
利益剰余金	53.3	56.9	+3.6
合計	68.1	72.2	+4.1
負債および資本合計	100.0%	100.0%	0.0%

共通規模損益計算書

表3.3は、いくつかの一般的に用いられる利益の尺度を解説している。表3.4の損益計算書を標準化する一つの有効な方法は、表3.5のプルフロック社で例証されているように、各項目を総売上高に対するパーセンテージで表すことである。

この損益計算書は、売上げ1ドルごとに何が起こるのかを教えてくれる。プルフロック社では、売上げ1ドルごとに、支払利息が0.061ドルをかじりとり、税金が他の0.081ドルをとっていく。最終的に、0.157ドルがボトムライン（最終行、すなわち純利益）に達し、この金額のうち、0.105ドルが会社に内部留保され、0.052ドルが配当として支払われる。

これらのパーセンテージは、比較に役立つ。たとえば、適切な数値はコスト・パーセンテージである。プルフロック社では、売上げ1ドル当り0.582ドルが、販売商品のコストである。プルフロック社のコスト管理が他と比較してどうなのかをみるため、プルフロック社の主要競合相手の同じパーセンテージを計算すること

表3.3　利益の尺度

<table>
<tr><td colspan="2">投資家とアナリストは、特定の年に企業がどれだけよい業績を残したのか手がかりを見つけるために、損益計算書を精査する。以下はいくつかの一般的に使われる利益の尺度である（数値単位：100万）。</td></tr>
<tr><td>純利益
（Net Income）</td><td>いわゆるボトムライン（最終行）であり、総収益引く総経費として定義される。プルフロック社の直近の期間の純利益は、3億6,300万ドルだった。純利益は、営業利益はもとより、会社の資本構成と税金の違いを反映する。純利益の計算では、営業利益から支払利息と税金が差し引かれる。配当支払と利益剰余金が純利益と密接に関連しているので、投資家は純利益を精査する。</td></tr>
<tr><td>1株当り利益
（Earnings Per Share, EPS）</td><td>純利益を発行済株式数で割ったもので、1株当りの純利益を表す。プルフロック社では、EPSは11ドル（＝純利益/発行済株式数＝＄363/33）である。</td></tr>
<tr><td>利払い・税引き前利益
（Earnings Before Interest expense and Taxes, EBIT）</td><td>EBITは通常、損益計算書で「営業からの利益」と呼ばれ、例外的な項目、中断された営業または変則的な項目を引く前の利益である。EBITを計算するには、総営業収益から営業費用を引く。会社の資本構成（支払利息）と税金から利益の違いを抽出するので、アナリストはEBITを好む。プルフロック社では、EBITは6億9,100万ドルである。</td></tr>
<tr><td>EBITDA（Earnings Before Interest expense, Taxes, Depreciation, and Amortization）</td><td>利払い前、税引き前、減価償却前、アモチゼーション前利益。
EBITDA＝EBIT＋（減価償却費とアモチゼーション）である。アモチゼーションは減価償却費に類似しているが、有形資産（機械設備など）ではなく、無形資産（特許など）に適用される非現金費用を指す。ここでのアモチゼーションという言葉は、負債の支払を指さない。プルフロック社の損益計算書にはアモチゼーションはない。プルフロック社では、EBITDAは9億6,700万ドル（＝＄691＋＄276）である。二つの非現金項目（減価償却とアモチゼーション）を加え戻すので、税引き前の営業キャッシュフローのよりよい尺度であり、アナリストはEBITDAを用いることを好む。</td></tr>
<tr><td colspan="2">時々、これらの利益の尺度には、前にLTMという文字がつく。LTMは過去12カ月という意味である。たとえば、LTM EPSは、過去12カ月のEPSで、LTM EBITDAは、過去12カ月のEBITDAである。また時には、直近12カ月という意味のTTMという文字も使われる。いうまでもなく、LTMとTTMは同じである。</td></tr>
</table>

は、興味深いだろう。

表3.4　プルフロック社損益計算書（2010年）

（単位：100万ドル）

売上高		$2,311
売上原価		1,344
減価償却費		276
利払い・税引き前利益		$　691
支払利息		141
課税所得		$　550
税金（34%）		187
当期純利益		$　363
配当金	$121	
利益剰余金への追加	242	

表3.5　プルフロック社共通規模損益計算書（2010年）

（単位：100万ドル）

売上高		100.0%
売上原価		58.2
減価償却費		11.9
利払い・税引き前利益		29.9
支払利息		6.1
課税所得		23.8
税金（34%）		8.1
当期純利益		15.7%
配当金	5.2%	
利益剰余金への追加	10.5	

3.2　比率分析

異なる規模の企業の比較にかかわる問題を回避するもう一つの方法は、**財務比率**（financial ratios）を計算し比較することである。このような比率は、財務情報の異なる部分の間の関係を、比較し調査する手段である。次に、いくつかの最も一般的な比率を扱う。ここでは議論しないが、ほかにもたくさんある。

比率の一つの問題は、異なる人々と異なる情報源が、それらをまったく同じように計算しないことである。これははなはだしい混乱につながる。ここでわれわれが用いる特定の定義は、あなたがこれまでにみたか、あるいは将来どこかでみるものと同じかもしれないし、同じでないかもしれない。もしあなたが分析のツールとして比率を用いているなら、それらをどのように計算したのか記載するよう注意するべきである。そして、あなたの数値を他の情報源のものと比較する場合、それらの数値がどのように計算されているのかを確実に知っておかなければならない。

どのように比率が用いられ、それらを用いることで生じるいくつかの問題に対するわれわれの議論のほとんどは、本章の後半まで延期する。いまのところは、議論するそれぞれの比率について、いくつかの質問が思い浮かぶ。

1．どのように計算されるのか。
2．何を測ろうとしているのか、そしてなぜわれわれが関心をもつのか。
3．尺度の単位は何か。
4．高い値や低い値は、何を語っているのか。そのような値はどのように誤解を招きやすいのか。
5．この尺度をどのように改良できるか。

財務比率は、伝統的に次のカテゴリーに分類される。

1．短期支払能力（もしくは流動性）比率
2．長期支払能力（もしくは財務レバレッジ）比率
3．資産管理（もしくは回転）比率
4．収益性比率
5．市場価値比率

これらを一つずつ順にみていく。プルフロック社のこれらの数値を計算する際、明示的にそうでないと言及しない限り、2010年の期末貸借対象表の数値を用いる。

膨大な数の企業の比率を比較精査するためには、www.reuters.com/finance/stocks に行き、比率のリンクを見つけるとよい。

短期支払能力（もしくは流動性）の尺度

名前が示唆するように、グループとしての短期支払能力比率は、企業の流動性に関して情報を提供することを意図しており、これらの比率は時に*流動性尺度*と呼ばれる。主要な関心事は、短期における、支払期限の前にストレスなしに請求書を

支払う企業の能力である。結果として、これらの比率は流動資産と流動負債にフォーカスする。

自明の理由で、流動性比率は短期債権者にとって、ことさら興味深い。財務管理者は、銀行や他の短期貸し手とたえず仕事をしているので、これらの比率の理解は必須である。

流動資産と流動負債に注目する一つのメリットは、それらの簿価と市場価値が近い可能性が高いからである。多くの場合（とはいえいつもではないが)、これらの資産と負債は、二つの数値に深刻な差が生じるほど長生きしない。一方で、すべてのほぼ現金に近いタイプ同様、流動資産と流動負債は、かなり迅速に変化する。したがって、現在の値は、将来の値の信頼できる指標ではないかもしれない。

流動比率（Current Ratio）

最もよく知られ、最も広く用いられている比率の一つは、流動比率である。名前から想像されるように、流動比率は以下のように定義される。

$$\text{流動比率}=\frac{\text{流動資産}}{\text{流動負債}} \tag{3.1}$$

プルフロック社の場合、2010年の流動比率は以下のとおりである。

$$\text{流動比率}=\frac{\$708}{\$540}=1.31\text{倍}$$

流動資産と負債は、原則として次の12カ月以内に現金に転換されるので、流動比率は短期流動性の尺度である。尺度の単位は、「ドル」か「倍」である。したがって、プルフロック社は1.31ドルの流動比率をもつ、あるいはプルフロック社の流動負債は1.31倍でカバーされているといえる。

債権者、特にサプライヤーなどの短期債権者にとっては、流動比率が高ければ高いほどよい。企業にとっては、高い流動比率は流動性を示すが、それはまた現金と他の短期資産の非効率な使用を示すかもしれない。なんらかの異常な状況でない限り、流動比率は最低限１が見込まれる。１未満の流動比率は、純運転資本（流動資産－流動負債）がマイナスであることを意味する。少なくともほとんどのタイプの事業で、これは健全な企業にとって異常なことである。

他のすべての比率のように、流動比率はさまざまな種類の取引に影響を受ける。たとえば、会社が長期で資金を調達するとする。短期の影響は、負債の発行により現金と固定負債を増加させるだろう。流動負債は影響を受けないので、流動比率は上昇する。

例3.1　最近の出来事

ある会社がサプライヤーと短期債権者に完済するとしよう。流動比率に何が起こるだろうか。会社がいくらか棚卸資産を購入するとする。この場合はどうなるだろうか。会社が製品をいくらか売ったらどうなるだろうか。

最初のケースはトリッキーである。何が起こるかというと、流動比率は1から離れる。もし1より大きかったら（通常のケース）、流動比率はもっと大きくなり、1より小さかったら、もっと小さくなるだろう。これを理解するために、会社が4ドルの流動資産と2ドルの流動負債をもっていて、流動比率が2であるとしよう。もし1ドルの現金を使って流動負債を減らしたら、新しい流動比率は3［=（$4－1)/($2－1)］になる。もし最初の状況を反対にして、2ドルの流動資産と4ドルの流動負債にしたら、この変化は流動比率を2分の1から3分の1に減らす。

2番目のケースはそれほどトリッキーではない。現金が減ると同時に棚卸資産がふえる（総流動資産は影響を受けない）ので、流動比率には何も起こらない。

3番目のケースでは、通常、流動比率は上昇する。なぜなら棚卸資産は普通、原価で表され、売上げは普通、原価より上の値（違いは利鞘）で表されるからである。現金または売掛金の増加は、したがって棚卸資産の減少よりも大きい。これは流動資産を増加させ、流動比率は上昇する。

最後に、一見低い流動比率は、大きな未利用の借入能力を有している企業にとって、必ずしも悪いサインではないかもしれないことに注意されたい。

当座（もしくは酸性試験）比率（Quick, or Acid-Test, Ratio）

棚卸資産は、多くの場合最も換金しにくい流動資産である。棚卸資産はまた、その質が考慮されていないので、市場価値の尺度として簿価が最も信頼できないものの一つである。棚卸資産の一部は、後になって、損傷を受けていたり、流行遅れになっていたり、損失していたりしているのが判明するかもしれない。

さらに重要なのは、比較的大きな棚卸資産は、しばしば短期で問題を抱えているシグナルである。会社が販売量を過大に見積もり、その結果大量に仕入れたか、製造してしまったのかもしれない。この場合、会社は流動性の相当な部分を、売れ行きが悪い棚卸資産に縛られて、身動きがとれなくなっているかもしれない。

流動性をさらに深く評価するために、*当座（もしくは酸性試験）*比率が、棚卸資産を除く以外は流動比率とまったく同じように、計算される。

$$当座比率 = \frac{流動資産 - 棚卸資産}{流動負債} \tag{3.2}$$

棚卸資産を購入するために現金を用いることは流動比率に影響を及ぼさないが、当座比率は減少させることに注目されたい。繰り返すが、現金に比べて棚卸資産は比較的流動性がないという考え方である。

プルフロック社の場合、2010年の当座比率は以下になる。

$$当座比率 = \frac{\$708 - 422}{\$540} = 0.53倍$$

プルフロック社の棚卸資産は流動資産の半分以上を占めるので、ここでの当座比率は、流動比率とは若干異なる話を伝えている。要点を大げさにいうと、もしこの棚卸資産が、たとえば売れていない原子力発電所から成り立っていたら、懸念する理由になるだろう。

最近の財務諸表に基づく流動比率と当座比率の例をあげると、ウォルマート社とマンパワー社の流動比率は、それぞれ0.89と1.45だった。しかしながら、マンパワーにはそもそも棚卸資産がないのに対して、ウォルマートの資産は事実上すべてが棚卸資産である。結果として、ウォルマートの当座比率は0.13しかなかったが、マンパワーの当座比率は、ほとんど流動比率と変わらない1.37だった。

現金比率（Cash Ratio）

非常に短期の債権者は、現金比率に興味があるかもしれない。

$$現金比率 = \frac{現金}{流動負債} \tag{3.3}$$

プルフロック社の場合、現金比率は0.18倍になる。

長期支払能力の尺度

長期支払能力の尺度は、企業の債務を満たす長期の能力（あるいはもっと一般的には財務レバレッジ）を測るために意図されている。これらの比率は、時に、*財務レバレッジ比率*や単に*レバレッジ比率*と呼ばれる。ここでは一般に用いられている三つの比率と、いくつかのバリエーションを考察する。

総負債比率（Total Debt Ratio）

総負債比率は、すべての債権者に対するすべての満期のすべての負債を勘定に入れる。いくつかの方法で定義できるが、いちばん簡単なのは以下である。

$$総負債比率=\frac{総資産-総株主資本}{総資産} \qquad (3.4)$$

$$=\frac{\$3,588-2,591}{\$3,588}=0.28倍$$

このケースでは、アナリストはプルフロック社が負債を28%用いているというかもしれない[1)]。これが高いか低いか、あるいはどうでもよいことなのかは、資本構成が重要なのかどうかによる。資本構成は後の章で議論するテーマである。

プルフロック社は、1ドルの資産につき0.28ドルの負債を抱えている。したがって、株主資本は負債0.28ドルにつき、0.72ドル（＝＄1－0.28）である。これを念頭に、総負債比率に対して、*負債・株主資本比率（Debt Equity Ratio）*と*株主資本乗数（Equity Multiplier）*という、二つの有用なバリエーションを定義することができる。

$$負債・株主資本比率=\frac{総負債}{総株主資本} \qquad (3.5)$$

$$=\frac{\$0.28}{\$0.72}=0.39倍$$

$$株主資本乗数=\frac{総資産}{総株主資本} \qquad (3.6)$$

$$=\frac{\$1}{\$0.72}=1.39倍$$

1）ここでの総株主資本は、優先株式（もしあったら）を含む。この比率における同等の分子は、（流動負債＋固定負債）である。

ここで注意すべきことは、三つの比率のどれもが、すぐに他の二つから計算できるということである。したがって、それらはすべてまったく同じことをいっている。

The online Women's Business Center は、www.sba.gov で、財務諸表、比率、そして小ビジネスの話題についてより多くの情報をもっている。

利息負担倍率（Times Interest Earned, TIE）

長期支払能力のもう一つの一般的な尺度は、*利息負担倍率*である。再び、この比率にはいくつかの可能な（そして一般的な）定義があるが、最も伝統的な定義は以下である。

$$\text{利息負担倍率}=\frac{\text{EBIT}}{\text{支払利息}} \tag{3.7}$$

$$=\frac{\$\,691}{\$\,141}=4.9\text{倍}$$

名前が示唆するように、この比率は、会社がどれだけ十分に利払義務をカバーしているかを測定し、しばしば*利息カバレッジ比率（Interest Coverage Ratio）*と呼ばれる。プルフロック社の場合、利息の請求書は、4.9倍以上でカバーされている。

キャッシュ・カバレッジ（Cash Coverage）

利息負担倍率の一つの問題は、利息を支払うために使える現金の真の測定値ではないEBITをベースにしていることである。その理由は、減価償却費とアモチゼーション、ならびに非現金費用が除かれていることである。利息はきわめて明確な債権者への現金流出なので、*キャッシュ・カバレッジ比率*を定義する一つの方法は、以下である。

$$\text{キャッシュ・カバレッジ比率}=$$

$$\frac{\text{EBIT}+(\text{減価償却費とアモチゼーション})}{\text{支払利息}} \tag{3.8}$$

$$=\frac{\$\,691+276}{\$\,141}=\frac{\$\,967}{\$\,141}=6.9\text{倍}$$

ここでの分子、EBIT＋(減価償却費とアモチゼーション）は、しばしば短縮されたEBITDAで表される。これは企業が事業からキャッシュを生み出す能力の基本的な尺度で、金融債務を支払うために利用できるキャッシュフローの尺度として頻繁に用いられる。

最近は、もう一つの長期支払能力の尺度が、財務諸表分析と負債契約条項で、だんだん頻繁にみられるようになってきた。これはEBITDAと有利子負債を用いる。具体的には、プルフロック社の場合、以下のようになる。

$$\frac{\text{有利子負債}}{\text{EBITDA}}=\frac{\$196+457}{\$976}=0.68\text{倍}$$

ここでは、支払手形（おそらく支払手形は銀行負債）と固定負債を分子に含め、分母はEBITDAである。この比率の1より低い値は非常に力強く、5以上は弱いとみなされる。とはいえ、この比率を適切に解釈するには、他の類似する企業との注意深い比較が必要である。

資産管理（もしくは回転）の尺度

次にプルフロック社が資産を用いる効率性に注意を向ける。この節の尺度は、時に*管理比率（Management Ratio）*あるいは*稼働率比率（Utilization Ratio）*と呼ばれる。われわれが議論する特定の比率は、すべて「回転」の尺度であると解釈することができる。それらが描写を試みるのは、いかに効率的に、あるいは集中的に、企業が売上げを生み出すために、資産を用いているかということである。最初に、棚卸資産と売上債権という、二つの重要な流動資産を考察する。

棚卸資産回転率（Inventory Turnover）と棚卸資産販売日数（Days' Sales in Inventory）

この1年間のプルフロック社の売上原価は1,344ドルで、年度末における棚卸資産は422ドルだった。これらの数値を使って、*棚卸資産回転率*は次のように計算できる。

$$\text{棚卸資産回転率}=\frac{\text{売上原価}}{\text{棚卸資産}} \tag{3.9}$$

$$=\frac{\$1,344}{\$422}=3.2\text{回}$$

ある意味で、会社はこの1年間に、すべての棚卸資産を3.2回売り払った（もしくは回転させた)。在庫品が品切れになって販売を逃さない限り、この比率が高ければ高いほど、会社は棚卸資産をより効率的に管理しているといえる。

1年間に棚卸資産が3.2回回転したことがわかれば、1回回転するのに平均でどれだけ長くかかったか算定することができる。その答えが、*棚卸資産販売日数*である。

$$\text{棚卸資産販売日数}=\frac{365\text{日}}{\text{棚卸資産回転率}} \tag{3.10}$$

$$=\frac{365}{3.2}=114\text{日}$$

これは、おおまかにいって、棚卸資産が売れるまで平均して114日間かかったことを示している。別の言い方をすると、最新の棚卸資産と原価の数値を用いたと仮定すれば、現在の棚卸資産を売り切るまでに、約114日間かかるだろう。

たとえば、2007年9月において、ゼネラル・モーターズ（GM）のピックアップ・トラックには、販売促進策があってもよかった。この時、会社は、GMC シエラの120日分の在庫と、シボレー・シルバラードの114日分の在庫を抱えていた。これらの数値は、その時の販売スピードで、GM がシエラの在庫を売り切るのに120日かかることを意味する。業界では60日分の在庫が正常であるとみなされている。もちろん、在庫日数は売れ行きが好調な車種では少なく、GM にとって幸運なことに、SUV 車がヒットしていた。会社には、ビュイック・エンクレーブで22日分、GMC アカディアで32日分の在庫しかなかった。

売掛債権回転率（Receivables Turnover）と売掛債権回収日数（Days' Sales in Receivables）

棚卸資産の尺度は、どれだけ早く製品を販売できるかについて、多少の目安を与えてくれる。次に、どれだけ早く販売代金を回収できるかに目を向ける。*売掛債権回転率*は、棚卸資産回転率と同様に定義される。

$$\text{売掛債権回転率}=\frac{\text{売上高}}{\text{売掛金}} \tag{3.11}$$

$$=\frac{\$2,311}{\$188}=12.3\text{回}$$

大雑把にいうと、この1年間に、会社は12回、未払いの信用販売（掛売り）勘定から代金を回収し、再びそのお金を貸し出した[2]。

この比率は日数に換算したほうがよりわかりやすい。売掛債権回収日数は以下のようになる。

$$売掛債権回収日数 = \frac{365日}{売掛債権回転率} \qquad (3.12)$$

$$= \frac{365}{12.3} = 30日$$

したがって、会社は平均して30日間で売掛金を回収している。自明な理由で、この比率はしばしば*平均回収期間（Average Collection Period, ACP）*と呼ばれる。また、直近の数値を用いているなら、会社は30日分の売上げを、現在のところ未回収であるともいえる。

例3.2　買入債務回転率（Payables Turnover）

これは、売掛債権回収期間のバリエーションである。請求書を支払うのに、プルフロック社は平均してどれくらい長くかかるだろうか。答えるには、売上原価を用いて買掛金回転率を計算する必要がある。プルフロック社は何もかも信用で買う（掛買い）と仮定する。

売上原価は1.34ドルで、買掛金は344ドルである。したがって、回転率は3.9（＝＄1,344/＄344）回である。よって、買入債務は365/3.9＝94日ごとに回転した。つまり平均では、プルフロック社は支払に94日かかる。潜在的債権者として、われわれはこの事実に注意する必要があるかもしれない。

総資産回転率（Total Asset Turnover）

棚卸資産や売掛金といった特定の勘定から離れて、*総資産回転率*という重要な全体像の比率を考えることができる。名前が示唆するように、総資産回転率は以下で定義される。

$$総資産回転率 = \frac{売上高}{総資産} \qquad (3.13)$$

2）われわれはここで、すべての売上げが信用販売であると暗に仮定した。もしそうでないなら、総売上高ではなく、単に総信用売上高を計算に用いる。

$$=\frac{\$2,311}{\$3,588}=0.64\text{回}$$

言い換えると、総資産１ドルごとに、会社は0.64ドルの売上げを生み出した。

例3．3　さらに回転

ある会社が、総資産１ドルにつき0.40ドルの年次売上げを生み出したとする。この会社は、どれだけ頻繁に総資産を回転させているだろうか。

ここでの総資産回転率は、年間0.4回である。総資産を完全に回転させるには、１/0.40＝2.5年かかる。

収益性の尺度

この節で議論する三つのタイプの尺度は、財務比率のなかで、おそらくいちばん知られ、いちばん広く使われている。これらの尺度は、一つのかたちあるいは別のかたちで、企業が資産をどれだけ効率的に使っているか、そして事業をどれだけうまく管理しているかを、測定しようとする。

利益率（Profit Margin）

企業は*利益率*に、非常に注目する。

$$\text{利益率}=\frac{\text{純利益}}{\text{売上高}} \tag{3.14}$$

$$=\frac{\$363}{\$2,311}=15.7\%$$

これはプルフロック社が、会計的意味において、売上げ１ドルごとに16％弱の純利益をあげていることを意味する。

EBITDA マージン

もう一つの一般的に使われている収益性の尺度は、EBITDA マージンである。すでに述べたように、EBITDA は税引き前営業キャッシュフローの尺度である。この数値は、非現金費用を加え戻し、税金や支払利息は含まない。結果として、EBITDA

マージンは、純利益より直接的に営業キャッシュフローに注目し、資本構成や税金の影響は含まない。プルフロック社では、EBITDAマージンは以下のとおりである。

$$\frac{\text{EBITDA}}{\text{売上高}}=\frac{\$967}{\$2,311}=41.8\%$$

他の条件がすべて同じなら、比較的高いマージンは明らかに望ましい。この状況は、売上高に対する低い経費率に相当する。しかしながら、他の条件は往々にして同じでないことを、急いで付け加えなければならない。

たとえば、販売価格を下げれば、通常、販売量は増加するが、マージンは小さくなる。総利益（あるいは、さらに重要なのは、営業キャッシュフロー）は、上がったり下がったりするので、マージンが小さいという事実は必ずしも悪いことではない。結局、俗にいうように、「われわれの価格は非常に安いので、売るものすべてで損をするが、しかし大量に売ることで、それを埋め合わせる」のが可能ではないだろうか[3)]。

マージンは異なる産業で非常に違っている。食料雑貨店は、一般的に2％前後という低い利益率で悪名高い。対照的に、製薬産業の利益率は約18%である。よって、たとえば最近の利益率で、アルバートソンズ社（食品小売り）が1.2%で、ファイザー社（製薬）が15.6%なのは、驚くに値しない。

総資産利益率（Return on Assets, ROA）

*総資産利益率*は、資産1ドル当りの利益の尺度である。いくつかのやり方で定義できるが[4)]、最も一般的なのは以下である。

$$\text{総資産利益率}=\frac{\text{純利益}}{\text{総資産}} \tag{3.15}$$

$$=\frac{\$363}{\$3,588}=10.12\%$$

3）　No!　それは違う。

4）　たとえば、資本構成（支払利息）と税金に関して中立な総資産利益率尺度がほしいかもしれない。その場合、プルフロック社の数値は以下のようになる。

$$\frac{\text{EBIT}}{\text{総資産}}=\frac{\$691}{\$3,588}=19.3\%$$

この尺度は自然に解釈できる。もし19.3%がプルフロック社の借入利率を超えていたら、プルフロック社は債権者に支払うよりも投資でお金を稼ぐだろう。税金を調整した後の余剰は、プルフロック社の株主に分配可能になる。

株主資本利益率（Return on Equity, ROE）

*株主資本利益率*は、その年に株主がどれだけ報われたのかを測る尺度である。株主に利益を提供することがわれわれの目的なので、ROEは、会計的意味において、業績の真のボトムラインの尺度である。ROEは通常以下のように定義される。

$$\text{株主資本利益率} = \frac{\text{純利益}}{\text{総株主資本}} \tag{3.16}$$

$$= \frac{\$363}{\$2,591} = 14\%$$

したがって、株主資本1ドルにつき、プルフロック社は14セントの利益をあげた。しかし、繰り返しになるが、これは会計上で正しいということである。

ROAとROEは非常に広く引用される数値なので、それらは会計上の利益率であると覚えておくことが重要であると、強調しておく。この理由により、これらの尺度は、*簿価総資産利益率（return on book assets）*と*簿価株主資本利益率（return on book equity）*と適切に呼ばれるべきである。加えて、ROEは時々*純資産利益率（return on net worth）*とも呼ばれる。どのように呼ばれようと、この結果を、たとえば金融市場で観察される金利と比較するのは不適切だろう。

ROEがROAを上回っているという事実は、プルフロック社が財務レバレッジを用いていることを反映している。次の節で、これら二つの尺度の関係について考察する。

市場価値尺度（Market Value Measures）

われわれが扱う尺度の最後のグループは、財務諸表に必ずしも含まれていない、1株当りの市場株価を部分的にベースにしている。明らかに、これらの尺度は、市場で取引されている企業にしか、直接的に計算できない。

プルフロック社には3,300万株の発行済株式があり、年度末において1株当り88ドルで取引されていたと仮定する。プルフロック社の純利益が3億6,300万ドルであったのを思い出すと、1株当り利益（Earnings Per Share, EPS）は以下のように計算できる。

$$\text{EPS} = \frac{\text{純利益}}{\text{発行済株式数}} = \frac{\$363}{33} = \$11 \tag{3.17}$$

株価収益率（Price-Earnings Ratio）

最初の市場価値尺度は、*株価収益率*もしくは*PE 比率*（あるいはマルチプル（倍数））で、以下のように定義される。

$$\text{PE 比率} = \frac{\text{1 株当り株価}}{\text{1 株当り利益}} \tag{3.18}$$

$$= \frac{\$88}{\$11} = 8\text{ 倍}$$

業界用語を用いると、プルフロック社の株式は利益の8倍で売られている、あるいはプルフロック社の株式は8のPEマルチプルをもっているということになる。

PE比率は、投資家が現在の利益1ドルに対していくら進んで支払うかを測るので、高いPE比率はしばしば、会社に相当な将来成長の見込みがあることを意味していると解釈される。もちろん、会社に利益がないか、あるいはほとんどなかった場合、PE比率はきわめて大きくなるだろう。よって、いつものように、この比率の解釈には注意が必要である。

市場価値・簿価比率（Market-to-Book Ratio）

2番目に広く引用される尺度は、市場価値・簿価比率である*。

$$\text{市場価値・簿価比率} = \frac{\text{1 株当り市場価値}}{\text{1 株当り簿価}} \tag{3.19}$$

$$= \frac{\$88}{\$2,591/33} = 1.12\text{倍}$$

1株当りの簿価は、総株主資本（普通株式だけでなく）を発行済株式数で割ったものであることに注意されたい。

1株当りの簿価は、ヒストリカルなコストを反映した会計上の数字である。したがって、おおまかな意味では、市場価値・簿価比率は、企業の投資の市場価値をそのコストに対して比較する。1より低い値は、会社が株主のために価値を創造することに、これまで全体的に成功してこなかったという意味かもしれない。

＊訳者注：日本では一般に株価純資産倍率（Price Book-value Ratio, PBR）という用語が使われるが、ここでは入門者に対するわかりやすさと原書を尊重して、市場価値・簿価比率という言葉を用いる。

時価総額（Market Capitalization）

公開企業の時価総額は、企業の１株当りの市場価格と発行済株式数を掛け合わせたものである。プルフロック社では、これは以下のようになる（単位：100万）。

１株当り株価×発行済株式数＝＄88×33＝2,904ドル

これはプルフロック社の潜在的買い手にとっては役に立つ数値である。プルフロック社の発行済株式すべてを買い取るつもりの買い手（合併あるいは買収で）は、最低限29億400万ドルとプレミアムを用意する必要がある。

エンタープライズ・バリュー（Enterprise Value, EV）

エンタープライズ・バリューは、時価総額と密接な関係にある、企業価値の尺度である。発行済株式の市場価値にだけフォーカスするかわりに、これは発行済株式の市場価値に、発行済利付負債の市場価値から手元にある現金を引いたものを加える。われわれは、プルフロック社の時価総額は知っているが、発行済利付負債の市場価値は知らない。この状況における一般的な慣習は、発行済利付負債の簿価から手元にある現金を引いたものを、概算として用いる。プルフロック社の場合、エンタープライズ・バリューは以下になる（単位：100万）。

$$\begin{aligned} \text{EV} &= \text{時価総額} + \text{利付負債の市場価値} - \text{現金} \qquad (3.20) \\ &= \$2{,}904 + (\$196 + 457) - \$98 = \$3{,}459 \end{aligned}$$

EVの目的は、会社の発行済株式を全部購入し、そしてさらに負債を完済するのにいくらかかるのか、より優れた推定を行うことである。現金の調整は、もしわれわれが買い手なら、すぐに現金を用いて負債を買い戻すか、配当を支払うことができるのを、認識するためである。

エンタープライズ・バリュー・マルチプル（Enterprise Value Multiples）

目的が会社の株主資本の価値ではなく、会社の事業全体の価値を推定することにある場合、財務アナリストは、会社のエンタープライズ・バリューに基づいたバリュエーション・マルチプル（倍数）を用いる。適切なマルチプルを求めるには、エンタープライズ・バリューをEBITDAで割る。プルフロック社の場合、エンタープライズ・バリュー・マルチプルは、以下になる。

表3.6　一般的な財務比率

Ⅰ．短期支払能力（もしくは流動性）比率 $流動比率=\frac{流動資産}{流動負債}$ $当座比率=\frac{流動資産-棚卸資産}{流動負債}$ $現金比率=\frac{現金}{流動負債}$	Ⅱ．長期支払能力（もしくは財務レバレッジ）比率 $総負債比率=\frac{総資産-総株主資本}{総資産}$ $負債・株主資本比率=\frac{総負債}{総株主資本}$ $株主資本乗数=\frac{総資産}{総株主資本}$ $利息カバレッジ比率=\frac{EBIT}{支払利息}$ $キャッシュ・カバレッジ比率=\frac{EBITDA}{支払利息}$
Ⅲ．資産管理（もしくは回転）比率 $棚卸資産回転率=\frac{売上原価}{棚卸資産}$ $棚卸資産販売日数=\frac{365日}{棚卸資産回転率}$ $売掛債権回転率=\frac{売上高}{売掛金}$ $売掛債権回収日数=\frac{365日}{売掛債権回転率}$ $総資産回転率=\frac{売上高}{総資産}$ $資本集約率(\text{Capital Intensity})=\frac{総資産}{売上高}$	Ⅳ．収益性比率 $利益率=\frac{純利益}{売上高}$ $総資産利益率\ (ROA)=\frac{純利益}{総資産}$ $株主資本利益率\ (ROE)=\frac{純利益}{総株主資本}$ $ROE=\frac{純利益}{売上高}\times\frac{売上高}{総資産}\times\frac{総資産}{総株主資本}$ Ⅴ．市場価値比率 $1株当り利益\ (EPS)=\frac{純利益}{発行済株式数}$ $PE比率=\frac{1株当り株価}{1株当り利益}$ $市場価値・簿価比率=\frac{1株当り市場価値}{1株当り簿価}$ $EVマルチプル=\frac{EV}{EBITDA}$

$$\frac{EV}{EBITDA}=\frac{\$3,459}{\$967}=3.6倍$$

このマルチプルは、資本構成（支払利息）、税金、あるいは資本支出に違いがある際に、二つの会社を比較できるようにするので、とりわけ有用である。このマルチプルは、これらの差異に直接的な影響を受けない。

PE比率同様、高い成長機会が見込まれる企業は、高いEVマルチプルをもつと予想される。

これで、いくつかの一般的な比率についてのわれわれの議論は終わる。もっとたくさん伝えることもできるが、いまはこれで十分である。この話題を離れ、これらの比率を単に計算するだけでなく、どのように用いるのかの議論に進む。表3.6に、われわれが議論したいくつかの比率をまとめてある。

例3.4

以下のロウズ・カンパニー社とホーム・デポ社に関する2008年のデータを考える。

（1株当りの株価を除き単位：10億）

	ロウズ・カンパニー社	ホーム・デポ社
売上高	＄48.3	＄77.3
EBIT	＄4.8	＄7.3
純利益	＄2.8	＄4.4
現金	＄0.5	＄0.5
減価償却費	＄1.5	＄1.9
利付負債	＄6.7	＄13.4
総資産	＄30.9	＄44.3
1株当り株価	＄24	＄27
発行済株式数	1.5	1.7
株主持分	＄16.1	＄17.7

1．両社について、利益率、ROE、時価総額、エンタープライズ・バリュー、PEマルチプル、EVマルチプルを求めてみよう。

	ロウズ・カンパニー社	ホーム・デポ社
株主資本乗数	30.9/16.1＝1.9	44.3/17.7＝2.5
総資産回転率	48.3/30.9＝1.6	77.3/44.3＝1.7
利益率	2.8/48.3＝5.8%	4.4/77.3＝5.7%
ROE	2.8/16.1＝17.4%	4.4/17.7＝24.9%
時価総額	1.5×24＝＄36 （単位：10億ドル）	1.7×27＝＄45.9 （単位：10億ドル）
エンタープライズ・バリュー	（1.5×24）＋6.7−0.5＝ ＄42.2（単位：10億ドル）	（1.7×27）＋13.4−0.5＝ ＄58.8（単位：10億ドル）
PEマルチプル	24/1.87＝12.8	27/2.6＝10.4
EBITDA	4.8＋1.5＝＄6.3	7.3＋1.9＝＄9.2
EVマルチプル	42.2/6.3＝6.7	58.8/9.2＝6.4

2．財務の観点から、これら二つの企業をどのように描写できるだろうか。2社は同じような状況の会社である。2008年、ホーム・デポ社はより高いROE（より多くの負債と高い回転率が部分的な理由）だったが、ロウズ社はやや高いPEとEVマルチプルだった。両社のマルチプルは一般的な市場よりはやや低く、将来の成長見通しに懸念が生まれた。

3.3 デュポン恒等式（Du Pont Identity）

ROAとROEの議論のときに触れたように、これら二つの収益性尺度は、負債調達や財務レバレッジを反映する。この節で、ROEを構成要素に分解する有名な方法を考察することにより、これらの尺度の関係を解説する。

ROEのより詳細な観察

ROEの定義を思い出すことから始めよう。

$$株主資本利益率（ROE）=\frac{純利益}{総株主資本}$$

望むなら、われわれはこの比率に、何も変えることなく、総資産/総資産を掛け合わせることができる。

$$ROE=\frac{純利益}{総株主資本}=\frac{純利益}{総株主資本}\times\frac{総資産}{総資産}$$

$$=\frac{純利益}{総資産}\times\frac{総資産}{総株主資本}$$

ROEを、ROAと株主資本乗数という他の二つの比率の積として表したことに注意されたい。

$$ROE=ROA\times 株主資本乗数=ROA\times（1+負債・株主資本比率）$$

例として、プルフロック社に戻ると、負債・株主資本比率は0.39で、ROAは10.12%だった。われわれのここでの作業は、プルフロック社のROE（すでに計算済み）が以下であることを意味する。

ROE＝10.12%×1.39＝14%

ROEとROAの違いは、とりわけ特定のビジネスでは、相当大きいかもしれない。たとえば、最近の財務諸表をもとにすると、U.S.バンコープ社のROAはたった1.11%しかない。これは実際には銀行としてはまずまず典型的なものである。しかしながら、銀行は多くの資金を借りる傾向があり、結果として大きな株主資本乗数をもっている。U.S.バンコープ社の場合、ROEは約11.2%で、これは株主資本乗数が10.1であることを意味する。

ROEは、上と下に総売上高を掛けることによって、さらに分解することができる。

$$\mathrm{ROE}=\frac{\text{売上高}}{\text{売上高}}\times\frac{\text{純利益}}{\text{総資産}}\times\frac{\text{総資産}}{\text{総株主資本}}$$

これを少し変形すると、ROEは以下で表せる。

$$\mathrm{ROE}=\underbrace{\frac{\text{純利益}}{\text{売上高}}\times\frac{\text{売上高}}{\text{総資産}}}_{\text{総資産利益率}}\times\frac{\text{総資産}}{\text{総株主資本}} \qquad (3.21)$$

$$=\text{利益率}\times\text{総資産回転率}\times\text{株主資本乗数}$$

いまここで行ったのは、ROAを、利益率と総資産回転率という、二つの構成要素に分解することである。前の式の最後の表現は、その使用を広めたデュポン社にちなんで、デュポン恒等式（Du Pont Identity）と呼ばれる。

この関係をプルフロック社の場合でチェックできる。利益率は15.7%、総資産回転率は0.64だったので、ROEは以下になるはずである。

ROE＝利益率×総資産回転率×株主資本乗数
　　＝15.7%×　0.64　×　1.39
　　＝14%

この14%のROEは、まさに前に計算したものである。

デュポン恒等式は、ROEが三つのものに影響を受けることを教えてくれる。

1．営業効率性（利益率によって測られる）
2．資産使用の効率性（総資産回転率によって測られる）
3．財務レバレッジ（株主資本乗数によって測られる）

営業あるいは資産使用の効率性（あるいは両方）における弱さは、減少する総資産利益率に表れ、それが結果として低いROEにつながる。

デュポン恒等式を考察すると、負債をふやしてレバレッジを上げることによって、ROEを上昇させることができるようにみえる。しかしながら、負債の増加はまた、支払利息をふやし、利益率を下げる。これはROEを下げる方向に働く。よって、状況に応じてROEは上がったり下がったりする。さらに重要なのは、負債調達の利用にはほかに数多くの影響があり、後の章である程度詳しく議論するが、企業が用いるレバレッジの量は、その資本構成方針によって決定される。

この節で議論してきたROEの分解は、財務分析に系統的にとりかかる便利な方法である。もしROEが幾分不満足な値だったら、デュポン恒等式はその理由をどこから探し始めればよいか教えてくれる[5]。

Yahoo！とGoogleは、世界のインターネット企業の最重要格である。2008年の春、Yahoo！はある投資家グループから、会社全部あるいは一部を、Googleとの競争激化のためにオンラインサービスの強化をねらうマイクロソフト社に売却するよう強く主張された。

Yahoo！とGoogleは、会社の財務業績に関して適切な質問をするのにデュポン分析が役立つよい例かもしれない。Yahoo！とGoogleのデュポン分解は、表3.7にまとめてある。

表3.7　Yahoo！とGoogleのデュポン分解

Yahoo!

12カ月終了時	ROE	=	利益率	×	総資産回転率	×	株主資本乗数
2007年12月	6.9%	=	9.5%	×	0.570	×	1.28
2006年12月	8.1	=	11.7	×	0.558	×	1.24
2005年12月	10.0	=	16.4	×	0.485	×	1.26

Google

12カ月終了時	ROE	=	利益率	×	総資産回転率	×	株主資本乗数
2007年12月	18.6%	=	25.3%	×	0.655	×	1.12
2006年12月	18.0	=	29.1	×	0.574	×	1.08
2005年12月	17.7	=	23.9	×	0.598	×	1.24

5）たぶんここで有名なファイナンシャル・コメンテーターのエイブラハム・ブリルロフに言及すべきだろう。彼は「財務諸表は上等な香水のようなものである。嗅ぐのはいいが、飲み込んではいけない」という有名な所見を述べた。

表からわかるように、2007年におけるYahoo！のROEは、2005年の10.0%から下がって、6.9%だった。対照的に、Googleの2007年のROEは、2005年の17.7%から上がって18.6%だった。この情報を所与として、どうしたらこの期間、GoogleのROEがYahoo！のROEより、これほど高いことが可能だったのだろうか。そしてYahoo！のROEの減少の理由はどこにあるのだろうか。

デュポン分解を詳しく調べてみると、この期間にYahoo！の利益率は、16.4%から9.5%に劇的に減少した。一方で、Googleの2007年の利益率は、2年前とほぼ同じ25.3%だった。それにもかかわらず、Yahoo！とGoogleは、非常に近い総資産回転率と財務レバレッジをもっている。何がYahoo！と比べて、Googleの利益率における優位性を説明できるだろうか。営業効率性は、より高い販売量、より高い価格、および/または、より低い費用からもたらされうる。ROEにおける二つの会社の大きな違いを、利益率の違いに帰すことができるのは明らかである。

財務諸表分析の問題点

財務諸表を用いる際に生じるいくつかの追加的な問題点についての議論で、本章を続ける。いずれにしても、財務諸表分析の基本的な問題点は、どの数値に注目すべきかを手助けし、基準の確立にわれわれを導くもととなる理論がないことである。

他の章で議論するように、ファイナンス理論と経済的妥当性が、多くのケースで、価値とリスクに関して判断を下す際のガイダンスを提供する。財務諸表では、そのような助けはほとんど存在しない。これがなぜわれわれが、どの比率がいちばん重要か、高い値と低い値はどのようなレベルなのかをいえない理由である。

特に重大な問題は、多くの企業が、多少なりとも無関係な事業を抱えているコングロマリットであるということである。GEがよく知られた例である。そのような企業の連結財務諸表は、きちんとした産業カテゴリーに現実的に当てはまらない。もっと一般的にいうと、われわれが解説してきた同等集団分析（peer group analysis）のようなものは、それらの企業が厳密に同じ事業を行い、業界が競争的で、一つの営業方法しかない場合に、うまく機能する。

徐々に一般的になりつつあるもう一つの問題は、一つの産業内における主要な競争相手と、（人為的な分類ではない）自然な同等集団企業は、地球上に散らばっているかもしれないということである。自動車産業は明白な例である。ここでの問題点は、米国外からの財務諸表は必ずしもGAAPに従っていないということである。異なる基準と処理の存在は、国境を越えての財務諸表の比較をむずかしくする。

明らかに同様の事業に携わっている企業でさえ、比較対象にならないかもしれない。たとえば、主に発電を行っている電力会社は、すべて同じグループに分類されている。このグループは多くの場合、比較的均質であると考えられている。しかしながら、ほとんどの電力会社は規制された独占として営業しているので、少なくとも歴史的には、お互いにあまり競争しない。多くが株主をもち、また多くが株主のいない協同組合として組織化されている。発電には、水力から原子力までいくつかの異なる方法があるので、これらの電力会社の営業活動はきわめて異なる可能性がある。最後に、収益性は規制環境に強く影響を受けるので、異なる地域にある電力会社は、似ていても異なる利益をあげている可能性がある。

他のいくつかの一般的な問題がしばしば持ち上がる。第一に、異なる企業は、たとえば棚卸資産などに、異なる会計処理を用いる。これは財務諸表の比較をむずかしくする。第二に、異なる企業は、異なる時期に会計年度が終わる。たとえば、クリスマス・セールで大きく売り上げる小売業など、季節的なビジネスを営む企業にとって、年度を通して勘定が大きく変動するので、これは財務諸表を比べることの困難につながりうる。最後に、資産売却による1回だけの利益のような、例外的あるいは一時的な出来事が、財務業績に影響を及ぼすかもしれない。

3.4　財務モデル

財務プランニングは、財務諸表のもう一つの重要な使い道である。ほとんどの財務プランニング・モデルは、見積（pro forma）財務諸表をアウトプットする。Pro formaとは、形式上という意味である。われわれのケースでは、これは、会社の予想された将来の財務状況を要約するのに用いる形式が、財務諸表であることを意味する。

簡単な財務プランニング・モデル

比較的簡単な例とともに、財務プランニング・モデルの議論を始めよう。コンピューターフィールド社の直近の財務諸表は、次のとおりである。

特に言及しない限り、コンピューターフィールド社の財務計画担当者は、すべての変数が売上高に直接的に結びつき、現在の関係が最適であると仮定する。これはすべての項目が、売上高とまったく同じ率で成長することを意味する。これはいかにも単純化しすぎであるが、要点を明らかにするためだけに、この仮定を用いる。

コンピューターフィールド社財務諸表

損益計算書		貸借対照表			
売上高	$1,000	資産	$500	負債	$250
費用	800			株主資本	250
純利益	$　200	合計	$500	合計	$500

売上高が1,000ドルから1,200ドルへと、20%増加するとしよう。財務計画担当者は、費用もまた800ドルから960ドル（＝$800×1.2）へ、20%上昇すると予測する。したがって、見積損益計算書は以下のようになる。

見積損益計算書

売上高	$1,200
費用	960
純利益	$　240

すべての変数が20%で上昇するという仮定により、見積貸借対照表も簡単に作成できる。

見積貸借対照表

資産	$600	(+100)	負債	$300	(+50)
			株主資本	300	(+50)
合計	$600	(+100)	合計	$600	(+100)

すべての項目を単純に20%増加させたのに注意されたい。括弧内の数字は異なる項目のドル変化である。

ここで、二つの見積財務諸表を一致させなければならない。たとえば、どのようにしたら株主資本の増加が50ドルだけなのに、純利益を240ドルにできるだろうか。答えは、コンピューターフィールド社が差額の190ドル（＝240－50）を、おそらく現金配当として、株主に支払ったに違いないということである。このケースでは、配当金が「プラグ」変数である。

コンピューターフィールド社は、190ドルを配当金として支払わないとしよう。このケースでは、利益剰余金への追加は、全額の240ドルである。したがって、コンピューターフィールド社の株主資本は、250ドル（初めの値）足す240ドル（純利益、すなわち490ドル）に増加し、総資産を600ドルに維持するために、負債が償還されなければならない。

総資産が600ドルで、株主資本が490ドルなので、負債は110ドル（＝600－490）になる。250ドルの負債からスタートしたので、コンピューターフィールド社は140ドル（＝250－110）の負債を償還しなければならない。その結果、見積貸借対照表は以下のようになる。

見積貸借対照表

資産	＄600	（＋100）	負債	＄110	（－140）
			株主資本	490	（＋240）
合計	＄600	（＋100）	合計	＄600	（＋100）

このケースでは、負債が、見積もられた総資産と負債を釣り合わせるために用いられたプラグ変数である。

この例は、売上高成長と財務政策の相互作用を示している。売上高が増加するに伴い、総資産も増加する。これが起こるのは、会社が高い売上高水準を支えるために、純運転資本と固定資産に投資しなければならないからである。資産が成長しているので、貸借対照表の右側の、負債および資本合計もまた成長する。

この簡単な例から気づくべきことは、負債と株主持分が、会社の資金調達政策と配当政策によって、どのように変わるかということである。これは完全に経営上の意志決定である。この例では、会社は外部資金を必要としないことに注意されたい。通常はそうではないので、次節ではさらに詳しい状況を検討する。

Planware は、キャッシュフロー予測の洞察を提供している。www.planware.org

売上高割合法

前節では、すべての項目が売上高と同じ率で上昇するという簡単なプランニング・モデルを説明した。これは一部の項目については妥当な仮定かもしれないが、長期借入れといった他の項目に関しては、おそらく妥当ではない。長期借入額は経営陣によって決定され、必ずしも売上高水準と直接関係していない。

この節では、われわれの簡単なモデルの拡張版を説明する。基本的な考え方は、損益計算書と貸借対照表勘定を、売上高とともに直接変動するものと、しないものの、二つのグループに分けることである。売上高予想を所与とすると、その後企業が予想された売上高水準を支えるために、どれだけの資金調達が必要になるのかを計算することが可能になる。

これから説明する財務プランニング・モデルは、売上高割合アプローチ（percentage of sales approach）をベースにしている。ここでのわれわれの目的は、見積財務諸表を作成するための、素早くて実践的な方法を開発することである。いくつかの付随する事柄についての議論は、後の節まで延期する。

損益計算書

表3.8に示されたローゼン・ガーテン社の直近の損益計算書から始める。売上原価、減価償却費、そして支払利息を、費用として一つの数値にまとめることによって、依然として簡略化していることに注意されたい。

ローゼン・ガーテン社は、来年度の売上高が25%増加すると見積もっているので、われわれは1,250万ドル（＝＄1,000万×1.25）の売上高を予想する。見積財務諸表を作成するために、総費用は引き続き売上高の80%（＝＄800/1,000）であると仮定する。この仮定によるローゼン・ガーテン社の見積損益計算書は、表3.9に示されたとおりである。費用が売上高の一定割合であると仮定するここでの影響は、利益率が一定であると仮定することである。これを確認するために、利益率が13.2%（＝＄132/1,000）であることに気づかれたい。われわれの見積損益計算書でも、利益率は13.2%（＝＄165/1,250）で変わっていない。

次に配当支払を予想する必要がある。この金額はローゼン・ガーテン社の経営陣次第である。われわれは、ローゼン・ガーテン社が純利益の一定割合を現金配当の

表3.8　ローゼン・ガーデン社損益計算書

売上高		＄1,000
費用		800
課税所得		＄200
税金（34%）		68
純利益		＄132
配当金	＄44	
利益剰余金への追加	88	

表3.9　ローゼン・ガーデン社見積損益計算書

売上高（予想）	$1,250
費用（売上高の80%）	1,000
課税所得	$250
税金（34%）	85
純利益	$165

かたちで支払う政策をもっていると仮定する。直近の年度では、**配当性向**（dividend payout ratio）は、以下のとおりだった。

$$配当性向＝現金配当/純利益 \tag{3.22}$$

$$=\$44/132=33\frac{1}{3}\%$$

純利益に対する利益剰余金への追加もまた、以下のように計算することができる。

$$利益剰余金への追加/純利益＝\$88/132=66\frac{2}{3}\%$$

この比率は**内部留保率**（retention ratio）もしくは**再投資率**（plowback ratio）と呼ばれ、支払われないものすべてが内部留保されるので、1から配当性向を引いた値である。配当性向が一定であると仮定すると、予想される配当と利益剰余金への追加は以下のようになる。

予想される株主に支払われる配当	＝$165×1/3＝	$55
予想される利益剰余金への追加	＝$165×2/3＝	110
		$165

貸借対照表

見積貸借対照表を作成するために、表3.10に示された直近の貸借対照表から始める。

われわれの貸借対照表では、いくつかの項目が売上高とともに直接的に変動し、その他は変動しないと仮定する。売上高とともに変動する項目については、それぞれを直近年度末の売上高の割合として表す。売上高とともに直接変動しない項目については、「n/a」（not applicable，適用外）で表す。

表3.10　ローゼン・ガーテン社貸借対照表

資産の部			負債および資本の部		
	$	売上高割合		$	売上高割合
流動資産			流動負債		
現金	$ 160	16%	買掛金	$ 300	30%
売掛金	440	44	支払手形	100	n/a
棚卸資産	600	60	合計	$ 400	n/a
合計	$1,200	120	固定負債	$ 800	n/a
固定資産			株主持分		
建物、設備の純額	$1,800	180	普通株式および払込剰余金	$ 800	n/a
			利益剰余金	1,000	n/a
			合計	$1,800	n/a
資産合計	$3,000	300%	負債および資本合計	$3,000	n/a

たとえば、資産サイドでは、年度末の棚卸資産は売上高の60%（＝$600/1,000）である。われわれはこのパーセンテージが翌年に適用されると仮定するので、売上高1ドルの増加ごとに、棚卸資産は0.60ドル上昇する。より一般的には、年度末における売上高に対する総資産の比率は、300%（＝$3,000/1,000）である。

この売上高に対する総資産の比率は、時に**資本集約率**（**capital intensity ratio**）と呼ばれる。この比率は、1ドルの売上高を生み出すために必要な資産の額を教えてくれる。この比率が高ければ高いほど、企業の資本集約度は高い。また、この比率は、ちょうど総資産回転率の逆数であることに気づかれたい。

ローゼン・ガーテン社では、この比率が一定であると仮定すると、1ドルの売上高を生み出すのに、3ドルの総資産が必要になる（明らかにローゼン・ガーテン社は、比較的資本集約度が高い事業を行っている）。したがって、売上高を100ドル増加させるためには、ローゼン・ガーテン社は総資産をこの額の3倍（300ドル）ふやさなければならない。

貸借対照表の負債サイドでは、買掛金が売上高とともに変動することが示されている。理由は、販売量の増加に伴い、サプライヤーへの発注がふえることが期待されるからである。よって、買掛金は売上高とともに「自然」に変化する。一方で、支払手形は、銀行借入れなどの、短期負債を表す。金額を変えるために特別な行動を起こさない限り、これは変化しないので、この項目には「n/a」の印をつける。

同様に、固定負債も売上高とともに自動的に変化しないので、「n/a」を用いる。同じことは、普通株式と払込剰余金についてもいえる。右側の最後の項目である利

表3.11　ローゼン・ガーテン社部分的貸借対照表

資産の部			負債および資本の部		
	翌年	今年度からの変化		翌年	今年度からの変化
流動資産			流動負債		
現金	$ 200	$ 40	買掛金	$ 375	$ 75
売掛金	550	110	支払手形	100	0
棚卸資産	750	150	合計	$ 475	$ 75
合計	$1,500	$300	固定負債	$ 800	$ 0
固定資産			株主持分		
建物、設備の純額	$2,250	$450	普通株式および払込剰余金	$ 800	$ 0
			利益剰余金	1,110	110
			合計	$1,910	$110
資産合計	$3,750	$750	負債および資本合計	$3,185	$185
			必要外部資金	$ 565	$565

益剰余金は、売上高とともに変化するが、売上高の単純な割合にはならない。そのかわり、予想された純利益と配当金に基づいて、利益剰余金の変化を明示的に計算する。

これでローゼン・ガーテン社の見積貸借対照表を作成できる。算出した割合を、可能な場所にはすべて用いて、予想額を計算する。たとえば、純固定資産は売上高の180%なので、新しい売上高水準の1,250ドルでは、純固定資産額は2,250ドル（=1.80×$1,250）になる。これは建物と設備の増加額450ドル（=$2,250−1,800）を反映している。売上高とともに直接変動しない項目については、最初に変化しないことを仮定し、単純に当初の額を記入していることに特に注意されたい。結果は表3.11に示されている。利益剰余金の変化は、先に計算した利益剰余金への追加額110ドルと等しいことに気づいたろうか。

われわれの見積貸借対照表を詳しくみると、資産が750ドル増加すると見積もられていることに気づく。しかしながら、追加の資金調達なしでは、負債および株主持分は185ドルしか増加せず、565ドル（=$750−185）の不足分が残ることになる。われわれはこの金額を、*必要外部資金（External Financing Needed, EFN）*と名付けた。

もし望むなら、見積財務諸表を作成するかわりに、次のようにEFNを直接計算することもできる。

$$EFN = \frac{資産}{売上高} \times \Delta 売上高 - \frac{自発的負債}{売上高} \times \Delta 売上高 - PM \times 予測売上高 \times (1 - d) \qquad (3.23)$$

この式において、「Δ 売上高」は売上高の予想変化額（$）である。われわれの例では、翌年の予想売上高は1,250ドルであり、前年から250ドルの増加なので、Δ 売上高は250ドルである。「自発的負債」とは、売上高とともに自然に上下する負債を意味している。ローゼン・ガーテン社では、自発的負債は買掛金の300ドルである。最後に、PM と d は、利益率と配当性向であり、先に計算した値はそれぞれ13.2%と33⅓%である。総資産と売上高はそれぞれ3,000ドルと1,000ドルなので、EFN は以下になる。

$$EFN = \frac{\$3,000}{1,000} \times \$250 - \frac{\$300}{1,000} \times \$250 - 0.132 \times \$1,250 \times \left(1 - \frac{1}{3}\right)$$
$$= \$565$$

この計算には三つの部分がある。１番目の部分は、資産の予想増加額で、資本集約率を用いて計算される。２番目は、負債の自発的増加である。３番目の部分は、利益率と予想売上高の積で、予想純利益に内部留保率を掛け合わせたものである。したがって、３番目の部分は、利益剰余金への予想追加額である。

特定のシナリオ

われわれの財務プランニング・モデルは、「よいニュース/悪いニュース」のジョークの一つを思い出させる。よいニュースは、売上高が25%増加すると見込んでいることである。悪いニュースは、ローゼン・ガーテン社がどうにかして新規に565ドルの資金を調達しないと、それは起こらないということである。

これは、どのようにプランニング・プロセスが問題点と潜在的矛盾を指摘してくれるかの、よい例である。たとえば、仮にローゼン・ガーテン社が、これ以上の追加資金を借りず、新株も発行しないという目標をもっていたら、売上高の25%増は、たぶん実現可能ではない。

もし565ドルの新規調達の必要性を所与とすれば、ローゼン・ガーテン社には、短期借入れ、長期借入れ、新株発行という三つの可能性がある。これら三つをどのように組み合わせるかの選択は、経営陣次第である。われわれは多くの可能性の一つだけを解説する。

表3.12　ローゼン・ガーテン社見積貸借対照表

資産の部			負債および資本の部		
	翌年	今年度からの変化		翌年	今年度からの変化
流動資産			流動負債		
現金	$ 200	$ 40	買掛金	$ 375	$ 75
売掛金	550	110	支払手形	325	225
棚卸資産	750	150	合計	$ 700	$300
合計	$1,500	$300	固定負債	$1,140	$340
固定資産			株主持分		
建物、設備の純額	$2,250	$450	普通株式および払込剰余金	$ 800	$ 0
			利益剰余金	1,110	110
			合計	$1,910	$110
資産合計	$3,750	$750	負債および資本合計	$3,750	$750

ローゼン・ガーテン社が、必要な資金を借りることに決定したとしよう。このケースでは、会社は一部を短期で、一部を長期で借りることを選択するかもしれない。たとえば、流動資産が300ドル増加した一方で、流動負債は75ドルしかふえていない。ローゼン・ガーテン社は、225ドル（＝$300－75）を短期の支払手形で借り入れ、純運転資本の総額は変わらないままにしておくことができる。565ドルの必要資金のうち、残りの340ドル（＝$565－225）は、長期負債からこなければならない。表3.12は、ローゼン・ガーテン社の完成した見積貸借対照表を表している。

われわれはここで、短期負債と長期負債の組合せをプラグ変数として用いたが、これは単に可能な戦略の一つにすぎず、必ずしも最善のものではないことを強調したい。われわれは他の多くのシナリオを吟味することができるし、またそうすべきである。前に議論したさまざまな比率がここでは役立つ。たとえば、われわれが考察したシナリオでも、予想された新しい負債水準が居心地のよいレベルかどうかをみるために、流動比率と総負債比率は、ぜひとも調べたいものだろう。

3.5　外部資金調達と成長

必要外部資金と成長は、明らかに関係している。他のすべてが同じで変わらないとすると、売上高や資産の成長率が高ければ高いほど、外部資金調達の必要性は高まる。前の節で、われわれは成長率を所与であるとみなし、それからその成長を支えるための必要外部資金の額を求めた。この節では、物事を少し回転させる。会社の財務政策が所与であるとみなし、それから、財務政策と、新たな投資のための資金調達およびそれにより成長する会社の能力、との関係を吟味する。

われわれが成長にフォーカスしているのは、成長が適切なゴールだからというわけではない。投資と資金調達の意志決定との関係を調べるというここでの目的に、成長は単に便利な手段であるから、ということを強調しておく。要するに、プランニングのためのベースとして成長を使用するのは、計画策定過程で用いられる非常に高度な集約の、単なる反映であると仮定する。

EFN と成長

まず最初にしなければならないのは、EFN と成長との間の関係を確定することである。そのために、表3.13のホフマン社の簡略化された損益計算書と貸借対照表を紹介する。短期と長期の負債を一つの負債合計値にまとめて、貸借対照表を簡略化したことに注意されたい。事実上、われわれは、すべての流動負債が売上高と自発的に変動しないと仮定している。この仮定は、実はそれほど限定的ではない。仮

表３.13　ホフマン社損益計算書と貸借対照表

損益計算書

売上高		$500
費用		400
課税所得		$100
税金（34%）		34
純利益		$ 66
配当金	$22	
利益剰余金への追加	44	

貸借対照表

資産の部			負債および資本の部		
	$	売上高割合		$	売上高割合
流動資産	$200	40%	負債合計	$250	n/a
純固定資産	300	60	株主持分	250	n/a
資産合計	$500	100%	負債および資本合計	$500	n/a

表3.14　ホフマン社見積損益計算書と貸借対照表

損益計算書

売上高（予想）		$600.0
費用（売上高の80%）		480.0
課税所得		$120.0
税金（34%）		40.8
純利益		$ 79.2
配当金	$26.4	
利益剰余金への追加	52.8	

貸借対照表

資産の部			負債および資本の部		
	$	売上高割合		$	売上高割合
流動資産	$240.0	40%	負債合計	$250.0	n/a
純固定資産	360.0	60	株主持分	302.8	n/a
資産合計	$600.0	100%	負債および資本合計	$552.8	n/a
			必要外部資金	$ 47.2	n/a

に流動負債のどれか（たとえば買掛金）が、売上高とともに変動するとしても、そのような勘定はどれも、流動資産と相殺されていると仮定することができる。また、引き続き、損益計算書上の減価償却費、支払利息、費用を結合する。

ホフマン社は、来年度の売上高が、100ドル増加して600ドルになると予想しているとしよう。売上高における増加率は、20%（＝$100/500）である。売上高割合法と表3.13の数値を用いて、表3.14のように、見積損益計算書と貸借対照表を作成することができる。表3.14が例示するように、20%の成長率では、ホフマン社は100ドルの新たな資産が必要になる。見積もられた利益剰余金への追加は52.8ドルなので、必要外部資金（EFN）は47.2ドル（＝$100－52.8）である。

ホフマン社の負債・株主資本比率は、当初1.0（＝$250/250）だったことに気づかれたい（表3.13から）。ホフマン社は、新株発行を望まないと仮定する。この場合、EFNの47.2ドルは、借り入れられなければならない。新しい負債・株主資本比率はいくらになるだろうか。表3.14より、総株主持分は302.8ドルが見積もられていることがわかっている。新しい総負債は、当初の250ドルに新規借入れの47.2ドルを足して、合計で297.2ドルになる。したがって、負債・株主資本比率は、1.0からやや下がって、0.98（＝$297.2/302.8）になる。

表3.15は、いくつかの異なる成長率について、EFNを表している。シナリオご

との、見積もられた利益剰余金への追加と、見積もられた負債・株主資本比率もまた与えられている（練習のために、たぶんこれらのいくつかを計算すべきである）。負債・株主資本比率を求める際、資金が必要ならすべて借り入れると仮定し、また余剰資金があれば、負債の償還に使われると仮定した。したがって、ゼロ成長のケースでは、負債は250ドルから206ドルへと、44ドル減少する。表3.15で、必要な資産の増加は、単純に、当初の資産500ドルに、成長率を掛けたものと等しいことに気づかれたい。同様に、利益剰余金への追加は、当初の44ドルに、44ドル×成長率を足したものとなる。

表3.15　ホフマン社の成長とEFNの見積り

売上高成長率予想	必要資産の増加	利益剰余金への追加	必要外部資金 EFN	見積もられた負債・株主資本比率
0%	$　0	$44.0	－$44.0	0.70
5	25	46.2	－21.2	0.77
10	50	48.4	1.6	0.84
15	75	50.6	24.4	0.91
20	100	52.8	47.2	0.98
25	125	55.0	70.0	1.05

図3.1　ホフマン社の成長と関連する必要外部資金

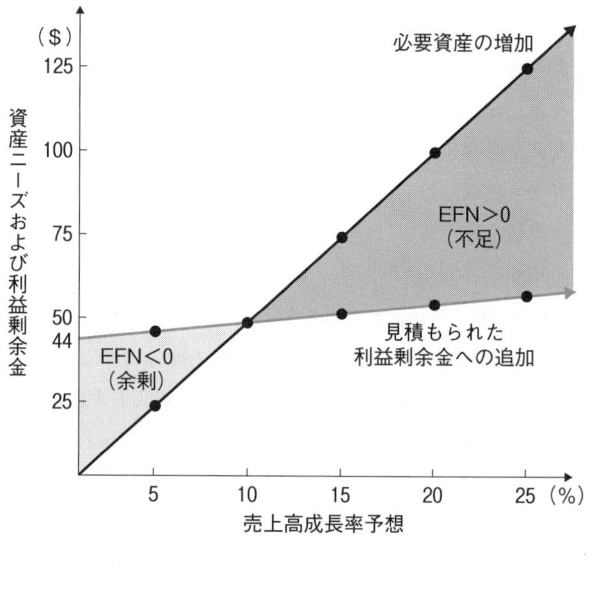

表3.15は、比較的低い成長率ではホフマン社は資金余剰になり、負債・株主資本比率は減少することを示している。しかしながら、成長率が増加し約10%になった途端、資金余剰は資金不足に変わる。さらに、成長率がおよそ20%を上回ると、負債・株主資本比率は、当初の値の1.0を超える。

図3.1は、資産ニーズおよび利益剰余金への追加と、対応する成長率をグラフに描くことによって、売上高の成長と必要外部資金との関係を、より詳しく説明している。グラフに示されているように、新たな資産の必要性は、利益剰余金への追加よりずっと速く成長するので、利益剰余金への追加によって提供される内部資金は、急速に消失する。

この議論が示すように、企業が現金余剰になるか、あるいは不足になるかどうかは、成長に依存している。マイクロソフト社が、よい例である。同社の1990年代における収益成長率は、10年間にわたって年間平均が30%を優に超えるという、驚くべきものだった。2000～2006年の期間では、成長は目立ってスローダウンしたが、しかしそれでもなお、マイクロソフトの、成長と十分な利益率の組合せは、膨大な現金余剰を生み出した。部分的な理由として、マイクロソフトは配当をわずかしか支払わなかったので、現金が本当に積み上がった。2008年には、マイクロソフトの現金と短期投資は、210億ドルを超えた。

財務政策と成長

直前のわれわれの議論をもとにすると、成長と外部資金調達との間には直接的なつながりがあることがわかる。この節では、長期的なプランニングにおいて、特に役立つ二つの成長率を議論する。

内部成長率

最初の興味深い成長率は、何の外部資金調達もなしに達成できる最大成長率である。これは企業が内部資金調達だけで維持できる成長率なので、われわれはこれを内部成長率（internal growth rate）と呼ぶ。図3.1において、この内部成長率は二つの線が交わる点で表されている。この点で、資産の必要増加量は、利益剰余金への追加とちょうど等しく、よってEFNはゼロである。成長率が10%を若干下回る場合に、これが起こることはすでに観察した。多少の代数を用いて（本章末の問題28を参照）、この成長率をもっと正確に定義することができる。

$$\text{内部成長率} = \frac{\text{ROA} \times b}{1 - \text{ROA} \times b} \tag{3.24}$$

ここでROAは前に議論した総資本利益率で、bもまたすでに本章の初めで定義された再投資（もしくは内部留保）率である。

ホフマン社では、純利益が66ドルで、総資産は500ドルだった。したがって、ROAは13.2%（＝$66/500）である。66ドルの純利益のうち、44ドルが内部留保されたので、再投資率bは、2／3（＝$44/66）である。これらの数値をもとに、内部成長率は以下のように計算できる。

$$\text{内部成長率} = \frac{\text{ROA} \times b}{1 - \text{ROA} \times b}$$

$$= \frac{0.132 \times (2/3)}{1 - 0.132 \times (2/3)}$$

$$= 9.65\%$$

したがって、ホフマン社は外部資金調達なしに、最大年間9.65%で拡大することができる。

持続可能な成長率

もしホフマン社が、年間9.65%よりもさらに速く成長することを望むなら、外部資金調達を手配しなければならない。２番目の興味深い成長率は、企業が一定の負債・株主資本比率を維持しながら、何の外部株式資金調達も行わずに達成できる、最大成長率である。この比率は、企業が財務レバレッジをふやさずに維持できる最大成長率なので、一般に**持続可能な成長率**（sustainable growth rate）と呼ばれる。

なぜ企業が新株発行を避けたがるのかには、さまざまな理由がある。たとえば、相当な費用がかかるかもしれないので、新株発行は高くつく可能性がある。あるいは現在の株主が、新しい株主を加えるのを望まないかもしれない。なぜ、企業がある特定の負債・株主資本比率を最適なものとみなすかもしれないのかについては、後の章で議論する。いまはこれを所与としておく。

表3.15に基づくと、この成長率の時に、負債・株主資本比率が1.0に近いので、ホフマン社の持続可能な成長率はおよそ20%である。正確な値は以下のように計算できる（章末問題28を参照）。

$$持続可能な成長率 = \frac{\mathrm{ROE} \times b}{1 - \mathrm{ROE} \times b} \quad (3.25)$$

これは、ROAのかわりにROE（株主資本利益率）が使われていることをのぞいて、内部成長率と同じである。

ホフマン社の場合、純利益が66ドルで、株主持分は250ドルだった。したがって、ROEは26.4%（＝＄66/250）である。再投資率 b は依然として2／3なので、持続可能な成長率は以下のように計算できる。

$$持続可能な成長率 = \frac{\mathrm{ROE} \times b}{1 - \mathrm{ROE} \times b}$$

$$= \frac{0.264 \times (2/3)}{1 - 0.264 \times (2/3)}$$

$$= 21.36\%$$

したがって、ホフマン社は外部株式資金調達なしに、最大年間21.36%で拡大することができる。

例3.5　持続可能な成長率

ホフマン社は、ちょうど持続可能な成長率21.36%で成長しているとする。見積財務諸表はどのようになるだろうか。

21.36%の成長率では、売上高は500ドルから606.8ドルに上がる。見積損益計算書は以下のようになる。

ホフマン社
見積損益計算書

売上高（予想）		＄606.8
費用（売上高の80%）		485.4
課税所得		＄121.4
税金（34%）		41.3
純利益		＄　80.1
配当金	＄26.7	
利益剰余金への追加	53.4	

貸借対照表も前に行ったように作成する。このケースでは、利益剰余金への追加が53.4ドルなので、株主持分は250ドルから303.4ドルに上がることに気づ

かれたい。

ホフマン社
見積貸借対照表

資産の部	$	売上高割合	負債および資本の部	$	売上高割合
流動資産	$242.7	40%	負債合計	$250.0	n/a
純固定資産	364.1	60	株主持分	303.4	n/a
資産合計	$606.8	100%	負債および資本合計	$553.4	n/a
			必要外部資金	$ 53.4	n/a

表からわかるように、EFN は53.4ドルである。もしホフマン社がこの金額を借り入れるとすると、負債合計は303.4ドルにふえ、負債・株主資本比率はちょうど1.0になる。これは前に計算した値の正しさを裏付ける。これ以外の他の成長率では、何かが変化しなければならない。

成長の決定要因

本章の前半で、株主資本利益率（ROE）が、デュポン恒等式を用いてさまざまな構成要素に分解できることを理解した。持続可能な成長率の決定において、ROE は非常に顕著に現れるので、ROE の決定で重要なファクターはまた、成長の重要な決定要因であることは明らかである。

前の議論から、ROE が三つのファクターの積として書き表せることがわかっている。

ROE＝利益率×総資産回転率×株主資本乗数

持続可能な成長率の式を調べると、ROE を増加させるものはすべて、分子を大きくし、また分母を小さくするので、持続可能な成長率を上昇させることがわかる。再投資率の増加も同じ効果をもたらす。

これらをすべて一緒に考えると、企業の成長を維持する能力は、以下の四つのファクターに明示的に依存しているといえる。

1．*利益率*：利益率の増加は、企業の内部で資金を生み出す能力を増加させ、それにより持続可能な成長率を上昇させる。

2．*配当政策*：配当として支払う純利益の割合の減少は、内部留保率を上昇させる。これは内部で生み出される株主持分を増加させ、よって持続可能な成長率を上昇させる。

3．*財務政策*：負債・株主資本比率の増加は、企業の財務レバレッジを上昇させる。これは追加の負債資金調達を可能にするので、持続可能な成長率を上昇させる。

4．*総資産回転率*：企業の総資産回転率の増加は、資産１ドルごとの売上高を増加させる。これは、売上高の成長に伴い、企業の新たな資産の必要性を減少させるので、持続可能な成長率を上昇させる。総資産回転率の増加は、資本集約率の減少と同じであることに注意されたい。

持続可能な成長率は、非常に有用なプランニング数値である。それが説明するのは、利益率で測られる営業効率性、総資産回転率で測られる資産使用の効率性、内部留保率で測られる配当政策、負債・株主資本比率で測られる財務政策という、企業における四つの主要な関心分野の明示的な関係である。

例３．６　利益率と持続可能な成長

サンダー社の負債・株主資本比率は0.5で、利益率は３％、配当性向は40％、資本集約率は１である。持続可能な成長率はいくらだろうか。もしサンダー社が10％の持続可能な成長率を望み、利益率の向上によってこの目的を達成する計画を立てたとしたら、あなたはどう考えるだろうか。

ROEは、4.5％（＝0.03×１×1.5）で、内部留保率は0.60（＝１－0.40）である。したがって、持続可能な成長率は、

$$0.045\ (0.60)\ /\ [1-0.045\ (0.60)]=2.77\%$$

となる。

会社が10％の成長率を達成するためには、利益率が上昇しなければならない。これをみるために、持続可能な成長率は10％で、そこから利益率PMを解くとする。

$$0.10 = PM(1.5)(0.6) / [1 - PM(1.5)(0.6)]$$
$$PM = 0.1/0.99 = 10.1\%$$

この計画が成功するために必要な利益率の増加は、３%から10%へと相当なものになる。これは実現可能ではないかもしれない。

これら四つ全部の値が与えられると、達成可能なただ一つの成長率が存在する。これは重要な点なので、繰り返し述べる価値がある。

もし企業が新株発行を望まず、利益率、配当政策、財務政策、総資産回転率（もしくは資本集約率）がすべて固定されていたら、ただ一つの可能な成長率が存在する。

財務プランニングの主要な利点の一つは、これが企業のさまざまな目標の整合性を確実にするということである。持続可能な成長率の概念は、この要素をうまくとらえている。また、財務プランニング・モデルが、計画された成長率の実現可能性をテストするために、どのように使われるのかもいまは理解できる。もし持続可能な成長率よりも高い率で売上高を成長させようとするなら、企業は、利益率を上げるか、総資産回転率を上げるか、財務レバレッジを上げるか、内部留保率を上げるか、あるいは新株を発行しなければならない。

内部成長率と持続可能な成長率という二つの成長率は、表3.16に要約されて

表3.16　内部成長率と持続可能な成長率の要約

Ⅰ．内部成長率

$$\text{内部成長率} = \frac{ROA \times b}{1 - ROA \times b}$$

ROA＝総資産利益率＝純利益/総資産

b ＝再投資（内部留保）率＝利益剰余金への追加/純利益

内部成長率は、何の外部資金調達も行わずに達成できる最大成長率である。

Ⅱ．持続可能な成長率

$$\text{持続可能な成長率} = \frac{ROE \times b}{1 - ROE \times b}$$

ROE＝株主資本利益率＝純利益/総株主資本

b ＝再投資（内部留保）率＝利益剰余金への追加/純利益

持続可能な成長率は、一定の負債・株主資本比率を維持しながら、外部株式資金調達を行わずに達成できる最大成長率である。

いる。

持続可能な成長率の計算に関する注意書き

きわめて一般的に、持続可能な成長率は、われわれの式の分子（ROE×b）だけを用いて計算される。これは多少の混乱を引き起こすので、ここで整理しておく。問題点は、ROEがどのように計算されるかということである。ROEは、純利益を総株主資本で割ったものとして計算されるのを思い出そう。われわれが終始一貫して行ってきたように、そして実務でも一般的に行われているように、もし総株主資本が期末の貸借対照表からとられたものなら、われわれの公式は正しい。しかしながら、もし総株主資本が期首のものなら、より簡単な公式のほうが正しい。

原則として、どちらの公式を使っても、ROEの計算を適切な公式で行っている限りまったく同じ持続可能な成長率を得る。ところが実際には、会計上の処理の問題で、多少の違いが現れるかもしれない。ところで、もしあなたが、一部の人々が推奨するように、期首と期末の株主資本を平均して用いるなら、さらにもう一つ公式が必要になる。また、ここでのわれわれのコメントはすべて、内部成長率にも同様に当てはまる。

3.6　財務プランニング・モデルに関するいくつかの注意点

財務プランニング・モデルは、常に正しい質問をするわけではない。主な理由は、それらのモデルが、財務的な関係ではなく、会計的な関係に頼る傾向があるからである。特に、企業価値の三つの基本的な要素（すなわち、キャッシュフローのサイズ、リスク、そしてタイミング）は、無視されがちである。

それが原因で、財務プランニング・モデルは、どのような戦略が価値の向上に導くのかについて、ユーザーに多くの意義ある手がかりを提供するアウトプットを、ときどきつくりださない。かわりにモデルは、たとえば負債・株主資本比率と企業成長のような、関連に関する質問にユーザーの注意をそらせてしまう

われわれがホフマン社に用いた財務モデルは、実際のところ単純すぎるほどシンプルなものだった。今日使用されている多くのモデルのように、われわれのモデルは、実際には、本質において財務諸表作成モデルである。そのようなモデルは、矛

盾点を指摘し、財務の必要要件を気づかせてくれるのには役立つが、これらの問題に関してどう対処するのか、ガイダンスをほとんど提供しない。

ここでの議論を終えるにあたって、財務プランニングは繰り返しのプロセスであることを書き足さなければならない。最終的なプランは、プロセスにかかわるすべての関係者が交渉を行った結果である。実際、ほとんどの企業における長期財務プランニングは、プロクルステス・アプローチと呼べるかもしれないものに頼っている[6)]。上級経営陣には心のなかに目標があり、すべては、プランニング・スタッフが、つくり直し、最終的に目標を満たす実現可能なプランを届けることにかかっている。

● コラム ●

彼ら自身の言葉で

Robert C. Higgins：持続可能な成長に関して

ほとんどの財務担当役員は、お金を稼ぐにはお金が必要であることを、直感的に知っている。急な売上高の成長は、売掛金、棚卸資産、固定設備等のかたちでの資産の増加を必要とし、その結果、資産に支払うお金が必要になる。彼らはまた、必要なときに会社に資金がなければ、文字どおり「黒字倒産」しうることも知っている。持続可能な成長の方程式は、これらの直感的な真実を明示的に表している。

持続可能な成長はしばしば、銀行員やその他の外部アナリストが、企業の信用力を評価するときに利用される。彼らは、このような実務を行う際に、持続可能な年次成長率を含む、企業の過去の財務成績の詳細な分析を提供する、いくつかの洗練されたソフトウエア・パッケージの助けを借りる。

銀行員はこの情報をいくつかの用途に利用する。企業の実際の成長率と持続可能な成長率を素早く比較することで、彼らは経営陣の最優先財務課題が何なのかを知ることができる。もし実際の成長率が持続可能な成長率を一貫して上回っていたら、経営陣の問題は、成長を支える資金をどこから入手するかということになる。したがって、銀行員はローン商品に対する興味を期待できる。逆に、もし持続可能な成長率が実際の成長率を一貫して上回っていたら、銀行員は投資商品を勧める準備をするのがよい。なぜなら、経営陣の問題は、口座

6）ギリシャ神話で、プロクルステスは旅人をとらえては鉄のベッドに縛りつける巨人。彼はベッドのサイズにあわせるために、旅人を引き延ばしたり、足を切り落としたりする。

に積み上がっていく現金をどうするかということになるからである。

持続可能な成長の方程式はまた、財務的な経験の乏しい小規模事業のオーナーや、過度に楽観的な起業家に対し、事業の長期的な継続のためには、成長と収益性を適度なバランスに保つことが必要であると説明する際にも、銀行員にとって有益なものである。

最後に、実際の成長率と持続可能な成長率を比較することにより、銀行員は、なぜ融資希望者が資金を必要としているのか、そしてどれだけ長く必要とするのかを理解しやすくなる。ある実例では、融資希望者がしつこいサプライヤーたちに対する支払のために10万ドルの融資を希望し、期限がくる売掛金を回収して数カ月以内に返済することを約束した。持続可能な成長率の分析は、この企業が持続可能な成長率の4～6倍で成長してきており、このパターンは予測可能な将来において継続する可能性が高いことを明らかにした。これは、しつこいサプライヤーが、速すぎる成長という根本的な弊害の兆候にすぎず、10万ドルの融資が、もっと多額で多年にわたるコミットメントの頭金にすぎなくなる可能性が高いということを、銀行員に警告した。

Robert C. Higgins はワシントン大学のファイナンスの教授である。彼は持続可能な成長を財務分析のツールとして用いた先駆者である。

したがって、最終的なプランは、暗黙のうちに異なる分野の異なる目標を含み、そしてまた多くの制限を満たさなければならない。そのため、このようなプランは、将来が何をもたらすとわれわれが考えているのかについての冷静な評価ではなく、かわりに、異なるグループの計画された活動を調停する一つの手段であり、将来に向けての共通の目標を定める方法となっているかもしれない。

それがどのようになされようとも、重要なことは、財務プランニングを単なる機械的な作業にしてはいけないと覚えておくことである。もしそうしてしまったら、おそらく間違った事柄にフォーカスしてしまうだろう。とはいえ、財務プランニングのかわりは、将来に向かってつまずきながら歩いて行くことである。たぶんヨギ・ベラ（漫画のキャラクターではなく、プロ野球の捕手）がこれを最もよく言い表している。「自分がどこに向かってんのかわからないんだったら、気をつけな。そこにまったくたどり着かないかもしれないぜ」[7]。

7）　われわれは、これが何を意味するのか正確には定かではないが、その響きが好きである。

要約と結論

本章は、財務諸表に含まれる情報の活用にフォーカスした。特に、標準化された財務諸表、比率分析、そして長期財務プランニングを学習した。

1．企業規模の違いが財務諸表の比較を困難にすることを説明し、比較をより簡単で意味あるものにするために、どのように共通規模財務諸表をつくるのか議論した。
2．会計数値の比率を評価することは、財務諸表情報を比較するもう一つの方法である。われわれは多くの最も一般的に用いられる比率を定義し、有名なデュポン恒等式を議論した。
3．将来の財務ニーズのために、どのように見積財務諸表がつくられ、用いられるのかを示した。

あなたがこの章を学習した後、財務諸表情報の活用と濫用に対して、なんかの見解が得られたことを望む。あなたはまた、ビジネスおよび財務用語のボキャブラリーが、相当大きくなったことに気づくだろう。

Concept Questions

1．財務比率分析

財務比率は、異なる産業で大きく変わるので、それ自身では企業についてほとんど何も語ってくれない。財務比率を分析するには二つの基本的な方法がある。時間傾向分析（time trend analysis）と同等集団分析（peer group analysis）である。時間傾向分析においては、たとえば5年といった期間にわたる比率を求め、各比率がこの期間でどのように変わってきたのかを調査する。同等集団分析では、会社の財務諸表を同等な企業のものと比較する。それぞれの分析手法はなぜ役に立つのかもしれないのか。会社の財務健全性について、それぞれは何を語ってくれるのか。

2．産業固有比率

いわゆる「同店舗売上高」は、マクドナルドやシアーズのようなきわめて多様な企業には、非常に重要な尺度である。名前が示唆するように、同店舗売上高の調査とは、二つの異なる時点における、同じ店やレストランの収益を比較するという意味である。なぜ企業は、総売上高ではなく、同店舗売上高にフォーカスするのか。

3．売上高予想

なぜ長期財務プランニングは、売上高予想から始めるのか。

4．持続可能な成長

本章で、EFNの計算方法を解説するために、ローゼン・ガーテン社を用いた。ローゼン・ガーテン社のROEは約7.3%で、再投資率は約67%である。もしあなたがローゼン・ガーテン社の持続可能な成長率を計算したら、たった5.14%しかないことを見出すだろう。われわれのEFNの計算では、25%の成長率を用いた。これはありうるか（ヒント：Yes。どういうふうに？）。

5．EFNと成長率

ブロスロフスキー社は、プラスの内部留保率を維持し、負債・株主資本比率を毎年一定に保っている。これは会社の持続可能な成長率について、何を語っているか。内部成長率は20%以上かあるいは未満か、それをあなたは確実に知っているか。なぜか。もし内部留保率が上がったら、見積もられたEFNには何が起こるか。内部留保率が下がったらどうか。内部留保率がゼロだったらどうか。

6．共通規模財務諸表

財務分析の一つのツールは、共通規模財務諸表である。なぜ共通規模損益計算書と貸借対照表が使われると思うか。キャッシュフロー計算書は共通規模に転換されない。これはなぜだと思うか。

7．資産利用とEFN

必要外部資金の計算において、われわれが暗黙に仮定したのは、会社がフル・キャパシティで営業しているということである。もし会社がフル・キャパシティ以下で営業していたら、これは必要外部資金に影響を及ぼすか。

8．ROEとROAの比較

ROAとROEの両方が利益性を計測する。二つの会社を比べるのにより有用なのはどちらか。なぜか。

9．比率分析

比率 EBITD/資産を考える。この比率は何を語ってくれるか。二つの会社を比べるのに、なぜこれが ROA より役立つのか。

10．投資利益率

より広く使われるようになってきた比率は、投資利益率（return on investment, ROI）である。投資利益率は、純利益を固定負債プラス株主資本で割ることにより計算される。投資利益率は何を測ろうとしていると思うか。投資利益率と総資産利益率の関係はどのようなものか。

以下の情報を用いて、次の五つの質問に答えよ。小さな会社であるグランドマザー・カレンダー社は、顧客の写真が入った写真カレンダー・キットの販売を開始した。このキットはヒットし、売上高はすぐに予想を超えた。注文が殺到し、巨大な受注残ができたので、会社はさらにスペースを借りて生産能力を拡大したが、それでも需要に追いつけなかった。酷使のせいで機械は故障し、品質はガタ落ちした。生産拡大のために運転資本を空にし、同時に、顧客からの支払はしばしば商品が発送されるまで遅れた。注文どおりに届けられないので、会社は現金不足に陥り、社員への給与が滞り始めた。最終的に、会社は3年後、現金が枯渇し営業をやめた。

11．商品の販売

もし商品の人気があまりなかったら、会社は同じ運命に苦しんだと思うか。なぜか、あるいはなぜそうでないのか。

12．キャッシュフロー

グランドマザー・カレンダー社は、明らかにキャッシュフローの問題を抱えていた。第2章で展開したキャッシュフロー分析の観点で、注文が発送されるまで顧客が支払わないことは、どんな影響を及ぼしたか。

13．企業借入れ

もし会社がそれほど販売に成功していたなら、なぜ銀行や他の貸し手は、会社に踏み込んで、継続するために必要な現金を提供しなかったのか。

14. キャッシュフロー

ここではどれが犯人だったか。①過剰な注文、②過小な現金、③過小生産能力。

15. キャッシュフロー

グランドマザー・カレンダー社のような小さな会社が、売上高の成長が生産に勝る状況に陥った場合にとれる、いくつかの行動（生産能力拡大以外で）は何か。

質問と問題

◆基本（問題1－10）

1．デュポン恒等式

もしローテン社の株主資本乗数が1.35で、総資産回転率が2.15、利益率が5.8%だったら、ROEはいくらか。

2．株主資本乗数と株主資本利益率

トムセン社の負債・株主資本比率は0.90で、総資産利益率は10.1%、株主持分は64万5,000ドルである。株主資本乗数はいくらか。総資本利益率は。純利益は。

3．デュポン恒等式の利用

Y3K社は、売上高が3,100ドルで、総資産が1,580ドル、負債・株主資本比率が1.20である。もし株主資本利益率が16%だったら、純利益はいくらか。

4．EFN

マーティン社の直近の財務諸表は以下のとおりである。

損益計算書

売上高	$25,800
原価	16,500
課税所得	$ 9,300
税金（34%）	3,162
純利益	$ 6,138

貸借対照表

資産	$113,000	負債	$ 20,500
		株主持分	92,500
合計	$113,000	合計	$113,000

資産と原価は売上高に比例するが、負債と株主持分はそうではない。1,841.40ドルの配当金が支払われ、会社は一定の配当性向を維持することを望んでいる。来年

度の売上高は3万960ドルになると予想されている。外部資金はいくら必要か。

5．売上高と成長

フォンテノット社の直近の財務諸表は以下のとおりである。

損益計算書

売上高	$67,000
原価	43,800
課税所得	$23,200
税金（34%）	7,888
純利益	$15,312

貸借対照表

流動資産	$　31,000	固定負債	$　68,000
固定資産	118,000	株主持分	81,000
合計	$149,000	合計	$149,000

資産と原価は売上高に比例する。会社は30%の配当性向と一定の負債・株主資本比率を維持している。新株が発行されないと仮定すると、持続できる売上高の最大増加額はいくらか。

6．持続可能な成長率

もしレイラ社が、15%のROEと10%の配当性向をもっていたら、持続可能な成長率はいくらか。

7．持続可能な成長率

以下の比率が一定であると仮定すると、持続可能な成長率はいくらか。

総資産回転率＝1.90

利益率＝8.1%

株主資本乗数＝1.25

配当性向＝30%

8．EFNの計算

直近のブラッドリー社の財務諸表は以下のとおりである（所得税はないと仮定）。

損益計算書

売上高	$5,700
原価	3,820
純利益	$1,880

貸借対照表

資産	$14,100	負債	$　6,300
		株主持分	7,800
合計	$14,100	合計	$14,100

資産と原価は売上高に比例するが、負債と株主持分はそうではない。配当はない。来年度の売上高は6,669ドルになると予想されている。必要外部資金はいくらか。

9．必要外部資金

チャーミング・フローリスト社のCFOであるシェリル・コルビーは、来年度の見積貸借対照表を作成した。売上高は10%で成長し、3億9,000万ドルになると予想されている。流動資産、固定資産、短期負債は、それぞれ売上高の20%、120%、15%である。会社は純利益の30%を配当として支払う。会社には現在、1億3,000万ドルの固定負債と、4,800万ドルの普通株式（額面価値）がある。利益率は12%である。

a. 予想された売上高の値を用いて、現在の貸借対照表を作成せよ。

b. コルビーさんの売上高成長率予想に基づくと、会社は来年度いくらの外部資金が必要になるか。

c. 来年度の見積貸借対照表を作成し、(b) で計算した必要外部資金の値が正しいことを確認せよ。

10．持続可能な成長率

スタイベン社は、ROEが10.5%で、配当性向が40%である。

a. 会社の持続可能な成長率はいくらか。

b. 会社の実際の成長率が、持続可能な成長率と異なる可能性はあるか。なぜか、あるいはなぜそうでないのか。

c. 会社はどのようにして持続可能な成長率を上げることができるか。

◆中級（問題11−23）

11．株主資本利益率

会社Aと会社Bは、それぞれ負債・総資産比率が40%と30%、総資産利益率が12%と15%である。株主資本利益率は、どちらの会社が大きいか。

12．比率と外国企業

プリンス・アルバート・カニングPLCは、売上高が16万7,983ポンドで、純損失が1万5,834ポンドだった。会社の利益率はいくらだったか。これらの数値が外貨建てという事実は、何か違いをもたらすか。もしそうなら、なぜか。ドル建ての売上高は25万1,257ドルだった。ドル建ての純損失はいくらだったか。

13．必要外部資金

光学詐欺社は、来年度の売上高成長率が20%になると予測している。現在の財務諸表は以下のとおりである。

損益計算書

売上高		$30,400,000
原価		26,720,000
課税所得		$ 3,680,000
税金		1,288,000
純利益		$ 2,392,000
配当金	$ 956,800	
利益剰余金への追加	1,435,200	

貸借対照表

資産の部		負債および資本の部	
流動資産	$ 7,200,000	短期負債	$ 6,400,000
		固定負債	4,800,000
固定資産	17,600,000		
		普通株式	$ 3,200,000
		累積利益剰余金	10,400,000
		資本合計	$13,600,000
資産合計	$24,800,000	負債および資本合計	$24,800,000

a. 本章の式を用いて、来年度の必要外部資金を計算せよ

b. 来年度の見積貸借対照表を作成し、(a) で計算した必要外部資金が正しいか確認せよ。

c. 持続可能な成長率を計算せよ。

d. 会社は、配当政策を変えることによって、必要外部資金をなくすことができるか。成長目的を達成するために、会社にはほかにどのようなオプションがあるか。

14. 売掛債権回収日数

会社の純利益は20万5,000ドルで、利益率が9.3%、売掛金残高が16万2,500ドルである。売上高の80%が信用販売だとすると、会社の売掛債権回収日数はいくらか。

15. 比率と固定資産

ルブルー社は、固定負債・総資産比率が0.40で、流動比率が1.30である。流動負債は900ドルで、売上高が5,320ドル、利益率が9.4%、ROE が18.2%である。会社の純固定資産額はいくらか。

16. キャッシュ・カバレッジ比率の計算

タイタン社の直近の純利益は9,450ドルで、税率は34%だった。会社の総支払利

息は2,360ドルで、減価償却費は3,480ドルだった。この年の、会社のキャッシュ・カバレッジ比率はいくらだったか。

17. 売上原価

ガスリー社は、流動負債が27万ドルで、当座比率が1.1、棚卸資産回転率が4.2、流動比率が2.3である。会社の売上原価はいくらか。

18. 共通規模および共通基準年度財務諸表

共通規模財務諸表に加えて、共通基準年度財務諸表もしばしば使われる。共通基準年度財務諸表は、当期の会計数値を、基準年度の会計数値で割ることにより、作成される。したがって、結果は勘定の成長率を表す。以下の財務諸表を用いて、共通規模貸借対照表と共通基準年度貸借対照表を作成せよ。2009年度を基準として用いる。

ジャロウ社
2009年および2010年の貸借対照表

資産の部

	2009年	2010年
流動資産		
現金	$ 8,436	$ 10,157
売掛金	21,530	23,406
棚卸資産	38,760	42,650
合計	$ 68,726	$ 76,213
固定資産		
建物、設備	$226,706	$248,306
資産合計	$295,432	$324,519

負債および資本の部

	2009年	2010年
流動負債		
買掛金	$ 43,050	$ 46,821
支払手形	18,384	17,382
合計	$ 61,434	$ 64,203
固定負債	$ 25,000	$ 32,000
株主持分		
普通株式および払込剰余金	$ 40,000	$ 40,000
累積利益剰余金	168,998	188,316
合計	$208,998	$228,316
負債および資本合計	$295,432	$324,519

問題19、20、22には、次の情報を用いる。

本章のEFNの議論では、企業がフル・キャパシティで営業していると暗に仮定した。多くの場合、これは妥当な仮定ではない。たとえば、ローゼン・ガーテン社は90%のキャパシティで営業していた。フル・キャパシティでの販売量は＄1,000/0.90＝＄1,111となる。貸借対照表は、固定資産が1,800ドルであることを示している。会社の資本集約率は、

資本集約率＝固定資産/フル・キャパシティ売上高

= $1,800/1,111=1.62

となる。

これはローゼン・ガーテン社がフル・キャパシティに達したとき、売上高１ドルにつき1.62ドルの固定資産が必要になることを意味する。予想売上高の1,250ドルでは、2,025ドル（=$1,250×1.62）の固定資産が必要になり、これは固定資産の予想値2,250ドルより225ドル少ない。したがって、EFN は340ドルになる（=$565−225)。

19. フル・キャパシティ売上高

ソープ製作所は現在、固定資産キャパシティの85%で操業している。現在の売上高は63万ドルである。新たな固定資産が必要になるまでに、あとどれだけ現金売上高がふえてもよいか。

20. 固定資産とキャパシティの使用

前問の会社に関して、固定資産が58万ドルで、売上高は79万ドルにふえると予想されているとする。この売上高の増加を支えるには、新たな固定資産が必要か。

21. EFN の計算

以下は、ムース旅行社の最新の財務諸表である。2010年度の売上高は20%増加すると予想される。支払利息は同じにとどまり、税率と配当性向も変わらない。原価、営業外費用、流動資産、固定資産、買掛金は売上高とともに上昇する。もし会社がフル・キャパシティで営業しており、新たな負債や株式が発行されないとしたら、売上高の20%成長を支えるには、外部資金がいくら必要か。

ムース旅行社
2009年　損益計算書

売上高		$929,000
原価		723,000
営業外費用		19,000
利払い･税引き前利益		$187,000
支払利息		14,000
課税所得		$173,000
税金		60,550
純利益		$112,450
配当金	$33,735	
利益剰余金への追加	78,715	

ムース旅行社
貸借対照表　2009年12月31日

資産の部		負債および資本の部	
流動資産		流動負債	
現金	$ 25,300	買掛金	$ 68,000
売掛金	40,700	支払手形	17,000
棚卸資産	86,900	合計	$ 85,000
合計	$152,900	固定負債	$158,000
		株主持分	
固定資産		普通株式および払込剰余金	$140,000
建物、設備の純額	$413,000	利益剰余金	182,900
		合計	$322,900
資産合計	$565,900	負債および資本合計	$565,900

22. キャパシティの使用と成長

前問で、2009年に会社は80%のキャパシティで営業していたとする。この場合、EFN はいくらか。

23. EFN の計算

問題21で、会社は負債・株主資本比率を一定に保ちたいとする。この場合、EFN はいくらか。

◆チャレンジ（問題24－30）

24. EFN と内部成長

20%の売上高成長率に加えて、15%と25%の売上高成長率を用いて問題21をやり直せ。EFN と成長率の関係をグラフに描き、どのような関係があるか説明せよ。

25. EFN と持続可能な成長

20%の売上高成長率に加えて、30%と35%の売上高成長率を用いて問題23をやり直せ。EFN と成長率の関係をグラフに描き、どのような関係があるか説明せよ。

26. 成長の制約要因

ブラ・レコーディング社は、年間12%の成長率と0.30の負債・株主資本比率を維持したい。利益率は5.9%で、売上高に対する総資産の比率は0.85で一定である。この成長率は可能か。答えるのにあたって、配当性向がいくらでなければならないか求めよ。結果をどう解釈するか。

27. EFN

以下のように定義する。

S　＝前年度の売上高

A　＝総資産

D　＝総負債

E　＝総株主資本

g　＝予想売上高成長率

PM＝利益率

b　＝内部留保（再投資）率

EFN が以下のように表せることを証明せよ。

$$\mathrm{EFN}=-\mathrm{PM}(\mathrm{S})b+[\mathrm{A}-\mathrm{PM}(\mathrm{S})b]\times g$$

ヒント：必要資産は $\mathrm{A}\times g$ で、利益剰余金への追加は $\mathrm{PM}(\mathrm{S})b\times(1+g)$ である。

28. 持続可能な成長率

問題27の結果に基づき、内部成長率と持続可能な成長率が、式3.23と式3.24で計算できることを証明せよ。ヒント：内部成長率では、EFN を 0 と置き、g に関して解く。

29. 持続可能な成長率

本章で、持続可能な成長率の一つの計算方法として、以下を議論した。

$$持続可能な成長率=\frac{\mathrm{ROE}\times b}{1-\mathrm{ROE}\times b}$$

実際には、最も一般的に使われる持続可能な成長率の計算式は $\mathrm{ROE}\times b$ である。この式は、もし ROE が期首の株主資本で計算されれば、本章で提示した持続可能な成長率の式と同じである。この式を、本章で提示された式から導け。

30. 持続可能な成長率

前問の持続可能な成長率の式を用いて、以下の質問に答えよ。期首において、ノーリターン社の総資産は31万ドルで、株主資本は18万3,000ドルだった。期末では、会社の総資産は35万5,000ドルだった。この年、会社は新株を発行しなかった。この年の純利益は 9 万5,000ドルで、配当金は 6 万8,000ドルだった。会社の持続可能な成長率はいくらか。もし ROE を期首の株主資本で計算したら、持続可能な成長率はいくらか。

ミニケース

●イーストコースト・ヨット社における比率と財務プランニング

ダン・アービンは、短期財務プランニングと財務業績の評価を手伝うために、最近イーストコースト・ヨット社に雇われた。ダンは5年前にファイナンスの学位で大学を卒業し、その後フォーチュン500企業の財務部で働いていた。

イーストコースト・ヨット社は、10年前にラリッサ・ワレンによって創業された。会社はサウスカロライナ州のヒルトンヘッド島にあり、LLCとして設立された。会社はこの10年間、オーダーメードの中型高性能ヨットを建造し、その製品は安全性と信頼性で、高い評価を得ている。また、会社のヨットは最近、顧客満足度で最高の賞を授与された。ヨットは主に、レジャー用として裕福な個人によって購入される。たまに、企業のビジネス用としてヨットが建造されることもある。

オーダーメードのヨット業界は、数多くのメーカーがひしめきあい、断片的になっている。他の業界同様、市場リーダーは存在するが、この業界特有の多様性ゆえに、どのメーカーも市場を支配できない。市場の競争ならびに製品コストが、細部に対する注意の必要性を重要なものにする。たとえばイーストコースト・ヨット社では、80時間から100時間をかけて、ステンレスのステム・アイアンを磨き上げる。これはヨットの船首に被せる金属のキャップで、埠頭や他の船と衝突する可能性があるものである。

ダンが分析を始められるように、ラリッサは以下の財務諸表を提供した。ダンはヨット製造業の産業比率を集めた。

イーストコースト・ヨット社
損益計算書　2009年

売上高		$167,310,000
売上原価		117,910,000
営業外費用		19,994,000
減価償却費		5,460,000
利払い・税引き前利益		$ 23,946,000
支払利息		3,009,000
課税所得		$ 20,937,000
税金（40%）		8,374,800
純利益		$ 12,562,200
配当金	$7,537,320	
利益剰余金への追加	5,024,880	

イーストコースト・ヨット社
貸借対照表　2009年12月31日

資産の部		負債および資本の部	
流動資産		流動負債	
現金	$ 3,042,000	買掛金	$ 6,461,000
売掛金	5,473,000	支払手形	13,078,000
棚卸資産	6,136,000		
合計	$ 14,651,000	合計	$ 19,539,000
固定資産		固定負債	$ 33,735,000
建物、設備の純額	$ 93,964,000		
		株主持分	
		普通株式	$ 5,200,000
		利益剰余金	50,141,000
		資本合計	$ 55,341,000
資産合計	$108,615,000	負債および資本合計	$108,615,000

ヨット産業の比率

	下位四分位値	中間値	上位四分位値
流動比率	0.50	1.43	1.89
当座比率	0.21	0.38	0.62
総資産回転率	0.68	0.85	1.38
棚卸資産回転率	4.89	6.15	10.89
売掛債権回転率	6.27	9.82	14.11
負債比率	0.44	0.52	0.61
負債・株主資本比率	0.79	1.08	1.56
株主資本乗数	1.79	2.08	2.56
利息カバレッジ比率	5.18	8.06	9.83
利益率	4.05%	6.98%	9.87%
総資産利益率	6.05%	10.53%	13.21%
株主資本利益率	9.93%	16.54%	26.15%

1．イーストコースト・ヨット社について、産業比率表にリストされたすべての比率を計算せよ。

2．イーストコースト・ヨット社の業績を、業界全体と比較せよ。各比率について、業界全体と比較した場合、よいのか悪いのかコメントせよ。あなたは、棚卸資産を流動負債で割ることによって、棚卸資産比率をつくりだすとする。この比率をどう解釈するか。イーストコースト・ヨット社の比率は、業界平均と比べてどうか。

3．イーストコースト・ヨット社の持続可能な成長率を計算せよ。この成長率を仮定して、必要外部資金（EFN）を計算し、見積損益計算書と貸借対照表を作成せよ。先の問題の比率を再度計算せよ。何がわかるか。

4．現実的な問題として、現在の株主は持分と支配権の希薄化を望まないので、イーストコースト・ヨット社が進んで外部から株主資本を調達することはまずない。しかしながら、イーストコースト・ヨット社は来年度に20%の成長率を計画している。イーストコースト・ヨット社の拡大計画について、あなたの推奨と結論は何か。

5．ほとんどの資産は、売上高の割合として増加させることができる。たとえば、現金はどんな金額でもふやせる。しかしながら、固定資産は多くの場合、ある特定の額でしかふやせない。なぜなら、実際問題として、新しい工場や機械の一部を買うことは不可能だからである。この場合、会社は「階段状」あるいは「でこぼこ」の、固定資産構造をもつことになる。イーストコースト・ヨット社は、現在100%のキャパシティで生産しているとする。結果として、生産を拡大するためには、会社は3,000万ドルの費用をかけて、まったく新しい生産ラインをつくらなければならない。この仮定に基づいて、新しいEFNを計算せよ。これは、会社の来年度の設備稼働率に関して、何を意味するか。

第Ⅱ部

価値とキャピタル・バジェッティング

第4章

割引キャッシュフロー評価 (Discounted Cash Flow Valuation)

野球選手のジェイソン・バリテック、マーク・テシェイラ、C.C.サバシアに共通するものは何だろうか。これら三人のスポーツ選手全員が、2008年末から2009年の初めにかけて、大きな契約にサインした。契約の価値はそれぞれ、1,000万ドル、1億8,000万ドル、1億6,150万ドルだったと報道された。しかし、このような報道された数字は、しばしば誤解を招きやすいものである。たとえば、2009年2月、ジェイソン・バリテックはボストン・レッドソックスと契約を結んだ。彼の契約は、500万ドルのサラリーと2010年の球団オプション500万ドルを合計して、1,000万ドルだった。悪くない。特に「無知の道具」(運動選手の仲間言葉でキャッチャー用具)を用いて生活の糧を得ている者としてはなおさらである。

数字を詳細にみると、ジェイソン、マーク、C.C.ともに非常にうまくやったが、しかし引用された数字にはほど遠いものである。マークの契約を例として用いると、価値は1億8,000万ドルと報道されたが、実際には何年にもわたって支払われるものであった。契約は、500万ドルの調印ボーナスに加えて、1億7,500万ドルの、将来のサラリーとボーナスから成り立っていた。1億7,500万ドルは、2009年と2010年に年間2,000万ドルずつ、2011～2016年まで毎年2,250万ドルが、分割で支払われる。報酬は長期にわたって支払われるので、われわれは貨幣の時間的価値を考慮しなければならない。それはすなわち、彼の契約が報道されたものよりも価値がなかったことを意味する。彼は実際にはいくら得たのだろうか。本章は、この質問に答えるための「知識の道具」を提供する。

4.1　評価：1期間の場合

キース・ヴォーンはアラスカの原野の一部を売ろうとしている。昨日、彼はこの財産に対して1万ドルのオファーを受けた。彼がそのオファーを受け入れようとし

図4.1　キース・ヴォーンの売却キャッシュフロー

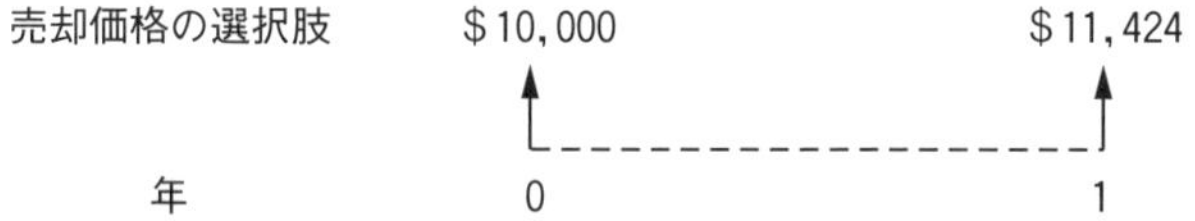

ていたとき、もう一人の人が1万1,424ドルをオファーしてきた。しかしながら、二つ目のオファーは、いまから1年後に支払われるものである。どちらの買い手も正直で支払能力があると判断できたので、キースには選択したオファーがだめになるというおそれはなかった。この二つのオファーは、図4.1でキャッシュフローとして描かれている。キースはどちらのオファーを選ぶべきだろうか。

キースのファイナンシャル・アドバイザーのマイク・タトルは、キースが最初のオファーを選んだ場合、保証された率の12%で、1万ドルを銀行に投資できると指摘した。1年後には、彼は、

$$\underbrace{\$10,000}_{\text{元金返済}} + \underbrace{(0.12 \times \$10,000)}_{\text{利息}} = \$10,000 \times 1.12 = \$11,200$$

を受け取る。これは、2番目のオファーでキースが受け取れる1万1,424ドルより少ないので、マイクは後者をとるように彼に勧めた。この分析は、**将来価値（future value, FV）** もしくは **複利価値（compound value）** の概念を利用しており、1期あるいは、それ以上の期間に投資した後の価値の合計である。1万ドルの複利価値もしくは将来価値は、1万1,200ドルである。

もう一つの手法は、**現在価値（present value, PV）** の概念を利用する。次の質問をすることで、現在価値を求めることができる。キースが来年1万1,424ドルを手に入れるためには、今日いくら銀行に預けなければならないだろうか。これは代数的に次のように書ける。

$$PV \times 1.12 = \$11,424$$

われわれは、今日12%で投資して、来年1万1,424ドルになる金額の現在価値（PV）を求めたい。PVについて解くと、

$$PV = \frac{\$11,424}{1.12} = \$10,200$$

となる。PVの公式は、以下のように書き表せる。

投資の現在価値

$$PV = \frac{C_1}{1+r} \tag{4.1}$$

C_1は期日１におけるキャッシュフローで、rはキース・ヴォーンが土地売却に要求する利益率である。これは時折、*割引率（discount rate）*と呼ばれる。

*現在価値分析*は、来年受け取る１万1,424ドルの支払が、今日１万200ドルの現在価値をもつことを示している。言い換えれば、12%の金利において、今日１万200ドルをもらおうが、来年１万1,424ドルをもらおうが、キースはどちらでもかまわない。

最初のオファーが１万ドルしかないのに対して、２番目のオファーの現在価値は１万200ドルなので、現在価値分析はまた、キースが２番目のオファーを選択するべきであることを示している。言い換えれば、将来価値分析と現在価値分析のどちらも、同じ決定を導いている。後に明らかになるが、現在価値分析と将来価値分析は、いつも必ず同じ決定を導く。

この例は実に簡単なものだが、次の数章にわたって扱う基本的な原則を含んでいる。ここで他の例を用いて、現在価値の概念を発展させる。

例４．１　現在価値

リンダ・ジェニングスは、大手不動産会社カウフマン・ブロード社のファイナンシャル・アナリストで、８万5,000ドルの価格の土地１区画への投資を、会社に勧めることを考えている。彼女は、来年土地の価値が９万1,000ドルになり、確実に6,000ドルの利益が得られると確信している。銀行の保証金利が10%であるとき、カウフマン・ブロード社はこの土地投資を行うべきだろうか。ジェニングスさんの選択は、図4.2のキャッシュフロー時間図表に表されている。

図４.２　土地投資のキャッシュフロー

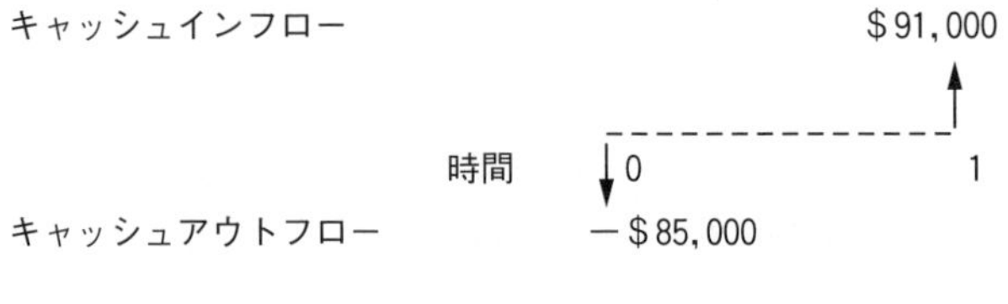

これが魅力的なビジネス取引ではないと彼女を説得するには、ほんのちょっと考えさせればすむ。8万5,000ドルを土地に投資することによって、彼女は来年9万1,000ドルが手に入る。カウフマン・ブロード社がかわりに、同じ金額8万5,000ドルを銀行に預けたとしよう。金利10%で、8万5,000ドルは来年、

$$(1+0.10)\times \$85,000=\$93,500$$

に成長する。

金融市場への同じ8万5,000ドルの投資が、余分に2,500ドル（銀行からの9万3,500ドル－土地投資からの9万1,000ドル）を生み出すとき、土地を買うのはばかげている。これは、将来価値の計算である。

かわりに、彼女は来年の売却価格の現在価値を、以下のように計算することもできた。

$$現在価値=\frac{\$91,000}{1.10}=\$82,727.27$$

来年の売却価格の現在価値は、今年の購入価格の8万5,000ドルより少ないので、現在価値分析もまた、彼女がこの土地購入を勧めるべきでないことを示している。

しばしばファイナンシャル・アナリストたちは、意思決定の正確な*費用*（*cost*）あるいは*利益*（*benefit*）を決定したがる。今年購入し、来年売却するという意思決定は、次のように評価できる。

投資の純現在価値

$$-\$2,273=-\$85,000\quad+\quad\frac{\$91,000}{1.10}$$

今日の土地費用　　　来年の売却価格の現在価値

NPVの公式は以下のように表せる。

$$NPV=-費用+PV \tag{4.2}$$

式4.2は、期日0の時点で、すべての利益とすべての費用を考慮した後での投資の価値が、−2,273ドルであることを示している。−2,273ドルを投資の**純現在価値**（net present value, NPV）と呼ぶ。すなわち、NPVは、将来のキャッシュフローの現在価値から、投資費用の現在価値を引いたものである。純現在価値がマイナスなので、リンダ・ジェニングスは土地の購入を勧めるべきでない。

ヴォーンとジェニングスのどちらも、完全に確実な取引の例である。すなわち、キース・ヴォーンは、来年1万1,424ドルで土地を売ることができるのを、完全な確信をもって知っている。同じように、リンダ・ジェニングスは、カウフマン・ブロード社が土地売却で9万1,000ドルを受け取れることを、完全な確信をもって知っている。不運なことに実業家たちは、往々にして将来のキャッシュフローを知らない。この不確実性は、次の例で扱う。

例4.2　不確実性と評価

プロフェッショナル・アートワークス社は、近代絵画で投機を行う会社である。経営者は、1年後に売却するつもりで、オリジナルのピカソを40万ドルで購入しようと考えている。経営者は、絵画が1年で48万ドルの価値になるだろうと期待している。関連するキャッシュフローは、図4.3に示されている。

もちろん、これは単に期待でしかなく、絵画は48万ドルの価値より、多くも少なくもなりうる。銀行が保証している金利は10%であるとする。会社はこの芸術作品を購入すべきだろうか。

まず思いつくのは、金利で割り引くことである、以下のようになる。

$$\frac{\$480,000}{1.10}=\$436,364$$

43万6,364ドルは40万ドルより大きいので、一見、この絵画を購入するべきであるようにみえる。しかし、10%はリスクのない投資で得られる利益率であ

図4.3　絵画投資のキャッシュフロー

る。絵画にはかなりのリスクがあるので、もっと高い割引率が必要になる。

経営者は、このリスクを反映するために、25％の率を選ぶ。言い換えれば、25％の期待リターンは、この絵画同様のリスクを伴う投資に対する正当な代償である。

絵画の現在価値は、以下のようになる。

$$\frac{\$480,000}{1.25}=\$384,000$$

したがって、経営者は、絵画の現在の40万ドルは高値でありすぎ、購入することはないと思っている。

現実の世界における例はもちろんもっと複雑であるとはいうものの、前述の分析は、今日の企業における意思決定の典型的なものである。しかし不運なことに、リスクを伴ういかなる例も、無リスクの例では直面しない問題を持ち出す。無リスクのキャッシュフローの例では、いくつかの銀行を調べるだけで、適正金利を決定することが可能である。リスクを伴う投資に対する割引率の選択は、かなりむずかしい仕事になる。現時点においては、絵画の割引率が、11％か、25％か、52％か、あるいは他のパーセンテージか、まったくわからない。

割引率の選択は大変むずかしいので、ここでは単に主題を提案するだけにしたい。この章の残りでは、完全に確実な状況下での例を再び考えることにする。リスク調整済分析が紹介可能になるには、リスクとリターンに関する具体的な内容を後の章で学習するまで、待たなければならない。

4.2　多期間の場合

前節では、１期間だけの将来価値と現在価値の計算を示した。今度は、多期間の計算をしてみよう。

将来価値と複利化

個人が１ドルのローンを貸し出すとする。初年度末には、借り手は貸し手から、元金の１ドルと、金利 r でのローンに対する利息を足した金額を借りていることになる。たとえば、９％という特定のケースでいうと、借り手が貸し手から借りているのは、

$$\$1 \times (1+r) = \$1 \times 1.09 = \$1.09$$

である。年度末には、しかしながら、貸し手は二つの選択肢をもっている。彼女は1.09ドル、もしくはより一般的には（$1+r$）を、資本市場から引き上げるか、あるいはそのままにしておいて次年度再び貸し出すことが可能である。資金を資本市場に残して、もう１年貸し出す過程を複利化（compounding）と呼ぶ。

貸し手がもう１年、ローンを複利化することに決めたとしよう。彼女は、初年度のローンの返済額1.09ドルを翌年も貸し出すことで、これを達成する。したがって、次年度末には、借り手は彼女に以下の金額を借りていることになる。

$$\$1 \times (1+r) \times (1+r) = \$1 \times (1+r)^2 = 1 + 2r + r^2$$
$$\$1 \times (1.09) \times (1.09) = \$1 \times (1.09)^2 = \$1 + 0.18 + 0.0081 = \$1.1881$$

これは、ローンを複利化することによって、彼女がいまから２年後に受け取る合計である。

言い換えれば、すぐ使える貸出の機会を提供することによって、資本市場は投資家に、今日の１ドルを２年目の年度末には1.1881ドルに変えることを可能にする。３年目の年度末には、現金は $\$1 \times (1.09)^3 = \$1.2950$ になる。

注目すべき最も重要な点は、貸し手が受け取る合計金額は、貸し出した１ドルと、１ドルに対する２年分の利息を足したものだけではないということである。

$$2 \times r = 2 \times \$0.09 = \$0.18$$

貸し手はまた r^2 の金額も受け取る。これは、初年度で得られた利息に対する次年度の利息である。$2 \times r$ という表現は、２年間にわたる単利（simple interest）を表し、r^2 というのは、*利息に対する利息*を指している。この例における後者の金額は、ちょうど

$$r^2 = (\$0.09)^2 = \$0.0081$$

になる。現金が複利（compound interest）で投資されたとき、それぞれの利払いは再投資される。単利では、利息は再投資されない。ベンジャミン・フランクリン

図4.4　単利と複利

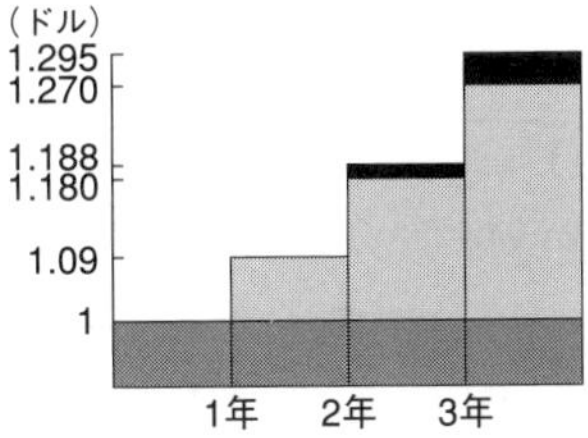

濃い影の部分は、複利と単利の違いを示している。
何十年といった長い年月にわたると、違いは相当なものになる。

の「金は金をつくり、金がつくりだした金はさらに多くの金をつくる」という言葉は、複利を鮮やかに説明したものである。複利と単利の違いは、図4.4に図解されている。この例では、ローンは1ドルなので、違いは大した金額にはならない。もしローンが100万ドルだったら、貸し手は118万8,100ドルを2年間で受け取る。この金額のうち、8,100ドルというのは利息に対する利息である。教訓としては、これら小数点以下の小さな数字も、取引が巨額になったとき、大きな金額になるということである。加えて、ローン期間が長くなればなるほど、利息に対する利息はさらに重要になる。

多期間にわたる投資の一般的な公式は、次のように書き表せる。

投資の将来価値

$$\mathrm{FV} = C_0 \times (1 + r)^T$$

C_0は期日0で投資される現金で、rは金利、Tは現金が投資される期間数である。

例4.3　利息に対する利息

スー・ピュン・クーは、ファースト・ナショナル・バンク・オブ・ケントの普通預金口座に500ドルを入金した。この口座は、7％の年複利が得られる。3年後にクーさんはいくらもつことになるだろうか。

$$\$500 \times 1.07 \times 1.07 \times 1.07 = \$500 \times (1.07)^3 = \$612.52$$

図4.5はクーさんの口座の成長を図解している。

図4.5　スー・ピュン・クーの普通預金口座

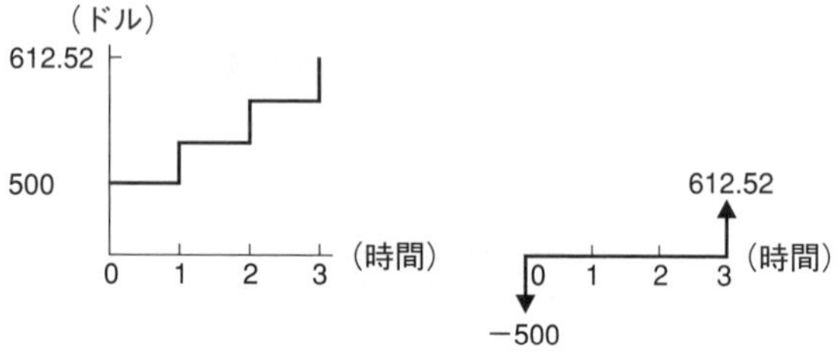

例4.4　複利成長

ジェイ・リッターは、SDH社の株式に1,000ドルを投資した。会社の現在の配当は2ドルで、今後2年間、毎年20%で成長すると見込まれている。SDH社の2年後の配当はいくらになるだろうか。

$$\$2 \times (1.20)^2 = \$2.88$$

図4.6はSDH社の配当金の増加額を図解している。

図4.6　SDH社の配当の成長

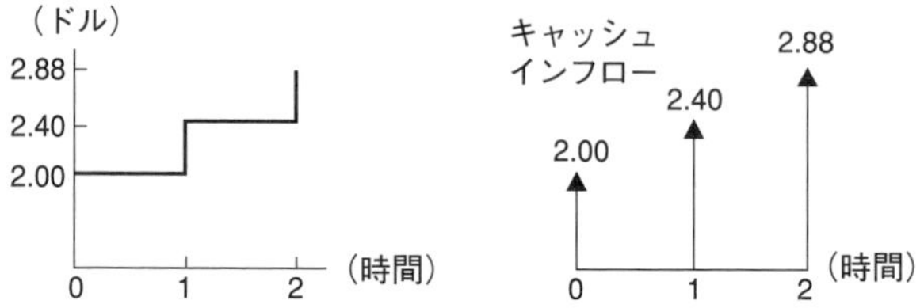

前の二つの例は、いくつかの方法で計算することができる。計算は手でも、計算機でも、スプレッドシートでも、表を使っても可能である。適切な表は、本書の巻末にある表A3である。この表は*T 期間後の1ドルの将来価値*を表している。表の利用には、適切な金利を平行線上に、適切な期間数を垂直線上に探し出す。

たとえばスー・ピュン・クーは、表A3の次の部分をみることだろう。

	金利		
期間	6％	7％	8％
1	1.0600	1.0700	1.0800
2	1.1236	1.1449	1.1664
3	1.1910	1.2250	1.2597
4	1.2625	1.3108	1.3605

彼女は500ドルの将来価値を、次のように計算できる。

$500　　×　　1.2250　　＝$612.50
初期投資　1ドルの将来価値

スー・ピュン・クーに関する例では、初期投資と金利が与えられ、将来価値を計算するよう求めた。かわりに、次の例のように金利がわからないこともありうる。

例4.5　利率を求める

最近宝くじで1万ドルを当てたカール・ヴォイットは、5年後にクルマを買いたいと思っている。カールは、車がそのとき1万6,105ドルすると見積もっている。彼のキャッシュフローは、図4.7に示されている。

車を買えるようになるためには、金利がいくらでなければならないだろうか。

図4.7　カール・ヴォイットの車購入のキャッシュフロー

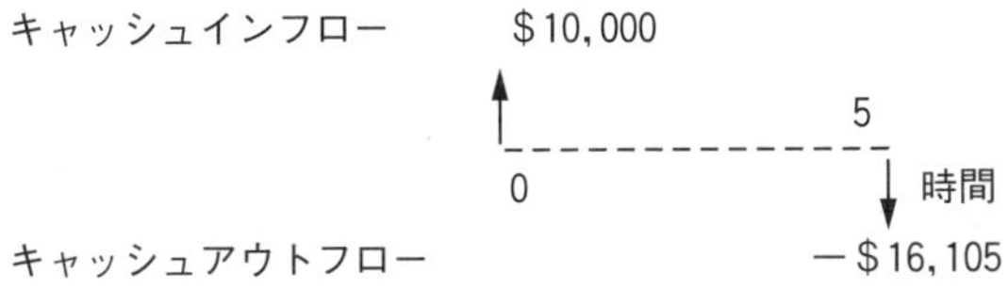

購入金額の当初資金に対する比率は、

$$\frac{\$16,105}{\$10,000}=1.6105$$

である。

したがって彼は、5年間で1ドルが1.6105ドルになることを可能にする金利を得なければならない。表A3は、10％の金利で彼が車を購入できるようになると教えてくれる。

この問題は、以下のように代数的に表現することが可能である。

$$\$10{,}000\times(1+r)^5=\$16{,}105$$

rは車を購入するのに必要な金利である。＄16,105/＄10,000＝1.6105なので、以下を得る。

$$(1+r)^5=1.6105$$

$$r=10\%$$

表か、スプレッドシートか、あるいは電卓でも、rを解ける。

複利化の力：余談

複利化計算の経験が少しでもあるほとんどの人々は、長期間にわたるその力に目を見張らされる。株式市場を例にとってみよう。Ibbotson and Sinquefieldは、1926〜2008年までの、全体としての株式市場のリターンがどれくらいだったかを計算した[1)]。1926年の開始時にこれらの株式に投資した１ドルは、2008年の終わりには2,049.45ドルの価値になっていただろうということを、彼らは見出した。これは83年間、9.62％の年次複利化で運用されたことを意味する。つまり、$(1.0962)^{83}=$＄2,049.45である（小さな四捨五入誤差は無視した）。

この例は、複利と単利の、非常に大きな違いを説明している。9.62％では、１ドルに対する単利は１年9.62セントであり、83年間の単利は、7.98ドル（＝83×＄0.0962）である。すなわち、毎年9.62セントを引き出す個人が、83年間にわたって7.98ドル（＝83×＄0.0962）を引き出したことになる。これは、すべての元金と利益を再投資することによって得られた2,049.45ドルよりかなり少ない。

この結果は、長期間にわたるとさらにめざましい印象を与える。複利化計算の経験のまったくない人は、もし毎年の利益率が同じままだったら、166年後の１ドルの価値は、83年後の１ドルの価値の２倍になると思うかもしれない。実際には、166年後の１ドルの価値は、83年後の１ドルの価値の２乗になる。すなわち、もし年次利益率が同じだったとしたら、普通株式への１ドルの投資は、420万245.30ドル

1）　*Stocks, Bonds, Bills and Inflation*［*SBBI*］*.2009 Yearbook.* Ibbotson Associates, Chicago, 2009.

［＝＄1×（2,049.45×2,049.45）］の価値になっているはずである。

数年前、ある考古学者が、古代ローマにおいてジュリアス・シーザーが1セント銅貨と同等のものをだれかに貸したということが書かれた遺物を発掘した。この1セントが結局返済されたという記録はどこにもないので、考古学者は、シーザーの子孫が20世紀の借り手の子孫から回収しようとしたら、利息と元金はいくらになるのか思案した。考古学者は、6％の金利が適切だろうと感じた。彼が驚いたことに、2,000年以上経った元金と利息は、地球上のすべての財産よりはるかに大きかった。

複利化の力は、なぜ裕福な家庭の親が、しばしば財産を自分の子供より孫に遺すのかを説明することができる。それは、世代を超えるからである。両親は、子供を適度にお金持ちにするより、孫を大金持ちにするほうがよいと思っているのである。これらの家庭では、子供より孫のほうが、複利化の力に対して積極的な見方をもっていることが報告されている。

例4.6　あの島はいくら

それは歴史上最高の不動産取引だとある人はいった。伝えられたところによると、北アメリカにおけるオランダ西インド会社の植民地であるニュー・ネーデルラントの総裁、ピーター・ミニュイットは、1626年、マンハッタン島を、60ギルダー相当のちゃちな装身具と引き換えに、アメリカ原住民から購入した。1667年には、オランダはイギリスから、スリナムとマンハッタン島の交換を強いられた（おそらく、史上最悪の不動産取引）。これは安く聞こえるが、オランダは本当にこの取引で儲けたのだろうか。60ギルダーは、当時の一般的な為替レートでは、およそ24ドルの価値があったと報告されている。もしアメリカ原住民が、装身具を公正な市場価値で売り、24ドルを5％（無税）で投資していたとしたら、383年後のいまでは、31億ドル以上の価値になっていただろう。現在マンハッタンは、疑う余地もなく31億ドル以上の価値があり、したがって5％の利益率では、アメリカ原住民は取引で損をしたことになる。しかしながら、10％で投資していたなら、彼らが受け取る金額はおよそ、次のようになる。

$$\$24\ (1+r)^{T}=\$24\times1.1^{383}\cong\$171\ \text{quadrillion}\ (10^{15})$$

これは大変な金額である。実際、17.1京ドルは、現在の世界中の不動産価値より多い。世界の歴史を通して、これまでだれ一人として、383年間毎年10%を生み出す投資を、見つけられていない。

現在価値と割引化

われわれはすでに、9%の年金利が、投資家に今日の1ドルを、今後2年間で1.1881ドルに変換することを可能にすると知っている。それに加えて、次のことを知りたい。

いまから2年後に1ドルを受け取れるようにするためには、投資家は今日いくら貸し出す必要があるだろうか。

代数的に、これは次のように書き表せる。

$$PV \times (1.09)^2 = \$1$$

ここで、PVは現在価値を表す。すなわち、2年後に1ドルを受け取るために、今日貸し出さなければならない金額である。

この方程式でPVを求めると、

$$PV = \frac{\$1}{1.1881} = \$0.84$$

となる。将来のキャッシュフローの現在価値を計算するこの過程は、**割引化（discounting）**と呼ばれる。これは、複利化とは正反対である。複利化と割引化の違いは、図4.8に図解されている。

2年後に受け取る1ドルの現在価値が、実際に0.84ドルであると確かめるために、もし0.84ドルを貸し出し、2年間ローンを更新継続したら、ちょうど1ドルが返ってくるかどうかチェックしなければならない。もしそうだったら、1ドルを2年後に受け取ることは、0.84ドルを今日受け取るのと同じであると、資本市場がいっていることになるだろう。正確な数字を調べると、以下を得る。

$$\$0.84168 \times 1.09 \times 1.09 = \$1$$

言い換えれば、確実な金利が9%である資本市場があるとき、今日0.84ドルを受

図4.8　複利化と割引化

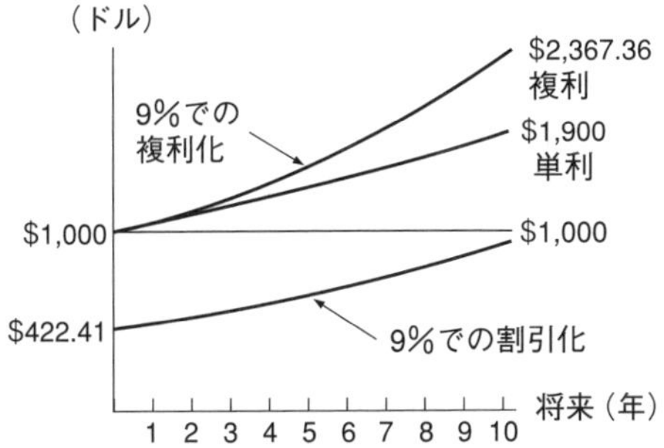

いちばん上の線は、資金を複利9%で投資した場合の、1,000ドルの成長を示している。$\$1{,}000 \times (1.09)^{10} = \$2{,}367.36$になる。単利は次の線で示される。これは、$\$1{,}000 + [10 \times (\$1{,}000 \times 0.09)] = \$1{,}900$となる。下の線は、金利が9%である場合の、1,000ドルの割引価値を示す。

け取るか、あるいは2年後に1ドルを受け取るかに対して、われわれは無差別である。われわれはこれら二つの選択肢を、互いに異なるものとして扱う理由はない。なぜなら、もし今日0.84ドルを保有していて、それを2年間貸し出したとすると、その期間の終わりには1ドルを受け取れるからである。0.84 $[=1/(1.09)^2]$ の値は、**現在価値ファクター**（present value factor）と呼ばれる。これは、将来キャッシュフローの現在価値を計算するために使われる係数である。

多期間の場合、PVの方程式は以下のように書ける。

投資の現在価値

$$PV=\frac{C_T}{(1+r)^T} \qquad (4.4)$$

C_TはT時におけるキャッシュフローで、rは適切な金利である。

例4.7　多期間複利化

ベルナルド・デュマは、いまから3年後に1万ドルを受け取る。ベルナルドは投資で8%稼ぐことが可能であり、したがって、適切な割引率は8%である。彼の将来キャッシュフローの現在価値はいくらだろうか。

$$PV=\$10{,}000\times\left(\frac{1}{1.08}\right)^3$$

$$=\$10{,}000\times0.7938$$

図４.９　ベルナルド・デュマの機会の割引化

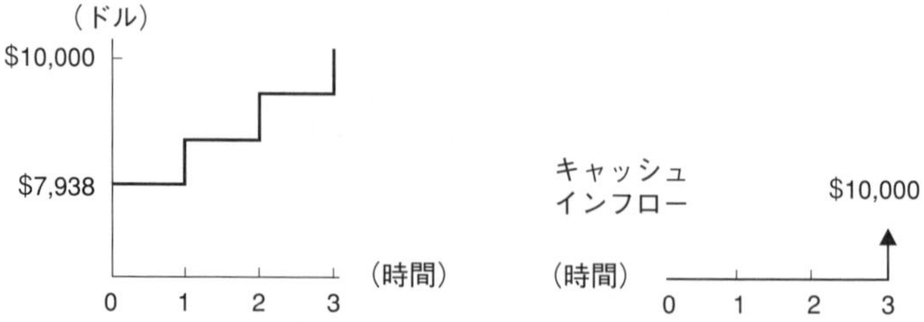

＝＄7,938

図4.9は、ベルナルドの投資に対する現在価値ファクターの適用を示している。

彼の投資が８％の金利で成長したとき、ベルナルド・デュマは、いま7,938ドルを受け取るのと、３年後に１万ドルを受け取るのに対して、同様に心が傾く。結局のところ、彼は今日受け取る7,938ドルを、８％の金利で貸し出すことによって、３年後の１万ドルに転換することができるのである。

ベルナルド・デュマは、いくつかの方法の一つで、現在価値の計算をすることができた。計算は手で行うか、電卓か、あるいは本書の巻末にある表A1を使って行うことが可能だった。この表は*T期間後に受け取る１ドルの現在価値*を表している。表の利用には、適切な金利を平行線上に、適切な期間数を垂直線上に探し出す。たとえば、ベルナルド・デュマは、表A1の次の部分をみることだろう。

	金　利		
期間	７％	８％	９％
1	0.9346	0.9259	0.9174
2	0.8734	0.8573	0.8417
3	0.8163	0.7938	0.7722
4	0.7629	0.7350	0.7084

適切な現在価値ファクターは、0.7938である。

前述の例では、金利と将来キャッシュフローの両方がわかっていた。かわりに、金利がわからないこともありうる。

例4.8　利率を見つける

チャフキン社のある顧客が、タグボートを今日購入したがっている。即座の支払のかわりに、彼は3年後に5万ドルを支払う。タグボートをいますぐつくるためのチャフキン社の原価は3万8,610ドルである。チャフキン社に関連するキャッシュフローは図4.10に示されている。どれだけの金利を課せば、チャフキン社はこの販売で損も得もしないだろうか。

図4.10　タグボートのキャッシュフロー

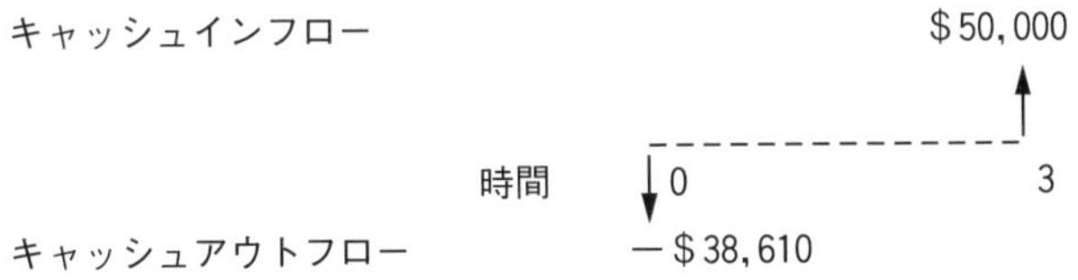

販売価格に対する建造費の比率は、

$$\frac{\$38,610}{\$50,000}=0.7722$$

である。

現在価値が0.7722ドルで、3年後に1ドルを受け取れるように、金利を決定しなければならない。表A1は、その金利が9％であることを示している。

期間数を見つける

5万ドルの費用がかかる資産の購入に関心があるとする。いま2万5,000ドルをもっている。もしこの2万5,000ドルに対して、12％の利息が得られるとしたら、5万ドルになるまでどれくらいかかるだろうか。答えを見つけるには、基本的な現在価値方程式の最後の変数（期間数）について解かなければならない。読者には、この特定の問題に対しておおよその答えを得る方法が、すでにわかっているだろう。われわれはお金を2倍にする必要がある。72の法則（章末問題75参照）から、12％では約6年（＝72/12）かかる。

正確な答えを求めるために、基本的な現在価値方程式を再び操作することができる。現在価値は2万5,000ドルで、将来価値は5万ドルである。12％の割引率では、基本的方程式は以下のかたちをとる。

$$\$25,000 = \$50,000/1.12^t$$
$$\$50,000/25,000 = 1.12^t = 2$$

したがって、12%の利率で、将来価値ファクターは2である。ここでtについて解く必要がある。表A3の12%に対応する列を下がると、6期間で将来価値ファクターが1.9738であることがわかる。よって、すでに計算したように、約6年かかる。正確な答えを得るには、tに関して明示的に解かなければならない（財務電卓か、次ページのスプレッドシートを用いる）。この計算を行うと、正確な値が6.1163年であることがわかる。したがってわれわれの概算値は、このケースではきわめて近い。

例4.9　ゴドーを待ちながら

あなたはゴドー社を買収するために資金を貯めている。総費用は1,000万ドルになる。あなたは現在230万ドルもっている。この資金に対して5%の利息が得られるとしたら、あなたはどれだけ長く待たなければならないだろうか。

5%では、長い間待たなければならないだろう。基本的な現在価値方程式より、

$$\$2.3\ (100万) = \$10\ (100万) / 1.05^t$$
$$1.05^t = 4.35$$
$$T = 30年$$

となる。

16%では、状況は少しよくなる。約10年かかることを、自分で確認してみるよい。

エクセルを用いた時間的価値とその他の計算についてもっと学ぼう。www.studyfinance.com

スプレッドシート・アプリケーション

スプレッドシートを用いた貨幣の時間的価値計算

ますます、多くの異なる部署（財務や会計だけでなく）のビジネス・パーソンたちが、現実の世界で生じるさまざまな種類の計算を行うために、スプレッドシートに頼るようになってきている。結果として、このセクションでは、本章で出てきたさまざまな貨幣の時間的価値問題を解くために、スプレッドシートをどのように用いるのか解説する。われわれはMicrosoft Excel™を用いるが、他のソフトでもコマンドは似ている。スプレッドシートの基本的な操作に関しては、読者はすでに慣れていると仮定する。

すでに学習したように、将来価値、現在価値、割引率、期間数という四つの潜在的未知数に関して解くことが可能である。スプレッドシートでは、それぞれに対して個別の関数がある。エクセルの場合をボックスに示した。

目的	関　数
将来価値	＝FV（利率、期間数、定期支払額、現在価値）
現在価値	＝PV（利率、期間数、定期支払額、将来価値）
割引率	＝RATE（期間数、定期支払額、現在価値、将来価値）
期間数	＝NPER（利率、定期支払額、現在価値、将来価値）

ここでは、二つのことがやや扱いにくい。第一に、財務電卓と違い、スプレッドシートには利率を小数で入力しなければならない。第二に、ほとんどの財務電卓同様、割引率や期間数を求める際に、現在価値かあるいは将来価値にマイナス符号をつけなければならない。同じ理由で、現在価値を求める際、将来価値にマイナス符号をつけないと、答えはマイナスの値になる。将来価値の計算も同様である。

どのようにこれらの関数を用いるのか解説するために、本章の例題に戻る。年間12%で２万5,000ドルを投資したら、５万ドルになるまでどれだけ待たなければならないだろうか。以下はスプレッドシートの一例である。

	A	B	C	D	E	F	G	H	I
1									
2		スプレッドシートを用いた貨幣の時間的価値計算							
3									
4	年間12%で2万5,000ドルを投資したら、5万ドルになるまでどれだけ待たなければならないだろうか。								
5	未知の期間数について解かなければならないので、関数NPER(利率、定期支払額、現在価値、将来価値)を用いる。								
6									
7	現在価値:	$25,000							
8	将来価値:	$50,000							
9	利率:	0.12							
10									
11	期間数:	6.1162554							
12									
13	セルB11に入力した関数は　=NPER(B9,0,-B7,B8)								
14	定期支払額は0で、現在価値にはマイナス符号がついていることに注意。								
15	また、利率はパーセンテージではなく、小数として入力されていることにも注意。								

しばしば、投資家や企業は、多数のキャッシュフローを受け取る。一連のキャッシュフローの現在価値は、単純に個々のキャッシュフローの現在価値の合計である。これは、次の二つの例で解説する。

例4.10　キャッシュフロー評価

カイル・メイヤーは、ケンタッキー州宝くじに当たって、今後2年間にわたり、次の一連のキャッシュフローを受け取る。

年	キャッシュフロー
1	＄20,000
2	＄50,000

メイヤー氏は現在、普通預金口座で、6％の利益を得ることができる。したがって適切な割引率は6％である。キャッシュフローの現在価値は、次のようになる。

年	キャッシュフロー×	現在価値ファクター	＝現在価値
1	＄20,000	$\times \frac{1}{1.06} = \$20,000 \times \frac{1}{1.06}$	＝＄18,867.9
2	＄50,000	$\times \left(\frac{1}{1.06}\right)^2 = \$50,000 \times \frac{1}{(1.06)^2}$	＝＄44,499.8
		合計	＝＄63,367.7

言い換えれば、メイヤー氏は今日6万3,367.7ドル受け取ることと、今後2

年間にわたって2万ドルと5万ドルを受け取ることに対して、同様に心が傾く。

例4.11　NPV

ファイナンス・ドット・コム社は、費用が5万ドルの新しい高速コンピュータに投資する機会をもっている。コンピュータは、いまから1年後に2万5,000ドル、2年後に2万ドル、3年後には1万5,000ドルのキャッシュフローを（コスト削減から）生み出す。コンピュータは3年後には価値がなくなり、追加キャッシュフローを生み出さない。ファイナンス・ドット・コム社は、適切な割引率を7％と決定した。ファイナンス・ドット・コム社は、この新しい高速コンピュータに投資すべきだろうか。

このコンピュータのキャッシュフローと現在価値ファクターは、次のようになる。

	キャッシュフロー	現在価値ファクター
年度0	－＄50,000	$1=1$
1	＄25,000	$\frac{1}{1.07}=0.9346$
2	＄20,000	$\left(\frac{1}{1.07}\right)^2=0.8734$
3	＄15,000	$\left(\frac{1}{1.07}\right)^3=0.8163$

キャッシュフローの現在価値は、次のようになる。

キャッシュフロー×現在価値ファクター＝現在価値		
年度0	－＄50,000×1	＝－＄50,000
1	＄25,000×0.9346＝	＄23,365
2	＄20,000×0.8734＝	＄17,468
3	＄15,000×0.8163＝	＄12,244.5
	合計	＄3,077.5

将来キャッシュフローの現在価値が費用より大きいので、ファイナンス・ドット・コム社は新しいハイスピード・コンピュータに投資すべきである。NPV

は3,077.5ドルである。

代数的公式

キャッシュフローの純現在価値の代数的公式を導き出すために、いまから1年後に受け取るキャッシュフローのPVは以下であることを思い出されたい。

$$PV = C_1/(1+r)$$

そして、いまから2年後に受け取るキャッシュフローのPVは、

$$PV = C_2/(1+r)^2$$

である。

T 期間のプロジェクトのNPVは以下のように表すことができる。

$$NPV = -C_0 + \frac{C_1}{1+r} + \frac{C_2}{(1+r)^2} + \cdots + \frac{C_T}{(1+r)^T} = -C_0 + \sum_{i=1}^{T} \frac{C_i}{(1+r)^i} \qquad (4.5)$$

初期フロー、$-C_0$は投資を表すので、マイナスであると仮定される。Σは各項合計の略である。

本章の冒頭で提示した、野球選手マーク・テシェイラの契約に関する質問に答えることで、この節を閉じる。契約では、500万ドルの調印ボーナスが即座に支払われ、それにプラスして、1億7,500万ドルのサラリーが、2009年と2010年に年間2,000万ドルずつ、2011～2016年までは毎年2,250万ドルが支払われると報道されたことを覚えているだろうか。もし12%が適切な割引率だったら、ニューヨーク・ヤンキースの一塁手は、どのようなディールをつかんだのだろうか。

答えるために、次のように、各年度のサラリーを現在に割り引いて現在価値を計算することができる（将来のサラリーは年度末に支払われると仮定した）。

年度0	\$ 5,000,000	= \$ 5,000,000
年度1	\$20,000,000 × 1/1.12	= \$17,857,142.86
年度2	\$20,000,000 × 1/1.12^2	= \$15,943,877.55
年度3	\$22,500,000 × 1/1.12^3	= \$16,015,055.58
⋮	⋮	⋮

年度8　$\$22,500,000 \times 1/1.12^8 = \$\ 9,087,372.63$

抜けている行を埋め、合計すると（練習のためにやってみるとよい）、テシェイラの契約の現在価値は約1億1,255万ドルであることがわかる。これは報道された金額1億8,000万ドルの約63%にすぎないが、それでもまだかなりよいものである。

4.3　複利化期間

これまで複利化と割引化は、年次で起こると仮定してきた。時には複利化は、1年にちょうど1回だけでなく、もっと頻繁に起こるかもしれない。たとえば、銀行が10%の金利を「半年複利」で支払うとしよう。これは銀行の1,000ドルの預金が、6カ月後に$\$1,000 \times 1.05 = \$1,050$となり、1年後には$\$1,050 \times 1.05 = \$1,102.50$となることを意味する。

1年後の富は以下のように書き表せる。

$$\$1,000\left(1+\frac{0.10}{2}\right)^2 = \$1,000 \times (1.05)^2 = \$1,102.50$$

もちろん1,000ドルの預金は、年次複利化で1,100ドル（$= \$1,000 \times 1.10$）の価値になる。1年後の将来価値は、年次複利化より半年複利化のほうが大きいことに注目されたい。年次複利化では、当初の1,000ドルは、1年中、投資のベースとして残る。半年複利化では、当初の1,000ドルは、最初の6カ月間のみ投資のベースになっているのにすぎない。次の6カ月間のベースは1,050ドルである。したがって半年複利化では、*利息に対する利息*を受け取る。

$\$1,000 \times 1.1025 = \$1,102.50$なので、10%の半年複利化は、10.25%の年次複利化と同じである。言い換えれば、合理的な投資家にとっては、10%の半年複利化か、10.25%の年次複利化か、どちらを提供されてもかまわない。

10%の四半期複利化が1年後に生み出す富は、

$$\$1,000\left(1+\frac{0.10}{4}\right)^4 = \$1,103.81$$

である。

さらに一般的には、1年m回の複利化投資は、1年後に以下の富をもたらす。

$$C_0\left(1+\frac{r}{m}\right)^m \tag{4.6}$$

C_0は初期投資であり、rは表示年金利（stated annual interest rate）である。表示年金利は、複利化を考えない１年金利である。銀行や、他の金融機関は、表示年金利に他の名前を用いることがある。年利率（annual percentage rate, APR）が、おそらく最も一般的な類義語であろう。

例4.12　EAR

もしジェーン・クリスティンが、１ドルの投資に対して、月次複利化の表示年金利24%を受け取るとしたら、１年後の富はいくらだろうか。

公式4.6を利用すると、彼女の富は、

$$\$1\left(1+\frac{0.24}{12}\right)^{12}=\$1\times(1.02)^{12}$$

$$=\$1.2682$$

となる。年次利益率は、26.82%である。この年次利益率は、実効年利率（effective annual rate, EAR）、もしくは実効年利回り（effective annual yield, EAY）と呼ばれる。複利化の結果、実効年利率は、表示年金利の24%より大きい。代数的には、実効年利率は以下のように書き直すことができる。

実効年利率

$$\left(1+\frac{r}{m}\right)^m-1 \tag{4.7}$$

学生たちは、しばしば、公式4.7で１を引くことに悩まされる。年度末の富は、１年で稼いだ利息と元金の両方からなっていることに注目されたい。公式4.7では、１を引くことによって元金を取り除く。

例4.13　複利化頻度

もし表示年金利が８%で、四半期で複利化されていたら、実効年利率はいくらだろうか。

公式4.7を利用し、以下を得る。

$$\left(1+\frac{r}{m}\right)^m-1=\left(1+\frac{0.08}{4}\right)^4-1=0.0824=8.24\%$$

C_0＝＄1,000と r＝10%の元の例に戻ると、次の表をつくることができる。

C_0	複利化頻度（m）	C_1	実効年利率＝ $\left(1+\frac{r}{m}\right)^m-1$
＄1,000	年（m＝1）	＄1,100.00	0.10
1,000	半年（m＝2）	1,102.50	0.1025
1,000	四半期（m＝4）	1,103.81	0.10381
1,000	毎日（m＝365）	1,105.16	0.10516

表示年金利と実効年利率の区別

表示年金利（SAIR）もしくは年利率（APR）と、実効年利率（EAR）の区別は、しばしば学生を困惑させる。表示年金利は、複利化の間隔が与えられたときにのみ意味をなすということを心にとどめておくことで、混乱を減らすことができる。たとえば10%の表示年金利の場合、半年複利化における1年後の将来価値は、$[1+(0.10/2)]^2=1.1025$である。四半期複利化の将来価値は、$[1+(0.10/4)]^4=1.1038$である。もし表示年金利が10%でも、複利化の間隔が与えられていなかったら、将来価値は計算できない。言い換えれば、半年複利化か、四半期複利化か、あるいは他の間隔の複利化か、だれにもわからない。

対照的に、実効年利率は複利化間隔がなくても意味がある。たとえば、実効年利率が10.25%というのは、1ドルの投資が1年後に1.1025ドルの価値になることを意味する。これは、半年複利化で10%の表示年金利か、あるいは年次複利化で10.25%の表示年金利か、あるいは他の可能性を考えることが可能である。

金利が高い場合、表示年金利と実効年利率は大きく異なる可能性がある。たとえば、「給料日ローン」を考えてみよう。給料日ローンは、アメリキャッシュ・アドバンス社やナショナル・ペイデイ社などの会社によって提供される、多くの場合2週間以内の消費者向け短期ローンである。このローンは次のような仕組みである。あなたは今日、先の日付でパーソナル小切手を切る。小切手の日付が来たら、あなたは店に行き、小切手に対して現金を支払うか、あるいは会社が小切手を換金する。たとえば、アメリキャッシュ・アドバンス社は、あなたに15日後の日付の、125ドルの小切手を切ることを認める。この場合、あなたは今日100ドルを受け取る。この仕組みの年利率と実効年利率はいくらだろうか。まず、金利を見つける必要があるが、これは将来価値（FV）方程式を用いて、以下のように求めることができる。

$$\mathrm{FV} = \mathrm{PV}(1 + r)^T$$
$$\$125 = \$100 \times (1 + r)^1$$
$$1.25 = (1 + r)$$
$$r = 0.25 \text{もしくは} 25\%$$

あまり悪い数字にみえないが、これは*15日間！*の金利なのを思い出そう。このローンの年利率は、以下になる。

$$\mathrm{APR} = 0.25 \times 365/15$$
$$= 6.0833 \text{もしくは} 608.33\%$$

そして実効年利率は、以下のとおりである。

$$\mathrm{EAR} = (1 + r/m)^m - 1$$
$$= (1 + 0.25)^{365/15} - 1$$
$$= 227.1096 \text{もしくは} 22{,}710.96\%$$

さあ、これが金利である！　1日（あるいは3日）がどんな違いをもたらすのかをみてみるために、ナショナル・ペイデイ社の条件を調べてみよう。この会社はあなたに、同額だが、返済に18日間が与えられる、先日付小切手を切ることを認める。この条件の年利率は506.94%で、実効年利率は9,128.26%になることを、自分でチェックしてみるとよい。これはさっきより低いが、依然としてわれわれが普通に勧められるローンではない。

多数年にわたる複利化

公式4.6は1年間の投資に適用される。1年以上（T 年）の公式は、以下のようになる。

複利化での将来価値

$$\mathrm{FV}=C_0\left(1+\frac{r}{m}\right)^{mT} \qquad (4.8)$$

例4.14　複数年複利化

ハリー・デアンジェロは、期間5年、表示年金利12%、四半期複利化の投資に、5,000ドルを入れている。5年後の彼の富はいくらになるだろうか。

公式4.8を用いると、彼の富は以下のようになる。

$$\$5{,}000\times\left(1+\frac{0.12}{4}\right)^{4\times5}=\$5{,}000\times(1.03)^{20}=\$5{,}000\times1.8061$$

$$=\$9{,}030.50$$

連続複利化

前述の議論は、1年に一度より、さらに頻繁に複利化ができることを示した。半年、四半期、毎月、毎日、毎時、毎分、あるいはもっと頻繁に複利化を行うことが可能である。無限小の瞬間ごとに複利化を行う極限の場合は、一般に**連続複利化**（continuous compounding）と呼ばれる。驚くべきことに、銀行や他の金融機関は、しばしば連続複利を提示する。それがなぜわれわれが連続複利化を学習するのかの理由である。

これほど素早く複利化を行う考え方には戸惑うかもしれないが、公式は簡単である。連続複利化では、T 年後の価値は以下のように表される。

$$C_0\times e^{rT} \qquad (4.9)$$

C_0は初期投資、r は表示年金利、T は投資が行われる年数である。e の数字は定数で、ほぼ2.718と等しい。これは、C_0、r、T のような未知数ではない。

例4.15　連続複利化

リンダ・デフォンドは、1,000ドルを連続複利10%で1年間投資した。1年後の彼女の富はいくらになるだろうか。

公式4.9から、以下を得る。

$$\$1,000\times e^{0.10}=\$1,000\times 1.1052=\$1,105.20$$

この数字は、表A5から簡単に読み取ることができる。単に、水平枠 r の数値を10%にあわせ、縦枠 T の数値を1にあわせるだけである。以下は、この問題に関連する表の部分である。

連続複利（r）

期間(T)	9%	10%	11%
1	1.0942	1.1052	1.1163
2	1.1972	1.2214	1.2461
3	1.3100	1.3499	1.3910

10%の連続複利は、年複利10.52%と同等であることに注目されたい。言い換えれば、リンダ・デフォンドは、銀行が、連続複利の10%か、年複利の10.52%か、どちらを提示しようとかまわない。

例4.16　連続複利化、つづき

リンダ・デフォンドの弟マークは、10%の連続複利で2年間、1,000ドルの投資を行った。

ここでの適切な公式は、

$$\$1,000\times e^{0.10\times 2}=\$1,000\times e^{0.20}=\$1,221.40$$

である。直前の例で再現した連続複利の表の一部を用いると、値は1.2214であることがわかる。

図4.11は、年次複利化、半年複利化、連続複利化の関係を図解している。半年複利化は、年次複利化より、もっと滑らかなカーブで上昇し、高い価値で終わる。連続複利化は、すべてのなかで、最も滑らかなカーブと最も高い最終価値をもつ。

図4.11　年複利化、半年複利化、連続複利化

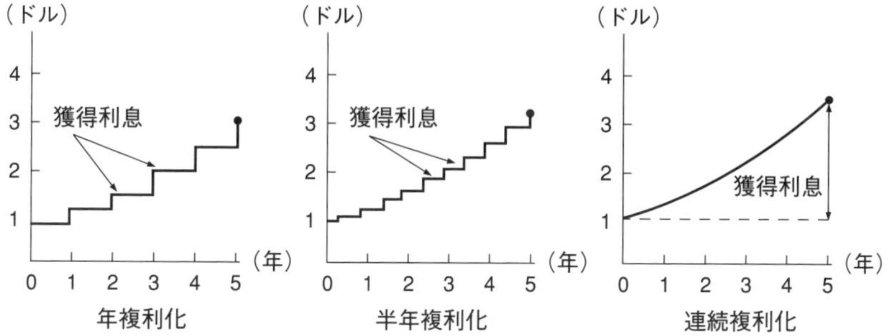

例4.17　連続複利化を伴う現在価値

ミシガン州宝くじは、あなたに4年後10万ドルを支払う。もし年次連続複利金利が8％であるなら、この支払の現在価値はいくらだろうか。

$$\$100,000 \times \frac{1}{e^{0.08 \times 4}} = \$100,000 \times \frac{1}{1.3771} = \$72,616.37$$

4.4　簡略化

この章の最初の部分では、将来価値と現在価値の概念について考察した。これらの概念は、貨幣の時間的価値に関する多くの問題に答えることを可能にするが、必要な労力はしばしば過大になってしまう。たとえば、20年間にわたる月払住宅ローンの現在価値を計算しようとしている銀行を考えてみよう。この住宅ローンは、240（＝20×12）の支払があるので、概念的には簡単な仕事でも、実行するには多くの時間を必要とする。

多くの基本的財務問題は、潜在的にあまりにも時間がかかるので、この節では簡略化を探し出すことにする。四つのタイプのキャッシュフローの流れ（流列）について、簡略化した公式を提供する。

・パーペチュイティ（perpetuity，永久キャッシュフロー）
・成長パーペチュイティ（growing perpetuity）

・アニュイティ（annuity，年金型キャッシュフロー）
・成長アニュイティ（growing annuity）

パーペチュイティ

パーペチュイティ（perpetuity）は、終わりのない一定のキャッシュフローの流列である。もしあなたが、パーペチュイティは現実と何の関連性もないと思っているなら、よく知られた終わりのないキャッシュフロー流列のケースがあることに驚くだろう。それはイギリスの債券で、*コンソル債*と呼ばれる。コンソル債を購入した投資家は、イギリス政府から永久に年次利息を受け取る権利がある。

どのようにコンソル債の価格は決定できるだろうか。毎年 C ドルのクーポンを永久に支払うコンソル債を考えてみよう。単純に PV 公式を当てはめると、

$$\mathrm{PV}=\frac{C}{1+r}+\frac{C}{(1+r)^2}+\frac{C}{(1+r)^3}+\cdots\cdots$$

となる。公式の最後の点々は、公式をさらに続ける無限の項を表している。このような連続は、*等比級数*と呼ばれている。これらは無限の数の項をもつが、それぞれの項は、前の項の一部でしかないので、全体の連続は有限の合計値をもつことがよく知られている。しかしながら、微積分学の本に取りかかる前に、財務的直観が少しでも PV を探す手助けとなるかどうか、われわれの元の原則に戻ってみる価値はある。

コンソル債の現在価値は、将来のすべてのクーポンの現在価値である。言い換えれば、もし投資家が今日もっていたら、コンソル債とそのクーポンが成し遂げるのと同様な支出パターンを達成することを可能にする金額である。投資家が、毎年きっちり C ドルを使いたいと思っているとしよう。もし彼がコンソル債をもっていたら、それが可能になる。同じ金額を使うのには、今日いくらもっていなければならないだろうか。明らかに、資金に対する利息が毎年 C ドルであるような、ちょうど十分な金額が必要になる。もし彼がそれ以上もっていたら、毎年 C ドルより多く使うことができる。もしいくらかでも少なかったら、毎年 C ドルを使うと、資金はいつか尽きてしまうだろう。

毎年 C ドルを投資家に与える金額は、したがってコンソル債の現在価値であり、単に、

$$PV = \frac{C}{r} \tag{4.10}$$

である。これが正しい答えであると確認するには、もし C/r の金額を貸し出した場合に、毎年それが生み出す利息に注目されたい。

$$利息 = \frac{C}{r} \times r = C$$

これはちょうどコンソル債の支払額である。まとめると、コンソル債は、次のようになる。

パーペチュイティの現在価値の公式

$$PV = \frac{C}{1+r} + \frac{C}{(1+r)^2} + \frac{C}{(1+r)^3} + \cdots\cdots \tag{4.11}$$

$$= \frac{C}{r}$$

この数学的な問題を解くのに、どんなに簡単に財務的直観を利用できるのか知ることは、気分がいいものである。

例4.18　パーペチュイティ

1年に100ドルの支払をするパーペチュイティを考えてみよう。もし適切な金利が8％であるとすると、コンソル債の価値はいくらだろうか。

公式4.8を用いて以下を得る。

$$PV = \frac{\$100}{0.08} = \$1,250$$

今度は、金利が6％に下がったとしよう。公式4.8を用いると、パーペチュイティの価値は、

$$PV = \frac{\$100}{0.06} = \$1,666.67$$

となる。金利が下がると、パーペチュイティの価値が上がることに注目されたい。逆に、金利が上昇すると、パーペチュイティの価値は下がる。

成長パーペチュイティ

費用を差し引いた後の大家へのキャッシュフローが、来年10万ドルになるアパートの建物を考えてみよう。これらのキャッシュフローは、毎年５％で上昇すると予想されている。もしこの上昇が無期限に続くと仮定すると、このキャッシュフローの流列は成長パーペチュイティ（growing perpetuity）と呼ばれる。適切な金利は11％である。したがって、適切な割引率は11％で、キャッシュフローの現在価値は以下のように表すことができる。

$$PV=\frac{\$100,000}{1.11}+\frac{\$100,000(1.05)}{(1.11)^2}+\frac{\$100,000(1.05)^2}{(1.11)^3}+\cdots$$

$$+\frac{\$100,000(1.05)^{N-1}}{(1.11)^N}+\cdots$$

代数的には、公式を以下のように書き表すことができる。

$$PV=\frac{C}{1+r}+\frac{C\times(1+g)}{(1+r)^2}+\frac{C\times(1+g)^2}{(1+r)^3}+\cdots+\frac{C\times(1+g)^{N-1}}{(1+r)^N}+\cdots$$

C は１期後から受け取るキャッシュフロー、g はパーセンテージで表した１期当りの成長率、r は適切な割引率である。

幸運にも、公式は次のように簡略化できる。

成長パーペチュイティの現在価値の公式

$$PV=\frac{C}{r-g} \tag{4.12}$$

公式4.12により、アパートの建物からのキャッシュフローの現在価値は、

$$\frac{\$100,000}{0.11-0.05}=\$1,666,667$$

である。

成長パーペチュイティ公式に関して、三つの重要なポイントがある。

1．分子：公式4.12の分子は、１期後からのキャッシュフローで、期日０におけるものではない。次の例を考えてみよう。

例4.19　配当の支払

ポポビッチ社は、1株当り3ドルの配当をちょうど支払うところである。投資家は、年間配当が1年に6％ずつ永久に上がっていくと予想している。適切な金利は11％である。今日の株価はいくらだろうか。

公式4.12の分子は、来期受け取るキャッシュフローである。成長率は6％なので、来年の配当金は、3.18ドル（＝＄3.00×1.06）になる。今日の株価は、以下のとおりである。

$$\$66.60 = \$3.00 + \frac{\$3.18}{0.11-0.06}$$

間近の　いまから1年後に始まる
配当　　すべての配当の現在価値

66.60ドルの価格には、すぐに受け取る配当と、いまから1年後に始まるすべての配当の現在価値との両方が含まれる。公式4.12は、いまから1年後に始まるすべての配当の現在価値を計算することを可能にするだけである。この例を必ず理解するように。これに関するテスト問題は、いつもわれわれの学生の何人かをつまずかせるようである。

2．*割引率と成長率*：成長パーペチュイティ公式が機能するためには、割引率 r は、成長率 g より大きくなければならない。成長率が、金利の大きさに近づくケースを考えてみよう。すると、成長パーペチュイティ公式の分母は限りなく小さくなり、現在価値は無限に大きくなる。実際、r が g より小さいとき、現在価値は定義できない。

3．*タイミングの仮定*：現実の世界の企業では、現金は一般的に、ランダムかつほとんど連続的に、出たり入ったりしている。しかしながら公式4.12は、キャッシュフローが、規則的かつ不連続な時点で、受け取られ、そして支払われていると仮定している。アパートの例では、正味キャッシュフローの10万ドルは、1年に一度しか発生しないと仮定した。現実には、家賃支払は普通、毎月受け取られる。維持費や他の費用は、年間いつでも起こる可能性がある。

成長パーペチュイティ公式4.12は、規則的かつ不連続なパターンのキャッシュフローを仮定することによってのみ、適用することができる。公式は多くの時間を節約するので、この仮定は賢明なものであるが、利用者はそれが一つの*仮定*であることを決して忘れてはならない。この点については、後の章でまた触れることにする。

専門用語について少し触れなければならない。ファイナンスの教科書の著者たちは、一般に二つの慣例法のうちの一つを用いて、期間を表す。少数のファイナンスの著者は、キャッシュフローを正確な*期日*に受け取るものとして取り扱う。たとえば、期日０、期日１などである。この慣例法のもとでは、期日０は現時点を表す。しかしながら、１年は期間であり特定の一瞬の時間ではないので、大多数の著者は、１年の終わり（あるいは期間の終わり）に発生するキャッシュフローを指す。この*年度末慣例法*のもとでは、０年度末が現在であり、１年度末は１期後に起こり、というように続いていく（０年度の始めはすでに過ぎており、一般的に触れられない)[2]。

二つの慣例法の置換えは、次のチャートでみることができる。

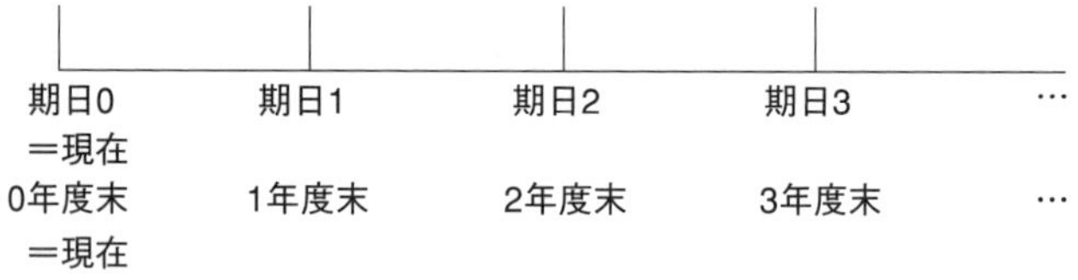

われわれは、*期日慣例法*があいまいさを減らすと強く信じている。とはいえ、*年度末慣例法*も後々の科目に出てくるだろうから、本書では両方の慣例法を用いる。実際、練習のため、両方の慣例法が同じ例題に出てくるかもしれない。

アニュイティ

アニュイティ（annuity）は、決められた数の期間続く一定額の規則的な支払である。当然ながら、アニュイティは最も一般的な種類の金融商品の一つである。人々が退職したときに受け取る年金は、しばしばアニュイティのかたちをとっている。リースと住宅ローンもまた、多くの場合アニュイティである。

2） ときどきファイナンスの著者たちは、単に x 年におけるキャッシュフローについて話す。この用語法はあいまいであるが、そのような著者たちは、通常 x *年度末*を意味している。

アニュイティの現在価値を求めるには、次の式を評価する必要がある。

$$\frac{C}{1+r}+\frac{C}{(1+r)^2}+\frac{C}{(1+r)^3}+\cdots+\frac{C}{(1+r)^T}$$

T 期間だけクーポンを受け取る現在価値は、コンソル債の現在価値よりも小さくなければならないが、しかしどれくらい小さいのだろうか。これに答えるには、もう少しコンソル債を精査しなければならない。

次の時間チャートを考えてみよう。

	現在						
期日（または年度末）	0	1	2	3…	T	$(T+1)$	$(T+2)$
コンソル債1		C	C	C…	C	C	C…
コンソル債2						C	C…
アニュイティ		C	C	C…	C		

コンソル債1は、期日1に最初の支払がある通常のコンソル債である。コンソル債2の最初の支払は、期日 $T+1$ に発生する。

T までの各期にキャッシュフロー C をもつことの現在価値は、コンソル債1の現在価値－コンソル債2の現在価値に等しい。コンソル債1の現在価値は、以下によって求められる。

$$\text{PV}=\frac{C}{r} \tag{4.13}$$

コンソル債2は、期日 $T+1$ に最初の支払をもつ単なるコンソル債である。パーペチュイティ公式から、このコンソル債は、期日 T において C/r の価値があることがわかる[3]。しかしながら、期日 T での価値は欲しくない。いまの価値が欲しい。言い換えれば、期日0での現在価値である。われわれは、C/r を T 期間割り引いて戻さなければならない。したがって、コンソル債2の現在価値は、

$$\text{PV}=\frac{C}{r}\left[\frac{1}{(1+r)^T}\right] \tag{4.14}$$

である。T 年間にわたってキャッシュフローをもつことの現在価値は、最初の支払が期日1のコンソル債の現在価値から、最初の支払が期日 $T+1$ であるコンソル債の現在価値を引いたものである。したがってアニュイティの現在価値は、公式

3）　このコンソル債の最初の支払が $T+1$ 期に発生するので、学生はしばしば、C/r が期日 $T+1$ における現在価値だと思い込む。しかしながら、公式はアニュイティを最初の支払の1期前の時点で評価する。

4.13から公式4.14を引いたものである。これは以下のように書ける。

$$\frac{C}{r}-\frac{C}{r}\left[\frac{1}{(1+r)^{T}}\right]$$

簡略化すると、以下を得る。

アニュイティの現在価値の公式

$$\mathrm{PV}=C\left[\frac{1}{r}-\frac{1}{r(1+r)^{T}}\right]$$

これはまた次のようにも書ける。

$$\mathrm{PV}=C\left[\frac{1-\frac{1}{(1+r)^{T}}}{r}\right] \tag{4.15}$$

例4.20　宝くじの評価

マーク・ヤングは、年間5万ドルが20年間支払われる州宝くじに、ちょうど当たったところである。彼はいまから1年後に最初の支払を受け取る。＄1,000,000＝＄50,000×20なので、州はこれを100万ドル宝くじと宣伝している。金利が8％だったら、この宝くじの本当の価値はいくらだろうか。

公式4.15から以下を得る。

$$100\text{万ドル宝くじの現在価値}=\$50{,}000\times\left[\frac{1-\frac{1}{(1.08)^{20}}}{0.08}\right]$$

定期支払　アニュイティ・ファクター

$$=\$50{,}000\quad\times\quad 9.8181$$

$$=\$490{,}905$$

当たったことに大喜びするかわりに、ヤング氏は州を不当表示だと詐欺で訴える。彼の法的準備書面は、100万ドルを約束されたのに、たったの49万905ドルしか受け取れないと述べている。

T 年間の一定額の規則的な支払 C の価値を計算するのに用いる項は、アニュイティ・ファクター（annuity factor）と呼ばれる。この例のアニュイティ・ファクターは9.8181である。アニュイティ・ファクターはPV計算で大変頻繁に使われるので、本書の巻末に表A2として含めておいた。この表は、一連の金利rと満期Tにおける、ファクターの値を表している。

公式4.15のカッコ内に表されたアニュイティ・ファクターは複雑な式である。簡略化するために、われわれはときどきアニュイティ・ファクターを以下のように表す。

$$A_r^T$$

この表現は、金利rにおける、T年間にわたる毎年1ドルの現在価値を表す。

また、アニュイティの将来価値の公式も提供できる。

$$\mathrm{FV}=C\left[\frac{(1+r)^T}{r}-\frac{1}{r}\right]=C\left[\frac{(1+r)^T-1}{r}\right] \tag{4.16}$$

アニュイティの現在価値ファクターの場合と同様、本書巻末の表A4に将来価値ファクターをまとめてある。

例4.21　退職資金の投資

あなたはRoth IRA（個人積立退職年金口座）に毎年3,000ドルを積み立てるとする。この口座は年6％の金利を支払う。30年後にあなたが退職するときに、いくらになっているだろうか。

この質問は、6％で30年間、毎年3,000ドルのアニュイティの将来価値を訊いているので、以下のように計算できる。

$$\mathrm{FV}=C\left[\frac{(1+r)^T-1}{r}\right]=\$3,000\times\left[\frac{1.06^{30}-1}{0.06}\right]$$

$$=\$3,000\times79.0582$$

$$=\$237,174.56$$

したがって、あなたは口座に24万ドル近くもつことになる。

スプレッドシート・アプリケーション

アニュイティの現在価値

スプレッドシートを用いてアニュイティの現在価値を求めるには、以下のように行う。

	A	B	C	D	E	F	G	H	I
1									
2		スプレッドシートを用いてアニュイティの現在価値を求める							
3									
4	もし割引率が10%だったら、3年間毎年500ドルの現在価値はいくらか。								
5	未知の現在価値について解く必要があるので、PV(利率、期間数、定期支払額、将来価値)関数を用いる。								
6									
7	期間ごとの支払額:	$500							
8	支払回数:	3							
9	割引率:	0.1							
10									
11	アニュイティの現在価値:	$1,243.43							
12									
13	セルB11に入力した関数は	=PV(B9,B8,−B7,0)							
14	将来価値は0で、支払額にはマイナス符号がついていることに注意。								
15	また、利率はパーセンテージではなく、小数として入力されていることにも注意。								

われわれの経験では、アニュイティ公式はむずかしくないが、初心者には扱いにくい。次に、理解を促すための四つの秘訣を提示する。

秘訣1：遅延アニュイティ

アニュイティやパーペチュイティを用いるときの秘訣の一つは、正確に正しいタイミングをとることである。これは、アニュイティやパーペチュイティが何期も先の将来から始まる場合に、特に重要である。初心者は、最も聡明な人でさえ、ここで間違える可能性がある。次の例を考えてみよう。

例4.22　遅延アニュイティ

ダニエラ・カラベッロは、期日6から始まる4年間、1年当り500ドルのアニュイティを受け取る。もし金利が10%だったら、彼女のアニュイティの現在価値はいくらだろうか。この状況は以下のように描ける。

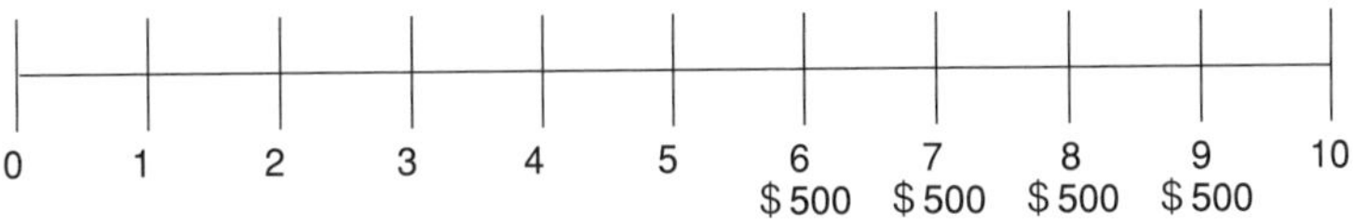

分析には二つのステップを踏む。

1．公式4.15を用いてアニュイティの現在価値を計算する。

期日5におけるアニュイティの現在価値

$$\$500\left[\frac{1-\frac{1}{(1.10)^4}}{0.10}\right]=\$500\times A^{4}_{0.10}$$

$$=\$500\times 3.1699$$

$$=\$1,584.95$$

1,584.95ドルは、期日5における現在価値を表すことに注意されたい。

期日6からアニュイティが始まるので、学生はしばしば、1,584.95ドルが期日6における現在価値であると思い込む。しかしながらわれわれの公式は、最初の支払より1期前の時点でアニュイティを評価する。これは、期日1で最初の支払が起こる最も典型的なケースでみてとれる。この場合公式は、期日0時点でのアニュイティを評価する。

2．期日0まで、アニュイティの現在価値を割り引いて戻す。

期日0における現在価値

$$\frac{\$1,584.95}{(1.10)^5}=\$984.13$$

アニュイティ公式は、ダニエラのアニュイティを期日5に戻すので、2番目の計算では残りの5期間を割り引かなければならないということに、重ねて言及する価値がある。二つのステップの手順は、図4.12に描かれている。

図4.12　ダニエラ・カラベッロのアニュイティの割引化

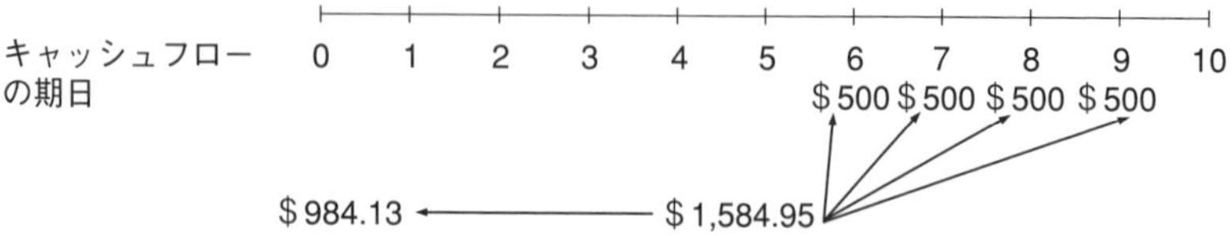

ステップ1：アニュイティ公式を用いて、四つの支払を期日5に割り引いて戻す。
ステップ2：期日5における現在価値（＄1,584.95）を、期日0での現在価値に割り引いて戻す。

秘訣2：期首払アニュイティ

アニュイティ公式4.15は、最初のアニュイティ支払が、1期後から始まることを仮定している。このタイプのアニュイティは、しばしば**後払アニュイティ**（annuity in arrears）もしくは**普通アニュイティ**（ordinary annuity）と呼ばれる。もしアニュイティが今日、言い換えれば期日0で始まるとしたら、どうなるのだろうか。

例4.23　期首払アニュイティ

前述の例では、マーク・ヤングは、州宝くじから年5万ドルを20年間受け取った。その例では、当たった日から1年後に最初の支払を受け取ることになっていた。ここでは、最初の支払がすぐに起こると考えてみよう。支払合計数は20のままである。

この新しい仮定のもとでは、期日1で最初の支払が発生する、19期日のアニュイティがあり、それに期日0でもう一つの支払がプラスされる。現在価値は、次のようになる。

$$\underset{\text{期日0での支払}}{\$50{,}000} + \underset{\text{19年のアニュイティ}}{\$50{,}000 \times A^{19}_{0.08}}$$

$$= \$50{,}000 + (\$50{,}000 \times 9.6036)$$

$$= \$530{,}180$$

この例の現在価値である53万180ドルは、先の宝くじの例での現在価値49万905ドルよりも大きい。この例におけるアニュイティは早く始まるので、これは予想されていたことである。最初の支払が即座に始まるアニュイティは、先

払アニュイティ（*annuity in advance*）か、あるいはもっと一般的には*期首払アニュイティ*（*annuity due*）と呼ばれる。本書における公式4.15ならびに表A2は、普通アニュイティを扱っていることを、常に忘れてはならない。

秘訣3：頻度の少ないアニュイティ

次の例は、1年に1回より少ない頻度で支払が起こるアニュイティを扱う。

例4.24　頻度の少ないアニュイティ

アン・チェンさんは、2年に一度450ドルが支払われるアニュイティを受け取っている。アニュイティは、20年にわたっている。最初の支払は期日2で起こる。すなわち今日から2年後である。年金利は6％である。

秘訣は、2年間にわたる金利を求めることである。2年間の金利は、

$$(1.06\times1.06)-1=12.36\%$$

となる。すなわち、2年間にわたって投資される100ドルは、112.36ドルになる。

われわれがほしいのは、各期の金利が12.36％である場合の、10期にわたる450ドルのアニュイティの現在価値である。これは、次のようになる。

$$\$450\left[\frac{1-\dfrac{1}{(1+0.1236)^{10}}}{0.1236}\right]=\$450\times A_{0.1236}^{10}=\$2,505.57$$

秘訣4：二つのアニュイティの現在価値を等しくする

次は、インフローの現在価値を、アウトフローの現在価値と等しくする例である。

例4.25　現在価値を等しくする

ハロルドとヘレン・ナッシュは、生まれたばかりの娘スーザンの大学教育資金を貯蓄している。ナッシュ家では、娘が大学に入学する18年後の大学の費用を、年間3万ドルであると見積もっている。次の数十年の間、年金利は14%である。娘の4年間の大学費用を完全にまかなうのに、彼らは毎年銀行にいくら預金しなければならないだろうか。

計算を簡単にするために、スーザンが今日生まれたと考える。彼女の両親は、スーザンの18歳の誕生日に、4回の年間授業料のうちの最初の支払をする。彼らは、17歳の誕生日まで毎回等しい金額を預金するが、期日0では預金しない。これは、以下のように図解できる。

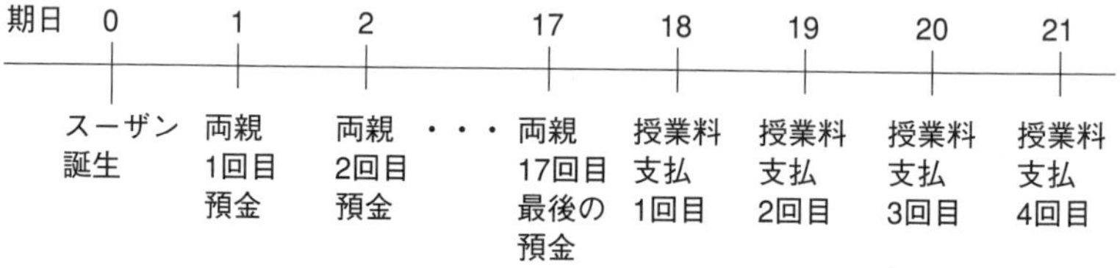

ナッシュ夫妻は、次の17年間にわたって銀行に預金をする。その後の4年間は、毎年3万ドルを引き出す。もし預金の現在価値が、4回の3万ドル引出しの現在価値と等しいなら、確実に毎年3万ドルを引き出すことが可能であると確信できる。

この計算には三つのステップが必要である。最初の二つで、引出額の現在価値を決定する。最後のステップで、引出額の現在価値と同じ現在価値をもつ毎年の預金額を決定する。

1．アニュイティ公式を用いて、4年間の大学費用の現在価値を計算する。

$$\$30,000\left[\frac{1-\dfrac{1}{(1.14)^4}}{0.14}\right]=\$30,000\times A^4_{0.14}$$
$$=\$30,000\times 2.9137=\$87,411$$

スーザンが18歳の誕生日に大学に入学すると仮定する。秘訣1の議論をもとに考えると、8万7,411ドルは期日17における現在価値を表す。

2．期日0での大学教育費用の現在価値を計算する。

$$\frac{\$87,411}{(1.14)^{17}}=\$9,422.91$$

3．ヘレンとハロルド・ナッシュが17年間、各年度末に銀行に預金すると仮定し、すべての預金が9,422.91ドルの現在価値になるよう毎年の預金額を計算する。これは次のように計算できる。

$$C\times A_{0.14}^{17}=\$9,422.91$$

$A_{0.14}^{17}=6.3729$なので、

$$C=\frac{\$9,422.91}{6.3729}=\$1,478.59$$

である。したがって、17年間にわたって年度末に預金され、14%で投資される1,478.59ドルは、その後4年間にわたる3万ドルの授業料の支払に十分な金額を提供する。

例4.25のかわりの方法としては、①スーザンの18歳の誕生日における授業料支払の現在価値を計算する。そして、②彼女の18歳の誕生日における預金の将来価値と、その日における授業料支払額の現在価値が等しくなるように、毎年の預金額を計算する。この手法も正しい答をもたらすが、これは間違いにつながりやすい。したがって、われわれは現在価値を等しくすることだけを提示する。

成長アニュイティ

事業のキャッシュフローは、実質成長か、インフレのどちらかによって、時間とともに成長する可能性が高い。無限の数のキャッシュフローを仮定する成長パーペチュイティは、この成長を取り扱うための一つの公式を提供する。ここで、*有限*数の成長キャッシュフローである、**成長アニュイティ（growing annuity）**について考えてみる。どんな種類のパーペチュイティもまれなので、成長アニュイティの公式は実際役に立つだろう。以下が公式である。

成長アニュイティの現在価値公式

$$PV = C\left[\frac{1}{r-g} - \frac{1}{r-g} \times \left(\frac{1+g}{1+r}\right)^T\right] = C\left[\frac{1-\left(\frac{1+g}{1+r}\right)^T}{r-g}\right] \qquad (4.17)$$

前と同様、C は最初の期末に発生する支払であり、r は金利、g は期間における成長率をパーセンテージとして表したもの、そして、T はアニュイティの期間数である。

例4.26　成長アニュイティ

スチュワート・ガブリエルはMBA２年目の学生で、年収８万ドルの仕事をオファーされたところである。彼は40年後に退職するまで、給料が毎年９％上がると予想している。金利が20％であるとき、彼の生涯賃金の現在価値はいくらだろうか。

簡略化するために、彼の給料はいまからちょうど１年後に８万ドル支払われ、その後も年次払いとして支払われ続けると仮定する。適切な割引率は20％である。公式4.17から、計算は次のようになる。

スチュワートの生涯賃金の現在価値

$$= \$80,000 \times \left[\frac{1-\left(\frac{1.09}{1.20}\right)^{40}}{0.20-0.09}\right] = \$711,730.71$$

成長アニュイティ公式は大変役に立つが、他の簡略化した公式よりも面倒である。ほとんどの賢い電卓には、パーペチュイティ、成長パーペチュイティ、アニュイティのための特別なプログラムはあるが、成長アニュイティのための特別プログラムはない。したがって、公式4.17は、すべての項を直接計算しなければならない。

例4.27　さらに成長アニュイティ

前記の例で、娘のスーザンの大学教育資金をまかなうために、ハロルドとヘレン・ナッシュは17回の同額の支払を行うことを計画した。かわりに、彼らが支払を毎年4％ずつふやすことにしたと考えてみよう。彼らの最初の支払はいくらになるだろうか。

前述のナッシュ家の例における最初の二つのステップは、大学費用の現在価値が9,422.91ドルであることを示していた。これら二つのステップは、ここでも同じになる。しかし、三つ目のステップは変更しなければならない。もし毎年支払額が4％ずつ増加するとしたら、すべての支払の現在価値が9,422.91ドルになるための最初の支払額がいくらになるかを、ここでは質問しなければならない。

成長アニュイティ公式を9,422.91ドルに等しくなるものと置き、Cを解く。

$$C\left[\frac{1-\left(\frac{1+g}{1+r}\right)^{T}}{r-g}\right]=C\left[\frac{1-\left(\frac{1.04}{1.14}\right)^{17}}{0.14-0.04}\right]=\$9,422.91$$

ここでは、$C=\$1,192.78$である。したがって、彼女の最初の誕生日の預金額は1,192.78ドル、2度目の誕生日の預金額は1,240.49ドル（=1.04×＄1,192.78)、というように続いていく。

4.5　ローンのアモチゼーション

貸し手がローンを貸し出すときはいつでも、元本（当初のローン金額）の返済に関してなんらかの規定が設けられる。たとえば、ローンは同額で分割して返済されたり、あるいはまとめて1回で返済されたりする。元本と利息がどのように返済されるのかは、当事者同士によるので、実際には無限大の可能性がある。

この節では、アモチゼーション・ローンについて解説する。これらのローンにかかわる作業は、これまで習った現在価値の原理の簡単な応用である。

アモチゼーション・ローン（amortized loan）は、順次ローン元本の一部を返済することを借り手に義務づける。ローンが完済されるように定期的な元本削減を行うプロセスを、ローンの*アモチゼーション*と呼ぶ。

ローンを徐々に元本返済するシンプルな方法は、借り手が毎期、利息とともにある固定した額の元本を返済することである。この方法は中期事業ローンで一般的である。たとえば、ある会社が９％の５年ローンで5,000ドルを借りるとする。ローン契約書は、借り手が毎年ローン残高に対する利息を返済し、また毎年1,000ずつローン残高を減らすことを規定する。毎年ローン残高が1,000ドルずつ減少するので、ローンは５年間で完済される。

われわれが考慮しているこのケースでは、返済額の合計が毎年減っていくことに気づかれたい。理由は、ローン残高が減少すると、毎年課せられる利息が減るからである。一方、元本の減少額は一定である。たとえば、初年度の利息は450ドル（＝＄5,000×0.09）なので、返済額の合計は1,450ドル（＝＄1,000＋450）になる。２年目は、ローン残高が4,000ドルなので、利息は360ドル（＝＄4,000×0.09）であり、返済額の合計は1,360ドルになる。残りの年も同様に計算することにより、シンプルなアモチゼーション・スケジュールを以下のように作成できる。

年度	期首残高	合計返済額	利息返済額	元本返済額	期末残高
1	＄5,000	＄1,450	＄　450	＄1,000	＄4,000
2	4,000	1,360	360	1,000	3,000
3	3,000	1,270	270	1,000	2,000
4	2,000	1,180	180	1,000	1,000
5	1,000	1,090	90	1,000	0
合計		＄6,350	＄1,350	＄5,000	

毎年、利息返済額は、期首残高に金利を掛けて計算されることに注目されたい。また、期首残高は前年度の期末残高である。

おそらく、最も一般的なローンをアモチゼーションする方法は、借り手が毎期に一度、固定額を返済することである。ほとんどすべての消費者ローン（自動車ローンなど）と住宅ローンが、この方法を用いる。たとえば、例題の、５年間、９％、5,000ドルのローンが、このように徐々に元本返済されるとする。アモチゼーション・スケジュールはどのようなものになるだろうか。

最初に返済額を求める必要がある。本章の初めの議論から、ローンのキャッシュフローは普通アニュイティのかたちをとることがわかっている。このケースでは、返済額を以下のように求めることができる。

$$\$5,000 = C \times \{[1 - (1/1.09^5)]/0.09\}$$

$$= C \times [(1-0.6499)/0.09]$$

これにより C が求められる。

$$C = \$5,000/3.8897$$
$$= \$1,285.46$$

したがって、借り手は1,285.46ドルの同額返済を5回行うことになる。これはローンを完済するだろうか。アモチゼーション・スケジュールを埋めることにより確認する。

前の例では、毎年の元本減少額がわかっていた。それから支払うべき利息を計算し、合計返済額を求めた。この例では、合計返済額がわかっている。したがって、各期における利息額を計算し、合計返済額から引くことで、元本返済部分を求める。

初年度では、すでに計算したように、利息は450ドルである。合計返済額は1,285.46ドルなので、初年度の元本返済額は以下にならなければならない。

元本返済額＝$1,285.46－450＝$835.46

よって、期末残高は以下になる。

期末残高＝$5,000－835.46＝$4,164.54

2年目の利息は374.81ドル（＝$4,164.54×0.09）で、ローン残高は910.65ドル（＝1,285.46－374.81）減少する。すべての関連する計算は、以下のスケジュール表にまとめることができる。

年度	期首残高	合計返済額	利息返済額	元本返済額	期末残高
1	$5,000.00	$1,285.46	$　450.00	$　835.46	$4,164.54
2	4,164.54	1,285.46	374.81	910.65	3,253.88
3	3,253.88	1,285.46	292.85	992.61	2,261.27
4	2,261.27	1,285.46	203.51	1,081.95	1,179.32
5	1,179.32	1,285.46	106.14	1,179.32	0.00
合計		$6,427.30	$1,427.31	$5,000.00	

ローン残高が減少して0になるので、この5回の同額（均等）返済は、たしかにローンを完済する。利息返済額は毎年減少するのに注目されたい。ローン残高が減

っていくので、これは驚くに値しない。合計返済額は固定されているので、元本返済額は毎年上がっていく。

この節の二つのローン・アモチゼーションを比較すると、利息返済額の合計は、1,427.31ドル対1,350ドルで、均等返済のケースのほうが大きい。この理由は、ローンが最初のうちはゆっくり返済されるので、利息が若干大きくなるからである。これは、一方のローンが他方のローンより優れているということを意味しない。単に、一方のローンが他方より、実質的に早く完済するというだけのことである。たとえば、初年度の元本削減額は、均等返済のケースが835.46ドルで、最初のケースが1,000ドルである。

例4.28　部分的アモチゼーション、もしくは「弾丸をかじる」*

不動産ローンの一般的な取決めの一つとして、15年のアモチゼーションを伴う5年ローンがあげられるかもしれない。これが意味するのは、借り手が15年のアモチゼーションにのっとって、毎月固定額を支払うというものである。しかしながら60カ月後、借り手は「バルーン（風船）」あるいは「ブレット（弾丸）」と呼ばれる、一度に大きな金額を支払うことによって、ローンを完済する。月次返済はローンを完済しないので、これは部分的アモチゼーション・ローンといわれる。

20年（240カ月）のアモチゼーションで、年利率が12%の10万ドルの商業用不動産ローンがあるとする。さらに、このローンには5年のバルーンがついているとする。月次返済額はいくらになるだろうか。バルーン返済はどれくらい大きいだろうか。

月次返済額は、現在価値が10万ドルの普通アニュイティをもとに計算できる。回数は240回で、金利は月に1%なので、月次返済額は以下のように計算できる。

$$\$100,000 = C \times [1 - (1/1.01^{240})/0.01]$$
$$= C \times 90.8194$$

*訳者注：「Bite the Bullet」（弾丸をかじる）は、ひるまず歯を食いしばって敢然と立ち向かうとか耐えるという意味。かつて戦場で手術する際、麻酔薬がないので、苦痛をこらえるために弾丸を噛んだことから。

$C = \$1,101.09$

さて、バルーン返済額を求めるのに、やさしい方法とむずかしい方法がある。むずかしい方法は、実際にローンを60カ月間分割償還し、その時点で残高がいくらなのか調べることである。やさしい方法は、60カ月後、ローンが180カ月（＝240－60）ローンになっているということに気づくことである。返済額は依然として月に1,101.09ドルで、金利も依然として月に1％である。したがって、ローン残高は、残りの返済額の現在価値である。

$$
\begin{aligned}
\text{ローン残高} &= \$1,101.09 \times [1 - (1/1.01^{180})/0.01] \\
&= \$1,101.09 \times 83.3217 \\
&= \$91,744.69
\end{aligned}
$$

このバルーン返済は相当大きく、9万1,744ドルである。なぜこれほど大きいのだろうか。これを理解するために、最初の返済額を考えてみよう。最初の月の利息は1,000ドル（＝＄100,000×0.01）である。月次返済額は1,101.09ドルなので、ローン残高は101.09ドルしか減らない。ローン残高がこれほどゆっくり減少するので、5年間の累積元本返済額はそれほど大きくない。

この節を、特に関係があるかもしれない例で閉じる。連邦スタッフォード・ローン（学生ローン）は、多くの大学生にとって、学費、教材、新しい車、アパート、そして他の多くのことをまかなう助けになる重要な資金源である。時々学生は、スタッフォード・ローンに重大な欠点があるのを十分に理解していないようにみえる。これらのローンは、学生が学校を去ったあと6カ月後から、毎月返済しなければならない。

スタッフォード・ローンのいくつかは、助成を受けている。これは返済が始まるまで、利息が発生し始めないことを意味する（これはよいことである）。もしあなたがこの特定のオプションをもつローンに頼る学部生だったら、借りられる合計額は最終的に最大限で2万3,000ドルである。金利は最高で8.25％、あるいは月に0.6875％（＝8.25/12）である。「標準的返済プラン」のもとでは、ローンは10年間にわたって分割返済される（最小返済額は50ドル）。

あなたはこの制度で最大限を借り入れ、また最高金利を支払うことになったとする。卒業後（あるいは象牙の塔を去ってから）6カ月たって返済が始まるが、あなたの月次返済額はいくらになるだろうか。返済を開始してから4年後のローン残高はいくらだろうか。

先の議論をふまえて、2万3,000ドルの合計ローンを仮定すると、月次返済額が282.10ドルになることを確認されたい。また、例4.28で説明したように、4年間返済を行った後、あなたは依然として残りの返済の現在価値を借りている。返済は全部で120回である。48回の返済を行った後（最初の4年間）、まだ72回残っている。ここまで学習してきたあなたには、金利が月に0.6875％で72カ月間にわたる毎月282.10ドルの返済の現在価値が、ちょうど1万6,000ドル弱になることを確認するのは簡単なことだろう。完済までにはまだまだ長い道のりが残っている。

もちろん、もっと大きな負債を積み上げることは可能である。全米医学大学協会によると、お金を借りてメディカル・スクールに通い、2005年に卒業した医学生は、平均して12万280ドルの学生ローン残高を抱えていた。痛い！　平均的学生がメディカル・スクールのローンを完済するのに、いったいどれくらいかかるのだろうか。

スプレッドシート・アプリケーション

スプレッドシートを用いたローン・アモチゼーション

ローンのアモチゼーションには普通スプレッドシートが使われる。解説のために、前出の問題を行う。期間5年、金利9％、均等返済、5,000ドルのローンである。スプレッドシートは以下のようになる。

	A	B	C	D	E	F	G	H	I
1									
2			スプレッドシートを用いたローン・アモチゼーション						
3									
4			ローン金額:	$5,000					
5			金利:	0.09					
6			ローン期間:	5					
7			ローン返済額:	$1,285.46					
8				注：返済額はPMT（利率、期間数、－現在価値、将来価値）を用いて計算。					
9									
10		アモチゼーション表:							
11									
12		年	期首残高	合計返済額	利息返済額	元本返済額	期末残高		
13		1	$5,000.00	$1,285.46	$450.00	$835.46	$4,164.54		
14		2	4,164.54	1,285.46	374.81	910.65	3,253.88		
15		3	3,253.88	1,285.46	292.85	992.61	2,261.27		
16		4	2,261.27	1,285.46	203.51	1,081.95	1,179.32		
17		5	1,179.32	1,285.46	106.14	1,179.32	0.00		
18		合計		6,427.31	1,427.31	5,000.00			
19									
20		アモチゼーション表の計算式:							
21									
22		年	期首残高	合計返済額	利息返済額	元本返済額	期末残高		
23		1	=D4	=$D$7	=$D$5*C13	=D13-E13	=C13-F13		
24		2	=G13	=$D$7	=$D$5*C14	=D14-E14	=C14-F14		
25		3	=G14	=$D$7	=$D$5*C15	=D15-E15	=C15-F15		
26		4	=G15	=$D$7	=$D$5*C16	=D16-E16	=C16-F16		
27		5	=G16	=$D$7	=$D$5*C17	=D17-E17	=C17-F17		
28									
29		注：アモチゼーション表の合計はSUM関数を用いて計算。							

4.6 企業にはどれだけ価値があるか

あなたは小さな会社の価値を算定しようとしている事業鑑定人だとしよう。どうやって企業の価値を算定できるだろうか。企業にどれだけの価値があるのかという質問について考える一つの方法は、将来キャッシュフローの現在価値を計算することである。

最初の年に5,000ドル、そして次の5年間に毎年2,000ドルの正味キャッシュフロー（キャッシュインフロー引くキャッシュアウトフロー）を生み出すと期待される会社の例を考えてみよう。会社はいまから7年後に1万ドルで売却することができる。会社の所有者は、会社への投資から10%の利益を得たいと思っている。

企業の価値は、正味キャッシュフローと、適切な現在価値ファクターを掛けることで見つけることができる。企業の価値は、単純に、個別の正味キャッシュフローの現在価値の合計である。

正味キャッシュフローの現在価値は、以下のようになる。

会社の現在価値

年度末	会社の正味キャッシュフロー	現在価値ファクター(10%)	正味キャッシュフローの現在価値
1	$5,000	0.90909	$ 4,545.45
2	2,000	0.82645	1,652.90
3	2,000	0.75131	1,502.62
4	2,000	0.68301	1,366.02
5	2,000	0.62092	1,241.84
6	2,000	0.56447	1,128.94
7	10,000	0.51316	5,131.58
		会社の現在価値	$16,569.35

また、アニュイティの簡略化公式も利用できる。

$$\frac{\$5,000}{1.1}+\frac{(2,000\times A^{5}_{0.10})}{1.1}+\frac{10,000}{(1.1)^{7}}=\$16,569.35$$

あなたがこの会社を1万2,000ドルで手に入れる機会をもっているとしよう。あなたはこの会社を手に入れるべきだろうか。NPVがプラスなので、答はイエスである。

$$\begin{aligned}\text{NPV} &= \quad \text{PV} \quad - \text{費用}\\ \$4,569.35 &= \$16,569.35 - \$12,000\end{aligned}$$

会社取得の増分価値（NPV）は4,569.35ドルである。

例4.29　企業の評価

トロージャン・ピザ・カンパニーは、ロサンゼルスに新しく4店舗を出すために、100万ドルの投資を行うことを考えている。会社の財務担当責任者（CFO）であるアンドリュー・ローは、投資は今後9年間、毎年20万ドルのキャッシュフローを生み出し、その後は何もないと推定している（キャッシュフローはそれぞれの年度末に発生し、9年目の後はゼロになる)。ロー氏は、この投資の適切な割引率が15%であると決定した。これは、会社が同様の投資で得ることができる利益率である。トロージャン・ピザ・カンパニーは、新しい店舗に投資すべきだろうか。

決定は以下のように評価できる。

$$\mathrm{NPV} = -1,000,000 + \frac{\$200,000}{1.15} + \frac{\$200,000}{(1.15)^2} + \cdots + \frac{\$200,000}{(1.15)^9}$$

$$= -\$1,000,000 + \$200,000 \times A_{0.15}^{9}$$

$$= -\$1,000,000 + \$954,316.78$$

$$= -\$45,683.22$$

新しい4店舗の現在価値は、95万4,316.78ドルしかない。4店舗は、かかる費用より価値が少ない。NPVが－4万5,683.22ドルなので、トロージャン・ピザ・カンパニーはこの投資を行うべきではない。もしトロージャン・ピザ・カンパニーが15%の利益率を要求するのなら、この新店舗はよい投資ではない。

スプレッドシート・アプリケーション

スプレッドシートを用いて、複数の将来キャッシュフローの現在価値を計算する方法

以下のように、個別のキャッシュフローの現在価値を計算するスプレッドシートを作成できる（注：われわれは単純に一つずつ現在価値を計算し、合計した）。

	A	B	C	D	E	F	G
1							
2		スプレッドシートを用いて、複数の将来キャッシュフローを評価する					
3							
4	1年目に200ドル、2年目に400ドル、3年目に600ドル、4年目に800ドルのキャッシュフロー						
5	の現在価値はいくらか。割引率は12%とする。						
6							
7	利率:	0.12					
8							
9	年	キャッシュフロー	現在価値	計算式			
10	1	$200	$178.57	=PV($B$7,A10,0,-B10)			
11	2	$400	$318.88	=PV($B$7,A11,0,-B11)			
12	3	$600	$427.07	=PV($B$7,A12,0,-B12)			
13	4	$800	$508.41	=PV($B$7,A13,0,-B13)			
14							
15		現在価値合計:	**$1,432.93**	=SUM(C10:C13)			
16							
17							
18	現在価値の計算式には、マイナス符号が入っていることに注意。これらは単に現在価値を正にする。						
19	また、B7の割引率は、何回も使われるので、$B$7（絶対参照）として入力する。						
20	"0. 12"と入力することもできたが、この方がフレキシブルである。						

要約と結論

1．本章の初めに、二つの基本的な概念、将来価値と現在価値、を紹介した。10%の金利のもとでは、投資家は今日の１ドルで、１年後に1.10ドル、２年後に1.21ドル［$=\$1\times(1.10)^2$］というように、将来価値を生み出すことができる。逆に現在価値分析は、将来のキャッシュフローに現在の価値を当てはめる。同じ10%の金利では、１年後に受け取る１ドルは、０年度において0.909ドル（$=\$1/1.10$）の現在価値をもつ。２年後に受け取る１ドルは、0.826ドル［$=\$1/(1.10)^2$］の現在価値をもつ。

2．通常、金利は年12%というように表される。しかしこの金利は、四半期ごとに３%ということもできる。表示年金利は12%（＝３%×４）のままだが、実効年利率は12.55%［$=(1.03)^4-1$］である。言い換えれば、複利化は投資の将来価値を増加させる。極限の場合が連続複利化で、資金は各微小の瞬間に再投資されると仮定される。

3．基本的な財務意思決定の定量手法は、純現在価値分析である。将来の期間においてキャッシュフロー（C_i）を生み出す投資の純現在価値の公式は、

$$\mathrm{NPV}=-C_0+\frac{C_1}{(1+r)}+\frac{C_2}{(1+r)^2}+\cdots+\frac{C_T}{(1+r)^T}=-C_0+\sum_{i=1}^{T}\frac{C_i}{(1+r)^i}$$

である。公式は、期日０におけるキャッシュフローが、初期投資（キャッシュアウトフロー）であると仮定する。

4．往々にして、実際の現在価値の計算は、長くて面倒なものである。毎月の支払を伴う長期住宅ローンの現在価値の計算は、このよい例である。われわれは四つの簡略化公式を提示した。

パーペチュイティ：$\mathrm{PV}=\dfrac{C}{r}$

成長パーペチュイティ：$\mathrm{PV}=\dfrac{C}{r-g}$

アニュイティ：$\mathrm{PV}=C\left[\dfrac{1-\dfrac{1}{(1+r)^T}}{r}\right]$

成長アニュイティ：$\mathrm{PV}=C\left[\dfrac{1-\left(\dfrac{1+g}{1+r}\right)^T}{r-g}\right]$

5．これらの公式を適用する際の、いくつかの実践的な考え方を強調した。

a. 各公式における分子 C は、満1期後に受け取るキャッシュフローである。

b. 実際には、キャッシュフローは、一般に不規則である。扱いにくい問題を避けるため、このテキストにおいても、現実の世界のどちらにおいても、より規則的なキャッシュフローをつくりだす仮定が設けられる。

c. 現在価値の問題のいくつかは、数期間後に始まるアニュイティ（またはパーペチュイティ）にかかわる。学生は、アニュイティ（またはパーペチュイティ）の公式と割引化の公式を一緒に用いて、これらの問題を解く練習をしなければならない。

d. アニュイティとパーペチュイティは、1年に一度ではなく、むしろ2年ごと、あるいは N 年ごとの期間をもつかもしれない。アニュイティとパーペチュイティの公式は、このような状況も簡単に扱うことができる。

e. 頻繁に出くわす問題は、一つのアニュイティの現在価値を、その他のアニュイティの現在価値と同じにしなければならない問題である。

Concept Questions

1．複利化と期間

期間を延ばすにつれて、将来価値には何が起こるか。現在価値には何が起こるか。

2．金　　利

利率 r を大きくすると、アニュイティの将来価値には何が起こるか。現在価値には何が起こるか。

3．現在価値

二人のスポーツ選手が、10年で8,000万ドルの契約に調印したとする。報道によると、一人の選手は、8,000万ドルが10回の均等額で支払われる。もう一方の選手は、8,000万ドルが10回に分けて支払われるが、金額は毎年5％ずつ上がっていく。どちらの選手がよりよい契約を結んだか。

4．APR と EAR

貸し手が APR ではなく EAR を提示するように、貸金法は改正されるべきか。なぜか、あるいはなぜそうでないのか。

5．時間的価値

大学生にとって一般的な奨学金である、助成を受けたスタッフォード・ローンでは、返済が始まるまで利息はかからない。１年生と４年生のどちらが多くの助成を受けるか。説明せよ。

以下の情報を用いて、次の５つの質問に答えよ。

トヨタ自動車の子会社であるトヨタ・モーター・クレジット・コーポレーション（TMCC）は、2008年３月28日、ある証券を販売した。条項によると、TMCC は、2038年３月28日時点における証券１口の保有者に、10万ドルを支払う。しかし、それまで投資家は何も受け取れない。2008年３月28日に、投資家は TMCC に対して、30年後に10万ドルを支払う約束のもと、この証券１口につき２万4,099ドルを支払った。

６．貨幣の時間的価値

なぜ TMCC は、将来４倍（10万ドル）を支払う約束と引き換えに、今日そのような小さな金額（２万4,099ドル）を進んで受け入れるのか。

７．繰上償還条項

TMCC は、毎年３月28日に、証券発行時に設定された価格で、証券を買い戻す権利を有している（この証券特有の条件）。この条件は、証券の投資としての魅力にどのようなインパクトを与えるか。

８．貨幣の時間的価値

30年後の10万ドルと引き換えに、あなたは今日２万4,099ドルを進んで支払うか。答えるにあたって、いちばん考慮する点は何か。あなたの答えは、だれが将来の支払を約束するかに依存しているか。

９．投資比較

TMCC が証券を２万4,099ドルで発行したとき、米国財務省も基本的に同一の証券を発行した。この証券の価格は TMCC のものに比べて、高いか、あるいは安いか。なぜか。

10．投資期間

TMCC 証券はニューヨーク証券取引所で売買される。もし今日の価格を調べたとしたら、当初の価格２万4,099ドルより高いと思うか。なぜか。2019年の価格をみたとしたら、今日の価格より高いかあるいは安いか。なぜか。

質問と問題

◆基本（問題1－20）

1．単利 vs 複利

ファースト・シティ銀行が、普通預金口座の残高に9％の単利を支払うのに対して、セカンド・シティ銀行は9％の年次複利を支払う。あなたが両方の銀行に5,000ドルを預けたとしたら、10年後にセカンド・シティ銀行の口座でどれだけ多く得られるか。

2．将来価値の計算

年次複利化での、1,000ドルの将来価値を計算せよ。

a. 6％で10年間

b. 9％で10年間

c. 6％で20年間

d. なぜ上記cで得られた利息は、aで得られた利息の2倍でないのか。

3．現在価値の計算

以下のそれぞれについて、現在価値を計算せよ。

現在価値	期間（年）	金利	将来価値
	6	7%	$ 15,451
	9	15	51,557
	18	11	886,073
	23	18	550,164

4．金利の計算

以下のそれぞれについて、未知の金利を求めよ。

現在価値	期間（年）	金利	将来価値
$ 242	2		$ 307
410	9		896
51,700	15		162,181
18,750	30		483,500

5．期間数の計算

以下のそれぞれについて、未知の期間数を求めよ。

現在価値	期間（年）	金利	将来価値
$　625		6%	$　1,284
810		13	4,341
18,400		32	402,662
21,500		16	173,439

6．期間数の計算

9％の金利では、あなたのお金を2倍にするのに何年かかるか。4倍ではどうか。

7．現在価値の計算

インプルデンシャル社には、20年後に支払わなければならない未積立年金債務が7億5,000万ドルある。会社の株式価値を査定するために、ファイナンシャル・アナリストはこの債務を現在に割り引きたい。適切な割引率が8.2％だったら、この債務の現在価値はいくらか。

8．利益率の計算

より洗練された趣味にアピールするものの、収集品としての美術品は、常に利益になるというものではなかった。2003年にサザビーズのオークションで、エドガー・ドガのブロンズの彫刻「14歳の小さな踊り子」が、1,031万1,500ドルの価格で落札された。不幸なことに、前のオーナーはこれを、1999年に1,237万7,500ドルで購入していた。この彫刻に対する彼の年次利益率はいくらか。

9．パーペチュイティ

英国コンソル債を購入した投資家は、英国政府から年次支払を永久に受ける権利がある。次の支払がいまから1年後に発生するとしたら、年120ドルを支払うコンソル債の価格はいくらか。市場金利は5.7％である。

10．連続複利化

連続複利化での1,900ドルの将来価値を計算せよ。

a．表示年金利が12％で5年後

b．表示年金利が10％で3年後

c．表示年金利が5％で10年後

d．表示年金利が7％で8年後

11．現在価値と複数のキャッシュフロー

コノリー社は、以下のキャッシュフローをもつ投資プロジェクトを見出した。もし割引率が10%だったら、キャッシュフローの現在価値はいくらか。18%だったら現在価値はいくらか。24%だったらどうか。

年	キャッシュフロー
1	$1,200
2	730
3	965
4	1,590

12．現在価値と複数のキャッシュフロー

投資Xは、9年間にわたって毎年5,500ドルを支払う。一方、投資Yは5年間にわたって毎年8,000ドルを支払う。もし割引率が5%だったら、どちらのキャッシュフロー流列の現在価値が高いか。もし割引率が22%だったらどうか。

13．アニュイティの現在価値の計算

ある投資は、15年間にわたって毎年4,300ドルを支払う。最初の支払はいまから1年後に発生する。もし要求されるリターンが9%だったら、この投資の価値はいくらか。もし支払が40年間続いたら、価値はいくらか。75年間ではどうか。永久ではどうか。

14．パーペチュイティの価値の計算

パーペチュアル生命保険は、あなたに、あなたとあなたの子孫に永久に毎年2万ドルを支払う投資契約を売ろうとしている。もしこの投資に対する要求されるリターンが6.5%だったら、あなたはこの契約にいくら支払ってもよいか。パーペチュアル生命保険が、あなたに契約のコストは34万ドルだと伝えたとする。金利がいくらだったら、これは公正な取引といえるか。

15．EARの計算

以下のそれぞれのケースについて、EARを求めよ。

年利率（APR）	複利化頻度	実効年利率（EAR）
8%	四半期	
18%	月次	
12%	日次	
14%	無限（連続）	

16. APRの計算

以下のそれぞれのケースについて、APR、もしくは年利率、を求めよ。

年利率（APR）	複利化頻度	実効年利率（EAR）
	半年	10.3%
	月次	9.4%
	週次	7.2%
	無限（連続）	15.9%

17. EARの計算

ファースト・ナショナル銀行は、事業ローンに10.1%の月次複利金利を課す。ファースト・ユニオン銀行は、10.4%の半年複利金利を課す。潜在的な借り手として、新しいローンのためにあなたはどちらの銀行に行くか。

18. 金　　利

有名な金融ライターのアンドリュー・トビアスは、ワインをケースで買うことによって、毎年177%のリターンを稼ぐことができると主張している。具体的にいうと、彼は次の12週間にわたって、毎週1本、10ドルの良質なボルドーワインを消費すると仮定する。彼は毎週10ドルを支払うか、あるいは今日12本入りのケースを買うことができる。もしケースで買うと10%の割引が得られ、そうすることによって、彼は177%を稼ぐ。彼は最初のボトルを今日購入し、消費すると仮定する。あなたは彼の分析に同意するか。あなたには彼の数字の問題点がわかるか。

19. 期間数の計算

あなたの顧客の一人の支払勘定が滞っている。毎月600ドルの返済スケジュールで双方が合意していた。あなたは期限が過ぎた残高に対して、毎月0.9%の金利を課す。もし現在の残高が1万8,400ドルだったら、全部支払われるのにどれだけ時間がかかるか。

20. EARの計算

フレンドリー・クイック・ローン社は、「三つに四つ、でなかったら訪ねて行くよ」をあなたにオファーしている。これは今日3ドル借りて、1週間後にあなたが給料支払小切手を受け取ったら、4ドルを返済するという意味である。フレンドリー社がこの融資ビジネスで得る実効年利率はいくらか。もしあなたが十分勇敢で尋ねることができたら、フレンドリー社はあなたがいくらのAPRを払っているというだろうか。

◆中級（問題21－50）

21．将来価値

表示年金利が８％の口座に投資した1,000ドルの、７年後の将来価値はいくらか。

a．年次複利化では

b．半年複利化では

c．月次複利化では

d．連続複利化では

e．複利化期間を短くするにつれ、なぜ将来価値はふえるのか。

22．単利 vs 複利

ファースト・シンプル銀行は、投資預金口座に６％の単利を支払う。もしファースト・コンプレックス銀行が投資預金口座に年次複利を支払うとしたら、10年間の投資期間でファースト・シンプル銀行と同じにするためには、表示年金利はいくらにしたらよいか。

23．アニュイティの計算

あなたは今後30年間にわたって退職後の資金を貯める計画を立てている。そのためにあなたは、毎月700ドルを株式口座に、そして毎月300ドルを債券口座に投資する。株式口座のリターンは10％が期待され、債券口座は６％を支払う。退職後、あなたはお金を８％のリターンをもたらす口座に統合する。25年間の引出期間を仮定すると、あなたは毎月いくら口座からおろせるか。

24．利益率の計算

ある投資が、あなたのお金を12カ月で４倍にするというオファーをしているとする（信じてはいけない！）。四半期あたりいくらの利益率をあなたはオファーされているか。

25．利益率の計算

あなたは二つの異なる投資から選択しようとしている。どちらの投資も前金で７万5,000ドルかかる。投資Ｇは、６年後に13万5,000ドルになる。投資Ｈは、10年後に19万5,000ドルになる。どちらの投資が、より高いリターンをもたらすか。

26．成長パーペチュイティ

マーク・ウェインスタインは、レーザー眼科手術の先端技術の開発に従事している。この技術は近いうちに医療業界に提供できるようになる。彼は、２年後にこの投資がもたらす最初の年次キャッシュフローが、21万5,000ドルになると見込んでいる。それ以降の年次キャッシュフローは、永久に年４％で成長する。もし割引率が10%だったら、この技術の現在価値はいくらか。

27．パーペチュイティ

名門投資銀行が、永久に5ドルの四半期配当を支払う新証券を考案した。最初の配当は今日から四半期後に発生する。もし表示年金利が7％で四半期複利の場合、この証券の価格はいくらか。

28．アニュイティの現在価値

最初のキャッシュフローを今日から3年後に受け取り、最後のキャッシュフローを今日から25年後に受け取る、毎年5,000ドルのアニュイティの現在価値はいくらか。8％の割引率を用いよ。

29．アニュイティの現在価値

年に750ドル支払う15年アニュイティの現在価値はいくらか。アニュイティの最初の支払は6年後で、1～5年目の年金利は12%であり、その後は15%である。

30．バルーン返済

オードリー・サンボーンは、45万ドルのバハマの別荘を20%の頭金で購入する取引を、ちょうど行ったところである。住宅ローンは、表示年金利7.5%の月次複利化で、次の30年間にわたって、月次均等払いを必要とする。最初の支払は、いまから1カ月後が期限である。しかしながら、この住宅ローンには、8年のバルーン返済がついている。これは8年後にローン残高を完済しなければならないという意味である。その他の取引コストや資金費用はない。8年後のオードリーのバルーン返済はいくらになるか。

31．利息費用の計算

あなたはシェイディ銀行から、クレジット・カードの申込書を受け取った。このカードは、最初の6カ月間は表示年金利2.4%の月次複利を課すが、それ以降、表示年金利は18%に上がる。あなたは既存のクレジット・カードから6,000ドルの残高を移し、その後なんの返済も行わなかったとする。1年後に、あなたはどれだけの利息を負うことになるか。

32．パーペチュイティ

バレット製薬は、今日15万ドルの費用がかかり、永久に毎年1万3,000ドルのキャッシュフローを年度末に生み出すことが期待できる薬の開発を考えている。いくらの割引率なら、バレットはこの開発を採用するか却下するかに関して、中立となるか。

33. 成長アニュイティ

南カリフォルニア出版社は、『簡単財務精神分析』という人気のある教科書を改訂するかどうか決定しようとしている。彼らは改訂に6万5,000ドルの費用がかかると推定した。販売増加からのキャッシュフローは、最初の年が1万8,000ドルである。これらのキャッシュフローは毎年4％でふえる。この本はいまから5年後に廃刊となる。初期費用はいま支払われ、すべての収入は各年度末に受け取るとする。もし会社がこのような投資に11％のリターンを求めるとしたら、改訂を行うべきか。

34. 成長アニュイティ

あなたの会社は、過去12カ月間のすべての労働に対して、年に1回給料を支払う。12月31日の今日、あなたは6万ドルの給料を受け取ったところであり、すべてを使う計画である。しかしながら、来年から退職に備えて貯金を始めたいと思っている。あなたは今日から1年後、年9％の利益を得られる口座に、毎年、年間給料の5％を預金することに決めた。あなたの給料は、働いている間毎年4％ずつふえていく。今日から40年後の退職日に、あなたはいくらの資金をもつことになるか。

35. 現在価値と金利

アニュイティの価値と金利水準との間には、どのような関係があるか。あなたはちょうど毎年7,500ドル支払う12年のアニュイティを購入したとする。現在の金利は年10％である。もし金利が突然5％に下落したら、あなたの投資の価値はどうなるか。もし金利が突然15％に上昇したらどうか。

36. 支払回数の計算

あなたは今月末から毎月250ドルを、10％の金利で月次複利の口座に預金し始める。あなたの口座残高が3万ドルに達したとき、それまでに何回預金したか。

37. アニュイティの現在価値の計算

あなたは新しいヨットを買うために、近くの銀行から8万ドルを借りたい。あなたは最大限毎月1,650ドルの返済を行うことができる。月次複利を想定して、60カ月ローンで、あなたが受け入れられる最大のAPRはいくらか。

38. ローン返済額の計算

あなたは25万ドルで新しい家を買うために、30年の固定金利住宅ローンが必要である。あなたの銀行は、この360カ月ローンを6.8％のAPRで貸してくれる。しかしながら、あなたは毎月1,200ドルの返済しかできないので、ローン期間の最後に、残りの残高を1回のバルーン返済で完済することを申し出た。月次返済額を1,200

ドルに維持すると、このバルーン返済はどれくらい大きくなるか。

39. 現在価値と将来価値

以下のキャッシュフロー流列の現在価値は、年10%で割り引くと、6,453ドルである。抜けているキャッシュフローの値は何か。

年	キャッシュフロー
1	$1,200
2	?
3	2,400
4	2,600

40. 現在価値の計算

あなたはTVM宝くじにちょうど当選したところである。あなたは今日100万ドルを受け取り、さらに毎年35万ドルずつ上がっていく年次支払を、あと10回もらえる。したがって、1年後には135万ドルを受け取り、2年後には170万ドルを受け取り、その後も同様に続いていく。もし適切な金利が9%だったら、あなたの当選には、いくらの現在価値があるか。

41. EAR vs APR

あなたはちょうど新しい倉庫を購入したところである。購入の資金をまかなうために、購入価格260万ドルの80%を、30年の不動産ローンで借りることにした。このローンの月次返済額は1万4,000ドルである。このローンのAPRはいくらか。EARは。

42. 現在価値と損益分岐利率

いまから3年後に、資産を13万5,000ドルで売却する契約を結んだ会社を考える。資産の今日の再取得価格は9万6,000ドルである。資産に対する適切な割引率が年13%のとき、会社はこの資産売却で利益を得るか。割引率がいくらだったら会社は損益とんとんになるか。

43. 現在価値と複数のキャッシュフロー

最初の支払がいまから9年後で、最後の支払がいまから25年後だとしたら、割引率が年7%のとき、年間4,000ドルのキャッシュフローの現在価値はいくらか。

44. 変化する金利

ある15年アニュイティは毎月、月末に1,500ドルを支払う。もし最初の7年間の金利が13%の月次複利で、それ以降は9%の月次複利だったとしたら、このアニュイティの現在価値はいくらか。

45. キャッシュフロー流列の比較

あなたには二つの投資口座の選択肢がある。投資Aは月末1,200ドル払いの15年アニュイティで、金利は9.8%の月次複利である。投資Bもまた期間は15年だが、一括払いの投資で、9%の連続複利である。いまから15年後に投資Aと同じ価値をもつためには、今日Bにいくら投資する必要があるか。

46. パーペチュイティの現在価値の計算

年7.3%の金利を所与とすると、15年後から始まる永久に続く年次払い2,100ドルの、7年後の時点における価値はいくらか。

47. EARの計算

地元の消費者ローン会社は、1年ローンの金利が15%であると表示している。もしあなたが2万6,000ドルを借りたら、1年間の利息は3,900ドルになる。1年後に合計して2万9,900ドルを返済しなければならないので、ローン会社はあなたに、次の12カ月間にわたって、毎月2,491.67ドル（＝＄29,900/12）を支払うことを要求する。これは15%のローンか。法的にはいくらの金利を表示しなければならないか。実効年利率はいくらか。

48. 現在価値の計算

4,500ドルの半年払いが10回ある5年アニュイティは、いまから9年後に始まる。最初の支払はいまから9.5年後である。割引率が12%で月次複利だったら、このアニュイティのいまから5年後の価値はいくらか。いまから3年後の価値はいくらか。アニュイティの現在の価値はいくらか。

49. 期首払アニュイティの計算

あなたは5年間、毎年1万ドルを受け取るとする。適切な金利は11%である。

a. もし普通アニュイティの形だったら、現在価値はいくらか。

b. あなたは今後5年間、受け取った金額を投資する計画である。もし普通アニュイティのかたちだったら、将来価値はいくらか。もし期首払アニュイティのかたちだったら、将来価値はいくらか。

c. 普通アニュイティと期首払アニュイティでは、どちらが高い現在価値をもつか。将来価値はどちらが高いか。これは常に正しいか。

50. 期首払アニュイティの計算

あなたはマッスル・モーターズから、新しいスポーツカーを6万5,000ドルで購入したい。契約は、6.45%のAPRで48カ月間期首払アニュイティのかたちである。月次支払額はいくらになるか。

◆チャレンジ（問題51－76）

51. 期首払アニュイティの計算

あなたはゴルフクラブのセットを、ピングズ・リミテッドからリースしたい。リース契約は、表示年金利10.4%、月次複利化で、24回の月次均等払いのかたちである。クラブの小売価格は3,500ドルなので、ピングス社はリース料支払の現在価値を3,500ドルにしたい。最初の支払期限はいますぐであるとする。あなたの毎月のリース料支払額はいくらか。

52. アニュイティ

あなたは、二人の子供の大学教育費用のために貯蓄をしている。彼らは2歳年が離れていて、一人は15年後、もう一人は17年後に大学が始まる。あなたは、子供の大学費用が毎年、一人につき3万5,000ドルであると見積もっている。年金利は8.5%である。子供の教育費をまかなうため、毎年いくらを口座に預金しなければならないか。あなたは今日から1年後に預け始める。あなたの年上の子供が大学に入学したときが、最後の預金になる。

53. 成長アニュイティ

トム・アダムスは、ヴァイス・プレジデントのアシスタントとして、巨大投資銀行から仕事のオファーを受けた。彼の基本給は4万5,000ドルである。彼は最初の年次給料を、仕事を開始した日から1年後に受け取る。それに加えて、会社に就職したことで、彼は1万ドルのボーナスをすぐに受け取る。彼の給料は毎年3.5%でふえていく。彼は毎年、給料の10%に等しい額のボーナスをもらうことになっている。アダムス氏は25年間働くと予想される。もし割引率が12%だったら、このオファーの現在価値はいくらか。

54. アニュイティの計算

あなたは最近、ワシントン州宝くじのスーパー・ジャックポットに当たった。細かい印字を読むと、あなたは次の二つの選択肢があることを発見した。

a. 最初の支払が今日行われる、17万5,000ドルの年次払いを31回受け取る。収入には28%の税金がかかる。税金は小切手が発行されたときに源泉徴収される。

b. いま53万ドルを受け取る。この金額に対して税金を払う必要はない。加えて1年後から30年間、毎年12万5,000ドルを受け取る。この年金からのキャッシュフローには28%の税金が課せられる。

割引率10%を用いると、どちらの選択肢を選ぶべきか。

55. 成長アニュイティの計算

あなたは退職まで30年あり、150万ドルの老後資金とともに引退したい。あなたの給料は年次で支払われ、今年の末に７万ドルを受け取る。あなたの給料は毎年３％ずつ上昇し、投資した資金からは10％のリターンが得られる。給料の一定の割合を貯めていくとしたら、毎年給料の何％を貯蓄に回さなければならないか。

56. バルーン返済

2007年９月１日、スーザン・チャオは２万5,000ドルでオートバイを買った。彼女は頭金1,000ドルを支払い、残りは表示年金利8.4％、月次複利化の５年ローンを借りてまかなった。彼女は月々の返済を、購入からちょうど１カ月後(すなわち2007年10月１日）から始めた。２年後、2009年の10月末、彼女は新しい仕事を得て、ローンを完済することを決めた。もし銀行が彼女に、ローン残高に対して１％の期限前返済の違約金を課すとしたら、彼女は2009年11月１日に、銀行にいくら支払わなければならないか。

57. アニュイティ価値の計算

ビルボ・バギンズは三つの目的のためにお金を貯めたい。第一に、いまから30年後に、20年間続く毎月２万ドルの退職後収入とともに引退したい。最初の支払は、今から30年と１カ月後に受け取る。第二に、彼はいまから10年後、推定費用32万ドルで、リーベンデールに山小屋を購入したい。第三に、20年間の引退後、あの世へ旅立ったら、甥のフロドに100万ドルの財産を残したい。最初の10年間、彼は毎月1,900ドルしか貯金できない。もし引退前に11％のEARが得られ、引退後は８％のEARが得られるとしたら、11〜30年目まで、毎月いくら貯金しなければならないか。

58. アニュイティ価値の計算

新しい車を買う決心をした後、あなたは車をリースするか、あるいは３年ローンで購入することができる。あなたが買いたい車は３万8,000ドルする。ディーラーには特別なリース契約があり、今日１ドルを支払い、そして毎月520ドルを３年間にわたって支払う。もし車を購入したら、８％のAPRで今後３年間毎月返済する。あなたは、３年後に車が２万6,000ドルで売れると考えている。あなたは車を買うべきか、それともリースすべきか。３年後に、購入かリースかであなたが無差別になる、収支とんとんのリース価格はいくらか。

59. アニュイティ価値の計算

全米オールプロのディフェンシブ・ラインマンが契約交渉を行っている。チームは以下のサラリー構成をオファーした。

年	サラリー
0	$7,500,000
1	4,200,000
2	5,100,000
3	5,900,000
4	6,800,000
5	7,400,000
6	8,100,000

すべてのサラリーは1回で支払われる。この選手は、あなたに代理人としてチームと交渉するよう依頼した。彼は調印ボーナスとして即座に900万ドルがほしい。また契約の価値を75万ドル上げたい。さらに彼は3カ月ごとに同額のサラリーを受け取りたい（最初のサラリーはいまから3カ月後）。金利は5％で日次複利だったら、彼の四半期ごとのサラリーはいくらか。1年は365日と仮定する。

60. ディスカウント金利

この問題は、*ディスカウント金利*と呼ばれているものを説明する。あなたは若干怪しい貸し手とローンの相談を行っているとする。あなたは2万ドルを1年間借りたい。金利は14％である。あなたと貸し手はローンに対する利息が2,800ドル（＝0.14×＄20,000）になることに合意する。そこで貸し手はこの利息額を最初に引いて、あなたに1万7,200ドルを渡す。この場合、ディスカウントは2,800ドルであるという。ここで何がおかしいか。

61. アニュイティ価値の計算

あなたは陪審員を務めている。原告は、異常な清掃車の事故でけがをさせられたとして、市を訴えている。公判で、医者は、原告が仕事に戻れるようになるまで5年かかると証言した。陪審員団はすでに原告寄りに心を決めている。陪審員長であるあなたは、陪審員団が、原告に次のものを与える裁定を提案した。⑴過去2年間の給料の現在価値。原告の過去2年間の給料は、それぞれ4万2,000ドルと4万5,000ドルのはずだった。⑵今後5年間の給料の現在価値。あなたは給料が年間4万9,000ドルであると仮定する。⑶被った苦痛と心労に対して15万ドル。⑷裁判の費用として2万5,000ドル。給料は同額が月末に支払われると仮定する。あなたが選択した金利が9％のEARだったら、この裁定の総額はいくらか。もしあなたが原告だったら、金利は高いほうがよいか、それとも低いほうがよいか。

62. ポイントを伴うEARの計算

あなたは1万ドルの1年ローンを吟味している。提示された金利は9％＋3 *ポイント*である。ローンに対する1ポイントとは、単純にローン金額の1％である。このような提示は、住宅ローンでは非常に一般的である。この例で提示された金利は、借り手が最初にローン金額の3％を貸し手に支払い、その後9％の金利でローンを返済するというものである。この例で、あなたは実際にはいくらの金利を支払うことになるか。金利が12％＋2ポイントと提示された1年ローンのEARはいくらか。あなたの答えはローン金額に影響を受けるか。

63. EAR vs APR

地元の二つの銀行が、20万ドルの30年住宅ローンを、6.8％の金利と2,100ドルのローン申請料で提供している。しかしながら、不安定信託銀行の手数料は、もしローン申請が却下されたら、払い戻される。一方、I.M.強欲＆息子たち不動産銀行は、払い戻さない。現在の情報開示規則では、申請が却下された場合に払い戻される手数料はすべて、APRの計算に含めなければならないが、払い戻されない手数料は含めなくてもよい（おそらく払い戻される手数料は、手数料というよりローンの一部なのだろう）。これら二つのローンのEARはいくらか。APRはどうか。

64. アドオン金利を伴うEARの計算

この問題は*アドオン金利*（*add-on interest*）と呼ばれる、人を欺くような金利の提示方法を説明する。あなたはクレイジー・ジュディズ・ステレオ・シティの広告をみているとしよう。広告には以下のようなことが書いてある。「1,000ドルのインスタント融資！　単利16％！　返済期間3年！　少ない、少ない、月次返済額！」あなたにはこれが何を意味するのか正確には定かでなく、まただれかがローン契約のAPRの部分にインクをこぼしてしまっていて読めないので、はっきりするために店長に尋ねることにする。

ジュディは、あなたが1,000ドルを16％の金利で3年間借りると、あなたは3年後に以下の金額を借りていることになると説明する。

$$\$1,000\times1.16^3=\$1,000\times1.56090=\$1,560.90$$

ジュディは、1,560ドルを一度に用意するのは大変だとわかっているので、彼女にとって余計な帳簿仕事になるが、あなたに毎月「少ない、少ない、月次返済額」43.36ドルの返済を認めてくれる。

これは16％のローンなのか。なぜか、あるいはなぜそうでないのか。このローンのAPRはいくらか。EARはいくらか。あなたはなぜこれがアドオン（追加）金利と呼ばれていると思うか。

65. アニュイティ支払の計算

あなたの友人は、今日35歳の誕生日を祝っており、予想される65歳での定年に備えて貯金を始めたいと思っている。彼女は定年後25年間にわたって、毎年、誕生日に普通預金口座から11万ドルを引き出せるようにしたい。最初の引出しは66歳の誕生日になる。あなたの友人は、年間９％の金利をオファーしている地元の信用組合に、お金を投資するつもりである。彼女は年に１回誕生日ごとに、この信用組合に開いた定年資金のための口座に、同額を預け入れたい。

a. もし彼女が貯金を36歳の誕生日から始めて、65歳まで続けるとしたら（最後の貯金は65歳の誕生日)、定年後望みの金額を引き出せるようにするには、毎年いくら預金したらよいか。

b. あなたの友人が、ちょうど大きな金額を遺産として受け取ったとする。毎年同額を預金するかわりに、彼女は35歳の誕生日に、退職後のニーズを満たせるだけの大きな金額を一度に預金することにした。彼女はいくら預金しなければならないか。

c. あなたの友人の会社が、利益共有プランの一部として、毎年1,500ドルを口座に振り込んでくれることになった。加えて、彼女は55歳の誕生日に、家族の信託ファンドから５万ドルの分配金を受け取る予定である。彼女はこれも定年口座に預金する。この場合、定年後望みの金額を引き出せるようにするには、彼女は毎年いくら預金したらよいか。

66. 期間数の計算

あなたのクリスマスのスキー休暇は最高だったが、残念ながら予算を少々オーバーしてしまった。万事休すというわけではない。年率18.6%を課す現在のクレジット・カードの9,000ドルの残高を、8.2%を課す新しいクレジット・カードに移すというオファーを、ちょうど郵便で受け取ったところである。もし毎月200ドルずつ返済する計画だとしたら、新しいカードではどれだけ速く完済できるか。移行するのに残高の２%の手数料がかかるとしたらどうか。

67. 将来価値と複数のキャッシュフロー

ある保険会社が、新しい保険契約を提供している。一般的にこの保険は、子供が生まれたときに、両親か祖父母によって、その子のために購入される。この保険の詳細は以下のとおりである。購入者（たとえば両親）は、保険会社に次の６回の支払をする。

最初の誕生日＄800

2回目の誕生日＄800

3回目の誕生日＄900

4回目の誕生日＄900

5回目の誕生日＄1,000

6回目の誕生日＄1,000

6回目の誕生日以降、支払はされない。子供が65歳になった時、彼または彼女は35万ドルを受け取る。もし適切な金利が最初の6年間11％で、残りのすべては7％だったとしたら、この保険は購入する価値があるか。

68. アニュイティの現在価値と実効利率

あなたは宝くじにちょうど当選したところである。あなたは今日200万ドルを受け取り、さらに75万ドルの支払を40回受け取る。これらの支払はいまから1年後に始まり、6カ月ごとに支払われる。グリーンリーフ・インベストメントの営業マンは、あなたからすべての支払を1,500万ドルで買い取るとオファーしてきた。もし適切な金利が9％のAPRで日次複利だったら、あなたはこのオファーに応じるべきか。1年は12カ月で、1カ月は30日と仮定する。

69. 金利の計算

財務プランニング・サービスは、大学貯金プログラムをオファーしている。このプランでは、あなたは6年間、毎年8,000ドルを支払う。最初の支払はあなたの子供の12歳の誕生日である今日行われる。あなたの子供が18歳の誕生日を迎えると、それから4年間、毎年2万ドルが受け取れる。この投資は何％のリターンをオファーしているか。

70. 損益分岐投資リターン

ファイナンシャル・プランナーが、あなたに二つの異なる投資プランをオファーしている。プランXは毎年2万ドルのパーペチュイティである。プランYは、年間3万5,000ドルの10年アニュイティである。どちらのプランも最初の支払は今日から1年後である。これら二つのプランに対して、あなたが無差別になる割引率はいくらか。

71. 永久キャッシュフロー

永久に、1年おきに8,500ドルを支払う投資の価値はいくらか。最初の支払は今日から1年後で、割引率は13％の日次複利である。もし最初の支払が今日から4年後だとしたら、今日時点の価値はいくらか。1年は365日を仮定する。

72. 普通アニュイティと期首払アニュイティ

本文で議論したように、期首払アニュイティは、定期的な支払が各期の終わりではなく始めに発生することをのぞいて、普通アニュイティと同じである。普通アニュイティの価値と、他の条件が同じ期首払アニュイティの価値の関係が、以下であることを示せ。

期首払アニュイティの価値＝普通アニュイティの価値×（1＋r）

これを現在価値と将来価値の両方の場合で示せ。

73. EARの計算

パーソナル小切手現金化の店は、事前予約なしの顧客に個人ローンを貸し付けるビジネスを行っている。この店は、金利が週次9％の1週間ローンしか取り扱っていない。

a. 店は顧客にいくらのAPRを提示しなければならないか。顧客が実際に支払うEARはいくらか。

b. ここで店が、週次9％のディスカウント金利（問題60参照）で、1週間ローンを行うとする。この場合APRはいくらか。EARはいくらか。

c. このパーソナル小切手現金化の店はまた、週次9％のディスカウント金利で、1カ月のアドオン金利ローンも行っている。したがって、あなたが100ドルを1カ月間（4週間）借りると、利息は41.16ドル［＝($100×$1.09^4$)−100］になる。これはディスカウント金利なので、あなたがこのローンで今日手にするお金は58.84ドルである。そしてあなたは1カ月後に100ドルを返済しなければならない。あなたの助けになるよう、店はあなたに、100ドルを分割して1週間に25ドルずつ返済することを認める。このローンのAPRはいくらか。EARはいくらか。

74. 成長パーペチュイティの現在価値

支払Cが今日から1期後で、支払額が毎期Cずつふえていく、成長パーペチュイティの現在価値の式を書け。

75. 72の法則

不連続な複利化で、投資が2倍になるのに必要な時間を知る便利な経験則は、「72の法則」である。今日の価値が2倍になるのに必要な期間数を求めるために、72の法則を使うには、単純に72を金利で割ればよい。たとえば、金利が6％だったら、72の法則によると２倍になるのに12年（＝72/６）かかる。これは実際の答えの11.90年にほぼ等しい。72の法則はまた、ある特定の期間内おいて、お金が２倍になるにいくらの金利が必要なのかを求めるのに使うこともできる。これは多くの金利と期間に関して、便利な概算である。金利がいくらのときに、72の法則は正確か。

76. 69.3の法則

72の法則の一つの系は69.3の法則である。69.3の法則は、金利が連続複利のとき、四捨五入誤差を除いて、正確である。連続複利金利に対する69.3の法則を証明せよ。

付章4A　純現在価値：ファイナンスの第一原則

この付章では、現在価値ルールの理論的な基盤を示す。初めに個人がどのように時間を超える消費選択を行うのかを示し、次に純現在価値（NPV）ルールを解説する。この付章は、理論的なモデルが好きな学生には、魅力的なものであるはずである。第４章での NPV 分析を受容できる学生は、ここを飛ばして第５章に進んでさしつかえない。

4A.1　時間を超える消費選択

図4A.1は、金融市場において個人が典型的に直面する状況を表している。この人は、今年５万ドルの収入があり、来年は６万ドルの収入があると仮定されている。市場は、彼に今年５万ドル分の商品を消費することを可能にし、来年は６万ドル消費することを可能にするだけでなく、均衡金利で借りたり貸したりすることも可能にする。

図4A.1の AB の線は、借入れと貸出を通してこの個人に開かれたすべての消費可能性を示し、影の部分は、すべての可能な選択を含んでいる。この図をもっと詳しくみて、なぜ影の部分のポイントが可能なのかを正確に考察してみよう。

r は、この市場における金利―均衡利率―を表すために用いる。債務不履行が起

図4A.1　時間を超える消費機会

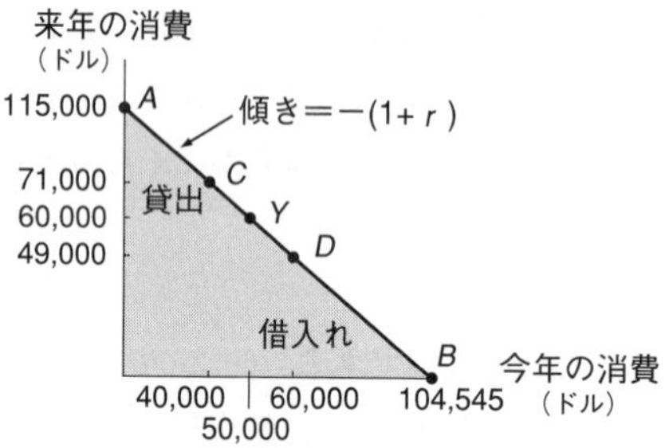

こらないと仮定するので、この利率は無リスクである。図4A.1の縦軸上の点 A をみてほしい。点 A の高さは、

$A = \$60,000 + [\$50,000 \times (1 + r)]$　である。

たとえば、もし金利が10％ならば、点 A は、

$$A = \$60,000 + [\$50,000 \times (1 + 0.1)]$$
$$= \$60,000 + \$55,000$$
$$= \$115,000$$

になる。点 A は、来年度にこの人が使える富の最大限度額である。今年は何も消費せず、収入の5万ドルすべてを貸し出すことによって、点 A に到達する。すると来年度は、6万ドルの収入に、初年度に行ったローンからもたらされる5万5,000ドルを足して、合計11万5,000ドルをもつことになる。

今度は、点 B をみてみよう。点 B の距離は、水平軸に沿って、

$B = \$50,000 + [\$60,000/(1 + r)]$　である。

もし金利が10％だったら、点 B は、

$$B = \$50,000 + [\$60,000/(1 + 0.1)]$$
$$= \$50,000 + \$54,545$$
$$= \$104,545$$

になる（小数点以下、四捨五入）。

なぜ来年の収入6万ドルを（$1 + r$）、もしくは前述の計算では1.1、で割るのだ

ろうか。点 B は、この人が今年消費可能な最大額を表している。最大額を達成するためには、来年受け取る6万ドルの収入から返済できる最大額を借り入れる。来年ローンを返済するために6万ドルあるのだから、今年金利 r でいくらまで借り入れてもローンが返済できるのかということを質問している。もしこの金額を借りたら、彼は来年利息をつけて返済しなければならないので、答えは、

$$60,000/(1+r)$$

である。したがって、来年彼が返済しなければならないのは、r の利率が何であれ、

$$[\$60,000/(1+r)]\times(1+r)=\$60,000$$

である。ここでの例では、彼は54,545ドルを借りることが可能で、もちろんちゃんと返済できる。

$$\$54,545\times1.1=\$60,000$$ （小数点以下、四捨五入）

さらに、違った額の貸し借りによって、この人は、AB 線上のどの点も達成することが可能である。たとえば点 C は、今日の収入の1万ドルを貸し出すことを選んだ点である。これは点 C において、金利が10%のとき、彼が以下の機会を得るということである。

点 C における今年の消費 $=\$50,000-\$10,000=\$40,000$
点 C における来年の消費 $=\$60,000+[\$10,000\times(1+r)]=\$71,000$

同様に、点 D においては、この人は1万ドルを借り、来年ローンを返済することにした。

したがって点 D では、

点 D における今年の消費 $=\$50,000+\$10,000=\$60,000$

であり、金利が10%のとき、

点 D における来年の消費 $=\$60,000-[\$10,000\times(1+\mathrm{r})]=\$49,000$

である。

実際のところ、この人は AB 線上のどの点での消費も可能である。この線は、

$-(1+r)$ の傾きをもっている。すなわち、X 座標の線に沿って1ドルが付け加えられるごとに、$(1+r)$ ドルが Y 座標から引かれることを意味する。今年の5万ドルと来年の6万ドルを表す最初の点 A から、線に沿って離れるにつれ、この人の今日現在の消費は多くなり、来年は少なくなる。言い換えれば、B に向かって動くことは、借入れをすることである。同様に、A に向かって上っていくのは、現在はより少なく、来年はより多く消費することであり、貸出である。線が直線であるのは、個人が金利に対して何の影響力ももたないからである。これは完全な競争金融市場の仮定の一つである。

この人は実際にはどこに位置するのだろうか。この質問への答えは、市場が存在する以前とちょうど同じように、個人の好みや状況に依存している。もしこの人が気短だったら、D のような点でお金を借りたいと思うかもしれず、もし辛抱強かったら、たとえば点 C のようなところで、今年の収入の一部を貸し出し、来年さらに多くの消費を楽しみたいと望むかもしれない[4)]。

われわれが、だれかを辛抱強いか気短であるかとみなすのは、市場でその人が直面する金利に依存することに注意されたい。仮にこの個人が気短で、1万ドルを借りて点 D に動くことを選んだとする。そこで今度は、金利を20%、あるいはいっそのこと50%まで、上げたとしよう。この気短な人は突然、辛抱強くなり、この高金利を有効に活用するため、今年の収入の一部を貸し出すことを好むようになるかもしれない。一般的な結果は図4A.2に描かれている。点 C での貸出は、これまでよりずっと多くの将来の収入と消費の可能性を生むことがみてとれる[5)]。

4）　この節では、われわれはある種の金融市場を想定している。経済学用語では、金利と価格に対して、まるで自分は何の影響力ももたないかのごとく反応する個人は、価格受容者（price taker）と呼ばれる。そしてこの仮説は、時に価格受容仮説（price-taking assumption）と呼ばれる。これは、完全競争金融市場（perfectly competitive financial market）（もしくは、より簡単に、完全市場）の条件である。以下の条件はこれに導く。

1．取引には費用がかからない。金融市場へのアクセスは無料である。
2．貸出と借入れの機会情報が得られる。
3．多くのトレーダーがいて、一人のトレーダーが市場価格に重大な影響を与えることはできない。

5）　消費者理論に詳しい学生は、金利の上昇が実際には人々にさらに多くの借入れをさせ、あるいは低下が貸出を促すという驚くべきケースについて知っているかもしれない。たとえば、もし金利の低下が貸し手に来年ほんのわずかな消費しかもたらさないとしたら、彼らはただ生存するために以前よりさらに貸し出すしか選択肢がないというような場合に、後者のケースが起こりうる。われわれが行うことは何もそのようなケースを除外することに依存するわけではないが、それらを無視するほうがずっと簡単で、その結果としての分析も、より現実の市場に当てはまる。

図4A.2　消費機会に対する異なる金利の影響

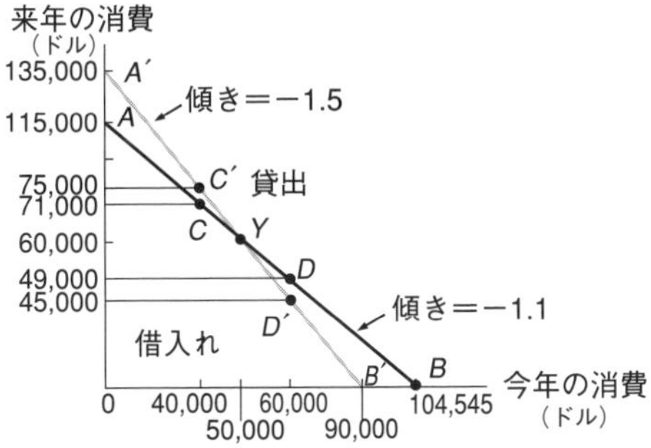

4A.2　投資の選択

貸出の例

今年と来年のことだけに関心をもっているある人を考える。彼女は今年10万ドルの収入があり、来年も同じ金額を期待している。金利は10%である。この人は7万ドルする土地の区画に投資しようかと考えている。彼女は土地が来年には7万5,000ドルになり、確実に5,000ドルの利益が得られると確信している。彼女はこの投資を行うべきであろうか。この状況は、図4A.3のキャッシュフロー時間図表に表されている。

これが魅力的なビジネス取引ではないと彼女を説得するには、ちょっと考えれば十分である。土地に7万ドルを投資することによって、彼女は来年7万5,000ドルを受け取る。そのかわりに、彼女が同じ7万ドルを金融市場のローンに投資したとしよう。10%の金利で、この7万ドルは来年、

図4A.3　土地投資のキャッシュフロー

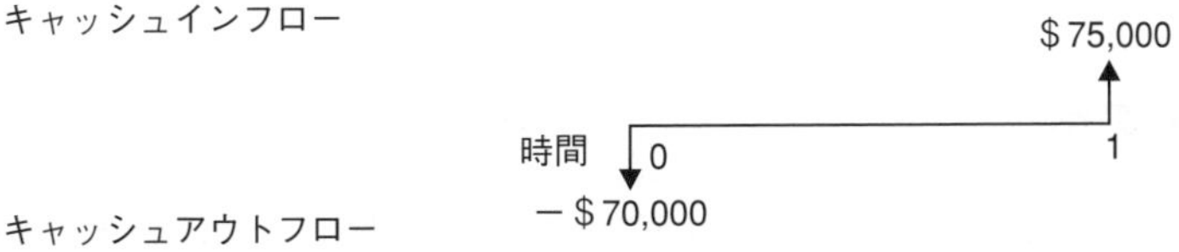

図4A.4　借入れと貸出を伴う消費機会

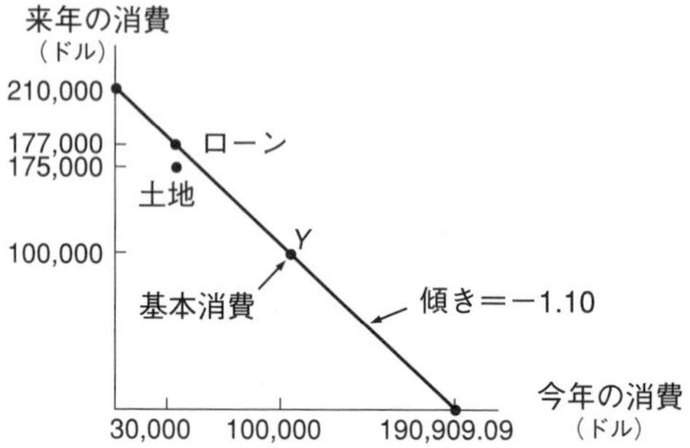

$$(1+0.1)\times \$70,000=\$77,000$$

に成長する。

同じ7万ドルを金融市場に投資すると2,000ドル余計に儲けられるときに（すなわち、ローンからの7万7,000ドル－土地投資からの7万5,000ドル）、土地を買うのはばかげている。

図4A.4はこの状況を図解している。7万ドルのローンは、今日の収入を減らすわけではなく、来年は2,000ドル多くなることに注目されたい。この例は、金融市場のいくつかの驚くべき特徴を示している。われわれが土地に投資しないという決定に至るのに、いかに情報を利用しなかったかということは、注目すべきことである。この人が、今年あるいは来年いくら収入があるのか知る必要はなかった。また今年多くの収入がほしいのか、それとも来年のほうが好ましいのかを知る必要もなかった。

われわれはこれら他の事実の一つも知る必要がなく、さらに重要なのは、意思決定を行っているこの人自身も知る必要がないということである。彼女には、この投資を、金融市場で提供されている適切な選択肢と比較できるということだけが必要だった。この投資がその基準に満たないとき、――前例では2,000ドル――、本人が何をしたいかにかかわらず、彼女は土地を買うべきでないと気がついたのである。

借入れの例

取引に少し色をつけてみよう。7万5,000ドルのかわりに、来年土地の価値が8

図4A.5　土地購入のための借入れのキャッシュフロー

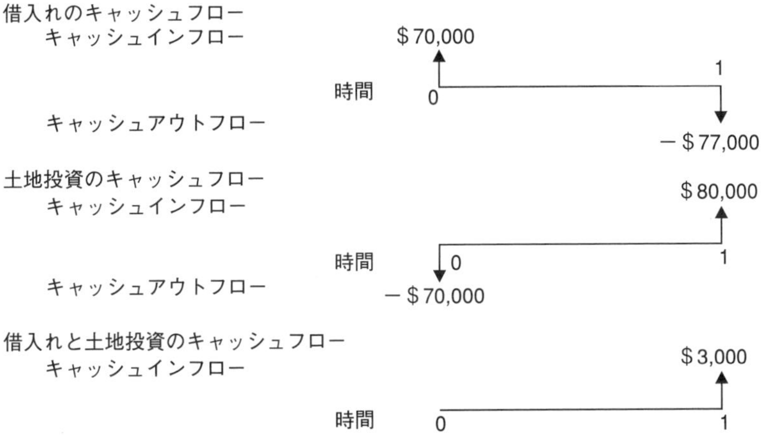

万ドルになると仮定する。さてわれわれの投資家はどうすべきだろうか。このケースは少々むずかしい。たとえ土地がお買得にみえたとしても、とどのつまり、この人の今年の収入は10万ドルなのである。彼女は本当に今年７万ドルの投資をしたいのだろうか。そうすると消費にはたった３万ドルしか残らないのではないだろうか。

これらの疑問への答えはイエスであり、個人は土地を買うべきである。そう、彼女は今年７万ドルの投資を行うべきなのだ。そして最も驚くべきことは、彼女の収入が10万ドルであるのに、７万ドルの投資を行っても、今年の消費のために３万ドルしか残らないというわけではないのである！　ここで、どのようにファイナンスがわれわれに算数の基本法則を迂回させてくれるのかみてみよう。

金融市場がわれわれの問題を解決する鍵である。第一に、金融市場は、判断されるべきどの投資計画に対しても、比較の基準として用いることができる。次に、金融市場は、個人が投資を行うのを実際に手助けする道具として用いることができる。これら二つの金融市場の特徴は、われわれが正しい投資意思決定を行うことを可能にする。

この人が土地を買うのに必要な初期投資７万ドルを借りたとしよう。このローンは来年返済しなければならない。金利は10%なので、彼女は来年金融市場に７万7,000ドルの支払義務がある。これは図4A. 5に描かれている。土地は、来年には８万ドルの価値があるので、彼女はそれを売って、７万7,000ドルの負債を支払い、

図４Ａ.６　投資機会と、貸出、借入れを伴う消費機会

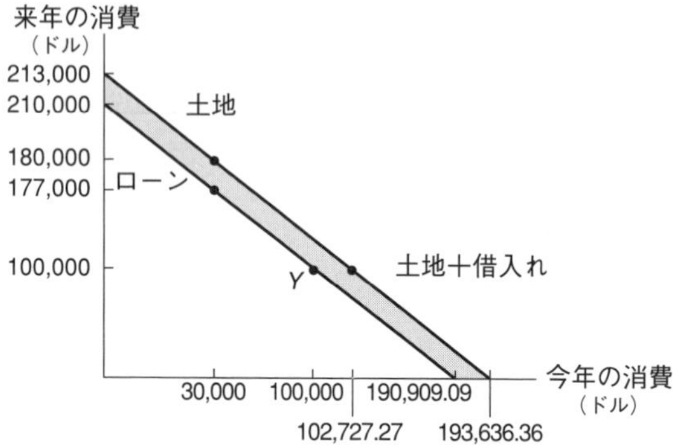

3,000ドルを余分の現金として受け取る。

もし望むなら、彼女は来年手にする3,000ドル分の商品やサービスを、いま消費できる。この可能性は、図4A.6で示されている。実際、たとえ彼女がすべての消費を今年行いたいとしても、彼女は投資をしたほうが得をする。彼女がしなければならないことは、今年ローンを借り入れ、来年の土地売却代金で返済して3,000ドルの利益を得ることだけである。

さらに、ちょうど土地を買うのに必要な７万ドルを借りるかわりに、彼女は７万2,727.27ドルを借りることもできた。７万ドルを土地を買うのに使い、残りの2,727.27ドルを消費することも可能だったのである。

この2,727.27ドルを、取引の純現在価値と呼ぶ。これは、$\$3,000 \times 1/1.1$と等しいことに注目されたい。これが彼女の借りることができた正確な金額であることを、どのように計算したのだろうか。それはとても簡単である。もし７万2,727.27ドルが彼女の借りる金額なら、金利は10％なので、彼女が来年返済しなければならないのは、

$$\$72,727.27 \times (1 + 0.1) = \$80,000$$

であり、ちょうど土地の価値になる。図4A.6の投資の位置を通る線は、この借入れの可能性を示している。

来年土地の価値が７万5,000ドルである場合と、来年８万ドルの価値がある場合の、両方のケースについて驚くべきことは、投資をする価値があるかどうかを判断するために、われわれはただ金融市場と比較するだけしか必要でなかったというこ

とである。これはファイナンスのすべてにおいて最も重要な点の一つであり、個人の消費選好にかかわらず、正しい。これは、ファイナンスにおける、数ある分離定理（separation theorems）の一つである。それによると、個人にとっての投資価値は、消費選好に依存しない。われわれの例において、この人の土地への投資意思決定は、消費選好に影響されないことを示した。しかしこれらの選好は、彼女が借入れをするのか貸出をするのか、どちらであるのかを規定した。

4A.3　投資決定の例証

図4A.1は、収入が今年は５万ドル、来年は６万ドルで、金利が10％の市場に面している個人に開かれている可能性を描写していた。しかしあのとき、この人には金融市場で提供される10％の金利での借入れと貸出を超える投資の可能性はなかった。

仮に今年３万ドルの現金支出を必要とし、来年投資家に４万ドルが戻ってくる投資プロジェクトを行う機会をこの人に与えたとする。図4A.1を参照しながら、どのようにこの新たな可能性を図のなかに織り込めるのか、そして、この取引を行うかどうかを決める際の手助けとなるよう、どのように図を利用できるかを明らかにしよう。

今度は、図4A.7をみてみよう。図4A.7で、今年の５万ドルと来年の６万ドルである当初の点を、点Aと表示する。また、消費に使える今年の２万ドルと来年の10万ドルを、新たに点Bとして加える。点Aと点Bの違いは、点Aは彼の開始地点で、点Bは投資プロジェクトを行うことも決定した地点である。この決定の結果、点Bにおいてこの人には

$$\$50,000-\$30,000=\$20,000$$

が今年の消費のために残り、そして、

$$\$60,000+\$40,000=\$100,000$$

が来年利用可能になる。これらは、点Bの座標である。

この投資を受け入れるか却下するかを決めるために、われわれは、個人がもつ借入れと貸出の機会に関する知識を利用しなければならない。これは図4A.8に示さ

図４A.７　金融市場はなく、投資を伴う場合の消費選択肢

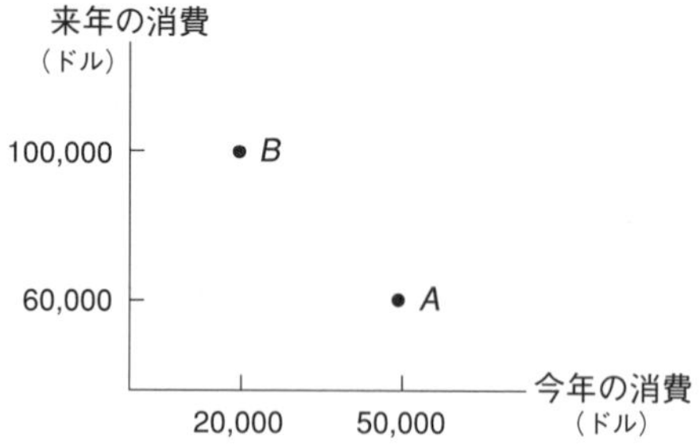

れている。図4A.8は図4A.7と似ているが、ここでは、もし点Aにとどまって投資をしない場合に、個人に開かれている可能性を表す点Aを通る線を描いている。

この線は、図4A.1のものとまったく同じである。また、点Bを通る平行線も描いてある。これは、もし投資を採用した場合にこの人が得る新しい可能性を表している。それぞれの傾きは同じ金利10%で決定されるので、２本の線は平行である。これはこの人が投資を引き受けて点Bに行くか、あるいは行かずに点Aにとどまるかどうかには関係ない。金融市場においては、１ドルを貸し出すと、今年消費に使える額は１ドル減り、彼をX軸に沿って左に１ドル分動かす。金利は10%なので、１ドルの貸出は1.10ドルを彼に払い戻し、彼をY軸に沿って1.10ドル分上に動かす。

投資は彼に利益をもたらすことが、図4A.8から簡単にみてとれる。点Bを通る線は、点Aを通る線より上にある。したがって、今年と来年にこの人がどのような消費パターンを望もうが、この投資を行うと、彼はそれぞれの年にもっと多くを得ることができる。

たとえば、この個人が今年すべてを消費したいと仮定する。もし彼がこの投資を行わなかったら、点Aを通る線がX軸と交わる点が、今年彼が享受できる消費の最大額を表している。この点における今年使える額は10万4,545ドルである。この数字をどうやって見つけたのか思い出すには、図4A.1の分析を復習すればよい。しかし図4A.8では、点Bを通る線は、点Aを通る線より高い点でX軸にぶつかる。この線に沿って、この人は、３万ドルの投資後に残された２万ドルに加えて、来年の収入と投資からの収益を用いて彼が借り入れて返済できる金額のすべてを足したものを手にすることが可能である。したがって、今日消費に利用できる金額の合計は、

図4A.8　投資と金融市場を伴う場合の消費選択肢

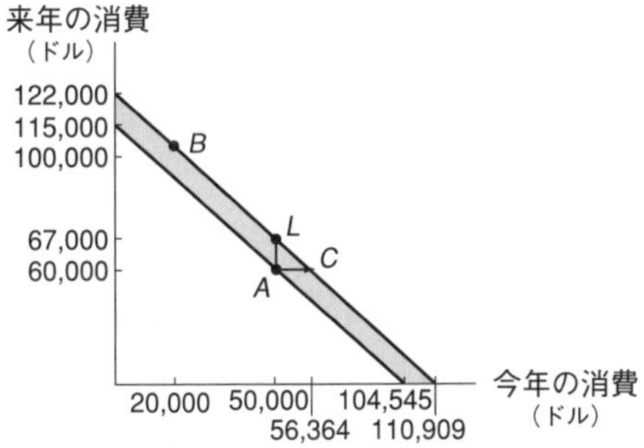

＝＄50,000－＄30,000＋(＄60,000＋＄40,000)/(1＋0.1)

＝＄20,000＋(＄100,000/1.1)

＝＄110,909

である。

投資を行うことと金融市場の利用からもたらされる今年の追加消費は、二つの線が X 軸と交わる2点間の差である。

＄110,909－＄104,545＝＄6,364

この差は、投資が個人にどれだけ価値があるのかを測る重要な尺度である。これはさまざまな疑問にも答える。たとえば、次のような疑問の答えになる。彼が投資したのとちょうど同じだけ利益を得るためには、今年、投資家にいくら与える必要があるだろうか。

点 B を通る線は点 A を通る線と平行だが、6,364ドルの超過分動かされているので、もしこの金額を点 A において投資家の今年の現収入に加え、投資を取り去ったら、彼は点 B を通る線上で同じ可能性に到達することになる。もしこれを行ったら、この人は今年5万6,364ドル、そして来年6万ドルを受け取る。すなわち図4A.8における、点 A の右側に位置する点 B を通る線上の点の状況である。これは点 C である。

違う質問をすることもできる。彼が投資したのとちょうど同じだけ利益を得るためには、来年、投資家にいくら与える必要があるだろうか。

これは、点 B を通る線が点 A を通る線よりどれだけ上にあるのか聞くことと同じである。言い換えれば、図4A.8において、点 A を通る線が Y 軸と交わる点と、点 B を通る線が Y 軸と交わる点との差はどれだけなのか。

点 A を通る線が Y 軸と交わる点は、もし現在の収入のすべてを貸し出して、ローンの返済額が来年の収入とともに消費される場合、この人が来年消費できる最大額を表している。

図4A.1の分析で示したように、この金額は、11万5,000ドルである。これは、この人が投資を行った場合に来年手にすることができる額と比べてどうだろうか。投資をすることによって、彼は点 B に行くことをわれわれはみてきた。ここでは、彼には今年残った２万ドルがあり、来年10万ドルを得る。今年残った２万ドルを貸し出すことと、このローンの返済額を10万ドルに足すことで、B を通る線と Y 軸との交点を求める。

$$(\$20,000\times1.1)+\$100,000=\$122,000$$

この金額と11万5,000ドルとの差は、

$$\$122,000-\$115,000=\$7,000$$

であり、これが、彼が投資したのとちょうど同じだけの利益を得るために、来年この人にいくら与える必要があるかという疑問に対する答えである。

これら二つの数字の間には簡単な関係がある。もし、6,364ドルに1.1を掛けたら、7,000ドルになる！　なぜそうなるのか考えてみよう。6,364ドルは、投資を行うかわりとして、今年その人に与えなければならない追加の現金の額である。金利が10％である金融市場においては、しかしながら、今年の１ドルは来年の1.1ドルとまったく同じ価値がある。したがって、今年の6,364ドルは、来年の6,364ドル×1.1と同じである。言い換えれば、この人は、今年6,364ドルの投資をしようが、来年＄6,364×1.1受け取ろうが、気にかけない。しかしわれわれは、投資を行って来年7,000ドルを得ることを投資家が同様に好むことを、すでに示した。これは、以下のことを意味するに違いない。

$$\$6,364\times1.1=\$7,000$$

図4A.8を利用しても、これら二つの変数間の関係を確かめることができる。A と B を通る線はそれぞれ同じ傾き－1.1をもつので、7,000ドルの差は、X 軸と交わる地点で、1.1対１の比率でなければならない。

ここで、投資機会を単独のものとしてどうやって評価するのかを示すことができる。関連する事実は次のとおりである。個人は来年4万ドル手に入れるために、今年3万ドルを諦めなければならない。これらのキャッシュフローは、図4A.9に描かれている。

前述の分析の結果から導かれる投資ルールは、純現在価値（net present value rule, NPV）ルールである。ここではすべての消費価値を現在に引き戻し、足し合わせる。

純現在価値＝－＄30,000＋＄40,000×（1/1.1）
　　　　　＝－＄30,000＋＄36,364
　　　　　＝＄6,364

将来の合計額、4万ドルは、将来価値（future value, FV）と呼ばれる。

投資の純現在価値は、投資を行うか行わないかを決定する際の、簡単な基準である。NPVは投資をするかわりとして、今日投資家がいくら現金を必要とするかという疑問に答える。もし純現在価値がプラスなら、投資をすることは、純現在価値と同等の現金の支払を受けるのと本質的に同じことになるので、行う価値がある。もし純現在価値がマイナスなら、今日投資を行うことは、今日の現金をいくらかあきらめることと同等なので、投資は却下されるべきである。

われわれは価値を決める際に、単にどれだけ返ってくるかではなく、現在の投資コストはすでに織り込みずみであるということを強調するために、純現在価値という言葉を用いている。たとえば、仮に金利が10％で、今日3万ドルの投資が、1年後、現金収益の合計4万ドルを生み出すとしたら、4万ドル自体の現在価値（present value）は、

＄40,000/1.1＝＄36,364

であるが、投資の純現在価値は36,364ドル引く初期投資で、

純現在価値＝＄36,364－＄30,000＝＄6,364

となる。将来のキャッシュフローの現在価値は、適正市場金利を考慮した後のキャッシュフローの価値である。投資の純現在価値は、投資の将来キャッシュフローの現在価値－投資の初期費用である。われわれは、この投資が好機であることを、ちょうど決定したところである。費用より価値があるので、それはプラスの純

図4A.9　投資プロジェクトのキャッシュフロー

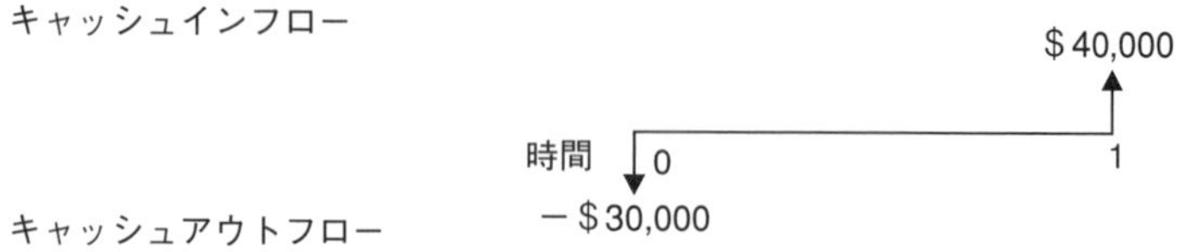

現在価値をもっている。

一般的に、上記は純現在価値ルールの観点から述べることができる。

「もし投資がプラスのNPVをもつのなら、行う価値がある。もし投資のNPVがマイナスなら、却下されるべきである」

ミニケース

●MBAの意思決定

ベン・ベイツは、6年前にファイナンス学士の学位で大学を卒業した。彼は現在の仕事に満足しているが、目標は投資銀行家になることである。彼はMBAの学位が、この目標を達成させてくれかもしれないと感じている。いろいろな学校を調査した結果、彼はウィルトン大学かマウント・ペリー・カレッジに選択肢を絞った。どちらの学校でもインターンシップは奨励されているが、インターンシップの講義単位を得るには、給料はもらえない。インターンシップ以外に、MBAプログラムに在籍中は、どちらの学校も学生に働くことを認めていない。

ベンは現在、資産運用会社のデューイ＆ルイスで働いている。彼の年間サラリーは6万ドルで、退職するまで毎年3％ずつ上がっていくと期待される。彼は現在28歳で、あと40年間働くつもりである。彼の現在の仕事は、全額会社もちの健康保険プランを含み、彼の現在の平均税率は26％である。ベンはMBAプログラム費用の全額をまかなうのに十分な貯金をもっている。

ウィルトン大学のリッター・カレッジ・オブ・ビジネスは、国内でトップクラスのMBAプログラムである。MBA学位のためには2年間フルタイムで大学に在籍しなければならない。年間授業料は6万5,000ドルで、毎年、学年度の始めに支払う。教科書やその他の消耗品には、年間3,000ドル掛かると見込まれる。ベンは、ウィルトンを卒業後、2万ドルの調印ボーナスを伴う、年間11万ドルのジョブ・オファーが受けられると期待している。この仕事のサラリーは、毎年4％ずつ上昇する。サラリーが高いので、彼の所得税率は31％に上がる。

マウント・ペリー・カレッジのブラッドリー・スクール・オブ・ビジネスは、16年前にMBAプログラムを始めた。ブラッドリー・スクールは、リッター・カレッジに比べると、小さくて、それほど有名ではない。ブラッドリーは、期間が短縮された1年プログラムをオファーしている。学費は8万ドルで、入学時に支払う。教科書やその他の消耗品には、4,500ドルかかると見込まれる。ベンは、卒業後、1万8,000ドルの調印ボーナスを伴う、年間9万2,000ドルのジョブ・オファーが受けられると考えている。この仕事のサラリーは、毎年3.5％ずつ上昇する。この所得水準での彼の平均税率は29％になる。

両方の学校が年間3,000ドル（年度の始めに支払う）で健康保険プランを提供している。適切な割引率は6.5％である。

1．ベンの年齢は、MBAを取得する意思決定にどのような影響を及ぼすか。
2．他の（おそらく定量化できない）どのようなファクターが、ベンのMBAを取得する意思決定に影響を及ぼすか。
3．すべてのサラリーが年度末に支払われると仮定すると、ベンにとって（厳密にファイナンスの観点で）最善の選択肢は何か。
4．ベンは、それぞれの選択肢の将来価値を計算することが適切な分析だと考えている。あなたはこの意見をどう評価するか。
5．ウィルトン大学に行くことと、現在の仕事にとどまることに対して、ベンを無差別にするには、最初のサラリーでいくらもらう必要があるか。
6．ベンにはMBAに現金を支払う能力はなく、お金を借りなければならないと仮定する。現在のローン金利は5.4％である。これは彼の意思決定にどのような影響を及ぼすか。

第5章
純現在価値と他の投資ルール

2008年、ガソリン価格は記録的水準に達し、企業は代替エネルギー源の開発を始めた。フィンランド企業、ネステオイル社も例外ではない。2008年6月、ネステオイルは10億ドルを投じて、オランダに80万トンの生産能力をもつバイオディーゼル工場を建設する計画を発表した。世界で最も大きいバイオディーゼル・プロジェクトの一つであるこの工場は、ネステオイル独自のNExBTLバイオディーゼルを製造する。これに匹敵する唯一のプロジェクトは、2008年1月にネステオイルが発表した、80万トンの能力をもつシンガポールの工場である。10億ドルもの値札がつくこのような意思決定は、明らかに大事業で、そのリスクと報酬は注意深く考量されなければならない。この章では、そのような意思決定を行う際に使われる基本的なツールを議論する。

第1章で、企業の株式価値を増加させることが、財務管理の目的であることを示した。したがって、われわれに必要なのは、ある特定の投資がこの目的を達成するかどうかを知る方法である。本章では、ファイナンシャル・アナリストがいつも用いるさまざまなテクニックを考察する。さらに重要なのは、これらのテクニックの多くがいかに誤解を招きやすいかを示し、なぜ純現在価値のアプローチが正しい手法なのかを解説する。

5.1　なぜ純現在価値を用いるのか

本章と次の2章では、プロジェクトを採用するか却下するかの意思決定プロセスである*キャピタル・バジェッティング（資本予算の策定）*に焦点をあわせる。この章では、基本的なキャピタル・バジェッティング法を展開し、実際的な適用のほとんどは後の章に残しておく。しかしわれわれは、これらの手法をゼロから展開する必要はない。第4章で、将来受け取る1ドルは今日受け取る1ドルより価値が少ないと指摘した。理由はもちろん、今日の1ドルは再投資することができ、将来ずっと大きな金額になるからである。そして第4章で、将来受け取る1ドルの正確な価値は、その現在価値であることを示した。さらに、第4.1節では、プロジェクトの*純現在価値*を計算することを提案した。すなわち、プロジェクトの将来のキャッシュフローの現在価値の合計と、プロジェクトの初期費用との差額の計算である。

本章では、最初に現在価値（NPV）法を取り上げる。簡単な例でこのアプローチを復習することから始める。次に、なぜこの手法がよい意思決定に導くのかを問う。

小さな事業のキャピタル・バジェッティングについて。www.missouribusiness.net

例5.1　純現在価値

アルファ・コーポレーションは、100ドルの費用がかかる無リスクのプロジェクトに投資することを考えている。プロジェクトは1年後に107ドルを受け取り、その他のキャッシュフローはない。金利は6％である。

プロジェクトのNPVは、以下のように簡単に計算できる。

$$\$0.94 = -\$100 + \frac{\$107}{1.06} \tag{5.1}$$

第4章でみたように、NPVがプラスなので、プロジェクトは採用されるべきであることがわかる。金利が7％より大きい場合のように、もしプロジェクトのNPVがマイナスだったら、プロジェクトは却下されるべきである。

基本投資ルールは以下のように一般化できる。

・もしNPVがゼロより大きかったら、プロジェクトを採用する。
・もしNPVがゼロより小さかったら、プロジェクトを却下する。

これをNPVルール（NPV rule）と呼ぶ。

さて、なぜNPVルールがよい意思決定に導くのだろうか。アルファ・コーポレーションの経営陣が利用できる、以下の二つの戦略を考えてみよう。

1．会社の現金100ドルを、このプロジェクトに投資するのに使う。1年後に107ドルが配当金として支払われる。
2．このプロジェクトを見送り、会社の現金100ドルを配当金として今日支払う。

もし戦略2が用いられたら、株主は配当金を1年間銀行に預金するかもしれない。金利が6％なら、戦略2は1年後に106ドル（＝＄100×1.06）を生み出す。戦略2は1年後に107ドルよりも少ない額しか生み出せないので、株主は戦略1を好む。

われわれの基本ポイントは、次のようになる。

NPVがプラスであるプロジェクトの採用は、株主に利益をもたらす。

正確に0.94ドルというNPVをどう解釈したらよいのだろうか。これはプロジェクトからもたらされる会社の価値の増加額である。たとえば、会社は現在、Vドルの価値をもつ生産的資産と、100ドルの現金を保有していると想像しよう。もし会社がプロジェクトを見過ごすなら、現在の会社の価値は単に、

$$\$V+\$100$$

である。もし会社がプロジェクトを受け入れたら、会社は1年後に107ドルを受け取ることになるが、現在の現金はなくなってしまう。したがって、会社の現在の価値は

$$\$V+\frac{\$107}{1.06}$$

である。これらの式の差はちょうど0.94ドルになり、これは式5.1の現在価値である。したがって、

企業の価値はプロジェクトのNPV分上昇する。

企業の価値は、さまざまなプロジェクト、部門、あるいは社内の他のユニットの価値の単なる合計にすぎないことに注意されたい。**価値の加法性（value additivity）**と呼ばれるこの特性はきわめて重要である。これは、企業の価値に対するいかなるプロジェクトの貢献も、単純にプロジェクトのNPVであることを意味

する。後でみるように、本章で議論する他の手法は、一般にこの好ましい特性を有していない。

もう一つ細かい点が残っている。われわれはプロジェクトが無リスクであると仮定したが、これはあまりありえない仮定である。現実の世界のプロジェクトの将来キャッシュフローは、例外なくリスキーである。言い換えれば、キャッシュフローはわかるのではなく、ただ推定できるにすぎない。アルファ社の経営陣が、プロジェクトのキャッシュフローとして、来年107ドルを*期待*しているとしよう。これはすなわち、キャッシュフローが、たとえば117ドルのように高かったり、97ドルのように低かったりしうることを意味する。このわずかな変更で、プロジェクトはリスキーになる。今年の期待リターンが10%である株式市場全体と同じくらい、プロジェクトがリスキーだったとしよう。そうすると、10%が割引率になり、プロジェクトのNPVが以下になることを意味する。

$$-\$2.73=-\$100+\frac{\$107}{1.10}$$

NPVがマイナスなので、プロジェクトは却下されるべきである。今日100ドルの配当を受け取ったアルファ社の株主は、株式市場に投資して10%のリターンを期待できるので、これは道理にかなっている。どうして市場と同じリスクをもちながらたった７%の期待リターンしかないプロジェクトを採用できようか。

概念上、リスクを伴うプロジェクトに対する割引率は、同等のリスクをもつ金融資産に期待できるリターンである。プロジェクトへの企業の投資は、株主が配当を金融資産に投資する機会を奪い去るので、この割引率はしばしば*機会費用*（*opportunity cost*）と呼ばれる。もし現実の世界における割引率の実際の計算はきわめてむずかしいという印象をもったとしたら、それはおそらく正しい。金利は銀行に電話すればわかるが、今年の市場の期待リターンを知るために、だれに電話したらよいだろうか。そしてもしプロジェクトのリスクが市場とは異なったら、どのように調整したらよいだろうか。とはいえ、算出は決して不可能というわけではない。この章での算出は控えるが、本書の後の章で提示する。

NPVが賢明なアプローチであることを示したが、代替的手法は、はたしてNPVと同程度によいのかどうか、どうやったらわかるだろうか。NPVの鍵はその三つの特性にある。

1．*NPVはキャッシュフローを用いる。*　プロジェクトからのキャッシュフローは、他の企業目的（たとえば、配当金支払、他のキャピタル・バジェッティング・プロジェクト、あるいは企業利息の支払）に利用できる。対照的に、利益は人為的な構成概念である。利益は会計士には役立つが、現金を意味していないので、キャピタル・バジェッティングに用いられるべきではない。

2．*NPVはプロジェクトのすべてのキャッシュフローを用いる。* 他の方法は特定の期日を越えたキャッシュフローを無視する。これらの方法には気をつけなければならない。

3．*NPVはキャッシュフローを適切に割り引く。* 他の方法には、キャッシュフローを扱うとき、貨幣の時間的価値を無視するものがある。これらの方法にも気をつけなければならない。

NPVを手で計算するのはやっかいである。*スプレッドシート・アプリケーション*では、これを簡単に行う方法を説明し、また重要な警告を例証する。

スプレッドシート・アプリケーション

スプレッドシートでNPVを計算する

スプレッドシートはNPVの計算に広く使われる。この目的でのスプレッドシートの利用にはまた、重要な警告を発しなければならない。以下を考えてみよう。

	A	B	C	D	E	F	G	H
1								
2		スプレッドシートでNPVを計算する						
3								
4	プロジェクトのコストは＄10，000である。キャッシュフローは、最初の2年間が年＄2，000、							
5	次の2年間が年＄4，000，最後の年が＄5，000である。							
6	割引率は10%である。NPVはいくらか？							
7								
8		年	キャッシュフロー					
9		0	-$10,000		割引率＝	10%		
10		1	$2,000					
11		2	$2,000		NPV＝	**$2,102.72**	←間違った答え	
12		3	$4,000		NPV＝	**$2,312.99**	←正しい答え	
13		4	$4,000					
14		5	$5,000					
15								
16	セルF11に入力した計算式は =NPV(F9,C9:C14) である。しかしながら、この関数は							
17	実際には純現在価値ではなく、現在価値を計算するので、答えは間違っている。							
18								
19	セルF12に入力した計算式は =NPV(F9,C10:C14)+C9 である。NPV関数はキャッシュフロー							
20	の現在価値を計算するのに使われ、それから初期コストを引いているので、この答えは							
21	正しい。C9はすでにマイナスなので、足していることに注意。							

この例では、二つの答えを提示したのに注目されたい。最初の答えは、スプレッドシートの関数を使ったのにもかかわらず、間違っている。このスプレッドシートのNPV関数は、実際にはPV関数である。不幸にも、何年も前の最初のスプレッドシートの一つが定義を間違え、その後のスプレッドシートはそれをコピーしてきたのである！　われわれの2番目の答えは、どのように関数を使うのが適切か示している。

この例は、実際に何が行われているかを理解せずに、電卓やコンピュータをやみくもに使うことの危険性を例証している。現実の世界で、どれだけ多くのキャピタル・バジェッティングの意思決定が、この特定の関数の間違った使い方をベースにしているかと考えると身震いがする。

5.2　回収期間法

ルールの定義

最も普及しているNPVの代替的手法は、回収（payback）法である。回収法は

図5.1　ある投資プロジェクトのキャッシュフロー

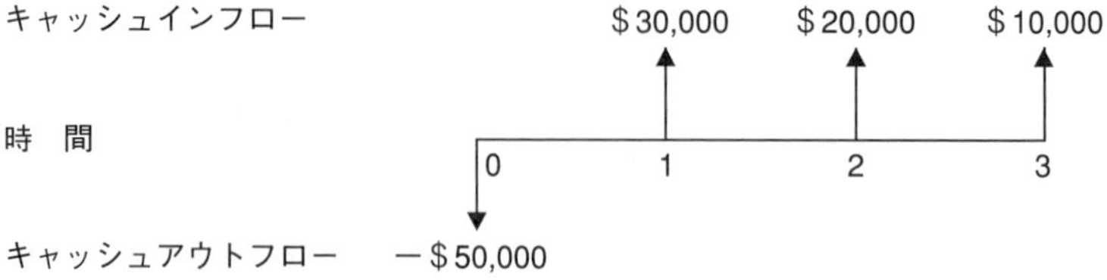

次のように機能する。

初期投資が－5万ドルのプロジェクトを考えてみよう。キャッシュフローは、最初の3年間、それぞれ3万ドル、2万ドル、1万ドルである。これらのフローは図5.1に示されている。このような投資を記述するのに、以下は有効な方法である。

(－$50,000, $30,000, $20,000, $10,000)

5万ドルの前のマイナス符号は、投資家にとってキャッシュアウトフロー（現金流出）であると注意を喚起し、異なる数字の間のカンマは、異なる時点での受取り（あるいはキャッシュアウトフローなら支払）を表している。この例ではキャッシュフローは1年ごとに発生すると仮定しており、最初のキャッシュフローは投資の採用を決定した瞬間に発生する。

会社は最初の2年間に、3万ドルと2万ドルのキャッシュフローを受け取り、これらを足すと初期投資の5万ドルになる。これは会社が2年以内に投資を取り戻したことを意味する。このケースでは、2年が投資の*回収期間*である。

投資意思決定を行うための**回収期間ルール**（payback period rule）は簡単である。たとえば2年というような特定のカットオフ（切捨て基準）期間が選ばれる。回収期間が2年かそれより短いすべての投資プロジェクトは採用され、2年より長い回収期間（もし回収できたとしたら）のものはすべて却下される。

回収法の問題点

回収法には少なくとも三つの問題点がある。最初の二つの問題点を例証するために、表5.1の三つのプロジェクトを考える。三つのプロジェクトは、すべてが同じ3年の回収期間をもっているので、どれも同じくらい魅力的であるべきである。これは正しいだろうか。

実際は、異なるプロジェクトの*組合せ*の比較で明らかなように、それらは同等に魅力的ではない。

問題点1：回収期間内のキャッシュフローのタイミング

プロジェクト*A*とプロジェクト*B*を比較してみよう。1年目から3年目まで、プロジェクト*A*のキャッシュフローは20ドルから50ドルに上がっていくのに対して、プロジェクト*B*のキャッシュフローは50ドルから20ドルに下がっていく。プロジェクト*B*では、大きなキャッシュフローの50ドルが早くくるので、その純現在価値は高くなるべきである。それにもかかわらず、二つのプロジェクトの回収期間が同じであることは、先ほど確認した。したがって、回収法の一つの問題点は、回収期間内のキャッシュフローのタイミングを考慮しないということである。これは回収法がNPVより劣っていることを示している。なぜなら、先に指摘したように、NPV法は*キャッシュフローを適切に割り引く*からである。

問題点2：回収期間後の支払

今度は、回収期間内に同じキャッシュフローをもつプロジェクト*B*と*C*を考えてみよう。どちらも回収期間内に同一のキャッシュフローをもつ。しかしながら、プロジェクト*C*のほうが明らかに好ましい。なぜなら4年目に6万ドルのキャッシュフローをもつからである。したがって、回収法のもう一つの問題点は、回収期間後に生じるすべてのキャッシュフローを無視することである。この回収法の短期志向のせいで、一部の長期プロジェクトは却下される可能性が高い。NPV法にはこの欠陥は存在しない。なぜなら、先に指摘したように、NPV法は*プロジェクトのすべてのキャッシュフローを用いる*からである。

表5.1　プロジェクトA、B、Cの期待キャッシュフロー

年	*A*	*B*	*C*
0	－＄100	－＄100	－＄100
1	20	50	50
2	30	30	30
3	50	20	20
4	60	60	60,000
回収期間(年)	3	3	3

問題点３：回収期間の恣意的な基準

回収法の三つ目の問題点を考えるときは、表5.1を参照する必要もない。資本市場がNPV法で使われる割引率を推定するのを手助けしてくれる。たぶん財務省証券で代用される無リスク・レートは、無リスクな投資に適切な金利だろう。このテキストの後の章で、危険を伴うプロジェクトの割引率を推定するために、どのように資本市場の過去のリターンを用いるのかを示す。しかしながら、回収カットオフ期日を選択するのに同等の指針はないので、この選択はある程度恣意的である。

経営上の観点

回収法は、大きくて洗練された企業が比較的小さな決定をするときに、しばしば用いられる。たとえば、小さな倉庫を建てる決定やトラック整備の支払は、下のレベルの管理者によってしばしば行われる決定の類である。典型的にはたとえば、管理者は、整備に200ドルの費用がかかり、毎年120ドル燃料費を削減するなら、２年以内に元が取れると考えるかもしれない。おそらくこのような基準で決定はなされるのだろう。

企業の財務担当者なら同じように決定を行わなかったかもしれないが、企業はそのような意思決定を支持する。なぜ経営上層部は、従業員のそのような後ろ向きの活動を大目にみたり、あるいは奨励さえするのだろうか。一つの答えは、回収法を用いて意思決定を行うのは簡単だからである。整備決定のような意思決定が１カ月に50回もあったら、この簡単な手法の魅力はより明確になる。

回収法はまた、経営管理に望ましい、いくつかの特徴も兼ね備えている。ちょうど投資決定そのものと同じくらい重要なのは、管理者の意思決定能力を評価する企業の能力である。NPV法のもとでは、決定が正しいかどうかを判断する前に長い期間が経ってしまうかもしれない。回収法では、２年間でこの管理者のキャッシュフローの評価が正しかったかどうかがわかる。

非常によい投資機会をもちながら手持ち資金がない企業は、回収法を正当なものとして用いうるということもまた指摘されている。たとえば、回収法は、良好な成長見通しを有しながら資本市場へのアクセスが限られている、小さな非上場企業で用いられるかもしれない。素早い現金回収は、このような企業に再投資の可能性を増加させる。

最後に、実務家はしばしば、回収法の標準的アカデミックな批判は、この手法の現実の世界での問題点を強調しすぎると主張する。たとえば、教科書は決まって、初期には低いキャッシュインフローをもつが、回収カットオフ期日のすぐ後に巨大なキャッシュインフローを伴うプロジェクトを取り上げて、回収法を笑い者にする。このプロジェクトは、実際には受け入れれば会社の利益になるだろうが、回収法では却下される可能性が高い。表5.1のプロジェクト *C* はそのようなプロジェクトの一例である。実務家は、これらの教科書の例のキャッシュフローのパターンは、あまりに型にはめられすぎていて、現実の世界を反映していないと指摘する。実際のところ多くの重役たちが、圧倒的多数の現実世界のプロジェクトについて、回収法とNPVはともに、同じ結論に導くと語っている。加えて、これらの重役たちは、もし現実の世界でプロジェクトＣのような投資に出くわしたら、意思決定者は回収法にほとんど間違いなくその場限りの調整を加えて、プロジェクトが採用されるようにすると示唆する。

前述のすべての理論的解釈にもかかわらず、意思決定が重要度を増すと、つまり企業がより大きなプロジェクトを考察しているとき、NPVが最も大切な基準になってくると発見することは驚くに当たらない。管理者に対する統治と評価の問題が、正しい投資決定を下すことより重要でなくなると、回収法はあまり頻繁に使われなくなる。機械設備を購入するかどうか、工場を建設するかどうか、あるいは企業を買収するかどうかというような重大な意思決定には、回収法はほとんど使われない。

回収法の要約

回収法はNPVと異なっており、したがって概念的にも間違っている。恣意的なカットオフ期日と、期日後のキャッシュフローに対して目をつぶることは、もしそれが文字どおりに利用されると、はなはだしく愚かな決定につながる可能性がある。とはいうものの、前述した他の利点ならびにその簡単さゆえに、企業はひっきりなしに直面する無数の重要でない投資決定をふるい分けるために、しばしば回収法を利用する。

これは、あなたが回収法のようなアプローチに社内で出くわしたとき、変更を試みるのに慎重でなければならないことを意味するが、それらが代表するいいかげんな財務的思考に陥らないように、おそらく注意すべきである。このクラスの履修後、もしあなたがNPV法の選択肢があるにもかかわらず、かわりに回収法を用いたとしたら、会社に対して害を及ぼしていることになるだろう。

5.3 割引回収期間法

回収法の落し穴に気づいているので、一部の意思決定者たちは割引回収期間法（discounted payback period method）と呼ばれる変形を用いる。この方法のもとでは、最初にキャッシュフローを割り引く。次に割り引かれたキャッシュフローが初期投資と等しくなるためには、どれくらい期間がかかるかを尋ねる。

たとえば、割引率が10%で、プロジェクトのキャッシュフローが以下のとおりであるとする。

（－＄100，＄50，＄50，＄20）

このプロジェクトの回収期間は２年である。なぜなら、投資はその期日で回収されるからである。

プロジェクトの割引回収期間を計算するためには、最初に10%の率でそれぞれのキャッシュフローを割り引く。これらの割り引かれたキャッシュフローは以下のようになる。

$$[-\$100,\ \$50/1.1,\ \$50/(1.1)^2,\ \$20/(1.1)^3]$$
$$=(-\$100,\ \$45.45,\ \$41.32,\ \$15.03)$$

初期投資の割引回収期間は、単にこれらの割引キャッシュフローの回収期間である。３年間にわたる割引キャッシュフローは101.80ドル（＝＄45.45＋＄41.32＋＄15.03）なので、割引キャッシュフローの回収期間は、３年よりわずかに短い。キャッシュフローと割引率がプラスである限り、割引回収期間が回収期間より短くなることは決してない。なぜなら割引化はキャッシュフローの値を小さくするからである。

一見すると、割引回収法は魅力的な選択肢のようにみえるかもしれない。しかしよく精査すると、回収法と同じで、いくつかの重大な欠陥があることがわかる。回収法のように、割引回収法は最初に恣意的なカットオフ期間を選択することをわれわれに要求し、そしてその後、当該期日以降のすべてのキャッシュフローを無視する。

もしすでにわざわざキャッシュフローを割り引いたのなら、ついでに割引キャッシュフローを全部足し合わせ、NPV を用いて意思決定を行ってしまえばよい。割引回収法は多少 NPV のようにみえるが、それは回収法と NPV の間のお粗末な妥協にすぎない。

5.4　内部収益率

ここで、NPV 法の最も重要な代替的手法を取り上げる。内部収益率、すなわち一般に IRR（internal rate of return）として知られるものである。IRR は、まさに NPV そのものにはならずに、NPV に最も近づいたものである。IRR 法の背後にある基本的な根拠は、これがプロジェクトのメリットを要約する単一の数値を提供するということである。この数値は、資本市場における実勢金利に依存していない。これがなぜ内部収益率と呼ばれるのかという理由である。つまり、数値はプロジェクトの内在的、もしくは固有なもので、プロジェクトのキャッシュフロー以外のいずれにも依存しない。

たとえば、図5.2にある簡単なプロジェクト（－＄100，＄110）を考えてみよう。所与の割引率に対して、このプロジェクトの純現在価値は以下のように表せる。

$$\mathrm{NPV} = -\$100 + \frac{\$110}{1 + R}$$

R は割引率である。プロジェクトの NPV をゼロにするには、割引率がいくらでなければならないだろうか。

任意の割引率0.08を用いて始めると、

$$\$1.85 = -\$100 + \frac{\$110}{1.08}$$

になる。この式の NPV はプラスなので、ここでもっと高い割引率、たとえば0.12を試してみると、

図５.２　簡単なプロジェクトのキャッシュフロー

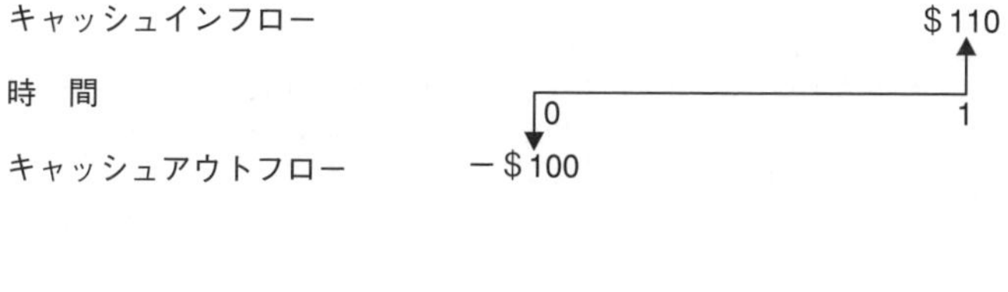

$$-\$1.79=-\$100+\frac{\$110}{1.12}$$

である。この式のNPVはマイナスなので、割引率を下げて、たとえば0.10を試すと、

$$0=-\$100+\frac{\$110}{1.10}$$

となる。この試行錯誤の手順は、R が10%であるとき、プロジェクトのNPVがゼロであることを示している[1]。したがって10%をこのプロジェクトの**内部収益率**（internal rate of return, IRR）という。一般に、IRRはプロジェクトのNPVをゼロにする率である。この例題の意味するところは大変単純である。（市場）割引率が10%なら、会社はこのプロジェクトの採用か却下に対して、どちらともいえない態度に違いない。もし割引率が10%より上だったら、このプロジェクトは却下すべきである。

一般的投資ルールは明快である。

もしIRRが割引率より大きかったら、プロジェクトを採用する。もしIRRが割引率より小さいなら、プロジェクトを却下する。

これを基本IRRルール（basic IRR rule）と呼ぶ。ここで、もっと複雑な図5.3の例（－＄200、＄100、＄100、＄100）を試すことができる。

前に行ったように、内部収益率を計算するために試行錯誤法を用いてみよう。20%と30%を試すと、以下を得る。

図5.3　より複雑なプロジェクトのキャッシュフロー

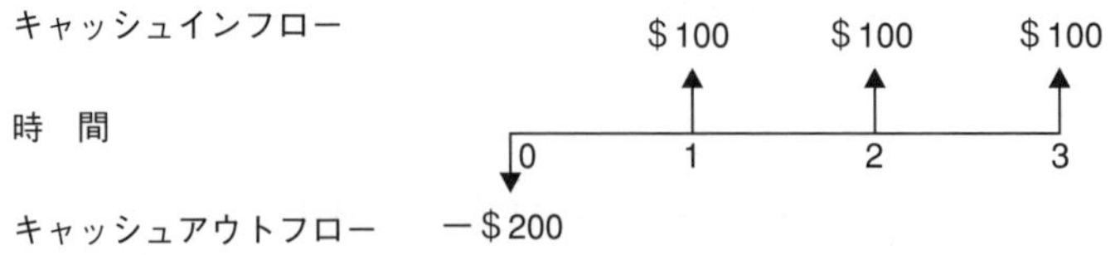

1）　もちろん、NPVをゼロと置くことによって、この例の R を直接解くこともできた。しかしながら、長いキャッシュフローでは、通常 R を直接解くことはできない。かわりに、試行錯誤を用いることを余儀なくされる（あるいは機械に試行錯誤をやらせる）。

割引率	NPV
20%	$10.65
30	−18.39

数多くの試行錯誤の後、割引率が23.37%のとき、プロジェクトのNPVがゼロであることがわかる。したがって、IRRは23.37%である。20%の割引率では、NPVはプラスで、プロジェクトを採用する。しかしながら、もし割引率が30%だったら、却下する。

代数的には、IRRは次の式の未知数である2)。

$$0 = -\$200 + \frac{\$100}{1 + \mathrm{IRR}} + \frac{\$100}{(1 + \mathrm{IRR})^2} + \frac{\$100}{(1 + \mathrm{IRR})^3}$$

図5.4はプロジェクトのIRRが何を意味するのかを表している。図はNPVを割引率の関数として描いている。曲線は、IRRが23.37%の位置で、水平軸と交わる。なぜなら、NPVがそこでゼロになるからである。

割引率がIRRより低いとNPVはプラスで、割引率がIRRより高いとマイナスで

図5.4　より複雑なプロジェクトの純現在価値（NPV）と割引率

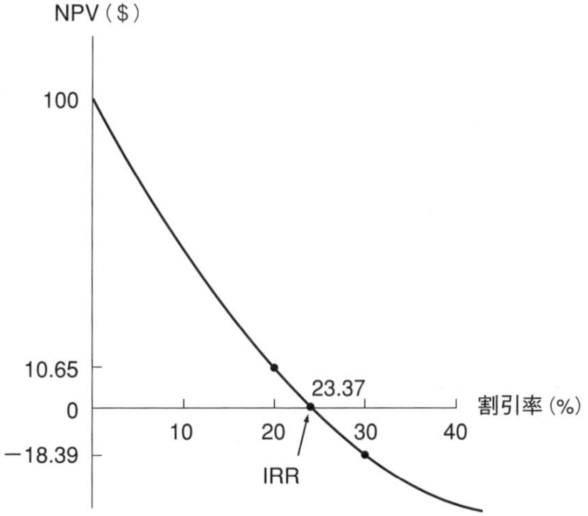

NPVは、IRRより低い割引率ではプラスで、IRRより高い割引率ではマイナスである。

2）初期アウトフローに続いて一つか二つのインフローを伴う問題では、IRRを直接導出することが可能である。二つのインフローが続く場合においては、二次式が必要になる。しかしながら、一般的には、初期アウトフローと5つ以上のインフローが続く場合では、試行錯誤法のみが使える。

あることもまた明白だろう。これは、割引率がIRRより低いときにこのようなプロジェクトを採用する場合、NPVがプラスのプロジェクトを採用しているということを意味する。したがって、IRRルールはNPVルールと正確に一致する。

もしこれですべてだったら、IRRルールはいつもNPVルールと一致することになっただろう。しかしファイナンスの世界はそれほど親切ではない。不運にも、IRRルールとNPVルールは、ちょうど議論した例のような場合にのみ、同じになる。より複雑な状況では、IRR法にはいくつかの問題が発生するが、これは次の節で考察するテーマである。

前の例では、IRRは試行錯誤で計算した。この労力を要するプロセスは、スプレッドシートを用いることによって避けることができる。*スプレッドシート・アプリケーション*で、どうやるかを示す。

スプレッドシート・アプリケーション

スプレッドシートでIRRを計算する

IRRを手で計算するのは飽き飽きするので、財務電卓と特にスプレッドシートが一般に使われる。電卓はそれぞれやり方があまりに異なるので、ここではスプレッドシートの使用にフォーカスする。以下の例が示すように、スプレッドシートを用いるのは非常に簡単である。

	A	B	C	D	E	F	G	H
1								
2		スプレッドシートでIRRを計算する						
3								
4	500ドルのコストがかかる4年のプロジェクトある。4年間のキャッシュフローは							
5	＄100、＄200、＄300、＄400である。IRRはいくらか。							
6								
7		年	キャッシュフロー					
8		0	−$500					
9		1	$100		IRR＝	27.3%		
10		2	$200					
11		3	$300					
12		4	$400					
13								
14								
15	セルF9に入力した計算式は　=IRR(C8:C12) である。							
16	年0のキャッシュフローは、プロジェクトの初期コストなのでマイナスであることに注意。							

5.5 IRR 法の問題点

独立および相互排他的プロジェクトの定義

独立プロジェクト（independent project）とは、その採用か却下かが、他のプロジェクトの採用・却下に無関係なものをいう。たとえば、マクドナルドが離島にハンバーガー・ショップを開こうと考えているとしよう。この店舗を採用するか、あるいは却下するかは、おそらく彼らの店舗網における他のどのレストランを採用し、却下するかとは関係がない。問題の店舗が遠く離れているということが、他の店舗から売上げを奪わないということを保証している。

ここでもう一つの極端である、**相互排他的投資**（mutually exclusive investments）について考えてみよう。二つのプロジェクト A と B が相互排他的であるとはどういう意味だろうか。あなたは A を採択するか、あるいは B を採択することができ、または両方却下することもできるが、しかし両方を採択することはできない。たとえば、A はあなたが所有している角地にアパートを建てる決定であり、そして B は同じ土地に映画館を建てる決定かもしれない。

ここで、独立と相互排他的どちらのプロジェクトにも影響する、IRR 法に伴う二つの一般的な問題を提示する。次に、相互排他的プロジェクトにだけ影響する二つの問題を取り扱う。

独立と相互排他的プロジェクト、どちらにも影響する二つの一般的な問題

次のキャッシュフローをもつ、プロジェクト A から議論を始めよう。

（－＄100，＄130）

プロジェクト A の IRR は30%である、表5.2は、このプロジェクトに関する他の情報を提供している。このプロジェクトの NPV と割引率の関係は図5.5に示されている。みてのとおり、割引率が上がるにつれて NPV は下がる。

表5.2　内部収益率と純現在価値

日　付	プロジェクトA			プロジェクトB			プロジェクトC		
	0	1	2	0	1	2	0	1	2
キャッシュフロー	−$100	$130		$100	−$130		−$100	$230	−$132
IRR		30%			30%			10%と20%	
NPV@10%		$18.2			−$18.2			0	
採用：もし市場金利が		<30%			>30%			>10%だが<20%	
資金調達か投資		投資			資金調達			両方	

図5.5　プロジェクトA、B、Cの純現在価値と割引率

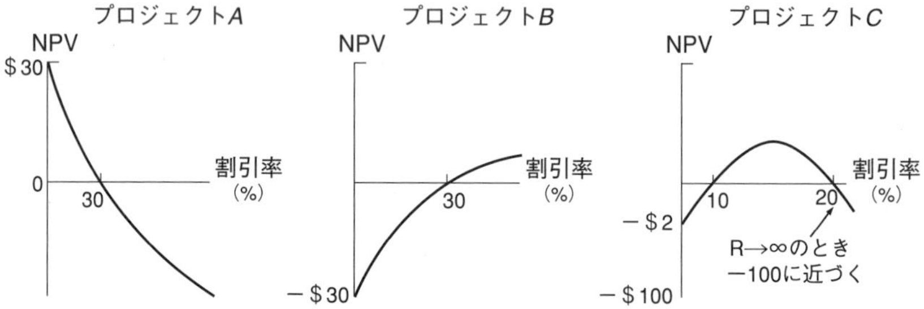

・プロジェクトAは、期日0でのキャッシュアウトフローに続いて、期日1でキャッシュインフローをもつ。NPVは割引率と負の関係にある。
・プロジェクトBは、期日0でのキャッシュインフローに続いて、期日1でキャッシュアウトフローをもつ。NPVは割引率と正の関係にある。
・プロジェクトCは、キャッシュフローに二つの正負符号の変化をもつ。期日0でキャッシュアウトフローがあり、期日1でインフロー、期日2でアウトフローがある。符号が1回以上変わるプロジェクトは、多数の収益率をもちうる。

問題1：投資か資金調達か

ここで以下のキャッシュフローをもつ、プロジェクトBを考えてみよう。

（$100，−$130）

これらのキャッシュフローは、プロジェクトAのキャッシュフローと正反対である。プロジェクトBでは、企業は最初に資金を受け取り、そして後で資金を支払う。普通ではないが、このタイプのプロジェクトはたしかに存在する。たとえば、参加者が事前に支払うセミナーを開催する会社を考えてみよう。大きな費用は往々にしてセミナー当日にかかるので、キャッシュインフローはキャッシュアウトフローより先に起こる。

IRRを計算するために試行錯誤法を考えてみよう。

$$-\$4=+\$100-\frac{\$130}{1.25}$$

$$\$0=+\$100-\frac{\$130}{1.30}$$

$$\$3.70=+\$100-\frac{\$130}{1.35}$$

プロジェクトAと同様、内部収益率は30%である。しかしながら、割引率が30%より下のとき、純現在価値がマイナスであることに注目されたい。反対に、割引率が30%より上のとき、純現在価値はプラスである。この決定ルールは前述の結果と正反対である。このタイプのプロジェクトでは、ルールは次のようになる。

IRRが割引率より小さいとき、プロジェクトを採用する。IRRが割引率より大きいとき、プロジェクトを却下する。

この普通でない決定ルールは、図5.5のプロジェクトBのグラフに従っている。曲線は上向きに傾斜しており、NPVが割引率と*正*の関係にあることを意味している。

このグラフは直観的にわかりやすい。企業がすぐに100ドルを手に入れたいとしよう。企業は、①プロジェクトBを行うか、あるいは②銀行から100ドルを借り入れるかのどちらも可能である。したがって、プロジェクトは事実上、借入れの代用である。実際、IRRが30%なので、プロジェクトBを採用するのは30%で借り入れるのと同等である。もし企業が銀行から、たとえば25%で借り入れることが可能なら、プロジェクトを却下すべきである。しかしながら、もし企業が銀行から、たとえば35%でしか借り入れられないとしたら、プロジェクトは採用すべきである。したがって、プロジェクトBは、割引率がIRRより*上*である場合にのみ採用される[3]。

これはプロジェクトAと対比されるべきである。もし企業が投資のために100ドルの現金をもっているとすると、①プロジェクトAを行うか、②銀行に100ドルを貸し出すかのどちらも可能である。プロジェクトは事実上、貸出の代用である。実

3）この段落は、プロジェクトのキャッシュフローが無リスクであると暗黙のうちに仮定している。こうすることで、われわれは100ドルが必要な企業の借入金利を割引率として扱うことができる。リスクを伴うキャッシュフローでは、他の割引率が選ばれる。しかしながら、IRRが割引率より低いときにプロジェクトを採用するという決定の裏にある直観は、その場合にも適用される。

際、IRRは30%なので、プロジェクト*A*を採用するのは30%で貸し出すのと同等である。企業は、もし貸出金利が30%より低ければ、プロジェクト*A*を採用すべきである。反対にもし貸出金利が30%より上だったら、プロジェクト*A*は却下すべきである。

企業はプロジェクト*A*で最初に資金を支払うが、プロジェクト*B*では資金を最初に受け取るので、プロジェクト*A*を投資型プロジェクトと呼び、プロジェクト*B*を*資金調達型プロジェクト*と呼ぶ。投資型プロジェクトが標準的である。IRRルールは資金調達型プロジェクトでは逆になるので、このタイプのプロジェクトに用いる場合には注意されたい。

問題２：複数の収益率

プロジェクトからのキャッシュフローが以下の場合を考えてみよう。

(－$100,　$230,　－$132)

このプロジェクトは、最初にマイナスのキャッシュフロー、次にプラスのキャッシュフロー、最後にもう一つのマイナスのキャッシュフローをもっているので、プロジェクトのキャッシュフローは二つの符号変化、あるいは「とんぼ返り」を示しているという。このパターンのキャッシュフローは、最初は少し奇妙にみえるかもしれないが、多くのプロジェクトが、いくらかのインフローを受け取った後、資金のアウトフローを必要とする。一つの例は、露天採掘プロジェクトだろう。このようなプロジェクトの最初の段階は、鉱山採掘への初期投資である。鉱山の運営から得られる利益は、第２段階で受け取る。第３段階は、土地を埋め立て、環境保護法の要件を満たすためのさらなる投資にかかわるものである。この段階でのキャッシュフローはマイナスである。

リース契約によって資金調達されたプロジェクトもまた、似たキャッシュフローのパターンを生み出すかもしれない。リースは、初期投資の後キャッシュインフローをつくりだすことにより、しばしば相当な税の利益を提供する。しかしながら、利益は時とともに減少し、後のほうではしばしばマイナスのキャッシュフローにつながる（リースの詳細は後の章で議論する）。

このプロジェクトが一つではなく、10%と20%の二つのIRRをもっていることを確かめるのは簡単である[4)]。このようなケースでは、IRRは何の意味もなさない。われわれは、10%かあるいは20%のどちらのIRRを用いるべきなのだろうか。

他方を差し置いてもう一方を用いるよい理由がないので、ここではIRRはまったく利用できない。

なぜこのプロジェクトは複数の収益率をもっているのだろうか。プロジェクトCは、インフローとアウトフローの両方が初期投資の後に起こるので、複数の内部収益率を生じる。一般に、これらのとんぼ返り、もしくは符号の変化が、複数のIRRを生み出す。理論的には、K回の符号変化をもつ一連のキャッシュフローは、最高K個の理にかなった内部収益率（IRRが－100%より上）をもつことが可能である。すでに指摘したように、キャッシュフローの符号が繰り返し変わるプロジェクトは、現実の世界で起こりうる。

NPVルール

もちろん、複数の収益率についてあまりに心配しすぎるべきではない。結局、われわれはいつでも最後にNPVに頼ることができるのである。図5.5は、異なる割引率の関数としてプロジェクトCのNPVを描いている。図が示すように、10%と20%のどちらでもNPVはゼロである。この範囲の外ではマイナスである。したがってNPVルールは、もし適切な割引率が10～20%の間なら、プロジェクトを採用するよう示唆する。もし割引率がこのレンジの外にあるなら、プロジェクトは却下されるべきである。

修正IRR

NPVの一つの選択肢として、ここで修正IRR（modified IRR, MIRR）法を紹介する。これは複数のIRR問題を、符号変化がただ一つになるまでキャッシュフローを結合することにより、解決する。これがどう働くのかみるために、プロジェクトCをもう一度考えてみよう。たとえば14%の割引率では、日付1における最後のキャッシュフロー－132ドルの価値は以下のようになる。

4）　計算は、

$$-\$100+\frac{\$230}{1.1}-\frac{\$132}{(1.1)^2}$$

$$-\$100+\$209.09-\$109.09=0$$

そして、

$$-\$100+\frac{\$230}{1.2}-\frac{\$132}{(1.2)^2}$$

$$-\$100+\$191.67-\$91.67=0$$

したがって、多数の収益率が存在する。

－＄132/1.14＝－＄115.79

この時230ドルはすでに受け取られているので、日付１における“修正”キャッシュフローは114.21ドル（＝230－115.79）である。したがってMIRR法は、このプロジェクトに関して、以下の二つのキャッシュフローをつくりだす。

（－＄100，＄114.21）

キャッシュフローを割り引いた後、結合することにより、たった一つの符号変化が残ったことに注意されたい。これでIRRルールを当てはめることが可能である。これら二つのキャッシュフローのIRRは14.21％であり、われわれが仮定した割引率14％を所与とすると、プロジェクトは採用されるべきであることを意味する。

もちろん、プロジェクト*C*は、三つのキャッシュフローと二つの符号変化しかなかったので、そもそもが比較的単純である。とはいえ、同じ手順はもっと複雑なプロジェクトにも簡単に適用できる。つまり、ただ後のキャッシュフローを、一つの符号変化だけが残るまで、割り引いて結合し続ければよいのである。

この調整はたしかに複数のIRRの問題点を訂正するが、少なくともわれわれには、IRRアプローチの「精神」に反しているようにみえる。先に述べたように、IRR法の背後にある基本的な根拠は、プロジェクトのメリットを要約する単一の数字を提供することである。この数字は、割引率に依存していない。実際これが、なぜ内部収益率と呼ばれているのかの理由であり、数字はプロジェクトにとって*内在的*もしくは固有なものであり、プロジェクトのキャッシュフロー以外に依存しない。対象的に、MIRRは明らかに割引率の関数である。とはいえ、この点はMIRRの批判を意味するわけではない。この調整を用いる企業は、ちょうどNPVルールを用いる企業が回避するように、複数のIRR問題を回避することになる[5)]。

複数のIRRに対する保証

もしプロジェクトの最初のキャッシュフローが初期投資でマイナスなら、そしてもし残りのすべてのフローがプラスなら、どれだけの期間プロジェクトが続こうとも、たった一つの特有なIRRしか存在しえない。これは貨幣の時間的価値の概念を用いることで簡単に理解できる。たとえば、表5.2のプロジェクト*A*が30％のIRRをもつことは簡単に確かめられる。なぜなら、30％の割引率を用いると、

$$\begin{aligned} \text{NPV} &= -\$100 + \$130/(1.3) \\ &= 0 \end{aligned}$$

となるからである。

これが唯一のIRRであると、どうしてわかるのだろうか。30%より大きい割引率を試してみたとしよう。NPVの計算において、割引率の変更は、初期キャッシュフローである－100ドルの価値を変えない。なぜなら、このキャッシュフローは割り引かれないからである。しかし、割引率の上昇だけが将来のキャッシュフローの現在価値を低くすることができる。言い換えれば、NPVは30%でゼロなので、割引率のどのような増加もNPVをマイナスの範囲まで押し下げる。同じように、もし30%より小さい割引率を試すと、プロジェクト全体のNPVはプラスになる。この例ではただ一つのプラスのフローしかないが、もしたくさんのインフロー（アウトフローではない）が初期投資の後にある場合にも、上述の推論は唯一特有のIRRを示唆する。

もし初期キャッシュフローがプラスで、そしてもしすべての残りのフローがマイナスならば、単一で特有なIRRのみがありうる。この結論は前記と同じような推論から導かれる。これらのケースどちらも、キャッシュフローにただ一つの符号変化もしくはとんぼ返りがある。したがって、キャッシュフローに唯一の符号変化しかない場合は、複数のIRRから逃れられる。

5）修正IRRには、複数のバージョンがある。上の議論では、MIRRは、後のキャッシュフローの現在価値を結合することにより、符号変化が一つしかないキャッシュフローをつくりだす。そうするかわりに、投資家はしばしばプロジェクト終了時におけるキャッシュフローの将来価値を結合する。われわれの例では、日付2における将来価値の合計は130.02ドルである。

キャッシュフローの日付	1	2	合計
日付2における将来価値	＄230(1.14)＝＄262.20	－＄132	＄130.02(＝262.20＋(－132))

このバージョンでは、プロジェクトのMIRRは以下のようになる。

$$-100 + \frac{130.02}{(1+\text{MIRR})^2}$$

これはMIRRが14.11%であることを意味する。

ここでのMIRRは、本文内の14.21%とは異なる。しかしながら、両方のMIRRが割引率の14%より上であり、プロジェクトの採用を意味する。この整合性は、二つの修正IRRの間で常に成立する。そして、本文内のバージョンと同様、複数のIRRの問題を回避する。

一般ルール

次の表はわれわれのルールの要約である。

フロー	IRRの数	IRR基準	NPV基準
初期キャッシュフローがマイナスで、残りすべてのキャッシュフローがプラス	1	もしIRR＞R なら採用 もしIRR＜R なら却下	もしNPV＞0なら採用 もしNPV＜0なら却下
初期キャッシュフローがプラスで、残りすべてのキャッシュフローがマイナス	1	もしIRR＜R なら採用 もしIRR＞R なら却下	もしNPV＞0なら採用 もしNPV＜0なら却下
初期以後のいくつかのキャッシュフローがプラスで、初期以後のいくつかのキャッシュフローがマイナス	おそらく1より多い	有効なIRRはない	もしNPV＞0なら採用 もしNPV＜0なら却下

NPV基準は、三つのケースそれぞれで同じであるということに注目されたい。言い換えれば、NPV分析は常に適切である。反対に、IRRはある特定のケースでしか使うことができない。NPVに関しては、伝道者の言葉、「あなたは、私が用いているもので絶対に損のしようがありません」が、明らかに当てはまる。

相互排他的プロジェクト特有の問題点

すでに述べたように、もし企業が最大で一つのプロジェクトしか採択できないとしたら、二つかそれ以上のプロジェクトは相互排他的である。ここで相互排他的プロジェクトにIRR法を適用する際の、二つの問題点を提示する。論理的には別個のものであるが、これら二つの問題点はかなり似ている。

尺度の問題

われわれの知り合いの教授は、この話題についてのクラス・ディスカッションに、以下のことを話して動機を与える。「学生諸君、あなた方のうちの一人に、二つの相互排他的“ビジネス”提案から選択してもらおう。機会1―あなたは私にいま1ドルを与え、私は授業時間の終わりに1.50ドルを返す。機会2―あなたは私に10ドルを与え、私は授業時間の終わりに11ドルを返す。あなたは二つの機会のうちの一つだけを選ぶことができる。そしてどちらの機会も１回しか選べない。それでは最初の志願者を選ぼう」。

あなたはどちらを選ぶだろうか。正しい答えは機会２である[6]。これを理解するために、次の表をみてみよう。

	授業の最初のキャッシュフロー	授業の終わりのキャッシュフロー（90分後）	NPV[7]	IRR
機会１	－＄１	＋＄1.50	＄0.50	50%
機会２	－10	＋11.00	1.00	10

このテキストですでに強調したように、NPV がいちばん大きい機会を選ぶべきである。この例では、機会２である。または、教授の生徒の一人が説明したように、「オレは教授よりデカイから、必ず金を取り返せることがわかっている。そして、オレはいまポケットに10ドルもってるから、どちらの機会も選ぶことができる。機会２では授業の終わりに、オレの好きな電子ゲームで２回遊ぶことができて、それでもまだ最初の投資が残っている。機会１の利益だと１回しか遊べない」のである。

このビジネス提案は、内部収益率基準の欠陥を例証している。IRR が50%なので、基本 IRR ルールは機会１の選択を示唆する。機会２の IRR はたった10%である。

IRR はどこで間違えるのだろうか。IRR の問題点は、尺度の問題を無視していることである。機会１はより大きな IRR をもつが、投資額はずっと小さくなる。言い換えれば、機会１の高い%リターンは、機会２における、ずっと大きな投資額に対して最低限まともなリターンを得る能力に、十二分に打ち消されてしまう[8]。

IRR はここでは的外れにみえるが、それを調節あるいは修正できるだろうか。次の例でどのようにするか説明する。

6）　教授はここで本物のお金を用いる。長年にわたり多くの学生が教授の試験では悪い成績だったが、これまで機会１を選んだ学生はいない。教授は、彼の学生が「マネー・プレイヤー」であると主張している。

7）　授業は90分しか続かないので、ゼロ金利を仮定している。単にもっと長くみえただけである。

8）　90分で10%のリターンは、「まとも」以上である！

例5.2　NPV vs IRR

スタンレー・ジャッフェとシェリー・ランジングは、映画『コーポレートファイナンスの原理』の権利をちょうど購入したところである。彼らはこの主要作品を、小規模予算かあるいは大規模予算のどちらかで製作する。期待されるキャッシュフローは、以下のとおりである。

	期日0のキャッシュフロー（単位：100万ドル）	期日1のキャッシュフロー（単位：100万ドル）	NPV @25%（単位：100万ドル）	IRR
小規模予算	−10	40	22	300%
大規模予算	−25	65	27	160%

リスクが高いので、25%の割引率が適切だと考えられる。シェリーは、NPVが大きいので大規模予算を採択したい。スタンレーは、IRRが高いので小規模予算を採択したい。どちらが正しいのだろうか。

前記の授業の例において支持された理由で、NPVが正しい。したがって、シェリーが正しい。とはいえ、スタンレーはIRRが関係すると非常に頑固である。シェリーはIRR法を用いてどのようにスタンレーに大規模予算を正当化できるだろうか。

ここで増分IRRが登場する。彼女は、小規模予算のかわりに大規模予算を選ぶことによる増分キャッシュフローを、以下のように計算する。

	期日0でのキャッシュフロー（単位：100万ドル）	期日1でのキャッシュフロー（単位：100万ドル）
小規模予算のかわりに大規模予算を選んだ増分キャッシュフロー	−25−(−10) =−15	65−40=25

この表は、増分キャッシュフローが、期日0で−1,500万ドル、期日1で2,500万ドルであることを示している。シェリーは増分IRRを以下のように計算する。

増分IRR計算の公式（m=100万）

$$0=-\$15\text{m}+\frac{\$25\text{m}}{1+\text{IRR}}$$

IRRはこの式では66.67%であり、増分IRR（incremental IRR）が66.67%であることを意味する。増分IRRは、小規模プロジェクトのかわりに大規模プロジェクトを選んだことからの増分投資に対するIRRである。

加えて、増分キャッシュフローのNPVも計算できる。

増分キャッシュフローのNPV（m＝100万）

$$-\$15\mathrm{m}+\frac{\$25\mathrm{m}}{1.25}=\$5\mathrm{m}$$

われわれは、小規模予算映画のNPVがプラスなので、独立プロジェクトとしては採用可能であるとわかっている。小規模予算映画のかわりに大規模予算映画をつくるために、はたして追加の1,500万ドルを投資することが有益であるかどうかを知りたい。言い換えれば、次年度に2,500万ドルを余分に受け取るために、追加の1,500万ドルを投資することは有益だろうか。はじめに、上記の計算は、増分投資のNPVがプラスであると示している。次に、増分IRRの66.67%は割引率の25%より高い。この二つの理由で、増分投資は正当化できる。したがって、大規模予算の映画がつくられるべきである。この2番目の理由は、スタンレーが納得するために聞きたかったものである。

復習すると、この例（またはどんな相互排他的な例）は、次の三つの方法のうちの一つによって取り扱うことができる。

1. *二つの選択肢の NPV を比べる*。大規模予算映画のNPVは小規模予算映画のNPVより大きい。すなわち2,700万ドルは2,200万ドルより大きいので、大規模予算映画を選ぶ。
2. *小規模予算映画のかわりに大規模予算映画をつくることの増分 NPV を比べる*。 増分NPVは500万ドルなので、大規模予算映画を選ぶ。
3. *増分 IRR を割引率と比べる*。増分IRRは66.7%で、割引率は25%なので、大規模予算映画をとる。

三つの方法はすべて、いつも同じ決定を下す。しかしながら、二つの映画のIRRを比べてはならない。もしそうしたら、小規模予算映画を採択するという間違った選択をしてしまうだろう。

学生は往々にして尺度の問題は比較的重要でないと考えるが、真実はまったく逆である。現実の世界のプロジェクトは、一つの明確な規模では決してやってこない。もっと正確にいえば、企業はプロジェクトに最善な規模を決定しなければならない。2,500万ドルの映画予算は、石に刻まれているわけではない。おそらくより大物のスターを雇うための100万ドルとか、もっとよい場所でロケを行うための100万ドルとかいう追加が、映画の総額を押し上げることだろう。同様に、産業企業は、たとえば50万平方フィートかあるいは60万平方フィートの倉庫がほしいかどうか決定しなければならない。さらに、本章のはじめで、離れ小島にマクドナルドが店を開くことを想定した。もしそうしたら、会社は店をどれだけの大きさにするのか決定しなければならない。ほとんどいかなるプロジェクトも、社内のだれかが規模を決定しなければならないが、これは現実の世界における規模の問題を意味する。

ここで最後の注意をする。学生はしばしば、増分フローを計算するのに、どちらのプロジェクトから他のプロジェクトを引くのかと質問する。われわれが大規模プロジェクトのキャッシュフローから、小規模プロジェクトのキャッシュフローを引いていることに注意されたい。これは期日0で*アウトフロー*を残す。それから増分フローに対して基本IRRルールを用いる[9]。

タイミングの問題

次に相互排他的プロジェクトを評価するためにIRR法を用いる際の、もう一つの、しかしよく似た問題点を解説する。

例5.3　相互排他的プロジェクト

カウフォールド・コーポレーションは、倉庫の利用に関して二つの選択肢をもっている。倉庫は有毒廃棄物コンテナ（投資*A*）か、あるいは電子機器（投資B）を保管できる。キャッシュフローは次のようになる。

9）かわりに、小規模プロジェクトのキャッシュフローから、大規模プロジェクトのキャッシュフローを引くこともできた。これは期日0で*インフロー*を残すので、資金調達の場合のIRRルールを用いることが必要になる。これも機能するが、しかしずっと混乱しやすい。

					NPV			
年	0	1	2	3	@0%	@10%	@15%	IRR
投資 *A*	－＄10,000	＄10,000	＄1,000	＄1,000	＄2,000	＄669	＄109	16.04%
投資 *B*	－10,000	1,000	1,000	12,000	4,000	751	－484	12.94

低い割引率では、投資 *B* の NPV が、より大きく、高い割引率では投資 *A* の NPV がより大きいことがわかる。このキャッシュフローのパターンをよく観察すれば、これは驚くに当たらない。*A* のキャッシュフローは早く発生するのに対して、*B* のキャッシュフローは後で起こる。もし高い割引率を仮定すれば、早いキャッシュフロー（たとえば、1年目で1万ドル）はその率で再投資できると暗に仮定しているので、投資 *A* が好ましい。投資 *B* のキャッシュフローのほとんどは3年目で発生するので、低い割引率で *B* の価値は相対的に高くなる。

両プロジェクトのキャッシュフローのパターンは図5.6に描かれている。プロジェクト *A* は、割引率がゼロで、2,000ドルの NPV をもつ。これは、キャッシュフローを割り引かないで、単に足し合わせることによって計算される。プロジェクト *B* は、割引率がゼロで4,000ドルの NPV をもつ。しかしながら、プロジェクト *B* の NPV は、割引率が増加するにつれ、プロジェクト *A* の NPV よりも急速に減少する。前述のように、これが起こるのは、*B* のキャッシュフローが後で発生するからである。どちらのプロジェクトも、割引率が10.55%では同じ NPV をもつ。

図5.6　相互排他的プロジェクトの純現在価値と内部収益率

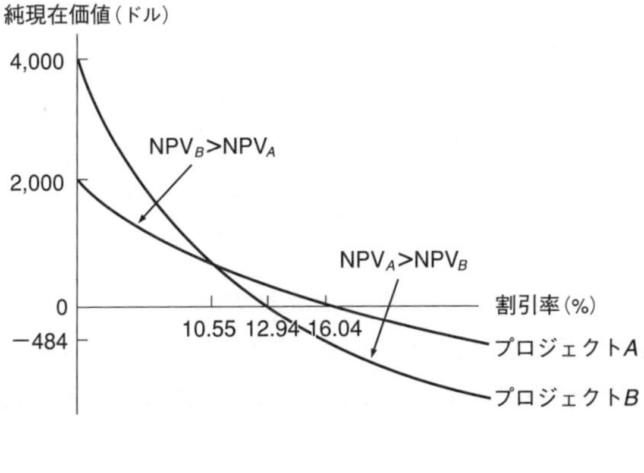

プロジェクトの IRR は NPV がゼロであるときの率である。*B* の NPV はより急速に減少するので、*B* は実際には低い IRR をもっている。

先に提示した映画の例のように、三つの異なる方法の一つで、よりよいプロジェクトを選択することができる。

1．*二つのプロジェクトの NPV を比べる。* 図5.6はわれわれの意思決定の手助けになる。もし割引率が10.55％より下なら、*B* がより大きな NPV をもつので、プロジェクト *B* を選ぶべきである。もし割引率が10.55％より上なら、*A* がより大きな NPV をもつので、プロジェクト *A* を選ぶべきである。

2．*増分 IRR を割引率と比べる。* 上の方法は NPV を用いた。*B* がよりよいプロジェクトだと決定する他の方法は、*B* のキャッシュフローから *A* のキャッシュフローを引いたあと、IRR を計算することである。これは先に述べた増分 IRR 法である。

増分キャッシュフローは以下のとおりである。

増分キャッシュフローの NPV

年	0	1	2	3	増分 IRR	@0％	@10％	@15％
B－*A*	0	－＄9,000	0	＄11,000	10.55％	＄2,000	＄83	－＄593

この表は、増分 IRR が10.55％であることを示している。言い換えれば、割引率が10.55％のとき、増分投資の NPV はゼロである。したがって、もし適切な割引率が10.55％より低ければ、プロジェクト *B* のほうが *A* より好ましい。もし適切な割引率が10.55％より高ければ、プロジェクト *A* のほうが *B* より好ましい。

図5.6は、割引率が10.55％のとき、二つのプロジェクトの NPV が等しいことを示している。言い換えると、図の*交差レート*は、10.55％である。増分キャッシュフロー表もまた、増分 IRR が10.55％であることを示している。交差レートと増分 IRR が同じであるのは偶然ではなく、この等式は常に成立しなければならない。増分 IRR は、増分キャッシュフローの NPV をゼロにする率である。増分キャッシュフローは、二つのプロジェクトが同じ NPV をもつとき、ゼロになる。

3．*増分キャッシュフローの NPV を計算する。* 最後に、増分キャッシュフローの NPV を計算することもできる。前の方法で示した表に、これらの NPV が出ている。割引率が、0％か10％のいずれの場合も、増分 NPV はプラスであることがわかる。割引率が15%のとき、増分NPVはマイナスである。もし増分フローのNPVがプラスなら、*B* を選ぶべきである。もしNPVがマイナスなら、*A* を選ぶべきである。

要約すると、以下のどれもが、同じ決定に到達する。①二つのプロジェクトのNPVを比べる、②増分IRRを適切な割引率と比べる、③増分キャッシュフローのNPVを考察する。しかしながら、すでに述べたように、プロジェクト *A* とプロジェクト *B* のIRRを比べるべきではない。

大規模プロジェクトのキャッシュフローから、小規模プロジェクトのキャッシュフローを引くべきであると、先に提案した。ここでは二つのプロジェクトが同じ初期投資をもつのだから、何をすればよいだろうか。このケースでの一つの提案は、*最初の*ゼロでないキャッシュフローがマイナスになるように引き算をすることである。カウフォールド・コーポレーションの例では、*B* から *A* を引くことで、これを達成した。こうすることによって、キャッシュフローの評価に引き続き基本IRRルールを用いることができる。

前述の例は、相互排他的プロジェクトの評価に際しての、IRR法の問題点を例証する。教授と学生の例、そして映画の例どちらも、相互排他的プロジェクトが異なる初期投資をもつときに発生する問題を示している。カウフォールド社の例は、相互排他的プロジェクトが異なるキャッシュフローのタイミングをもつときに発生する問題を例証している。相互排他的プロジェクトを評価するとき、尺度の問題か、タイミングの問題のどちらかが存在しているかどうかを判断する必要はない。どちらも現実の世界では大変起こりやすい。それより実務家は、単に増分IRRかNPV法を用いるべきである。

IRR特性の挽回

IRRは、NPVが満たさないニーズを満たすので、おそらく生き残るだろう。人々はプロジェクトについての情報を、単一の利益率で要約するルールをほしがっているようにみえる。この単一レートは、人々にプロジェクトを議論する簡単な方法を提供する。たとえば、ある企業の役員が他の役員にこういうかもしれない。「北ウィングの改築は20%のIRRをもっている」。

とはいえ、これは彼らの名誉のためでもあるのだが、IRR法を採用する企業は、その欠陥を理解しているようにみえる。たとえば、企業はしばしば、キャッシュフローの経営見通しを、最初はマイナスで、後に絶対にプラスになるものに制限する。それならたぶん、複雑な投資計画を単一の数字でとらえる能力と、その数字の説明伝達の容易さが、IRR法の生き残りを説明する。

テスト

あなたの知識をテストするために、次の二つの文章を考えてみよう。

1．プロジェクトのNPVを計算するためには割引率を知らなくてはならないが、IRRは割引率を参照せずに計算する。
2．したがって、IRRを適用するときには割引率を用いないので、NPVルールよりIRRルールのほうが適用しやすい。

最初の文章は正しい。NPVを*計算*するのに割引率は必要である。IRRは、NPVがゼロのときの率を解くことによって*計算*される。単なる計算においては、割引率への言及はいっさいない。しかしながら、2番目の文章は間違っている。IRRを*適用*するためには、内部収益率を割引率と比べなければならない。したがって、NPV法あるいはIRR法のどちらのもとでも、意思決定を行うのに割引率は必要である。

5.6　収益性インデックス

プロジェクトの評価に使われるもう一つの手法は、収益性インデックス（profitability index）と呼ばれる。これは、初期投資を引いた後の将来の期待されるキャッシュフローの現在価値を、初期投資の額で割った比率である。収益性インデックスは以下のように表せる。

$$\text{収益性インデックス（PI）}=\frac{\text{初期投資}\textit{後}\text{のキャッシュフローのPV}}{\text{初期投資}}$$

例５．４　収益性インデックス

ハイラム・フィネガン（HFI）社は、二つの投資機会に12％の割引率を適用する。

プロジェクト	キャッシュフロー（単位：100万ドル）			初期投資後のキャッシュフローの PV@12％（単位：100万ドル）	収益性インデックス	NPV@12％（単位：100万ドル）
	C_0	C_1	C_2			
1	−20	70	10	70.5	3.53	50.5
2	−10	15	40	45.3	4.53	35.3

収益性インデックスの計算

プロジェクト１の収益性インデックスは次のように計算される。初期投資の*後*のキャッシュフローの現在価値は、

$$\$70.5=\frac{\$70}{1.12}+\frac{\$10}{(1.12)^2}$$

である。収益性インデックスは、式6.9の結果を初期投資の20ドルで割ることで得られる。これは以下のようになる。

$$3.53=\frac{\$70.5}{\$20}$$

収益性インデックスの適用

どのように収益性インデックスを使うのだろうか。以下の三つの可能性を考察する。

1．*独立プロジェクト*：HFI 社の二つのプロジェクトは独立であると仮定する。どちらのプロジェクトも、NPV がそれぞれのケースでプラスなので、NPV ルールによると採用すべきである。NPV がプラスのときはいつでも、収益性インデックス（PI）は１よりも大きい。したがって、PI *意思決定ルール*は、

・PI＞１ならば、独立プロジェクトを採用。

・PI＜１ならば、却下。

2．*相互排他的プロジェクト*：ここでHFI社は、二つのプロジェクトのうちの一つしか採択できないと仮定しよう。プロジェクト1はより大きなNPVをもっているので、NPV分析はこれを採択するよう示唆する。プロジェクト2はより高いPIをもつので、収益性インデックスは間違った選択に導く。

相互排他的プロジェクトに対する収益性インデックスの問題点は、IRRの尺度問題と同じである。プロジェクト2はプロジェクト1より小さい。PIは比率なので、このインデックスは、プロジェクト1がプロジェクト2より大きな投資をもつという事実を見逃す。したがって、IRRのように、PIは相互排他的プロジェクトの尺度の違いを無視する。

しかしながら、IRRと同様、PIのもつ欠陥は増分分析を用いることによって修正することが可能である。プロジェクト1からプロジェクト2を引いた増分キャッシュフローは、次のようになる。

プロジェクト	キャッシュフロー（単位：100万ドル）			初期投資後のキャッシュフローのPV@12%（単位：100万ドル）	収益性インデックス	NPV@12%（単位：100万ドル）
	C_0	C_1	C_2			
1－2	－10	55	－30	25.2	2.52	15.2

増分キャッシュフローの収益性インデックスは1.0より大きいので、大きいほうのプロジェクト、つまりプロジェクト1を選ぶべきである。これはNPV法で得た決定と同じである。

3．*資本割当て*：上記二つのケースは、HFI社がいつでも、すべての収益性がある投資を行うために十分な資本を集められると暗に仮定した。ここで企業が、NPVがプラスであるすべてのプロジェクトに対して、十分な資金をもたない場合を考えてみよう。これは資本割当て（capital rationing）のケースである。

この会社は最初の二つに加えて、三つ目のプロジェクトをもっていたとしよう。プロジェクト3は次のようなキャッシュフローをもつ。

プロジェクト	キャッシュフロー（単位：100万ドル）			初期投資後のキャッシュフローのPV@12%（単位：100万ドル）	収益性インデックス	NPV@12%（単位：100万ドル）
	C_0	C_1	C_2			
3	－10	－5	60	43.4	4.34	33.4

さらに、①ハイラム・フィネガン社のプロジェクトは独立だが、②会社は2,000万ドルしか投資できないと想定する。プロジェクト1は2,000万ドルの初期投資なので、会社はこのプロジェクトと他のプロジェクトの両方を選択できない。逆に、プロジェクト2と3は初期投資がそれぞれ1,000万ドルなので、両方のプロジェクトを選ぶことができる。言い換えれば、資金制約が会社にプロジェクト1か、あるいはプロジェクト2と3の、どちらかを選ぶように強いる。

会社はどうするべきだろうか。個々には、プロジェクト2と3はプロジェクト1より低いNPVである。しかしながら、プロジェクト2と3のNPVが足し合わされたときは、プロジェクト1のNPVより高くなる。したがって、常識的に、プロジェクト2と3が採択されるべきである。

NPVルールかあるいはPIルールかに関して、どのような結論を述べたらよいだろうか。限られた資金の場合は、NPVによってプロジェクトに順位をつけることはできない。かわりに、現在価値の初期投資に対する比率によって順位をつけるべきである。これはPIルールである。プロジェクト2とプロジェクト3のどちらも、プロジェクト1より高いPI比率をもっている。したがって、資本が割り当てられるとき、プロジェクト1より上に位置づけられるべきである。

資本割当てにおける収益性インデックスの有益さは、軍事用語で説明できる。米国防総省は、出費に見合うだけのたくさんの価値を有する兵器について高く評価する。キャピタル・バジェッティングにおいて、収益性インデックスは、投資した資金に対する価値（ドル・リターン）を測定する。したがってこれは資本割当に有効である。

もし資金が初めの期間を超えても制限されているなら、収益性インデックスは役に立たないということに注意しなければならない。たとえば、期日1において大量のキャッシュアウトフローが企業のどこかほかの場所で起こるとしたら、期日1で同様にキャッシュアウトフローをもつプロジェクト3は却下される必要があったかもしれない。言い換えれば、収益性インデックスは多期間にわたる資本割当てを扱うことができない。

加えて、経済学者が不*可分性*と呼ぶものが、PIルールの効果を減少させるかもしれない。HFI社は資本投資に2,000万ドルではなく、3,000万ドルを利用できるとしよう。会社はいまやプロジェクト1と2に対して十分な現金をもつ。これらの二つのプロジェクトのNPVの合計は、プロジェクト2と3のNPVの合計よりも大きいので、プロジェクト1と2を採択することによって、会社はより満足する。プロジェクト2と3は依然、最も高いPIインデックスをもつので、PIルールはここでは誤った意思決定に導く。なぜPIルールは、ここで道に迷ってしまうのだろうか。その鍵は、プロジェクト2と3が合計しても2,000万ドルの初期投資しかないのに対して、プロジェクト1と2が3,000万ドルすべてを使い切ってしまうことである。もしプロジェクト2と3が採択されたら、残りの1,000万ドルは銀行に残しておかざるをえない。

この状況は、現実の世界で収益性インデックスを用いる場合に、注意を払うことが必要であることを指摘している。とはいうものの、完璧でないとはいえ、資本割当ての取扱いにおいては、収益性インデックスは重要な役割を果たす。

5.7　キャピタル・バジェッティングの実際

ここまで、この章では「企業はどのキャピタル・バジェッティング法を用いるべきか」という質問をしてきた。同様に重要な質問は、「企業はどの手法を用いているのか」である。表5.3は、この質問に答えるのに大いに役立つ。表からみてとれるが、米国とカナダのおおよそ4分の3の企業が、IRRとNPVを用いている。これらの手法の理論的優位性を考えると、これは驚くべきことではない。これらの企業のうち、半分以上が回収法を用いている。この手法の概念的問題点を考えると、これはやや驚くべき結果である。そして割引回収法は普通の回収法より理論的に改

表5.3　常に、またはほとんど常に所与の手法を用いるCFOの割合

	常に、またはほとんど常に（%）
内部収益率（IRR）	75.6
純現在価値（NPV）	74.9
回収法	56.7
割引回収法	29.5
会計収益率	30.3
収益性インデックス	11.9

（出所）　John R. Graham and Campbell R. Harvey, "The Theory and Practice of Corporate Finance : Evidence from the Field," *Journal of Financial Economics* 60, 2001の図2より。CFO392人のサーベイ調査。

善しているが、利用はずっと少ない。おそらく企業は利用しやすい回収法に惹かれるのだろう。加えて、本章で触れたこの手法の欠陥を修正するのは、比較的容易かもしれない。たとえば、回収法は回収期間後のすべてのキャッシュフローを無視するが、油断のない経営者は、後で大きなキャッシュフローを伴うプロジェクトに対して、特別な調整を加えることができる。

個別企業の資本支出は、足し合わせると経済全体ではとてつもなく大きな額になるだろう。たとえば、2007年にエクソン・モービルは、2007～2010年まで、毎年約200億ドルを資本支出に使う予定であると発表した。これは、合計で199億ドルに達した会社の2006年度の資本支出とほぼ同額だった。同じ頃、競合企業のシェブロン・テキサコは、2007年の資本予算を、2006年の160億ドルからふやして、196億ドルにすると発表した。2007年に大きな資本支出予算を伴った他の企業は、フォード（約65億ドルの資本支出予算）と半導体企業のサムスン（約67億ドルの資本支出予算）である。

大規模な資本支出は、多くの場合、ある産業内で広く見出される。たとえば、半導体業界におけるトップ25企業の2007年の資本支出は、483億ドルに達すると見込まれた。この相当な合計額は、同業界の2006年の資本支出472億ドルに対して、２％の増加だった。これは、2005～2006年の18%という際だった増加と比べると、比較的遅い成長だった。

2007年末と2008年初頭にアメリカ合衆国国勢調査局が公表した情報によると、経済全体の資本投資は、2004年が1.04兆ドルで、2005年が1.15兆ドルだった。したがって３年間の合計はおおよそ3.5兆ドルになる！　これだけの金額がかかっているので、成功している企業が資本支出を注意深く分析するのは、たいして驚くべきことではない。

大きな企業のキャピタル・バジェッティング法は、小さな企業の手法よりもずっと洗練されていると思うかもしれない。なんといっても、大企業は、より高度な能力をもった従業員を雇う財源をもっている。表5.4はこの考え方に対する多少の支持を提供する。ここでは、企業はさまざまなキャピタル・バジェッティング法の使用頻度を、０（一度もない）から４（常に）までのスケールで表している。小さな企業より大きな企業において、IRRとNPV法の双方が最も頻繁に、回収法はそれほど頻繁でなく、使われている。反対に、大企業も小企業も後の三つの手法を、ほぼ同様に用いている。

キャピタル・バジェッティングにおける定量的手法の利用は、産業によって異な

表5.4　さまざまなキャピタル・バジェッティング法の使用頻度

	大企業	小企業
内部収益率（IRR）	3.41	2.87
純現在価値（NPV）	3.42	2.83
回収法	2.25	2.72
割引回収法	1.55	1.58
会計収益率	1.25	1.41
収益性インデックス	0.75	0.78

（注）　企業は、使用頻度を0（一度もない）から4（常に）までのスケールで表している。表の数字は回答者全体の平均である。
（出所）　前掲・Graham and Harvey（2001）の表2より。

る。だれもが想像するように、正確なキャッシュフローの推定がうまくできる企業は、NPVを用いる可能性が高い。たとえば、石油ビジネスにおける、ある種のキャッシュフローの推定は、かなり可能である。このため、なかでもエネルギー関連の企業は、最初にNPV分析を用いた一つである。反対に、映画業界のキャッシュフローは予測するのが大変むずかしい。『スパイダーマン』『ハリー・ポッター』、そして『スター・ウォーズ』のような大ヒット映画の総収益は、だれが想像したより、はるかにはるかに大きい。『アラモ』や『ウォーターワールド』のような大失敗は、同様に予想されていなかった。このため、NPV分析は映画業界では眉をひそめられている。

ハリウッドはどのようにキャピタル・バジェッティングを行うのだろうか。映画会社が映画のアイデアを採用するか却下するかの情報は、売込み口上からくる。本当に愉快な本「Reel Power」からの売込み口上に関する以下の四つの引用段落を考えてみよう[10]。

「彼ら（映画会社役員）はあまり多くを知りたがらない」と、ロン・シンプソンは語る。「彼らはコンセプトを知りたいのだ……彼らは見出しの3行が何なのかを知りたいのだ。なぜなら宣伝キャンペーンにそれを提案したいからだ。彼らはタイトルを知りたい……。深遠な意味など何も聞きたくない。そして会議が5分以上続いたら、彼らはたぶんそのプロジェクトを採用しない」。

10)　Mark Litwak, *Reel Power : The Struggle for Influence and Success in the New Hollywood*（New York : William Morrow and Company, Inc., 1986), pp.73, 74, and 77.

「一人の男性がやって来て、これが私のアイデアだという：『宇宙船のジョーズ』」と、作家のクレイ・フローマン（『アンダー・ファイア』）は語る。「そして彼らはいう。『見事だ。すばらしい』エイリアンになる。あれは宇宙船に乗ったジョーズだ、究極的には……そしてこれでおしまい。それが彼らの聞きたかったすべてだ。彼らの態度は、『ストーリーの詳細でわれわれを困惑させるな』だ」。

「……いくらか高尚なコンセプトの話は、他より映画会社関係者にアピールする。最もよく好まれるアイデアは、観客にすでにみた映画だと感じさせない十分にオリジナルなものであり、しかも斬新すぎるものに慎重な役員たちが安心するように過去のヒット作に十分似ているものだ。したがって、しばしばこういう表現が利用される。田舎のフラッシュダンス（『フットルース』）や、宇宙空間のハイヌーン（『アウトランド』）であると」。

「……売込み口上で使ってはいけない一つの切出し方は」、役員のバーバラ・ボイルは語る。「あなたのストーリーが、どれほどたくさん、確実に利益を生むかを話すことよ。役員は、映画がどのくらいお金を稼ぐのか予想するのは不可能だと、だれもが同じようにわかっていて、その反対を宣言することはまったくのたわごとだと考えているの」。

要約と結論

1．この章では、異なる投資意思決定ルールを取り扱った。NPV に対する最も一般的な代替手法を評価した。回収期間、割引回収期間、内部収益率、そして収益性インデックスである。そうすることにより、NPV についてもっと深く学んだ。

2．これらの代替手法にはいくらかの長所がみられるものの、すべてが語られ行われたとき、これらは NPV ルールではない。したがって、ファイナンスの分野にいるわれわれには、明らかに二流である。

3．NPV の競合相手のなかで、IRR は回収法より上にランクされなければならない。実際 IRR は、独立投資プロジェクトの初期アウトフローの後に一連のインフローのみが続くという通常のケースでは、常に NPV と同じ結論に達する。

4．IRR のフローを二つのタイプに分類した。第一に、独立と相互排他的の双方のプロジェクトに適用する一般的なケースを考慮した。ここでは二つの問題点が現れた。

a. 一部のプロジェクトは、キャッシュインフローとそれに続く一つ以上のアウトフローをもつ。IRR ルールはここでは逆になる。つまり、IRR が割引率より低いとき、プロジェクトを採用すべきである。

b. 一部のプロジェクトは、キャッシュフローにたくさんの符号変化がある。ここでは、多数の内部収益率が存在する可能性が高い。実務家はここではNPV か修正内部収益率を用いなければならない。

5．次に、相互排他的プロジェクトの NPV に伴う個別の問題を考慮した。大きさか、あるいはタイミングが異なるために、最も高い IRR のプロジェクトが最も大きい NPV をもつとは限らないことを示した。この理由から、IRR ルールは適用すべきではない（もちろん NPV は依然として適用できる）。

しかしながら、その後増分キャッシュフローを計算した。計算を簡単にするために、より大きなプロジェクトのキャッシュフローから小さいほうのプロジェクトのキャッシュフローを引くことを提案した。この方法では、増分初期キャッシュフローはマイナスである。もし増分 IRR が割引率より大きいなら、より大きなプロジェクトを採択することによって、常に正しい決定に到達できる。

6．資本割当を、資金が決められた金額に制限されているケースとして説明した。資本割当においては、収益性インデックスは NPV を調整する有効な方法である。

Concept Questions

1．回収期間と純現在価値

もし通常のキャッシュフローを伴うプロジェクトが、プロジェクトの寿命よりも短い回収期間をもっていたら、NPV の符号はプラスであると確信をもっていうことができるか。もし割引回収期間がプロジェクトの寿命よりも短かったら、NPV に関して何がいえるか。説明せよ。

2．純現在価値

プロジェクトは、通常のキャッシュフローとプラスの NPV をもつとする。あなたはその回収期間について何を知っているか。割引回収期間は。収益性インデックスは。IRR は。説明せよ。

3．投資基準の比較

次の投資基準について、それぞれを定義し、潜在的な欠点を議論せよ。

a. 回収期間

b. 内部収益率

c. 収益性インデックス

d. 純現在価値

4．回収期間と内部収益率

プロジェクトは、各期あたり C の永久に続くキャッシュフローをもち、コストは I で、要求されるリターンは R である。プロジェクトの回収期間とIRRとの関係はどのようなものか。比較的一定したキャッシュフローをもつ長期プロジェクトに関して、あなたの答えはどのような意味をもつか。

5．国際投資プロジェクト

2008年1月、自動車メーカーのフォルクスワーゲンは、サウスカロライナ州に自動変速機とエンジンの工場を建設する計画を発表した。フォルクスワーゲンは、米国の施設によって、より有利に競争できるようになり、価値をつくりだせると、明らかに感じていた。富士フィルムやスイスの化学企業ロンザのような会社は、同様な結論に達し、同じような行動をとっていた。自動車、フィルム、化学といった幅広いプロダクトの外国製造企業が同じ結論に達した理由は何か、いくつかあげよ。

6．キャピタル・バジェッティングの問題

この章で議論したさまざまな基準を実際に適用する際に、生じるかもしれない問題は何か、いくつかあげよ。どの基準が実際に適用するのにいちばん簡単か。いちばんむずかしいのは。

7．非営利組織のキャピタル・バジェッティング

われわれが議論したキャピタル・バジェッティングの基準は、非営利企業にも適用できるか。そのような組織は、どのようにキャピタル・バジェッティングを行うべきか。米国政府はどうか。政府はこれらの手法を用いて予算案を評価すべきか。

8．純現在価値

プロジェクト A の投資額は100万ドルで、プロジェクト B は

200万ドルである。双方のプロジェクトが、ただ一つの内部収益率20%をもっている。以下の文章は正しいか誤りか。

0%から20%までのすべての割引率で、プロジェクトBのNPVは、プロジェクトAのものより2倍大きい。

答えを説明せよ。

9．純現在価値 vs 収益性インデックス

グローバル・インベストメント社がもつ、次の二つの相互排他的プロジェクトを考える。

	C_0	C_1	C_2	収益性インデックス	NPV
A	−$1,000	$1,000	$500	1.32	$322
B	−500	500	400	1.57	285

プロジェクトの適切な割引率は10%である。グローバル・インベストメントは、プロジェクトAを行うことを選択した。株主との昼食会で、会社の株式をかなり保有している年金ファンドのマネージャーが、なぜプロジェクトBの収益性インデックスのほうが高いのに、プロジェクトAを選んだのかと、あなたに尋ねた。

CFOであるあなたは、どのように会社の意思決定を正当化するか。グローバル・インベストメントがプロジェクトBを選択すべき状況は存在するか。

10．内部収益率

プロジェクトAとBは以下のキャッシュフローをもっている。

年	プロジェクトA	プロジェクトB
0	−$1,000	−$2,000
1	C1A	C1B
2	C2A	C2B
3	C3A	C3B

a. もしプロジェクトのキャッシュフローが同じだったら、どちらのプロジェクトがより高いIRRをもつか。説明せよ。

b. もしC1B＝2C1A、C2B＝2C2A、C3B＝2C3Aだ

ったら、$IRR_A = IRR_B$ か。

11. 純現在価値

あなたはプロジェクト A とプロジェクト B を評価している。プロジェクト A の将来キャッシュフローは短く、プロジェクト B は比較的長い将来キャッシュフローをもっている。どちらのプロジェクトのほうが要求されるリターンの変化に敏感か。なぜか。

12. 修正内部収益率

頭字語 MIRR のあまり楽しくない解釈の一つは、「無意味な（meaningless）内部収益率」というものである。なぜこの解釈が MIRR に当てはまると思うか。

13. 純現在価値

「純現在価値法は、中間のキャッシュフローが、要求されるリターンで再投資されると仮定する」とときどき述べられる。この主張は正しいか。答えるために、あなたはプロジェクトの NPV を通常の方法で計算したとする。次にあなたは以下のことを行う。

a. 再投資率に要求されるリターンを仮定して、初期支出以外のすべてのキャッシュフローの将来価値（プロジェクト終了時）を計算し、プロジェクトの将来価値を一つの数字として求める。

b. 上で計算した将来価値と初期支出を用いて、プロジェクトの現在価値を計算する。上の計算で再投資率に要求されるリターンを用いた場合のみ、初めに計算した NPV の値と同じになることを確認するのは簡単である。

14. 内部収益率

「内部収益率法は、中間のキャッシュフローが、内部収益率で再投資されると仮定する」とときどき述べられる。この主張は正しいか。答えるために、あなたはプロジェクトの IRR を通常の方法で計算したとする。次にあなたは以下のことを行う。

a. 再投資率に内部収益率を仮定して、初期支出以外のすべてのキャッシュフローの将来価値（プロジェクト終了時）を計算し、プロジェクトの将来価値を一つの数字として求める。

b. 上で計算した将来価値と初期支出を用いて、プロジェクトの現在価値を計算する。上の計算で再投資率にIRRを用いた場合のみ、はじめに計算したIRRの値と同じになることを確認するのは簡単である。

質問と問題

◆基本（問題1－8）

1．回収期間とNPVの計算

フジ・ソフトウェア社は、次の相互排他的プロジェクトをもっている。

年	プロジェクト*A*	プロジェクト*B*
0	－$10,000	－$12,000
1	6,500	7,000
2	4,000	4,000
3	1,800	5,000

a. フジ社の回収期間のカットオフが2年だとする。これらの二つのプロジェクトのうち、どちらを選ぶべきか。

b. フジ社が二つのプロジェクトに順位をつけるのにNPVルールを用いるとする。もし適切な割引率が15%だったら、どちらのプロジェクトを選ぶべきか。

2．回収期間の計算

投資プロジェクトは8年間にわたって、年970ドルのキャッシュインフローを提供する。初期コストが4,100ドルだったら、プロジェクトの回収期間はいくらか。もし初期コストが6,200ドルだったらどうか。もし8,000ドルだったらどうか。

3．割引回収期間の計算

投資プロジェクトは、6,000ドル、6,500ドル、7,000ドル、8,000ドルの年次キャッシュインフローをもち、割引率は14%である。もし初期コストが8,000ドルだったら、これらのキャッシュフローの割引回収期間はいくらか。もし初期コストが1万3,000ドルだったらどうか。もし1万8,000ドルだったらどうか。

4．割引回収期間の計算

投資プロジェクトのコストは1万ドルで、6年間にわたって年次キャッシュフローが2,600ドルである。もし割引率が0%だったら、割引回収期間はいくらか。

もし割引率が10%だったらどうか。もし15%だったらどうか。

５．IRRの計算

テディ・ベア・プラネット社は、以下のキャッシュフローを伴うプロジェクトをもっている。

年	キャッシュフロー
0	－＄11,000
1	5,500
2	4,000
3	3,000

会社はすべてのプロジェクトを、IRRを適用することによって評価する。もし適切な割引率が８%だったとしたら、会社はプロジェクトを採用すべきか。

６．IRRの計算

次の二つのプロジェクトのキャッシュフローの内部収益率を計算せよ。

キャッシュフロー

年	プロジェクトA	プロジェクトB
0	－＄3,500	－＄2,300
1	1,800	900
2	2,400	1,600
3	1,900	1,400

７．収益性インデックスの計算

ビルは、店舗の前にセルフサービスのグルーミング・センターを開こうと計画している。グルーミング設備には即座に19万ドルの費用がかかる。ビルは税引き後のキャッシュフローが、７年間毎年６万5,000ドルになると見積もっている。その後、彼は設備をスクラップして捨て、ネビスの海岸に引退する計画である。最初のキャッシュフローは、初年度の終わりに発生する。要求されるリターンは15%だと仮定する。このプロジェクトのPIはいくらか。採用されるべきか。

８．収益性インデックスの計算

次の二つの独立投資機会が、グリーンプレイン社に開かれているとする。適切な割引率は10%である。

年	プロジェクト・アルファ	プロジェクト・ベータ
0	－＄1,500	－＄2,500
1	800	500
2	900	1,900
3	700	2,100

a. 二つのプロジェクトそれぞれの収益性インデックスを計算せよ。

b. 収益性インデックス・ルールによると、どちらのプロジェクトが採択されるべきか。

◆中級（問題９－20）

９．キャッシュフローの洞察

プロジェクトは初期コストが I で、要求されるリターンが R であり、N 年間にわたって毎年 C を支払う。

a. 回収期間がちょうどプロジェクトの寿命と等しくなるように、I と N の観点から C を求めよ。

b. NPV ルールで利益があがるプロジェクトとなるように、I と N と R の観点から C を求めよ。

c. プロジェクトの利益/コスト比率が２となるように、I と N と R の観点から C を求めよ。

10. IRR の問題点

あなたは今日8,000ドルを受け取るが、以下の支払を行わなければならないオファーを受けたとする。

年	キャッシュフロー
0	＄8,000
1	－4,400
2	－2,700
3	－1,900
4	－1,500

a. このオファーの IRR はいくらか。

b. もし適切な割引率が10%だったら、このオファーを受けるべきか。

c. もし適切な割引率が20%だったら、このオファーを受けるべきか。

d. もし適切な割引率が10%だったら、このオファーの NPV はいくらか。20%

ではいくらか。

e. NPVによるdでの意思決定は、IRRルールによるものと一致するか。

11. NPV vs IRR

バハマ・レクリエーション・コーポレーション（BRC）の、次の二つの相互排他的プロジェクトのキャッシュフローを考える。どちらのプロジェクトも要求されるリターンは14%である。

年	深海フィッシング	新潜水艦ライド
0	－＄750,000	－＄2,100,000
1	310,000	1,200,000
2	430,000	760,000
3	330,000	850,000

BRCのファイナンシャル・アナリストとして、あなたは以下の質問をされた。

a. もしあなたの意思決定ルールが、より大きなIRRのプロジェクトを採択するものだとしたら、どちらのプロジェクトを選ぶべきか。

b. あなたは十分にIRRルールの尺度問題がわかっているので、キャッシュフローの増分IRRを計算する。あなたの計算に基づくと、どちらのプロジェクトを選ぶべきか。

c. 慎重を期して、あなたは両方のNPVを計算する。どちらのプロジェクトを選ぶべきか。それは増分IRRルールと一致するか。

12. 収益性インデックスの問題点

ロブ・コンピューター社は、次の二つの相互排他的プロジェクトから選択しようとしている。

年	キャッシュフロー（Ⅰ）	キャッシュフロー（Ⅱ）
0	－＄40,000	－＄15,000
1	21,000	8,500
2	21,000	8,500
3	21,000	8,500

a. もし要求されるリターンが10%で、収益性インデックス意思決定ルールを適用するとしたら、会社はどちらのプロジェクトを選択するか。

b. もし会社がNPV意思決定ルールを適用するとしたら、どちらのプロジェクトを選択するか。

c. なぜあなたのaとbの答えは違うのか説明せよ。

13. IRRの問題点

カトラー石油は、以下のキャッシュフローをもつプロジェクトを評価しようとしている。

年	キャッシュフロー
0	−＄32,000,000
1	57,000,000
2	−9,000,000

a. もし会社が投資に10%のリターンを要求するとしたら、このプロジェクトを採用すべきか。なぜか。

b. このプロジェクトのIRRを計算せよ。いくつのIRRが存在するか。もしあなたがIRR意思決定ルールを適用したとしたら、プロジェクトを採用するか、しないか。ここで何が起こっているのか。

14. 投資基準の比較

ゲーム・メーカーのマリオ・ブラザーズ社は、アドベンチャー・ゲームの新しいアイデアをもっている。会社は、このゲームを伝統的なボード・ゲームか、あるいはインタラクティブCD−ROMのどちらか一方で売り出せる。マリオ・ブラザーズ社の二つの相互排他的プロジェクトの、以下のキャッシュフローを考える。マリオ・ブラザーズ社の割引率は10%と仮定する。

年	ボード・ゲーム	CD−ROM
0	−＄600	−＄1,900
1	700	1,400
2	150	900
3	100	400

a. 回収期間ルールに基づくと、どちらのプロジェクトが選ばれるべきか。

b. NPVに基づくと、どちらのプロジェクトが選ばれるべきか。

c. IRRに基づくと、どちらのプロジェクトが選ばれるべきか。

d. 増分IRRに基づくと、どちらのプロジェクトが選ばれるべきか。

15. 収益性インデックス vs NPV

家電製品コングロマリットのハンミ・グループは、無線テクノロジーの年間予算を見直している。会社は、無線通信機器を開発するための三つの異なる技術への投資を検討している。ハンミ・グループの三つの独立プロジェクトの、以下のキャッシュフローを考える。ハンミ・グループの割引率は10%で、さらに、ハンミ・グループは今年度1,500万ドルしか投資できないと仮定する。

キャッシュフロー（単位：100万ドル）

年	CDMA	G4	Wi－Fi
0	－＄5	－＄10	－＄15
1	13	10	10
2	7	25	20
3	2	30	50

a. 収益性インデックス・ルールに基づいて、これらの投資をランクせよ。

b. NPVに基づいて、これらの投資をランクせよ。

c. aとbの結果に基づいて、あなたはハンミ・グループのCEOに何を推薦するか。なぜか。

16. 投資基準の比較

AZモーターカーズ社の二つの相互排他的プロジェクトの、以下のキャッシュフローを考える。AZモーターカーズ社の割引率は10%だと仮定する。

年	AZM小型SUV	AZF大型SUV
0	－＄300,000	－＄600,000
1	270,000	250,000
2	180,000	400,000
3	150,000	300,000

a. 回収期間に基づくと、どちらのプロジェクトが採択されるべきか。

b. NPVに基づくと、どちらのプロジェクトが採択されるべきか。

c. IRRに基づくと、どちらのプロジェクトが採択されるべきか。

d. 上記の分析に基づくと、増分IRR分析は必要か。もしそうなら、分析を行え。

17. 投資基準の比較

アマロ・フルーツ缶詰社の財務部長は、プロジェクト*A*、*B*、*C*のキャッシュフローを以下のように予測した。

年	プロジェクト*A*	プロジェクト*B*	プロジェクト*C*
0	－＄200,000	－＄400,000	－＄200,000
1	140,000	260,000	150,000
2	140,000	260,000	120,000

適切な割引率は年12%を仮定する。

a. 三つのプロジェクトそれぞれについて、収益性インデックスを計算せよ。

b. 三つのプロジェクトそれぞれについて、NPV を計算せよ。

c. これらの三つのプロジェクトは独立であるとする。収益性インデックス・ルールに基づくと、アマロ社はどのプロジェクトを採択すべきか。

d. これら三つのプロジェクトが相互排他的であるとする。収益性インデックス・ルールに基づくと、アマロ社はどのプロジェクトを採択すべきか。

e. アマロ社のこれらのプロジェクトに対する予算は60万ドルであるとする。プロジェクトは分割できない。アマロ社はどのプロジェクトを採択すべきか。

18. 投資基準の比較

東京ラバー社の二つの相互排他的プロジェクトの、以下のキャッシュフローを考える。東京ラバーの割引率は10%だとする。

年	ドライ・プリプレグ	ソルベント・プリプレグ
0	－＄1,400,000	－＄600,000
1	900,000	300,000
2	800,000	500,000
3	700,000	400,000

a. 回収期間に基づくと、どちらのプロジェクトが採択されるべきか。

b. NPV に基づくと、どちらのプロジェクトが採択されるべきか。

c. IRR に基づくと、どちらのプロジェクトが採択されるべきか。

d. 上記の分析に基づくと、増分 IRR 分析は必要か。もしそうなら、分析を行え。

19. 投資基準の比較

ナガノ・ゴルフ社が考慮している二つの相互排他的新製品開発プロジェクトを考える。ナガノ・ゴルフの割引率は15%だとする。

プロジェクト *A*：ナガノ　NP－30

・期日０で初期投資45万ドルを必要とするプロ用クラブ

・翌５年間（年度１－５）の売上げは、年間16万ドルの一定したキャッシュフローを生み出す。

・年度６での新商品の投入により、このプロジェクトからのキャッシュフローは終わる。

プロジェクト *B*：ナガノ　NX－20

・期日０で初期投資20万ドルを必要とする高級アマチュア用クラブ

・年度１の現金利益は８万ドルで、以後の年間キャッシュフローは、毎年15%で成長する。

・年度６での新商品の投入により、このプロジェクトからのキャッシュフローは終わる。

年	NP－30	NX－20
0	－＄450,000	－＄200,000
1	160,000	80,000
2	160,000	92,000
3	160,000	105,800
4	160,000	121,670
5	160,000	139,921

下の表を埋めよ。

	NP－30	NX－20	含意
NPV			
IRR			
増分 IRR			
PI			

20. 投資基準の比較

あなたはボーイング・エアクラフト社の上級管理者で、プロジェクトに対して40万ドルまで使うことを認められている。あなたが考慮している三つのプロジェクトは、以下の特徴をもっている。

プロジェクト A：28万ドルの初期投資。年度１で19万ドル、年度２で17万ドルのキャッシュフロー。これは工場拡張プロジェクトで、要求されるリターンは10%である。

プロジェクト B：39万ドルの初期投資。年度１で27万ドル、年度２で24万ドルのキャッシュフロー。これは新製品開発プロジェクトで、要求されるリターンは20%である。

プロジェクト C：23万ドルの初期投資。年度１で16万ドル、年度２で19万ドルのキャッシュフロー。これは市場拡大プロジェクトで、要求されるリターンは15%である。

会社の割引率は10%を仮定する。分析に基づいて、あなたの推薦をせよ。

	A	*B*	*C*	含意
回収期間				
IRR				
PI				
NPV				

◆チャレンジ（問題21－28）

21. 回収期間 vs NPV

考慮中の投資は、6年の回収期間をもち、費用は57万4,000ドルである。もし要求されるリターンが12%だったら、最悪のケースのNPVはいくらか。最善のケースのNPVは？　説明せよ。キャッシュフローは通常のものであると仮定する。

22. 複数のIRR

この問題は財務電卓とコンピュータ・ソフトの能力をテストするのに役立つ。以下のキャッシュフローを考える。いくつの異なるIRRが存在するか（ヒント：20～70%の間を探せ）。いつこのプロジェクトを採用すべきか。

年	キャッシュフロー
0	－$　504
1	2,862
2	－6,070
3	5,700
4	－2,000

23. NPV評価

ヤードン社は、私有の墓地ビジネスを始めたい。CFOのバリー・M・ディープによると、ビジネスは「上向いている」。その結果、墓地プロジェクトは会社に初年度11万5,000ドルの正味キャッシュフローをもたらし、この正味キャッシュフローは永久に毎年6%で成長する。プロジェクトには140万ドルの初期投資が必要である。

a. もしヤードン社がこのような事業に13%のリターンを要求するとしたら、墓地ビジネスは開始されるべきか。

b. 会社はキャッシュフローの6%成長率の仮定にやや確信がない。もし投資に要求されるリターンが依然として13%だとしたら、いくらの一定成長率で会社は収支とんとんになるか。

24. IRRの計算

ユタ・マイニング・コーポレーションは、ユタ州プローボの近くに金鉱山を開こうとしている。財務部長モンティ・ゴールドスタインによると、「これは絶好の機会である」。鉱山を開くには90万ドルの費用がかかり、経済寿命は11年である。鉱山は初年度末に17万5,000ドルのキャッシュインフローを生み出し、キャッシュインフローはその後10年間にわたって年８％で成長すると予測されている。11年後、鉱山は廃棄される。廃棄費用は11年目の終わりに12万5,000ドルかかる。

a. 金鉱山のIRRはいくらか。

b. ユタ・マイニング・コーポレーションは、このような事業に10%のリターンを要求する。この鉱山は開かれるべきか

25. NPVとIRR

アンダーソン・インターナショナル社は、エレウォン国でのプロジェクトを評価している。プロジェクトは次のキャッシュフローをもたらす。

年	キャッシュフロー
0	－＄750,000
1	205,000
2	265,000
3	346,000
4	220,000

すべてのキャッシュフローはエレウォンで発生し、ドルで表示される。経済を向上させるために、エレウォン政府は、外国企業によって生み出されたキャッシュフローはすべて「ブロック」され、１年間政府に再投資されなければならないと宣言した。これらの資金の再投資利率は４％である。もしアンダーソン社がこのプロジェクトに11%の要求リターンを用いるとしたら、プロジェクトのNPVとIRRはいくらか。あなたが計算したIRRはプロジェクトのMIRRか。なぜか、あるいはなぜそうでないのか。

26. IRRの計算

AとB、二つのキャッシュフロー流列を考える。流列Aの最初のキャッシュフローは8,900ドルで、今日から３年後に受け取られる。流列Aの将来キャッシュフローは、４％で永久に成長する。流列Bの最初のキャッシュフローは－１万ドルで、今日から２年後に受け取られ、永久に継続する。適切な割引率は12%を仮定する。

a. それぞれの流列の現在価値はいくらか。

b. A と B の流列が、C と呼ばれる一つのプロジェクトに結合されたとする。プロジェクト C の IRR はいくらか。

c. プロジェクト C を評価する際の、正しい IRR ルールは何か。

27. 増分キャッシュフローの計算

メイクマネー・ドットコム社の CFO であるダリン・クレイは、以下の二つのプロジェクトのうち一つに決めなければならない。

年	プロジェクト・ミリオン	プロジェクト・ビリオン
0	−$1,200	−$$I_0$
1	I_0+160	I_0+400
2	960	1,200
3	1,200	1,600

どちらのプロジェクトも期待リターンは12%である。プロジェクト・ミリオンよりプロジェクト・ビリオンの方が、財務的に魅力的になる初期投資額（I_0）のレンジはいくらか。

28. IRR の問題点

マッキーキン社には、以下のキャッシュフローを伴うプロジェクトがある。

年	キャッシュフロー
0	$20,000
1	−26,000
2	13,000

プロジェクトの IRR はいくらか。ここでは何が起こっているのか。

ミニケース

●ブロック・ゴールド・マイニング社

ブロック・ゴールド・マイニング社のオーナーである、セス・ブロックは、サウスダコタ州の新しい金鉱山を評価している。会社の地質学者ダン・ドリティは、鉱山現地の分析をちょうど終えたところである。彼は、鉱山が 8 年間操業可能で、その後は金が完全に採鉱され尽くすと予想している。ダンは金埋蔵量の推定値を、会社の財務担当役員アルマ・ギャレットのところにもって行った。アルマはセスか

ら、新鉱山の分析を行い、会社が新鉱山を開くべきかどうか彼女の推奨を提示するよう求められていた。

アルマはダンが提供した推定値を用いて、鉱山から期待できる売上高を決定した。彼女はまた、鉱山を開く費用と年間営業費を予測した。もし会社が鉱山を開いたら、今日４億ドルの費用がかかり、９年後には閉山と周囲の環境を再生する費用が8,000万ドル出て行くことになる。鉱山から毎年期待されるキャッシュフローは、以下の表に示されている。ブロック・マイニング社は、所有するすべての金鉱山に12％のリターンを要求する。

年	キャッシュフロー
0	－＄400,000,000
1	85,000,000
2	90,000,000
3	140,000,000
4	180,000,000
5	195,000,000
6	130,000,000
7	95,000,000
8	60,000,000
9	－95,000,000

1．提案された鉱山の、回収期間、内部収益率、修正内部収益率、純現在価値を計算するスプレッドシートを作成せよ。

2．あなたの分析に基づくと、会社は鉱山を開くべきか。

3．ボーナス問題：ほとんどのスプレッドシートには、回収期間を計算する組込み関数がない。プロジェクトの回収期間を計算するVBAプログラムを書け。

第6章
資本投資の意思決定

グリーンのなかにグリーンはあるだろうか＊。ゼネラル・エレクトリック（GE）はあると考えている。その「エコマジネーション」プログラムを通して、会社はグリーン・プロダクツに対する研究開発費を、2004年の7億ドルから2010年には15億ドルと、2倍にする計画である。ハイブリッド鉄道機関車（200トン、6千馬力の「線路上のプリウス」と説明されている）のような商品で、GEのグリーン・イニシアチブは採算がとれているようである。グリーン・プロダクツからの売上高は、2007年に140億ドルだったが、2010年は250億ドルを目標にしている。エネルギー消費量を減らす社内コミットメントは、2004～2007年で1億ドル以上を節約し、会社は2012年までに水消費量を20％減らすという目標に向けて予定どおり進んでいる。これはまた相当な費用節約である。

前章の学習から間違いなく気づくだろうが、GEのグリーン・テクノロジーを開発し販売するという意思決定は、キャピタル・バジェッティングの意思決定を象徴する。本章では、そのような意思決定がどのようになされ、どのように客観的にみたらよいのか、さらに探求する。われわれには二つの課題がある。初めに、前章を思い出すと、われわれはキャッシュフロー予測が純現在価値分析への決定的に重要なインプットであることを理解したが、これらのキャッシュフローがどこから来るのかについて、ほとんど言及しなかった。ここでこの質問をやや詳細に考察する。2番目の目的は、NPVの推定値を批判的に検討する方法を学習することである。特に、不確実な将来に関して設けられた仮定に対するNPV推定値の感度を、どのように評価したらよいのか学ぶ。

＊ 訳者注：最初のグリーンは環境保護の意味。次のグリーンはグリーンバック（米国ドル紙幣。裏が緑色）の意味。

6.1 増分キャッシュフロー：キャピタル・バジェッティングの鍵

キャッシュフローが重要―会計利益ではない

あらためて考えてみたことはないかもしれないが、コーポレートファイナンスのクラスと、財務会計のクラスでは大きな違いがある。コーポレートファイナンスの手法が一般にキャッシュフローを利用するのに対して、財務会計は一般に利益か収益の数字に重きを置く。NPV法は利益ではなくキャッシュフローを割り引くので、たしかにわれわれのテキストはこの伝統に沿っている。単一のプロジェクトを考慮する際、われわれは企業がプロジェクトから受け取るキャッシュフローを割り引く。企業を全体として評価する場合は、利益ではなく、配当金を割り引く。なぜなら、配当金は投資家が受け取るキャッシュフローだからである。

例6.1　関連するキャッシュフロー

ウェバー・デッカー社は、新たなキャピタル・バジェッティング・プロジェクトの一つとして、ある建物にちょうど100万ドルを現金で支払ったところである。しかしながら、20年間の定額減価償却を仮定すると、5万ドル（=$1,000,000/20）だけが、今年の会計費用とみなされる。現在の利益は、それによって5万ドルだけ減る。残りの95万ドルは次の19年間にわたって費用計上される。キャピタル・バジェッティングの目的では、単に利益減少の5万ドルだけではなく、100万ドルすべてが、期日0における適切なキャッシュアウトフローである。

キャピタル・バジェッティングの計算を行うとき、*常に*、利益ではなくキャッシュフローを割り引かなければならない。利益は実際のお金を意味しない。利益からお金を使うことはできず、利益をベースに飲食することもできず、利益から配当金を支払うこともできない。これらはキャッシュフローからのみ可能である。

加えて、キャッシュフローを用いるだけでは十分ではない。プロジェクトのNPVを計算するとき、プロジェクトに*増分*となるキャッシュフローのみが用いられるべきである。これらのキャッシュフローは、プロジェクトを採用する直接の結果として生じる、企業のキャッシュフローの変化である。すなわちわれわれは、プロジェクトを伴う企業のキャッシュフローと、伴わない企業のキャッシュフローの差に関心があるのである。

増分キャッシュフローの利用は十分簡単に聞こえるが、現実の世界では思わぬ落とし穴がたくさんある。以下で、増分キャッシュフローを算定する際のいくつかの思わぬ落とし穴を、どのようにして避けるのかを解説する。

埋没費用

埋没費用（sunk cost）とは、すでに発生してしまった費用である。埋没費用は過去のものなので、プロジェクトを採用するか却下するかの決定によって変えることができない。まさに、「過去のことは水に流せ」であり、このような費用は無視しなければならない。埋没費用は増分キャッシュアウトフローではない。

例6．2　埋没費用

ゼネラル・ミルク・カンパニー（GMC）は現在、チョコレート・ミルクの生産ラインを構築するNPVを評価している。評価の一部としてテスト・マーケティング分析を行うため、会社はコンサルティング会社に昨年10万ドルを支払った。この費用は、GMCの経営陣が現在直面しているキャピタル・バジェッティングの意思決定と関連しているだろうか。

答えはノーである。10万ドルは取り戻せないので、10万ドルの支出は埋没費用、もしくはこぼしてしまったミルクである。言い換えれば、「チョコレート・ミルク・プロジェクトがある場合の会社全体のキャッシュフローと、ない場合の会社全体のキャッシュフローの違いは何か」を問わなくてはならない。10万ドルはすでに使ってしまっているので、プロジェクトの採択はこのキャッシュフローに影響を及ぼさない。したがって、キャピタル・バジェッティングの目的では、このキャッシュフローは無視されるべきである。

もちろん、10万ドルをマーケティング分析に使うという決定は、それ自体がキャピタル・バジェッティングの意思決定であり、埋没費用になる*前*は完全に関連していた。重要なのは、一度企業が費用を負ったら、その費用は将来のどんな意思決定にも無関係になるということである。

機会費用

あなたの会社は、売却するか、リースするか、あるいは別の事業で使おうと考えている資産をもっているかもしれない。もしその資産が新しいプロジェクトに用いられたら、代替的利用からの潜在収益は失われてしまう。これらの逸失収益は、費用として、意味深く認識することができる。これらは**機会費用**（opportunity costs）と呼ばれる。なぜならプロジェクトを行うことによって、会社は資産を利用する他の機会を見合わせるからである。

例6.3　機会費用

ワインスタイン貿易会社は、新型の電子ピンボール機械を保管するのに用いることができる空の倉庫を、フィラデルフィアにもっているとしよう。会社は、北東部の富裕消費者層に機械を売りたいと思っている。倉庫は、機械を販売する意思決定において、費用とみなされるべきだろうか。

答えはイエスである。もし会社がピンボール機械を販売しないと決めたら、倉庫を売ることができる。したがって倉庫の売却価格は、ピンボール機械の意思決定における機会費用である。

副作用

増分キャッシュフローを決定するもう一つのむずかしさは、提案されたプロジェクトが企業の他の部分に及ぼす影響、もしくは副作用からもたらされる。副作用は、浸食（erosion）か相乗効果（synergy）に分類される。浸食は、新商品が既存商品の売上高（つまりキャッシュフロー）を減少させるときに生じる。相乗効果は、新商品が既存商品のキャッシュフローを増加させるときに生じる。

例6.4　相乗効果

イノベイティブ・モーターズ・コーポレーション（IMC）は、新しいコンバーチブル・スポーツカーのNPVを算定しようとしているとする。車の購入見込客の一部は、IMCのコンパクト・セダンを所有している。新しいコンバーチブル・スポーツカーからもたらされるすべての売上げと利益は増分だろうか。

答えはノーである。なぜなら、キャッシュフローの一部は、IMCの他の製品ラインの一部からの移転を意味するからである。これが浸食で、NPV計算に含まれなければならない。浸食を考慮しないと、IMCはスポーツカーのNPVを、たとえば1億ドルであると間違って計算してしまうかもしれない。もしIMCが、顧客の半分がセダンからの移行者で、失われるセダンの売上高が－1億5,000万ドルのNPVだと認識したら、真のNPVは－5,000万ドル（＝＄100,000,000－＄150,000,000）である。

IMCはまた、レーシング・チームをつくることも考えている。しばらくの間チームはお金を失うと予想され、おそらく最善の推定は－3,500万ドルのNPVを示している。しかしながらIMCの経営陣は、チームがIMCの全製品にとって、大きな宣伝になる可能性が高いことに気づいている。コンサルタントは、会社の他の部門のキャッシュフローの増加が、6,500万ドルの現在価値になると推定している。コンサルタントの相乗効果の推定値が信頼できるものであると仮定すると、チームの現在価値は3,000万ドル（＝＄65,000,000－＄35,000,000）である。経営陣はチームをつくるべきである。

配賦費用

しばしば、特定の支出が多くのプロジェクトの利益になる。会計士は、利益を算定するとき、この費用を異なるプロジェクトにわたって割り当てる。しかしながら、キャピタル・バジェッティングの目的では、この**配賦費用**（allocated cost）は、プロジェクトの増分費用である場合にのみ、プロジェクトのキャッシュアウトフローとみなされるべきである。

例6.5　配賦費用

ヴォートマン・コンサルティング社は、オフィスの一翼を、維持に毎年10万ドルのキャッシュアウトフローが必要な図書室に充てている。提案されたキャピタル・バジェッティング・プロジェクトは、会社全体の売上高の5％に等しい収益を生み出すと見込まれている。会社のエグゼクティブの一人、H.シアーズは、5,000ドル（＝5％×＄100,000）が、このプロジェクトに対する図書室費用の割当分としてみなされなければならないと主張する。これはキャピタル・バジェッティングで適切だろうか。

答えはノーである。次の質問をしなければならない。プロジェクトを伴う場合の会社全体のキャッシュフローと、プロジェクトなしの場合の会社全体のキャッシュフローの差はいくらだろうか。会社はプロジェクトが採用されるか否かにかかわらず、10万ドルを図書室の維持に使うことになる。提案されたプロジェクトの採択はこのキャッシュフローに影響を及ぼさないので、プロジェクトのNPVを計算するとき、このキャッシュフローは無視されるべきである。

6.2　ボールドウィン・カンパニー：例

次に、機械と関連項目に関して提案された投資の例を考えてみる。この例は、ボールドウィン・カンパニーとカラーボウリングボールにかかわっている。

ボールドウィン・カンパニーは、もともと1965年にフットボールをつくる会社として設立され、現在ではテニスボール、野球ボール、フットボール、ゴルフボールの生産をリードしている。1973年には、会社は最初の高性能ゴルフボール「ハイ・フライト」を売り出した。ボールドウィンの経営陣は、キャッシュフローの可能性が多少ありそうなどのような事業にも機会を探していた。最近、ボールドウィンの副社長W. C. メドウズは、将来有望にみえ、大メーカーによって十分カバーされていないと感じたもう一つのスポーツボール市場の階層を見出した。その市場とは鮮やかな色のボウリングボールであり、彼は多数のボウリング愛好者が、性能よりもみた目とスタイルを重視すると信じていた。彼はまた、ボールドウィンのコストの優位性と高度に開発されたマーケティング技能により、競合他社がこの好機を利用するのはむずかしいだろうと考えた。

その結果、ボールドウィン・カンパニーは鮮やかなカラーボウリングボールの市場可能性を評価することを決定した。ボールドウィンは、フィラデルフィア、ロサンゼルス、ニュー・ヘイブンの3市場の消費者に質問表を送った。3市場の質問表の結果は、期待していたものよりずっとよく、鮮やかなカラーボウリングボールは市場シェアの10～15%に達することができるという結論を支持した。もちろん、ボールドウィンの一部の人々は、25万ドルのテスト・マーケティング費用に不満をもらした（後でみるが、これは埋没費用であり、プロジェクト評価に含まれるべきではない）。

いずれにしても、ボールドウィン・カンパニーは現在ボウリングボールを生産する機械に投資しようと考えている。ボウリングボールは、ロサンゼルスの近くに会社が所有する建物で生産されることになるだろう。この建物は空いていて、土地建物は税引き後の正味15万ドルで売却することが可能である。

部下とともに、メドウズは提案された新製品の分析を準備している。彼は仮定を次のように要約する。ボウリングボール製造機の費用は10万ドルである。製造機の5年後の推定市場価値は3万ドルである。5年の耐用年数の間の予想年次生産数量は、5,000個、8,000個、1万2,000個、1万個、6,000個である。初年度のボウリングボールの価格は20ドルになる。ボウリングボール市場は非常に競争が激しいので、メドウズは予測される一般のインフレ率5%に比べて、ボウリングボールの価格は年2%しか上がらないと思っている。反対にボウリングボールに使われるプラスチックは、急速に高くなってきている。このため、生産キャッシュアウトフローは年10%で伸びると見込まれる。初年度の生産コストは、1個につき10ドルである。ボールドウィンの課税利益に基づいて、メドウズはボウリングボール・プロジェクトにおける適切な増分法人税率を34%と算定した。

純運転資本（net working capital）は、流動資産と流動負債の差として定義される。他の製造企業と同様、ボールドウィンは、運転資本への投資を維持しなければならないとわかっている。会社は製造と販売の前に原材料を購入するので、在庫投資が増加する。予想外の支出に対するバッファーとして現金を維持する。そして、信用販売は後の期日に支払が行われるまで、現金を生み出さない。経営陣は、純運転資本の初期投資（年度0）に1万ドルが必要であると判断している。それ以降、各年度末における純運転資本は、当該年度の売上高の10%になる。最終年度に、純運転資本は、プロジェクトの終了に伴い0ドルに減少する。言い換えれば、運転資

表6.1　ボールドウィン・カンパニーのキャッシュフローのワークシート（すべてのキャッシュフローは年度末に発生する）

（単位：1,000ドル）

	0年度	1年度	2年度	3年度	4年度	5年度
投資						
(1)　ボウリングボール製造機	−100.00					21.77*
(2)　減価償却累計額		20.00	52.00	71.20	82.70	94.20
(3)　減価償却後（年度末）の製造機の調整済簿価		80.00	48.00	28.80	17.30	5.80
(4)　機会費用（倉庫）	−150.00					150.00
(5)　純運転資本（年度末）	10.00	10.00	16.32	24.97	21.22	0.00
(6)　純運転資本の変化	−10.00		−6.32	−8.65	3.75	21.22
(7)　総投資キャッシュフロー [(1)＋(4)＋(6)]	−260.00		−6.32	−8.65	3.75	193.00
利益						
(8)　販売収益		100.00	163.20	249.70	212.24	129.89
(9)　営業費用		−50.00	−88.00	−145.20	−133.10	−87.85
(10)　減価償却		−20.00	−32.00	−19.20	−11.50	−11.50
(11)　税引き前利益 [(8)−(9)−(10)]		30.00	43.20	85.30	67.64	30.55
(12)　税金34%		−10.20	−14.69	−29.00	−23.00	−10.39
(13)　純利益		19.80	28.51	56.30	44.64	20.16

（注）　5年度における資本投資の最終市場価値は＄30（単位1,000）であると仮定する。製造機はそのときに＄5.80に減価償却されている。したがって、課税対象額は＄24.20（＝＄30－＄5.80）である。税引き後の残存価額は、＄30－[0.34×(＄30－＄5.80)]＝＄21.77である。

表6.2　ボールドウィン・カンパニーの営業収益と費用

(1) 年	(2) 販売量	(3) 価格	(4) 販売収益	(5) 1個当りの費用	(6) 営業費用
1	5,000	＄20.00	＄100,000	＄10.00	＄50,000
2	8,000	20.40	163,200	11.00	88,000
3	12,000	20.81	249,696	12.10	145,200
4	10,000	21.22	212,242	13.31	133,100
5	6,000	21.65	129,892	14.64	87,846

（注）　価格は年2％で上昇する。1個当りの費用は毎年10％上昇する。示されている価格と費用（列3と5）は、小数点2桁に四捨五入してある。販売収益と営業費用（列4と6）は、四捨五入なしの正確な価格と費用を用いて計算している。

本への投資は、プロジェクト寿命の終わりまでに完全に回収される。

これらの仮定に基づく予想とメドウズの分析は、表6.1〜表6.4に現れる。これらの表のすべてのキャッシュフローは年度末に起こると仮定される。これらの表にあるデータは大量なので、表がどのように関係しているかを理解することは重要である。表6.1は投資と利益双方の基本的なデータを表している。表6.2と表6.3に示さ

表6.3　修正加速原価回収制度（MACRS）での減価償却

	回収期間のクラス					
年	3年	5年	7年	10年	15年	20年
1	0.333	0.200	0.143	0.100	0.050	0.038
2	0.444	0.320	0.245	0.180	0.095	0.072
3	0.148	0.192	0.175	0.144	0.086	0.067
4	0.074	0.115	0.125	0.115	0.077	0.062
5		0.115	0.089	0.092	0.069	0.057
6		0.058	0.089	0.074	0.062	0.053
7			0.089	0.066	0.059	0.049
8			0.045	0.066	0.059	0.045
9				0.066	0.059	0.045
10				0.066	0.059	0.045
11				0.033	0.059	0.045
12—15					0.059	0.045
16					0.030	0.045
17—20						0.045
21						0.022

（注）減価償却は、資産原価の%割合として示されている。これらのスケジュールはIRS発行の「減価償却」に基づいている。減価償却の詳細は本章の後の部分で提示する。3年の減価償却は実際には4年目に繰り越す。なぜならIRSは購入が年度途中で行われたと仮定するからである。

表6.4　ボールドウィン・カンパニーの増分キャッシュフロー

（単位：1,000ドル）

	0年度	1年度	2年度	3年度	4年度	5年度
(1) 販売収益［表6.1の(8)］		100.00	163.20	249.70	212.24	129.89
(2) 営業費用［表6.1の(9)］		−50.00	−88.00	−145.20	−133.10	−87.85
(3) 税金［表6.1の(12)］		−10.20	−14.69	−29.00	−23.00	−10.39
(4) 営業からのキャッシュフロー［(1)+(2)+(3)］		39.80	60.51	75.50	56.14	31.66
(5) 総投資キャッシュフロー［表6.1の(7)］	−260.00		−6.32	−8.65	3.75	193.00
(6) プロジェクトの総キャッシュフロー［(4)+(5)］	−260.00	39.80	54.19	66.85	59.89	224.66
NPV@　4%　123.64						
10%　51.59						
15%　5.47						
15.68%　0						
20%　31.35						

れた営業と減価償却の補足スケジュールは、表6.1の数字がどこからくるのかの説明に役立つ。われわれの目的はキャッシュフローの予測を得ることである。表6.4

に示されたように、表6.1のデータは、関連するキャッシュフローの計算に必要なすべてである。

プロジェクトの分析

ほとんどのプロジェクトで、キャッシュフローは一般的なパターンに従う。第一に、企業はプロジェクトの最初に投資を行い、キャッシュアウトフローが発生する。第二に、プロジェクトの寿命期間を通して、製品販売がキャッシュインフローを生み出す。第三に、工場と設備はプロジェクトの最後に売却され、さらにキャッシュインフローを生み出す。次に、これら3つのステップのそれぞれについて、ボールドウィンのキャッシュフローを議論する。

投　資

プロジェクトの投資支出は、表6.1の上の部分に要約されている。それは三つの部分からなる。

1. *ボウリングボール製造機*：購入には即時（0年度）に10万ドルのキャッシュアウトフローを必要とする。会社は製造機が5年度で売却されたとき、キャッシュインフローを得る。これらのキャッシュフローは表6.1の1番目の行に表されている。表の脚注に示されているように、税金は資産が売却されたときに発生する。
2. *倉庫を売らない機会費用*：もしボールドウィンがボウリングボール・プロジェクトを採用するとしたら、他の場合に売却できたはずの倉庫と土地を利用する。したがって、倉庫と土地の推定売却価格は、4番目の行に表されているように、0年度での機会費用として含まれる。機会費用はキャピタル・バジェッティングの目的ではキャッシュフローとして扱われる。しかしながら、プロジェクトが採用された場合、経営陣は倉庫が5年度に15万ドル（税引き後）で売却されると仮定していることに注意されたい。

   25万ドルのテスト・マーケティングの費用は含まれない。テストは過去に行われ、*埋没費用*としてみなされるべきである。
3. *運転資本への投資*：必要とされる運転資本は表6.1の5番目の行に現れる。運転資本は拡大とともにプロジェクト初期の年度に上昇する。しかしながら、すべての運転資本が最後に回収されると仮定される。これはキャピタル・バジェッティングにおける通常の仮定である。言い換えれば、すべての在庫はプロジェクトが終了するまでに売却され、バッファーの清算に伴い現金残高は維持され、売掛債権は回収される。初期の年度における運転資本の増加は、会社の別の場所で生み出される現金によって、資金供給されなければならない。それゆえ、これらの増分はキャッシュアウトフローとしてみなされる。繰り返すと、これは当該年度にキャッシュアウトフローにつながる、年間純運転資本の*増加*である。たとえ純運転資本が高い水準にあったとしても、純運転資本が年度を通して一定のままだったら、年度におけるキャッシュアウトフローは発生しない。逆に、後の年度での運転資本の減少はキャッシュインフローとして考えられる。これらすべてのキャッシュフローは、表6.1の6番目の行に示されている。運転資本のより完全な議論は、本節の後で提示される。

復習すると、この例では三つの投資がある。ボウリング製造機械（表6.1の1行目)、倉庫の機会費用（4行目)、そして純運転資本の変化（6行目）である。上記三つの投資からの総キャッシュフローは7番目の行に示されている。

利益と税金

次に、利益の算定は表6.1の下の部分に示されている。われわれは最終的に利益ではなくキャッシュフローに興味があるのだが、税金を算定するために利益を計算する必要がある。表6.1の8行目と9行目は、それぞれ販売収益と営業費用を示している。これらの予想は、表6.2の4番と6番の列で計算された販売収益と営業費用に基づいている。利益と費用の見積りは、ボールドウィンの企業計画スタッフによって置かれた仮定の結果として生じる。言い換えれば、見積りは、製品価格が毎年2％上昇し、費用が毎年10％上昇すると予想される事実に、危険なほど依存している。

10万ドルの設備投資の減価償却は、表6.1の10行目に示されている。これらの数字はどこからきたのだろうか。米国企業の税金目的の減価償却は、修正加速原価回収制度（Modified Accelerated Cost Recovery System, MACRS）に基づいている。MACRSのもとで、表6.3に示された減価償却スケジュールを伴って、各資産に有効耐用年数が割り当てられる。IRSはボールドウィンが5年間で設備投資を減価償却することを指示したので、表の2番目の列がこのケースに適用される。表の減価償却額は、資産原価の％割合で表されているので、この列の割合を10万ドルに乗じて、減価償却のドル金額を求める。

税引き前利益は、表6.1の11行目で計算される。税金はこの表の12行目にあり、純利益は13行目で計算されている。

残存価額（salvage value）

資産を売却する際、資産の売却価格と簿値との差額に対して税金を支払わなければならない。したがって、資産の売却がキャピタル・バジェッティング・プロジェクトの一部であるなら、課税額を推定しなければならない。たとえば、ボールドウィンが５年度末にボウリングボール製造機の売却を望み、そのときの売却価格が３万ドルになると予想しているとしよう。

５年目の終わりに、機械の簿価は、表6.1の３行目に示されているように、5,800ドルになっている。もし会社が機械を３万ドルで売却したとしたら、会社はこの売却価格と簿価の5,800ドルとの差額に対して税金を支払うことになる。34％の税率で、税金債務は8,228ドル［＝0.34×（＄30,000－＄5,800)］になる。この設備の税引き後の残存価額（会社へのキャッシュインフロー）は、表6.1の１行目に示されているように、２万1,772ドル（＝＄30,000－＄8,228）になる。

あるいは、もし簿価が市場価値を上回ったら、差額は課税目的で損失として取り扱われる。たとえば、ボールドウィンが機械を4,000ドルで売却したとしたら、簿価は市場価値を1,800ドル上回ることになる。このケースでは、612ドル（＝0.34×＄1,800）の税金が節約される。

キャッシュフロー

キャッシュフローは最後に、表6.4で算定される。表6.1の行８、９、12を表6.4の行１、２、３に再掲することから始める。営業からのキャッシュフローは、売上高から営業費用と税金の両方を引いたもので、表6.4の４行目に示される。表6.1の７行目からとられた投資キャッシュフロー合計は、表6.4の５行目に現れる。営業からのキャッシュフローと投資の総キャッシュフローを足したものがプロジェクトの総キャッシュフローで、表6.4の６行目に示されている。

純現在価値

ボールドウィンのボウリングボール・プロジェクトのNPVは、６行目のキャッシュフローから計算することができる。表6.4の最下段にみられるように、もし適切な割引率が10%ならNPVは5万1,590ドルであり、もし適切な割引率が20%なら、－3万1,350ドルである。もし割引率が15.68%だったら、プロジェクトのNPVはゼロになる。言い換えれば、プロジェクトの内部収益率は15.68%である。もしボールドウィンのボウリングボール・プロジェクトの割引率が15.68%より上であったら、NPVはマイナスなので、採用すべきではない。

どちらの帳簿か

企業は株主と税務当局の双方に、利益か損失の計算値を提供しなければならない。この二つの関係者に行く数値は同じであると思うかもしれないが、これがそうではない。現実の事実として、米国企業は2セットの帳簿を保持する。一つはIRS用（*税金帳簿*と呼ばれる）で、もう一つは年次報告書用（*株主帳簿*と呼ばれる）である。この二つの帳簿は、数値が異なる。

なぜこのようなことになっているのだろうか。二つの帳簿は、二つの異なる団体によって規則が定められたので、異なるのである。税金帳簿はIRSの規則に従い、株主帳簿は、会計の管理機構である*財務会計基準審議会（Financial Accounting Standards Board, FASB）*の規則に従う。たとえば、地方自治体債券の収入は、税務目的としては無視されるのに対して、FASBでは収入として取り扱われる。もう一つの例としては、企業は一般的に、税金には加速減価償却を用い、株主帳簿には定額減価償却を用いる。

この違いは、ほとんどいつでも企業に利益をもたらす。なぜなら、規則は株主帳簿の利益が、税金帳簿の利益より高くなることを許容するからである。つまり、経営陣は報告利益のすべてに税金を支払う必要なしに、株主に儲かっているとみせることができる。実際、ずっと一貫して株主にプラスの利益を報告している多くの大企業が、一方ではIRSに対して損失を報告している。一つのシニカルな解釈は、国会議員（集合体として租税政策をつくる）が、支持者を助けるために、有利な規則をつくっているというものである。この解釈が正しいかどうかは別として、一つの点は明らかである。すなわち企業は、法を破るためではなく法に従うために、二つの帳簿セットをつくっているのである。

どちらの帳簿が本章に適切だろうか。キャッシュフローは税金を引いた後にのみ計算できるので、税金帳簿の数値が適切なものである。株主帳簿は会計と財務分析には適切であるが、キャピタル・バジェッティングには用いられない。

最後に、米国企業は二つの帳簿セットを許されているが、これはすべての国（あるいはたぶん大多数の国）がそうというわけではない。国際的なキャッシュフローの推定には、現地の規則の知識が必要である。

純運転資本に関する注釈

純運転資本への投資は、どのようなキャピタル・バジェッティング分析でも重要な部分である。われわれは、表6.1の5行目と6行目で純運転資本を明示的に検討したが、学生たちはこれらの行の数字がどこからきたのか、不思議に思っているかもしれない。純運転資本への投資は、次の場合に発生する。①在庫品が購入される。②予想外の支出に対してのバッファーとして現金が保持される。③信用販売が行われ、現金ではなく売掛金が生み出される（純運転資本への投資は、信用で購入が行われる分相殺される。これは買掛金を生み出す）。企業の他の場所で生み出される現金がこのプロジェクトに拘束されるので、この純運転資本への投資はキャッシュアウトフローである。

純運転資本がどのようにその構成部分からつくられているのかをみるために、初年度に焦点を置く。ボールドウィンの経営陣は、初年度の売上高が10万ドルで、営業費用が5万ドルであると予想していることが、表6.1でわかる。もし売上高と費用の両方が現金取引であったなら、会社は5万ドル（＝＄100,000－＄50,000）を受け取ることになる。前述したように、このキャッシュフローは初年度の*終わり*に発生する。

ここでもっと情報を与えよう。経営陣は、

1．売上高の9,000ドルが信用販売であると予測する。これは初年度の現金受取りが9万1,000ドル（＝＄100,000－＄9,000）であることを意味する。売掛金の9,000ドルは2年度で回収される。
2．費用5万ドルのうち、3,000ドルの支払を延期できると考えている。これは現金支払が4万7,000ドル（＝＄50,000－＄3,000）だけであることを意味する。もちろん、ボールドウィンは2年目に3,000ドルの買掛金を支払う。
3．在庫切れを避けるために、初年度は2,500ドルの在庫を手元に残すべきであると決定する。

4．現金が枯渇するのを避けるために、初年度は1,500ドルの現金をとっておくべきであると決定する。

したがって、初年度の純運転資本は、以下のようになる。

$9,000 −	$3,000 +	$2,500 +	$1,500 =	$10,000
売掛金	買掛金	在庫	現金	純運転資本

会社の他の場所で生み出される1万ドルの現金が、この純運転資本の必要条件を相殺するために用いられなければならないので、ボールドウィンの経営陣は、純運転資本への投資を、プロジェクトのキャッシュアウトフローとして正しくとらえている。プロジェクトが時とともに成長するにつれ、純運転資本の必要性は増加する。純運転資本の年ごとの*変化*は、表6.1の6番目の行で、最初の数年間マイナスの数値によって示されるように、さらなるキャッシュフローを意味する。しかしながら、プロジェクトが下降する時期においては、純運転資本は減少し最終的にゼロになる。すなわち、売掛金は最後には回収され、プロジェクトの現金バッファーは会社の他の場所に返還され、そして残ったすべての在庫は売却される。これは6番目の行で、4年度と5年度がプラスの数値で示されるように、現金を後の年度において解放する。

通常、企業ワークシート（表6.1のような）は、純運転資本を全体として取り扱う。運転資本の個々の要素（受取勘定、在庫など）は、一般にワークシートには現れない。とはいえ読者は、ワークシートの運転資本の数値が、何もないところから引き出されるのではないということを覚えておかなければならない。まさに初年度で示したように、むしろ要素についての非常に慎重な予想から導かれるのである。

減価償却に関する注釈

ボールドウィンのケースでは、減価償却についていくつかの仮定を置いた。これらの仮定はどこからきたのだろうか。税金に関して、資産は現在1986年の税制改革法の規定に基づいて減価償却される。減価償却可能な財産には七つのクラスがある。

・3年クラスは、特定の特殊化された短期財産を含む。牽引車と2歳を過ぎた競走馬は、このクラスに当てはまる希有な項目の例である。
・５年クラスは、(a)自動車とトラック、(b)電卓、コピー機、タイプライターと同様にコンピュータと周辺機器が、そして(c)研究目的に使われる特定の品目が含まれる。
・７年クラスは、オフィス家具、設備、本、そして単一目的農業用建造物が含まれる。これはまた他のクラスに指定されないすべての資産が含まれる「全部捕獲」の分類でもある。
・10年クラスは、船舶、はしけ、タグボート、およびそれに類する水上交通に関連する機材を含む。
・15年クラスは、多様な特殊な項目を含む。含まれているのは、電話交換設備施設とそれに類する音声およびデータ通信に用いられる設備、そして汚水処理設備である。
・20年クラスは、農場建造物、下水パイプ、そして他の長寿命設備を含む。
・減価償却可能な不動産資産は、二つのクラスに分けられる。住宅向けと、非住宅向けである。住宅向け資産の費用は27年半にわたって回収され、非住宅向け資産は39年にわたる。

３年、５年、７年クラスの項目は、税制改革法で定められた時点での定額減価償却法への切替えを伴う、200%の定率法を用いて減価償却される。15年と20年のクラスは、定められた時点での定額減価償却法への切替えを伴う、150%の定率法を用いて減価償却される。すべての不動産資産は定額法ベースで減価償却される。

すべての減価償却の計算は、ちょうど年度の中間で事業資産にされたとみなす、ハーフ・イヤー・コンベンションを含む。首尾一貫させるために、IRSは、財産が処分または廃棄された年について、半年の減価償却を認める。これの影響は、資産の控除をそのクラス名よりも１年余計に広げることである。たとえば、５年資産に対して、税の期間は６年間にわたる。

利払費用

ボールドウィンの例で、利払費用が無視されたことが、あなたを悩ませたかもしれない。なんといっても、多くのプロジェクトは少なくとも一部が負債で資金調達されており、特にボウリングボール製造機は、会社の負債余力を増加させる可能性が高い。しかし結局、負債による資金調達を仮定しないわれわれの手法は、現実の世界においてむしろ標準的なものである。企業は通常、プロジェクトが株式だけで資金調達されるという仮定のもとで、プロジェクトのキャッシュフローを計算する。負債調達のためのなんらかの調整は、キャッシュフローではなく割引率に反映される。キャピタル・バジェッティングにおける負債の取扱いは本書の後段で詳しく説明する。ここでは、負債調達のもつ意味を完全に把握することは、現在の議論のレベルをはるかに超えていると述べることで十分だろう。

6.3 インフレーションとキャピタル・バジェッティング

インフレは経済活動の一つの重要な事実であり、キャピタル・バジェッティングにおいて考慮されなければならない。金利とインフレーションとの関係を考えることから考察を始める。

金利とインフレーション

銀行は10％の１年物金利を提供しているとしよう。これは期日０で1,000ドルを預金した個人が、１年後に1,100ドル（＝＄1,000×1.10）を受け取ることを意味する。10％はかなりの利益のようにみえるかもしれないが、インフレ率を考察した後でなければ、全体の視野で正しくとらえることはできない。

年間のインフレ率が６％で、すべての品物に等しく影響を及ぼすと想定する。たとえば、期日０でハンバーガーに１ドルの値段をつけているレストランは、年度末に同じハンバーガーに1.06ドルの料金を要求する。あなたは期日０において、1,000ドルでハンバーガーを1,000個買うことができる。かわりに、もしあなたが銀行にすべてのお金を預けたら、期日１で1,038個（＝＄1,100/＄1.06）のハンバーガーを買うことができる。したがって、銀行に貸し出すことによって、3.8％だけハンバーガーの消費を増加させることができる。

すべての品物の価格がこの６％の率で上昇するので、貸出はどの単一の品物、あるいはどんな品物の組合せでも、3.8％だけあなたの消費を増加させる。したがって、3.8％はインフレ率を調整した後、あなたが普通預金口座を通して実際に稼げるものである。経済学者は、3.8％の数字を*実質金利*（*real interest rate*）と呼び、

図６.１　実質金利の計算

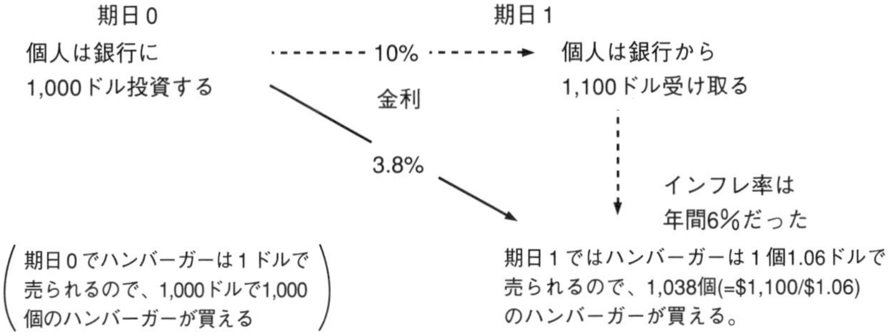
期日０
個人は銀行に
1,000ドル投資する
10%
金利
3.8%
期日１
個人は銀行から
1,100ドル受け取る
インフレ率は
年間6%だった
期日０でハンバーガーは１ドルで売られるので、1,000ドルで1,000個のハンバーガーが買える
期日１ではハンバーガーは１個1.06ドルで売られるので、1,038個(=$1,100/$1.06)のハンバーガーが買える。

ハンバーガーは説明用の品物として用いられている。期日０での1,000個のハンバーガーのかわりに、期日１で1,038個のハンバーガーを購入できる。実質金利＝1,038/1,000−1＝3.8%。

10%の数字を*名目金利*（*nominal interest rate*）もしくは単に*金利*と呼ぶ。この議論は図6.1に図解されている。

われわれは特定の名目金利と特定のインフレ率を伴う例を用いた。一般に、実質金利と名目金利間の公式は以下のように書き表せる。

$$1+\text{名目金利}=(1+\text{実質金利})\times(1+\text{インフレ率})$$

項を再編成すると、次のようになる。

$$\text{実質金利}=\frac{1+\text{名目金利}}{1+\text{インフレ率}}-1 \qquad (6.1)$$

公式は、この例での実質金利が3.8%（=1.10/1.06−１）であることを示している。

式6.1は実質金利を正確に算定する。次の公式は近似値である。

$$\text{実質金利}\cong\text{名目金利}-\text{インフレ率} \qquad (6.2)$$

≅の記号は等式がほぼ正しいことを示している。この後者の公式は、われわれの例における実質金利を次のように計算する。

$$4\%=10\%-6\%$$

学生諸君は、式6.2が式6.1より直観的にみえる一方で、式6.2は単なる近似値であることに気をつけなければならない。

この近似値は、低い金利とインフレ率では、そこそこ正確である。われわれの例では、近似計算と正確な値との違いはたった0.2%（＝4％−3.8%）でしかない。不運なことに、近似値はレートが高い場合、不正確になってしまう。

例6.6　実質と名目金利

ほとんど無名の君主国ガーベロビアは、近年、名目金利が300%でインフレ率が280%だった。式6.2によると、実質金利は

$$300\% - 280\% = 20\% \qquad \text{（近似値公式）}$$

になる。しかしながら、式6.1によると、この金利は

$$\frac{1+300\%}{1+280\%} - 1 = 5.26\% \qquad \text{（正確な公式）}$$

である。

2番目の公式が正確なものであると、どうやってわかるのだろうか。再びハンバーガーの観点で考えてみよう。もし1年前、あなたが1,000ドルをガーベロビアの銀行に預金していたら、口座は今日4,000ドル［＝1,000×（1＋300%）］の価値をもつことになる。しかしながら、1年前ハンバーガー1個は1ドルだったが、いまでは3.80ドル［＝1×（1＋280%）］する。したがって、あなたはいま1052.6個（＝4,000/3.80）のハンバーガーを買うことができる。これは実質金利が5.26%であることを意味する。

キャッシュフローとインフレーション

前記の分析は二つのタイプの金利、名目金利と実質金利を定義し、式6.1を通してそれらを関係づけている。キャピタル・バジェッティングは金利と同様にキャッシュフローのデータを必要とする。キャッシュフローは、金利のように名目あるいは実質という言葉で表現することができる。

名目キャッシュフロー（nominal cash flow）は、実際に受け取る（あるいは支払う）ドル金額を指す。**実質キャッシュフロー**（real cash flow）は、キャッシュフローの購買力を指す。ほとんどの定義と同様、これらの定義は例題によっていちばんよく説明される。

例6.7　名目 vs 実質キャッシュフロー

バローズ出版は、有名なロマンス小説家、バーバラ・マスクの次の本の権利をたったいま購入した。まだ書かれていないその本は、4年後に出版されることになっている。最近、ロマンス小説はソフトカバー本が10ドルで売られている。出版社は、次の4年間、インフレ率が毎年6％になると考えている。ロマンス小説は大変人気があるので、ロマンス小説の価格は、今後4年間にわたって、毎年インフレ率よりさらに約2％上昇するだろうと出版社は見込んでいる。高値をつけすぎるのを避けるため、バローズ出版は、小説をいまから4年後に13.6ドル［$=(1.08)^4\times\$10.00$］で売ろうと計画しており、10万部の売上げを予想している。

4年目に期待される136万ドル（$=\$13.6\times 100{,}000$）のキャッシュフローは、*名目キャッシュフロー*である。すなわち会社はその時点で136万ドルを受け取ることを見込んでいる。言い換えれば、名目キャッシュフローは将来に受け取る実際のドルを意味する。

4年後の136万ドルの購買力は、以下のようになる。

$$\$108\text{万}=\frac{\$136\text{万}}{(1.06)^4}$$

108万ドルという数字は、期日0での購買力として表されるので、*実質キャッシュフロー*である。ハンバーガーの例を拡張すると、4年後に受け取る136万ドルでは、108万個のハンバーガーしか買えない。なぜなら、ハンバーガーの価格はその期間に1ドルから1.26ドル［$=\$1\times(1.06)^4$］に上昇するからである。

例6.8　減価償却

バローズの競合相手である、EOBII パブリッシャーズは最近、5年間にわたって定額法で減価償却される200万ドルの印刷機を購入した。これは毎年の減価償却が40万ドル（$=\$2{,}000{,}000/5$）であることを意味する。この40万ドルは、実質あるいは名目の値だろうか。

40万ドルは今後4年間にわたる毎年の実際の税金控除額なので、減価償却は名目値である。もし購買力で調整されれば、減価償却は実質値になる。ゆえに、31万6,837ドル［＝$400,000/(1.06)^4］が、実質値として表された4年目の減価償却である。

割引化：名目あるいは実質？

前述の議論では、金利は名目または実質どちらの言い方でも表せることを示した。同様に、キャッシュフローは名目または実質どちらの言い方でも表すことができる。これらの選択が所与の場合、キャピタル・バジェッティングを行うときに、どのように金利とキャッシュフローを表すべきだろうか。

財務の実務家たちは、キャッシュフローと割引率の間の一貫性を維持する必要性を正しく強調する。すなわち、

*名目*キャッシュフローは、*名目*レートで割り引かれなければならない。
*実質*キャッシュフローは、*実質*レートで割り引かれなければならない。

首尾一貫している限り、どちらの方法も正しい。計算上のミスを最小化するために、実際面では最も簡単な手法を選ぶことが一般に推奨できる。この考え方は、次の二つの例で解説される。

例6.9　実質と名目割引化

シールズ・エレクトリック社は、ある特定のプロジェクトに関して次の名目キャッシュフローを予想している。

期　日	0	1	2
キャッシュフロー	－$1,000	$600	$650

名目金利は14％であり、インフレ率は5％と予想されている。プロジェクトの価値はいくらだろうか。

名目値を用いる：NPVは以下のように計算できる。

$$\$26.47 = -\$1,000 + \frac{\$600}{1.14} + \frac{\$650}{(1.14)^2}$$

プロジェクトは採用されるべきである。

実質値を用いる：実質キャッシュフローは、以下のとおりである。

期　日	0	1	2
キャッシュフロー	−$1,000	$571.43 $= \left(\frac{\$600}{1.05}\right)$	$589.57 $= \left(\frac{\$650}{(1.05)^2}\right)$

式6.1によると、実質金利は8.57143%（=1.14/1.05−1）である。

NPVは次のように計算できる。

$$\$26.47 = -\$1,000 + \frac{\$571.43}{1.0857143} + \frac{\$589.57}{(1.0857143)^2}$$

キャッシュフローが名目値で表されても、あるいは実質値で表されても、NPVは同じである。実際、二つの異なる手法において、NPVは常に同じにならなければならない。

どちらの手法も常に同じ結果を生み出すのなら、どちらを利用すべきだろうか。すでに述べたように、より簡単な手法はより少ない計算ミスにつながるので、簡単なほうの手法を利用する。シールズ・エレクトリック社のケースは名目キャッシュフローで始まるので、ここでは名目値がより簡単な計算になる。

例6.10　実質と名目NPV

アルツシュラー社は、キャピタル・バジェッティング・プロジェクトのために、次の予想を用意した。

	0年度	1年度	2年度
資本支出	$1,210		
収益（実質）		$1,900	$2,000
現金費用（実質）		950	1,000
減価償却（定額法）		605	605

社長のデイビッド・アルツシュラーは、今後2年間、インフレ率を毎年10%であると予想している。加えて、彼はプロジェクトのキャッシュフローが、名目レートの15.5%で割り引かれるべきだと考えている。彼の会社の税率は40%である。

アルツシュラー氏は、名目ベースですべてのキャッシュフローを予測し、次の表を作成する。

	0年度	1年度	2年度
資本支出	－＄1,210		
収益		＄2,090（$=1,900\times1.10$）	＄2,420［$=2,000\times(1.10)^2$］
－　費　用		－1,045（$=950\times1.10$）	－1210［$=1,000\times(1.10)^2$］
－　減価償却		－605（=1210/2）	－605
課　税　利　益		440	605
－税金（40%）		－176	－242
税引き後利益		264	363
＋　減価償却		605	605
キャッシュフロー		869	968

$$\text{NPV}=-\$1,210+\frac{\$869}{1.155}+\frac{\$968}{(1.155)^2}=\$268$$

アルツシュラー氏の相棒のスチュワート・ワイスは、実質ベースで作業することを好む。彼はまず実質金利が5%（=1.155/1.10－1）であると計算する。次に、実質値で以下の表を作成する。

	0年度	1年度	2年度
資本支出	－＄1,210		
収益		＄1,900	＄2,000
－　費　用		－950	－1000
－　減価償却		－550（=605/1.10）	－500［$=605/(1.10)^2$］
課　税　利　益		400	500
－税金（40%）		－160	－200
税引き後利益		240	300
＋　減価償却		550	500
キャッシュフロー		790	800

$$\text{NPV}=-\$1,210+\frac{\$790}{1.05}+\frac{\$800}{(1.05)^2}=\$268$$

彼の計算をアルツシュラー氏に説明するのに、ワイス氏は以下の点を指摘する。

1．資本支出は期日0（今日）で起こるので、名目価値とその実質価値は等しい。

2．605ドルの年次減価償却は名目値なので、10%のインフレ率で割り引くことによって、それを実質値に変換する。

アルツシュラー氏とワイス氏が、どちらも同じNPV数値に達するというのは偶然の一致ではない。どちらの手法も常に同じNPVにならなければならない。

6.4 営業キャッシュフローの他の定義

本章の例題でわかるように、キャッシュフローの適切な計算は、キャピタル・バジェッティングにとって必須である。プロジェクトの営業キャッシュフローに関しては、数多くの定義が一般に使われている。これはコーポレートファイナンスの学生をしばしば苦しめる事実である。しかしながら、よいニュースは、これらの定義が相互に整合的であるということである。すなわち、正しく用いたなら、これらはすべて所与の問題に対して同じ結論に導く。ここで、いくつかの一般的な定義を考察し、その仮定を通して、それらが互いに同一のものであることを示す[1]。

以下の議論では、われわれがキャッシュフローに言及するとき、それは文字どおり入ってくるドルから出ていくドルを引いたものであることを、心にとめておいてほしい。これが、われわれが関心をもつすべてである。この節では、売上高、費用、減価償却、税金に関する基本的な情報を操って、キャッシュフローを計算する。

考慮中のプロジェクトのある年度に関して、以下の推定値を得たとしよう。

売上高＝＄1,500
現金費用[2]＝＄700
減価償却＝＄600

1）　簡単にするために、この議論では運転資本を無視する。
2）　現金費用は減価償却を無視する。

これらの推定値を用いると、税引き前利益（EBT）は次のようになる。

$$\begin{aligned}\text{EBT} &= \text{売上高} - \text{現金費用} - \text{減価償却}\\ &= \$1,500 - 700 - 600\\ &= \$200 \end{aligned} \tag{6.3}$$

キャピタル・バジェッティングでは慣行になっているように、利息は支払われないと仮定する。よって、税金は

$$\begin{aligned}\text{税金} &= (\text{売上高} - \text{現金費用} - \text{減価償却}) \times t_c = \text{EBT} \times t_c\\ &(\$1,500 - 700 - 600) \times 0.34 = \$200 \times 0.34 = \$68\end{aligned} \tag{6.4}$$

となる。t_c は法人税率で34%である。

いまのところ、式6.3で税引き前利益を、式6.4で税金を計算したが、営業キャッシュフロー（OCF）はどのように求めたらよいのだろうか。以下に三つの異なる方法を示す。これらはどれも相互に整合的である。1番目は、「どの現金が所有者の財布に入るか、そしてどの現金が所有者の財布から出ていくか」を単純に質問するので、おそらく最も常識的なものである。

トップダウン法

現金を追跡してみよう。所有者は、売上高の1,500ドルを受け取り、現金費用の700ドルを支払い、そして68ドルの税金を支払う。したがって、営業キャッシュフローは、以下と等しくなければならない。

$$\begin{aligned}\text{OCF} &= \text{売上高} - \text{現金費用} - \text{税金}\\ &= \$1,500 - 700 - 68\\ &= \$732\end{aligned} \tag{6.5}$$

われわれはこれを*トップダウン*法と呼ぶ。なぜなら、キャッシュフローを求めるために、損益計算書のトップから始めて、徐々に下に降りながら、費用、税金、そして他の経費を引くからである。

その過程で、減価償却を無視した。なぜだろうか。減価償却は現金流出ではないからである。つまり、所有者はいかなるミスター減価償却氏にも600ドルの小切手を切っていない！　減価償却は会計上の概念であり、キャッシュフローではないの

である。減価償却はキャッシュフローの計算において出番があるのだろうか。イエスであるが、間接的にのみである。現在の税法のもとでは、減価償却は控除であり、課税所得を減少させる。より低い所得は税金を下げることにつながり、その結果、より高いキャッシュフローにつながる。

ボトムアップ法

これはおそらく会計のクラスで習った方法だろう。最初に利益を以下のように計算する。

プロジェクトの純利益＝EBT－税金
＝＄200－68
＝＄132

次に、減価償却を加え戻す。

OCF＝純利益＋減価償却
＝＄132＋600
＝＄732　(6.6)

純利益を構成要素で表すと、OCFをより完全なかたちで表現できる。

OCF＝(売上高－現金費用－減価償却)(1 $-t_c$)＋減価償却
＝(＄1,500－700－600)(1 －0.34)＋600＝＄732　(6.6′)

式6.6で書いてあろうと、式6.6′で書いてあろうと、これが*ボトムアップ法*である。ここでは会計士のボトムライン（純利益）から始めて、非現金控除項目を足し戻していく。この純利益＋減価償却という営業キャッシュフローの定義は、純利益の計算において支払利息が控除されない場合のみに正しいということを覚えておくのはきわめて重要である。

普通の人にとっては、通常トップダウン法のほうが理解しやすいだろう。それが最初に提示した理由である。トップダウン法は、単純にどんなキャッシュフローが入ってきてどんなキャッシュフローが出ていくのか尋ねる。とはいえ、会計士はもっぱら後者の方法を用いるので、会計の教育を受けた人には、ボトムアップ法のほうがやさしいと思えるかもしれない。実際、会計学のクラスをしっかり腹に収めた学生は、キャッシュフローを求めるために減価償却を加え戻すことを習慣的に知っている。

ここで行ったようになぜ減価償却を加え戻すのか、直観的に説明できるだろうか。会計学の教科書は、多くの紙面を割いてボトムアップ法の背後にある直観を説明するが、われわれはファイナンスの教科書で同じ努力を繰り返したくない。とはいえ、2行の説明を試してみよう。上で言及したように、減価償却は利益を減らすものの、減価償却は現金流出ではない。したがって、利益からキャッシュフローに移行するとき、減価償却を加え戻さなければならない。

節税効果法

節税効果（tax shield）法は、式6.5に提示したトップダウン法の単なる変形である。式6.5の項の一つは税金であり、これは式6.4で定義されている。式6.4の税金の公式を式6.5に代入すると、以下のようになる。

$$\text{OCF} = \text{売上高} - \text{現金費用} - (\text{売上高} - \text{現金費用} - \text{減価償却}) \times t_c$$

これを整理すると、

$$\text{OCF} = (\text{売上高} - \text{現金費用}) \times (1 - t_c) + \text{減価償却} \times t_c \qquad (6.7)$$

になる。ここで t_c は再度、法人税率である。$t_c = 34\%$ を仮定すると、OCF は以下のようになる。

$$\begin{aligned} \text{OCF} &= (\$1,500 - 700) \times 0.66 + 600 \times 0.34 \\ &= \$528 + 204 \\ &= \$732 \end{aligned}$$

これは前に得た値とぴったり同じである。

この方法は、OCF が二つの構成要素から成り立っているとみる。最初のパートは、減価償却費がない場合のプロジェクトのキャッシュフローである。このケースでは、このキャッシュフローは528ドルになる。

この方法における OCF の2番目のパートは、減価償却控除額に法人税率を掛けたものである。これは減価償却節税効果（depreciation tax shield）と呼ばれる。減価償却が非現金費用であることをわれわれは知っている。減価償却を控除することのキャッシュフローに対する唯一の影響は、税金を減らすことであり、これはわれわれの利益になる。いまの34%の法人税率では、減価償却費1ドルにつき、税金を34セント節約できる。したがってこの例では、600ドルの減価償却費が、税金を204ドル（$600×0.34）節約する。

学生はしばしば節税効果法がボトムアップ法と矛盾すると考える。なぜなら、式6.6では減価償却が加え戻されるが、式6.7では減価償却の節税効果のみが加え戻されるからである。しかしながら、二つの公式は、互いに完全に整合的であり、これは式6.6′と式6.7を比較することでもっともよくわかる。式6.6′では、右側の最初の項から減価償却が引かれる。式6.7の右側では同様な控除が行われない。式の最初で減価償却を引いたので、式6.6′の最後（そして式6.6最後の同等部分）で、減価償却の全額を加え戻すのである。

結　論

これでこれらの方法が皆同じであることがわかったので、なぜ人々がこれらの一つに合意しないのか不思議に思うかもしれない。一つの理由は、異なる方法が異なる状況で役に立つからである。いちばんよいのは、直面する問題にとって最も便利なものを用いることである。

6.5　異なる存続期間の投資：等価年間費用法

会社は、耐用年数の異なる二つの機械のうち、一つを選ばなければならないとしよう。どちらの機械も同じ仕事をこなせるが、異なる運転費用がかかり、異なる期間存続する。単純なNPVルールの適用は、費用の現在価値が低いほうの機械をとるべきだと示唆する。しかしながら、この選択は間違いかもしれない。なぜなら低費用の機械は、他の機械より早く取り替える必要があるかもしれないからである。

例題で考えてみよう。ダウンタウン・アスレチック・クラブは、二つの自動テニスボール投射機のうち、一つを選択しなければならない。機械Aは機械Bより費用が少ないが、長くはもたない。二つの機械のキャッシュアウトフローは、以下のとおりである。

	期日				
機械	0	1	2	3	4
A	$500	$120	$120	$120	
B	$600	$100	$100	$100	$100

機械 *A* は500ドルの費用がかかり、３年もつ。維持費は３年間、毎年度末に120ドルが支払われる。機械 *B* は600ドルの費用がかかり、４年もつ。維持費は４年間、毎年度末に100ドルが支払われる。分析をおおいに簡素化できるので、すべての費用を実質値であると仮定する。前の表のすべての数値は*アウトフロー*であることに注意されたい。

意思決定をしっかりと把握するために、二つの機械それぞれの費用の現在価値を求めよう。10％の割引率を仮定すると、以下を得る。

$$\text{機械}A：\$798.42=\$500+\frac{\$120}{1.1}+\frac{\$120}{(1.1)^2}+\frac{\$120}{(1.1)^3}$$

$$\text{機械}B：\$916.99=\$600+\frac{\$100}{1.1}+\frac{\$100}{(1.1)^2}+\frac{\$100}{(1.1)^3}+\frac{\$100}{(1.1)^4}$$

機械 *B* はより高いアウトフローの現在価値をもつ。より低い現在価値を理由に単純な手法は機械 *A* を選択するだろう。しかしながら、機械 *B* は長い耐用年数があるので、おそらく年間費用は実際には低い。

二つの機械を比べるとき、どのように有効耐用年数の違いを、適切に調整するのだろうか。おそらく最も簡単な手法は、それぞれの機械について、時に*等価年間費用（equivalent annual cost, EAC）*と呼ばれるものを計算することである。この手法は、費用を年間当りのベースに換算する。

前の式は、（$500，$120，$120，$120）の支払と、期日０での１回の支払798.42ドルが同等であることを示した。今度は、期日０での１回の支払798.42ドルと、３年アニュイティとを等しくしたい。これまでの章の手法を利用すると、

$$\$798.42=\mathrm{C}\times A^{3}_{0.10}$$

となる。$A^{3}_{0.10}$は３年間の、年次１ドルのアニュイティで、10％で割り引かれている。Cは未知数で、すべての支払の現在価値を798.42ドルと等しくするアニュイティの、年次支払額である。$A^{3}_{0.10}$は2.4869なので、Cは321.05ドル（＝$798.42/2.4869）である。よって、（$500，$120，$120，$120）の一連の支払は、３年間、毎年度末に支払われる321.05ドルのアニュイティと同等である。321.05ドル

を機械 A の*等価年間費用*という。

この考え方は次の表に要約されている。

期日	0	1	2	3
機械 A のキャッシュアウトフロー	＄500	＄120	＄120	＄120
機械 A の等価年間費用		＄321.05	＄321.05	＄321.05

ダウンタウン・アスレチック・クラブは、(＄500, ＄120, ＄120, ＄120) のキャッシュアウトフローと、(＄0, ＄321.05, ＄321.05, ＄321.05) のキャッシュアウトフローの、どちらでもかまわないはずである。あるいは、機械の購入は、321.05ドルの年間リース支払を必要とするレンタル契約と、財務的に同等であるともいえる。

今度は機械 B をみてみよう。等価年間費用を以下から計算する。

$$\$916.99 = C \times A^{4}_{0.10}$$

$A^{4}_{0.10}$は3.1699なので、C は＄916.99/3.1699、もしくは、289.28ドルである。

すでに機械 A で行ったように、機械 B について次の表が作成できる。

期日	0	1	2	3	4
機械Bのキャッシュアウトフロー	＄600	＄100	＄100	＄100	＄100
機械Bの等価年間費用		＄289.28	＄289.28	＄289.28	＄289.28

二つの機械の表を比較すれば、決定は簡単である。あなたは289.28ドルよりもむしろ321.05ドルの年間リース料を払いたいだろうか。このように置き換えると、問題は簡単になる。合理的な人は、低い金額を支払うほうがよいと思うだろう。よって、機械 B が好ましい選択である。

最後に二つの注意点を述べる。第一に、テニスボール機械の費用を実質値で特定したのは偶然ではない。もし費用が名目値で表されていたとしても、依然として B が好ましい機械だっただろうが、実際の解答はずっとむずかしくなっていたことだろう。一般ルールとして、このタイプの問題に取りかかる場合は、常にキャッシュフローを実質値に変換する。

第二に、このような分析は、両方の機械が交換可能であると見込まれる場合のみに適用される。もし交換が可能でないなら、分析は異なっていただろう。たとえば、テニスボール投射機を製造する唯一の会社が廃業して、この分野に新しい生産者が参入しないと想定しよう。このケースでは、機械 B は4年目に収益を生み出すのに対して、機械 A は生み出さない。ここでは、収益と費用の両方を含む相互排他的プロジェクトのための、単純な純現在価値分析が適切になるだろう。

交換の一般的意思決定

前述の分析は、どちらも新たな購入である機械 A と機械 B の選択を考えた。より一般的には、企業は既存の機械をいつ新しいものに交換するのか決定しなければならない。この意思決定は、実際にはかなり直接的である。新しい機械の年間費用が、古い機械の年間費用より小さかったら、交換すべきである。ファイナンスの他の分野と同様、さらなる説明よりも、例題がこの手法をより明確にする。

例 6.11　交換の意思決定

BIKE 社の状況を考えてみよう。BIKE 社は既存の機械を交換するかどうかを決めなければならない。会社は現在税金を払っていない。機械の交換には、いま9,000ドルの費用がかかり、8年間にわたって、毎年度末に1,000ドルの維持費を必要とする。8年後に機械は2,000ドルの残存価額で売却される。

以下のように既存の機械は毎年増加する維持費を必要とし、残存価額は毎年落ちていく。

年	維持費	残存価額
現在	$　0	$4,000
1	1,000	2,500
2	2,000	1,500
3	3,000	1,000
4	4,000	0

この表は、既存の機械がいま4,000ドルで売ることができることを示している。もしいまから1年後に売却したら、売却価格は2,500ドルであり、1,000ドルがその間運転するための維持費として使われる。計算を簡単にするために、この維持費が年度末に支払われると仮定する。機械は壊れるまであと4年の耐用年数がある。言い換えると、4年後に残存価額はゼロになる。もしBIKE 社の資本の機会費用が15%だとしたら、機械はいつ交換されるべきだろうか。

われわれのアプローチは、交換機械の年間費用を、古い機械の年間費用と比べることである。交換機械の年間費用は、単にその*等価年間費用*である。まずこれを計算しよう。

新しい機械の等価年間費用

新しい交換機械の費用の現在価値は以下のとおりである。

$$\begin{aligned} PV_{\text{費用}} &= \$9,000 + \$1,000 \times A^{8}_{0.15} - \frac{\$2,000}{(1.15)^{8}} \\ &= \$9,000 + \$1,000 \times (4.4873) - \$2,000 \times (0.3269) \\ &= \$12,833 \end{aligned}$$

2,000ドルの残存価額はインフローであることに注目されたい。これは機械の費用を相殺するので、上の式では負の数値として扱われている。

新しい交換機械のEACは、次のようになる。

$$\text{PV/15\%での8年アニュイティ・ファクター} = \frac{PV}{A^{8}_{0.15}} = \frac{\$12,833}{4.4873} = \$2,860$$

この計算は、交換機械の購入が、この機械を年間2,860ドルでレンタルすることと財務的に同等であることを意味している。

古い機械の費用

この計算は若干注意を要する。もしBIKE社が古い機械を1年間維持したら、会社は1年後に1,000ドルの維持費を払わなければならない。しかしこれはBIKE社にとって、1年間機械を保持することからの唯一の費用ではない。BIKE社は、古い機械を保持したら、期日1で2,500ドルを受け取ることになるが、古い機械を即座に売却したら、今日4,000ドルを受け取る。この売上代金の減少は、明らかに費用である。

したがって、機械をもう1年保持してから売却する費用のPVは、以下のようになる。

$$\$4,000 + \frac{\$1,000}{1.15} - \frac{\$2,500}{1.15} = \$2,696$$

すなわち、もしBIKE社が1年間古い機械を保有したら、BIKE社は今日4,000ドルを受け取らない。この4,000ドルは、機会費用として考えられる。加えて、会社はいまから１年後に1,000ドルを支払わなければならない。最後に、BIKE社はいまから１年後に2,500ドルを受け取る。この最後の項目は、他の二つの費用を相殺するので、負の数値として取り扱われる。

通常われわれはキャッシュフローを現在価値で表すが、もしいまから１年後の将来価値でキャッシュフローを表すと、ここからの分析が簡単になる。この将来価値は、

$$\$2,696 \times 1.15 = \$3,100$$

である。言い換えれば、機械を１年間保持する費用は、１年後に3,100ドル支払うのと等価である。

比較する

さて、キャッシュフローを復習しよう。もし機械をすぐに交換したら、2,860ドルを年度末から始まる年間費用とみなすことができる。もし８年ごとに新しい機械に交換すれば、この年間費用は永久に発生する。このキャッシュフロー流列は以下のように書ける。

	１年目	２年目	３年目	４年目	…
いますぐ機械を交換することによる費用	$2,860	$2,860	$2,860	$2,860	…

もし古い機械を１年後に交換するとしたら、古い機械を用いる最後の年の費用は、年度末に支払う3,100ドルとみなすことができる。交換後、年間費用は２年目の終わりに始まる2,860ドルである。もし８年ごとに新しい機械に交換すれば、この年間費用は永久に発生する。このキャッシュフローの流れは次のように書き表せる。

	１年目	２年目	３年目	４年目	…
１年間古い機械を利用し、その後交換することによる費用	$3,100	$2,860	$2,860	$2,860	…

このように置き換えると、選択は簡単である。だれもが年度末に3,100ドルを払うよりは、2,860ドルを支払うことを好むだろう。１年目の費用を最小化するために、BIKE社はいますぐ古い機械を交換すべきである[3)]。

交換の意思決定に関して、二つの最終コメントを述べる。まず、われわれは古い機械と交換機械の両方が、同じ収益を生み出す状況を考察した。収益は機械の選択によって影響を受けないので、収益は分析には入ってこない。この状況は、ビジネスでは普通である。たとえば、ホームオフィスの暖房システムやエアコン・システムのどちらかを交換する意思決定は、会社の収益に影響を及ぼす可能性が低い。とはいえ、時に新しい機械の収益は大きくなる。上記の手法は、異なる収益を取り扱うように簡単に修正することが可能である。

次に、上記の手法の重要性を強調したい。すべての機械は、ある時点で交換されなければならないので、上記の手法は、ビジネスの世界に普及している。

要約と結論

この章では、キャピタル・バジェッティングの多くの実践的応用を議論した。

1．キャピタル・バジェッティングは増分ベースで行われなければならない。これは、機会費用と副作用の両方が考慮されなければならない一方で、埋没費用が無視されなければならないことを意味する。

2．ボールドウィンのケースでは、次の二つのステップを利用して、NPVを計算した。

a. 各期において、すべての源泉から正味キャッシュフローを計算する。

b. 上で計算したキャッシュフローを用いてNPVを計算する。

3．インフレ率は首尾一貫して取り扱われるべきである。一つの手法は、キャッシュフローと割引率のどちらも名目ベースで表すことである。他の手法は、キャッシュフローと割引率のどちらも実質ベースで表すことである。どちらの手

3）　一つの警告が必要である。ことによると、古い機械の維持費は、初年度は高いがその後下がる。いますぐ交換する決定は、そのケースにおいては早計かもしれない。したがって、将来の古い機械の費用を調べる必要がある。

現存する機械を2年目に保持する費用は、

$$\text{期日 1 での費用の PV} = \$2,500 + \frac{\$2,000}{1.15} - \frac{\$1,500}{1.15} = \$2,935$$

である。これは3,375ドル（＝$2,935×1.15）の将来価値をもち、古い機械の年間費用（$2,860）より大きな費用である。3年目と4年目に既存の機械を保持する費用もまた、新しい機械を購入するEACより大きい。したがって、いますぐ古い機械を交換するというBIKE社の決定は、依然として妥当である。

法も同じNPVの計算結果を生み出すので、よりやさしい手法が用いられるべきである。どちらがよりやさしいかは、一般にキャピタル・バジェッティング問題のタイプに依存する。

4．企業は、耐用年数が異なる二つの機械から選択するとき、等価年間費用法を用いるべきである。

Concept Questions

1．機会費用

キャピタル・バジェッティングにおいて、機会費用とは何か。

2．増分キャッシュフロー

投資のNPVを計算するとき、以下のどのキャッシュフローを増分キャッシュフローとして取り扱うべきか。

a. 投資によって引き起こされた社内の他のプロダクトの売上げの減少

b. まだ支出されておらず、プロジェクトが採用された場合にのみ支出される工場と設備の費用

c. 過去3年間にわたって費やされたプロダクトの研究開発費

d. 投資からの年間減価償却費

e. 会社の配当支払

f. プロジェクト終了時における工場と設備の再販価値

g. プロジェクトが採用された場合にのみ雇用される、生産担当社員の給与と医療費

3．増分キャッシュフロー

あなたの会社は現在、スチール・シャフトのゴルフ・クラブを生産・販売している。取締役会は、新商品のグラファイト・シャフトをもつチタン・バブル・ウッドの発売を、あなたに検討してほしいと思っている。以下のどの費用が関係ないか。

a. 会社がすでに所有していて、プロジェクトに用いられる市場価値が70万ドルの土地

b. グラファイト・シャフトのチタン・ウッド・クラブの発売による、スチール・シャフト・クラブの売上高の減少30万ドル

c. グラファイト・シャフトに、昨年使われた20万ドルの研究

開発費

4．減価償却

選択肢が与えられたら、企業はMACRS減価償却と定額償却のどちらを好むか。なぜか。

5．純運転資本

キャピタル・バジェッティングの例で、会社はプロジェクトに投資したすべての運転資本を回収すると仮定した。これは妥当な仮定か。どのようなときにこの仮定は有効でないかもしれないか。

6．スタンドアローン原則

ある財務管理者がこういったとする。「われわれの会社はスタンドアローン原則を用いる。われわれは評価の過程においてプロジェクトを小さな会社のごとく扱うので、資金調達費用を含める。なぜならそれらは会社レベルで重要だからである」。この主張を批判的に評価せよ。

7．等価年間費用

二つ以上のプロジェクトを評価する際、どのようなときにEAC分析は適切か。なぜこの手法が使われるのか。この手法に必要な暗黙の仮定で、あなたが理解しがたいと思うものはあるか。説明せよ。

8．キャッシュフローと減価償却

「プロジェクトを評価するとき、われわれは適切な増分税引き後キャッシュフローのみに関心がある。したがって、減価償却は非現金費用なので、プロジェクトを評価する際、その影響は無視すべきである」。この主張を批判的に評価せよ。

9．キャピタル・バジェッティングで考慮すべきこと

大手の大学教科書出版社には、既存のファイナンス教科書がある。出版社は、より短く（そして安い）「エッセンシャル」版を出すかどうか議論している。ここではどのようなことに考慮しなければならないか。

次の三つの問題に答えるために、以下の例を参照せよ。2003

年、ポルシェは新しいスポーツ・ユーティリティ車（SUV）のカイエンを公表した。値段が4万ドルを超えるカイエンは、0から時速62マイルまで8.5秒で到達する。ポルシェがSUV市場へ参入する意思決定は、メルセデス・ベンツMクラスのような他の高級SUVの大ヒットに反応してのものである。このクラスの車は、何年にもわたって非常に高い利益を生み出してきた。カイエンは確実に市場に食い込み、2006年、ポルシェは、0から時速60マイルまで4.8秒で到達し、最高速度が168マイルのカイエン・ターボSを投入した。カイエン・ターボSの基本価格はいくらだろうか。何と11万2,000ドルである！

一部のアナリストは、ポルシェの高級SUV市場への参入を疑問視した。アナリストは、ポルシェの市場参入が遅いというだけではなく、カイエンの投入が高性能スポーツカー・メーカーとしてのポルシェのブランド・イメージを傷つけるのではないかと危惧した。

10．浸　食

カイエンを評価する際、あなたはポルシェのブランド・イメージに対する潜在的なダメージを浸食とみなすか。

11．キャピタル・バジェッティング

ポルシェはSUV市場に最後に参入したメーカーの一つである。なぜ他の企業が、少なくとも最初は、参入しないことを決めた市場に、ある企業は参入することを決めるのだろうか。

12．キャピタル・バジェッティング

カイエンを評価する際、市場に存在する高い利鞘に関して、ポルシェは何を仮定する必要があると思うか。市場がより競争的になっていっても、それは維持される可能性が高いか。それともポルシェは、その高いブランド・イメージとカイエンの性能で、利鞘を維持できるか。

質問と問題

◆基本（問題1－10）

1．プロジェクトのNPVの計算

ラファエル・レストランは、1万2,000ドルのスフレ製造機の購入を考えている。スフレ製造機は、5年の経済耐用年数をもち、定額法で完全に減価償却される。この機械は、1個当りの費用が2.20ドルで、販売価格が5ドルのスフレを、年間1,900個つくりだす。割引率は14%で、税率は34%であると仮定する。ラファエルは購入すべきか。

2．プロジェクトのNPVの計算

ベスト製造社は新たな投資を考えている。投資の財務予測は下の表にまとめてある。法人税率は34%である。売上収益の全部が現金で受け取られ、すべての営業費用と所得税が現金で支払われ、そしてすべてのキャッシュフローが年度末に発生すると仮定する。

	0年度	1年度	2年度	3年度	4年度
投　資	$16,000				
売上収益		$8,500	$9,000	$9,500	$7,000
営業費用		1,900	2,000	2,200	1,700
減価償却		4,000	4,000	4,000	4,000
純運転資本	200	250	300	200	?

a. 各年度の投資の増分純利益を計算せよ。

b. 各年度の投資の増分キャッシュフローを計算せよ。

c. 適切な割引率は12%であるとする。プロジェクトのNPVはいくらか。

3．プロジェクトのNPVの計算

ダウンアンダー・ブーメラン社は、最初の固定資産投資に240万ドルが必要になる、新たな3年間の拡大プロジェクトを考えている。固定資産は3年間の課税寿命にわたって、定額法でゼロまで減価償却される。その後は価値がない。プロジェクトは、毎年95万ドルの費用で205万ドルの売上高を生み出すと予想されている。税率は35%で、要求されるリターンは12%である。プロジェクトのNPVはいくらか。

4．資産からのプロジェクト・キャッシュフローの計算

前の問題で、プロジェクトには純運転資本への投資として最初に28万5,000ドルが必要で、またプロジェクトの最後に固定資産が22万5,000ドルの市場価値をもつとする。プロジェクトの0年度における正味キャッシュフローはいくらか。1年度は？　2年度は？　3年度は？　新しいNPVはいくらか。

5．NPVとMACRS

前の問題で、固定資産が実際には3年のMACRSクラスになるとする。他のすべての事実は変わらない。プロジェクトの0年度における正味キャッシュフローはいくらか。1年度は？　2年度は？　3年度は？　新しいNPVはいくらか。

6．プロジェクトの評価

あなたの会社は、85万ドルの新しいコンピュータによるオーダー入力システムの購入を熟考している。システムは5年間にわたって定額法でゼロまで減価償却される。5年後にシステムは7万5,000ドルの価値がある。オーダー処理費用の削減で会社は年間32万ドルを節約し、また運転資本を10万5,000ドル減らすことができる(これは1回切りの削減)。もし税率が35%だったら、このプロジェクトのIRRはいくらか。

7．プロジェクトの評価

ドッグアップ！フランク社は、設置費用が42万ドルの新しいソーセージ・システムを考慮している。この費用は、プロジェクト寿命の5年間にわたってゼロまで定額償却される。その後、ソーセージ・システムは6万ドルで廃棄できる。ソーセージ・システムは、会社に年間13万5,000ドルの税引き前営業費用を節約し、また純運転資本に2万8,000ドルの初期投資を必要とする。もし税率が34%で割引率が10%だったら、このプロジェクトのNPVはいくらか。

8．残存価額の計算

4年間のプロジェクトで用いられるある資産は、課税目的では5年のMACRSクラスに入る。資産は、取得費用が840万ドルで、プロジェクトの最後に190万ドルで売却される。もし税率が35%だったら、この資産の税引後残存価額はいくらか。

9．NPVの計算

ハウエル石油は、既存の事業を補完する新規プロジェクトを考えている。プロジェクトに必要な機械は180万ドルの費用がかかる。販売部門は、プロジェクトによる売上げが次の4年間に毎年110万ドルあり、その後市場はなくなると予想している。機械は4年の耐用年数にわたって、定額法でゼロまで減価償却される。販売原価と営業費用は売上げの25%であると予想されている。ハウエル石油は15万ドルの純運転資本をすぐに追加する必要がある。この追加純運転資本はプロジェクトの終了時に完全に回収される。法人税率は35%である。ハウエル石油に対して要求されるリターンは16%である。ハウエル石油はプロジェクトを採用すべきか。

10. EACの計算

あなたは二つの異なるシリコンウエハ・フライス盤を評価している。テクロンIは、費用が27万ドルで、3年の耐用年数があり、税引き前運転費用が年間4万5,000ドルかかる。テクロンIIは、費用が37万ドルで、5年の耐用年数があり、税引き前運転費用が年間4万8,000ドルかかる。どちらのフライス盤も、プロジェクトの寿命にわたってゼロまで定額償却され、また残存価額は2万ドルだと仮定する。税率が35%で、割引率が12%として、それぞれの機械のEACを計算せよ。どちらがよいか。なぜか。

◆中級（問題11－27）

11. 経費削減の提案

マッシー機械ショップは、生産効率を向上させるために4年のプロジェクトを考えている。53万ドルの新しいプレス機の購入は、年間23万ドルの税引き前費用を節約すると予想される。プレス機はMACRS 5年クラスに入り、プロジェクト終了時に7万ドルの残存価額をもつ。プレス機はまた、初期投資として2万ドルのスペア部品在庫を必要とし、その後毎年3,000ドルの追加在庫が必要になる。このショップの税率が35%で、割引率が14%だったら、マッシーはプレス機を購入して設置すべきか。

12. 相互排他的プロジェクトの比較

ヘイガー産業システム社（HISC）は、二つの異なるコンベアベルト・システムから選択しようとしている。システムAは、費用が36万ドルで、4年の耐用年数があり、税引き前運転費用が年間10万5,000ドル必要になる。システムBは、費用が48万ドルで、6年の耐用年数があり、税引き前運転費用が年間6万5,000ドル必要になる。どちらのシステムもその耐用年数にわたってゼロまで定額減価償却され、残存価額はゼロである。どちらのシステムが選ばれようとも、使えなくなったときは交換されない。もし税率が34%で割引率が11%だったら、会社はどちらのシステムを選ぶべきか。

13. 相互排他的プロジェクトの比較

前問で、HISCは常にコンベアベルトが必要で、使えなくなったときは、交換されなければならないと仮定する。この場合、会社はどちらのシステムを選ぶべきか。

14. 相互排他的プロジェクトの比較

バンダレイ工業は、ラテックスの生産のために新しい機械の購入を考えている。機械Aは、費用が240万ドルで、6年間もつ。変動費は売上高の35%で、固定費は年間18万ドルである。機械Bは、費用が540万ドルで、9年間もつ。変動費は売上高の30%で、固定費は年間11万ドルである。どちらの機械も売上高は1,050万ドルになる。要求されるリターンは10%で、税率は35%である。どちらの機械も定額法で減価償却される。もし機械が使えなくなった場合、永久に交換し続ける計画だとしたら、どちらの機械を選ぶべきか。

15. インフレを伴うキャピタル・バジェッティング

次の二つの相互排他的プロジェクトのキャッシュフローを考える。

年	プロジェクト*A*	プロジェクト*B*
0	－＄50,000	－＄65,000
1	30,000	29,000
2	25,000	38,000
3	20,000	41,000

プロジェクト*A*のキャッシュフローが実質ベースで表される一方、プロジェクト*B*は名目ベースで表される。適切な名目割引率は15%で、インフレ率は4%である。どちらのプロジェクトを選ぶべきか。

16. インフレと企業価値

スパークリング・ウォーター社は、毎年210万本の飲料水を永久に販売すると見込まれている。今年、ボトルは1本当り実質ベース1.25ドルで売られ、費用は実質ベースで0.75ドルである。売上収入と費用は年度末に発生する。収益は実質ベースで毎年6%上昇し、一方実質費用は毎年5%上昇する。実質割引率は10%で、法人税率は34%である。スパークリング社は今日いくらの価値があるか。

17. 名目キャッシュフローの計算

エトニック社は、5年の経済耐用年数がある30万5,000ドルの資産に投資することを考えている。会社は初年度末における名目上の年間現金収益と費用を、それぞれ23万ドルと6万ドルであると見積もっている。その後収益と費用双方が、期待年間インフレ率の3%で成長する。エトニック社は定額法を用いて、5年間にわたって資産をゼロまで減価償却する。5年後の資産の残存価額は、名目ベースで4万ドルと推定される。1回だけの純運転資本への投資1万ドルはすぐに必要とされ、プロジェクトの終わりに回収される。すべての企業キャッシュフローは34%の課税対象である。各年度における資産からのプロジェクトの総名目キャッシュフローはいくらか。

18. キャッシュフロー評価

フィリップス・インダストリーズ社は小さな製造業を営んでいる。当会計年度は、15万5,000ドルの実質正味キャッシュフローを期待している。フィリップスは営業継続中だが、競争圧力で毎年5％、実質正味キャッシュフローが永久に浸食されると予想している。フィリップスの適切な実質割引率は11％である。すべての正味キャッシュフローは年度末に受け取られる。フィリップスの営業からの正味キャッシュフローの現在価値はいくらか。

19. 等価年間費用

ブリッジトン・ゴルフ・アカデミーは異なるゴルフ練習マシンを評価している。「ディンプルマックス」マシンの購入費用は6万3,000ドルで、耐用年数は3年、年間稼働費に7,500ドルかかる。適切な割引率は12％である。定額法が用いられ、ゼロまで完全に減価償却されると仮定する。さらに、プロジェクトの終了後、マシンは1万5,000ドルの残存価額をもつと仮定する。適切な税率は34％である。すべてのキャッシュフローは年度末に発生する。このマシンの等価年間費用（EAC）はいくらか。

20. プロジェクトのNPVの計算

スコット・インベスターズ社は、5年の耐用年数をもつ45万ドルのコンピュータの購入を考えている。コンピュータは、定額償却法を用いて完全に減価償却される。コンピュータの5年後の市場価値は8万ドルである。コンピュータは、合計年間給与14万ドルの、事務社員5人に置き換わることになる。コンピュータはまた、会社に必要な純運転資本を即座に9万ドル下げる。この純運転資本の額は、コンピュータが売却されると補充が必要になる。法人税率は34％である。もし適切な割引率が12％だったら、このコンピュータを購入する価値はあるか。

21. 交換のNPVとIRRの計算

会社は古い機械と交換するために、価格が1,200万ドルの新しい機械への投資を考えている。現在の機械は、簿価が400万ドルで、時価が300万ドルである。新しい機械は4年の耐用年数をもつと期待され、古い機械は後4年間使用可能である。もし会社が古い機械を新しい機械と交換すると、次の4年間にわたって毎年450万ドルの運転費用が節約できると期待されている。どちらの機械も4年後の残存価額はゼロである。もし会社が新しい機械を購入すると、会社はまた純運転資本に25万ドルを投資する必要がある。投資に要求されるリターンは10%で、税率は39%である。古い機械を交換する意思決定のNPVとIRRはいくらか。

22. プロジェクトの分析とインフレ

サンダーズ・エンタープライズ社は、15万ドルで新しい製造設備を購入しようと考えている。設備は7年間にわたって定額法で完全に減価償却され、7年後には何の再販価値もないと見込まれる。設備からの営業収益は、初年度末において名目ベースで7万ドルであると予想される。収益は5%のインフレ率で増加すると見込まれる。初年度末における製造原価は、名目ベースで2万ドルであり、毎年6%で上昇すると見込まれる。実質割引率は8%で、法人税率は34%である。サンダーズには、他に継続中の利益をあげている事業がある。会社はこのプロジェクトを採用すべきか。

23. プロジェクトのNPVの計算

カジュアルなサーフィン・プリントの服の人気が上がっているので、最近MBAを卒業した二人は、このカジュアル・サーフィンのコンセプトを、「家庭のサーフィン・ライフスタイル」を含むように拡大することを決めた。資本の制限があるので、彼らは家のアクセントになるようなサーフィン・プリントのテーブルとフロア・ランプに集中することにした。彼らは、これらのランプの販売個数が、初年度6,000個で、次の5年間にわたって毎年8%で成長すると予想した。これらのランプの生産には、スタートするのに2万8,000ドルの純運転資本が必要になる。総固定費は年間8万ドルで、1個当りの変動生産費は20ドル、そして販売価格は48ドルである。生産を始めるのに必要な設備は14万5,000ドルの費用がかかる。設備は、5年間の耐用年数にわたって定額法で減価償却され、残存価額はないと予想される。実効税率は34%で、要求されるリターンは25%である。このプロジェクトのNPVはいくらか。

24. プロジェクトのNPVの計算

あなたは高級チターを製造するプリスティーン・アーバンテック・チター社(PUTZ)のコンサルタントとして雇われた。チター市場は急速に成長している。会社は有毒廃棄物の捨て場として用いるつもりで、3年前に100万ドルで土地を購入したが、最近すべての有毒物質を処理する会社を雇った。最近の査定をもとに、会社はこの土地が税引き後80万ドルで売却できると考えている。4年後には、この土地は税引き後90万ドルで売却できる。会社はまたチター市場を分析するために、市場調査会社を12万5,000ドルの費用で雇った。市場調査報告書の要約は以下のとおりである。

チター産業は今後4年間で急速に拡大する。PUTZの高いブランド価値により、われわれは会社が今後4年間にわたって、それぞれの年度に3,100台、3,800台、3,600台、2,500台のチターを販売できると感じている。再度、PUTZのブランド価値を考慮すると、チター1台に他社より高価な780ドルの値段をつけることが可能だと思われる。チターは一時的な流行にみえるので、われわれは4年後に販売が中止されるべきであると考える。

PUTZは、プロジェクトの固定費が42万5,000ドルで、変動費が売上高の15%になると感じている。生産に必要な設備には420万ドルの費用がかかり、3年MACRSスケジュールに従って減価償却される。プロジェクト終了時に、設備は40万ドルで廃棄できる。12万ドルの純運転資本は即座に必要になる。PUTZの税率は38%で、プロジェクトに要求されるリターンは13%である。プロジェクトのNPVはいくらか。会社には他に利益をあげているプロジェクトがあると仮定する。

25. プロジェクトのNPVの計算

パイロット・プラス・ペンは、いつ古い機械を交換するか考えている。古い機械の現在の残存価額は180万ドルであり、現在の簿価は120万ドルである。もし売却されない場合、古い機械は次の5年間、年度末に52万ドルの維持費を必要とする。古い機械の減価償却費は年間24万ドルである。5年後、古い機械は20万ドルの残存価額と、0ドルの簿価をもつ。交換機械は、いま300万ドルの費用がかかり、5年の経済耐用年数の間、毎年度末35万ドルの維持費を必要とする。5年後、新しい機械は50万ドルの残存価額をもち、また定額法によって、完全に減価償却される。5年後、交換機械の費用は350万ドルになる。パイロットは今日どのような選択をするにしろ、いずれこの機械の購入が必要になる。法人税率は34%で、適切な割引率は12%である。会社は、減価償却から節税効果を生み出すための十分な収益を稼ぐと仮定する。会社は古い機械をいまか、あるいは5年後に交換すべきか。

26. EACとインフレ

オフィス・オートメーション社は、2種類のコピー機、XX40かRH45、のどちらかを選択しなければならない。XX40は1,500ドルの費用で、3年間もつ。このコピー機は、年間120ドルの実質税引き後費用が必要になる。RH45は2,300ドルの費用で、5年間もつ。このコピー機の実質税引き後費用は、年間150ドルになる。すべてのキャシュフローは年度末に発生する。インフレ率は年間５％で、名目割引率は14％である。会社はどちらのコピー機を選ぶべきか。

27．プロジェクトの分析とインフレ

ディキンソン・ブラザーズ社は、コンピュータ・キーボードを生産する機械に投資することを考えている。機械の価格は53万ドルで、５年の経済耐用年数がある。機械は定額法によって完全に減価償却される。機械は毎年１万5,000台のキーボードを生産する。初年度のキーボード１台の値段は40ドルで、毎年５％で上昇する。初年度のキーボードの生産費用は１台当り20ドルで、毎年６％で上昇する。プロジェクトには毎年７万5,000ドルの固定費がかかり、２万5,000ドルの純運転資本への投資が即座に必要である。会社の法人税率は34％である。もし適切な割引率が15％だったら、投資のNPVはいくらか。

◆チャレンジ（問題28－38）

28．プロジェクトの評価

アギレラ・アコースティックス社（AAI）は、新しい７オクターブ音声エミュレーション・インプラントの販売個数を以下のように予測している。

年	販売個数
1	87,000
2	94,000
3	118,000
4	109,000
5	95,000

インプラントの生産には、開始時に150万ドルの純運転資本が必要で、各年度の追加の純運転資本は、次の年の予測販売増加量の15％である。総固定費は毎年70万ドルで、変動生産費は１個当り240ドル、価格は１個325ドルである。生産を開始するのに必要な費用は1,800万ドルである。インプラントはプロの歌手用に意図されているので、この設備は産業機械とみなされ、７年のMACRS資産クラスの要件を満たす。５年後に、この設備は取得価格の約20％で売却できる。AAIは35％の限界税率枠におり、すべてのプロジェクトに18％のリターンを要求する。これらの予備的プロジェクト推定値をもとにして、プロジェクトのNPVはいくらか。IRRはいくらか。

29. 必要節約額の計算

提案された費用節約プロジェクトには、54万ドルの費用がかかる。装置は5年プロジェクトに使われるが、課税上は3年MACRS資産クラスに分類される。必要な初期純運転資本投資は4万5,000ドルで、限界税率は35%、そしてプロジェクトの割引率は12%である。装置は5年後に5万ドルの残存価額をもつと予測される。このプロジェクトが利益を生み出すには、いくらの税引き前費用節約額が必要か。

30. 入札価格の計算

キャッシュフロー分析のもう一つの活用法は、プロジェクトの入札価格を設定することである。入札価格を計算するには、プロジェクトのNPVがゼロと等しくなるように、必要な価格を計算する。したがって、入札価格はプロジェクトの財務的損益分岐点を表す。ガスリー・エンタープライズ社は、今後5年間にわたって生産ニーズを満たすために、だれかに毎年13万カートンの機械ねじを納入してもらう必要があり、あなたはその契約に入札することにした。生産を開始する設備には83万ドルの費用がかかり、あなたはこの費用をプロジェクトの寿命にわたって定額法でゼロまで減価償却する。あなたは5年後にこの設備が6万ドルで廃棄できると予測する。固定生産費は毎年21万ドルで、変動生産費は1カートン当り8.5ドルになるはずである。あなたはまた、純運転資本への初期投資として7万5,000ドルが必要である。もしあなたの税率が35%で、投資に14%のリターンを要求するなら、入札価格はいくらにすべきか。

31. 財務的損益分岐点分析

入札価格を計算する手法は、他の多くのタイプの問題に拡張可能である。入札価格を設定する手法を用いて以下の問題に答えよ。すなわち、プロジェクトのNPVをゼロにして、問題の変数を求める。

a. 前問で、1カートンの価格が14ドルと仮定して、プロジェクトのNPVを求めよ。あなたの答えは入札価格に関して何を教えてくれるか。販売できるカートン数と損益分岐点に関して、何がわかっているか。経費の水準は？

b. 引き続き価格を14ドルにおいて、再度前問を解く。しかし今度は供給できる年間カートン数の損益分岐点を求める（ヒント：13万カートンより少ない）。

c. 14ドルの価格と年間13万カートンで（b）を繰り返し、損益分岐点になる固定費の最大値を求めよ（ヒント：21万ドルより多い）。

32. 入札価格の計算

あなたの会社は、4年間にわたって年間9,000台の音声認識キーボードを売る契約に入札するよう求められた。技術の進歩により、それ以降はキーボードが時代遅れになり、販売は不可能になる。生産に必要な設備は320万ドルの費用がかかり、定額法でゼロまで減価償却される。生産には７万5,000ドルの純運転資本への投資が必要で、これはプロジェクトの最後に回収される。またプロジェクト終了時に、設備は20万ドルで売却できる。固定費は年間60万ドルで、変動費は１台につき165ドルである。この契約に加えて、あなたは会社が４年間にわたって他の国に、年間4,000台、１万2,000台、１万4,000台、7,000台を、275ドルの価格で追加販売できると感じている。この価格は固定されている。税率は40％で、要求されるリターンは13％である。さらに、会社の社長はNPVが10万ドルの場合にのみ、プロジェクトを採用する。契約の入札価格はいくらにすべきか。

33.　交換の意思決定

古いコンピュータを新しいコンピュータに交換することを考えているとしよう。古いコンピュータの値段は65万ドルで、新しいのは78万ドルである。新しい機械は５年間の耐用年数にわたってゼロまで定額減価償却される。５年後におそらく14万ドルの価値がある。

古いコンピュータは年13万ドルで減価償却されていて、３年後に完全に償却される。もしいま交換しなかったら、２年後に交換しなければならない。いまなら23万ドルで売却できるが、２年後にはおそらく９万ドルになる。新しい機械は年間12万5,000ドルの運転費用を節約する。税率は38％で、割引率は14％である。

a. もしいまコンピュータを交換しなかったら、２年後に交換することになる。いま交換すべきか、それとも待つべきか（ヒント：ここでの意思決定は実質的に（売らないことで）古いコンピュータに「投資」するか、あるいは新しいのに投資するかである。二つの投資は、耐用年数が異なるのに注意）。

b. ２年後にどうなるか心配せずに、古いコンピュータをいま交換するかどうかだけを考えているとする。適切なキャッシュフローは何か。いま交換すべきか、否か（ヒント：交換した場合の会社の税引き後キャッシュフローの正味変化を考える）。

34.　プロジェクトの分析

ベンソン・エンタープライズ社は、85万ドルで購入した３階建ての製造および倉庫用の建物について、代替的利用を評価している。会社は建物を現在の賃借人に毎年３万6,000ドルで貸し続けることができる。現在の賃借人は少なくとももう15年間建物にとどまる意向を示している。一方で会社は、自社の製造と倉庫に用いるために、現存の建物を改造することができる。ベンソンのプロダクション・エンジニアは、建物が二つの新商品のうちの一つを生産するのに改造できると思っている。二つの代替製品の費用と収益のデータは次のとおりである。

	製品A	製品B
建物改造の初期現金支出	$ 45,000	$ 65,000
設備の初期現金支出	165,000	205,000
税引き前の年間現金収益（15年間生じる）	135,000	165,000
税引き前の年間現金費用（15年間生じる）	60,000	75,000

建物は、製品Aか製品Bのどちらかに15年間だけ用いられる。15年後には、どちらの製品の効率的な生産にも、建物は小さすぎるようになる。その時点で、ベンソンは現在の賃借人と同じような企業に建物を貸そうと計画している。再び建物を貸すには、ベンソンは現在の配置に建物を復元する必要がある。もし製品Aが採用されたら、建物復元のための推定現金費用は2万9,000ドルである。もし製品Bが生産されたら、現金費用は3万5,000ドルである。これらの現金費用は、支出が発生した年に税控除できる。

どちらを選択しても、ベンソンはもとの建物の躯体を（85万ドルで購入した）30年間にわたってゼロまで償却する。どちらの製品でも、建物改造と設備購入は15年の耐用年数が見込まれ、これらもまた定額法で減価償却される。会社の税率は34%で、このような投資に要求されるリターンは12%である。

簡単にするために、所与の年のすべてのキャッシュフローは年度末に発生すると仮定する。改造と設備の初期支出は今日（年度0）発生し、復元支出は15年目の終わりに発生する。また、ベンソンは、いかなる損失も十分にカバーできるだけの利益を他の業務で得ている。経営陣にどちらの建物の利用を勧めるか。

35. プロジェクトの分析とインフレ

バイオロジカル・インセクト・コントロール・コーポレーション（BICC）は、提案されたヒキガエル養殖場の現在価値を評価するためのコンサルタントとして、あなたを雇った。BICCは、環境的に望ましい害虫管理手法として、ヒキガエルを養殖し、販売する計画である。彼らは事業が永久に続くと見込んでいる。無視できる開始費用に続いて、BICCは次の名目上の年度末キャッシュフローを予測する。

収　益	$225,000
労務費	175,000
その他の費用	45,000

会社は毎年２万5,000ドルで機械をリースする。リースの支払は１年目の終わりに始まり、名目ベースで表される。収益は実質ベースで毎年５％上昇する。労務費は毎年実質ベースで３％上昇する。その他の費用は実質ベースで毎年１％上昇する。インフレ率は毎年６％になると見込まれる。BICCの要求されるリターンは実質ベースで10％である。会社の税率は34％である。すべてのキャッシュフローは年度末に発生する。BICCの提案されたヒキガエル養殖場の、今日のNPVはいくらか。

36. プロジェクトの分析とインフレ

ソニー・インターナショナルは、新しいHDテレビを生産する投資機会をもっている。今年の１月１日に必要になる投資額は１億7,500万ドルである。会社は４年間にわたって投資を定額法でゼロまで減価償却する。投資は、プロジェクト終了後、何の再販価値ももたない。会社は34％の法人税率枠にいる。製品の価格は１台当り実質ベースで550ドルで、プロジェクトの期間中変わらない。初年度の労務費は実質ベースで１時間16.75ドルであり、実質ベースで毎年２％上昇する。初年度のエネルギー・コストは実質ベースで１台当り4.35ドルであり、実質ベースで毎年３％増加する。インフレ率は年間５％である。年度末に、収益は受け取られ、費用は支払われる。次の表は生産スケジュールである。

	１年度	２年度	３年度	４年度
生産台数	150,000	160,000	180,000	170,000
投入労働力（時間）	1,800,000	2,000,000	2,100,000	1,800,000
投入エネルギー（物理的単位）	175,000	195,000	205,000	200,000

ソニーの実質割引率は８％である。このプロジェクトのNPVを計算せよ。

37. プロジェクトの分析とインフレ

広範な医学研究と市場調査の後、ピル社は、鎮痛剤市場に進出可能であると考えている。会社は二つの代替的製品を検討している。第一は、頭痛のための薬を製造する。第二は、頭痛と関節炎のための錠剤をつくる。どちらの製品も１箱、実質ベース5.25ドルの価格で売り出される。頭痛のみの薬は年間400万箱が売れると予想され、多目的薬はおそらく毎年600万箱が売れる。初年度の頭痛薬のみの銘柄の生産に係る現金費用は、実質ベースで１箱2.45ドルになると見込まれる。多目的薬の生産費用は、実質ベースで１箱2.75ドルになると見込まれる。すべての価格と費用は、一般インフレ率の５％で上昇すると予想される。

どちらの製品もさらなる投資を必要とする。頭痛薬のみの薬は、1,500万ドルかかる設備を用いて生産できる。この設備は3年もち、再販価値はない。多目的薬を生産するのに必要な機械は2,100万ドルで、3年もつ。会社は3年後に、この機械が実質ベースで100万ドルの再販価値をもつと見込んでいる。

ピル社は定額減価償却法を用いる。会社の法人税率は34%で、適切な実質割引率は13%である。どちらの鎮痛剤を会社は生産すべきか。

38. プロジェクトのNPVの計算

J.スマイズ社は、高級家具のメーカーである。会社は新しいマホガニー・ダイニングテーブル・セットを売り出すかどうか考えている。セットは椅子8脚を含み、5,600ドルで売られる。会社は売上げが次の5年間にわたって、年間1,800セット、1,950セット、2,500セット、2,350セット、2,100セットで推移すると考えている。変動費は売上高の45%で、固定費は年間190万ドルになる。新しいテーブルには、売上高の10%に当たる在庫が必要で、販売の1年前に生産され備蓄される。新しいテーブルの追加は、会社が生産するオーク・テーブルの販売量を年間250セット減らすと予測されている。オーク・テーブルの価格は4,500ドルで、変動費は売上高の40%である。このオーク・テーブルの在庫量もまた売上げの10%である。J.スマイズ社は、現在過剰生産能力を抱えている。もし会社が必要な設備を今日購入すると、費用は1,600万ドルになる。しかしながら、過剰生産能力ということは、会社が新しい設備を購入せずに、新しいテーブルを生産できることを意味する。会社の経理部長は、現在の過剰生産能力は、今の生産状況だと、あと2年でなくなるといっている。これは、もし会社が現在の過剰生産能力を新しいテーブルに用いると、2年後には増加した販売量を満たすために、1,600万ドルを使わざるをえなくなることを意味する。新しい設備はいま購入すると、5年後に310万ドルの市場価値をもち、2年後に購入すると5年後に740万ドルの市場価値をもつ。設備は7年MACRSスケジュールで減価償却される。会社の税率は40%で、このプロジェクトに要求されるリターンは14%である。

a. J.スマイズ社は、このプロジェクトを行うべきか。

b. このプロジェクトに対してIRR分析を行うことができるか。何個のIRRが見つかると思うか。

c. 収益性インデックスをどのように解釈するか。

ミニケース

●ベセスダ鉱山社

ベセスダ鉱山は、オハイオ州、ペンシルバニア州、ウェストバージニア州、ケンタッキー州に、20の炭鉱を展開する中規模の石炭採掘企業である。会社は坑内掘りも露天掘りも行う。ほとんどの採掘された石炭は、契約販売され、余剰生産はスポット市場で売られる。

石炭採掘産業、特にベセスダのような高硫黄炭生産者は、環境規制によって大きな打撃を受けた。しかしながら最近、石炭需要の増加と新たな汚染物質削減技術によって、高硫黄炭の市場需要は好転してきた。ベセスダはちょうど中部オハイオ電力会社から、次の4年間にわたって火力発電所のために石炭を納入してくれるようアプローチされたところである。ベセスダ鉱山の既存の炭鉱では、この契約を保証するための十分な余剰能力がない。会社は、10年前に600万ドルで購入したオハイオ州の5,000エーカーの土地に、露天掘り炭鉱を開くことを考えている。最近の査定をもとに、会社は今日この土地を売却すれば、税引き後で700万ドルを受け取ることができると感じている。

露天掘りとは、石炭鉱脈の上の表土を取り除き、むき出しになった石炭を採取することである。少し前までは、石炭を取り出した後、土地は単に使用不能な状態のままにしておかれた。いまは、採鉱規制の変更により、企業は土地を再生しなければならない。すなわち、採鉱が終了したら、土地を以前と近い状態に戻さなければならない。土地はその後、他の目的のために使える。ベセスダは現在フルキャパシティで操業しているので、8,500万ドルの費用がかかる機材を新たに購入する必要がある。機材は7年MACRSスケジュールで減価償却される。契約は4年間しか有効でない。4年後、この場所の石炭は完全に採掘しつくしている。会社は、4年後に機材が当初の購入価格の60%で売却できると考えている。しかしながら、ベセスダはそのとき新しい露天掘り炭鉱を開き、機材はその新炭鉱で使う計画である。

契約は、毎年50万トンの石炭を、トン当り95ドルで引き渡すというものである。ベセスダ鉱山は、次の4年間にわたって石炭生産量が、年間62万トン、68万トン、73万トン、59万トンで推移すると考えている。過剰生産量は、トン当り平均90ドルで、スポット市場で売却される。変動費はトン当り31ドルで、固定費は年間430万ドルである。炭鉱には売上高の5%の純運転資本が必要になる。純運転資本は、販売の前年度に積み立てられる。

ベセスダは採掘終了時に、土地を元に戻す責任がある。これは5年目に起こる。会社は、すべての露天掘り炭鉱の再生を外部企業に委託する。再生費用は280万ドルになると推定されている。土地が再生された後、会社はこの土地を、公園とレクリエーションの場として、州に寄付する計画である。これは6年目に起こり、750万ドルの慈善事業寄付控除となる。ベセスダの税率は38%で、新しい露天掘り炭鉱に12%のリターンを要求する。もし損失が発生したとしたら、その年の税額控除になると仮定する。

あなたは会社の社長に、プロジェクトを分析するよう依頼された。この新しい露天掘り炭鉱の、回収期間、収益性インデックス、純現在価値、内部収益率、修正内部収益率を計算せよ。ベセスダ鉱山は、契約を締結し、炭鉱を開くべきか。

●グッドウィーク・タイヤ社

広範な研究・開発の後、グッドウィーク・タイヤ社は、最近スーパー・トレッドという新しいタイヤを開発し、その生産と販売に必要な投資をするかどうかを決定しなければならない。このタイヤは、通常のフリーウェイでの使用に加えて、濡れた路面や未舗装道路を多く運転するドライバーに理想的である。これまでの研究・開発費用は約1,000万ドルである。スーパー・トレッドは今年の初めに市場に投入され、グッドウィークは合計4年間市場で販売できると期待している。500万ドルかかったマーケティング・テストは、スーパー・トレッド・タイヤにかなりの市場があることを示している。

グッドウィークのファイナンシャル・アナリストとしてあなたは、最高財務責任者であるアダム・スミス氏から、スーパー・トレッド・プロジェクトを評価し、投資を進めるかどうかの勧告をするように頼まれた。スーパー・トレッド・タイヤの過去の投資のすべては埋没コストで、将来のキャッシュフローだけが考慮されるべきであると知らされている。すぐに発生する初期投資を除いて、すべてのキャッシュフローは年度末に発生すると仮定する。

グッドウィークはスーパー・トレッドをつくるのための生産設備に、1億4,000万ドルの初期投資をしなければならない。設備は7年間の有効耐用年数が見込まれている。この設備は4年後に、5,400万ドルで売却することができる。グッドウィークはスーパー・トレッドを二つの別個の市場で販売するつもりである。

1．*オリジナル・エクイップメント・マニュファクチャラー（OEM）市場*：OEM市場は、主に、新車のためのタイヤを買う巨大な自動車会社（たとえばゼネラル・モーターズ）で構成されている。OEM市場ではスーパー・トレッドはタイヤ１本38ドルで販売されると予想されている。タイヤ１本を生産するための変動費は22ドルである。

2．*交換市場*：交換市場は、自動車が工場を離れた後で購入されるすべてのタイヤで構成される。この市場ではより高い利鞘が可能で、グッドウィークはスーパー・トレッドをここではタイヤ１本59ドルで売ろうと見込んでいる。変動費はOEM市場と同じである。

グッドウィーク・タイヤは、インフレ率よりも１％上で価格を上げるつもりである。変動費もまたインフレ率より１％上で上昇する。加えて、スーパー・トレッド・プロジェクトは、販売と一般管理費に、初年度2,600万ドルを負う（この数値は以降インフレ率で上昇すると予想される）。

グッドウィークの法人税率は40％である。年間インフレ率は3.25％で一定のままと見込まれている。会社は新しい製品意思決定を評価するために15.9％の割引率を用いる。自動車産業アナリストは、自動車メーカーは今年560万台の新車を生産し、生産はその後年2.5％で成長すると予想している。それぞれの新車は四つのタイヤを必要とする（スペア・タイヤは小型で、別のカテゴリーになる）。グッドウィーク・タイヤは、スーパー・トレッドがOEM市場で11％を獲得すると見込んでいる。

産業アナリストは、交換タイヤ市場の規模が、今年1,400万本となり、毎年２％で成長すると推定している。グッドウィークはスーパー・トレッドが８％の市場シェアを獲得すると見込んでいる。

この設備の適切な減価償却スケジュールは、７年MACRS減価償却スケジュールである。即座に必要な初期運転資本は900万ドルで、その後の必要純運転資本は売上高の15％になる。このプロジェクトのNPV、回収期間、割引回収期間、内部収益率、および収益性インデックスはいくらか。

第7章

リスク分析、リアル・オプション、そしてキャピタル・バジェッティング

2008年の夏、エミール・ハーシュとクリスティーナ・リッチを主役とした映画「スピード・レーサー」は、映画館のチケット売り場で車輪を空回りさせた。「スピード・レーサー」のキャッチコピーは「行けスピード・レーサー行け！」だったが、批評家たちは「行くな（観に）スピード・レーサー行くな！」といった。ある批評家は「レースは退屈なものに感じられた」と語った。ほかはもっと辛辣で、この映画は「2時間ピンボール・マシンのなかで跳ね返されているよう」で、「長くて、つまらなくて、偏頭痛を引き起こす苦闘の時間」だったと批評した。

数字をみると、ワーナー・ブラザーズは、映画の制作に1億5,000万ドル近くを費やし、さらに宣伝と配給に何百万ドルも使った。ワーナー・ブラザーズにとって不運なことに、「スピード・レーサー」はチケット売り場で激突・炎上し、全世界で9,000万ドルの興行収入しかあげられなかった。実際、おおよそ10の映画のうち四つは、DVD販売が往々にして最後の勘定を助けるものの、劇場公開では損失を被る。もちろん、素晴らしい成績をあげる映画もある。同じく2008年、パラマウント映画「インディ・ジョーンズ　クリスタル・スカルの王国」は、制作費1億8,500万ドルで、世界中から7億8,000万ドルをかき集めた。

明らかに、ワーナー・ブラザーズは「スピード・レーサー」で6,000万ドルを失う計画を立てたわけではなかったが、それは起こってしまった。「スピード・レーサー」のチケット売り場でのスピンアウトが示すように、プロジェクトはいつも企業が思ったように進むわけではない。この章では、どうしてそれが起こりうるのか、そしてこれらの状況を分析し、できる限り回避するために、企業は何ができるのかを探求する。

7.1 感度分析、シナリオ分析、および損益分岐点分析

本書の主意の一つは、NPV分析がより優れたキャピタル・バジェッティング手法であるということである。実際、NPV法は、利益ではなくキャッシュフローを用い、すべてのキャッシュフローを考慮し、適切にキャッシュフローを割り引くので、なんらかの理論的な欠陥を見つけることはむずかしい。しかしながら、実際の実務的ビジネスマンとの会話のなかで、「誤った安心感」という言葉をしばしば聞く。これらの人々は、キャピタル・バジェッティング提案の資料が、往々にして実に素晴らしくみえると指摘する。キャッシュフローは、最後の数千ドルまで（あるいは最後の１ドルまでも）、それぞれの年度について（あるいは各月までも）予想される。機会費用と副作用は、きちんと適切に処理される。埋没費用もまたちゃんと適切に無視される。高い純現在価値が最後に現れたとき、すぐに「イエス」といいたくなってしまう。それにもかかわらず、予想されたキャッシュフローは、実際には多くの場合達成されず、企業は損失を被って終わる。

感度分析とシナリオ分析

企業はどのように、純現在価値法の潜在能力を引き出せるだろうか。一つの方法は感度分析（sensitivity analysis）で、特定のNPV計算値が、基礎となる仮定の変化に対してどれくらい敏感なのかを調べる。感度分析はまた、*what-if* 分析や *bop*（best, optimistic, pessimistic）分析として知られている。

次の例を考えてみよう。ソーラー・エレクトロニクス・コーポレーション（SEC）は、最近ソーラー・パワーのジェット・エンジンを開発し、全面的な生産に進みたいと考えている。初期（１年目）[1]投資は15億ドルで、生産と販売は次の５年間にわたって行われる。予備的キャッシュフロー予想は、表7.1に示されている。SECがこのジェット・エンジンの投資と生産を進めた場合、NPV（単位100万ドル）は、割引率が15％で以下のようになる。

1）ファイナンスの慣習では、通常「年度０」が「今日」を指す。しかしながら、この例では「年度１」を今日として用いる。なぜなら本章の後半で、１年前になされたもう一つの意思決定を考察するからである。この意思決定は「年度０」に起こったことになる。

表7.1　ソーラー・エレクトロニクス・コーポレーションのジェット・エンジン基本ケースのキャッシュフロー予測(注)

（単位：100万ドル）

投　　資	年度1	年度2～6
収益		6,000
変動費		3,000
固定費		1,791
減価償却		300
税引き前利益		909
税金（t_C=0.34）		309
純利益		600
キャッシュフロー		900
初期投資費用	−1,500	

（注）　仮定：①投資は定額法を用いて、年度2～6で減価償却される。②税率は34％である。③会社は初期開発費用に対して何の税の優遇も受けない。

$$\mathrm{NPV} = -\$1,500 + \sum_{t=1}^{5} \frac{\$900}{(1.15)^t}$$

$$= -\$1,500 + \$900 \times A_{0.15}^{5}$$

$$= \$1,517$$

NPVがプラスなので、基本的な財務理論は、SECがプロジェクトを採択すべきであると示唆する。とはいえ、この冒険的な事業に対していうべきことはこれですべてだろうか。実際に資金調達を行う前に、われわれはプロジェクトの背後にある収益と費用についての仮定をチェックすべきである。

収　益

マーケティング部が年次売上高を以下のように予測したとしよう。

ジェット・エンジンの販売数（年次）	=	市場シェア	×	ジェット・エンジン市場の規模（年次）
3,000	=	0.30	×	10,000
売上収益（年次）	=	ジェット・エンジンの販売数	×	エンジン1基当りの価格
60億ドル	=	3,000	×	200万ドル

したがって収益推定値は、三つの仮定に依存していることがわかる。

1．市場シェア
2．ジェット・エンジン市場の規模
3．エンジン1基の価格

費　用

ファイナンシャル・アナリストは、しばしば費用を変動費と固定費の二つのタイプに分ける。**変動費（variable costs）**は、生産量の変化に従って変化し、生産量がゼロのとき、ゼロになる。直接労務費と原材料費は通常、変動である。変動費は生産品1個当り一定であると仮定するのが一般的であり、これは総変動費が生産量に比例することを意味する。たとえば、もし直接労務費が変動で、1個の最終商品につき10ドル分の直接労務を必要とすると、今度は100個の最終商品には1,000ドル分の直接労務費が必要になる。

固定費（fixed costs）は、期間中に生産された商品やサービスの量に依存しない。固定費は、1カ月の家賃や年間の給料といった、ある時間当りの費用として計測される。当然、固定費は永久には固定されない。それは、前もって決められた期間にわたってのみ固定される。

技術部は、変動費をエンジン1基当り100万ドルと推定した。固定費は年間17億9,100万ドルである。費用の詳細は、以下になる。

変動費（年次）	=	1基当りの変動費	×	ジェット・エンジンの販売数(年次)
30億ドル	=	100万ドル	×	3,000
税引き前総費用(年次)	=	変動費（年次）	+	固定費（年次）
47億9,100万ドル	=	30億ドル	+	17億9,100万ドル

これらの、市場規模、市場シェア、価格、変動費、固定費の推定値は、初期投資の推定値と同様、表7.2中央の縦列に示されている。これらの数値は、異なるパラメーターの企業の期待値、もしくは最善の推定値を表している。比較のために、会社のアナリストは、異なる変数の、楽観的と悲観的両方の予想を用意した。これらの予想値もまた、表に提供されている。

標準的感度分析では、他のすべての変数の期待予測とともに、単一変数の三つの可能性すべてのNPV計算を求める。この手順は表7.3に示されている。たとえば、この表の上の右隅にある、81億5,400万ドルのNPV計算を考えてみよう。このNPVは、年間2万基の楽観的な予想が市場規模に使われ、他のすべての変数に表7.2か

表7.2　ソーラー・エレクトロニクス社のソーラー旅客機エンジン用の異なる推定値

（m＝100万ドル）

変　数	悲観的	期待または最善の予想	楽観的
市場規模（年次）	5,000	10,000	20,000
市場シェア	20%	30%	50%
価　格	1.9m	2m	2.2m
変動費（1基当り）	1.2m	1m	0.8m
固定費（年次）	1,891m	1,791m	1,741m
投　資	1,900m	1,500m	1,000m

表7.3　感度分析を用いたソーラー旅客機エンジンのNPV計算

（単位：100万ドル）

	悲観的	期待または最善の予想	楽観的
市場規模	−1,802（注）	1,517	8,154
市場シェア	−696（注）	1,517	5,942
価　格	853	1,517	2,844
変動費	189	1,517	2,844
固定費	1,295	1,517	1,628
投　資	1,208	1,517	1,903

感度分析においては、他のすべての入力値が期待どおりであると仮定する。たとえば−1,802ドルのNPVは、5,000の悲観的な予想が市場規模として用いられ、他のすべての変数には、表7.2からの期待予想値が設定されたときに起こる。

（注）　会社の他の部門は利益をあげていると仮定している。これは、このプロジェクトの損失が、会社のどこかの利益と相殺でき、会社全体の税金を減少させることを意味する。

らの期待予想値が設定されたときに起こる。表7.3の中央縦列の各行が、15億1,700万ドルの値を示していることに注目されたい。これが起こるのは、選ばれた変数と同様、他のすべての変数にも期待予想値が用いられているからである。

表7.3は、多くの目的に用いることができる。第一に、全体としてとらえると、表はNPV分析を信用すべきかどうかを示すことができる。言い換えれば、前に述べた誤った安心感を減らす。各変数の期待予想が利用されたとき、NPVがプラスであるとしよう。しかしながら、さらに「悲観的」欄のすべての数字が著しいマイナスで、「楽観的」欄のすべての数字が著しいプラスであると仮定する。一つの予想値の変化はNPV推定値を大きく変え、純現在価値手法に疑いを抱かせる。この場合、保守的な経営者が、NPV分析全部を廃棄するのももっともかもしれない。幸運にも、このソーラー飛行機エンジンでは、表7.3の数字が、二つを除いてすべてプラスなので、大きなばらつきをみせていない。この表をみる経営陣はおそらく、ソーラー・パワー・ジェット・エンジンにはNPV分析が役立つと考えるだろ

う。

第二に、感度分析はどこにもっと情報が必要なのかを示す。たとえば、悲観的なシナリオにおいても、12億800万ドルのNPVは依然として著しいプラスなので、投資における間違いは比較的重要でないと思われる。対照的に、市場シェアの悲観的予想は－6億9,600万ドルのマイナスNPVにつながり、市場規模の悲観的予想は、かなりマイナスな－18億200万ドルのNPVにつながる。収益に対する間違った推定値の影響は、費用に対する推定値の間違いの影響よりはるかに大きいので、収益を決定する要因には、もっと多くの情報が必要とされるだろう。

これらの利点があるので、感度分析は実務で広く使われている。Graham and Harveyは、彼らのサンプルの392社のうち50％を若干上回る企業が、キャピタル・バジェッティングの計算を感度分析で確認すると報告している2)。彼らのサンプルのうち約75％だけがNPV分析を用いることを考えると、この数字は非常に大きい。

残念ながら、感度分析はいくつかの欠点をもっている。たとえば、感度分析は、無意識のうちに経営陣の間に誤った安心感を*増加*させるかもしれない。すべての悲観的な予想がプラスのNPVを生み出すとしよう。経営者は、プロジェクトが損失を被ることなどありえないと感じるかもしれない。もちろん、予想は単に悲観的予想に楽観的な見方をしているのかもしれない。これをなくすために、一部の企業は楽観的と悲観的予想を主観的に取り扱わない。そうではなく、彼らの悲観的予想はいつも期待値より、たとえば20％少ない。不運にも、この場合の治療法は、病気よりも悪いかもしれない。固定比率の変化は、いくつかの変数が他よりも予想しやすいという事実を無視しているからである。

感度分析は、現実には異なる変数が互いに関係している可能性が高いときに、それぞれの変数を独立したものとして扱う。たとえば、もし無能な経営陣が費用の暴騰を許してしまったら、変動費、固定費、投資のすべてが同時に期待値より上がる。もし市場がソーラー飛行機エンジンを受け入れなければ、市場シェアと価格のどちらも一緒に減少する。

この問題を最小化するために、経営陣はしばしば、感度分析の変形である**シナリオ分析（scenario analysis）**を行う。簡単にいうと、この手法は、各シナリオが要因の連動に基づいた、多くの異なる可能性の高いシナリオを調べる。簡単な例とし

2） John Graham and Campbell Harvey, "The Theory and Practice of Corporate Finance: Evidence from the Field," *Journal of Financial Economics*（May/June 2001）のFigure 2を参照。

表7.4 飛行機墜落のシナリオにおけるキャッシュフロー予測[1]

（単位：100万ドル）

	年度1	年度2～5
収　益		2,800
変動費		1,400
固定費		1,791
減価償却		300
税引き前利益		−691
税金（t_C＝0.34）[2]		235
純利益		−456
キャッシュフロー		−156
初期投資費用	−1,500	

（注） 1 仮定は、
市場規模 7,000（期待値の70％）
市場シェア 20％（期待値の3分の2）
その他の変数の予測は、表7.2に示した期待予測値である。
2 税金損失は、会社内のどこかほかの利益と相殺する。

て、いくつかの飛行機墜落の影響について考えてみよう。これらの墜落は全体の飛行機利用を減少させ、結果としてすべての新エンジンの需要を抑える可能性が高い。そのうえ、たとえ墜落がソーラー・パワー飛行機を含まなかったとしても、人々はいかなる革新的で物議をかもすような技術にも反対するようになるだろう。よってSECの市場シェアは同じように落ちるかもしれない。おそらくキャッシュフロー計算は、飛行機墜落のシナリオでは、表7.4のようになる。表の計算をもとにすると、NPV（単位：100万ドル）は以下になる。

$$-\$2,023=-\$1,500-\$156\times A_{0.15}^{5}$$

このような一連のシナリオは、感度分析の標準的適用よりも、もっと鮮明にプロジェクトの問題点を浮き彫りにするかもしれない。

損益分岐点分析

感度分析とシナリオ分析の議論は、予測値の変動を考察するために多くの手法があることを示唆する。ここでもう一つの手法である**損益分岐点分析**（**break-even analysis**）を提示する。名前が示すように、この手法は損益をゼロにするのに必要な売上高を決定する。この手法は、間違った予測のひどさを明確にするので、感度分析を補足するのに役立つ。われわれは、会計利益と現在価値双方について損益分岐点を計算する。

会計利益

四つの異なる販売予測のもとでの年間純利益は、以下のとおりである。

（単位：100万ドル）

年間販売数	純利益
0	−1,380
1,000	−720
3,000	600
10,000	5,220

より完全な費用と収益は表7.5に掲示してある。

図7.1は、売上高に関する異なる仮定のもとでの、収益、費用、利益を描いている。収益と費用の曲線は、2,091基のジェット・エンジンで交差する。これが損益分岐点であり、言い換えれば、プロジェクトが利益も損失も生み出さない地点である。年間売上げが、2,091基のジェット・エンジンより上である限り、プロジェクトは利益を生む。

この損益分岐点は、非常に簡単に計算できる。エンジン１基につき、販売価格が200万ドルで、変動費が100万ドルなので[3]、エンジン１基当りの販売価格と変動費の差は、以下のようになる（m＝100万）。

表７.５　異なる売上仮定における、プロジェクトの収益と費用

（販売数を除き単位：100万ドル）

年度１	年度２〜６								
初期投資	年間販売数	収益	変動費	固定費	減価償却	税金（注）（t_c＝0.34）	純利益	営業キャッシュフロー	NPV（年度１で評価）
$1,500	0	$ 0	$ 0	−$1,791	−$300	$ 711	−$1,380	−$1,080	−$5,120
1,500	1,000	2,000	−1,000	−1,791	−300	371	−720	−420	−2,908
1,500	3,000	6,000	−3,000	−1,791	−300	−309	600	900	1,517
1,500	10,000	20,000	−10,000	−1,791	−300	−2,689	5,220	5,520	17,004

（注）　損失は最初の２行で起こる。税金目的のために、この損失は会社のどこか他の利益で相殺する。

3）　前節では、販売価格と変動費について、楽観的および悲観的予測の両方を検討したが、損益分岐点分析では、これらの変数の期待値もしくは最善の予測値だけを用いる。

図7.1　会計数値を用いた損益分岐点

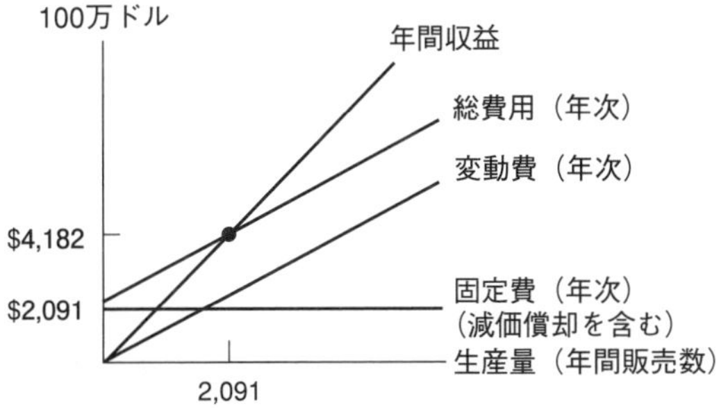

1基当りの税引き前貢献利益は100万ドルである。会社は20億9,100万ドルの年次固定費を、2,091基のエンジンを売ることで回収できる。よって、損益分岐点は年間販売数が2,091基の地点で起こる。

$$
\begin{aligned}
(\text{販売価格}-\text{変動費}) &= (\$\,2\,\text{m}-\$\,1\,\text{m})\\
&= \$\,1\,\text{m}
\end{aligned}
$$

この差は、税引き前貢献利益（contribution margin）と呼ばれる。なぜなら、税引き前利益に追加エンジン1基がこの金額を貢献するからである（貢献利益はまた、税引き後ベースでも表せる）。

固定費は17億9,100万ドルで、減価償却は3億ドルであり、これらの費用の合計が以下になることを意味する（m＝100万）。

$$
\begin{aligned}
\text{固定費}+\text{減価償却} &= \$\,1{,}791\text{m}+\$\,300\text{m}\\
&= \$\,2{,}091\text{m}
\end{aligned}
$$

すなわち、販売数にかかわらず、会社は20億9,100万ドルの費用を負う。エンジン1基が100万ドルを貢献するので、上記の費用を相殺するために、年間売上げは以下のレベルに達しなければならない。

会計損益分岐点（m＝100万）

$$
\frac{\text{固定費}+\text{減価償却}}{\text{販売価格}-\text{変動費}}=\frac{\$\,2{,}091\text{m}}{\$\,1\,\text{m}}=2{,}091
$$

したがって、エンジン2,091基が、会計利益に要求される損益分岐点である。

鋭い読者は、会計利益の損益分岐点分岐で、なぜ税金が無視されたのか不思議に思っているかもしれない。理由は、もし何の税引き前利益も報告されない場合、税金は支払われず、税引き前利益がゼロの会社は、税引き後利益もまたゼロであるからである。したがって、税引き前で損益分岐点に必要な数量は、税引き後で損益分岐点に必要な数量と同じである。

現在価値

このテキストで何度も述べたように、われわれは純利益よりも現在価値により興味がある。したがって、現在価値の観点で損益分岐点を計算すべきである。15%の割引率を所与とすると、ソーラー飛行機エンジンは、年間販売数の異なる水準で、以下の純現在価値をもつ。

（単位：100万ドル）

年間販売数	NPV
0	−5,120
1,000	−2,908
3,000	1,517
10,000	17,004

これらのNPV計算値は、表7.5の右端の縦列に再現されている。

図7.2は、収益と費用双方の純現在価値と、生産量との間の関係を示している。少なくとも図7.1と図7.2には二つの違いがある。一つは非常に重要で、もう一つはそれほどでもない。最初にあまり重要でない点をあげると、純現在価値は5年間にわたって計算されるので、図7.2の縦方向のドル金額の範囲は、図7.1のものより大

図７.２　純現在価値を用いた損益分岐点

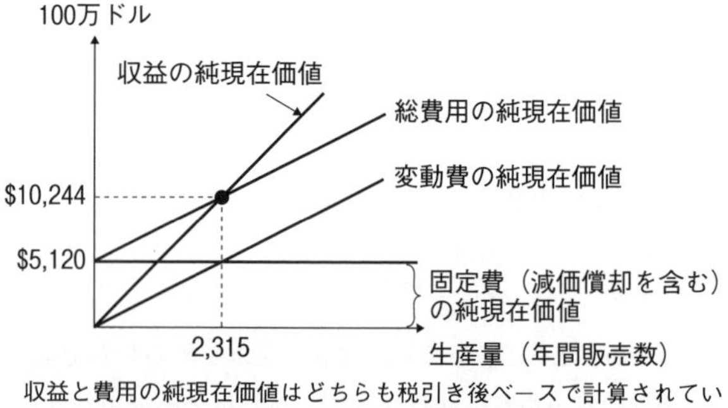

収益と費用の純現在価値はどちらも税引き後ベースで計算されている。NPV の観点での損益分岐点は、会計利益の場合よりも高い売上高水準で起こる。会計ベースでちょうど損益分岐点にある企業は、初期投資の機会費用を回収していない。

きい。もっと重要なのは、会計損益分岐点が年間販売数2,091基で起こるのに対して、NPV 損益分岐点は年間販売数が2,315基のとき起こるということである。

もちろん、NPV 損益分岐点は、直接計算することができる。会社は初めに15億ドルを投資した。この初期投資は、初期投資を適切な５年アニュイティ・ファクターで割ることによって、５年等価年間費用（EAC）として表すことができる。

$$\text{EAC}=\frac{\text{初期投資}}{\text{15\%での５年アニュイティ・ファクター}}$$

$$=\frac{\text{初期投資}}{A^{5}_{0.15}}=\frac{\$1,500\text{m}}{3.3522}=\$447.5\text{m}$$

（m＝100万）

４億4,750万ドルの EAC は、年間減価償却額の３億ドルより大きいことに注意されたい。EAC の計算は、15億ドルの投資が15%で運用できたと暗に仮定するので、これはこうならなければならない。

税引き後の費用は、生産量にかかわらず、以下のように考えられる。（m＝100万）

$$\$1,528\text{m}=\$447.5\text{m}+\$1,791\text{m}\times0.66-\$300\text{m}\times0.34$$
$$=\text{EAC}+\text{固定費}\times(1-t_C)-\text{減価償却}\times t_C$$

すなわち、初期投資の等価年間費用４億4,750億ドルに加えて、会社は毎年固定費用を支払い、毎年減価償却節税効果を受け取る。減価償却節税効果は、この式において費用を相殺するので、負の数値として書かれる。各エンジンは66万ドルを税引き後利益に貢献するので、上記の費用を相殺するためには以下の売上高が必要になる。

現在価値損益分岐点（m＝100万）

$$\frac{\text{EAC}+\text{固定費}\times(1-t_C)-\text{減価償却}\times t_C}{(\text{販売価格}-\text{変動費})\times(1-t_C)}=\frac{\$1.528\text{m}}{\$0.66\text{m}}=2,315$$

したがって、2,315基が、現在価値の観点での損益分岐点である。

なぜ会計損益分岐点は、財務的損益分岐点と異なるのだろうか。会計利益を損益分岐点計算のベースとして用いるとき、減価償却を引く。ソーラー・ジェット・エンジン・プロジェクトの減価償却は年間３億ドルである。もし年間2,091基のソーラー・ジェット・エンジンが売られたとしたら、SEC は３億ドルの減価償却費プラス他の費用を十分にカバーできる収益を生み出すことになる。残念ながら、この水準の売上高では、SECは投資に使われた15億ドルの経済的機会費用をまかなえない。もし15億ドルが15%で投資できたことを考慮すれば、投資の真の年間費用は4億4,750万ドルであり、3億ドルではない。減価償却は、初期投資を回収する真の費用を、過小に表す。したがって、会計ベースで損益分岐点の企業は、実際にはお金を失っている。彼らは、初期投資の機会費用を失っているのである。

損益分岐点分析は重要だろうか。もちろん非常に重要である。すべての企業幹部たちが損失をおそれている。損益分岐点分析は、プロジェクトが損失を出し始めるまでに、どれだけ下まで売上げが落ちる余地があるのかを、会計的またはNPVの観点から求めてくれる。

7.2　モンテカルロ・シミュレーション

感度分析とシナリオ分析は両方とも、「もし……ならどうなるか」という質問への回答を試みる。しかしながら、どちらの分析もしばしば現実の世界で使われるものの、それぞれが独自の限界をもっている。感度分析は、一度にたった一つの変数しか変えることができない。対照的に、現実の世界では、多くの変数が同時に変動する可能性が高い。シナリオ分析は、インフレーション、政府の規制、あるいは競争相手数の変化といった、特定のシナリオに従う。この方法は多くの場合非常に役に立つが、変動性のすべての源泉をカバーすることはできない。実際、プロジェクトはただ一つの経済シナリオのもとでも、大きな変動性を示す可能性が高い。

モンテカルロ・シミュレーション（Monte Carlo simulation）は、現実の世界の不確実性をモデル化するための、さらに進んだ試みである。この手法は、ギャンブルの戦略を分析するようにプロジェクトを分析するので、ヨーロッパの有名なカジノからその名をとっている。最初の2枚のカードの合計が16である場合はいつでも、3枚目のカードを引くべきかどうか思案している本格的なブラックジャックのプレーヤーを想像してみよう。おそらく、正式な数学モデルは複雑すぎて、ここでは現実的ではないだろう。しかしながら、彼はカジノで、最初の2枚の合計が16のとき、時々3枚目のカードを引き、時々引かないという手を何千回もプレーすることができる。どちらがよい手か決めるために、彼はこの二つの戦略のもとでの、勝ち数（あるいは負け数）を比較することができる。もちろん、実際のカジノでこのテストを行うとたぶん大金を失うだろうから、コンピュータ上でこの二つの戦略からの結果をシミュレートしたほうが安上がりかもしれない。キャピタル・バジェッティングのモンテカルロ・シミュレーションのエッセンスは、このようなものである。

木炭グリルとガス・グリル両方のメーカーであるバックヤード・バーベキュー社(BBI) は、圧縮水素で料理する新しいグリルの詳細な計画をもっていると想定しよう。CFO のエドワード・コミスキーは、単純なキャピタル・バジェッティング法に不満足なので、この新しいグリルにモンテカルロ・シミュレーションを用いたい。モンテカルロ法が専門のコンサルタントであるレスター・モーニーは、この手法の五つの基本ステップを彼に説明する。

ステップ1：基本モデルを特定する

レスター・モーニーは、キャッシュフローを、年間収益、年間費用、初期投資という三つの構成部分に分解する。任意の年の収益は次のようにみなせる。

$$\begin{array}{c}\text{業界全体による}\\ \text{グリルの販売数}\end{array}\times\begin{array}{c}\text{BBI 水素グリル}\\ \text{の市場シェア(\%)}\end{array}\times\begin{array}{c}\text{水素グリル}\\ \text{1個の価格}\end{array}\tag{7.1}$$

任意の年の費用は、次のようにみなせる。

固定製造費＋変動製造費＋マーケティング費＋販売費

初期投資は、次のようにみなせる。

特許費＋試験販売費＋製造設備費

ステップ2：モデル内の各変数の分布を特定する

次がむずかしい部分である。式7.1で三つの構成要素に分けた収益から始めよう。コンサルタントはまず、全体の市場規模をモデル化する。すなわち、業界全体によって販売されたグリルの数である。業界誌の「*アウトドア・フード（OF）*」は、去年すべてのタイプのグリルで1,000万個が合衆国本土で売られたと報じ、来年は1,050万個の販売数を予測している。モーニー氏は、*OF* 誌の予測と自分の直感を

図7.3　確率分布：業界全体の売上数量、BBI水素グリルの市場シェア、水素グリル価格

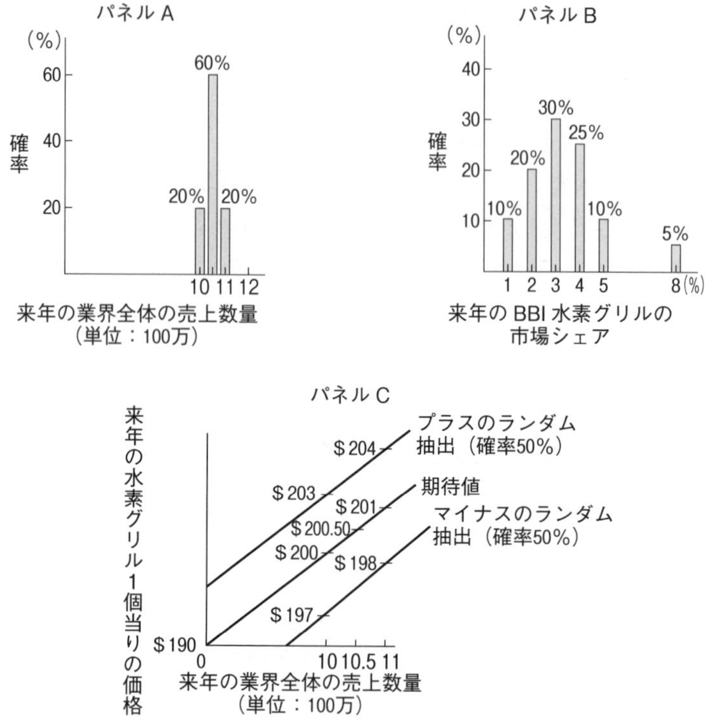

三つの変数それぞれについて、サンプルの抽出はコンピュータ・シミュレーションによって行われる。加えて、1個当りの価格は、市場全体の売上数量に依存する。

用いて、業界全体による来年のグリル販売数として次の分布を作成する。

確　率	20%	60%	20%
来年の業界全体の売上数量	1,000万個	1,050万個	1,100万個

ここでの幅の狭い分布は、グリル市場におけるゆっくりとだが着実な過去の成長を反映している。この確率分布は図7.3のパネルAに描かれている。

レスター・モーニーは、BBI水素グリルの市場シェアを推定するのがさらにむずかしいことを理解している。それでも、多くの分析の後、彼は以下のように来年の市場シェアの分布を決定する。

確　率	10%	20%	30%	25%	10%	5%
来年のBBI水素グリルの市場シェア	1%	2%	3%	4%	5%	8%

コンサルタントは、業界全体の売上数量では左右対称な分布を仮定したが、プロジェクトの市場シェアに関してはひずんだ分布のほうがより妥当だと思っている。彼の考えでは、水素グリルが本当に爆発的にヒットするわずかな可能性が常に存在する。この確率分布は図7.3のパネルBに描かれている。

これらの予測は、業界全体の売上数量とプロジェクトの市場シェアが無関係であると仮定している。言い換えれば、二つの変数は互いに*独立*している。モーニー氏は、景気拡大が業界全体のグリル販売数を増加させ、景気後退が減少させるかもしれないが、プロジェクトの市場シェアが経済状態と関係している可能性はまずないと推論する。

モーニー氏は、グリル1個当りの価格の分布を決定しなければならない。CFOのコミスキー氏は、他の会社がつけている値段を考えると、価格は1個200ドル前後になるだろうという。しかしながら、コンサルタントは、水素グリルの価格は、ほとんど確実にグリル市場全体の規模に依存していると思っている。どのようなビジネスでも、需要が高ければ、通常高い値段をつける。

いくつかの複雑な価格モデルを却下した後、モーニー氏は以下の特定式に決める。

来年の水素グリル1個当りの価格＝
　$190＋$1×業界全体の売上数量（単位100万）＋/－$3　　(7.2)

式7.2のグリル価格は、業界の売上数量に依存する。加えて、ランダム変動が「＋/－$3」の項を通して反映される。これは＋3ドルの抽出と、－3ドルの抽出が、それぞれ50%の確率で起こることを意味する。たとえば、業界全体の売上数量が1,100万個だとしたら、1個当りの価格は次のどちらかになる。

$190＋$11＋$3＝$204　（確率50%）
$190＋$11－$3＝$198　（確率50%）

水素グリルの価格と業界全体の売上数量との関係は、図7.3のパネルCに描かれている。

これでコンサルタントは、来年の収益の三つの構成要素それぞれの分布を得た。

しかしながら、もっと将来の年の分布も同様に必要である。*アウトドア・フード*誌や他の出版物の予測を用いて、モーニー氏は、２年目の業界全体の成長率の分布を以下のように予測する。

確　率	20%	60%	20%
２年目における業界全体の売上数量の成長率	１%	３%	５%

来年の業界全体の売上数量の分布とこの変数の２年目の成長率を所与とすると、２年目の業界全体の売上数量の分布をつくりだせる。ここでは細部に入らないが、同様の拡張で、モーニー氏は後の年の分布も得られるはずである。そして、収益の最初の構成要素（業界全体の売上数量）を後の年まで拡張したように、コンサルタントは市場シェアと価格についても同様のことを行うだろう。

前述の議論は、収益の三つの構成要素をどのようにモデル化できるかを示している。費用の構成要素と投資の構成要素が同様にモデル化されたら、ステップ２は完了である。無能な経営陣は、異なる費用の構成要素を一緒に上昇させてしまう可能性が高いので、ここでは変数間の相互作用に特別な注意を払わなければならない。とはいえ、読者はたぶんもうここでの考え方を理解しているので、このステップの残りはスキップする。

ステップ３：コンピュータが一つの試行結果を抽出する

すでに述べたように、われわれのモデルにおける来年の収益は、三つの構成要素の産物である。コンピュータがランダムに、業界全体の売上数量1,000万ドル、BBI水素グリルの市場シェア２%、そして＋３ドルのランダム変動を選んだと想像してみよう。これらの抽出値を所与とすると、来年の水素グリル１個の価格は、

$$\$190+\$10+\$3=\$203$$

になり、来年のBBI水素グリルの収益は以下のようになる。

$$1,000万\times 0.02\times \$203=\$4,060万$$

もちろん、われわれはまだ全体の試行*結果*を得ていない。将来の各年における収益の抽出を行う必要がある。加えて、将来の各年の費用について抽出を行う。最後に、初期投資についても同様に抽出を行う必要がある。このようにして、一つの

試行結果が将来の各年におけるプロジェクトからのキャッシュフローを生成する。

上記の特定の試行結果が抽出される可能性はどれくらいだろうか。われわれはこの質問に答えることができる。なぜなら各要素の確率がわかっているからである。1,000万個の業界売上数量は20%の確率をもち、２%の市場シェアもまた20%の確率をもち、＋３ドルのランダム価格変動は50%の確率をもつので、一つの試行結果におけるこれら三つの抽出を一緒にした確率は、

$$0.02 = 0.20 \times 0.20 \times 0.50 \tag{7.3}$$

である。もちろん、将来の収益、将来の費用、および初期投資が試行結果に含まれると、確率はさらに小さくなるだろう。

このステップは、一つの試行結果からそれぞれの年のキャッシュフローを生成する。われわれが最終的に知りたいのは、多くの試行結果を集計した各年のキャッシュフローの*分布*である。われわれはこの分布を、コンピュータでランダム抽出を何度も何度も繰り返し行うことにより得る。これは次のステップで行う。

ステップ４：手順を繰り返す

上記の三つのステップは一つの試行結果を生成するが、モンテカルロ・シミュレーションの真髄は、反復試行結果である。状況によるが、コンピュータで何千、あるいは何百万といった試行結果を生成する。これらのすべての抽出の試行結果は将来の各年のキャッシュフローの分布である。この分布がモンテカルロ・シミュレーションの基本的なアウトプットである。

図7.4を考えてみよう。ここでは、反復抽出が３年目のキャッシュフローのシミュレートされた分布をつくりだしている。もちろん、将来のそれぞれの年について、この図のような分布が存在する。これで残りのステップはもう一つである。

ステップ５：NPVを計算する

図7.4の３年目のキャッシュフローの分布を所与とすると、この年の期待キャッシュフローを求めることができる。同様にして、将来の各年の期待キャッシュフローもまた算定でき、その後これらの期待キャッシュフローを適切な利率で割り引くことにより、純現在価値を計算することができる。

図7.4　BBI新水素グリルの3年目のキャッシュフローのシミュレートされた分布

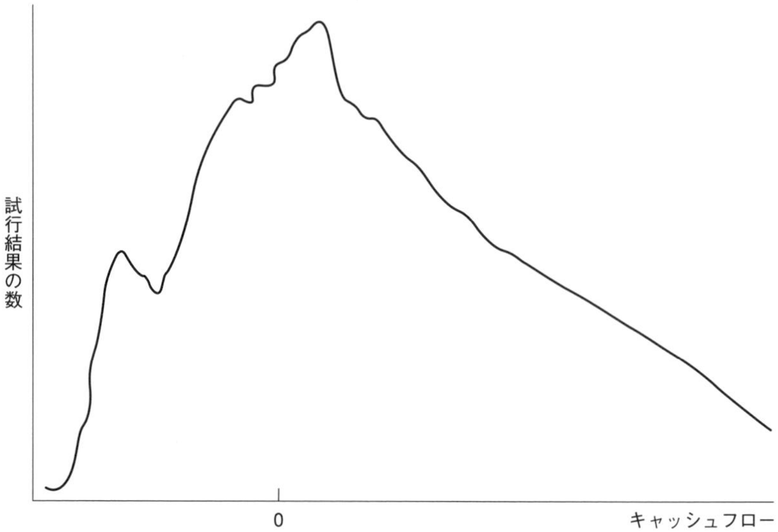

モンテカルロ・シミュレーションでは、ある特定のモデルからの全変数の反復サンプリングが統計的分布を生成する。

モンテカルロ・シミュレーションはしばしば、感度分析やシナリオ分析の一歩先を行くものとみなされる。モンテカルロでは、変数間の相互関係が明示的に特定されるので、少なくとも理論的には、この方法はより完全な分析を提供する。そして、副次的な結果として、正確なモデルを構築しなければならないことは、予測する者のプロジェクトに対する理解を深くする。

モンテカルロ・シミュレーションは、少なくとも35年前から存在しているので、いまではほとんどの企業がこれを行っていると思うかもしれない。驚くべきことに、これはそうとはいえないようである。われわれの経験では、重役たちは往々にしてその複雑さに懐疑的である。各変数の分布も、あるいは変数間の相互関係も、モデル化するのはむずかしい。加えて、コンピュータ・アウトプットは、しばしば経済的洞察に欠けている。したがって、モンテカルロ・シミュレーションは、ある現実の世界の状況では使われるものの[4]、この手法が「将来の主流」になる可能性

4）おそらくどこにもまして、製薬業界がこの手法の応用を切り開いた。たとえば、Nancy A. Nichols, “Scientific Management at Merck : An Interview with CFO Judy Lewent,” *Harvard Business Review*（January/February 1994）を参照。

は少ない。実際、Graham and Harvey は、彼らのサンプルの15%の企業だけが、キャピタル・バジェッティング・シミュレーションを用いていると報告している[5)]。

7.3 リアル・オプション

第5章では、キャピタル・バジェッティング・プロジェクトを評価する際に、他の方法に比べて、純現在価値（NPV）分析の優位性を強調した。しかしながら、学者も実務家も、NPV に伴う問題を指摘している。ここでの基本的な考え方は、NPV 分析が、第5章での他の手法と同様、プロジェクト採用後に企業が行える修正を無視するということである。これらの修正はリアル・オプション（real option）と呼ばれる。この点では、NPV はプロジェクトの真の価値を過小評価する。ここでの NPV の保守的傾向は、一連の例題で最もよく解説できる。

拡大するオプション

起業家のコンラッド・ウィリグは、最近、0℃ではなく38℃で水を凍らせるようにするある薬品処理について知った。この処理のすべての実際的な応用のなかで、ウィリグ氏は、どれよりも氷でつくられたホテルのアイデアが気に入った。コンラッドは、氷のホテルからの年次キャッシュフローが、1,200万ドルの初期投資をベースに、200万ドルになると推定した。彼は、この新たなベンチャー事業のリスクを考えると、20%が適切な割引率であると感じた。キャッシュフローが永久に続くと仮定して、ウィリグ氏はこのプロジェクトの NPV を以下のように算定した。

$$-\$1,200万+\$200万/0.20=-\$200万$$

そのマイナスの NPV を考えると、ほとんどの起業家はこのベンチャー事業を却下しただろう。しかし、コンラッドはあなたが想像するような標準的な起業家ではなかった。彼は NPV 分析が隠された価値の源泉を見過ごしていると推論した。彼は初期投資が1,200万ドルかかることにはかなり確信していたが、年次キャッシュ

5）　Graham and Harvey、前出（注2）の Figure 2 を参照。

フローに関しては、いくばくかの不確実性があった。彼の年間200万ドルというキャッシュフローの推定値は、実際には、年次キャッシュフローが300万ドルになる確率が50％あり、年次キャッシュフローが100万ドルになる確率が50％あるという、彼の確信を反映していた。

この二つの予測値のNPV計算は、以下のようになる。

楽観的予測：－＄1,200万＋＄300万/0.20＝＄300万
悲観的予測：－＄1,200万＋＄100万/0.20＝－＄700万

表面的には、この新しい計算はウィリグ氏の役にあまり立たないようにみえる。なぜなら、二つの予測値の平均は、プロジェクトのNPVとして、

50％×＄300万＋50％×(－＄700万)＝－＄200万

という結果になるからである。これはちょうど最初に計算した値である。

しかしながら、もし楽観的な予測が結果として正しければ、ウィリグ氏は*拡大*したくなるだろう。たとえば国内の10カ所が氷のホテルに適していると彼が確信していたら、このベンチャー事業の真のNPVは次のようになる。

50％×10×＄300万＋50％×(－＄700万)＝＄1,150万

図7.5はウィリグ氏の意思決定を表しているが、これはしばしば意思決定ツリー（decision tree）と呼ばれる。この図に描かれた考え方は、基本的かつ普遍的である。この起業家は、もし試験的な場所が成功だったら、拡大するというオプションをもっている。たとえば、レストランを開業するすべての人々を考えてみよう。彼

図7.5　氷のホテルの意思決定ツリー

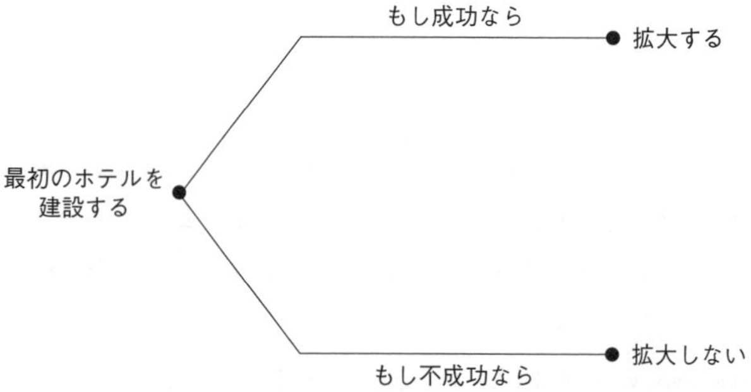

らのほとんどは結局失敗する。これらの個人は必ずしも過剰に楽観的ではない。彼らは失敗の可能性は認識しているが、次のマクドナルドやバーガー・キングになるわずかなチャンスのために、それにもかかわらず先へ進むのかもしれない。

廃棄するオプション

経営陣はまた、既存のプロジェクトを廃棄するというオプションももっている。廃棄は臆病なことのようにみえるかもしれないが、企業はしばしば大変な金額を節約できる。それゆえ、廃棄するオプションは、どのようなプロジェクトの価値も上昇させる。

拡大するオプションを解説した上記の氷のホテルの例はまた、廃棄するオプションも例証することができる。これを理解するために、ウィリグ氏が今度は、50%の確率で年次キャッシュフローが600万ドルになり、50%の確率で年次キャッシュフローが－200万ドルになると確信しているとしよう。この二つの予想でのNPV計算は以下のようになる。

楽観的予測：－＄1,200万＋＄600万/0.2＝＄1,800万
悲観的予測：－＄1,200万－＄200万/0.2＝－＄2,200万

プロジェクトのNPVは、

50%×＄1,800万＋50%×(－＄2,200万)＝－＄200万　(7.4)

となる。さらにここで、ウィリグ氏が最大でも一つの氷のホテルしか欲していないとしよう。これは拡大するオプションが存在しないことを意味する。式7.4のNPVはマイナスなので、彼はホテルを建設しないようにみえる。

しかし、廃棄オプションを考慮すると、状況は変わる。期日1において、起業家はどちらの予測が実現したのか知ることになる。もしキャッシュフローが楽観的予測のものと同じなら、コンラッドはプロジェクトを継続する。しかしながら、もしキャッシュフローが悲観的予測のものと同じなら、彼はホテルを廃棄する。もしウィリグ氏がこれらの可能性を事前に知っていたら、プロジェクトのNPVは以下になる。

50%×＄1,800万＋50%×(－＄1,200万－＄200万/1.20)＝＄217万

図7.6　映画産業の廃棄オプション

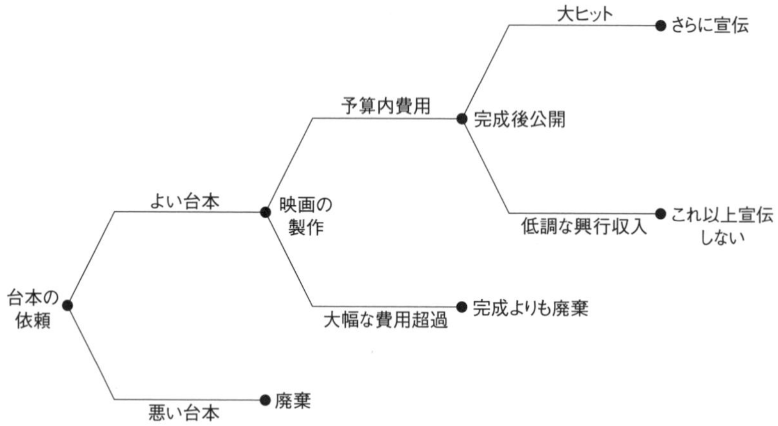

映画製作全体を通して、映画スタジオは廃棄オプションをもつ。

ウィリグ氏は、期日１で－200万ドルのキャッシュフローを体験した後廃棄するので、後々の年までこのアウトフローに耐える必要はない。NPVがいまではプラスなので、コンラッドはプロジェクトを採用する。

ここでの例は明らかに型にはめられたものである。現実の世界では、プロジェクトが廃棄されるまでに何年も経過するかもしれないが、われわれの氷のホテルは１年だけで廃棄された。そして、通常廃棄オプションには残存価額が伴うが、われわれは氷のホテルに残存価額ゼロを仮定した。とはいうものの、現実の世界においては、廃棄オプションは随所にみられる。

たとえば、映画製作産業を考えてみよう。図7.6に表されたように、映画は台本の購入かあるいは開発から始まる。台本の完成には、映画スタジオに数百万ドルの費用がかかり、最終的に実際の製作につながるかもしれない。とはいえ、ほとんど大部分の台本（たぶん優に80%以上）は廃棄される。なぜスタジオは、そもそも彼らが依頼した台本を廃棄するのだろうか。スタジオはわずかな台本だけが有望性があることをあらかじめ知っているが、どれがそうなのかわからない。したがって彼らは、わずかなよい台本を得るために数多くの台本を依頼して、広い網を投げる。ここでの支出は悪い映画を製作することからの損失と比べるとたいしたことはないので、スタジオは悪い台本に関して冷酷でなければならない。

数少ない幸運な台本がその後製作に移されることになる。ここでの費用は数千万ドル（もしもっと多くなければ）が予算計上されるかもしれない。この段階で、おそれられる言い回しは、ロケ中の製作が「泥沼にはまり込む」であり、費用超過を引き起こす。しかしスタジオはここでも同じくらい冷酷である。費用超過が過度になったら、製作は途中で廃棄される可能性が高い。興味深いことに、廃棄はほとんどいつでも高い費用が原因で生じ、映画が観客を集められないというおそれからではない。この点に関しては、映画が実際に公開されるまで、ほとんど情報を得られない。

映画の公開は、おそらく1,000万ドルから2,000万ドルのレンジの、相当な宣伝支出を伴う。チケットの売上げが好調なら宣伝は続くが、数週間低迷が続いた後には中止される可能性が高い。

映画製作は最もリスクが高いビジネスの一つである。スタジオは、大ヒット作から数週間足らずで数億ドルを受け取る一方、失敗作からは同じ期間でほとんど何も受け取れない。上記の廃棄オプションは、さもなければ業界を破産させてしまうかもしれないコストを含んでいる。

これらの考え方のいくつかを例証するために、ユーロ・ディズニーランドのケースを考えてみよう。ユーロ・ディズニーランドをオープンするディールは1987年に起こり、1992年、ディズニー・パークはパリの郊外にオープンした。ディズニーの経営陣は、ヨーロッパ人が新しいパークに酔いしれると思っていたが、すぐにトラブルが始まった。会社がチケットを高く設定しすぎたせいもあり、ビジターの数は決して予想に達することがなかった。ディズニーはまた、食事にワインが習慣となっている国で、アルコールを出さない決定を下した。フランスの労働監督官は、ディズニーの厳しい服装規定と戦った。等々である。

何年か営業した後、パークはレストランでワインを出し始め、チケットの値段を下げ、その他の変更を行った。言い換えると、経営陣はプロダクトを再構築するオプションを行使した。パークは小さな利益を出し始めた。その後、会社は「第二のゲート」を追加することにより、拡大するオプションを行使した。これはウォルト・ディズニー・スタジオと名付けられた、ユーロ・ディズニーランドに隣接するもう一つのテーマ・パークである。第二のゲートは、ビジターが滞在日数を伸ばすよう意図されていた。しかし、この新しいパークは失敗だった。高いチケット価格、ヨーロッパ映画ではなくハリウッドを向いたアトラクション、パリの労働ストライキ、そして夏の熱波と、理由はさまざまだった。

2003年の夏には、ユーロ・ディズニーランドは再び倒産の危機に瀕していた。経営陣は一連のオプションを議論した。これらのオプションは、会社を倒産させる（廃棄するオプション）、パークからディズニーの名前を取り去る等、さまざまだった。2005年、会社はフランス政府の助けを借りてようやく再構築することに合意した。

経営上のオプションの考え方は、ディズニー・テーマパークの監督者ジェイ・ラスロによって、適切に要約された。「われわれがたしかに知っている一つのことは、最初に100%正しくは決してできないということである。われわれはすべてのパークを、後から内容を追加するという認識でオープンする」。

企業が廃棄するオプションを実際に行使した最近の例は、ソニーである。2005年、ソニーは日本での携帯情報端末（PDA）市場から撤退すると発表した。やや驚くのは、そのときソニーは、売上げで市場の３分の１のシェアをもつマーケット・リーダーだった。しかしながら、PDA機能をもつスマート・フォンからの競争圧力の増加を主な原因として、PDAの売上げは過去３年間にわたって縮小していた。したがってソニーは、PDA専用機器の将来の市場は限られたものであると結論し、撤退した。

タイミング・オプション

しばしば都市部の土地が何年も空き地になっているのを目にする。それでもこの土地は、時折購入され、売却される。何の収益源もない土地に、なぜプラスの価格を支払うのだろうか。たしかに、NPV分析ではプラスの価値に到達することはできない。しかしながら、このパラドックスは、リアル・オプションの観点から簡単に説明することができる。

この土地の最高で最善の利用は、オフィスビルだとしよう。ビルの総建築費は、100万ドルと推定されている。現在、正味賃貸料（すべての費用控除後）は、永久に年間９万ドルだと推定されており、割引率は10%である。この提案されたビルのNPVは、以下のようになる。

$$-\$100万+\$\ 9万/0.10=-\$10万$$

NPVはマイナスなので、現在はビルを建てたいとは思わない。しかしながら、連邦政府がこの市に、さまざまな都市部再生プログラムを計画しているとしよう。もしプログラムが成功すれば、オフィス賃貸料は上昇する可能性が高い。この場

図7.7　空き地の意思決定ツリー

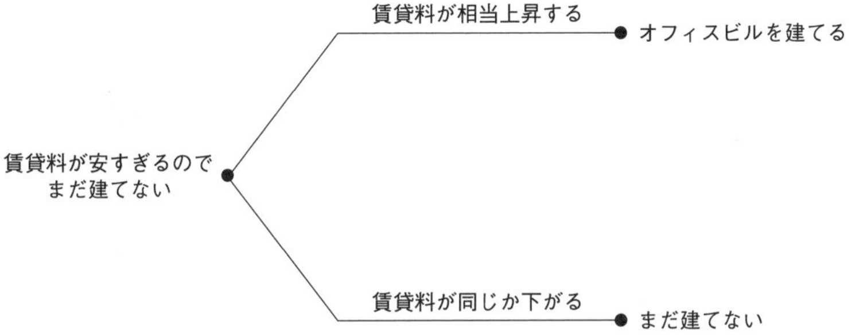

所有者が、賃貸料が上がった場合に利益を得られるオフィスビルを建てられるので、空き地は今日価値をもつかもしれない。

合、土地の所有者は結局オフィスビルを建てたいと思うかもしれない。逆に、プログラムが失敗したら、オフィス家賃は変わらないか、あるいは下がってしまうだろう。この場合、所有者はビルを建てない。

土地の所有者は*タイミング・オプション*をもっている。彼女は現在のところ建てたくないが、将来この地域の賃貸料がかなり上がれば、建てたいと思うようになる。このタイミング・オプションは、なぜ空き地が時に価値をもつのかを説明する。更地を所有するには税金のような費用が存在するが、賃貸料が相当上昇した後のオフィスビルの価値は、これらの保有コストを十二分に相殺するかもしれない。もちろん、空き地の正確な価値は、再生プログラムの成功の確率と賃貸料上昇の程度に依存する。図7.7はこのタイミング・オプションを図解している。

鉱山事業も同様に、ほとんどいつでもタイミング・オプションを提供する。あなたは、１トン採鉱するごとに売上収益以上の費用がかかる銅鉱山を所有していると仮定しよう。あなたが現在、銅を採鉱したくないことは、だれにでもわかる。そして、固定資産税、保険、セキュリティなどの保有コストがあるので、あなたは実際、だれかにお金を支払って、鉱山を引き取ってもらいたいかもしれない。しかしながら、慌ててそうしないように注意しよう。将来、生産が利益をあげるのに十分なくらい銅価格は上昇するかもしれない。この可能性を考えると、あなたはこの土地に、今日お金を払ってくれる人を見つけられる可能性が高い。

7.4 意思決定ツリー

前節で示されたように、経営陣は新しい情報をもとに、彼らの決定を調整する。たとえば、もし初期の経験が有望なら、プロジェクトは拡大されるかもしれず、一方で、悪い結果が起こりだしたら、同じプロジェクトが廃棄されるかもしれない。前に述べたように、経営陣に開かれた選択肢は*リアル・オプション*と呼ばれ、一つのプロジェクトはしばしば一連のリアル・オプションとみなすことができる。これは前の章での基本的な純現在価値の手法を超える評価方法につながる。

本章の始めに、ソーラー・エレクトロニクス・コーポレーション（SEC）のソーラー・パワーのジェット・エンジン・プロジェクトを考察した。キャッシュフローは表7.1に示されている。この例で、SECは15億ドルを年度1に投資し、次の5年間にわたって毎年9億ドルを受け取る見込みの計画を立てた。われわれの計算は15億1,700万ドルのNPVを示したので、会社はたぶん計画を進めたいだろう。

意思決定ツリーをさらに詳しく例証するために、SECの意思決定がもっと複雑だった年度0へと1年間さかのぼろう。この時点では、技術部門がソーラー・パワーの飛行機エンジン技術を開発していたが、テスト・マーケティングは始まっていなかった。マーケティング部は、SECがいくつかのプロトタイプを開発し、エンジンのテスト・マーケティングを行うことを提案した。生産、マーケティング、そして技術の代表者を含む企業計画グループは、この予備的な段階に1年かかり、1億ドルの費用がかかると推定した。さらにグループは、75%の確率で、マーケティング・テストが成功すると考えていた。マーケティング・テストが完了したら、SECは15億ドルの投資が必要になる全面的な生産に進むかどうかを決定することになる。

マーケティング・テストは、分析にもういっそうの複雑さを追加する。この例題の前の作業では、マーケティング・テストはすでに成功だったと仮定した。そもそもマーケティング・テストに進みたいのかどうか、どうやって分析したらよいだろうか。ここで意思決定ツリーが登場する。

復習すると、SECは二つの意思決定に直面している。これらは図7.8に表されている。最初に、会社はマーケティング・テストに進むかどうか決定しなければならない。そしてもしテストが行われたら、会社はテストの結果が全面的な生産の十分な理由になるか決定しなければならない。ここで重要な点は、後でみるように、意

図７.８　SECの意思決定ツリー

（単位：100万ドル）

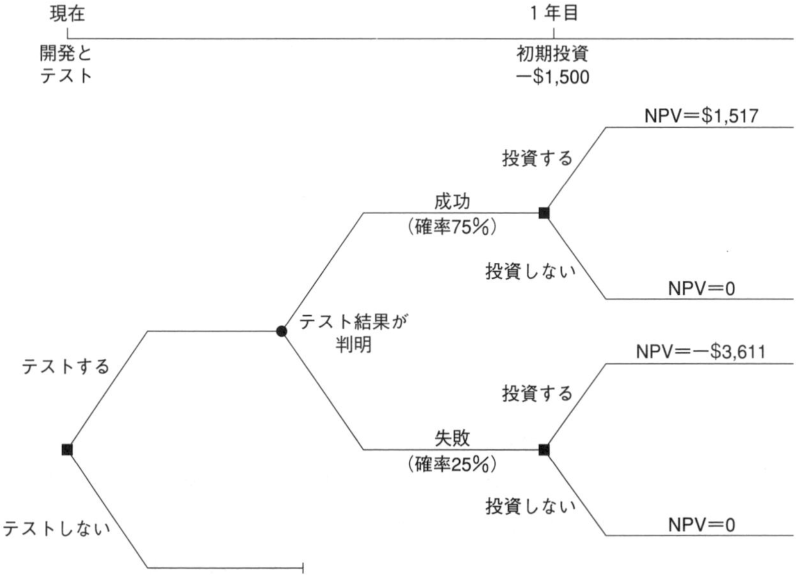

四角形は意思決定ポイントを表し、丸は情報の受領を表す。
SECは二つの意思決定を行わなければならない。
１．エンジンの開発とテストを行うかどうか。
２．全面的な生産のために投資するかどうか。
意思決定ツリーでは、意思決定は逆順に行われる。

思決定ツリーが二つの質問に*逆順*で答えることである。ということで、最後から始めよう。最初に考慮するのは、テストの結果をどうするかということである。結果は成功か不成功のどちらかである。

テストが成功だったと仮定する（確率75％）。

表7.1は、全面的な生産に15億ドルかかり、５年間にわたって９億ドルの年次キャッシュフローを生み出すと教えてくれる。NPVは以下になる。

$$\begin{aligned} NPV &= -\$1,500 + \sum_{t=1}^{5} \frac{\$900}{(1.15)^t} \\ &= -\$1,500 + \$900 \times A_{0.15}^{5} \\ &= \$1,517 \end{aligned}$$

NPVがプラスなので、マーケティング・テストの成功は、全面的な生産につながる（NPVは15億ドルの投資が行われる年度1で計算されていることに注意。後でこの数字を、テスト・マーケティングが行われる年度0に割り戻す)。

テストが不成功だったと仮定する（確率25%）。

ここでは、SECの15億ドルの投資は－36億1,100万ドルのNPVを生み出す。この数値もまた、年度1の時点で計算されている（スペースを節約するために、この計算結果を導く原数値は提示しない)。ここでのNPVはマイナスなので、もしマーケティング・テストが不成功だったら、SECは全面的な生産に進みたいとは思わない。

マーケティング・テストの意思決定

これでマーケティング・テストの結果をどうしたらよいのかわかる。これらの結果を1年間さかのぼろう。すなわち、われわれはここで、SECがそもそもテスト・マーケティングの費用に、1億ドルを投資すべきかどうか算定したい。

年度1で評価した期待ペイオフは（単位：100万ドル)、以下のようになる。

$$\text{期待ペイオフ} = \left(\begin{matrix}\text{成功の}\\\text{確率}\end{matrix} \times \begin{matrix}\text{成功した場合}\\\text{のペイオフ}\end{matrix}\right) + \left(\begin{matrix}\text{失敗の}\\\text{確率}\end{matrix} \times \begin{matrix}\text{失敗した場合の}\\\text{ペイオフ}\end{matrix}\right)$$

$$= (0.75 \times \$1,517) + (0.25 \times \$0)$$

$$= \$1,138$$

年度0におけるテストのNPV（単位：100万ドル）は、

$$NPV = -\$100 + \frac{\$1,138}{1.15}$$

$$= \$890$$

となる。NPVはプラスなので、会社はソーラー・パワー・ジェット・エンジンの市場をテストすべきである。

注　意

われわれは、テストと投資意思決定の両方に、15%の割引率を用いた。投資の意思決定よりもリスキーな可能性が高い初期テスト・マーケティングの意思決定には、おそらくもっと高い割引率が用いられるべきだったろう。

復　習

前述したように、分析は図7.8に描かれている。図からわかるように、SECは次の二つの意思決定を行わなければならない。

1．ソーラー・パワー・ジェット・エンジンの開発とテストを行うかどうか。
2．テスト結果に続いて、全面的な生産のために投資するかどうか。

意思決定ツリーは、これまでテキストで提供された情報を所与とすると、SECの問題を解決するのに最善の手法である。しかしながら、後の章で、オプションを評価するもっと高度な手法を考察する。この手法は最初に金融オプションを評価するために用いられたが、リアル・オプションにも用いることができる。

要約と結論

この章では、キャピタル・バジェッティングの多くの実務的な適用について議論した。

1．NPVは概念的に最善のキャピタル・バジェッティング手法であるが、実務的には、経営陣に誤った安心感を与えると批判されている。感度分析は、さまざまな仮定のもとでのNPVを示し、経営陣にプロジェクトのリスクに対してよりよい感触を与える。不運にも、感度分析は一時にただ一つの変数のみを修正するが、しかし現実の世界では多くの変数が互いに連動している可能性が高い。シナリオ分析は、異なるシナリオ（たとえば、戦争の勃発や原油価格の急騰など）のもとでのプロジェクトのパフォーマンスを考察する。最後に、経営陣はプロジェクトが損失を被るには、予想がどれだけ悪くないといけないのかを知りたい。損益分岐点分析は、プロジェクトの損益がゼロになる売上高を計算する。損益分岐点分析はしばしば会計利益ベースで行われるが、われわれは純現在価値ベースがより適切であると勧める。
2．モンテカルロ・シミュレーションは、異なる変数の相互作用と各個別変数の時間的な動きをもとにした、企業のキャッシュフローのモデルから始まる。ランダム・サンプリングは、これらの各期のキャッシュフローをつくりだし、純現在価値分析につながる。

3．拡大するオプション、廃棄するオプション、そしてタイミング・オプションといった、キャピタル・バジェッティングにおける隠されたオプションを分析した。

4．意思決定ツリーは、これらの隠された（もしくはリアル）オプションを伴うプロジェクトを評価する手法である。

Concept Questions

1．予測リスク

予測リスクとは何か。一般的に、新商品とコスト削減提案では、どちらが予測リスクの度合いは大きいか。なぜか。

2．感度分析とシナリオ分析

感度分析とシナリオ分析の根本的な違いは何か。

3．限界キャッシュフロー

同僚は、この限界なんちゃらとか、あの増分なんちゃらとかを検討するのは全部、ナンセンスの固まりだと主張し、こういった。「よく聞けよ。もしわれわれの平均収益が平均コストを超えなかったら、われわれはマイナスのキャッシュフローをもつことになり、破産だよ！」あなたはどう返答するか。

4．損益分岐点

新規プロジェクトを熟考している企業の株主として、あなたは会計損益分岐点か、現金損益分岐点（営業キャッシュフローがゼロになる点）か、あるいは現在価値損益分岐点の、どれに関心があるか。なぜか。

5．損益分岐点

会社は初期投資が必要で、期間を通して売上高と費用が等しい新たなプロジェクトを考えている。プロジェクトは、会計、現金、現在価値のどの損益分岐点に最初に達するか。次に達するのはどれか。最後は？　この順番は常に当てはまるか。

6．リアル・オプション

なぜ伝統的なNPV分析には、キャピタル・バジェッティング・プロジェクトの真の価値を過小評価する傾向があるのか。

7．リアル・オプション

マンゴー共和国は、ちょうど市場を開放し、海外の投資家を受け入れ始めたところである。テスラ製作所は、この国でのプロジェクトを分析し、NPVがマイナスになるという結果を得た。それでもなぜ、会社はこのプロジェクトを進めるかもしれないのか。どんなタイプのオプションが、このプロジェクトに価値を追加する可能性が高いか。

8．感度分析と損益分岐

感度分析は、どのように損益分岐点分析と関係しているか。

9．延期するオプション

オプションにはしばしば一つ以上の価値の源泉がある。木材会社を考えてみよう。会社は木材を今日切り出すこともできるし、1年間（あるいはもっと）木材の切出しを延期することもできる。1年間延期することの潜在的に有利な点は何か。

10．プロジェクトの分析

あなたは同僚とプロジェクトの分析について議論している。このプロジェクトには、もし成功したら拡大し、失敗したら廃棄するといった、リアル・オプションが絡んでいる。あなたの同僚は次の主張をする。「この分析はばかげている。われわれは2年後にプロジェクトを拡大するか廃棄するかというオプションを考慮したが、ほかにもたくさんの考慮すべきオプションがある。たとえば、われわれは1年後に拡大し、2年後にさらに拡大するかもしれない。あるいは、1年後に拡大し、2年後に廃棄するかもしれない。精査するにはあまりに多くのオプションが存在する。したがって、この分析が提供するものはすべて価値がない」。あなたはこの主張をどう評価するか。どんなキャピタル・バジェッティング・プロジェクトにも無限の数のリアル・オプションが存在することを考えると、いつプロジェクトのオプション分析をストップするか。

質問と問題

◆基本（問題１－10）

１．感度分析と損益分岐点

われわれは、費用が72万4,000ドルで、残存価額がない、８年間のプロジェクトを評価している。減価償却は定額法で、プロジェクトの期間にわたって、ゼロまで償却されると仮定する。売上高は、年間７万5,000個と予測されている。１個の価格は39ドルで、変動費は１個当り23ドル、固定費は年間85万ドルである。税率は35%で、このプロジェクトに要求されるリターンは15%である。

a. 会計損益分岐点を計算せよ。

b. 基本ケースのキャッシュフローとNPVを計算せよ。売上高の数値の変化に対する、NPVの感度はいくらか。あなたの答えは、予想売上高500個の減少に対して、何を教えてくれるか説明せよ。

c. 変動費の数値の変化に対する、営業キャッシュフロー（OCF）の感度はいくらか。あなたの答えは、予想変動費１ドルの減少に対して、何を教えてくれるか説明せよ。

２．シナリオ分析

前問で、価格、販売量、変動費、固定費の予測値はすべて、±10%の範囲で正確だとする。最善のケースと最悪のケースのNPVを計算せよ。

３．損益分岐点の計算

次のケースのそれぞれについて、未知の値を求めよ。税金は無視する。

会計 損益分岐点	１個当りの 価格	１個当りの 原価	固定費	減価償却
110,500	$41	$30	$　820,000	?
143,806	?	56	3,200,000	$1,150,000
7,835	105	?	160,000	105,000

４．現在価値損益分岐点

L.J.トイ社は、おもちゃの車を生産する機械を25万ドルで購入したところである。機械は、５年の経済耐用年数にわたって、定額法で完全に減価償却される。おもちゃは１個25ドルで売られる。１個当りの変動費は６ドルで、会社は年間36万ドルの固定費を負う。会社の法人税率は34%で、適切な割引率は12%である。このプロジェクトの現在価値損益分岐点はいくらか。

5．延期するオプション

あなたの会社は新しい機械に投資するかどうか考えている。新しい機械はキャッシュフローを年間34万ドル増加させる。あなたはこの機械に使われている技術に10年間の耐用年数があると考えている。言い換えれば、この機械をいつ購入しようと、今日から10年後には役に立たなくなる。機械の価格は現在180万ドルである。価格は115万ドルになるまで毎年13万ドル下落し、その後は変わらない。要求されるリターンが12%だったら、機械を買うべきか。もしそうなら、いつ買うべきか。

6．意思決定ツリー

アング・エレクトロニクス社は、新しいタイプのDVDRを開発した。もしDVDRが成功なら、ペイオフの現在価値（製品が市場に売り出された時点で）は2,200万ドルである。もしDVDRが失敗なら、ペイオフの現在価値は900万ドルである。もし製品をすぐに市場に投入したら、成功の確率は50%である。一方、アングは１年間発表を延期し、150万ドルを使ってDVDRをテスト・マーケティングすることができる。テスト・マーケティングで会社は製品を改良し、成功の確率を80%に上げることができる。適切な割引率は11%である。会社はテスト・マーケティングを行うべきか。

7．意思決定ツリー

ある成長中の会社が、新製品の発売を考えている。もし製品をすぐに市場に投入したら、成功の確率は50%である。管理者は13万5,000ドルを費やして、フォーカス・グループを運営することにより、製品の成功確率を65%に上げることができる。あるいは、管理者は、市場を調査し製品を改良するために、コンサルティング会社に40万ドルを支払うオプションももっている。コンサルティング会社は、85%の確率で、新製品の発売を成功させる。もし会社が製品を発売して成功したら、ペイオフは150万ドルになる。もし製品が失敗なら、NPVはゼロになる。どちらの行動が会社に最も高い期待ペイオフをもたらすか。

8．意思決定ツリー

B&B社には、市場投入の準備が整った新しいベビー・パウダーがある。もし会社が製品をすぐに市場に投入したら、成功の可能性は55%しかない。しかしながら、会社は１年間と180万ドルの費用を要する顧客セグメント調査を行うこともできる。調査を行うことにより、B&Bは潜在顧客にもっと的を絞ることができ、成功の可能性は70%まで上がる。もし成功なら、ベビー・パウダーは2,800万ドルの現在価値利益（製品投入時）をもたらす。もし不成功なら、現在価値のペイオフは

400万ドルだけである。会社は顧客セグメント調査を行うべきか、それともすぐに市場に投入すべきか。適切な割引率は15%である。

9．現在価値損益分岐点分析

あなたは、地元レストランに販売するためのアワビを養殖する会社に投資するか考えている。以下の情報を用いる。

アワビ1個当りの販売価格＝80ドル

アワビ1個当りの変動費＝5.40ドル

年間固定費＝75万ドル

年間減価償却費＝5万1,429ドル

税率＝35%

会社の割引率は15%、設備への初期投資は36万ドル、プロジェクトの経済寿命は7年である。設備はプロジェクト期間をとおして、定額法で減価償却されるとする。

a. プロジェクトの会計損益分岐点を求めよ。

b. プロジェクトの現在価値損益分岐点を求めよ

10. 現在価値損益分岐点

ニコー社は、ハイ・フライト・シリーズの靴を生産する新しい機械を購入した。機械は5年の経済耐用年数をもっている。機械の減価償却スケジュールは、残存価額なしの定額法である。機械の値段は39万ドルである。靴1組の販売価格は60ドルで、変動費は14ドルである。この機械の固定費は、年間18万5,000ドルである。法人税率は34%で、適切な割引率は8%だとする。現在価値損益分岐点はいくらか。

◆中級（問題11−25）

11. 損益分岐点の洞察

費用がIドルでN年間続くプロジェクトを考える。要求されるリターンはR%である。プロジェクトはN年間にわたってゼロまで定額減価償却される。再販価額も必要な純運転資本もない。

a. 会計損益分岐点における売上高で、このプロジェクトのIRRはいくらか。回収期間は？　NPVは？

b. 現金損益分岐点における売上高で、このプロジェクトのIRRはいくらか。回収期間は？　NPVは？

c. 現在価値損益分岐点における売上高で、このプロジェクトのIRRはいくらか。回収期間は？　NPVは？

12. 感度分析

以下の情報を伴う4年間のプロジェクトを考える。初期固定資産投資＝38万ドル、4年間にわたるゼロまでの定額減価償却、再販価額＝0、価格＝54ドル、変動費42ドル、固定費＝18万5,000ドル、販売量9万個、税率34%。OCFは販売量の変化にどれくらい敏感か。

13. プロジェクトの分析

あなたは新しい商品の投入を考えている。プロジェクトの費用は96万ドルで、4年の寿命があり、再販価額はなく、ゼロまで定額償却される。売上げは年間240個と予測され、1個当りの価格は2万5,000ドルである。1個当りの変動費は1万9,500ドルで、固定費は年間83万ドルである。プロジェクトに要求されるリターンは15%で、適切な税率は35%である。

a. あなたの経験では、ここで与えられた販売量、変動費、および固定費の予測は、おそらく±10%の範囲で正確である。これらの予測の上限と下限はいくらか。基本ケースのNPVはいくらか。最善のケースと最悪のケースのシナリオは？

b. 基本ケースのNPVの固定費の変化に対する感度を評価せよ。

c. このプロジェクトの会計損益分岐点における生産量はいくらか。

14. プロジェクトの分析

マギラ・ゴルフ社は、新しいラインのゴルフクラブを発売することにした。クラブはセット当り750ドルで売られ、変動費はセット当り390ドルである。会社は15万ドルをマーケティング調査に使い、7年間にわたって毎年5万5,000セットが売れるという結論を得た。さらにマーケティング調査は、既存の高級クラブの売上げが1万2,000セット減ると結論した。高級クラブ・セットの価格は1,100ドルで、変動費は620ドルである。また、安いクラブの売上げは1万5,000セット増加する。安いクラブの価格は400ドルで、変動費は210ドルである。毎年の固定費は810万ドルになる。会社はまた、新しいクラブの研究開発費に100万ドルを費やした。必要な工場と設備には1,890万ドルの費用がかかり、定額法で減価償却される。新しいクラブにはまた、140万ドルの純運転資本の追加が必要になるが、これはプロジェクトの終わりに回収される。税率は40%で、資本コストは14%である。回収期間、NPV、IRRを計算せよ。

15. シナリオ分析

前問で、あなたは値が±10%の範囲でのみ正確だと感じる。最善のケースと最悪のケースのNPVはいくらか（ヒント：既存の二つのゴルフクラブ・セットの価格と変動費は確実にわかっている。売上高の増減だけが不確実である）。

16. 感度分析

マギラ・ゴルフは、新クラブの価格と新クラブの販売量に対するNPVの感度を知りたい。これらの変数に対するNPVの感度はいくらか。

17. 廃棄する価値

われわれは新規プロジェクトを考えている。今後10年間にわたって、1個当り50ドルの正味キャッシュフローで、年間9,000個の販売を見込んでいる。言い換えると、年次キャッシュフローは45万ドル（＝$50×9,000）と予測されている。適切な割引率は16%で、必要な初期投資は190万ドルである。

a. 基本ケースのNPVはいくらか。

b. 1年後、プロジェクトは解体して130万ドルで売却することができる。もし販売量予測が、1年目の結果をもとに修正されるとしたら、投資を廃棄するのはいつがよいか。言い換えると、どの期待売上高水準でプロジェクトを廃棄するのが合理的か。

c. どのように、130万ドルの廃棄価値が1年後にプロジェクトを維持することの期待費用とみなされるか説明せよ。

18. 廃　　棄

前問で、予測販売量は、もし初年度が成功なら1万1,000に上方修正され、失敗なら4,000個に下方修正されるとする。

a. 成功と失敗の確率が同じだとしたら、プロジェクトのNPVはいくらか。解答にあたって、廃棄の可能性も考慮せよ。

b. 廃棄するオプションの価値はいくらか。

19. 廃棄と拡大

前問で、1年後にプロジェクトの規模を2倍に拡大できるとする。この場合、生産と販売は2倍になる。当然ながら、プロジェクトが成功した場合にのみ、拡大は理にかなう。これは、プロジェクトが成功だった場合、拡大後の予測販売量が2万2,000個になることを意味する。再び、成功と失敗の確率は同じであると仮定すると、プロジェクトのNPVはいくらか（注：もしプロジェクトが失敗だったら、廃棄は依然としてオプションである。拡大するオプションの価値はいくらか）。

20. 損益分岐点分析

あんたの相棒が来て、簡単にゼニ儲けでけて学生ローンを完済でける、成功間違いなしの方法があるゆうてる。彼のアイデアは、“やったよ”ゆう文字をプリントしたTシャツを売ることやそうや。「わかった？」と彼はゆう。「そこいら中のバンパー・ステッカーやTシャツに、やたら“ミルク飲んだ”とか“波乗った”とかあるやん。せやからこれは“やったよ”ってゆうねん。オモロイやろ！　ワテらがせなあかんのは、3,200ドルで中古のシルク・スクリーン・プレスを買うことだけや。そいでもう営業中！」。固定費はなしで、初年度に3,200ドルを減価償却すると仮定しまひょか。ほんで、税金は30%ちゅうことや。

a. もし1枚のTシャツをつくるのに7ドルの費用がかかり、10ドルで売れるとしたら、会計損益分岐点はなんぼでっか。

ほんで1年経って、あんたは5,000枚のTシャツを売ったとする！　あんたは、アメリカ酪農家組合が“ミルク飲んだ”スローガンの著作権をもっており、事業を継続するなら1万2,000ドル支払えって要求してきたんを知ってしもた。あんたはこの流行があと3年は続くと見込んでて、割引率は12%やと踏んでる。

b. あんたの事業の現在価値損益分岐点はいまなんぼや。

21. 意思決定ツリー

若いシナリオライターのカール・ドレイパーは、最初の脚本を書き上げたところである。それは、アクション、ドラマ、ユーモアを含み、彼は大ヒット作になると思っている。彼は脚本をすべての映画スタジオに持ち込み、売ろうとしたがダメだった。最後にACMEスタジオが、①1万2,000ドルか、あるいは②映画の利益の1%で、脚本を買うとオファーした。スタジオにとっては二つの意思決定が必要になる。1番目は、はたして脚本がよいのか悪いのか、2番目は、はたして映画がよいのか悪いのかである。まず、90%の確率で脚本が悪い可能性がある。もし脚本が悪い場合、スタジオはこれ以上何もせず、脚本を捨て去る。もし脚本がよいなら、映画を撮影する。映画の撮影終了後、スタジオはそれを評価するが、映画が悪い確率が70%ある。もし映画が悪かったら、映画は宣伝されず、利益もあげない。もし映画がよかったら、スタジオは大々的に宣伝を行うが、このタイプの映画の平均利益は2,000万ドルである。カールは1万2,000ドルを却下し、利益の1%がほしいという。カールはよい意思決定をしたか。

22. 延期するオプション

ヒコック鉱山は、いつ金鉱山を再開するか考えている。鉱山には6万オンスの採掘可能な金が残されていて、採鉱操業は年間7,500オンスの金を生産する。金鉱山に要求されるリターンは12%で、鉱山を再開するには1,400万ドルの費用がかかる。鉱山が再開されたら、会社は鉱山の残りの操業期間にわたって金価格を保証する契約に調印する。鉱山が今日再開されたら、金は１オンス当り450ドルの税引き後キャッシュフローを生み出す。もし会社がもう１年待つことにしたら、契約価格が１オンス当り500ドルの税引き後キャッシュフローを生み出す確率が60%あり、税引き後キャッシュフローが１オンス当り410ドルになる確率が40%ある。延期するオプションの価値はいくらか。

23. 廃棄する意思決定

アライド・プロダクツ社は新製品の発売を考えている。会社は、今後10年間にわたって、年間2,200万ドルの営業キャッシュフローを見込んでいる。アライド・プロダクツは新製品の発売に19%の割引率を用いる。必要とされる初期投資は8,400万ドルである。プロジェクトは経済耐用年数後、何の残存価額ももたないとする。

a. 新製品のNPVはいくらか。

b. １年後、プロジェクトは解体し3,000万ドルで売却できる。もし予想されるキャッシュフローが初年度の経験に基づいて修正されるとしたら、どの予想キャッシュフローの水準で、プロジェクトを廃棄することが理にかなうか。

24. 拡大する意思決定

アプライド・ナノテック社は、新しい表面洗浄機の発売について考えている。マーケティング部は、アプライド・ナノテックが今後５年間にわたって、１台当り41万ドルの正味キャッシュフローで、年間15台を販売できると推定した。技術部は、機械の開発に1,700万ドルの初期投資が必要になると見積もっている。財務部は、25%の割引率が用いられるべきであると推定した。

a. 基本ケースのNPVはいくらか。

b. もし不成功なら、１年後にプロジェクトは解体可能で、税引き後残存価額が1,100万ドルになる。また、１年後、予想キャッシュフローは、年間20台かあるいは０台に、等確率で修正される。修正されたNPVはいくらか。

25. シナリオ分析

あなたは、テニスラケット・メーカーのファイナンシャル・アナリストである。会社は、ラケットにグラファイトのような素材を使うプロジェクトを考えている。会社は新素材のラケット市場に関して、次の表の情報を推定した。会社は６年間にわたってラケットを販売する予定である。プロジェクトに必要な設備は何の残存価額ももたない。このタイプのプロジェクトに要求されるリターンは13%で、会社の税率は40%である。あなたはこのプロジェクトを推奨するか。

	悲観的	期　待	楽観的
市場規模	130,000	150,000	165,000
市場シェア	21%	25%	28%
販売価格	$ 140	$ 145	$ 150
1台当りの変動費	$ 102	$ 98	$ 94
年間固定費	$1,015,000	$ 950,000	$ 900,000
初期投資	$2,200,000	$2,100,000	$2,000,000

◆チャレンジ（問題26－30）

26. シナリオ分析

デトロイトに毎年5万5,000トンの自動車生産用の機械ねじを供給するプロジェクトを考えてみよう。プロジェクトを開始するには、初めにねじ切り盤に170万ドルを投資する必要がある。プロジェクトは5年間続く。経理部は、年間固定費が52万ドルで、変動費がトン当り220ドルになると見積もっている。初期固定資産投資は、プロジェクト寿命の5年間にわたって定額法でゼロまで減価償却される。さらに解体費用控除後、機械は30万ドルの残存価額をもつと推定されている。マーケティング部は、自動車会社がトン当り245ドルで契約を結んでくれると見込んでいる。技術部の予想によると、初めに純運転資本への投資が60万ドル必要になる。このプロジェクトに要求されるリターンは13%で、限界税率は38%である。

a. プロジェクトの推定営業キャッシュフロー（OCF）はいくらか。NPVは？　このプロジェクトを推進すべきか。

b. あなたは、経理部が予測する初期費用と残存価額は±15%の範囲で、マーケティング部が予測する価格は±10%の範囲で、技術部が予測する純運転資本は±5%の範囲で、正確だと考えている。このプロジェクトの最悪のケースのシナリオは何か。最善のケースのシナリオは？　あなたは依然としてこのプロジェクトを推進したいか。

27. 感度分析

前問で、あなたは会社自体の予測には自信があるが、デトロイトの機械ねじの年間需要にはあまり確信がない。供給量に対するプロジェクトのOCFはいくらか。供給量の変化に対するNPVの感度はどうか。計算した感度の数値を所与として、会社が操業をやめたくなる生産量の最低水準は存在するか。なぜか。

28. 廃棄する意思決定

以下のハンド・クラッパー社のプロジェクトを考える。会社は手ばたき操作のガレージ・ドアの開閉機を製造する4年間の計画を考慮している。このプロジェクトには、1,000万ドルの初期投資が必要で、これはプロジェクトの期間にわたって、ゼロまで定額償却される。スペアパーツの在庫のために純運転資本への初期投資が130万ドル必要で、これはプロジェクトがいつ終わっても全額回収される。会社は、240万ドルの総税引き前営業費用で、735万ドルの税引き前収益を生み出せると考えている。税率は38%、割引率は16%である。プロジェクト期間にわたる設備の市場価値は、以下のように予測されている。

（単位：100万ドル）

年	市場価値
1	$6.8
2	6.2
3	3.8
4	0.0

a. ハンド・クラッパーがこのプロジェクトを4年間続けると仮定したら、NPVはいくらか。

b. 次に、プロジェクトが1年後、2年後、3年後に廃棄されると仮定した場合のNPVをそれぞれ計算せよ。このプロジェクトの経済寿命が何年だったら、会社の価値を最大化するか。プロジェクトを評価する際に、廃棄を考えないことについて、この問題は何を語っているか。

29. 廃棄する意思決定

MVPゲーム社は、500万ドルの初期投資を必要とする新しいテレビゲームのフィージビリティ調査を行うためにあなたを雇った。MVPは今後10年間にわたって、総年間営業キャッシュフローが88万ドルになると見込んでいる。適切な割引率は10%である。キャッシュフローは年度末に発生する。

a. 新しいテレビゲームのNPVはいくらか。

b. 1年後、予想キャッシュフローは175万ドルへ上昇修正されるか、あるいは下方修正されて29万ドルになる。どちらの修正も起こる確率は等しい。1年後、テレビゲーム・プロジェクトは130万ドルで売却できる。会社が1年後にプロジェクトを廃棄できるとしたら、修正されたNPVはいくらか。

30. 現在価値損益分岐点

コーンチョッパー社は新しい収穫機の購入を検討している。コーンチョッパーは、収穫機の損益分岐点購入価格（現在価値で）を算定するために、あなたを雇った。この損益分岐点購入価格は、プロジェクトのNPVがゼロになる価格である。以下の事実に基づいて分析せよ。

・新しい収穫機は収益に影響すると予想されないが、税引き前営業費用は10年間にわたって、毎年1万2,000ドル減少する。
・古い収穫機は現在5年が経過しており、あと10年間、予定された耐用年数が残っている。それは当初5万ドルで購入され、定額法で減価償却されてきた。
・古い収穫機は今日1万8,000ドルで売却できる。
・新しい収穫機は、10年の耐用年数にわたって、定額法で減価償却される。
・法人税率は34%である。
・会社の要求されるリターンは15%である。
・初期投資、古い収穫機の売却代金、税効果は即座に発生する。
・他のすべてのキャッシュフローは年度末に発生する。
・どちらの収穫機も、経済耐用年数終了時の市場価値はゼロである。

ミニケース

●バニヤン・ランバーLLC

バニヤン・ランバーLLC（有限責任会社）は、樹木を伐採し、丸太を製材所に配達する。会社はピート・バニヤンによって70年前に設立された。現在のCEOはポーラ・バニヤンで、創業者の孫娘である。会社は現在、オレゴン州に所有する5,000エーカーの森林を評価している。ポーラは、会社の財務担当役員であるスティーブ・ボールズにこのプロジェクトを評価するよう頼んだ。ポーラの関心は、会社がいつ樹木を伐採すべきかということである。

木材は「ポンド価値」で販売される。ポンド価値とは、製材所の所在地まで届けられた丸太に対して、製材所が支払う金額である。製材所に配達される丸太に支払われる価格は、1,000ボードフィート（MBF）当り何ドルという値段がつけられ、価格は木材の等級に依存する。バニヤン・ランバーが評価している森林は、会社によって20年前に植林されたもので、すべてがダグラス・ファー（米松）の木である。下の表は、会社が森林から伐採できると考えている、三つの等級の木材の現在のMBF当りの価格を表している。

木材等級	MBF当りの価格
1P	＄660
2P	630
3P	620

スティーブは、木材のポンド価値がインフレ率とともに上昇すると考えている。会社は今日森林の間伐を計画しており、間伐により1エーカー当り1,000ドルのプラスのキャッシュフローが得られると見込んでいる。間伐は、残りの樹木の生長を促進するために行われ、常に植林から20年後に行われる。

会社が直面する主要な意思決定は、いつ森林を伐採するかということである。会社が森林を伐採すると、すぐさま苗木を植える。これにより、将来再び収穫できるようになる。森林を成長させる期間が長ければ長いほど、エーカー当りの収穫高は大きくなる。加えて、古い森林のほうが、等級の高い木材がとれる。スティーブは、エーカー当りの収穫高（MBF）を木材等級ごとに分けて以下の表にまとめた。

今日から収穫開始までの期間（年）	エーカー当りの収穫高（MBF）	木材等級		
		1P	2P	3P
20	14.1	16%	36%	48%
25	16.4	20	40	40
30	17.3	22	43	35
35	18.1	24	45	31

会社は、欠陥や破損のために木材の5％を失うと見込んでいる。

会社が木材を収穫するとき、森林はすべての木が伐採される。この収穫方法は、植林された木がより早く成長することを可能にする。収穫、加工処理、植林、輸送のすべては、バニヤン・ランバーによって雇われた下請けが行う。伐採の費用はMBF当り140ドルになると見込まれている。輸送のための道路を建築しなければならず、これは平均してMBF当り50ドルの費用になると予想されている。事務所諸経費を除く販売および一般管理費は、MBF当り18ドルになると予想されている。

収穫が終わり次第、会社は土地に再植林する。再植林の費用は以下を含む。

	1エーカー当りの費用
掘削山積み	＄150
ブロードキャスト山焼き	300
整　地	145
植え付け費用	225

すべての費用は、インフレ率で上昇すると見込まれる。

すべてのキャッシュローは、収穫の年に発生すると仮定する。たとえば、今日から20年後に木材の収穫を開始したら、収穫からのキャッシュフローは今日から20年後に受け取られる。会社は伐採するとすぐ、新しい苗で再植林する。選択された収穫時期は、予測可能な範囲の将来において、繰り返される。会社の要求されるリターンは名目値で10%であり、インフレ率は年間3.7%になると予測されている。バニヤン・ランバーの税率は35%である。

全伐採は、森林管理において議論を呼ぶ手法である。必要な許可を得るために、バニヤン・ランバーは、木材を収穫するたびに、自然保護基金に寄付することに同意した。もし会社が今日収穫したら、要求される寄付は25万ドルである。会社はこの寄付が年間3.2%で増加することに同意している。会社はいつ収穫すべきだろうか。

第8章

金利と債券の評価

その最も基本的なかたちにおいて、債券は非常にシンプルなものである。あなたは企業にいくらかのお金、たとえば1,000ドルを貸す。企業はあなたに定期的に利息を支払い、当初のローン金額1,000ドルを、将来のある時点で返済する。しかし債券はまた、複雑な特徴をもつことも可能で、2008年には、*モーゲージ・バック証券*、あるいはMBSとして知られる種類の債券が、グローバルな金融システムに大混乱を引き起こした。

MBSはその名が示唆するように、住宅ローンのプールによって裏付けされた債券である。債券保有者は、もとにある住宅ローンの返済に由来した支払を受けるが、これらの支払はさまざまな方法で分けられ、異なるクラスの債券をつくりだす。もとにある住宅ローンのデフォルト（債務不履行）は、特に、よりリスキーなクラスでMBS債券保有者の損失につながる。2007～2008年に米国が住宅不況に襲われ、デフォルトが急激に上昇したときがそうだった。投資家の損失は2008年の半ばでも依然として積み上がっていて、全体的な被害はわからないが、推定額は2,500億ドルから5,000億ドル以上に及んでいる。どんな基準でも、途方もなく大きな金額である。

本章では債券を紹介する。われわれはまず第4章で示された手法を用いて、債券を評価する。その後、債券の特徴と、債券がどのように売買されるのかを議論する。一つの重要な点は、債券価値が、その多くの部分を金利に依存しているということである。したがって、本書の最後の節で、金利のふるまいについて議論する。

8.1　債券と債券の評価

企業（そして政府）は、しばしば債券と呼ばれる証券を発行もしくは売り出すことによって、お金を借りる。この節では、社債のさまざまな特徴を解説する。その後、債券に伴うキャッシュフローと、債券がどのように割引キャッシュフローの手順を用いて評価できるか議論する。

債券の特徴と価格

債券は普通、利息だけのローンである。これは借り手が毎期利息だけを支払い、元本はローンの最後になるまでまったく返済されないことを意味する。たとえば、ベック社が1,000ドルを30年間借りたいとしよう。同じような企業によって発行された同じような負債の金利は12%である。したがって、ベック社は30年にわたって毎年120ドル（＝12%×＄1,000）の利息を支払う。30年後、ベック社は1,000ドルを返済する。この例が示唆するように、債券は相当シンプルな資金調達の方法である。とはいえ、債券に関連する豊かな専門用語が存在する。

上記の例で、120ドルの定期的な利払いは、債券の**クーポン**（coupon）と呼ばれる。このクーポンは一定であり、毎年支払われるので、このタイプの債券は時に*均等利付債（level coupon bond）*と呼ばれる。ローンの最後に返済される金額は、債券の**額面**、**額面金額**、または**額面価額**（face value or par value）と呼ばれる。例のように、この額面は、社債では通常1,000ドルであり、額面で売られる債券を*額面価格債券（par value bond）*という。国債は多くの場合、もっと大きな額面をもつ。最後に、年次クーポンを額面で割ったものを、債券の**クーポン利率**（coupon rate）という。＄120/1,000＝12%なので、ベック社債は12%のクーポン利率をもっている。

額面金額が返済される**満期**（maturity）までの年数を、債券の**残存期間**（time to maturity）という。社債はしばしば当初発行されたとき30年の満期をもつが、これはさまざまである。いったん債券が発行されると、時間の経過に従って残存期間は短くなる。

債券の価値と利回り

時がたつにつれ、市場の金利は変化する。債券のキャッシュフローは同じままなので、債券の価格が変動する。金利が上がったとき、債券の残りのキャッシュフローの現在価値は減少し、債券の価値は下がる。金利が下がったとき、債券の価値は上がる。

ある特定の時点の債券の価値を求めるには、残っている満期までのピリオド数、額面、クーポン、そして類似した特徴をもつ債券の市場金利を知らなければならない。市場において債券に要求されるこの金利は、債券の**最終利回り**（または**満期利回り**）（yield to maturity, YTM）と呼ばれる。この利率は時々略して*利回り*と呼ばれる。これらの情報がすべてそろえば、債券の現在の市場価値の推定値として、キャッシュフローの現在価値を計算できる。

たとえば、ザンス社が満期10年の債券を発行するとしよう。ザンス社債の年次クーポンは80ドルであるが、これは債券が次の10年間にわたってクーポン利息として年間80ドルを支払うことを意味する。加えて、ザンス社は10年後に保有者に対して1,000ドルを支払う。この債券のキャッシュフローは、図8.1に示されている。図で例示したように、キャッシュフローはアニュイティ部分（クーポン）と、一括返済（満期で支払われる元本）部分から成り立っている。

類似の債券が８％の利回りをもつとすると、この債券はいくらで売られるだろうか。二つの部分の現在価値を別々に計算し、その結果を足し合わせることによって、債券の市場価値を推定する。最初に、現行利率の８％では、10年後に支払われる1,000ドルの現在価値は以下のようになる。

$$\text{現在価値} = \$1,000/1.08^{10} = \$1,000/2.1589 = \$463.19$$

次に、債券は10年間にわたって年間80ドルを支払うので、このアニュイティ流列の現在価値は以下のようになる。

$$\begin{aligned}\text{アニュイティの現在価値} &= \$80 \times (1 - 1/1.08^{10})/0.08\\ &= \$80 \times (1 - 1/2.1589)/0.08\\ &= \$80 \times 6.7101\\ &= \$536.81\end{aligned}$$

図８.１　ザンス社債のキャッシュフロー

キャッシュフロー

年	0	1	2	3	4	5	6	7	8	9	10
クーポン		$80	$80	$80	$80	$80	$80	$80	$80	$80	$　80
額面											1,000
		$80	$80	$80	$80	$80	$80	$80	$80	$80	$ 1,080

ザンス社債は、80ドルの年次クーポンと、10年後の満期に支払われる1,000ドルの額面をもつ。

第4章の表記法を用いると、アニュイティの価値はまた以下のように書き表すことができる。

$$\$80 \times A_{0.08}^{10} = \$80 \times 6.7101 = \$536.81$$

ここで $A_{0.08}^{10}$ は、10年間続く年間1ドルを、8％で割り引いたアニュイティの価値である。二つの部分を足し合わせると、債券の価値が求まる。

総債券価値＝＄463.19＋536.81＝＄1,000

この債券は額面とちょうど同じ額で売られる。これは偶然ではない。市場における現行金利は8％である。利息だけのローンとして考えた場合、この債券はいくらの金利をもっているだろうか。80ドルのクーポンでは、この債券は1,000ドルで売られた場合、ちょうど8％の利息だけを支払う。

金利が動くにつれて何が起こるか例証するために、1年がたったとしよう。ザンス社債はいま、満期まで9年残っている。もし市場で金利が10％に上がったとしたら、債券にはいくらの価値があるだろうか。答えを見つけるために、10年のかわりに9年と、8％の利回りのかわりに10％の利回りで、現在価値の計算を再度行う。最初に、10％で9年後に支払われる1,000ドルの価値は、以下のようになる。

現在価値＝$\$1,000/1.10^9 = \$1,000/2.3579 = \$424.10$

次に、債券はいま9年間にわたって年間80ドルを支払うので、このアニュイティ流列の10％での現在価値は、以下のようになる。

$$\text{アニュイティの現在価値} = \$80 \times (1 - 1/1.10^9)/0.10 = \$80 \times A_{0.10}^{9}$$
$$= \$80 \times (1 - 1/2.3579)/0.10$$
$$= \$80 \times 5.7590$$
$$= \$460.72$$

二つの部分を足し合わせると、債券の価値を得る。

総債券価値＝＄424.10＋460.72＝＄884.82

したがって、債券は約885ドルで売られるべきである。業界用語では、この8％クーポンの債券は、10％の利回りになるように885ドルで値付けされているという。

ザンス社債はいま1,000ドルの額面以下で売られる。なぜだろうか。市場金利は

10％である。1,000ドルの利息だけのローンとして考えると、債券はクーポン利率の８％しか支払わない。債券は現行金利より少ない利息しか支払わないので、投資家は約束された1,000ドルの償還額より少ない金額しか進んで貸そうとはしない。この債券は額面より安く売られるので、*ディスカウント債*と呼ばれる。

利率を10％にするには、価格を1,000ドル以下に下げるしかない。これで購入者は実質的に、含み益（組み込まれたキャピタル・ゲイン）を得る。ザンス社債では、885ドルの価格は額面より115ドル安いので、債券を購入し保有した投資家は、毎年80ドルを受け取り、満期に115ドルのキャピタル・ゲインもまた得られることになる。キャピタル・ゲインが、貸し手に市場以下のクーポン利率の埋合せをする。

なぜ債券が115ドル分ディスカウントされているのかを理解するもう一つの方法は、80ドルのクーポンが、現在の市場の状況をもとにした新規発行の額面価格債券のクーポンより、20ドル低いことに注目することである。債券は年間100ドルのクーポンをもつときだけ、1,000ドルの価値がある。ある意味で、この債券を購入し保有する投資家は、９年間毎年20ドルを放棄することになる。10％では、このアニュイティ流列は、以下の価値をもつ。

$$\begin{aligned}\text{アニュイティの現在価値} &= \$20\times A^{9}_{0.10}\\ &= \$20\times 5.7590\\ &= \$115.18\end{aligned}$$

これはちょうどディスカウントの金額である。

もし金利が２％の上昇ではなく、２％下落したら、ザンス社債はいくらで売られるだろうか。ご推測のとおり、債券は1,000ドル以上で売られる。このような債券は、*プレミアム*付きで売られ、*プレミアム債*と呼ばれる。

このケースは、ディスカウント債のちょうど反対である。ザンス社債はいま、市場金利が６％しかないときに、８％のクーポン利率をもつ。投資家はこのエクストラのクーポン額を得るために、進んでプレミアムを支払う。このケースでは、適切な金利は６％で、残存期間は９年である。額面1,000ドルの現在価値は以下のようになる。

$$\text{現在価値} = \$1{,}000/1.06^{9} = \$1{,}000/1.6895 = \$591.89$$

クーポン流列の現在価値は、以下のようになる。

$$\text{アニュイティの現在価値} = \$80 \times (1 - 1/1.06^9)/0.06 = \$80 \times A^9_{0.06}$$
$$= \$80 \times (1 - 1/1.6895)/0.06$$
$$= \$80 \times 6.8017$$
$$= \$544.14$$

二つの部分を足し合わせると、債券の価値を得る。

$$\text{総債券価値} = \$591.89 + 544.14 = \$1{,}136.03$$

したがって、債券の総価値は額面より約136ドル高い。再度、現在の市場の状況よりクーポンが20ドル高いことに注目して、この金額が正しいことを確認できる。９年間にわたる年間20ドルの６％での現在価値は、以下のようになる。

$$\text{アニュイティの現在価値} = \$20 \times A^9_{0.06}$$
$$= \$20 \times 6.8017$$
$$= \$136.03$$

これはさっき計算したのとちょうど同じである。

この例をもとに、債券価値の一般的な式を書くことができる。もし債券が、①満期時に支払われる額面F、②ピリオドごとに支払われるクーポンC、③満期までのピリオド数T、そして④ピリオドごとの利回りrをもつなら、その価値は以下のようになる。

$$\text{債券価値} = C \times [1 - 1/(1+r)^T]/r + F/(1+r)^T \qquad (8.1)$$

債券価値＝クーポンの現在価値＋額面金額の現在価値

たくさんの役立つ情報がある債券のよいサイトは、finance.yahoo.com/bonds 参照。

ネット上の債券計算機は personal.fidelity.com で利用できる。金利情報は、money.cnn.com/markets/bondcenter と www.bankrate.com にある。

例8．1　半年ごとのクーポン

実際には、米国で発行される債券は通常、年に2回クーポンを支払う。したがって、普通の債券が14%のクーポン利率をもつなら、所有者は年間、合計して140ドルを受け取るが、この140ドルは、それぞれ70ドルの二つの支払でもたらされる。

われわれの債券が、最終利回り16%で値付けされているとしよう。債券利回りは年利率（APR）のようにクォート（気配値をつける）されるが、クォートされる利率は、実際のピリオドごとの利率を年間ピリオド数で乗じたものである。16%のクォートされた利率と半年ごとの支払では、真の利回りは6カ月につき8%である。もしわれわれの債券が7年で満期を迎えるなら、債券価格はいくらだろうか。また、この債券の実効年利回りはいくらだろうか。

これまでの議論をもとにすると、われわれにはこの債券がディスカウントで売られることがわかっている。なぜなら、市場が6カ月ごとに8%を要求するのに、この債券の6カ月ごとのクーポン利率は7%だからである。したがって、もし答えが1,000ドルを超えたら、それは間違いだとわかる。

正確な価格を得るために、最初に7年後に支払われる額面1,000ドルの現在価値を計算する。7年間には、それぞれ6カ月のピリオドが14回ある。ピリオド当り8%では、価値は以下のようになる。

$$\text{現在価値} = \$1{,}000/1.08^{14} = \$1{,}000/2.9372 = \$340.46$$

クーポンは、ピリオド当り70ドルを支払う14ピリオド・アニュイティとみなせる。8%の割引率では、そのようなアニュイティの現在価値は、以下になる。

$$\begin{aligned}\text{アニュイティの現在価値} &= \$70 \times (1 - 1/1.08^{14})/0.08 = \$70 \times A_{0.08}^{14} \\ &= \$70 \times (1 - 0.3405)/0.08 \\ &= \$70 \times 8.2442 \\ &= \$577.10\end{aligned}$$

現在価値の合計が債券の価格である。

$$\text{総現在価値} = \$340.46 + 577.10 = \$917.56$$

この債券の実効利回りを計算するには、6カ月ごとの8%が、以下と等しいことに着目する。

実効年利率＝$(1+0.08)^2-1=16.64\%$

したがって、実効利回りは16.64%である。

この節で解説したように、債券価格と金利は常に反対の方向に動く。金利が上がると、債券の価値は、他のすべての現在価値のように、下落する。同様に、金利が下がると、債券の価値は上昇する。たとえ借り手がすべての返済を確実に行うとしても、債券の所有には依然としてリスクが存在する。次にこれを議論する。

債券について investorguide.com でさらに勉強しよう。

金利リスク

債券所有者に対する金利変動から生じるリスクは、*金利リスク*と呼ばれる。債券がどれだけの金利リスクをもつかは、その価格が金利変化に対してどれだけ敏感かにかかっている。この感度は、残存期間とクーポン利率の二つに直接的に依存する。すぐに考察していくが、債券を考えるとき、次のことに留意しておかなければならない。

1. 他のすべてが等しいなら、残存期間が長いほど、金利リスクは大きくなる。
2. 他のすべてが等しいなら、クーポン利率が低いほど、金利リスクは大きくなる。

図8.2はこれら二つの最初のポイントを例証している。図は、満期が1年と30年の10%クーポン債券に対して、異なる金利シナリオのもとでの価格を計算し、描いている。30年満期のほうが1年満期のものより、価格をつなげた線の傾きが急であることに注目されたい。この急傾斜は、比較的小さな金利変化が、債券価値の相当な変化につながることを教えてくれる。対照的に、1年債の価格は金利変化に対して比較的に鈍感である。

図８.２　金利リスクと満期までの時間

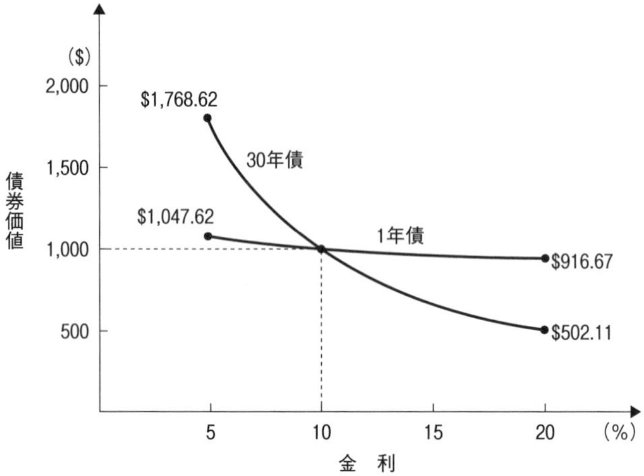

異なる金利と満期におけるクーポン利率10%の債券の価値

金利	残存期間	
	1 年	30 年
5%	$ 1,047.62	$ 1,768.62
10	1,000.00	1,000.00
15	956.52	671.70
20	916.67	502.11

直観的に、満期が短い債券のほうが、額面金額が非常に早く受け取れるので、金利に対する感度は低い。たとえば、もしこの金額が１年後に受け取れるとしたら、この金額の現在価値は、金利の小さな変化に対してそれほど影響を受けない。とはいえ、たとえ金利の小さな変化でも、30年間にわたって複利化されたら、現在価値に相当な影響を及ぼすことが可能である。その結果、額面金額の現在価値は、長期債では非常に変動が大きい。

金利リスクに関して知るべきもう一つのことは、ファイナンスと経済学における他の多くの事柄と同様、それが減少する率で増加するということである。たとえば、10年債は１年債よりはるかに大きな金利リスクをもっている。しかしながら、30年債は10年債よりわずかに大きな金利リスクしかもっていない。

低いクーポンの債券が、より大きな金利リスクをもつ理由も、基本的に同じである。すでに議論したように、債券の価値はクーポンと額面金額の両方に依存している。もし二つの債券が、同じ満期で異なるクーポンをもっていたら、低いクーポンの債券のほうが、満期に受け取れる額面金額に、比例的により大きく依存する。結果として、その価値は金利変化に対して、より大きく変動する。言い方を換えると、高いクーポンの債券は、寿命の早いうちにより大きなキャッシュフローをもつので、その価値は、割引率の変化に対して、変動性が少ない。

30年を超える満期の債券はめったに発行されないが、例外もある。1990年代に、ウォルト・ディズニー社は、100年満期の「眠りの森の美女」債を発行した。同様に、ベルサウス社、コカ・コーラ社、オランダの巨大銀行ABNアムロ社が、100年満期の債券を発行した。これらの企業は明らかに、歴史的な低金利に長い期間固定化することを望んでいた。現在のチャンピオン・タイトル保有企業は、1,000年満期の債券を販売したリパブリック・ナショナル銀行のようである。比較的最近のこれらの債券の前は、シカゴ・アンド・イースタン鉄道によって1954年５月に発行された100年債が最後のようである。もしあなたが次の100年債がいつ発行されるのかに思いをめぐらせていたとしたら、おそらく長い間待たなければならない。IRSはこのような長期債発行に関して、企業に警告を出し、これらの債券に対する支払利息控除を認めないと脅かした。

ベルサウス社の100年債を用いて、金利リスクの影響を例証することができる。下の表は、この債券の基本的な情報を、1995年12月31日、1996年７月31日、および2007年９月26日の価格とともに提示している。

満期	クーポン利率	1995/12/31の価格	1996/7/31の価格	価格の％変化1995－96	2007/9/26の価格	価格の％変化1996－07
2095	7.00％	＄1,000.00	＄800.00	－20.0％	＄1,020.29	＋27.5％

この表からいくつかのことが浮かび上がる。まず、金利は1995年12月31日と1996年７月31日の間に上昇した（なぜ？）。しかしながら、その後金利は下落した（なぜ？）。債券価格は最初20％下落し、その後27.5％上昇した。この大きな振れは、長期債が相当な金利リスクをもっていることを例証している。

最終利回りを見つける：さらに試行錯誤法

多くの場合、債券価格、クーポン利率、満期日はわかっているが、最終利回りはわからない。たとえば、６年物の８％クーポン債に興味があるとしよう。仲介業者は、955.14ドルの価格をクォートする。この債券の利回りはいくらだろうか。

債券の価格が、そのアニュイティと一括返済部分の合計の現在価値で表せることはすでにみた。6年間にわたる80ドルのクーポンと、1,000ドルの額面なので、価格は以下のように表せる。

$$\$955.14 = \$80 \times [1 - 1/(1+r)^6]/r + 1{,}000/(1+r)^6$$

ここで r は未知の割引率、もしくは最終利回りである。ここでは一つの方程式に一つの未知数なので、r を直接解くことはできない。かわりに、試行錯誤法を用いなければならない。

この問題は、第4章でアニュイティに対する未知の金利を求めようとして考察したものと基本的に同じである。しかしながら、債券に対する利率（または利回り）を見つけることは、1,000ドルの額面金額のせいで、さらに複雑である。

債券価格と利回りに関してわかっていることを利用すると、試行錯誤プロセスをスピードアップすることができる。このケースでは、債券は80ドルのクーポンをもち、ディスカウントで売られている。したがって、利回りは8％より高いことがわかる。もし10％で価格を計算すると、以下のようになる。

$$\begin{aligned}\text{債券価値} &= \$80 \times (1 - 1/1.10^6)/0.10 + 1{,}000/1.10^6\\ &= \$80 \times 4.3553 + 1{,}000/1.7716\\ &= \$912.89\end{aligned}$$

10％では、価値は実際の価格より低いので、10％は高すぎる。真の利回りは8～10％の間のどこかにあるに違いない。この時点では、答えを見つけるために「入力しては試す」作業になる。おそらく次は9％を試したいだろう。もしそうしたら、これが実際、債券の最終利回りであることがわかる。

債券の最終利回りは、**直接利回り**（current yield）と混同してはならない。これは単純に債券の年次クーポンを価格で割ったものである。現在の例では、債券の年次クーポンは80ドルで、価格は955.14ドルである。これらの数字を使うと、直接利回りが8.38％（＝$80/955.14）であることがわかる。これは最終利回りの9％より少し低い。直接利回りのほうが低い理由は、これがクーポン部分のみのリターンしか考慮せず、価格ディスカウントからの含み益を考慮しないからである。プレミアム債では、その逆になり、直接利回りのほうが、含み損を考慮しないので、高くなる。

われわれの債券評価の議論は、表8.1にまとめられている。スプレッドシート・

表 8.1　債券評価の要約

I．債券の価値を求める。 債券価値 = $C \times [1 - 1/(1+r)^T]/r + F/(1+r)^T$ C = 各期に支払われるクーポン r = ピリオド当りの割引率 T = ピリオド数 F = 債券の額面
II．債券の利回りを求める。 債券価値、クーポン、満期までの時間、額面をもとに、内在する割引率、もしくは最終利回りを、試行錯誤法によってのみ見つけることができる。これを行うには、債券価値が所与の値と同じになるまで、異なる割引率を試す（あるいはスプレッドシートにやらせる）。利率を上げると債券価値が下がることを忘れないように。

アプリケーション・ボックスは、どのように価格と利回りを簡単に見つけるのか示している。

現在の市場金利は www.bankrate.com で見つけられる。

スプレッドシート・アプリケーション

スプレッドシートを用いた債券価格と利回りの計算方法

ほとんどのスプレッドシートは、債券価格と利回りを計算するための、かなり複雑な関数を備えている。これらの多くの関数が、われわれが議論していない細部にも対応する。とはいえ、価格と利回りを計算するスプレッドシートを作成するのは、以下の二つのスプレッドシートが示すように簡単である。

	A	B	C	D	E
1					
2	**スプレッドシートを用いて債券価値を計算する**				
3					
4	満期まで22年で、クーポン利率が8%、最終利回りが9%の債券があるとしよう。				
5	もし債券が半年ごとに支払を行うとしたら、今日の価格はいくらか。				
6					
7	受渡日	1/1/00			
8	満期日	1/1/22			
9	年次クーポン利率	8%			
10	最終利回り	9%			
11	額面（額面金額の%）	100			
12	年間クーポン支払回数	2			
13	債券価格（額面金額の%）	**90.49**			
14					
15	セルB13に入力した計算式は =PRICE(B7,B8,B9,B10,B11,B12)。				
16	額面と債券価格は額面金額のパーセンテージであることに注意。				

	A	B	C	D	E
1					
2	**スプレッドシートを用いて債券利回りを計算する**				
3					
4	満期まで22年で、クーポン利率が8%、価格が960．17の債券があるとしよう。				
5	もし債券が半年ごとに支払を行うとしたら、最終利回りはいくらか。				
6					
7	受渡日	1/1/00			
8	満期日	1/1/22			
9	年次クーポン利率	8%			
10	債券価格（額面金額の%）	96.017			
11	額面（額面金額の%）	100			
12	年間クーポン支払回数	2			
13	最終利回り	**8.40%**			
14					
15	セルB13に入力した計算式は =YIELD(B7,B8,B9,B10,B11,B12)。				
16	額面と債券価格は額面金額のパーセンテージであることに注意。				

われわれのスプレッドシートでは、受渡日と満期日という、二つの日付を入力しなければならなかったことに注意されたい。受渡日は、単に債券の代金を支払う日であり、満期日は債券が実際に満期を迎える日である。われわれのほとんどの問題では、これら二つの日付が明示的に与えられていない。したがって、自分でつくりだす必要がある。たとえば、この債券は満期まで22年あるので、単純に2000年１月１日を受渡日として選び、2022年１月１日を満期日として選んだ。正確に22年間離

れていればどんな日付でもかまわないが、ここでは特に作業しやすい日付を選んだ。最後に、クーポン利率と最終利回りを年次の値として入力し、それから明示的に年間クーポン支払回数を与えたことに注意されたい。

例8.2　直接利回り

ある債券が1,080.42ドルの価格でクォートされている。額面は1,000ドルで、半年ごとのクーポンが30ドル、満期が5年である。直接利回りと最終利回りはいくらだろうか。どちらが大きいだろうか。なぜだろうか。

この債券は半年ごとに30ドルを支払うので、年間支払額が60ドルになることに注意しよう。したがって、直接利回りは5.55%（＝$60/1,080.42）である。最終利回りを計算するには、例8.1を参照する。このケースでは、債券は6カ月ごとに30ドルを支払い、満期までに6カ月ピリオドが10回ある。したがって、以下のようにrを見つける。

$$\$1,080.42=\$30\times[1-1/(1+r)^{10}]/r+1,000/(1+r)^{10}$$

何回かの試行錯誤を繰り返すと、rが2.1%であることがわかる。しかし間違えやすいのは、この2.1%は6カ月の利回りだということである。最終利回りを得るには2倍にしなければならないので、最終利回りは4.2%である。これは直接利回りより低い。理由は、直接利回りが、プレミアムによるいまから満期までの含み損（組み込まれたキャピタル・ロス）を無視するからである。

例8.3　債券利回り

あなたはクーポンと、そしてもちろん、価格以外はすべて同一の二つの債券を検討している。どちらも満期まで12年ある。1番目の債券はクーポン利率が10%で、935.08ドルで売られている。2番目の債券は、クーポン利率が12%である。この債券はいくらで売られるだろうか。

二つの債券は非常に似ているので、それらは利回りがほぼ同じ率になるように価格づけされると仮定する。最初に10%クーポン債の利回りを計算する必要がある。すでに行ったように進めると、債券はディスカウントで売られているので、利回りは10%より大きくなければならない。債券は12年というかなり長い満期をもっている。長期債の価格が金利の変化に比較的敏感であることはすでにみたので、利回りはおそらく10%に近い。少し試行錯誤を繰り返すと、利回りが実際には11%であることが判明する。

$$\begin{aligned}\text{債券価値} &= \$100\times(1-1/1.11^{12})/0.11+1{,}000/1.11^{12}\\ &= \$100\times 6.4924+1{,}000/3.4985\\ &= \$649.24+285.84\\ &= \$935.08\end{aligned}$$

11%の利回りでは、２番目の債券はクーポンが120ドルなので、プレミアムで売られる。

$$\begin{aligned}\text{債券価値} &= \$120\times(1-1/1.11^{12})/0.11+1{,}000/1.11^{12}\\ &= \$120\times 6.4924+1{,}000/3.4985\\ &= \$779.08+285.84\\ &= \$1{,}064.92\end{aligned}$$

ゼロ・クーポン債

まったくクーポンを支払わない債券は、元本より低い価格でオファーされるに違いない。このような債券はゼロ・クーポン債（zero coupon bonds）、あるいは単純にゼロと呼ばれる[1]。

例８．４　年次複利化でのゼロ・クーポン債の最終利回り

ジェニーバ・エレクトロニクス社が、額面1,000ドルの８年物ゼロ・クーポン債を発行するとする。もしこの債券が627ドルでオファーされたら、最終利回りはいくらになるだろうか。年次複利化を仮定する。

1）非常に低いクーポン利率（ゼロ・クーポンと対比するものとして）で発行される債券は、発行時割引債（original-issue discount bond）である。

最終利回りは、以下の方程式から計算できる。

$$\frac{\$1,000}{(1+y)^{8}}=\$627$$

方程式を解くと、yが6％になる。したがって、最終利回りは6％である。

この例では、利回りが実効年利回りとして表されている。しかしながら、この債券は利息が支払われないものの、実際には、利付債の計算と整合性をもたせるために半年ピリオドが計算に用いられる。次の例でこの慣習を例証する。

例8.5　現実の世界の慣例である半年複利化でのゼロ・クーポン債の最終利回り

エイト・インチ・ネイル社が、額面1,000ドルで5年のゼロ・クーポン債を発行するとしよう。最初の価格は508.35ドルに設定される。半年複利化を用いた最終利回りはいくらになるだろうか。

$$\frac{\$1,000}{(1+y)^{10}}=\$508.35$$

5年は10回の6カ月ピリオドになるので、分母の指数は10である。利回りyは7％になる。yは*6カ月*ごとのリターンとして表されているので、年利率として表した最終利回りは14％である。

8.2　政府と企業の債券

前節では、政府と企業の債券の違いをあまり議論せずに、基本的な債券評価の原則を探索した。この節では、その違いを議論する。

もし米国政府が積み上げた負債の水準に関して心配なら、
www.public.debt.treas.gov や www.brillig.com/debt.clock に行ってはいけない！
国債についてのすべては、www.ny.frb.org で知ろう。

国　債

他を大きく引き離して、世界最大の借り手は、だれもが大好きな家族、サムおじさん（Uncle Sam、米国政府）である。2008年、政府の総負債額は約9.5兆ドルで、国民1人当り3万ドルを超えていた（そしていまもふえている！）。政府が1年以上の資金の借入れを望むとき、財務省中期債券（note）と長期債券（bond）として知られるものを販売する（実際、毎月行っている）。現在、発行済財務省中期債券と長期債券は、発行時の満期が2年から30年にわたる。

ほとんどの米国財務省債券は、単なる普通の利付債であるが、注意すべき点が二つある。まず、基本的に他のすべての債券と異なり、米国財務省債券にはデフォルト（債務不履行）リスクがない。なぜなら（そう願いたいが）、財務省はいつでも支払のための資金を用意できるからである。2番目に、財務省債券は州の所得税を免除されている（連邦所得税はそうではないが）。言い換えると、財務省中期債券や長期債券から受け取ったクーポンに対しては、連邦税しかかからない。

州と地方自治体もまた、中期債券と長期債券を発行してお金を借りる。このような債券は、*地方*債（municipal note and bonds）、または単に「ミュニー」と呼ばれる。財務省債券と異なり、地方債には程度の差があるものの、デフォルト・リスクが存在する。地方債の最も興味深い点は、クーポンが連邦税を免除されることである（州所得税は必ずしも免除されない）。これは地方債を、高額所得、高額納税者の投資家に魅力的なものにする。この莫大な減税により、地方債の利回りは課税債の利回りよりかなり低い。

例8.6　税引き後利回りの比較

額面価格で売られている長期地方債が4.21%の利回りで、額面価格で売られている財務省長期債が6.07%の利回りだとする[2)]。さらに、投資家は30%の税率枠にいるとする。デフォルト・リスクの違いを無視すると、投資家は財務省債と地方債のどちらを好むだろうか。

答えるには、二つの債券の*税引き後*の利回りを比較する必要がある。州と地方税を無視すると、地方債は税引き前と税引き後の双方で、4.21%の利回り

2）地方債のキャピタル・ゲインは課税されるので、分析はやや複雑になる。われわれは両方の債券が額面で価格づけされていると仮定することにより、キャピタル・ゲインを回避している。

を提供する。財務省債は、税引き前で6.07%の利回りなので、30%の所得税を考慮すると、税引き後は4.25%［=6.07%×(1－30%)］になる。したがって、財務省債のほうが、依然として若干高い利回りを提供する。

債券市場のもう一つのよいサイトは、money.cnn.com 参照。

例8.7　課税債 vs 地方債

課税債の利回りが現在8%であるのに対して、同等なリスクと満期をもつ地方債の利回りは6%だとしよう。40%の税率枠にいる投資家にとっては、どちらがより魅力的だろうか。損益分岐点税率はいくらだろうか。この税率をどう解釈したらよいだろうか。

40%税率枠の投資家にとって、課税債の税引き後利回りは4.8%［=8%×(1－40%)］なので、地方債のほうがずっと魅力的である。損益分岐点税率は、投資家が、課税債と非課税債で、無差別になる税率である。t^*が損益分岐点税率を表すとすると、この税率は以下のように求めることができる。

$$
\begin{aligned}
0.08\times(1-t^*)&=0.06\\
1-t^*&=0.06/0.08=0.75\\
t^*&=0.25
\end{aligned}
$$

したがって、25%税率枠の投資家は、どちらの債券からも税引き後で6%の利回りを得ることになる。

社　債

財務省債券はデフォルト・リスクがないが、地方債にはデフォルトの可能性があると指摘した。社債にもまたデフォルトの可能性がある。この可能性は、債券の*約束された利回り*（*promised yield*）と*期待リターン*（*expected return*）との間に亀裂を生む。

これらの二つの用語を理解するために、額面が1,000ドルで年次クーポンが80ドルの１年物社債を考えてみよう。さらに債券アナリストが、この債券にはデフォルトの確率が10%あり、デフォルトした場合、各債券保有者は800ドルを受け取ると仮定する（清算や再構築から得られた金額は、最初に債券保有者に支払われるので、債券保有者はデフォルトの後、なんらかを受け取る可能性が高い。株主は、通常、債券保有者が満額支払われた後にのみ、支払を受ける）。債券が満額を支払う可能性が90%あるので、満期における債券からの期待ペイオフは、以下のようになる。

$$0.90 \times \$1,080 + 0.10 \times \$800 = \$1,052$$

このようなリスキーな債券の割引率が９%だと仮定すると、債券の価値は以下になる。

$$\frac{\$1,052}{1.09} = \$965.14$$

この債券の期待リターンはいくらだろうか。前の式で割引率が９%なので、期待リターンは明らかに９%である。言い換えると、今日の965.14ドルの投資は、満期に1,052ドルの期待ペイオフを提供する。これは９%の期待リターンを意味する。

約束された利回りはいくらだろうか。クーポンが80ドルなので、会社は１年後に1,080ドルを約束している。債券の価格は965.14だから、約束された利回りは以下の方程式から計算できる。

$$\$965.14 = \frac{\$1,080}{1 + y} \tag{8.2}$$

この方程式で、約束された利回り y は、11.9%である。なぜ、約束された利回りは、期待リターンより高いのだろうか。約束された利回りの計算では、債券所有者が1,080ドルの満額を受け取ると仮定している。言い換えると、約束された利回りの計算は、デフォルトの確率を無視している。対照的に、期待リターンの計算は、デフォルトの確率を明確に考慮する。無リスクな証券の場合はどうだろうか。この場合、定義上、無リスク債券におけるデフォルトの確率はゼロなので、約束された利回りと期待リターンは等しい。

さて、式8.2で計算した社債の約束された利回りは、単に前節の最終利回りである。約束された利回りは、社債でも国債でもどのような債券でも計算することができる。必要なのは、クーポン利率、額面価額、そして満期である。デフォルトの確率については何も知る必要がない。社債の約束された利回りを計算するのは、ちょうど国債の利回りを計算するのと同じくらい簡単である。実際、二つの計算は同一である。しかしながら、社債の約束された利回りは（あるいは最終利回りも同様に）、少々誤解を招きやすい。われわれが計算した11.9%の約束された利回りは、債券がデフォルトしない場合にのみ、債券保有者が11.9%のリターンを得ることを意味する。約束された利回りは、債券保有者が受け取ると*期待する*リターンについて何も語ってくれない。

たとえば、バンガード中期トレジャリー・ボンド・ファンド（TBファンド）は、中期国債からなる投資信託で、2008年7月における利回りは3.48%だった。バンガード高利回り社債ファンド（HYファンド）は、高いデフォルト確率をもつ中期社債からなる投資信託で、同じ日に8.94%の利回りだった。HYファンドの利回りは、TBファンドの利回りよりも2.56（=8.94/3.48）倍も高かった。これはHYファンドの投資家が、TBファンドの投資家より、2.5倍以上のリターンを期待しているという意味だろうか。まったくそんなことはない。上でクォートされた利回りは、約束された利回りで、デフォルトの可能性をまったく考慮していない。

プロのアナリストは、デフォルトの高い確率ゆえに、実際には、HYファンドの期待リターンがTBファンドのリターンよりも低いと分析するかもしれない。とはいえ、これがどちらなのか、われわれにはまったくわからない。社債の期待リターンの計算は、デフォルトの確率を査定しなければならなので、きわめてむずかしい。この数値がどのようなものであれ、もし計算できたら、非常に意味があるだろう。名前が示唆するように、投資家が実際に受け取ることを期待する利益率を、われわれに教えてくれる。

例8.8　国債と社債の利回り

デフォルトなしの2年物国債と、2年物社債は、どちらも7%のクーポンを支払う。しかしながら、国債は額面価格（もしくは1,000ドル）で売られ、社債は982.16ドルで売られている。これら二つの債券の利回りはいくらだろうか。なぜ利回りに違いがあるのだろうか。これらの利回りは約束された利回りだろうか。年次クーポン支払を仮定する。

どちらの債券も年間70ドルのクーポンを支払う。国債の利回りは以下の方程式で計算できる。

$$\$1,000 = \frac{\$70}{1+y} + \frac{\$1,070}{(1+y)^2}$$

国債の利回りyは、７％である。

社債の利回りは以下の方程式で計算できる。

$$\$982.16 = \frac{\$70}{1+y} + \frac{\$1,070}{(1+y)^2}$$

社債の利回りyは、８％である。

社債にはデフォルト・リスクがあるのに対して、国債にはこのリスクがないので、国債の利回りは社債の利回りより低い。

どちらの債券も、クーポンは約束されたクーポンなので、われわれが計算した利回りは、約束された利回りである。これらのクーポンは、デフォルトに陥った場合、全額は支払われない。国債にはデフォルトの可能性がないので、国債の約束された利回りは、期待リターンと等しい。しかしながら、社債にはデフォルトの可能性があるので、社債の約束された利回りは、期待リターンより大きい。

ここまでの社債に関するわれわれの議論は、デフォルト確率の概念に依存していたが、デフォルト確率の推定は本章の範囲を優に超えている。しかしながら、債券のデフォルト・リスクの質的な評価を得る簡単な方法がある。

債券格付

企業はしばしば、自社の負債を格付するために費用を支払う。債券格付の大手２社は、ムーディーズ・インベスターズ・サービスとスタンダード＆プアーズ（S&P）である。負債格付は、社債発行者の信用度の査定である。ムーディーズとS&Pが用いる信用度の定義は、企業がデフォルトする可能性がどれだけあるかと、デフォルトが起こったときに債権者がどれだけ保護されているかをベースにしている。

債券格付が、デフォルトの可能性*だけ*を扱っているということを認識するのは重要である。前に、金利リスクを議論した。われわれはこれを、金利変化によって引き起こされる価値変化のリスクとして定義した。債券格付はこの問題に対処しない。結果として、高く格付された債券の価格は、依然として価格変動が大きく、リスキーでありうる。

格付は、企業とその他の情報源によって提供される情報から作成される。格付の分類とそれらに関する簡単な説明は、次の表に示されている。

	投資適格債格付		投資不適格、投機的 および/または“ジャンク”債格付	
	高品質	中品質	低品質	非常に低品質
スタンダード&プアーズ ムーディーズ	AAA　AA Aaa　Aa	A　BBB A　Baa	BB　B Ba　B	CCC　CC　C　D Caa　Ca　C

ムーディーズ	S&P	
Aaa	AAA	AaaおよびAAA格付の負債は、最上級の格付をもつ。利息と元本を支払う能力がきわめて高い。
Aa	AA	AaおよびAAA格付の負債は、利息を支払い、元本を返済する能力が非常に高い。最上級の格付と含めて、このグループの企業は、高格付債クラスである。
A	A	A格付の負債は、利息を支払い、元本を返済する能力が高い。しかしながら、状況や経済環境の悪化に対して、高格付債クラスより若干影響を受けやすい。
Baa	BBB	BaaおよびBBB格付の負債は、利息を支払い、元本を返済するのに十分な能力をもつとみなされる。通常、十分な保護指標を示すが、経済環境の悪化や状況の変化などにより、上位の格付に比べて、債務履行能力が低下する可能性が高い。これらの債券は、中格付債務である。
Ba ; B Caa Ca C	BB ; B CCC CC C	これらのカテゴリーに格付された負債は、すべてを考慮すると、負債の条件どおりに利息を支払い、元本を返済する能力に関して、主に投機的であるとみなされる。BaおよびBBは、投機的要素が最も低く、Ca、CCおよびCは投機的要素が最も高い。このような負債は、ある程度の質と債権者保護の特徴を備えている可能性が高いものの、それらは、大きな不確実性または大きなリスク・エクスポージャーによって、打ち消されてしまう。ムーディーズによるC格付債は、通常デフォルト状態にある。
	D	D格付の負債は、デフォルトに陥っていて、利息の支払および/または元本の返済が、滞っている。

(注)　時々、ムーディーズとS&Pはこれらの格付にノッチ（段階）と呼ばれる調整を加える。S&Pはプラスとマイナスの符号を用いる。A+はA格付で最も高く、A−は最も低い。ムーディーズは1、2、または3を用いる。1が最も高い。ムーディーズにはD格付はない。

企業の負債がもちうる最高の格付は、AAAまたはAaaである。そのような負債は、最高の品質と、最も低いリスクをもつと判定されたものである。たとえば、前に議論した100年満期のベルサウス社債は、AAAに格付された。この格付は頻繁には与えられない。AAまたはAa格付は、非常によい品質の負債を示し、より一般的である。

企業借入れの大きな部分は、低品質あるいは「ジャンク」債である。もしこれらの低品質債が格付されたとしたら、大手の格付機関によって投資適格以下に格付される。投資適格債は、S&BでBBB、ムーディーズでBaa以上に格付された債券である。

格付機関はいつも同意するわけでない。たとえば、一部の債券は「クロスオーバー」あるいは「5B」債券として知られている。その理由は、これらの債券が、一つの格付機関によってトリプルB（またはBaa）に格付され、もう一つによってダブルB（またはBa）に格付されているからである。これは割れた格付（split rating）を意味する。たとえば、コベントリー・ヘルスケア社は、4億ドルの7年債を発行したが、それは最近ムーディーズによってBa1、S&PによってBBBに格付された。

債券の信用格付は、発行体の財務状況が向上したり悪化したりするのにつれて変化する可能性がある。たとえば、最近S&Pとフィッチ（もう一つの大手格付機関）はともに、医療品サプライと器具の企業であるボストン・サイエンティフック社の負債を、投資適格からジャンク債へとダウングレード（格下げ）した。このようにジャンクの領域に落ちる債券は「堕ちた天使（fallen angel）」と呼ばれる。なぜボストン・サイエンティフックはダウングレードされたのだろうか。たくさんの理由があるが、双方の格付機関は、内視鏡外科手術部門の一部売却をキャンセルするという会社の発表に反応したのである。この売却で、負債の返済のために10億ドルが調達されるはずだった。加えて二つの格付機関は、ボストン・サイエンティフックの低迷するキャッシュフローに言及した。

デフォルトは実際に起こり、起こったときに投資家の損失は非常に大きいので、信用格付は重要である。たとえば、バーガー・キングのようなレストランに、ハンバーガーからオマケのおもちゃまで何でも納入するアメリサーブ・フード・ディストリビューション社が、2000年にジャンク債で2億ドルをデフォルトした。デフォルトの後、債券は1ドルに対してわずか18セントで取引され、投資家は1億6,000万ドル以上の損失を被った。

アメリサーブのケースで最悪なのは、この債券はたった4カ月前に発行されたもので、アメリサーブをNCAAチャンピオンにした。大学のバスケットボール・

チームならこれは喜ばしいが、ここでのNCAAは債券市場で「No Coupon At all」（まったくクーポン支払がない）を意味し、投資家には悪い知らせである。

社債と地方債を格付するのに、どのような基準が一般的に用いられるのか知りたい場合は、以下のサイトを参照。www.standardandpoors.com、www.moodys.com または www.fitchinv.com

8.3 債券市場

債券は毎日膨大な量が取引される。典型的な1日の債券の取引量は、株式の取引量より何倍も何倍も大きいということを知って、おどろくかもしれない（取引量とは、単に取引された金額を意味する）。ここでファイナンスのトリビア問題を出そう。世界でいちばん大きな証券市場はどこだろうか。ほとんどの人は、ニューヨーク証券取引所だと推測するだろう。実際には、取引量の観点からみて世界でいちばん大きな証券市場は、米国財務省債券市場である。

どのように債券は売買されるか

ほとんどの債券の取引は店頭（over the counter, OTC）で行われる。これは売り買いが行われる特定の場所がないことを意味する。かわりに国中（世界中）のディーラーが、常に売買に備えている。さまざまなディーラーは電子的につながっている。

債券市場がこれほど大きい理由の一つは、債券発行数が株式発行数をはるかに上回っているからである。これには二つの理由がある。まず、例外はあるものの、企業は通常1種類の普通株式を発行する。しかしながら、一つの大きな企業は、簡単に1ダースかそれ以上の中期債と長期債を発行できる。それに加え、連邦政府、州政府、地方自治体の借入額は単純に巨大である。たとえば、たとえ小さな市でも、道路や下水道や学校をつくるための資金として、さまざまな中期債や長期債が発行されている。米国にどれだけ多くの小さな市が存在するか考えれば、全体像が見え始めるだろう！

債券市場はほとんどすべてが店頭取引なので、歴史的に、ほんのわずかかあるいはまったく*透明性*がなかった。金融市場は、価格と取引量が簡単に観察できるとき、透明である。たとえば、ニューヨーク証券取引所では、すべての取引の価格と量を観察することができる。対照的に、債券市場では多くの場合、そのどちらの観察も可能ではない。取引は当事者間で秘密裏に交渉され、そこにはほとんど、あるいはまったく、取引の集中報告機能は存在しない。

債券の総取引量は株式のそれをはるかに上回るものの、総発行済債券のほんの小さな割合だけが所与の日に取引される。この事実は、債券市場の不透明性とあわせて、個別債券の最新の価格を得ることが、特に小さい企業や地方自治体の債券では、むずかしいかまたは不可能であることを意味する。かわりに、価格を推定するためにさまざまな情報源が用いられる。

債券価格の報告

2002年、社債市場の透明性は劇的に改善し始めた。新しい規制では、社債ディーラーは取引情報をTRACE（Trade Report and Compliance Engine）を通して報告する義務がある。本書を書いている時点では、取引価格はいまのところ4,000以上の債券で報告されている。これは投資適格債市場の約75%に当たる。時間とともに、さらにたくさんの債券が追加されるだろう。

TRACEの債券価格は、www.finra.org/marketdataで入手可能である。われわれはこのサイトに行き、緑のトラクターのメーカーとしてよく知られた「Deer」を入力した。そして10の発行済債券を見つけた。以下はそのうちの七つの情報である。

						Ratings			Last Sale	
Include in Watchlist	Bond Symbol	Issuer Name	Coupon	Maturity	Callable	Moody's	S&P	Fitch	Price	Yield
☐	DE.GE	DEERE & COMPANY	7.85	05/15/2010	No	A2	A	A	107.248	4.926
☐	DE.IO	DEERE & COMPANY	6.95	04/25/2014	No	A2	A	A	107.920	5.499
☐	DE.GA	DEERE & COMPANY	8.95	06/15/2019	Yes	A2	A	A	104.000	6.474
☐	DE.GB	DEERE & COMPANY	8.50	01/09/2022	No	A2	A	A	120.026	6.357
☐	DE.GC	DEERE & COMPANY	6.55	10/01/2028	No	A2	A	A	106.837	5.974
☐	DE.GF	DEERE & COMPANY	8.10	05/15/2030	No	A2	A	A	122.500	6.232
☐	DE.GG	DEERE & COMPANY	7.13	03/03/2031	No	A2	A	A	112.825	6.089

このサイトに行き、特定の債券をクリックすると、その債券に関して、信用格付、発行時情報、取引情報など、たくさんの情報が得られる。たとえば、われわれ

図８.３　TRACE 債券情報のサンプル

Most Active Investment Grade Bonds

Issuer Name	Symbol	Coupon	Maturity	Rating Moody's/S&P/Fitch	High	Low	Last	Change	Yield%
BARCLAYS BK PLC	BCS.OU	5.450%	Sep 2012	Aa1/AA/AA+	106.651	100.784	100.985	−0.404	5.220
LEHMAN BROS HLDGS INC	LEH.IBG	7.000%	Sep 2027	A1/A+/AA−	104.718	104.104	104.718	0.968	6.572
INTERNATIONAL BUSINESS MACHS CORP	IBM.KG	5.700%	Sep 2017	A1/A+/A+	102.220	100.953	101.213	−0.253	5.539
TARGET CORP	TGT.IB	5.375%	May 2017	A1/A+/A+	98.708	96.048	96.533	−0.287	5.853
LEHMAN BROS HLDGS INC	LEH.HEP	6.500%	Jul 2017	A2/A/A+	104.863	101.850	102.362	−0.138	6.173
TIME WARNER INC	AOL.HK	5.875%	Nov 2016	Baa2/BBB+/BBB	100.371	98.187	98.187	−0.011	6.137
COMCAST CORP NEW	CMCSA.HF	6.950%	Aug 2037	Baa2/BBB+/BBB+	106.912	100.415	100.415	−6.193	6.916
ASTRAZENECA PLC	AZN.GF	5.400%	Sep 2012	A1/AA−/AA−	101.968	100.402	101.133	−0.133	5.130
GENERAL ELEC CAP CORP	GE.WB	5.875%	Feb 2012	Aaa/AAA/NR	104.329	102.300	102.919	−0.198	5.116
SUNCOR ENERGY INC	SU.GC	6.500%	Jun 2038	A3/A−/NR	103.170	102.307	102.526	−0.360	6.312

（出所）　FINRA がリポートした TRACE 価格

がクリックしたとき、リストされた最初の債券は、過去２週間取引がなかった。

図8.3に示されたように、金融取引業規制機構（Financial Industry Regulatory Authority, FINRA）は、最も活発に取引された債券情報をリポートすることによって、毎日 TRACE からのデータのスナップショットを提供する。図中の数字は大部分が自明のものである。Comcast Corporation 債は、この日約６％価格が下落したことに注目してみよう。この債券の最終利回りには何が起こっただろうか。図8.3は、最も活発に取引される投資適格債にフォーカスしているが、最も活発な高利回り債や転換社債のデータも同様にこのウェブサイト上にある。

すでに述べたように、米国財務省債券市場は、世界でいちばん大きな証券市場である。一般的な債券市場と同様、これは店頭市場なので、透明性は限られている。しかしながら、通常の債券市場における状況とは異なり、財務省債券、特に最近発行されたものは、非常に活発に取引される。財務省債券の代表的な価格は毎日リポートされる。

図8.4は、ウェブサイト wsj.com からの、日々の財務省債券リストの一部を表している。「2021 Nov 15」で始まるラインをみてみよう。左から右へ読んでいくと、2021 Nov 15は、債券の満期が2021年11月15日であることを教えてくれる。8.000は、債券のクーポン利率である。

次の二つの情報は、買い呼び値（bid price）と売り呼び値（asked price, or ask

図8.4　ウォール・ストリート・ジャーナル米国財務省債券価格のサンプル

Treasury Bonds

Maturity	Coupon	Bid	Asked	Chg	Asked yield
2016 Aug 15	4.875	107:08	107:09	−2	3.8236
2016 Nov 15	4.625	105:19	105:21	−3	3.8291
2016 Nov 15	7.500	125:01	125:02	−3	3.9483
2017 Feb 15	4.625	105:09	105:11	−5	3.8800
2017 May 15	4.500	104:07	104:09	−4	3.9245
2017 May 15	8.750	134:29	134:30	−4	4.0206
2017 Aug 15	4.750	105:32	106:01	−4	3.9563
2017 Aug 15	8.875	136:09	136:10	−4	4.0653
2017 Nov 15	4.250	102:05	102:07	−5	3.9653
2018 Feb 15	3.500	96:07	96:08	−5	3.9370
2018 May 15	3.875	99:04	99:06	−5	3.9769
2018 May 15	9.125	140:13	140:14	−6	4.0975
2018 Nov 15	9.000	140:04	140:05	−7	4.1815
2019 Feb 15	8.875	139:14	139:15	−7	4.2214
2019 Aug 15	8.125	133:22	133:24	−8	4.2770
2020 Feb 15	8.500	137:29	137:31	−9	4.3093
2020 May 15	8.750	140:23	140:24	−9	4.3205
2020 Aug 15	8.750	141:01	141:02	−9	4.3517
2021 Feb 15	7.875	133:11	133:13	−9	4.3960
2021 May 15	8.125	136:08	136:09	−10	4.4003
2021 Aug 15	8.125	136:19	136:20	−11	4.4142
2021 Nov 15	8.000	135:22	135:23	−11	4.4278
2022 Aug 15	7.250	128:29	128:30	−12	4.4629
2022 Nov 15	7.625	133:07	133:08	−12	4.4639
2023 Feb 15	7.125	128:03	128:04	−13	4.4800
2023 Aug 15	6.250	119:00	119:02	−13	4.4985
2024 Nov 15	7.500	134:22	134:23	−15	4.4817
2025 Feb 15	7.625	136:11	136:13	−16	4.4917
2025 Aug 15	6.875	127:20	127:21	−15	4.5333
2026 Feb 15	6.000	117:08	117:09	−15	4.5623
2026 Aug 15	6.750	126:23	126:24	−16	4.5640
2026 Nov 15	6.500	123:25	123:26	−17	4.5690
2027 Feb 15	6.625	125:13	125:14	−17	4.5797
2027 Aug 15	6.375	122:16	122:18	−18	4.5897
2027 Nov 15	6.125	119:19	119:21	−17	4.5831
2028 Aug 15	5.500	111:20	111:22	−16	4.6034
2028 Nov 15	5.250	108:13	108:16	−16	4.6030
2029 Feb 15	5.250	108:17	108:18	−15	4.6019
2029 Aug 15	6.125	120:20	120:21	−15	4.5876
2030 May 15	6.250	123:03	123:05	−13	4.5650
2031 Feb 15	5.375	111:01	111:03	−17	4.5815
2036 Feb 15	4.500	99:06	99:08	−16	4.5477
2037 Feb 15	4.750	103:07	103:09	−15	4.5446

（出所） Copyright Clearance Center を通して *The Wall Street Journal* の許可により再掲。©2008 Dow Jones and Company, Inc., July 3, 2008. All Rights Reserved Worldwide.

price）である。一般に、どこの店頭市場あるいはディーラーでも、買い呼び値はディーラーが証券に進んで支払う価格を表し、売り呼び値はディーラーが進んで受け入れる価格を表す。この二つの価格の差は、**売買スプレッド**（bid-ask spread）、または単にスプレッドと呼ばれ、ディーラーの利益を表す。

歴史的な理由で、財務省債券価格は32分の1単位でクォートされる。したがって、8％2021年11月満期の債券の買い呼び値135：22は、実際には額面の$135^{22}/_{32}$（または135.688）％である。額面1,000ドルでは、これは1,356.88ドルを意味する。価格は32分の1単位でクォートされるので、可能な価格の最小変化は$^{1}/_{32}$である。これはティック（目盛り）サイズと呼ばれる。

次の数字は、売り呼び値であり、額面の135：23もしくは$135^{23}/_{32}$％である。次の数字は売り呼び値の前日からの変化で、ティック（すなわち32分の1）で測られている。したがって、この債券の売り呼び値は、前日から額面の1％の32分の11、もしくは0.3438％下がった。最後の数字は、売り呼び値に基づいた最終利回りである。これは額面よりも高く売られているので、プレミアム債であることに気づいただろうか。当然ながら、最終利回り（4.4278％）は、クーポン利率（8％）より低い。

リスト最後の債券2037 Feb 15は、しばしば指標銘柄（bellwether）債券と呼ばれる。この債券の利回りが、通常、夕方のニュース番組でリポートされるものである。したがって、たとえば長期金利が上がったと聞いたとき、実際に何が語られているかというと、この債券の利回りが上がった（そして価格は下がった）ということである。2001年の初めから、財務省はこれ以上30年債を発行しないと発表し、10年債が発行されるもののなかで最も長い満期となった。しかしながら、2006年、30年債は復活し、もう一度指標銘柄の地位についた。

もし図8.4のさまざまな債券の利回りを吟味したら、それらが満期とともに変わるのがはっきりわかるだろう。なぜこれが起こるのか、そしてそれが何を意味するかもしれないのかは、次の節で議論する問題の一つである。

TRACEについてもっと知りたい場合は、www.finra.orgに行くとよい。

セントルイス連邦準備銀行は、数多くのマクロ経済データとともに、財務省債券の利回りデータも含むオンライン・ファイルを維持している。www.stls.frb.org/fred/files

現在とヒストリカルな財務省債券の利回り曲線（イールド・カーブ）の情報は、www.treasurydirect.govで入手可能。

例8.9　財務省債券クォート

2016年５月に満期を迎える債券を、図8.4で探してみよう。クーポン利率はいくらだろうか。買い呼び値はいくらだろうか。*前日の*売り呼び値はいくらだろうか。

クーポン利率は額面の5.125％である。買い呼び値は、額面の109：05もしくは109.15625％である。売り呼び値は109：06で、前日より２ティック下がっている。これは前日の売り呼び値が$109\,{}^{6}/_{32}+{}^{2}/_{32}=109\,{}^{8}/_{32}=109$：８であることを意味する。

債券価格クォートに関する注釈

クーポン支払日の間に債券を購入すると、通常、支払う金額はクォートされた金額よりも多い。理由は、債券市場の標準的慣例で、価格が「経過利息」を差し引いた正味でクォートされるからである。このクォートされた価格は、きれいなクリーン価格（clean price）と呼ばれる。しかしながら、実際に支払う価格には経過利息が含まれる。この価格は汚いダーティ価格（dirty price）で、フル価格あるいはインボイス価格としても知られている。

例が、これらの点を理解する最も簡単な方法である。あなたは、年次クーポンが12％で、半年支払の債券を購入したとしよう。あなたはこの債券に実際には1,080ドル支払うので、1,080ドルがダーティ、もしくはインボイス、価格である。さらに、債券を購入した日はクーポン日の間で、次のクーポンは４カ月後に支払われるとする。次のクーポンは60ドルであることに注意されたい。

債券の経過利息は、すでに経過したクーポン期間の割合で計算される。この場合６カ月の期間のうち２カ月が経過しているので、この割合を次のクーポン60ドルに掛ける。したがって、この例での経過利息は20ドル（＝２／６×＄60）である。債券のクォート価格（すなわちクリーン価格）は、1,060ドル（＝＄1,080－＄20）になる[3]。

３）財務省債券と社債で、経過利息の計算はわずかに異なる。違いは、クーポン期間の割合の計算にある。上の例では、われわれは毎月が同じ長さであると暗に仮定した（すなわち、１月は30日、１年は360日）。これは社債がクォートされる方法と同じである。対照的に、財務省債券では実日数が用いられる。

8.4 インフレーションと金利

これまで本章では、金利に対するインフレの影響を考慮してこなかった。とはいえ、この関係は第6・3節でカバーした。このテーマに関して追加の考察を行うまえに、簡単に前の議論を復習する。

実質 vs 名目金利

1年金利が15.5%で、今日100ドルを銀行に預金すると来年115.50ドルになると仮定する。さらに、1枚のピザが今日5ドルするとする。これは100ドルで20枚のピザが買えることを意味する。最後に、インフレ率が5%で、ピザの価格が来年5.25ドルになると仮定する。もしあなたが今日100ドルを預金したら、来年何枚のピザが買えるだろうか。明らかに、あなたは22（=＄115.50/＄5.25）枚のピザが買える。これは20枚より多く、購買力が10%ふえたことを意味する。経済学者はこれを、*名目*金利は15.5%だが、*実質*金利は10%しかないという。

名目金利と実質金利の違いは重要で、繰り返す価値がある。

投資に対する名目金利は、あなたが保有するドル金額のパーセント変化である。投資に対する実質金利は、あなたのお金で購入できる量のパーセント変化である。言い換えると、実質金利はあなたの購買力のパーセント変化である。

名目金利、実質金利、インフレーションの関係を、以下のように一般化することができる。

$$1+R=(1+r)\times(1+h)$$

ここで、R は名目金利、r は実質金利、h はインフレ率である。

前出の例では、名目金利は15.50%で、インフレ率は5%だった。実質金利はいくらだろうか。これらの数字を代入することで、求めることができる。

$$1+0.1550=(1+r)\times(1+0.05)$$
$$1+r=1.1550/1.05=1.10$$
$$r=10\%$$

この実質金利は、われわれが前に得た値と同じである。

式を少し入れ替えると、以下を得る。

$$1+R=(1+r)\times(1+h)$$

$$R=r+h+r\times h \tag{8.3}$$

これは名目金利が三つの部分から成り立っていることを教えてくれる。1番目は、投資に対する実質金利 r である。2番目は、最初に投資した金額の価値が減ることに対する補償 h である。3番目の部分は、投資によって稼いだお金もまたインフレによって価値が下がるという事実に対する補償を表す。

3番目の部分は通常小さいので、しばしば削除される。そうすると、名目金利は実質金利にインフレ率を足したものにおおむね等しくなる。

$$R\approx r+h$$

例8.10　名目金利 vs 実質金利

もし投資家が10%の実質利益率を要求し、インフレ率が8%だったら、おおよその名目金利はいくらでなければならないだろうか。正確な名目金利は？

まず最初に、名目金利は、実質金利とインフレ率の合計にほぼ等しい。すなわち10%＋8%＝18%である。式8.3より、以下を得る。

$$\begin{aligned}1+R&=(1+r)\times(1+h)\\&=1.10\times1.08\\&=1.1880\end{aligned}$$

したがって、正確な名目金利は、実際には19%に近い。

金利、割引率、利益率のようなファイナンスで用いる利率は、ほとんどいつでも名目値で表されていることに留意するのは重要である。これを読者に思い出させるように、今後はそのような利率の議論のほとんどで、記号 r ではなく R を用いることにする。

インフレ・リスクとインフレ連動債

8％クーポンの20年物財務省債券を考えてみよう。額面、もしくは元本額が1,000ドルなら、保有者は今後20年間、毎年80ドルを受け取り、加えて、20年後に1,000ドルを受け取る。米国政府はデフォルトしたことがないので、債券保有者はこれらの約束された支払を本質的に保証されている。したがって、これは無リスク債券であるとみなすことができる。

しかし結局のところ、この債券は本当に無リスクなのだろうか。それはリスクをどう定義するかによる。もしインフレの可能性がなかったとしたら、ピザは常に5ドルである。満期時の1,080ドル（元本1,000ドルと利息80ドル）で216枚（＝＄1,080/＄5）のピザが買えることに確信がもてる。一方で、次の20年間にわたって、インフレがない確率が50％で、年間インフレ率が10％の確率が50％あるとしよう。10％のインフレ率では、20年後のピザ1枚のコストは33.64ドル［＝＄5×$(1.10)^{20}$］になる。この場合債券保有者は、受け取る1,080ドルでは、インフレがない場合に計算した216枚ではなく、32.1枚（＝＄1,080/＄33.64）のピザしか買えない。不確実なインフレ率では、投資家はインフレ・リスク（inflation risk）に直面する。彼は満期に1,080ドルを受け取ることはわかっているが、ピザ216枚か32.1枚か、どちらが買えるのかわからない。

次に、名目値と実質値の観点で話をしよう。満期時の支払額の*名目価値*は単純に1,080ドルである。なぜならこれが、投資家が受け取る実際の現金だからである。10％のインフレ率を仮定すると、この支払額の*実質価値*は、160.54ドル［＝＄1,080/$(1.10)^{20}$］にしかならない。実質価値は、支払額の購買力を測定する。債券保有者は債券支払額の購買力に関心があるので、彼らは最終的に名目価値ではなく実質価値が気にかかる。インフレは支払額の実質価値を浸食する可能性があるので、特にインフレ率が高くて変わりやすいときは、インフレ・リスクは重大な関心事である。

インフレ・リスクを回避する債券はあるだろうか。実のところ、そのような債券は存在する。米国政府は、約束された支払が、名目値ではなく実質値で指定された、TIPS（Treasury inflation-protected securities）と呼ばれるインフレ連動債を発行している。多くの国もまた、インフレ連動債を発行している。あるインフレ連動債が、2年後に満期を迎え、1,000ドルの額面をもち、2％のクーポンを支払うとしよう。この債券では、額面とクーポンの両方が実質値で特定されている。年1回の支払を仮定すると、債券保有者は以下の*実質*支払額を受け取る。

1年後	2年後
＄20	＄1,020

したがって、発行体は実質値での支払を約束している。

名目値では、債券保有者はどれだけの金額を受け取るだろうか。インフレ率は、1年目が3％で、2年目が5％だとする。債券保有者は以下の*名目*支払額を受け取る[4)]。

1年後	2年後
＄20×1.03＝＄20.60	＄1,020×1.03×1.05＝＄1,103.13

債券保有者は、債券を購入したときに、実質値での支払額はわかっているが、毎期インフレ率の数値が公表されるまで、名目値での支払額はわからない。TIPSと他のインフレ連動債は、実質値で支払額を保証するので、これらの債券はインフレ・リスクを排除しているといえる。

インフレ連動債は、実質利回りでクォートされる。たとえば、この債券が971.50ドルで取引されるとしよう。利回りyは、以下の方程式によって求められる。

$$971.50=\frac{20}{1+y}+\frac{1,020}{(1+y)^2}$$

この例では、yは3.5％になる。したがって、債券の実質利回りは3.5％である。

通常の財務省債券の利回りは、TIPSの利回りと関連しているだろうか。2008年7月時点で、20年物TIPSの実質利回りは約2％で、20年物財務省債券の（名目）利回りは約4.6％である。最初の概算として、2.6％の差は、市場が今後20年間にわたって、2.6％の年間インフレ率を期待していることを意味するといえるかもしれない[5)]。

4）この例は簡略化している。実際の支払額の計算は、多くの場合複雑で、国によって異なる。たとえば、TIPSは半年ごとの支払で、インフレ調整に遅れがある。

5）すでに述べたように、通常の財務省債券はインフレ・リスクにさらされているが、TIPSはそうではない。二つの債券のリスクが同等でないので、この方法は期待インフレ率の最初の概算にすぎないとみなされるべきである。

フィッシャー効果

最初に、インフレがなく、名目金利が２％の世界を想像してみよう。連邦準備制度理事会の行動や外国為替の変化のような何かが、不意にインフレ率を５％に誘発したとする。名目金利には何が起こるだろうか。まず思い浮かぶのは、金利が上昇するということだろう。もし金利が２％のままだったら、実質金利はマイナスになってしまう。すなわち、今日の銀行預金100ドルは、依然として１年後に102ドルになる。しかしながら、今日１ドルのハンバーガーは、来年1.05ドルになり、102ドルでは約97個（＝102/1.05）のハンバーガーしか買えない。最初の100ドルで今日100個のハンバーガーが買えるので、購買力は低下する。

金利はどれだけ上がるべきだろうか。有名な経済学者、アービング・フィッシャーは、何十年も前に、名目金利は実質金利をちょうど２％に保つだけ上昇するはずであると推測した。式8.3を用いて、新しい名目金利を求めることができる。

$$2\% + 5\% + 2\% \times 5\% = 7.1\%$$

フィッシャーの考えでは、投資家は愚かではない。彼らはインフレが購買力を低下させることを知っており、したがって、資金を貸し出す前に名目金利の増加を要求する。フィッシャーの仮説は、一般的にフィッシャー効果（Fisher effect）と呼ばれ、以下のように述べることができる。

インフレ率の上昇は、実質金利に影響が出ないように、名目金利をちょうど十分なだけ上昇させる。言い換えると、実質金利はインフレ率に対して、不変である。

フィッシャーの推論は理にかなっているが、名目金利が7.1％に上昇するという主張は、単なる仮説であることを指摘するのは重要である。現実の世界では、これは正しいかもしれないし、間違っているかもしれない。それが真実である*必要*はない。たとえば、投資家が結局愚かだったら、たとえインフレがあったとしても、名目金利は２％のままでありうる。あるいはまた、たとえ投資家がインフレの影響を理解していたとしても、名目金利は7.1％まで上がらないかもしれない。すなわち、完全な上昇を妨げるなんらかの力が存在するかもしれない。

どのようにしてフィッシャー効果を実証的にテストできるだろうか。厳密な実証テストは本書の範囲を超えるが、図8.5は最低限ヒントになる証拠を示している。図は、過去55年間にわたる１年物財務省債券の利回りと、同じ期間のインフレ率

図８.５　１年物財務省債券利回りとインフレ率との関係

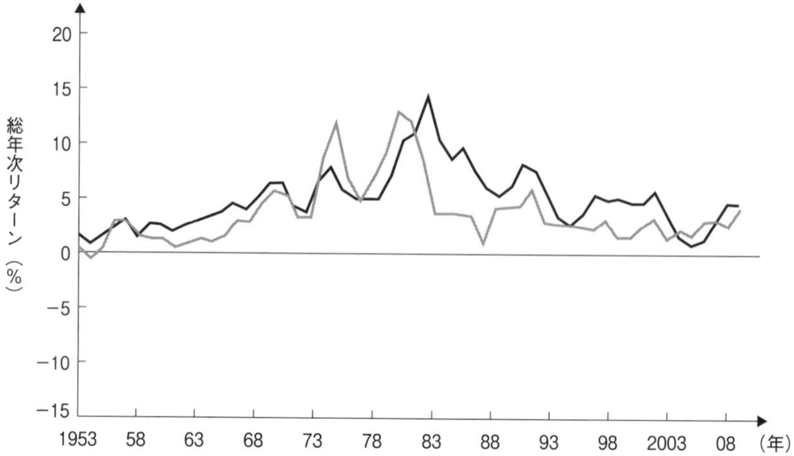

図は、米国における1年物財務省債券利回りとインフレ率の両方を描いている。二つの利率は一緒に動いているようにみえる。これはインフレ率が短期金利の重要な決定要因であることを意味する。

（出所）　*2008 Ibbotson SBBI® Classic Yearbook.*

を、二つの曲線で描いている。二つの曲線がともに動いているのは、明白である。金利とインフレ率の両方が、1950年代から1980年代初めまで上昇し、その後は下がってきている。したがって、正確な関係を特定するには統計的な分析が必要になるものの、図はインフレが名目金利の重要な決定要因であることを示唆している。

8.5　債券利回りの決定要因

さて、われわれは債券利回りの決定要因について議論する準備が整った。これからみていくように、どんな特定の債券の利回りも、さまざまな要因の反映である。

金利の期間構造

いかなる時点でも、短期金利と長期金利は通常異なっている。時には、短期金利のほうが高く、時には低い。図8.6はこの点に関して、２世紀にわたる短期金利と長期金利を描くことによって、長期の展望を与えてくれる。図に示されたように、短期金利と長期金利の差は、プラスとマイナスの双方に、実質的にゼロから数%の範囲で動いてきた。

短期金利と長期金利の間の関係は、**金利の期間構造**（term structure of interest rates）として知られている。もう少し正確にいうと、金利の期間構造は、すべての満期にわたる、*デフォルトなし*（*default-free*）の、*純粋割引*（*pure discount*）債の名目金利を教えてくれる。これらの利率は、デフォルト・リスクがなく、ただ一度だけの将来の一括払いをベースにしているので、本質的に、純粋な金利である。言い換えると、期間構造は、異なる時間の長さに対応した、純粋な貨幣の時間的価値を教えてくれる。

長期金利が短期金利より高いとき、期間構造は上向きに傾斜しているといい、短期金利のほうが高いとき、下向きに傾斜しているという。期間構造はまた、こぶ状の曲線になることもある。これが起こるときは通常、金利は最初上昇し、より長い満期で下降する。特に現代において、最も一般的な期間構造のかたちは、上向きの傾斜であるが、傾きの度合いは非常に変化する。

何が期間構造のかたちを決めるのだろうか。そこには三つの基本的な要素が存在する。最初の二つは、前の節で議論したもので、実質金利とインフレ率である。実質金利は、投資家が自分で資金を使うのを諦めるかわりに要求する補償である。これは、インフレの影響を調整した後の、純粋な貨幣の時間的価値と考えることがで

図8.6　米国金利：1800―2007

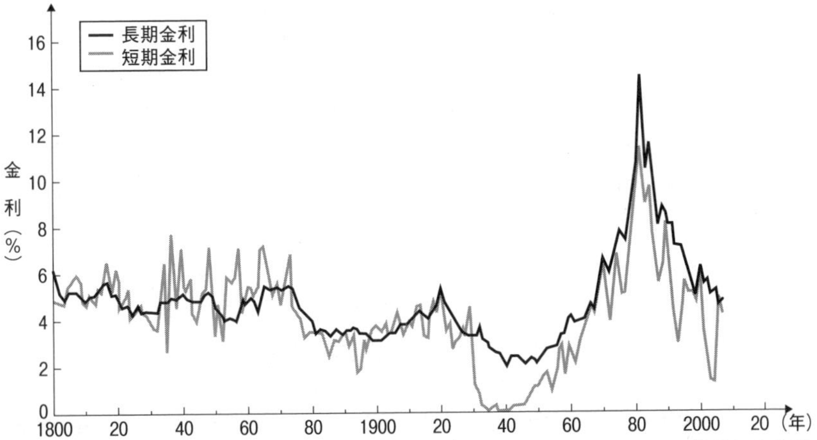

（出所）　Jeremy J. Siegel, *Stocks for the Long Run*, 3rd. ed., ©McGraw-Hill, 2004, 著者により更新。

きる。

実質金利は、多くの要因の関数である。たとえば、期待経済成長を考えてみよう。高い期待成長は、実質金利を上げる可能性が高く、低い期待成長は実質金利を下げる可能性が高い。実質金利は、他の要因のさまざまな成長期待により、満期によっても異なるかもしれない。たとえば、市場が短期では長期よりも低い経済成長を期待しているので、実質金利は短期債では低く、長期債では高いかもしれない。しかしながら、実質金利は期間構造のかたちにわずかしか影響を及ぼさないようにみえる。

対照的に、将来のインフレの見通しは、期間構造のかたちに強く影響を与える。さまざまな期間にわたって資金の貸出を考慮している投資家は、将来のインフレが、返済されるお金の価値を浸食することを認識している。その結果、投資家はこの損失に対して、より高い名目金利というかたちで、補償を要求する。この追加の補償は、インフレ・プレミアム（inflation premium）と呼ばれる。

もし投資家が、将来インフレ率が高くなると信じているなら、長期名目金利は短期金利よりも高くなる傾向にある。したがって、上向きに傾斜した期間構造は、インフレ率の予期される上昇を反映しているのかもしれない。同様に、下向きに傾斜した期間構造は、おそらくインフレ率が将来下がるという考えを反映している。

3番目の、そして最後の期間構造の要素は、金利リスクに関係する。本章ですでに述べたように、長期債は短期債より、金利の上昇の結果生じる、非常に大きな損失のリスクをもっている。投資家はこのリスクを認識しており、このリスクを負うことに対する、より高い金利というかたちで、追加の補償を要求する。この追加の補償は、金利リスク・プレミアム（interest rate risk premium）と呼ばれる。満期までの期間が長ければ長いほど、金利リスクは大きくなるので、金利リスク・プレミアムは満期とともに増加する。しかしながら、すでに議論したように、金利リスクは逓減しながら増加するので、金利リスク・プレミアムもまた同様に、逓減しながら増加する[6)]。

これらの断片を一緒にすると、期間構造が、実質金利、インフレ・プレミアム、金利リスク・プレミアムの、結合した影響を反映していることがわかる。図8.7は、これらがどのように関連して、上向きに傾斜した期間構造をつくるのか（図8.7の

6）　昔は、金利リスク・プレミアムは「流動性」プレミアムと呼ばれた。今日では、*流動性プレミアム*（*liquidity premium*）という用語は、まったく別の意味をもっており、次の節で考察する。われわれの用語法は、期間構造の現代の見方と一致している。

図8.7　金利の期間構造

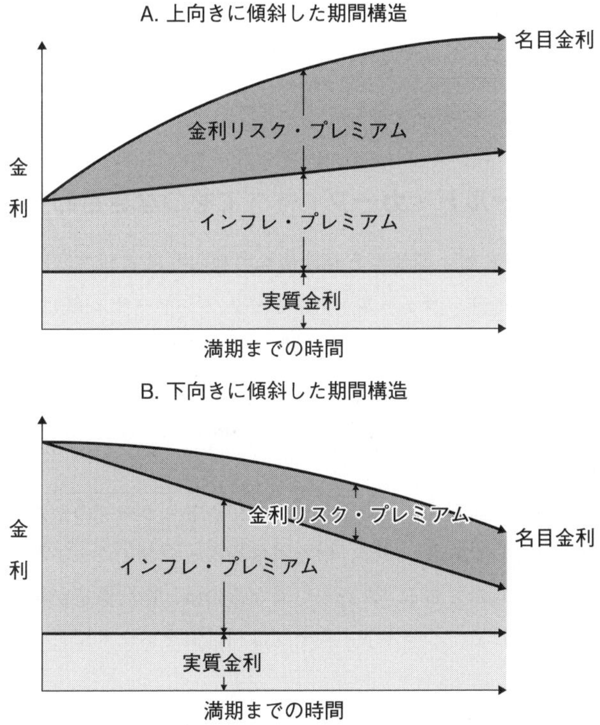

上の部分)、あるいは下向きに傾斜した期間構造をつくるのか（図8.7の下の部分）を表している。

図8.7の上のグラフで、インフレ率が徐々に上がっていくと期待されていることに気づかれたい。同時に、金利リスク・プレミアムは逓減しながら増加するので、結合された影響は、際立って上向きに傾斜した期間構造をつくりだす。図8.7の下のグラフでは、インフレ率は将来下がると期待されている。この期待は金利リスク・プレミアムを打ち消すのに十分で、下向きに傾斜した期間構造をつくりだす。もしインフレ率がほんのわずかしか下がらないと期待されていたら、金利リスク・プレミアムのために依然として上向きに傾斜した期間構造になることに注意されたい。

図8.7を描く際に、実質金利は一定のままであると仮定した。しかしながら、前に述べたように、期待される将来の実質金利は現在の実質金利より、大きくも小さ

くもなりうる。また、単純化のため、期待される将来のインフレ率が上がるのか下がるのかを表すのに直線を用いたが、このようになる必然性はない。たとえば、上がって、また下がって、こぶ状の利回り曲線（イールド・カーブ）になることもありうる。

債券利回りとイールド・カーブ：すべてをつなぎ合わせる

図8.4に戻って、財務省中期債券と長期債券の利回りは満期ごとに異なっていたことを思い出そう。毎日、*ウォール・ストリート・ジャーナル*紙は、図8.4で示された財務省債券価格と利回りに加えて、満期に対する財務省債券利回りのグラフを提供する。このグラフは、**財務省債券イールド・カーブ（Treasury yield curve）**、あるいは単にイールド・カーブと呼ばれる。図8.8は、2008年５月のイールド・カーブを表している。

たぶんあなたがいま推測しているように、イールド・カーブのかたちは金利の期間構造を反映したものである。実際、財務省債券イールド・カーブと金利の期間構造は、ほとんど同じものである。ただ一つ異なるのは、期間構造が純粋割引債をもとにしているのに対して、イールド・カーブは利付債をベースにしていることであ

図８.８　財務省債券イールド・カーブ：2008年５月

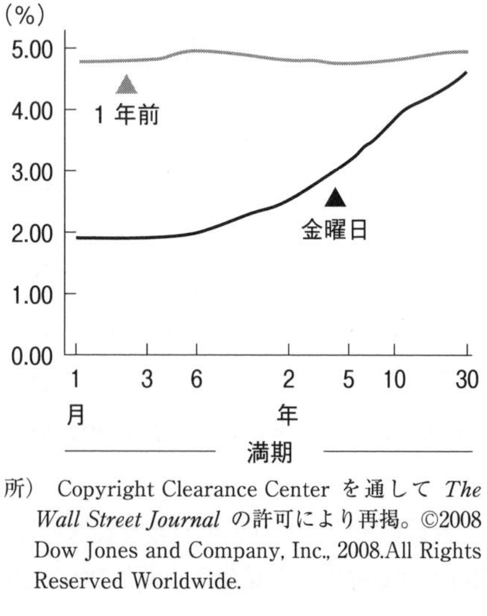

（出所）　Copyright Clearance Center を通して *The Wall Street Journal* の許可により再掲。©2008 Dow Jones and Company, Inc., 2008.All Rights Reserved Worldwide.

る。結果として、財務省債券利回りは、期間構造の根底にある三つの要素（実質金利、期待される将来のインフレーション、金利リスク・プレミアム）に依存している。

財務省中期債券と長期債券には、再確認すべき三つの重要な特徴がある。それらはデフォルトがなく、課税され、きわめて流動性が高いということである。これは一般的な債券には当てはまらないので、企業や地方自治体によって発行された債券をみる際、どのような追加要因がかかわるのかを考察する必要がある。

最初に、一般的に信用リスクと呼ばれるデフォルトの可能性を考えてみよう。投資家は、財務省以外の発行体が、約束されたすべての支払を履行しないかもしれないことを認識しているので、このリスクに対する補償として、より高い利回りを要求する。この追加の補償は、**デフォルト・リスク・プレミアム**（default risk premium）と呼ばれる。本章の前半で、債券が信用リスクに基づいて、どのように格付されるのか考察した。異なる格付の債券を観察するとわかるのが、低い格付の債券は、より高い利回りをもつということである。

本章ですでに述べたように、債券利回りはすべての約束された支払が履行されると仮定して計算される。結果として、これは実際には約束された利回りであり、保有者が得るものであるかもしれないし、あるいは得ないかもしれない。特に、もし発行体がデフォルトしたら、実際の利回りはおそらく相当低くなる。この事実は、ジャンク債で特に重要である。巧妙なマーケティングのおかげで、このような債券は現在一般的に高利回り債（high yield bond）と呼ばれていて、ずっと耳に心地よいが、もう読者はこれが実際には、*約束された*高利回り債であることに気づいているだろう。

次に、先に議論したように、地方債はほとんどの税金が免除され、結果として課税債よりずっと低い利回りをもっている。投資家は、課税債の好ましくない税の取扱いに対して、追加の利回りを要求する。この追加の補償は、**課税性プレミアム**（taxability premium）と呼ばれる。

最後に、債券の流動性の程度はさまざまである。すでに議論したように、膨大な数の債券発行があり、それらのほとんどは定期的に取引されない。結果として、急いで売却したい場合、おそらくそうでない場合ほどよい価格が得られないだろう。投資家は流動性がない資産より、流動性がある資産を好むので、これまで議論してきた他のすべてのプレミアムのうえに、**流動性プレミアム**（liquidity premium）を要求する。結果として、その他のすべてが同じ場合、流動性がない債券は、流動性がある債券より、利回りが高くなる。

ウェブ上のイールド・カーブの情報は、www.bloomberg.com/markets 参照。

結　　論

われわれが議論してきたすべてを一緒にすると、債券利回りは、少なくとも六つの要因の結合された効果を表している。一つ目は実質金利である。実質金利のうえに、補償としての五つのプレミアムが乗る。それらは(1)期待される将来のインフレーション、(2)金利リスク、(3)デフォルト・リスク、(4)課税性、そして(5)流動性の欠如、である。結果として、債券の適切な利回りを求めるには、これらの要因それぞれの注意深い分析が必要になる。

要約と結論

本章では、債券、債券利回り、そして金利を探求した。

1．債券価格と利回りは、基本的な割引キャッシュフローの原則を適用して、求めることができる。
2．債券価値は、金利と反対の方向に動き、投資家の潜在的な利益や損失につながる。
3．債券はそのデフォルト・リスクをもとに格付される。財務省債券のような一部の債券にはデフォルト・リスクがないが、いわゆるジャンク債には相当なデフォルト・リスクがある。
4．ほとんどすべての債券取引は店頭で行われ、多くの場合で、ほんのわずかか、あるいはまったく透明性がない。その結果、債券価格と取引量の情報は、ある種の債券では見つけるのがむずかしい。
5．債券利回りと金利は、六つの異なる要因を反映している。実質金利に加えて、インフレーション、金利リスク、デフォルト・リスク、課税性、および流動性の欠如に対する補償として投資家が要求する五つのプレミアムである。

終わりに、債券は政府とあらゆるタイプの企業にとって、資金調達のきわめて重要な源泉である。債券価格と利回りは、奥の深いテーマであり、われわれの1章は、必然的に、最も重要な概念と考え方をほんの少しカバーしたにすぎない。もっと語れることはたくさんあるが、かわりに次の章の株式に移る。

Concept Questions

1．財務省債券

財務省債券が無リスクというのは本当か。

2．金利リスク

30年物財務省債券と30年物 BB 格付社債では、どちらがより大きな金利リスクをもっているか。

3．財務省債券の価格

財務省債券の買い呼び値と売り呼び値に関して、買い呼び値のほうが高いことはありうるか。なぜか、あるいはなぜそうでないのか。

4．最終利回り

財務省債券の買い呼び値と売り呼び値は、時に、売り利回り（bid yield)、買い利回り（ask yield）として、利回りでクォートされる。どちらが高いと思うか。説明せよ。

5．クーポン利率

発行体はどのように、債券に設定する適切なクーポン利率を決定するのか。クーポン利率と、債券に要求されるリターンとの違いを説明せよ。

6．実質リターンと名目リターン

投資家が、実質リターンよりも名目リターンを気にするような状況はあるか。

7．債券格付

企業は自社の債券の格付を得るために、ムーディーズやS&Pといった格付機関に代金を支払うが、その費用は相当なものでありうる。とはいえ、企業はそもそも債券の格付を義務づけられておらず、そうするのはあくまで自発的な行動である。なぜ企業はそうすると思うか。

8．債券格付

米国財務省債券は格付されていない。なぜか。多くの場合、ジャンク債は格付されていない。なぜか。

9．期間構造

金利の期間構造とイールド・カーブとの違いは何か。

10．クロスオーバー債券

本章で議論したクロスオーバー債券を振り返って、なぜこのような割れた格付が起こると思うか。

11．地 方 債

なぜ、地方債は連邦レベルで課税されず、州境を超えると課税されるのか。なぜ、米国財務省債券は州レベルで課税されないのか（この問題には、歴史の本の埃をはたく必要があるかもしれない）。

12．債券市場

債券市場の透明性の欠如は、投資家にどんな意味をもつか。

13．財務省債券市場

図8.4をもう一度みてみる。さまざまなクーポン利率があることに気づく。なぜこれほど違うのか。

14．格付機関

一部の格付機関が依頼されていない勝手格付を発表し始めた時、格付機関に関する論争が噴出した。なぜこれが論争になると思うか。

15．株主資本としての債券

本章で議論した100年満期の債券は、ジャンク債と若干共通する部分がある。批評家は、どちらのケースも、発行体が実際に売っているのは、偽装した株主資本であると主張する。ここでの問題点は何か。なぜ企業は「偽装した株主資本」を売りたいのか。

16．債券価格 vs 利回り

a．債券の価格と最終利回りとの間には、どんな関係があるか。

b．なぜ一部の債券は、額面価額より上のプレミアムで売られ、他の債券はディスカウントで売られるのか。プレミアム債のクーポン利率と最終利回りの関係に関して、何を知っているか。ディスカウント債の場合はどうか。額面価額で売られている債券は？

c. プレミアム債の直接利回りと最終利回りとの関係は何か。ディスカウント債の場合はどうか。額面価額で売られている債券は？

17. 金利リスク

他のすべてが等しいなら、長期債と短期債では、どちらの金利リスクが大きいか。高クーポン債と低クーポン債との比較ではどうか。長期高クーポン債と短期低クーポン債との比較ではどうか。

質問と問題

◆基本（問題1－12）

1．債券の評価

もし最終利回りが以下だったら、満期に1,000ドルが支払われる10年物純粋割引債の価格はいくらか。

a. 5％

b. 10％

c. 15％

2．債券の評価

マイクロハード社は、次の特徴をもつ債券を発行した。

額面：1,000ドル

満期までの期間：25年

クーポン利率：7％

半年払い

最終利回りが以下である場合の、この債券の価格を計算せよ。

a. 7％

b. 9％

c. 5％

3．債券利回り

ワッターズ・アンブレラ社は、2年前にクーポン利率7.8％の12年債を発行した。債券は半年ごとに支払を行う。もし債券が現在、額面価額の105％で売られているとしたら、最終利回りはいくらか。

4．クーポン利率

リアノン社の発行済債券は、満期まで13.5年あり、最終利回りが7.6％で、現在の価格が1,175ドルである。債券は、半年ごとに支払を行う。この債券のクーポン利率は、いくらでなければならないか。

5．債券の評価

米国ではほとんどの企業が半年ごとのクーポン支払を行うものの、その他で発行された債券は、多くの場合１年ごとにクーポンを支払う。ドイツの企業が、額面1,000ユーロ、年次払いのクーポン利率8.4％、満期15年の債券を発行したとする。最終利回りが7.6％だったら、債券の現在の価格はいくらか。

6．債券利回り

日本の企業が発行した債券が、10万円の額面価額に対して、87％で売られている。債券のクーポン利率は5.4％で、年次で支払われ、21年後に満期を迎える。この債券の最終利回りはいくらか。

7．実質金利の計算

もし財務省短期証券が現在５％を支払い、インフレ率が3.9％だったら、おおよその実質金利はいくらか。正確な実質金利は？

8．インフレと名目リターン

実質金利は2.5％で、インフレ率は4.7％である。財務省短期証券の利率はいくらが期待されるか。

9．名目リターンと実質リターン

ある投資は、今後１年間で17％の総リターンを提供する。アラン・ウイングスパンは、この投資の総実質リターンは11％しかないと考えている。アランは今後１年間のインフレ率が、いくらになると考えているか。

10．名目リターンと実質リターン

去年の総リターンが14.1％だった資産を保有しているとする。もし去年のインフレ率が6.8％だったら、実質リターンはいくらか。

11．財務省債券のクォートを用いる

図8.4で、2027年11月に満期を迎える財務省長期債券を探せ。クーポン利率はいくらか。買い呼び値はいくらか。前日の売り呼び値はいくらか。

12．財務省債券のクォートを用いる

図8.4で、2024年11月に満期を迎える財務省長期債券を探せ。これはプレミアム債かディスカウント債か。直接利回りはいくらか。最終利回りはいくらか。売買ス

プレッドはいくらか。

◆中級（問題13－22）

13. 債券価格の動き

ミラー社は、半年ごとに支払を行うプレミアム債を保有している。この債券は９％のクーポンを支払い、最終利回りが７％で、満期まで13年ある。モディリアーニ社は、半年ごとに支払を行うディスカウント債を保有している。この債券は７％のクーポンを支払い、最終利回りが９％で、満期までは同様に13年ある。もし金利が変わらなかったら、これらの債券の１年後の価格は、いくらになると期待されるか。３年後は？　８年後は？　12年後は？　13年後は？　ここでは何が起こっているのか。満期までの時間と債券価格のグラフを描いて、説明せよ。

14. 金利リスク

ローレル社とハーディ社の双方が、半年ごとに支払を行う８％クーポンの債券を発行済みで、どちらも額面価額で価格づけされている。ローレル社の債券は満期まで２年だが、ハーディ社の債券は満期まで15年ある。もし金利が突然２％上昇したら、これらの債券の価格変化（％）はいくらか。もし金利が突然２％下落したら、これらの債券の価格変化（％）はいくらか。債券価格と最終利回りのグラフを描いて説明せよ。この問題は長期債の金利リスクに関して、何を教えてくれるか。

15. 金利リスク

フォーク社は、６％クーポンの債券を発行ずみである。ゴナス社は、14％クーポンの債券を発行ずみである。どちらの債券も満期まで８年で、半年ごとに支払を行い、最終利回りは10％である。もし金利が突然２％上昇したら、これらの債券の価格変化（％）はいくらか。もし金利が突然２％下落したら、これらの債券の価格変化（％）はいくらか。債券価格と最終利回りのグラフを描いて説明せよ。この問題は、クーポンが低い債券の金利リスクに関して、何を教えてくれるか。

16. 債券利回り

ハッカー・ソフトウェア社は、7.4％クーポンの債券を発行ずみで、満期まで９年ある。債券は半年ごとに支払を行い、現在、額面の96％で売られている。債券の直接利回りはいくらか。最終利回りは？　実効年利回りは？

17. 債券利回り

ペムブローク社は、必要不可欠な拡大プロジェクトのために、新規に20年債を発行したい。会社は半年ごとに支払を行う10％クーポンの債券を発行ずみであり、現在の価格は1,063ドルで、20年後に満期を迎える。もし会社が新規債券を額面価額と同じ価格で発行したいとしたら、クーポン利率をいくらに設定すべきか。

18. 経過利息

インボイス価格が1,090ドルの債券を購入した。債券のクーポン利率は8.4%で、次の半年払いのクーポン日まで、2カ月ある。この債券のクリーン価格はいくらか。

19. 経過利息

クーポン利率が7.2%で、クリーン価格が904ドルの債券を購入した。もし次の半年払いクーポン日が4カ月後だとしたら、インボイス価格はいくらか。

20. 債券の満期を求める

アルゴス社は、年次払いクーポンが9%で、最終利回りが7.81%の債券を保有している。債券の直接利回りは8.42%である。この債券は満期まで何年残っているか。

21. 債券クォートを用いる

今日の新聞の金融面に、以下のIOU社の債券情報が出ていたとする。債券の額面は1,000ドルで、今日は2010年4月15日だとする。この債券の最終利回りはいくらか。直接利回りはいくらか。

会社	クーポン	満期	終値	最終利回り	推定取引高 (単位：1,000)
IOU	8.25	2020年 4月15日	87.155	？？	1,827

22. 満期を求める

あなたはちょうど市場で、額面価額で取引されている10%クーポンの債券を見つけた。この債券の満期はいつか。

◆チャレンジ（問題23－28）

23. 債券リターンの構成要素

債券Pは、9%のクーポン利率をもつプレミアム債である。債券Dは、5%のクーポン利率をもつ債券で、現在ディスカウントで売られている。どちらの債券も年1回の支払を行い、最終利回りは7%で、満期まで5年ある。債券Pの直接利回りはいくらか。債券Bは？　もし金利が変わらなかったら、来年1年間の債券Pの期待キャピタル・ゲイン利回りはいくらか。債券Dは？　あなたの解答と、さまざまな利回りの相互関係を説明せよ。

24. 保有期間利回り

債券の最終利回りは、金利が変化しない場合に、投資から得られる金利である。満期前に債券を売却した場合、あなたが実現したリターンは、保有期間利回り（HPY）として知られている。

a. あなたは今日、９％の年次払クーポンの債券を、1,140ドルで購入したとする。債券は満期まで10年ある。あなたはこの投資に、いくらの利益率を得られると期待するか。

b. ２年後、債券の最終利回りは１％下がり、あなたは売却することに決めた。債券はいくらで売れるか。あなたの投資の保有期間利回りはいくらか。この利回りと、あなたが最初に購入したときの最終利回りとを比較せよ。なぜこれらは異なるのか。

25. 債券の評価

モルガン社は、現在二つの異なる社債を発行ずみである。社債Ｍは額面金額が２万ドルで、20年後に満期を迎える。この社債は最初の６年間は何の支払も行わず、その後８年間にわたって半年ごとに800ドルを支払い、そして最後の６年間は半年ごとに1,000ドルを支払う。社債Ｎもまた、２万ドルの額面金額で20年満期である。この社債は存在期間中クーポンを支払わない。もしこれらの債券に要求されるリターンが８％（半年複利化）だったら、債券Ｍの現在の価格はいくらか。債券Ｎの現在の価格はいくらか。

26. 実質キャッシュフロー

マリリン・モンローが亡くなったとき、前夫のジョー・ディマジオは、彼が生きている限り、毎日曜日に彼女のお墓に生花をささげると誓った。前野球選手がスターにふさわしいと思った生花の１束の費用は、1962年の彼女が亡くなった１週間後には、約８ドルだった。保険統計表に基づくと、「ジョルティン・ジョー」は、その女優の死亡後、30年生きると予想された。実効年利率は10.7%を仮定する。実効年利率として表したとき、生花の価格は毎年3.5%で上昇するとする。さらに各年がちょうど52週であるとしたら、このコミットメントの現在価値はいくらか。ジョーはマリリンが亡くなった１週間後から生花を買い始めた。

27. 実質キャッシュフロー

あなたは今後30年間にわたって、退職後の資金を貯める計画である。そのために、あなたは毎月、実質800ドルを株式口座に投資し、実質400ドルを債券口座に投資する。株式口座の実効年リターンは12%が期待され、債券口座は7%を稼ぎ出す。退職時に、あなたは二つの口座を、実効リターンが8%の一つの口座に統合する。この期間のインフレ率は、年4%と予想されている。25年の引出期間を仮定すると、あなたは実質値で毎月いくらのお金を引き出すことができるか。最後の引出しの名目金額はいくらか。

28. 実質キャッシュフロー

ポール・アダムスはロサンゼルスのダウンタウンにスポーツ・クラブを所有している。彼は顧客に500ドルの年会費を請求し、現在の顧客ベースは500人である。ポールは、年会費を毎年6%上げる計画で、メンバーシップ数は今後5年間にわたって、コンスタントに3%で上昇すると見込んでいる。スポーツ・クラブを運営する総費用は年間7万5,000ドルで、インフレ率の2%で毎年上昇すると予想される。5年後、ポールはスポーツ・クラブを閉鎖し、豪華ボートを50万ドルで購入して、残りの人生をずっと、そのボートに乗って世界を旅する計画である。もし死んだ時に銀行に何も残っていないとしたら、世界旅行の間、ポールは年間いくら使えるか。ポールの残りの寿命は25年で、普通預金には9%の利子がつくと仮定する。

ミニケース

●イーストコースト・ヨット社の拡大計画を債券発行で資金調達する

ダンがイーストコースト・ヨット社の必要外部資金分析を終えた後（第3章ミニケース参照）、ラリッサは会社を拡大することに決めた。彼女はダンに、新しい建設をまかなうための資金調達として、新規の20年債を4,000万ドル発行する手助けとなるアンダーライターを探すよう依頼した。ダンは、クロウ&マラード社のアンダーライターであるキム・マッケンジーと、イーストコースト・ヨット社がどのような債券特性を考慮すべきか、そしてまた、この債券のクーポン利率がどれくらいになりそうか、話合いを開始した。ダンは債券特性については知っていたが、それらのいくつかの費用と利益に関しては不確かだったので、それらの特性がどのように発行債券のクーポン利率に影響するのか、はっきりわかっていなかった。

1．あなたはキムのアシスタントで、彼女はあなたに、以下の債券特性のそれぞれが債券のクーポン利率に及ぼす影響について説明する、ダンへのメモを用意するよう頼んだ。彼女はまた、それらの特性に有利な点と不利な点があれば、列挙するようあなたに求めた。

a. 債券の保護、すなわち債券に担保があるのかないのか。

b. 債券の支払順位。

c. 減債基金の存在。

d. 特定された繰上償還日と繰上償還価格を伴う、繰上償還条項（call provision）。

e. 上記の繰上償還条項に付随する、据置繰上償還（deferred call）。

f. メイク・ホール（make-whole）*。

g. なんらかの積極的誓約条項（positive covenants）。イーストコースト・ヨット社が考慮するかもしれない、いくつかの潜在的な積極的誓約条項もまた議論する。

h. なんらかの消極的誓約条項（negative covenants）。イーストコースト・ヨット社が考慮するかもしれない、いくつかの潜在的な消極的誓約条項もまた議論する。

i. 転換条項（注：イーストコースト・ヨット社は上場企業ではない）。

j. 変動金利クーポン

ダンはまた、利付債か、あるいはゼロ・クーポン債を発行するのか検討している。どちらの債券も最終利回りは7.5%になる。利付債は7.5%のクーポン利率をもつ。会社の税率は35%である。

2．4,000万ドルを調達するために、イーストコースト・ヨット社は何口の利付債を発行しなければならないか。何口のゼロ・クーポン債を発行しなければならないか。

3．もしイーストコースト・ヨット社が利付債を発行したら、20年後の元本返済額はいくらか。ゼロ・クーポン債を発行したらどうか。

4．ゼロ・クーポン債と比較して利付債を発行するとしたら、会社が考慮した点は何か。

5．イーストコースト・ヨット社は、メイク・ホール繰上償還条項を伴う利付債

＊訳者注：メイク・ホール（make-whole）繰上償還条項とは、借り手が満期前に債券保有者に対して、繰上償還により受け取れなくなる将来のすべてのクーポン支払の現在価値と等しい一括払いを行うことによって、繰上償還を許可する条項。

を発行するとする。メイク・ホール繰上償還利率は、財務省金利プラス0.4%である。もしイーストコースト・ヨット社が、7年後、財務省金利が5.6%のときに繰上償還したら、債券の繰上償還価格はいくらか。もしそれが9.1%だったらどうか。

6．投資家はメイク・ホール繰上償還条項で、本当に全部得た（made whole）のか。

7．関連する要因をすべて考慮した後、あなたはゼロ・クーポン債の発行か、通常の利付債の発行か、どちらを勧めるか。なぜか。あなたは通常の繰上償還条項と、メイク・ホール繰上償還条項のどちらを勧めるか。なぜか。

第９章

株式の評価

2009年１月16日、株式市場が終了したとき、高品質な大学教科書の出版社であるマグロウ・ヒル社の普通株式は、１株当り21.44ドルで売られていた。同じ日、アドビ・システムズ社（広く使われているAcrobatソフトのメーカー）の普通株式が、１株当り21.06ドルで取引を終える一方、ボードウォーク・パイプライン・パートナーズ社（天然ガスの輸送と貯蔵）の普通株式は、20.72ドルで取引を終えた。これら三つの企業の株価は非常に近いので、株主へも同じような配当を支払っていると思うかもしれないが、それは間違っている。実際、ボードウォーク・パイプライン・パートナーズの年間配当は１株当り1.90ドルで、マグロウ・ヒルは１株当り0.88ドル、アドビ・システムズに至っては無配当だった！

本章でこれから考察していくように、直近の配当は普通株式の評価において主要な要因の一つである。とはいえ、アドビ・システムズ社をみれば明らかなように、これで話が終わるわけではない。本章では、配当、株式価値、そして両者の関係を探求する。

前の章で、債券と債券評価を紹介した。この章では、企業資金調達のもう一つの主要な源泉である、株式に焦点を移す。最初に株式に関連したキャッシュフローを解説し、それから有名な帰結である、配当成長モデルを展開する。次に成長機会と株価収益率を考察する。最後に、どのように株式が取引され、どのように株価と他の重要な情報が報道されるのかを議論して、本章を閉じる。

9.1 普通株式の現在価値

配当 vs キャピタル・ゲイン

この節の目的は、普通株式を評価することである。前のほうの章で、資産の価値は将来キャッシュフローの現在価値によって決まるということを学んだ。株式は2種類のキャッシュフローを提供する。第一に、ほとんどの株式は定期的に配当を支払う。第二に、株主は株式を売ったときに売却価格を受け取る。したがって、普通株式を評価するためには、一つの興味深い質問に答える必要がある。株式の価格は、以下のどちらと等しいだろうか。

1．次期の配当と次期の株価の合計額を割り引いた現在価値、あるいは
2．将来のすべての配当を割り引いた現在価値。

これは学生が最も選択肢試験に望む類の質問である。なぜなら、1と2のどちらも正しいからである。

1と2が同じであると理解するために、個人が株式を買って1年間保有する例から始めよう。言い換えれば、彼女は1年の*保有期間*をもっている。それに加えて、彼女は今日、株式にP_0を進んで支払う。すなわち、彼女はこう計算する。

$$P_0=\frac{\mathrm{Div}_1}{1+R}+\frac{P_1}{1+R} \tag{9.1}$$

Div_1は年度末に支払われる配当で、P_1は年度末の価格である。P_0は普通株式投資の現在価値である。分母の項Rは、この株式の適切な割引率である。

これは十分簡単にみえるが、P_1はどこからくるのだろうか。P_1は根拠のないところから引っ張り出されたのではない。そうではなく、1年後にP_1でこの株式をすすんで購入する買い手がいなければならない。この買い手は、価格を以下によって決定する。

$$P_1=\frac{\mathrm{Div}_2}{1+R}+\frac{P_2}{1+R} \tag{9.2}$$

式9.2のP_1の値を式9.1に代入すると、以下を得る。

$$P_0=\frac{1}{1+R}\left[\text{Div}_1+\left(\frac{\text{Div}_2+P_2}{1+R}\right)\right]$$

$$=\frac{\text{Div}_1}{1+R}+\frac{\text{Div}_2}{(1+R)^2}+\frac{P_2}{(1+R)^2} \tag{9.3}$$

公式9.3に対して同様な質問を尋ねることができる。つまり、P_2はどこからくるのか。３年度の配当と株価のために、２年度の終わりに投資家はP_2を進んで支払う。この手順はうんざりするほど繰り返すことができる1)。最後に、われわれは以下の公式を得る。

$$P_0=\frac{\text{Div}_1}{1+R}+\frac{\text{Div}_2}{(1+R)^2}+\frac{\text{Div}_3}{(1+R)^3}+\cdots=\sum_{t=1}^{\infty}\frac{\text{Div}_t}{(1+R)^t} \tag{9.4}$$

したがって、投資家にとっての企業の普通株式の価値は、期待される将来の配当すべての現在価値に等しい。

これは、大変有益な結果である。株式に現在価値分析を適用することに対する一般的な反対理由は、投資家はあまりに目先にとらわれているので長期にわたる配当には関心がないということである。これらの批評家たちは、投資家が一般に自分の時間的視野を超えてみようとしないと主張する。したがって、短期投資家によって占められている市場における価格は、当面の配当しか反映しないようになる。しかしながら、われわれの議論は、投資家が短期的視野をもっているときでさえ、長期配当割引モデルが成立することを示している。投資家は早く換金したいかもしれないが、彼女は進んで購入したがる他の投資家を見つけなければならない。この２番目の投資家の支払う価格は、彼の購入日*以降*の配当に依存している。

異なる種類の株式の評価

上記の議論は、企業の価値が将来の配当の現在価値であることを示している。実際には、この考え方をどのように適用するのだろうか。式9.4は一般的なモデルで、期待される配当のレベルが成長していても、変動していても、あるいは一定であっても、関係なく適用できる。この一般モデルは、もし企業の配当がいくつかの基本

1）　この手順は、宇宙の起源について講義している物理学者を思い起こさせる。彼は、聴衆のなかで講義に同意しないある年配の紳士に言い寄られた。この出席者は、「宇宙は大きな亀の背に乗っている」といった。「その亀は何の上に乗っているのですか」と物理学者が尋ねると、紳士は「他の亀だ」と答えた。物理学者の異議を予期していた出席者はいった。「お若いの。あまり自分を疲れ果てさせなさんな。ずっと下まで亀じゃよ」。

図9.1　ゼロ成長、一定成長、異なる成長のパターン

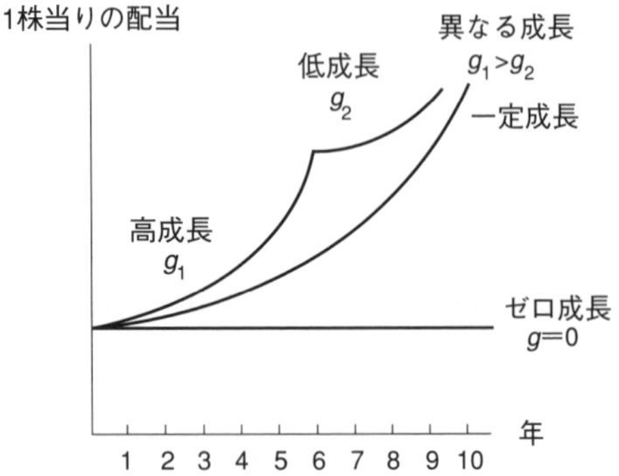

配当成長モデル

ゼロ成長：$P_0=\dfrac{\text{Div}}{R}$

一定成長：$P_0=\dfrac{\text{Div}}{R-g}$

異なる成長：$P_0=\sum_{t=1}^{T}\dfrac{\text{Div}(1+g_1)^t}{(1+R)^t}+\dfrac{\text{Div}_{T+1}}{R-g_2}\times\dfrac{1}{(1+R)^t}$

的なパターンに従うと見込まれる場合、簡易化できる。すなわち、①ゼロ成長、②一定成長、そして、③異なる成長のパターンである。これらのケースは図9.1に示されている。

ケース1（ゼロ成長）

一定配当の株式の価値は、以下で与えられる。

$$P_0=\frac{\text{Div}_1}{1+R}+\frac{\text{Div}_2}{(1+R)^2}+\cdots=\frac{\text{Div}}{R}$$

ここでは、$\text{Div}_1=\text{Div}_2=\cdots=\text{Div}$であると仮定されている。これは単に第4章のパーペチュイティ公式の応用である。

ケース2（一定成長）

配当はg率で、以下のように成長する。

年度末	1	2	3	4	…
配　当	Div	$\text{Div}(1+g)$	$\text{Div}(1+g)^2$	$\text{Div}(1+g)^3$	

Div は *1期目* 末での配当であることに注意されたい。

例9．1　予想される配当

ハンプシャー・プロダクツ社は、いまから1年後に、1株当り4ドルの配当を支払う予定である。ファイナンシャル・アナリストは、予想できる限りの将来、年6％で配当が上昇すると信じている。最初の5年間の年度末の、1株当りの配当はいくらだろうか。

年度末	1	2	3	4	5
配　当	＄4.00	＄4×(1.06) ＝＄4.24	＄4×$(1.06)^2$ ＝＄4.4944	＄4×$(1.06)^3$ ＝＄4.7641	＄4×$(1.06)^4$ ＝＄5.0499

もし配当が一定の率で成長するとしたら、普通株式の価値は、以下のようになる。

$$P_0=\frac{\text{Div}}{1+R}+\frac{\text{Div}(1+g)}{(1+R)^2}+\frac{\text{Div}(1+g)^2}{(1+R)^3}+\frac{\text{Div}(1+g)^3}{(1+R)^4}+\cdots=\frac{\text{Div}}{R-g}$$

g は成長率で、Div は1期目末での株式の配当である。これは第4章で導出した成長パーペチュイティの現在価値の公式である。

例9．2　株式の評価

ある投資家が、ユタ・マイニング社の株式の購入を考えているとする。株式は今日から1年後に、3ドルの配当を支払う。将来の予想可能な間は、配当は毎年10%で成長すると見込まれている（$g=10\%$）。投資家は、ユタ・マイニング社のリスクを考慮すると、この株式に要求されるリターン（R）は15%だと考えている（われわれは株式の割引率としても R を用いる）。ユタ・マイニング社の株式の価値はいくらだろうか。

ケース2の一定成長公式を使って、価値は60ドルであると査定できる。

$$\$60=\frac{\$3}{0.15-0.10}$$

P_0はかなり g の値に依存している。もし g が12.5%と推定されていたとしたら、株式の価値は次のようになっていただろう。

$$\$120 = \frac{\$3}{0.15 - 0.125}$$

g がほんの25%（10%から12.5%へ）増加しただけで、株価は２倍（60ドルから120ドル）になる。P_0が g に依存しているので、この一定成長配当モデルを用いるときには、健全な懐疑の念を維持しなければならない。

さらに、成長率 g が割引率 R と同じであるとき、P_0が無限大になることに注目されたい。株価は無限に成長しないので、R と等しいかそれより大きい g の推定値は、推定に間違いがあることを意味する。この点については、後でさらに述べる。

http : //dividend-discountmodel.com で、より詳細に配当割引モデルを当てはめることができる。

安定した配当成長率の仮定は、奇異に思えるかもしれない。なぜ配当が一定の率で成長するのか。その理由は、多くの企業で、配当の安定的な成長が明示的な目標になっているからである。たとえば、シンシナティに本社を置くパーソナルケアと家庭用品のメーカーであるプロクター＆ギャンブル社は、2008年に配当を14.3%ふやし、１株当り1.60ドルにした。この増配は連続して52回目なので、注目に値する。配当成長のテーマは、配当政策という一般的な見出しの下に入る。したがって、これ以上の議論は後の章まで延期する[2]。

2）　これまで配当が、企業の株主に対する唯一の現金支払であると仮定してきた。実際には、近年、企業はしばしば発行ずみの自社株を買い戻すことによって、株主に現金を支払う。株式買戻しによる支払は、現金配当のかわりであると考えることができる。配当対株式買戻しの賛否両論に関して、後でもっと議論する。

株式買戻しが、配当割引モデルの一定成長バージョンで機能する可能性をみるために、トロージャン・インダストリーズ社には発行済株式が１億株あり、年度末に４億ドルの純利益を見込んでいるとしよう。トロージャン社は、純利益の60%を支払う計画である。そのうち半分の30%は配当に、残りは株式買戻しに充てられる。トロージャン社は純利益が永久に年５%で増加すると予想している。もしトロージャン社の要求されるリターンが10%だったら、株価はいくらか。

解答：

$$\text{総 PV} = \frac{\text{2億4,000万ドル}}{0.10 - 0.05} = \text{48億ドル}$$

$$\text{株価（1株）} = \frac{\text{48億ドル}}{\text{1億株}} = \text{48ドル}$$

ケース3（異なる成長）

このケースでは、代数的公式は扱いにくすぎる。かわりに、例を提示する。

例9.3　異なる成長

新しい背中マッサージ用軟膏を発売して急成長を享受している、エリクサー製薬会社の株式を考えてみよう。今日から1年後の1株当りの配当は1.15ドルである。次の4年間、配当は年15%（$g_1=15\%$）で成長する。その後、成長（g_2）は年10%になる。もし要求されるリターン（R）が15%だとしたら、株式の現在価値はいくらになるだろうか。

図9.2は配当の成長を表している。これらの配当を割り引くために、2段階の手順を適用する必要がある。最初に年15%で成長する配当の純現在価値を計算する。すなわち、最初の5年間における各年度末の配当の現在価値を計算する。次に、6年目の終わりから始まる配当の現在価値を計算する。

最初の5回の配当の現在価値を計算する

1年目から5年目の配当支払の現在価値は次のようになる。

図9.2　エリクサー製薬会社の配当の成長

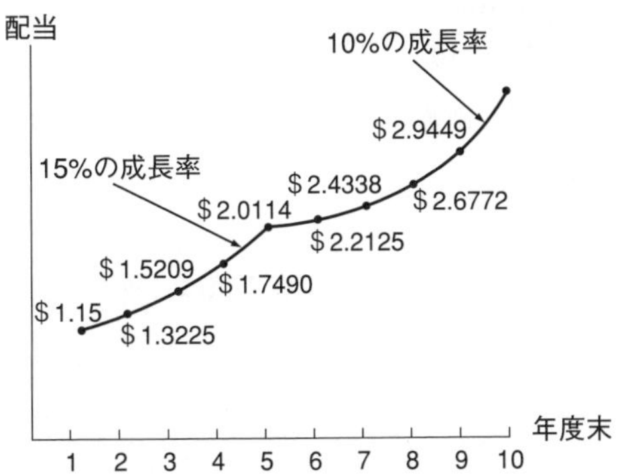

将来の年	成長率（g_1）	期待される配当	現在価値
1	0.15	$1.15	$ 1
2	0.15	1.3225	1
3	0.15	1.5209	1
4	0.15	1.7490	1
5	0.15	2.0114	1
1－5年		配当の現在価値＝	$ 5

前の章の成長アニュイティ公式は、通常この段階で利用することができる。しかしながら、配当は15%で成長し、それはまた割引率であることにも注目されたい。$g=R$ なので成長アニュイティ公式はこの例では利用できない。

6年目の終わりから始まる配当の現在価値を計算する

第4章で提示した、遅延パーペチュイティと遅延アニュイティのための手順を用いる。6年目の終わりから始まる配当は、以下のとおりである。

年度末	6	7	8	9	…
配当	$\mathrm{Div}_5\times(1+g_2)$ $2.0114×1.10 ＝$2.2125	$\mathrm{Div}_5\times(1+g_2)^2$ $2.0114\times(1.10)^2$ ＝$2.4338	$\mathrm{Div}_5\times(1+g_2)^3$ $2.0114\times(1.10)^3$ ＝$2.6772	$\mathrm{Div}_5\times(1+g_2)^4$ $2.0114\times(1.10)^4$ ＝$2.9449	… …

第4章で述べたように、成長パーペチュイティ公式は、最初の支払の1年前の時点における現在価値を計算する。支払は6年目の終わりから始まるので、現在価値公式は5年目の終わりの時点での現在価値を計算する。

5年目の終わりでの価格は、以下の式で与えられる。

$$P_5=\frac{\mathrm{Div}_6}{R-g_2}=\frac{\$2.2125}{0.15-0.10}=\$44.25$$

今日時点のP5の現在価値は、

$$\frac{P_5}{(1+R)^5}=\frac{\$44.25}{(1.15)^5}=\$22$$

である。今日時点のすべての配当の現在価値は、27ドル（＝$22＋$5）になる。

9.2　配当割引モデルにおけるパラメーターの推定

企業の価値は、成長率 g と割引率 R の関数である。これらの変数をどのように推定するのだろうか。

g はどこからくるのか

前述の議論では、配当は g 率で成長すると仮定した。次にこの成長率を推定したい。*純投資*を行わない限り、来年の利益は今年と同じであると予想される企業を考えてみよう。純投資は、総投資もしくは合計投資から減価償却を引いたものに等しいので、この状況は起こりがちである。純投資額ゼロは、総投資が減価償却に等しいときに起こる。もし*総投資*が減価償却に等しかったら、利益成長なしに企業の物的設備は維持される。

純投資は、一部の利益が配当として支払われない場合だけ、すなわちいくらかの利益が維持される場合にのみ正である[3]。これは次の式を導く。

$$\text{来年の利益} = \text{今年の利益} + \text{今年の利益剰余金} \times \text{利益剰余金利益率} \tag{9.5}$$

利益の増加

利益の増加は、*利益剰余金*ならびに*利益剰余金利益率*双方の関数である。

ここで公式9.5の両辺を今年の利益で割ると、以下を得る。

$$\frac{\text{来年の利益}}{\text{今年の利益}} = \frac{\text{今年の利益}}{\text{今年の利益}} + \left(\frac{\text{今年の利益剰余金}}{\text{今年の利益}}\right) \times \text{利益剰余金利益率} \tag{9.6}$$

公式9.6の左辺は、単に１足す利益の成長率で、$1+g$ と書く。利益と利益剰余金の比率は、**内部留保率（retention ratio）**と呼ばれる。したがって、次のように書き表すことができる。

$$1+g = 1 + \text{内部留保率} \times \text{利益剰余金利益率} \tag{9.7}$$

現在の利益剰余金に期待されるリターンを決定するのは、ファイナンシャル・ア

3）われわれは、資本調達のための株式や債券の発行の可能性を無視している。これらの可能性は後の章で検討する。

ナリストにとってむずかしい。なぜなら今後のプロジェクトの詳細は、一般公開情報ではないからである。とはいえ、今年選択されるプロジェクトの予想リターンは、他の年のプロジェクトからのリターンに等しいと、しばしば仮定される。そうすると、過去の**株主資本利益率**（return on equity, ROE）によって、現在の利益剰余金に対する予想リターンを推定することができる。つまるところ、ROEは単に企業全体の株主資本に対する利益率であり、これは企業の過去のすべてのプロジェクトの利益率の累積である。

式9.7から、成長を推定する簡単な方法がある。

企業成長率の公式

g = 内部留保率×利益剰余金利益率　　(9.8)

利益成長率の推定値gはまた、利益に対する配当の比率が一定であると仮定する一般的な仮定のもとでは、配当成長率の推定値でもある。

例9.4　利益成長

ページマスター・エンタープライズ社は、ちょうど200万ドルの利益を報告した。会社は将来すべての年で、利益の40%を内部留保する計画である。言い換えると、内部留保率は40%である。利益の60%は、配当として支払われる。利益に対する配当の比率は、しばしば**配当性向**（payout ratio）と呼ばれる。したがって、ページマスターの配当性向は60%である。過去の株主資本利益率（ROE）はずっと0.16で、この数字は将来も続くと見込まれる。来年、利益はいくら成長するだろうか。

初めに式9.8を参照せずに計算を行う。その後で、式9.8を確認用として用いる。

式9.8を参照しない計算

会社は80万ドル（＝40%×＄200万）を内部留保する。過去のROEが将来の利益の適切な推定値であると仮定すると、利益の期待増額は、

$$\$800,000 \times 0.16 = \$128,000$$

であり、利益の成長率は、

$$\frac{\text{利益の変化}}{\text{合計利益}} = \frac{\$128{,}000}{\$2{,}000{,}000} = 0.064$$

である。これは1年間の利益が212万8,000ドル（＝$2,000,000×1.064）になることを意味する。

式9.8を利用した確認

g＝内部留保率×ROEを利用すると、以下のようになる。

$$g = 0.4 \times 0.16 = 0.064$$

ページマスターの利益に対する配当の比率、すなわち配当性向は、将来一定なので、0.064は、利益と配当双方の成長率である。

R はどこからくるのか

ここまで、われわれは要求されるリターンもしくは割引率である R を、所与のものとしてきた。後の章で、R の推定について語ることがたくさんあるが、いまのところは、この要求されるリターンについて配当割引モデルが意味するところを吟味したい。先に、P_0を次のように計算した。

$$P_0 = \text{Div}/(R - g)$$

R について解くように式を変形すると、以下を得る。

$$R - g = \text{Div}/P_0$$

$$R = \text{Div}/P_0 + g \qquad (9.9)$$

式9.9は、総リターン R には二つの構成要素があることを教えてくれる。最初の要素 Div/P_0は、配当利回り（dividend yield）と呼ばれる。これは期待現金配当を現在の価格で割ることによって計算されるので、概念的に債券の直接利回りに似ている。

総リターンの2番目の部分は、成長率 g である。この後すぐに確認するように、配当成長率はまた、株価の成長率でもある。したがって、この成長率はキャピタル・ゲイン利回り（capital gains yield）として解釈できる。すなわち、投資の価値が成長する率である。

要求されるリターンの構成要素を例証するために、1株当り20ドルで売られている株式を観察するとしよう。次の配当は1株当り1ドルになる。あなたはほぼ無期限に、配当が年間10%で成長すると考えている。この株式はどれだけのリターンをあなたに提供するだろうか。

配当成長モデルは、総リターンを次のように計算する。

R = 配当利回り + キャピタル・ゲイン利回り

R = Div/P_0 + g

このケースでは、総リターンは以下になる。

$$
\begin{aligned}
R &= \$1/20 + 10\% \\
&= 5\% + 10\% \\
&= 15\%
\end{aligned}
$$

したがって、この株式は15%の期待リターンをもっている。

われわれはこの答えを、要求されるリターンとして15%を用いて1年後の価格P_1を計算することで、確認することができる。1年後に受け取る配当が1ドルで、配当成長率が10%なので、2年後に受け取る配当Div_2は1.10ドルである。配当成長モデルに基づくと、1年後の株価は以下のようになる。

$$
\begin{aligned}
P_1 &= \mathrm{Div}_2/(R-g) \\
&= \$1.10/(0.15-0.10) \\
&= \$1.10/0.05 \\
&= \$22
\end{aligned}
$$

この22ドルは＄20×1.1なので、株価は当然のこととして、10%成長した。すなわち、キャピタル・ゲイン利回りは10%であり、これは配当成長率と等しい。

投資家の総リターンはいくらだろうか。もし今日株式に20ドル支払ったら、1年後に1ドルの配当を受け取り、キャピタル・ゲインが2ドル（＝＄22−20）ある。したがって、配当利回りは5%（＝＄1/20）である。キャピタル・ゲイン利回りは10%（＝＄2/20）なので、総リターンは、上で計算したのとちょうど同じ、5%＋10%＝15%になる。

この文脈で実際の数値の感覚を得るために、次の例を考えてみよう。2008年のバリュー・ライン・インベストメント・サーベイによると、プロクター＆ギャンブル社の配当は、過去10年間の成長率の11％、過去５年間の成長率の10.5％と比較して、次の５年間は8.8％で成長すると期待されていた。2008年において、翌年の配当は1.45ドルが予想されていた。当時の株価は１株当り約63ドルだった。投資家がP&Gに要求するリターンはいくらだろうか。ここでは、配当利回りが2.3％（＝1.45/63)、キャピタル・ゲイン利回りが8.8％で、P&G株に要求されるリターンの合計は11.1％になる

例９．５　要求されるリターンの計算

前出の例で考察したページマスター・エンタープライズ社には、発行済株式が100万株ある。株式は10ドルで売られている。株式に要求されるリターンはいくらだろうか。

内部留保率が40％なので、配当性向は60％（＝１－内部留保率）である。配当性向は配当÷利益の比率である。いまから１年後の利益は212万8,000ドル（＝＄2,000,000×1.064）なので、配当は127万6,800ドル（＝0.60×＄2,128,000）になる。

１株当りの配当は1.28ドル（＝＄1,276,800/＄1,000,000）である。前述の$g=0.064$の結果をもとに、式9.9からRを計算すると、次のようになる。

$$0.192=\frac{\$1.28}{\$10.00}+0.064$$

健全な懐疑の意識

われわれのアプローチが、単にgを推定しただけであるのを強調するのは重要なことである。すなわち、このアプローチはgを正確に決定しない。推定値gが、多くの仮説に基づいていることはすでに述べた。たとえば、将来の利益剰余金利益率は、企業の過去のROEと等しく、将来の内部留保率は過去の内部留保率と等しくなると仮定している。もしこれらの仮定が間違っていると証明されたら、gの推定値は誤差をもつことになる。

不幸なことに、Rの決定はgに非常に強く依存している。たとえば、もしペー

ジマスターのgが0と推定されたら、Rは12.8%（＝$1.28/$10.00）である。もしgが12%と推定されたら、Rは24.8%（＝$1.28/$10.00＋12%）である。したがって、健全な懐疑の意識をもって、Rの推定値をみなければならない。

前述を理由に、一部の金融経済学者は、Rや単一証券の推定誤差は、実用的には大きすぎると一般に主張している。したがって、彼らは産業全体の平均Rを計算することを勧める。このRはその後、同じ産業の特定の株式の配当を割り引くのに用いられる。

個別証券のRを推定するとき、二つの正反対のケースについて、特に懐疑的になるべきである。最初に、現在配当を行っていない企業を考えてみよう。投資家は企業が将来のある時点で配当を始めるか、あるいはいつか買収されるかもしれないと考えるので、株価は0より高くなる。しかし、企業がゼロ配当から、正の配当に移行するとき、示唆される成長率は*無限*である。したがって、あえて使うなら、ここでは、式9.9を最大限慎重に用いなければならない。これは、本章の後で強調する点である。

2番目に、gがRに等しいとき、企業の価値が無限であることは先に述べた。株式の価格は無限に成長しないので、ある企業のgが、Rに等しいか、それより上であると推定したアナリストは、間違いを犯したに違いない。おそらく、アナリストによる高いgの推定値は、次の数年間は正しい可能性が高い。しかしながら、企業は異常に高い成長率を永久に維持することは到底できない。このアナリストの間違いは、永久成長率を必要とするモデルに、短期推定のgを用いたことである。

配当と企業キャッシュフローの関連についての注釈

第6章で、プロジェクトのキャッシュフローを割り引くことによって、企業のプロジェクトを評価した。キャッシュフローは、収益と費用の推定から始まるトップダウン法で決定された。あの章では企業全体を評価しなかったが、企業全体のキャッシュフローを割り引くことによって、そうすることもできた。本章では、1株当りの価格を求めるために、配当を割り引いている。しかしここまでは、同様なトップダウン法で配当を決めるのではなく、単に配当に特定の値を仮定したにすぎない。第6章で提示された企業のキャッシュフローと、配当との関連は、どのようなものだろうか。

単純化された全額株主資本の会社の配当は、以下のように表すことができる。

収益
　－現金費用
　－減価償却
税引き前利益
　－税金
税引き後利益
　＋減価償却
　－工場、設備への投資
　－純運転資本への投資
配当

上の各項目を予測することにより、配当を推定できる。１株当りの配当は発行済株式数で割ることで求まるが、この数字は配当成長モデルで用いられたものである4)。

しかしながら、上記の関係を理解するためには、特に現金と短期証券への投資において、要求される投資と実際の投資を区別しなければならない。すべての企業は、ある特定水準の流動性が必要であり、それは現金と現金同等証券を保有することによって、達成することができる。とはいうものの、多くの企業が、必要以上の現金を保有するようにみえる。たとえば、マイクロソフトは、多くのアナリストが最適と考えるよりはるかに多くの、何十億ドルもの現金と短期投資を、過去10年間を通して保有し続けた。現金は運転資本の一部なので、これらのアナリストは運転資本への実際の投資は、要求される運転資本投資より多いと主張するかもしれない。この現金の蓄えを減らせば、より大きな配当を支払うことができただろう5)。株式を評価する際、アナリストは実際の現金保有を予測するべきである。より低い、要求される現金保有を用いることは、楽観的な配当予測と、その結果として、楽観的な株式評価につながる。

9.3　成長機会

前に、配当の成長率について話した。今度は関連した概念である成長機会につい

4）　この議論は、自明な質問につながる。なぜ企業は運転資本と他の資産に過大に投資するのだろうか。本書の資本構成の部分で、この質問について考える。たとえば、第17章で紹介するフリー・キャッシュフロー仮説は、なぜ一部の経営陣が、配当を支払うより現金を内部留保することを好むのかを説明する。そして第19章では、配当の意志決定について細かく考察する。

5）　配当支払の概念を、株式買戻しによる支払を含むよう拡大することができる（脚注２）参照。

て考えてみたい。永久に1株当りの利益が一定に続く会社を考えてみよう。会社はこれらの利益のすべてを、配当として株主に支払う。したがって、

$$\mathrm{EPS} = \mathrm{Div}$$

である。EPSは*1株当り利益*で、Divは1株当りの配当である。このタイプの企業は、しばしば*ドル箱（cash cow）*と呼ばれる。

前章のパーペチュイティ公式から、株式の価値は、以下のようになる。

企業がドル箱の役を務めるときの株式の価値

$$\frac{\mathrm{EPS}}{R} = \frac{\mathrm{Div}}{R}$$

Rは企業株式の割引率である。

すべての利益を配当として支払うこの政策は、最適ではないかもしれない。多くの企業は*成長*機会をもっている。すなわち、儲かるプロジェクトに投資する機会である。これらのプロジェクトは、企業の価値の重要な部分でありうるので、すべての利益を配当として支払うために、機会を見過ごすのは愚かなことである。

企業はしばしば成長機会の*集合*という観点で思考するが、一つの機会にだけ焦点を当ててみよう。すなわち、単一のプロジェクトに投資する機会である。会社はある特定のキャピタル・バジェッティング・プロジェクトに投資するために、期日1においてすべての配当を内部留保するとする。期日0の時点におけるこのプロジェクトの1株当りの純現在価値は、*NPVGO（net present value（per share）of the growth opportunity）*である。これは成長機会の1株当りの純現在価値である。

もし、会社が期日1においてプロジェクトを行うことを決定したら、期日0の株価はいくらになるだろうか。プロジェクトの1株当りの価値が元の株価に足されるので、いまの株価は以下のようにならなければならない。

企業が新たなプロジェクトを決定した後の株価

$$\frac{\mathrm{EPS}}{R} + \mathrm{NPVGO} \tag{9.10}$$

したがって、式9.10は二つの異なる項の合計として、株式の価格をみることができることを示している。最初の項の（EPS/R）は、成し遂げた成功に安住する場合の企業の価値である。つまりすべての利益を単に株主に分配する場合である。二つ目の項は、企業が新たなプロジェクトを賄うために利益を内部留保した場合の*追*

*加的な*価値である。

例9.6　成長機会

サーロ・シッピング社は、もし新たな投資機会を行わない場合、毎年100万ドルの利益を期待できる。発行済株式が10万株あるので、1株当りの利益は10ドル（=＄1,000,000/100,000）である。会社は、期日1に、100万ドルの費用がかかる新しい販売キャンペーンの機会をもっている。新しいキャンペーンは、その後のすべての期に利益を21万ドル（もしくは1株当り2.10ドル）増加させる。これはプロジェクトからの毎年21%の利益である。会社の割引率は10%である。販売キャンペーンを決定する前と後での、1株当りの価値はいくらだろうか。

キャンペーン前の、サーロ・シッピング社の株価は、以下のとおりである。

企業がドル箱の役を務めるときのサーロの株価

$$\frac{\text{EPS}}{R}=\frac{\$10}{0.1}=\$100$$

期日1時点での販売キャンペーンの価値は、以下のとおりである。

期日1における販売キャンペーンの価値

$$-\$1,000,000+\frac{\$210,000}{0.1}=\$1,100,000 \qquad (9.11)$$

期日1で投資が行われ、最初のキャッシュインフローが期日2で発生するので、式9.11は期日1時点での販売キャンペーンの価値を表す。1期間割り引いて戻すことによって、期日0の価値を求める。

期日0における販売キャンペーン価値

$$\frac{\$1,100,000}{1.1}=\$1,000,000$$

したがって、1株当りのNPVGOは10ドル（=＄1,000,000/100,000）である。

1株当りの価格は、以下のようになる。

$$\text{EPS}/R+\text{NPVGO}=\$100+\$10=\$110$$

計算はまた、通常の純現在価値ベースでも行うことができる。期日１における すべての利益は販売努力に費やされるので、その期日には株主に配当が支払われない。それ以降のすべての期日の配当は、121万ドル（＝＄1,000,000＋＄210,000）である。このケースでは、100万ドルが、サーロがドル箱であるときの年次配当である。販売努力からの配当への追加の寄与は21万ドルであり、１株当りの配当は12.10ドル（＝＄1,210,000/100,000）になる。これらの配当は期日２から始まるので、期日１における１株当りの価格は121ドルである（＝＄12.10/0.1）。期日０での株価は、110ドル（＝＄121/1.1）となる。

例9.6において、価値がつくりだされていることに注目されたい。なぜなら、割引率が10％しかないときに、プロジェクトは21％の利益を稼いだからである。プロジェクトの利益が10％だったら、何の価値もつくられなかった。言い換えれば、NPVGO は０である。プロジェクトが10％以下の利益率しか稼がなかったら、価値はマイナスになっていた。

価値を増大させるためには、二つの条件が満たされなければならない。

1．プロジェクトに資金を供給できるように、利益は内部留保されなければならない[6)]。
2．プロジェクトの純現在価値はプラスでなければならない。

驚いたことに、多くの企業が、純現在価値がマイナスとわかっているプロジェクトに投資するようである。たとえば、1970年代後半に石油会社とタバコ会社は、現金をふんだんにもっていた。どちらの産業も市場が減退していたので、高い配当と低い投資が合理的な活動であっただろう。不幸にも、どちらの産業でも多くの企業が、一般にマイナスの NPVGO プロジェクトとみなされているものに多大の再投資をしていた。

ビジネスにおいて NPV 分析（第５章と６章で示したような）が一般的知識であるとすると、なぜ経営陣はマイナス NPV のプロジェクトを選ぶのだろうか。一つの推測は、一部の経営者は大きな会社をコントロールすることを楽しむということ

6）　このテキストの後のほうで、プロジェクトの資金を賄うために、株式かあるいは負債を発行することに言及する。

である。利益を再投資するかわりに配当を支払うことは、企業の規模を減少させることになるので、一部の経営者にとって、高い配当を支払うのは感情的にむずかしいのである。

NPVGO と現実の世界の企業

例9.6のサーロ・シッピング社は、一つの新規プロジェクトをもっていた。実際には、企業は、一部は短期で開発し、他は長期で開発するといった、一連のプロジェクトを抱えている。現実の世界の企業の株価はどれも、これら将来のプロジェクトすべての純現在価値に対する市場の認識を反映しているに違いない。言い換えれば、株価は企業の NPVGO に対する市場予測を反映しているのである。

実際の企業の NPVGO を推定できるだろうか。もちろんである。式9.10は事実上、概念的なものであるが、式は現実の世界で NPVGO を推定するのに、簡単に用いることができる。たとえば、ホーム・デポ社（HD）を考えてみよう。*バリュー・ライン*の最近の号は、2009年の HD の一株当り利益を1.30ドルと予測した。割引率が0.0785[7]の場合、予想名目利益が一定で、すべてが配当として支払われると仮定すると、HD の１株当りの価格は、以下のようになる。

$$\frac{\$1.30}{0.0785}=\$16.56$$

言い換えると、HD の株式は、もし利益が投資のためにまったく内部留保されなかったら、１株当り16.56ドルの価値をもつということである。

*バリュー・ライン*が発売されたとき、HD 株は16.56ドルで売られていただろうか。答えはノーで、HD 株は22.95ドルで売られていた。なぜ異なるのだろうか。HD 株の市場価格と、ドル箱としての１株当り価値の差は、6.39ドル（＝22.95－16.56）であり、これは HD の NPVGO であるとみなすことができる。すなわち、市場は HD の投資戦略が、ドル箱としての企業価値より、価値を6.39ドル増加させると期待しているのである。上で計算した HD の NPVGO は、１株当り27.8%

7）　割引率は第13章で詳しく議論する。われわれは HD の割引率を決定するのに、その章の方法論を用いる。具体的には、無リスク金利が1.25%、市場ポートフォリオの無リスク金利を上回る期待リスク・プレミアムが７%、そして HD のベータが0.95という仮定のもとに資本資産価格モデルを用い、HD 株の割引率を以下のように求める。

$$1.2\%+0.95\times 7\%=7.85\%$$

（=6.39/22.95）の価値を意味している。

われわれはダウ工業株30種平均インデックス採用銘柄それぞれの、株価に対するNPVGOの比率を計算した。以下はインデックス内で、最も高い比率をもつ7銘柄である。

会社名	株価に対するNPVGOの比率
バンク・オブ・アメリカ	0.182
キャタピラー	0.379
シェブロン	0.077
ディズニー	0.078
ホーム・デポ	0.278
インテル	0.701
JPモルガン・チェース	0.232

さまざまな産業の企業が選ばれており、これは成長機会が多くの異なる市場セクターからもたらされることを示唆している。

利益と配当の成長 vs 成長機会

すでに触れたように、企業がプラスのNPVGOの成長機会に投資したときに、その価値は増加する。企業の価値は、マイナスNPVの機会を選択したときに下落する。とはいえ、利益と配当は、プラスのNPV、あるいはマイナスのNPV、どちらのプロジェクトが選択されても成長する。この驚くべき結果は、次の例で説明できる。

例9.7　NPV vs 配当

レーン・スーパーマーケット社は新しい企業で、仮にすべての利益を配当として支払ったら、年10万ドルを永久に稼ぐ。しかし会社は年10%の利益を生むプロジェクトに、利益の20%を投資しようと計画している。割引率は18%である。

会社の投資政策は、会社の価値を増加に導くだろうか、それとも減少させるだろうか。この方針は価値を減少させる。なぜなら、将来のプロジェクトの利益率10%は、割引率の18%より低いからである。言い換えると、会社はネガティブ（負の）NPVプロジェクトに投資することになり、これは期日0において、単純にすべての利益を配当として支払ってしまったほうが、会社の価値がより高いことを意味する。

会社は成長しているだろうか。もちろん、会社は利益の観点からでも、配当の観点からでも、時の経過とともに成長する。式9.8は、年次利益成長率が、以下になることを教えてくれる。

$$g = \text{内部留保率} \times \text{利益剰余金利益率} = 0.2 \times 0.10 = 2\%$$

初年度の利益が10万ドルなので、2年目の利益は10万2,000ドル（＝＄100,000×1.02）になり、3年目の利益は10万4,040ドル［＝＄100,000×$(1.02)^2$］と、以降同様に続いていく。

配当は利益の一定割合なので、配当もまた年間2％で成長しなければならない。レーン・スーパーマーケットの内部留保率は20%なので、配当は利益の80%（＝1－20%）である。この新たな政策の初年度では、配当は8万ドル［＝(1－0.2)×＄100,000］になる。次の年の配当は8万1,600ドル［＝＄80,000×(1.02)］で、その翌年は8万3,232ドル［＄80,000×$(1.02)^2$］と、以降同様に続いていく。

結論として、ネガティブNPVプロジェクトに投資するレーン・スーパーマーケットの政策は、二つの結果を生む。まず、この政策は会社の価値を下げる。2番目に、この政策は利益と配当の双方に成長を生み出す。言い換えると、レーン・スーパーマーケットの成長政策は、実際には企業価値を*破壊*する。

どのような条件下で、レーン・スーパーマーケットの利益と配当は時間とともに実際に*減少*するだろうか。もし会社がマイナスの利益率をもつプロジェクトに投資したら、利益と配当は時間とともに減少する。

この例から、二つの結論が導ける。

1．ネガティブNPVプロジェクトは、企業の価値を下げる。言い換えると、割引率より低い利益率のプロジェクトは、企業価値を下げる。
2．プロジェクトが正の利益率をもつ限り、企業の利益と配当の両方が成長する。

したがって、上のレーン・スーパーマーケットのように、割引率より低い利益率のプロジェクトを選択する企業は、利益と配当の観点からは成長するが、企業価値を破壊することになる。

より高い内部留保率は株主の利益になるか

前節で、投資が、企業の価値と、配当および利益の成長率に及ぼす影響を議論した。配当割引モデル（dividend discount model, DDM）は、あの節の考え方を拡大できる。DDMによると、株式1株の価格は以下になる。

$$P=\frac{\mathrm{Div}}{R-g} \tag{9.12}$$

ここで、Divは初年度末の1株当りの配当で、Rは割引率、gは配当の年次成長率である。われわれはまた、gが以下であることも述べた。

$$g=\mathrm{RR}\times\mathrm{ROE} \tag{9.13}$$

RRは会社の内部留保率で、ROEは会社の株主資本利益率である。加えて、初年度末の1株当りの配当は、以下のように表せる。

$$\mathrm{Div}=\text{配当性向}\times\mathrm{EPS}=(1-\mathrm{RR})\times\mathrm{EPS} \tag{9.14}$$

EPSは会社の1株当り利益である。

式9.13と式9.14を、式9.12に代入すると、以下を得る。

$$P=\frac{\mathrm{Div}}{R-g}=\frac{(1-\mathrm{RR})\times\mathrm{EPS}}{R-(\mathrm{RR}\times\mathrm{ROE})} \tag{9.15}$$

式9.15で、内部留保の影響はどのようなものだろうか。この式をRRに関して微分することにより内部留保の影響をみることができるが、それよりも例を通してこの影響を考察するほうが簡単である。

例9.8　企業価値に対する内部留保率とROEの影響

ストックトン・カンパニー8)は、年度末の1株当り利益（EPS）を5ドルと

8）自身の講義の例題を使うことを許可してくれたH. Kaufold教授に非常に感謝する。

予測している。これ以上の投資を行わなければ、１株当り利益は永久に一定の５ドルになると見込まれる。割引率は10%である。会社がすべての利益を配当として支払うという仮定のもとでは、１株の価格は以下になる。

$$\frac{\$5}{0.10}=\$50$$

言い換えると、もしストックトン社がドル箱だったら、価格は50ドルである。

一方で、会社は内部留保率に30%か60%のどちらかを考えている。もし会社のROEが15%だったら、１株の価格はいくらになるだろうか。もしROEが５%だったらどうだろうか。

式9.15から、株価は内部留保率とROEに、以下のように依存する。

異なる内部留保率（RR）とROEでの株価

内部留保率（RR）	30%	60%
ROE 15%	$\frac{(1-0.3)5}{(0.10-0.3\times0.15)}=\frac{(0.7)5}{0.10-0.045}$ $=\frac{3.50}{0.055}=\$63.64$	$\frac{(1-0.6)5}{(0.10-0.6\times0.15)}=\frac{(0.4)5}{0.10-0.09}$ $=\frac{2}{0.01}=\$200$
5%	$\frac{(1-0.3)5}{(0.10-0.3\times0.05)}=\frac{(0.7)5}{0.10-0.015}$ $=\frac{3.50}{0.085}=\$41.18$	$\frac{(1-0.6)5}{(0.10-0.6\times0.05)}=\frac{(0.4)5}{0.10-0.03}$ $=\frac{2}{0.07}=\$28.57$

上で述べたように、もし会社の内部留保率が０だったら、１株の価格は50ドルになる。割引率 R が10%なので、15%のROEは、ROE＞R であることを意味する。この場合、１株当りの価格は、表の最初の行に示されているように、内部留保率とともに上昇する。投資のリターンが資本コストよりも大きいので、この結果は理にかなっている。言い換えると、投資はプラスのNPVをもっている。内部留保率の増加は、ポジティブ（正の）NPVプロジェクトの数が増加することを意味する。

一方で、５%のROEはROE＜R を意味する。ここでは１株当りの価格は、表の２行目に示されているように、内部留保率とともに減少する。投資のリターンが資本コストよりも小さいので、この結果もまた理にかなっている。言い換えると、投資はマイナスのNPVをもっている。内部留保率の増加は、ネガティブNPVプロジェクトの数が増加することを意味する。

ROEとRRのそれぞれの値に対して、1株当りのNPVGOはどれくらいだろうか。式9.10から、株価が以下のように表せることがわかっている。

$$\frac{\mathrm{EPS}}{R}+\mathrm{NPVGO}$$

言葉で表せば、株式の価格は、会社がドル箱である場合の株価に、成長機会の純現在価値を足した合計である。投資を行わない（ストックトン社はドル箱）場合の株価は50ドルなので、ROEとRRのそれぞれの値に対するNPVGOは、表に提示されたそれぞれの価格から50ドルを引くことによって計算できる。したがって、NPVGOの表は、以下になる。

異なる内部留保率とROEに対する1株当りのNPVGO

内部留保率（RR）	30%	60%
ROE		
15%	＄13.64（＄63.64－50）	＄150
5％	－＄ 8.82	－＄21.43

もしROE＞Rなら、NPVGOはプラスである。さらに、内部留保率の増加は、採用するポジティブNPVプロジェクトの数の増加を意味するので、NPVGOは内部留保率とともに上昇する。もしROE＜Rなら、正反対のことが起こる。NPVGOはマイナスで、内部留保率の増加に伴い、さらにマイナスの度合いを増す。

どのケースで、配当と利益は成長しているだろうか。成長はRR×ROEなので、成長率は以下のとおりである。

利益と配当双方の成長率

内部留保率（RR）	30%	60%
ROE		
15%	0.30×0.15＝0.045	0.60×0.15＝0.09
5％	0.30×0.05＝0.015	0.60×0.05＝0.03

ROEが常にプラスなので、成長率も常にプラスである。すなわち、利益と配当のプラスの成長は、たとえROEが5％のときでも起こる。とはいうもの

の、前の表では、ROEが５％のとき、NPVGOはマイナスだった。したがって、５％のROEでは、ストックトン社の新しいプロジェクトを採用する政策は成長を生み出すが、それにもかかわらず企業価値を損なう。５％のROEは、割引率の10％より低いので、ここでは投資が価値を破壊する。

配当あるいは利益：どちらを割り引くのか

先に述べたように、本章は成長パーペチュイティ公式を株式の評価に適用した。この適用では、利益ではなく配当を割り引いた。投資家は何を得られるかによって株式を選択するので、これは理にかなっている。彼らは株式から二つのものだけを得ることができる。すなわち配当と最終的な売却価格で、売却価格は、将来の投資家がどれだけ配当を受け取ると期待するかによって決まる。

配当のかわりに利益が割り引かれると、算出した株式価格は高すぎることになるだろう。企業成長率の推定でみたように、利益のごく一部だけが、配当として株主にわたる。残りは将来の配当を生み出すために内部留保される。われわれのモデルでは、利益剰余金は企業の投資と等しい。配当のかわりに利益を割り引くことは、将来の利益と配当を生み出すために、企業が今日行わなければならない投資を無視することになる。

無配当企業

学生はよく以下の質問をする。「もし配当割引モデルが正しいのなら、なぜタダで売られている無配当株式がないのでしょうか」。これはよい質問で、企業の目的にかかわっている。成長機会を多くもつ企業はジレンマに直面する。企業はいま配当を支払うか、あるいは将来さらに大きな配当を生み出す投資を行えるようにするために、いまは配当を見送るか、どちらかが可能である[9)]。配当を遅延する戦略が最適でも、特定の株主の間では不人気かもしれないので、これはしばしば痛みを伴う選択である。

多くの企業は配当を支払わないことを選択し、そしてこれらの企業の株式はプラ

9）　３番目の選択肢は、企業が配当支払と投資を行うのに十分な資金を確保するために、株式を発行することである。この可能性については、後の章で探求する。

スの価格で売買される。たとえば、アマゾン、グーグル、イーベイなど、ほとんどのインターネット企業が配当を支払わない。合理的な株主は、ある時点で配当を受け取れるか、あるいは同様によい何かを受け取れるか、どちらかを信じている。すなわち会社は合併で買収され、そのとき株主は現金かあるいは株式のどちらかを受け取れるだろうということである。

もちろん、配当割引モデルの実際の適用は、無配当企業にはむずかしい。明らかに、配当の一定成長モデルは当てはまらない。理論上は異なる成長モデルを適用できるが、最初の配当の期日、その期日後の配当成長率、そして最終的な合併価格を推定する困難さは、このモデルの実際の適用をきわめてむずかしいものにしている。

実証的証拠は、上記の分析結果と一致しており、高い成長率の企業には、低い配当を支払う傾向があることを示唆している。たとえば、マイクロソフト・コーポレーションを考えてみよう。会社は1975年に創業され、何年にもわたって急速に成長した。最初の配当の支払は2003年であったが、その日以前に、会社はビリオン・ダラー企業（売上高と株主資本の市場価値双方において）であった。なぜ配当を支払うのにそれほど長く待ったのだろうか。会社が待ったのは、ソフトの新商品など、あまりにもたくさんの、資金を供給すべきプラスの成長機会があったからである（さらにまた、本章ですでに述べたように、会社は意図的に過剰な水準の現金と短期証券を保有していたのかもしれない）。

9.4　株価収益率

株式の株価収益率（price-earnings ratio, PER）は、名前が示唆するように、株価の１株当り利益（EPS）に対する比率である。たとえば、2008年８月のある日、グーグルの株価は467.86ドルで、１株当り利益は15.22ドルだった。これは、株価収益率（あるいはPERマルチプルと呼ばれる）が30.74であることを意味する[10]。金融界は、株価収益率に多くの注意を払う。

2008年の同じ日、ヒューレット・パッカードの株価収益率は14.24で、IBMは15.61、マイクロソフトは13.63、そしてヤフーは26.83だった。なぜ同じ産業内の

10）　われわれはここで、株価収益率を、現在の株価と去年のEPSとの比率として計算した。かわりに、株価収益率は、現在の株価と来年の予想EPSとの比率としても計算できる。

株式が、異なる株価収益率で取引されるのだろうか。違いは、グーグルの値段が高すぎ、マイクロソフトが安すぎることを意味するのだろうか。それともこの違いに合理的な理由はあるのだろうか。

先の議論で以下を述べた。

$$1\text{株当りの価格} = \frac{\mathrm{EPS}}{R} + \mathrm{NPVGO}$$

EPSで割ると、以下を得る。

$$\frac{1\text{株当りの価格}}{\mathrm{EPS}} = \frac{1}{R} + \frac{\mathrm{NPVGO}}{\mathrm{EPS}} \tag{9.16}$$

左辺は株価収益率の公式である。式は株価収益率が成長機会の純現在価値に関係していることを示している。例として、ちょうど１ドルの１株当り利益を報告した二つの企業を考えてみよう。しかしながら、一つの企業には価値のある成長機会がたくさんあり、もう一方の企業には成長機会がまったくない。投資家は現在の収入の１ドルと成長機会の両方を買うので、成長機会をもつ企業は高い価格で売られるべきである。成長機会をもつ企業の株式が16ドルで売られ、もう一つの企業が８ドルで売られているとしよう。どちらの企業も、１株当り利益１ドルの数値は、株価収益率の分母に現れる。したがって、成長機会をもつ企業の株価収益率は16であるが、機会のない企業は８しかない。

この説明は現実の世界に大変よく当てはまるようである。エレクトロニクスと他のハイテク株は、高い成長率をもつと認識されているので、通常非常に高い株価収益率で売られている。実際、これまで利益をまったくあげたことがないのにもかかわらず、いくつかのテクノロジー株は高い価格で売られている。これらの企業の株価収益率は無限である。反対に、低い成長が見込まれる鉄道、公益事業、そして製鉄会社は低いマルチプルで売られている。表9.1は、いくつかのよく知られた企業

表９.１　いくつかの株価収益率、2008年

企　業	産　業	株価収益率
アナダルコ・ペトロリアム	石油生産	11.76
ファイザー	製薬	13.98
ライダー	トラック・レンタル	14.99
S&P500平均	n/a	23.78
アバクロンビー＆フィッチ	衣料品小売り	10.52
スターバックス	高価なコーヒー	22.96
アドビ・システムズ	アプリケーション・ソフト	27.52

とS&P500インデックスの、2008年における株価収益率を表している。産業ごとに変わるのに注目されたい。

もちろん、市場は将来そのものではなく、単に将来の*認識に*価格をつけているにすぎない。このテキストの後のほうでは、株式市場は大体において、企業の収益見通しに現実的な認識をもっているということを議論する。とはいえ、これはいつでも真実というわけではない。1960年代の後半に、多くのエレクトロニクス企業が、利益の200倍で売られていた。高く認識された成長率は実現されず、1970年代初頭における株価の大きな下落の原因になった。その前の数十年間は、投資家が高い成長率を見込まなかったので、IBMやゼロックスのような株式で一財産が築かれた。より最近では、1990年代後半、多くのインターネット企業が年間利益の数千倍で取引されていた。おそらく投資家が、これらの企業が、利益と配当で、将来高い成長を経験すると信じたからである。インターネット株は、2000年と2001年に、新たな情報がこれらの期待成長は実現しないと示唆したとき、崩壊した。

株価収益率を説明する、二つの追加的要因がある。最初は割引率の R である。R が公式9.16の分母に現れるので、公式は、株価収益率が企業の割引率と負の関係にあると暗示する。われわれはすでに、割引率が、株式のリスクもしくは変動性と正の関係にあることを示唆した。したがって、株価収益率は株式のリスクと*負の*関係にある。これが理にかなった結果であることをみるために、ドル箱として行動するAとBという二つの企業を考えてみよう。株式市場は、どちらの企業も1株当り1ドルの年次利益が永久にあると*期待*している。しかしながら、企業Aの利益が確実にわかっているのに対して、企業Bの利益はかなり変動的である。合理的な株主は、リスクがないので企業Aの株式により多くを支払う可能性が高い。もし企業Aの株式が高い価格で売られ、どちらの企業も同じEPSをもっていたら、企業Aの株価収益率は、より高くなければならない。

二つ目の追加的要因は、企業の会計方法の選択にかかわっている。現在の会計規則のもとでは、企業にはかなりの裁量余地が与えられている。たとえば、FIFOかあるいはLIFOのどちらかが用いられる棚卸資産会計を考えてみよう。インフレ的な環境では、*FIFO（先入先出）*会計は、棚卸資産の真実の原価をより低く表し、結果として報告利益をつり上げる。*LIFO（後入先出）*のもとでは、棚卸資産はより直近の原価で評価される。これはLIFOによる報告利益が、FIFOのもとでの利益より、低いことを意味する。したがって、LIFO棚卸資産会計は、FIFO法よりもっと*保守的*である。同じような会計の裁量余地が、建設コスト（*工事完成基準*

vs *工事進行基準*）と減価償却（*加速減価償却* vs *定額減価償却*）にも存在する。

例として、二つの同等な企業CとDを考えてみよう。企業CはLIFOを用いて、１株当り２ドルの利益を報告する。企業Dはより保守的でないFIFOの会計仮定を用いて、１株当り３ドルの利益を報告する。市場はどちらの企業もまったく同じであると知っており、両方に１株当り18ドルの価格をつける。企業Cの株価収益率は９（＝＄18/２）で、企業Dは６（＝＄18/３）である。したがって、より保守的な主義の企業のほうが、高い株価収益率をもっている。

この最後の例は、市場が会計方法の違いを見抜くという仮定に依存している。学者たちのかなりの部分は、市場がほとんどすべての会計上の違いを見抜くと信じている。これらの研究者たちは、テキストの後の部分で詳細に探求する理論、すなわち*効率的資本市場*仮説の信奉者である。一部の金融に携わる人々はこの問題に関してずっと穏健な考えをもっているかもしれないが、一致した見方は、たしかに多くの会計上の違いは見抜かれているというものである。したがって、保守的な会計手法を用いる企業は、より高い株価収益率をもつという主張は、広く受け入れられている。

結論として、われわれは株価収益率が、三つの異なる要因の関数である可能性が高いと主張した。

１．*成長機会*。多くの成長機会をもつ企業は、おそらく株価収益率が高い。
２．*リスク*。低リスク株式は、おそらく株価収益率が高い。
３．*会計処理*。保守的な会計処理を用いる企業は、おそらく株価収益率が高い。

現実の世界では、これらの要因のどれがいちばん重要だろうか。ファイナンス専門職の間のコンセンサスは、成長機会が通常、株価収益率に最も大きな影響を及ぼすというものである。たとえば、ハイテク企業は一般的に、たとえば公益企業より高い株価収益率をもっている。なぜなら、公益企業の場合、リスクは典型的に低いが、成長機会もほとんどないからである。そして、産業内でも成長機会の差はまた、株価収益率に大きな違いを生み出す。この節の始めの例における、グーグルの高い株価収益率は、低いリスクや保守的な会計ではなく、ほぼ確実にその成長機会が原因である。実際、まだ若い企業なので、グーグルのリスクは、おそらく競合他社の多くのリスクよりも高い。マイクロソフトの株価収益率は、グーグルの株価収益率よりずっと低い。なぜなら、マイクロソフトの成長機会は、既存の事業のわずかな割合だからである。とはいえマイクロソフトも、既存の事業が小さく、巨大な成長機会をもっていた数十年前は、ずっと高い株価収益率だった。

9.5　株式市場

株式市場は、発行市場（primary market）と流通市場（secondary market）からなっている。発行市場、または新規発行市場、では、株式が最初に市場に持ち込まれ、投資家に販売される。流通市場では、既存の株式が投資家間で売買される。発行市場では、企業が資金調達のために証券を販売する。このプロセスについては、後の章で詳細に議論する。したがって、この節では主に流通市場の活動に焦点を当てる。最後に、株式価格が金融メディアでどのように報道されるのかを議論して終える。

ディーラーとブローカー

ほとんどの証券取引が、ディーラー（証券業者）とブローカー（仲介業者）にかかわるので、*ディーラー*と*ブローカー*という用語が何を意味するのか、正確に理解することは重要である。ディーラー（dealer）は、在庫を維持し、いつでも売買に応じる体制をとっている。対照的に、ブローカー（broker）は、売り手と買い手を引き合わせるが、在庫は維持しない。したがって、われわれが中古車ディーラーや不動産ブローカーについて語るとき、中古車ディーラーは在庫車を抱えているのに対して、不動産ブローカーは在庫をもたないことを承知している。

証券市場では、ディーラーは、証券を売りたい投資家に対しては即座に買う準備を、そして買いたい投資家には即座に売る準備を整えている。ディーラーが進んで支払う価格は*買い呼び値（bid price）*と呼ばれる。ディーラーが売る価格は*売り呼び値（ask price）*で、時に*asked price*、*offered price*、*offering price*などと呼ばれる。買い呼び値と売り呼び値の差は*スプレッド（spread）*と呼ばれ、これがディーラーの基本的な利益になる。

ディーラーは株市場だけでなく、経済のあらゆる分野に存在する。たとえば、地元の大学の書店は、たぶん発行と流通、両方の市場の教科書ディーラーである。あなたが新しい本を購入したら、これは発行市場の取引である。あなたが古本を購入したら、これは流通市場の取引であり、あなたはお店の売り呼び値を支払う。もしあなたがその本をお店に売り戻したら、あなたはお店の買い呼び値を受け取る。これはしばしば売り呼び値の半分である。書店のスプレッドは、この二つの価格の差である。

対照的に、証券ブローカーは、証券を買いたい人と証券を売りたい人をマッチさせることにより、投資家間の取引をアレンジする。証券ブローカーの顕著な特徴は、彼らが自分自身の勘定で、証券を買ったり売ったりしないことである。他者の取引を促進することが、彼らのビジネスである。

あなたのお気に入りの株式のスプレッドはどれくらい大きいだろうか。最新の価格を www.bloomberg.com でチェックしてみよう。

ニューヨーク証券取引所の組織

株式は、さまざまな証券取引所で売買されるが、米国における二つの最も重要な市場は、ニューヨーク証券取引所とナスダック（NASDAQ）である。一般にはビッグ・ボード（Big Board）として知られているニューヨーク証券取引所（NYSE）は、数年前に200周年を祝った。20世紀初頭以来、ウォール街の現在の一角を占めている。売買代金と上場時価総額の観点で、世界でいちばん大きな市場である。

メンバー

歴史的に、NYSE には、1,366の取引所メンバー（members）がいた。2006年以前は、取引所メンバーは、取引所の「席」（会員権）を所有するといわれ、集合的に、取引所のメンバーはオーナーでもあった。これとその他の理由で、会員権は価値があり、比較的定期的に売買された。会員権価格は、2005年に400万ドルの記録に達した。

2006年、NYSE は NYSE Group, Inc.という名の公開企業になり、これらのすべてが変わった。当然、自身の株式は NYSE に上場されている。いまは、会員権を購入するかわりに、取引所メンバーは、数が1,500に限定された取引ライセンスを購入しなければならない。2008年において、ライセンスには年間４万4,000ドルの費用がかかる。ライセンスを取得すると、取引所のフロアで証券を売買できる。

異なるメンバーは、取引所で異なる役割を担っている。最も数が多い NYSE メンバーは、**コミッション・ブローカー**（commission brokers）で、顧客の買いと売りの注文を執行する。コミッション・ブローカーの第一の責任は、顧客の注文のために、可能な限り最高の価格を獲得することである。正確な数字は変動するが、通常、約500のNYSEメンバーが、コミッション・ブローカーである。NYSEコミッション・ブローカーは、典型的に、メリルリンチのような証券会社の社員である。

2番目に数が多いNYSEメンバーは、**スペシャリスト**（specialists）である。彼らのそれぞれが、複数の証券に割り当てられたディーラーとして活動するので、こう名付けられた。数少ない例外を除いて、NYSEで取引するために上場された各証券は、一人のスペシャリストに割り当てられる。スペシャリストはまた、彼らに割り当てられた証券のために、公正で秩序ある市場を維持する義務があるので、「マーケット・メーカー」とも呼ばれる。

スペシャリストは、彼らに割り当てられた証券の買い呼び値と売り呼び値を掲示する。スペシャリストは、彼らが担当する証券の買い注文の流れが、売り注文の流れと一時的に異なるとき、買い呼び値で買い、売り呼び値で売る準備を整えている。この役割において、スペシャリストは自己勘定をもつディーラーとして行動する。

3番目に数が多いメンバーは、**フロア・ブローカー**（floor brokers）である。忙しいコミッション・ブローカーは、一部の注文の執行をフロア・ブローカーに委託する。フロア・ブローカーは、時々2ドル・ブローカーと呼ばれる。彼らの標準手数料がたった2ドルだった時代に獲得した名称である。

近年、スペシャリストに直接電子的に注文を伝達できる、効率的な**SuperDOT**（Designated Order Turnaround）システムのおかげで、フロア・ブローカーは、取引所のフロアであまり重要でなくなってきている。SuperDOT取引はいまや、すべての取引（特に小口注文）の相当な割合を担っている。

最後に、NYSEメンバーの少数が、自己勘定で独立して取引を行う**フロア・トレーダー**（floor traders）である。フロア・トレーダーは、一時的な価格変動から利益を得ようと試みる。ここ数十年で、フロア・トレーダーの数は随分減少しており、これは取引所フロアで短期取引から利益を得るのが、だんだんむずかしくなっていることを示唆する。

オペレーション

これでNYSEの組織がどのようになっているのか、そして主要なプレーヤーはだれなのかについて基本的な理解を得たので、次にどのように取引が実際に行われるのかの質問に移る。基本的に、NYSEのビジネスは、**オーダー・フロー**（order flow）を引き寄せ、処理することである。オーダー・フローという用語は、顧客の株式買い注文と売り注文の流れである。NYSEの顧客は、NYSE上場株式の売買注文を出す、何百万人もの個人投資家と何万もの機関投資家である。NYSEはオーダー・フローを引きつけることに非常に成功してきた。現在、1日当りの売買高が10億株を優に超えることは珍しくない。

フロア活動

たぶんあなたはNYSEトレーディング・フロアの場面をテレビで観たことがあるだろう。あるいはNYSEを訪れ、ビジターズ・ギャラリーから取引所フロアの活動を見学したかもしれない。どちらにしても、バスケット・ボール体育館ほどの広さの大きな部屋をみたことだろう。この大きな部屋は、正式には「ビッグ・ルーム」と呼ばれる。これ以外の小さな部屋を普通みることはないが、そのうちの一つは、トレーディング・フロアにとられる前はそうだったので「ガレージ」と呼ばれている。

取引所のフロアには、ほぼ8の字型をしたステーションがある。これらのステーションには、上と横に多くのスクリーン端末を備えた複数のカウンターがある。人々はカウンターの前と後ろで、比較的静止した状態で活動する。

他の人々は、しばしば取引所の壁に設置された多くの電話に戻りながら、取引所のフロアを動き回る。全体的には、アリの巣の周りを動き回る、働きアリを思い出させるかもしれない。「これらの人々は下で何をやっているのか（そしてなぜ多くの人々が奇妙にみえるコートを着ているのか）」不思議に思うのは当然である。

何が起こっているのかざっとみてみよう。8の字型ステーションのそれぞれのカウンターは、スペシャリストのポスト（specialist's post）である。スペシャリストは、彼らに割り当てられた株式の取引を監視し、管理するために、普通はポストの前に立つ。スペシャリストの事務員がカウンターの後ろで働く。取引所の壁に並んだ多くの電話から、取引所のフロアに行ったり来たりしているのは、コミッション・ブローカーの群れで、電話してきた顧客注文を受け、注文が執行されるスペシャリストのポストに歩いて行き、それから戻って注文の執行を確認し、また新しい注文を受ける。

NYSEのトレーディング・フロアの活動をよく理解するために、自分がコミッション・ブローカーだと想像してみよう。あなたの電話事務員が、あなたを雇っている証券会社の顧客のために、ウォルマート株式２万株の売り注文をちょうど手渡した。顧客は、できるだけ早く、可能な限り最高の価格で株式を売却したい。あなたはすぐに、ウォルマート株が取引されるスペシャリストのポストに歩いていく(取引所の規則で走ることは禁じられている)。

スペシャリストのポストに近づきながら、あなたは現在の市場価格の情報をスクリーン端末でチェックする。スクリーンによると、最後に取引された価格が60.25ドルで、スペシャリストは１株60ドルの買い呼び値を出している。あなたは即座に60ドルでスペシャリストに売ることもできるが、それでは簡単すぎる。

かわりに、顧客の代理人として、あなたには可能な限り最高の価格を獲得する義務がある。注文に「働く」のがあなたの仕事であり、あなたの仕事は満足できる注文執行サービスにかかっている。そこで、あなたはウォルマート株の潜在的買い手を代理するブローカーを探して、周りを見回す。幸運なことに、あなたはすぐにスペシャリストのポストにいる、２万株の買い注文をもったブローカーを見つける。ディーラーが１株60.10ドルの売値を出しているので、あなたとブローカーは、お互いに60.05ドルの価格で注文を執行することに同意する。この価格は、スペシャリストの買い呼び値と売り呼び値のちょうど中間で、どちらの顧客も掲示された価格に比べて、1,000ドル（＝0.05×20,000）を節約できる。

非常に活発に取引される株式では、スペシャリストのポストの周りにたくさんの売り手と買い手がいて、ほとんどの取引がブローカー間で行われているかもしれない。これは「群衆」のなかの取引と呼ばれる。このようなケースでは、スペシャリストの責任は、秩序を維持し、すべての買い手と売り手が公正な価格を得ることをたしかにすることである。言い換えると、スペシャリストは基本的にレフェリーとして機能する。

とはいえ、多くの場合スペシャリストのポストに群衆はいない。ウォルマート株の例に戻って、あなたはすぐに他の２万株の買い注文をもつブローカーを見つけられなかったとしよう。あなたは即座に売却するという注文を抱えているので、60ドルの買い呼び値でスペシャリストに売るしか選択肢はないかもしれない。このケースでは、注文を素早く執行する必要性が優先され、スペシャリストは、即座の注文執行を可能にするのに必要な流動性を提供する。

最後に、取引所フロアの多くの人々が、色のついたコートを着ている。コートの色は、その人の仕事や地位を表す。事務員、使い走り、見学者、取引所の職員等、彼ら自身が見分けられるよう特別な色を着る。また忙しい日には少々熱狂的になるかもしれず、上等な洋服は長持ちしない。安いコートはいくばくかの保護を提供する。

> www.nyse.com で、ニューヨーク証券取引所のバーチャル見学をしてみよう。

ナスダックのオペレーション

総取引金額の観点で、米国で2番目に大きいのはナスダック（NASDAQ、ナズダックと発音）である。このやや奇妙な名前は、そもそもは National Association of Securities Dealers Automated Quotations（全米証券業協会自動気配値）システムの頭字語だったが、いまやそれ自身が立派な名前になっている。

1971年に登場したナスダックは、証券業者および他社のコンピュータ・ネットワークで、世界中のコンピュータ・スクリーンに証券価格気配値をタイムリーに拡散させる。ナスダック・ディーラーは、ナスダックに上場された株式のマーケット・メーカーを努める。マーケット・メーカーとして、ナスダック・ディーラーは買い呼び値と売り呼び値を掲示し、売り注文と買い注文にそれぞれ応じる。各価格クォートには、これらのクォート価格で取引することを自身に義務づける株数も掲示する。

NYSE のスペシャリストのように、ナスダックのマーケット・メーカーは、在庫をベースに取引を行う。すなわち、マーケット・メーカーは、買い注文と売り注文のアンバランスを吸収するバッファーとして、在庫を用いる。NYSE のスペシャリスト・システムと異なり、ナスダックは活発に取引される株式に複数のマーケット・メーカーが対応する。したがって、NYSE とナスダックには二つの重要な違いがある。

1. ナスダックはコンピュータ・ネットワークで、取引が行われる物理的な場所は存在しない。
2. ナスダックは、スペシャリスト・システムではなく、複数のマーケット・メーカー・システムである。

伝統的に、自己勘定で売買するディーラーによって主に特徴づけられた市場は、**店頭市場（over-the-counter（OTC）market）**と呼ばれる。結果として、ナスダックはしばしば店頭市場として言及される。しかしながら、ナスダック市場に言及するとき、ナスダック職員は独特なイメージを促進するために、店頭という用語が使われないことを好む。それにもかかわらず、古い習慣はなかなかなくならず、多くの人々はいまだにナスダックを店頭市場として言及する。

2008年までには、ナスダックはいくつかの指標によると、NYSEと同じかそれ以上大きいという規模にまで成長した。たとえば、2008年5月7日、ナスダックでは23億株が取引されたが、NYSEは13億株だった。金額では、ナスダックの売買高はこの日686億ドルだったが、NYSEは488億ドルだった。

ナスダックは、実際には三つの分かれた市場から構成されている。ナスダック・グローバル・セレクト・マーケット、ナスダック・グローバル・マーケット、ナスダック・キャピタル・マーケットである。ナスダックの、より大きく活発に取引される証券の市場として、グローバル・セレクト・マーケットには、2008年初頭で、マイクロソフトやインテルのような最もよく知られた企業のいくつかを含む、約1,200の企業が上場されている。ナスダック・グローバル・マーケットの企業はやや規模が小さく、約1,450の企業が上場されている。最後に、最も小さい企業の市場がナスダック・キャピタル・マーケットで、現在500社ほどが上場されている。もちろん、キャピタル・マーケットの企業がもっと確立したものになると、グローバル・マーケットかグローバル・セレクト・マーケットに上がる。

ナスダックは素晴らしいウェブサイトをもっている（www.nasdaq.com）。*チェックしてみよう。*

ECNs

1990年代末の非常に重要な拡張で、ナスダック・システムはいわゆる電気通信ネットワーク（electric communications networks, ECNs）に開かれた。ECNsは基本的に投資家同士が直接取引できるウェブサイトである。ECNsに出された投資家の売買注文は、ナスダックに送信され、マーケット・メーカーの買い呼び値と売り呼び値とともに表示される。ECNsは、基本的にマーケット・メーカーだけでなく個人投資家が注文を入れられるようにすることで、ナスダックを解放した。結果として、ECNsは流動性と競争を大きくする役を務める。

株式市場報道

近年、株価と関連する情報は、*ウォール・ストリート・ジャーナル*紙のような伝統的な印刷メディアから、さまざまなウェブサイトに移ってきた。Yahoo！ファイナンス（finance.yahoo.com）は、よい例である。われわれはそこに行き、ナスダックに上場されている卸売りクラブ、コストコ社の株価情報をリクエストした。以下はわれわれが見つけた一部分である。

COSTCO WHOLESALE C（NasdaqGS：COST）　Edit

Last Trade：	**64.68**
Trade Time：	2：28PM ET
Change：	⬆ 0.38（0.59%）
Prev Close：	64.30
Open：	63.72
Bid：	64.65×400
Ask：	64.69×500
1y Tarqet Est：	71.13

Day's Range：	63.65－65.83
52wk Range：	51.52－72.68
Volume：	5,216,851
Avg Vol (3m)：	4,957,260
Market Cap：	28.12B
P/E(ttm)：	26.33
EPS(ttm)：	2.45
Div&Yield：	0.58（0.90%）

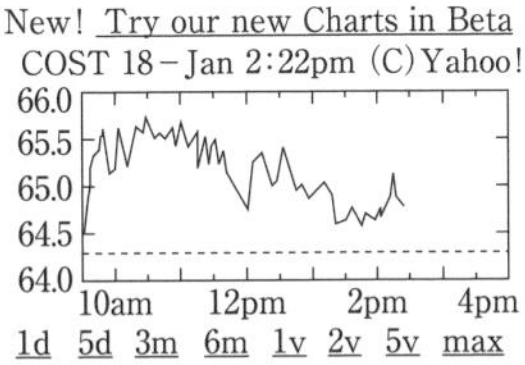

Annual Report for COST

この情報のほとんどは、あらためて説明するまでもない。直近の報告された取引は、２：28pm に行われ、64.68ドルだった。報告された変化（Change）は、前日の終値（Prev Close）からのものである。始値（Open）はこの日の最初の取引である。買い呼び値（Bid）と売り呼び値（Ask）は、それぞれ64.65ドルと64.69ドルである。価格の横の数字は、買い呼び値で買いたい株数と売り呼び値で売りたい株数で、市場の「深さ」を表す。“1 y Target Est”は、この株式をフォローする証券アナリストの予測値をベースにした、１年後の平均予想株価である。

２番目の列に移ると、この日の価格レンジ（Day's Range）に続いて、過去52週のレンジ（52 wk Range）が示されている。出来高（Volume）は、この日に取引された株数で、次は過去３カ月の日次出来高の平均（Avg Vol（３m））である。時価総額（Market Cap）は、発行済株式数（直近の四半期財務諸表から）×現在の株価である。P/E は本章ですでに議論した株価収益率である。計算に用いた１株当り利益（EPS）は、“ttm”で、直近12カ月（trailing twelve months）を意味する。最後は株式の配当（Div）で、これは実際には直近の四半期配当×４と、配当利回り（Yield）である。利回りは、単に報告された配当を株価で割ったものである（＄0.58/64.64＝0.009＝0.9%）。

リアル・タイムの株価情報をウェブで得られる。詳しくは finance.yahoo.com を参照。

要約と結論

この章では、株式の基本と株式評価をカバーした。

1．株式は配当を割り引くことで評価することができる。三つのタイプの状況について言及する。

a．配当がゼロ成長の場合

b．配当が一定成長の場合

c．異なる成長の場合

2．配当割引モデルには、配当成長率の推定が必要である。有用な成長率の推定値は、以下で求められる。

g＝内部留保率×利益剰余金利益率（ROE）

企業が利益に対する配当の比率を一定に保つ限り、g は配当と利益双方の成長率を表す。

3．株式１株の価格は、その価格（会社が「ドル箱」であるという仮定のもと）プラス１株当りの成長機会の価値の合計としてみることができる。会社は、すべての利益を配当として支払う場合、ドル箱と呼ばれる。１株当りの価値は以下で表せる。

$$\frac{\mathrm{EPS}}{R}+\mathrm{NPVGO}$$

4．ネガティブNPVプロジェクトは、企業の価値を下げる。すなわち、利益率が割引率よりも低いプロジェクトは、企業価値を下げる。それにもかかわらず、企業のプロジェクトが正の利益率をもつ限り、企業の利益と配当の両方が成長する。

5．会計から、われわれは利益が配当と利益剰余金の二つの部分に分けられることを知っている。多くの企業は、将来の配当をつくりだすために継続して利益を内部留保する。利益の一部は再投資されなければならないので、１株当りの価格を求めるために利益を割り引くべきではない。配当だけが株主に届き、そして株価を求めるためには、配当だけを割り引くべきである。

6．企業の株価収益率は、三つの要因の関数であることを提案する。

a．企業の価値ある成長機会の１株当りの額

b. 株式のリスク

c. 企業が用いる会計方法の種類

7．米国における最も大きな二つの株式市場は、NYSEとナスダックである。これら二つの市場の組織とオペレーションを議論し、どのように株価情報がリポートされるのかみた。

Concept Questions

1．株式評価

なぜ株式の価値は配当に依存しているのか。

2．株式評価

NYSEとナスダックに上場されている相当な割合の企業が配当を支払わないが、それにもかかわらず、投資家はそれらの株式を進んで購入する。前問への解答をふまえると、どのようにしてこれがありうるのか。

3．配当政策

前問を参照しながら、どのような状況下で、企業は配当を支払わない選択をするかもしれないか。

4．配当成長モデル

どのような二つの仮定のもとで、株式の価値を求めるために、本章で提示された配当成長モデルを用いることができるか。

5．普通株式vs優先株式

会社には発行済優先株式と発行済普通株式があるとする。どちらも2ドルの配当をちょうど支払ったところである。優先株式と普通株式では、どちらの株価が高いと思うか。

6．配当成長モデル

配当成長モデルに基づくと、株式の総リターンの二つの構成要素は何か。どちらが通常は大きいと思うか。

7．成長率

配当成長モデルの文脈で、配当の成長率と株価の成長率は同一か。

8．株価収益率

企業の株価収益率を決定する三つの要因は何か。

9．企業倫理

異なる投票権をもつ株式のクラスを企業がつくることは、不公平で非倫理的か。

10．株式評価

次の文章を評価せよ。「経営陣は現在の株価にフォーカスすべきではない。なぜなら、そうすることは長期利益を犠牲にした短期利益の過度の強調につながるからである」。

質問と問題

◆基本（問題１－９）

1．株式価値

スター社は、１株当り1.90ドルの配当を支払ったところである。配当は年間５％の一定の率で、無期限に成長すると期待される。もし投資家がこの株式に12％のリターンを要求するとしたら、現在の価格はいくらか。３年後の価格はいくらか。15年後は？

2．株式価値

ECY社の次の配当支払額は１株当り2.85ドルになる。配当は、永遠に６％の成長率を維持すると見込まれる。もしECYの株式が現在１株当り58ドルで売られていたら、要求されるリターンはいくらか。

3．株式価値

前問の会社の配当利回りはいくらか。期待キャピタル・ゲイン利回りはいくらか。

4．株式価値

ホワイト・ウェディング社は、来年１株当り3.05ドルの配当を支払う。会社は配当を、無期限に年間5.25％ずつふやすことを誓約している。もしあなたが投資に11％のリターンを要求するとしたら、あなたは今日この会社の株式にいくら支払うか。

5．株式評価

シブリングス社は、配当の成長率を、無期限に5.8％の一定に維持すると期待されている。もし配当利回りが4.7％だったら、この会社の株式に要求されるリターンはいくらか。

6．株式評価

ある会社の株式が現在1株64ドルで売られていて、株式に要求されるリターンは13％だとする。また株式の総リターンは、キャピタル・ゲイン利回りと配当利回りが半々だとする。もし会社が常に一定の配当成長率を維持する方針だったら、現在の1株当りの配当はいくらか。

7．株式評価

グルーバー社は、その株式に対して、11ドルの一定配当を支払う。会社はこの配当を今後9年間維持し、その後は配当の支払を永久にやめる。この株式に要求されるリターンが10％だったら、現在の1株当り株価はいくらか。

8．優先株式の評価

アイデン社には、毎年6.40ドルの配当を永久に支払う発行済優先株式がある。もしこの優先株式1株が現在103ドルで売られているとしたら、要求されるリターンはいくらか。

9．成 長 率

新聞は先週、ベニントン・エンタープライズ社が今年2,800万ドルの利益をあげたと報道した。リポートはまた、会社の株主資本利益率が15％であると述べた。ベニントン・エンタープライズ社は利益の70％を内部留保する。会社の利益成長率はいくらか。来年の利益はいくらになるか。

◆中級（問題10－29）

10．株式評価

ユニバーサル・レーザー社は、株式に対して、ちょうど2.75ドルの配当を支払ったところである。配当の成長率は、無期限に一定の年間6％と期待されている。投資家はこの株式に、最初の3年間は16％のリターンを要求し、次の3年間は14％のリターン、その後はずっと11％のリターンを要求する。現在の株価はいくらか。

11．一定でない成長

メタリカ・ベアリングス社は、若い創業したての企業である。会社は、成長を支えるために利益を再投資する必要があるので、今後9年間は配当を支払わない。会社は10年後に1株当り9ドルの配当を支払い、その後毎年5.5％ずつ配当を引き上げる予定である。この株式に要求されるリターンが13％だったら、現在の株価はいくらか。

12. 一定でない成長

バックスノート社は、奇妙な配当政策をもっている。会社は１株当り10ドルの配当をちょうど支払ったところだが、次の５年間にわたって毎年配当を３ドルずつふやし、その後はいっさい配当を支払わないと発表した。もしあなたがこの株式に11%のリターンを要求するとしたら、あなたは今日この株式にいくら支払うか。

13. 一定でない成長

ノースサイド社は、今後４年間にわたって、９ドル、７ドル、５ドル、2.50ドルの配当を支払うと見込まれる。その後、会社は永久に配当成長率を一定の５%に維持すると誓約している。株式に要求されるリターンが13%だったら、現在の株価はいくらか。

14. 異なる成長

ヒューズ社は急速に成長している。配当は今後３年間、25%で成長し、その後はずっと一定の７%に落ちると見込まれる。もし要求されるリターンが12%で、会社がちょうど2.40ドルの配当を支払ったところだったら、現在の株価はいくらか。

15. 異なる成長

ジャニセック社は急速に成長している。配当は今後３年間、毎年30%で成長し、その翌年は18%、その後はずっと無期限に年間８%になると予想されている。株式に要求されるリターンは13%で、株式は現在１株当り65ドルで売られている。来年の予想される配当はいくらか。

16. マイナス成長

アンチークラス社は、成熟した製造企業である。会社はちょうど12ドルの配当を支払ったところだが、経営陣は無期限に配当を年６%ずつ減らしていくつもりである。もしあなたがこの株式に11%のリターンを要求するとしたら、今日この株式にいくら支払うか。

17. 配当を求める

マウ社の株式は、現在１株49.80ドルで売られている。市場はこの会社の株式に11%のリターンを要求する。もし会社が５%の一定配当成長率を維持するとしたら、この株式の直近の１株当り配当はいくらか。

18. 優先株式の評価

第五ナショナル銀行は、新規優先株式をちょうど発行したところである。この株式は、いまから５年後から永久に７ドルの年次配当を支払う。もし市場がこの投資に６%のリターンを要求するとしたら、優先株式１株当りのコストは現在いくらか。

19. 株価情報の利用

あなたは今日の新聞の金融欄に、以下のRJWエンタープライズ社の株価情報を見つけた。年間配当はいくらか。*昨日の*新聞に出たこの株式の終値はいくらか。もし会社の発行済株式数が2,500万株だったら、直近4四半期の純利益はいくらだったか。

年初来%増減	株式	記号	利回り	PRR	終値	純増減
−1.1	RJW Enterp.	RJW	1.6	19	19.47	−0.12

20. 税金と株価

あなたは10万ドル相当のスマート・マネー社株を所有している。いまから1年後に1株当り1.5ドルの配当を受け取り、2年後に2.25ドルの配当を受け取る。いまから3年後に1株当り60ドルで売却する。配当は28%で課税される。キャピタル・ゲイン課税はないものとする。要求されるリターンは15%である。あなたはこの株式を何株もっているか。

21. 一定でない成長と四半期配当

パスクワリィ・ミネラル・ウォーター社は、次の各12四半期末に、1株当り0.75ドルの配当を支払う。その後、配当は四半期ごとに1%で永久に成長する。この株式の適正な利益率は10%（四半期複利化）である。現在の株価はいくらか。

22. 配当を求める

ブライリー社は、今後2年間、年度末に同額の配当を支払う。その後配当は永久に一定の年5%で成長する。現在の株価は38ドルである。もし要求されるリターンが11%だったら、来年の配当支払はいくらか。

23. 要求されるリターンを求める

ジャガノート・サテライト社は、昨日終了の会計年度において1,000万ドルの利益をあげた。会社はまた利益の20%を、昨日配当として支払った。会社は引き続き利益の20%を、年次の年度末配当として支払うつもりである。残りの利益の80%は、プロジェクトに用いるために会社によって内部留保される。会社の発行済普通株式数は200万株である。現在の株価は85ドルである。ヒストリカルな株主資本利益率（ROE）の16%は、将来においても継続すると見込まれる。この株式に対して要求されるリターンはいくらか。

24. 配当成長

4年前、ブリング・ダイアモンド社は、1株当り1.20ドルの配当を支払った。昨日、ブリング社は1株当り1.93ドルの配当を支払った。配当は今後5年間にわたって、過去4年間と同率で成長する。その後、配当は年7％で成長する。ブリング・ダイアモンド社の現金配当は、7年後にいくらになるか。

25. 株価収益率

報告された利益がともに75万ドルである、パシフィック・エナジー社とU.S.ブルーチップ社を考える。新たなプロジェクトがない場合、どちらの会社も永久に75万ドルのキャッシュフローを生み出し続ける。すべての利益が配当として支払われ、どちらの会社も14％のリターンを要求すると仮定する。

a. それぞれの会社の現在の株価収益率はいくらか。

b. パシフィック・エナジー社は、年10万ドルの追加利益を永久に生み出す新たなプロジェクトをもっている。会社の新しい株価収益率を計算せよ。

c. U.S.ブルーチップ社は、永久に利益を20万ドル増加させる新たなプロジェクトをもっている。会社の新しい株価収益率を計算せよ。

26. 成長機会

スタンバウ社の現在の1株当り利益は8.25ドルである。会社は成長せず、すべての利益を配当として払う。会社には1年後に1株当り1.60ドルの投資が必要になる新規プロジェクトがある。プロジェクトの期間は2年だけで、投資の後、利益はそれぞれ2.10ドルと2.45ドル増加する。投資家はスタンバウの株に12％のリターンを要求する。

a. 会社が投資を行わなかったとしたら、1株当りの価値はいくらか。

b. 会社が投資を行ったとしたら、1株当りの価値はいくらか。

c. 再び、会社が投資を行うと仮定する。今日から4年後の1株当りの価格はいくらか。

27. 成長機会

ライト・バイト・エンタープライズ社は爪楊枝を販売している。昨年の総収入は600万ドルで、総費用は310万ドルだった。ライト・バイト社には、発行済普通株式が100万株ある。総収入と総費用は、毎年5％で成長すると見込まれている。ライト・バイト社は所得税を支払わず、すべての利益は配当として支払われる。

a. もし適切な割引率が15％で、すべてのキャッシュフローが年度末に受け取られるとしたら、ライト・バイト社の1株当りの株価はいくらか。

b. ライト・バイト社の社長は、歯ブラシを生産することに決めた。プロジェクトは即座に2,200万ドルの支出が必要である。１年後、さらに800万ドルが必要になる。その次の年、利益が700万ドル増加する。この利益水準は、永久に維持される。このプロジェクトを実行すると、１株当りの株価にどのような影響があるか。

28. 成長機会

カリフォルニア・リアルエステイト社は、もし何の新しいプロジェクトも行わなければ、毎年永久に8,500万ドルの利益が見込まれる。この会社は、今日1,800万ドル、１年後に700万ドルを、不動産に投資する機会をもっている。この新たな投資は、今日から２年後に年間1,100万ドルの利益を永久に生み出し始める。会社の発行済普通株式数は2,000万株で、株式に要求されるリターンは12%である。土地投資は減価償却可能ではない。税金は無視する。

a. もし会社がこの新たな投資を行わなかったら、株価はいくらか。

b. この投資の価値はいくらか。

c. もし会社がこの投資を行ったら、１株当りの株価はいくらか。

29. 成長機会

雪崩スキー社の年間利益は、もし会社が新たな投資を行わなければ、永久に１株当り７ドルである。その場合、会社はすべての利益を配当として支払う。最初の配当はいまからちょうど１年後に支払われると仮定する。

かわりに、いまから３年後、そしてその後毎年永久に、会社は新たなプロジェクトに利益の30%を投資できるとする。各プロジェクトは、永久に20%の年度末利益をもたらす。会社の割引率は11%である。

a. 新たな投資を行わない場合、雪崩スキー社の今日の１株当りの価格はいくらか。

b. 新たな投資を行う場合、雪崩スキー社の今日の１株当りの価格はいくらか。

◆チャレンジ（問題30－35）

30. キャピタル・ゲイン vs インカム

四つの異なる株式を考えてみよう。四つの株式すべての要求されるリターンは20%で、直近の配当は１株当り4.50ドルである。株式W、X、Yは、予測可能な将来、それぞれ年10%、０%、－５%の一定配当成長率を維持すると期待される。株式Gは成長株で、次の２年間配当を30%ふやし、その後は８%の一定成長率を維持する。これら四つの株式それぞれの配当利回りはいくらか。期待キャピタル・ゲイン利回りはいくらか。あなたが見つけたこれらの株式それぞれの、さまざまなリターンの関係について議論せよ。

31. 株式評価

ほとんどの企業は、普通株式に年次配当ではなく四半期配当を支払う。年度中に異常な状況がなければ、取締役会は現在の株価を年に1回、上げるか、下げるか、維持するかを決定し、そしてこの配当を4等分して四半期ごとに株主に支払う。

a. 会社は現在、普通株式に対して、3.60ドルの年次配当を1回で支払い、経営陣はこの配当を永久に毎年5％ずつ上げる計画である。もしこの株式に要求されるリターンが14％だったら、現在の株価はいくらか。

b. 次に、(a)の会社は、実際には年次配当を、同額の四半期支払で行うと仮定する。したがって、この会社は過去3回の四半期と同様、1株当り0.90ドルの配当を、ちょうど支払ったところである。現在の株価はいくらか（ヒント：各年の同等な年次年度末配当を見つけよ)。株式評価のこのモデルが適切と思うかどうかコメントせよ。

32. 成長機会

レウィン・スキー社は（今日)、もし新たな投資をせず、利益を配当として株主に返すとしたら、将来の各事業期間（期日1で開始）に、1株当り6.25ドルの利益が見込まれる。しかしながら、社長兼最高経営責任者のクリント・ウィリアムスは、開始が今日から3年後で、利益の20％を内部留保して投資する機会を見つけた。この投資機会は、無期限に各期に続く。彼はこの資本投資に対して11％の利益をあげることを見込んでいる。利益は各投資が行われた1年後に受け取られる。会社の株式割引率は全体を通して13％である。

a. 新たな投資を行わない場合の、レウィン・スキー社の1株当りの価格はいくらか。

b. もし前述の情報どおりに新たな投資が行われることが期待されるなら、いまの株価はいくらになるか。

c. 会社は、プロジェクトへの投資を好きなだけ増額できるとする。このプロジェクトを魅力的にするには、内部留保率がいくらになる必要があるか。

33. 一定でない成長

ストリコ社は、1株当り4.20ドルの配当をちょうど支払ったところである。会社は来年配当を20％ふやし、それから配当成長率を、業界平均の5％配当成長になるまで、毎年5％ずつ減らす。その後、会社は一定成長率を永久に維持する。ストリコ株式に要求されるリターンが12％だったら、株式は今日、1株いくらで売られるか。

34. 一定でない成長

これは少々むずかしい。前問における現在の株価が98.65ドルで、すべての配当情報は同じであると仮定する。投資家はストリコの株式に、いくらのリターンを要求していなければならないか（ヒント：すべての関連するキャッシュフローで評価モデルを作り、試行錯誤法を用いて、未知の利益率を求める）。

35. 成長機会

バークリン社の利益は1,500万ドルで、学習曲線から得られる効果により、永久に一定の5％で成長すると見込まれる。現在、すべての利益は配当として支払われている。会社は、新たなプロジェクトをいまから2年後に開始する計画である。このプロジェクトはすべて内部資金でまかなわれ、その年の30％の利益が必要になる。プロジェクトは、開始1年後から収益を生み始め、この新規プロジェクトからの利益は毎年一定の650万ドルである。会社には1,000万株の発行済株式がある。株式の価値を推定せよ。割引率は10％である。

ミニケース

●レイガン・エンジン社の株式評価

ラリッサは、イーストコースト・ヨット社の将来について、会社の役員たちと話し合っている。これまで会社は、エンジンを含むさまざまな重要部品に外部サプライヤーを用いてきた。ラリッサは、イーストコースト・ヨット社が、サプライ・チェーンをよりよく統合し、エンジン機能に対してもっと裁量権をもつように、エンジン・メーカーの買収を考慮すべきであると決心した。いくつかの潜在的な会社を調査した後、ラリッサはレイガン・エンジン社が一つの可能性であると感じている。ラリッサはダン・アービンに、レイガン・エンジン社の価値の分析を頼んだ。

レイガン・エンジン社は、9年前にキャリントンとジュネビーブという兄妹によって設立され、ずっと非公開会社のままである。会社はさまざまな用途向けの船舶エンジンを製造する。レイガン社は、ほとんど性能を犠牲にせずにエンジンの燃費を向上させる独自技術のおかげで、急速に発展してきた。会社はキャリントンとジュネビーブが半分ずつ所有している。兄妹間の最初の契約で、それぞれが15万株を与えられた。

ラリッサは、ダンにレイガン社株式１株当りの価値を算出するよう頼んだ。これを達成するために、ダンは以下の、上場されているレイガン社の競合会社に関する情報を集めた。

	EPS	DPS	株価	ROE	R
ブルー・リバンド・モーターズ社	$1.09	$0.16	$15.19	11.00%	14.00%
ボン・ボヤージ・マリン社	1.16	0.52	12.49	14.00	19.00
ノーチラス・マリン・エンジン社	(0.32)	0.54	23.05	N/A	18.00
業界平均	$0.64	$0.41	$16.91	13.00%	17.00%

ノーチラス・マリン・エンジン社の１株当り利益（EPS）がマイナスなのは、昨年度の会計上の償却の結果である。償却を除けば、会社のEPSは1.97ドルになっていた。昨年度、レイガン社は5.08ドルのEPSで、キャリントンとジュネビーブにそれぞれ32万ドルの配当を支払った。会社はまた、株主資本利益率が25%だった。ラリッサは、レイガン社の要求されるリターンは20%が適切であると、ダンに伝える。

1．会社が現在の成長率を続けると仮定して、会社の株式１株当りの価値はいくらか。
2．ダンは、競合他社とともに会社の財務諸表を調査した。レイガン社は現在技術的なアドバンテージをもっているものの、ダンの調査は、競合他社が燃費効率を上げるために他の方法に投資していることを示している。それを考慮すると、レイガン社の技術的なアドバンテージは、後５年しかもたないとダンは考えている。その後は、会社の成長率は業界平均に落ちる可能性が高い。加えて、ダンは会社が用いる要求されるリターンが、高すぎると考えている。彼は、要求されるリターンの業界平均が、より適切であると考えている。ダンの仮定のもとでは、推定株価はいくらか。
3．株価収益率の業界平均はいくらか。レイガン社の株価収益率は？　違いがあればコメントし、なぜそれが存在するかもしれないのか説明せよ。
4．５年後に会社の成長率は業界平均まで下がるとする。株式価値の何%が成長機会によるものか。

5．５年後に会社の成長率は業界平均まで下がるとする。これは将来の株主資本利益率がいくらになることを意味するか。

6．キャリントンとジュネビーブは、会社を売るべきかどうか迷っている。もし彼らが即座にイーストコースト・ヨット社に会社を売却しない場合、彼らは会社の株式価値を高めることを試みたい。この場合、彼らは会社の統治権の維持を望み、外部投資家に株式を販売したくない。彼らはまた、会社の負債は管理可能な水準で、これ以上のお金は借りたくないと感じている。株式の価値を上げるために、彼らはどのような方法がとれるか。この戦略が株価を上昇させないなんらかの条件が存在するか。

第Ⅲ部

リスク

第10章

リスクとリターン
—市場ヒストリーからの教訓—

S&P500インデックスが約39%下落し、ナスダック・インデックスが約41%下落した2008年、株式市場の全体的なパフォーマンスはあまりよくなかった。実際、S&P500の損失は1937年以来の最悪で、ナスダックの損失は、その比較的短い歴史のなかで最悪だった。2008年の米国株式市場の下落で、全体として約6.9兆ドルの資本が消失した。もちろん、一部の株式は他よりもひどかった。たとえば、巨大保険企業アメリカン・インターナショナル・グループ（AIG）の株式は、この年97%下落し、モーゲージの巨大企業ファニー・メイとフレディー・マックは、共に約98%暴落した。たとえそうであっても、バイオ医薬品企業エマージェント・バイオ・ソリューションズ社の投資家にとっては素晴らしい年で、株価はなんと461%も上昇した。そして天然ガスおよび石油企業であるメキシコ・エナジー社の投資家は、株式の211%の利益でエネルギーを注入された。これらの例は、2008年にとてつもない潜在的利益を得る機会があったことを示しているが、しかし多額の損失を被るリスクもまた存在していた。それでは、株式市場の投資家として、自分の資金を投資したとき、あなたは何を期待すべきだろうか。この章では、その答えを見つけるために、80年以上にわたる市場の歴史を学習する。

10.1　リターン

ドル・リターン

ビデオ・コンセプト社には発行済株式が数千株あり、あなたは株主の一人であると仮定しよう。さらにあなたは、同社の株式を年初にいくらか買い、現在は年度末で、投資がどれだけうまくいったのかを知りたいとする。株式投資に対するリターンは、債券や他の投資におけるリターンと同様に、二つのかたちでもたらされる。

ビデオ・コンセプト社の株式所有者として、あなたは会社の部分所有者である。もし会社が利益をあげれば、通常、会社は利益の一部を株主に分配する。したがって、株式の所有者として、あなたはその年度中に*配当*と呼ばれるいくらかの現金を受け取る。この現金はリターンの*インカム部分*である。配当金に加えて、リターンのもう一つの構成要素は、投資に対する*キャピタル・ゲイン*である。もしこれがマイナスならば、*キャピタル・ロス*（負のキャピタル・ゲイン）となる。

たとえば、図10.1における投資のキャッシュフローを考えているとしよう。年初に１株当り37ドルの価格で100株の株式を購入したので、投資総額は、次のようになる。

$$C_0 = \$37 \times 100 = \$3,700$$

この年、１株当り1.85ドルの配当金が支払われたとする。するとあなたはこの年、以下の収入（インカム）を受け取った。

$$\text{Div} = \$1.85 \times 100 = \$185$$

最後に、年末における株式の市場価格が、１株当り40.33ドルであるとする。株式が値上りしているので、あなたは以下のキャピタル・ゲインを得た。

$$\text{ゲイン} = (\$40.33 - \$37) \times 100 = \$333$$

キャピタル・ゲインは、配当金と同様、ビデオ・コンセプト社への投資を継続す

図10.1　ドル・リターン

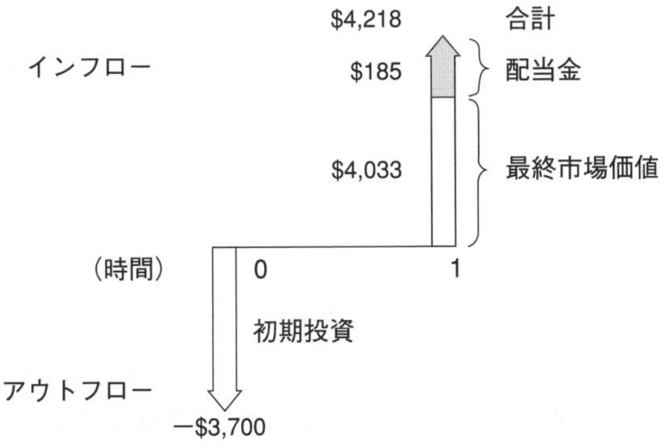

るために株主が要求するリターンの一部である。もちろん、ビデオ・コンセプト株の株価が、たとえば34.78ドルまで下落していたならば、以下のキャピタル・ロスを被ったことになる。

ロス＝(＄34.78－＄37)×100＝－＄222

投資の*総ドル・リターン*は、配当収入とキャピタル・ゲインまたはキャピタル・ロスの合計である。

総ドル・リターン＝配当収入＋キャピタル・ゲイン（またはロス）

（これからは、*キャピタル・ロス*は負の*キャピタル・ゲイン*として表し、両者を区別しないこととする)。最初の例では、総ドル・リターンは以下のようになる。

総ドル・リターン＝＄185＋＄333＝＄518

年末に株式を売却していたら、現金の総額は、初期投資額と総ドル・リターンを足し合わせたものとなることに注意されたい。先の例では、次のようになる。

株式を売却した場合の現金総額＝初期投資額＋総ドル・リターン
＝＄3,700＋＄518
＝＄4,218

確認として、この金額は株式の売却代金と配当金の合計に等しいことに注目されたい。

株式売却額＋配当金
＝＄40.33×100＋＄185
＝＄4,033＋＄185
＝＄4,218

一方、ビデオ・コンセプト株を保有することにして、年末に売却しなかったとしよう。この場合にもなお、キャピタル・ゲインをリターンの一部とみなすべきだろうか。これは、現金のみを重要視するわれわれの現在価値ルールに反するだろうか。

最初の質問に対する答えは強いイエスであり、そして２番目の質問に対する答えは、同程度に強いノーである。キャピタル・ゲインは、配当金とまったく同様にリターンの一部であり、必ず総リターンの一部と考えなければならない。株式を持ち続け、売却もしくは損益を*実現*しないことに決めたとしても、望めば株式の現金価格（時価）を手にすることができたという事実は決して変わらないのである。結局、必要なら年末に株式を売却し、直後に買い戻すことができる。先に計算したように、株式を買い戻す前における、投資に対する総ドル・リターンは518ドルである。年末に保有する現金の総額は、この518ドルに、初期投資額の3,700ドルを加えた合計となる。100株の株式を買い戻した場合でも、リターンは失われない。実際、株式を売却しなかった場合とまったく同じ状況になるだろう（もちろん、株式の売却から生じる税務上の影響および委託手数料がないと仮定した場合においてである）。

今日の市場はどうだったろうか。finance.yafoo.com で調べてみよう。

パーセンテージ・リターン

%は投資額にかかわらず用いることができるので、リターンに関する情報を、ドルよりもパーセンテージで要約しておくほうが、何かと便利である。われわれが解答したい問題は、１ドルの投資に対してどれだけのリターンを得るかである。これを見出すため、t が調査する年度、P_t がその年初における株価、そして、Divt_{+1}がその年度において株式に対して支払われた配当金を表すとする。図10.2におけるキャッシュフローを考えてみよう。

先の例では、年初における株価は１株当り37ドルであり、その年度に支払われた１株当りの配当は1.85ドルであった。したがって、時に*配当利回り*と呼ばれるインカム・リターンのパーセンテージは、以下のようになる。

$$
\begin{aligned}
\text{配当利回り} &= \text{Div}_{t+1}/P_t \\
&= \$1.85/\$37 \\
&= 0.05 \\
&= 5\%
\end{aligned}
$$

キャピタル・ゲイン（capital gain）あるいはキャピタル・ロス（capital loss）は、株価の変化を当初の株価で割った値である。年末における株価を P_{t+1}とすると、キャピタル・ゲインは次のように計算できる。

図10.2　パーセンテージ・リターン

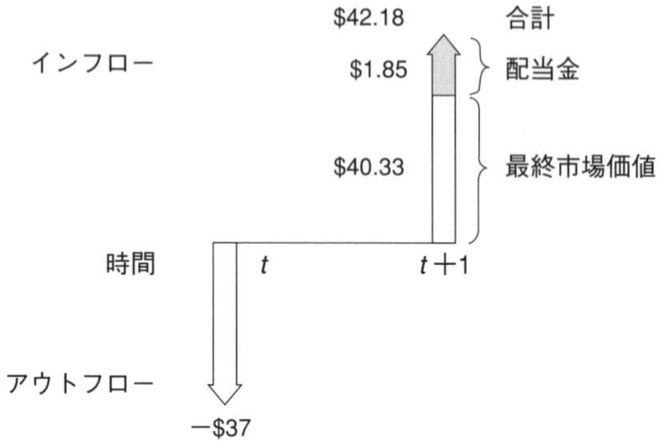

$$\%\text{リターン}=\frac{\text{期末に支払われた配当金}+\text{当該期間における市場価値の変化}}{\text{期首における市場価値}}$$

$$1+\%\text{リターン}=\frac{\text{期末に支払われた配当金}+\text{期末における市場価値}}{\text{期首における市場価値}}$$

$$\begin{aligned}
\text{キャピタル・ゲイン} &= (P_{t+1}-P_t)/P_t \\
&= (\$40.33-\$37)/\$37 \\
&= \$3.33/\$37 \\
&= 0.09 \\
&= 9\%
\end{aligned}$$

これら二つの結果をあわせると、年度におけるビデオ・コンセプト株に対する投資の*総リターン*がわかる。総リターンをR_{t+1}とすると、以下のようになる。

$$\begin{aligned}
R_{t+1} &= \frac{\mathrm{Div}_{t+1}}{P_t}+\frac{(P_{t+1}-P_t)}{P_t} \\
&= 5\%+9\% \\
&= 14\%
\end{aligned}$$

これからは、リターンは%で表示する。

より具体的な例をあげると、有名なハンバーガー・チェーンのマクドナルドの株

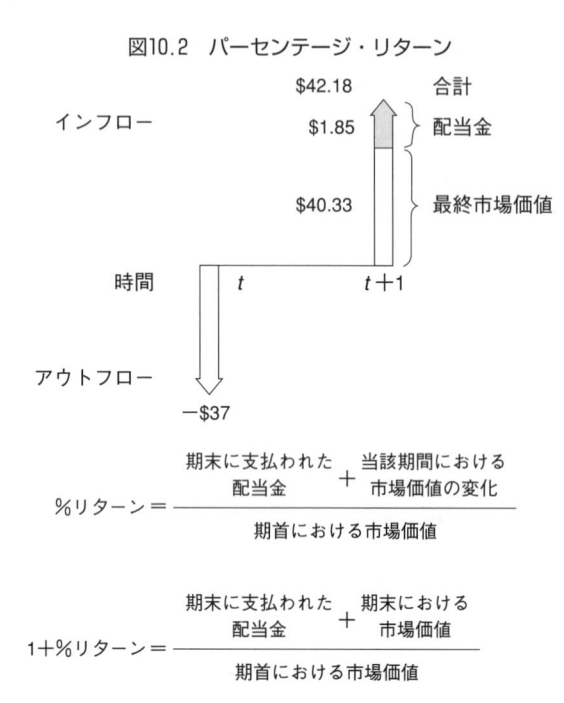

式は、2008年の初めに1株当り58.91ドルだった。マクドナルドは2008年に1.63ドルの配当を支払い、年末の株価は62.19ドルだった。この年のマクドナルドのリターンはいくらだったろうか。練習として、あなたの答えが8.33%になるか試してみるとよい。もちろん、マイナスのリターンも同様に起こる。たとえば、再び2008年になるが、IBMの株価は年初に107.26ドルで、1.90ドルの配当が支払われ、年末の株価は84.16ドルだった。この年の損失が19.77%だったことを自分で確認してみよう。

www.smartmoney.com/marketmap に行き、Java アプレットで市場セクターごとの今日のリターンをみてみよう。

例10.1　リターンの計算

年初の株価が1株当り25ドルで、年末の株価が35ドルであったとしよう。その年度に1株当り2ドルの配当が支払われた。この年の配当利回り、キャピタル・ゲイン、総リターンは、いくらになるだろうか。図10.3のキャッシュフローを想像することができる。

図10.3　キャッシュフロー：投資の一例

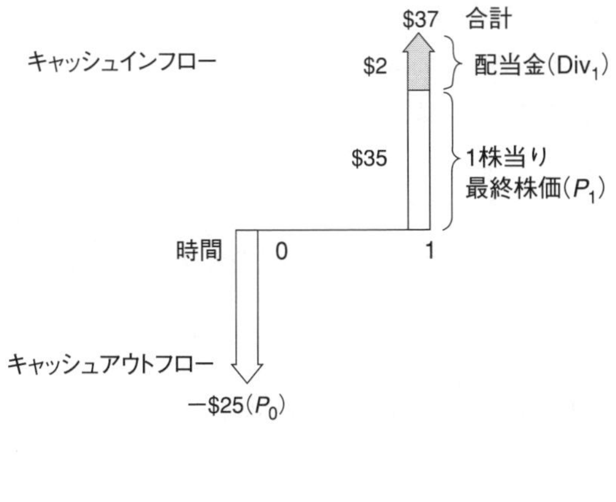

$$R_1 = \frac{\text{Div}_1}{P_0} + \frac{P_1 - P_0}{P_0}$$

$$= \frac{\$\,2}{\$\,25} + \frac{\$\,35 - 25}{\$\,25} = \frac{\$\,12}{\$\,25}$$

$$= 8\,\% + \quad 40\% \quad = 48\%$$

このように、この株式の配当利回り、キャピタル・ゲイン利回り、総リターンは、それぞれ８％、40％、48％である。

5,000ドルを投資していたと仮定しよう。この株式への投資で受け取った総ドル・リターンは、＄5,000×0.48＝＄2,400となる。株式の総ドル・リターンがわかっていれば、5,000ドルの投資に対する利益を計算するのに、購入しなければならなかった株式数を知る必要はない。単に総ドル・リターンを使えばよい。

10.2　保有期間リターン

普通株式、債券、財務省短期証券の利益率に関する一連の有名な研究は、*Ibbotson SBBI 2009 Classic Yearbook*[1]にみることができる。これは、以下の米国における五つの重要な種類の金融商品について、年度別による過去の利益率を提示する。

1．*大企業普通株式*：この普通株式ポートフォリオは、スタンダード&プアーズ（S&P）総合株価指数（コンポジット・インデックス）を基礎としている。現在、S&P総合株価指数は、米国内の規模の大きい（時価総額ベースによる）500種の株式を組み込んでいる。
2．*小企業普通株式*：これは、株式が時価総額（すなわち、株価に発行済株式数を乗じたもの）によりランクづけされた場合の、ニューヨーク証券取引所で取引されている下から５分の１の株式で構成されるポートフォリオである。
3．*長期社債*：これは、格付が高い20年満期の社債で構成されるポートフォリオである。

1）*Ibbotson SBBI 2009 Classic Yearbook*（Chicago : Morningstar）.

4．*長期米国債*：これは、満期が20年の米国政府債で構成されるポートフォリオである。
5．*米国財務省短期証券*：これは、1カ月満期の財務省短期証券で構成されるポートフォリオである。

どのリターンも、税金や取引費用は未調整である。年度ごとの金融商品のリターンに加えて、消費者物価指数の年度ごとの変化も計算されている。これはインフレーションの基本的な計測値である。年度別の実質リターンは、年間インフレ率を差し引くことで計算できる。

異なるポートフォリオのリターンを詳細に考察する前に、1926～2008年までの83年間について、米国資本市場から得られたリターンとリスクをグラフで表示する。図10.4は、1926年の初めに投資された1ドルの成長を示している。縦軸は対数なので、等しい間隔が等しい%変化を測定することに注意されたい。普通株式に1ドルを投資して配当金をすべて再投資していたら、2008年末には1ドルが2,049.45ドルになっていたことを図は示している。最も大きい成長を示したのは、小型株ポートフォリオだった。1926年に小型株に1ドル投資していたら、これは9,548.94ドルに成長していた。しかし、図10.4を注意深く観察すると、特に期間の早い時期に、小型株のリターンが大きく変動していることがわかる。長期国債への1ドルの投資は、普通株式への1ドルに比べて非常に安定していた。図10.5～図10.8は、大企業普通株式、小企業株式、長期債、財務省短期証券、そしてインフレーションの各々について、各年度のパーセンテージ・リターンを、横軸から引いた縦棒として描いている。

図10.4は、1926～2008年までの、株式市場への1ドルの投資の成長を示している。言い換えると、これは、投資した1ドルを株式市場に残し、前年度からの配当金を毎年さらに株式に再投資した場合の投資が、どのような価値になるかを示している。t 年におけるリターンが R_t なら（小数で表して）、T年の年度末における投資価値は、1に各年のリターンを加えた数の積である。

$$\text{価値} = (1+R_1)\times(1+R_2)\times\cdots\times(1+R_t)\times\cdots\times(1+R_T)$$

たとえば、3年間のリターンが11%、－5%、9%であったとすると、この期間の初めに投資された1ドルの価値は、3年間の終わりに次のようになっていただろう。

図10.4　米国資本市場における投資の富の指標

1925年12月31日～2008年12月31日

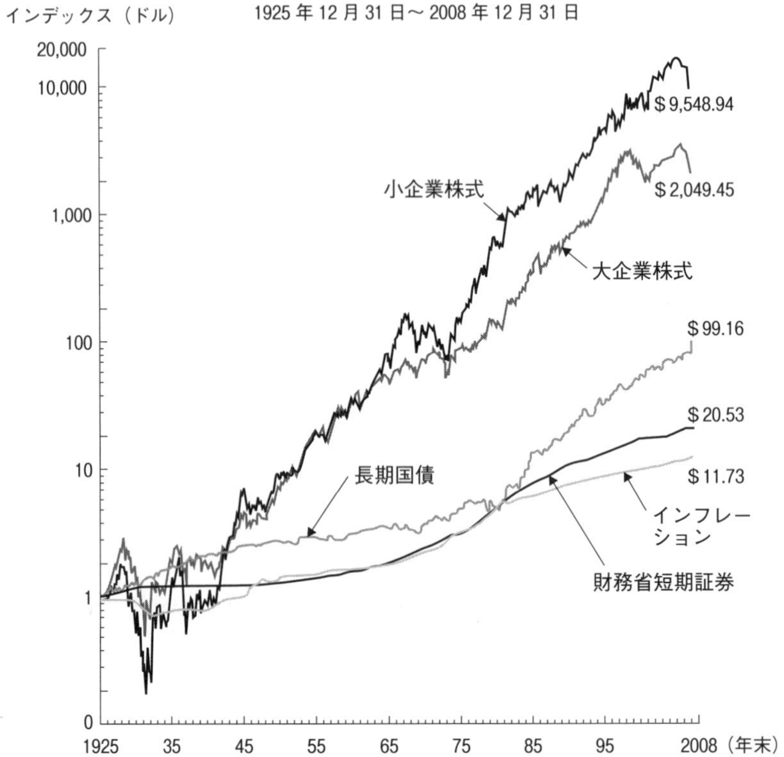

（出所）　Roger G. Ibbotson and Rex A. Sinquefield による年次改訂版、*Stocks, Bonds, Bills and Inflation*：*2009 Yearbook*TM (Chicago：Morningstar). All rights reserved. より再掲。

$$
\begin{aligned}
(1+R_1)\times(1+R_2)\times(1+R_3) &= (\$1+0.11)\times(\$1-0.05)\times(\$1+0.09)\\
&= \$1.11\times\$0.95\times\$1.09\\
&= \$1.15
\end{aligned}
$$

0.15もしくは15％は総リターンであり、初年度の配当金をその後2年間株式市場に再投資することで得たリターンと、次年度の配当金を最終年に再投資することで得たリターンを含んでいることに注意されたい。この15％は、3年間の**保有期間リターン**（**holding-period return**）と呼ばれる。表10.1は、1926～2008年までの各年の年次リターンを示している。この表から、各年の任意の組合せに対して、保有期間リターンを算出することができる。

図10.5　大企業普通株式の年度別総リターン

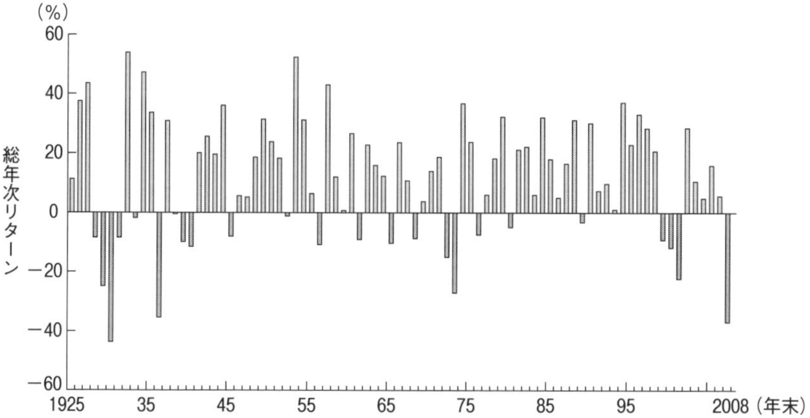

（出所）　Roger G. Ibbotson and Rex A. Sinquefield による年次改訂版、*Stocks, Bonds, Bills and Inflation*：*2009 Yearbook*^{TM} (Chicago：Morningstar). All rights reserved. より再掲。

図10.6　小企業株式の年度別総リターン

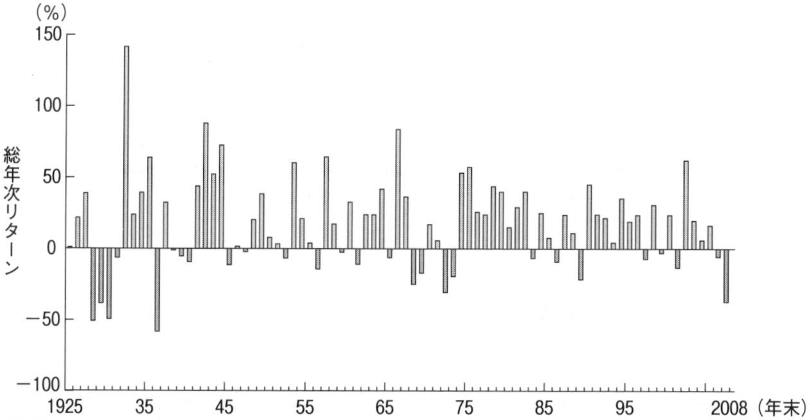

（出所）　Roger G. Ibbotson and Rex A. Sinquefield による年次改訂版、*Stocks, Bonds, Bills and Inflation*：*2009 Yearbook*^{TM} (Chicago：Morningstar) . All rights reserved. より再掲。

市場の歴史についてもっと詳しく知りたければ、www.globalfindata.com.

図10.7　債券および米国財務省短期証券の年度別総リターン

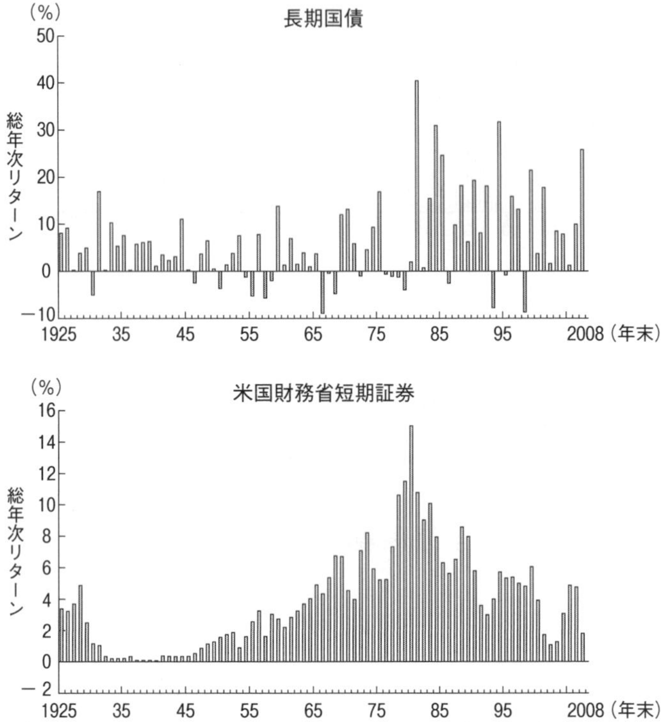

（出所）　Roger G. Ibbotson and Rex A. Sinquefield による年次改訂版、*Stocks, Bonds, Bills and Inflation*：*2009 Yearbook*™ (Chicago：Morningstar). All rights reserved. より再掲。

10.3　リターン統計

資本市場のリターンの推移記録は、そのままのかたちで取り扱うのには複雑すぎる。この記録を用いるためには、最初に、詳細なデータをいくつかの簡潔な表現に劇的に要約する、なんらかの描写方法を見出さなければならない。

そこで、この記録の推移を集約する二つの重要な数字が登場する。第一の最も理にかなった数字は、株式市場の過去の年次リターンを最善に表すなんらかの単一の計測値である。言い換えれば、1926～2008年までのある特定の年において、投資家が実現できたリターンの最善の推定値は何かということである。これは*平均リターン*である。

図10.8　年度別インフレーション

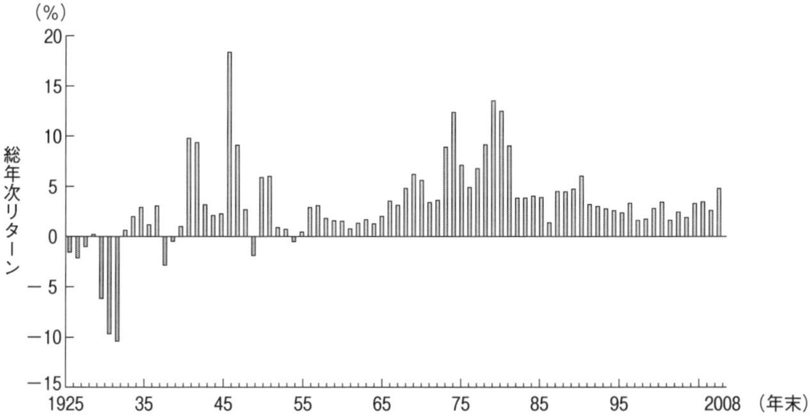

(出所)　Roger G. Ibbotson and Rex A. Sinquefield による年次改訂版、*Stocks, Bonds, Bills and Inflation*：*2009 Yearbook*™ (Chicago：Morningstar). All rights reserved. より再掲。

図10.9は、表10.1で示した株式市場の年間リターンのヒストグラムを描いたものである。このグラフは数値の**度数分布**（frequency distribution）である。グラフの高さは、横軸上の区間内における観測サンプル数を表している。

図10.9と同様の度数分布が与えられれば、分布のアベレージ（average）もしくは**平均**（mean）を計算することが可能である。分布の算術平均を計算するには、数値をすべて合計し総数（T）で割る（われわれのケースでは、83年間のデータなので総数は83である）。R の上の横棒は平均を示すために用いられ、また、この公式は平均の一般的な算式である。

$$平均=\overline{R}=\frac{(R_1+\cdots+R_T)}{T}$$

1926〜2008年までの83年間における年次リターンの算術平均は、12.3%である。

例10.2　平均リターンの計算

1926〜1929年までの普通株式のリターンは、それぞれ、0.1370、0.3580、0.4514、−0.0888である。この4年間の平均リターンは、以下のようになる。

$$\overline{R}=\frac{0.1370+0.3580+0.4514-0.0888}{4}=0.2144もしくは21.44\%$$

表10.1　年度別総リターン（1926～2008年）

年	大企業株式	長期国債	米国財務省短期証券	消費者物価指数
1926	11.14%	7.90%	3.30%	－1.12%
1927	37.13	10.36	3.15	－2.26
1928	43.31	－1.37	4.05	－1.16
1929	－8.91	5.23	4.47	0.58
1930	－25.26	5.80	2.27	－6.40
1931	－43.86	－8.04	1.15	－9.32
1932	－8.85	14.11	0.88	－10.27
1933	52.88	0.31	0.52	0.76
1934	－2.34	12.98	0.27	1.52
1935	47.22	5.88	0.17	2.99
1936	32.80	8.22	0.17	1.45
1937	－35.26	－0.13	0.27	2.86
1938	33.20	6.26	0.06	－2.78
1939	－0.91	5.71	0.04	0.00
1940	－10.08	10.34	0.04	0.71
1941	－11.77	－8.66	0.14	9.93
1942	21.07	2.67	0.34	9.03
1943	25.76	2.50	0.38	2.96
1944	19.69	2.88	0.38	2.30
1945	36.46	5.17	0.38	2.25
1946	－8.18	4.07	0.38	18.13
1947	5.24	－1.15	0.62	8.84
1948	5.10	2.10	1.06	2.99
1949	18.06	7.02	1.12	－2.07
1950	30.58	－1.44	1.22	5.93
1951	24.55	－3.53	1.56	6.00
1952	18.50	1.82	1.75	0.75
1953	－1.10	－0.88	1.87	0.75
1954	52.40	7.89	0.93	－0.74
1955	31.43	－1.03	1.80	0.37
1956	6.63	－3.14	2.66	2.99
1957	－10.85	5.25	3.28	2.90
1958	43.34	－6.70	1.71	1.76
1959	11.90	－1.35	3.48	1.73
1960	0.48	7.74	2.81	1.36
1961	26.81	3.02	2.40	0.67
1962	－8.78	4.63	2.82	1.33
1963	22.69	1.37	3.23	1.64
1964	16.36	4.43	3.62	0.97
1965	12.36	1.40	4.06	1.92
1966	－10.10	－1.61	4.94	3.46
1967	23.94	－6.38	4.39	3.04

表10.1　（つづき）

年	大企業株式	長期国債	米国財務省短期証券	消費者物価指数
1968	11.00	5.33	5.49	4.72
1969	−8.47	−7.45	6.90	6.20
1970	3.94	12.24	6.50	5.57
1971	14.30	12.67	4.36	3.27
1972	18.99	9.15	4.23	3.41
1973	−14.69	−12.66	7.29	8.71
1974	−26.47	−3.28	7.99	12.34
1975	37.23	4.67	5.87	6.94
1976	23.93	18.34	5.07	4.86
1977	−7.16	2.31	5.45	6.70
1978	6.57	−2.07	7.64	9.02
1979	18.61	−2.76	10.56	13.29
1980	32.50	−5.91	12.10	12.52
1981	−4.92	−0.16	14.60	8.92
1982	21.55	49.99	10.94	3.83
1983	22.56	−2.11	8.99	3.79
1984	6.27	16.53	9.90	3.95
1985	31.73	39.03	7.71	3.80
1986	1.867	32.51	6.09	1.10
1987	5.25	−8.09	5.88	4.43
1988	16.61	8.71	6.94	4.42
1989	31.69	22.15	8.44	4.65
1990	−3.10	5.44	7.69	6.11
1991	30.46	20.04	5.43	3.06
1992	7.62	8.09	3.48	2.90
1993	10.08	22.32	3.03	2.75
1994	1.32	−11.46	4.39	2.67
1995	37.58	37.28	5.61	2.54
1996	22.96	−2.59	5.14	3.32
1997	33.36	17.70	5.19	1.70
1998	28.58	19.22	4.86	1.61
1999	21.04	−12.76	4.80	2.68
2000	−9.10	22.16	5.98	3.39
2001	−11.89	5.30	3.33	1.55
2002	−22.10	14.08	1.61	2.38
2003	28.68	1.62	1.03	1.88
2004	10.88	10.34	1.43	3.26
2005	4.91	10.35	3.30	3.42
2006	15.79	0.28	4.97	2.54
2007	5.49	10.85	4.52	4.08
2008	−37.00	19.24	1.24	0.09

（出所）Global Financial Data（www.globalfindata.com）copyright 2009.

図10.9　普通株式リターンのヒストグラム（1926～2008年）

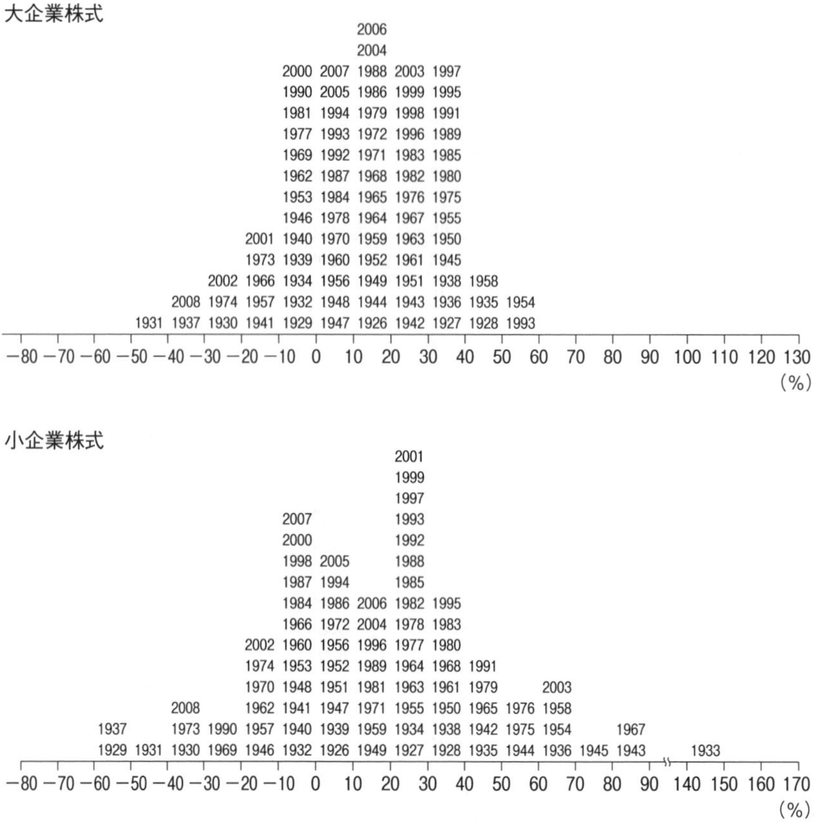

（出所）　Roger G. Ibbotson and Rex A. Sinquefield による年次改訂版、*Stocks, Bonds, Bills and Inflation*：*2009 Yearbook*^{TM} (Chicago：Morningstar). All rights reserved. より再掲。

10.4　平均株式リターンと無リスク・リターン

さて、株式市場の平均リターンを計算したので、これを他の証券のリターンと比較することは賢明であると思われる。最もわかりやすいのは、国債市場における変動性の低いリターンとの比較である。ここには株式市場にみられる変動性がほとん

表10.2　年次総リターン（1926～2008年）

カテゴリー	算術平均（%）	標準偏差（%）	分布（%）
小企業株式(注)	16.4	33.0	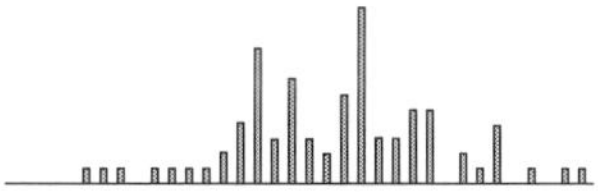
大企業株式	11.7	20.6	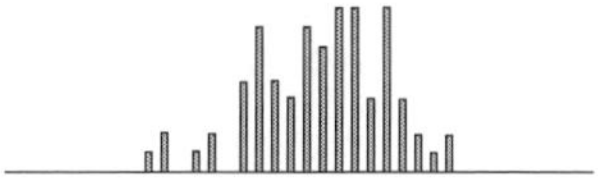
長期社債	6.2	8.4	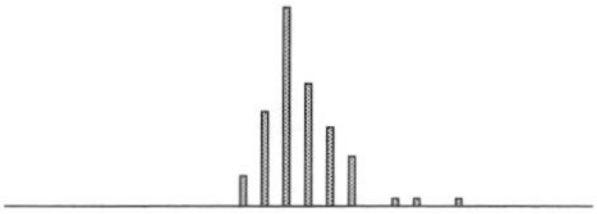
長期国債	6.1	9.4	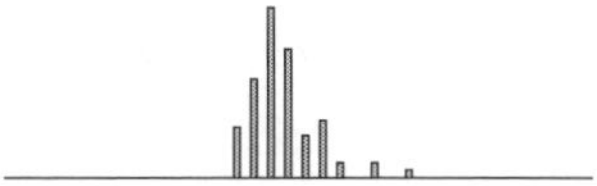
中期国債	5.6	5.7	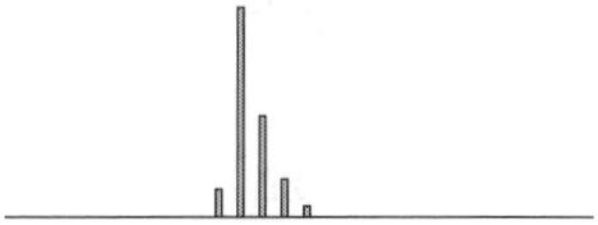
財務省短期証券	3.8	3.1	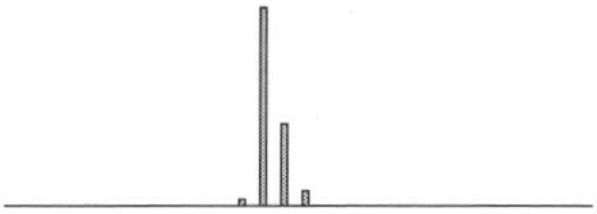
インフレーション	3.1	4.2	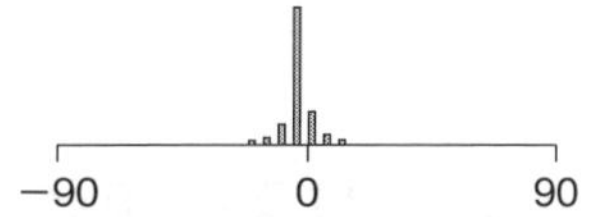

（注） 1933年の小企業株式の総リターンは142.9%だった。
（出所） Roger G. Ibbotson and Rex A. Sinquefieldによる年次改訂版、*Stocks, Bonds, Bills and Inflation*：*2009 Yearbook*™（Chicago : Morningstar）. All rights reserved.を修正。

ど存在しない。

そこで、興味深い比較は、事実上無リスクの米国財務省短期証券のリターンと、非常にリスクの高い普通株式のリターンとの間の比較である。リスクのあるリターンとリスクのないリターンとの差は、多くの場合、*危険資産に対する超過リターン*と呼ばれる。もちろん、いずれの年でも、この超過リターンはプラスの場合もマイナスの場合もありうる。

表10.2は、1926～2008年までの期間の株式、債券、米国財務省短期証券の、平均リターンおよび平均インフレ率を表している。この数値から超過リターンを導き出

することができる。全期間を通しての財務省短期証券と比較した大企業普通株式の平均超過リターンは、8.5%（=12.3%−3.8%）であった。普通株式の平均超過リターンは、リスクを負うことによって生じる追加のリターンなので、*株式リスク・プレミアム*と呼ばれる。

株式市場データの最も重要な観察結果の一つは、この無リスク・リターンを上回る株式リターンの長期的な超過である。投資家はこの期間、単に財務省短期証券に投資することで達成した以上の、余分な（もしくは超過の）リターンを、株式市場への投資の報酬として得られた。

なぜそんな報酬が存在したのだろうか。これは、財務省短期証券への投資がまったく割にあわず、株式市場に投資しないで財務省短期証券に投資した者には、ファイナンスのクラスの履修が必要だということを意味するのだろうか。これらの疑問に対する完全な答えは、現代ファイナンスの核心に存在する。とはいえ、答えの一部は、さまざまな投資形態の変動性に見出すことができる。財務省短期証券への投資が多くの年で、普通株式への投資よりも高いリターンを達成していることがわかる。また、財務省短期証券への投資が決してマイナス・リターンにはならないのに対して、普通株式への投資に対するリターンはたびたびマイナスとなっていることに気づく。そこで、リターンの変動性の計測とリスクの予備的検討へと注意を向けることにする。

10.5　リスク統計

リターンの分布の特性を記述するために用いる2番目の数字は、リターンにおけるリスクの計測値である。普遍的に合意されたリスクの定義は存在しない。普通株式のリターンのリスクを考える一つの方法は、前掲の図10.9の度数分布がどのくらい広がっているかという観点からみるものである。分布の広がり、もしくはばらつき度とは、ある特定のリターンが平均リターンからどの程度離れうるのかの計測値である。分布の広がりが大きければ、実現するリターンは非常に不確かである。これに対して、リターンがすべて数%の範囲内にある分布は広がりが少なく、リターンはより確実である。これから検討するリスクの計測値は、分散と標準偏差である。

分　散

分散（variance）と、その平方根である**標準偏差**（standard deviation）は、変動性もしくはバラツキ度の最も一般的な計測値である。分散を表すのにはVarおよびσ^2を、標準偏差にはSDおよびσを用いることにする。σはもちろん、ギリシャ文字のシグマである。

例10.3　ボラティリティ

普通株式のリターンは、（小数表記で）それぞれ0.1370、0.3580、0.4514、−0.0888であるとしよう。このサンプルの分散は、次のように計算される。

$$\mathrm{Var} = \frac{1}{T-1}[(R_1-\overline{R})^2+(R_2-\overline{R})^2+(R_3-\overline{R})^2+(R_4-\overline{R})^2]$$

$$0.0582 = \frac{1}{3}[(0.1370-0.2144)^2$$
$$+(0.3580-0.2144)^2+(0.4514-0.2144)^2+(-0.0888-0.2144)^2]$$

$$\mathrm{SD} = \sqrt{0.0582} = 0.2412\text{もしくは}24.12\%$$

この公式は、まさになすべきことを教えている。T個のリターン（R_1, R_2, …）から、平均リターン$\overline{R}$を引いて、その結果を平方し、すべてを足し合わせる。最後に、この合計を、リターンの個数から1を引いた数（$T-1$）で割らなければならない。標準偏差は常に、分散の平方根である。

1926〜2008年までの83年間にわたる実際の株式のリターンをこの公式に用いると、結果として得られる株式リターンの標準偏差は20.6%である。標準偏差は、サンプルの広がりについての標準的な統計的尺度であり、われわれがほとんどの場合で用いる指標である。標準偏差の解釈は、正規分布を考察することで容易になる。

標準偏差は投資信託で広くリポートされる。たとえば、フィデリティ・マゼラン・ファンドは、米国で最も大きい投資信託の一つである。このファンドの変動性はどれくらいだろうか。それを見つけるために、われわれはwww.morningstar.comに行き、ティッカー記号FMAGXを入力し、「Risk Measures（リスク測定）」リンクをクリックした。以下はわれわれが見つけたものである。

Fidelity Magellan FMAGX

See Fund Family Data ▸▸

Volatility Measurements	Trailing 3-Yr through 03-31-09 | *Trailing 5-Yr through 03-31-09		
Standard Deviation	23.58	Sharpe Ratio	-0.76
Mean	-14.52	Bear Market Decile Rank*	8

Modern Portfolio Theory Statistics		Trailing 3-Yr through 03-31-09
	Standard Index S&P 500 TR	**Best Fit Index** Russell Midcap Growth
R-Squared	87	96
Beta	1.26	1.08
Alpha	1.85	0.40

過去３年間のフィデリティ・マゼラン・ファンドの標準偏差は23.58％だった。平均的株式の標準偏差が約50％であることを考慮すると、これは低い数字にみえる。マゼラン・ファンドは比較的広く分散化されたポートフォリオなので、これは、後の章で議論するテーマである、分散化の力の例証である。“Mean”は平均リターンなので、投資家は過去３年間、平均して年−14.52％のリターンを得た。また、“Volatility Measurements”のセクションに、シャープ・レシオ（Sharpe ratio）を見出すことができる。シャープ・レシオは、資産のリスク・プレミアムを、標準偏差で割ることによって計算される。したがって、これはとったリスク（標準偏差で計測されたものとしての）に対するリターンの測定値である。フィデリティ・マゼラン・ファンドのベータは1.26である。この数値に関しては、次の章で語るべきことがたくさんある。

例10.4　シャープ・レシオ

シャープ・レシオは、ある期間内の平均株式リスク・プレミアムを標準偏差で割ったものである。1926～2008年の、大企業株式の平均リスク・プレミアム（財務省短期証券と比較して）は7.9％で、標準偏差は20.6％だった。このサンプルのシャープ・レシオは次のように計算される。

シャープ・レシオ＝7.9％/20.6％＝0.383

シャープ・レシオは、時にリスク報酬比率（reward-to-risk ratio）と呼ばれる。報酬は平均超過リターンで、リスクは標準偏差である。

正規分布と、それが標準偏差に対してもつ意味

正規分布（normal distribution）から抽出された十分に大きい数のサンプルは、図10.10に描かれたベル型曲線に似ている。みてわかるように、この分布は平均値から*左右対称*であり、傾いて（skewed）おらず、図10.9に描かれた実際の年間リターンの分布と比べても、はるかに整ったかたちである。もちろん、株式市場のリターンを1,000年間も観測できたならば、多くの上昇と下降を図10.9に書き加えて、より滑らかな曲線が得られただろう。

古典的な統計学においては、正規分布が中心的な役割を果たし、標準偏差が正規分布の広がりを表す通常の方法である。正規分布では、リターンが平均値よりも一定値だけ上方または下方にある確率は、標準偏差だけで決定される。たとえば、分布の平均値から１標準偏差以内にあるリターンを得る確率は、およそ0.68もしくは３分の２であり、平均値から２標準偏差以内のリターンを得る確率は、およそ0.95である。

図10.10　正規分布

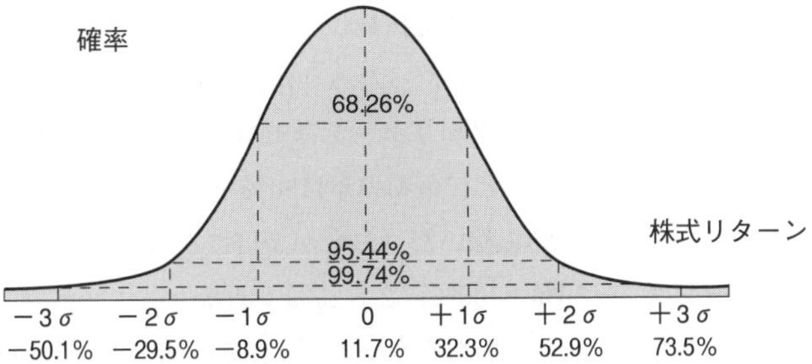

正規分布の場合は、リターンが平均値から１標準偏差以内に入る確率は68.26%である。この例では、年間リターンが−8.9%から32.3%の間に入る確率は68.26%である。

リターンが平均値から２標準偏差以内に入る確率は95.44%である。この例では、年間リターンが−29.5%から52.9%の間に入る確率は95.44%である。

最後に、リターンが平均値から３標準偏差以内に入る確率は99.74%である。この例では、年間リターンが−50.1%から73.5%の間に入る確率は99.74%である。

ここで、先に確認した1926～2008年までの株式リターンの20.6%という標準偏差は、次のように解釈できる。株式のリターンがほぼ正規分布なら、年間リターンが平均値の11.7%を中心として20.6%の範囲内にある確率は、およそ3分の2である。つまり、年間リターンの約3分の2が－8.9%から＋32.3%の間に入るだろう（－8.9＝11.7－20.6で、32.3＝11.7＋20.6であることに注意）。任意の年のリターンが、平均値から2標準偏差の範囲内にある確率は約0.95である。つまり、年間リターンの約95%が、－29.5%から52.9%の間に入るだろう。

10.6　さらに平均リターン

本章ではここまで、単純な平均リターンについて詳細にみてきた。しかし、ほかにも平均リターンを計算する方法がある。平均リターンを計算するのに二つの方法があるという事実は、多少の混乱を招くので、本節の目的は、二つの手法と、どのような状況でそれぞれが適切なのかを、解説することである。

算術平均 vs 幾何平均

簡単な例から始めよう。ある株式を100ドルで購入したとする。残念ながら、所有した最初の年は、50ドルに値下りした。2年目は、上昇して100ドルに戻し、購入したときと同じになった（配当は支払われなかった）。

この投資の平均リターンはいくらだったろうか。100ドルからスタートし、100ドルで終わったので、常識では、平均リターンはゼロに違いないと思える。しかし、年度ごとのリターンを計算すると、最初の年に50%を失ったのがわかる（お金の半分を失った）。2年目は100%を稼いだ（お金が2倍になった）。したがって、2年間の平均リターンは（－50%＋100%）/2＝25%である！

0%か25%のどちらが正しいのだろうか。答えは、両方とも正しいというものである。これらは単に異なる質問に答えているにすぎない。0%は**幾何平均リターン**（geometric average return）と呼ばれる。25%は**算術平均リターン**（arithmetic average return）と呼ばれる。幾何平均リターンは、「*ある期間内における1年あたりの平均複利リターンはいくらだったか*」という質問に答える。算術平均リターンは、「*ある期間内における平均的な年のリターンはいくらだったか*」という質問に答える。

これまでの節では、平均リターンはすべて算術平均だったので、計算の仕方はすでにわかっている。次にしなければならないのは、(1)幾何平均の計算方法を学習し、(2)どのような状況下で、どちらの平均がほかより意味があるのかを学ぶことである。

幾何平均リターンの計算

最初に、幾何平均リターンの計算方法を例証するために、過去4年間の年次リターンが10%、12%、3%、－9%である投資を考える。この4年間の幾何平均リターンは、$(1.10 \times 1.12 \times 1.03 \times 0.91)^{1/4} - 1 = 3.66\%$として計算される。対照的に、これまで計算してきた算術平均リターンは、$(0.10 + 0.12 + 0.03 + 0.91) / 4 = 4.0\%$である。

一般に、T年間のリターンの場合、幾何平均リターンは以下の公式を用いて計算される。

$$\text{幾何平均リターン} = [(1 + R_1) \times (1 + R_2) \times \cdots \times (1 + R_T)]^{1/T} - 1 \qquad (10.1)$$

この公式には四つのステップが必要である。

1. T個の年次リターンR_1, R_2, …、R_Tそれぞれに、1を足す（値を小数表記に変えた後）。
2. ステップ1のすべての数字を掛け合わせる。
3. ステップ2の結果を$1/T$乗する。
4. 最後に、ステップ3の結果から1を引く。その結果が幾何平均リターンである。

例10.5 幾何平均リターンの計算

以下に提示した、S&P500大企業株式の5年間の数字を用いて、幾何平均リターンを計算してみよう。

最初に%表示を小数表示に変え、1を足し、それらを掛け合わせる。

S&P500リターン	乗算
13.75%	1.1375
35.70	×1.3570
45.08	×1.4508
−8.80	×0.9120
−25.13	×0.7487
	1.5291

1.5291の数値は、1ドルで投資を始めた場合の、5年後の投資の価値を表している。次に、幾何平均リターンを計算する。

$$幾何平均リターン = 1.5291^{1/5} - 1 = 0.0887もしくは8.87\%$$

よって、この例では幾何平均リターンは約8.87%である。ここで秘訣を教える。もし財務電卓を使っているなら、現在価値として1ドル、将来価値として1.5291ドル、期間数として5を入力し、未知の利率について解く。同じ答えが得られるはずである。

この例で気づいたかもしれないが、ここまでは幾何平均リターンのほうが小さいようにみえる。実際のところ、これは常に正しい（すべてのリターンが同一でない限りにおいてであり、同一の場合は、二つの「平均」は同じになる）。解説のために、表10.3は、表10.2からの算術平均と標準偏差に加えて、幾何平均リターンを表示している。

表10.3に示されたように、幾何平均リターンはすべて小さいが、差の程度にはかなりのばらつきがある。理由は、より変動性の高い資産で、差が大きくなるからで

表10.3　幾何平均リターンvs算術平均リターン（1926～2008年）

カテゴリー	幾何平均	算術平均	標準偏差
小企業株式	11.7%	16.4%	33.0%
大企業株式	9.6	11.7	20.6
長期社債	5.9	6.2	8.4
長期国債	5.7	6.1	9.2
中期国債	5.4	5.6	5.7
財務省短期証券	3.7	3.8	3.1
インフレーション	3.0	3.1	4.2

（出所）*Ibbotson SBBI 2009 Classic Yearbook.*

ある。実際、有用な概算方法がある。すべての数値が%ではなく、小数表記であると仮定すると、幾何平均リターンは、算術平均リターンから分散の半分を引いたものとほぼ等しくなる。たとえば、大企業株式をみると、算術平均は11.7で、標準偏差は20.6であり、これは分散が0.042であることを意味する。したがって、幾何平均の概算値は$0.117-\frac{0.042}{2}=0.096$（=9.6%）で、実際の値と等しい。

例10.6　さらに幾何平均

図10.4に戻ってみよう。そこでは投資1ドルの83年後の価値が示されていた。大企業株式投資の値を用いて、表10.3の幾何平均をチェックする。

図10.4では、大企業株式投資は、83年間で2,049.45ドルに成長した。したがって、幾何平均リターンは以下のとおりである。

$$\text{幾何平均リターン} = \$2{,}049.45^{1/83} - 1 = 0.096 \text{もしくは} 9.6\%$$

この9.6%は、表10.3に示された値である。練習のために、同じように表10.3の他の数値をいくつかチェックしてみるとよい。

算術平均リターンか、あるいは幾何平均リターンか

ヒストリカル・リターンをみると、幾何平均リターンと算術平均リターンの違いを理解するのは大してむずかしいことではない。少し異なる言い方をすると、幾何平均は、平均して1年間にどれだけ実際に稼いだのか（年次複利化）を教えてくれる。算術平均は、典型的な年にどれだけ稼いだのかを教えてくれ、これは分布の真の平均の不偏推定値である。幾何平均は、過去の投資が実際にどのような経験をしたのかを述べるのに、大変役に立つ。算術平均は、将来の推定を行うのに有効である2)。

10.7 米国株式リスク・プレミアム：ヒストリカルおよび国際的視点

ここまで本章では、1926～2008年までの米国を学習してきた。議論したように、ヒストリカルな米国株式市場のリスク・プレミアムは、相当なものだった。もちろん、過去を用いて将来を予測するときはいつでも、将来は過去とは異なるという危険を伴っている。おそらく米国の投資家はこの期間ラッキーで、特に大きなリターンを得たのかもしれない。もっと前の米国のデータはあるが、質がよくない。この注意を念頭に、研究者はリターンを1802年までさかのぼり、1926年以前の時代の米国株式リスク・プレミアムが、小さかったことを見出した。1802年からの米国のリターン・データを用いると、ヒストリカルな株式リスク・プレミアムは5.2%だった[3]。

われわれはまた、他の主要な国々も考察していない。実際のところ、取引可能な株式の半分以上の価値は、米国外にある。表10.4から、世界の株式市場の時価総額合計が2008年に22.4兆ドルだったことがわかるが、約45%だけが米国内だった。Dimson, Marsh, and Stauntonのおかげで、過去の期間と他の国のデータが、株式リスク・プレミアムのより詳細な考察の手助けに使えるようになった。表10.5と図10.11は、1900～2005年までの期間の、世界中の17の国のヒストリカルな株式市場リスク・プレミアムを示している。数字をみると、米国のヒストリカルな株式リスク・プレミアムは7.4%で８番目に高い（考察期間の違いから、これは前の推定

2）　将来のある期間の、投資リターンの推定に関するもう一つの考え方は、算術平均が「サンプル」平均であることを、統計学のクラスから思い出すことである。したがって、これは根底にある真の平均の不偏推定値を提供する。算術平均を使って将来のリターンを推定するには、ヒストリカル・リターンが、将来の予想期間と同じ長さで計測されていなければならない。たとえば、来年のリターンを推定するのに、年ごとの（年次）リターンを用いることができる。もし２年の保有期間リターンが用いられたなら、算術平均は、次の２年間のリターンを予測するのに、よい基礎となる。このように算術平均で将来を予測するには、過去のリターン分布が、将来のリターン分布と同じであるという確信がなければならない。

3）　Jeremy J. Seigelは、1802年からのデータで米国株式リスク・プレミアムを推定した。以下の表にみられるように、1802～2008年までのヒストリカル・リスク・プレミアムは5.2%だった。

	平均リターン1802～2008年（%）
普通株式	9.5
財務省短期証券	4.3
株式リスク・プレミアム	5.2

（出所）　J. Seigel, *Stocks for the Long Run*, 4th ed.（New York : McGraw-Hill, 2008）より更新、再掲。

表10.4　世界の株式市場時価総額（2008年）

国	兆ドル	%
米国	$10.1	45%
ヨーロッパ（英国を除く）	5.4	24
日本	3.1	14
英国	1.8	8
太平洋地域（日本を除く）	1.1	5
カナダ	0.9	4
	$22.4	100%

（出所）*Ibbotson SBBI 2009 Classic Yearbook*, Morningstar, p. 216.

表10.5　17カ国の年率換算した株式リスク・プレミアムとシャープ・レシオ（1900〜2005年）

国	ヒストリカルな株式リスク・プレミアム (1) (%)	標準偏差（%）(2)	シャープ・レシオ (1)/(2)
オーストラリア	8.49%	17.00%	0.50
ベルギー	4.99	23.06	0.22
カナダ	5.88	16.71	0.35
デンマーク	4.51	19.85	0.23
フランス	9.27	24.19	0.38
ドイツ(注)	9.07	33.49	0.27
アイルランド	5.98	20.33	0.29
イタリア	10.46	32.09	0.33
日本	9.84	27.82	0.35
オランダ	6.61	22.36	0.30
ノルウェー	5.70	25.90	0.22
南アフリカ	8.25	22.09	0.37
スペイン	5.46	21.45	0.25
スウェーデン	7.98	22.09	0.36
スイス	5.29	18.79	0.28
英国	6.14	19.84	0.31
米国	7.41	19.64	0.38
平均	**7.14**	**22.75**	**0.31**

（注）ドイツは1922〜1923年を割愛。
（出所）Elroy Dimson, Paul Marsh, and Michael Staunton, "The Worldwide Equity Premium : A Smaller Puzzle," in *Handbook of the Equity Risk Premium*, Rajnish Mehra, ed. (Elsevier, 2007).

値と異なる)。全体的なリスク・プレミアムの世界平均は7.1%である。米国の投資家が利益を得たのは明らかだが、他の多くの国々と比較してそれほど例外的でもない。シャープ・レシオによると、最も高いパフォーマンスを残した国は、米国、

図10.11　17カ国の株式市場リスク・プレミアム（1900〜2005年）

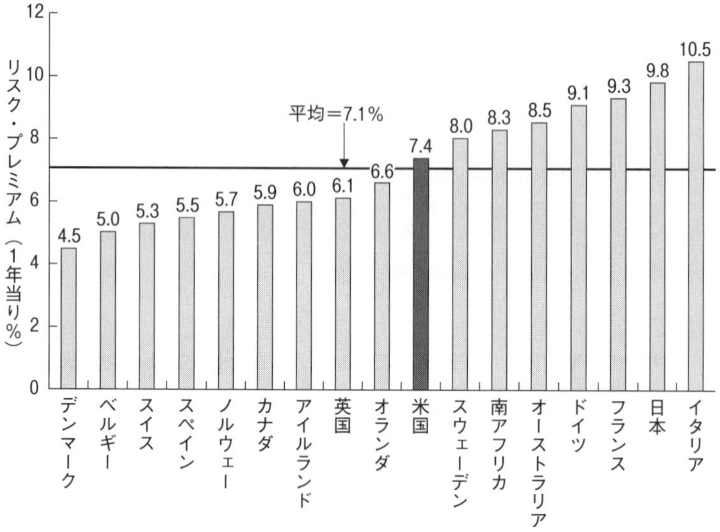

（出所）　Elroy Dimson, Paul Marsh, and Michael Staunton, "The Worldwide Equity Premium : A Smaller Puzzle," in *Handbook of the Equity Risk Premium*, Rajnish Mehra, ed. (Elsevier, 2007).

オーストラリア、フランスで、最も悪かったのはベルギー、ノルウェー、デンマークだった。ドイツ、日本、イタリアは、この期間、最も高い株式リターンをもっていたが（第一次と第二次世界大戦にもかかわらず）、リスクも最も高かったので、興味深いケーススタディになるかもしれない。

それでは、将来に向けての米国の株式リスク・プレミアムのよい推定値はどれくらいだろうか。残念ながら、将来投資家が何を期待するかだれにも確実にはわからない。もし歴史が指標なら、期待される米国の株式リスク・プレミアムは、1900〜2005年の推定値をもとに、7.4%であるかもしれない。同じ期間における、世界の株式リスク・プレミアムの平均が7.1%だったことも忘れてはならない。一方、より最近の期間（1926〜2008年）は、米国の株式リスク・プレミアムのより高い推定値を示唆し、1802年までさかのぼる前の期間では、より低い推定値を示唆する。

標準誤差（SE）は、ヒストリカル平均の7.4%にどれだけの自信がもてるのかに関して、手助けになる。標準誤差は、ヒストリカル・リスク・プレミアムの標準偏差で、以下の式で求められる。

$$SE = SD(\overline{R}) = \frac{SD(R)}{\sqrt{観察数}}$$

もしリターンの分布が正規分布で、それぞれの年のリターンが他と独立していると仮定すると、真の平均リターンは95.4%の確率で、ヒストリカル平均の２標準偏差内に入る。

より具体的には、真の株式リスク・プレミアムの95.4%信頼区間は、ヒストリカル平均リターン±（２×標準誤差）である。1900〜2005年ですでにみたように、米国株式のヒストリカル・リスク・プレミアムは7.4%で、標準偏差は19.6%だった。したがって、真のリスク・プレミアムは95.4%の確率で、5.5%から9.3%の間に入る。

$$7.4 \pm 2\left(\frac{19.6\%}{\sqrt{106}}\right) = 7.4 \pm 2\left(\frac{19.6}{10.3}\right) = 7.4 \pm 1.90$$

言い換えると、ヒストリカル・データからの米国リスク・プレミアムの推定値が5.5%から9.3%の範囲内にあることに、われわれは95.4%の自信がもてる。

やや異なるアプローチをとったIvo Welchは、226人の金融エコノミストに将来の米国リスク・プレミアムについて意見を聞いたが、中央値は７%だった[4)]。

われわれは、ヒストリカルな米国株式リスク・プレミアムをベースにした７%の推定値で満足だが、将来の米国株式リスク・プレミアムは、将来は過去と異なると考えるよい理由があれば、やや高くても低くても納得がいく[5)]。結論としては、将来の株式リスク・プレミアムのどんな推定値も、将来のリスク環境と共に将来の投資家のリスク回避性に関する仮定がかかわるということである。

10.8　2008年：金融危機の年

2008年は、株式市場の投資家にとって、米国史上最悪の年の一つとして、歴史の

4）たとえば、I. Welch,"Views of Financial Economists on the Equity Risk Premium and Other Issues," *Journal of Business*, 73（2000），pp. 501–537.

5）*Handbook of the Equity Risk Premium*, R. Mehra, ed.に収められたElroy Dimson, Paul Marsh, and Mike Staunton,"The Worldwide Equity Premium : A Smaller Puzzle," で、世界中のヒストリカル・リターンにプラスの影響を及ぼした要因は繰り返して起こらない類なので、著者たちは将来の世界株式リスク・プレミアムのよい推定値は約５%に違いないと主張する。しかしながら、2008〜2009年のグローバル金融危機は、株式市場にとってマイナスのショックだったので、これは株式リスク・プレミアムをヒストリカルな水準から増加させたと主張することもできる。

図10.12　S&P500月次リターン（2008年）

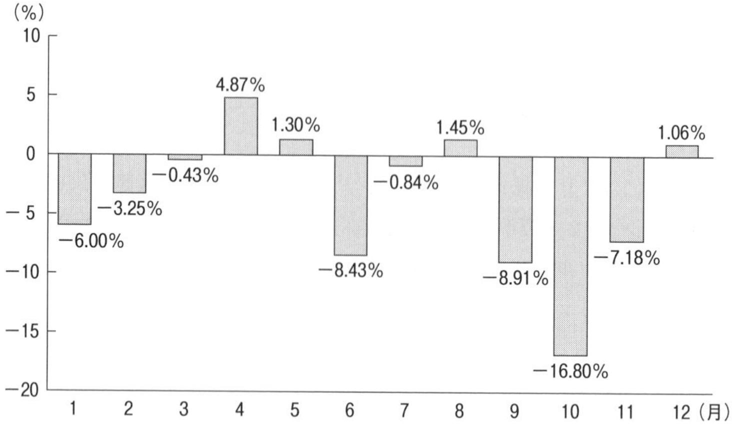

本に記録された。どれだけ悪かったのだろうか。米国大企業500社の総市場価値を追随する、幅広い注目を集めるS&P500インデックスは、この年37%下落した。インデックスの500の株式のうち、485銘柄がこの年下落した。

1926〜2008年の間で、1931年だけが2008年より低いリターンだった（−43%vs−37%)。さらに事態を悪化させたのは、この下落は、2009年１月の8.43%のさらなる下落に続いた。全体的に、2007年11月（下落が始まった）から2009年１月にかけて（本書を書いている最後の月)、S&P500はその価値の45%を失った。

図10.12は、2008年のS&P500の下落の、月ごとのパフォーマンスを表している。示されたように、12カ月中８カ月はリターンがマイナスだった。下落のほとんどが秋に起こり、10月だけで投資家はほぼ17%を失った。小型株もよくはなかった。小型株もこの年37%下落したが（10月に21%下落)、これは1937年に58%を失って以来の、最悪のパフォーマンスだった。

図10.12が示唆するように、過去の一般的な水準と比べても、株価は年末にきわめて変動的だった。奇妙なことに、S&Pは、上昇した日が126日あり、下落した日が126日だった（週末と祭日は市場が閉まっていることを忘れないように)。もちろん、下落日は平均よりずっと悪かった。

株価の下落は世界的な現象で、世界の主要な市場の多くがS&P500よりずっと大きく下落した。たとえば、中国、インド、ロシアは、すべて50%以上の下落を経験した。アイスランドは、この年株価が90%以上下落した。アイスランド取引所は10月９日、一時的に停止された。１日としては現代の記録を塗り替えるものに違いないが、10月14日に取引が再開されたとき、株式は76％下落した。

2008年に好成績を残したなんらかの証券はあっただろうか。答えはイエスで、株価が下落するにつれ、債券価格（特に米国債）は上昇した。実際、長期財務省債券は20％値上りし、短期財務省債券は13％上がった。高格付の長期社債は、若干劣るが、それでも約９％のプラスのリターンを達成した。これらのリターンは、消費者物価指数で測られたインフレ率がきわめてゼロに近かったことを考慮すると、ことさら印象的である。

このごく最近の資本市場の歴史のひとこまから、投資家はどのような教訓を得るべきだろうか。最初に、最も明らかなのは、株式には相当なリスクがあるということである！　しかし２番目の、同様に重要な教訓もある。投資割合にもよるが、株式と債券に分散化されたポートフォリオは、おそらく2008年に打撃を被ったが、しかし損失は、すべてが株式のポートフォリオが経験したものより、ずっと少なかったに違いない。最後に、増加したボラティリティと、高まったリスク回避性により、今後の株式リスク・プレミアムは、たぶん歴史的な水準よりやや高くなるだろう（少なくとも一時的には）と多くが主張している。

要約と結論

1．この章は、いくつかの異なる資産クラスのリターンを提示した。概括的な結論としては、株式はより高いリスクも示したが、20世紀の大半にわたって債券を上回るパフォーマンスをあげた。

2．この章における統計的計測値は、次に続く三つの章の内容に必要な構成要素である。特に、標準偏差と分散は、個別証券のリターン、および複数の証券からなるポートフォリオのリターンについて、その変動性を計測する。次章では、投資家のポートフォリオがある一つの個別証券だけで構成される場合、標準偏差と分散が適切なリスク計測値であることを論じる。

Concept Questions

1．投資選択

エマージェント・バイオソリューション株は、2008年にほぼ461％上昇した。なぜすべての投資家がエマージェント・バイオソリューション株を保有していなかったのか。

2．投資選択

アメリカン・インターナショナル・グループ株は、2008年に97%下落した。なぜ一部の投資家はこの株式を保有していたのか。なぜ彼らは株価が急落する前に売却しなかったのか。

3．リスクとリターン

長期では、株式投資のパフォーマンスは、債券投資のそれをかなり上回る傾向があることをみてきた。しかしながら、長期の投資ホライズンをもつ投資家が、すべての投資を債券で保有しているのをみるのは、決して珍しいことではない。これらの投資家は非合理的か。

4．株式 vs ギャンブル

次の文章を批判的に評価せよ。「株式投資はギャンブルのようなものである。このような投機的投資には、人々がギャンブルとして快楽を得る以外は、何の社会的価値もない」。

5．インフレの影響

表10.1と図10.7を参照する。1926～2008年の間で、Tビル（財務省短期証券）の利率がいちばん高かったのはいつか。なぜこの期間にこれほど高かったと思うか。あなたの答えの根底には、どのような関係が存在するか。

6．リスク・プレミアム

投資を行う前に、リスク・プレミアムがマイナスということはありうるか。投資を行った後、リスク・プレミアムがマイナスということはありうるか。

7．リターン

2年前、ゼネラル・マテリアル社とスタンダード・フィクスチャー社の株価は同じだった。最初の年に、ゼネラル・マテリアル社の株価は10%上昇したが、スタンダード・フィクスチャー社の株価は10%下落した。2年目は、ゼネラル・マテリアル社の株価が10%下落し、スタンダード・フィクスチャー社の株価が10%上昇した。これら二つの株式は、現在同じ価格か。説明せよ。

8．リターン

2年前、レイク・ミネラルズ社とスモール・タウン家具社の株価は同じだった。どちらの株式も、過去2年間の平均年次リターンは10%だった。レイク・ミネラルズ社の株価は毎年10%上昇した。スモール・タウン家具社の株式は、最初の年に25%上昇し、去年は5%下落した。これら二つの株式は、現在同じ価格か。

9．算術平均リターンvs幾何平均リターン

算術平均リターンと幾何平均リターンとの違いは何か。あなたは過去10年間ある株式に投資していたとする。算術平均リターンと幾何平均リターンのどちらの数値があなたにとってより重要か。

10．ヒストリカル・リターン

本章で提示されたヒストリカルな資産クラスのリターンは、インフレ調整が行われていない。もしインフレを調整したら、推定されたリスク・プレミアムに何が起こると思うか。また、リターンは税金の調整も行われていない。もし税金を調整したら、リターンに何が起こると思うか。ボラティリティには何が起こると思うか。

質問と問題

◆基本（問題1－18）

1．リターンの計算

株価は当初92ドルで、年度内に1.45ドルの配当が支払われ、年度末の株価は104ドルだった。総リターン（%）を計算せよ。

2．利回りの計算

問題1で、配当利回りはいくらだったか。キャピタル・ゲイン利回りは？

3．リターンの計算

年度末の株価が81ドルだと仮定して、問題1と2を再度行え。

4．リターンの計算

1年前に8%クーポンの債券を1,090ドルで購入したとする。債券は今日1,056ドルで売られている。

a. 1,000ドルの額面金額を仮定すると、この投資の過去1年間の総ドル・リターンはいくらだったか。

b. この投資の過去１年間の総名目利益率はいくらだったか。

c. もし去年のインフレ率が３％だったら、この投資の総実質利益率はいくらだったか。

5．名目リターン vs 実質リターン

1926〜2008年までの、大企業株式の算術平均年次リターンはいくらか。

a. 名目値で？

b. 実質値で？

6．債券リターン

長期国債のヒストリカルな実質リターンはいくらか。長期社債は？

7．リターンと変動性の計算

以下のリターンを用いて、X と Y について、平均リターン、分散、標準偏差を計算せよ。

リターン

年	X	Y
1	15%	18%
2	23	29
3	−34	−31
4	16	19
5	9	11

8．リスク・プレミアム

表10.1の1973〜1978年までの期間を参照する。

a. この期間の、大企業株式とＴビル（財務省短期証券）の算術平均リターンを計算せよ。

b. この期間の、大企業株式とＴビルの標準偏差を計算せよ。

c. それぞれの年の、Ｔビルに対する大企業株式の観察されたリスク・プレミアムを計算せよ。この期間の算術平均リスク・プレミアムはいくらだったか。この期間のリスク・プレミアムの標準偏差はいくらだったか。

9．リターンと変動性の計算

過去５年間にわたり、以下のメリー・アン・データ社株式のリターンを観察した。34%、16%、19%、−21%、８％。

a. この５年間のメリー・アンの算術平均リターンはいくらだったか。

b. この期間のメリー・アンのリターンの分散はいくらだったか。標準偏差は？

10. 実質リターンとリスク・プレミアムの計算

問題９において、この期間の平均インフレ率が4.2％で、財務省短期証券の平均利率が5.1％だったとする。

a. メリー・アン株の平均実質リターンはいくらだったか。

b. メリー・アン株の平均名目リスク・プレミアムはいくらだったか。

11. 実質金利の計算

問題10の情報を所与として、この期間の平均実質無リスク金利はいくらだったか。平均実質リスク・プレミアムはいくらだったか。

12. 保有期間リターン

ある株式のリターンは、過去５年間において、18.43％、16.82％、6.83％、32.19％、－19.87％だった。この株式の保有期間リターンはいくらか。

13. リターンの計算

あなたは１年前に、ゼロ・クーポン債を77.81ドルで購入した。市場金利は現在９％である。あなたが当初購入したとき、この債券の満期が30年だったとしたら、去年の総リターンはいくらだったか。

14. リターンの計算

あなたは去年、５％優先株を92.85ドルで購入した。この株式の現在の市場価格は94.63ドルである。あなたの去年の総リターンはいくらだったか。

15. リターンの計算

あなたは３カ月前に、ある株式を75.15ドルで購入した。株式は配当を支払わなかった。現在の株価は82.01ドルである。あなたの投資のAPRはいくらか。EARは？

16. 実質リターンの計算

表10.1を参照する。1926～1932年までの、財務省短期証券の平均実質リターンはいくらだったか。

17. リターン分布

表10.2を参照する。長期社債のリターンが、68％の確率で期待されるレンジはいくらか。95％の場合ではどうか。

18. リターン分布

表10.2を参照する。大企業株式のリターンが、68％の確率で期待されるレンジはいくらか。95％の場合ではどうか。

◆中級（問題19－26）

19. リターンと変動性の計算

あなたは過去5年間のうち、4回は、リターンが19％、－27％、6％、34％だった株式を見つけた。もしこの期間の株式の平均リターンが11％だったら、欠けている年のリターンはいくらだったか。リターンの標準偏差はいくらか。

20. 算術リターンと幾何リターン

ある株式の過去6年間のリターンは、それぞれ34％、18％、29％、－6％、16％、－48％だった。この株式の算術リターンと幾何リターンはいくらか。

21. 算術リターンと幾何リターン

以下はある株式の年度末価格と配当である。

年	株　価	配　当
1	$49.62	—
2	55.83	$0.68
3	57.03	0.73
4	50.25	0.84
5	53.82	0.91
6	64.18	1.02

この株式の算術リターンと幾何リターンはいくらか。

22. リターンの計算

表10.1の1973～1980年までの期間を参照する。

a．この期間の、Tビル（財務省短期証券）の平均リターンと平均年次インフレ率（消費者物価指数）を計算せよ。

b．この期間の、Tビルのリターンとインフレ率の標準偏差を計算せよ。

c．各年の実質リターンを計算せよ。Tビルの平均実質リターンはいくらか。

d．多くの人々が、Tビルを無リスクとみなす。これらの計算は、Tビルの潜在的リスクについて何を教えてくれるか。

23. 投資リターンの計算

あなたは去年、バーゲン製造社の7％クーポン債を943.82ドルで購入した。債券は年1回の支払を行い、いまから6年後に満期を迎える。あなたは今日、債券の売却を決心した。現在、債券に要求されるリターンは8％である。もし去年のインフレ率が4.8％だったら、この投資の総実質リターンはいくらか。

24. リターン分布を用いる

長期国債のリターンは正規分布であると仮定する。ヒストリカルな記録をもとにすると、所与の年にこれらの債券のリターンが－3.3%未満になるおおよその確率はいくらか。95%の場合で、どれだけのリターンのレンジを期待するか。99%の場合では、どれだけのレンジを期待するか。

25. リターン分布を用いる

小企業株式保有からのリターンが正規分布であると仮定すると、1年間であなたのお金が2倍になるおおよその確率はいくらか。3倍では？

26. 分　　布

前問で、リターンが－100%未満の確率はいくらか（考えよ）。リターンの分布に対してどのような意味をもつか。

◆チャレンジ（問題27－28）

27. 確率分布を用いる

大企業株式のリターンは正規分布であると仮定する。ヒストリカルな記録をもとに、エクセル®のNORMDIST関数を用いて、所与の年に普通株式に投資したら、損失を被る確率を推定せよ。

28. 確率分布を用いる

長期社債とTビル（財務省短期証券）のリターンは、正規分布であると仮定する。ヒストリカルな記録をもとに、エクセル®のNORMDIST関数を用いて、以下の質問に答えよ。

a. 所与の年に、長期社債のリターンが10%以上になる確率はいくらか。0%未満では？

b. 所与の年に、Tビルのリターンが10%以上になる確率はいくらか。0%未満では？

c. 1979年における長期社債のリターンは－4.18%だった。この低いリターンが将来のある時点で起こる可能性はどれだけあるか。同じ年、Tビルのリターンは10.56%だった。この高いリターンが将来のある時点で起こる可能性はどれだけあるか。

付章 10A　過去の市場リスク・プレミアム：超長期

第10章のデータは、普通株式のリターンが政府短期証券のリターンよりも、歴史的にはるかに高かったことを示している。なぜ多数の合理的投資家が、利回りの低い証券や債券を購入するのかを正当化することは困難なので、この現象は経済学者を悩ませてきた。

1985年、Mehra and Prescott は、非常に有力な論文を発表した。これは、政府短期証券の利回りと比較した場合、普通株式の過去のリターンは極端に高いということを示すものだった6)。彼らは、リターンの差（しばしば株式プレミアムと呼ばれる）は、投資家の危険回避度が非常に高いことを意味すると指摘した。Mehra and Prescott の研究が発表されて以来、金融経済学者はいわゆる株式リスク・プレミアムの謎を説明しようと試みてきた。財務省証券の過去の利回りが非常に低いことと比較すると、株式のリスク・プレミアムがこれまで高かったことは特に興味をそそるものである。これは、現実には起こらなかった行動が存在することを暗示していると思われる。一例をあげると、もし人々が非常に危険回避的で、過去の借入金利が低かったなら、経済の不確実性が高まる不況の期間には、生活水準が低下する可能性を回避するため、人々は積極的に借入れをしたはずである。しかしながら、景気後退時における借入れの増加は観測されていない。

Mehra and Prescott の株式リスク・プレミアムの謎は、一般的に未解明のパラドックスであるとみなされてきた。ところが最近、Jeremy Seigel は、過去のリスク・プレミアムがこれまで思われたより、相当に低かった可能性があることを明らかにした（表10A.1参照）。彼は、1926～2006年までのリスク・プレミアムの平均が8.2%であるのに対して、1802～1870年までの平均は2.9%、1871～1925年までの

表10A．1

	1802～1870年	1871～1925	1926～2006	全体 1802～2006
普通株式	8.1	8.4	12.0	9.7
財務省短期証券	5.2	3.8	3.8	4.3
リスク・プレミアム	2.9	4.6	8.2	5.4

6） Rajnish Mehra and Edward C. Prescott, "The Equity Premium : A Puzzle," *Journal of Monetary Economics* 15 (1985), pp. 145-61.

平均は4.6%にすぎないことを示している7)。過去200年間にわたってトレンドが上昇傾向にあることは謎である。しかしながら重要な点は、過去のリスク・プレミアムは、より近年のものに比べて低く、われわれは現在のリスク・プレミアムに関して設ける前提に対して、いくぶん注意深くなるべきである。

ミニケース

●イーストコースト・ヨット社での仕事

あなたは最近大学を卒業し、就職活動でイーストコースト・ヨット社にたどり着いた。会社のビジネスは、荒れた景気の海でも耐航性があると感じたので、あなたは仕事のオファーを受けた。出社１日目、雇用関係の書類を書き上げているときに、財務の仕事をしているダン・アービンが立ち寄り、会社の401(k)プランについて説明した。

401(k)プランは、多くの企業によって提供される退職プランである。このようなプランは課税繰延手段で、これはあなたがこのプランに預け入れたお金が、現在の税引き前収入から控除されることを意味する。したがって、いまはお金に税金がかからない。たとえば、あなたの年間サラリーが５万ドルだとしよう。もし3,000ドルを401(k)プランに拠出すると、４万7,000ドルの収入にしか課税されない。また、プランに投資している間は、キャピタル・ゲインやインカム・ゲインに対して課税されないが、退職してお金を引き出したときに税金を支払う。かなり一般的なものとして、企業が５%マッチを提供する。これは会社があなたのサラリーの５%を上限として、あなたの拠出額にマッチした資金補助を行うということであるが、マッチを得るためにはまずあなたが拠出しなければならない。

401(k)プランには、投資に対していくつかの選択肢が用意されているが、そのほとんどは投資信託である。投資信託とは、資産のポートフォリオである。あなたが投資信託を購入したとき、あなたは実際にはファンドの資産の部分的所有権を購入している。ファンドのリターンは、ファンドが所有する資産のリターンの加重平均から、経費を差し引いたものである。最も大きな経費は一般的に管理手数料で、ファンド・マネジャーに支払われる。管理手数料は、ファンドのために投資意思決

7）Jeremy J. Seigel, *Stocks for the Long Run*, 4th ed.（New York : McGraw-Hill, 2008）.

定を行うマネジャーに対する報酬である。

イーストコースト・ヨット社は、ブレッドソー・ファイナンシャル・サービスを401(k)プランの管理者として用いている。以下は従業員に提供されている投資の選択肢である。

自社株式

401(k)プランの一つの選択肢は、イーストコースト・ヨット社の株式である。会社は現在未公開である。しかしながら、あなたが、オーナーであるラリッサ・ワレンの面接を受けたとき、彼女は3、4年後に会社を公開する予定であると伝えた。それまで、会社の株価は、毎年取締役会によって設定される。

ブレッドソー S&P500インデックス・ファンド

この投資信託はS&P500を追随する。ファンド内の株式は、S&P500とちょうど同じになるように加重配分される。これはファンドのリターンが、ほぼS&P500のリターンから経費を差し引いたものになることを意味する。インデックス・ファンドは、追随するインデックスの構成に基づいて資産を購入するので、株式を調査し、投資の意思決定を行うファンド・マネジャーは必要ない。その結果、ファンドの経費は一般的に低いものとなる。ブレッドソー S&P500インデックス・ファンドは、年間、資産の0.15%の費用を課す。

ブレッドソー小型株ファンド

このファンドは、主に時価総額の小さな株式に投資する。したがって、ファンドのリターンはより変動的である。またファンドは資産の10%を米国外の企業に投資できる。このファンドは費用として、1.70%を課す。

ブレッドソー大型株ファンド

このファンドは、主に時価総額の大きな米国企業株式に投資する。ファンドは、エヴァン・ブレッドソーによって運用される。彼は過去8年間で6回、市場のパフォーマンスを上回ってきた。ファンドは費用として、1.50%を課す。

ブレッドソー債券ファンド

このファンドは、米国企業によって発行された長期社債に投資する。ファンドの投資は、投資適格債に限定されている。ファンドは費用として、1.40%を課す。

ブレッドソー・マネー・マーケット・ファンド

このファンドは、財務省短期証券を含む、格付の高い短期の負債証券に投資する。したがって、マネー・マーケット・ファンドのリターンは、財務省短期証券よりわずかに高いだけである。高い信用度と短期の投資なので、リターンがマイナスになるリスクはほんのわずかしかない。ファンドは費用として、0.60%を課す。

1．自社株式に比べて、投資信託はどのようなメリットを提供するか。
2．あなたはサラリーの5%を投資し、イーストコースト・ヨット社から5%のフル・マッチを得るとする。あなたはこのマッチからどれだけの実効年利率(EAR)を獲得するか。マッチング・プランに関して、どのような結論を導くか。
3．あなたは最低限、資金の一部を時価総額が大きい米国企業の株式に投資すべきであると考える。ブレッドソーS&P500インデックス・ファンドと比較して、ブレッドソー大型株ファンドを選択するメリットとデメリットは何か。
4．ブレッドソー小型株ファンドのリターンは、この401(k)プランで提供されているすべてのファンドのなかで、最も変動性が高い。いったいなぜこのファンドに投資したいと思うのか。投資信託の費用を吟味したとき、あなたはこのファンドの費用がいちばん高いことに気づく。これは、このファンドに投資するというあなたの決定に影響を及ぼすか。
5．しばしば用いられるリスク調整済パフォーマンスの測定値は、シャープ・レシオである。シャープ・レシオは、資産のリスク・プレミアムをその標準偏差で割ったものとして計算される。以下は、過去10年間のファンドのリターンと標準偏差である。これらのファンドそれぞれのシャープ・レシオを計算せよ。自社株の期待リターンと標準偏差は、それぞれ16%と70%である。自社株のシャープ・レシオを計算せよ。これらの資産にシャープ・レシオはどれだけ適切か。いつシャープ・レシオを用いるか。

	10年間の年次リターン	標準偏差
ブレッドソーS&P500インデックス・ファンド	8.45%	21.85%
ブレッドソー小型株ファンド	13.45	24.83
ブレッドソー大型株ファンド	8.62	22.93
ブレッドソー債券ファンド	6.25	9.20

6．あなたはどのようなポートフォリオ配分を選ぶか。なぜか。あなたの考えを注意深く説明せよ。

第11章

リターンとリスク
―資本資産価格モデル (CAPM)―

普通株式の期待リターンは非常にさまざまである。一つの重要な決定要因は、会社が事業を行う産業分野である。たとえば、モーニングスターの最近の推定によると、シアーズやコールズのような百貨店の期待リターンの中央値が11.78%であるのに対して、デルタやサウスウェストのような航空会社の期待リターンの中央値は12.75%である。マイクロソフトやオラクルのようなコンピュータ・ソフトウェア企業の期待リターンの中央値はさらに高く、14.87%である。

これらの推定値は、わかりきった質問を喚起する。最初に、なぜこれらの産業分野の期待リターンは、これほど異なるのだろうか。そして、これらの特定の数値はどのように計算されたのだろうか。また、ソフトウェア株によって提供される高いリターンは、投資家が、たとえば百貨店株より、これらを好むべきであるという意味なのだろうか。本章でみていくように、これらの質問に対するノーベル賞受賞の答えが、リスクとリターンに関する現代的理解の基礎をかたちづくる。

11.1　個別証券

第11章の最初の部分では、個々の証券の特性を考察する。特に、以下の点を検討する。

1．*期待リターン（expected return）*：これは個人が期待する来期における株式のリターンである。もちろんこれは期待にすぎないから、実際のリターンはこれよりも高いか、あるいは低いかもしれない。個人の期待は、単にある証券が過去に生んだ期間当りの平均リターンであるかもしれない。また一方で、個人の期待は、企業の先行きについての綿密な分析、コンピュータで作成したモデル、あるいは特別な（または内部の）情報に基づいているかもしれない。

2．*分散（variance）および標準偏差（standard deviation）*：証券のリターンのボラティリティを評価するには多くの手法がある。最も一般的なものの一つは分散であり、これは証券のリターンに関して、その期待リターンからの乖離（偏差）を2乗した尺度である。標準偏差は分散の平方根である。

3．*共分散（covariance）および相関（correlation）*：個別証券のリターンは互いに関連している。共分散は、二つの証券の相互関係を計測する統計量である。かわりに、この関係は二つの証券間の相関によっても表すことができる。共分散と相関は、ベータ係数を理解するための基本的要素である。

11.2　期待リターン、分散、共分散

期待リターンと分散

ファイナンシャル・アナリストたちが、不況、景気後退、通常、好況という四つの経済状態を、等しく起こりうるものと確信しているとしよう。スーパーテック社のリターンは経済に密接に連動すると予想されているのに対し、スローポーク社のリターンはそう考えられていない。リターン予測は以下のとおりである。

	スーパーテック社のリターン R_{At}	スローポーク社のリターン R_{Bt}
不　　況	−20%	5%
景気後退	10	20
通　　常	30	−12
好　　況	50	9

分散は四つの手順で計算できる。標準偏差を計算するには、さらなる手順が必要になる（その計算は表11.1に示されている）。手順は、以下のとおりである。

1．期待リターンを計算する。

表11.1　分散と標準偏差の計算

(1) 経済の状態	(2) 利益率	(3) 期待リターンからの偏差	(4) 偏差の2乗値
	スーパーテック社*	(期待リターン＝0.175)	
	R_{At}	$(R_{At}-\overline{R}_A)$	$(R_{At}-\overline{R}_A)^2$
不　況	−0.20	−0.375 (＝−0.20−0.175)	0.140625 [＝(−0.375)²]
景気後退	0.10	−0.075	0.005625
通　常	0.30	0.125	0.015625
好　況	0.50	0.325	0.105625
			0.267500
	スローポーク社**	(期待リターン＝0.055)	
	R_{Bt}	$(R_{Bt}-\overline{R}_B)$	$(R_{Bt}-\overline{R}_B)^2$
不　況	0.05	−0.005 (＝0.05−0.055)	0.000025 [＝(−0.005)²]
景気後退	0.20	0.145	0.021025
通　常	−0.12	−0.175	0.030625
好　況	0.09	0.035	0.001225
			0.052900

（注）　*　$\overline{R}_A=\dfrac{-0.20+0.10+0.30+0.50}{4}=0.175=17.5\%$

$\mathrm{Var}(R_A)=\sigma_A^2=\dfrac{0.2675}{4}=0.066875$

$\mathrm{SD}(R_A)=\sigma_A=\sqrt{0.066875}=0.2586=25.86\%$

**　$\overline{R}_B=\dfrac{0.05+0.20-0.12+0.09}{4}=0.055=5.5\%$

$\mathrm{Var}(R_B)=\sigma_B^2=\dfrac{0.0529}{4}=0.013225$

$\mathrm{SD}(R_B)=\sigma_B=\sqrt{0.013225}=0.1150=11.50\%$

スーパーテック社

$$\frac{-0.20+0.10+0.30+0.50}{4}=0.175=17.5\%=\overline{R_A}$$

スローポーク社

$$\frac{0.05+0.20-0.12+0.09}{4}=0.055=5.5\%=\overline{R_B}$$

2．それぞれの会社について、前出の各リターンが期待リターンからどれくらい乖離しているかを計算する。このリターンは、表11.1の第3列に示してある。

3．計算した偏差は、リターンのばらつき度を示す指標である。しかし、あるものは正であり、あるものは負であるので、このままのかたちで仕事を進めるのは困難である。たとえば、仮に一つの会社のすべての偏差を単純に足し合わせたとしたら、その総和はゼロになってしまう。

偏差をより意味のあるものにするため、その各々を２乗する。するとすべての数字が正となり、これはその総和もまた正となることを意味する。偏差の２乗は表11.1の最終列に示してある。

4．各会社について、偏差の２乗の平均値、すなわち分散を計算する[1]。

スーパーテック社

$$\frac{0.140625+0.005625+0.015625+0.105625}{4}=0.066875$$

スローポーク社

$$\frac{0.000025+0.021025+0.030625+0.001225}{4}=0.013225$$

したがって、スーパーテック社の分散は0.066875であり、スローポーク社の分散は0.013225である。

5．分散の平方根をとって標準偏差を計算する。

スーパーテック社

$\sqrt{0.066875}=0.2586=25.86\%$

スローポーク社

$\sqrt{0.013225}=0.1150=11.50\%$

代数的には、分散の公式は次のように表すことができる。

$\mathrm{Var}(R)=(R-\overline{R})^2$の期待値

1）　この例では、四つの経済状態が、各株式について四つの等しく起こりうる結果を生む。期待リターンは、起こりうる結果の確率加重平均で求められる。スーパーテック社では、

$$0.25\times(-0.20)+0.25\times0.10+0.25\times0.30+0.25\times0.50=0.175$$

となる。四つの潜在的な結果が等しく起こりうるので、潜在的な結果を合計し、４で割るように簡略化できる。もし結果が等確率でなかったら、この簡略化は使えない。

同様な計算が分散にも必要になる。偏差を２乗し、確率加重平均を求める。スーパーテック社では、

$$0.25\times0.140625+0.25\times0.005625+0.25\times0.15625+0.25\times0.105625=0.066875$$

となる。これは偏差の２乗を合計し、４で割っても同じである。

もし過去のデータ（第10章のように）を用いるなら、除数は常に観察数－１になる。

$\overline{R}$ は証券の期待リターンであり、R は実際のリターンである。

分散の4段階にわたる計算法を調べると、なぜ分散がリターンに関するサンプルの広がりを示す測定値であるかが明らかになる。各観測値について、実現リターンと期待リターンの差を2乗する。そして次に、その差の2乗の平均をとる。差を2乗すれば、それらはすべて正となる。各リターンと期待リターンとの差を用いて、次にこれらの差の平均をとったとしたら、平均値を上回るリターンが下回るリターンを打ち消すため、得られる結果はゼロになってしまう。

しかしながら、分散はなお2乗の次元で表されているため、理解するのが困難である。標準偏差はずっと理解するのが簡単であり、これは第10章の10.5節で提示されている。標準偏差は単に分散の平方根である。標準偏差の一般的公式は次のとおりである。

$$\mathrm{SD}(R)=\sqrt{\mathrm{Var}(R)}$$

共分散と相関

分散と標準偏差は、個別株式の変動性を計測する。ここで、ある株式のリターンと別の株式のリターンとの関係を計測したい。**共分散**（**covariance**）と**相関**（**correlation**）に入ることにしよう。

共分散と相関は、二つの確率変数がどのように関係しているかを計測する。先に示したスーパーテック社とスローポーク社の例を拡張して、これらの用語を説明する。

例11．1　共分散と相関の計算

スーパーテック社とスローポーク社の双方について、すでに期待リターンと標準偏差を算出した（スーパーテック社とスローポーク社の期待リターンは、それぞれ0.175、0.055である。標準偏差は、それぞれ0.2586、0.1150である）。さらに各社について、生じる可能性のある各リターンの、期待リターンからの偏差を計算した。これらのデータを用いれば、共分散は二つの手順で計算できる。相関の計算には追加の手順が必要になる。

1．各々の経済状態について、スーパーテック社の期待リターンからの偏差と、スローポーク社の期待リターンからの偏差を乗じる。たとえば、スーパーテック社の不況時における利益率は－0.20であるが、この値の期待リターンからの偏差は－0.375（＝－0.20－0.175）である。スローポーク社の利益率は不況時に0.05であるが、この値の期待リターンからの偏差は－0.005（＝0.05－0.055）である。二つの偏差を掛け合わせると、0.001875［（＝－0.375）×（－0.005）］となる。実際の計算は表11.2の最終列に示されている。この手順は次のように、代数的に表すことができる。

$$(R_{At}-\overline{R}_A)\times(R_{Bt}-\overline{R}_B) \qquad (11.1)$$

R_{At} および R_{Bt} は、状態 t におけるスーパーテック社とスローポーク社のリターンであり、$\overline{R}_A$ および $\overline{R}_B$ は、二つの証券の期待リターンである。

2．最終列で四つの状態の平均値を計算する。この平均が共分散である。すなわち[2]、

$$\sigma_{AB}=\mathrm{Cov}(R_A, R_B)=\frac{-0.0195}{4}=-0.004875$$

スーパーテック社とスローポーク社との共分散を、$\mathrm{Cov}(R_A, R_B)$ もしくは σ_{AB} のいずれかで表していることに注意されたい。式11.1は共分散の直観的意味を明らかにしている。スローポーク社のリターンが平均を上回っている場合に、スーパーテック社のリターンがおおむね平均を超え、また、スローポーク社のリターンが平均を下回っている場合に、スーパーテック社のリターンがおおむね平均より低いとしよう。これは２社のリターンに正の依存性、もしくは正の関係があることを示している。両社のリターンがそれぞれの平均を*上回る*状況のもとでは、式11.1の項はどの状態でも*正*となることに注意されたい。さらに、両項が平均を*下回る*状況のもとでは、式11.1は依然としてどの状態でも*正*になる。よって、２社のリターンの間に正の相関関係がある場合には、共分散は正の値となる。

逆に、スローポーク社のリターンが平均を下回っている場合に、スーパーテック社のリターンがおおむね平均を超え、また、スローポーク社のリターンが平均を上回っている場合に、スーパーテック社のリターンがおおむね平均より

2）　分散の場合と同様に、四つの状態が四つの等しく起こりうる結果を生むので、N（この例では４）で割っている。

表11.2　共分散と相関の計算

経済の状態	スーパーテック社の収益率 R_{At}	期待リターンからの偏差 $(R_{At}-\overline{R}_A)$	スローポーク社の収益率 R_{Bt}	期待リターンからの偏差 $(R_{Bt}-\overline{R}_B)$	偏差の積 $(R_{At}-\overline{R}_A)\times(R_{Bt}-\overline{R}_B)$
		(期待リターン＝0.175)		(期待リターン＝0.055)	
不　況	−0.20	−0.375 (＝−0.20−0.175)	0.05	−0.005 (＝0.05−0.055)	0.001875 (＝−0.375×−0.005)
景気後退	0.10	−0.075	0.20	0.145	−0.010875 (＝−0.075×0.145)
通　常	0.30	0.125	−0.12	−0.175	−0.021875 (＝0.125×−0.175)
好　況	0.50	0.325	0.09	0.035	0.011375 (＝0.325×0.035)
	0.70		0.22		−0.0195

$$\sigma_{AB}=\mathrm{Cov}(R_A, R_B)=\frac{-0.0195}{4}=-0.004875$$

$$\rho_{AB}=\mathrm{Corr}(R_A, R_B)=\frac{\mathrm{Cov}(R_A, R_B)}{\mathrm{SD}(R_A)\times\mathrm{SD}(R_B)}=\frac{-0.004875}{0.2586\times0.1150}=-0.1639$$

低いとしよう。これは２社のリターンに負の依存性、もしくは負の関係があることを示している。一方のリターンがその平均を上回り、他方のリターンがその平均を下回る状況では、式11.1の項はどの状態でも*負*になることに注意されたい。よって、２社のリターンの間に負の相関関係がある場合には、共分散は負の値となる。

最後に２社のリターンに何の関係もないと仮定しよう。この場合には、スーパーテック社のリターンがその期待リターン以上であるか、またはそれ以下であるかを知っていたとしても、スローポーク社のリターンについては何もわからない。それなら共分散の公式において、偏差がともに正または負のどちらかに偏る傾向はない。平均すると、偏差は互いに相殺し打ち消し合って、共分散はゼロになる。

もちろん、二つのリターンが互いに無関係であるとしても、現実の観察値においては、共分散の公式が厳密にゼロに等しくなることはないだろう。これはサンプリングの誤差による。すなわちランダム性のみが、計算値を正にしたり負にしたりする。しかし、十分に長い期間に及ぶ過去のサンプルについては、二つのリターンが互いに無関係である場合、共分散がゼロに近づくことが期待される。

共分散の公式はわれわれが捜し求めているものを、とらえているようにみえる。二つのリターンの間に正の関係があれば、共分散は正の値になり、二つのリターンの間に負の関係があれば、共分散は負の値になる。最後に非常に重要なこととして、もし二つのリターンが無関係であれば、共分散はゼロになるはずである。

共分散の公式は、次のように代数的に書き表すことができる。

$$\sigma_{AB} = \mathrm{Cov}(R_A, R_B) = [(R_A - \overline{R}_A) \times (R_B - \overline{R}_B)] \text{ の期待値}$$

ここで $\overline{R}_A$、および $\overline{R}_B$ は二つの証券の期待リターンを、R_A および R_B は実際のリターンを表す。二つの変数の順番は重要ではない。すなわち、A と B の共分散は、B と A の共分散に等しい。これはより形式的に、$\mathrm{Cov}(R_A, R_B) = \mathrm{Cov}(R_B, R_A)$、または、$\sigma_{AB} = \sigma_{BA}$ として表すことができる。

計算した共分散は、－0.004875である。このような負の数字が意味するのは、ある株式のリターンがその平均を下回る場合には、他方の株式のリターンは平均を上回っているということであり、これは逆の場合も同じである。しかしながら、数値の大きさを解釈するのは困難である。分散の値と同様に、共分散の単位は偏差の2乗になっている。全体的な視野でとらえることができるまで、その数値をどう理解したらいいのかわからない。

この問題は相関を計算することで解決する。

3．相関を計算するためには、共分散を二つの証券双方の標準偏差で割る。先の例では次のようになる。

$$\rho_{AB} = \mathrm{Corr}(R_A, R_B) = \frac{\mathrm{Cov}(R_A, R_B)}{\sigma_A \times \sigma_B} = \frac{-0.004875}{0.2586 \times 0.1150} = -0.1639 \qquad (11.2)$$

σ_A と σ_B は、それぞれスーパーテック社とスローポーク社の標準偏差である。スーパーテック社とスローポーク社の相関を、$\mathrm{Corr}(R_A, R_B)$ または ρ_{AB} と表すことに注意されたい。共分散の場合と同様に、二つの変数の順番は重要ではない。つまり A と B の相関は、B と A の相関と等しい。より形式的に示せば次のようになる。$\mathrm{Corr}(R_A, R_B) = \mathrm{Corr}(R_B, R_A)$、もしくは、$\rho_{AB} = \rho_{BA}$ である。

標準偏差は常に正なので、2変数間の相関の符号（正負）は2変数間の共分

図11.1　異なる相関係数の例―図のなかのグラフは、二つの証券の個々のリターンが時間の経過とともに変化する様子を描いている

完全な正の相関

Corr $(R_A,\ R_B)=1$

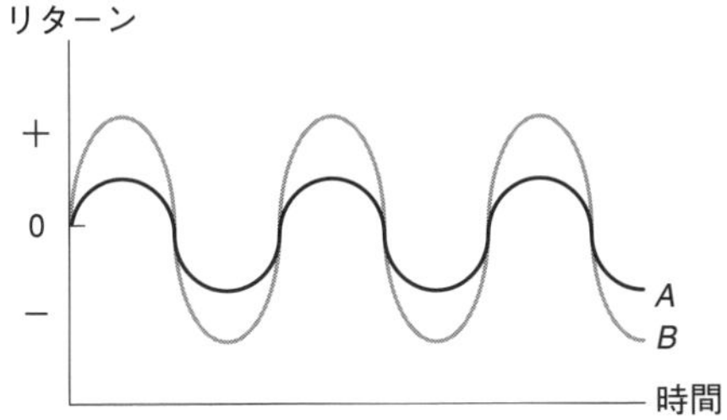

証券 *A* のリターンと証券 *B* のリターンの双方が、平均より高い時期は同じである。証券 *A* のリターンと証券 *B* のリターンの双方が、平均より低い時期は同じである。

完全な負の相関

Corr $(R_A,\ R_B)=-1$

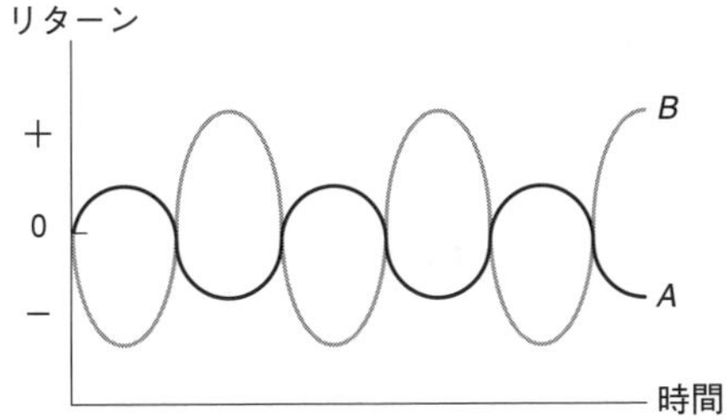

証券 *A* のリターンが平均より高いとき、証券 *B* のリターンは平均より低く、逆もまた同様である。

ゼロ相関

Corr $(R_A,\ R_B)=0$

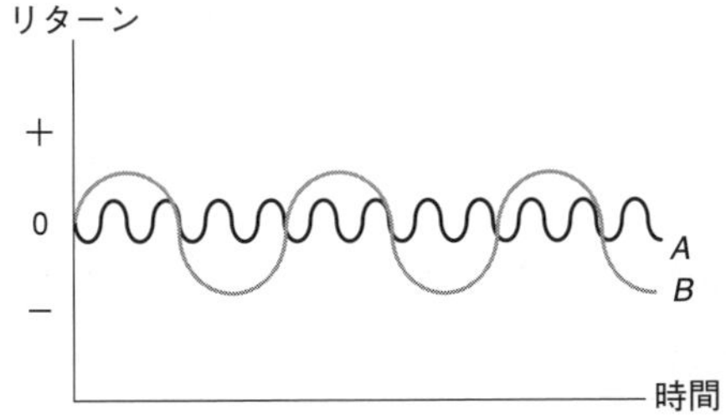

証券 *A* のリターンは、証券 *B* のリターンとまったく連動していない。

散の符号と一致しなければならない。相関が正の場合、２変数には*正の相関*があるという。また相関が負の場合、２変数には*負の相関*があるという。そして相関がゼロの場合、２変数は*無相関*であるという。さらに、相関は常に＋１から－１の間の値をとることが証明できる。これは、二つの標準偏差で割るという標準化の手順に帰因する。

異なる証券のペアの間で、相関を比較することが可能である。たとえば、ゼネラル・モーターズとフォードの相関は、ゼネラル・モーターズとIBMの相関よりもはるかに高い。それゆえ、第一の証券のペアは、第二のペアよりも相関関係が強いということができる。

図11.1は二つの資産A、Bについて、三つの標準的な場合を示している。図が示しているのは、リターンの相関が＋１、－１、０となる二つの資産である。この数字の意味はそれぞれ、完全な正の相関、完全な負の相関、そして無相関である。図中のグラフは、二つの証券の個々のリターンが時間の経過とともに変化する様子を描いている。

11.3　ポートフォリオのリターンとリスク

ある投資家が、個別証券の期待リターンと標準偏差、および証券間の相関についての推定値をもっているとしよう。その場合この投資家は、保有すべき証券の最善の組合せ、もしくはポートフォリオ（portfolio）をどのように選択するだろうか。明らかに投資家は、期待リターンが高く、リターンの標準偏差が低いポートフォリオを望むだろう。したがって、以下の事柄は考察するに値する。

1．個別証券の期待リターンと、それらの証券から構成されるポートフォリオの期待リターンとの関係。
2．個別証券の標準偏差、証券間の相関、それらの証券から構成されるポートフォリオの標準偏差の関係。

これら二つの関係を分析するために、前出のスーパーテック社とスローポーク社の例を用いる。これに関連する計算は以下のとおりである。

ポートフォリオの期待リターン

ポートフォリオの期待リターンを求める公式は、非常に簡単である。

ポートフォリオの期待リターンは、単に個別証券の期待リターンの加重平均である。

スーパーテック社とスローポーク社の例からの関連するデータ

事　　項	記号	値
スーパーテック社の期待リターン	$\overline{R}_{\text{スーパー}}$	0.175＝17.5%
スローポーク社の期待リターン	$\overline{R}_{\text{スロー}}$	0.055＝5.5%
スーパーテック社の分散	$\sigma^2_{\text{スーパー}}$	0.066875
スローポーク社の分散	$\sigma^2_{\text{スロー}}$	0.013225
スーパーテック社の標準偏差	$\sigma_{\text{スーパー}}$	0.2586＝25.86%
スローポーク社の標準偏差	$\sigma_{\text{スロー}}$	0.1150＝11.50%
スーパーテック社とスローポーク社の間の共分散	$\sigma_{\text{スーパー},\text{スロー}}$	−0.004875
スーパーテック社とスローポーク社の間の相関	$\rho_{\text{スーパー},\text{スロー}}$	−0.1639

例11.2　ポートフォリオの期待リターン

スーパーテック社とスローポーク社について考察しよう。前出の計算から、二つの証券の期待リターンが、それぞれ17.5%と5.5%であることがわかる。

これら二つの証券だけで構成されるポートフォリオの期待リターンは、次のように表すことができる。

$$\text{ポートフォリオの期待リターン}=X_{\text{スーパー}}(17.5\%)+X_{\text{スロー}}(5.5\%)=\overline{R}_P$$

ここで、$X_{\text{スーパー}}$はスーパーテック社のポートフォリオに占める割合(%)、$X_{\text{スロー}}$はスローポーク社のポートフォリオに占める割合である。100ドルをもっている投資家がスーパーテック社に60ドル、スローポーク社に40ドルを投資したとすると、ポートフォリオの期待リターンは次のように表すことができる。

$$\text{ポートフォリオの期待リターン}=0.6\times 17.5\%+0.4\times 5.5\%=12.7\%$$

代数的には次のように書き表せる。

$$\text{ポートフォリオの期待リターン}=X_A\overline{R}_A+X_B\overline{R}_B=\overline{R}_P \qquad (11.3)$$

X_A と X_B は、それぞれ資産 A と資産 B のポートフォリオ全体に占める割合である（この例の投資家は二つの証券にしか投資できないから、X_A+X_B は、必ず１もしくは100％になる）。$\overline{R}_A$ と $\overline{R}_B$ は２証券の期待リターンである。

ここで、期待リターンがそれぞれ10％である二つの株式を考えてみよう。これら二つの株式で構成されるポートフォリオの期待リターンは、二つの株式の保有割合に関係なく10％のはずである。現時点でこの結果は自明にみえるかもしれないが、後に重要なものとなる。この結果は、多数の証券に投資することによって、期待リターンが下がったり散逸したりしないということを意味している。正確には、ポートフォリオの期待リターンは、ポートフォリオ内の個別資産の期待リターンを単に加重平均したものである。

ポートフォリオの分散と標準偏差

分　散

二つの証券 A、B で構成されるポートフォリオの分散を求める公式は、次のようになる。

ポートフォリオの分散

$$\text{Var}(\text{ポートフォリオ}) = X_A^2\sigma_A^2 + 2X_AX_B\sigma_{A,B} + X_B^2\sigma_B^2$$

式の右辺には三つの項が存在することに注意されたい。第１項は A の分散（σ_A^2）を、第２項は２証券間の共分散（$\sigma_{A,B}$）を含み、そして第３項は B の分散（σ_B^2）を含んでいる（本章で前述したように、$\sigma_{A,B}=\sigma_{B,A}$ である。すなわち、２証券間の共分散を表す場合に、変数の順番は関係ない）。

この公式は一つの重要なポイントを示している。ポートフォリオの分散は、個別証券の分散および２証券間の共分散の双方によって決まる。証券の分散は、個別証券のリターンの変動性を計測する。共分散は２証券間の関係を計測する。個別証券の所与の分散値に対して、２証券間の関係もしくは共分散が正であれば、ポートフォリオ全体の分散は増加する。２証券間の関係もしくは共分散が負の場合には、ポートフォリオ全体の分散は減少する。この重要な結果は、常識と一致していると思われる。ポートフォリオの他の証券が下落しているときに、ある証券が上昇する傾向を示すとすれば、(逆の場合も同じであるが)、この二つの証券は互いに相殺し合っている。すなわち、ファイナンスでいうところのヘッジを行うことになり、ポートフォリオ全体のリスクは低くなる。しかしながら、もし両方の証券がともに上昇し、そして下落するなら、まったくヘッジにはならない。したがって、ポートフォリオ全体のリスクはさらに高くなる。

スーパーとスローの２証券について、分散の公式は次のようになる。

$$\mathrm{Var}(\text{ポートフォリオ}) = X^2_{\text{スーパー}}\sigma^2_{\text{スーパー}} + 2X_{\text{スーパー}}X_{\text{スロー}}\sigma_{\text{スーパー},\text{スロー}} + X^2_{\text{スロー}}\sigma^2_{\text{スロー}} \tag{11.4}$$

100ドルをもっている個人がスーパーテック社に60ドル、スローポーク社に40ドル投資するという先の仮定では、$X_{\text{スーパー}}=0.6$、$X_{\text{スロー}}=0.4$である。この仮定と先の計算の関連データを用いると、ポートフォリオの分散は以下のようになる。

$$0.023851 = 0.36\times 0.066875 + 2\times[0.6\times 0.4\times(-0.004875)] + 0.16\times 0.013225 \tag{11.4$'$}$$

行 列 法

式11.4は、代替的に行列形式で表すことができる。

	スーパーテック社	スローポーク社
スーパーテック社	$X^2_{\text{スーパー}}\sigma^2_{\text{スーパー}}$ $0.024075 = 0.36\times 0.066875$	$X_{\text{スーパー}}X_{\text{スロー}}\sigma_{\text{スーパー},\text{スロー}}$ $-0.00117 = 0.6\times 0.4\times(-0.004875)$
スローポーク社	$X_{\text{スーパー}}X_{\text{スロー}}\sigma_{\text{スーパー},\text{スロー}}$ $-0.00117 = 0.6\times 0.4\times(-0.004875)$	$X^2_{\text{スロー}}\sigma^2_{\text{スロー}}$ $0.002116 = 0.16\times 0.013225$

この行列には四つの枠がある。式11.4の各項を枠に入れることにより、２証券から構成されるポートフォリオの分散を得ることができる。上側の左角の項は、スーパーテック社の分散である。下側の右角の項は、スローポーク社の分散である。残りの二つの枠は、共分散にかかわる項を含んでいる。これら二つの枠はまったく同一で、式11.4で共分散の項が２倍されている理由を表している。

この時点で、学生は往々にして式11.4よりも、この行列を用いる方法を紛らわしいと感じる。しかしながら、行列を用いる方法は、三つ以上の証券の場合に容易に一般化できる。この課題は本章の後半で取り扱う。

ポートフォリオの標準偏差

式11.4′が与えられれば、ポートフォリオのリターンの標準偏差を算出することが可能である。すなわち、

$$\sigma_P = \mathrm{SD}(\text{ポートフォリオ}) = \sqrt{\mathrm{Var}(\text{ポートフォリオ})}$$
$$= \sqrt{0.023851} = 0.1544 = 15.44\% \qquad (11.5)$$

となる。ポートフォリオの標準偏差の解釈は、個別証券の標準偏差の場合と同じである。このポートフォリオの期待リターンは12.7%である。−2.74%（＝12.7%−15.44%）というリターンは平均から１標準偏差下のリターンであり、28.14%（＝12.7%＋15.44%）というリターンは平均より１標準偏差上である。ポートフォリオのリターンが正規分布ならば、−2.74%から＋28.14%の範囲に入るリターンが出現する確率は、約68%である[3]。

分散化効果

ポートフォリオの標準偏差を、個別証券の標準偏差と比較することは有益である。個別証券の標準偏差の加重平均は、次のとおりである。

$$\text{標準偏差の加重平均} = X_{\text{スーパー}}\sigma_{\text{スーパー}} + X_{\text{スロー}}\sigma_{\text{スロー}} \qquad (11.6)$$
$$0.2012 = 0.6 \times 0.2586 + 0.4 \times 0.115$$

本章における最も重要な結果の一つは、式11.5と式11.6との違いに関係している。この例において、ポートフォリオの標準偏差は、個別証券の標準偏差の加重平均よりも小さい。

ポートフォリオの期待リターンは、個別証券の期待リターンの加重平均であると、先に指摘した。したがって、ポートフォリオの標準偏差については、ポートフォリオの期待リターンの場合と異なる種類の結果を得る。

ポートフォリオの標準偏差についてのこの結果は、分散化によるものである。たとえば、スーパーテック社とスローポーク社は弱い負の相関を示している（ρ＝−0.1639）。スローポーク社のリターンが平均を超えている場合には、スーパーテック社のリターンは平均に少し満たない可能性が高い。同様に、スローポーク社のリターンが平均以下の場合には、スーパーテック社のリターンは平均を少し超えて

3）　スーパーテック社とスローポーク社には、等確率のリターンが四つしか存在しないので、どちらの証券も正規分布ではない。よってわれわれの例では、確率はわずかに異なるだろう。

いる可能性が高い。よって、二つの証券で構成されるポートフォリオの標準偏差は、その2証券の標準偏差の加重平均よりも小さくなる。

われわれの例には負の相関がある。明らかに、二つの証券が正の相関を示した場合は、分散化の利益はより少なくなる。正の相関がどの程度まで高くなると、分散化の利益が完全に失われるのだろうか。

この疑問に答えるため、共分散のかわりに相関を用いて式11.4を書き換えてみよう。共分散は以下のように書き表すことができる4)。

$$\sigma_{スーパー,スロー} = \rho_{スーパー,スロー}\sigma_{スーパー}\sigma_{スロー} \tag{11.7}$$

この公式は、任意の2証券間の共分散が、単に2証券間の相関と各証券の標準偏差との積であることを表している。言い換えれば、共分散は、①二つの資産間の相関、および、②標準偏差によって計測される2証券それぞれの変動性の両方を反映している。

本章の先に示した計算から、2証券間の相関は－0.1639であることがわかっている。式11.4′で用いた分散をもとにすると、スーパーテック社とスローポーク社の標準偏差は、それぞれ0.2586、0.115である。よって、ポートフォリオの分散は、次のように表すことができる。

ポートフォリオ・リターンの分散

$$= X^2_{スーパー}\sigma^2_{スーパー} + 2X_{スーパー}X_{スロー}\rho_{スーパー,スロー}\sigma_{スーパー}\sigma_{スロー} + X^2_{スロー}\sigma^2_{スロー}$$

$$0.023851 = 0.36 \times 0.066875 + 2 \times 0.6 \times 0.4 \times (-0.1639) \times 0.2586 \times 0.115 + 0.16 \times 0.013225 \tag{11.8}$$

右辺の中項は、ここでは共分散ではなく、相関ρを用いて表されている。

$\rho_{スーパー,スロー} = 1$であると仮定しよう。これは相関の上限値である。この例における他のパラメーターはすべて同一であるとする。ポートフォリオの分散は次のようになる。

$$\text{ポートフォリオ・リターンの分散} = 0.040466 = 0.36 \times 0.066875 + 2 \times (0.6 \times 0.4 \times 1 \times 0.2586 \times 0.115) + 0.16 \times 0.013225$$

4）共分散の場合と同様、2証券間の相関を表すときに、証券の順番は問題とならない。すなわち、$\rho_{スーパー,スロー} = \rho_{スロー,スーパー}$である。

標準偏差は、以下のようになる。

$$\text{ポートフォリオ・リターンの標準偏差} = \sqrt{0.040466} = 0.2012 = 20.12\% \tag{11.9}$$

式11.9と式11.6とが等しいことに注意されたい。すなわち、ρ＝１のとき、ポートフォリオ・リターンの標準偏差は、個々のリターンの標準偏差の加重平均に等しい。式11.8を調べると、相関が１より小さくなれば、ポートフォリオの分散（そして必然的に標準偏差も）は、下がらなければならないことを示している。これは以下の結果をもたらす。

ρ＜１である限り、二つの証券からなるポートフォリオの標準偏差は、個別証券の標準偏差の加重平均よりも小さい。

言い換えれば、完全相関より小さい限り（ρ＜１の場合)、分散化効果が生まれる。よって、このスーパーテック社とスローポーク社の例は、必要十分以上なケースである。われわれは、負の相関の例を用いて分散化を説明した。完全な正の相関でない限り、正の相関の例を用いて分散化を説明することもできた。

多数の資産への拡大

前述の洞察は、多数の資産の場合に拡大できる。すなわち、証券のペア間の相関

表11.3　S&P500インデックスとインデックス中のいくつかの構成銘柄についての標準偏差

資　産	標準偏差
S&P500	14.69%
ベライゾン・コミュニケーションズ	28.23
フォード・モーター	38.28
ウォルト・ディズニー	28.13
ゼネラル・エレクトリック	22.52
IBM	31.45
マクドナルド	25.53
メーシーズ	43.35
コンチネンタル航空	63.60
アマゾン	78.05

（注）　証券ペア間の相関が１より小さい限り、インデックスの標準偏差は、インデックス内の個別証券の標準偏差の加重平均よりも小さい。

が１より小さい限り、多数の資産からなるポートフォリオの標準偏差は、個別証券の標準偏差の加重平均よりも小さい。

ここで、表11.3について検討しよう。この表は最近10年間のS&P500インデックスの標準偏差、およびこのインデックスに採用された個別証券のいくつかについて、その標準偏差を表示している。表中の個別証券の標準偏差がすべて、インデックスの標準偏差を上回っていることに注目されたい。いくつかの証券については、その標準偏差がインデックスの標準偏差より低い場合もありうるが、通常、インデックスに含まれる個別証券のほとんどは、その標準偏差がインデックス自体の標準偏差を上回っている。

11.4　2資産の効率的集合

期待リターンと標準偏差の例題の結果が、図11.2に描かれている。図中には、スローポーク社およびスーパーテック社の名を明示した点がある。各々の点は、個別証券の期待リターンと標準偏差の両方を示している。

みてわかるように、スーパーテック社は、期待リターンと標準偏差の両方で、より高い値を示している。

グラフ中の□は、スーパーテック社に60%、スローポーク社に40%投資したポー

図11.2　スーパーテック社、スローポーク社、および、スーパーテック社60%とスローポーク社40%で構成されるポートフォリオの期待リターンと標準偏差

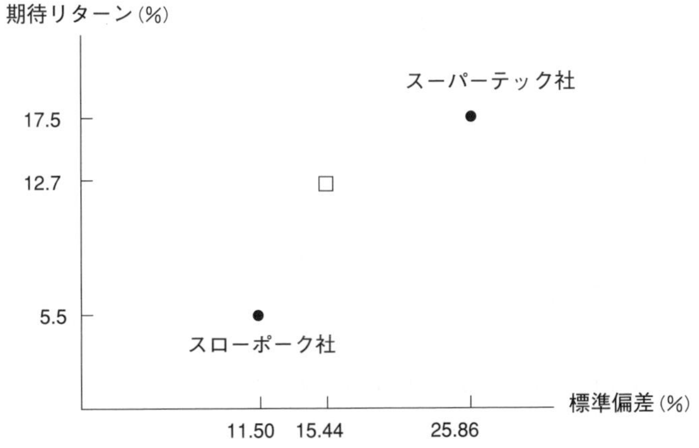

図11.3　スーパーテック社株とスローポーク社株の保有により構成されるポートフォリオの集合（２証券間の相関は－0.1639）

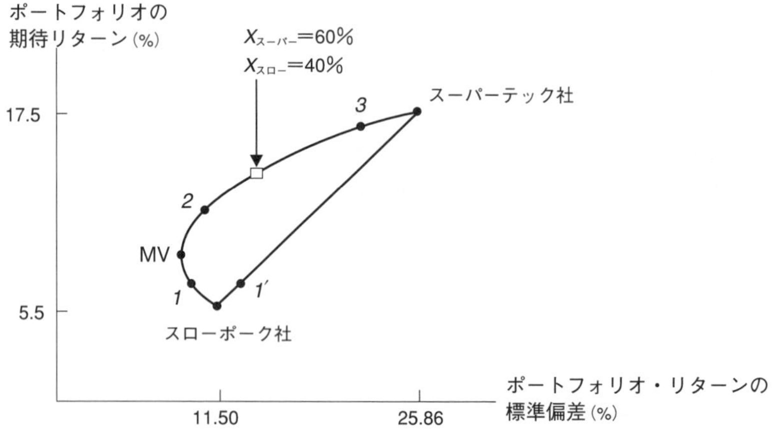

ポートフォリオ*1*は、スローポーク社90%、スーパーテック社10%で構成される（ρ＝－0.1639）。
ポートフォリオ*2*は、スローポーク社50%、スーパーテック社50%で構成される（ρ＝－0.1639）。
ポートフォリオ*3*は、スローポーク社10%、スーパーテック社90%で構成される（ρ＝－0.1639）。
ポートフォリオ*1′*は、スローポーク社90%、スーパーテック社10%で構成される（ρ＝1）。

点MVは最小分散ポートフォリオを表している。これは可能な限り分散が小さいポートフォリオである。定義上、この同じポートフォリオはまた、可能な限り小さい標準偏差をもっている。

トフォリオを表している。このポートフォリオの期待リターンと標準偏差はすでに計算したことを思い出されたい。

スーパーテック社60%、スローポーク社40%という構成比の選択は、構築することができる無数のポートフォリオの単なる一つにすぎない。図11.3は構築できるポートフォリオの集合を曲線で描いている。

ポートフォリオ１を検討しよう。これはスローポーク社90%、スーパーテック社10%で構成されるポートフォリオである。スローポーク社の組入比率が非常に高いため、グラフ上ではポートフォリオがスローポーク社を示す点に近い位置に存在する。ポートフォリオ２は、スローポーク社50%、スーパーテック社50%で構成されているため、曲線上さらに高い位置にある。ポートフォリオ３はグラフ上で、スーパーテック社の点に近い位置に存在する。なぜなら、ポートフォリオ３はスーパーテック社90%、スローポーク社10%で構成されているからである。

このグラフに関していくつか重要なポイントがある。

1．われわれは先に、2証券間の相関が1より小さい場合は常に分散化効果が生じると主張した。スーパーテック社とスローポーク社の相関は－0.1639である。分散化効果は、スーパーテック社を示す点とスローポーク社を示す点を結んだ直線とを比較することで説明できる。この直線が表しているのは、2証券間の相関係数が1であった場合に生成されたであろう点の集合である。曲線は常に直線の左方にあることに注目されたい。1′の点を検討してみよう。この点は、もし2証券の相関がちょうど1であった場合の、スローポーク社90%、スーパーテック社10%で構成されるポートフォリオを表している。仮にρ＝1であれば分散化効果はない。しかしながら、1の点は1′の点と期待リターンが同じであるが、1′よりは標準偏差が小さいので、分散化効果は曲線に対して適用される（図11.3の煩雑さを避けるため、2′と3′の点は省いている）。

直線と曲線はともに図11.3に描かれているが、同一の世界に同時に存在することはない。ρ＝－0.1639で曲線が存在するか、*あるいは* ρ＝1で直線が存在するか、そのいずれかである。言い換えれば、ρ＝－0.1639の場合、投資家は曲線上の異なる点を選択することができるが、曲線上の点と直線上の点との間で選択することはできない。

2．図中のMV点は、*最小分散ポートフォリオ*（*minimum variance portfolio*）を表している。これは可能な限り分散が小さいポートフォリオである。当然のことながら、このポートフォリオは標準偏差についてもまた可能な限り小さくなるはずである（文献では、最小分散ポートフォリオという用語が通例である。そこでわれわれもこの用語を用いることにする。分散ではなく標準偏差が図11.3の横軸の単位なので、実際には最小標準偏差（minimum standard deviation）のほうがたぶんよいだろう）。

3．スローポーク社とスーパーテック社のポートフォリオへの投資を考えている個人は、図11.3の曲線で表されている**機会集合**（**opportunity set**）、もしくは**実現可能集合**（**feasible set**）に直面している。すなわち、個人は2証券間の適切な配分を選択することにより、曲線上の任意の点を実現できるのである。曲線より上にある点を実現することはできない。なぜなら、個人が個別証券のリターンを増加させることはできないし、証券の標準偏差や2証券間の相関を小さくすることはできないからである。また、曲線の下方にある点を実現することもできない。個別証券のリターンを減少させることはできないし、証券の標準偏差や相関を大きくすることはできないからである（もちろん、仮に可能だったとしても、曲線の下方にある点を実現したいとは思わないだろう)。

比較的リスクを許容する人ならば、ポートフォリオ3を選択するかもしれない(実際、資金全額をスーパーテック社に投資することにより、終端点を選択することさえ可能である)。リスク許容度がより低い投資家ならば、ポートフォリオ2を選択するかもしれない。可能な限りの低リスクを望む投資家ならば、最小分散、もしくは最小標準偏差のポートフォリオであるMVを選択するだろう。

4．曲線はスローポーク社を示す点とMVの間で、後方湾曲型になることに注意されたい。このことが示すのは、実現可能集合のある部分では、期待リターンを増加させるにつれ標準偏差が実際に小さくなるということである。学生はしばしば、「スーパーテック社というさらにリスキーな証券の割合を増加させながら、どうやってポートフォリオのリスクが低下するということがありうるのですか」と尋ねる。

この驚くべき結果は、分散化効果によるものである。この二つの証券のリターンには負の相関がある。片方の証券が下がれば、もう一方の証券が上がる傾向にあり、また逆も同じである。よって、スローポーク社のみで構成されるポートフォリオにスーパーテック社を少し追加すると、ポートフォリオをヘッジすることになる。ポートフォリオのリスクは減少し、後方湾曲型になる。実際$\rho \leqq 0$ならば、常に後方湾曲が生じる。$\rho > 0$のときは、生じるかどうか、両方の可能性がある。もちろん、曲線が後方に曲がっているのは、その全長の一部分のみである。ポートフォリオ中のスーパーテック社の比率を引き続き増加させていくと、スーパーテック社の標準偏差が高いことから、最終的にはポートフォリオ全体の標準偏差が大きくなる。

5．最小分散ポートフォリオの期待リターンを下回る期待リターンしかないポートフォリオを、投資家はだれも保有したいとは思わないだろう。たとえば、ポートフォリオ1を選択する投資家はいないだろう。ポートフォリオ1の期待リターンは最小分散ポートフォリオよりも低いが、標準偏差は最小分散ポートフォリオよりも大きい。ポートフォリオ1のようなポートフォリオは、最小分散ポートフォリオに*優越されている*という。スローポーク社とスーパーテック社を両端とする曲線全体は実現可能集合と呼ばれているが、投資家が考慮するのはMV(最小分散ポートフォリオ)からスーパーテック社に至る曲線だけである。それゆえ、このMVからスーパーテック社に至る曲線を効率的集合

図11.4　スーパーテック社株とスローポーク社株の保有により構成される機会集合

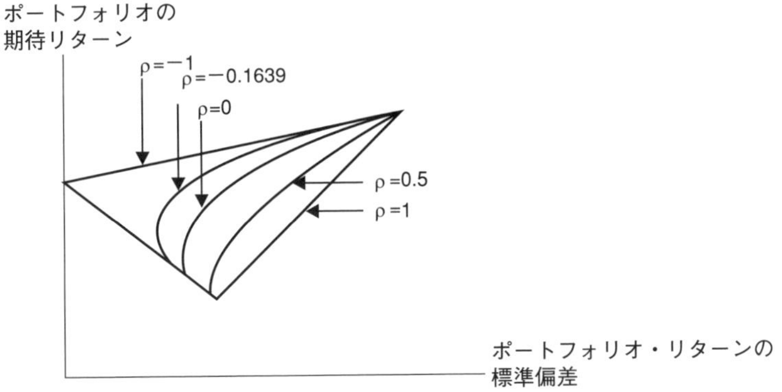

それぞれの曲線は異なる相関を表している。相関が低くなるにつれ、曲線はより湾曲する。

(efficient set)、もしくは効率的フロンティア（efficient frontier）という。

図11.3は、ρ=−0.1639の場合の機会集合を表している。異なる相関についての異なる曲線を描いている図11.4は検討するに値する。この図からもわかるように、相関が低くなるほど曲線の湾曲が大きくなる。これが示すのは、ρが小さくなるに従って分散化効果が上がるということである。最も湾曲が大きくなるのは、ρ=−1となる極限的なケースである。これは完全な負の相関である。このρ=−1となる極端なケースは学生たちの興味をひくようであるが、実務的な重要性はほとんどない。証券のペアの大部分は正の相関を示す。強い負の相関は実際あまり起こらないことであり、完全な負の相関となればなおさらである[5]。

証券のペアの間には、相関が一つしか存在しないことに注意されたい。スローポーク社とスーパーテック社の相関は−0.1639であると先に示した。よって、図11.4でこの相関を表している曲線が正しいものであり、他の曲線は単に仮定的なものにすぎないとみなすべきである。

われわれが考察したグラフは、単なる知的好奇心の対象ではない。それどころか、効率的集合は現実の世界で容易に計算することができる。主観的な概念を用いて、これらのパラメーターの数値を決定することも可能であるが、先に言及したよ

5）　デリバティブ（派生証券）は重大な例外である。たとえば、ある株式とその株式プット・オプションとの相関は、一般に強い負の相関である。プット・オプションは後で取り扱う。

図11.5　世界の株式の、リターンとリスクのトレードオフ：米国株式と外国株式のポートフォリオ

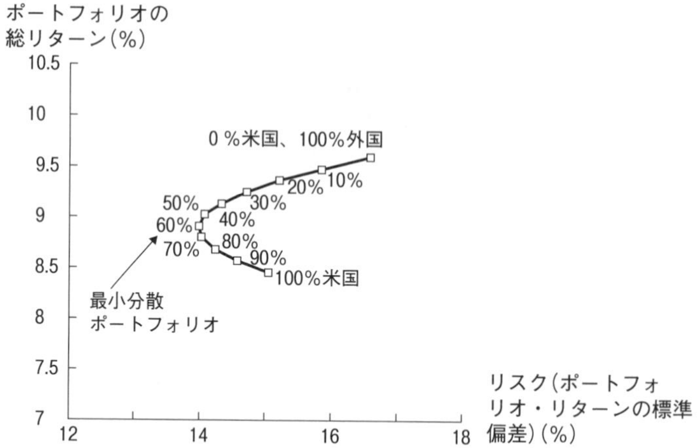

うに、リターン、標準偏差および相関に関するデータは、通常過去の観測からとられる。ひとたびパラメーターが決定されれば、多数のソフトウェア・パッケージから任意の一つを購入して効率的集合を算出することができる。しかし、効率的集合内において好ましいポートフォリオを選択することは、自らが行わなければならない。職業の選択、家や車の購入、本講座への時間配分といった他の重要な決定をする場合と同様、好みのポートフォリオを選択するためのコンピュータ・プログラムはない。

二つの個別資産自体がポートフォリオである場合にも、効率的集合をつくることができる。たとえば図11.5の二つの資産は、米国株式の分散化されたポートフォリオと外国株式の分散化されたポートフォリオである。期待リターン、標準偏差、相関係数は最近の過去のデータから計算された。分析には何の主観性も入らなかった。標準偏差がおよそ0.151である米国株ポートフォリオは、外国株ポートフォリオよりもリスクが低い。外国株ポートフォリオの標準偏差は、およそ0.166である。しかしながら、わずかな比率の外国株ポートフォリオを米国株ポートフォリオに組み入れると、曲線の後方湾曲という性質からみてとれるように、実際にリスクが低減される。言い換えれば、二つの異なるポートフォリオを組み合わせることで得られる分散化の利益のほうが、保有資産にさらにリスクの高い株式の集合を加えることによるマイナスを相殺する以上に大きいということである。最小分散ポートフォリオは、資金の約60%を米国株式に、約40%を外国株式に投入した場合に生じる。

この点を超えて外国証券を追加すると、ポートフォリオ全体のリスクが増大する。図11.5における後方湾曲型曲線は、米国のファンド・マネジャーにとって無視できない重要な情報である。近年、米国の年金および投資信託のファンド・マネジャーたちは、海外に投資機会を求めている。

11.5　多数の証券の効率的集合

先の議論は二つの証券に関するものであり、単一の曲線が構築可能なポートフォリオをすべて描いていることを見出した。投資家は通常三つ以上の証券を保有するので、三つ以上の証券が保有されている場合の同じグラフも検討すべきである。図11.6の陰影部分は、多数の証券が考慮される場合の機会集合、もしくは実現可能集合を表している。陰影部分は、ポートフォリオの期待リターンと標準偏差について、可能な組合せのすべてを表している。例をあげれば、100個の証券の世界においては、点1がたとえば40個の証券からなるポートフォリオを表し、点2が80個の証券からなるポートフォリオを表しているかもしれない。点3は80個の証券の点2とは異なる集合を表すのかもしれないし、異なる比率で保有されている同じ80個の証券、あるいは別の物を表しているかもしれない。明らかに、組合せは実質的に無限である。とはいえ、可能な組合せはすべて限られた領域に収まっていることに注意されたい。いかなる証券あるいは証券の組合せも、陰影の領域の外部に位置することはありえない。すなわち、だれも、期待リターンが陰影の領域を超えるポート

図11.6　多数の証券で構築されたポートフォリオの実現可能集合

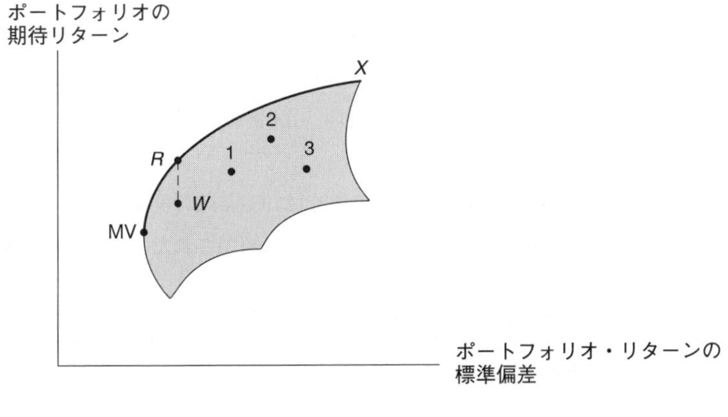

フォリオを選択することはできないのである。さらに、だれも、標準偏差が陰影を施した部分を下回るポートフォリオを選択することもできない。たぶんもっと驚くのは、陰影領域を下回る期待リターンを選択することはできないということである。言い換えれば、資本市場は、自滅的な個人が保障された損失を負うのを実際に防ぐのである[6)]。

ここまでは、図11.6はこれまでのグラフとは異なっている。二つの証券だけがかかわっている場合は、すべての組合せは単一の曲線上に存在する。逆に、証券が多数あれば、その組合せは領域全体に及ぶ。しかしながら個人は、MVとX間の上側の境界線上のどこかを望むようになることに注目されたい。図11.6で太い曲線で示している上側の境界線は、*効率的集合*（*efficient set*）と呼ばれる。効率的集合の下方（真下）の点は、効率的集合上の点と比べて、期待リターンは低く標準偏差は同じである。たとえば、効率的集合上のRと、その真下のWを考えてみよう。Wが希望するリスクを伴うならば、より高い期待リターンを得るために、WではなくRを選択すべきである。

最後の分析として、図11.6は図11.3とかなり似ている。図11.3の効率的集合は、MVからスーパーテック社へと続いている。この効率的集合は、スーパーテック社とスローポーク社の種々の組合せを含んでいる。図11.6の効率的集合は、MVからXへと続いている。この効率的集合は、多数の証券の種々の組合せを含んでいる。図11.6で陰影部分が表れ、図11.3はそうではないという事実は、まったく重要な違いではない。図11.6において、効率的集合の下方の点を選択する投資家は、どのみち一人もいないからである。

2証券の効率的集合は現実の世界で容易に見つけ出すことができる、と前に述べた。他の証券が追加される場合は、観測値の数がふえるため、作業はより困難となる。たとえば、主観的な分析を用いて100個や500個の証券の期待リターンと標準偏差を推定するのは、おそらく手に負えない作業になるだろう。相関を推定するとなれば、むずかしさはさらに増すかもしれない。100個の証券の世界からの証券ペアの間には、ほぼ5,000の相関が存在する。

効率的集合の計算に関する数学的手法の多くは1950年代に開発されたが[7)]、コンピュータ使用時間の費用の高さにより原則の応用は制限された。近年、この費用が

6）　もちろん、自分のお金を捨てる決意を固くしている人ならそうできる。たとえば、委託手数料がポートフォリオのプラスの期待リターンを相殺しても余りあるほど、目的もなく頻繁に取引することは可能である。

めざましく低下した。多数のソフトウェア・パッケージで中程度のサイズのポートフォリオの効率的集合を計算することができる。だれに聞いてもこれらのソフトウェア・パッケージは非常に売れているので、上記の議論は実務上重要であるように思われる。

多数の資産からなるポートフォリオの分散と標準偏差

二つの資産の場合についてはすでに、その分散と標準偏差を求めるための公式を計算した。図11.6では多数の資産からなるポートフォリオを考察したので、多資産の場合の分散と標準偏差を求める公式を計算することには労力をかけるだけの値打ちがある。多数の資産からなるポートフォリオの分散を求める公式は、２資産の分散の公式を拡張したものとみなせる。

この公式を展開するため、２資産の場合で用いたものと同じタイプの行列を使うことにする。この行列は表11.4に示されている。N 個の資産が存在することを前提として、横軸に１から N、縦軸にも１から N の数字を記している。これにより N^2（$=N\times N$）個の枠からなる行列がつくられる。ポートフォリオの分散は、すべての枠中の項の合計である。

表11.4　ポートフォリオの分散を計算するために用いる行列

株式	1	2	3	…	N
1	$X_1^2\sigma_1^2$	$X_1X_2\mathrm{Cov}(R_1, R_2)$	$X_1X_3\mathrm{Cov}(R_1, R_3)$		$X_1X_N\mathrm{Cov}(R_1, R_N)$
2	$X_2X_1\mathrm{Cov}(R_2, R_1)$	$X_2^2\sigma_2^2$	$X_2X_3\mathrm{Cov}(R_2, R_3)$		$X_2X_N\mathrm{Cov}(R_2, R_N)$
3	$X_3X_1\mathrm{Cov}(R_3, R_1)$	$X_3X_2\mathrm{Cov}(R_3, R_2)$	$X_3^2\sigma_3^2$		$X_3X_N\mathrm{Cov}(R_3, R_N)$
⋮					
N	$X_NX_1\mathrm{Cov}(R_N, R_1)$	$X_NX_2\mathrm{Cov}(R_N, R_2)$	$X_NX_3\mathrm{Cov}(R_N, R_3)$		$X_N^2\sigma_N^2$

（注）ポートフォリオの分散は、すべての枠の項の和である。
σ_i は株式 i の標準偏差である。
$\mathrm{Cov}(R_i, R_j)$ は、株式 i と株式 j の共分散である。
単一の証券の標準偏差を含む項は対角要素である（対角線上に位置する）。２証券間の共分散を含む項は非対角要素である（非対角線上に位置する）。

7）代表的な論文は、Harry Markowitz, *Portfolio Selection*（New York：John Wiley & Sons, 1959）である。Markowitz は1990年に、現代ポートフォリオ理論に関する研究によりノーベル経済学賞を受賞した。

表11.5　ポートフォリオ内の株式数の関数としての分散と共分散の項の数

ポートフォリオ内の株式数	項の合計数	分散項の数（対角線上の項の数）	共分散項の数（非対角線上の項の数）
1	1	1	0
2	4	2	2
3	9	3	6
10	100	10	90
100	10,000	100	9,900
.	.	.	.
.	.	.	.
.	.	.	.
N	N^2	N	N^2-N

（注）大きなポートフォリオにおいては、二つの証券の共分散に関する項の数は、一つの証券の分散に関する項の数より、はるかに多い。

たとえば、2行目で3列目にある枠を検討しよう。枠中の項は$X_2X_3\text{Cov}$（R_2, R_3）である。X_2とX_3はそれぞれ、2番目の資産または3番目の資産への投資が占めるポートフォリオ全体に対する比率である。たとえば、ある個人が1,000ドルのポートフォリオを保有していて、2番目の資産に100ドルを投資したなら、X_2は10%（＝＄100/＄1,000）である。$\text{Cov}(R_2,\ R_3)$は、2番目の資産のリターンと3番目の資産のリターンとの共分散である。次に3行目で2列目の枠に注目してみよう。枠中の項は、$X_3X_2\text{Cov}(R_3,\ R_2)$である。$\text{Cov}(R_3,\ R_2)=\text{Cov}(R_2,\ R_3)$であるから、二つの枠は同一の値をもつ。2番目の証券と3番目の証券は、株式のペアの一つを構成する。実際、株式のペアはすべて表中に2回現れる。1回は下の左側に、もう1回は上の右側に現れるのである。

次に、対角線上の枠を検討しよう。たとえば、対角線上にある最初の枠中の項は、$X_1^2\sigma_1^2$である。ここでσ_1^2は、最初の証券のリターンの分散である。

このように、行列の対角項は、異なる株式の分散を含んでいる。非対角項は共分散を含む。表11.5は、対角要素および非対角要素の数と行列の大きさを関連づけている。対角項の数（分散の項の数）は、常にポートフォリオ内の株式の数と同じである。非対角項の数（共分散の項の数）は、対角項の数よりも急速に大きくなる。たとえば、100個の株式からなるポートフォリオには、共分散の項が9,900ある。ポートフォリオ・リターンの分散はすべての枠の合計であるから、以下の結論を得る。

多数の証券を含むポートフォリオのリターンの分散は、個別証券の分散よりも、個別証券間の共分散により大きく依存している。

11.6　分散化

ここまで本章では、個別資産のリスクとリターンがどのようにポートフォリオのリスクとリターンに影響を及ぼすのか、考察してきた。われわれはまた、この効果の一つの側面である、分散化にも触れた。最近の例をあげると、米国の著名な大企業30社の株式からなるダウ工業株30種平均（Dow Jones Industrial Average, DJIA）は、2007年に6.5%上昇した。これはヒストリカルな標準よりも低い。この年、最も上昇した個別株式は、ハネウェル・インターナショナル（＋36%）、メルク（＋33%）、マクドナルド（＋33%）で、最も下落したのはシティグループ（－47%）、ホーム・デポ（－33%）、ゼネラル・モーターズ（－19%）だった。みてわかるように、個別株式間の変動性は、分散化を通して減少している。この例は分散化がよいということを示しているが、次になぜこれがよいのか考察したい。いったいどれくらいよいのだろうか。

ニュースの予期した部分と予期しなかった部分

フライヤーズ社という一つの会社の株式に焦点を当てることによって、分散化の議論を始める。たとえば翌月のこの株式のリターンを何が決めるのだろうか。

すべての株式のリターンは、二つの部分から構成される。一つは、株式からの*正常リターン*（*normal return*）もしくは*期待リターン*（*expected return*）で、株主が市場において予測または期待するリターンの部分である。これは、株主がもっている、株式に関係するすべての情報に左右され、何が翌月の株式に影響を与えるのかということについての、われわれの理解のすべてを織り込む。

2番目の部分は、株式の*不確かなリターン*（*uncertain return*）もしくは*リスキーなリターン*（*risky return*）である。これは、この1カ月中に明らかになる情報からもたらされる部分である。このような情報のリストは限りがないが、以下はいくつかの例である。

・フライヤーズ社の研究に関するニュース
・政府が発表する国民総生産（GNP）に関する数字
・最新の軍縮会議の結果
・ライバル企業の商品に欠陥が発覚
・フライヤーズ社の売上げが予想を上回るというニュース
・突然の金利の低下
・予期せぬフライヤーズ社の創業者兼社長の退任

したがって、フライヤーズ社の翌月の株式リターンを表すと、

$$R = \overline{R} + U$$

となり、R は実際の総リターン、$\overline{R}$ はリターンの期待部分、U はリターンの期待していなかった部分である。

リスク：システマティックと非システマティック

サプライズに起因する、リターンの予想外の部分が、すべての投資における真のリスクである。とどのつまり、もし期待したことだけが起こるなら、リスクや不確実性は存在しない。

しかし、リスクのさまざまな源泉には重大な違いがある。前例のニュースの一覧をみてみよう。これらのニュースの一部はフライヤーズ社に特定的に関係するものであり、一部はもっと一般的である。どのニュースがフライヤーズ社にとって特に重要なのだろうか。

金利やGNPについての発表は、ほとんどすべての企業にとって明らかに重要であるのに対して、フライヤーズ社の社長、研究、売上げ、ライバル企業の事情についてのニュースは、フライヤーズ社に個別的に関係するものである。そこで、この2種類のニュースと結果として生じるリスクを、二つに分類する。*システマティック・リスク*（*systematic risk*）と呼ばれる部分と、*個別リスク*（*specific risk*）もしくは*非システマティック・リスク*（*unsystematic risk*）と呼ばれる部分である。以下の定義でその違いを示す。

・*システマティック・リスク*とは、程度の差はあっても、数多くの資産になん

らかの影響を与えるリスクである。

・*非システマティック・リスク*とは、個々の資産か、あるいは少数の資産に特定的に影響を与えるリスクである。

GNP や金利、インフレといった全般的な経済状況の不確実性は、システマティック・リスクの例である。これらの状況は、ほとんどすべての株式にある程度影響する。予想外もしくは突然のインフレ率の上昇は、企業が支払う賃金、購入する資材の原価、所有する資産価値、販売する商品の価格に影響を及ぼす。すべての企業が影響を受けるこれらの力が、システマティック・リスクの本質である。

これに対し、ある企業による小規模な油田発見の発表は、おそらくその企業のみ、あるいは他の少数の企業に影響を与えるにとどまるだろう。世界の石油市場に影響を与える可能性はとうていない。このような情報は非システマティックであり、ある特定の企業にだけ影響を与えるということを強調するために、*固有リスク（idiosyncratic risk）*と呼ぶことがある。

システマティック・リスクと非システマティック・リスクの違いは、われわれがこうあるべきだと規定するほど、決して厳密なものではない。ある企業についての、最も些細で特異なニュースでさえ、経済にさざ波のように波及する。それはわれわれに、馬が蹄鉄を一つ失ったために戦争に負けたという物語を思い出させる。つまりどんな些細なことでも世界に影響を与えかねないということである。しかし、この程度の細部へのこだわりは、たいした問題にはならない。ポルノグラフィーについての最高裁裁判官のコメントを言い換えると、「システマティック・リスクと非システマティック・リスクを厳密に定義づけることはできないかもしれないが、それらはみればわかる」のである。

このことから、フライヤーズ社株のリスクを、システマティックと非システマティックの二つの部分に分けることができる。伝統にのっとって、非システマティック・リスクをギリシャ文字のエプシロン（ε）で表すと、

$$
\begin{aligned}
R &= \overline{R} + U \\
&= \overline{R} + m + \varepsilon \qquad (11.10)
\end{aligned}
$$

となり、m はシステマティック・リスクを表している。システマティック・リスクは*市場リスク（market risk）*と呼ばれることもある。これは m が、市場のすべての資産に対して、ある程度の影響を及ぼすという事実を強調しているのである。

総リスクのうち、U を m と ε に分解した重要な点は、ε はその企業に特定のものであるため、ほとんどの他企業の特定リスクには関係がないということである。たとえば、フライヤーズ社株の非システマティック・リスク ε_F、はゼネラル・エレクトリック社株の非システマティック・リスク ε_{GE}、に関係がない。フライヤーズ社の研究チームによる発見や、あるいは発見の失敗によって、フライヤーズ社株が上昇または下落するリスクは、ゼネラル・エレクトリック社株に影響を与える特定の不確実性とは、おそらく関係していないのである。これはフライヤーズ社株とゼネラル・エレクトリック社株の非システマティック・リスクが、互いに無関係であり、無相関であるということを意味する。

分散化の本質

ここで、ポートフォリオ内のフライヤーズ社株に、他の株式を組み合わせたらどうなるだろうか。二つの株式の非システマティック・リスク、もしくはエプシロンは相関していないので、一つの株式のエプシロンがマイナスのとき、もう一方はプラスかもしれない。エプシロンが互いに打ち消し合う可能性があるので、ポートフォリオの非システマティック・リスクは、二つの証券のいずれよりも小さくなる。そして、ポートフォリオに３番目の証券を追加したら、このポートフォリオの非システマティック・リスクは、二つのポートフォリオの非システマティック・リスクよりも小さくなる。４番目、５番目、６番目と追加したとき、この効果は継続する。実際、仮に無限大の数の証券を組み合わせることができれば、ポートフォリオの非システマティック・リスクは消滅する。

次に、２番目の証券を追加したとき、ポートフォリオのシステマティック・リスクに何が起こるのか考えてみよう。もし２番目の証券のリターンもまた式11.10でモデル化されるなら、ポートフォリオのシステマティック・リスクは下がらない。たとえば、インフレ率が以前に期待されていたよりも高く、GNP が期待よりも低かったとしよう。両方の株式が値下りする可能性が高く、これはポートフォリオの価値が下がることを意味する。そして、三つの証券でも、四つの証券でも、それ以上でも、同じ結果になる。実際、ポートフォリオには無限の証券があるとしよう。経済にとって悪いニュースは、これらの証券すべてにマイナスの影響を与えるが、これはポートフォリオに対するマイナスの影響を意味する。非システマティック・リスクと異なり、システマティック・リスクは分散化で消すことができない。

図11.7　ポートフォリオ・リターンの標準偏差と、ポートフォリオ内の証券数との関係

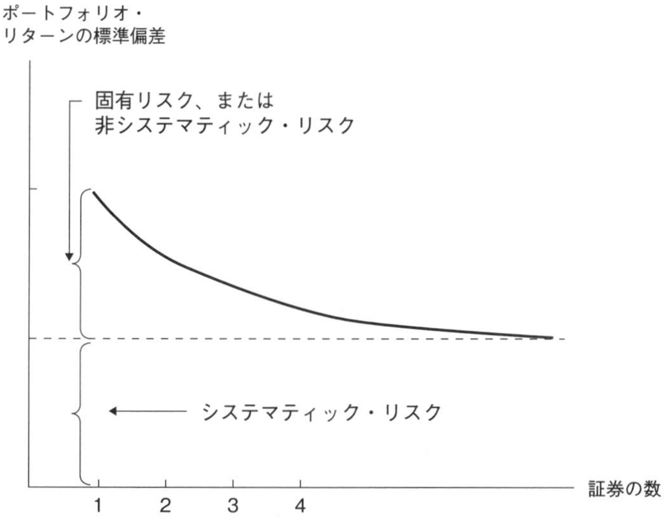

ポートフォリオに証券が追加されるにつれて、ポートフォリオの標準偏差は下がる。しかしながら、これはゼロまでは下がらない。もっと正確にいえば、非システマティック・リスクは分散化により排除できるが、システマティック・リスクは排除できない。

この洞察は、図11.7で説明することができる。ポートフォリオの標準偏差とポートフォリオ内の証券数との関係を描いたこのグラフは、一つの証券の場合、高い標準偏差を示している。われわれはしばしば、ポートフォリオの総リスク、あるいは単にリスクとして、標準偏差に言及する。2番目の証券の追加は、標準偏差、もしくはリスクを減らし、3番目も、それ以降も同様である。ポートフォリオの総リスクは、分散化により着実に減少していく。

しかし、分散化は総リスクをゼロにすることはない。非システマティック・リスクだけが分散化によって消し去られていくので、分散化の利益には限界がある。システマティック・リスクは、手つかずに残される。したがって、分散化はよいことであるが、われわれが望んだほどよいものではない。システマティック・リスクは、分散化を通して削減されない。

前述の議論は、すべての証券が同じ水準のシステマティック・リスクをもつと仮定していた。基本的にすべての証券がなんらかのシステマティック・リスクをもつが、ある種の証券は、ほかよりもこのリスクを多くもっている。システマティック・リスクの量は、ベータと呼ばれるもので計測される。これは第11.8節で説明

される概念である。しかしその前に、無リスクでの借入れと貸出を考察しなければならない。

11.7 リスクのない借入れと貸出

図11.6は、効率的集合上のすべての証券にリスクがあるということを仮定している。かわりに投資家は、リスクのある投資と、米国財務省短期証券のようなリスクのない、もしくは*無リスク*（*risk free*）の証券への投資とを組み合わせることができる。これは次の例で説明する。

例11.3 リスクのない貸出とポートフォリオ・リスク

バッグウェルさんは、マーヴィル・エンタープライゼズ社の普通株式に投資することを検討している。さらにバッグウェルさんは、無リスク金利での借入れ、または貸出をするつもりである。関係するパラメーターは以下のとおりである。

	マーヴィル・エンタープライゼズ社の普通株式	無リスク資産
期待リターン	14%	10%
標準偏差	0.20	0

バッグウェルさんが合計で1,000ドル投資することを選ぶとしよう。このうちの350ドルはマーヴィル・エンタープライゼズ社に投資され、650ドルが無リスク資産に投資される。投資総額に対する期待リターンは、単にその二つのリターンの加重平均である。

一つの無リスク資産と一つの危険資産で構成されるポートフォリオの期待リターン

$$=0.114=(0.35\times0.14)+(0.65\times0.10) \tag{11.11}$$

ポートフォリオの期待リターンは、危険資産（マーヴィル・エンタープライゼズ社）の期待リターンと無リスクのリターンとの加重平均なので、計算は二つの危険資産を扱ったときの方法に類似している。言い換えれば、式11.3がこの場合に適用できるのである。

式11.4を用いると、ポートフォリオの分散の公式は次のように表すことができる。

$$X^2_{\text{マーヴィル}}\sigma^2_{\text{マーヴィル}} + 2X_{\text{マーヴィル}}X_{\text{無リスク}}\sigma_{\text{マーヴィル, 無リスク}} + X^2_{\text{無リスク}}\sigma^2_{\text{無リスク}}$$

しかしながら、定義上、無リスク資産には変動性がない。よって、$\sigma_{\text{マーヴィル, 無リスク}}$ および $\sigma^2_{\text{無リスク}}$ はゼロで、上記の式は以下のように整理できる。

一つの無リスク資産と一つの危険資産で構成されるポートフォリオの分散

$$= X^2_{\text{マーヴィル}}\sigma^2_{\text{マーヴィル}}$$

$$= (0.35)^2 \times (0.20)^2 = 0.0049 \qquad (11.12)$$

ポートフォリオの標準偏差は、以下のようになる。

一つの無リスク資産と一つの危険資産で構成される

ポートフォリオの標準偏差 $= X_{\text{マーヴィル}}\sigma_{\text{マーヴィル}}$

$$= 0.35 \times 0.20 = 0.07 \qquad (11.13)$$

一つの危険資産と一つの無リスク資産とで構成されるポートフォリオのリスクと期待リターンとの関係は、図11.8でみることができる。バッグウェルさん

図11.8　一つの危険資産と一つの無リスク資産からなるポートフォリオの期待リターンとリスクとの関係

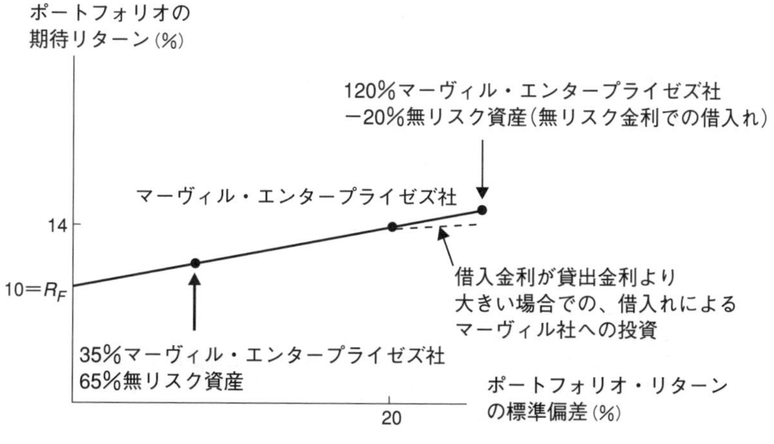

の2資産に対する35%と65%の分割投資は、無リスク金利とマーヴィル・エンタープライゼズ社への純粋な投資との間の*直線*上に表されている。危険資産が2個の場合とは異なり、機会集合は直線であり、曲線ではないことに注意されたい。

かわりに、バッグウェルさんが無リスク金利で200ドルを借り入れたと仮定しよう。この200ドルと当初の総額である1,000ドルとをあわせて、合計1,200ドルをマーヴィル社に投資する。彼女の期待リターンは次のようになる。

借入資金で危険資産に投資することによるポートフォリオの期待リターン
$=14.8\%=1.20\times0.14+(-0.2\times0.10)$

この場合彼女は、当初の投資額の20%に当たる金額を借り入れることにより、当初の投資額である1,000ドルの120%の投資をしたことになる。14.8%のリターンは、マーヴィル・エンタープライゼズ社の期待リターンである14%より高いことに注意されたい。これが起こるのは、10%で借入れをして、10%より高い期待リターンをもつ証券に投資したからである。

標準偏差は以下のようになる。

借入資金で危険資産に投資することによるポートフォリオの標準偏差
$=0.24=1.20\times0.2$

0.24という標準偏差は、マーヴィル社への投資の標準偏差である0.20よりも大きい。これは借入れが投資の変動性を増加させるためである。この投資もまた図11.8でみることができる。

これまではバッグウェルさんが、貸し出すときと同じ金利で借り入れることができると仮定してきた[8]。ここで、借入金利が貸出金利よりも高い場合について考察してみよう。図11.8の点線は、この場合における借入機会に対する機会集合を図解している。高い借入金利が投資の期待リターンを低下させるため、点線は実線の下方にある。

8）驚くべきことに、これはまともな概算であるようにみえる。というのは多数の投資家が、株式を購入する際に株式ブローカーから借入れをする（*信用買い*と呼ばれる）ことができるからである。この借入金利は、特に大口投資家にとっては、無リスク金利に非常に近いものである。この点については、さらに後の章で述べる。

図11.9　リスクを伴う証券と無リスク資産とを組み合わせた投資の、期待リターンと標準偏差との関係

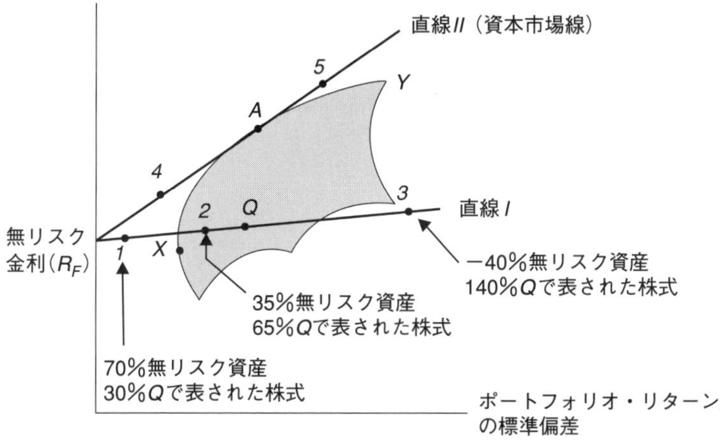

ポートフォリオQは、30%AT&T、45%GM、25%IBMで構成されている。

最適ポートフォリオ

前節においては、一つの無リスク資産と一つの危険資産とで構築されたポートフォリオを扱った。現実には投資家は、無リスク資産への投資と、危険資産の*ポートフォリオ*とを組み合わせる可能性が高い。これは図11.9に示してある。

証券のポートフォリオを表している点Qを考察してみよう。点Qはリスクを伴う証券に関する実現可能集合の内部にある。この点が表すのは、AT&T30%、ゼネラル・モーターズ（GM）45%、IBM25%という比率で構成されたポートフォリオであると仮定しよう。Qへの投資と無リスク資産への投資を組み合わせる個人は、R_FとQを両端とする直線上の点を達成する。この直線を直線Iと呼ぶことにする。たとえば直線上の点1は、無リスク資産70%とQで表された株式30%からなるポートフォリオを表している。100ドルをもち、自分のポートフォリオとして点1を選択する投資家は、70ドルを無リスク資産に、そして30ドルをQに投資する。これは無リスク資産に70ドル、AT&Tに9ドル（＝0.3×＄30）、GMに13.50ドル（＝0.45×＄30）、IBMに7.50ドル（＝0.25×＄30）を投資したと言い換えることができる。点2も無リスク資産とQからなるポートフォリオを表しているが、Qへの投資比率（65%）が高くなっている。

点3は、Q に対する投資のために、借入れをすることによって得られる。たとえば、自己資金として100ドルをもつ投資家は、Q に140ドルの投資を行うために、銀行あるいはブローカーから40ドルを借り入れる。これは、AT&T に42ドル（＝0.3×＄140)、GM に63ドル（＝0.45×＄140)、IBM に35ドル（＝0.25×＄140）の投資を行うための、40ドルの借入れと100ドルの自己資金の拠出ということができる。

上述の投資は次のように要約できる。

	点 Q	点1 (70ドルの貸出)	点3 (40ドルの借入れ)
AT&T	＄30	＄　9	＄ 42
GM	45	13.50	63
IBM	25	7.50	35
無リスク	0	70.00	−40
総投資	＄100	＄100	＄100

投資家だれもが直線 I 上の任意の点を得ることができるが、直線 I 上の点はどれも最適ではない。これを理解するために、直線 II を考察しよう。直線 II は R_F から A を通る直線である。点 A はリスクを伴う証券のポートフォリオを表している。直線 II は、無リスク資産と A 内の証券との組合せから構成されるポートフォリオである。R_F と A との間の点は、一部の資金が無リスク資産に、残りが A に投資されたポートフォリオである。A を越えた点は、無リスク金利で借入れをして、当初の資金だけで得られる以上に、もっと多く A を購入することで達成される。

図に描かれたように、直線 II はリスクを伴う証券の効率的集合に接している。個人が直線 I 上でどのような点を選択したとしても、同じ標準偏差で、もっと期待リターンが高い点を、直線 II 上において得ることができる。実際、直線 II は危険資産の効率的集合に接しているため、投資家に対して可能な限り最善の機会を提供する。言い換えれば、直線 II は、危険資産および無リスク資産双方の、すべての資産についての効率的集合であると考えることができる。投資家の危険回避度が中程度であれば、R_F と A の間の点、おそらく点4を選択するかもしれない。より危険回避度が低い投資家ならば、A にさらに近い点を、あるいは A を越える点さえ選択するかもしれない。たとえば点5は、資金を借り入れて A への投資をふやす個人に該当する。

このグラフは重要なポイントを示している。無リスク借入れおよび無リスク貸出のもとでは、投資家が保有する*危険*資産のポートフォリオは、常に点Aになる。投資家のリスク許容度のいかんにかかわらず、投資家が他の危険資産の効率的集合上（曲線XAYにより表される）の点を選択することは決してなく、実現可能な領域の内部の点を選択することもない。むしろ、危険回避度が高い場合は、投資家はAの証券と無リスク資産を組み合わせるだろう。もし危険回避度が低かったら、投資家は無リスク資産を借り入れ、さらに多くの資金をAに投資するだろう。

この結果は、金融経済学者が**分離原則**（separation principle）と呼ぶ事実を確立する。すなわち、投資家の投資意思決定は、二つの分離した段階で構成されている。

1．①個別証券の期待リターンと分散、および②証券のペア間の共分散を推定した後、投資家は図11.9の曲線XAYで表された危険資産の効率的集合を計算する。その次に、投資家は無リスク金利と危険資産の効率的集合（曲線XAY）の接点、すなわち点Aを定める。点Aは、投資家が保有することになる危険資産のポートフォリオを表している。この点Aは、投資家の、リターン、分散、共分散の推定値のみに基づいて決定される。危険回避度のような個人的特性は、この段階では必要とされない。
2．次に投資家は、A点すなわち危険資産のポートフォリオに、無リスク資産をどの程度組み合わせるかを決定しなければならない。無リスク資産に一部の資金を投資し、残りをポートフォリオAに投資するかもしれない。この場合は、直線上のR_FとAとの間の点を選択することになる。一方、無リスク金利で借入れをし、また自己資金もあわせて、その総額をポートフォリオAに投資するかもしれない。この場合、直線II上のA点を越える点を選択することになる。投資家の無リスク資産の保有量、つまり直線上のどの点を選好するかは、たとえばリスク許容能力といった投資家の内部的特性によって決定される。

11.8　市場均衡

市場均衡ポートフォリオの定義

上記の分析は一人の投資家に関するものである。個別証券の期待リターンや分散、および証券のペア間の共分散の推定値は、その投資家のものであり、その投資家だけのものである。他の投資家は、明らかに上記の変数に関して異なる推定値をもつだろう。しかしながら、すべての投資家は過去の値動きに関する同一のデータや、他の公に入手できる資料に基づいて期待を形成するため、その推定値はそれほど変わらないかもしれない。

金融経済学者は、すべての投資家が、期待リターン、分散、共分散について同一の推定値をもつ世界をしばしば仮定する。この仮定が厳密な意味で真であることはありえないが、投資家がほぼ同じ情報源を利用する世界においては、単純な仮定として有用であると考えられる。この仮定は**同質的期待**（homogeneous expectations）と呼ばれる[9]。

すべての投資家が同質的期待をもつとすると、図11.9はすべての個人について同一になるだろう。つまり、同一の情報に基づいて作業することになるため、すべての投資家が同じ危険資産の効率的集合を描くことになる。この危険資産の効率的集合は、曲線 XAY で表される。同一の無リスク金利が全員に適用されるので、すべての投資家が点 A を保有すべき危険資産のポートフォリオとみなすことになる。

この点 A は大きな重要性をもつようになる。なぜなら、すべての投資家が点 A で表されたリスキーな証券を購入するようになるからである。危険回避度の高い投資家であれば、A と無リスク資産への投資とを組み合わせて、たとえば点4を実現するだろう。危険回避度の低い他の投資家は借入れをして、たとえば点5を実現するかもしれない。これは大変に重要な結論なので、再度述べる。

同質的期待を伴う世界では、すべての投資家が点 A で表された危険資産のポートフォリオを保有する。

すべての投資家が危険資産の同一ポートフォリオを選択するなら、そのポートフォリオを特定することが可能である。常識が示すところでは、そのポートフォリオは、すべての既存証券を時価総額の比率で組み合わせたものである。これは**市場ポートフォリオ**（market portfolio）である。

実際、金融経済学者は、S&P500インデックスのような広い基盤をもつインデックスを市場ポートフォリオの代用として使用している。もちろん、実際にはすべての投資家が同一のポートフォリオを保有するわけではない。とはいえ、特に投資信

9）　同質的期待の仮定が述べているのは、投資家が、リターン、分散、共分散に関して同じ考え方をするということである。すべての投資家が同じ危険回避度をもつとはいっていない。

託や年金ファンドを含めた場合、多数の投資家が分散化されたポートフォリオを保有していることがわかっている。広い基盤をもつインデックスは、多くの投資家の高度に分散化されたポートフォリオのよい代用品である。

投資家が市場ポートフォリオを保有する場合におけるリスクの定義

本章の初めのほうで、株式のリスク、あるいは標準偏差は、システマティック・リスクと非システマティック・リスクに分解できることを指摘した。非システマティック・リスクは大きなポートフォリオでは分散化により消し去ることができるが、システマティック・リスクはできない。したがって、分散化した投資家は、非システマティック・リスクではなく、ポートフォリオ内のすべての証券のシステマティック・リスクについて心配しなければならない。証券のシステマティック・リスクを計測する方法はあるだろうか。答えはイエスであり、ベータによって最もよく計測される。これを、例を用いて解説する。分散化した投資家の観点からは、ベータが個別証券のリスクの最善の測定値であることが判明している。

例11.4　ベータ

ジェルコ社および市場に対する、以下の起こりうる株式リターンと市場リターンを考えてみよう。

状態	経済の種類	市場のリターン（%）	ジェルコ社のリターン（%）
Ⅰ	強気	15	25
Ⅱ	強気	15	15
Ⅲ	弱気	−5	−5
Ⅳ	弱気	−5	−15

市場リターンについては起こりうる結果が二つしかないが（15%、−5%）、ジェルコ社株のリターンには起こりうる結果が四つある。所与の市場リターンに対する、ある証券の期待リターンを考察することは有益である。各状態が起こる可能性が同確率だとすると、以下のようになる。

経済の種類	市場のリターン（%）	ジェルコ社株のリターン（%）
強気	15	$20=25\times\frac{1}{2}+15\times\frac{1}{2}$
弱気	−5	$-10=-5\times\frac{1}{2}+(-15)\times\frac{1}{2}$

その期待リターンは弱気の状態よりも強気の状態において大きいので、ジェルコ社株は市場の動きに反応している。そこでジェルコ社株が、市場の動きにどれくらい敏感なのかを正確に計算してみよう。強気（堅調）な経済における市場リターンは、弱気（軟調）な経済での市場リターンと比べて20%［＝15%−(−5%)］大きい。しかしながら、強気な経済でのジェルコ社株の期待リターンは、弱気な状態における期待リターンと比較して30%［＝20%−(−10%)］大きい。よって、ジェルコ社株の期待リターンの市場リターンに対する反応係数は、1.5（＝30%/20%）となる。

この関係は図11.10に表されている。各状態におけるジェルコ社株と市場のリターンは、四つの点で示されている。加えて、市場の二つの潜在的リターンそれぞれに対する、ジェルコ社株の期待リターンを描いている。これら二つの

図11.10　ジェルコ社株と市場ポートフォリオのパフォーマンス

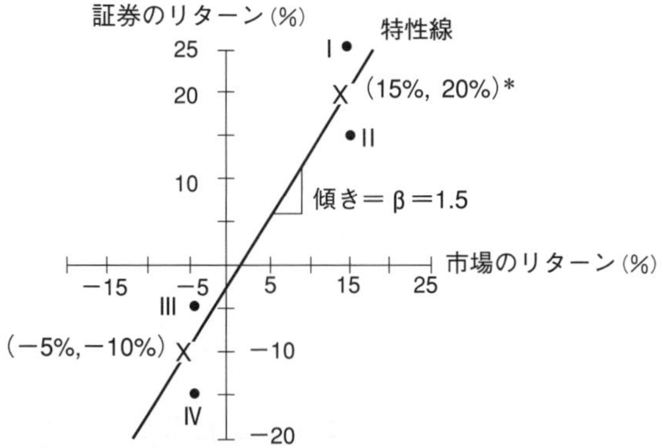

Xで示された二つの点は、市場ポートフォリオの起こりうるそれぞれの結果に対するジェルコ社株の期待リターンを表している。ジェルコ社株の期待リターンは市場リターンと正の関係にある。傾きは1.5なので、ジェルコ社株のベータは1.5であるという。ベータは、市場変動に対する証券のリターンの反応度を計測する。

＊(15%, 20%)は、市場のリターンが15%で、証券のリターンが20%である点を指している。

点は、その各々をＸと示したが、証券の特性線（characteristic line）と呼ばれる直線で結ばれる。直線の傾きは1.5であり、この数字は前段落で計算したものである。この1.5という反応係数が、ジェルコ社株のベータ（beta）である。

図11.10に基づくベータの解釈は直観的である。グラフからわかるのは、ジェルコ社株のリターンが市場のリターンに対して1.5倍に拡大されていることである。市場が高リターンをあげるときには、ジェルコ社株はさらによいリターンをあげると予想される。市場が下落したときには、ジェルコ社株のリターンはさらに低くなることが予想される。ここで、市場ポートフォリオに近いポートフォリオを保有するある個人が、ポートフォリオにジェルコ社株の追加を検討しているとしよう。ジェルコ社株の1.5という*拡大係数（magnification factor）*のため、彼女はジェルコ社株を、ポートフォリオのリスクに大きく寄与するものと考えるかもしれない（市場における平均的な証券のベータは１であることをすぐ後で示す）。ジェルコ社株は平均的な証券と比較して、大きな、そして分散化されたポートフォリオのリスクに対する寄与度が大きい。なぜなら、ジェルコ社株は市場の変動に対して、より大きく反応するからである。

マイナスのベータをもつ証券を考察することで、さらに理解を深めることができる。これらのマイナスのベータをもつ証券は、ヘッジまたは保険と考えるべきである。この証券は市場が下落しているときにリターンを期待でき、逆に市場が上げているときマイナスのリターンとなる。このことから、マイナスのベータをもつ証券を大きな分散化されたポートフォリオに加えると、実際にポートフォリオのリスクを低減する[10]。

表11.6は、個別証券について、ベータの実証的推定値を示している。みてわかるように、一部の証券は他の証券よりも市場に対する反応度が高い。たとえば、イーベイのベータは2.53である。これは、市場[11]が１％変動するごとに、イーベイが同方向に2.53％変動することが期待されることを意味する。逆に、３Ｍのベータはわずか0.53である。これは、市場が１％変動するごとに、３Ｍは同方向に0.53％変動することが期待されることを意味する。このベータについての議論は、次のよ

10)　残念ながら、実証的証拠は、マイナスのベータをもつ株式が事実上存在しないことを示している。
11)　表11.6では、市場ポートフォリオの代用としてS&P500インデックスを用いている。

表11.6　いくつかの個別株式に対するベータの推定

株　式	ベータ
3 M	0.53
マグロウ・ヒル	0.65
ゼネラル・エレクトリック	0.99
ベッド、バス&ビヨンド	1.20
ホーム・デポ	1.26
デル	1.64
CA,Inc.	2.03
イーベイ	2.53

（注）　ベータは $\mathrm{Cov}(R_i, R_M)/\mathrm{Var}\ (R_M)$ として定義される。ここで $\mathrm{Cov}(R_i, R_M)$ は、個別証券のリターン R_i と市場のリターン R_M との共分散である。$\mathrm{Var}(R_M)$ は市場のリターン R_M の分散である。

うに要約できる。

ベータは、市場ポートフォリオの変動に対する証券の反応度を測定する。

ベータの公式

ここまでの議論は、ベータの背後の直観的意味に重点を置いていた。実際のベータの定義は以下のとおりである。

$$\beta_i = \frac{\mathrm{Cov}(R_i, R_M)}{\sigma^2(R_M)} \qquad (11.14)$$

ここで、$\mathrm{Cov}(R_i, R_M)$ は資産 i のリターンと市場ポートフォリオのリターンとの共分散であり、$\sigma^2(R_M)$ は市場の分散である。

一つの有用な属性は、市場ポートフォリオの時価総額に占める各証券の時価総額の割合で加重された場合、すべての証券の平均ベータが1であるということである。つまり次のようになる。

$$\sum_{i=1}^{N} X_i \beta_i = 1 \qquad (11.15)$$

ここで、X_i は市場全体の時価総額に対する証券 i の時価総額の比率であり、N は市場における証券の数である。

式11.15は、ひとたび検討すれば直観的に理解できる。すべての証券を時価総額に基づいて組み入れると、結果としてできるポートフォリオは市場そのものである。当然のことながら、市場ポートフォリオのベータは１である。すなわち、市場の１％変動につき、*定義上*、市場は１％動かなければならない。

テスト

われわれは、コーポレートファイナンスの過去の試験で、次のような問題を出題したことがある。

1．どのような種類の投資家が、個別証券のリターンの分散（または標準偏差）を、その証券の適切なリスク測定値であると合理的にみなすか。
2．どのような種類の投資家が、証券のベータを、その証券の適切なリスクの測定値であると合理的にみなすか。

両方の質問に対するよい解答は、次のようなものだろう。

合理的で危険回避的な投資家は、所有するポートフォリオのリターンの分散（または標準偏差）を、ポートフォリオの適切なリスクの測定値であるとみなす。なんらかの理由で投資家が一つしか証券を保有できない場合、その証券のリターンの分散がポートフォリオ・リターンの分散となる。それゆえに、証券のリターンの分散が、その証券の適切なリスクの測定値である。

もし個人が分散化されたポートフォリオを保有する場合、彼女は、ポートフォリオ・リターンの分散（または標準偏差）がポートフォリオの適切なリスクの測定値であるとやはり考える。しかしながら、各々の個別証券の分散には、もはや興味を示さない。そうではなく、個別証券の、ポートフォリオの分散に対する寄与に関心をもつ。分散化されたポートフォリオの分散に対する証券の寄与度は、ベータによって最もよく測定される。したがって、分散化した投資家にとって、ベータが個別証券のリスクの適切な測定値である。

ベータは証券のシステマティック・リスクを測定する。よって、分散化した投資家は、各証券のシステマティック・リスクに注意を払う。しかしながら、非システマティック・リスクは大きなポートフォリオにおいて分散化により消し去られるので、彼らは個別証券の非システマティック・リスクを無視する。

11.9　リスクと期待リターンとの関係（CAPM）

ある資産の期待リターンは、そのリスクと正の関係にある、と一般に主張される。すなわち、期待リターンがリスクに見合う場合にのみ、個人は危険資産を保有する。この節では、最初にまず、株式市場全体の期待リターンを推定する。次に、個別証券の期待リターンを推定する。

市場の期待リターン

経済学者は、市場の期待リターンが次のように表せるとしばしば主張する。

$$\overline{R}_M = R_F + \text{リスク・プレミアム}$$

言葉で表せば、市場の期待リターンは、無リスク金利と、市場ポートフォリオに内在するリスクに対する補償とを加えた合計である。式は市場の*期待リターン*を表すのであって、特定の年月の実際のリターンではないことに注意されたい。株式にはリスクがあるため、ある特定の期間における市場の実際のリターンは、もちろん R_F（無リスク金利）を下回ることがあるし、マイナスになることさえある。

投資家はリスクに対して補償を望むので、リスク・プレミアムはおそらく正の値である。しかし正確には、どのくらいプラスだろうか。将来のリスク・プレミアムを最も正確に推定するのは、過去における平均リスク・プレミアムであると、一般に論じられている。第10章で伝えたように、Dimson, Marsh, and Staunton は、1900～2005年までの期間で、無リスク金利（すなわち１年物財務省短期証券）に対する米国普通株式の平均超過年次リターンが7.4％であることを見出した。われわれはこの7.4％を、ヒストリカルな米国株式リスク・プレミアムと呼ぶ。世界的な平均ヒストリカル株式プレミアムは7.1％だった。多くの要因を考慮して、われわれは７％が、リーズナブルな将来の米国株式リスク・プレミアムであると見出した。

たとえば、１年物財務省証券の現行利回りによって推定される無リスク金利が１％だったら、市場の期待リターンは以下のようになる。

$$8\% = 1\% + 7\%$$

もちろん、将来の株式リスク・プレミアムは、過去の株式リスク・プレミアムよ

図11.11　個別証券の期待リターンとその証券のベータとの関係

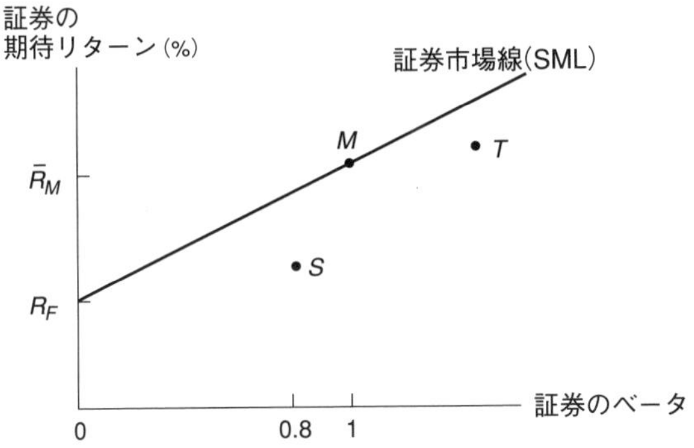

証券市場線（SML）は、資本資産価格モデル（CAPM）のグラフ的描写である。
ベータがゼロの株式の期待リターンは、無リスク金利に等しい。
ベータが１の株式の期待リターンは、市場に対する期待リターンに等しい。

り大きいかもしれないし、小さいかもしれない。これは将来のリスクが過去のリスクより高いか低い場合、あるいは個人のリスク回避性が過去に比べて高いか低い場合に、真となりうる。

個別証券の期待リターン

さて、市場全体の期待リターンを推定したが、個別証券の期待リターンは何だろうか。大きな分散化されたポートフォリオにおいては、証券のベータが適切なリスクの測定値であると主張した。ほとんどの投資家は分散投資しているので、ある証券の期待リターンは、ベータに対して正の関係があるはずである。これは図11.11に示されている。

実際には、経済学者たちは、期待リターンとベータの相関について、もっと正確になれる。彼らは、妥当な状況下において、期待リターンとベータの関係は次の式で表すことができると、仮定する[12]。

12)　この関係は、最初にJohn LintnerとWilliam F. Sharpeが、それぞれ独立に提案した。

資本資産価格モデル

$$\overline{R} = R_F + \beta \times (\overline{R}_M - R_F) \qquad (11.16)$$

証券の期待リターン ＝ 無リスク金利 ＋ 証券のベータ × 市場の期待リターンと無リスク金利の差

この公式は**資本資産価格モデル**（capital asset pricing model, CAPM）と呼ばれ、証券の期待リターンとベータが線形関係にあることを意味している。市場の平均リターンは長期間にわたって無リスク金利の平均よりも高かったので、$\overline{R}_M - R_F$ はおそらく正である。よって公式は、証券の期待リターンがベータと*正*の関係にあることを示唆する。この公式はいくつかの特別な場合を想定することで、説明することができる。

・$\beta = 0$ と*仮定する*。このとき、$\overline{R} = R_F$ である。すなわち、証券の期待リターンは、無リスク金利である。ベータがゼロの証券には何の関連するリスクもないので、期待リターンは無リスク金利に等しいはずである。

・$\beta = 1$ と*仮定する*。式11.16は、$\overline{R} = R_M$ となる。すなわち、証券の期待リターンは、市場の期待リターンである。市場ポートフォリオのベータもまた１なので、これは理にかなっている。

公式11.16は、図11.11の右肩上りの直線によって、図で表すことができる。ベータが１のとき、この直線は R_F を始点とし $\overline{R}_M$ まで増加することに注意されたい。この直線はしばしば**証券市場線**（security market line, SML）と呼ばれる。

他の直線と同様、SMLには傾きと切片がある。R_F、すなわち無リスク金利が切片である。証券のベータが横軸であるから、$\overline{R}_M - R_F$ は傾きである。市場の期待リターンが無リスク金利よりも大きい限り、直線は右肩上りとなる。市場ポートフォリオは危険資産なので、理論は、期待リターンが無リスク金利を上回るということを示唆する。これは前章の実証的証拠と一致する。

例11.5　個別証券の期待リターン

アードバーク・エンタープライゼズ社の株式は1.5のベータをもち、ゼブラ・エンタープライゼズ社の株式は0.7のベータをもっている。無リスク金利は3％で、市場の期待リターンと無リスク金利との差は8.0％であると仮定する。二つの証券の期待リターンは次のようになる。

アードバーク社株の期待リターン

15.0％＝3％＋1.5×8.0％　(11.17)

ゼブラ社株の期待リターン

8.6％＝3％＋0.7×8.0％

CAPMに関する三つの補足点について触れなければならない。

1．*線形性*：右肩上りの曲線の直観的意味は明らかである。ベータが適切なリスク測定値なので、ベータの高い証券は、ベータの低い証券に比べて期待リターンが大きいはずである。しかしながら、図11.11と式11.16は、右肩上りの曲線以上のものを示している。すなわち期待リターンとベータの関係は*直線*に相当する。

図11.11の線が直線であることを示すのは容易である。これを確認するため、たとえばベータが0.8の証券 S を考察しよう。この証券は図において、証券市場線の下方の点によって表されている。投資家は、無リスク資産を20％、ベータが1の証券を80％で組成したポートフォリオを購入することによって、証券 S のベータを複製することができる。しかしながら、この自家製のポートフォリオ自体がSML上に位置する。言い換えれば、ポートフォリオの期待リターンが証券 S のものよりも大きく、しかもベータが同じであるため、ポートフォリオは証券 S に優越している。

次に、ベータがたとえば1よりも大きい、証券 T を考察しよう。この証券もまた図11.11のSMLの下方にある。投資家は借入れをしてベータが1の証券に投資して、証券 T のベータを複製することができる。このポートフォリオもSML上にあるはずで、そのためポートフォリオは証券 T に優越する。

だれも S や T を保有しないだろうから、それらの株価は下落する。この株価調整は二つの証券の期待リターンを上昇させる。二つの証券が証券市場線上に位置するまで、この株価調整は継続するだろう。ここまでの例では、二つの割高な株式と直線のSMLについて考察した。SMLの上方にある証券は*割安*

である。期待リターンが直線上に位置するまで、証券の価格は上昇するに違いない。もしSMLがそれ自体曲線状であるならば、多くの株式が割高または割安になるだろう。均衡においては、価格が変化してSMLが直線になったときのみ、すべての証券が保有される。言い換えれば、線形性が達成される。

2．*証券と同様にポートフォリオ*も：CAPMに関するわれわれの議論は、個別株式を考察した。図11.11における関係と式11.16は、ポートフォリオについても同様に成り立つだろうか。

答えはイエスである。これを確かめるため、例11.5のアードバーク社株とゼブラ社株の二つの証券に対して、均等に投資したポートフォリオを考察してみよう。ポートフォリオの期待リターンは次のようになる。

ポートフォリオの期待リターン

$$11.8\% = 0.5 \times 15.0\% + 0.5 \times 8.6\% \qquad (11.18)$$

ポートフォリオのベータは、単に二つの証券のベータの加重平均である。よって、以下を得る。

ポートフォリオのベータ

$$1.1 = 0.5 \times 1.5 + 0.5 \times 0.7$$

CAPMのもとでは、ポートフォリオの期待リターンは次のようになる。

$$11.8\% = 3\% + 1.1 \times 8.0\% \qquad (11.19)$$

式11.18の期待リターンは式11.19の期待リターンと同じなので、この例は、CAPMが個別証券だけでなく、ポートフォリオについても成り立つことを示している。

3．*潜在的な混同*：学生は往々にして、図11.11のSMLを図11.9の直線*II*と混同する。実際には二つの直線はまったく異なるものである。直線*II*が描いているのは、危険資産と無リスク資産の両方からなるポートフォリオの効率的集合である。直線上の各点はポートフォリオそのものを表している。点*A*は完全に危険資産だけで構成されるポートフォリオである。直線上のA以外の点は、*A*が含む証券と無リスク資産とを組み合わせたポートフォリオを表している。図11.9の両軸は、*ポートフォリオ*の期待リターンと*ポートフォリオ*の標準偏差である。個々の証券は直線*II*に沿って位置していない。

図11.11の SML は、期待リターンとベータの間の関係を示している。図11.11は少なくとも二つの点で、図11.9とは異なっている。まず第一に、図11.11の横軸はベータであるが、図11.9の横軸は標準偏差である。第二に、図11.9の直線 *II* が効率的ポートフォリオについてのみ有効であるのに対して、図11.11の SML は、すべての個別証券と組成可能なポートフォリオに対して有効である。

同質的期待のもとでは、図11.9の点 A が市場ポートフォリオとなることは先に示した。この場合、直線Ⅱは**資本市場線**（capital market line, CML）と呼ばれる。

要約と結論

本章では、現代ポートフォリオ理論の基礎を解説した。その基本的な要点は次のとおりである。

1．本章は、個別証券の期待リターンと分散の計算方法、および証券のペアの共分散、相関の計算方法を示した。これらの統計値が与えられれば、二つの証券 A と B からなるポートフォリオの期待リターンと分散は、次のように表すことができる。

$$\text{ポートフォリオの期待リターン} = X_A\overline{R}_A + X_B\overline{R}_B$$

$$\text{Var}(\text{ポートフォリオ}) = X_A^2\sigma_A^2 + 2X_AX_B\sigma_{AB} + X_B^2\sigma_B^2$$

2．われわれの表記では、X はポートフォリオ内の証券の比率を表す。X を変化させることによって、ポートフォリオの効率的集合を描くことができる。2資産の場合について効率的集合を表す曲線を描き、そのグラフの曲率や湾曲の度合いが分散化効果を表していることを指摘した。すなわち、2証券間の相関が低くなるほど、曲線の湾曲が大きくなる。同様な効率的集合の一般的形状は、多数の資産の世界でも成り立つ。

3．二つの資産の場合における分散の公式が 2×2 行列で計算されるのとまったく同様に、N 個の資産の場合では、分散の公式が $N \times N$ 行列で計算される。資産が多数になるにつれて、行列には分散の項よりも共分散の項がより多くなることを示した。実際、分散の項は大きなポートフォリオのなかでは効果的に分散化されて消えるが、共分散の項はそうではない。よって分散化されたポートフォリオは、個別証券のリスクの一部を除去できるにすぎず、リスクをすべて除去できるわけではない。

4．危険資産の効率的集合は、無リスクでの借入れおよび貸出と組み合わせることができる。この場合に合理的投資家は、図11.9の点 A が表すリスクを伴う証券のポートフォリオを常に選択するだろう。その後、無リスク金利で借入れあるいは貸出をして、図における直線 II 上の任意の点を実現することができる。

5．大きな十分に分散化されたポートフォリオのリスクに対する個別証券の寄与は、その証券のリターンと市場リターンの共分散に正比例する。この寄与度が標準化されたとき、ベータと呼ばれる。証券のベータは、証券のリターンの市場リターンに対する反応度として解釈することもできる。

6．CAPM は次の式で示される。

$$\overline{R} = R_F + \beta\ (\overline{R}_M - R_F)$$

言い換えると、証券の期待リターンは、その証券のベータと、正の（および線形の）関係がある。

Concept Questions

1．分散化可能リスクと分散化不能リスク

広い意味で、なぜ一部のリスクは分散化可能なのか。なぜ一部のリスクは分散化不能なのか。これは、投資家がポートフォリオの非システマティック・リスクの水準はコントロールできるが、システマティック・リスクの水準はできないということか。

2．システマティック・リスク vs 非システマティック・リスク

以下のイベントを、大部分がシステマティックか、あるいは大部分が非システマティックか分類せよ。すべてのケースで違いは明確か。

a. 短期金利が不意に上昇する。

b. 会社が短期借入れに対して支払う金利が、銀行によって上げられた。

c. 原油価格が不意に下落した。

d. オイル・タンカーが座礁し、大量の原油が流出した。

e. あるメーカーが、数百万ドルの製造物責任訴訟で敗訴した。

f. 最高裁の判決が、使用者が被った怪我に対する製造者責任の範囲を大幅に拡大した。

3．期待ポートフォリオ・リターン

ポートフォリオ内の各資産の構成比率がすべて正の場合、ポートフォリオの期待リターンが、ポートフォリオ内で最も高い資産のリターンよりも大きくなることはありうるか。ポートフォリオの期待リターンが、ポートフォリオ内で最も低い資産のリターンよりも小さくなることがありうるか。もしどちらか、あるいは両方の質問にイエスと答えたなら、例をあげて説明せよ。

4．分 散 化

正しいか、誤っているか。「十分に分散化されたポートフォリオの期待リターンを求めるにあたって、最も重要な特性は、ポートフォリオ内の個別資産の分散である」。説明せよ。

5．ポートフォリオ・リスク

ポートフォリオ内の各資産の構成比率がすべて正の場合、ポートフォリオの標準偏差は、最も小さい個別資産の標準偏差より小さいか。ポートフォリオ・ベータについてはどうか。

6．ベータと CAPM

リスキーな資産が、ゼロのベータをもつことは可能か。説明せよ。CAPM に基づくと、このような資産の期待リターンはいくらか。リスキーな資産が、マイナスのベータをもつことは可能か。このような資産の期待リターンに関して、CAPM は何を予測するか。説明せよ。

7．共 分 散

なぜ、ある証券と、十分に分散化されたポートフォリオ内の他の証券との共分散が、その証券の分散よりも、証券のリスクとして適切な測定値なのか、簡潔に説明せよ。

8．ベ ー タ

次の有数な運用マネジャーからの引用を考える。「サザン・カンパニーの株式は、過去 3 年間の大半にわたって、12ドル前後で取引されている。サザン株は非常に小さな価格変動しか示していないので、この株式のベータは低い。一方、テキサス・インスツルメンツは、高いときには150ドルにもなり、安いときにはいまの75ドルにもなる。テキサス・インスツルメンツは大きな価格変動を示してきたので、この株式のベータは高い」。あなたは、この分析に同意するか。説明せよ。

9．リスク

あるブローカーが、石油関連株は高い標準偏差をもつので、投資しないようにとあなたに忠告した。このブローカーの忠告は、あなたのような危険回避的な投資家に対して適切であるか。なぜか、あるいはなぜそうでないのか。

10．証券選択

次の文章は正しいか、誤っているか。「リスキーな証券の期待リターンが無リスク金利を下回ることはありえない。なぜなら均衡状態において、危険回避的な投資家は、だれもこの資産を保有したがらないからである」。

質問と問題

◆基本（問題1－20）

1．ポートフォリオ・ウェイトの算出

1株当り53ドルの株式Aを95株と、1株当り29ドルの株式$B$120株からなるポートフォリオの、ポートフォリオ・ウェイト（組入比率）はいくらか。

2．ポートフォリオの期待リターン

あなたは株式Aに1,900ドル、株式Bに2,300ドルを投資するポートフォリオを所有している。もしこれらの株式の期待リターンが、それぞれ10%と15%だったら、ポートフォリオの期待リターンはいくらか。

3．ポートフォリオの期待リターン

あなたは株式Xに40%、株式Yに35%、株式Zに25%を投資するポートフォリオを所有している。これら三つの株式の期待リターンはそれぞれ11%、17%、14%である。ポートフォリオの期待リターンはいくらか。

4．ポートフォリオの期待リターン

あなたは株式ポートフォリオに投資するための1万ドルをもっている。あなたが選んだのは、期待リターンが16%の株式Xと期待リターンが10%の株式Yである。もしあなたの目的が、期待リターン12.9%のポートフォリオをつくることだったら、株式 X にいくら投資するか。株式 Y には？

5．期待リターンの計算

次の情報に基づき、期待リターンを計算せよ。

経済状態	経済状態の生じる確率	各状態が生じた場合の利益率
景気後退	0.20	−0.09
通常	0.50	0.11
好況	0.30	0.23

6．リターンと標準偏差の計算

次の情報に基づき、二つの株式の期待リターンと標準偏差を計算せよ。

経済状態	経済状態の生じる確率	各状態が生じた場合の利益率	
		株式 A	株式 B
景気後退	0.15	0.06	−0.20
通常	0.65	0.07	0.13
好況	0.20	0.11	0.33

7．リターンと標準偏差の計算

次の情報に基づき、期待リターンと標準偏差を計算せよ。

経済状態	経済状態の生じる確率	各状態が生じた場合の利益率
不況	0.10	−0.045
景気後退	0.25	0.044
通常	0.45	0.120
好況	0.20	0.207

8．期待リターンの計算

ポートフォリオは、15%が G 株、65%が J 株、20%が K 株で構成されている。これらの株式の期待リターンは、それぞれ8%、15%、24%である。ポートフォリオの期待リターンはいくらか。この答えをどう解釈するか。

9．リターンと標準偏差

以下の情報を考える。

経済状態	経済状態の生じる確率	各状態が生じた場合の利益率		
		株式 A	株式 B	株式 C
好景気	0.80	0.07	0.15	0.33
不景気	0.20	0.13	0.03	−0.06

a. これらの株式に等配分したポートフォリオの期待リターンはいくらか。

b. 株式 A と B にそれぞれ20%、C に60%投資したポートフォリオの分散はいくらか。

10. リターンと標準偏差

以下の情報を考える。

経済状態	経済状態の生じる確率	各状態が生じた場合の利益率		
		株式 A	株式 B	株式 C
好況	0.20	0.30	0.45	0.33
堅調	0.35	0.12	0.10	0.15
景気後退	0.30	0.01	−0.15	−0.05
不況	0.15	−0.06	−0.30	−0.09

a. 株式 A と C にそれぞれ30%、B に40%投資したポートフォリオの期待リターンはいくらか。

b. ポートフォリオの分散はいくらか。標準偏差は？

11. ポートフォリオのベータの計算

あなたは、株式 Q に25%、株式 R に20%、株式 S に15%、株式 T に40%を投資するポートフォリオを保有している。これら四つの株式のベータは、それぞれ0.75、1.90、1.38、1.16である。ポートフォリオのベータはいくらか。

12. ポートフォリオのベータの計算

あなたは無リスク資産と二つの株式に均等に投資するポートフォリオを保有している。もし一つの株式のベータが1.85で、ポートフォリオ全体としては市場と同じだけリスキーだとしたら、ポートフォリオ内のもう一つの株式のベータは、いくらでなければならないか。

13. CAPMを用いる

ある株式のベータは1.25で、市場の期待リターンは12%、そして無リスク金利は5％である。この株式の期待リターンは、いくらでなければならないか。

14. CAPMを用いる

ある株式の期待リターンは14.2%で、無リスク金利は４%、市場リスク・プレミアムは７%である。この株式のベータは、いくらでなければならないか。

15. CAPMを用いる

ある株式の期待リターンは10.5%で、ベータは0.73、無リスク金利は5.5%である。市場の期待リターンは、いくらでなければならないか。

16. CAPMを用いる

ある株式の期待リターンは16.2%で、ベータは1.75、市場の期待リターンは11%である。無リスク金利は、いくらでなければならないか。

17. CAPMを用いる

ある株式のベータは0.92で、期待リターンは10.3%である。無リスク資産は現在５%のリターンを生む。

a. この二つの資産に均等に投資するポートフォリオの期待リターンはいくらか。

b. もしこの二つの資産からなるポートフォリオのベータが0.50だったら、ポートフォリオのウェイトはいくらか。

c. もしこの二つの資産からなるポートフォリオの期待リターンが９%だったら、ベータはいくらか。

d. もしこの二つの資産からなるポートフォリオのベータが1.84だったら、ポートフォリオのウェイトはいくらか。この場合の二つの資産に対するウェイトをどう解釈するか。説明せよ。

18. SMLを用いる

資産Wの期待リターンは13.8%で、ベータは1.3である。無リスク金利が５%だとして、資産Wと無リスク資産のポートフォリオに関して、以下の表を完成せよ。ポートフォリオの期待リターンとポートフォリオのベータとの関係を、ベータに対して期待リターンをグラフに描くことによって説明せよ。描かれた直線の角度はいくらか。

資産 W がポートフォリオに占める割合（%）	ポートフォリオの期待リターン	ポートフォリオのベータ
0		
25		
50		
75		
100		
125		
150		

19. リスク報酬比率

株式 Y のベータは1.35で、期待リターンは14%である。株式 Z のベータは0.85で、期待リターンは11.5%である。もし無リスク金利が5.5%で、市場リスク・プレミアムが6.8%だったら、これらの株式は正しく価格づけされているか。

20. リスク報酬比率

前問で、二つの株式が正しく価格づけされているとしたら、無リスク金利はいくらになるか。

◆中級（問題21－33）

21. ポートフォリオのリターン

前章の資本市場ヒストリーの情報を用いて、大企業株式と長期国債に均等に投資するポートフォリオのリターンを求めよ。小企業株式と財務省短期証券に均等に投資するポートフォリオのリターンはいくらか。

22. CAPM

CAPMを用いて、二つの資産のリスク・プレミアムの比率が、それらのベータの比率に等しいことを示せ。

23. ポートフォリオのリターンと偏差

三つの株式に関する以下の情報を考える。

経済状態	経済状態の生じる確率	各状態が生じた場合の利益率		
		株式 A	株式 B	株式 C
好況	0.35	0.20	0.35	0.60
通常	0.40	0.15	0.12	0.05
不況	0.25	0.01	−0.25	−0.50

a. もしポートフォリオが、A と B にそれぞれ40%、C に20%投資したら、ポートフォリオの期待リターンはいくらか。分散は？　標準偏差は？

b. もし財務省短期証券の期待リターンが3.80%だったら、ポートフォリオの期待リスク・プレミアムはいくらか。

c. もし期待インフレ率が3.50%だったら、ポートフォリオの期待実質リターンのおおよその値と正確な値はいくらか。ポートフォリオの期待実質リスク・プレミアムのおおよその値と正確な値はいくらか。

24. ポートフォリオを分析する

あなたは100万ドルの投資資金をもち、市場と同じリスクのポートフォリオをつくりたい。この情報をもとに、以下の表を埋めよ。

資産	投資額	ベータ
株式 A	$180,000	0.75
株式 B	$290,000	1.30
株式 C		1.45
無リスク資産		

25. ポートフォリオを分析する

あなたは株式 X、株式 Y、および無リスク資産からなるポートフォリオに投資するために、10万ドルをもっている。お金はすべて投資しなければならない。あなたの目的は、期待リターンが10.7%で、市場全体のリスクの80%をもつポートフォリオを構築することである。もし X の期待リターンが17.2%でベータが1.8、Y の期待リターンが8.75%でベータが0.5、そして無リスク金利が7%だったら、株式 X にはいくら投資するか。あなたの答えをどのように解釈するか。

26. 共分散と相関

次の情報に基づいて、以下のそれぞれの株式の期待リターンと標準偏差を計算せよ。どちらの経済状態も等しく起こる可能性があるとする。二つの株式のリターン間の分散と相関はいくらか。

経済状態	株式 A のリターン	株式 B のリターン
不況	0.082	−0.065
通常	0.095	0.124
好況	0.063	0.185

27．共分散と相関

次の情報に基づいて、以下のそれぞれの株式の期待リターンと標準偏差を計算せよ。二つの株式のリターン間の分散と相関はいくらか。

経済状態	経済状態の生じる確率	株式 J のリターン	株式 K のリターン
不況	0.30	−0.020	0.034
通常	0.50	0.138	0.062
好況	0.20	0.218	0.092

28．ポートフォリオの標準偏差

証券 F の期待リターンは10％で標準偏差は26％である。証券 G の期待リターンは17％で標準偏差は58％である。

a．証券 F が30％、証券 G が70％で構成されるポートフォリオの期待リターンはいくらか。

b．もし証券 F のリターンと証券 G のリターンの相関が0.25だったら、(a) のポートフォリオの標準偏差はいくらか。

29．ポートフォリオの標準偏差

株式 A と B の期待リターンと標準偏差は、それぞれ $E(R_A)=0.13$、$E(R_B)=0.19$、$\sigma_A=0.38$、$\sigma_B=0.62$ である。

a．A と B のリターンの相関が0.5のとき、A が45％、B が55％で構成されるポートフォリオの期待リターンと標準偏差を計算せよ。

b．A と B のリターンの相関が−0.5のとき、A が40％、B が60％で構成されるポートフォリオの標準偏差を計算せよ。

c．A と B のリターンの相関は、どのようにポートフォリオの標準偏差に影響を及ぼすか。

30．相関とベータ

三つの会社と市場ポートフォリオならびに無リスク資産について、以下のデータが与えられている。

証券	期待リターン	標準偏差	相関(注)	ベータ
会社 A	0.10	0.27	(i)	0.85
会社 B	0.14	(ii)	0.50	1.50
会社 C	0.17	0.70	0.35	(iii)
市場ポートフォリオ	0.12	0.20	(iv)	(v)
無リスク資産	0.05	(vi)	(vii)	(viii)

(注)　市場ポートフォリオとの相関

a. 表中の空欄を埋めよ。

b. 資本資産価格モデル（CAPM）によると、会社 A の株式は正しく価格づけされているか。会社 B の株式はどうか。会社 C は？　もしこれらの証券が正しく価格づけされていないとしたら、あなたは十分に分散化されたポートフォリオを保有する投資家に、どのような投資推奨を行うか。

31. CML

市場ポートフォリオの期待リターンは12%で、標準偏差は19%である。また無リスク金利は５%である。

a. 標準偏差が７%の十分に分散化されたポートフォリオの期待リターンはいくらか。

b. 期待リターンが20%の十分に分散化されたポートフォリオの標準偏差はいくらか。

32. ベータとCAPM

無リスク資産と市場ポートフォリオを組み合わせたポートフォリオは、９%の期待リターンをもち、標準偏差は13%である。無リスク金利は５%で、市場ポートフォリオの期待リターンは12%である。資本資産価格モデルが成立すると仮定する。市場ポートフォリオと0.45の相関をもち、標準偏差が40%の証券は、いくらの期待リターンをもつか。

33. ベータとCAPM

無リスク金利は4.8%で、市場ポートフォリオは11.4%の期待リターンをもつとする。市場ポートフォリオの分散は0.0429である。ポートフォリオ Z は、市場との相関係数が0.39で、分散が0.1783である。資本資産価格モデルによると、ポートフォリオ Z の期待リターンはいくらか。

◆チャレンジ（問題34－39）

34. システマティック・リスク vs 非システマティック・リスク

株式 *I* と *II* に関して、以下の情報を考える。

経済状態	経済状態の生じる確率	各状態が生じた場合の利益率	
		株式 *I*	株式 *II*
景気後退	0.15	0.09	−0.30
通常	0.55	0.42	0.12
バブル景気	0.30	0.26	0.44

市場リスク・プレミアムは7.5%で、無リスク金利は4％である。どちらの株式がより大きなシステマティック・リスクをもっているか。どちらの株式がより大きな非システマティック・リスクをもっているか。どちらが“よりリスキー”か。説明せよ。

35. SML

以下の状況を観察したとする。

	ベータ	期待リターン
ピート社	1.4	0.150
リピート社	0.9	0.115

これらの証券は正しく価格づけされているとする。CAPM に基づくと、市場ポートフォリオの期待リターンはいくらか。無リスク金利はいくらか。

36. 分散とポートフォリオの標準偏差

市場に三つの証券が存在する。次の一覧表は、三つの証券の生じうるペイオフを示している。

状態	結果の確率	証券1のリターン	証券2のリターン	証券3のリターン
1	0.15	0.25	0.25	0.10
2	0.35	0.20	0.15	0.15
3	0.35	0.15	0.20	0.20
4	0.15	0.10	0.10	0.25

a. 各証券の期待リターンと標準偏差はいくらか。

b. 証券のペア間の共分散と相関はいくらか。

c. 資金の半分を証券1に、半分を証券2に投資するポートフォリオの、期待リターンと標準偏差はいくらか。

d. 資金の半分を証券1に、半分を証券3に投資するポートフォリオの、期待リターンと標準偏差はいくらか。

e. 資金の半分を証券2に、半分を証券3に投資するポートフォリオの、期待リターンと標準偏差はいくらか。

f. (a)、(c)、(d)、(e) でのあなたの答えは、分散化についてどんな意味をもっているか。

37. SML

次の状況を観測したとする。

		各状態が生じた場合のリターン	
経済状態	状態が生じる確率	株式A	株式B
不況	0.15	−0.08	−0.05
通常	0.70	0.13	0.14
好況	0.15	0.48	0.29

a. 各株式の期待リターンを計算せよ。

b. 資本資産価格モデルが成立し、株式Aのベータが株式Bのベータよりも0.25大きいと仮定した場合、期待市場リスク・プレミアムはいくらか。

38. 標準偏差とベータ

市場に二つの株式、株式Aと株式Bが存在する。株式Aの今日の価格は75ドルである。株式Aの価格は来年、経済が景気後退ならば63ドル、通常ならば83ドル、景気が拡大していれば96ドルになる。景気後退、通常、景気拡大が起こる確率は、それぞれ0.2、0.6、0.2である。株式Aは配当金を払わず、市場ポートフォリオと0.8の相関がある。株式Bは、13%の期待リターン、34%の標準偏差、市場ポートフォリオと0.25の相関、株式Aと0.48の相関をもつ。市場ポートフォリオの標準偏差は18%である。資本資産価格モデルが成立すると仮定する。

a. もしあなたが十分に分散化されたポートフォリオを保有する典型的な危険回避的投資家だとしたら、どの株式を選好するか。理由を述べよ。

b. 株式Aに70%、株式Bに30%で構成されるポートフォリオの、期待リターンと標準偏差はいくらか。

c. (b) の場合における、ポートフォリオのベータはいくらか。

39. 最小分散ポートフォリオ

株式 A と株式 B は以下の特徴をもつと仮定する。

株式	期待リターン（%）	標準偏差（%）
A	9	22
B	15	45

二つの株式間の共分散は0.001である。

a. 投資家は株式 A と株式 B のみからなるポートフォリオを保有していると仮定する。このポートフォリオの分散が最小になるようなポートフォリオ・ウェイト X_A と X_B を求めよ（ヒント：二つのウェイトの合計は1にならなければならない）。

b. 最小分散ポートフォリオの期待リターンはいくらか。

c. もし二つの株式間の共分散が－0.05だったら、最小分散ウェイトはいくらか。

d. (c) のポートフォリオの分散はいくらか。

付章 11A ベータは死んだのか

資本資産価格モデルは、金融経済学における最も重要な進歩の一つである。CAPM は、資産の期待リターンがどのようにベータと関連しているのかを表しているので、投資目的の場合に対しては明らかに有用である。加えて、第13章では、あるプロジェクトの割引率はそのプロジェクトのベータの関数なので、CAPM がコーポレートファイナンスにおいても有用であることを説明する。とはいえ、決して忘れてはならないのは、他のモデルの場合と同様、CAPM は明らかにされた真実ではなく、正確には実証的に検証されるべき構成概念である、ということである。

最初の CAPM の実証的検証は20年以上も前に行われ、CAPM を非常に支持するものであった。1930年代～1960年代までのデータを用いて、研究者たちは、株式ポートフォリオの平均リターンがポートフォリオのベータと正の関係にあることを示した[13)]。これは CAPM と一致する結果である。これらの論文のデータのなかには、それほど CAPM に整合的でないものもあったが[14)]、金融経済学者たちはこれらの実証的な論文の後、すぐに CAPM を受け入れた。

一連の多くの実証的研究が続く10年間に展開され、異なる結果を伴うことも多かったが、CAPMは1990年代に至るまで真剣に疑問視されることはなかった。Fama and Frenchによる二つの論文[15]が（そう、1973年のJames MacBethとの共同論文でCAPMを支持した当のFamaである）、CAPMと矛盾するデータを提示する。彼らの研究は学界、マスコミの両方で多大な注目を受け、新聞記事には「ベータは死んだ！」などの見出しが躍った。これらの論文は二つの関連する点を論じている。第一は、平均リターンとベータの相関が1941～1990年までの期間で弱く、1963～1990年までの期間については相関が事実上存在しない、と結論づけていることである。第二は、証券の平均リターンが、企業の株価収益率（P/E）と市場価値/簿価比率（M/B）の両方に対して負の関係がある、と彼らは主張している。これらの主張が他の研究により確証されれば、CAPMに相当なダメージを与えることになるだろう。なんといっても、CAPMは、株式の期待リターンがベータとだけ関係があり、P/EやM/B等の他のファクターとは関連がないと明言しているのである。

しかしながら、多くの研究者がFama and Frenchの論文を批判している。議論の細部について詳細な考察をすることは避けるが、いくつかの争点について簡単に触れる。まず第一に、Fama and Frenchが、平均リターンがベータと無関係であるという仮説を否定することができなくても、CAPMが定めるとおりに平均リターンとベータが厳密に関係しているという仮説も、否定することができない。言い換えれば、50年間のデータは大変な量のように思えるが、CAPMを正確に検証するには単に十分でないかもしれない。第二に、P/EとM/Bについての結果は、後知恵バイアスと呼ばれる統計的誤りが原因であるかもしれない[16]。第三に、P/Eと

---

13)　おそらく最も著名な二つの論文は以下である。Fischer Black, Michael C. Jensen, Myron S. Scholes, "The Capital Asset Pricing Model : Some Empirical Tests," in M. Jensen, ed., *Studies in the Theory of Capital Markets*（New York : Praeger, 1972）. もう一つは、Eugene F. Fama and James MacBeth, "Risk, Return and Equilibrium : Some Empirical Tests," *Journal of Political Economy* 81（1973）, pp. 607–636.

14)　たとえば、これらの研究は、ベータがゼロであるポートフォリオの平均リターンが無リスク金利を上回ると示唆している。これはCAPMと一致しない結果である。

15)　Eugene. F. Fama and Kenneth R. French, "The Cross-Section of Expected Stock Returns," *Journal of Finance* 47（1992）, pp. 427–466. そして、E. F. Fama and K. R. French, "Common Risk Factors in the Returns on Stocks and Bonds," *Journal of Financial Economics* 17（1993）, pp. 3–56.

16)　たとえば、以下を参照。William J. Breen and Robert A. Koraczyk, "On Selection Biases in Book-to-Market Based Tests of Asset Pricing Models," unpublished paper. Northwestern University, November 1993. そして、S. P. Kothari, Jay Shanken, and Richard G. Sloan, "Another Look at the Cross-Section of Expected Stock Returns," *Journal of Finance*（March 1995）.

M/B は無数に考えられるファクターのほんの二つにすぎない。よって、P/E と M/B の両方に対する平均リターンの関係は、データ・マイニングの結果にすぎず、たまたまの偽の関係であるかもしれない。第四に、1927年から現在までの期間にわたり、平均リターンはベータと正の関係がある。これより短い期間をことさら強調する正当な理由は何も存在しないようにみえる。第五に、ベータの推定に月次データではなく年次データを用いた場合、さらに短い期間について、平均リターンはベータと実際に正の関係がある17)。年次データよりも月次データを好む、あるいはその逆の場合について、ことさら正当化する理由は何も存在しないようにみえる。よって、Fama and French の導いた結果は非常に興味深いが、決定的な結論を与えるものとみなすことはできないものと、われわれは確信する。

ミニケース

●イーストコースト・ヨット社での仕事

あなたがダン・アービンと401(k)について話しているとき、ダンはブレッドソー・ファイナンシャル・サービスのサラ・ブラウンが今日会社を訪ねてくることに触れた。そこであなたはサラに会うことに決め、ダンが今日遅くにあなたとのアポを設定してくれた。

あなたがサラと向かい合って座ると、彼女は会社の401(k)プランで利用できるさまざまな投資選択肢について説明した。あなたはサラに、新しい仕事を受ける前に、イーストコースト・ヨット社についてリサーチしたことを語った。あなたは会社を導く経営陣の能力に確信をもっている。会社の分析を通して、あなたは会社が成長中で、将来より大きな市場シェアを獲得すると考えるに至った。あなたはまた、会社をサポートすべきだと感じている。自分が堅実な投資家であるという事実と、これらのことを考慮して、あなたは401(k)口座の100%を、イーストコースト・ヨット社株に投資する気に傾いている。

無リスク金利は、第10章でのヒストリカル平均であると仮定する。ブレッドソー債券ファンドと大型株ファンドの相関は0.15である。以下の問題に答えるのに、スプレッドシートのグラフと「ソルバー」関数が助けになるかもしれない。

---

17)　4番目と5番目の点は、Kothari and Sloan の論文で扱われている。

1．分散化の効果について考慮すると、あなたが401(k)口座の100%をイーストコースト・ヨット社株に投資するという提案に、サラはどのように返答すべきか。
2．401(k)口座のすべてをイーストコースト・ヨット社株に投資するという案に対するサラの返答は、これが最善の選択ではないかもしれないということをあなたに確信させた。あなたは堅実な投資家なので、サラに、債券ファンドに100%投資することが最善な選択かもしれないと告げる。そうだろうか。
3．ブレッドソー大型株ファンドとブレッドソー債券ファンドのリターンを用いて、実現可能なポートフォリオの機会集合を描け。
4．機会集合を吟味した後、あなたは債券ファンドとまったく同じ標準偏差をもつ、債券ファンドと大型株ファンドからなるポートフォリオに投資できることに気づいた。このポートフォリオはまた、より大きな期待リターンをもっている。このポートフォリオの投資配分比率と期待リターンはいくらか。
5．機会集合を吟味すると、より低い標準偏差のポートフォリオがあることに気づいた。これは最小分散ポートフォリオである。このポートフォリオの投資配分比率、期待リターン、標準偏差はいくらか。なぜ最小分散ポートフォリオは重要なのか。
6．多く用いられるリスク調整済パフォーマンスの尺度は、シャープ・レシオである。シャープ・レシオは、資産のリスク・プレミアムをその標準偏差で割ることによって計算される。機会集合内の最も高いシャープ・レシオをもつポートフォリオは、シャープ最適ポートフォリオと呼ばれる。シャープ最適ポートフォリオの投資配分比率、期待リターン、標準偏差はいくらか。このポートフォリオのシャープ・レシオは、債券ファンドや大型株ファンドのものと比べてどうか。シャープ最適ポートフォリオとCAPMとの間に関連はあるか。それはどのようなものか。

第12章

リスクとリターンのもう一つの見解
―裁定価格理論（Arbitrage Pricing Theory, APT）―

2008年5月、エクソンモービル、ホーメルフーズ（真正SPAM®のメーカー）、そしてBJ'sホールセール・クラブは、利益を発表する他の大勢の企業に加わった。エクソンモービルは、109億ドルという記録的な第1四半期利益を発表し、一方ホーメルとBJ'sは、それぞれ14%と26%の増益を発表した。あなたはたぶん利益の増加はよいニュースだと思うだろうし、実際普通はそうである。たとえそうだったとしても、エクソンモービルの株価は3.6%下落した。同様な運命がホーメルとBJ'sにも待ちかまえていた。これらの株価は、それぞれ3.9%と2.1%下落した。

これらの企業に関するニュースは、朗報のようにみえるが、株価は3社とも下落した。それではどういうときに、よいニュースは本当によいニュースなのだろうか。この答えはリスクとリターンを理解するための根本的なものであり、「よいニュース」は、この章がそれをある程度詳しく探求するということである。

12.1　イントロダクション

前章で、株式のリスクがシステマティックと非システマティックに分解できることを学習した。非システマティック・リスクはポートフォリオの分散化により排除できるが、システマティック・リスクはできない。結果として、ポートフォリオでは、個別株式のシステマティック・リスクだけが問題になる。また、システマティック・リスクはベータによって最もよく測定できることを学んだ。最後に、資本資産価格モデル（Capital Asset Pricing Model, CAPM）は、証券の期待リターンがそのベータと直線的に関係していると示唆することを学んだ。

この章では、どこからベータがくるのか、そして資産の価格評価における裁定取引（アービトラージ）の重要な役割について、より詳細に検討する。

12.2 システマティック・リスクとベータ

すでに学んだように、株式のリターンは以下のように書き表せる。

$$R = \overline{R} + U$$

ここで、R は実際のリターン、$\overline{R}$ は期待リターン、U はリターンの予期せぬ部分を表す。U はサプライズであり、リスクを構成する。

われわれはまた、株式のリスクがさらに二つの構成要素に分解できることを知っている。システマティックと非システマティックである。したがって、リターンは以下のようになる。

$$R = \overline{R} + m + \varepsilon$$

ここでは、m がシステマティック・リスクを表し、ギリシャ文字の ε が非システマティック・リスクを表す。

二つの企業のリターンの非システマティック部分が互いに無関係であるという事実は、システマティック部分も無関係であるということを意味しない。逆に、両企業が同じシステマティック・リスクに影響されるので、個別企業のシステマティック・リスク、そしてひいては総リターンには関係がある。

たとえば、インフレーションに関するサプライズは、ほとんどすべての企業にある程度の影響を与える。ある特定の株式は、インフレの予期せぬ変化にどれほど敏感なのだろうか。もしインフレが期待を上回るものであったというニュースに対して、株式が上昇する傾向にあるなら、株式はインフレと正の関係があるといえる。もし、インフレが期待を上回る場合に株価が下落し、インフレが期待に届かず低下した場合に株価が上昇するなら、負の関係がある。株式のリターンがインフレのサプライズに無相関であるという特異なケースでは、インフレの影響はない。

インフレのような株式に対するシステマティック・リスクの影響は、ベータ係数（beta coefficient）を用いて把握する。ベータ係数 β は、株式リターンのシステマティック・リスクに対する反応を表す。前章において、ベータは、システマティック・リスク・ファクターである市場ポートフォリオのリターンに対する、個別証券のリターンの反応度を測定した。このタイプの反応度を用いて、資本資産価格モデルを展開したが、ここでは多様なタイプのシステマティック・リスクを考慮するので、今回の作業は、前章での作業の一般化とみなせる。

もし、ある企業の株式がインフレのリスクと正に関係しているなら、その株式は正のインフレ・ベータをもつ。もし、インフレと負に関係しているなら、インフレ・ベータは負となり、もし、インフレに無相関であれば、インフレ・ベータはゼロとなる。

正のインフレ・ベータをもつ株式と、負のインフレ・ベータをもつ株式を思い浮かべるのはむずかしくない。インフレの予期せぬ上昇は、通常金の価格上昇を伴うので、金鉱を所有する企業の株式は、おそらく正のインフレ・ベータをもつだろう。一方で、過酷な海外競争にさらされている自動車会社では、インフレの上昇は支払賃金の上昇をもたらすが、その上昇分をまかなうために車の価格を上げることはできないと思うかもしれない。企業の費用がリターンよりも速く増加するので、利益は圧迫され、その株式は負のインフレ・ベータをもつことになる。

ほとんど資産をもたず、競争市場で商品を購入し、他の市場で転売するブローカーとして活動する一部の企業は、その費用と収益がともに増加・減少するので、比較的、インフレの影響を受けないかもしれない。それらの株式はゼロのインフレ・ベータをもつだろう。

ここで、おおよその体系化が役に立つ。フォーカスしたい三つのシステマティック・リスクを特定したとしよう。株式のリターンに影響するシステマティック・リスクを表すには、これら三つで十分だとする。三つの有望な候補は、インフレ、GNP、金利である。したがって、すべての株式はこれら三つのシステマティック・リスクに対応するベータをもつ。すなわちインフレ・ベータ、GNPベータ、金利ベータである。よって、以下のかたちで株式のリターンを表すことができる。

$$
\begin{aligned}
R &= \overline{R} + U \\
&= \overline{R} + m + \varepsilon \\
&= \overline{R} + \beta_I F_I + \beta_{GNP} F_{GNP} + \beta_r F_r + \varepsilon
\end{aligned}
$$

β_I は株式のインフレ・ベータ、β_{GNP} はGNPベータ、β_r は金利ベータを表す。この式においては、それがインフレであれ、GNPであれ、金利であれ、F はサプライズを表している。

例を用いて、サプライズと期待リターンが、どのように合計されて所与の株式の

総リターン R を生み出すことになるのかをみてみよう。よりなじみやすくするため、リターンは１カ月ではなく１年という期間にわたるものとする。年初の時点で、年間のインフレ率は５％、GNP は２％の増加、金利は変化しないと予測されているとする。またわれわれが考慮する株式は以下のベータをもつとする。

$$\beta_I = 2$$

$$\beta_{\text{GNP}} = 1$$

$$\beta_r = -1.8$$

ベータの大きさは、システマティック・リスクが株式のリターンに与える影響の度合いを表している。＋１のベータはシステマティック・ファクターとともに、１対１で株式のリターンが上昇または下落することを示している。これは、上記の例では GNP ベータが１なので、GNP の予期せぬ１％の増加に対して、リターンが１％上昇するということを意味する。仮に、GNP ベータが－２であれば、GNP が不意に１％増加するとリターンは２％下落し、GNP が不意に１％下落すると２％上昇する。

１年の間に以下のことが起きたと仮定しよう。インフレ率が７％上昇し、GNP が１％だけ上昇し、そして金利が２％低下したとする。さらに、新たなビジネス戦略がすぐに成功し、その予期せぬ進展により５％のリターンの増加が見込まれるという、会社に関する新しい朗報を得たとする。言い換えれば以下のとおりである。

$$\varepsilon = 5\%$$

これらの情報を集めて、年間の株式リターンがどうなるのかみてみよう。

まず、どのニュースまたはサプライズが、システマティック・ファクターに生じるのか決めなければならない。既知の情報により、

期待インフレ率　　　　＝５％
期待される GNP の変化＝２％

そして、

期待される金利の変化＝０％

である。これは、市場がこれらの変化を織り込みずみであることを意味し、実際に生じた結果と、これらの期待との差がサプライズになる。

F_I＝インフレのサプライズ
＝実際のインフレ率－期待インフレ率
＝7％－5％
＝2％

同様に、

F_{GNP}＝GNPのサプライズ
＝実際のGNP－期待GNP
＝1％－2％
＝－1％

そして、

F_r＝金利変化のサプライズ
＝実際の変化－期待された変化
＝－2％－0％
＝－2％

である。システマティック・リスクが株式のリターンに与える影響の合計は、以下のようになる。

m＝リターンのシステマティック部分
$= \beta_I F_I + \beta_{GNP} F_{GNP} + \beta_r F_r$
$= [2 \times 2\%] + [1 \times (-1\%)] + [(-1.8) \times (-2\%)]$
$= 6.6\%$

これを非システマティック・リスク部分とあわせると、株式のリスクを伴う部分の合計は以下となる。

$m + \varepsilon = 6.6\% + 5\% = 11.6\%$

最後に、その年の株式の期待リターンがたとえば4％だとしたら、これら三つの部分からなるリターンの合計は、以下のようになる。

$R = \overline{R} + m + \varepsilon$

$= 4\% + 6.6\% + 5\%$

$= 15.6\%$

これまでみてきたモデルはファクター・モデル（factor model）と呼ばれ、F で示されるシステマティックなリスク要因はファクターと呼ばれる。完全に正式なかたちは、k ファクター・モデルで、各株式のリターンは以下のように生み出される。

$$R = \overline{R} + \beta_1 F_1 + \beta_2 F_2 + \cdots + \beta_k F_k + \varepsilon$$

ここで ε は特定の株式に固有のものであり、他の株式の ε とは無相関である。前例では、3ファクター・モデルをみてきた。われわれは、インフレ、GNP、金利の変化を、リスクのシステマティックな源泉の例として使用した。これまでのところ、研究者たちは何が正しいファクターの組合せかを定めきれていない。他の多くの疑問と同様に、これも決して正解が見つからない類の問題の一つかもしれない。

実際には、研究者たちはしばしばリターンに対して、1ファクター・モデルを用いる。彼らはわれわれが例として用いた経済ファクターのようなものすべてを用いることはない。そのかわり、S&P500や、さらに多くの株式を対象とする広範なインデックスのような株式市場リターンのインデックスを、単一のファクターとして用いる。1ファクター・モデルを用いてリターンを表すと、

$$R = \overline{R} + \beta(R_{S\&P500} - \overline{R}_{S\&P500}) + \varepsilon$$

となる。ここでは、一つのファクター（S&P500ポートフォリオ・インデックスのリターン）だけなので、β も下付き文字が必要ない。このかたちにおいては（少々修正を加えると）、ファクター・モデルは市場モデル（market model）と呼ばれる。このように呼ばれるのは、ファクターに用いるインデックスが株式市場全体のリターンのインデックスだからである。市場モデルは以下のように表せる。

$$R = \overline{R} + \beta(R_M - \overline{R}_M) + \varepsilon$$

ここで R_M は市場ポートフォリオのリターンである[1]。単独の β は*ベータ係数*と

1）かわりに、市場モデルは以下のようにも表せる。

$$R = \alpha + \beta R_M + \varepsilon$$

ここでアルファ（α）は、$\overline{R} - \beta\overline{R}_M$ に等しい切片の項である。

呼ばれる。

12.3　ポートフォリオとファクター・モデル

次に、各株式が1ファクター・モデルに従った場合に、株式ポートフォリオに何が起こるかみてみよう。議論の目的上、翌1カ月の期間をとり、リターンを検討する。期間は1日でも1年でもどの期間でもかまわない。しかし、仮に期間が次の意思決定までの時間の長さを表すのなら、長いより短いほうがよく、1カ月は用いるのにリーズナブルな期間である。

N 個の株式のリストからポートフォリオを構築し、システマティック・リスクを把握するために1ファクター・モデルを用いる。よってリストの i 番目の株式のリターンは、

$$R_i=\overline{R}_i+\beta_i F+\varepsilon_i \qquad (12.1)$$

となり、ここでは i 番目の株式に係るということを示すために、変数に下付き文字を入れてある。ファクター F の右下に下付き文字が書かれていないことに注意してほしい。システマティック・リスクを表すファクターは、GNP におけるサプライズであるかもしれない。あるいは市場モデルを用いて S&P500のリターンとわれわれが期待したリターンの差、$R_{S\&P500}-\overline{R}_{S\&P500}$ も、ファクターになりうる。いずれの場合にも、ファクターはすべての株式に当てはまる。

β_i は、ファクターが i 番目の株式へ影響を与える際の、固有の与え方を表しているので、下付き文字がついている。これまでのファクター・モデルに関する議論を要約すると、仮に β_i が0であるなら、i 番目の株式のリターンは、

$$R_i=\overline{R}_i+\varepsilon_i$$

となる。言葉で説明すると、仮に β_i が0であるなら、i 番目の株式のリターンはファクター F の影響を受けない。仮に β_i が正の数値なら、ファクターの正の変化は i 番目の株式のリターンを上昇させ、負の変化は低下させる。反対に、もし β_i が負の数値なら、リターンとファクターは逆の方向へ動く。

図12.1は、$\beta_i>0$ の範囲で、異なるベータに対する、株式の超過リターン（$R_i-\overline{R}_i$）とファクター F の関係を示している。図12.1における直線は、非システマテ

図12.1　1ファクター・モデル

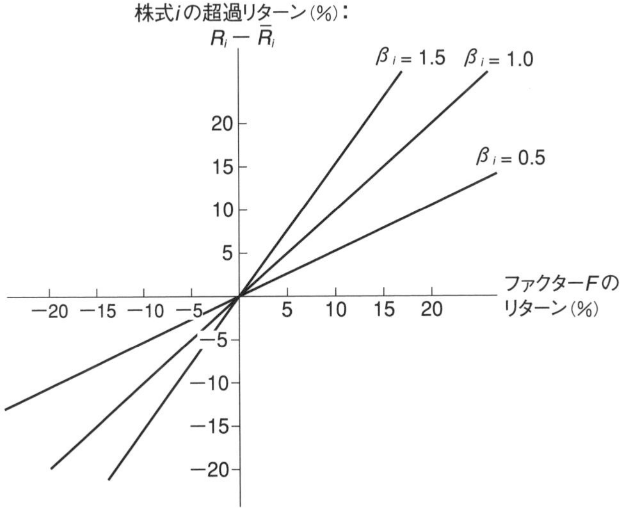

それぞれの線は、異なる証券を表し、それらは異なるベータをもっている。

ィック・リスクがないという前提で、式12.1を描いている。$\varepsilon_i = 0$ということである。ここではベータが正であることを前提としているので、直線は右肩上りであり、株式のリターンがFとともに上昇することを示している。ファクターが0のとき（$F = 0$）、直線は0でy軸と交わることに注意されたい。

ここで、それぞれの株式が1ファクター・モデルに従う場合にポートフォリオを構築すると、何が起こるかみてみよう。X_iをポートフォリオにおける株式iの割合とする。すなわち、もし100ドルのポートフォリオをもつ個人が、ゼネラル・モーターズに20ドルを投資すれば、$X_{GM} = 20\%$ということになる。各Xはそれぞれの株式へ投資した富の割合を表しているので、足し合わせると100%もしくは1になる。

$$X_1 + X_2 + X_3 + \cdots + X_N = 1$$

ポートフォリオのリターンは、ポートフォリオを構成する個別資産のリターンの加重平均である。代数的には以下のように書き表せる。

$$R_P = X_1R_1 + X_2R_2 + X_3R_3 + \cdots + X_NR_N \tag{12.2}$$

式12.1より、各資産はそれぞれ、ファクターFと非システマティック・リスクであるε_iにより決まることがわかっている。よって、式12.2の各R_iを、式12.1で置き換えると、次のようになる。

$$R_P = X_1\ (\overline{R}_1 + \beta_1 F + \varepsilon_1) \qquad + X_2(\overline{R}_2 + \beta_2 F + \varepsilon_2)$$
（株式１のリターン）　　　（株式２のリターン）
$$+ X_3(\overline{R}_3 + \beta_3 F + \varepsilon_3) + \cdots + X_N(\overline{R}_N + \beta_N F + \varepsilon_N) \qquad (12.3)$$
（株式３のリターン）　　　（株式 N のリターン）

式12.3は、ポートフォリオのリターンが以下の三つのパラメーターの組合せで決まることを示している。

1．個別証券の期待リターン $\overline{R}_i$
2．ファクター F を乗じた各証券のベータ
3．個別証券の非システマティック・リスク ε_i

式12.3を三つのパラメーターの組合せという観点で表すと、以下のようになる。

期待リターンの加重平均
$$R_P = X_1\overline{R}_1 + X_2\overline{R}_2 + X_3\overline{R}_3 + \cdots + X_N\overline{R}_N$$

ベータの加重平均×F
$$+ (X_1\beta_1 + X_2\beta_2 + X_3\beta_3 + \cdots + X_N\beta_N) F \qquad (12.4)$$

非システマティック・リスクの加重平均
$$+ X_1\varepsilon_1 + X_2\varepsilon_2 + X_3\varepsilon_3 + \cdots + X_N\varepsilon_N$$

このやや威圧するような式は、実は素直に理解できる。１行目は、各証券の期待リターンの加重平均である。２行目のカッコ内は、各証券のベータの加重平均を表しており、この加重平均には次にファクター F を乗じる。３行目は個別証券の非システマティック・リスクの加重平均を表している。

式12.4のどの部分が不確定要素なのだろうか。１行目には、各証券のリターンの期待値だけが現れるので、不確定要素はない。２行目の不確定要素は、唯一、項目 F により反映される。すなわち、F の期待値は０であるとわかっているが、ある特定の期間にどのような値をとるのかはわかっていない。３行目の不確定要素は、それぞれの非システマティック・リスク ε_i により反映される。

ポートフォリオと分散化

本章の前節において、ファクター・モデルの観点から、個別証券のリターンを表した。次にポートフォリオについて論じる。一般的に投資家は分散化されたポートフォリオを保有しているので、今度は、大きな、もしくは分散化されたポートフォリオ内で、式12.4がどのようになるかみてみたい2)。

結果として、式12.4には思いがけないことが起きる。大きなポートフォリオのなかでは３行目が実際に*姿を消す*。このことを理解するために、1,000ドルを分割して、数多くのルーレットのスピンに対して、毎回赤に賭けるギャンブラーについて考えてみよう。たとえば、彼は1,000回参加して、そのつど、１ドルを賭けるかもしれない。われわれは、どのスピンが赤になるか黒になるか前もって知ることはできないが、約50%の回が赤になると確信できる。店の取り分を無視すれば、ギャンブラーは、結局、おおむね元の1,000ドルを手にすると期待される。

ルーレットではなく、株式について考えても、同様の原理が当てはまる。それぞれの証券には固有の非システマティック・リスクがあり、ある株式のサプライズと他の株式のサプライズとは無関係である。各証券に少額ずつ投資することによって、非システマティック・リスクの加重平均は、大きなポートフォリオのなかでは、限りなく０に近くなる3)。

大きなポートフォリオにおいては、３行目は完全に消えてしまうが、１行目と２行目には何も変わったことは起きない。ポートフォリオに証券が追加されていっても、１行目は依然として個別証券に対する期待リターンの加重平均のままである。１行目にはまったく不確定要素がないので、分散化がこの行の消滅を引き起こすようなことは決してない。２行目のカッコ内の項目も依然としてベータの加重平均のままである。これらも証券が追加されても消えることはない。ファクターFはポートフォリオに証券が追加されても影響を受けることはないので、２行目は消滅しない。

２行目と３行目は両方とも不確定要素を示しているのに、なぜ、２行目は消えないで３行目は消えるのか。鍵は、３行目に多くの非システマティック・リスクがあ

2）理論的には、投資家が制限なしに証券の数をふやし続けているポートフォリオを、大きなポートフォリオと考える。実際には、少なくとも数十の証券を保有している場合に、効果的な分散化が生じる。

3）より正確には、ポートフォリオ内の等加重証券の数が無限大に近づくにつれて、非システマティック・リスクの加重平均はゼロに近づくといえる。

るということである。これらのリスクは互いに独立しているので、ポートフォリオに数多くの資産を追加すればするほど、分散化の効果が強くなる。結果として、ポートフォリオのリスクは次第に小さくなっていき、リターンはより確実になっていく。しかしながら、システマティック・リスクであるFは、2行目のカッコの外側にあるので、すべての証券に影響を与える。多くの証券に投資することによっても、このファクターを避けることはできないので、この行においては分散化の効果は生じない。

例12.1　分散化と非システマティック・リスク

これまでの内容は以下の例によってさらに説明できる。ここでも1ファクター・モデルを用いるが、三つの特別な仮定を置く。

1．すべての証券の期待リターンは一様に10%である。式12.4の1行目は個別証券の期待リターンの加重平均なので、この仮定は、1行目が10%に等しいということを意味する。
2．すべての証券のベータが1である。式12.4の2行目のカッコ内は個別証券のベータの加重平均なので、カッコ内の合計は1に等しくなる。2行目の値は、カッコ内の項にFを乗じるので、$1\times F=F$となる。
3．この例では、ウォルターV. バジョットという1個人の行動に注目する。バジョット氏は等配分ポートフォリオを保有することに決めた。この場合、彼のポートフォリオ内の各証券の割合は$1/N$となる。

バジョット氏のポートフォリオのリターンは以下のように表すことができる。

ウォルターV. バジョット氏のポートフォリオのリターン

$$R_P = \underbrace{10\%}_{\text{式12.4の1行目より}} + \underbrace{F}_{\text{式12.4の2行目より}} + \underbrace{\left(\frac{1}{N}\varepsilon_1 + \frac{1}{N}\varepsilon_2 + \frac{1}{N}\varepsilon_3 + \cdots + \frac{1}{N}\varepsilon_N\right)}_{\text{式12.4の3行目より}} \qquad (12.4')$$

図12.2　等配分ポートフォリオの分散とポートフォリオ・リスク

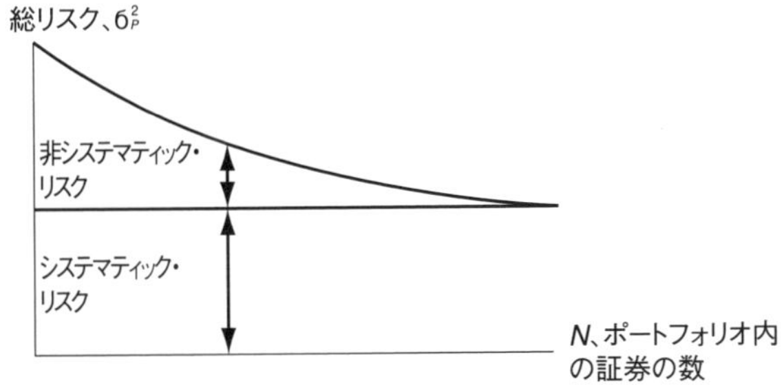

ポートフォリオ内の証券の数がふえるにつれて、総リスクは低下する。この低下は非システマティック・リスク部分だけで起こる。システマティック・リスクは分散化による影響を受けない。

前に、限界なしにNがふえると、式12.4の3行目が0に近づくと述べた[4]。よって、ウォルター・バジョット氏のポートフォリオのリターンは、証券の数が非常に多い場合は以下のようになる。

$$R_P = 10\% + F \tag{12.4''}$$

分散化の鍵が12.4″に示されている。2行目のシステマティック・リスクは残っているが、3行目の非システマティック・リスクは消えてしまう。

このことは図12.2にも示されている。ファクターFの変動によってとらえられるシステマティック・リスクは、分散化を通して削減されない。反対に、非システマティック・リスクは証券が追加されるにつれて減少していき、証券の数が無限大になれば消滅する。この結果は前章の分散化の例に類似している。前章では、分散化により削減不能なシステマティック・リスクは、証券間の正の共分散より生じると述べた。本章においては、システマティック・リスクは共通ファクターFにより生じるといえる。共通ファクターが正の共分散の原因なので、二つの章の議論は一致している。

4）　この点に関する表現は厳密ではなかった。より厳密さを望む学生は、3行目の分散は以下の式であることに注目されたい。

$$\frac{1}{N^2}\sigma_\varepsilon^2 + \frac{1}{N^2}\sigma_\varepsilon^2 + \frac{1}{N^2}\sigma_\varepsilon^2 + \cdots + \frac{1}{N^2}\sigma_\varepsilon^2 = \frac{1}{N^2} N \sigma_\varepsilon^2$$

ここでσ_ε^2は各εの分散である。これはσ_ε^2/Nと書き換えることができ、Nが無限大になるにつれてゼロへ近づく。

12.4 ベータ、裁定取引、そして期待リターン

線形関係

これまで幾度も、証券の期待リターンはそのリスクに見合ったものになると論じてきた。前章では、同質的期待と無リスクでの借入れ・貸出という前提において、市場ベータ（証券リターンと市場リターンとの標準化共分散）が、リスクの適切な尺度であるとことを示した。これらの前提を仮定する資本資産価格モデルは、証券の期待リターンがそのベータと正（と線形）の関係にあるということを示唆していた。本章の1ファクター・モデルにおけるリスクとリターンの間にも、同様の関係を見出すことになる。

まず初めに、大きくて、十分に分散化されたポートフォリオに関連するリスクは、すべてシステマティックであるということに注目する。なぜなら、非システマティック・リスクは分散化により消し去られてしまうからである。これはつまり、十分に分散化している株主が、ある株式の保有を変更する場合、その株式の非システマティック・リスクは無視できるということを意味する。

われわれが、ポートフォリオのように、株式には非システマティック・リスクがないと主張しているのではないことに注意されたい。また株式の非システマティック・リスクが、リターンに影響を与えないということでもない。株式にはもちろん非システマティック・リスクがあり、株式の実際のリターンは非システマティック・リスクによって左右される。しかし、十分に分散化されたポートフォリオにおいては、非システマティック・リスクは消えてしまうので、株主がある株式を自分のポートフォリオに追加するかどうか考えているときには、この非システマティック・リスクを無視できるのである。したがって、もし株主が非システマティック・リスクを無視しているなら、株式のシステマティック・リスクだけがその*期待*リターンに関係してくることになる。

この関係が図12.3の証券市場線に示されている。P 点、C 点、A 点、L 点はすべて10%の無リスク金利から始まる線上にある。四つの資産それぞれを示す点は、無リスク金利と他の三つの資産のどれかとの組合せによりつくりだすことができる。たとえば、A は2.0のベータをもち、P は1.0のベータをもつので、50%が A で、50%が無リスク資産からなるポートフォリオは、資産 P と同様のベータをもつことに

図12.3　1ファクター・モデルにおける個別株式のベータと期待リターンのグラフ

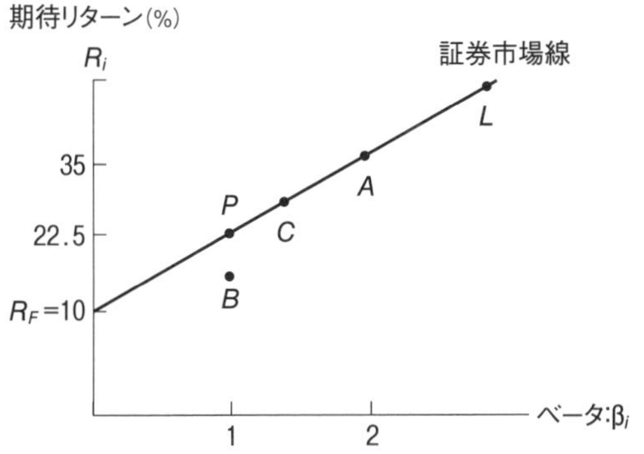

なる。無リスク金利は10%であり、証券 A の期待リターンは35%であるから、その組合せのリターン22.5%［=(10%+35%)/2］は、証券 P の期待リターンとまったく等しい。証券 P は、無リスク資産と証券 A の組合せと、ベータと期待リターンの双方が同じなので、個人は、自分のポートフォリオに少額の証券 P を追加することと、この組合せを少額追加することは同様だと考える。しかし、証券 P の非システマティック・リスクは、証券 A と無リスク資産の組合せの非システマティック・リスクと同じである必要はない。大きなポートフォリオにおいては、非システマティック・リスクは分散化により消し去られてしまうからである。

もちろん、証券市場線上において、点の組合せの可能性は無限である。無リスク金利と C や L（あるいはその両方）との組合せで、P を複製することができる。また、無リスク金利での借入れで P に投資することによって、C（あるいは A や L）を複製することもできる。名前がついていない証券市場線上の無数の点も、同様に用いることができる。

ここで、証券 B について考えてみよう。その期待リターンは線の下にあるので、投資家はだれも保有しようとしない。そのかわり、投資家は証券 P や証券 A と無リスク資産の組合せ、あるいはその他の組合せを保有しようと考えるだろう。つまり、証券 B の価格は高すぎるのである。その価格は競争市場においては低下し、その期待リターンは直線と均衡状態になるように上昇させられる。同じリスクで異なる期待リターンをもつ証券が存在する状況を見つけ、利益を得ようと試みる投資家は、アービトラージャー（裁定取引者）と呼ばれる。ここでの裁定取引は、証券 B を空売りし、証券 P を購入することである。証券 B と証券 P の市場価格の差が利益になる。裁定取引の概念、そしてその資産価格評価における重要性は、資産価格理論（asset pricing theory）として言及される。

前出の議論により、図12.3の証券市場線の式を特定できる。直線は代数的に２点から描くことができるとわかっている。無リスク金利のベータは０、P のベータは１なので、無リスク金利と資産 P に着目するのが最も簡単だろう。

０ベータの資産のリターンは R_F、資産 P の期待リターンは $\overline{R}_P$ なので、容易に以下のように表せる。

$$\overline{R} = R_F + \beta\ (\overline{R}_P - R_F) \qquad (12.5)$$

式12.5において、$\overline{R}$ は証券市場線上にあるすべての証券、あるいはポートフォリオの期待リターンであると考えられる。β はその証券あるいはポートフォリオのベータである。

市場ポートフォリオと単一ファクター

CAPM においては、証券のベータは、市場ポートフォリオの変動に対するその証券の反応度を測定する。APT の１ファクター・モデルにおいては、証券のベータはファクターに対する反応度を測定する。ここで、市場ポートフォリオを単一ファクターに関連づけてみよう。

大きくて、分散化されたポートフォリオでは、個別証券の非システマティック・リスクは分散化により消し去られてしまうので、非システマティック・リスクは存在しない。市場ポートフォリオが完全に分散化されるような十分な数の証券が存在し、どの証券も不均衡な市場占有率をもたないということを仮定すれば、このポートフォリオは十分に分散化され、非システマティック・リスクは存在しない[5]。言い換えれば、市場ポートフォリオは完全に単一ファクターと相関している。これは、市場ポートフォリオがこのファクターの拡大、あるいは縮小版であることを意味する。適切に縮尺をとれば、市場ポートフォリオをファクターそのものとして扱うことができる。

市場ポートフォリオも、すべての証券またはポートフォリオと同様、証券市場線上にある。市場ポートフォリオがファクターであるとき、当然定義により、市場

5）　この仮定は現実の世界にもかなり即していると思われる。たとえば、ゼネラル・エレクトリック社の市場価値でさえ、S&P500インデックスの市場価値のたった３～４％にすぎない。

図12.4　1ファクター・モデルにおける個別株式のベータと期待リターンのグラフ

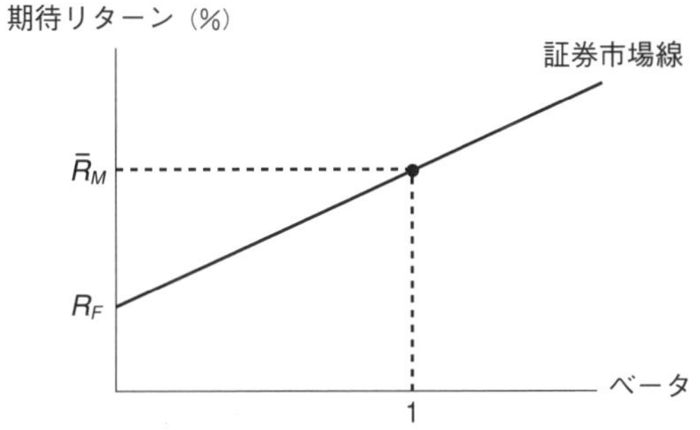

ファクターは、市場ポートフォリオに等しくなるように縮尺をとっている。市場ポートフォリオのベータは1である。

ポートフォリオのベータは1である。このことは図12.4に示されている（明確にするために、図12.3から証券と特定の期待リターンは削除した。それ以外、二つのグラフはまったく同一である）。市場ポートフォリオをファクターとした場合、式12.5は以下のようになる。

$$\overline{R} = R_F + \beta(\overline{R}_M - R_F)$$

ここで$\overline{R}_M$は市場に対する期待リターンである。この式は、すべての資産の期待リターンが、その証券のベータと線形の関係にあるということを示している。この式は、前章で導かれたCAPMの式とまったく同じである。

12.5　資本資産価格モデル(Capital Asset Pricing Model, CAPM)と裁定価格理論（Arbitrage Pricing Theory, APT)

CAPMとAPTは、リスクとリターンに関する代替的なモデルである。教育面と応用面の両方から、両者の違いを考えることには価値がある。

教育面における違い

CAPMは、学生の視点からは、少なくとも一つの有力な利点があると思われる。CAPMの導出は必ず、読者に効率的集合の議論を持ち込む。リスクを伴う2資産の例から始まり、リスクを伴う多資産の例へと移り、リスクを伴う多資産に無リスク資産を追加する例で終わるというこの論じ方は、直観的な価値が大である。この種の説明は、APTでは簡単になしえない。

しかし、APTにはそれを埋め合わせるような利点がある。モデルは、どの証券の非システマティック・リスクも、その他のすべての証券の非システマティック・リスクと無相関になるまで、ファクターを追加する。この式においては、①非システマティック・リスクは、ポートフォリオ内の証券の数がふえるにつれて、確実に減少（そして最終的には消滅）するが、②システマティック・リスクは減少しない、ということが容易に示される。この結果はCAPMにおいても示されているが、非システマティック・リスクが証券間で相関している可能性があるので、直観的にわかりにくい。またAPTは、期待リターンとベータとの間の線形関係の成立に、裁定取引の役割を強調する。

応用面における違い

APTの利点の一つは、複数の（マルチ）ファクターを扱える点である。CAPMはそれらを考慮していない。本章の議論の大半は、１ファクター・モデルに焦点を当てているが、マルチファクター・モデルのほうが、おそらく現実をより反映しているだろう。すなわち、ある証券の非システマティック・リスクが他の証券の非システマティック・リスクと無相関になるまで、われわれは多数の市場または産業全般のファクターから抽出しなくてはならない。このAPTのマルチファクター版では、リスクとリターンの関係は以下のように表せる。

$$\overline{R} = R_F + (\overline{R}_1 - R_F)\beta_1 + (\overline{R}_2 - R_F)\beta_2 + (\overline{R}_3 - R_F)\beta_3 + \cdots + (\overline{R}_K - R_F)\beta_K \qquad (12.6)$$

この式において、β_1は１番目のファクターに関する証券のベータ、β_2は２番目のファクターに関する証券のベータを表しており、以下同様である。たとえば、１番目のファクターがGNPであるとすれば、β_1は証券のGNPベータである。項$\overline{R}_1$は、１番目のファクターに関するベータが１で、その他のすべてのファクターに関するベータが０であるような証券（あるいはポートフォリオ）の期待リターンである。市場はリスクに報いるので、通常の場合、$(\overline{R}_1 - R_F)$ は正の値になる[6)]（同様の解釈は$\overline{R}_2$と$\overline{R}_3$、そしてそれ以下についてもできる）。

6）　実際には、ファクターiがある種のヘッジとしてとらえられている場合、$(\overline{R}_i - R_F)$ は負の値になりうる。

この式は、証券の期待リターンが、その証券のファクター・ベータに関係していることを示している。式12.6の直観的洞察は明白である。それぞれのファクターは分散化により消せないリスクを表している。特定のファクターに関する証券のベータが大きければ大きいほど、証券が負うリスクも大きい。合理的な世界では、証券の期待リターンはリスクに見合うべきである。式12.6は、期待リターンが、無リスク金利と証券が負うすべてのタイプのリスクに対する補償を足した合計であるということを示している。

例として、鉱工業生産の月次伸び率（IP）、期待インフレーションの変化（ΔEI）、予期せぬインフレーション（UI）、リスキーな債券とデフォルト・リスクのない債券の間のリスク・プレミアムの予期せぬ変化（URP）、そして長期国債と短期国債のリターンの差における予期せぬ変化（UBR）が、ファクターである研究を考察してみよう[7]。1958～1984年の期間を用いた、この研究の実証的な結果は、いかなる株式の期待月次リターン $\overline{R}_S$ も以下のように表せることを示した。

$$\overline{R}_S = 0.0041 + 0.0136\beta_{IP} - 0.0001\beta_{\Delta EI} - 0.0006\beta_{UI} + 0.0072\beta_{URP} - 0.0052\beta_{UBR}$$

ある株式が以下のベータをもっていたとする：$\beta_{IP} = 1.1$、$\beta_{\Delta EI} = 2$、$\beta_{UI} = 3$、$\beta_{URP} = 0.1$、$\beta_{UBR} = 1.6$。この株式の月次の期待リターンは、

$$\begin{aligned}\overline{R}_S &= 0.0041 + 0.0136 \times 1.1 - 0.0001 \times 2 - 0.0006 \times 3 + 0.0072 \times 0.1 - 0.0052 \\ &\quad \times 1.6 \\ &= 0.0095\end{aligned}$$

となる。この会社には借入れがなく、会社のプロジェクトのうちの一つが、会社のリスクと同じリスクを伴うと仮定すれば、0.0095（つまり0.95%）という値は、そのプロジェクトの月次の割引率として用いることができる（キャピタル・バジェッティングの目的には、往々にして年次のデータが用いられるので、0.120［＝(1.0095)12－1］という年率がかわりに使用されることもある）。

多くのファクターが式12.6の右側に登場するので、APTの式のほうがCAPMよりも、より正確に期待リターンを測定できる可能性がある。しかし、すでに述べたように、どれが適切なファクターなのかを容易に見定めることはできない。上記の

7）N. Chen, R.Roll, and S. Ross, "Economic Forces and the Stock Market," *Journal of Business* (July1986).

研究におけるファクターは、常識と利便性という両方の理由から選ばれた。これらは理論から導き出されたものではない。

逆に、CAPM公式化における市場インデックスの使用は、前章の理論によって示唆されている。前の章で、S&P500インデックスは米国株式市場の動きを非常によく反映しているということを述べた。1926年以来、S&P500の年次リターンは、無リスク金利より平均で7.9%高かったことを示したIbbotson and Sinquefieldの結果を用いて、前章ではCAPMから異なる証券の期待リターンを容易に計算することができた8)。

12.6　資産評価の経験的アプローチ

経験的モデル

CAPMもAPTも、リスキーな資産の期待リターンを測定するために実際に用いられるモデルや手法を、決して論じつくしたわけではない。CAPMもAPTも*リスクに基づくモデル*である。両者はそれぞれ、あるシステマティック・ファクターのベータによって証券のリスクを測定し、期待超過リターンはそのベータに比例しているに違いないと論じている。このことは直観的に魅力的であり、強固な理論的基盤をもっているが、別のアプローチもある。

これらの別のアプローチの大半は、パラメトリックあるいは**経験的モデル**（**empirical models**）という広義の表題のもとで、ひとまとめにできる。*経験的*という言葉は、これらのアプローチが、金融市場がどのように動いているかという理論よりも、単に過去の市場データにおける規則や関係を探ることに基盤を置くことを意味している。これらのアプローチにおいて、研究者は調査の対象となっている証券に関するいくつかのパラメーターや属性を特定し、それらの属性と期待リターンの間の関係についてデータを直接調べる。たとえば、企業に対する期待リターン

8）1900年までさかのぼると、S&P500は無リスク金利より平均して7.4%高かった。多くの研究者は、市場ポートフォリオの代替は簡単に見つかるという前提を置いているが、Richard Roll, "A Critique of the Asset Pricing Theory's Tests," *Journal of Financial Economics*（March 1977）は、普遍的に通用するような市場ポートフォリオの代替がないことが、理論の応用を非常にむずかしくしていると主張している。究極的に市場は、不動産や競走馬、そして株式市場に存在しないその他の資産も含まなければならない。

がその規模（size）に関係があるかどうかということに関して、広範な研究がなされている。小企業のほうが大企業に比べて平均的に高いリターンを得ているというのは本当だろうか。研究者はまた、会計的利益に対する株価比率（株価収益率、PER）や、密接に関連する比率である、企業の簿価に対する株式の市場価値比率（市場価値・簿価比率、M/B）等のさまざまな会計指標も調査した。ここで、低PER、低M/Bの企業は「割安」であり、将来的に高いリターンが期待できるということが論じられるかもしれない。

経験的アプローチを用いて期待リターンを決定するために、以下のような式を推定するかもしれない。

$$\overline{R}_i = R_F + k_{\mathrm{P/E}}(\mathrm{P/E})_{\mathrm{i}} + k_{\mathrm{M/B}}(\mathrm{M/B})i + k_{\mathrm{size}}(\mathrm{size})_P$$

ここで$\overline{R}_i$は企業iの期待リターンであり、kは株式市場のデータから推定した係数である。この式は、ベータのかわりに企業の属性を置き、超過ファクター・ポートフォリオ・リターンのかわりにkを置いただけで、式12.6と同じかたちであることに気づかれたい。

データを用いて検証してみると、これらのパラメトリック・アプローチは非常によく機能していると思われる。実際、株式リターンの予測に関して、パラメーターの使用とベータの使用を比較してみると、P/EやM/Bといったパラメーターのほうがよく機能しているようにみえる。これらの結果に対して、さまざまな可能性のある説明がなされているが、論争はまったく収まっていない。経験的アプローチを批判する人々は、いわゆる*データ・マイニング*に対して懐疑的である。研究者たちが用いる特定のパラメーターは、それらがリターンに関係があると示されているので、しばしば選択されているからである。たとえば、ある特定の州における、過去40年間にわたる大学進学能力基礎テスト（SAT）の得点の変化を説明してほしいと頼まれたとしよう。そしてそのために、入手できるすべてのデータ系列を検索したとする。大量のデータを検索した後、たとえば、得点の変化がアリゾナの野ウサギ生息数に直接関係していることを発見するかもしれない。もちろんそのような関係はまったくの偶然であるとわかっているが、もし、十分に長い期間にわたり検索し、十分な選択肢があれば、現実には存在しないのにもかかわらず、何かを発見してしまうだろう。それは雲を見つめているようなものである。しばらくすると、雲は、ピエロやクマや、その他自分がみたいと思うものにみえてくるが、実際にやっていることはすべてデータ・マイニングである。

いうまでもなく、この件について研究者たちは、自分たちのやっていることはデータ・マイニングではなく、そのような落とし穴を避けるために非常に注意をしており、何がうまくいくか前もって知るためにデータののぞき見はしていないと主張して、自分たちの研究を擁護する。

もちろん、純粋な理論の問題として、市場のだれもが簡単に企業のPERを調べることができるので、低PERの企業が高PERの企業より単に割安であるという理由で、より高いリターンをもたらすとはだれも考えないだろう。効率的な市場においては、そのような割安という公の尺度は、すぐに利用しつくされてしまい、長続きはしない。

おそらく、経験的アプローチの成功に対するよりよい説明は、リスクに基づくアプローチと経験的な手法の統合のなかにある。効率的な市場においては、リスクとリターンは関係しているので、リターンに関係しているとみえるパラメーターや属性は、おそらくより優れたリスクの尺度でもある。たとえば、仮に低PER企業が高PER企業よりもリターンを生み出しているのが事実で、両企業のベータが同じであったとすれば、少なくとも二つの理由が考えられる。第一に、リスクに基づいた理論は間違っているとして、あっさり捨て去ることができる。さらに、市場は非効率的であり、低PER企業を買うことによって、予想よりも高いリターンを獲得する機会を得ることができると主張できるかもしれない。第二に、双方の世界の見方は正しく、PERは、データからベータを直接推定するよりも、システマティック・リスク（すなわちベータ）を測定するのに、実際単によりよい方法であると主張できるのかもしれない。

スタイル・ポートフォリオ

期待リターン推定の基盤としての活用に加えて、株式の属性は資産運用の特徴を示す手段として広く用いられている。たとえば、PERが市場平均をはるかに超えるポートフォリオは、高PERあるいは成長株ポートフォリオ（growth stock portfolio）として特徴づけられるかもしれない。同様に、市場インデックスよりも平均PERが低いポートフォリオは、低PERあるいはバリュー・ポートフォリオ（value portfolio）として特徴づけられかもしれない。

ポートフォリオ・マネジャーの運用実績を評価するために、彼らのパフォーマンスは多くの場合基準となるインデックスと比較される。たとえば、大型米国株式を購入するマネジャーのポートフォリオ・リターンは、S&P500インデックスと比較されるだろう。このような場合、S&P500はベンチマーク（benchmark）と呼ばれ、これに対してパフォーマンスが測定される。同様に、外国株式のマネジャーは外国株式の一般的なインデックスと比較される。適切なベンチマークの選択においては、マネジャーが彼のスタイルに対応するものとして対象となる銘柄群のみを含んでいるか、また購入が可能であるか、ベンチマークを注意深く確認しなければならない。S&P500インデックス中の銘柄を買わないようにいわれているマネジャーは、S&P500に対して比較されるのは妥当だとは思わないだろう。

また、マネジャーもインデックスに対して比較されるだけでなく、同類のマネジャーからなるピア・グループに対しても比較されることが、ますますふえている。成長株ファンドとして宣伝しているファンドのパフォーマンスは、同類のファンドの大きなサンプルのなかでパフォーマンスが比較されるかもしれない。たとえば、ある期間のパフォーマンスは一般的に四分位に分けられる。上位25%のファンドは第一分位、次の25%は第二分位、次の25%は第三分位、下位25%は第四分位にあるといわれる。もし、検討しているファンドのパフォーマンスが第二分位に入っていれば、そのマネジャーのことを第二分位マネジャー（second quartile manager）と呼ぶ。

同様に、低M/B株を購入するファンドをバリュー・ファンドと呼び、そのパフォーマンスを同類のバリュー・ファンドのサンプルに対して測定する。このようなパフォーマンス測定に対するアプローチは比較的新しく、投資能力を見極め、活用する力を積極的に磨こうとする努力の一環である。

● コラム ●

彼ら自身の言葉で

Kenneth French : Fama-French 3ファクター・モデルについて

Fama-French（1993）3ファクター・モデルは、Ross（1976）の裁定価格理論の、経験的に動機づけられた具体化モデルである。われわれがモデルを開発したとき、研究者たちは平均株価リターンのクロス・セクションに、二つの際立ったパターンを見出していた。時価総額が比較的わずかな小企業は、大企業に比べて、より高い平均株式リターンをもつ傾向がある（Banz, 1981）。そして、しばしば株主資本の簿価/時価比率が高いものとして定義されるバリュー企業は、成長企業に比べて、より高い平均株式リターンをもつ傾向がある（Fama and French, 1992）。われわれの目的は、株式リターンのこれらのパターンを捕捉するシンプルなモデルだった。

3ファクター・モデルは、ポートフォリオ i の期待超過リターン［$E(R_i)-R_F$］が、三つのファクターのローディング（負荷量）によって決定されると予測する。

$$E(R_i)-R_F=b_i[E(R_M)-R_F]+s_iE(\mathrm{SMB})+h_iE(\mathrm{HML})$$

ここでは、市場の超過リターン［$E(R_M)-R_F$］は、CAPMにおける場合とほぼ同様な役割を演じる。市場リスクを負うことにより投資家が受け取る期待補償は、市場リスクの量（b_i）×1単位当りの価格［$E(R_M)-R_F$］と等しい。

2番目と3番目のファクターは、サイズ効果とバリュー効果にねらいが定められている。サイズ・ファクターSMB（スモール・マイナス・ビッグ）は、小型株のポートフォリオと大型株のポートフォリオのリターンの差である。バリュー・ファクターHML（ハイ・マイナス・ロー）は、高いB/M比率の株式のポートフォリオと低いB/M比率の株式のポートフォリオのリターンの差である。小型株は大型株をアウトパフォームする傾向があり、バリュー株は成長株をアウトパフォームする傾向があるので、SMBとHMLの期待値は正である。したがって、3ファクター・モデルは、ポートフォリオの期待リターンが、s_i（SMBのローディング）とともに、そして h_i（HMLのローディング）とともに、線形に増加すると予測する。たとえば、小型株ポートフォリオはSMBとHMLに正のローディングをもつ可能性が高く、したがってモデルはこのポートフォリオが高い期待リターンをもつと予測する。

R_M-R_F、SMB、HMLのローディングは、超過リターンを三つのファクターで回帰することによって、推定できる。

$$R_{it}-R_{Ft}=a_i+b_i(R_{Mt}-R_{Ft})+s_i\mathrm{SMB}_t+h_i\mathrm{HML}_t+e_{it}$$

モデルは、このタイム・シリーズ回帰における切片 a_i がゼロになると予測する。私はこの三つのファクターのために、日次、月次、四半期次、年次リターンを私のウェブ・サイトwww.dartmouth.edu/~kfrenchで提供している。人々は通常、モデルを推定する際に月次リターンを用いる。なぜなら、期間が短くなるにつれて重要度を増す市場マイクロストラクチャーの問題と、期間が長くなるにつれて観察数が減ることとの、よい妥協を提供するからである。

この3ファクター・モデルは完璧ではないが、さまざまな範囲の株式ポートフォリオ・リターンを説明するのに、妥当な仕事をこなす。しかしながら、SMBとHMLに対する平均プレミアムが、リスクの補償なのか、あるいは誤った価格づけの結果なのか、論争がある（私がいうことにどれほど価値があるかどうかわからないが、これはリスクと誤った価格づけの両方の結果だと私は考えている）。幸運なことに、この質問に対する答えは、モデルの多くの適用に無関係である。たとえば、ポートフォリオ・マネジャーを評価する際に、われわれはSMBとHMLを、単にパッシブ・ベンチマーク・ポートフォリオに対するリターンとして解釈する。

要約と結論

前章では資本資産価格モデル（CAPM）を展開した。それにかわる方法として、本章では裁定価格理論（APT）を展開した。

1．APTは、株式のリターンがファクター・モデルに基づいて生まれると想定している。たとえば、株式のリターンは以下のように表せる。

$$R=\overline{R}+\beta_I F_I+\beta_{GNP} F_{GNP}+\beta_r F_r+\varepsilon$$

ここでI、GNP、rはそれぞれインフレーション、国民総生産、金利である。三つのファクターF_I、F_{GNP}、F_rは多くの証券に影響を与えるので、システマティック・リスクである。記号εは、個別証券に特有なので非システマティック・リスクであると考えられる。

2．便宜上、1ファクター・モデルに基づいて、株式のリターンを以下のように表すことが多い。

$$R=\overline{R}+\beta F+\varepsilon$$

3．証券がポートフォリオに追加されるにつれて、個別証券の非システマティック・リスクはお互いに相殺し合う。十分に分散化されたポートフォリオには、非システマティック・リスクは存在せず、システマティック・リスクのみが存在する。この結果から、分散化は、すべてではないが、個別証券のリスクの一部を排除するということがわかる。

4．このため、株式の期待リターンはそのシステマティック・リスクに正に関係している。1ファクター・モデルにおいては、証券のシステマティック・リスクは単にCAPMのベータのことである。よって、CAPMと1ファクターAPTの概念は同じである。しかし、マルチファクター・モデルでは、個別証券は多くのリスクをもっている。証券の期待リターンは、ファクターごとに証券のベータと正の関係がある。

5．リターンとPER、M/Bといった株式属性との関係を把握しようとする経験的またはパラメトリック・モデルは、理論に訴えることなく、データから直接推定される。これらの比率はまた、ポートフォリオ・マネジャーのスタイルの判断と、パフォーマンス比較のためのベンチマークやサンプルの構築に用いられる。

Concept Questions

1．システマティック・リスクvs非システマティック・リスク

システマティック・リスクと非システマティック・リスクの違いを説明せよ。

2．APT

次の文章を考える。「APTが有用になるには、システマティック・リスク・ファクターの数は少なくなければならない」。あなたはこの文章に同意するか、しないか。なぜ？

3．APT

ウルトラ・ブレッド社のCFOであるデービッド・マクレモアは、自社の株式に要求されるリターンを推定するために、APTモデルを使うことに決めた。彼がリスク・ファクターとして用いる予定なのは、株式市場のリスク・プレミアム、インフレ率、そして小麦の価格である。小麦はウルトラ・ブレッド社にとって最もコストがかかるものの一つなので、彼はこれがウルトラ・ブレッド社にとって重要なリスク・ファクターであると感じている。彼のリスク・ファクターの選択を、あなたはどう評価するか。ほかにあなたが提案したいリスク・ファクターはあるか。

4．システマティック・リスクと非システマティック・リスク

あなたはルイス－ストライデン・ドラッグ社の株式を保有している。あなたは先月、以下のことが起こると予測していたとする。

a. 政府が、前四半期の実質 GNP が1.2%上昇したと発表する。ルイス－ストライデン・ドラッグ社の株式のリターンは、実質 GNP と正の関係にある。
b. 政府が、前四半期のインフレーションが3.7%であったと発表する。ルイス－ストライデン・ドラッグ社の株式のリターンは、インフレーションと負の関係にある。
c. 金利が2.5%上昇する。ルイス－ストライデン・ドラッグ社の株式のリターンは、金利と負の関係にある。
d. 会社の社長が退任を発表する。退任時期は発表の日から 6 カ月後である。社長の人望は高く、概して、彼は会社の財産だとみなされている。
e. 研究データが、最終的に試験薬の有効性を証明する。有効性試験の完了は、その薬品がまもなく市場で販売されることを意味する。

以下のイベントが、実際に起きたとする。

a. 政府は、前四半期の実質 GNP の成長率が2.3%であったと発表した。
b. 政府は、前四半期のインフレーションが3.7%であったと発表した。
c. 金利は2.1%上昇した。
d. 会社の社長が心臓発作で突然死亡した。
e. 研究結果は期待したほど明確に薬品の有効性を証明できなかった。薬品はさらに 6 カ月間の実験を要し、有効性の結果は再度食品医薬品局に提出されなければならない。
f. 研究室の研究者たちが、別の薬品でブレーク・スルーを果たした。
g. 競合他社が、ルイス－ストライデン・ドラッグ社の最も売

れている製品の一つと、直接競合する薬の販売を開始すると発表した。

実際に起きたそれぞれのことが、保有しているルイス－ストライデン・ドラッグ社の株式のリターンにどのように影響するか検討せよ。どのイベントがシステマティック・リスクに相当するか。どのイベントが非システマティック・リスクに相当するか。

5．市場モデル vs APT

k ファクター・モデルと市場モデルとの違いは何か。

6．APT

CAPM とは対照的に、APT はどのファクターが資産のリスク・プレミアムを決定すると期待されるのか、示唆しない。どのファクターを含めるべきか、どのように決定できるか。たとえば、提案されている一つのファクターは企業サイズである。なぜこれが APT モデルにおいて重要なリスク・ファクターかもしれないのか。

7．CAPM vs APT

1ファクター・モデルと CAPM との関係はどのようなものか。

8．ファクター・モデル

ポートフォリオのリターンは、ファクター・モデルの観点からどのように表現されるか。

9．データ・マイニング

データ・マイニングとは何か。なぜこれが株式のある属性とリターンとの関係を誇張するかもしれないのか。

10．ファクター選択

米国成長株マネジャーのパフォーマンスを、英国株で構成されたベンチマークに対して測定することは、何がいけないのか。

質問と問題

◆基本（問題1－4）

1．ファクター・モデル

ある研究者が、株式のリターンを決定するのに、2ファクター・モデルが適切であると決めた。ファクターは、GNPの変化と金利である。GNPは3.5%成長すると期待され、金利は2.9%になると期待されている。株式は、GNPの変化に対して1.2のベータと、金利に対して−0.8のベータをもっている。もし株式の期待リターンが11%で、GNPが実際には3.2%成長し、金利が3.4%になったとしたら、株式の修正期待リターンはいくらか。

2．ファクター・モデル

株式のリターンを表すのに、3ファクター・モデルが適しているとする。三つのファクターの情報は以下の表に示されている。

ファクター	β	期待値	実際値
GDP	0.0000479	$13,275	$13,601
インフレーション	−1.30	3.9%	3.2%
金利	−0.67	5.2%	4.7%

a. 株式リターンのシステマティック・リスクはいくらか。

b. 会社に関する予期せぬ悪いニュースが発表され、株価が2.6%下落した。もし株式の期待リターンが10.8%だったら、株式の総リターンはいくらか。

3．ファクター・モデル

株式のリターンを表すのに、ファクター・モデルが適しているとする。株式の現在の期待リターンは10.5%である。ファクターの情報は以下の表に示されている。

ファクター	β	期待値	実際値
GNPの成長	2.04	1.80%	2.6%
インフレーション	−1.15	4.3	4.8

a. 株式リターンのシステマティック・リスクはいくらか。

b. 会社は、市場シェアが思いがけず23%から27%へ上昇したと発表した。投資家は過去の経験から、市場シェア1%の上昇につき、株式のリターンが0.45%上昇するとわかっている。株式リターンの非システマティック・リスクはいくらか。

c. この株式の総リターンはいくらか。

4．マルチファクター・モデル

株式リターンが、以下の3ファクター・モデルで説明できるとする。

$$R_i = R_F + \beta_1 F_1 + \beta_2 F_2 - \beta_3 F_3$$

企業に特有なリスクはないと仮定する。各株式の情報は以下のとおりである。

	β_1	β_2	β_3
株式 A	1.45	0.80	0.05
株式 B	0.73	1.25	−0.20
株式 C	0.89	−0.14	1.24

ファクターのリスク・プレミアムは、それぞれ5.5%、4.2%、4.9%である。もし20%を株式 A に投資し、20%を株式 B に投資し、残りを株式 C に投資するポートフォリオをつくったとしたら、このポートフォリオのリターンを表す式はどうなるか。もし無リスク金利が５%だったら、このポートフォリオの期待リターンはいくらか。

◆中級（問題５－７）

５．マルチファクター・モデル

株式リターンが、２ファクター・モデルで説明できるとする。すべての株式の企業特有リスクは独立している。以下の表は、二つの分散化されたポートフォリオの情報を示している。

	β_1	β_2	E(R)
ポートフォリオ A	0.85	1.15	16%
ポートフォリオ B	1.45	−0.25	12

もし無リスク金利が４%だったら、このモデルのそれぞれのファクターのリスク・プレミアムはいくらか。

６．市場モデル

次の三つの株式が市場で売られている。

	E(R)	β
株式 A	10.5%	1.20
株式 B	13.0	0.98
株式 C	15.7	1.37
市場	14.2	1.00

市場モデルが成立すると仮定する。

a. 各株式の市場モデルの方程式を書け。

b. 株式 A に30%、株式 B に45%、株式 C に25%のウェイトをもつポートフォリオのリターンはいくらか。

c. 市場のリターンが15%で、リターンに非システマティックなサプライズはないとする。それぞれの株式のリターンはいくらか。ポートフォリオのリターンはいくらか。

7．ポートフォリオ・リスク

あなたは株式の等配分ポートフォリオを構築しようとしている。多くの株式が、ファクター１に対して0.84、ファクター２に対して1.69という同じベータをもつ。また、すべての株式の期待リターンは一様に11%である。２ファクター・モデルがこれらの株式のリターンを表すと仮定する。

a. ５銘柄だけ保有する場合の、ポートフォリオ・リターンの方程式を書け。

b. すべてが同じ期待リターンならびに同じβをもつ、非常に数多くの銘柄を保有した場合の、ポートフォリオ・リターンの方程式を書け。

◆チャレンジ（問題８－10）

8．APT

共通ファクター F によって動く二つの株式市場があり、期待値は０で標準偏差は10%である。それぞれの市場には非常に数多くの銘柄が存在するので、望むだけの銘柄数に投資できる。しかし規制により、二つの市場のいずれか一つにだけ投資することが許されている。両市場のすべての証券の期待リターンは10%である。

第一の市場の証券 i のリターンは以下の関係から生じる。

$$R_{1i}=0.10+1.5F+\varepsilon_{1i}$$

ε_{1i} は、市場１における株式 i の、リターンの予期せぬ出来事（サプライズ）を測る項である。これらのサプライズは正規分布をなし、平均は０である。第二の市場の証券 j のリターンは以下の関係から生じる。

$$R_{2j}=0.10+0.5F+\varepsilon_{2j}$$

ε_{2j} は、市場２における株式 j の、リターンのサプライズを測る項である。これらのサプライズは正規分布をなし、平均は０である。いずれの二つの株式 i、j の標

準偏差 ε_{1i}、ε_{2j} も20%である。

a. 市場1における、すべての二つの株式リターン間のサプライズの相関が0であり、市場2における、すべての二つの株式リターン間のサプライズの相関が0であるなら、リスク回避的な投資家はどちらの市場に投資したいと思うか（注：いかなる株式 i、j の ε_{1i}、ε_{1j} の相関も0であり、いかなる株式 i、j の ε_{2i}、ε_{2j} の相関も0である）。

b. 市場1における ε_{1i}、ε_{1j} の相関が0.9であり、市場2における ε_{2i}、ε_{2j} の相関が0であるなら、リスク回避的な投資家はどちらの市場に投資したいと思うか。

c. 市場1における ε_{1i}、ε_{1j} の相関が0であり、市場2における ε_{2i}、ε_{2j} の相関が0.5であるなら、リスク回避的な投資家はどちらの市場に投資したいと思うか。

d. 一般的に、リスク回避的な投資家に、どちらの市場にも等しく投資したいと思わせるような、二つの市場における変動の相関の間の関係とはどういうものか。

9. APT

以下の市場モデルが、リスキーな資産のリターン生成現象を十分に表しているとする。

$$R_{it} = \alpha_i + \beta_i R_{Mt} + \varepsilon_{it}$$

ここで、

R_{it} = 時点 t における i 番目の資産のリターン

R_{Mt} = 時点 t における、すべてのリスク資産をある割合で保有するポートフォリオのリターン

R_{Mt} と ε_{it} は、統計的に独立している。

空売りは市場で認められている。あなたは以下のデータを与えられた。

資産	β_i	$E(R_i)$	$Var(\varepsilon_i)$
A	0.7	8.41%	0.0100
B	1.2	12.06	0.0144
C	1.5	13.95	0.0225

市場の分散は0.0121で、何の取引コストもかからない。

a. 各資産のリターンの標準偏差を計算せよ。

b. A、B、Cの資産タイプを、それぞれ無限に保有する三つのポートフォリオのリターンの分散を計算せよ。

c. 無リスク金利は3.3%で、市場の期待リターンは10.6%だとする。合理的な投資家が保有しないのはどの資産か。

d. どのような均衡状態（裁定機会が存在しない）が出現するか。またそれはなぜか。

10. APT

個別証券のリターンは、以下の2ファクター・モデルによって生み出されるとする。

$$R_{it}=E(R_{it})+\beta_{i1}F_{1t}+\beta_{i2}F_{2t}$$

ここで、

R_{it} は、時点 t における証券 i のリターンである。

F_{1t} と F_{2t} は、期待が値0で、共分散が0の市場ファクターである。

さらに、四つの証券からなる資本市場あり、この市場は、取引コストがなく、空売りが認められるという意味において完全であるとする。四つの証券の特性は以下の通りである。

証券	β_1	β_2	E(R)
1	1.0	1.5	20%
2	0.5	2.0	20
3	1.0	0.5	10
4	1.5	0.75	10

a. 証券1と2を（ロングあるいはショートで）保有し、リターンが決して市場ファクター F_{1t} に依存しないポートフォリオを構築せよ（ヒント：このようなポートフォリオは $\beta_1=0$）。このポートフォリオの期待リターンと β_2 係数を計算せよ。

b. (a)の手順に従い、証券3と4を保有し、リターンが決して市場ファクター F_{1t} に依存しないポートフォリオを構築せよ。このポートフォリオの期待リターンと β_2 係数を計算せよ。

c. 期待リターンが5%で、$\beta_1=0$、$\beta_2=0$ である無リスク資産を考える。投資家が実行しうるように、可能な裁定機会を詳しく説明せよ。

d. このような裁定機会の存在は、これらの証券からなる資本市場に短期的ならびに長期的にどのような影響を与えるか。分析を図で表せ。

ミニケース

●Fama-French マルチファクター・モデルと投資信託のリターン

投資ブローカーのドーン・ブラウンは、顧客のジャック・トーマスから、彼の投資のリスクについて話を持ちかけられた。ドーンは最近、資産のリターンに潜在的に影響を及ぼしうるリスク・ファクターに関する文献をいくつか読んでいて、ジャックが保有する投資信託を調べることにした。ジャックは現在、フィデリティ・マゼラン・ファンド（FMAGX）、フィデリティ低位株ファンド（FLPSX）、そしてバロン小型株ファンド（BSCFX）に投資している。

ドーンは各投資信託のリスクを測るために、Eugene Fama と Ken French によって提案された有名なマルチファクター・モデルを推定したい。以下は、彼女が用いるつもりのマルチファクター・モデルの回帰式である。

$$R_{it}-R_{Ft}=\alpha_i+\beta_1(R_{Mt}-R_{Ft})+\beta_2(SMB_t)+\beta_3(HML_t)+\varepsilon_t$$

この回帰式で、R_{it} は時点 t における資産 i のリターン、R_{Ft} は時点 t における無リスク金利、R_{Mt} は時点 t における市場のリターンである。したがって、Fama-French 回帰式の最初のリスク・ファクターは、多くの場合で CAPM とともに用いられる市場ファクターである。

2番目のファクター SMB（スモール・マイナス・ビッグ）は、小型株ポートフォリオと大型株ポートフォリオのリターンの差をとって計算される。このファクターは、いわゆる小型株効果をとらえることを意図している。同様に、3番目のファクター HML（ハイ・マイナス・ロー）は、「バリュー」株ポートフォリオと「成長」株ポートフォリオのリターンの差をとって計算される。低い M/B 比率を伴う株式はバリュー株として分類され、成長株はその反対である。このファクターは、バリュー株がより高いリターンをあげるというヒストリカルな傾向を理由として含まれている。

ドーンが考慮しているようなモデルでは、アルファ（α）が特に興味深い。これは回帰の切片であるが、しかしもっと重要なのは、これが、資産が獲得した超過リターンでもあるということである。言い換えると、もしアルファが正なら、そのリスク水準で得られるべきリターンよりも大きなリターンを得たことになり、もしアルファが負なら、そのリスク水準で得られるべきリターンよりも小さなリターンを得たことになる。この尺度は、「ジェンセンのアルファ」と呼ばれ、投資信託の評価で非常に広く使われている。

1．大型株投資信託では、Fama-French マルチファクター・モデルの各ベータについて、あなたはベータが正になると予測するか、それとも負になると予測するか。
2．Fama-French ファクターと無リスク金利は、Ken French のウェブ・サイト（www.dartmouth.edu/~kfrench）で提供されている。月次ファクターをダウンロードし、各ファクターの直近60カ月を保存せよ。各投資信託の過去の価格は、finance.yahoo.com 等の、さまざまなウェブサイトで見つけることができる。Fama-French ファクターと同時期の各投資信託の価格を見つけ、各月のリターンを計算せよ。配当を含めるのを忘れないように。それぞれの投資信託について Fama-French ファクターを用いて、マルチファクター回帰式を推定せよ。回帰推定値は、どれだけうまく各投資信託のリターン変動を説明しているか。
3．異なる投資信託のベータ係数について、何が観察できるか。類似点や相違点があればコメントせよ。
4．もし市場が効率的だとしたら、アルファの値に何を予測するか。あなたの推定値は、市場効率性を支持するか。
5．リスクを考慮すると、どのファンドが最もパフォーマンスが高いか。なぜか。

第13章

リスク、資本コスト、そしてキャピタル・バジェッティング

ドイツを本拠地とするBASFは、五つの大陸に9万5,000人以上の従業員を抱える、主要な国際企業である。会社は、農業、石油とガス、化学、およびプラスチック等の、さまざまな産業分野で事業を行っている。価値の向上を図るため、BASFは、会社内のすべての機能を対象とした、全従業員に起業家のように行動するよう挑戦し奨励する包括的な計画であるBASF2015に着手した。この戦略の主要な財務的要素は、会社が加重平均資本コスト（WACC）＋プレミアムを稼ぐことを期待するというものだった。それでは、WACCとは正確にはなんだろうか。

WACCは会社が、株主、債券保有者、そして優先株主を含む、すべての投資家を満足させるために、稼がなければならない最低のリターンである。たとえば、2007年、BASFはWACCを9％に維持し、この数字は2008年に10％に上げられた。本章では、どのように企業の資本コストを計算するのかを学び、これが企業と投資家にとって、何を意味するのかを探求する。また、企業の資本コストをいつ用いるのか、そしておそらくもっと重要なのは、いつ用いてはいけないのかを学ぶ。

本章の目的は、リスキーなプロジェクトのキャッシュフローを割り引くべき率を求めることである。プロジェクトは、株主資本、負債、および他の方法で資金調達されるが、適切な割引率を求めるためには、これらの調達先それぞれのコストを推定しなければならない。われわれは、株主資本のコストから始める。ここでの分析は、ベータと資本資産価格モデル（CAPM）をもとに構築されるので、ベータを、その計算方法、その洞察、そしてその決定要因を含めて、詳細に議論する。次に、負債のコストと優先株のコストを議論する。これらのコストは、キャッシュフローを割り引くための加重平均資本コスト（weighted average cost of capital, WACC）の構築要素になる。われわれは、現実の世界の企業、イーストマン・ケミカル社の

WACC を計算する。最後に、証券の発行費用を紹介する。

13.1 株主資本コスト

余剰資金があるときはいつでも、企業は二つの行動のうちの一つをとることが可能である。企業は、配当として直ちにその現金を支払ってしまうことができる。あるいはまた、企業は余剰資金をプロジェクトに投資し、そのプロジェクトからの将来のキャッシュフローを配当として支払うことができる。どちらの行動を株主は好むだろうか。もし株主が、配当金をそのプロジェクトと同じリスクで金融資産（株式あるいは債券）に再投資できるなら、株主は期待リターンの最も高い選択肢を選ぶだろう。言い換えれば、プロジェクトは、期待リターンが同等のリスクをもつ金融資産以上である場合にのみ着手されるべきである。これは図13.1に示されている。この議論は、非常にシンプルなキャピタル・バジェッティングのルールを示唆する。

プロジェクトの割引率は、同等のリスクをもつ金融資産の期待リターンである。

割引率には、さまざまな同義語が存在する。たとえば割引率は、しばしばプロジェクトに対して*要求されるリターン*（*required return*）と呼ばれる。プロジェクトが要求される水準以上のリターンを生み出す場合にのみ、プロジェクトは採用されるべきなので、これは適切な名称である。あるいは、プロジェクトの割引率は、その*資本コスト*（*cost of capital*）であるといわれる。プロジェクトはその資

図13.1　余剰資金をもつ企業の選択

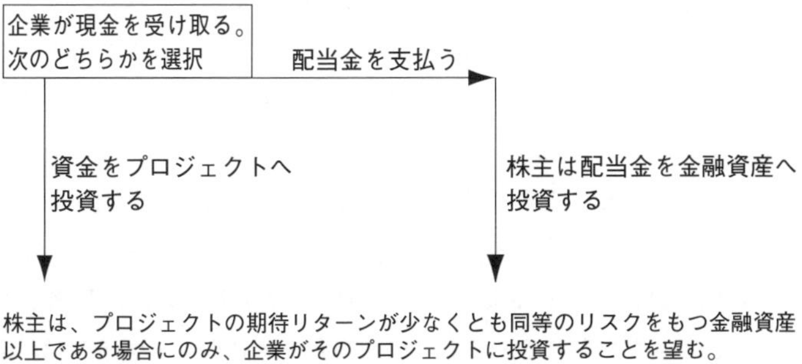
企業が現金を受け取る。
次のどちらかを選択
配当金を支払う
資金をプロジェクトへ
投資する
株主は配当金を金融資産へ
投資する
株主は、プロジェクトの期待リターンが少なくとも同等のリスクをもつ金融資産
以上である場合にのみ、企業がそのプロジェクトに投資することを望む。

本提供者（この場合は株主）に対して報いるために、十分な利益をあげなければならないので、この名称もまた適切である。われわれの本では、割引率、要求されるリターン、資本コストという三つの用語を、同じ意味で用いる。

ここで、会社のすべてのプロジェクトが同じリスクをもっていると想像してみよう。この場合では、割引率は会社全体の資本コストと等しいといえるかもしれない。そしてもし、会社がすべて株主資本だったら、割引率はまた会社の株主資本コストと等しい。

13.2　CAPMで株主資本コストを推定する

上で行ったように、株主資本コストを定義するのは簡単である。しかし、それを推定するのは別の話である。問題は、株主が企業に、彼らが要求するリターンがいくらなのか、伝えないことである。それでは、どうしたらよいだろうか。幸運にも、要求されるリターンを推定するために、資本資産価格モデル（CAPM）を用いることができる。

CAPMに基づくと、株式の期待リターンは以下のように表せる。

$$R_S = R_F + \beta \times (R_M - R_F) \qquad (13.1)$$

ここで、R_Fは無リスク金利で、$R_M - R_F$は市場ポートフォリオのリターンと無リスク金利との差である。この差は、しばしば期待*超過*市場リターン、または市場リスク・プレミアムと呼ばれる。表記法を簡単にするために、期待を表す上線を式からなくしたことに注意されたい。しかし、CAPMでは常に期待リターンについて考えていることを忘れてはいけない。

式13.1の株式の期待リターンは、ベータによって測定された株式のリスクをもとにしている。あるいはまた、この期待リターンは、株式のリスクをもとにした株式に要求されるリターンであるということができる。同様に、この期待リターンは、会社の株主資本コストとしてみることも可能である。

株主の期待リターンと、企業の資本コストとの間の対称性を強調することは重要である。ある会社がキャピタル・バジェッティング・プロジェクトの資金をまかなうために、新株を発行するとしよう。新しい株主のリターンは、配当とキャピタル・ゲインとしてもたらされる。これらの配当とキャピタル・ゲインは、会社にとってのコストである。配当に関してこれを理解するのは簡単である。新しい株主に支払われた配当は、古い株主には支払うことができない現金である。しかし、キャピタル・ゲインもまた、会社にとってのコストである。会社の株式の価値の上昇は、すべての株主によって共有される。もしキャピタル・ゲインの一部が新しい株主に行けば、残りだけが古い株主によって獲得されることになる。言い換えると、新しい株主は、古い株主のキャピタル・ゲインを希薄化させる。少し後で、この重要な点に関してさらに述べる。

学者たちは、長いことキャピタル・バジェッティングにCAPMを用いることを主張してきたが、実際にはこの手法はどれだけ広く使われているだろうか。ある研究[1)]は、米国企業のほぼ4分の3が、キャピタル・バジェッティングにCAPMを用いていることを見出した。これは産業界が、この本や他の多くの教科書の手法を広く受け入れていることを示唆する。学校でCAPMを教えられた非常に多くの学部卒業生やMBAたちが、現在、企業で力をもつ地位に達しつつあるので、この割合は上昇する可能性が高い。

さて、これで企業の株主資本コストを推定する道具がそろった。これを行うには、三つのことを知る必要がある。

・無リスク金利、R_F
・市場リスク・プレミアム、$R_M - R_F$
・企業のベータ、β

例13. 1　株主資本コスト

大学教科書の出版会社であるクオートラム社の株式のベータ（β）が1.3であるとする。この会社は100%株主資本調達である。つまり、負債がない。クオートラム社は、会社の規模を2倍にするような数々のキャピタル・バジェッティング・プロジェクトを考えている。これらの新しいプロジェクトは会社の既存のものと同様であるので、新しいプロジェクトの平均ベータは、クオートラム社の既存のベータと同じであると仮定する。無リスク金利は5%である。

1）J. R. Graham and C. R. Harvey, "The Theory and Practice of Corporate Finance: Evidence from the Field," *Journal of Financial Economics*（2001）は、表3で、サンプル内の73.49%の企業が、キャピタル・バジェッティングにCAPMを用いていると報告している。

市場リスク・プレミアムが8.4%であるとすると、これらの新しいプロジェクトに対する適切な割引率はいくらになるだろうか。

クオートラム社の株主資本コストR_sを以下のように推定する。

$$R_s = 5\% + (8.4\% \times 1.3)$$
$$= 5\% + 10.92\%$$
$$= 15.92\%$$

この例では、二つの重要な仮定が置かれた。①新しいプロジェクトのベータ・リスクは会社のリスクと同じであり、②会社は全額株式調達である。これらの仮定をもとにすると、新しいプロジェクトのキャッシュフローは15.92%で割り引かれるべきである。

例13.2　プロジェクトの評価とベース

アルファ・エアー・フライト社は、ベータが1.21の、全額株式調達の会社であるとする。さらに、市場リスク・プレミアムは9.5%で、無リスク金利は5%であるとする。式13.1から、アルファ・エアー・フライト社の普通株式の期待リターンは、次のように求めることができる。

$$5\% + (1.21 \times 9.5\%) = 16.495\%$$

これは、株主が金融市場においてβが1.21の株式に期待できるリターンなので、株主がアルファ・エアー・フライト社の株式に期待するリターンである。

さらに、アルファ社は、以下の相互排他的ではないプロジェクトの評価を行っているとする。

プロジェクト	プロジェクトのベータ(β)	プロジェクトの来年の期待キャッシュフロー	プロジェクトの内部収益率	キャッシュフローを16.495%で割り引いた場合のプロジェクトのNPV	採用または却下
A	1.21	$140	40%	$20.2	採用
B	1.21	120	20	3.0	採用
C	1.21	110	10	−5.6	却下

図13.2　証券市場線を用いてリスキーなプロジェクトに対する
リスク調整済割引率を推定する

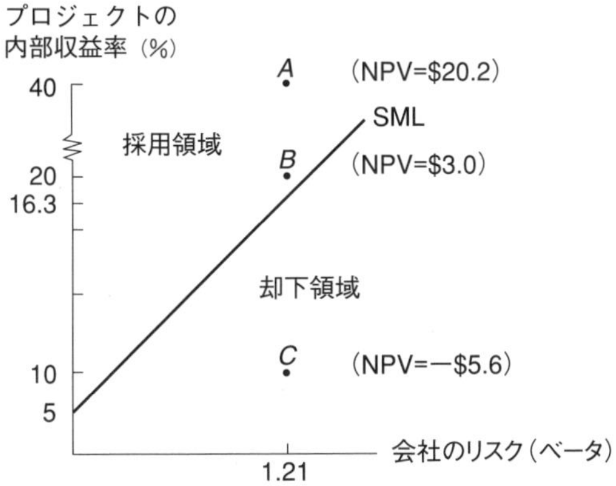

斜線は株主資本コストと会社のベータの関係を示している。全額株式調達の会社は、内部収益率が株主資本コストを上回るプロジェクトを採用し、内部収益率が株主資本コストを下回るプロジェクトを却下するべきである（上記のグラフは、すべてのプロジェクトが会社と同程度のリスクを伴うと仮定している）。

それぞれのプロジェクトの初期費用は100ドルである。すべてのプロジェクトのリスクは、会社全体のリスクと同様であると仮定する。株主資本コストが16.495%なので、全額株式調達の会社のプロジェクトは、この率で割り引かれる。プロジェクト*A*と*B*のNPVは正で、*C*は負である。よって、*A*と*B*だけが採用される。この結果は図13.2に示されている。

上の二つの例では、無リスク金利、市場リスク・プレミアム、そして会社のベータに関する値を*仮定した*。実際には、これらのパラメーターの値をどのように推定したらよいだろうか。これらのパラメーターのそれぞれについて、順に吟味する。

無リスク金利

デフォルト（債務不履行）のリスクがまったくない債券は存在しないが、米国の財務省短期証券および債券は、この理想に最も近いものである。これまで米国財務省発行証券がデフォルトしたことは一度もなく、少なくとも現時点では、将来のデフォルトの危険がわずかでもあると判断されているものは一つもない。この理由から、財務省発行証券は、一般に無リスクであるとみなされる。

しかしながら、第8章で学んだように、大きな金利の期間構造が存在する。そこでは、あらゆる財務省発行証券の利回りが、その証券の満期の関数である、無リスク金利の利回りをもつのはどの満期だろうか。CAPM は期間ごとのモデルなので、金融の分野では、短期金利が選ばれるべきであると一般に合意されている。問題は、プロジェクトが典型的に長い寿命をもつことで、現在の1年金利ではなく、プロジェクトの寿命期間を通して予測される1年金利の平均が、通常、好ましいものとみなされる。

この期待1年金利はどのようにしたら推定できるだろうか。予測される平均1年金利は、期間構造から推定される。表10.2は、1926～2008年の期間において、20年債の平均リターンが6.1%で、1年物財務省短期証券の平均リターンが3.8%であったことを示している。したがって、期間プレミアム(と呼ばれる)は、6.1%－3.8%＝2.3%だった。金利の期間構造は通常上向きの傾斜なので、この正の期間プレミアムは驚くべきことではない。最近のある日の20年物財務省債券の利回りは約3.5%だった。この利回りは、今後20年間にわたる平均1年金利と期間プレミアムを反映しているに違いない。したがって、今後20年間にわたって期待される平均1年金利は、3.5%－2.3%＝1.2%であると主張できる。

市場リスク・プレミアム

手法1：ヒストリカル・データを用いる

第10章の大部分は、ヒストリカルな利益率と市場リスク・プレミアムの計算に充てられていた。そこでは、この数字が決定的なものであると解釈するべきではないものの、プレミアムの推定値として7%に落ち着いた。

簡単な例として、ベータが1.5の全額株式調達の会社を考えてみよう。これらのパラメーターを所与とすると、資本コストは以下のようになる。

$$1.2\% + 1.5 \times 7\% = 11.70\%$$

手法2：配当割引モデル（DDM）を用いる

本章の初めのほうで、ほとんどの企業がキャピタル・バジェッティングにCAPM

を用いていることを示した研究を参照した。CAPM は、われわれが上で行ったように、リスク・プレミアムが過去のリターンを用いて計算されなければならないと示唆しているだろうか。答えはノーである。リスク・プレミアムを推定するのに、前のほうの章で論じた配当割引モデルに基づく、もう一つの方法がある。

第９章で、１株の価格は、将来の配当すべての現在価値に等しいことを指摘した。さらにその章で、もし会社の配当が一定の率 g で成長すると期待されるなら、１株の価格 P は、以下のように表せることを示した。

$$P=\frac{\mathrm{Div}}{r-g}$$

ここで、Div は来年受け取る１株当りの配当、r は割引率、そして g は配当の一定年次成長率である。この方程式は以下のように変形することができる。

$$r=\frac{\mathrm{Div}}{P}+g$$

言葉で表すと、株式の年次リターンは、来年度の配当利回り（＝Div/P）に、配当の年次成長率を足した合計である。

ちょうどこの公式が株式の総リターンを推定するのに使えるように、市場全体の総リターンを推定するのにも用いることができる。数多くの印刷媒体およびインターネット・サービスが、市場の配当利回りを計算しているので、右側の最初の項は簡単に推定できる。たとえば、最近の*ウォール・ストリート・ジャーナル紙*によると、S&P500インデックス内のすべての株式の平均配当利回りは約3.1%だった。われわれはこの数値を予測として用いる。

次に、市場におけるすべての企業の、１株当り配当成長率の推定値が必要である。通常、投資銀行、資産運用会社、独立系調査機関に雇われている証券アナリストは、個別証券、産業、そして株式市場全体に関して調査を行っている。証券アナリストは仕事の一部として、銘柄推奨とともに、配当と利益を予測する。たとえば、*バリュー・ライン（VL）インベストメント・サーベイ*の数字が、VL工業株総合株価指数に対する５年配当成長率として、年間約６%を意味しているとしよう。配当利回りが3.1%なので、市場の期待リターンは9.1%（＝3.1%＋６%）になる。われわれが予測する財務省短期証券の平均１年金利は1.2%なので、市場リスク・プレミアムは7.9%（＝9.1%－1.2%）である。これは手法１で計算した値より、やや大きい。

ベータが1.5のわれわれの企業では、資本コストは以下のようになる。

1.2%＋1.5×7.9%＝13.05%

もちろん、バリュー・ラインは、予測値の一つの提供元にすぎない。おそらく企業は多くの予測のコンセンサスを用いるか、あるいは企業自身の主観的な成長予測を用いる可能性が高い。バリュー・ラインの予測に基づくわれわれが提供した市場リスク・プレミアムは、ヒストリカルなリスク・プレミアムの7%より上であるが、DDM法を用いる学者たちの推定値は、一般にヒストリカルなリスク・プレミアムより低く、あるいはいくつかのケースでは、きわめて低くなる。

とはいうものの、学者達は長い間その客観性からヒストリカルなリスク・プレミアムを好んできた。ヒストリカル・リターンは正確に測定されているので、主観的な判断が入り込む余地はほとんどない。対照的に、DDMにおける将来の配当の推定は、もっと主観的である。しかしながら、DDM法の主観的な特質は、批判の意味で述べたのではない。数多くの金融経済学者[2)]が、DDMを支持するために説得力のある議論を行っており、学界で支持を受けつつある。特に、これらの学界の支持者たちは、長期のリターンは現在の配当利回りと将来の配当成長からのみもたらされると指摘する。長期の株式リターンがこれらの二つの構成要素の合計を超えると考える者は、自分自身を欺いている。ここには、「カブから血を絞り出すことはできない（ない袖を振らせることはできない）」という表現が当てはまる。

13.3　ベータの推定

前節では、企業のベータは既知であると仮定した。もちろん、現実の世界ではベータを推定しなければならない。前に、証券のベータは、市場ポートフォリオのリターンに対する、証券のリターンの標準化した共分散であると指摘した。すでにみたように、証券iの公式は、以下のとおりである。

$$\text{証券}\,i\,\text{のベータ}=\frac{\mathrm{Cov}(R_i,\ R_M)}{\mathrm{Var}(R_M)}=\frac{\sigma_{i,M}}{\sigma_M^2} \qquad (13.2)$$

2）たとえば、Jay Ritter, "The Biggest Mistakes We Teach," *Journal of Financial Research* (Summer 2002)；Eugene Fama and Kenneth French, "The Equity Premium," *Journal of Finance* (2002)；R. Jagannathan, E. R. McGrattan, and A. Scherbina, "The Declining U.S. Equity Premium," *Federal Reserve Bank of Minneapolis Quarterly Review* (2000) を参照。

言葉で説明すれば、ベータは、証券と市場との共分散を、市場の分散で割ったものである。前の章において、共分散と分散の両方を算出しているので、ベータの算出には特に目新しいことはない。

企業ベータの測定

企業のベータを測定する基本的な方法は、$t = 1, 2, \cdots, T$ 観察値を用いて、以下を推定することである。

$$\frac{\mathrm{Cov}(R_i, R_M)}{\mathrm{Var}(R_M)}$$

問題点

1．ベータは時間とともに変化するかもしれない。
2．サンプル数が不十分かもしれない。
3．ベータは、変化する財務レバレッジとビジネス・リスクに、影響を受ける。

解決策

1．問題点1と2は、より高度な統計的手法によって対応できる。
2．問題点3は、ビジネス・リスクと財務リスクの変化に対して調整を行うことによって、影響を軽減できる。
3．業界内のいくつかの類似する企業のベータの平均推定値を参照する。

現実の世界のベータ

現実の世界で、実際の企業のベータがどのように決まるのかをみるのは、有益である。図13.3は、S&P500インデックスの月次リターンに対して、四つの大企業の月次リターンを描いたものである。標準的な回帰分析の手法を用いて、データにフィットする直線を推定した。この結果は、証券の「特性」線と呼ばれる。特性線の傾きがベータである。図のなかでは示さなかったが、回帰分析によって特性線の切

図13.3　S&P500インデックスの５年間の月次リターン（2003〜2007年）に対する４企業の株式の５年間の月次リターン

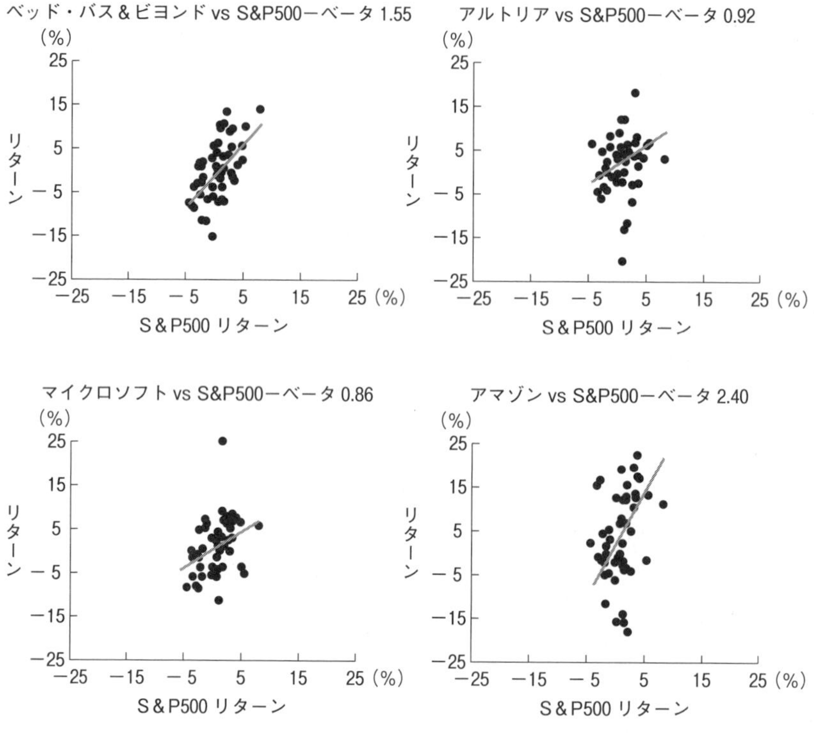

片（一般的にアルファと呼ばれる）も求められる。

それぞれの図には、５年間の月次データを用いている。この選択は任意であるが、現実の世界において行われる計算に即している。実務家は、あまりに少ない観察値を用いると、ベータ係数の正確性が疑わしくなることを知っている。逆に、企業は長期的には業種を変更するかもしれないので、長い過去データからの観察値は有効ではない。

前の章で、インデックス内の全株式の平均ベータは１であると述べた。もちろん、インデックスのある一部分に対して、これが当てはまらなければならないということではない。たとえば、図の四つの株式のうち、二つの株式のベータは１を上回り、二つの株式のベータは１を下回っている。ベータは、大きな分散化ポートフォリオを保有している人にとっての、単一証券のリスクの計測値なので、われわれの結果は、マイクロソフトのリスクは比較的小さく、アマゾンのリスクは比較的大きいということを示している。

ベータの安定性

企業のベータは、その企業が業種を変更すれば変わる可能性が高いということを前述した。逆の質問を投げかけてみるのもまた興味深い。もし同じ業種にとどまっていれば、企業のベータは同じままであろうか。

現在はAMRコーポレーションと呼ばれる、何十年もの間、同じ業種にとどまっているアメリカン航空のケースをみてみよう。図13.4は、AMRのリターンとS&P500のリターンを、5年ごとの継続的な4期間で描いたものである。図をみてわかるとおり、AMRのベータは、期間から期間で変動している。しかしながら、ベータのこの変化は、おそらく偶然の変動にすぎないだろう[3]。よって、実際上は、図

図13.4　継続4期間における、S&P500インデックスの5年間月次リターンに対する、AMRコーポレーションの月次リターンの図

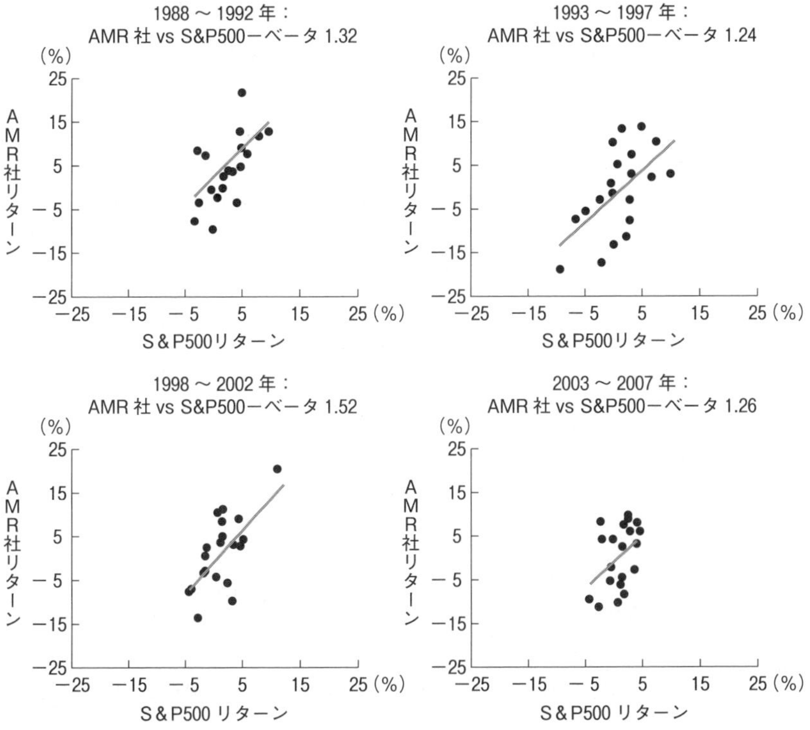

で取り上げられた20年間にわたり、AMRのベータはほぼ一定である。AMRは単に1社であるが、ほとんどのアナリストが、同じ業種にとどまり続ける企業のベータは、一般的に安定していると主張している。

しかしこれは、企業が同じ業種にとどまる限り、そのベータが*決して*変化しないといっているわけではない。生産ラインの変化や技術の変化、あるいは市場の変化も企業のベータに影響を与える。さらに、後で示すが、企業のレバレッジ（つまり、資本構成における負債額）の増加は、企業のベータを上昇させる。

業種ベータの活用

企業の過去のデータから、企業のベータを推定するというわれわれのアプローチは、常識的であるように思えるかもしれない。しかしながら、企業のベータを推定する際には、その業種全体を含めることで、より確かな推定を行うことができると、しばしば主張される。ソフトウェア産業のいくつかのトップ企業のベータを示している表13.1について考えてみよう。表のすべての企業の平均ベータは1.27である。シマンテック社の財務担当役員が、会社のベータを推定しようとしていると想像してみよう。この浮き沈みの激しい産業においては、ベータの推定は大きなランダム変動にさらされているので、この役員は0.64という推定値に不安を感じるかも

表13.1　コンピュータ・ソフトウェア産業における企業のベータ

企　業	ベータ
マイクロソフト	0.86
アップル	2.43
オートマチック・データ・プロセッシング	0.76
エレクトロニック・データ・システムズ	1.13
オラクル・コーポレーション	1.54
コンピューター・サイエンス・コーポレーション	1.19
CA, Inc.	2.03
ファイサーブ，Inc.	1.24
アクセンチュア，Ltd.	1.18
シマンテック・コーポレーション	0.64
ペイチェックス，Inc.	0.96
等加重ポートフォリオ	1.27

3）より正確には、4期間にわたるベータ係数は、互いに統計学的に差異がないということができる。

しれない。とはいえ、単一の株式に対するベータの推定誤差は、証券のポートフォリオに対するものより、はるかに大きい。したがって、シマンテック社の役員は、自分の会社のベータの推定値として、平均業種ベータの1.27を選ぶかもしれない[4)]。

1.2%の無リスク金利と、7%のリスク・プレミアムを仮定すると、シマンテックは、自社の株主資本コストを以下のように推定するかもしれない。

$$1.2\% + 0.64 \times 7\% = 5.68\%$$

しかしながら、もしシマンテックが、業種ベータのほうがより少ない推定誤差をもつと考えたら、会社の株主資本コストを以下のように推定することができる。

$$1.2\% + 1.27 \times 7\% = 10.09\%$$

ここでの差は相当大きく、シマンテックの財務担当役員にむずかしい選択を迫ることだろう。

正しいベータを選択するための公式は存在しないが、大変簡単なガイドラインがある。もし会社の事業が同じ業種内の他の企業と類似していたら、単に推定誤差を減らすために、業種ベータを用いるべきである[5)]。しかしながら、もし会社の事業が根本的に同じ業種内の他の企業と異なると考えるのなら、会社のベータが用いられるべきである。

第3章で財務諸表分析を議論した際、実際には往々にして問題が浮上することを述べた。すなわち、業種とはなんだろうか。たとえば、バリュー・ラインのインベストメント・サーベイは、アクセンチュアをコンピュータ・ソフトウェア企業として分類しているが、www.reuters.com/financeのようなオンライン情報サービスでは、同じ会社をビジネス・サービス産業に分類している。

4）　レバレッジ比率が大きく異ならない限り、あまり変わらないかもしれないが、実際には、ベータの平均をとるまえに、レバレッジに対する調整を行わなければならない。レバレッジに対する調整は、後の章で議論する。

5）　後で考察するが、業種内の負債水準が当該企業のものと異なる場合は、調整を行わなければならない。しかしながら、ソフトウェア産業の企業は一般的にほとんど負債をもたないので、ここではその調整を無視する。

13.4　ベータ、共分散、そして相関

さて、どのようにベータを計算するか理解したので、次にベータとは何か、読者に深い理解を促したい。ベータは統計量なので、他の統計量とベータを比較することは有意義である。ベータを共分散と比較することから、本節を始める。次に、ベータと相関を比較する。

ベータと共分散

次の思考実験を検討してみよう。あなたは、過去5年間のデータと前節の手法を用いて、ダウ工業株30種平均インデックス内の30の株式それぞれについて、ベータを推定するとする。その後、これらの30の株式を最も高いベータから最も低いベータまでランクづけする。次に、あなたの友人が共分散について同じ作業を行うとする。すなわち、過去5年間の同じデータを使って、30の株式それぞれの共分散を推定し、高いものから低いものにランクづけする。

あなたのベータのランキングと、あなたの友人の共分散のランキングは、どのように関係しているだろうか。二つのランキングは*まったく同じ*であるということを知って、驚くかもしれない。理由はこうである。ベータと共分散を関係づける公式13.2を考える。以下はその公式である。

$$\text{証券}\ i\ \text{のベータ} = \frac{\mathrm{Cov}(R_i, R_M)}{\mathrm{Var}(R_M)}$$

ここで、$\mathrm{Cov}(R_i, R_M)$ は資産 i のリターンと市場ポートフォリオのリターンの共分散で、$\mathrm{Var}(R_M)$ は市場のリターンの分散である。公式は、定数（市場の分散）で割ることによって、共分散からベータに移行することを教えてくれる。定数で除した場合、ランキングは常に保持される。たとえば、あなたのファイナンスのクラス全員を、インチで測定した身長でランクづけするとしよう。バスケットボール選手がいちばん高く、たとえば84インチである。次に全員の身長を12で割って、インチからフィートに変換する。バスケットボール選手は、7フィート（=84/12）でいちばんになり、依然として最も背が高い。同じ原則が上のベータの公式にも当てはまる。すべての株式に対して、市場の分散はベータ計算の分母である。したがって、他の株式と比較して大きな共分散を伴う株式は、他の株式と比較して大きな

ベータをもち、逆もまた然りである。ベータと共分散は二つの異なる統計用語であるが、同じ概念を計測しているので、これは重要なポイントである。

この概念とはなんだろうか。第11章で述べたように、ベータは市場のリターンに対する、証券のリターンの反応度を測定する。たとえば、図13.3は、マイクロソフトのベータが0.86であることを教えてくれる。1％の市場のリターンは、この証券の0.86％の期待リターンを意味する。ベータは単に共分散の変換なので、共分散もまた反応度を計測しているに違いない。

ベータと共分散では、どちらが使いやすいだろうか。上記のような解釈ができるので、明らかにベータの方が使いやすい。共分散もまた反応度を計測するが、同じような解釈にはつながらない。たとえば、もしある証券と市場の共分散が0.0056だったとして、この株式は市場ポートフォリオの1％のリターンに対して、0.0056％の上昇が期待されると述べることはできない。実際、共分散の数値の解釈は容易ではない。ベータの観点で考えるほうが無難である。たとえば、ウォール・ストリートの企業が、新入社員に現代ポートフォリオ理論のトレーニングを行う際、多くの場合ベータと共分散を教えるが、その後新入社員たちにこういう。「再び共分散という言葉を使ってはいけない。共分散を使っていえることはすべて、ベータを使ってより明確にいうことができる」。この禁止命令はわれわれの好みからはやや行き過ぎの感があるが、その気持ちには同感である。

ベータと相関

異なる期間における証券Aのリターンを、同じ期間の市場のリターンに対して描いている図13.5の左側を考えてみよう。次に、同じ期間おける証券Bのリターンを、市場のリターンに対して描いている、図の右側を考えてみよう。両方の証券に特性線（または回帰線）が引かれており、グラフから読み取るのはむずかしいかもしれないが、二つの線は同一である。ベータは特性性の傾きなので、両方の株式は同じベータをもっているに違いない。

しかしながら、二つの株式は、市場のリターンに対して同じ相関をもっているだろうか。ノーである。なぜなら、相関は回帰線の周りのデータのばらつき具合の程度を測るからである。みてわかるように、株式Bのグラフの点は、株式Aのグラフの点に比べて、直線に近いところに集まっている。よって、株式Bと市場の相関は、株式Aと市場の相関より高い。

図13.5　相関とベータは同じ概念ではない

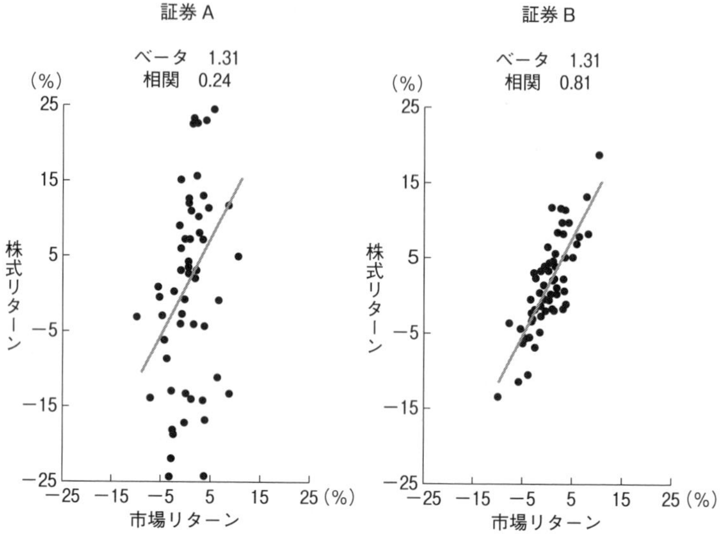

ベータと相関は同じ概念ではない。ベータは、回帰線の傾きを測定するのに対して、相関は回帰線の周りのばらつき具合を測定する。この例では、両方の株式が同じベータをもっている。すなわち、二つの回帰線は同じである。しかしながら、株式*B*は市場とより高い相関をもっている。

ベータと相関は二つの異なる概念である。ベータは株式の市場変動に対する反応度を測定し、特性線の角度で表される。相関は回帰線の周りの適合度を測定する。図13.5は、双方の証券が同じベータをもつ一方で、異なる相関をもっているので、二つの概念が同じではないことを示している。

ベータと相関という二つの概念には、なんらかの関係があるのだろうか。実際のところ、イエスである。正のベータをもつ証券は、市場と正の相関をもたなければならない。負のベータ（すなわち、特性性の傾きがマイナスの株式）をもつ証券は、市場と負の相関をもたなければならない。それ以外では、ベータと相関は二つの異なる概念として考えるべきである。

さて、ベータと相関では、どちらがより重要だろうか。統計学では相関は多くの重要な役割を担うし、ファイナンスの他の分野においてもそうである。とはいえ、ここでの目的は、キャピタル・バジェッティング・プロジェクトのために資本コストを計算することである。すでにみたように、資本コストの計算で、ベータは重要なインプットである。対照的に、この背景では、相関は重要でない。したがって、本章の残りでは、相関という用語を使わないことにする。

13.5 ベータの決定要因

第13.3節の回帰分析手法は、ベータがどこからくるのか教えてくれない。株式のベータはほとんど何もないところから出現するわけではない。そうではなく、それは企業の特性により決定される。われわれは三つの要因を考慮する。収益の循環性、営業レバレッジ、そして財務レバレッジである。

収益の循環性

一部の企業の収益はかなり循環的である。すなわち、これらの企業の業績は景気循環の拡大期には良好であり、縮小期には芳しくない。実証的証拠は、ハイテク企業、小売業、自動車製造業が、景気循環とともに変動すると示唆している。公益事業、鉄道、食品、航空会社などの分野の企業は、景気循環にそれほど依存していない。ベータは市場リターンに対する株式リターンの反応性を測定するので、より循環的な株式が高いベータをもつのは驚くに当たらない。

循環性は変動性と同じではないということを指摘するのは重要である。たとえば、ヒット作と失敗作の予測がむずかしい映画制作会社の収益は大きく変動する。とはいえ、映画スタジオの収益は、景気循環の局面よりも封切る作品の質に依存しているので、これらの会社の収益は特に循環的というわけではない。言い換えれば、高い標準偏差を伴う株式が、必ずしも高いベータをもつわけではないのである。この点は前に強調した。

営業レバレッジ

第７章で、固定費と変動費を区別した。あのとき、固定費は生産量の変化に応じて変わらないと述べた。逆に、変動費は生産量の増加とともにふえる。企業は、しばしば固定費と変動費のトレードオフに直面する。たとえば、企業は自前の工場を建設し、その過程で高い水準の固定費を負うことができる。かわりに、企業は生産をサプライヤーに外部委託し、通常、低い固定費と高い変動費を負うことができる。固定費は、売上高の循環性が及ぼす影響を拡大する傾向がある。たとえ売上高が低い水準でも固定費は支払わなければならず、企業に大きな損失の可能性を残す。また、固定費が変動費を置き換えるので、追加売上高が生み出す限界費用は小さく、企業に相当な利益増加の可能性を残す。

高い固定費と低い変動費を伴う企業は、一般的に高い営業レバレッジ（operating leverage）をもつといわれる。反対に、低い固定費と高い変動費を伴う企業は、低い営業レバレッジをもつ。営業レバレッジは、ベータに対する企業収益の循環性の影響を拡大する。すなわち、所与の収益循環性を伴う企業は、もし生産過程において固定費が変動費を置き換えると、ベータを上昇させる。

財務レバレッジとベータ

名称が示唆するように、営業レバレッジと財務レバレッジは類似した概念である。営業レバレッジは企業の*生産*の固定費を指す。財務レバレッジは、企業がどれだけ負債に頼っているかの程度であり、借入れを行っている企業とは、その資本構成にいくらかの負債をもつ企業である。*借入れを行っている*（*levered*）企業は、会社の売上げにかかわらず利払いを行わなければならないので、財務レバレッジは企業の*資金調達*の固定費を指す。

ちょうど営業レバレッジがベータを上昇させるように、財務レバレッジの増加（すなわち負債の増加）はベータを上昇させる。この点を理解するために、資本構成にいくらかの負債といくらかの株主資本をもつ会社を考えてみよう。さらに、この会社のすべての負債とすべての株式を所有している一人の個人を想像する。言い換えれば、この個人は会社のすべてを所有している。会社の負債と株式からなる彼女のポートフォリオのベータはどうなるだろうか。

他のすべてのポートフォリオと同様に、このポートフォリオのベータは、ポートフォリオ内の個別項目のベータの加重平均である。B が会社の負債の市場価値を表し、S が会社の株主資本の市場価値を表すとすると、以下のようになる。

$$\beta_{\text{ポートフォリオ}} = \beta_{\text{資産}} = \frac{S}{B+S} \times \beta_{\text{株主資本}} + \frac{B}{B+S} \times \beta_{\text{負債}} \tag{13.3}$$

ここで、$\beta_{\text{株主資本}}$は*借入れを行っている*企業の株式のベータである。負債のベータが、資本構成における負債の割合である負債/(負債＋株主資本）と乗じられることに注意されたい。同様に、株主資本のベータは、資本構成における株主資本の割合と乗じられる。ポートフォリオは企業の負債と企業の株主資本の両方を含んでいるので、ポートフォリオのベータは、会社が全額株式調達だった場合の、普通株式のベータとして考えることができる。実際には、その値が会社の資産のみに依存しているので、このベータは**資産ベータ**（asset beta）と呼ばれる。

実際問題として、負債のベータは大変低い。もし負債のベータがゼロであるという一般的な仮定を置くと、以下のようになる。

$$\beta_{資産}=\frac{S}{B+S}\times\beta_{株主資本} \tag{13.4}$$

借入れを行っている企業では、$S/(B+S)$ は1より小さくなければならないので、結果として $\beta_{資産}<\beta_{株主資本}$ となる。この式を入れ替えると、以下を得る。

$$\beta_{株主資本}=\beta_{資産}\left(1+\frac{B}{S}\right)$$

財務レバレッジがあると、株主資本ベータは常に資産ベータより大きくなる（資産ベータが正と仮定した場合）[6)]。言い換えると、借入れを行っている企業の株主資本ベータは、他の点でまったく同一の全額株式調達企業の株主資本ベータより、常に大きい。

資産ベータと株主資本ベータの、どちらのベータを回帰分析は推定しているのだろうか。第13.3節で行われたような回帰分析は、現実の世界でもまた行われているが、この手法はインプットとして*株式リターン*を用いるので、株主資本ベータを提供する。資産ベータを求めるのには、式13.4を用いて、株主資本ベータを変換しなければならない（もちろん、全額株式調達の会社では、二つのベータは同じである）。

例13．3　資産ベータ vs 株主資本ベータ

現在全額株式調達で、ベータが0.8の林業会社、ラピッド・シダーズ社を考えてみよう。会社は、負債1に対して株主資本2の資本構成に移行することを決めた。会社は同じ産業にとどまるので、その資産ベータは0.8のままに違い

6）法人税を伴う場合、企業の資産ベータと株主資本ベータの関係は、以下のとおりであると証明することができる。

$$\beta_{株主資本}=\beta_{資産}\left[1+(1-t_c)\frac{B}{S}\right]$$

この式で t_c は法人税率である。税効果は後の章でより詳細に考察する。

ない。しかしながら、負債にゼロ・ベータを仮定すると、株主資本ベータは以下のようになる。

$$\beta_{株主資本}=\beta_{資産}\left(1+\frac{B}{S}\right)$$

$$1.2=0.8\left(1+\frac{1}{2}\right)$$

もし会社が負債１に対して株主資本１の資本構成をもったとしたら、その株主資本ベータは以下のようになる。

$$1.6=0.8\ (1+1)$$

しかしながら、同じ産業にとどまっている限り、その資産ベータは0.8のままである。ということは、レバレッジの影響は、株主資本ベータを上昇させるということである。

13.6　配当割引モデル

第13.2節で、企業の資本コストを求めるために、どのようにCAPMを用いることができるのか示した。他の入力項目とともに、市場リスク・プレミアムの推定値が必要だった。一つの手法では、配当割引モデル（DDM）を用いて市場全体の期待リターンを推定し、それからこのリスク・プレミアムの推定値を得た。次に、個別株式の期待リターンを*直接*推定するためにDDMを用いる。

第13.2節のDDMに関する議論は、以下の公式を導いた。

$$r=\frac{\mathrm{Div}}{P}+g$$

ここで、Pは株式１株当りの価格、Divは来年受け取る１株当りの配当、rは割引率、gは１株当り配当の一定年次成長率である。この方程式は、株式の割引率が配当利回り（＝Div/P）と配当の成長率の合計に等しいことを教えてくれる。したがって、特定の株式にDDMを適用するためには、配当利回りと成長率の両方を推定しなければならない。

配当利回りは比較的簡単に予測できる。証券アナリストは、多くの株式について、来年の配当の予測を定期的に提供している。かわりに、以下で説明する g を推定するための手法を用いて、去年の配当に $1+g$ を乗じたものを、来年の配当として設定することも可能である。上場株式の株価は、通常、金融新聞か、インターネットからとられる。

配当の成長率は、三つの方法のうちの一つで推定することができる。第一に、過去のデータから企業のヒストリカルな配当成長率を計算できる。一部の企業では、明らかに完璧ではないものの、ヒストリカルな成長率を将来の成長率の推定値として使えるかもしれない。第二に、第９章で、配当成長率は以下の式で表すことができると主張した。

$$g = \text{内部留保率} \times \text{ROE}$$

内部留保率は、利益に対する内部留保された利益の比率で、ROE は株主資本利益率である。株主資本利益率は、企業の株主資本の簿価価値に対する利益の比率である。内部留保率と ROE を推定するために必要なすべての変数は、企業の損益計算書と貸借対照表のなかに見つけることができる。第三に、証券アナリストは一般的に、将来の成長率の予測を提供する。しかしながら、アナリストの推定値は通常５年間の利益成長率であるのに対して、DDM は長期の配当成長率を必要とする。

３番目の手法の一例として、最近 finance.yahoo.com でリポートされた、イーストマン・ケミカル社の年次利益成長に関するコンセンサス５年予測は、7.0％だった。会社の配当利回りは4.40％だったので、これは、イーストマン社にとって11.40％（＝4.40％＋７％）の期待利益率、そしてその結果として資本コスト、を意味する。

上の議論は、企業の資本コストを推定するために、どのようにDDMを用いるのかを示した。この手法はCAPM と比較して、どれくらい正確なのだろうか。次に、この質問を考察する。

DDM と CAPM の比較

配当割引モデルと資本資産価格モデルの双方が、内部的に整合性のとれたモデルである。とはいうものの、学者は一般的に DDM より CAPM のほうを好んできた。加えて、ある最近の研究[7]は、４分の３弱の企業が、資本コストの推定に CAPM

7） John R. Graham and Campbell R. Harvey, "The Theory and Practice of Corporate Finance: Evidence from the Field," *Journal of Financial Economics*（2001）、表３。

を用いるのに対し、6分の1弱の企業が、そのために配当割引モデルを用いると報告している。なぜ振り子はCAPMの方に振れたのだろうか。

われわれが知る限りにおいて、だれも二つの手法の系統立った比較は行っていないが、DDM法のほうがCAPMに比べて、より多くの測定誤差を含むようにみえる。問題は、DDMでは*個別企業*の成長率を推定するが、gを推定する提案した三つの手法のどれもが、個別企業の測定誤差に満ちている。対照的に、CAPMにおける市場リスク・プレミアムの計算を念頭に、DDMが市場全体のgを推定するために用いられる場合を考えてみよう。明らかにここでも測定誤差はあるが、誤差はほぼ確実に、はるかに少なくなる。個別企業のgを推定する際のほとんどの測定誤差は、個別企業から市場全体に移行するにつれて、分散化により消し去られていくからである[8)]。とはいうものの、われわれはDDMの実際の適用には批判的だったが、DDMは次に示すように、ある重要な洞察を提供する。

低配当または無配当株式は、高い資本コストをもちうるか

アストラ・エレクトロニクス社は、1ドルの年次配当を支払い、株価は100ドルである。これは1％（＝1/100）の配当利回りを意味する。会社の経営陣は、大きなキャピタル・バジェッティング・プロジェクトに着手しようとしており、会社の資本コストを知る必要がある。CEOのアンジェラ・グリーンはいう。「私たちの資本コストはちょうど配当利回りで、それは1％です。もし新規に株式を発行してキャピタル・バジェッティング・プロジェクトの資金調達を行う場合、新たな株主に、発行時に受け取る金額100ドル当り、毎年1ドルの配当を支払わなければなりません。プロジェクトの年次キャッシュフローが、投資100ドル当り1ドル以上である限り、既存の株主は利益を得ることになります。言い換えると、私たちは内部収益率が1％を超えるすべてのプロジェクトを採用するべきです」。

グリーンの推論は正しいだろうか。配当割引モデルに関してちょうど議論した内

8）　もちろん、CAPMでは三つのパラメーター（無リスク金利、市場リスク・プレミアム、ベータ）を推定しなければならず、それぞれが誤差を含むので、話はこれで終わりではない。それぞれの企業についてベータが必要になるので、ここではベータの推定が問題であると一般的に考えられている。しかしながら、本章ですでに述べたように、測定誤差を減らすために、アナリストはしばしば業種内における異なる企業の平均ベータを計算する。その根拠は、業種内における異なる企業のベータは似通っているというものである。対照的に、業種内における異なる企業のgの平均値を計算すべきではない。たとえこれらの企業が同じ業種内にあったとしても、成長率は大きく異なりうるからである。

容をふまえると、答えはまったくのノーに違いない。他のすべての企業同様、アストラ・エレクトロニクス社の１株当りのキャッシュフローは、時間とともに成長する可能性が高い。このキャッシュフローの成長は、配当の成長につながるはずである。よって、新しい株主は最初の年に投資100ドル当り１ドルの配当を受け取るが、彼らは後年、より大きな配当を受け取る可能性が高い。したがって、彼らの総リターンは１％より大きくなる。

彼らの総リターンはどれだけ大きくなるだろうか。ここで配当割引モデルの出番である。もし配当が、たとえば年間８％で永久に成長すると期待されたら、DDMは、株式の期待年次リターンが９％（＝１％＋８％）であることを教えてくれる。

ある株式が、１％のような低い配当利回りをもち、成長の可能性がまったくないということがありうるだろうか。もしそうだったら、実際、きわめて驚くようなことである。株式は、配当と比較して、高いマルチプルで売られる（すなわち、低い配当利回り）。なぜなら市場は、配当が高い率で成長すると信じているからである。反例として、市場がアストラ・エレクトロニクス社のキャッシュフローが決して成長せず、１ドルの一定配当を続けると信じていたとしよう。たとえば９％のリターンを得るためには、市場はこの株式を100ドルではなく、たった11.11ドル（＝１/0.09）に価格づけするだろう。

同じ推論が、配当をまったく支払わない企業にも当てはまる。これらの企業の資本コストはゼロではない。たしかに、株主は初年度に何も期待せず、あるいは最初の数年間でさえ、そうかもしれない。とはいえ、株主は、いずれは配当が受け取れることを期待するか、あるいはかわりに、買収企業によって買い取られることを期待する。買収企業は、ある時点でこの会社から現金を引き出すことを見込んでいるだろうから、高い金額を支払うだろう。

資本コストが単に現在の配当利回りではないというこの考え方は、キャピタル・ゲインの観点から、同様にうまく説明できる。あなたは１万ドルで事業をスタートするとする。あなたは１万ドルをもっているが、このうち半分をアパートの家具のために使いたいので、他の5,000ドルを外部から調達しなければならない。ある投資家が、予測可能な将来において何の配当も期待できないにもかかわらず、この5,000ドルを提供する。あなたは1,000株を発行して、500株を外部投資家に渡し、500株を自分自身で保有する。

配当がしばらく期待されないことを所与とすると、資本コストは０％だろうか。まあ、みてみよう。いまから10年後、会社は大きな企業に1,000万ドルで売却されるとする。あなたの株式と外部投資家の株式は、どちらも500万ドルの価値がある。外部投資家の年次利益率は99.5%（=500万/(5,000)$^{1/10}$−1）である。われわれは通常、資本コストを*期待*利益率の観点で語る。この99.5%は、*事実の後*の資本コストとしてみなせるかもしれない。あなたの会社は、外部投資家に、投資金額に対して大きなリターンを与えたが、このリターンはあなたの財布から支払われた。もしあなたが時計の針を戻せるなら、会社の100%を所有するために、家具を諦めることを選択したかもしれない。そうしたら、売却価格の1,000万ドルをすべて懐に入れることができた。それはそれとして、いってみれば、家具は単なる5,000ドルではなく、あなたにとって500万ドルのコストだったのである。

この状況は、成功した事業の創業者に何度も何度も起こる。たとえば、ビル・ゲイツとポール・アレンが、1975年にスタートしたマイクロソフトを例にとってみよう。マイクロソフトの新規株式公開(IPO)は1986年だったが、そのとき会社は6,000万株を発行した。株式分割と株価上昇の双方のおかげで、IPOにおける1ドルの投資は、2007年末にほぼ375ドルの価値をもっていた。配当を含めて、IPO時からの株式の年次利益率は約35%だった。マイクロソフトの株式がこれほど高い利益率をもっていたので、創業者達は、基本的に、何十億ドルも他の投資家に分け与えたことになる。2008年現在、*フォーブス*誌は、ビル・ゲイツとポール・アレンが、それぞれ580億ドルと160億ドルの純資産をもつと推定している。ゲイツとアレン諸氏を可哀想だと思う必要はないが、仮にもっと少ない株式発行が可能だったら、さらに大金持ちになっていただろう。おそらく、会社は株式を発行するかわりに、資金を借り入れることができた。あるいはまた、創業者達はたぶん、マイクロソフトの新規株式公開を遅らせるか、少なくともあの時より少ない株式を発行できた。まあ、これらの選択肢は実現可能ではなかったかもしれない。たとえば、小さな株式公開は、少ない数の新規プロジェクトにしか資金を供給できなかった可能性が高い。われわれの要点は単に、後で非常に成功した企業の古い株主にとって、株式発行は、事実の後では、非常に高くつくということである。

13.7　部門およびプロジェクトの資本コスト

本章の前の部分では、可能性のあるプロジェクトのリスクは、既存の企業のリスクと等しいとすべて仮定した。会社のリスクと異なるリスクをもつプロジェクトの資本コストは、どのように推定すべきだろうか。答えは、それぞれのプロジェクトが、それ自身のリスクに対応する率で割り引かれるべきであるというものである。たとえば、割引率を求めるためにCAPMを用いると仮定しよう[9]。もしプロジェクトのベータが会社のものと異なっていたら、プロジェクトのキャッシュフローは、プロジェクト自身のベータに対応した率で割り引かれるべきである。企業は往々にして*企業割引率*のことを語るので、これは非常に重要なポイントである(先に述べたように、*要求されるリターン*と*資本コスト*は同義語的に用いられる)。企業におけるすべてのプロジェクトがすべて同じリスクでない限り、すべてのプロジェクトに同一の割引率を選ぶことは、間違っている。

上の段落では、個別プロジェクトの割引率を考察した。同じメッセージは、全体の部門にも当てはまるだろう。もし企業が数多くの部門を抱えていて、それぞれが異なる産業なら、各部門に同一の割引率を指定するのは間違いである。

例13.4　プロジェクトのリスク

出版社のD.D.ロネリー社は、コンピュータ・ソフトウェアのプロジェクトを採用するかもしれない。コンピュータ・ソフトウェア企業が高いベータをもつことに留意して、この出版社はソフトウェアのベンチャー事業が、社内の他の分野よりもっと危険を伴うとみている。会社は、このプロジェクトをソフトウェア企業のリスクに対応する率で割り引くべきである。たとえば、会社は上場されているソフトウェア企業で構成されるポートフォリオの平均ベータを用いるかもしれない。かわりに、D.D.ロネリー社のすべてのプロジェクトが同じ率で割り引かれたとしたら、偏りが生じる。会社はあまりに多くの高リスク・プロジェクト（ソフトウェア事業）を採用し、あまりに多くの低リスク・プロジェクト（本や雑誌）を却下してしまうだろう。このポイントは、図13.6に示されている。

9）簡単にするために、ここではCAPMだけを考慮する。しかしながら、もし資本コストがDDMから推定されていたら、同様なアプローチが適用される。

図13.6　会社の資本コストと証券市場線（SML）との関係

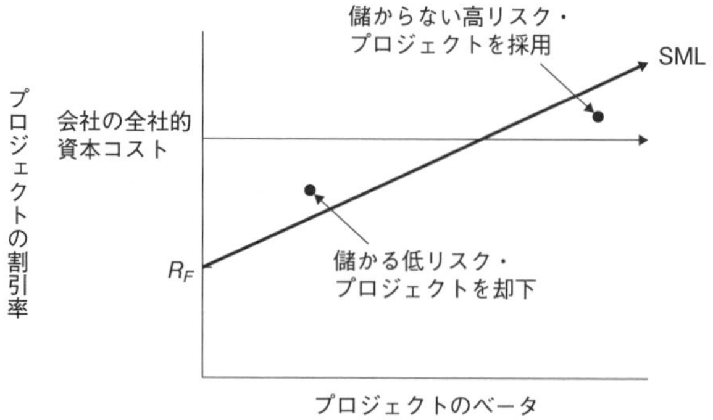

図の横線で示された、社内のすべてのプロジェクトに対する単一の資本コストは、誤ったキャピタル・バジェッティングの意思決定に導くかもしれない。D.D. ロネリー社のソフトウェア・ベンチャーのような高いリスクを伴うプロジェクトは、高い率で割り引かれるべきである。会社の資本コストを用いることによって、会社はあまりに多くの高リスク・プロジェクトを採用する可能性が高い。

低いリスクを伴うプロジェクトは、低い率で割り引かれるべきである。会社の資本コストを用いることによって、会社はあまりに多くの低リスク・プロジェクトを却下する可能性が高い。

D. D. ロネリー社（DDR）の例は、プロジェクトのキャッシュフローのリスクに対応した率でプロジェクトを割り引くべきであることを指摘している。しかしながら、実務家は三つの点に気をつけるべきである。第一に、適切な業種を選択しなければならない。これは簡単な仕事のようにみえるが、問題は企業がしばしば一つ以上の事業を行っていることである。たとえば、DDR がコンピュータ・ソフトウェア産業ではなく、映画産業におけるプロジェクトを考えていたとしよう。彼らは最初に映画産業の最も大きく重要な企業のベータをみようと考えるかもしれない。最も大きな六つの映画スタジオは、ワーナー・ブラザーズ、コロンビア、フォックス、ユニバーサル、パラマウント、そしてディズニーである。しかしながら、はじめの五つのスタジオは、それぞれタイム・ワーナー、ソニー、ニューズ・コーポレーション、ゼネラル・エレクトリック、バイアコムによって所有されている。これらの親会社は、すべて多角化しており、映画制作は総収益のほんの一部分を占めるにすぎない。そして、6 番目のスタジオの親会社は同じウォルト・ディズニーの名前をもつものの、これもまた、テレビ、ラジオ、テーマ・パーク、クルーズ船と、保有は多岐にわたり、きわめて多角化している。これらすべての多角化を考えると、六つの親会社のベータから、純粋な映画制作会社のベータを求めることは、きわめて困難である可能性が高い。アナリストはしばしば、*純粋なプレーヤー*（すなわち会社が考慮しているプロジェクトに似たプロジェクトだけに特化している他の企業）を見出すことについて語る。純粋なプレーヤーは、ある状況では、他の状況より見つけやすい。

第二に、たとえ仮にある産業内のすべての企業が純粋なプレーヤーだったとしても、新規プロジェクトは経済全体の動きに特に敏感に反応する可能性が高いので、新規プロジェクトのベータは、現存する企業のベータより大きいかもしれない。たとえば、創業したてのコンピュータのベンチャー企業は、景気後退時に倒産するかもしれないが、IBM、コンパック、あるいはオラクルは引き続き存続しているだろう。逆に、景気拡大期には、このベンチャー企業は、古いコンピュータ企業よりも、ずっと速く成長するかもしれない。

幸運なことに、ここで必要なのはわずかな調整だけである。新しいベンチャー事業には、追加的なリスクを反映するために、業種ベータよりも多少高いベータが割り当てられるべきである。この調整は必然的にその場限りのものなので、何の公式も提示できない。われわれの経験は、この手法が現在広く行われていることを示している。

第三に、独自の産業を形成するようなまれなプロジェクトでは、問題が生じる。たとえば、テレビによる通販を提供している企業を考えてみよう。現在、いくつかの企業は株式が上場されているので、この産業のベータに関しては、妥当な推定値を得ることができる。しかしながら、このベンチャー事業が始まった1980年代には、どんなベータの推定値も信頼できなかった。当時、テレビ・ショッピングが放送業界なのか、小売業界なのか、あるいはまったく新しい産業なのか、だれにもわからなかった。

プロジェクトが独自の産業を形成する場合、どのようなベータを用いるべきだろうか。本章の前のほうで、ベータの三つの決定要因について言及した。収益の循環性、営業レバレッジ、そして財務レバレッジである。当該プロジェクトに対するこれら三つの決定要因の値を、他の企業の値と比較することで、最低限、プロジェクトのベータに関しておおまかな感触を得られるはずである。

13.8 確定利付証券のコスト

この節では、負債と優先株式双方のコストを考察する。初めに、負債のコストを考える。

負債コスト

株主資本コストは、多くの場合推定するのがむずかしい。一般的にかなりの量のデータを収集しなければならず、最終結果はしばしば誤差を伴って測定される。幸運にも、負債コストの算出はずっと簡単である。これは単に借入れの費用である。企業は一般にこの情報を、市場で取引される債券の利回りをチェックするか、あるいは商業銀行や投資銀行と話して手に入れる。

2年前、リッター・マニュファクチャリング・コーポレーション(RMC)は、7％クーポンの負債を1億ドル発行した。債券は当初、額面価額で発行されたが、過去2年間の金利上昇で、現在はディスカウントで売られている。債券の利回りは現在8％である。拡大資金を調達するために、リッターはもう一度債券の大型発行を考えている。新しい負債のコストはいくらだろうか。

新しい負債のコストは8％近辺になるはずである。もし古い債券が8％で売られているなら、新しい負債がそれより低い利回りで売られることはない。7％は単なるヒストリカルな数字で、しばしば負債の*埋め込まれたコスト*（*embedded cost*）と呼ばれ、現在との関連性はまったくない。

あるいはまた、企業は初めて負債を発行するかもしれない。この場合は通常、会社の投資銀行が、発行予定の債券の利回りがどれくらいになるのか、会社の経営陣に提示する。この利回りは負債コストである。あるいは、会社は商業銀行からローンを受けるかもしれない。この場合もまた、予定されるローンの借入金利が負債コストである。

議論する必要がある複雑な要素が、一つだけ存在する。これまで税金を無視してきたが、明らかにこの仮定は現実とそぐわない。米国税法のもとでは、*支払利息は課税控除できる*（*tax deductible*）。以下の、負債額だけが異なる、アンレバード社とレバード社という二つの会社の例を考えてみよう。アンレバード社には負債がなく、レバード社には金利10%の負債が100ドルある。

アンレバード社		レバード社	
売上高	$180	売上高	$180
費用	−70	費用	−70
税引き前利益	110	利払い・税引き前利益	110
税金（40%）	−44	支払利息（100ドルの借入れに対して10%）	−10
税引き後利益	$ 66	利払い前利益	100
		税金（40%）	−40
		税引き後利益	$ 60

レバード社は毎年10ドルの利息を支払わなければならないので、会社の利払い後利益は、アンレバード社のものに比べて6ドル（＝66−60）だけ少ない。なぜだろうか。支払利息は課税控除されるからである。すなわち、レバード社の税引き前利益はアンレバード社のものより10ドル（＝110−10）少ないが、一方でレバード社はアンレバード社より4ドル（＝44−40）少ない税金を支払う。

利払い後利益の6ドルの減少は、レバード社が借り入れた100ドルの6%である。したがって、税引き後負債コストは6%である。一般的に、税引き後負債コストは以下のように表せる。

税引き後負債コスト＝（1−税率）×借入利率

6%＝（1−0.40）×10%

なぜわれわれは負債コストを課税調整したのに、株主資本コストは課税調整しなかったのだろうか。なぜなら、支払利息は税金を支払う前に控除できるが、配当は課税控除できないからである。

優先株式コスト

優先株式は、おそらく普通株式より債券に似ているので、優先株式という名称は不運である。優先株式は永久に一定の配当を支払う。ほとんどすべての債券が限られた満期をもっているものの、債券の利払いは、優先株式の配当にきわめてよく似ている。対照的に、普通株式の配当は時間とともに変動する。

ポリテック社の優先株式が、1株当り17.16ドルで売られ、毎年1.50ドルの配当を支払うとしよう。優先株式はパーペチュイティなので、価格はパーペチュイティ公式によって評価される。PV＝C/rで、PVは現在価値もしくは価格、Cは毎年受け取る現金、r は利回りもしくは利益率である。公式を変形すると、以下を得る。

$$r = C/\mathrm{PV}$$

この優先株式では、利益率は8.7%（=1.50/17.16）になる。優先株式コストは、単にこの利益率である。

なぜ負債コストで行ったように、優先株式コストには課税調整しないのだろうか。ここで課税調整しないのは、優先株式の配当支払が、課税控除できないからである。

13.9　加重平均資本コスト

第13.1節と第13.2節では、プロジェクトが全額株式で資金調達された場合に、どのように割引率を推定するのかを示した。この節では、プロジェクトが負債と株主資本の両方で資金調達された場合の調整について議論する。

ある会社が、投資の資金調達のために、負債と株主資本の両方を用いるとしよう。もし会社が、負債調達に R_B を、株主資本に R_S を支払うとしたら、全体もしくは平均資本コストはいくらになるだろうか。前の節で議論したように、株主資本コストは R_S である。負債コストは、会社の借入金利 R_B である。もし企業が負債と株主資本の両方を用いるとしたら、資本コストはそれぞれの加重平均である。これは以下のようになる。

$$\frac{S}{S+B} \times R_S + \frac{B}{S+B} \times R_B$$

この公式の加重比率は、それぞれ、全体に対する株主資本の割合

$$\left(\frac{S}{S+B}\right)$$

と、全体に対する負債の割合である。

$$\left(\frac{B}{S+B}\right)$$

これは当然のことである。もし会社が何の負債も発行しておらず、したがって全額株式調達の会社だったら、平均資本コストは、株主資本コスト R_S に等しくなる。対極では、もし会社が、株主資本の価値がゼロになるほど多くの負債を発行してい

たら、それはもう全額負債調達の会社であり、平均資本コストは、負債コスト R_B になる。

前節で述べたように、利払いは法人レベルで税控除が可能である。税引き後負債コストは、以下のようになる。

$$負債コスト（法人税控除後）= R_B \times (1 - t_C)$$

ここで、t_C は会社の法人税率である。

これらの結果を統合すると、企業の平均資本コスト（税引き後）は以下のようになる[10]。

$$平均資本コスト = \left(\frac{S}{S+B}\right) \times R_S + \left(\frac{B}{S+B}\right) \times R_B \times (1 - t_C) \qquad (13.5)$$

平均資本コストは、株主資本コストと負債コストを加重したものなので、これは通常、**加重平均資本コスト**（weighted average cost of capital, WACC）もしくは R_{WACC} と呼ばれる。今後、われわれもこの用語を用いる。

例13.5　WACC

負債の市場価値が4,000万ドルで、株主資本の市場価値が6,000万ドル（発行済株式数が300万株で、それぞれ1株当り20ドルで売られている）の企業を考えてみよう。会社は新しい負債に5％の金利を支払い、1.41のベータをもっている。法人税率は34％である（SMLが成立し、市場のリスク・プレミアムは9.5％［ヒストリカルな株式リスク・プレミアムよりやや高い］、そして現在の財務省短期証券のリターンが1％であると仮定する）。この会社の R_{WACC} はいくらだろうか。

式13.5を用いて R_{WACC} を計算するためには、①税引き後負債コスト $R_B \times (1 - t_C)$、②株主資本コスト R_S、そして③会社が用いている負債と株主資本の比率を知る必要がある。これらの三つの値は、以下のように計算される。

10）単純化のために、式（13.5）は優先株式による調達を無視している。優先株式を加えると、公式は以下になる。

$$平均資本コスト = \frac{S}{S+B+P} \times R_S + \frac{B}{S+B+P} \times R_B \times (1 - t_C) + \frac{P}{S+B+P} \times R_P$$

ここで、P は会社の資本構成における優先株式の割合（％）で、R_P は優先株式コストである。

1．税引き前負債コストは5％であり、これは3.3％［＝5％×（1－0.34)］の税引き後コストを意味する。

2．株主資本コストは、SMLを用いて計算する。

$$R_S = R_F + \beta \times [R_M - R_F]$$
$$= 1\% + 1.41 \times 9.5\%$$
$$= 14.40\%$$

3．負債と株主資本の割合は、負債と株主資本の市場価値から計算する。会社の市場価値は1億ドル（＝＄4,000万＋＄6,000万）なので、負債と株主資本の比率は、それぞれ40％と60％である。

株主資本コスト R_S は14.40％で、税引き後負債コスト $R_B \times (1 - t_C)$ は3.3％である。したがって、R_{WACC} は次のようになる。

$$R_{\mathrm{WACC}} = \frac{S}{B+S} \times R_S + \frac{B}{B+S} \times R_B \times (1 - t_C)$$

$$= \left(\frac{40}{100} \times 3.3\%\right) + \left(\frac{60}{100} \times 14.40\%\right) = 9.96\%$$

上の計算は、次の表にまとめてある。

(1) 資金調達 構成要素	(2) 市場価値	(3) 加重 比率	(4) 資本コスト (法人税引き後)	(5) 加重 資本コスト
負債	＄40,000,000	0.40	5％×（1－0.34)＝3.3％	1.32％
資本	60,000,000	0.60	1％＋1.41×9.5％＝14.40	8.64
	＄100,000,000	1.00		9.96％

前例で加重に用いたウェイトは、市場価値によるウェイトである。市場価値ウェイトは、簿価ウェイトに比べて、より適切である。なぜなら、証券の市場価値は、売却によって実際に得られる金額に近いからである。実際、「目標」市場価値ウェイトの観点で考えることは有益である。これは、企業あるいはプロジェクトの存続期間を通して当てはまると期待される市場価値ウェイトである。

例13.6　プロジェクトの評価とWACC

ある会社の、現在と目標の負債・株主資本比率は両方とも0.6で、負債コストは5.15%、そして株主資本コストは10%であるとする。法人税率は34%である。会社の加重平均資本コストはいくらだろうか。

最初のステップは、負債・株主資本（B/S）比率を、負債・価値比率に変換することである。B/S 比率の0.6は、負債6に対して、株主資本10を意味する。価値は負債と株主資本の合計なので、負債・価値比率は $6/(6+10)=0.375$ である。同様に、株主資本・価値比率は $10/(6+10)=0.625$ である。すると、R_{WACC} は以下のようになる。

$$R_{\text{WACC}}=\left(\frac{S}{S+B}\right)\times R_S+\left(\frac{B}{S+B}\right)\times R_B\times(1-t_C)$$

$$=0.625\times10\%+0.375\times5.15\%\times0.66=7.52\%$$

会社は、6,000万ドルの費用がかかる倉庫の改修工事を考慮しているとする。これは、次の6年間にわたって、毎年1,200万ドルの費用削減をもたらすと見込まれている。NPV方程式を用いて、改修工事からの6年間の期待キャッシュフローを R_{WACC} で割り引くと、以下を得る。

$$\text{NPV}=-\$60+\frac{\$12}{(1+R_{\text{WACC}})}+\cdots+\frac{\$12}{(1+R_{\text{WACC}})^6}\qquad\text{（単位：100万ドル）}$$

$$=-\$60+\$12\times A^{6}_{0.0752}$$

$$=-\$60+(\$12\times4.69)$$

$$=-\$3.71$$

会社は倉庫の改修工事を行うべきだろうか。会社の R_{WACC} を用いると、プロジェクトはマイナスのNPVをもっている。これは、金融市場が、同程度のリスク（すなわち、会社のリスク・レベル）で、もっと優れた選択肢を提供することを意味している。答えは明確である。会社はプロジェクトを却下すべきである。

13.10 イーストマン・ケミカル社の資本コストの推定

前節では、例を用いて資本コストを計算した。ここで、現実の世界の企業に関して、資本コストを計算してみよう。イーストマン・ケミカル社は、主要な国際的化学企業で、ソフト飲料の容器や他の用途のプラスチック・メーカーである。会社は1993年に設立されたが、かつての親会社のイーストマン・コダックが、部門を切り離して独立した会社にした。

イーストマン社の株主資本コスト

最初に、www.reuters.com で、イーストマン社（ティッカー："EMN"）の情報をチェックする。このウェブサイトは最近以下の情報を提供していた。

前日終値	$39.80	出来高	1,117,866
始値	$40.19	平均出来高	1,745,663
高値	$42.27	時価総額	$3,069.94M
安値	$40.19	発行済株式数	72.64M
52週高値	$78.29	EPS（TTM）	$2.82
52週安値	$17.76	配当＆利回り	1.76（4.16）
ベータ	1.84	配当落ち日	2009年3月11日

この画面によると、イーストマン社の株主資本の時価総額（株価×発行済株式数）は、30億6,994万ドルである。

イーストマン社の株主資本コストを推定するため、第11章で計算したのと同様に、7％の市場リスク・プレミアムを仮定する。ロイターによるとイーストマン社のベータは1.84である。

第13.2節で、平均期待無リスク金利を、現在の20年物財務省債券利回りから、20年物財務省債券利回りと1年物財務省証券利回りとの間のヒストリカルな差を引いたものとして推定した。財務省債券の利回りは現在3.5％で、ヒストリカルな財務省長期債と短期債の利回りの差は2.3％なので、将来における平均無リスク金利の推定値は1.2％（＝3.5％－2.3％）である。

イーストマン社のベータをCAPMに入れて資本コストを推定すると[11]、以下の

11）かわりに、レバレッジを適切に調整した後、化学業界におけるすべての企業のベータを平均した値が用いられるかもしれない。一部の人々は、個別企業のベータ推定における誤差が削減されるので、この平均化アプローチのほうがより正確な値を提供すると主張している。

ようになる。

$$R_S = 0.12 + 1.84 \times 0.07 = 0.1408 \text{もしくは} 14.08\%$$

イーストマン社の負債コスト

イーストマン社は五つの長期債を発行しており、これらが基本的に長期負債のすべてを構成している。負債コストを計算するために、これらの債券をまとめ、そして加重平均を計算する。www.nasdbondinfo.com に行き、債券の価格を見つける。企業の発行済債券のすべての最終利回りを、１日で見つけられることは、異例であることを指摘しておく。債券に関する前の議論で、債券市場は株式市場ほど流動的でなく、何日もの間、個別債券は取引されていないかもしれないことを述べた。債券の簿価を見つけるために、www.sec.gov に行き、最新の10K レポートを探す。基本的な情報は以下のとおりである。

クーポン利率	満　期	簿価〔(額面金額 単位：100万ドル)〕	価　格 (額面の%)	最終利回り
7.00%	2012	$154	106.572%	4.589%
6.30	2018	207	99.986	6.301
7.25	2024	497	92.500	8.131
7.625	2024	200	92.884	8.466
7.60	2027	298	89.000	8.836

負債の加重平均を計算するには、各債券のパーセント割合をとり、その債券の利回りと掛け合わせる。その後、合計して全体的な加重平均負債コストを求める。ここでは比較のために、簿価と時価を用いる。計算の結果は以下のとおりである。

クーポン利率	簿価（額面金額、単位：100万ドル）	合計に占める割合(%)	時価（単位：100万ドル）	合計に占める割合(%)	最終利回り	簿価ウェイト	時価ウェイト
7.00%	$　154	11.36%	$　164.12	12.80%	4.59%	0.52%	0.59%
6.30	207	15.27	206.97	16.15	6.30	0.96	1.02
7.25	497	36.65	459.72	35.87	8.13	2.98	2.92
7.625	200	14.75	185.77	14.49	8.47	1.25	1.23
7.60	298	21.97	265.22	20.69	8.84	1.94	1.83
合計	$1,356	100.00%	$1,281.80	100.00%		7.65%	7.59%

これらの計算が示すように、イーストマン社の負債コストは簿価ベースで7.65%、時価ベースで7.59%である。したがって、イーストマン社の場合、時価でも簿価でも、ほとんど変わらない。理由は単純に、時価と簿価が近いからである。これはしばしば起きる状況で、なぜ企業がWACCの計算で多くの場合に簿価を用いるのか説明する。しかしながら、市場は現在の価値を反映しているので、われわれは計算に時価を用いる。

イーストマン社のWACC

さて、イーストマン社のWACCを算出する準備が整った。最初に、資本構成ウェイトを計算する必要がある。

イーストマン社の負債と株主資本の市場価値は、それぞれ12.82億ドルと30.7億ドルである。会社の総価値は43.52億ドルなので、負債と株主資本の割合は、それぞれ0.295（=12.82/43.52）と0.705（=30.7/43.52）である。35%の税率を仮定すると、イーストマン社のWACCは以下になる。

$$R_{\mathrm{WACC}} = 0.295 \times 0.0759 \times (1 - 0.35) + 0.705 \times 0.1408 = 0.1138$$

13.11　発行費用と加重平均資本コスト

これまでの加重平均資本コストの議論では、発行費用を含めてこなかった。プロジェクトが株式と債券で資金調達される際、企業は一般に*発行費用*（*flotation costs*）と呼ばれる費用を負う。

企業のWACCは、発行費用を反映するために上方に調整されるべきであると、時々提案される。投資に要求されるリターンは、資金の出どころではなく投資のリスクに依存するので、これは実際に最善のアプローチではない。これは発行費用を無視すべきであるといっているのではない。これらの費用は、プロジェクトに着手するという意志決定の結果として生じるので、関連するキャッシュフローである。したがって、それらをプロジェクトの分析にどのように含めるのか、簡単に議論する。

基本的アプローチ

簡単な例で始める。スパット社は、全額株式調達企業で、株主資本コストは20%である。この会社は100%が株主資本なので、WACCと株主資本コストは同じである。スパット社は、１億ドルをかけて既存の事業を大規模に拡大することを考えている。拡大費用は新株を発行することにより資金調達される。

投資銀行との話合いをもとに、スパット社は発行費用が発行額の10%になると考えている。これはスパット社が株式発行から得る金額が、販売額の90%にしかならないことを意味する。発行費用を考慮したとき、拡大のコストはいくらになるだろうか。

スパット社は、発行費用を払った後で、１億ドルを調達するための十分な株式を売る必要がある。言い換えると、

＄１億＝(１－0.10)×調達金額
調達金額＝＄１億/0.90＝＄１億1,111万

したがって、スパット社の発行費用は1,111万ドルで、発行費用を含めた拡大の本当のコストは、１億1,111万ドルである。

もし会社が負債と株式の両方を用いたら、計算はわずかだけ複雑になる。たとえば、スパット社の目標資本構成は、株主資本が60%で、負債が40%だとする。株式の発行費用は10%のままだが、債券の発行費用はそれより少なく、たとえば５%である。

前に、負債と株式の資本コストが異なるとき、目標資本構成ウェイトを用いて加重平均資本コストを計算した。ここでは、だいたい同じことを行う。株式の発行費用f_Sに株式の割合（S/V）を掛け合わせ、そして債券の発行費用f_Bに債券の割合（B/V）を掛け合わせ、それからこの二つを合計することによって、全体的、もしくは加重平均発行費用f_0を計算できる。

$$
\begin{aligned}
f_0 &= (S/V)\times f_S + (B/V)\times f_B \\
&= 60\%\times 0.10 + 40\%\times 0.05 \qquad (13.6) \\
&= 8\%
\end{aligned}
$$

したがって、加重平均発行費用は８%である。これは、新規プロジェクトに必要な外部資金１ドルにつき、会社は実際には1.087ドル［＝＄１/(１－0.08)］を調達

しなければならないことを意味する。われわれの例では、発行費用を無視した場合、プロジェクトのコストは１億ドルである。発行費用を含めた場合は、真のコストは、＄１億/(１$-f_0$)＝＄１億/0.92＝＄１億870万である。

発行費用を考慮する際、会社は間違ったウェイトを用いないよう注意しなければならない。たとえプロジェクトの全コストを負債か株式のどちらかで調達できるとしても、会社は目標ウェイトを用いるべきである。会社が特定のプロジェクトを負債か株式のどちらかで調達できるという事実は、直接関係ない。もし会社が１の目標負債・株主資本比率をもっていて、特定のプロジェクトをすべて負債で調達することにしたとしたら、会社は後で目標負債・株主資本比率を維持するために、追加の株主資本を調達しなければならない。このことを考慮して、会社は発行費用の計算において、常に目標ウェイト用いるべきである。

例13.7　加重平均発行費用の計算

ワインスタイン社の目標資本構成は、株主資本が80％で、負債20％である。株式発行の費用は調達金額の20％で、負債の発行費用は６％である。もし新たな製造工場のためにワインスタイン社が6,500万ドルを必要としていたら、発行費用を含めた真のコストはいくらだろうか。

最初に加重平均発行費用f_0を計算する。

$$
\begin{aligned}
f_0 &= S/V \times f_S + B/V \times f_B \\
&= 80\% \times 0.20 + 20\% \times 0.06 \\
&= 17.2\%
\end{aligned}
$$

加重平均発行費用は、17.2％である。プロジェクトのコストは、発行費用を含めない場合、6,500万ドルである。もし発行費用を含めたら、真のコストは＄6,500万/(１$-f_0$)＝＄6,500万/0.828＝＄7,850万になり、再度、発行費用が相当な出費になりうることを例証している。

発行費用とNPV

発行費用をどのようにNPV分析に加えられるか解説するために、トリプルデイ印刷社の資本構成は現在、目標負債・株主資本比率の100%にあるとする。会社はカンザス州に、50万ドルの新たな印刷工場を建設することを考えている。この新工場は、年間７万3,150ドルの税引き後キャッシュフローを、永久に生み出すと期待されている。税率は34%である。会社には二つの資金調達の選択肢がある。

1．50万ドル分の普通株式を新規発行する：新規普通株式の発行費用は、調達金額の約10%になる。この新たな株主資本に要求されるリターンは20%である。
2．50万ドル分の30年債を発行する：新規負債の発行費用は、調達金額の２%になる。会社の新規負債に要求される利回りは10%である。

新しい印刷工場のNPVはいくらだろうか。

初めに、印刷は会社の主要事業なので、新しい印刷工場を評価するのに、会社の加重平均資本コストR_{WACC}を用いる。

$$
\begin{aligned}
R_{WACC} &= S/V \times R_S + B/V \times R_B \times (1 - t_C) \\
&= 0.50 \times 20\% + 0.50 \times 10\% \times (1 - 0.34) \\
&= 13.3\%
\end{aligned}
$$

キャッシュフローは永久に年間７万3,150なので、13.3%の割引率でのキャッシュフローの現在価値は以下のようになる。

$$
PV = \$\frac{73,150}{0.133} = \$550,000
$$

発行費用を無視すれば、NPVは、

$$
NPV = \$550,000 - 500,000 = \$50,000
$$

となる。発行費用を含めない場合、プロジェクトはゼロより大きいNPVを生み出すので、プロジェクトは採用されるべきである。

資金調達手段と発行費用に関してはどうだろうか。新たな資金が必ず調達されなければならないので、発行費用は関係している。与えられた情報から、発行費用は負債が２%で、株式が10%だとわかっている。トリプルデイ社は、負債と株式を同額用いるので、加重平均発行費用f_0は以下のようになる。

$$
f_0 = S/V \times f_S + B/V \times f_B
$$

$$=0.50\times10\%+0.50\times2\%$$
$$=6\%$$

トリプルデイ社がプロジェクトを、すべて負債か、あるいはすべて株式のどちらかで調達できるという事実は、無関係である。トリプルデイ社は新工場に50万ドルの資金が必要なので、発行費用を含めた真のコストは、$500,000/(1 $-f_0$)=500,000/0.94=$531,915である。キャッシュフローのPVは55万ドルなので、工場のNPVは1万8,085ドル（=$550,000−531,915）となり、依然としてよい投資である。しかしながら、価値は当初考えたより小さい。

内部株主資本と発行費用

ここまでの発行費用の議論は、企業は新たな投資のために必要な資金を、常に外部調達しなければならないと暗に仮定している。現実的には、ほとんどの企業は滅多に株式を販売しない。そのかわりに、企業内部で生み出されたキャッシュフローが、資本支出の株主資本部分を十分にまかなう。負債部分だけが、外部資金調達されなければならない。

内部株主資本の使用は、われわれのアプローチを変化させない。しかしながら、そのような費用はもはやないので、株式の発行費用はゼロに設定することになる。したがって、トリプルデイ社の例では、加重平均発行費用は以下のようになる。

$$f_0=S/V\times f_S+B/V\times f_B$$
$$=0.50\times0\%+0.50\times2\%$$
$$=1\%$$

外部株主資本は比較的高い発行費用を伴うので、株主資本が内部で生み出されるか、あるいは外部から調達されるかで、大きな違いが生まれることに注意されたい。

要約と結論

キャピタル・バジェッティングに関する前の数章では、プロジェクトは無リスクのキャッシュフローを生み出すと仮定した。その場合の適切な割引率は、無リスク金利である。もちろん、現実の世界のキャピタル・バジェッティング・プロジェクトからもたらされるほとんどのキャッシュフローは、リスクを伴う。この章では、キャッシュフローがリスクを伴う場合の割引率を議論した。

1．余剰資金をもつ企業は、配当金を支払うか、あるいは資本支出を行うことができる。株主は、配当金をリスキーな金融資産に再投資することができるので、キャピタル・バジェッティング・プロジェクトの期待リターンは、最低限、同等のリスクを伴う金融資産の期待リターンと同じくらい大きくなければならない。
2．すべての資産の期待リターンは、ベータに依存している。よって、われわれは株式のベータの推定方法を示した。適切な方法は、過去のリターンに対して回帰分析を用いる。
3．ベータと共分散の両方が、市場の動きに対する証券の反応度を測定する。相関とベータは異なる概念を測定する。ベータは回帰線の傾きであり、相関は回帰線の周りのフィットの程度である。
4．会社と同等のベータ・リスクをもつプロジェクトのケースを検討した。もし会社が借入れをしていないのなら、プロジェクトの割引率は以下のようになる。

$$R_F + \beta \times (R_M - R_F)$$

ここで、R_Mは市場ポートフォリオの期待リターンであり、R_Fは無リスク金利である。言葉で表すと、プロジェクトの割引率は、CAPMによる証券の期待リターンの推定値に等しい。
5．企業のベータは多くの要因の関数である。おそらく最も重要な三つは、以下である。
・収益の循環性
・営業レバレッジ
・財務レバレッジ
6．もしプロジェクトのベータが会社のベータと異なるなら、割引率はプロジェクトのベータを基にすべきである。プロジェクトのベータは、通常、プロジェクトが属する業種の平均ベータを算出することによって推定できる。
7．時には、プロジェクトが属する業種のベータを、プロジェクトのベータの推定値として用いることはできない。たとえば、新しいプロジェクトは、既存の産業にうまく当てはまらないかもしれない。この場合、プロジェクトの収益の循環性と営業レバレッジを考慮することによって、プロジェクトのベータを推定することができる。この手法は、定性的である。

8．もし企業が負債を用いているなら、用いるべき割引率はR_{WACC}である。R_{WACC}を計算するためには、プロジェクトに当てはまる株主資本コストと負債コストを推定しなければならない。もしプロジェクトが会社に類似しているなら、会社の株式のSMLを用いて、株主資本コストを推定することができる。実際には正確さからほど遠いかもしれないが、概念的には配当成長モデルも同様に用いることができる。

9．新しいプロジェクトは多くの場合、債券と株式で資金調達される。発行費用はいかなるNPV分析にも含まれるべきである。

Concept Questions

1．プロジェクトのリスク

もしプロジェクトに必要な資金全部を6％の金利で借りられるとしたら、プロジェクトの資本コストは6％ということにならないか。

2．WACCと税金

なぜ、負債コストには税引き後の数値を用いるのに、株主資本コストには用いないのか。

3．SML　株主資本コストの推定

もしあなたがプロジェクトの割引率を算出するために株式ベータと証券市場線を用いるとしたら、あなたはどのような仮定を暗に設けているか。

4．SML　株主資本コストの推定

株主資本コストを推定するために、SMLアプローチを用いる利点は何か。不利な点は？　この手法を用いるために必要な情報は何か。これらの変数は観察可能か、それとも推定する必要があるか。これらの推定値が得られるいくつかの方法は何か。

5．負債コストの推定

どのように会社の適切な負債コストを算出するか。会社の負債が、市場で取引される公募ではなく私募だったら、違いが生まれるか。会社の負債が機関投資家に保有される私募債だけだったら、どのように負債コストを推定するか。

6．資本コスト

ベドラム・プロダクツ社の社長であるトム・オーベドラムは、会社の負債コストと株主資本コストを決定するために、あなたを雇った。

a. 株式は現在1株当り50ドルで売られており、1株当りの配当はたぶん5ドル程度になる。トムは主張する。「今年株主のお金を使うには、1株当り5ドルの費用がかかるから、株主資本コストは10%（＝＄5/50）である」。この結論の何が間違っているか。

b. 直近の財務諸表に基づくと、ベドラム・プロダクツ社の総負債は800万ドルである。今後1年間の総支払利息は、約100万ドルになる。したがって、トムは次のように推論する。「われわれは800万ドルを借りていて、利息に100万ドルを支払う。よって、われわれの負債コストは明らかに12.5%（＝＄100万/800万）である」。この結論の何が間違っているか。

c. 自分の分析に基づいて、トムは会社が株式による資金調達をふやすよう勧めている。なぜなら「負債には12.5%のコストがかかるが、株式には10%しかかからない。よって、株主資本の方が安い」からである。他の問題はすべて無視すると、株主資本コストが負債コストよりも安いという結論に対して、あなたはどう思うか。

7．会社のリスクvsプロジェクトのリスク

天然ガスの大口ユーザーであるダウ・ケミカル社と、大手天然ガス生産者であるスーペリア・オイル社は、どちらもヒューストン近郊の天然ガス井戸に投資することを考えている。両社は全額株式調達の会社である。ダウとスーペリアはあらゆる点で等しいプロジェクトに注目している。両社はそれぞれの投資を分析し、当初はマイナスのキャッシュフローだが将来はプラスのキャッシュフローが期待できるとういう結果を得ている。これらのキャッシュフローは両社とも同じである。プロジェクトの資金調達に

負債は用いられない。両社の推定によると、プロジェクトは、18%の割引率で100万ドルの純現在価値をもち、22%の割引率ではNPVは－110万ドルになる。ダウのベータが1.25なのに対して、スーペリアのベータは0.75である。市場の期待リスク・プレミアムは８％で、無リスク債券の利回りは12%である。どちらの会社がプロジェクトを進めるべきか。それとも両社？　説明せよ。

８．部門の資本コスト

どんな状況下において、企業が異なる事業部門に異なる資本コストを用いることが適切になるか。全社的なWACCがハードル・レートとしてすべての部門に用いられたとしたら、リスキーな部門と、より堅実な部門では、どちらが多くの投資プロジェクトを獲得する可能性が高いか。なぜか。もしあなたが異なる部門に対する適切な資本コストの推定を試みるとしたら、どのような問題に遭遇するかもしれないか。各部門に対する資本コストの概算推定値を得るために利用できる二つの手法は何か。

９．レバレッジ

会社全体のリスクと同様なリスクをもつ、借入れを行っている企業のプロジェクトを考える。プロジェクトの割引率は、証券市場線を用いて計算した率より、高いか低いか。なぜか。

10．ベータ

どんな要因が株式のベータを決定するか。それぞれを定義して説明せよ。

質問と問題

◆基本（問題１－17）

１．株主資本コストの計算

ダイブビッグ社の普通株式は、1.15のベータをもっている。もし無リスク金利が4.5%で、市場の期待リターンが11%だったら、ダイブビッグ社の株主資本コストはいくらか。

２．株主資本コストの計算

デボン社は、普通株式１株当り2.40ドルの配当を支払ったところである。会社は一定の配当成長率5.5%を無期限に続けると期待されている。もし株価が52ドルだったら、会社の株主資本コストはいくらか。

3．株主資本コストの計算

カントリー・ロード社の株式は、0.85のベータをもっている。市場リスク・プレミアムは8%で、財務省短期証券の利回りは現在5%である。会社の直近の配当は1株当り1.60ドルで、配当は年率6%で無期限に成長すると期待されている。もし株価が37ドルだったら、会社の株主資本コストの最善の推定値はいくらか。

4．負債コストの計算

アドバンス社は、負債コストを算出しようとしている。会社は残存期間12年の発行済負債があり、額面金額の95%で取引されている。この債券は年次8%のクーポン利率をもち、半年ごとに支払を行う。アドバンス社の税引き前負債コストはいくらか。もし税率が35%だったら、税引き後負債コストはいくらか。

5．負債コストの計算

シャンケン社は、7年前に7%クーポンの半年払30年債を発行した。債券は現在額面金額の108%で売られている。会社の税率は35%である。

a. 税引き前負債コストはいくらか。

b. 税引き後負債コストはいくらか。

c. 税引き前負債コストと税引後負債コストでは、どちらがより適切か。なぜ？

6．負債コストの計算

前問の会社で、債券の簿価は6,000万ドルだとする。加えて、会社には二つ目の発行済債券があり、これはゼロ・クーポン債で満期まで7年残っている。この債券の簿価は8,000万ドルで、額面の73%で売られている。会社の負債の総簿価はいくらか。総市場価値は？　税引き後負債コストの最善の推定値はいくらか。

7．WACCの計算

ムリナウ社の目標資本構成は、普通株式が70%で、負債が30%である。会社の株主資本コストは15%で、負債コストは8%である。適切な税率は35%である。ムリナウ社のWACCはいくらか。

8．税金とWACC

ミラー・マニュファクチャリング社は、0.45の目標負債・株主資本比率をもっている。会社の株主資本コストは17%で、負債コストは10%である。もし税率が35%だったら、ミラーのWACCはいくらか。

9．資本構成を求める

ファーマのラマ社の加重平均資本コストは9.8%である。会社の株主資本コストは15%で、負債コストは7.5%である。税率は35%である。ファーマ社の負債・株主資本比率はいくらか。

10. 簿価 vs 市場価値

フィラー・マニュファクチャリング社には、発行済株式が750万株ある。現在の株価は49ドルで、1株当りの簿価は4ドルである。会社にはまた、二つの発行済債券がある。最初の債券は、6,000万ドルの額面で、7%のクーポンをもち、額面の93%で取引されている。2番目の債券は、5,000万ドルの額面で、6.5%のクーポンをもち、額面の96.5%で取引されている。最初の債券は10年後に満期を迎え、2番目の債券は6年後に満期を迎える。

a. フィラー社の簿価ベースの資本構成ウェイトはいくらか。

b. フィラー社の時価ベースの資本構成ウェイトはいくらか。

c. 簿価と時価のウェイトでは、どちらがより適切か。なぜ？

11. WACCの計算

前問で、会社の株式は1.2のベータをもつとする。無リスク金利は5.2%で、市場リスク・プレミアムは7%である。全体的な負債コストは、二つの発行済負債の加重平均であるとする。両方の債券が半年払いを行う。税率は35%である。会社のWACCはいくらか。

12. WACC

コーセー社は、0.65の目標負債・株主資本比率をもっている。会社のWACCは11.2%で、税率は35%である。

a. もしコーセーの株主資本コストが15%だったら、税引前負債コストはいくらか。

b. かわりに、税引後負債コストが6.4%だとわかっているとしたら、株主資本コストはいくらか。

13. WACCを求める

次のハンチントン・パワー社に関する情報に基づいて、WACCを計算せよ。会社の税率には35%を仮定する。

負債：5,000口の発行済債券、8%クーポン、額面1,000ドル、満期20年、額面の103%で取引されている。債券は半年ごとの支払を行う。

普通株式：発行済株式数16万株、株価は57ドル。ベータは1.10。

市場：7%の市場リスク・プレミアムと6%の無リスク金利。

14. WACCを求める

タイタン鉱山社には、発行ずみの普通株式が850万株と、発行ずみの、額面1,000ドル、7.5%クーポン、半年払債券が20万口ある。普通株式の現在の株価は34ドルで、ベータは1.20である。債券は満期まで15年あり、額面の93%で取引されている。市場リスク・プレミアムは7%、財務省短期証券利回りは5%、会社の税率は35%である。

a. 会社の市場価値資本構成はいくらか。

b. もしタイタン鉱山社が、会社の通常のプロジェクトと同じリスクをもつ新たな投資プロジェクトを評価しているとしたら、プロジェクトのキャッシュフローを割り引くのに、会社はいくらの率を用いるべきか。

15. SMLとWACC

全額株式調達の企業が、以下のプロジェクトを考慮している。

プロジェクト	ベータ	期待リターン
W	0.75	10.0%
X	0.90	10.2
Y	1.20	12.0
Z	1.50	15.0

財務省短期証券利回りは5%で、市場の期待リターンは11%である。

a. どのプロジェクトが、会社の11%の資本コストより高い期待リターンをもっているか。

b. どのプロジェクトが採用されるべきか。

c. もし会社の全体的な資本コストがハードル・レートとして用いられたら、どのプロジェクトが誤って採用されるか、あるいは却下されるか。

16. 発行費用の計算

あなたの会社は、新しい組立ラインをつくるために、2,000万ドルが必要だとしよう。会社の負債・株主資本比率は0.75である。新株の発行費用は8%だが、負債の発行費用は5%である。あなたの上司は、必要資金が比較的少なく、発行費用も安いので、プロジェクトの資金調達に債券を発行することを決めた。

a. 全額を債券で調達する根拠についてどう思うか。

b. 株主資本がすべて外部から調達されたと仮定すると、会社の加重平均発行費用はいくらか。

c. 発行費用を考慮した後の、新しい組立ラインを建設する真のコストはいくらか。このケースで、すべての金額を負債から調達することに問題はないか。

17. 発行費用の計算

サザン・アライアンス社は、新たなプロジェクトを始めるために4,500万ドルを調達する必要があり、資金は新規に債券を発行することによって調達される。会社は、予測可能な将来において、内部株主資本をまったく生み出さない。会社は、普通株式65%、優先株式5%、負債30%という目標資本構成をもっている。発行費用は、新規普通株式が9%、新規優先株式が6%、新規負債が3%である。このプロジェクトを評価する際、会社が用いるべき正しい初期費用はいくらか。

◆中級（18−21）

18. WACCとNPV

オーク社は、初年度の終わりに最初の税引き後現金350万ドルの節約になり、その後年間5%で無期限に成長する節約をもたらすプロジェクトを考慮している。会社の目標負債・株主資本比率は0.65で、株主資本コストは15%、税引き後負債コストは5.5%である。このコスト節約プロジェクトは、会社が通常行うプロジェクトよりややリスクが高い。経営陣は主観的なアプローチを用い、＋2%の調整ファクターを、このようなリスキーなプロジェクトの資本コストに適用する。どのような状況下で、オーク社はこのプロジェクトに着手すべきか。

19. 優先株式とWACC

ソーンダーズ投資銀行は、以下の証券を発行している。会社のWACCはいくらか。

負債：クーポン利率7%の債券4万口、現在の価格119.80、満期まで25年。ゼロ・クーポン債15万口、現在の価格18.2、満期まで30年。

優先株式：4%優先株式10万株、現在の価格78ドル、額面金額＝100ドル。

普通株式：普通株式180万株、現在の価格65ドル、株式のベータは1.1。

市場：法人税率40%、市場リスク・プレミアム7%、無リスク金利4%。

20. 発行費用

グッバイ社は最近、新しいテレビ番組の資金調達のため、新規に証券を発行した。プロジェクトは1,500万ドルの費用がかかり、会社は発行費用に85万ドルを支払った。加えて、株式の発行費用は調達金額の7%で、債券の発行費用は調達金額の3%だった。もしグッバイ社が新規証券を目標資本構成と同じ割合で発行していたとしたら、会社の目標負債・株主資本比率はいくらか。

21. 株主資本コストの計算

フロイド工業株は、1.50のベータをもっている。会社は0.80ドルの配当をちょうど支払ったところであり、配当は年間５％で成長すると期待されている。市場の期待リターンは12％で、財務省短期証券の利回りは5.5％である。フロイド工業株の直近の株価は61ドルである。

a. DDM法を用いて株主資本コストを計算せよ。

b. SML法を用いて株主資本コストを計算せよ。

c. なぜ(a)と(b)の推定値はこれほど違うと思うか。

◆チャレンジ（問題22－24）

22. 発行費用とNPV

フォトクロノグラフ・コーポレーション（PC）は、時系列写真撮影装置を製造している。会社の資本構成は現在、目標負債・株主資本比率の0.70にある。会社は新たに4,500万ドルの製造工場を建築しようと考えている。この新工場は、年間620万ドルの税引き後キャッシュフローを永久に生み出すと期待されている。会社は株主資本のすべてを外部から調達する。会社には三つの資金調達の選択肢がある。

1. *新規普通株式の発行*：新規普通株式の発行費用は、調達金額の８％になる。会社の新たな株主資本に要求されるリターンは14％である。
2. *新規20年債の発行*：新規債券の発行費用は、調達金額の４％になる。もし会社が新規債券を８％のクーポン利率で発行したら、価格は額面価額になる。
3. *買掛金資金調達のさらなる利用*：この資金調達は会社の日々の業務の一部分なので、発行費用はなく、会社は全社的なWACCと同じコストを割り当てる。経営陣は、長期負債に対する買掛金の目標比率を0.20と定めている（税引き前と税引き後買掛金コストには違いがないと仮定する）。

この新工場のNPVはいくらか。PCの税率は35％と仮定する。

23. 発行費用

トロワー社の負債・株主資本比率は1.20である。会社は建設に１億4,500万ドルの費用がかかる新しい工場を考えている。会社が新株を発行すると、発行費用に８％がかかる。新規債券の発行費用は3.5％である。会社が株主資本のすべてを外部から調達したとしたら、工場の初期費用はいくらか。会社が通常60％を内部留保資金でまかなうとしたらどうか。もしすべての株主資本投資を内部留保資金でまかなうとしたらどうか。

24. プロジェクトの評価

これは、本章と前の章で学んだことをまとめて考える総合的なプロジェクト評価の問題である。あなたはディフェンス・エレクトロニクス社（DEI）に財務コンサルタントとして雇われたとする。DEIはレーダー探知システム（RDS）で業界1位の大きな公開企業である。会社は新しいRDSのために、海外に製造工場を建設することを考えている。これは5年のプロジェクトになる。会社は、将来の化学廃棄物のための有害廃棄物用地として、3年前にある土地を400万ドルで購入したが、そこを使うかわりに化学物質を安全に捨てるための配管システムをつくった。この土地は先週510万ドルの価値があると査定された。5年後、土地の税引き後価値は600万ドルになるが、会社は将来のプロジェクトのために土地を保有し続けるつもりである。会社はこの土地に新しい工場を建設したい。工場と設備には3,500万ドルの建設費がかかる。以下は、現在のDEIの発行済証券のデータである。

負債：クーポン利率7.5%の債券24万口、満期まで20年、現在の価格は額面の94%、額面は1,000ドルで、半年ごとに支払を行う。

普通株式：普通株式900万株、現在の価格71ドル、株式のベータは1.2。

優先株式：5.5%優先株式40万株、現在の価格81ドル。

市場：市場リスク・プレミアム8%、無リスク金利5%。

DEIは引受主幹事として、G.M.ワートン社を用いる。ワートン社への報酬はスプレッドで支払われ、新規普通株式発行が8%、新規優先株式発行が6%、新規負債発行が4%である。ワートン社は、すべての直接的および間接的費用を、利益とともに、これらのスプレッドに織り込んでいる。ワートン社は、新規普通株式の発行によって工場建設に必要な資金を調達するよう、DEIに勧めている。DEIの税率は35%である。プロジェクトは、操業を開始するために純運転資本に130万ドルの初期投資が必要である。DEIはこのプロジェクトのための株主資本をすべて外部から調達すると仮定する。

a. すべての影響を考慮して、プロジェクトの時点0における初期キャッシュフローを計算せよ。

b. 工場が海外にあるので、新たなRDSプロジェクトは、DEIの典型的なプロジェクトより幾分リスクが高い。経営陣はあなたに、このリスクの増加に対応するために、+2%の調整ファクターを用いるようにいった。DEIのプロジェクトを評価する際に用いる適切な割引率を計算せよ。

c. 製造工場の課税寿命は8年で、DEIは定額償却を用いる。プロジェクトの終了時（すなわち5年後）に、工場と設備は600万ドルで廃棄できる。この工場と設備の税引き後残存価額はいくらか。

d. 会社は、年間700万ドルの固定費を負うことになる。計画では、年間1万8,000台のRDSを製造し、1台当り1万900ドルで販売する。1台当りの変動費は9,400ドルである。このプロジェクトからの年次営業キャッシュフロー（OCF）はいくらか。

e. DEIの経理部長は、主に、このDEIの投資が財務諸表のボトムライン（利益）にどのような影響を及ぼすのかに興味がある。あなたは彼女に、このプロジェクトの会計損益分岐点販売量がいくらになると伝えるか。

f. 最後に、DEIの社長は、すべての計算、仮定、およびそれ以外の全部を、CFOへのレポートに入れることを望んでいる。社長が知りたいのは、RDSプロジェクトの内部収益率（IRR）と純現在価値（NPV）だけである。あなたはどんな値を報告するか。

付章 13A　経済的付加価値と財務パフォーマンスの測定

第13章は、キャピタル・バジェッティングと他の評価問題のためにどうやって適切な割引率を計算するか示した。ここで、財務パフォーマンスの測定について考えてみよう。経済的付加価値（Economic Value Added, EVA）の概念を紹介する。これは、キャピタル・バジェッティングで展開した同じ割引率を用いる。簡単な例から始める。

何年も前、ヘンリー・ボーデンハイマーは、最も大きな高速小型軟式飛行船の製造会社の一つである、ボーディーズ・ブリンプス社を創業した。成長があまりに急速だったので、ヘンリーはほとんどの労力をキャピタル・バジェッティングに費やした。彼のキャピタル・バジェッティングの手法は、第13章の内容に沿っている。彼は、さまざまなプロジェクトのキャッシュフローを予測し、小型軟式飛行船事業のベータに対して適切な資本コストで割り引いた。しかしながら、これらのプロジェクトは急速に成長し、いくつかのケースでは一つの部門になった。彼はいま、部門経営者に報酬を与えるために、これらの部門のパフォーマンスを評価する必要に迫られている。彼は、どうやって適切な分析をしたらよいだろうか。

ヘンリーは、キャピタル・バジェッティングとパフォーマンス測定は、本質的に互いに鏡の表裏のようなものであると気づいている。キャピタル・バジェッティングは、プロジェクトを評価するために将来のキャッシュフローを推定しなければならないので、本来前向きである。対照的に、パフォーマンス評価は後ろ向きである。ヘンリーが取締役たちを前にして語ったように、「キャピタル・バジェッティングは、車を運転している最中に、フロントガラスを通してみているようなものである。純現在価値を計算するために、道の先に何があるのか知る必要がある。パフォーマンス測定は、リアウィンドウを通してみているようなものである。どこを通ってきたかがわかる」。

初めにヘンリーは、資産利益率（ROA）を用いて、彼のさまざまな部門のパフォーマンスを測定した。たとえば、ある部門に1,000ドルの税引き後利益があり、資産が１万ドルだったとしたら、ROAは以下のようになる[12]。

$$\frac{\$1,000}{\$10,000}=10\%$$

彼は各部門のROA比率を計算し、部門経営者に、部門のROAの大きさに応じてボーナスを支払った。とはいえ、ROAは全般的に経営者のやる気を起こさせるのには効果的だったが、多くの状況において、ROAが逆効果にみえる場合もあった。

たとえば、ヘンリーは常にシャロン・スミスを信頼していた。彼女は超音速部門の長であり、彼の最高の経営者だった。スミスの部門のROAは通常、２桁台の上のほうであったが、この部門の加重平均資本コストの最善の推定値は20％にすぎなかった。さらに、この部門は急速に成長してきた。しかしながら、ヘンリーがROAに基づいてボーナスを支払った途端、この部門の成長は止まった。そのときスミスの部門は、200万ドルの資産に対して税引き後利益が200万ドルであり、ROAは100％（＝＄200万／＄200万）だった。

ヘンリーは、スミスに200万ドルの投資に対して、毎年100万ドルの利益をあげるプロジェクトを提案したとき、なぜ成長が止まったのか発見した。そのプロジェクトはROAが50％（＝＄100万／＄200万）で、明らかに魅力的なものであった。彼は、スミスが彼女の部門にこのプロジェクトを取り込むチャンスに飛びつくと思っ

12）税引き後利益はEBIT（$1-t_C$）である。ここで、EBITは利払い・税引き前利益であり、t_Cは税率である。

た。なぜならプロジェクトのROAは、資本コストの20%よりずっと高かったからである。しかしながら、スミスはこのプロジェクトをつぶすために、できる限りのあらゆることをやった。そして、ヘンリーは後に理解するのだが、スミスがそうするのは合理的だった。スミスは、このプロジェクトが採用された場合、部門のROAが以下のようになると気づいたに違いない。

$$\frac{\$2,000,000+\$1,000,000}{\$2,000,000+\$2,000,000}=75\%$$

よって、もしプロジェクトが採用されたら、スミスの部門のROAは、100%から75%に減少し、スミスのボーナスも同時に減る。

ヘンリーは、後に経済的付加価値（economic value added, EVA）手法[13]に出会った。これは、この特別な問題を取り除くように思えた。EVAの公式は以下のとおりである。

[ROA－加重平均資本コスト]×総資本

新たなプロジェクト抜きでは、スミスの部門のEVAは以下のようになる。

$$[100\%-20\%]\times\$2,000,000=\$1,600,000$$

これは年次の数字である。すなわち、部門は、会社の資本コストを上回って、毎年1,600万ドルをもたらす。

新しいプロジェクトを含めると、EVAは以下に跳ね上がる。

$$[75\%-20\%]\times\$4,000,000=\$2,200,000$$

もしシャロン・スミスが、彼女のボーナスがEVAに基づいていると知っていたら、今度は彼女にはプロジェクトを却下ではなく採用するインセンティブが生まれていただろう。ROAはEVAの公式のなかに現れるが、EVAはROAとは相当異なる。大きな違いは、ROAがパーセンテージの数値で、EVAはドル価値であるということである。前例では、新しいプロジェクトが加えられたとき、ROAは実際に減少するにもかかわらず、EVAは増加した。この状況においては、EVAは、大き

13）Stern Stewart & Companyが、economic value addedとEVAという用語の著作権をもっている。Stern Stewart & CompanyのEVAの詳細は、以下に見出すことができる。J. M. Stern, G. B. Stewart, and D. A. Chew, "The EVA Financial Management System," *Journal of Applied Corporate Finance*（Summer 1999）.

な部門の高い収益率が、おそらく小さな部門の非常に高い収益率よりも好ましいという事実を、正確に取り込む。ここでの状況は、第5.5節で議論した、キャピタル・バジェッティングにおける尺度の問題と非常に似ている。

EVA公式を書き換えることによって、EVAの理解をさらに深めることができる。ROA×総資本は、税引き後利益に等しいので、EVA公式は以下のように書き換えることができる。

税引き後利益－加重平均資本コスト×総資本

よって、EVAは単に資本コスト後の利益としてみることができる。会計士は、財務諸表に表される利益の数字を得るために、多くの費用（減価償却を含む）を引くが、資本コストは引かれない。資本コストは非常に主観的なので、会計士の理由は理解できる。対照的に、売上原価や、販売費および一般管理費のような費用、そして減価償却でさえ、もっと客観的に測定することができる。しかしながら、たとえ資本コストの推定が困難であるとはいえ、これを完全に無視することを正当化することはとうていできない。とどのつまり、このテキストは資本コストがキャピタル・バジェッティングに必要な入力情報であると主張している。それはまた、パフォーマンス測定にも必要な入力情報であるべきではないだろうか。

この例は、EVAが、現在投資が不足している企業の投資をふやすことができると主張している。とはいえ、多くの企業がその反対の状況にある。経営者があまりに利益の向上に集中しすぎ、利益が資本支出を正当化しないようなプロジェクトを行っている。これらの経営者は、資本コストについて知らないか、あるいは知っていてもあえて無視しているかのどちらかである。資本コストはEVA公式の真ん中にあるので、経営者は、EVAシステムに基づいて評価されたとき、これらのコストを簡単に無視することはできない。

EVAのもう一つの利点は、大変厳格であるということである。数値は正か負かのどちらかである。多くの部門が何年にもわたって負のEVAをもっていた。これらの部門は、つくりだすよりも、もっと価値を壊しているので、これらの部門を清算するための強い主張を行うことができる。通常、経営者たちは、この種のアクションに対して感情的に反対するが、EVA分析は、清算を無視することをむずかしくする。

これまでの議論は、EVAを大変好ましいものとしてとらえている。しかしながら、EVAについて批判できる点もまた、間違いなくたくさんある。ここで、EVA

の広く知られた問題点に焦点を絞ろう。最初に、前例ではEVAをパフォーマンス測定に用いている。われわれは、これが妥当な使い方だと考えている。われわれには、EVAが、ROAや他の財務比率に対する明らかな改善であるようにみえる。しかしながら、EVAは現在の利益のみに焦点を置くので、EVAがキャピタル・バジェッティングに貢献することはほとんどない。対照的に、純現在価値分析は、通常、年ごとに異なる将来のすべてのキャッシュフローの予測を用いる。よって、キャピタル・バジェッティングに関する限り、NPV分析はEVAにはない豊かさがある。支持する人々は、EVAは正しく加重平均資本コストを取り入れていると主張するかもしれないが、NPV分析の割引率も、同じ加重平均資本コストであることを忘れてはならない。すなわち、どちらの手法もベータに基づく株式資本コストと負債コストをあわせて、この加重平均の推定値を得る。

EVAの二つ目の問題点は、経営者の近視眼的思考を助長するかもしれないということである。EVAのもとでは、経営者は今日利益が高ければ、今日十分な報酬を受ける。将来の損失は、この経営者にとって痛手ではないかもしれない。なぜなら、それまでに彼女は昇進するか、会社を去っている可能性が高いからである。したがって、経営者には、長期よりも短期を重視して、部門を運営するインセンティブがある。価格を上げるか、質を落とすことにより、経営者は現在の利益（そして、それゆえ現在のEVA）をあげるかもしれない。しかしながら、顧客の満足度が下がった分、将来の利益（そして、それゆえ将来のEVA）は下がる可能性が高い。とはいえ、ここでEVAに対してあまりに厳しくなるべきではない。なぜなら、同じ問題はROAでも起こるからである。価格を上げるか、質を落とす経営者は、将来のROAを犠牲にして、現在のROAを上昇させる。そうすると、EVAそれ自体ではなく、一般的に会計上の数値を用いることに問題がある。株主はすべてのキャッシュフローの割引現在価値を最大化してほしいので、現在の利益や現在のキャッシュフローをもとにしたボーナスを得る経営者は、近視眼的に行動する可能性が高い。

例13A．1　EVA

インターナショナル・トレード社に関して、次の数値を仮定する。

EBIT＝＄25億

$t_C = 0.4$

$R_{\mathrm{WACC}} = 11\%$

総資本＝総負債＋株主資本

＝＄100億＋＄100億

＝＄200億

これで、インターナショナル・トレード社のEVAを計算できる。

EVA＝EBIT $(1 - t_C) - R_{\mathrm{WACC}}$ ×総資本

＝(＄25億×0.6)－(0.11×＄200億)

＝＄15億－＄22億

＝－＄7億

ミニケース

●ゴフ・コンピューター社の資本コスト

あなたは最近ゴフ・コンピューター社（GCI）の財務部門に雇われた。GCIは8年前にクリス・ゴフによって設立され、現在米国南東部で74の店舗を展開している。GCIはクリスと彼の家族によって所有される非公開企業で、去年の売上高は9,700万ドルだった。

GCIは主に来店客に販売する。顧客は店に来て、販売員と話をする。販売員は、顧客のニーズにあわせて、必要なコンピュータのタイプと周辺機器を選ぶ手助けをする。注文がすむと顧客はすぐに代金を支払い、コンピュータが組み立てられる。コンピュータの配達には通常15日かかるが、30日以内ということを保証している。

これまでのGCIの成長資金は、利益から供給された。会社に十分な資本があるときはいつでも、新たな店舗をオープンした。キャピタル・バジェッティングのプロセスには、厳密な分析はほとんど使われてこなかった。クリスはちょうどキャピタル・バジェッティングについて読んだところで、あなたに助けを求めてきた。会社はこれまで一度も資本コストの算出を試みたことがなく、クリスはあなたにこの分析を行ってほしい。会社は非公開なので、会社の株主資本コストを求めるのはむずかしい。あなたはGCIの資本コストの推定に、デル・コンピューターを代替的な会社として用いることに決めた。以下のステップでこの推定値を計算できる。

1．ほとんどの上場企業は、前の四半期か1年間の財務活動の詳細を記した10Q（四半期）および10K（年次）レポートをSECに提出しなければならない。これらの企業報告書は、SECのウェブサイトwww.sec.govで提供されている。SECのウェブサイトに行き、“Search for Company Filings”リンクと“Companies & Other Filers”リンクをたどり、“Dell Computer”を入力して、デルがSECに提出したファイルを探し出す。貸借対照表をみて、負債の簿価と株主資本の簿価を見つける。さらにレポートの先をみると、デルの長期負債を分類した“Long-Term Debt”または“Long-Term Debt and Interest Rate Risk Management”という部分が見つかるはずである。
2．デルの資本コストの推定には、finance.yahoo.comに行き、ティッカー記号“DELL”を入力する。さまざまなリンクをたどって、次の質問に対する答えを見つける。「デルの最新の株価はいくらか。株主資本の市場価値もしくは時価総額はいくらか。デルは何株を発行しているか。デルのベータはいくらか」。次にまたfinance.yahoo.comに戻り、“Bonds”リンクをたどる。3カ月物財務省短期証券の利回りはいくらか。7％の市場リスク・プレミアムを用いると、CAPMによるデルの株主資本コストはいくらか。
3．www.reuters.comに行き、この業種における競合会社のリストを見つける。これらの競合会社それぞれのベータを見つけ、業種の平均ベータを計算する。デルのベータを用いるのと、業種のベータを用いるのでは、この場合違いがあるか。
4．次にデルの負債コストを計算する必要がある。cxa.marketwatch.com/finra/BondCenter/Default.aspxに行き、会社に“Dell”を入力し、デルの債券それぞれの最終利回りを見つける。簿価ウェイトと時価ウェイトを用いた場合の、デルの加重平均負債コストはいくらか。簿価ウェイトを用いるのと、時価ウェイトを用いるのでは、この場合違いがあるか。
5．これでデルの加重平均負債コストを計算するのに必要な情報がすべてそろった。デルの限界税率が35％であると仮定して、簿価ウェイトと時価ウェイトを用いた場合の、デルの加重平均資本コストを計算せよ。どちらの資本コストの数値がより適切か。
6．あなたはGCIの資本コストの推定に、デルを代替的な会社として用いた。

この状況におけるこのアプローチの潜在的な問題にはどのようなものがあるか。あなたはどのような改善策を提案するか。

第 Ⅳ 部

資本構成と配当政策

第14章

効率的資本市場と行動的挑戦

1990年代後半、ナスダック市場は熱狂に包まれていた。市場は1996～1999年まで、毎年それぞれ約23％、14％、35％、62％上昇した。もちろんあの壮大な疾走は軋みながら停止を迎え、ナスダックは2000年に約40％を失い、続けて2001年にはさらに30％を失った。インターネット関連株のインデックスであるISDEXは、1996年1月時点の100から、2000年2月には1,100へと、約1,000％も上昇した！　その後、岩のように急落し、2000年5月には600になっていた。

テクノロジー・バブルが最も顕著だったのは、新規株式公開（IPO）市場をおいてほかになかった。IPO市場で、企業は初めて株式を売り出すが、大きな初期利益を得ることも珍しくはない。とはいえ、1999～2000年の間は、途方もない利益が当たり前になった。たとえばVAリナックス社の株式は、初日の取引で、698％も急騰した！　この期間、合計して194のIPOが、初日で価値が2倍以上になった。対照的に、それ以前の24年間では、39の企業だけがそうなった。

この期間におけるナスダックのパフォーマンス、特にインターネット企業の上昇と下落は、歴史的に最大の市場「バブル」として、多くの人々によって説明される。議論は、投資家が正気に戻る前に、株価は経済的にみてとんでもない水準まで持ち上げられ、その後バブルは弾け、株価は急落したというものである。1990年代後半の株式市場は本当にバブルだったのかどうかに関する論議は、大変な論争を引き起こした。本章では、対立する考え方を議論し、両サイドのいくつかの証拠を提示してから、財務管理者に対する含意を考察する。

14.1　資金調達の意思決定は価値を創造できるか

本書の前半で、純現在価値の基準に基づいてプロジェクトを評価する方法を示した。現実の世界は、プラスの純現在価値をもつプロジェクトがいつも簡単に見つかるとは限らない、競争的なものである。とはいえ、努力や幸運によって、企業は成功を収めるプロジェクトを見極めることができる。たとえば、キャピタル・バジェッティングの意思決定から価値を生み出すために、企業は次のような行動をとる可能性が高い。

1．特定の製品やサービスへの需要が満たされていないところを突き止める。
2．他社が競合することをよりむずかしくする障壁をつくる。
3．競争相手よりも安く製品やサービスを生産する。
4．新製品を最初に開発する。

ここからの5章は*資金調達*の意思決定にかかわっている。負債や株式をどれだけ売ればよいのか、どのような負債や株式を売ればよいのか、それをいつ売るのかといった、典型的な資金調達の意思決定について検討する。キャピタル・バジェッティング・プロジェクトを評価するために純現在価値の基準を用いたように、ここでの資金調達の意思決定にも、同じ基準を用いたい。

資金調達の意思決定を評価する手順は、プロジェクトを評価する手順とまったく同じだが、その結果は異なる。典型的な企業は、プラスの現在価値を伴う資金調達の機会より、もっと多くのプラスの純現在価値を伴う資本支出の機会をもっていることが判明している。実際、いくつかの現実的な金融モデルが、価値ある資金調達の機会はまったく存在しないと示唆することを、後で示す。

この利益を生む資金調達の機会が非常に少ないという点については後に詳しく検討するが、いくつかの所見をここで述べておく。基本的に価値を生む資金調達の機会は、三つあるとわれわれは主張する。

1．*投資家を欺く*。ある企業が、株式の発行、あるいは株式と新株引受権の組合せといったような複雑な証券を発行して資本を集めることができるとしよう。実際は、100株の株式とこの複雑な証券50ユニットが同じ価値だとする。もし投資家がこの複雑な証券に対して、過剰に楽観的な見通しをもつよう誤って誘導されれば、50ユニットは株式100株よりも高く売れる可能性がある。この企業は適正な価値以上の資金を得ているので、明らかにこの複雑な証券は、価値ある資金調達の機会を提供する。

財務管理者は、最も大きな価値が得られるように証券をパッケージしようと試みる。皮肉屋はこれを、投資家をだまそうと企てているとみるかもしれない。

しかしながら、効率的資本市場の理論は、投資家が簡単にだまされないことを示唆する。この理論によると、証券はいつでも適正に価格評価されている。これは市場が全体として実際に抜け目がないということを意味する。われわれの例では、50ユニットの複雑な証券は、株式100株と同じ価格で売られることになる。したがって財務管理者は、投資家を欺くことによって価値をつくりだそうと企てることはできない。かわりに、財務管理者は他の方法で価値を創造しなくてはならない。

2．*コストを減らすか助成をふやす*。この本の後の部分で、ある種の資金調達の形態が、他のものに比べて税の優位性をもつことを述べる。明らかに、税金を最小限に押さえるように証券をパッケージすることで、企業は価値を高めることができる。加えて、いかなる資金調達の手法も他の費用を伴う。たとえばインベストメント・バンカーや弁護士、そして会計士には支払をしなくてはならない。こうしたコストを最小限に押さえるように証券をパッケージする企業もまた、その価値を高めることができる。

例14．1　財務的助成の評価

バーモント・エレクトロニクス社は、工場を労働力の安いメキシコへ移転することを考えている。バーモント州に残れることを望んで、会社は州に5年物の非課税事業債を200万ドル発行するための申請を行った。バーモント州における事業歳入債（industrial revenue bonds）のクーポン利率は現在5％である。バーモント・エレクトロニクス社の通常の負債資本コストは10%なので、これは魅力的なレートである。この可能性がある資金調達取引のNPVはいくらだろうか。

$$\mathrm{NPV} = \$2,000,000 - \left[\frac{\$100,000}{1.1} + \frac{\$100,000}{(1.1)^2} + \frac{\$100,000}{(1.1)^3} + \frac{\$100,000}{(1.1)^4} + \frac{\$2,100,000}{(1.1)^5}\right]$$

$$= \$2,000,000 - \$1,620,921$$

= $379,079

この取引はプラスのNPVをもつ。バーモント・エレクトロニクス社は、助成の価値が379,079ドルの助成付資金調達を獲得する。

3．*新しい証券をつくる*。近年の金融技術革新には目を見張らされるものがある。たとえば、ノーベル賞受賞者のマートン・ミラーは、こんな修辞的な問いかけをした。「有史以来のどの20年間をとっても、いまの10分の1でも新しい技術開発がなされたことがあっただろうか。企業はかつて普通社債と普通株式しか発行していなかったのに、いまや企業が発行する証券の種類たるや、ゼロ・クーポン債にアジャスタブル・レート債、変動利付債、償還請求権付社債、クレジット・エンハンスト負債証券、売掛金担保証券、アジャステッド・レート優先株式、転換権付アジャスタブル優先株式、オークション・レート優先株式、シングル・ポイント・アジャスタブル・レート株式、転換権付エクスチェンジャブル優先株式、アジャスタブル・レート転換型新株予約権付負債、強制普通株式購入契約を伴う負債……ちょっとあげただけでこれほどある！」[1)]。そして金融のイノベーションは、ミラーのスピーチの後の時代では、さらに速く起こっている。

それぞれの商品の利点は異なるが、一つ共通しているのは、これらの新証券が、現存する証券を組み合わせただけでは、簡単に複製できないということである。したがって、これまで満足させられていない顧客が、彼らのニーズを満たす特殊な証券に対して、余分に支払う可能性がある。たとえば、償還請求権付社債では、購入者は、債券をあらかじめ決められた金額で、発行企業に売却することができる。このイノベーションは債券価格の底値をつくりだし、投資家がダウンサイド・リスクを軽減することを可能にする。おそらく、リスクを避ける投資家や、債券市場の知識をあまりもたない投資家は、この特徴を特に魅力的だと思うだろう。

1）　M. Miller, "Financial Innovation : The Last Twenty years and the Next," *Journal of Financial and Quantitative Analysis*（December, 1986）. しかしながら、Peter Tufano, "Securities Innovations : A Historical and Functional Perspective," *Journal of Applied Corporate Finance*（Winter, 1995）は、一般的に1970年代～1980年代に開発されたと考えられている証券の多くが、その原型を1830年代にまでさかのぼることができることを示している。

企業は、これらの独自の証券を高い価格で発行することによって、利益を得る。しかしながら、開発者は通常、特許や著作権をとることができないので、開発者が手にする価値は、長期的には少ないかもしれない。すぐに多くの企業が同様な証券を発行し、結果として価格を押し下げる。

この簡単なイントロダクションは、次の第5章のお膳立てをしている。本章の残りの部分では、効率的資本市場仮説について検討する。もし市場が効率的なら、財務管理者が投資家を欺くことによって価値を創造することができないことを明らかにする。これはきわめて重要である。なぜなら、財務管理者はほかの、おそらくもっとむずかしい方法で価値を創造しなくてはならないからである。また、完全に効率的な資本市場の概念に対する行動的挑戦を解説する。

14.2　効率的資本市場の解説

効率的資本市場とは、株価が入手可能な情報を完全に反映している市場のことである。効率的資本市場がどのように機能するのかを解説するために、Fストップ・カメラ・コーポレーション（FCC）が、現在市場に出回っているオートフォーカス・システムの2倍の速さをもつカメラを開発しようとしていると仮定する。FCCはこの研究がプラスのNPVをもつと考えている。

ここで、FCCの株式について考えてみよう。投資家が、ある特定の価格でFCC株を保有しようという意欲を決定するのはなんだろうか。一つの重要な要因は、FCCが新しいオートフォーカス・システムを最初に開発する確率である。効率的市場においては、この確率が高まればFCC株の価格も上昇すると予想される。

ある有名な技術者が、新しいオートフォーカス・システムの開発に参加するためにFCCに入社したとする。効率的市場でこの事実が公表されたとき、FCCの株価に何が起こるだろうか。この技術者が、会社に貢献する分すべてを反映する給与を受け取るとしたら、株価は必ずしも変化しないだろう。そうではなく、技術者の採用がプラスのNPVを伴う取引だと仮定してみよう。この場合、会社は技術者に本来の価値より低い給与を支払えるので、FCCの株価は上昇する。

このFCCの株価の上昇はいつ起こるのだろうか。採用のニュースは、水曜日の朝にマスコミに公表されたとする。効率的市場では、FCCの株価はこの情報に対して*直ちに*調整する。投資家は、水曜日の午後に株式を購入して、木曜日に利益をあげることはできない。これは、株式市場が、１日でFCCの記者発表のもつ意味を織り込んだことを意味する。効率的市場仮説は、水曜日の午後のFCCの株価は、午前中の記者発表の情報をすでに反映していると予測する。

効率的市場仮説（efficient market hypothesis, EMH）は、投資家と企業にとって次のような意味をもつ。

・情報は即時に価格に反映されるので、投資家は通常の利益率を得ることしか期待できない。情報が発表された時に知っても、投資家は何の利益も得ることはできない。投資家がその情報に基づいて取引する前に、価格は調整される。
・企業は、発行する証券から適正な価値を得ることを期待すべきである。*適正*とは、証券を発行して受け取る価格が、現在価値であるということである。よって、効率的資本市場においては、投資家を欺くことからもたらされる、価値ある資金調達の機会は存在しない。

図14.1は、株価のいくつかの可能な調整を示している。実線は、効率的市場にお

図14.1　効率的市場と非効率的市場における、新情報に対する株価の反応

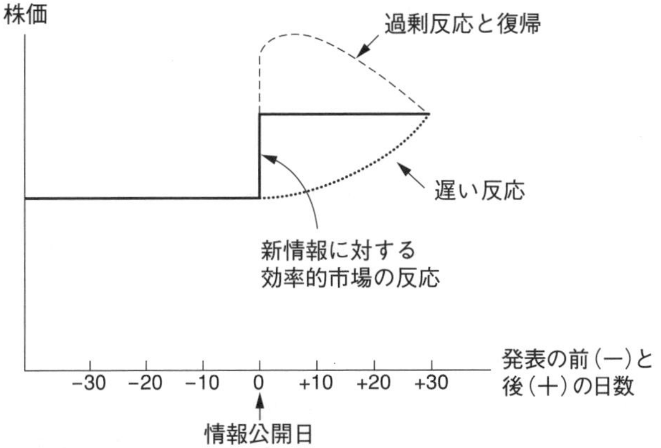

効率的市場の反応：価格は瞬時に調整され、新情報を完全に反映する。
その後上昇したり下落したりする傾向はない。
遅い反応：価格は新情報にゆっくりと調整する。価格が新情報を完全に反映するまでに30日が経過する。
過剰反応：価格は新情報に対して過剰に調整する。価格の推移はバブル状になっている。

ける株価の動きを表している。この場合、株価は新しい情報を織り込んで即座に調整されるので、後で株価が変動することはない。丸い点線は、遅い反応を描いている。ここでは、市場は情報を完全に吸収するのに30日かかっている。最後に、破線は、過剰反応し、その後正しい株価へと修正した例である。破線と点線は、非効率的市場で起こりうる株価の動きを表している。株式の価格が調整するのに数日かかるとすると、購入と売却のタイミングを適切に図った投資家は、売買益を得ることができるだろう2)。

市場効率性の基盤

図14.1は市場効率性の必然的な結果を示している。しかし市場効率性をもたらす条件はどのようなものだろうか。Andrei Shleifer は、そのうちのどの一つでも効率性につながる、(1)合理性、(2)合理性からの独立的逸脱、(3)アービトラージ（裁定取引）という三つの条件が存在すると主張している3)。

合 理 性

すべての投資家が合理的だと想定しよう。新しい情報が市場に発表されるとき、すべての投資家は彼らの株価推定値を合理的に修正することになる。われわれの例では、FCC の新たなベンチャー事業の NPV を算定するのに、投資家は、会社に関してすでに存在している情報とともに、FCC の新聞発表の情報を用いる。もし新聞発表の情報が、このベンチャー事業の NPV が1,000万ドルであることを示唆し、200万株が発行ずみだったら、投資家は 1 株当りの NPV が 5 ドルであると計算するだろう。FCC の旧価格がたとえば40ドルだとしたら、いまやだれもこの値段では取引しない。売却を望む投資家は、最低限45ドル（＝40＋ 5 ）の価格でしか売らな

2） あなたはもう次の話が理解できるはずである。ある学生がファイナンスの教授と校舎を歩いていて、20ドル紙幣が落ちているのを見つけた。学生が紙幣を拾おうとかがみこむと、教授はがっかりした表情を浮かべてゆっくり首を横に振り、学生に辛抱強い口調でいった。「気にするな。もしお金が本当にそこに落ちていたら、ほかのだれかがすでに拾っているよ」。
　この話の教訓は、効率的市場仮説の論理を反映している。もしあなたが株価変動のパターンや、上昇銘柄を見つけ出す簡単な仕組みを発見したと思ったとしても、それはおそらく間違いである。それほど簡単に利益をあげる方法が存在するなら、もっと前にほかのだれかが見つけている。そのうえ、皆がその情報を活用しようとすれば、彼らの努力は自滅を招き、パターンは消滅することになる。

3） Shleifer, Andrei, *Inefficient Markets : An Introduction to Behavioral Finance*, Oxford University Press, Oxford, United Kingdom（2000）.

いだろう。そして購入を望む投資家は、45ドルまでは進んで支払うことだろう。言い換えれば、価格は5ドル上昇することになる。また合理的な投資家は新価格での取引を延期する理由が何も見当たらないので、価格は即座に上昇する。

もちろん、だれもが、家族や友達や、さらに自分自身でさえ、完全に合理的とはいえない行動をとることがあるのを知っている。したがって、すべての投資家が合理的に行動すると要請するのは、たぶん行きすぎである。しかし、もし次のシナリオが成立するなら、市場は依然として合理的である。

合理性からの独立的逸脱

FCCの新聞発表があまり明確でなかったと仮定する。何台のカメラが売れそうなのか。価格はいくらか。カメラ1台当りのコストはいくらくらいになりそうなのか。他のカメラメーカーは、競合商品を開発できるのか。いつ頃できそうか。もしこれらや、他の質問に簡単に答えられなかったら、NPVを推定することは困難である。

これほど多くの質問が未回答なので、多くの投資家は明確に考えることができないかもしれない。一部の投資家は新商品の夢にとりつかれ、合理的な予想よりもはるかに高い売上予想を望み、最後にはそれを信じ込んでしまうかもしれない。彼らは新しい株式に対して、余分に支払うことだろう。そして彼らに株式を売却する必要がある場合は（おそらく現在の消費の資金調達のために）、彼らは高い価格でのみそうするだろう。もしこれらの個人が市場を占めていたら、市場効率性が予測するよりもっと上に株価は上昇する可能性が高い。

しかしながら、感情的な抵抗のせいで、同じくらい簡単に投資家は新しい情報に対して悲観的に反応する可能性もある。結局のところ、ビジネスの歴史家は、人々が電話やコピー機や、自動車や、映画の利便性に関してきわめて懐疑的であったと伝えている。たしかに、この新型カメラに関しても過剰に懐疑的になるかもしれない。もし投資家が基本的にこのようなタイプだったら、株価は市場効率性が予測するほどには上昇しないだろう。

しかし、非合理的に悲観的な個人とほぼ同じ数の個人が非合理的に楽観的だったとしたらどうだろう。ほとんどの投資家が「完全に合理的」未満であると分類されるだろうが、価格は市場効率性と整合性を保つかたちで上昇する可能性が高い。したがって、市場効率性は合理的な個人を要求しない。ただ相殺する非合理性があればよい。

とはいえ、この打ち消し合う非合理性を*常に*仮定することは、非現実的かもしれない。たぶん、ほとんどの投資家は、時に過剰な楽観性に流され、また時に過度の悲観性の苦しみにとらわれるのだろう。しかしたとえそうだったとしても、効率性を生み出すもう一つの仮定が存在する。

アービトラージ

非合理的なアマチュアと合理的なプロという、二つのタイプの個人がいる世界を想定しよう。アマチュアは感情のとりこになり、株価は時に過小評価され、また時に過大評価されていると信じ込む。もし異なるアマチュアたちの熱情がキャンセルし合わなかったら、これらのアマチュアは、彼ら自身によって、株式を効率的価格よりも上か下に動かしてしまう。

さてここでプロを登場させよう。プロは彼らの仕事を整然と合理的に遂行するとする。彼らは企業を徹底的に調査し、証拠を客観的に評価し、株価を冷徹かつ明瞭に評価し、その結果に従って行動する。もし株式が過小評価されていたら、彼らは購入する。もし過大評価されていたら、売却する。そして、彼らの自信はアマチュアよりも大きい可能性が高い。アマチュアが小さな金額を賭けるのに対して、これらのプロは、株価が誤って評価されていると*知っており*、大きな金額をリスクにさらすかもしれない。さらに、彼らは利益を追求するために、ポートフォリオ全体を進んで再構築するだろう。もし彼らが、ゼネラル・モーターズが過小評価されていることを見出したら、GM 株を買うために、保有していたフォード株を売るかもしれない。ここで頭に浮かぶのは*アービトラージ*（裁定取引）という言葉である。なぜなら、アービトラージは購入と、違う代替的証券の売却を同時に行うことにより、利益をあげるからである。もしプロのアービトラージが、アマチュアのスペキュレーション（投機）より優勢だったら、市場は依然として効率的だろう。

14.3　異なるタイプの効率性

前の議論において、われわれは市場がすべての入手可能な情報に瞬時に反応すると仮定した。実際には、ある種の情報は、他の情報よりも早く株価に影響を与えるかもしれない。異なる反応速度を扱うために、研究者たちは情報を異なるタイプに分ける。最も一般的な分類法では、三つのタイプを認識する。過去の価格に関する情報、公開された情報、そしてすべての情報である。これら三つの情報が価格に与える影響を次に検討する。

ウィーク・フォーム

3日連続して株価が上昇したら買い、3日続けて株価が下落したら売りを勧める取引戦略を想像してみよう。この戦略は、過去の価格だけに基づいた情報を用いている。利益や予測、合併の発表、あるいはマネー・サプライの数値といった他の情報はまったく使われていない。過去の株価を完全に織り込んでいる場合、市場は*弱く効率的*である、もしくはウィーク・フォームの効率性（weak form efficiency）を満たすといわれる。したがって、ウィーク・フォームの効率性が成立するなら、上記の戦略は利益をあげることができない。

しばしば、ウィーク・フォームの効率性は、以下の数式で表される。

$$P_t = P_{t-1} + \text{期待リターン} + \text{ランダム・エラー}_t \qquad (14.1)$$

式14.1は、今日の価格が、最後に観察された株価に、株式の期待リターンとその期間に起こるランダム要素を加えたものに等しい、ということを示している。最後に観察された株価は、サンプリングの間隔によって、昨日の株価のこともあれば、先週、あるいは先月の株価の場合もある。期待リターンは、証券のリスクの関数で、前の数章で述べたリスクとリターンのモデルによって導くことができる。ランダム要素は、その株式に関する新しい情報によるものである。これはプラスかマイナスのどちらにもなりえ、期待値ゼロをもつ。どの1期間のランダム要素も、それ以前の期間のランダム要素と無関係である。したがって、この要素は、過去の価格から予測することができない。株価が式14.1に従う場合、株価はランダム・ウォーク（random walk）[4]に従う、といわれる。

過去の価格情報は、株式に関する最もたやすく手に入る類の情報なので、ウィーク・フォームの効率性は、およそ金融市場がもつと期待される最も弱いタイプの効率性である。単に株価の動きのパターンを見つけるだけで多大な利益を得られるなら、だれもが同じことをして、奪い合いのなかでどんな利益も消えてしまうだろ

4）このテキストの目的上は、ランダム・ウォークをウィーク・フォームの効率性と同じ意味であるとみなすことができる。専門的には、ランダム・ウォークは、株式リターンが時間に関して同一に分布していると仮定するので、やや制限的な仮説である。

図14.2　投資家の行動は周期的パターンを消滅させる傾向がある

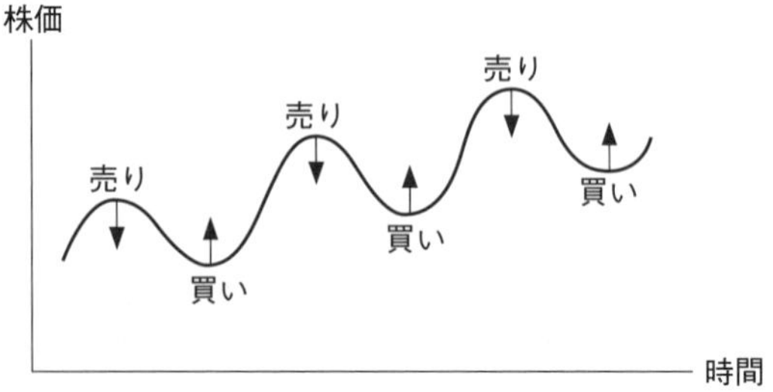

もし株価が周期的パターンに従っていたなら、効率的市場では、パターンはすぐに消されてしまう。投資家が周期の底値で買い、高値で売るにつれて、株価変動のパターンはランダムなものになる。

う。

この競争の影響は図14.2にみることができる。株式の価格は、波形の曲線で示されたように周期的な動きをしたとする。抜け目のない投資家は底値で買うので、価格を押し上げる。逆に、天井では売るので、価格を押し下げる。競争を通して周期的な規則性は排除され、ただランダムな変動だけが残ることになる。

セミストロング・フォームとストロング・フォーム

もしウィーク・フォームの効率性が論争を呼ぶものなら、それ以上に物議をかもしそうなのが、さらに強いタイプの効率性、セミストロング・フォームの効率性（semistrong form efficiency）とストロング・フォームの効率性（strong form efficiency）である。もし価格が、過去の価格情報と同様、公表された財務諸表のような公開情報すべてを反映する（織り込む）なら、市場はセミストロング・フォームの効率性をもつ。もし価格が、公開されたものも非公開のものも、すべての情報を反映するなら、市場はストロング・フォームの効率性をもつ。

過去の価格の情報集合は、公に入手可能な情報集合の部分集合であり、それはまたすべての情報の部分集合である。これは図14.3に表されている。したがって、ストロング・フォームの効率性はセミストロング・フォームの効率性を含み、セミストロング・フォームの効率性はウィーク・フォームの効率性を含んでいる。セミストロング・フォームの効率性とウィーク・フォームの効率性との違いは、セミスト

図14.3　三つの異なる情報集合の関係

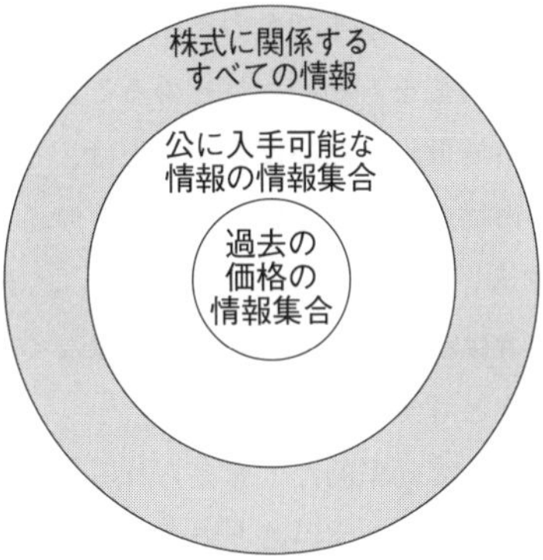

過去の価格の情報集合は、公に入手可能な情報集合の部分集合であり、それはまたすべての情報の部分集合である。もし今日の価格が過去の価格のみを反映しているなら、市場はウィーク・フォームで効率的である。もし今日の価格がすべての公に入手可能な情報を反映しているなら、市場はセミストロング・フォームで効率的である。もし今日の価格が公開されたものも、非公開のものも、すべての情報を反映しているなら、市場はストロング・フォームで効率的である。
セミストロング・フォームの効率性はウィーク・フォームの効率性を含み、ストロング・フォームの効率性はセミストロング・フォームの効率性を含む。

ロング・フォームの効率性が、市場が過去の価格に関して効率的であるだけでなく、公に入手可能なすべての情報が価格に反映されることを要請する点である。

異なるフォームの効率性を説明するために、ある特定の株式が値上りすると、必ず売却してきた投資家を想定しよう。セミストロング・フォームではなく、単にウィーク・フォームで効率的な市場であったとしても、このような戦略で余分な（あるいは異常な）利益をあげることはできない。ウィーク・フォームの効率性によれば、直近の価格上昇は株式が過大評価されているということを意味しない。

ここで増益を発表した企業を考えてみよう。この情報のニュース発表を聞いて、この企業の株式に投資しようと考える人がいるかもしれない。しかしながら、市場がセミストロング・フォームで効率的なら、ニュースの発表後、価格は瞬時に上昇しているはずである。したがって、投資家は上昇した価格を支払うことになり、異常利益の機会はまったくない。

最も極端に位置するのが、ストロング・フォームの効率性である。ストロング・フォームでは、株式価値に関係する情報で、少なくとも一人の投資家に知られているものなら何でも、株価に完全に織り込まれている。ストロング・フォームの効率性の厳格な信奉者は、会社の採鉱事業で金の鉱脈を掘り当てたかどうかという内部情報を知る者でさえ、その情報をもとに利益を得ることはできないという。ストロング・フォームの効率的市場仮説を熱心に唱える人は、インサイダー情報をもとに取引しようとした途端、市場がそれを察知して、インサイダーが株式を購入する前に価格が急上昇してしまう、と主張するかもしれない。あるいは、ストロング・フォームの効率性の信奉者は、秘密などというものはなく、金が発見されると同時にその秘密はもれてしまうと考えるかもしれない。

市場がウィーク・フォームで効率的だと考えられる一つの理由は、株価のパターンを見つけるのが非常に手軽でたやすいことである。コンピュータをプログラムできて、統計学を少しかじったことのある人ならだれでも、そんなパターンを見つけることが可能である。もしそんなパターンが存在したなら、人々はそれを見つけて使うだろうが、皆がそうすることで、それらのパターンも消滅すると考えるのは、理にかなっている。

セミストロング・フォームの効率性は、しかしながら、ウィーク・フォームより洗練された投資家を示唆する。投資家は経済学と統計学に精通していなければならないし、各産業や企業の特徴についても詳しくなくてはならない。さらに、こうした高度の技術を身につけて活用するには、才能と能力、そして時間が必要である。経済学者の難解な専門用語を用いると、そのような努力は費用がかかり、成功するための能力は、おそらく供給不足である。

ストロング・フォームの効率性は、セミストロング・フォームの効率性をさらに突き詰めたものである。市場があまりに効率的なので、真に価値のある内部情報をもつ者でさえも、それを使って利益をあげることができない、と信じるのはむずかしい。そして実証的な証拠も、この市場効率性の形に対して否定的な傾向がある。

効率的市場仮説に関するいくつかの一般的な思い違い

ファイナンスの考え方で、効率的市場仮説ほど注目を集めたものはなく、なかにはあまり好意的ではないものもある。こうした批判のある程度は、この仮説が何をいっていて、何をいっていないのかの誤解に基づいている。次に、三つの思い違いを解説する。

ダーツ投げの効能

市場の効率性という考え方が、初めて有力な経済紙に書かれて議論されたとき、それはしばしば次の引用で表現された。「金融面にダーツを投げれば、プロの証券アナリストが運用するのと同様のパフォーマンスをあげるポートフォリオがつくれる」[5)6)]。これはほぼ真実を言い当てているが、しかし完全に正しいとはいえない。

すべての効率的市場仮説が本当にいっているのは、平均すれば、ファンド・マネジャーが、異常な、もしくは超過のリターンを得ることはできない、ということである。超過リターンは、第10章の証券市場線（SML）によるベンチマークの期待リターンと比較して定義される。この場合も、投資家はどれだけのリスクを伴うポートフォリオを望むのか、自分で決めなくてはならない。加えて、手当たり次第にダーツを投げた場合、すべてのダーツが、一つか二つの遺伝子工学を扱うハイ・リスク銘柄に刺さって終わるという場合もありうる。あなたは本当に、このような2銘柄に、すべての株式投資資金をつぎ込みたいだろうか。

この点を理解していないことが、往々にして、市場効率性についての混乱につながってきた。たとえば、市場の効率性が不用心な投資家を保護するので、市場効率性とは、何をしようと関係ないという意味であると、時々間違って主張された。しかしながら、かつてだれかがいったように、「効率的市場は狼から羊を守ってくれるが、羊を自分自身から守ってくれるものはない」のである。

効率性が実際にいっているのは、企業が株式を売却する際に受け取る価格は、その株式についての入手可能な情報のすべてを反映した適正価格になる、ということである。株主は、低配当やその他の特徴をもつ株式に、払いすぎていると心配する必要はない。なぜなら、市場がすでに価格に織り込んでしまっているからである。とはいえ、投資家は、負っているリスクの水準や、分散化の度合いといったことについて、引き続き心配しなければならない。

価格変動

一般の多くの人々は、株価が日々変動するので、効率性には懐疑的である。しかしながら、日々の価格変動は、効率性と少しも矛盾していない。効率的市場におけ

5）　B. G. Malkiel, *A Random Walk Down Wall Street*, 8th ed,（New York : Norton, 2003）.

6）　古い記事では「ダーツを投げる猿」のベンチマークについてしばしば言及している。政府の証券業界へのかかわりが増すにつれ、この表現はよく「ダーツを投げる下院議員」と言い換えられた。

る株式は、価格の変化によって、新しい情報に対応している。株式市場には日々、膨大な情報が流れ込んでくる。実際、変化する世界にあって日々の価格変動がないとすれば、それは非効率性を示唆するのかもしれない。

株主の無関心

一般の人の多くは、もし１日に取引されるのが発行済株式のほんの一部にすぎなかったら、市場価格が効率的になりえないのではないかと懐疑的である。しかしながら、所与の日に、実際に株式の売買を行うのは、通常、その株式を追っている人達のほんの一握りにすぎない。なぜなら、個人が売買を行うのは、仲介手数料その他の取引コストを支払っても見合うほど、その株式に対する個人の評価が、市場の価格と大きくかけ離れている場合だけだからである。さらに、たとえ既存株主の数に比べて売買を行う人数が少ないとしても、多くの人が公に手に入る情報をもとに売買を行っている限り、株価は効率的に決まると期待される。すなわち、多くの株主が株価をまったく追わず、当面売買するつもりがなくても、株価は公開された情報をきちんと反映しうるのである。

14.4　証　　拠

効率的市場仮説に関する証拠は広範囲に及び、ウィーク・フォーム、セミストロング・フォーム、ストロング・フォームの広いカテゴリーをカバーしている。最初のカテゴリーでは、株価変動がランダムであるかどうかを考察する。２番目のカテゴリーでは、*イベント・スタディ*と投資信託のパフォーマンスに関する研究をレビューする。３番目のカテゴリーでは、企業インサイダーのパフォーマンスをみてみる。

ウィーク・フォーム

ウィーク・フォームの効率性は、将来の価格変動が過去の価格変動と無関係であることを意味している。第11章の内容は、この含意についての検証を可能にする。あの章で、われわれは二つの異なる株式リターンの相関の概念を議論した。たとえば、ゼネラル・モーターズとフォードは同じ産業の企業なので、その株式からのリターンには高い相関がある可能性が高い。逆に、ゼネラル・モーターズの株式と、たとえばヨーロッパのファースト・フード・チェーンの株式からのリターンの相関はおそらく低い。

金融経済学者は、しばしば一つの証券だけにかかわる系列相関（serial correlation）に言及する。これは、現在の証券のリターンと将来のリターンとの相関のことである。ある株式の系列相関係数が正の場合は、*継続（continuation）*の傾向を示している。すなわち、現在の平均以上のリターンは、将来も引き続き平均以上のリターンである可能性が高いということである。同様に、現在の平均以下のリターンは、将来も引き続き平均以下のリターンである可能性が高い。

ある株式の系列相関係数が負の場合は、*反転（reversal）*の傾向を示している。現在の平均以上のリターンは、将来平均以下になる可能性が高いということである。同様に、現在平均以下のリターンは、将来平均以上のリターンになる可能性が高い。大きな正と負、双方の系列相関係数は、市場の非効率性を示している。どちらの場合でも、現在のリターンを用いて、将来のリターンを予測することができる。

株式リターンの系列相関係数が０に近い場合は、ウィーク・フォームの効率性と整合的である。よって、現在の株式リターンが平均以上の場合、その後のリターンが平均以上になる確率は、平均以下になる確率と同じである。同様に、現在の株式のリターンが平均以下の場合も、その後のリターンが平均以上になる確率は、平均以下になる確率と同じである。

表14.1は米国の大企業８社の、日々の価格変化の系列相関を表している。これらの係数は、前日のリターンと今日のリターンの間に関係があるかどうかを示す。表からわかるように、ほとんどの相関係数は正で、今日平均以上のリターンがあれば、明日平均以上のリターンを得る可能性はやや高くなる、ということを意味している。反対に、シティグループの係数はわずかにマイナスで、今日平均以上のリターンがあれば、明日平均以下のリターンを得る可能性はやや高くなる、ということを意味している。

しかしながら、相関係数は理論的に－１と＋１の間で変動可能なので、論文等で報告されている係数はきわめて小さい。実際、係数は、推定誤差や取引コストと比べてあまりに小さいので、この結果は一般的にウィーク・フォームの効率性と一致するとみなされている。

効率的市場仮説のウィーク・フォームは、ほかにもさまざまな方法で検証されて

表14.1　米国の大企業８社の系列相関係数（2001～2005年）

会社名	系列相関係数
ボーイング	0.0025
シティグループ	−0.0078
コカ・コーラ	0.0189
IBM	0.0126
マクドナルド	0.0054
メルク	0.0409
ファイザー	0.0225
GAP	0.0193

（注）　マクドナルドの係数は0.0054でわずかに正となっているので、今日のリターンがプラスなら、明日のリターンもプラスになる確率がやや高いということを示している。シティグループの係数は負なので、今日のリターンがマイナスなら、明日のリターンがプラスになる確率がやや高いということを意味する。とはいえ、これらの係数は、推定誤差や取引コストと比べてあまりに小さいので、この結果は、一般的に効率的資本市場仮説と一致するとみなされている。

いる。この研究に対するわれわれの見解は、全体としてとらえた場合、証拠はウィーク・フォームの効率性と一致しているというものである。

この発見は、興味深い疑問を生む。もし価格変動が本当にランダムであるなら、なぜこれほど多くの人々が価格はパターンに従うと信じているのだろうか。心理学者や統計学者の研究は、ほとんどの人が単にランダムがどのようにみえるか知らないと示唆している。たとえば、図14.4を考えてみよう。グラフＡは乱数と式14.1を用いて、コンピュータによって作成したものである。ところが、このグラフを検証した人々が、通常パターンを見出すことを、われわれは発見した。さまざまな人達が異なるパターンを見出し、それぞれ違った将来の価格変動を予測する。それでも、われわれの経験では、人々はみんな自分のみているパターンに自信満々なのである。

次に、下のグラフについて検討する。これは、ギャップ（GAP）社の株価の実際の値動きを表している。一部の人々には、このグラフはまったくランダムではなく、ウィーク・フォームの非効率性を示唆しているようにみえるだろう。しかしながら、このグラフはまた、上のグラフのシミュレーションに非常によく似ており、統計分析も、価格は事実上純粋な乱数的に動いていると示唆している。したがって、われわれの意見では、株価のデータにパターンがみえると主張する人々は、お

図14.4　シミュレーションと実際の株価の動き

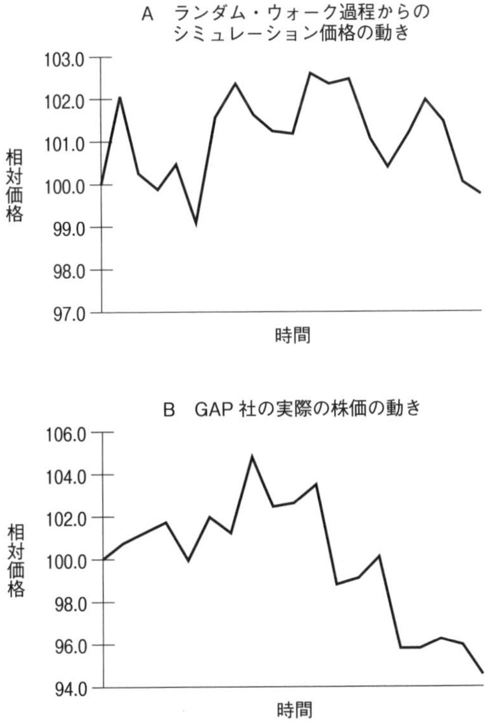

（注）　ランダム・ウォーク過程からのシミュレーション価格の動きは、定義によりランダムだが、人々はしばしばパターンを見出す。人々はまた GAP 社の価格の動きにもパターンを見出すかもしれない。しかしながら、GAP 社の価格パターンは、ランダムにシミュレートされたものときわめてよく似ている。

そらく目の錯覚をみているのである。

セミストロング・フォーム

効率的市場仮説のセミストロング・フォームは、価格が公に入手可能な情報すべてを反映しているということを意味している。このフォームに関する二つのテストを紹介しよう。

イベント・スタディ

所与の株式のある日の*異常（abnormal）リターン*（AR）は、その日の実際の株式リターン（R）から、S&P総合株価指数のような広範囲のインデックスで計測される同日の市場リターン（R_m）を引くことによって、計算できる7)。代数的には次のように書き表せる。

$$AR = R - R_m$$

次の一連の関係は、セミストロング・フォームのテストを理解するのに役立つ。

$t-1$の時点で公表された情報→AR_{t-1}
tの時点で公表された情報　→AR_t
$t+1$の時点で公表された情報→AR_{t+1}

矢印は、どの期間のリターンも、その期間内に発表された情報のみに関係していることを示している。

効率的市場仮説によると、t時点での株式の異常リターンAR_tは、同じt時点での情報の発表を反映するはずである。それ以前に発表された情報は、この期間の異常リターンに何の影響ももたない。なぜならその影響はすべて、すでに市場に消化されてしまっているはずだからである。言い換えれば、効率的市場はすでに以前の情報を価格に織り込んでしまっているのである。今日の株式リターンが、市場がまだ知らない情報によって左右されることはありえないので、将来でないと知りえない情報が株式のリターンに影響を及ぼすこともない。したがって、矢印はすでに示した方向を指し、どの期の情報も、その期の異常リターンにのみ影響を与える。*イベント・スタディ*は、はたして矢印が上記のとおりなのか、それとも情報の発表は他の期にも影響を与えるのかを検討する、統計学的研究である。

これらの研究は、異常リターンに加えて、*累積異常リターン（cumulative abnormal returns, CARs）*にも言及する。例として、企業発表の－1日、0日、1日時点における1％、－3％、6％のARを考えてみよう。これらの日時（－1日、0日、1日）におけるCARは、それぞれ1％、－2％［＝1％＋（－3％）］、そして4％［＝1％＋（－3％）＋6％］である。

7）異常リターンは、市場モデルを用いても測定できる。この場合、異常リターンは次の式で表される。

$$AR = R - (\alpha + \beta R_m)$$

図14.5　無配の発表をした企業の累積異常リターン

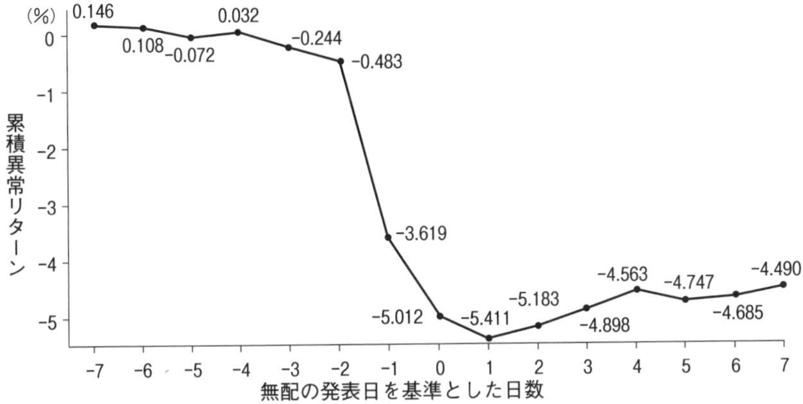

累積異常リターン（CARs）は、無配発表日の前日と当日に下落する。CARsは、発表日以降ごくわずかしか動かない。このパターンは市場の効率性と一致するものである。

（出所）S. H. Szewczyk, George P. Tsetsekos, and Zaher Zantout, "Do Dividend Omissions Signal Future Earnings or Past Earnings?" *Journal of Investing* (Spring 1997) のExhibit 2より抜粋。

一つの例として、Szewczyk, Tsetsekos, and Zantout[8]の無配に関する研究を考えてみよう。図14.5は、無配を発表したサンプル企業数社の累積異常リターンを描いている。無配は一般的に悪いイベントと考えられるので、発表日前後の異常リターンはマイナスとなることが予想される。実際に、発表の前日（－１の日）と当日（０の日）の両日とも累積異常リターンが落ちており、予測を裏付けている[9]。しかしながら、発表日以降は、実質的に累積異常リターンにほとんど変化がないこと

8）Samuel H. Szewczyk, George P. Tsetsekos, and Zaher Z. Zantout, "Do Dividend Omissions Signal Future Earnings or Past Earnings？" *Journal of Investing* (Spring 1997).

9）鋭い読者は、なぜ異常リターンが０日だけでなく、－１日にも発生するのか疑問に思うかもしれない。これを理解するにはまず、学術研究では、一般的に*ウォール・ストリート・ジャーナル*紙に記事が掲載された日を発表日とするということに注意されたい。次に、火曜日の正午に無配の記者発表を行うある企業を考えてみる。株式は当然火曜日に下落する。火曜日版の*ウォール・ストリート・ジャーナル*はすでに印刷ずみなので、発表が載るのは水曜日になる。したがって、この企業の価格は発表の前日に下落することになるのである。

一方、火曜日の午後８時に無配の記者発表を行う企業を考えてみよう。この遅い時刻では、株式市場が引けた後なので、株価は水曜日に下落する。*ウォール・ストリート・ジャーナル*に記事が載るのは水曜日なので、株価も*ウォール・ストリート・ジャーナル*紙上での発表日に下落することになる。

企業は無配の発表を、株式市場の取引時間内か取引時間後のどちらかに行うので、*ウォール・ストリート・ジャーナル*の発行日を基準にすると、全体としてみた場合、株式は－１日と０日に下落するのである。

に注意されたい。これは、悪いニュースが発表日までにすべて価格に織り込まれたことを意味しており、この点も市場の効率性に一致している。

何年にもわたって、この手法は多くのイベントに対して使われてきた。配当、利益、合併、資本支出、そして新株発行の発表は、この分野の膨大な文献が取り扱っている一部である。初期のイベント研究による検証結果は、おおむね市場がセミストロング・フォーム（したがってウィーク・フォームも）の効率性をもつという見方を支持していた。しかしながら、より最近のいくつかの研究は、市場がすべての関連する情報を即座に織り込まないという証拠を提示している。一部の人々は、このことから市場が効率的でないと結論づけている。他は、研究の統計的かつ方法論的問題から、この結論は根拠に欠けると主張している。この論点は、章の後半でより詳細に取り扱う。

投資信託の記録

本当に市場がセミストロング・フォームで効率的であるとすれば、投資信託の運用担当者が、公に入手可能などんな情報をもとに株式を選択しようとも、彼らの平均リターンは、市場全体としてみた場合、平均的投資家のものと同じになるはずである。そこで、プロのパフォーマンスと市場インデックスのパフォーマンスを比較することで、効率性をテストすることが可能である。アクティブに運用される投資信託は、公に入手可能な情報と特定の分析スキルを用いて、市場全体よりもよいパフォーマンスを上げようと試みる。インデックス・ファンドは、パッシブに管理され、特定の株式市場インデックスのパフォーマンスを複製しようと試みる。バンガード500インデックス・ファンドは、スタンダード&プアーズ500インデックスを模倣する、よく知られたインデックス・ファンドの例である。図14.6の棒グラフは、バンガード500インデックス・ファンドより高いパフォーマンスを上げたアクティブ運用株式ファンドの割合を示している。図は、過去10年間のリターン・データ（1977～1986年から1997～2006年まで）を用いている。これらの21回の投資期間のうち、たった2回だけ、プロのファンド・マネジャーの半分以上が、バンガード500インデックス・ファンドに勝っている。

また、図14.7も考察してみよう。これは株式市場全体に対する、さまざまなタイプの投資信託のパフォーマンスを表したものである。左端の数字は、この調査で取り上げたすべてのファンドが、適切なリスク調整後、市場全体のパフォーマンスを2.13%下回っていることを示している。したがって、市場を上回るパフォーマンス

図14.6　アクティブ運用株式ファンドがバンガード500インデックス・ファンドに勝った割合：10年リターン

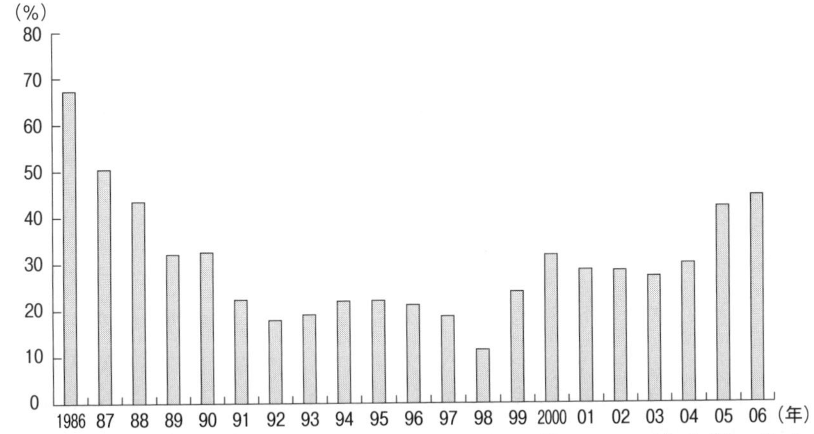

(出所)　Bradford D. Jordan and Thomas Miller, *Fundamentals of Investments*, 5thed. (New York：McGraw-Hill, 2008).

図14.7　広範な市場インデックスと比較した各種米国投資信託の年間リターン実績(注)(1963～1998)

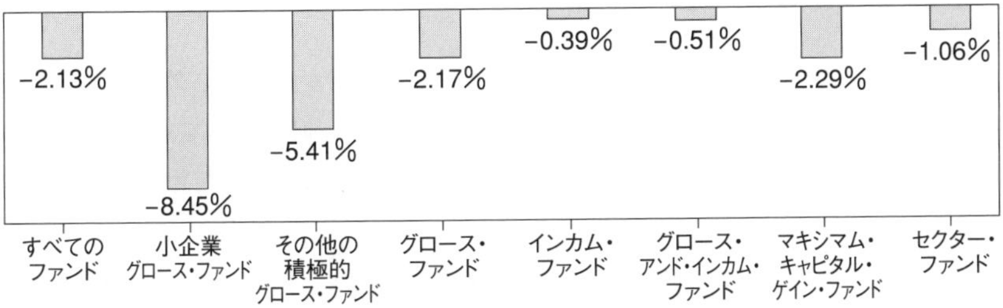

平均すると、投資信託は市場を上回る実績をあげているようにはみえない。

(注)　実績は、市場モデルと比較してのものである。

(出所)　Lubos Pastor and Robert F. Stambaugh, "Mutual Fund Performance and Seemingly Unrelated Assets," *Journal of Financial Economics*, 63 (March 2002) の Table 2 より。

どころか、市場より低いパフォーマンスしかあげていないことを、証拠は示している。この期待以下のパフォーマンスは、多くの種類のファンドにも同様にみられる。この研究におけるリターンは、報酬、経費、手数料等を差し引いたものなので、これらの費用を加え戻したら、ファンドのリターンはもっと高くなるだろう。しかしながら、この研究は、全体としてファンドが市場に*打ち勝つ*パフォーマンスをあげているという何の証拠も示していない。

おそらく、成功している市場の投資家にとって、大学教授から「君達が必ずしも利口とは限らない。単に運がよかっただけだ」といわれるほどの侮蔑はないだろう。とはいえ、図14.7はたった一つの研究を表しているにすぎないが、投資信託についてはたくさんの論文が書かれている。ここでの圧倒的な証拠は、投資信託のパフォーマンスは、平均すると、広範なインデックスに及ばないというものである。

全般的に、投資信託の運用者達は、公に入手可能な情報に頼っている。したがって、彼らが市場インデックスを上回らないという発見は、セミストロング・フォームとウィーク・フォームの効率性に一致する。

しかしながらこれは、投資信託が個人にとって悪い投資である、という意味ではない。これらのファンドが市場インデックス以上のリターンを達成しなかったとしても、これらは、投資家に多数の株式を含むポートフォリオ（「うまく分散化されたポートフォリオ」という決まり文句がよく使われる）を買うことを可能にする。また、保管事務やすべての株式の記録の管理等、さまざまなサービスでも投資信託は優れているかもしれない。

ストロング・フォーム

たとえ効率的市場仮説を熱烈に信奉する人でも、市場がストロング・フォームの効率性をもたないと知って、驚いたりはしないだろう。何といっても、だれかが、ほかのだれも知らない情報をもっていたとすれば、その人はその情報から利益を得られる可能性が高い。

ストロング・フォームの効率性に関する研究の一部は、インサイダー取引について調査する。企業の内部の人間は、通常外部の人間が知らない情報を手に入れられる。しかしながら、もしストロング・フォームの効率的市場仮説が正しいなら、彼らは内部情報に基づいて取引して、利益を得ることができない。政府機関である証券取引委員会は、企業のインサイダーが自社株の売買をする際は、すべての取引を開示するように要求している。こうした取引の記録を調べることによって、異常リターンをあげたかどうかがわかる。多くの研究は、インサイダー取引が異常に儲かるという見方を支持している。したがって、ストロング・フォームの効率性は、証拠によって証明することはできないようにみえる。

14.5 市場効率性に対する行動的挑戦

第14.2節で、その内のいずれか一つでも市場効率性につながる、シュライファー教授の三つの条件を提示した。あの節では、われわれは条件のうち最低一つは現実の世界で成立する可能性が高いことを示した。しかしながら、ここでは明確に意見の相違が存在する。多くの研究者たち（シュライファー教授を含む）は、これらのどの条件も現実では成立しないだろうと主張する。この見方は*行動ファイナンス*（*behavioral finance*）と呼ばれるものをベースにしている。これら三つの条件のそれぞれについて、行動的見解を考察してみよう。

合理性

人々は本当に合理的だろうか。いつでもそうというわけではない。アトランティック・シティやラスベガスに旅行して、人々がギャンブルで時に大きな金額を賭けるのをみるだけでよい。カジノの取り分は、ギャンブラーにとって負の期待リターンを意味する。ギャンブルはリスキーで負の期待リターンをもつので、第11章での効率的フロンティア上には決して位置しない。加えてギャンブラーは、ルーレット台で黒が何回も続けて出た後、この流れが続くと考えて、しばしば黒に賭ける。ルーレット台には記憶がないので、この戦略は間違っている。

しかしもちろん、ファイナンスに関する限り、ギャンブルは二次的な問題にすぎない。金融市場にも非合理性がみられるのだろうか。答えは明快にイエスかもしれない。多くの投資家は本来あるべき分散化を達成していない。他の投資家は頻繁に取引し、手数料と税金を積み上げる。実際、損失銘柄を売り、利益のあがっている銘柄を保有し続けることが、税金の面では最適である。一部の個人は税金の最小化を念頭に投資するが、多くの個人はちょうど反対をやる。多くは負け株より勝ち株を売る可能性が高い。これはより高い税金の支払につながる[10)]。行動的見解は、すべての投資家が非合理的であるということではない。そうではなく、一部か、おそらく多くの投資家が非合理的であるというものである。

10）たとえば、Brad Barber and Terrance Odean, "The Courage of Misguided Convictions," *Financial Analysts Journal*（November/December 1999）を参照。

合理性からの独立的逸脱

合理性からの逸脱は一般にランダムで、投資家全体としてみるとキャンセルしあう可能性が高いだろうか。それとは反対に、心理学者は、人々がいくつかの基本的な原則に従って、合理性から逸脱すると長い間主張してきた。これらの原則のすべてがファイナンスと市場効率性に適用できるわけではないが、最低二つは適用可能にみえる。

最初の原則は、*代表性（representativeness）*と呼ばれ、上記のギャンブルの例で説明できる。黒が出る確率は依然として50%しかないので、黒が続くと考えているギャンブラーは間違っている。このように考えるギャンブラーは、代表性の心理学的特質を示している。すなわち、彼らはあまりに少ないデータから結論を導くのである。言い換えれば、ギャンブラーは、現実はそうではないのに、彼が観察した小さなサンプルが、母集団よりも代表的であると考えている。

これがどのようにファイナンスに関係しているのだろうか。おそらく代表性に支配された市場は、バブルにつながる。人々は高い成長をちょっと続けている市場の一部（たとえばインターネット株）をみて、それが永遠に続くと推定する。やがて成長が必然的に失速すると、価格は落ちる以外に行き場所を失う。

2番目の原則は、*保守性（conservatism）*である。これは人々が新しい情報に対して彼らの考えを修正するのが遅すぎることを意味する。子供時分からのあなたの目標が、歯科医になることだったとしよう。たぶんあなたは歯科医一族出身で、たぶんこの職業からもたらされる安定と相対的な高収入が気に入り、あるいはたぶん歯が常にあなたを魅了したのかもしれない。現状では、あなたはおそらくこの職業に長くて実りの多いキャリアを期待できるだろう。しかしながら、虫歯を防ぐ新薬が開発されたとしよう。この薬は、明らかに歯科医に対する需要を減少させる。あなたはここに述べられた意味をどれくらい速く理解するだろうか。もしあなたが歯科医に愛着をもっていたら、あなたは自分の考えを非常にゆっくりとしか修正しないだろう。家族や友人は、あなたに大学の歯学科予科を変更するようにいうが、あなたはまだ心理的にそうする準備が整っていないかもしれない。かわりにあなたは、歯科医としてのばら色の未来の見通しにしがみつくかもしれない。

たぶんここにはファイナンスとの関連がある。たとえば、多くの研究が、価格は利益発表を含む情報に対して、ゆっくり調整するようにみえると報告している11)。これは、保守性ゆえに、投資家が新しい情報に自分の考えを修正するのが遅いのだろうか。これに関しては、次節でさらに述べる。

アービトラージ

第13.2節で、われわれは、証券が間違った価格評価をされていることを知っているプロの投資家が、過小評価されたものを買い、一方で正しく価格評価された（あるいは過大評価された）代替証券を売ることができると示唆した。これは感情的なアマチュアが原因で発生した、誤った価格評価を十分元に戻せるかもしれない。

この種の取引はみた目よりもずっと危険を伴う可能性が高い。プロは一般に、マクドナルドの株式が過小評価されていると考えていたとしよう。彼らは保有するなかからバーガー・キングやウェンディーズの株式を売る一方で、マクドナルドを買うことができる。しかしながら、もしアマチュアが反対のポジションをとっていたとしたら、アマチュアのポジションがプロのポジションに比較して小さい場合にのみ、価格は正しい水準に修正される。アマチュアが多い世界では、価格を修正するには、数少ないプロが大きなポジションを、たぶん大量の空売りをすることによって、とらなければならない。一つの銘柄を大量に買い、他の株式を大量に空売りすることは、たとえ二つの株式が同じ業界であっても、きわめて危険である。ここでは、マクドナルドに関する予期せぬ悪いニュースと、他の二つの株式に関する予期せぬよいニュースによって、プロは大きな損失を被ることになる。

加えて、もしアマチュアが今日マクドナルド株の評価ミスをしたとしたら、何が明日のマクドナルド株の さらなる 評価ミスを防げるだろうか。たとえなんの新しい情報がなかったとしても、このさらなる評価ミスのリスクはまた、プロがアービトラージのポジションを減らす原因になるかもしれない。例として、1998年にインターネット株が過大評価されていると考えた抜け目のない投資家を想像しよう。あの時彼が空売りしていたら、2000年の３月まで価格が上昇したので、彼は当面の間損失を被ったことになる。たしかに、価格はその後下落するので、彼は最終的には儲けただろう。とはいえ、当面のリスクがアービトラージ戦略のサイズを減らしたかもしれない。

結論として、ここで提示した議論は、第14.2節で提示した効率的市場仮説の理論的支柱が、現実では成立しないかもしれないことを示唆している。すなわち、投資家は非合理的であるかもしれず、非合理性は投資家同士でキャンセルし合うのではなく、投資家全体に関連しており、アービトラージ戦略は市場の非効率性を排除するためにはあまりに危険を伴うかもしれない。

11）　たとえば、Vijay Singal, *Beyond the Random Walk*（New York : Oxford University Press, 2004），第４章を参照。

14.6　市場効率性に対する実証的挑戦

第14.4節では、市場効率性を支持する実証的証拠を提示した。ここで、この仮説に異議を唱える証拠を提示する（市場効率性の信奉者は、一般にこのタイプの結果をアノマリー（例外）と呼ぶ）。

1．*アービトラージの限界*：ロイヤル・ダッチ石油とシェル・トランスポート社は、以後のすべてのキャッシュフローを両社が60％－40％の比率で分けることで、1907年に合併した。しかしながら、両社は引き続き公開取引された。普通、ロイヤル・ダッチの市場価値は、常にシェルの1.5倍（＝60/40）になると思うだろう。つまり、もしロイヤル・ダッチが過大評価されるようなことになったら、合理的な投資家はロイヤル・ダッチのかわりにシェルを買うだろう。もしロイヤル・ダッチが過小評価されていたら、投資家はロイヤル・ダッチを買うだろう。加えて、アービトラージャーはさらに踏み込んで、過小評価された株式を買い、過大評価された株式を空売りするだろう。

しかしながら、図14.8は、ロイヤル・ダッチが、1962～2004年までの期間に

図14.8　シェルの市場価値に対するロイヤル・ダッチの市場価値の比率のパリティからの乖離

明らかに、アービトラージは、シェルの市場価値に対するロイヤル・ダッチの市場価値の比率をパリティに維持することができない。
（出所）　筆者の計算。

おいて、パリティ比率（すなわち60/40）で取引されることがほとんどなかったことを示している。なぜこれらの逸脱が起こるのだろうか。前節で述べたように、行動ファイナンスはアービトラージに限界があると示唆する。すなわち、過小評価された資産を買い、過大評価された資産を売ることは、投資家にとって確実なことではない。パリティからの乖離は、短期間では実際に広がる可能性がある。これはアービトラージャーにとって損失を意味する。「あなたが支払能力を維持できるより長く、市場は非合理でいられる」というジョン・メイナード・ケインズの有名な言葉がここには当てはまる。したがって、リスクの考慮がアービトラージャーに、価格をパリティに戻すには小さすぎるポジションをとるよう強いるかもしれない。

学者たちはこれらのパリティからの乖離を数多く記録してきた。Froot and Dabora は双子会社のユニレバー N.V.社とユニレバー PLC 社、そしてスミスクライン・ビーチャム社の二つのクラスの株式について、同様な結果を示している12)。Lamont and Thaler は、スリーコム社とその子会社のパーム社について、同様な結果を提示している（スリーコムとパーム社についての詳細は例14.2を参照）13)。他の研究者たちは、クローズド・エンドの投資信託に、パリティからの乖離を示唆する価格動向を見出している。

例14.2　株式市場の投資家は足し算と引き算ができるか

2000年3月2日、コンピュータ・ネットワーク製品とサービスで利益をあげているスリーコム（3Com）社は、子会社の一つの5％を、新規株式公開（IPO）を通して、公に販売した。当時、この子会社はパーム社として知られていた（現在はパームワン（PalmOne）として知られる）。

スリーコムは、残りのパーム株式を、後日スリーコムの株主に分配することを計画していた。この計画では、もしあなたがスリーコム株式1株を所有していたら、パーム株式1.5株を受け取ることになる。したがって、スリーコムがパームの一部を、IPO を通して売却した後、投資家はパーム株式を直接購入す

12)　Froot, A. Kenneth and Emil M. Dabora, "How are Stock Prices Affected by the Location of Trade ? " *Journal of Financial Economics* 53 (August 1999).

13)　Owen Lamont and Richard Thaler, "Can the Market Add and Subtract ?　Mispricing in Tech Stock Carve-Outs, " *Journal of Political Economy* (April 2003).

るか、あるいはスリーコム株式を購入して待つことにより、間接的に購入することができた。

何がこのケースを興味深いものにしているかというと、パームのIPOの後に続く日々に、何が起こったかである。もしあなたがスリーコム株式１株を所有していたら、いずれパーム株式1.5株を受け取る資格がある。したがって、各スリーコム株式は、*最低限*各パーム株式の1.5倍の価値があるはずである。なぜ*最低限*というかというと、スリーコムの他の部門は利益をあげていたからである。結果として、各スリーコム株式は、パーム１株の価値の1.5倍よりずっと価値があったに違いない。しかし、ご推察のように、物事はこのように運ばなかった。

パームのIPOの前日、スリーコムの株価は104.13ドルだった。初日の取引の後、パーム株式の終値は１株当り95.06ドルだった。95.06ドルを1.5倍すると、142.59ドルになり、これがスリーコム株に期待される最低限の価値である。しかし、パーム株が95.06ドルで取引を終えた日、スリーコム株は81.81ドルで取引を終えた。これはパーム株によって示唆される株価より60ドル以上安い。さらに状況は不思議なものになっていった。

パームの株価が95.06ドルのとき、81.81ドルのスリーコムの株価は、市場がスリーコムの他の事業（１株当り）の価値を、−60.78ドル（＝81.81−142.59）であるとみていたことを意味する。そのときのスリーコムの発行済株式数を基にすると、これは市場がスリーコムの他の事業に、220億ドルの*マイナス*の価値をつけていたことを意味する。もちろん、株価はマイナスにはなりえない。これは、スリーコムに対するパームの価格があまりに高すぎたことを意味する。

この誤った価格づけから利益を得るには、投資家はスリーコム株を購入し、パーム株を売却すればよい。この取引は非常に簡単だった。十分に機能している市場では、アービトラージ・トレーダーたちが、素早く価格を調整することになる。何が起こっただろうか。

次の図からわかるように、市場は、パーム以外のスリーコムの部分が、2000年３月２日〜2000年５月８日まで、２カ月間にわたってマイナスの価値をもつものとして、スリーコムとパームの株式を評価した。したがって、誤った価格づけは最終的に市場の力によって正されたが、しかし即座にではなかった。これはアービトラージに限界が存在することと一致している。

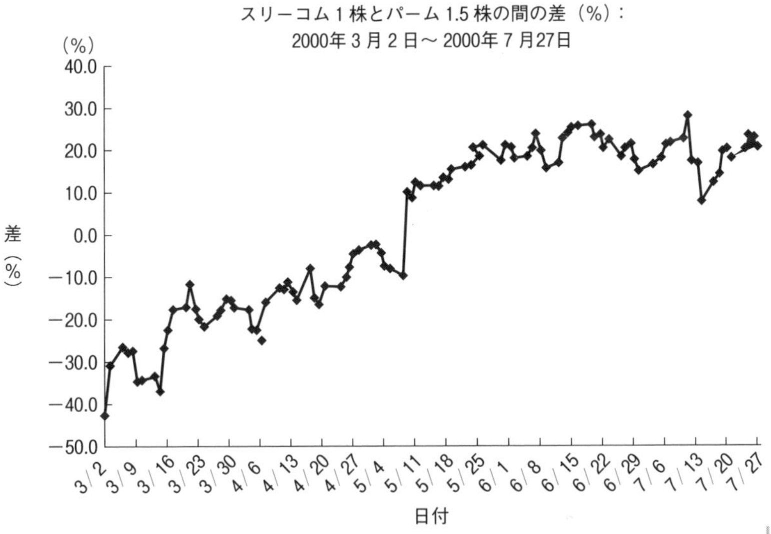

2．*利益サプライズ*：一般常識は、利益が期待以上に高いと報告された時に価格が上がり、逆の時には価格が下がると示唆する。しかしながら、市場効率性は価格が発表に対して瞬時に調整することを意味し、一方、行動ファイナンスは違うパターンを予測する。Kolasinski and Liは、*利益サプライズ*の程度（現在の四半期利益と１年前の四半期利益の差を、現在の株価で割ったもの）によって、企業をランク付けした[14]。彼らは一つのポートフォリオを最も極端なポジティブ・サプライズの企業群で構築し、もう一つのポートフォリオを最も極端なネガティブ・サプライズの企業群で構築した。図14.9は、二つのポートフォリオの購入からのリターンを表している。みてとれるように、価格は利益発表に対して、ポジティブ・サプライズのポートフォリオがネガティブ・サプライズのポートフォリオを、次の６カ月間と１年間の両方で、アウトパフォームしながら、ゆっくりと調整する。他の多くの研究者が同様の結果を得ている。

なぜ価格はゆっくりと調整するのだろうか。行動ファイナンスは、発表に含

14） Adam Kolasinski and Xu Li, "Do Managers Detect Mispricing ? Evidence from Insider Trading and Post-Earnings-Announcement Drift"（Massachusetts Institute of Technology : unpublished paper, 2005）.

図14.9　利益サプライズに基づく二つの投資戦略のリターン

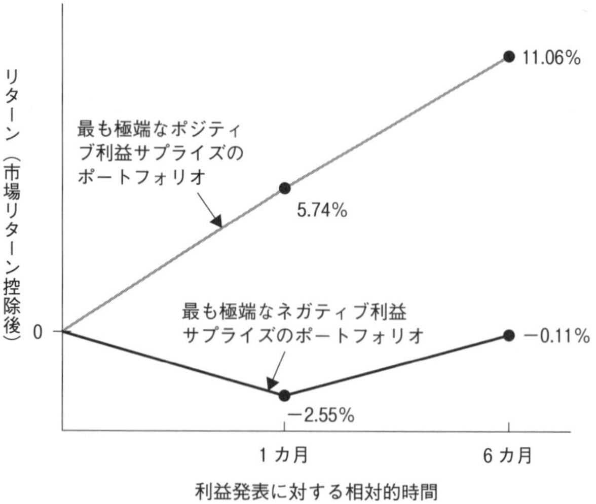

（注）　この図は、極端に高いポジティブ・サプライズ（現在の四半期利益と1年前の四半期利益の差を、現在の株価で割ったもの）を伴う株式を購入する戦略と、極端に高いネガティブ・サプライズを伴う株式を購入する戦略のリターン（市場リターン控除後）を表している。グラフは、利益発表の情報に対するゆっくりとした調整を示している。

（出所）　Adapted from Table I of Adam Kolasinski and Xu Li, "Do Managers Detect Mispricing? Evidence from Insider Trading and Post-Earnings-Announcement Drift"（Massachusetts Institute of Technology: unpublished paper, 2005）.

まれた情報に反応するのが遅いので、投資家がここでは保守性を発揮していると示唆する。

3．*サイズ*：1981年、二つの重要な論文が、米国では、20世紀のほとんどの期間にわたり、時価総額が小さい株式のほうが、大きい株式よりもリターンが高かったという証拠を提示した[15]。この研究はそれ以来、さまざまな国におけるさまざまな期間に対して繰り返し行われ、同様の結果を得ている。たとえば、図14.10は、株式をサイズで分類した、五つの米国株式のポートフォリオ

15）　R. W. Banz, "The Relationship between Return and Market Value of Common Stocks," *Journal of Financial Economics*（March 1981）および M. R. Reinganum, "Misspecification of Capital Asset Pricing: Empirical Anomalies Based on Earnings Yields and Market Values," *Journal of Financial Economics*（March 1981）を参照。

図14.10　サイズ（時価総額）別ポートフォリオの年次株式リターン

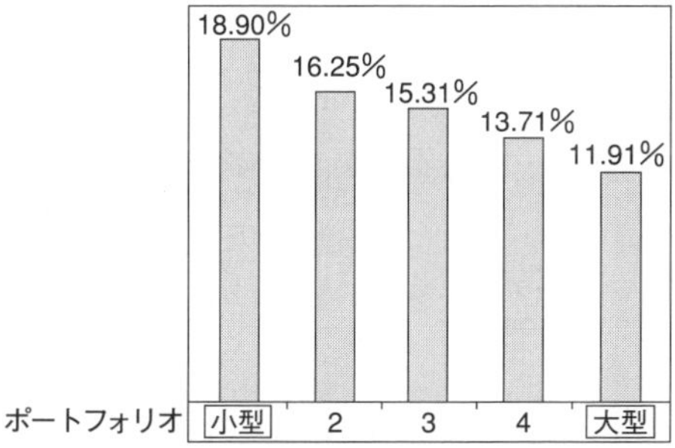

過去において、小型株の平均リターンは大型株よりも高い。

（出所）Tim Loughran, “Book-to-Market across Firm Size, Exchange and Seasonality”, *Journal of Financial and Quantitive Analysis* 32 (1997).

の、1963～1995年までの期間の平均リターンを表している。図からわかるように、小型株のリターンは大型株よりもだいぶ高くなっている。よいパフォーマンスのほとんどが単に小型株の高いリスクと引き換えに得られたものだとしても、研究者達はリスクの違いだけでは、すべてが説明しきれないと一般に主張している。これに加え、Donald Keim[16]は、５％という年次リターンの差のほとんどは１月に生じるという証拠を提示した。

4．*バリュー vs グロース*：多くの論文が、高い簿価/株価比率（book-value-to-stock-price ratio）の株式、および/または、高い利益/株価比率（earnings-to-price ratio）の株式（一般に*バリュー株*と呼ばれる）は、低い比率の株式（*成長株*）よりも高いパフォーマンスを生むと主張している。たとえば、Fama and French は、13の主要な国際的株式市場のうち、12の市場で、高い簿価/株価比率をもつ株式の平均リターンが、簿価/株価比率が低い株式の平均リターンよりも上であること見出した[17]。図14.11は、世界の５大株式市場のリターンを示している。これらの市場それぞれにおいて、バリュー株は、成長株よりも高いパ

16）D. B. Keim, “Size-Related Anomalies and Stock Return Seasonality : Further Empirical Evidence,” *Journal of Financial Economics* (June1983)．また、Kathryn Easterday, “The Declining January Effect ? An Examination of Monthly Return for Firms Trading on NYSE, AMEX, and NASDAQ”（University of Cincinnati : unpublished paper, 2005）もより最近のデータで同様な結論を得ている。

17）Eugene F. Fama and Kenneth R. French “Value versus Growth : The International Evidence,” *Journal of Finance* 53（December, 1998）の Table II より。

図14.11　各国における低い簿価/株価比率企業と高い簿価/株価比率企業に対する年次米ドルリターン（%）（注）

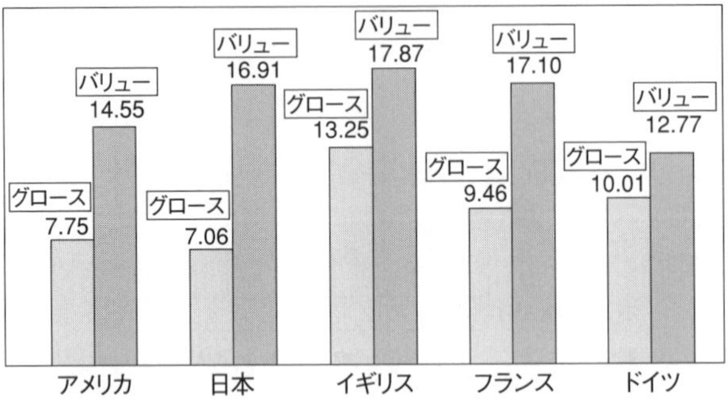

高い簿価/株価比率株式（しばしばバリュー株と呼ばれる）は、異なる国において、低い簿価/株価比率（グロース）株式より高いリターンをあげている。

（注）ドルリターンは、米国財務省短期証券のリターンを超える分として表される。

（出所）Eugene F. Fama and Kenneth R. French, "Value versus Growth: the International Evidence," *Journal of Finance* (December 1998).

フォーマンスをあげている。

リターンの差は非常に大きく、上記の比率はそれぞれの株式に対して非常に簡単に手に入るので、この結果は市場の効率性に対する強い反証となるかもしれない。しかしながら、多くの新しい論文は、この異常なリターンは、市場が本当に非効率的なために生じるのではなく、商業データベース上のバイアスや、リスクの違いからくるものであると示唆している[18]。この論争は、難解な統計学的問題を中心に行われているので、これ以上この論点を追求しないことにする。とはいえ、現時点では、まだ結論が出ていないということは間違いなくいえる。これ以外のファイナンスの多くの問題と同じように、さらなる研究が必要である。

5．*クラッシュとバブル*：1987年10月19日の株式市場の大暴落は、非常に理解しがたい現象である。ほとんど驚くべきニュースがなかった週末に続く月曜日に、市場は20%から25%下落したのである。明らかな理由もなくこれほどの大

18）たとえば、S. P. Kothari, J. Shanken, and R. G. Sloan, "Another Look at the Cross Section of Expected Stock Returns," *Journal of Finance* 50（March 1995）や、E. F. Fama and K. R. French, "Multifactor Explanations of Asset Pricing Anomalies," *Journal of Finance* 51（March 1996）を参照。

暴落をするのは、市場の効率性に反している。1929年の大暴落がいまだに謎であることから考えても、この近年の暴落が近いうちに解明されるかどうかは疑わしい。ここでは、ある著名な歴史家の、最近のコメントがふさわしい。1789年のフランス革命の影響は何だと思うかとの問いに、彼は「それをいうには時期尚早だ」と答えたのである。

おそらく二度の株式市場の大暴落は、投機的市場のバブル理論（bubble theory）と一致する証拠だろう。すなわち、証券価格は時に真の価値に対して極端に上昇する、ということである。最後には、価格は本来の水準まで戻り、投資家に多大な損失をもたらすことになる。例として、1990年代後半のインターネット株の動きをみてみよう。図14.12は、1996年から2002年までのインターネット株のインデックスの値を表している。インデックスは、1996年の1月から、2000年3月の高値まで10倍以上値上りし、その後2002年にはほぼ当初の水準に戻った。比較のために、図はS&P500インデックスの価格動向も示している。同じ時期に、このインデックスも上昇して下落したものの、インターネット株に比べて、価格の動きはきわめてわずかである。

多くの解説者が、インターネット株の上昇と下落をバブルと説明する。そうすることは正しいだろうか。不運にも、この用語の正確な定義はない。一部の学者たちは、図中の価格の動きは合理性と矛盾していないと主張する。イン

図14.12　インターネット株インデックスの価値

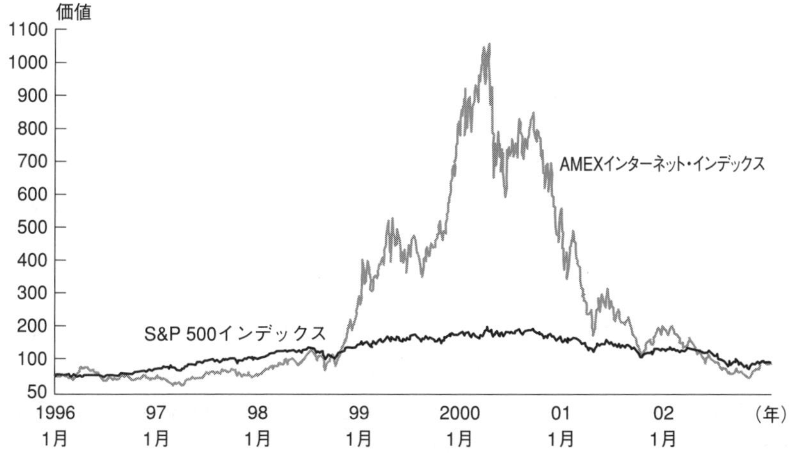

インターネット株インデックスは、1996年から、2000年３月の高値まで10倍以上値上りし、その後2002年にはほぼ当初の水準に戻った。

ターネットは近いうちに国際的商取引の大部分を獲得するようにみえたので価格は当初上がった、と彼らはいう。後の証拠が、これがそれほど早く起こらないことを示唆したとき、価格は下がった。しかしながら、他の学者は、当初のばら色のシナリオは決して事実に裏付けられたものではなかったと主張する。むしろ、価格の上昇は「根拠なき熱狂」以外の何物も原因でなかった。

14.7　相違点の復習

効率的資本市場をめぐる論争は、まだ解決していないといってよいだろう。むしろ、アカデミックな金融経済学者たちは、市場効率性を支持する者、行動ファイナンスを信じる者、その他（おそらく大多数）のいずれの側の主張にもまだ説得されていない者の、三つの陣営に整理された。この現状は、たしかに市場効率性が疑問視されていなかったとき、たとえば20年前、とは異なる。加えて、ここでの論争はファイナンスのどの分野よりも、おそらく最も激しい議論を呼びやすい。この分野だけは、立派な大人のファイナンスの教授たちが、考え方をめぐって殴り合いをしそうになる。

この論争ゆえに、われわれの教科書はもちろん、他のどの教科書も、異なる見解を解決できないようである。とはいえ、先に述べた二つの心理学的原則を株式リターンに関連づけることにより、二つの陣営の差異を解説することはできる。

代表性

この原則は、ルーレットで何回か続けて黒が出ると、次のスピンで赤より黒のほうが出る可能性が高いと考えるギャンブラーのように、小さなサンプルの結果を過大に評価することを意味する。金融経済学者は、代表性は株式リターンにおける*過剰反応*につながると主張している。先に、金融のバブルは、ニュースに対する過剰反応であると述べた。インターネット企業は、1990年代後半に少しの間大きな収益成長を示し、多くの人がこの成長が永遠に続くと思い込む原因になった。このとき株価は（異常に）上昇した。ようやく投資家はこの成長を持続するのが不可能であるということに気づき、株価は急落した。

保 守 性

この原則は、個人が新しい情報に対して彼らの考えを修正するのが遅すぎると言明する。このタイプの投資家で構成される市場は、新しい情報に対して株価が過小反応するようになる可能性が高い。利益サプライズに関する例は、この*過小反応*をうまく説明する。価格は、ポジティブな利益サプライズの発表に続いて、ゆっくりと上昇する。ネガティブ・サプライズの発表は同様だが、逆の反応をもつ。

学界の見地

学者陣営が、これらの結果に対して異なる見解をもっている。効率的市場の信奉者たちは、代表性と保守性が株価に対して反対の含意をもつことを強調する。どちらの原則がある特定の状況で優勢になるべきなのか、と彼らは質問する。言い換えれば、なぜ投資家はインターネット株に関するニュースには過剰反応するのに、利益のニュースには過小反応しなければならないのか。市場効率性の擁護者たちは、行動主義者たちがこれら二つの質問に満足に答えられないなら、行動ファイナンスのために市場効率性を却下すべきでないという。

行動ファイナンスの支持者たちは、違った見方をする。まず、第14.5節で議論したように、市場効率性の三つの理論的基盤が、現実の世界では侵されているようにみえると指摘する。次に、あまりにたくさんのアノマリーが存在しすぎる。そのうちのかなりはサンプル外テストで再現されている。これは、アノマリーが単なる偶然の産物であるということに反論する19)。

一般に、われわれはアノマリーの解釈に少し慎重になる必要がある。すでにみたように、アノマリーは、実際の市場のリターンが、リターンはこうあるべきというわれわれの予測より高い状況である。いくらのリターンであるべきかという通常のモデルはCAPM（あるいはCAPMの拡張版）である。したがって、市場効率性のテストは、CAPMのようなある特定の資産価格評価モデルと市場効率性の合同テストである。結果として、もしなんらかのアノマリーが有意でリターンを予測する

19）行動ファイナンスの優れたレビューは、以下に見出すことができる。Andrei Shleifer, *Inefficient Markets : An Introduction to Behavioral Finance*, op. cit.と、Nicholas Barberis and Richard Thaler, “A Survey of Behavioral Finance,” in the *Handbook of the Economics of Finance*, eds. George Constantinides, Milton Harris, and Rene Stultz（Amsterdam : North Holland, 2003）.

としても、それは慣習的なリスクのみの測定値と比較した場合に、アノマリーがリスクの代用であり、説明力を拾い上げているのかもしれないし、あるいは非効率性によるものかもしれない。

最近の研究で、Fama and French[20]は、いくつかのアノマリーが広く確認され有意であることを見つけた。しかしながら、彼らは多くの有意なアノマリーが、リスクの代用の役割を果たしているようにみえると主張している。いずれにしても、どれだけのアノマリーが、リスクが原因で、どれだけが誤った価格づけによるものなか、正確に知ることは困難である。

14.8　コーポレートファイナンスに対してもつ意味

これまで、本章では効率的市場に関する理論的議論と実証的証拠を考察してきた。ここで次の質問をする。「市場効率性は、はたして企業の財務管理者に何らかの関連性があるだろうか」。答えは、「ある」である。以下で経営陣に関連する四つの効率性の含意について考える。

1．会計の選択、財務の選択、そして市場効率性

会計の専門家は、実際の企業報告において、企業にかなりの裁量余地を与える。たとえば、企業は棚卸資産の評価にあたり、後入先出法（LIFO）か、先入先出法（FIFO）を選ぶことができる。企業は、建設プロジェクトに関して、工事進行基準か、工事完成基準のどちらかを選ぶことが可能である。企業は、実物資産を、加速償却法か定額法のどちらかで償却することができる。

経営陣は、明らかに低い株価よりも高い株価を好む。経営陣は、できる限り高い利益を報告するために、会計の裁量余地を用いるべきだろうか。もし市場が効率的ならば、その必要はない。すなわち、もし二つの条件が満たされていれば、会計上の選択肢が株価に影響を及ぼすことはない。第一に、財務アナリストが代替的会計手法に基づいて利益を計算できるように、年次報告書に十分な情報が開示されなけ

20）　Fama and French, "Dissecting Anomalies," *Journal of Finance*, August 2008. Fama and French は、市場効率性の分野で非常に貢献している研究者たちであり、また Fama は一般に効率的市場仮説の創始者であるとみなされているので、この論文は注目に値する。

ればならない。これはすべてではないが、ほとんどの会計上の選択肢に当てはまるようである。第二に、市場はセミストロング・フォームで効率的でなければならない。言い換えれば、市場は、市場価格を形成する際、すべての会計情報を適切に織り込まなければならない。

もちろん、会計上の選択肢が株価に影響を与えるかどうかは、最終的には実証上の問題である。多くの学究的論文が、この問題を取り扱ってきた。Kaplan and Rollは、加速償却法から定額償却法への変更は、通常、株価にあまり影響しないことを発見した[21]。Kaplan and Rollはまた、投資税額控除に関する繰延法からフロー・スルー法への変更についても調査した[22]。彼らは、変更が会計上の利益を増加させるが、株価には何の影響も与えないことを見出した。

他のいくつかの会計手続も研究されている。Hong, Kaplan, and Mandelkerは、合併と買収の報告において、持分プーリング法を用いることによる人為的に高い利益が、パーチェス法と比較して、株価に影響を与えるという何の証拠も見出せなかった[23]。Biddle and Lindahlは、LIFO法への棚卸資産評価の変更が、株価の上昇を伴ったことを発見した[24]。インフレ傾向の環境では、FIFOによる棚卸資産の原価計算に比べて、LIFOの棚卸資産評価は税金を減少させるので、これは予想されることである。彼らは、LIFOを用いることによる税金の減少額が大きいほど、株価の上昇が大きいことを発見した。まとめると、上記の実証証拠は、市場が会計上の変更によって欺かれないことを示唆している。したがって証拠は、経営陣が会計方法を通して株価を上昇させられるとは示唆していない。言い換えれば、市場はさまざまな会計の選択肢を見通すには、十分効率的であるようにみえる。

ここで一つの注意が必要である。われわれの議論は、「財務アナリストが代替的会計手法のもとで利益を算定できる」と特に仮定した。しかしながら、エンロン、ワールドコム、グローバル・クロッシング、ゼロックスなどの企業は近年、そもそも偽りの数字を報告していた。アナリストには、どのように報告された数字が決定されたのか知るすべがないので、代替的な利益の数値を算定することは不可能であ

21）R. S. Kaplan and R. Roll, "Investor Evaluation of Accounting Information : Some Empirical Evidence," *Journal of Business* 45（April 1972）.

22）1987年以前、米国税法は、ほとんどの種類の資本設備に対して10%の税控除を許容した。

23）H. Hong, R. S. Kaplan, and G. Mandelker. "Pooling vs. Purchase : The Effects of Accounting for Mergers on Stock Prices," *Accounting Review* 53（1978）.合併のための持分プーリング法は、一般に公正妥当と認められた会計原則のもとではもはや認められていない。

24）G. C. Biddle and F. W. Lindahl, "Stock Price Reactions to LIFO Adoptions : The Association between Excess Returns and LIFO Tax Savings," *Journal of Accounting Research*（1982）.

る。したがって、これらの株式が、当初適正価格よりも値上りしたのは驚くに当たらない。そう、経営陣はこのようにして株価を押し上げることができるのである。いったんつかまったら刑務所に服役してもよければの話だが！

効率的市場で投資家が見通せると期待されるものは、ほかにあるだろうか。株式分割と株式配当を考えてみよう。今日、アマリロ・コーポレーションには、100万株の発行済株式があり、1,000万ドルの利益を報告した。株価を押し上げることを望んで、会社の最高財務責任者（CFO）であるグリーンさんは、取締役会に２対１の株式分割を提案する。すなわち、分割前に100株を保有する株主は、分割後に200株を保有することになる。より多くの株数を保有することになるので、分割後、すべての投資家が豊かになったような気がするだろうとCFOは主張する。

しかしながら、この考え方は市場効率性に反する。合理的な投資家は、分割後も分割前と同じ会社の割合を保有することになるのがわかっている。たとえば、100株の投資家は、分割前にアマリロ社の１万分の１（＝100/100万）の持分を保有している。彼の利益の取り分は1,000ドル（＝＄1,000万/１万）である。分割後、彼は200株を保有することになるが、発行済株式数もいまや200万株になる。したがって、彼は会社の１万分の１を保有することになる。株式分割は、会社全体の利益に影響を及ぼさないので、彼の利益の分け前は、依然として1,000ドルである。

２．タイミングの意思決定

経営陣が、株式を発行する日を熟考している会社を想像してみよう。この意思決定は、しばしば*タイミングの意思決定*と呼ばれる。もし経営陣がこの株式が割高だと考えれば、株式を即座に発行する可能性が高い。ここで、彼らは本来の価値よりも株式を高く売るので、既存の株主たちのために価値を創造している。逆に、株式が割安だと経営陣が考えれば、彼らはこの株式がやがて真の価格に上昇するだろうという期待のもとに、待つ可能性が高い。

しかしながら、もし市場が効率的であるなら、証券はいつでも正しく価格づけされている。効率性は、株式が常に真の価格で売られることを意味するので、タイミングの意思決定は重要でなくなる。図14.13は、新株の発行に対する三つの価格調整の可能性を表している。

もちろん、市場の効率性は、究極的には実証的問題である。驚くべきことに、最近の研究は、市場の効率性に対して疑問を投げかけた。Ritterは、新規株式公開

図14.13　株式発行後の三つの株価調整

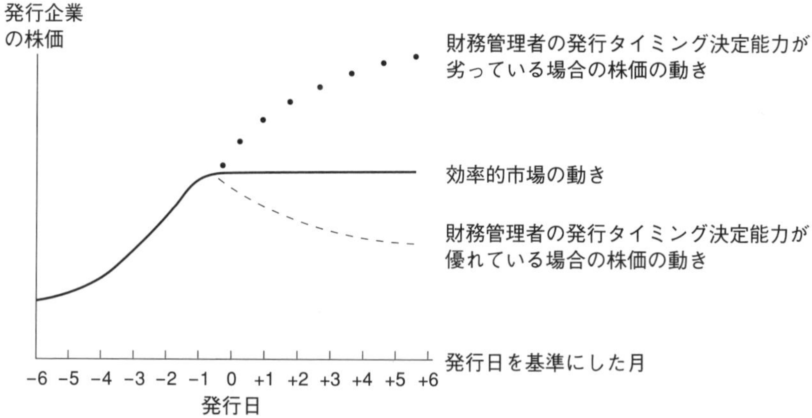

株価が上昇した後、株式が発行される傾向にあることを、研究は示している。この結果からは、市場の効率性に関して何の結論も下せない。むしろ、市場の効率性は、株式の発行後、発行企業の株価が、平均すると上がりも下がりもしないということを意味している。

（IPO）後５年間の発行企業に対する年次リターンが、同様の簿価・時価比率をもつ無発行企業より、約２％少ないという証拠を提示している[25]。既公開企業による新規発行（seasoned equity offering, SEO）後の、この期間における年次リターンは、同等の無発行企業のリターンより、３％から４％少ない。図14.14の上の図は、IPO 企業と比較対象企業双方の平均年次リターンを示し、下の図は、SEO 企業と比較対象企業双方の平均年次リターンを示している。

Ritter 論文における証拠は、企業経営者が割高なときに SEO 株式を発行することを示唆している。言い換えれば、彼らは市場のタイミングを計るのに成功しているようにみえる。経営陣が IPO のタイミングを計れるという証拠は、IPO 後のリターンが比較対象グループのリターンに近いので、あまり説得力がない。

証券が過大評価されているときに SEO を発行する企業役員の能力は、セミストロング・フォームかあるいはストロング・フォームで、市場が非効率的であることを示しているだろうか。答えは実は一見して思うよりやや複雑である。一方では、役員はわれわれがもっていない特別な情報をもっている可能性が高い。これは市場がストロング・フォームでのみ非効率的であると示唆する。他方では、もし市場が

25）Jay Ritter, "Investment Banking and Security Issuance," Chapter 9 of *Handbook of the Economics of Finance*, ed. George Constantinides, Milton Harris, and Rene Stulz（Amsterdam : North Holland, 2003）.

図14.14　新規株式公開（IPO）と、既公開企業による新株発行（SEO）後のリターン

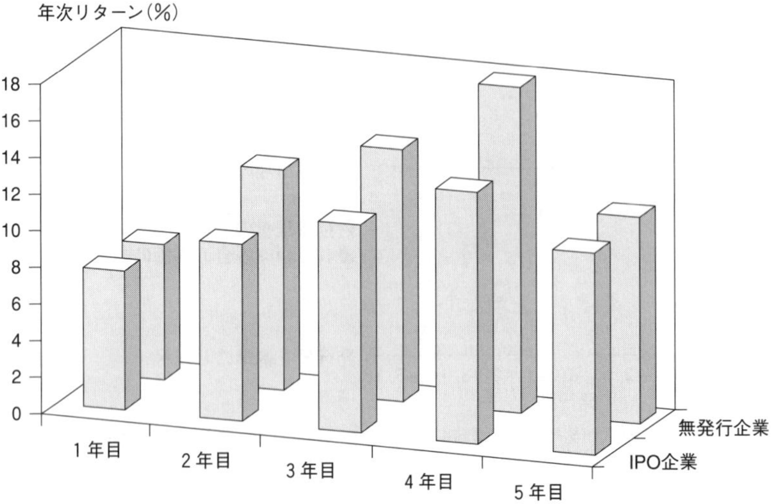

1970～2000年までの7,042のIPO企業と、比較対象無発行企業の、発行後5年間の平均年次リターン。1年目のリターンは、発行日のリターンを含まない。

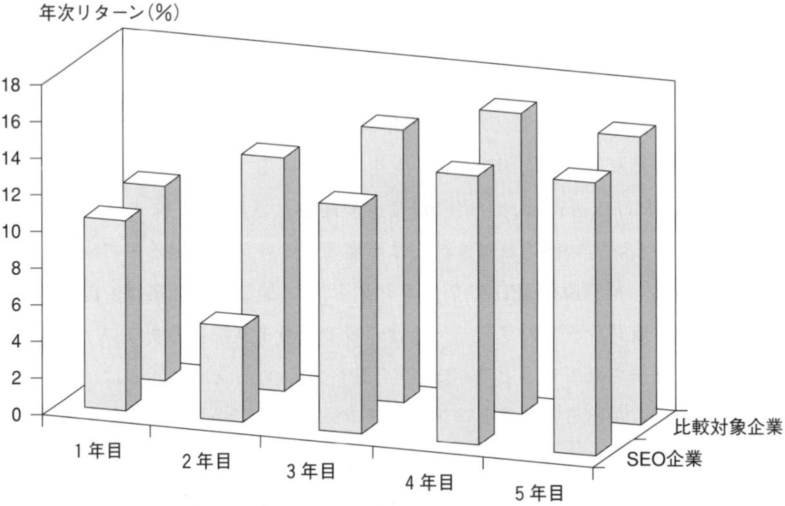

1970～2000年までの7,502のSEO企業と、比較対象無発行企業の、発行後5年間の平均年次リターン。1年目のリターンは、発行日のリターンを含まない。平均して、IPO企業は、比較対象グループに対して、発行後5年間、年間約2%リターンが少ない。SEO企業は、年間約3%から4%リターンが少ない。

（出所）Jay Ritter, "Investment Banking and Security Issuance," Chapter 9 of *Handbook of the Economics of Finance*, ed. George Constantinides, Milton Harris, and Rene Stulz (Amsterdam : North Holland, 2003).

セミストロングで効率的なら、SEO 予定の発表とともに、価格はすぐさま完全に下落する。すなわち、合理的な投資家は、企業役員が、株価が過大評価されているという特別な情報をもっているために、株式が発行されることを理解する。実際、多くの実証研究が、発表日における価格の下落を報告している。しかしながら、図14.14は、後の年に価格がさらに下落することを示している。これは市場がセミストロングで非効率的であると示唆する。

もし企業が普通株式の発行タイミングを計れるなら、おそらく彼らは株式の買戻しのタイミングを計ることも可能だろう。ここでは、企業は株式が割安なときに買い戻したい。Ikenberry, Lakonishok, and Vermaelen は、買戻しを行った企業の株式リターンが、買戻し後２年間で、異常に高いことを見出した[26]。これはタイミングを計ることがここでは効果的であるということを示唆している。

3．スペキュレーションと効率的市場

われわれは通常、個人と金融機関が金融市場における主なスペキュレーターであると考える。しかしながら事業法人もまたスペキュレーションを行う。たとえば、多くの企業が金利予想に賭ける。もし会社の経営陣が金利上昇の可能性が高いと考えれば、金利の上昇に伴い債務の現在価値が減るので、彼らには借入れを行うインセンティブが生まれる。加えて、これらの経営陣は、より長い期間低金利に固定するために、短期よりも長期で借入れを行うインセンティブをもつだろう。この考え方はもっと複雑化しうる。長期金利はすでに短期金利よりも高いとしよう。経営者は、この差は金利が上昇するという市場の見方を反映していると主張するかもしれない。しかしながら、たぶん彼は右肩上りの期間構造が示唆する市場予想よりも、もっと大きな金利上昇を予測する。再び、彼は短期ではなく長期で借りたいと思うだろう。

企業は外国為替市場でもスペキュレーションを行う。米国に本拠地をおく多国籍企業の CFO が、ドルに対してユーロが値下りすると考えているとしよう。彼は外国債務の価値が下がると期待するので、おそらくドル建て負債ではなくユーロ建て負債を発行する。逆に彼が、外国通貨がドルに対して強くなると考えたら、国内で負債を発行するだろう。

26）D. Ikenberry, J. Lakonishok, and T. Vermaelen, "Market Underreaction to Open Market Share Repurchases," *Journal of Financial Economics*（October-November 1995）.

われわれはストーリーをやや先走っているかもしれない。期間構造と外国為替レートの細かい点に関しては、この章ではなく他の章で扱う。とはいえ、全体的な質問は以下である。「上記の行動に関して、市場効率性は何かいうべきことがあるか」。答えはきわめて明白である。もし金融市場が効率的なら、経営陣は金利や為替の動向を予測しようとして時間を無駄にすべきではない。彼らの予測が偶然に勝ることはまずない。そして彼らは貴重な役員の時間を使い果たしてしまうことになる。これはしかしながら、企業が軽々しく、発行する負債の満期や額面をでたらめに決めてよいといっているわけではない。企業はこれらのパラメーターを慎重に選択しなければならない。とはいえ、選択は市場に勝とうとする試みではなく、他の根拠によらなければならない。たとえば、５年間続くプロジェクトをもつ企業は、５年債を発行する決定をするかもしれない。大規模に日本での拡大を計画している企業は、円建て債を発行するかもしれない。

同じことは買収についてもいえる。多くの企業は、標的企業が過小評価されていると考えるので、他の企業を買収する。残念ながら、実証研究は、このタイプのスペキュレーションが利益をあげるには、市場があまりにも効率的でありすぎると示唆している。そして買収企業は決して現行市場価格を支払えばよいわけではない。入札企業は、標的企業の大多数の株主が株式売却に応じるように、市場よりも高いプレミアムを支払わなければならない。しかしながら、これは決して企業買収をしてはならないということではない。そうではなく、統合からのシナジー（相乗効果）という利益があるかどうかよく考えなければならない。販売の向上、生産性の向上、無能な経営陣の交代、そして税の削減も、典型的なシナジーである。これらのシナジーは、被買収企業が過小評価されているという見方とは、まったく別のことである。

最後にもう一つの点に触れなければならない。先に、SEOは、過大評価された株式から利益を得るようタイミングが計られるという実証的証拠について述べた。経営陣は市場よりも自分の会社について詳しい可能性が高いので、これは理にかなっている。しかしながら、経営陣は自分の会社に関しては特別な情報をもっているだろうが、彼らが金利や外国為替や、他の企業について特別な情報をもっているとは考えがたい。これらの市場にはあまりにも多くの参加者がおり、彼らの多くはすべての時間を予測に費やしている。経営陣は普通、自分の会社の運営にほとんどの時間を費やし、金融市場の勉強にはほんのわずかしか時間を割かない。

4．市場価格がもつ情報

前節では、将来の市場価格を予測することはきわめてむずかしいと議論した。しかしながら、現在と過去の資産の価格を知っていることは非常に役に立つ。たとえば、銀行合併に関するBeckerの研究を考えてみよう27)。彼は、買収される銀行の株価が、最初の合併の発表で平均して約23%上がることを発見した。一般に企業は現行株価よりも高いプレミアムで買収されるので、これは驚くには当たらない。しかしながら、同研究は、買収する銀行の株価が同じ発表で5％近く下落することを示している。これは銀行の合併が、買収する銀行に利益をもたらさず、損害を与えるかもしれないという、かなり強い証拠である。この結果の理由は明白ではないが、おそらく買収側が、買収にお金を払いすぎるのだろう。理由はともあれ、そのもつ意味は明白である。銀行は、他の銀行を買収する前に、深く考えるべきである。

さらに、あなたが、買収の発表で株価が5％以上下落した会社のCFOであるとしよう。市場は、あなたの会社のために合併がよくないと語っている。たとえ発表前にあなたが合併はよいアイデアであると思ったとしても、合併の撤回に対して真剣な検討が行われるべきである。

もちろん、合併は単なる企業イベントの一つのタイプにすぎない。経営陣は、新規事業、会社分割、リストラやそれ以外の、どのような発表に対する株価の反応にも注意を払うべきである。

これは企業が市場における情報を活用できる唯一の方法である。あなたは、現在の最高経営責任者（CEO）が雇われて以来、株価が急落している会社の、取締役会のメンバーだとしよう。加えて、競合他社の株価は同時期に上昇したとする。酌量すべき情状があるかもしれないが、これはCEOがうまく仕事を行っていないという証拠としてみることができる。たぶん、彼は解雇されるべきだろう。もしこれが厳しいと思えるなら、Warner, Watts, and Wruckが、経営陣の入替えとその前の株式パフォーマンスとの間に、強い負の相関を見つけたことを考えてみよう28)。図14.15は、最高経営陣が強制退陣される前の3年間に、株価が平均で約40%（市

27）David A. Becher, "The Valuation Effects of Bank Mergers," *Journal of Corporate Finance* 6 (2000).

28）Jerold B. Warner, Ross L. Watts, and Karen H. Wruck, "Stock Prices and Top Management Changes," *Journal of Financial Economics* 20 (1988).

図14.15　経営陣の強制退陣前の株式パフォーマンス

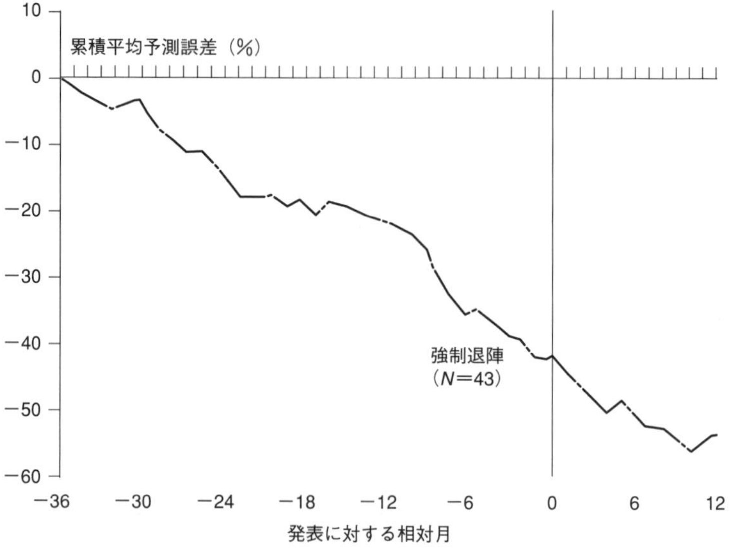

株価は、最高経営陣が強制退陣される前の3年間に、平均で約40%（市場パフォーマンス調整後）下落する。

（出所）Jerold B. Warner, Ross L. Watts, and Karen H. Wruck, "Stock Prices and Top Management Changes," *Journal of Financial Economics* 20(1988).のFigure 1より。

場動向に比べて）下落したことを示している。

もし経営陣が悪い株価パフォーマンスのために解雇されたら、おそらく彼らは株価上昇では報われるだろう。Hall and Liebman はこう述べている。

「われわれの主要な実証的発見は、CEO の富が企業価値の典型的な変化のためにしばしば数百万ドルも変動することである。たとえば、もし会社の株価が百分位ランキングで下から30番目の年次リターン（−7.0%）だったら、CEO の総報酬は中央値で約100万ドルであり、もし会社の株価が70番目の年次リターン（20.5%）だったら、500万ドルである。したがって、平均よりやや下のパフォーマンスに比べて、平均よりやや上のパフォーマンスを達成することは、報酬に約400万ドルの違いが存在する[29]」。

29）Brian, J. Hall and Jeffrey B. Liebman, "Are CEO's Really Paid Like Bureaucrats？" *Quarterly Journal of Economics*（August 1998), P.654.

市場効率性は、株価がすべての入手可能な情報を反映することを意味する。われわれは、企業の意思決定にこの情報をできる限り利用することを勧める。また、少なくとも、役員の解雇や役員報酬に関して、現実の世界の企業は、市場価格に注意を払うようにみえる。以下は、効率的市場論争における、いくつかの重要な論点を要約している。

効率的市場仮説：要約

言っていない

・価格には原因がない。
・投資家は、市場にいるには、愚かであまりに間抜けである。
・すべての株式は、同じ期待リターンをもつ。
・投資家は、ダーツを投げて株式を選択すべきである。
・株価に上昇トレンドは存在しない。

言っている

・価格は、もとにある価値を反映している。
・財務管理者は、株式と債券の売却時期のタイミングを計ることはできない。
・株式と債券の売却は、価格を押し下げない。
・帳簿を粉飾することはできない。

なぜ全員が信じないのか

・株式市場リターンのチャートにおいて、目の錯覚、はかない願望、そして、見かけ上のパターンが存在する。
・真実は大しておもしろくない。
・効率性に反する多少の証拠も存在する。
・財務的には同等だが、同じ企業の二つの異なるクラスの株式が、違う価格で売られている。
・利益サプライズ
・小型 vs 大型株

・バリュー vs 成長株
・クラッシュとバブル

三つのフォーム

ウィーク・フォーム：現在の価格は過去の価格を反映する。チャート分析（テクニカル分析）は役に立たない。
セミストロング・フォーム：価格はすべての公開情報を反映する。ほとんどの財務分析は役に立たない。
ストロング・フォーム：価格は知ることのできるすべての情報を反映する。だれも安定的に優れたリターンをあげられない。

要約と結論

1．効率的金融市場は、投資家が入手可能な情報を処理し、証券の価格に織り込む。市場効率性は、二つの一般的な意味をもつ。第一に、所与の期間において、株式の異常リターンは、その期間に市場が受け取った情報やニュースに依存する。第二に、市場と同じ情報を用いる投資家は、異常リターンを得ることを期待できない。言い換えれば、相場に賭けるシステムは失敗する運命にある。

2．価格を決定するために、市場はどんな情報を用いるだろうか。効率的市場仮説のウィーク・フォームによると、市場は過去の価格の推移を用い、したがって、これらの過去の価格に関して効率的である。これは、過去の株価動向のパターンに基づく株式選択が、ランダムな株式選択と違わないことを意味している。

3．セミストロング・フォームの効率性は、市場が価格決定にすべての公開情報を用いると言明する。

4．最も強い効率性の理論であるストロング・フォームの効率性は、たとえ内部情報であれ、市場が株式に関して知りうるすべての情報を織り込むという。

5．異なる金融市場からのほとんどの証拠は、ウィーク・フォームとセミストロング・フォームの効率性を支持する。これは市場に打ち勝とうという試みに公開情報を用いる大勢の投資家にとっては、何の慰めにもならない。

6．行動ファイナンスは、市場が効率的でないという。信奉者は次のことを主張する。

a. 投資家は合理的ではない。

b. 投資家全体が同じように合理性から逸脱する。

c. アービトラージはコストがかかるので、非効率性を取り除くことはない。

7．行動ファイナンス派は、小型株のパフォーマンスが大型株を上回る、バリュー株のパフォーマンスが成長株を上回る、利益サプライズに株価はゆっくりと反応する、ことなどを示した多くの研究を、彼らの信念の確証として指摘する。

8．市場効率性がコーポレートファイナンスに対してもつ意味は、以下のとおりである。

a. 経営陣は、独創的な会計方法によって市場を欺くことはできない。

b. 企業は、株式と債券の発行タイミングをうまく計ることはできない。

c. 経営陣は、外国通貨や他の金融商品のスペキュレーションで儲けることはできない。

d. 経営陣は、市場価格に注意を払うことによって、多くの利益を得ることができる。

Concept Questions

1．企業価値

資金調達の意思決定に際して、企業はどんなルールに従うべきか。企業はどのように価値ある資金調達の機会をつくりだせるか。

2．効率的市場仮説

市場効率性の三つのフォームを定義せよ。

3．効率的市場仮説

効率的市場仮説に関して、以下のどの文章が正しいか。

a. 完璧な予測能力を意味する。

b. 価格はすべての入手可能な情報を反映しているということを意味する。

c. 非合理的な市場を意味する。

d. 価格は変動しないということを意味する。

e．効率性は投資家間の激しい競争の結果もたらされる。

4．市場効率性のもつ意味

なぜ効率的市場おける投資はNPVがゼロなのか、この市場の特徴の一つを説明せよ。

5．効率的市場仮説

ある株式アナリストは、過去10日間の平均株価を、過去60日間の平均株価と比較することによって、誤った価格づけがされている株式を見つけることができるという。もしこれが本当だったら、あなたは市場に関して何を知っているか。

6．セミストロングの効率性

もし市場がセミストロング・フォームの効率性だったら、それはまたウィーク・フォームの効率性でもあるか。説明せよ。

7．効率的市場仮説

「市場に勝つ」ことを試みて株式の売買を繰り返す投資家に対して、効率的市場仮説はどんな意味をもつか。

8．株式vsギャンブル

次の文章を批判的に評価せよ。「株式市場での売買はギャンブルのようなものである。そのような投機的な投資は、人々がギャンブルとしての快楽を得る以外に、何の社会的な価値もない」。

9．効率的市場仮説

しばしば金融新聞に取り上げられる幾人かの有名な投資家と株式ピッカーたちは、過去20年間にわたって投資から莫大なリターンを得てきた。これらの特定の投資家たちの成功は、EMHを無効にするか。説明せよ。

10．効率的市場仮説

次の各シナリオについて、⑴市場はウィーク・フォームの効率性ではない、⑵市場はウィーク・フォームの効率性だが、セミストロング・フォームの効率性ではない、⑶市場はセミストロング・フォームの効率性だが、ストロング・フォームの効率性ではない、⑷市場はストロング・フォームの効率性である、というそれぞれの条件下で、この会社の株式を取引することから利益をあげる機会が存在するかどうか議論せよ。

a. 株価は過去30日間、毎日着実に上がってきている。

b. 会社の財務諸表が3日前に公表され、あなたは会社の棚卸資産とコスト管理の報告方法に、会社の真の流動性を実際より少なくみせる、いくつかのアノマリーを発見したと確信している。

c. あなたは会社の上級経営陣が、先週大量の自社株を市場で購入していることに気づく。

次の二つの問題には、以下の情報を用いる。

テクニカル分析は物議をかもす投資手法である。テクニカル分析は幅広いテクニックを含むが、それらはすべて、特定の株式や市場の動向を予測する試みのために用いられる。テクニカル・アナリストは、二つの主要な情報に注目する。過去の株価と投資家心理である。テクニカル・アナリストは、これら二つの情報集合が、特定の株式や市場全体の動向に関する情報を提供すると主張する。

11. テクニカル分析

テクニカル・アナリストは市場効率性に関して何をいうか。

12. 投資家心理

時々市場動向を予測するために用いられるテクニカル分析の一つのツールは、投資家心理インデックスである。米国個人投資家協会（AAII）は、会員調査をベースにした投資家心理インデックスを公表している。以下の表は、4週間にわたる強気、弱気、中立な投資家の割合を示している。

週	強気	弱気	中立
1	37%	25%	38%
2	52	14	34
3	29	35	36
4	43	26	31

投資家心理インデックスは、何をとらえようとしているか。テクニカル分析ではどのように利用されるか。

13．プロのパフォーマンス

1990年代の中頃から終わりにかけて、プロのパフォーマンスは一般的によくなかった。すべての株式投資信託の90％近くが、パッシブに管理されるインデックス・ファンドより悪い成績だった。これは市場効率性の論点にどのような意味をもつか。

14．効率的市場

100年以上前は、企業は年次報告書を作成しなかった。たとえあなたがある会社の株式を所有していたとしても、あなたが会社の貸借対照表と損益計算書をみせてもらえる可能性はまずなかった。市場がセミストロング・フォームの効率性をもつと仮定したら、いまの状況と比較して、当時の市場効率性に関して何がいえるか。

15．効率的市場仮説

航空宇宙産業の研究企業であるエアロテック社は、今朝世界で最も知識がありプロダクティブな宇宙研究者を雇ったと発表した。今日以前のエアロテック社の株式は、100ドルで売られていた。来週いっぱい、他の情報は何もなく、全体としての株式市場は動かないと仮定する。

a．エアロテック社の株式に何が起こると予想されるか。

b．次のシナリオを考慮しよう。

1．株価は発表日に118ドルに跳ね上がる。それ以降、123ドル近辺まで上昇し、やがて116ドルに戻る。

2．株価は116ドルに跳ね上がり、その水準にとどまる。

3．株価は次の数週間をかけて、徐々に116ドルまで上昇する。

どのシナリオが市場効率性を示すか。どれが示さないか。それはなぜか。

16．効率的市場仮説

ガルフ＆ウェスタン社の創業者が56歳で心臓病のために亡くなったとき、株価は18.00ドルから20.25ドルへと12.5％跳ね上がった。これは、市場の非効率性の証拠である。なぜなら、効率的な株式市場なら、彼の死を予期して、あらかじめ価格の調整を行っていただろうからである。他の情報は何もなく、全体としての株式市場は動かないと仮定する。この文章は、正しいか、間違っているか。説明せよ。

17. 効率的市場仮説

本日、以下の発表が行われた。「今朝、司法省はユニバーサル・プロダクト・ケア（UPC）社の問題に関して、結論に達した。UPC社は、雇用慣習における差別で有罪と認められた。今後5年間、UPC社は毎年、同社の政策の被害者たちを代表する基金に対して、200万ドルを支払わなければならない」。訴訟の結果異常に低い利益率になるので、投資家はこの発表後にUPC社の株式を買うべきではないか。市場効率性を仮定する。説明せよ。

18. 効率的市場仮説

ニューテック社は、生産効率を大きく向上させることが可能な新しい半導体テスト装置を採用する予定である。この装置の主任技術者が、この新技術導入のニュース発表が出る前に、ニューテック社の株式を購入して、利益をあげることができると思うか。もしあなたが、この発表を*ウォール・ストリート・ジャーナル*紙上で知った直後に、急いで株式ブローカーに電話して、株式を購入したらどうか。市場効率性を仮定する。

19. 効率的市場仮説

トランス・トラスト社は、棚卸資産の評価方法を変更した。この変更は税金を変えないが、以前の会計システムに比べて、今四半期の報告された利益が20%高くなる。この利益報告に他のサプライズはなく、会計処理の変更は公表された。市場効率性を仮定する。報告された利益が高いということを市場が知ったとき、株価は高くなるか。

20. 効率的市場仮説

ダーキン・インベスティング・エージェンシーは、過去2年間、最も優れた株式選択をした会社だった。有名になる前、ダーキン社のニュース・レター購読者の数は、合計でたった200人だった。これらの購読者達は、常に市場に勝った。彼らは、リスクと取引コストを調整した後、市場を大きく超えるリターンを得た。購読者数はいまや急増して1万人になった。現在は、ダーキン社が株式を推奨すると、株価は即座に数ポイント上がる。情報を利用する前に株価が上がってしまうので、いまでは彼らが勧める株式を購入しても、購読者は普通のリターンしか得られない。この現象を簡潔に説明せよ。ダーキン社の株式選択能力は、市場効率性と整合しているか。

21. 効率的市場仮説

あなたのブローカーは、「うまく経営されている企業は、まずい経営の企業よりもよい投資だ」とコメントした。証拠としてブローカーは、8年前に、ある業界誌に国内で最もうまく経営をしている小さな製造会社として取り上げられた100社を調べた研究を引用した。その後8年間、この100社は市場の平均リターン以上を獲得できなかった。あなたのブローカーは、「もしそれらの企業がうまく経営されていたなら、平均以上のより高いリターンを生み出していたはずだ」と続けた。市場効率性を仮定する。あなたはこのブローカーに同意するか。

22. 効率的市場仮説

著名な経済学者が、景気後退は終わり、経済は再び拡大期に入りつつあるという調査結果を、*ウォール・ストリート・ジャーナル*紙上で発表したところである。市場効率性を仮定する。この発表を読んだ後、株式市場に投資することによって、利益を得ることができるか。

23. 効率的市場仮説

市場はセミストロング・フォームで効率的であるとする。もし以下に基づいて取引を行った場合、超過リターンを期待できるか。

a. 最高益に関するブローカーの株式情報

b. 企業合併の噂

c. 新製品の試験がうまくいったという昨日の発表

24. 効率的市場仮説

あなたの会社の純利益に影響を及ぼすある特定のマクロ経済変

数が、正の系列相関をもつと仮定する。市場効率性を仮定する。あなたの会社の株価変化も系列相関をもつと予想するか。なぜか、あるいはなぜそうでないのか。

25. 効率的市場仮説

効率的市場仮説は、すべての投資信託が同じリスク調整済リターンを得ることを含意する。したがって、投資信託は単にランダムに選んでよい。この文章は正しいか、誤っているか。説明せよ。

26. 効率的市場仮説

市場が効率的であると仮定する。取引時間帯に、アメリカン・ゴルフ社は、それまで確実であると広く信じられていた大きなゴルフ・コース・プロジェクトの契約を失ったと発表した。もし他の情報が何もない場合、この情報に対して、株価はどう反応すべきか。

27. 効率的市場仮説

プロスペクターズ社は、アラスカにある小さな金鉱脈探索上場企業である。通常、この会社の調査は何も見出さないが、ときどき探鉱者が、豊かな鉱脈を発見する。市場効率性を仮定する。プロスペクターズ社の累積異常リターンについて、どのようなパターンを期待するか。

28. 市場効率性の証拠

一部の人々は、効率的市場仮説が1987年の市場大暴落や、1990年代後半におけるインターネット企業の高い株価収益率を説明できないと主張する。これらの二つの現象に対して、現在どのような代替的仮説が用いられているか。

質問と問題

◆基本（問題１－４）

1．累積異常リターン

デルタ航空、ユナイテッド航空、アメリカン航空は、それぞれ７月18日、２月12日、10月７日に航空機を購入すると発表した。以下の情報をもとに、これらの株式を一つのグループとして、累積異常リターン（CAR）を計算せよ。結果を作図し、そして説明せよ。株式のベータはすべて1であり、他の発表は何も行われない。

デルタ航空			ユナイテッド航空			アメリカン航空		
日付	市場リターン	株式リターン	日付	市場リターン	株式リターン	日付	市場リターン	株式リターン
7/12	−0.3	−0.5	2/8	−0.9	−1.1	10/1	0.5	0.3
7/13	0.0	0.2	2/9	−1.0	−1.1	10/2	0.4	0.6
7/16	0.5	0.7	2/10	0.4	0.2	10/3	1.1	1.1
7/17	−0.5	−0.3	2/11	0.6	0.8	10/6	0.1	−0.3
7/18	−2.2	1.1	2/12	−0.3	−0.1	10/7	−2.2	−0.3
7/19	−0.9	−0.7	2/15	1.1	1.2	10/8	0.5	0.5
7/20	−1.0	−1.1	2/16	0.5	0.5	10/9	−0.3	−0.2
7/23	0.7	0.5	2/17	−0.3	−0.2	10/10	0.3	0.1
7/24	0.2	0.1	2/18	0.3	0.2	10/13	0.0	−0.1

2．累積異常リターン

以下の図は、1950～1980年の間に、石油発見を発表した386の石油採掘会社の累積異常リターンを表している。図中の0月は発表月である。他に何の情報もなく、全体としての株式市場は動かないと仮定する。この図は市場効率性と整合的か。なぜか、またはなぜそうでないのか。

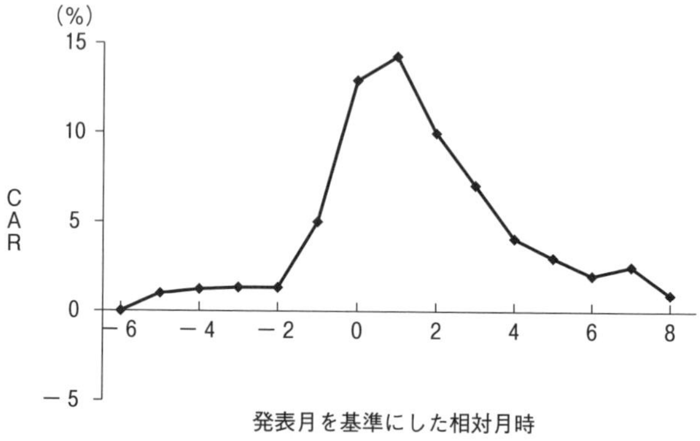

3．累積異常リターン

以下の図は、四つの累積異常リターン（CAR）研究の結果を示している。各々の研究結果は、セミストロング・フォーム の効率的市場仮説に関して、支持するか、否定するか、または結論づけるには不十分であるか述べよ。各図において、時間0はイベントの起こった日付である。

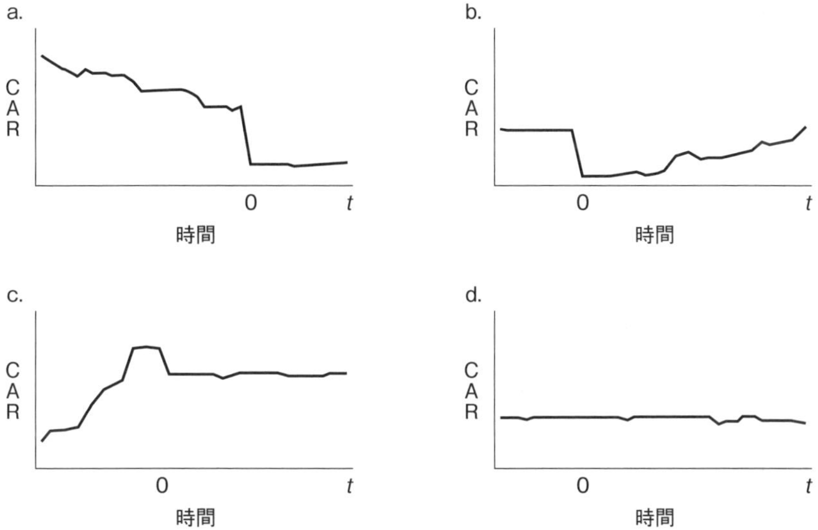

4．累積異常リターン

ある研究は、独占禁止法の訴訟に敗れた企業の株価動向を分析した。図に含まれているのは、たとえ後で控訴に勝った場合でも、最初の裁判所の決定で敗れたすべての会社である。０時点におけるイベントが、最初の控訴前の裁判所の決定である。当初の裁判で明らかになった情報以外の、他の情報は何もないと仮定する。株価はすべて１のベータをもつ。図は市場効率性と一致しているか。なぜか、またはなぜそうでないのか。

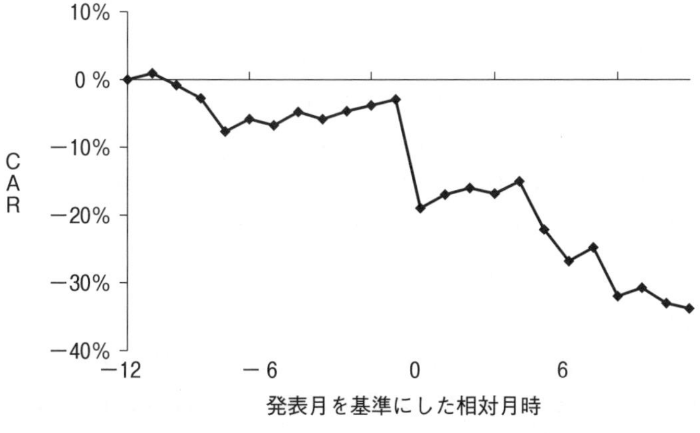

ミニケース

●イーストコースト・ヨットでのあなたの401(k)口座

あなたがイーストコースト・ヨット社に勤務して１週間がたち、会社の401(k)プランに加入することに決めた。ブレッドソー・ファイナンシャル・サービスの担当者であるサラ・ブラウンと話した後でも、あなたはまだ、どの投資選択肢を選ぶべきか迷っている。あなたが選べる選択肢は、イーストコースト・ヨット社の株式、ブレッドソーS&P500インデックス・ファンド、ブレッドソー小型株ファンド、ブレッドソー大型株ファンド、ブレッドソー債券ファンド、ブレッドソー・マネー・マーケット・ファンドである。あなたは、株式に70%、債券に25%、マネー・マーケット・ファンドに５%を投資する、分散化されたポートフォリオに投資するべきであると決めた。あなたはまた、株式投資を大型株に集中すべきであると決めたが、S&P500インデックス・ファンドにするか、あるいは大型株ファンドにすべきか熟考している。

じっくりと考えて、あなたは二つのファンドの基本的な違いを理解した。一つは、広く注目される大型株インデックスのS&P500を複製する純粋にパッシブなファンドで、報酬が安い。もう一つは、ポートフォリオ・マネジャーのスキルがインデックスよりもよいパフォーマンスを上げることを目指して、アクティブに運用管理されるファンドである。このファンドのほうが報酬は高い。あなたはどちらにするか決めかねているので、会社の財務部門で働くダン・アービンにアドバイスを求めた。

あなたの問題を議論した後で、ダンはあなたに、株式投資信託とバンガード500インデックス・ファンドのパフォーマンスを比較した情報を与えた。バンガード500は、世界でいちばん大きな株式投資信託である。これはS&P500を複製し、リターンの差はS&P500と比べて無視できるほどしかない。報酬は非常に安い。結果として、バンガード500は、基本的に401(k)プランで提供されるブレッドソーS&P500インデックス・ファンドと同じであるが、ずっと長い間存在しているので、あなたは過去20年間にわたる実績を調査する。次のグラフは、過去10年間でバンガード500ファンドよりパフォーマンスがよかった株式投資信託の割合を示しており[30)]、ダンのコメントを要約している。たとえば、1977年１月～1986年１月の期間で、約70%の株式投資信託がバンガード500よりパフォーマンスがよかった。ダンは、あなたにグラフを研究して、以下の質問に答えるよう勧めた。

1．投資信託の投資家に対して、グラフはどのような意味をもつと思うか。
2．グラフは市場効率性と一致しているか、あるいは一致していないか。注意深く説明せよ。
3．あなたは401(k)口座の株式部分に関して、どのような投資の意思決定を行うか。なぜか。

バンガード500を上回るアクティブ株式投資信託の割合：10 年リターン

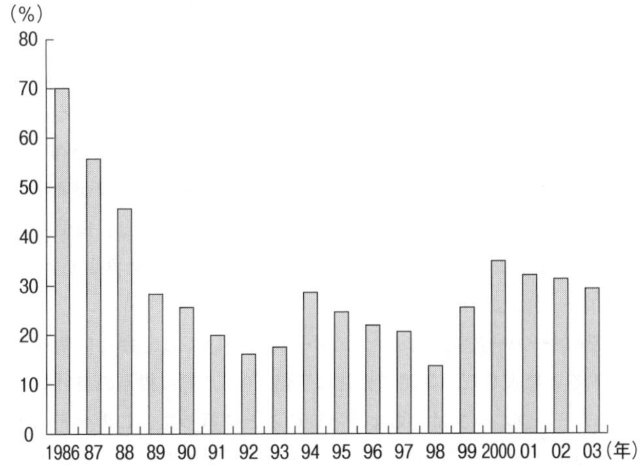

（出所）　Center for Research in Security Prices（CRSP）Survivor Bias-Free U.S. Mutual Fund Database からのデータを用いた筆者の計算。

30）　このグラフは仮想上のものではないことに注意されたい。これは実際のバンガード500インデックス・ファンドのパフォーマンスを、非常に数多くの分散化された株式投資信託母集団と比較したものである。国際投資ファンドなどの、特化したファンドは除外した。すべてのリターンは管理報酬控除後のものであるが、販売手数料（「ロード」として知られる）は、もしあっても控除されていない。結果として、アクティブに運用管理されるファンドのパフォーマンスは、実際よりも高くなっている。

第15章
長期資金調達
—イントロダクション—

マイクロソフト、レックスマーク、メサ・エアー・グループの共通点は何だろうか。2008年または2009年の前半に、これら3社は、会社の貸借対照表に変更を加えることになる発表を行った。たとえば、マイクロソフトは、400億ドルの自社株を買い戻すと発表した。買戻資金のために、会社は負債発行で調達した約80億ドルを用いた。何が興味深いかというと、マイクロソフトが長期負債を発行するのは初めてのことだった。負債発行の規模が比較的小さいので、マイクロソフトの債券はAAAの格付を得て、世界中でAAA格付を得ているたった14社の一つになった。

プリンターの製造メーカーであるレックスマークについては、会社は新規負債を6億5,000万ドル発行すると発表した。同時に会社は7億5,000万ドル相当の自社株買戻しを発表した。メサ・エアー・グループは、ちょうど逆のことを行った。このケースでは、会社は株主から、発行済株式数を7,500万株から9億株にふやす許可を得た！　この途方もない株主資本の増加の理由は、会社の負債を買い戻すためだった。会社には二つの発行済債券があった。一つは2023年に満期を迎え、もう一つは2024年に満期を迎えることになっていたが、これらの債券には興味深い特徴があった。両方の債券が、2009年に債券を会社に買い戻すよう強制する権利を、債券保有者に与えていた。会社の経営陣は当時の債券市場の状況をみて、最善の選択肢が、新規負債を発行するより新規株式を発行して、これらの債券を買い戻すことであると感じた。それではなぜ、メサ・エアー・グループが負債を株式に交換する一方で、マイクロソフトとレックスマークは株式を負債に交換する意志決定をしたのだろうか。本章では、この質問と他の論点を探求する。

15.1　普通株式と優先株式のいくつかの特徴

普通株式の特徴を議論する際、われわれは株主の権利と配当支払に焦点を絞る。

優先株式では、「優先」が何を意味するのかを説明し、はたして優先株式が、実際は負債なのか株式なのかを議論する。

普通株式の特徴

普通株式（common stock）という用語は、人それぞれに意味が異なるが、通常、配当受取り、あるいは倒産の場合のいずれにも、なんら特別な優先権をもたない株式に対して適用される。

株主の権利

企業の概念的構造は、株主が取締役を選任し、次に取締役が経営陣を雇用して彼らの方針を執行することを仮定している。したがって、株主が、取締役を選任する権利を通して、企業を統治する。一般的に、株主だけがこの権利をもつ。取締役は、毎年、年次総会で選任される。例外はあるものの（次で議論する）、一般的な考え方は「１株１票」（１*株主*、１票*ではない*）である。したがって、企業の民主主義は、われわれの政治的な民主主義と大きく異なっている。企業の民主主義では、「黄金のルール」が絶対的に支配する[1]。

取締役は、年次株主総会で、出席していて議決権を有する大多数の株式保有者の投票によって選ばれる。しかしながら、厳密な取締役の選出方法は、企業により異なっている。最も重要な違いは、株主持分が累積投票されるか単純多数決投票されるかどうかにある。

二つの異なる投票手順を解説するために、会社には、二人の株主がいると想定しよう。スミス氏は20株を所有し、ジョーンズ氏は80株を所有している。両者はともに取締役になりたい。とはいえ、ジョーンズ氏はスミス氏を取締役にしたくない。四名の取締役が選ばれると仮定する。

累積投票（cumulative voting）の効果は、少数グループの参加を可能にすることである[2]。もし累積投票が許された場合、最初に各株主が投じてもよい票の総数が決定される。その数は、通常、（所有されているか、あるいは、支配されている）株式数に、選出される取締役数を掛け合わせたものである。

1）　黄金のルール：黄金をもつ者だけが、ルールをつくる。

2）　われわれは、少数グループの参加を、比較的株式保有数が少ない株主の参加という意味で用いている。

累積投票では、取締役はすべてが一度に選出される。われわれの例では、これは上位四名の投票獲得者が、新しい取締役に選ばれることを意味する。株主は、望む者にはだれにでも票数を配分することができる。

スミス氏は取締役の席を手に入れられるだろうか。もし五人の引分けの可能性を無視すると、答えはイエスである。スミス氏は20×４＝80票を投じ、ジョーンズ氏は80×４＝320票を投じる。もしスミス氏が彼の票全部を自分自身に投票した場合、彼は取締役の職を確実にする。理由は、ジョーンズ氏が、四人の候補者に、それぞれが80票を超えるように、320票を配分することは不可能であるからである。したがって、スミス氏は最悪でも４位になる。

一般に、もしＮ人の取締役が選任されるとしたら、１/(N＋１）％の株式＋１株で確実に選ばれる。われわれの現在の例では、これは１/（４＋１）＝20％である。したがって、一度に選任される取締役の数が多ければ、一つの席を勝ち取るのは簡単（そして安く）になる。

単純多数決投票（straight voting）では、取締役は一人ずつ選出される。毎回スミス氏は20票を投じ、ジョーンズ氏は80票を投じることができる。結果として、ジョーンズ氏がすべての候補者を選ぶことになる。選任を保証するただ一つの方法は、50％＋１株を所有することである。これはまた、あなたがすべての取締役を選べることを意味する。したがってこれは実際のところ、すべてか無かである。

例15.1　選挙を買う

JRJ 社の株式は、１株当り20ドルで売られており、累積投票である。発行済株式数は１万株である。もし三人の取締役が選任されるとしたら、あなたが取締役会の席を確実に自分のものにするには、いくらかかるだろうか。

ここでの質問は、取締役に選ばれるためには、何株必要かということである。答えは2,501株なので、費用は50,020ドル（＝2,501×＄20）になる。なぜ2,501株なのだろうか。なぜなら残りの7,499票を、全員が2,501票以上になるように三人で分ける方法はないからである。たとえば、二人が2,502票を得て、取締役に選ばれるとする。三人目は最大でも2,495票（＝10,000－2,502－2,502－2,501）しか得ることができない。したがって、３番目の席はあなたのものである。

例証したように、単純多数決投票は、少数株主を「締め出す」ことが可能である。このため、多くの州は累積投票を強制している。累積投票を強制している州では、その影響が最小限になるように工夫されている。そうした工夫の一つが、取締役会に対する投票をずらすことである。この時期をずらせた段階的投票では、取締役の一部だけが特定の時期に選任される。よって、もし二人の取締役だけが一度に選任されるとしたら、選任を確実にするためには、１/(２＋１)＝33.33％の株式＋１株が必要になる。

全般に、これには二つの基本的な効果がある。

1．累積投票の際に時期をずらせる段階的投票は、一度に選任される取締役の数が少なくなるので、少数派が取締役を選ぶことをよりむずかしくする。
2．時期をずらせる段階的投票は、新しい取締役が過半数を占めることをよりむずかしするので、乗っ取りが成功する可能性を少なくする。

時期をずらせる段階的投票は、有益な目的に役立つかもしれない。それは「組織の記憶」を提供する。すなわち、取締役会の継続性である。これは重要な長期計画とプロジェクトをもつ企業にとって重要かもしれない。

委任状投票

委任状（proxy）とは、株主が第三者に株主投票権の権利を法的に与えることである。便宜上、公開大企業における実際の投票は、実際には、委任状によって行われている。

すでにみたように、単純投票では、１株が１票をもつ。１万株の保有者は、１万票をもっている。大企業では、何十万もあるいは何百万もの株主がいる。株主は株主総会に来て自ら投票することもできるし、だれかに投票権を移すこともできる。

明らかに、経営陣はいつもできる限り多くの委任状が自分たちに移されるように努力する。しかしながら、もし株主が経営陣に満足していない場合、株主の外部グループが、委任状によって票を獲得しようと試みることが可能である。彼らは十分な取締役を選任して経営陣を置き換えるために、委任状によって投票することができる。この争いは*委任状争奪戦*と呼ばれる。

株式の種類

一部の企業は、１種類以上の普通株式を発行する。多くの場合、種類は等しくない議決権をもつようにつくられる。たとえば、フォード・モーターは、クラスＢ普通株式を発行しており、これは公には取引されていない（フォード家の財産を管理する法人や信託が所有している）。株式数は発行済株式総数の約10％以下でしかないものの、このクラスは40％の議決権を有している。

ほかにも異なるクラスの株式をもつ多くの企業がある。バークシャー・ハザウェイのクラスＢ株式は、クラスＡ株式の200分の１の議決権を有する。クラスＡの株式１株は、クラスＢ株式30株と交換することができる。ケーブルテレビの大企業コムキャストのCEOであるブライアン・ロバーツは、会社の株主資本の約0.4％を所有しているが、特別なクラスの株式のおかげで、すべての議決権の３分の１をもっている。もう一つの良い例は、つい最近上場したネット検索企業のグーグルである。グーグルにはＡとＢという二つのクラスの普通株式がある。クラスＡ株式は広く一般に保有されていて、それぞれの株式が一つの議決権を有している。クラスＢ株式は、会社の内部者によって保有され、１株当り10の議決権を有している。結果として、グーグルの創業者たちと経営陣が会社を支配している。

歴史的に、ニューヨーク証券取引所は、企業に等しくない議決権を有する上場普通株式の発行を認めなかった。例外もあったようである（たとえばフォード）。加えて、多くのニューヨーク証券取引所以外の企業は、二つのクラスの普通株式をもっている。

２種類またはそれ以上の普通株式を発行する第一の理由は、企業の支配権と関係している。企業の経営陣は、無議決権あるいは議決権が制限された株式を発行することによって、支配権を維持しながら、株主資本をふやすことができる。
等しくない議決権の問題は、米国では論争の的で、１株１議決権の考え方には強い支持があり、また歴史もながい。しかしながら、興味深いことに、等しくない議決権を有する株式は、英国や世界中の他の国々できわめて一般的である。

その他の権利

企業の普通株式１株の価値は、株主の一般的な権利と直接関係している。取締役を投票で選ぶ権利に加え、株主は通常以下の権利を有している。

１．配当支払を、持分に応じて受け取る権利。

2．清算に際し、負債が支払われた後の残余資産を、持分に応じて受け取る権利。
3．合併のような株主にきわめて重要な事柄に関して投票する権利。投票は通常、年次総会あるいは特別総会で行われる。

加えて、株主は時々、新株売出しに際して持分比率を維持する権利をもつ。これは*新株引受権（preemptive right）*と呼ばれる。

基本的に、新株引受権は、新株を発行しようとする企業が、公募売出しの前に、まず既存の株主にオファーしなければならないことを意味する。目的は、株主に会社の持分比率を守る機会を与えるためである。

配　当

企業の際立った特徴は、企業が株式を発行し、株式保有者に配当を支払うことが法律によって認められていることである。株主に支払われる**配当**（dividend）は、株主により直接、または間接的に、企業に払い込まれた資本に対するリターンを意味している。配当の支払は、取締役会の自由裁量で行われる。

配当に関するいくつかの重要な特徴は以下を含む。

1．配当は企業の取締役会により宣言されない限り、企業の債務ではない。企業は未宣言の配当に対して債務不履行にはなりえない。結果として、企業は配当の未払いによって倒産する可能性もない。配当額（配当を支払うかどうかさえも）は、取締役会の経営判断に基づく決定である。
2．企業による配当支払は、営業費用ではない。配当は企業の課税目的のために控除可能ではない。要するに、配当は企業の税引き後利益より支払われる。
3．個人株主が受け取った配当は、課税される。しかしながら、他の企業の株式を所有する企業は、配当として受け取った金額の70%を課税除外することが認められており、残りの30%のみに対して課税される[3)]。

3）　正式にいうと、70%の課税除外は、他の企業の発行済株式数の20%未満を保有する場合に適用される。もし会社が20%以上、80%未満を保有する場合は、課税除外は80%になる。もし80%以上を保有していたら、会社は一つの「連結」純利益を提出することができ、課税除外は実質的に100%になる。

優先株式の特徴

優先株式（preferred stock）は、配当支払と清算時における会社の資産の分配において、普通株式よりも優先権を有するので、普通株式とは異なっている。*優先*とは、普通株式の保有者が何かしらを受け取る権利をもつ前に、優先株式の保有者が配当を受けなければならない（継続企業の場合において）ということを意味している。

優先株式は、法的そして税的な観点からは株主資本の形態である。しかしながら、優先株式の保有者は通常、何の議決権ももたないということを心にとどめておくことは重要である。

額　面

優先株式は、あらかじめ決められた清算価値をもっており、通常１株当り100ドルである。現金配当は、１株当り何ドルというかたちで表される。たとえば、ゼネラル・モーターズの「５ドル優先」は、簡単に額面の５％の配当利回りであると解釈できる。

累積配当と非累積配当

優先株式の配当は、債券の金利のようなものではない。取締役会は、優先株式の配当支払を行わないことを決定するかもしれず、しかも彼らの決議は、会社の現在の純利益とはなんら関係がないかもしれない。

優先株式が支払う配当は、*累積型*か*非累積型*のどちらかであるが、ほとんどは累積型である。もし優先株式の配当が累積型で、ある特定の年に支払われなければ、配当は*未払金*として繰り越される。通常、（過去の）累積された優先株式の配当に、今期の優先株式の配当を加えた両方が、普通株式保有者が何かしらを受け取れるようになる前に支払われなければならない。

支払われなかった優先株式の配当は、企業の負債ではない。普通株式保有者によって選出された取締役会は、優先株式の配当を無期限に延ばすことが可能である。とはいえ、そのような場合には、普通株式保有者もまた、配当を見合わせなければならない。加えて、優先株式の配当がしばらく支払われなかった場合、優先株式保有者は、時々議決権や他の権利を授与される。

優先株式は、本当は負債か

優先株式は、実は負債の偽装であり、１種の株主資本債券であると主張する、十分な言い分を述べることができる。優先株式保有者は、決められた額の配当だけを受け取り、万一企業が清算された場合には、額面を得る。しばしば、優先株式は債券と同じように格付を伴う。さらに、優先株式は、時々普通株式に転換可能であり、また優先株式は多くの場合、繰上償還可能である。たとえば、2007年８月、カントリーワイド・ファイナンシャル社は、バンク・オブ・アメリカに約20億ドルの新規優先株式を販売した。この優先株式は普通株式に転換可能で、そうするとバンク・オブ・アメリカは、カントリーワイド・ファイナンシャルの19%の所有権を得ることになる。

加えて、多くの優先株式には、減債基金が義務づけられている。このような減債基金の存在は、すべての発行済優先株式が最終的に償還されるので、事実上満期をつくりだす。これらの理由から、優先株式は負債に非常によく似ているようにみえる。しかしながら、課税上は、優先配当は普通株式配当のように取り扱われる。

1990年代に、企業は優先株式に非常によく似ているが、課税上は負債として取り扱われる証券を販売し始めた。新証券には、特にTOPrS（トラスト型優先証券）、MIPS（月次利付優先証券）、QUIPS（四半期利付優先証券）のような、おもしろい頭字語が与えられた。さまざまな独特な特徴ゆえに、これらの証券は課税上負債とみなすことができ、支払利息は課税控除可能である。これらの証券から投資家が受け取る支払は、個人の場合、所得税において利子として取り扱われる。2003年まで、利子と配当は同じ限界税率で課税されていた。配当支払に対する税率が引き下げられたとき、これらの証券は対象に含まれていなかったので、個人は依然として、これらの証券から受け取る支払に対して、より高い所得税率を払わなければならない。

15.2　企業の長期負債

この節では、典型的な長期社債の基本的な条件と特徴を、ある程度詳細に解説することにより、企業負債の議論を続ける。その後で、長期負債に関連する追加的な論点を議論する。

企業によって発行される証券は、おおよそ*株式証券*と*負債証券*に区分される。

最もおおまかなレベルで、負債は返済しなければならない何かを表している。お金を借りたことの結果である。企業が借入れをするとき、企業は通常、予定された利息を定期的に支払うことと、当初借り入れた金額（すなわち、元金）を返済する約束をする。資金を貸し付ける個人や法人は、*債権者*あるいは*貸し手*と呼ばれる。借入れを行う企業は、*債務者*あるいは*借り手*と呼ばれる

財務的な観点からは、負債と株式の主要な違いは次のとおりである。

1．負債は企業の持分ではない。債権者は一般的に議決権をもっていない
2．負債に対する企業の金利支払は、事業を行っていくうえでの費用であるとみなされ、全額課税控除できる。株主に支払われた配当は、課税控除可能*ではない*。
3．未払いの負債は企業の債務である。もし支払われない場合、債権者は法的に企業の資産を請求できる。この行動は、倒産の二つの潜在的結果である、清算か再編という結果を引き起こすかもしれない。よって、負債を発行するコストの一つは、財務破綻の可能性である。この可能性は、株式を発行した場合には生じない。

債券投資家のための情報は、www.investinginbonds.com で見出せる。

負債それとも株式？

ある特定の証券が、負債なのか株式なのか明確でない場合がある。たとえば、ある企業が、利益をあげた場合にのみ利息を支払う永久債を発行するとする。これが本当に負債であるのかどうか判断するのはむずかしく、主に法律と語義の問題である。裁判所と課税当局が最終的に決める。

企業は、株式の特徴を多くもつが、しかし負債として取り扱われるエキゾチックなハイブリッド証券をつくりだすのに大変長けている。明らかに、税の観点からは負債と株式との差は重要である。企業が、実際には株式である負債証券をつくろうとする一つの理由は、倒産における株式の利益を得ながら、負債の節税効果を得るためである。

一般的なルールとして、株式は持分を表し、残余請求権である。これは、株式保有者が、負債保有者の後に支払を受けることを意味する。その結果、負債と株式を

所有する利益とリスクは異なる。一つの例をあげると、負債証券を保有することに対する報酬は、根本的にはローンの金額で決まるが、株式を保有することによる潜在的利益には上限が存在しない。

長期負債の特徴：基本

究極的には、すべての長期負債証券は、期日がきたら元本を返済し、未払残高に対して定期的に利息を支払うという、発行企業によってなされた約束である。さらに、これらの債券を互いに区別する数多くの特徴が存在する。これらの特徴のいくつかを次に議論する。

長期負債証券の満期は、未払残高があり証券が未償還のままでいる時間の長さである。負債証券は、短期（１年以下の満期）か長期（１年超の満期）である[4]。短期負債は時々*一時借入金（unfunded debt）*と呼ばれる[5]。

負債証券は、通常、*ノート（note）*、*ディベンチャー（debenture）*あるいは*ボンド（bond）*と呼ばれる。厳密にいうと、ボンドは有担保負債である。しかしながら、一般的な慣習では、*ボンド（債券）*という言葉は、有担保および無担保のすべての種類の負債を指す。したがって、われわれはこの用語を、引き続き総称的に長期負債を指すために用いる。また、ノートとボンドのただ一つの違いは、通常、発行時の満期である。発行時の満期が10年以下のものは、しばしばノートと呼ばれる。より長期のものはボンドと呼ばれる。

長期負債の二つの主要な形態は、公募債と私募債である。われわれは公募債に集中する。公募債について述べるほとんどのことは、私募長期債にも同様に当てはまる。公募債と私募債の主な違いは、後者は貸し手に直接販売され、一般に公募されないことである。これは私的な取引なので、特定の条件は当事者次第である。

長期負債には、担保、減債基金、格付、そして保護的誓約条項などを含む、他の多くの特徴がある。次の表は、これらの特徴を、ジョンソン&ジョンソン社によって発行された債券で例証する。もしこれらのいくつかの用語をよく知らなかったとしても、心配には及ばない。すぐにこれらのすべてを議論する。

4）　短期負債と長期負債に、普遍的に合意された区別はない。加えて、人々はしばしば、満期が１年以上で、３～５年（あるいは10年も）以下のものを中期債と呼ぶ。

5）　*funding* という言葉は、ファイナンスの特殊用語の一つである。これは通常長期を指す。したがって、負債要件を「fund」（資金手当）する計画を立てている企業は、短期負債を長期負債で置き換えているのかもしれない。

ジョンソン＆ジョンソン債の特徴

	条　件	解　説
発行額	10億ドル	会社は10億ドルの債券を発行した。
発行日	2007/08/16	債券は2007年８月16日に売り出された。
満期日	2037/08/15	債券は2037年８月15日に満期を迎える。
額面金額	2,000ドル	債券の単位は2,000ドル。
年次クーポン	5.95	各債券保有者は債券１口につき、年間119ドルを受け取る（額面の5.95％）。
売出価格	99.488	売出価格は額面金額2,000ドルの99.488％、もしくは債券１口当り1,989.76ドル。
利払日	２/15、８/15	これらの日付に、＄119/２＝59.50ドルが支払われる。
担　保	なし	債券は特定の資産によって担保されていない。
減債基金	なし	債券には減債基金がない。
繰上償還条項	常時	債券には据置繰上償還期間がない。
繰上償還価格	財務省レート＋0.20％	債券は「メイク・ホール」繰上償還価格をもっている。
格　付	ムーディーズ　Aaa S&P　AAA	債券は最も高い格付をもっている。

これらの特徴の多くは、債務契約証書に詳しく書かれているので、これを最初に議論する。

個別債券に関する情報は、www.nasdbondinfo.com で見出せる。

債務契約証書

債務契約証書（indenture）とは、企業（借り手）と債権者との間にかわされた契約書である。これは*信託証書（deed of trust）*と呼ばれることもある[6]。通常、受託者（たぶん銀行）が、債券保有者の代理人として発行企業により任命される。信託会社は、①契約書の条項が遵守されるよう監督し、②減債基金（後で解説す

6）*ローン合意書（loan agreement）*あるいは*ローン契約書（loan contract）*という表現は、通常私募負債とターム・ローンに使われる。

る）を管理し、そして③万一発行企業が支払をデフォルトした場合は、債券保有者を代理しなければならない。

債券の債務契約証書は、法律書類である。数百ページにもなり、通常読むのにうんざりするほどである。とはいえ、一般的に以下のような条項を含むので、これは重要な書類である。

1．債券の基本的な条件
2．債券の発行総額
3．担保として用いる資産の記述
4．返済の取決め
5．繰上償還条項
6．保護的誓約条項の詳細

次にこれらの特徴について議論する。

株式 vs 負債

特　徴	株　式	負　債
収入	配当	利息
税制	配当は個人所得として課税される。 配当は営業費用ではない。	利息は営業費用であり、企業が法人税債務を計算する際、利息を控除できる。
支配権	普通株式は、通常、議決権を有する。	支配権は、ローン契約書によって行使される。
デフォルト	企業は配当金の未払いにより倒産に追い込まれることはない。	未払負債は、企業の債務である。未払いは、倒産という結果を招く。

要点：税制は負債に有利であるが、デフォルトは株式に有利である。負債と株式の支配権の特徴は異なっているが、一方が他方より優れているというわけではない。

債券の条件

社債は通常1,000ドルの額面をもつ。これは*元本価値*（*principal value*）と呼ばれ、債券証書に記載される。したがって、企業が100万ドルを借り入れたいとしたら、1,000口の債券を販売しなければならない。債券の額面価額（par value、すなわち最初の会計上の価値）は、ほとんどいつでも券面額（face value）に等しく、これらの用語は実際には代替的に使われる。1,000ドルの額面価額が最も一般的であるが、基本的などんな額面価額も可能である。たとえば、前出のジョンソン&ジョンソン債の額面価額は2,000ドルである。

社債は通常、記名式（registered form）で発行される。たとえば、債務契約証書の記載は次のようなものになる。

利息は毎年、7月1日と1月1日の半年ごとに、6月15日あるいは12月15日のそれぞれの業務完了時に、債券登録がなされている人に対して支払われるものとする。

これは、各債券の所有者を記録し、所有者に変更があれば記録する登録人を、発行会社がもっていることを意味する。会社は記録にある所有者の住所宛に、直接小切手を郵送して、利息と元本を支払う。社債は記名式で、クーポン（利札）が添付されている場合もある。債券保有者は、クーポンを債券証書から切り離し、発行会社の登録人（支払代理機関）に送付しなければならない。

あるいはまた、債券は無記名式（bearer form）で発行されることもある。これは、債券証書が基本的な所有権の証拠であることを意味し、会社は「持参人に支払う」。所有権は他に記録されず、クーポン付記名債の場合と同様、債券証書の保有者はクーポンを切り離し、発行会社宛に送付して支払を受ける。

無記名債には短所が二つある。第一に、もし紛失したり盗まれたりしたら、回復するのがむずかしい。第二に、発行会社はだれが所有しているのか知らないので、重要な事態が生じても知らせることができない。無記名債はかつて主要な形態であったが、現在では記名債に比べて、あまり一般的ではなくなっている（米国において）。

担　保

負債証券は、債券保有者を保護する担保と抵当によって分類される。

*担保（collateral）*とは、多くの場合、負債の支払のための保証として、誓約で供される証券（たとえば債券や株式）の総称である。たとえば、証券担保債券では、しばしば発行会社が保有する普通株式が担保になる。しかしながら、*担保*という用語は、一般的に負債の担保として供されるすべての資産を指す。

*抵当証券（mortgage securities）*は、借り手の物的財産の抵当権で担保される。使われる物的財産は通常、不動産で、たとえば土地や建物である。抵当権を記述する

法的な書類は、*抵当権信託契約書*（*mortgage trust indenture*）または*信託証書*（*trust deed*）と呼ばれる。

時々、抵当権は借り手の特殊な財産（たとえば鉄道車両）に対して設定される。より頻繁には、包括担保が使われる。包括担保は、会社が保有するすべての物的財産を抵当にする7)。

債券は、しばしば企業の無担保債務として発行される。ディベンチャー（debenture）は、特定の財産の抵当権によって保全されていない債券である。ノート（note）という用語は、一般的に発行時の満期が10年以下の無担保債券に使われる。ディベンチャーの保有者は、担保された財産以外に対してのみ請求権をもつ。言い換えると、抵当権と担保を考慮した後に残った財産である。

われわれが本章で用いている用語法は、米国においては標準的なものであるが、米国外では、同じ用語が異なる意味をもつ場合もある。たとえば、英国政府が発行する債券（「ギルト」）は、財務省「株式」と呼ばれる。また、英国ではディベンチャーは*有担保債務*である。

現在のところ、米国において事業会社や金融機関によって発行される公募債は、通常、無担保債である。しかしながら、ほとんどの公益債と鉄道債は、資産の抵当によって担保されている。

証券業金融市場協会（Securities Industry and Financial Markets Association, SIFMA）のサイトは www.sifma.org

優先順位

一般的な表現では、優先順位（seniority）とは他の債権者よりも地位が優先していることを示し、負債には、時々優先順位を表すために、シニア（senior）あるいはジュニア（junior）という名がつけられる。一部の負債は、たとえば劣後ディベンチャーのように、劣後（subordinated）である。

デフォルトが発生したとき、劣後負債の保有者は、他の特定の債権者に対して優先権を与えなければならない。通常これは、特定の債権者が償われた後にのみ劣後債権者に対して返済がなされることを意味している。とはいえ、負債が株式よりも劣後することはありえない。

7）　物的財産は、土地と「そこに付随する」物を含む。現金や棚卸資産は含まない。

返　済

債券は、満期日に全額返済されることもあるし（債券保有者は表示された、もしくは額面、金額を受け取る)、あるいは満期日前に、一部または全額が返済されることもある。ある形態での早期返済がより一般的であり、多くの場合減債基金を通して行われる。

減債基金（sinking fund）は、債券を返済するために債券受託者によって管理される勘定である。通常、発行会社は受託者に年次支払を行い、受託者は負債の一部を償還するためにその資金を使う。受託者は、市場で債券の一部を買い上げるか、あるいは発行済債券の一部を繰上償還することで、これを行う。この２番目の選択肢については、次で議論する。

減債基金の取決めには多くの異なる種類がある、詳細は債務契約証書に書かれている。たとえば、

1．一部の減債基金は、最初の発行から、約10年後にスタートする。
2．一部の減債基金は、債券の存続期間中、同額の支払を設定する。
3．一部の高格付債発行は、全部の債券を償還するのには不十分な減債基金への支払額を設定する。結果として、満期日に大きな「バルーン型返済」が行われる可能性がある。

繰上償還条項

繰上償還条項（call provision）によって、会社は一定の期間にわたって、発行済債券の一部またはすべてを、事前に決めた価格で買い戻す、もしくは「繰上償還する」ことができる。

通常、繰上償還価格は、債券の額面価額を上回る。繰上償還価格と額面価額の差が**繰上償還プレミアム（call premium）**である。繰上償還プレミアムの額は通常、時間の経過とともに小さくなる。一つの取決めとしては、当初繰上償還プレミアムを年次クーポン支払額と同額に設定し、その後繰上償還日が満期に近づくにつれ、ゼロに下げていく、というものがある。

繰上償還条項は、多くの場合、債券寿命のはじめの部分では効力がない。これは債券の初期において、債券保有者に繰上償還条項の心配を軽減する。たとえば会社は、発行後10年間は、債券の償還を禁止されているかもしれない。これは**据置繰上償還条項（deferred call provision）**である。この禁止期間中、債券は**繰上償還保護**

(call protected) されているという。

ほんの過去数年間に、新しいタイプの繰上償還条項である「メイク・ホール (make-whole)」繰上償還が、社債市場で非常に広まった。この特徴をもつ債券では、もし繰上償還されたら、保有者はほぼ債券の価値に相当する金額を受け取る。債券保有者が繰上償還されても損失を被らないので、かれらは「全部稼いだ」(made whole) のである。

メイク・ホール繰上償還価格を決定するには、残りの利息および元本返済の現在価値を、債務契約証書に記載された割引率で計算する。たとえば、ジョンソン&ジョンソン債では、割引率は「財務省レート＋0.20%」である。これが意味するのは、初めに同じ満期の財務省債券を見つけて割引率を決定するということである。財務省債券の最終利回りを計算し、それから0.20%を足して、用いる割引率を求める。

メイク・ホール繰上償還条項では、繰上償還価格は、金利が低い時に高く、そしてまたその逆も正しい（なぜ？）ことに注意されたい。また、メイク・ホール繰上償還では一般的なように、ジョンソン&ジョンソン債では、据置繰上償還期間は設けられないことにも注意されたい。なぜ投資家は据置期間がないことについて、あまり気にしないかもしれないのだろうか。

保護的誓約条項

保護的誓約条項 (protective covenant) は、債務契約証書またはローン合意書の、これがない場合、ローンの期間中に発行会社が行いたくなるかもしれない特定の行為を制限する部分である。保護的誓約条項は、否定的誓約条項と肯定的誓約条項の二つのタイプに分けられる。

否定的誓約条項（negative covenant） は、「なんじ行うなかれ」タイプの誓約条項である。これは、発行会社が行うかもしれない特定の行為を、制限あるいは禁止する。たとえば、会社は支払う配当額を、ある種の公式に基づいて制限しなければならない。

肯定的誓約条項（positive covenant） は、「なんじ行うべし」タイプの誓約条項である。これは、発行会社が実施することに合意する行為、または発行会社が遵守しなければならない条件を特定する。たとえば、会社は運転資金を、ある決められた最低水準か、またはそれ以上に維持することに合意する。

特定の債務契約証書は、多くの異なる肯定的誓約条項と否定的誓約条項をもつかもしれない。

債券の信用格付は、発行体の財務状況が向上したり悪化したりするのにつれて変化する可能性がある。たとえば、2007年8月、S&Pとフィッチ（もう一つの大手格付機関）はともに、医療品サプライと器具の企業であるボストン・サイエンティフィック社の負債を、投資適格からジャンク債へとダウングレード（格下げ）した。このようにジャンクの領域に落ちる債券は「堕ちた天使（fallen angel）」と呼ばれる。なぜボストン・サイエンティフィックはダウングレードされたのだろうか。たくさんの理由があるが、双方の格付機関は、内視鏡外科手術部門の一部売却をキャンセルするという会社の発表に反応したのである。この売却で、負債の返済のために10億ドルが調達されるはずだった。加えて二つの格付機関は、ボストン・サイエンティフィックの低迷するキャッシュフローに言及した。

デフォルトは実際に起こり、起こったとき投資家の損失は非常に大きいので、信用格付は重要である。たとえば、バーガー・キングのようなレストランに、ハンバーガーからオマケのおもちゃまで何でも納入するアメリサーブ・フード・ディストリビューション社が、2000年にジャンク債で2億ドルをデフォルトした。デフォルトの後、債券は1ドルに対してわずか18セントで取引され、投資家は1億6,000万ドル以上の損失を被った。

アメリサーブのケースで最悪なのは、この債券はたった4カ月前に発行されたもので、アメリサーブをNCAAチャンピオンにした。大学のバスケットボール・チームならこれは喜ばしいが、ここでのNCAAは債券市場で「No Coupon At all」（まったくクーポンがない）を意味し、投資家には悪い知らせである。

もし特定の企業の発行済負債の金額と条件に関する情報が知りたければ、www.sec.govでSECの申請書を探して最新の財務諸表をチェックするとよい。

15.3　いくつかの異なるタイプの債券

ここまでは、基本的な社債を考慮してきた。この節では、普通とは異なる特徴をもつ社債を考察する。

変動利付債

この章で議論してきた通常の債券は、クーポン利率が額面価額の固定パーセント割合として決められているので、固定ドル債務をもつものである。同様に、元本も額面価額と等しく設定されている。これらの状況下では、クーポン支払と元本は完全に固定されている。

*変動利付債（floating-rate bond, floaters）*の場合は、クーポン額は変更可能である。調整は、財務省短期証券金利、あるいは30年物の財務省長期債券利回りなどの、金利インデックスに結びつけられている。

変動利付債の価値は、どのようにクーポン支払調整が定義されるのかに正確に依存する。ほとんどの場合、クーポンは、なんらかの基準金利に遅れて調整される。たとえば、6月1日にクーポン利率が調整されると仮定しよう。その際の調整は、過去3カ月の財務省債券利回りの単純平均をもとに行われるかもしれない。加えて、変動利付債の大多数は以下の特徴をもつ。

1．保有者は、ある決められた期間が過ぎた後、自分の証書をクーポン支払日に、額面価額で換金する権利を有する。これは償還請求権（プット）と呼ばれ、この後で議論する。
2．クーポン利率にはフロア（床）とシーリング（天井）がついている。これは、クーポン利率が下限と上限の間に限定されることを意味する。この場合、クーポン利率はキャップ（帽子）付きといわれ、上限と下限の利率は時々カラー（襟）と呼ばれる。

他のタイプの債券

多くの債券が普通ではない、あるいはエキゾチックな特徴を備えている。そのような特徴の一つは、新株予約権（ワラント）と呼ばれる。新株予約権付社債では、購入者はまた、債券の残存期間にわたって会社の株式を決められた価格で買う権利も受け取る。このような権利は、株価が大幅に上がった場合に非常に価値をもつ可能性がある（後の章でこのテーマをより深く議論する）。新株予約権付社債は、債券と切り離して売ることができるので、転換社債型新株予約権付社債（転換社債）とは異なる。

債券の特徴の限界は、実際のところ、かかわる人たちの想像力だけである。残念ながら、ここで詳しく取り扱うにはあまりに多くの変種が存在する。したがって、より一般的ないくつかに触れて、この節を閉じる。

*収益債（income bond）*は通常の債券と似ているが、クーポン支払が企業の利益に依存している点が異なる。具体的にいうと、企業の利益が十分な場合のみ、クーポンが債券保有者に支払われる。これは魅力的な特徴にみえるが、収益債はあまり一般的ではない。

*転換社債型新株予約権付社債（convertible bond）*は、満期がくるまで、保有者の選択で、いつでも決められた数の株式に交換することができる。転換社債は割合に一般的であるが、近年、発行数は減少している。

*償還請求権付社債（put bond）*の保有者は、発行企業に決められた価格で債券を買い戻すことを強制できる。たとえば、インターナショナル・ペーパー社には、特定の「リスク」イベントが起こったときに、保有者が額面の100%でインターナショナル・ペーパー社に債券の買戻しを強制できる発行済債券がある。イベントの一つは、ムーディーズまたはS&Pによる、投資適格からそれ以下の格付への信用格付の変更である。したがって、償還請求権は繰上償還条項のちょうど反対である。

一つの債券が、多くのエキゾチックな特徴をもつこともある。最新のエキゾチック債券の二つの例は、クーポン支払を伴うCoCo債と、ゼロ・クーポン債のNoNo債である。CoCo債とNoNo債は、条件付転換可能、償還請求可能、繰上償還可能、劣後債券である。条件付転換条項は、条件が満たされなければならないという点を除いて、通常の転換条項と似ている。たとえば、直近30日間の内20日以上、会社の株式が転換価格の110%で取引されるという条件が必要かもしれない。この種の債券の評価はきわめて複雑であり、最終利回りの計算は、多くの場合に意味をなさない。たとえば、2007年７月、メリルリンチが発行したNoNo債は、1,157.41ドルで売られていて、最終利回りはマイナス27.66%だった。同じ時、バンク・オブ・アメリカが発行したNoNo債は、1,511.88ドルで売られていて、最終利回りはマイナス169%だった！

証券化債券

変わった特徴をもつ債券のなかで、最も一般的なタイプは資産担保（asset-backed）、もしくは証券化（securitized）債券である。不動産担保証券（mortgage-backed security）は、2007年の大ニュースだった。それまでの数年間、いわゆるサブプライム住宅ローンは急速に成長していた。これは信用度の低い人たち向けの不動産担保ローンである。しかしながら、冷え込む（ある地域では下落する）住宅価格と上昇する金利は、不動産担保ローンの不履行と差押えを増加させた。問題を抱えた住宅ローンの増加は、相当な数の不動産担保証券が大きく値を下げ、投資家に巨額の損失をもたらす原因となった。証券化債券の保有者は、特定の企業ではなく、特定の資産（または資産プール）から金利と元本の支払を受ける。たとえば、ある時、伝説のロックスター、デヴィッド・ボウイは、彼のアルバムと曲からの将来の印税で担保された債券を、5,500万ドル販売した（これはものすごい、ch-ch-change である！）。これらの「ボウイ」債券の所有者は、印税支払を受け取るので、もしボウイのCD売上げが落ちたら、債券がデフォルトする可能性がある。ジェームズ・ブラウン、アイアン・メイデン、そして伝説的なマーヴィン・ゲイの遺産管理組織等、他のアーチストも、将来の印税によって担保された債券を販売している。

不動産担保証券は、最もよく知られたタイプの資産担保証券である。不動産担保債券では、受託者が住宅ローンを銀行から購入し、一つのプールに統合する。その後、債券が発行され、債券保有者は、もとにある住宅ローンの返済から取り出された支払を受ける。不動産担保債券の一つの変わったひねりは、もし金利が低下すると、債券の価値が実際に下がるということである。これは、住宅所有者が、安い金利でローンを借り換える可能性が高くなり、その過程で住宅ローンが完済されるので起こる。証券化債券は、通常、住宅ローンのような長期返済を伴う資産によって担保される。しかしながら、自動車ローンやクレジット・カード支払などを証券化した資産によって担保された債券もあり、自動車リースによって担保された債券の、成長中の市場も存在する。実際、不動産担保債券を含む新規資産担保証券の販売額は、2006年で約2.98兆ドルだった。対照的に、同じ年の新規社債の販売額は、約1.05兆ドルだった。今日では、証券化債券の市場は劇的に縮小している。

15.4　銀行の長期シンジケート・ローン

ほとんどの銀行ローンは、期間が１年未満である。在庫購入のための短期の「ブリッジ」（つなぎ）として利用され、通常、自己弁済する。すなわち、在庫が売れると、その現金でローンの返済が行われる。テキストの次のセクションで短期銀行ローンの必要性に関して述べる。ここでは、長期の銀行ローンに焦点を絞る。

初めに、コミットメント（融資枠）の概念を紹介する。ほとんどの銀行ローンは、企業に対してコミットメントのかたちで実施される。このコミットメントは、信用供与限度枠を確立し、企業はあらかじめ決められた限度額までの借入れが許される。ほとんどのコミットメントは、3年またはそれ以上の期間固定を伴う、回転信用コミットメントのかたち（すなわち、リボルバー）をとっている。回転信用コミットメントは、企業に当面の資金ニーズがあるかどうかによって、引き出されたり引き出されなかったりする。

次に、シンジケートの概念に移る。シティグループなどの非常に大きな銀行は、通常、供給できる以上のローン需要を抱えているが、小さな地方銀行は、しばしば既存顧客に貸し出せる以上の資金をもっている。基本的に、彼らは手持ち資金に応じた優良な貸出先が十分に見つけ出せない。結果として、超大手行は、企業や国家を相手に融資を取り決め、その一部を他の銀行のシンジケートに販売したりする。シンジケート・ローンでは、各銀行は借り手と個別のローン契約を締結する。

シンジケート・ローンは、銀行やその他の機関投資家のグループ（または、シンジケート団）による企業向け融資である。シンジケート・ローンは、公開で取引されることもある。それは、信用供与限度枠で、「引き出されない」こともあれば、引き出されて、企業に用いられることもある。シンジケート・ローンは、常に投資適格の格付を受ける。しかしながら、*レバレッジド・シンジケート・ローン*は、投機的（すなわち、「ジャンク」）と格付される。加えて、広く取引されるローンの価格は、報道される。Altman and Suggitt によると、同等な社債と比較して、シンジケート・ローンのデフォルト率はやや高い8)。

15.5　国際的な債券

ユーロ債（Eurobond）は、複数の国で発行されるが、一つの通貨建て（通常、発行体の自国通貨）の債券である。このような債券は、多くの国際企業と政府にとって、資金調達の重要な方法になっている。ユーロ債は、国内での売出しに適用さ

8） Edward I. Altman and Heather J. Suggitt, "Default Rates in the Syndicated Bank Loan Market: A Longitudinal Analysis," *Journal of Banking and Finance* 24 (2000).

れる制約外で発行され、多くの場合、ロンドンで引受シンジケート団が組まれ、取引される。とはいえ、取引は、買い手と売り手がいればどこでも行うことが可能で、実際にそうなっている。

外国債（foreign bonds）は、ユーロ債と異なり、一つの国で発行され、通常その国の通貨建てである。しばしば、これらの債券が発行される国は、これらと国内の発行体により発行される債券の間で、異なる税法、発行額の制限、あるいはより厳しいディスクロージャー規定を含んだ区別を設けている。

往々にして外国債には、発行される国のニックネームがつけられる。ヤンキー債(米国)、サムライ債（日本)、レンブラント債（オランダ)、そしてブルドッグ債(英国）等である。より厳しい規制とディスクロージャー要件もあり、ユーロ債市場の活況とは対照的に、外国債市場は過去において成長してこなかった。

15.6　資金調達のパターン

企業は資本支出と純運転資本にキャッシュフローを使う。歴史的に、米国企業は、資本支出におよそ80%のキャッシュフローを、純運転資本には20%のキャッシュフローを使ってきた。

最近まで、総営業支出が、一般的に企業内で生み出されたキャッシュフローを超過していたため、*財務*ギャップが存在した。財務ギャップは、外部資金調達によって埋められる

表15.1は、米国企業の財務意思決定の三つの基本的なパターンを、総営業支出の割合として描いている。内部資金調達は、企業内で生み出されたキャッシュフローからもたらされ、純利益＋減価償却－配当として定義される。外部資金調達は、正味新規負債および株式買戻調整後の正味新規株式である。

いくつかの長期資金調達の特徴が、次の図と表から明確にみてとれる。

1．企業内で生み出されたキャッシュフローが、資金調達の源泉として圧倒的に優勢である。
2．財務上の赤字は、総企業支出と企業内部で生み出されたキャッシュフローの差から生じうる。この潜在的な財務上の赤字は、図15.2に描かれている。
3．一般に、財務上の赤字は、借入れと新株発行という、二つの外部資金の源泉

図15.1　米国非金融企業の資金調達意思決定

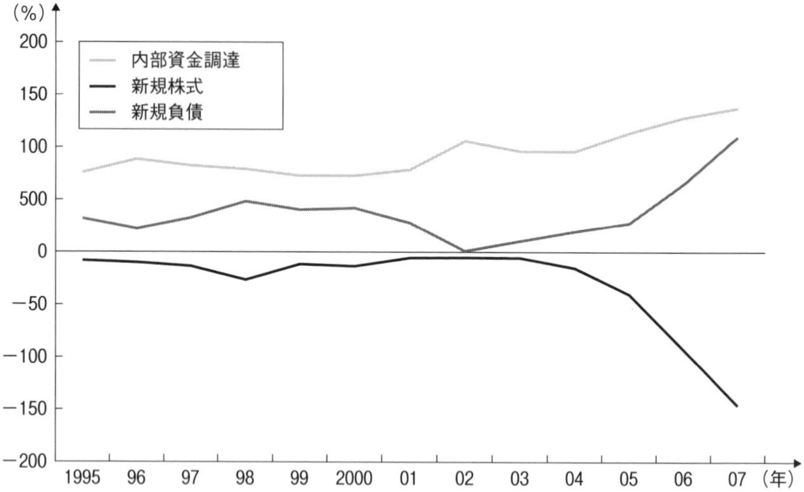

図15.2　長期財務赤字

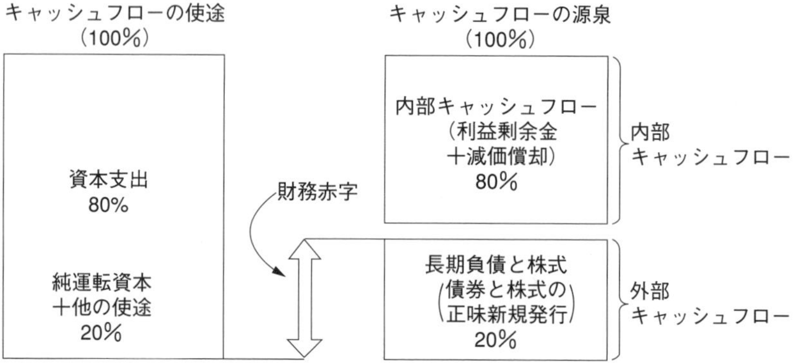

赤字は長期資金調達の使途と内部資金調達の差である。

によって補われている。しかしながら、外部資金調達の最も顕著な側面の一つは、新株発行（普通株式と優先株式双方）が全体として重要でないようにみえることである。正味の新株発行は、典型的に総資金調達のわずかな部分しか占めておらず、最近では、この数字がマイナスである。

4．表15.1は、米国企業が他国の企業よりも、企業内部で生み出されたキャッシュフローからより多くの資金調達を行っていることを示している。他国の企

表15.1　近年の国際資金調達パターン：総調達源泉に占める各調達源泉の割合

（単位：%）

	米国	日本	カナダ
内部調達資金	76.9	56.1	56.9
外部調達資金	23.1	43.9	43.1
長期負債の増加	7.1	16.7	13.9
短期負債の増加	20.8	21.7	15.8
株式の増加	−4.9	5.6	13.4

（出所）　OECD, *Financial Statements of Nonfinancial Enterprises*, 1993-1995。

業は、米国企業よりかなりの程度、外部株式調達に頼っている。

15.7　資本構成における最近の傾向

この章の前節では、1995年以後、米国企業が自社株を買い戻す資金を調達するために多量の新規社債を発行したことを確認した。この資金調達パターンは、企業の資本構成が1990年代半ばにおいて著しく変化したのではないか、という疑問を示唆する。残念ながら、この重要な疑問への正確な答えはない。もしわれわれが簿価（つまり、貸借対照表上の価値）を使えば、その答えは、市場価値を使ったものよりも、印象は薄れたものになるだろう。図15.3は、米国非金融企業の株主資本の簿価価値に対する負債の簿価価値を描いている。近年、わずかな下降トレンドがみられる。しかしながら、簿価価値のかわりに市場価値を用いた場合、もっとダイナミックな姿が浮かび上がる。図15.4にみてとれるように、市場価値を用いた場合、このトレンドは、わずかだがより明確になる。企業の資本構成を観測する場合には、市場価値と簿価価値とを区別することが重要である。たとえば、企業が新規負債で資金調達して自社株を買い戻すとする。これは、企業の負債依存度が高まり、株式への依存度が低くなることを示唆しているようにみえるだろう。結局のところ、企業の発行済株式数は減り、負債がふえる。分析は、一見した以上に複雑である。なぜなら、企業の残りの株式の市場価値が高まり、増加した負債の効果を相殺してしまうかもしれないからである。これがすなわち2000年代初めに起こったことである。

図15.3　簿価負債比率：1995～2007年の、米国企業（非農場、非金融）の簿価株主資本に対する総負債の割合

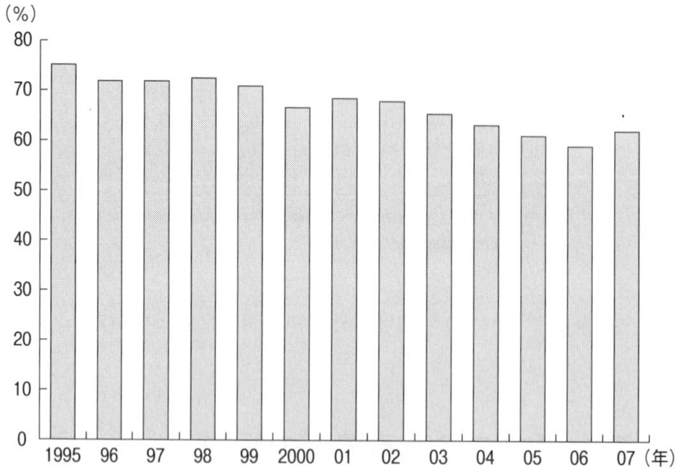

（出所） Board of Governors of the Federal Reserve System. *Flow of Accounts.*

図15.4　時価負債比率：1995～2007年の、米国企業（非農場、非金融）の時価株主資本に対する総負債の割合

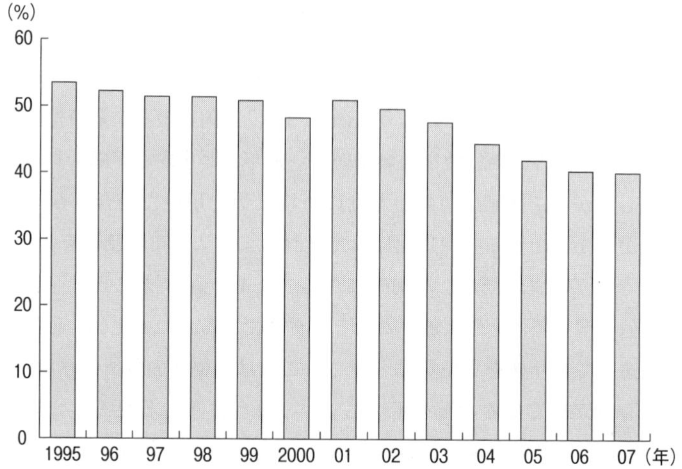

（出所） Board of Governors of the Federal Reserve System. *Flow of Funds.*

どちらが最善か：簿価か時価か

一般に、金融経済学者は、負債比率を計測する際、市場価値を用いることを好む。これは、市場価値が過去の価値ではなく現在を反映しているという事実による。ほとんどの金融経済学者は、現在の市場価値が、過去のデータに基づいた価値よりも、真の本源的価値を反映していると信じている。しかしながら、市場価値の使用は、多くの企業実務家の見方とは対照的である。

われわれが企業の財務管理者と交した会話は、株式市場の変動性のため、簿価価値の使用がより一般的であることを示唆している。株式市場に内在する変動性は、時価ベースの負債比率をあまりにも変動させるとしばしば主張される。また、社債誓約条項における負債制限は、通常、市場価値よりも簿価価値で言明されていることも事実である。さらに、スタンダード＆プアーズやムーディーズといった格付機関は、信用力を測定するために簿価価値で表された負債比率を使う。

一つの重要な事実は、簿価価値を使っても、あるいは市場価値を使っても、米国の非金融企業の負債比率は、近年、一般的に総株主資本の100%以下となっているということである。つまり、企業は一般に株主資本よりも少ない負債を用いる。

要約と結論

長期資金調達の基本的な源泉は、長期負債、優先株式、および普通株式である。本章では、各調達方法の本質的な特徴を述べた。

1．強調しておくべき点として、普通株式保有者は、
   a. 企業の残余リスクとリターンをもっている。
   b. 議決権をもっている。
   c. 仮に企業が自社の債務に対してデフォルトを選び、一部あるいはすべての資産を債権者に引き渡さなければならなくなったとしても、有限責任である。
2．長期負債は、債務契約証書に記載された契約上の義務と関係している。たくさんの種類の負債があるが、本質的な特徴は、負債が返済しなければならない、あらかじめ決められた金額に関連しているということである。負債に対する利息の支払は、営業費用であり、課税控除できる。

3．優先株式は、負債の特徴の一部と普通株式の特徴の一部を兼ね備えている。優先株式保有者は、普通株式と比較して、清算時と配当支払時において優先権をもつ。

4．企業は、資本支出、運転資本、および他の長期的目的のために、資金調達を必要とする。資金調達の大部分は、企業内で生み出されたキャッシュフローから供給される。米国では、資金調達のほんの25%程度が新規社債や新株から調達されている。日本の企業だけは、歴史的に内部資金調達よりも外部資金調達に依存している。

5．1980年代と最近は、米国企業は多額の株式を消却している。これらの株式買戻しは、新規社債の発行によって資金調達がなされている。

Concept Questions

1．債券の特徴

債務契約証書に記載される社債の主要な特徴は何か。

2．優先株式と負債

優先株式と負債の違いは何か。

3．優先株式

優先株式は、支払配当に対して法人税の節税効果を提供しない。なぜ一部の企業は、依然として優先株式を発行するのか。

4．優先株式と債券利回り

非転換型優先株式の利回りは、社債の利回りより低い。なぜ違いがあるのか。どのような投資家が優先株式の主要な保有者か。なぜか。

5．企業資金調達

企業負債と株式の主要な違いは何か。なぜ一部の企業は、負債に偽装した株式を発行しようとするのか。

6．繰上償還条項

会社は長期債の発行を考えており、繰上償還条項を入れるかどうか論争している。繰上償還条項を入れることにより会社が得られる利益は何か。費用は何か。償還請求条項に変えたら、答えは変わるか。

7．委 任 状

委任状とは何か。

8．優先株式

優先株式は、負債と株式のどちらにより似ていると思うか。なぜか。

9．長期資金調達

本章で述べたように、新規株式発行は一般的にすべての証券発行のわずかな部分でしかない。一方で、企業は新規負債を発行し続ける。なぜ企業は新規株式をほとんど発行せず、新規負債を発行し続ける傾向にあるのか。

10．内部資金調達 vs 外部資金調達

内部資金調達と外部資金調達の違いは何か。

11．内部資金調達 vs 外部資金調達

どんな要因が、企業の内部資金調達か外部資金調達かの選択に影響を及ぼすか。

12．株式の種類

いくつかの上場企業は、1種類以上の株式を発行している。なぜ企業は1種類以上の株式を発行するのか。

13．繰上償還可能債

あなたは以下の文章に同意するかしないか。「効率的な市場では、繰上償還可能債と繰上償還禁止債は、繰上償還条項がメリットもデメリットももたないように、価格付される」。

14．債券価格

もし金利が下がったら、繰上償還禁止債は繰上償還可能債より価格上昇が大きいか。

15．減債基金

減債基金は、債券保有者にとってメリットもデメリットももっている。なぜか。

質問と問題

◆基本（問題1－7）

1．企業投票

ユニコーン社の株主は、七人の新しい取締役を選ぶ必要がある。発行済株式数は

60万株で、現在１株当り39ドルで取引されている。あなたは取締役になりたいが、残念なことにだれもあなたに投票してくれない。もし会社が単純多数決投票を用いるとしたら、あなたが自分の選任を確実にするためには、いくらの費用がかかるか。もし会社が累積投票を用いるとしたら、いくらの費用がかかるか。

2．累積投票

あなたが株式を所有する企業の取締役会の三つの席を埋めるため、選挙が行われている。株式数の合計は5,800株である。もし選挙が累積投票で行われ、あなたが300株を所有しているなら、あなたが取締役会の一つの席を確実に得るために、購入しなければならない株数はいくらか。

3．累積投票

モーティブ・パワー社の株主は、三人の新しい取締役を選ぶ必要がある。発行済普通株式は120万株あり、現在の株価は９ドルである。もしモーティブ・パワー社が累積投票制度を使うとしたら、モーティブ・パワー社の取締役会の一つの席を確実にするためには、いくらの費用がかかるか。

4．企業投票

パワー社は、来月六人の取締役を選ぶ予定である。ベティ・ブラウンは、発行済株式総数の15.2%を所有している。累積投票のもとで、彼女の友人の候補者一人が選ばれることを彼女はどれだけ確信できるか。また、投票方法が、一度に三人の取締役について投票を行う、時期をずらせる段階的投票ルールに変わった場合、彼女の友人は確実に選ばれるか。

5．ゼロ・クーポン債

あなたは年度の初めに、額面が1,000ドル、最終利回りが７%、満期が25年のゼロ・クーポン債を購入した。もし債券を１年間保有したとしたら、あなたの所得税申告書に、いくらの金利収入を申告しなければならないか。

6．繰上償還可能債の評価

KIC社は、クーポン利率が12%で満期が30年の債券を、500万ドル発行する計画を立てている。これらの債券に対する現在の市場金利は11%である。１年後、債券の金利は、同確率で、14%か７%のどちらかになる。投資家はリスク中立的であるとする。

a. もしKICの債券が繰上償還禁止だったら、現在の債券価格はいくらか。

b. もし債券がいまから１年後に、1,450ドルで繰上償還可能だとしたら、その価格は、上記aであなたが算出した価格より高くなるか、安くなるか。なぜか。

7．繰上償還可能債の評価

ニュー・ビジネス・ベンチャーズ社には、1年後に繰上償還可能な、クーポン利率が10%の発行済永久債がある。繰上償還プレミアムは額面価額の150ドル上に設定されている。1年後の金利が12%になる確率が40%あり、金利が7%になる確率が60%ある。もし現在の金利が10%だったら、この債券の現在の市場価格はいくらか。

◆中級（問題8－13）

8．繰上償還可能債の評価

ボウディーン・マニュファクチャリング社は、年次クーポン支払を行う繰上償還可能な永久債を発行するつもりである。債券は、1,250ドルで繰上償還可能である。1年物の金利は11%である。長期金利がいまから1年後に13%になる確率は60%あり、金利が9%になる確率は40%ある。もし金利が下がったら債券は繰上償還されると仮定する。額面価額と同じ価格で販売するためには、クーポン利率はいくらでなければならないか。

9．繰上償還可能債の評価

イリノイ・インダストリーズ社は、クーポン利率が8%で、年次支払を行う永久債発行により、資金を借り入れることを決めた。1年物の金利は8%である。1年後に、金利が9%に上がる確率は35%あり、金利が6%に下がる確率は65%ある。

a. もし債券が繰上償還禁止だったら、債券の市場価値はいくらになるか。

b. もし会社がかわりに、債券を1年後に繰上償還可能にすることに決めたとしたら、額面価額で売るには、債券保有者はいくらのクーポン利率を要求するか。

c. 会社にとって繰上償還条項の価値はいくらになるか。

10．債券の借換え

パブリック・エクスプレス航空の発行済無担保社債には繰上償還条項がついている。債券の総元本価値は2億5,000万ドルで、年次クーポン利率は8%である。会社は発行済債券の借換えを考えている。借換えとは、会社が新規負債を発行し、発行済債券を買い戻すために、新規負債の販売代金を用いることを意味する。借換えの総コストは、調達元本の12%になる見込みである。会社に適用される法人税率は35%である。新規債券発行での借換えを正当化するためには、借入れコストが、いくら下がらなくてはいけないか。

11. 債券の借換え

チャールズ・リバー・アソシエーツ社は、二つの発行済永久債のどちらかを繰上償還するかどうか検討している。もし債券が繰上償還されたら、それは借り換えられる。すなわち、より低いクーポン利率で新規債券が発行される。新規債券の販売代金は、既存の発行済債券のどちらかを買い戻すのに使われる。現在の発行済債券に関する情報は以下のとおりである。

	債券A	債券B
クーポン利率	8％	9％
発行済残高	$75,000,000	$87,500,000
繰上償還プレミアム	8.5%	9.5%
借換えの取引費用	$10,000,000	$12,000,000
現在の最終利回り	7％	7.25%

法人税率は35%である。それぞれの債券の借換えのNPVはいくらか。会社は、どちらの債券を借り換えるべきか。

12. ゼロ・クーポン債の金利

テスラ・コーポレーションは、工場拡張の費用をまかなうための資金を調達する必要があり、資金調達に25年物ゼロ・クーポン債を発行することを決めた。この債券に要求されるリターンは9％になる。

a. 発行時に、債券はいくらで売られるか。

b. IRSのアモチゼーション・ルールを用いて、会社は初年度にこの債券に対していくら支払利息控除できるか。最後の年は？

c. 支払利息控除に定額法を用いて、(b)をやり直せ。

d. (b)と(c)の答えをもとにして、テスラ社はどちらの支払利息控除法を好むと思うか。なぜか。

13. ゼロ・クーポン債

あなたの会社は3,000万ドルを調達する必要があり、あなたはそのために30年債を発行したいとする。この債券に要求されるリターンは8％で、あなたは二つの選択肢を評価しているとする。一つはクーポン利率が8％の半年払債券で、もうひとつはゼロ・クーポン債である。会社の税率は35%である。

a. 3,000万ドルを調達するためには、利付債を何口発行する必要があるか。ゼロ・クーポン債では、何口発行する必要があるか。

b. もし利付債を発行したら、30年後、会社の返済額はいくらになるか。もしゼロ・クーポン債を発行したらどうか。

◆チャレンジ（問題14－15）

14. 繰上償還条項の評価

2009年２月24日時点の、以下の三つの財務省債券の価格を考える。

6.500	May13	106:10	106:12	−13	5.28
8.250	May13	103:14	103:16	−3	5.24
12.000	May13	134:25	134:31	−15	5.32

真ん中の債券は、2010年２月に繰上償還が可能である。この繰上償還条項の内在的価値はいくらか（ヒント：二つの繰上償還禁止債を一緒にして、繰上償還可能債と同じクーポン利率をもつ債券をつくる方法があるか）。

15. 財務省債券

以下の財務省債券の価格情報は、2004年５月11日に、*ウォールストリート・ジャーナル*に掲載されたものである。

9.125	May09	100：03	100：04	…	−2.15

いったいだれがこのマイナスの最終利回りをもつ財務省債券を買うというのか。どうしたらこんなことが可能か。

第16章

資本構成：基本概念

新聞社は、伝統的に財務レバレッジの活用に大きく依存してきた。不幸にもこの慣行は、物事が計画どおりに運ばなかったとき、新聞業界がはっきりと（そして痛ましく）みせたように、悪い結果を生む可能性がある。経済状況とインターネット広告を原因とする印刷広告の減少で、多くの新聞社の収益は劇的に減少した。その結果、多くのケースで、金利も払えないという状況に陥った。たとえば、2008年12月、八つの大新聞と、23のテレビ局、そしてシカゴ・カブスを所有するトリビューン・カンパニーは、チャプター・イレブンによる倒産を申請した。申請は、会社がレバレッジド・バイアウトで非上場になってから、１年もたたないうちに行われた。会社は倒産申請において、76億ドルの資産と129億ドルの負債を記載していた。

もちろん、他の新聞社もまたチャプター・イレブンを申請した。*ミネアポリス・スター・トリビューン*は、2009年１月に会社更生手続の適用を申請した。会社は2008年に2,600万ドルのEBITを報告したが、これは2004年の１億1,500万ドルから大幅にダウンしたものだった。申請は、新聞社の貸し手に対する債務不履行の後に行われたが、これは会社がプライベート・エクイティ投資グループによって買収されてから２年たたずに起こった。その倒産申請において、会社は４億9,300万ドルの資産と６億6,100万ドルの負債を記載していた。もう一つのケースでは、*ニューヨーク・タイムズ*が、営業費用をまかなう助けにするべく、本社を２億2,500万ドルほどで抵当に入れると語った。

それでは、株主利益最大化の目的を達成するために、企業はどのような資本構成を選択すべきだろうか。本章では、この質問と他の論点を探求する。

16.1　資本構成の質問とパイ理論

企業はどのようにして負債・株主資本比率を選ぶのだろうか。われわれの資本構成の質問に対するアプローチを、われわれはパイ・モデル（pie model）と呼ぶ。もしわれわれがなぜこの名前を選んだのかを不思議に思っているのなら、図16.1をみてみよう。問題のパイは、企業の財務請求権の合計で、この場合では負債と株主資本である。われわれは企業の価値をこの合計であると*定義する*。よって、企業の価値 V は、

$$V \equiv B + S \qquad (16.1)$$

である。ここで、B は負債の市場価値で、S は株主資本の市場価値を表す。図16.1は、40%－60%と60%－40%という、株式と負債の間の二つの可能なパイの分け方を示している。もし企業の経営陣の目的が、企業をできる限り価値あるものにすることなら、企業はパイ、すなわち総価値を、できる限り大きくする負債・株主資本比率を選ぶべきである。

この議論は、二つの重要な質問を要請する。

1．なぜ企業の株主は、企業全体の価値を最大化することに関心をもたなければならないのだろうか。とどのつまり、企業の価値は定義上、負債と株主資本双方の合計である。かわりに、株主は彼らの利益のみを最大化する戦略を、なぜ選好すべきではないのか。
2．株主の利益を最大化する負債・株主資本比率はいくらだろうか。

この二つの質問を順に考察してみよう。

図16.1　資本構成のパイ・モデル

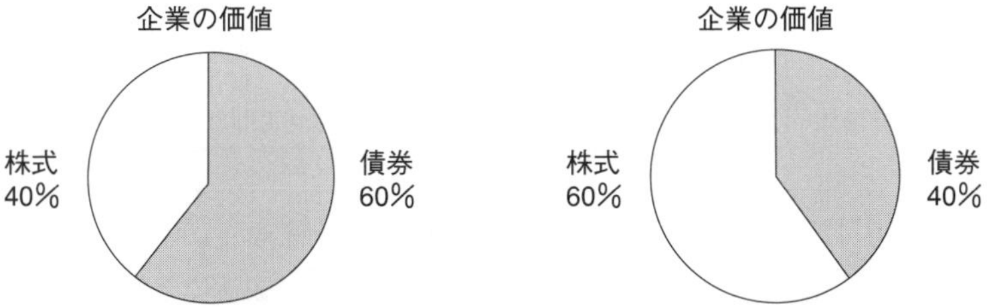

16.2 企業価値の最大化 vs 株主利益の最大化

次の例は、企業の価値を最大化することが、株主のために財務管理者が選択すべきことであることを例証する。

例16.1 負債と企業価値

J.J.スプリント社の市場価値は1,000ドルであるとしよう。会社は現在何の負債ももたず、J.J.スプリント社の発行済株式100株は、１株当り10ドルで売られている。J.J.スプリント社のような負債のない会社は、*レバレッジがない*（*unlevered*）会社と呼ばれる。さらにJ.J.スプリント社は500ドルを借りて、株主に１株当り５ドルの特別配当を支払うことを計画している。負債の発行後、会社は*レバレッジがある*（*levered*）会社になる。会社の投資は、この取引によって変化しない。この提案された再構成の後、会社の価値はどうなるだろうか。

経営陣は、定義上、この再構成から三つのうちの一つが起こりうると認識している。再構成後の会社の価値は、①当初の企業価値の1,000ドル超、②1,000ドル、あるいは③1,000ドル未満のいずれかである。投資銀行と相談した結果、経営陣は再構成が会社の価値をどちらの方向へも250ドル以上変えないと考えている。したがって、彼らは1,250ドル、1,000ドル、そして750ドルが妥当なレンジであるとみている。当初の資本構成と、新しい資本構成下でのこれら三つの可能性は、次に示されている。

	負債なし（当初の資本構成）	配当金支払後の負債＋株主資本の価値（三つの可能性）		
		I	II	III
負債	$　　0	$　500	$　500	$500
株主資本	1,000	750	500	250
企業価値	$1,000	$1,250	$1,000	$750

三つの可能性のいずれにおいても、株主資本の価値は1,000ドル未満であることに注意されたい。これは、２通りのうちの一つで説明できる。第一に、図

は特別配当を支払った後の株主資本の価値を表している。現金が支払われるので、配当金は会社の部分的な清算を意味している。結果として、配当金支払後の株主への会社の価値は減少している。第二に、将来の清算という事態において、株主は債券保有者に対して完全に支払われた後にのみ、支払を受けることになる。よって、負債は企業の負担であり、株主資本の価値を下げる。

もちろん、経営陣は、考えうる結果が無限に存在することを認識している。上の三つは代表的な結果にすぎないとみなされるべきである。ここで、三つの状況下における株主へのペイオフを決定することができる。

	再構成後の株主へのペイオフ		
	I	II	III
キャピタル・ゲイン	－＄250	－＄500	－＄750
配当金	500	500	500
株主への純利益または損失	＄250	＄　0	－＄250

三つの結果のどれが起こるのかは、だれも事前に知ることはできない。しかしながら、経営陣がIの結果が最も起こりやすいと考えているとしよう。株主が250ドルの利益を得るので、彼らは断然会社を再構成すべきである。すなわち、株価は250ドル下がって750ドルになるが、株主は配当金で500ドルを受け取る。彼らの純利益は250ドル（＝－＄250＋＄500）である。また、会社の価値は250ドル（＝＄1,250－＄1,000）上がることにも注目されたい。

今度は、経営陣がIIIの結果が最も起こりやすいと考えているとしよう。この場合、彼らは会社を再構成するべきではない。なぜなら株主が250ドルの損失を被ることが予想されるからである。すなわち、株式は750ドル下がって250ドルになり、株主は500ドルを配当で受け取る。彼らの純損失は－250ドル（＝－＄750＋＄500）である。また、会社の価値は－250ドル（＝＄750－＄1,000）変化することにも注意されたい。

最後に、経営陣がIIの結果が最も起こりやすいと考えているとしよう。この場合の株主への純利益はゼロなので、再構成は株主の利益に影響を及ぼさない。また、IIの結果が起こった場合、会社の価値が変化しないことにも注意されたい。

この例は、なぜ経営陣が企業の価値を最大化するよう試みるべきか説明している。言い換えれば、これは第16.1節の質問1に答えている。この例で、われわれは次の見識を得る。

資本構成の変化は、企業の価値が増加する場合にのみ、株主に利益をもたらす。

逆に、これらの変化は、企業の価値が減少する場合にのみ、株主に不利益をもたらす。この結果は、多くの異なるタイプの資本構成の変化について成立する[1]。必然的結果として、以下のことがいえる。

経営陣は、最も高い企業価値をもつと考えられる資本構成を選択すべきである。なぜならこの資本構成が、企業の株主にとって最も利益をもたらすものだからである。

とはいえ、この例は三つの結果のうちどれがいちばん起こる可能性が高いか教えてくれないことに注意されたい。したがって、J.J.スプリント社の資本構成に負債を加えるべきかどうかを、われわれに教えてくれない。言い換えれば、これは第16.1節の質問2に答えていない。この2番目の質問は、次節で取り扱う。

16.3　財務レバレッジと企業価値：例

レバレッジと株主へのリターン

前節では、最も高い企業価値をつくりだす資本構成が、株主の富を最大化するものであることを示した。この節では、その最適な資本構成を決定したい。株主へのリターンに対する、資本構成の影響を例証することから始める。詳細な例を用いるので、学生諸君には注意深く学習することを推奨する。この例を理解してしまえば、最適資本構成を決定することの準備が整う。

トランザム社は現在、資本構成のなかに負債がない。会社は自社株の一部を買い戻すことを考えている。現在の資本構成および提案された資本構成は、表16.1に示されている。会社の資産は8,000ドルである。全額株式調達の会社の発行済株式数

1）　この結果は、負債がかなりの債務不履行（デフォルト）確率をもつ、より複雑なケースにおいては厳密には成立しないかもしれない。デフォルトについては次章で取り扱う。

表16.1　トランザム社の財務構成

	現　在	提　案
資産	＄8,000	＄8,000
負債	＄0	＄4,000
株主資本（時価および簿価）	＄8,000	＄4,000
金利	10％	10％
1株当りの市場価値	＄20	＄20
発行済株式数	400	200

（注）提案された資本構成はレバレッジを含むが、現在の構成はすべて株式である。

表16.2　トランザム社の現在の資本構成：負債なし

	景気後退	期待値	景気拡大
総資産利益率（ROA）	5％	15％	25％
利益	＄400	＄1,200	＄2,000
株主資本利益率（ROE）＝利益/株主資本	5％	15％	25％
1株当り利益（EPS）	＄1.00	＄3.00	＄5.00

表16.3　トランザム社の提案された資本構成：負債＝4,000ドル

	景気後退	期待値	景気拡大
総資産利益率（ROA）	5％	15％	25％
利払い前利益（EBI）	＄400	＄1,200	＄2,000
支払利息	－400	－400	－400
利払い後利益	＄　0	＄　800	＄1,600
株主資本利益率（ROE）＝利払い後利益/株主資本	0	20％	40％
1株当り利益（EPS）	0	＄4.00	＄8.00

は400であり、これは1株当り20ドルの市場価値を意味している。提案された負債の発行額は4,000ドルであり、4,000ドルが株主資本に残る。金利は10％である。

1株当り利益に対する経済状態の影響は、現在の資本構成（すべて株式）のものが表16.2に示されている。1,200ドルの利益が期待される中央の列をまず考えてみよう。資産は8,000ドルなので、総資産利益率（ROA）は15％（＝＄1,200/＄8,000）である。この全額株式調達の会社では、資産は株主資本と等しいので、株主資本利益率（ROE）もまた15％である。1株当り利益（EPS）は3.00ドル（＝＄1,200/400）である。同様な計算をすると、EPSは、景気後退と景気拡大のケー

図16.2　財務レバレッジ：トランザム社のEPSとEBI

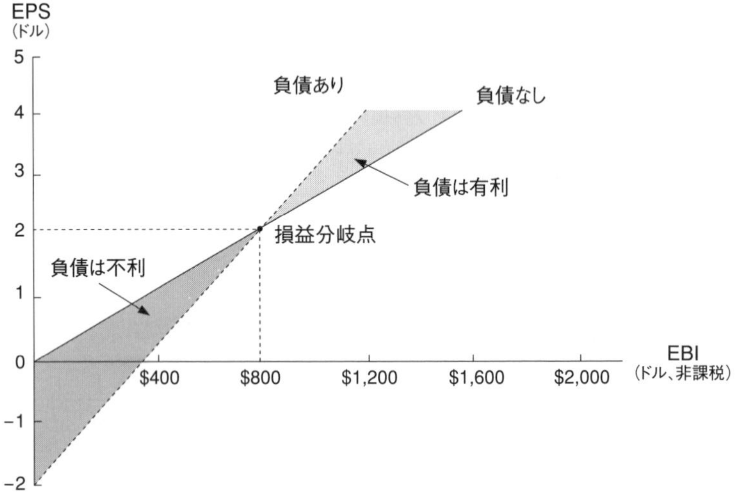

スにおいて、それぞれ1.00ドルと5.00ドルとなる。

レバレッジのケースは表16.3に示されている。三つの経済状態におけるROAは、表16.2と表16.3で同一である。なぜならこの比率は利払い前に計算されるからである。ここでは負債が4,000ドルなので、支払利息は400ドル（＝0.10×＄4,000）である。よって、利払い後利益は、中央（期待値）のケースでは800ドル（＝＄1,200－＄400）となる。株主資本は4,000ドルなので、ROEは20％（＝＄800/＄4,000）であり、１株当り利益は4.00ドル（＝＄800/200）である。同様な計算をすると、EPSは景気後退と景気拡大のケースでは、それぞれ０ドルと8.00ドルになる。

表16.2と表16.3は、財務レバレッジの影響が企業の利払い前利益に依存していることを示している。もし利払い前利益が1,200ドルなら、株主資本利益率（ROE）は、提案された構成のほうが高い。もし利払い前利益が400ドルなら、ROEは、現在の構成のほうが高い。

この考え方は図16.2に表されている。実線はレバレッジがないケースを表している。この線は原点から始まるが、これはもし利払い前利益（EBI）がゼロの場合、１株当り利益（EPS）がゼロになることを示している。EPSはEBIの上昇とともに上がる。

破線は4,000ドルの負債のケースを表している。ここでは、EBIがゼロならEPSはマイナスである。これは企業の利益にかかわらず、400ドルの利息が支払われなければならないからである。

さて、二つの線の傾きを考えてみよう。破線の傾き（負債を伴う線）は、実線の傾きよりも大きい。これはレバレッジがある会社の発行済株式数が、レバレッジがない会社のものより*少ない*ことから生じる。したがって、レバレッジがある企業では、EBIの増加はより大きなEPSの上昇を導く。なぜなら利益の増加分が、より少ない株式に分配されるからである。

破線のY切片は低いがより大きな傾きをもつので、二つの線は交差しなければならない。*損益分岐*点は、EBIが800ドルで起こる。利払い前利益が800ドルのとき、どちらの会社も2ドルの1株当り利益（EPS）を生み出す。800ドルは損益分岐点なので、レバレッジがある会社では、800ドル以上の利益は、より大きなEPSにつながる。800ドル以下の利益は、レバレッジがない会社に、より大きなEPSをもたらす。

負債か株式かの選択

表16.2と表16.3、および図16.2は、1株当り利益に対するレバレッジの影響を表しているので重要である。学生はこれらの数値の計算に慣れるまで、表と図を勉強するべきである。とはいえ、われわれはまだ最重要なことを提示していない。すなわち、トランザム社にとって、どちらの資本構成がよいのかということである。

この時点では、多くの学生がレバレッジは有効であると考えている。なぜならEPSが、レバレッジがある場合は4ドルで、レバレッジがない場合には3ドルしかないからである。しかしながら、レバレッジはまたリスクも生む。景気後退局面において、レバレッジがない会社のEPSのほうが、より高い（1ドルvsゼロ）ことに注目されたい。よって、リスク回避的投資家は全額株式調達の会社を選好し、リスク中立的（あるいは低いリスク回避的）投資家はレバレッジを選好するかもしれない。

Modigliani and Miller（MMまたはM&M）は、企業が資本構成の割合を変えることで、発行済証券の総価値を変更することはできないという説得力のある議論を展開している。言い換えれば、企業の価値は、どのような資本構成においても、いつでも同じである。さらに言い換えれば、企業の株主にとって、どんな資本構成も、他の資本構成よりよくも悪くもないということである。この若干悲観的な結論が、有名なMM命題I（MM Proposition I）[2)]である。

表16.4　提案された構成と、自家製レバレッジを伴う現在の構成下での、トランザム社の株主に対するペイオフとコスト

戦略A：レバレッジがある株式を100株購入			
	景気後退	期待値	景気拡大
レバレッジがある 株式のEPS （表16.3の最後の行より）	＄0	＄ 4	＄ 8
100株当りの利益	＄0	＄400	＄800
初期費用＝100株@＄20/株＝＄2,000			
戦略B：自家製レバレッジ			
	景気後退	期待値	景気拡大
現在のレバレッジがないトランザム社における200株当りの利益	＄1×200＝ ＄200	＄3×200＝ ＄600	＄5×200＝ ＄1,000
＄2,000に対する10％の利息	−200	−200	−200
純利益	＄ 0	＄400	＄ 800
初期費用＝200株@＄20/株−＄2,000＝＄2,000 株式のコスト　借入額			

（注）　投資家は、⑴レバレッジがある会社の株式を買っても、あるいは⑵レバレッジがない会社の株式を購入し、個人で借入れをしても、同じペイオフを受け取る。どちらでも、初期投資は同じである。よって、会社は負債を資本構成に加えることによって、投資家を助けもしないし害も与えない。

彼らの議論は、われわれが戦略Aと呼ぶ単純な戦略と、戦略Bと呼ぶ２段階の戦略を比較する。トランザム社の株主に対するこれらの戦略は、表16.4に示されている。それでは最初の戦略を考察しよう。

戦略 A：レバレッジがある株式を100株購入する。

表16.4上部の最初の行は、三つの経済状態における提案されたレバレッジがある株主資本のEPSを表している。２番目の行は、個人が100株購入した場合の三つの状態での利益を表している。次の行は、これらの100株のコストが2,000ドルであることを表している。

次に、２段階からなる２番目の戦略を考えてみよう。

戦略 B：自家製レバレッジ

2）　オリジナルの論文は、F. Modigliani and Miller, "The Cost of Capital, Corporation Finance and the Theory of Investment," *American Economic Review*（June 1958）である。

1．2,000ドルを、銀行か、あるいはもっと可能性が高い、ブローカー（証券会社）から借りる（もしブローカーが貸し手なら、われわれはこれを*信用買い*と呼ぶ）。
2．借り入れた資金と自己投資の2,000ドルを足して（合計4,000ドル）、現在のレバレッジがない株式を1株20ドルで200株購入する。

表16.4の下の部分は、われわれが*自家製レバレッジ*戦略と呼ぶ、戦略Bでのペイオフを表している。まず、中央の列をみてみよう。これは、レバレッジがない株式200株が600ドルの利益を生むと見込まれることを示している。2,000ドルが10%の金利で借り入れられたとすると、金利費用は200ドル（＝0.10×＄2,000）である。よって、純利益は400ドルが期待される。同様の計算をすると、景気後退と景気拡大では、利益はそれぞれ0ドルと800ドルである。

ここで、これらの二つの戦略を、年間利益と初期費用の両方の観点から比較してみよう。表の上部は、戦略Aが三つの状態において、0ドル、400ドル、そして800ドルの利益を生むことを示している。表の下部は、戦略Bが三つの状態において、同じ純利益を生み出すことを示している。

表の上部は、戦略Aの初期費用が2,000ドルであることを示している。同様に、下部は、戦略Bの純費用が同一の2,000ドルであることを示している。

これは大変重要な結果を表している。二つの戦略からの、費用とペイオフの両方が同じである。したがって、トランザム社は、再構成によって、株主を助けもしないし、害も与えないと結論されなければならない。言い換えれば、投資家は、企業のレバレッジから、個人で受け取れる以上の何ものも受け取っていない。

表16.1に示されたように、レバレッジがない会社の株主資本は8,000ドルと評価されていることに注意されたい。レバレッジがある会社の株主資本は4,000ドルで、負債は4,000ドルであるから、レバレッジがある会社の価値もまた8,000ドルである。ここで、なんらかの理由で、レバレッジがある会社の価値が、実際にはレバレッジがない会社よりも大きいと仮定しよう。ここでは、戦略Aは戦略Bよりもっとコストがかかる。この場合、投資家は個人で借り入れて、レバレッジがない会社の株式に投資することを好むだろう。彼は、レバレッジがある会社の株式に投資したのと同じ純利益を毎年受け取ることになる。しかしながら、彼のコストは少ない。この戦略は、われわれの投資家だけの特別なものではない。レバレッジがある会社の価値が高い場合、合理的な投資家はだれもレバレッジがある会社の株式には

投資しないだろう。レバレッジがある会社の株式をほしい者はだれでも、レバレッジがない会社の株式を借入金で購入することによって、同じ金額のリターンをより安く得られる。もちろん均衡状態では、二つの会社が等しくなるまで、レバレッジがある会社の価値は下がり、レバレッジがない会社の価値は上がるという結果になるだろう。この時点においては、個人は戦略Aと戦略Bの間で無差別になる。

この例は、Modigliani-Miller（MM）の基本的な結論を示し、一般的にMM命題Iと呼ばれる。この命題は以下のように述べられる。

MM命題I（税金なし）：レバレッジがある会社の価値は、レバレッジがない会社の価値と同じである。

これはおそらく、コーポーレートファイナンスすべてのなかで、いちばん重要な結果である。実際、これは、一般に現代経営ファイナンスの開始点とみなされている。MM以前は、企業価値に対するレバレッジの影響は、複雑で入り組んでいると思われていた。Modigliani and Millerは、あっけにとられるほど簡単な結果を示した―もしレバレッジがある会社の価格が高すぎたら、合理的な投資家は単に個人で借入れして、レバレッジがない会社の株式を買う―。この代用は、しばしば*自家製レバレッジ*と呼ばれる。個人が企業と同じ条件で借り入れる（あるいは貸し出す）限り、彼らは企業レバレッジの効果を自分で複製することができる。

トランザム社の例は、レバレッジが企業の価値に影響を及ぼさないことを示している。前に、株主の利益は直接企業の価値と関係していることを示したが、この例は、資本構成の変化が株主の利益に影響を及ぼせないということを示している。

主要な仮定

MMの結果は、個人が企業と同じくらい安く借入れできるという仮定に立脚している。もしかわりに、個人がもっと高い金利でしか借りられなかったとしたら、会社が企業価値を借入れによって増加できることを示すのは容易である。

この等しい借入費用の仮定は妥当なものだろうか。借入れをして株式を購入したい個人は、ブローカーに信用口座を開くことによって、そうすることが可能である。この取決めでは、ブローカーは個人に購入価格の一部を融資する。たとえば、個人は自己資金6,000ドルを投資し、ブローカーからの借入金4,000ドルとあわせて、１万ドルの株式を買うかもしれない。もし翌日株式に9,000ドルの価値があったら、この個人の口座の正味価値もしくはエクイティは、5,000ドル（＝＄9,000－＄4,000）になる3)。

ブローカーは、突然の価格下落で個人の口座のエクイティがマイナスになることをおそれている。これはブローカーの個人へのローンが完済されないかもしれないということを意味する。この可能性に対して備えるため、証券取引所の規則は、株式価格の下落につれ、個人が追加の資金を信用口座に補充することを要求する。①口座の補充の手続が長い年月の間に確立されたのと、②ブローカーが株式を担保として保有しているので、ブローカーに対する債務不履行リスクは少ない4)。特に、信用口座への補充が期限までに行われない場合、ブローカーは融資を満たすために株式を売却することができる。したがって、ブローカーは通常、無リスク金利よりもわずかに高いだけの低い金利を請求する。

一方、企業はしばしば流動性のない資産（たとえば工場や設備）を担保として用いて借入れを行う。当初の交渉、継続的な監督はもとより、財務困難に陥った場合の対応手続等、貸出サイドの費用はかなり高くなりうる。よって、個人が法人よりも高い金利で借りなければならないと主張することは困難である。

16.4　Modigliani and Miller：命題Ⅱ（税金なし）

株主へのリスクはレバレッジとともに上昇する

トランザム社の経営会議で、ある役員がいった。「なるほど、企業でも個人でも、どちらが借入れしても関係ないのかもしれない―多少のレバレッジさえあれば。レバレッジは投資家の利益になる。結局、レバレッジの量に応じて、投資家の期待リターンは上昇する」。そして彼は、表16.2と表16.3に示されているとおり、レバレッジがない株主資本の期待リターンは15％であるのに、レバレッジがある株主資本の期待リターンは20％であることを指摘した。

3）　われわれは、ローンに対する１日分の金利を無視している。
4）　もしこのテキストが、株価が20％以上下落した1987年10月19日以前に出版されていたら、われわれは「少ない」という言葉のかわりに、「ほとんど無」リスクという言葉を用いていたかもしれない。

しかしながら、他の役員が応じた。「必ずしもそうではない。期待リターンはレバレッジとともに上昇するが、*リスクもまた上昇する*」。この点は、表16.2と表16.3を調べればみてとることができる。レバレッジがない会社の株主の利払い前利益（EBI）は、400ドルから2,000ドルの間で変動し、1株当り利益（EPS）は1ドルから5ドルの間で変動する。レバレッジがある会社の株主のEPSは、0ドルから8ドルの間で変動する。このレバレッジがある会社のEPSの、より大きなレンジは、レバレッジがある会社の株主に対する、より大きなリスクを意味する。言い換えれば、レバレッジがある株主は、好況のときにはレバレッジがない株主よりも大きなリターンを得るが、不況のときにはより悪いリターンを得る。この二つの表はまた、レバレッジがある会社の株主のROEが、より大きいことを示している。リスクに関する上の解釈は、ここにも当てはまる。

同じ洞察は、図16.2からも得ることができる。レバレッジがある会社の線の傾きは、レバレッジがない会社の線の傾きよりも大きい。これは、レバレッジがある株主のリターンが、レバレッジがない株主よりも、好況時にはよいが、不況時には悪く、レバレッジとともにリスクがふえることを意味している。言い換えれば、傾きは企業業績（利払い前利益）の変化に対するROEの反応度を表しているので、線の傾きは株主へのリスクを測定している。

命題Ⅱ：株主の要求リターンはレバレッジとともに上昇する

レバレッジがある株主資本にはより大きなリスクがあるので、代償としてより大きな期待リターンもあるはずである。われわれの例では、市場は、レバレッジがない株主資本に対して15%の期待リターンしか*要求*しないが、レバレッジがある株主資本には20%を要求する。

この種の推論は、MM命題Ⅱ（MM Proposition Ⅱ）の展開を可能にする。ここでMMは、株主へのリスクはレバレッジとともに上昇するので、株主資本に要求されるリターンは、レバレッジと正の関係にあると主張している。

この立場を展開するために、企業の加重平均資本コスト R_{WACC} が、以下のように表せることを思い出されたい[5]。

5）　ここでは税金が存在しないので、第13章の場合と同様、負債コストは R_B（1 − t_c）ではなく R_B である。

$$R_{\text{WACC}}=\frac{S}{B+S}\times R_S+\frac{B}{B+S}\times R_B \tag{16.2}$$

ここで、

R_B は負債コストである。

R_S は株主資本または株式に対する期待リターンであり、*株主資本コスト*（*cost of equity*）もしくは*株主資本に対して要求されるリターン*（*required return on equity*）とも呼ばれる。

R_{WACC} は企業の加重平均資本コストである。

B は企業の負債、もしくは社債の価値である。

S は企業の株式、もしくは株主資本の価値である。

公式16.2は、かなり直観的である。これは単に企業の加重平均資本コストが、負債コストと株主資本コストの加重平均であるといっている。負債に適用されるウェイトは、資本構成における負債の割合であり、株主資本に適用されるウェイトは、資本構成における株主資本の割合である。公式16.2による、レバレッジがない会社とレバレッジがある会社の R_{WACC} の計算は、表16.5に示されている。

MM 命題Ⅰのもつ意味は、資本構成にかかわらず所与の企業に対して R_{WACC} が一定であるということである[6]。たとえば、表16.5は、トランザム社の R_{WACC} が、レバレッジを伴っても、あるいは伴わない場合でも、15％であることを示している。

ここで、R_0が*全額株式調達の会社の資本コスト*であると定義しよう。トランザム社の R_0は以下のように計算される。

$$R_0=\frac{\text{負債なしの会社の期待利益}}{\text{負債なしの株主資本}}=\frac{\$1,200}{\$8,000}=15\%$$

表16.5からみられるように、トランザム社の場合 R_{WACC} は R_0に等しい。実際、R_{WACC} は法人税のない世界においては、*常に* R_0に等しくなければならない[7]。

MM 命題Ⅱは、レバレッジの観点から株主資本の期待リターン R_S を述べる。$R_{\text{WACC}}=R_0$と置き、公式16.2を整理することによって導かれる正確な関係は、以下のとおりである[8]。

6）この文章は、税金のない世界で成立する。これは税金を伴う世界では成立しないが、この点については章の後半で扱う（図16.6参照）。

7）この文章は、税金のない世界で成立する。これは税金を伴う世界では成立しないが、この点については章の後半で扱う（図16.6参照）。

表16.5　トランザム社の資本コストの計算

$$R_{WACC}=\frac{B}{B+S}\times R_B+\frac{S}{B+S}\times R_S$$

レバレッジがない会社：$15\%=\frac{0}{\$8,000}\times 10\%^{*}+\frac{\$8,000}{\$8,000}\times 15\%^{**}$

レバレッジがある会社：$15\%=\frac{\$4,000}{\$8,000}\times 10\%^{*}+\frac{\$4,000}{\$8,000}\times 20\%^{***}$

*　10%は負債コストである。

**　表16.2の「期待値」の列から、レバレッジがない会社の期待利払い後利益は1,200ドルであることがわかる。表16.1から、レバレッジがない会社の株主資本は8,000ドルであることがわかる。よって、レバレッジがない会社の R_S は、以下のとおりである。

$$\frac{\text{期待利払い後利益}}{\text{株主資本}}=\frac{\$1,200}{\$8,000}=15\%$$

***　表16.3の「期待値」の列から、レバレッジがある会社の期待利払い後利益は800ドルであることがわかる。表16.1から、レバレッジがある会社の株主資本は4,000ドルであることがわかる。よって、レバレッジがある会社の R_S は、以下のとおりである。

$$\frac{\text{期待利払い後利益}}{\text{株主資本}}=\frac{\$800}{\$4,000}=20\%$$

MM 命題 II（税金なし）

$$R_S=R_0+\frac{B}{S}\ (R_0-R_B) \qquad (16.3)$$

式16.3は、株主資本に対して要求されるリターンが、企業の負債・株主資本比率の一次関数であることを意味している。式16.3を考察すると、もし R_0 が負債金利 R_B を超える場合、株主資本コストは負債・株主資本比率B/Sとともに上昇することがわかる。通常、R_0 は R_B を超えるはずである。すなわち、たとえレバレッジがない株主資本でもリスクを伴うので、無リスク負債よりも大きな期待リターンをもつはずである。式16.3は、トランザム社にレバレッジがある状態でも成り立つことに注目されたい。

8）　これは、$R_{WACC}=R_0$ と置くことによって、公式16.2から導くことができる。

$$\frac{B}{B+S}R_B+\frac{S}{B+S}R_S=R_0$$

両辺に $\frac{(B+S)}{S}$ を掛けると、

$$\frac{B}{S}R_B+R_S=\frac{B+S}{S}R_0$$

右辺を書き直すと、

$$\frac{B}{S}R_B+R_S=\frac{B}{S}R_0+R_0$$

$\frac{B}{S}R_B$ を右辺に移し、整理すると、

$$R_S=R_0+\frac{B}{S}\ (R_0-R_B)$$

図16.3　株主資本コスト、負債コスト、加重平均資本コスト：法人税なしの場合のMM命題Ⅱ

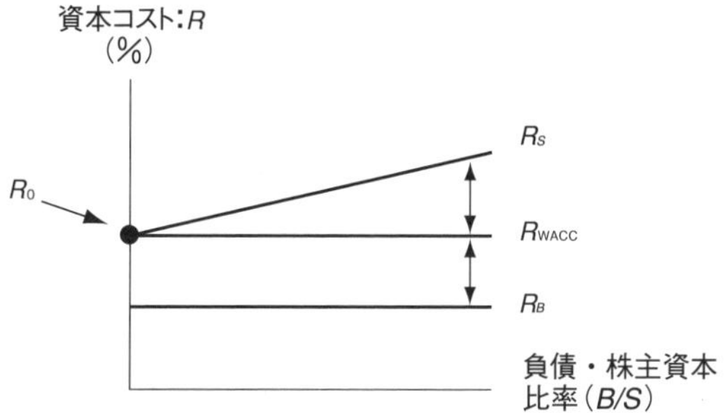

$R_S=R_0+(R_0-R_B)B/S$

R_Sは資本コスト

R_Bは負債コスト

R_0は全額株式調達の会社の資本コスト

R_{WACC}は会社の加重平均資本コスト。税金の無い世界では、レバレッジがある会社のR_{WACC}はR_0に等しい。

R_0は一点である一方、R_S、R_B、R_{WACC}は線のすべてである。

株式資本コストR_Sは、会社の負債・株主資本比率と正の関係にある。会社の加重平均資本コストR_{WACC}は、会社の負債・株主資本比率に対して変化しない。

$$0.20=0.15+\frac{\$4,000}{\$4,000}(0.15-0.10)$$

図16.3は式16.3をグラフに描いている。みてわかるように、われわれは株主資本コストR_Sと、負債・株主資本比率B/Sの関係を直線として描いた。式16.3にみられ、図16.3に図解されているのは、株主資本コストに対するレバレッジの影響である。会社が負債・株主資本比率を上げるにつれ、株主資本のそれぞれのドルは、追加負債のレバレッジを伴う。これは株主資本のリスクと、それゆえに株主資本に対して要求されるリターンR_Sを上昇させる。

図16.3はまた、R_{WACC}が上で指摘したように、レバレッジによって影響を受けないことを示している（全額株式調達の会社の資本コストR_0が、グラフ上の一つの点で表されていることをはっきり理解することは学生にとって重要である。対照的に、R_{WACC}は線のすべてである）。

例16．2　MM命題ⅠとⅡ

ルテラン・モーターズは、全額株式調達の会社であり、永久に年間1,000万ドルの期待リターンがある。会社は、利益のすべてを配当金として支払うので、この1,000万ドルはまた、株主の期待キャッシュフローとみることもできる。発行済株式数は1,000万株であり、これは1株当り1ドルの期待キャッシュフローを意味する。このレバレッジがない会社の資本コストは10%である。加えて、会社は近く新しい工場を400万ドルで建設する。工場は、年間100万ドルの追加キャッシュフローを生み出すと期待される。これらの数字は、以下のようにまとめられる（m＝100万）。

現在の会社	新しい工場
キャッシュフロー：＄10m	初期支出額：＄4m
発行済株式数：10m	追加年次キャッシュフロー：＄1m

割引率が会社全体のものと同じであると仮定すると、このプロジェクトの純現在価値は、

$$-\$4\text{m}+\frac{\$1\text{m}}{0.1}=\$6\text{m}\quad\text{である。}$$

市場がこのプロジェクトに関して知る前の、*市場価値貸借対照表（market value balance sheet）*は、以下のようになる。

ルテラン・モーターズ
貸借対照表（全額株式調達）

旧資産　$\frac{\$10\text{m}}{0.1}=\$100\text{m}$	株主資本　＄100m （10m株）

年間1,000万ドルのキャッシュフローが、10%で資本調達されているので、会社の価値は1億ドルである。1,000万株が発行されているので、1株は10ドル（＝＄100m/10m）で売られる。

市場価値貸借対照表は、財務分析の有効なツールである。当初面食らう学生も少なくないが、ここで余分に勉強することを勧める。市場価値貸借対照表は、会計士が用いる貸借対照表と同じ形式であることが鍵である。すなわち、資産は左側に置かれ、負債と所有者持分は右側に置かれる。加えて、左側と右

側は等しくならなければならない。市場価値貸借対照表と会計士の貸借対照表の違いは、その数値にある。会計士は、過去の費用（当初購入価格－減価償却）に基づいて項目を評価するのに対して、ファイナンス関係者は項目を市場価値によって評価する。

会社は、400万ドルの株式か負債を発行する。株式と負債の資金調達の影響について、順を追って考えてみよう。

株式による資金調達

会社が、近い将来新しい工場を建設するため、株式で400万ドルを調達すると発表するとしよう。株価、したがって会社の価値は、この工場のプラスの純現在価値を反映して上昇する。効率的市場仮説によれば、この上昇は即座に起こる。すなわち株価上昇は、新工場建設着手日や、やがて行われる株式発行日ではなく、この発表の日に起こる。市場価値貸借対照表は、次のようになる。

ルテラン・モーターズ
貸借対照表
（工場建設のための株式発行を発表したとき）

旧資産	＄100m	株主資本	＄106m
工場の純現在価値	$-4\,\mathrm{m}+\dfrac{\$1\,\mathrm{m}}{0.1}=6\,\mathrm{m}$		（10m株）
総資産	＄106m		

工場の純現在価値が、市場価値貸借対照表に含まれることに注意されたい。まだ新株は発行されていないので、発行済株式数は1,000万株のままである。１株当りの株価は、工場に関するニュースを反映して10.60ドル（＝＄106m/10m）に上がった。

その後まもなく、400万ドルの株式が発行される。株式は、１株当り10.60ドルで売られるので、37万7,358株（＝＄４m/＄10.60）が発行される。資金は工場を建設する前に一時的に銀行に預けられると仮定しよう。市場価値貸借対照表は、次のようになる。

ルテラン・モーターズ
貸借対照表
（株式発行後、工場建設開始前）

旧資産	$100m	株主資本	$110m
工場の純現在価値	6 m		（10,377,358株）
新株発行からの資金			
（現在は銀行に預金）	4 m		
総資産	$110m		

37万7,358株の新株が発行されたので、発行済株式数は、現在1,037万7,358株になった。1株当りの価格は10.60ドル（＝$110m/10,377,358）である。株価が変わっていないことに注意されたい。株価は新しい情報によってしか動かないので、これは効率的市場と一致している。

もちろん、資金は銀行にほんの*一時的*に預けられている。新株発行後まもなく、400万ドルは工場を建設するコントラクターに支払われる。割引化の問題を避けるために、工場はすぐに建設されると仮定する。貸借対照表は、以下のようになる。

ルテラン・モーターズ
貸借対照表
（工場完成時）

旧資産	$100m	株主資本	$110m
工場の現在価値	$\frac{\$1\,m}{0.1}=10m$		（10,377,358株）
総資産	$110m		

総資産額に変化はないが、資産構成は変わる。コントラクターに支払うために銀行口座は空になった。工場からの年100万ドルのキャッシュフローの現在価値は、1,000万ドルの資産として反映されている。400万ドルの建設費はすでに支払われてしまっているので、もう将来の費用にはならない。よって、建設費はもはや工場の価値を減らさない。効率的市場仮説に従えば、株価は10.60ドルのままである。

会社の期待年次キャッシュフローは1,100万ドルである。1,000万ドルは、旧資産からもたらされ、100万ドルは新資産からもたらされる。株主への期待リターンは、

$R_S=\frac{\$11\text{m}}{\$110\text{m}}=0.10$　である。

会社は、100%株主資本なので、$R_S=R_0=0.10$　である。

負債による資金調達

かわりに、会社が近い将来、新しい工場建設のために400万ドルを6%で借り入れると発表するとしよう。これは、24万ドル（＝＄4m×6%）の年次支払利息を意味する。再び、株価は工場のプラスの純現在価値を反映して即座に上昇する。よって、以下を得る。

ルテラン・モーターズ
貸借対照表
（工場建設のための負債発行を発表したとき）

旧資産	＄100m	株主資本	＄106m （10m株）
工場の純現在価値	$-\$4\text{m}+\frac{\$1\text{m}}{0.1}=6\text{m}$		
総資産	＄106m		

会社の価値は株式による資金調達の場合と同じである。なぜなら①同じ工場が建設され、そして②MMが、負債による資金調達は、株式による資金調達よりよくも悪くもないと証明しているからである。

ある時点で、400万ドルの負債が発行される。前と同様、調達資金は一時的に銀行に預金される。市場価値貸借対照表は、次のようになる。

ルテラン・モーターズ
貸借対照表
（負債発行後、工場建設開始前）

旧資産	＄100m	負　　債	＄4m
工場の純現在価値	6m	株主資本	106m （10m株）
負債発行からの資金 （現在は銀行に預金）	4m		
総資産	＄110m	負債＋株主資本	＄110m

負債は貸借対照表の右側に現れることに注意されたい。株価は、前出の効率

的市場の議論に従って依然10.60ドルである。

最後に、コントラクターが400万ドルを受け取り、工場を建設する。市場価値貸借対照表は、次のようになる。

ルテラン・モーターズ
貸借対照表
（工場完成時）

旧資産	＄100m	負　　債	＄4m
工場の現在価値	10m	株主資本	106m
			（10m株）
総資産	＄110m	負債＋株主資本	＄110m

ここでの唯一の変化は、コントラクターへの支払で銀行口座が空になったことである。株主は、以下の利払い後年次キャッシュフローを期待できる。

＄10,000,000	＋	＄1,000,000	－	＄240,000	＝	＄10,760,000
旧資産からのキャッシュフロー		新資産からのキャッシュフロー		支払利息：＄4m×6％		

株主は以下のリターンを期待できる。

$$\frac{\$10,760,000}{\$106,000,000}=10.15\%$$

レバレッジがある会社の株主へのこの10.15％のリターンは、レバレッジがない会社の株主への10％のリターンより高い。前に議論したように、レバレッジがある株主資本はより危険なので、この結果は理にかなっている。実際、10.15％のリターンは、MM命題Ⅱが予想するものとまったく同じであるはずである。この予想は、以下の式に数値を代入することによって確かめられる。

$$R_S=R_0+\frac{B}{S}\times(R_0-R_B)$$

以下の結果を得る。

$$10.15\%=10\%+\frac{\$4,000,000}{\$106,000,000}\times(10\%-6\%)$$

この例題は、二つの理由で有意義である。第一に、われわれはこのテキストにおいて有効なツールである市場価値貸借対照表を紹介したかった。とりわけ、このテクニックは新しい発行株式の価格の計算を可能にする。第二に、この例題はModigliani-Millerの三つの側面を例証する。

1．会社の価値は、株式調達後でも負債調達後でも、いずれも1億1,000万ドルなので、この例題は、MM命題Iと一致している。
2．学生は、しばしば会社の価値よりも、株価のほうに興味がある。負債か株式調達のいずれが用いられるかにかかわらず、株価は常に10.60ドルであることを示した。
3．例題はMM命題IIと一致している。ちょうどMM命題IIが述べるように、株主への期待リターンは10%から10.15%に上昇する。この上昇は、レバレッジがある会社の株主が、レバレッジがない会社の株主よりもリスクを負っているので、発生する。

MM：解釈

Modigliani-Millerの結論は、経営陣が会社の証券をリパッケージすることによって、その価値を変えることができないことを示している。この考え方は、発表当初の1950年代後半には革命的であるとみなされたが、以後MMモデルと裁定証明は広く受け入れられている[9)]。

負債が株式よりも割安なようにみえたとしても、企業の全体的な資本コストは、株式のかわりに負債を用いて減らすことはできないとMMは主張する。その理由は、会社が負債をふやすと、残った株主資本はよりリスクを負うことになるからである。結果として、このリスクが上昇するにつれ、株主資本コストは上昇する。この残った株主資本コストの上昇が、低いコストの負債によってより多くの割合を資本調達することと打ち消し合う。実際、MMはこの二つの効果が互いにちょうど打ち消し合い、そのため会社の価値と会社の全体的資本コストの双方が、レバレッジと無関係であることを証明している。

MMは食べ物とのおもしろいアナロジーを用いている。彼らは、二つの選択肢をもつ酪農家を考察する。一方では、彼は全乳を売ることができる。他方では、脂肪をすくい取ることにより、クリームと低脂肪乳の組合せを販売できる。酪農家

9）Merton MillerとFranco Modiglianiはともに、資本構成に関する業績を理由の一部として、個別のノーベル賞を授与された。

は、クリームを高く売ることができるが、低脂肪乳には安い値段しかつかず、何の正味利益も得られない。実際、全乳戦略による売上げが、クリームと低脂肪乳戦略よりも少ない場合を考えてみよう。裁定取引者たちは、全乳を購入し、自ら脂肪をすくい取ることにより、クリームと低脂肪乳を再び売ることができる。裁定取引者間の競争は、この二つの戦略からの売上げが等しくなるまで、全乳の価格を押し上げる。よって、酪農家の牛乳の価値は、牛乳がどう売られるかとは無関係である。

● コラム ●

彼ら自身の言葉で

Miller 教授がいうには……

Modigliani-Miller の結論を完全に理解することは容易ではない。この点は、Merton Miller によって語られた話が説明している*。

（Modigliani-Miller の）論文の貢献を簡単にまとめることがいかにむずかしいかは、この前の10月、Franco Modigliani が、ファイナンスの分野―もちろんほんの一部だけだが―によってノーベル経済学賞を受賞した時、自宅にいた私は非常に明確に、実感させられた。即座に押しかけてきたシカゴの地方テレビ局のカメラ・クルーはいった。「これらの MM 定理を導くのにあたって、あなたも以前 Modigliani 氏と一緒に仕事をしたそうですが、視聴者のために簡単に説明していただけますか」。

「どれくらい簡単に？」と私は尋ねた。

「そう、10秒使ってください」が、返答だった。

生涯の研究を説明するのに10秒！　細心の注意で推論した二つの論文、それぞれが印刷して30ページ以上で、それぞれ60かそれ以上の脚注をもつ論文、を解説するのに10秒！　私のうろたえた顔をみて、彼らはいった。「細部に入る必要はありません。主要な点を、簡単に普通にわかる言葉でお願いします」。

最初の資本コストの論文の主要な点は、少なくとも原理的には簡単に説明できる。それは次のことをいっている。経済学者の理想である、十分で対称的な情報がすべての市場参加者に行きわたる完全で完璧な資本市場の世界においては、企業によって発行されるすべての証券の総市場価値は、利益獲得能力とそのもとになる実物資産のリスクによって決定され、資本調達のために負債手段と株主資本の間でどういう割合で証券が発行されるかとは独立しており、……。

しかしながら、こんな要約は、あまりに多くの省略用語と概念を用いすぎている。たとえば、完璧な資本市場という言葉は、経済学者にとっては豊かな意味をもつが、一般大衆にとってはとうていそうではない。そこで私はかわりに、原論文でわれわれ自身が用いたたとえ話を思いついた。

私はいった。「会社を巨大な全乳の入った桶だと考えてみてください。農家は、全乳をそのままのものとして売ることができる。あるいは、クリームを分離し、全乳よりもずっと高い値段で売ることができる（これは会社が低い利回りの、したがって高価格の負債証券を売るのと同じである）。しかし、もちろん、農家には全乳よりはるかに安い低乳脂肪分をもつスキム・ミルクが残ることになる。これは、レバレッジがある株主資本に当たる。MM 命題は、もし分離するのに費用がかからなければ（そしてもちろん政府の酪農補助プログラムがなければ）、クリームにスキム・ミルクを足したものは、全乳と同じ値段になるといっている」。

テレビ局の人たちは彼らで相談してから、私に、それは長すぎ、複雑すぎ、学術的すぎると伝えた。

「もっと簡単なのはありませんか」と彼らは聞いた。私は、最近 MM 命題を説明するのに用いる、違う方法を思い出した。これは、市場の完全性の概念を重要視し、各々の可能な世界の状態において、会社のペイオフを資本提供者の間で分ける方策としての証券の役割を強調するものである。

私はいった。「会社を 4 分割された巨大なピザだと考えてみてください。もしそれぞれの部分を半分に切って八つに分けると、MM 命題は、あなたはより多くのスライスを得るが、しかしピザの量は変わらないといっている」。

再びカメラ・クルーの間でヒソヒソ話の相談があり、ディレクターが戻ってきていった。

「教授、われわれはニュース発表から、二つの MM 命題があると理解しています。もう一つのほうを試してもらえますか」。

[Miller 教授は、2 番目の命題を一生懸命説明しようと試みたが、これはどうも理解させるのがもっとむずかしいようだった。この試みの後……]

もう一度ヒソヒソ話があった。彼らは照明を消した。機材を片づけた。彼らは私に時間をとらせたことの礼をいった。私に後で連絡するといった。しかし私にはわかっていた。私はどういうわけか、テレビ視聴者に手ごろな10秒間で経済的知識を詰め込む解説者としての、新しい職業を始めるチャンスを失ってしまったのだ。そういう才能をもった人もいる。そしてまったく才能をもたない人も……。

（＊ *GSB Chicago*, University of Chicago（Autumn, 1986）より引用）

食べ物はこの章の始めにも登場した。会社を一つのパイとみなしたときである。MMは、いかに株主と社債保有者がパイを分けようと、その大きさは変わらないと主張する。MMは、企業の資本構成は無関係であるという。それがいまの状態であるのは、単なる歴史的偶然でしかない。この理論は、企業の負債・株主資本比率がどのような値でもかまわないことを意味している。それらが現在の比率であるのは、どれだけ借り入れるか、どれだけ株式を発行するかに関しての、経営陣の気まぐれでランダムな決定のせいである。

学者は常に影響の大きい理論に夢中になるが、学生はたぶんもっと現実的な応用に関心があるだろう。現実の世界の経営陣は、理論どおり、資本構成の意思決定に無関心なのだろうか。理論にとっては残念なことに、たとえば銀行業のようなある特定の産業では、事実上すべての企業が、高い負債・株主資本比率を選択している。逆に薬品などの産業では、低い負債・株主資本比率を選択している。実際、ほとんどの産業に、その産業内の企業が固執する負債・株主資本比率がある。よって、企業がレバレッジの程度をいい加減あるいはランダムに選んでいるようには見受けられない。このことが理由で、多くの金融経済学者（MM自身を含む）は、この理論から現実世界の要因が抜け落ちているのかもしれないと主張している。

われわれの多くの学生が、個人は法人の借入利率よりも高い金利でしか借りられないと主張したが、われわれはこの主張と反することを本章の始めに示した。だが、この理論の他の非現実的な仮定を探すと、二つ見つかる[10)]。

1．税金が無視されている。
2．倒産費用および他のエージェンシー・コストが考慮されていない。

10)　最初の論文にみられるように、MMはこれら二つの問題を認識している。

次の節では、税金を考慮する。倒産費用とエージェンシー・コストについては、次章で扱う。Modigliani-Millerの税金なしの場合の主な結論については、ボックスのなかにまとめてある。

税金なしの場合のModigliani-Miller命題の要約

仮定

・税金なし。
・取引コストなし。
・個人と企業が同じ利率で借り入れる。

結果

命題Ⅰ：$V_L = V_U$（レバレッジがある企業とレバレッジがない企業の価値は等しい）

命題Ⅱ：$R_S = R_0 + \frac{B}{S}(R_0 - R_B)$

直観的理解

命題Ⅰ：個人は自家製レバレッジによって、企業レバレッジの効果を複製することもなくすことも可能である。

命題Ⅱ：株主資本リスクがレバレッジとともに増加するので、株主資本コストはレバレッジとともに上昇する。

16.5　税　　金

基本的洞察

本章の前半部分では、税金のない世界において、企業の価値が負債と無関係であることを示した。ここで、法人税が存在する世界において、企業の価値が負債と正の関係にあることを示す。基本的洞察は、図16.4のようなパイ・チャートから読み

図16.4　法人税のもとでの、資本構成の二つのパイ・モデル

レバレッジがある会社は、全額株式調達の会社に比べて、少ない税金を払う。よって、レバレッジがある会社の負債と株主資本の合計は、レバレッジがない会社の株主資本よりも大きい。

取ることができる。左側のすべてが株主資本の会社を考えてみよう。ここでは、株主とIRS（内国歳入庁）が会社に対して請求権をもっている。すべてが株主資本の会社の価値は、もちろん株主によって所有されるパイの部分である。税金として支払われる分は、単に費用である。

レバレッジがある会社の右側のパイは、三つの請求権を表している。株主、負債所有者、そして税金である。図の二つの資本構成から選択する際、財務管理者はより高い価値のほうを選ぶべきである。二つのパイの総面積が同じであると仮定すると[11]、最も少なく税金を払う構成が価値を最大化する。言い換えると、経営陣はIRSが最も嫌う資本構成を選ぶべきである。

米国税法に存在する奇癖のせいで、税金に割り当てられるパイの割合は、レバレッジのある企業のほうが、ない企業よりも少ない。よって、経営陣は高いレバレッジを選ぶべきである。

例16. 3　税金とキャッシュフロー

ウォーター・プロダクツ社の法人税率 t_c は35%で、期待される利払い・税引き前利益（EBIT）は、毎年100万ドルである。税引き後のすべての利益は、配当として支払われる。

会社は、二つの代替的資本構成を考えている。プランⅠでは、ウォーター・プロダクツ社は資本構成にまったく負債をもたない。プランⅡでは、会社は400万ドルの負債 B をもつことになる。負債コスト R_B は10%である。

11）　すでに展開したMM命題においては、二つのパイは同じサイズになるはずである。

ウォーター・プロダクツ社のCFOは、以下の計算を行う。

	プランⅠ	プランⅡ
利払い・法人税引き前利益（EBIT）	$1,000,000	$1,000,000
支払利息（$R_B B$）	0	400,000
税引き前利益（EBT）=（EBT − $R_B B$）	1,000,000	600,000
税金（$t_C = 0.35$）	350,000	210,000
法人税引き後利益 (EAT) = [(EBIT − $R_B B$) × (1 − t_C)]	650,000	390,000
株主と社債保有者双方への総キャッシュフロー [EBIT × (1 − t_C) + $t_C R_B B$]	$　650,000	$　790,000

われわれの目的にとって、最も関係する数値は、最後の行の二つである。配当金—この例では税引き後利益と等しいが—は、株主へのキャッシュフローであり、支払利息は社債保有者へのキャッシュフローである[12]。ここで、プランⅡにおいて、より多くのキャッシュフローが、会社の所有者（株主と社債保有者双方）にもたらされることがわかる。違いは14万ドル（= $790,000 − $650,000）である。この差がどこからくるのか理解するのに、時間はかからない。プランⅠ（35万ドル）に比べて、プランⅡでは、IRSがより少ない税金（21万ドル）を受け取る。ここでの差は、14万ドル（= $350,000 − $210,000）である。

この差は、IRSの支払利息に対する取扱いが、株主へ回る利益の取扱いと異なることにより生じる[13]。利払い後の法人税引き前利益（EBT）が35%で課税されるのに対して、支払利息は完全に法人税を免れる。

12）読者は、なぜこの例の「株主と社債保有者双方への総キャッシュフロー」が、第2章と第6章で強調した、減価償却、資本支出、および運転資本を含まないのか不思議に思うかもしれない。これは、われわれが減価償却は資本支出と等しいと暗に仮定しているからである。また、運転資本の変化がゼロであるとも仮定している。ウォーター・プロダクツ社の予測されたキャッシュフローは永久に続くので、これらの仮定は理にかなっている。

13）株主は、実際にはプランⅠ（65万ドル）のほうが、プランⅡ（39万ドル）より多く受け取ることに注意されたい。株主はレバレッジがないほうが利益を得るようにみえるので、学生はしばしばこのことに悩まされる。しかしながら、プランⅠのほうがプランⅡよりも、多くの株式が発行されていることを思い出してほしい。フルに発展させたモデルでは、*1株当り*利益がレバレッジによって高くなることが示される。

節税効果（Tax Shield）の現在価値

前出の議論は、負債のもつ税の優位性、あるいは同じ意味として、株式に対する税の不利な点を明らかにした。ここで、この優位性を評価したい。支払利息は以下の式で求まる。

$$\text{支払利息} = \underset{\text{利率}}{R_B} \times \underset{\text{借入額}}{B}$$

ウォーター・プロダクツ社の支払利息は40万ドルである。この支払利息のすべてが税控除できる。すなわち、ウォーター・プロダクツ社の負債なしの場合における課税所得が何であれ、負債を伴うと課税所得は40万ドル少なくなる。

この例における法人税率は0.35なので、法人税の削減額は14万ドル（＝0.35×＄400,000）である。この数字は、先に計算した法人税の削減額とまったく同じである。

代数的には、法人税の削減額は以下のようになる。

$$\underset{\text{法人税率}}{t_C} \times \underset{\text{支払利息}}{R_B \times B} \qquad (16.4)$$

すなわち、会社が負債なしの場合にどれほど税金を毎年払おうが、B の負債を伴うと $t_C R_B B$ だけ少なく払うことになる。式16.4は、しばしば*負債からの節税効果（tax shield）*と呼ばれる。これは*年額*であることに注意されたい。

会社が正の税率枠にとどまると予想される限り、式16.4のキャッシュフローは、負債に対する支払利息と同じリスクをもつ。したがって、その価値は利率 R_B で割り引くことによって求めることができる。キャッシュフローが永遠に続くと仮定すると、節税効果の現在価値は以下のようになる。

$$\frac{t_C R_B B}{R_B} = t_C B$$

レバレッジがある会社の価値

われわれは、負債からの節税効果の現在価値を計算したところである。次のステップでは、レバレッジがある会社の価値を計算する。レバレッジがない会社の年次税引き後キャッシュフローは以下のとおりである。

$$\text{EBIT}\times(1-t_C)$$

EBIT は利払い・税引き前利益である。レバレッジがない会社（すなわち、負債がない会社）の価値は、$\text{EBIT}\times(1-t_C)$ の現在価値である。

$$V_U=\frac{\text{EBIT}\times(1-t_C)}{R_0}$$

ここで、

V_U＝レバレッジがない会社の現在価値

$\text{EBIT}\times(1-t_C)$＝法人税引き後の会社のキャッシュフロー

t_C＝法人税率

R_0＝全額株式調達の会社の資本コスト。公式からわかるように、ここで R_0 は*税引き後*キャッシュフローを割り引く。

すでに示したように、レバレッジは節税効果分（永久負債の場合、t_CB）だけ会社の価値を上げる。よって、レバレッジがある会社の価値を求めるには、単にこの節税効果をレバレッジがない会社の価値に加える。

これを以下のように代数的に書くこともできる[14]。

MM 命題 I〔法人税〕（MM Proposition I, Corporate Taxes）

$$V_L=\frac{\text{EBIT}\times(1-t_C)}{R_0}+\frac{t_CR_BB}{R_B}\qquad(16.5)$$

$$=V_U+t_CB$$

式16.5は、法人税のもとでの MM 命題 I である。式16.5の最初の項は、負債の節税効果をもたない会社のキャッシュフローの価値である。言い換えれば、この項は全額株式調達の会社の価値、V_U に等しい。レバレッジがある会社の価値は、全額株式調達の会社の価値に、t_CB（税率×負債の価値）を足し合わせたものとなる。t_CB は、永久キャッシュフローの場合、節税効果の現在価値である[15]。節税効果は

14)　この関係は、負債水準が時間を通して一定であると仮定されるときに成立する。もし負債・株主資本比率が時間を超えて一定でないと仮定されるなら、異なる公式が適用される。この点に関してのさらに深い考察は、以下を参照されたい。J. A. Miles and J. R. Ezzel, "The Weighted Average Cost of Capital, Perfect Capital Markets and Project Life," *Journal of Financial and Quantitative Analysis*（September 1980）.

負債の額とともにふえるので、会社は株主資本を負債で置き換えることにより、総キャッシュフローと価値を上げることができる。

例16．4　法人税を伴うMM

ディバイデッド航空は、現在レバレッジがない会社である。会社は、永久に153.85ドルの利払い・税引き前利益（EBIT）を期待している。法人税率は35％で、これは100ドルの税引き後利益を意味する。税引き後利益のすべては、配当として支払われる。

会社は、200ドルの負債を取り入れる資本再構成を考えている。会社の負債資本コストは10％である。同じ産業内のレバレッジがない会社の株主資本コストは20％である。ディバイデッド航空の新しい価値はいくらだろうか。

ディバイデッド航空の価値は以下のようになる。

$$V_L=\frac{\mathrm{EBIT}\times(1-t_C)}{R_0}+t_CB$$

$$=\frac{\$100}{0.20}+(0.35\times\$200)$$

$$=\$500+\$70=\$570$$

レバレッジがある会社の価値は570ドルで、レバレッジがない場合の価値500ドルより大きい。$V_L=B+S$ なので、レバレッジがある株主資本 S は、370ドル（＝＄570－＄200）である。レバレッジの関数としてのディバイデッド航空

15）次の例は、負債の期限が有限であると仮定した場合の現在価値を計算する。マクスウェル・カンパニーには８％のクーポン利率の負債が100万ドルあるとしよう。もし負債が２年で満期になり、負債資本コスト R_B が10％であるとき、法人税率が35％なら、節税効果の現在価値はいくらになるだろうか。負債は２年間の等額返済で償却される。

年	ローン残高	利払額	節税効果	節税効果の現在価値
0	＄1,000,000			
1	500,000	＄80,000	0.35×＄80,000	＄25,454.54
2	0	40,000	0.35×＄40,000	11,570.25
				＄37,024.79

税金節約額の現在価値は、以下のようになる。

$$\mathrm{PV}=\frac{0.35\times\$80{,}000}{1.10}+\frac{0.35\times\$40{,}000}{(1.10)^2}=\$37{,}024.79$$

マクスウェル・カンパニーの価値は、レバレッジがない同等の会社より３万7,024.79ドル高い。

の価値は、図16.5に示されている。

図16.5　企業価値に対する財務レバレッジの効果：ディバイデッド航空のケースにおけるMM（法人税）

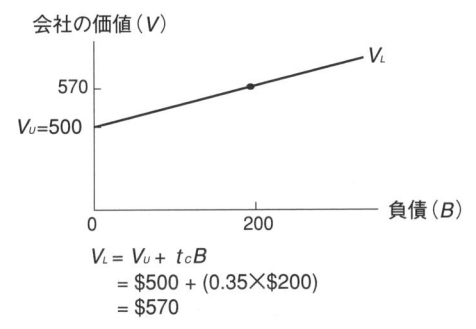

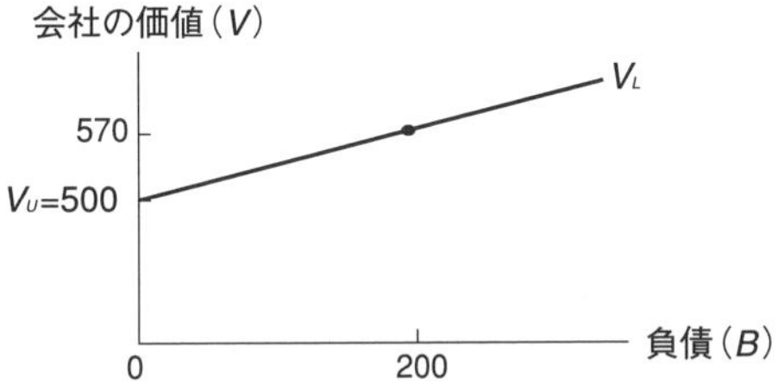

$$
\begin{aligned}
V_L &= V_U + t_C B \\
&= \$500 + (0.35 \times \$200) \\
&= \$570
\end{aligned}
$$

負債はディバイデッド航空の税の負担を減らす。結果として、会社の価値は負債と正の関係になる。

法人税のもとでの期待リターンとレバレッジ

税金がない場合のMM命題IIは、株主資本の期待リターンとレバレッジの間に正の関係があるとした。この結論は、株主資本のリスクがレバレッジとともに上昇するので生じる。同じ直観的洞察はまた、法人税がある世界でも成立する。法人税がある世界における正確な公式は、以下のとおりである[16)]。

MM命題II〔法人税〕（MM proposition II, Corporate Taxes）

$$R_S = R_0 + \frac{B}{S} \times (1 - t_C) \times (R_0 - R_B) \qquad (16.6)$$

公式をディバイデッド航空に当てはめると、以下を得る。

$$R_S = 0.2351 = 0.20 + \frac{200}{370} \times (1 - 0.35) \times (0.20 - 0.10)$$

この計算は、図16.6に図解されている。

$R_0 > R_B$のときは、税金なしの場合に発見したのと同様、R_Sは常に借入額とともに上昇する。本章ですでに述べたように、R_0はR_Bを超えるはずである。すなわち、株主資本（たとえレバレッジがない場合でも）は危険を伴うので、期待リターンは

図16.6　負債と株主資本コストに対する財務レバレッジの影響

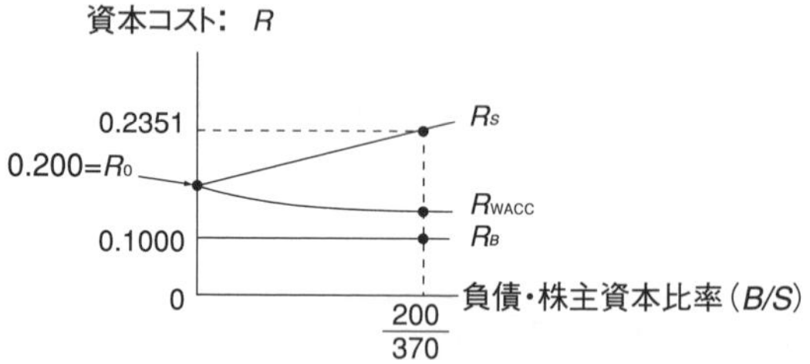

$R_S = R_0 + (1 - t_C)(R_0 - R_B)B/S$

$= 0.20 + (0.65 \times 0.10 \times \frac{200}{370}) = 0.2351$

財務レバレッジは、会社の株主資本にリスクを追加する。代償として、株主資本コストは、会社のリスクとともに上昇する。R_SとR_{WACC}が線全部であるのに対して、R_0は一点であることに注意されたい。

よりリスクの少ない負債と比べて、もっと大きな期待リターンをもつのが当然である。

---

16)　この関係は以下のように表せる。税金のもとでのMM命題Ⅰを所与とすると、レバレッジがある会社の市場価値貸借対照表は、次のように書き表せる。

t_CB＝節税効果	S＝株主資本
V_U＝レバレッジがない会社の価値	B＝負債

レバレッジがない会社の価値は、単にレバレッジの恩恵なしの資産の価値である。この貸借対照表は、負債Bが追加されたとき、会社の価値がt_CB分上がることを示している。貸借対照表の左側からの期待キャッシュフローは、次のように書き表すことができる。

$$V_UR_0 + t_CBR_B \tag{a}$$

資産はリスクを伴うので、その期待利益率はR_0である。節税効果は負債と同じリスクをもっているので、その期待利益率はR_Bである。

社債保有者と株主への合計キャッシュフローは

$$SR_S + BR_B \tag{b}$$

である。数式(b)は、株式が期待リターンR_Sを得、負債が金利R_Bを得ることを反映している。

われわれの成長なしの永久モデルでは、すべてのキャッシュフローが配当として支払われるので、会社にもたらされるキャッシュフローは、株主へのキャッシュフローと等しい。したがって、(a)と(b)は等しい。

$$SR_S + BR_B = V_UR_0 + t_CBR_B \tag{c}$$

(c)の両辺をSで割り、BR_Bを両辺から引いて、整理すると以下を得る。

$$R_S = \frac{V_U}{S} \times R_0 - (1 - t_C) \times \frac{B}{S}R_B \tag{d}$$

レバレッジがある会社の価値V_Lは、$V_U + t_CB = B + S$なので、$V_U = S + (1 - t_C) \times B$である。よって、(d)は次のように書き表すことができる。

$$R_S = \frac{S + (1 - t_C) \times B}{S} \times R_0 - (1 - t_C) \times \frac{B}{S}R_B \tag{e}$$

$(1 - t_C) \times (B/S)$の項を一緒にすると、公式16.6になる。

他の方法でレバレッジがある株主資本の価値を求めることにより、われわれの計算をチェックしてみよう。レバレッジがある株主資本の価値の代数公式は、以下のとおりである。

$$S=\frac{(\mathrm{EBIT}-R_B B)\times(1-t_C)}{R_S}$$

分子は、レバレッジがある株主資本に対する利払い・税引き後の期待キャッシュフローである。分母は、株主資本へのキャッシュフローが割り引かれる率である。

ディバイデッド航空の場合では、

$$\frac{(\$153.85-0.10\times\$200)(1-0.35)}{0.2351}=\$370$$

であり、これは前に得た結果と同じである（小さな四捨五入誤差は無視）。

加重平均資本コスト R_{WACC} と法人税

第13章で、われわれは加重平均資本コスト（法人税を伴う）を次のように定義した（$V_L=S+B$ であることに注意）。

$$R_{\mathrm{WACC}}=\frac{S}{V_L}R_S+\frac{B}{V_L}R_B(1-t_C)$$

法人レベルにおいて、支払利息は税控除できるので、負債資本コスト R_B が（$1-t_C$）で乗じられることに注意されたい。しかしながら、配当は税控除できないので、株主資本コスト R_S はこの要素とは掛け合わされない。税が存在しない場合、R_{WACC} はレバレッジによって影響を受けない。この結果は、すでに議論した図16.3に反映されている。ところが法人税を伴う世界では、負債は株式に比べて税の優位性をもつので、R_{WACC} がレバレッジとともに減少することを示すことができる。この結果は、図16.6にみてとれる。

ディバイデッド航空の場合、R_{WACC} は以下のようになる。

$$R_{\mathrm{WACC}}=\left(\frac{370}{570}\times0.2351\right)+\left(\frac{200}{570}\times0.10\times0.65\right)=0.1754$$

ディバイデッド航空は、負債に頼ることによって、R_{WACC} を0.20（負債なしの場合）から0.1754に減少させた。この結果は、企業が R_{WACC} を減少させると、会社の価値が上昇することを示唆するので、直観的に心地よい。R_{WACC} のアプローチを用いて、ディバイデッド航空の価値が570ドルであることを確認できる。

$$V_L=\frac{\text{EBIT}\times(1-t_C)}{R_{\text{WACC}}}=\frac{\$100}{0.1754}$$

$$=\$570$$

法人税のもとでの株価とレバレッジ

この時点で、学生は往々にして数字を信じ込んでしまっているか、あるいは、少なくとも数字を疑うには、あまりにも圧倒されてしまっている。しかしながら、彼らは時々われわれが誤った質問をしたのではないかと考える。「なぜ会社の価値を最大化することを選択したのですか」と彼らはいう。「もし経営陣が株主の利益を第一に考えているのなら、なぜ彼らは株価の最大化を図らないのですか」。もしこの疑問をあなたも感じたのなら、ここがまさにそれに答えるセクションである。

われわれの回答は二つの部分から構成される。第一に、本章の最初の節で、企業の価値を最大化する資本構成はまた、最も株主の利益のためになることを示した。

しかしながら、一般的な説明は常に学生に対して説得力があるわけではない。第二の手順として、ディバイデッド航空の株式を負債で置き換える前と後での株価を計算する。これは一連の市場価値貸借対照表を提示することによって行う。全額株式調達である場合のディバイデッド航空の市場価値貸借対照表は、以下のように表せる。

ディバイデッド航空
貸借対照表
（全額株式調達）

物的資産 $\frac{\$153.85}{0.20}\times(1-0.35)=\$500$	株主資本　$500 （100株）

100株が発行ずみであると仮定すると、1株は5ドル（＝$500/100）の価値がある。

次に、会社が近い将来200ドルの負債を発行して、株式を200ドル買い戻すと発表したとしよう。われわれは先の議論から、会社の価値は負債の節税効果を反映して上がると知っている。もし資本市場が効率的に証券を評価すると仮定すると、この上昇は即座に起こる。すなわち、上昇は、株式を負債と交換する日ではなく、発表の日に起こる。そこで市場価値貸借対照表は、次のようになる。

ディバイデッド航空
貸借対照表
（負債発行を発表した日）

物的資産	＄500	株主資本	＄570
節税効果の現在価値			（100株）
$t_C B = 35\% \times \$200$	70		
総資産	＄570		

負債はまだ発行されていないことに注意されたい。したがって、株主資本のみが貸借対照表の右側に現れる。1株は、いま5.70ドル（＝＄570/100）の価値があり、株主が70ドルの利益を得たことを意味している。株主は財務政策を向上させた会社の持主なので利益を得る。

多くの学生が、節税効果の貸借対照表への導入に当惑する。物的資産は有形であるが、節税効果の実体のない性質がこれらの学生を悩ませる。しかしながら、資産とは、価値のあるすべての項目であることを思い出されたい。節税効果は、将来の税負担を軽減するので価値がある。この効果に物的資産のように触れられないという事実は、財務的ではなく、哲学的な問題である。

ある時点で、負債と株式の交換が起こる。200ドルの負債が発行され、調達資金は株式を買い戻すために使われる。何株の株式が買い戻されるだろうか。現在、1株は5.70ドルで売られているので、会社が買い取る株式数は35.09（＝＄200/＄5.70）である。残りの発行済株式数は、64.91（＝100－35.09）である。市場価値貸借対照表は、ここで次のようになる。

ディバイデッド航空
貸借対照表
（交換後）

物的資産	＄500	株主資本	＄370
		（100－35.09＝64.91株）	
節税効果の現在価値	70	負債	200
総資産	＄570	負債＋株主資本	＄570

交換後の1株当りの価値は5.70ドル（＝＄370/64.91）である。交換日に株価は変化しないことに注意されたい。すでに述べたように、株価は発表の日にだけ動く。交換に参加する株主は、交換後市場価格と等しい株価を得るので、株式を交換

してもしなくても、彼らはどちらでもかまわない。

この例は、二つの理由で提示された。第一に、負債による資本調達からの会社の価値の上昇は、株式価格の上昇を導く。実際、株主は70ドルの節税効果のすべてを獲得する。第二に、市場価値貸借対照表の応用例をもっと提供したかった。

法人税を伴うModigliani-Millerの主要な結論の要約は、ボックスのなかに示されている。

法人税を伴う場合のModigliani-Miller命題の要約

仮定

・企業は利払い後利益に対してt_Cの率で課税される。

・取引コストなし。

・個人と企業が同じ利率で借り入れる。

結果

命題Ⅰ：$V_L = V_U + t_C B$（永久負債をもつ企業）

命題Ⅱ：$R_S = R_0 + \frac{B}{S}(1 - t_C)(R_0 - R_B)$

直観的理解

命題Ⅰ：企業は、支払利息は控除できるが、配当は控除できないので、企業のレバレッジは税金支払額を下げる。

命題Ⅱ：株主資本リスクがレバレッジとともに増加するので、株主資本コストはレバレッジとともに上昇する。

要約と結論

1．企業の価値を最大化する特定の資本構成は、同時に株主に最も利益をもたらすものであると主張することから、資本構成の意思決定の議論を始めた。

2．税金のない世界において、有名なModigliani and Millerの命題Ⅰは、企業の価値が負債・株主資本比率によって影響されないことを証明している。言い換えれば、その世界において、企業の資本構成はどのようなものでもかまわない。彼らは、企業の高い負債・株主資本比率も、低い比率も、自家製レバレッジによって相殺可能であるということを示すことによって、これらの結果を得る。この結果は、個人が企業と同じ利率で借入れできるという仮定に依存している。われわれは、しごくもっともな仮定であると考える。

3．税金のない世界におけるMM命題IIは、次の関係を述べる。

$$R_S = R_0 + \frac{B}{S}(R_0 - R_B)$$

　これは、株主資本に対する期待利益率（*株主資本コスト*、もしくは*株主資本に要求されるリターン*とも呼ばれる）が企業のレバレッジと正の関係にあることを意味する。図16.2の異なる傾きの線によって図解されていている要点のように、株主資本に対するリスクはレバレッジとともに上昇するので、これは直観的に理にかなっている。

4．上記のMMの仕事は、実にエレガントなものであるものの、資本構成に関する実証研究の結果をあまりうまく説明しない。資本構成の意思決定は現実の世界においては重いものであるようにみえるが、MMはそれがどうでもよいことだと示唆する。現実の世界に応用可能にするために、われわれは次に法人税を考慮した。

5．法人税を伴うが、倒産費用がない世界においては、企業の価値はレバレッジの増加関数である。企業の価値の公式は、

$$V_L = V_U + t_C B$$

である。レバレッジがある株主資本に対する期待リターンは、次のように表される。

$$R_S = R_0 + (1 - t_C) \times (R_0 - R_B) \times \frac{B}{S}$$

　ここでは、価値はレバレッジと正の関係がある。この結果は、企業がほとんどすべて負債からなる資本構成をもつべきであると示唆する。現実の世界の企業は、もっと穏やかな負債水準を選択するので、次章では、本章の結果に対する修正を考慮する。

Concept Questions

1．MM の仮定

法人税がない場合の、Modigliani-Miller 理論のもとにある三つの仮定をリストせよ。

2．MM 命題

法人税がなく、取引コストがなく、財務的困難の費用がない場合に、次の文章は正しいか、間違っているか、あるいは不確定か。「もし会社が負債の一部を買い戻すために株式を発行したら、株式はリスクが小さいので、会社の１株当りの価格は上昇する」。説明せよ。

3．MM 命題

法人税がなく、取引コストがなく、財務的困難の費用がない場合に、次の文章は正しいか、間違っているか、あるいは不確定か。「適度な借入れは、会社の株主資本に要求されるリターンを増加させない」。説明せよ。

4．MM 命題

それ以外の点では同等なレバレッジがない会社より、レバレッジがある会社の価値を高くする税法の奇癖とは何か。

5．ビジネス・リスク vs 財務リスク

ビジネス・リスクと財務リスクが何を意味するのか、説明せよ。企業Ａのビジネス・リスクは、企業Ｂより大きいとする。企業Ａはまた、より高い株主資本コストをもっているというのは本当か。説明せよ。

6．MM 命題

以下の討論にどう答えるか。

質問：もし会社が負債調達を増加させると、会社の株主資本のリスクは上昇するのではないですか。

回答：はい、それが MM 命題Ⅱのエッセンスです。

質問：会社が借入れをふやすと、デフォルトの可能性がふえ、その結果会社の負債のリスクを増加させるのではないですか。

回答：はい。

質問：言い換えると、借入れの増加は、株主資本と負債のリスクを増加させるのですか。

回答：そのとおりです。

質問：それなら、会社が負債と株式による資金調達だけを用い、借入れの増加によって両方のリスクが上がるのなら、負債の増加は会社全体のリスクを増加させ、結果として会社の価値を下げることになるのではないですか。

回答：？？

7．最適な資本構成

会社の価値を最大化する、簡単に見つけられる負債・株主資本比率はあるか。なぜか、あるいはなぜそうではないのか。

8．財務レバレッジ

負債資金調達は、なぜ財務「レバレッジ（てこ）」と呼ばれるのか。

9．自家製レバレッジ

自家製レバレッジとは何か。

10．資本構成の目的

資本構成に関する財務管理の基本的な目的は何か。

質問と問題

◆基本（問題1－16）

1．EBITとレバレッジ

マネー社には発行済負債がなく、総市場価値は22万5,000ドルである。利払い・税引き前利益EBITは、もし経済状況が普通なら、1万9,000ドルになると予測されている。もし経済が力強く拡大したら、EBITは30％増加する。もし景気後退になると、EBITは60％減少する。マネー社は8％の金利で9万ドルの負債を発行するかどうか考えている。販売代金は、株式の買戻しに使われる。現在の発行済株式数は5,000株である。この問題では、税金を無視する。

a．それぞれの経済シナリオのもとで、負債が発行される前の1株当り利益（EPS）を計算せよ。また、経済が拡大したときと後退したときの、EPSの％変化を計算せよ。

b．マネー社が資本再構成を行ったと仮定して、(a)を繰り返せ。何がわかったか。

2．EBIT、税金、そしてレバレッジ

マネー社の税率が35%だと仮定して、問題1の(a)と(b)を繰り返せ。

3．ROEとレバレッジ

問題1の会社の時価/簿価比率が1.0だと仮定する。

a. それぞれの経済シナリオのもとで、負債が発行される前の株主資本利益率（ROE）を計算せよ。また、経済が拡大したときと後退したときの、ROEの%変化を計算せよ。

b. 会社が提案された資本再構成を行ったと仮定して、(a)を繰り返せ。

c. 会社の税率が35%だと仮定して、(a)と(b)を繰り返せ。

4．損益分岐点EBIT

ロルストン社は、全額株式プラン（プランI）とレバレッジ・プラン（プランⅡ）の、二つの資本構成を比較している。プランIでは、ロルストン社は24万株の発行済株式をもつことになる。プランⅡでは、16万株の発行済株式と、310万ドルの発行済負債をもつことになる。負債の金利は10%で、税金はない。

a. もしEBITが75万ドルだったら、より高いEPSになるのはどっちのプランか。

b. もしEBITが150万ドルだったら、より高いEPSになるのはどっちのプランか。

c. 損益分岐点EBITはいくらか。

5．MMと株式価値

問題4で、MM命題Iを用いて、提案された二つのプランそれぞれのもとでの、1株当りの価格を求めよ。会社の価値はいくらか。

6．損益分岐点EBITとレバレッジ

コルビー社は、二つの異なる資本構成を比較している。プランIでは、株式が1,500株と負債が2万ドルになる。プランⅡでは、株式が1,100株と負債が3万ドルになる。負債の金利は10%である。

a. 税金は無視し、EBITが1万2,000ドルになると仮定して、これら二つのプランを、全額株式プランと比較せよ。三つのプランのうち、どれがいちばん高いEPSをもつか。いちばん低いのは？

b. (a)で、全額株式プランと比較して、それぞれのプランの損益分岐点EBITはいくらか。どちらかが一方より高いか。なぜか。

c. 税金を無視して、いつプランⅠとⅡのEPSが等しくなるか。

d. 法人税が40%だと仮定して、(a)(b)(c)を繰り返せ。損益分岐点EBITは前と異なるか。なぜか、あるいはなぜそうでないのか。

7．レバレッジと株式価値

問題6で税金を無視して、プランⅠでの1株当りの価格はいくらか。プランⅡでは？　あなたの答えはどのような原則を例証しているか。

8．自家製レバレッジ

著名な生活用品メーカーであるスター社は、全額株式の資本構成から、負債が40%のものに変更するかどうか論争している。現在の発行済株式数は5,000株で、株価は65ドルである。EBITは永久に年間3万7,500ドルのままであると見込まれている。新規負債の金利は8%で、税金はない。

a. 会社の株主であるブラウンさんは、100株を所有している。会社の配当性向が100%だと仮定すると、現在の資本構成における彼女のキャッシュフローはいくらか。

b. 会社の提案された資本構成では、ブラウンさんのキャッシュフローはいくらになるか。

c. スター社は実際に資本構成を変更するが、ブラウンさんは現在の全額株式の資本構成を好むとする。どのようにしたら彼女は自分の株式の負債をなくし、当初の資本構成をつくりだすことができるか。

d. あなたの(c)での解答を用いて、なぜスター社の資本構成の選択が無関係なのか説明せよ。

9．自家製レバレッジとWACC

ABC社とXYZ社は、資本構成を除いてすべての点で同一の会社である。ABC社は全額株式調達で、80万ドルの発行済株式がある。XYZ社は、株式と永久債の両方を用いているが、株式の価値は40万ドルで、負債の金利は10%である。両社はEBITが9万5,000ドルになると見込んでいる。税金は無視する。

a. リチャードは3万ドル相当のXYZ株式を所有している。彼はいくらの利益率を期待しているか。

b. どうしたらリチャードが自家製レバレッジを用いて、ABC株に投資したのとまったく同じ利益率をつくりだせるか示せ。

c. ABC社とXYZ社の株主資本コストはそれぞれいくらか。

d. ABC社とXYZ社のWACCはそれぞれいくらか。あなたはどのような原則を例証したか。

10. MM

ニナ社には負債がない。加重平均資本コストは11%である。もし現在の株主資本の価値が4,300万ドルで、税金がないとしたら、EBIT はいくらか。

11. MM と税金

前問で、法人税率は35%だとする。この場合の EBIT はいくらか。WACC はいくらか。説明せよ。

12. WACC の計算

ウェストン工業の負債・株主資本比率は1.5で、WACC は12%、負債コストは 9 %である。法人税率は35%である。

a. ウェストン社の株主資本コストはいくらか。

b. ウェストン社が全額株式調達だった場合の、株主資本コストはいくらか。

c. もし負債・株主資本比率が 2 だったら、株主資本コストはいくらになるか。もし1.0だったらどうか。もしゼロだったらどうか。

13. WACC の計算

シャドウ社には負債はないが、 7 %で借入れすることができる。会社の WACC は現在11%で、税率は35%である。

a. シャドウ社の株主資本コストはいくらか。

b. もし会社が負債25%に変更したら、株主資本コストはいくらになるか。

c. もし会社が負債50%に変更したら、株主資本コストはいくらになるか。

d. (b)と(c)におけるシャドウ社の WACC はそれぞれいくらか。

14. MM と税金

ブルース社は、EBIT が毎年永久に14万ドルになると見込んでいる。会社は 9 %で借入れすることができる。ブルースには現在負債がなく、株主資本コストは17%である。もし税率が35%だったら、会社の価値はいくらか。もしブルースが13万5,000ドルを借り入れて、株式を買い戻したら、会社の価値はいくらになるか。

15. MM と税金

問題14で、資本再構成後の株主資本コストはいくらか。WACC はいくらか。会社の資本再構成の意志決定はどんな意味をもつか。

16. MM 命題 I

レバード社とアンレバード社は、資本構成以外はまったく同一の会社である。両社ともそれぞれ永久に年6,500万ドルの利払い前利益を得ることが期待され、どちらもすべての利益を分配する。レバード社の永久負債は市場価値が１億8,500万ドルで、年間８％のコストがかかる。レバード社には340万株の発行済株式があり、現在１株当り100ドルの価値がある。アンレバード社には負債がなく、700万株が発行ずみで、現在１株当り80ドルの価値がある。どちらの会社も税金を払わない。レバード社の株式のほうがアンレバード社の株式より、よい買い物か。

◆中級（問題17－25）

17. MM

ツール・マニュファクチャリング社は、４万2,000ドルのEBITを永久に見込んでおり、税率は35％である。会社には金利が８％の発行済負債が７万ドルあり、負債がない場合の資本コストは15％である。法人税を伴うMM命題Ⅰによると、会社の価値はいくらか。もしツール社の目的が会社の価値を最大化することだったら、ツール社は負債・株主資本比率を変更すべきか。

18. 企業価値

オールド・スクール社は、年１万5,000ドルのEBITを永久に見込んでいる。会社には現在負債がなく、株主資本コストは17％である。会社は10％で借入れできる。もし法人税率が35％だったら、会社の価値はいくらか。もしオールド・スクール社が負債50％に変更したら、会社の価値はいくらになるか。負債100％では？

19. MM命題Ⅰ（法人税あり）

マクスウェル社は、全額株式調達の会社である。会社は140万ドルのローンを考えている。ローンは次の２年間にわたって同額で返済され、金利は８％である。会社の法人税率は35％である。法人税を伴うMM命題Ⅰによると、ローンの後、会社の価値はいくら上がるか。

20. MM命題Ⅰ（法人税なし）

アルファ社とベータ社は、資本構成以外はすべての点で同一の会社である。アルファ社は全額株式調達の会社で、発行済株式数は１万株、株価は現在20ドルである。ベータ社は資本構成にレバレッジを用いている。ベータ社の負債の市場価値は５万ドルで、負債コストは12％である。両社とも５万5,000ドルの利払い前利益が永久に予想されている。どちらの会社も税金は払わない。すべての投資家が年間12％で借入れできると仮定する。

a. アルファ社の価値はいくらか。

b. ベータ社の価値はいくらか。

c. ベータ社の株主資本の市場価値はいくらか。

d. それぞれの会社の株式を20％ずつ購入するにはいくらかかるか。

e. どちらも利益予想を達成すると仮定したら、来年度の（d）におけるポジションのドル・リターンはそれぞれいくらになるか。

f. 投資家がアルファ社株式の20％を購入して、ベータ社株式20％購入のリスクとリターン双方を複製する投資戦略を構築せよ。

g. アルファ社の株式は、ベータ社の株式よりもリスクが大きいか小さいか。説明せよ。

21. 資本コスト

アセテイト社には、市場価値3,500万ドルの株式と市場価値1,400万ドルの負債がある。1年後に満期を迎える財務省短期証券の利回りは6％で、市場ポートフォリオの今後1年間の期待リターンは13％である。アセテイト株のベータは1.15である。会社は税金を払わない。

a. アセテイト社の負債・株主資本比率はいくらか。

b. 会社の加重平均資本コストはいくらか。

c. 他の点でまったく同一の全額株式調達企業の資本コストはいくらか。

22. 自家製レバレッジ

ベブレン社とナイト社は、ベブレン社にレバレッジがないことを除いて、すべての点でまったく同一の会社である。ナイト社のクーポン利率6％の社債の市場価値は120万ドルである。両社の財務状況は以下のとおりである。すべての利益はパーペチュイティである。どちらも税金を支払わない。両社とも利益のすべてを普通株主に即座に配当する。

	ベブレン社	ナイト社
予想営業利益	$　400,000	$　400,000
負債の年度末支払利息	—	72,000
株式の市場価値	3,600,000	2,532,000
負債の市場価値	—	1,200,000

a. 年間6％で借入れできる投資家が、ナイト社株式の5％を購入したいと思っている。もし彼が、二つの戦略の当初の正味コストが同じになるように借入れをしたら、ベブレン社株式5％を購入することにより、ドル・リターンをふやすことができるか。

b. (a)における二つの投資戦略のうち、どちらを投資家は選択するか。このプロセスはいつ終わるか。

23. MM 命題

ロコモーティブ・コーポレーション社は、社債を発行することによって、発行済普通株式の一部を買い戻そうと計画している。結果として、会社の負債・株主資本比率は40％から50％に上昇すると見込まれている。会社には現在430万ドルの発行済負債がある。この負債のコストは年間10％である。会社は年間168万ドルの利益を永久に見込んでいる。ロコモーティブ社は、税金を払わない。

a. 株式買戻計画発表前と後での、ロコモーティブ・コーポレーション社の市場価値はいくらか。

b. 株式買戻計画発表前の、ロコモーティブ・コーポレーション社の株主資本に対する期待リターンはいくらか。

c. 他がまったく同一の全額株式調達企業の株主資本に対する期待リターンはいくらか。

d. 株式買戻計画発表後の、ロコモーティブ・コーポレーション社の株主資本に対する期待リターンはいくらか。

24. 株式の価値とレバレッジ

グリーン製造は、300万ドルの永久債を発行し、調達した資金を普通株式の買戻しに用いることを発表する計画である。社債は、額面価額で販売され、年次クーポン利率は６％になる。グリーン社は、現在全額株式調達の会社であり、その価値は950万ドルで、60万株の普通株式が発行されている。社債の販売後、グリーン社は新しい資本構成を無期限に維持する。グリーン社は現在、180万ドルの年間税引き前利益をあげている。この利益水準は、永久に一定であると予想される。グリーン社の法人税率は40％である。

a. 負債発行発表前の、グリーン社の株式の期待リターンはいくらか。

b. 負債発行発表前の、グリーン社の市場価値貸借対照表を作成せよ。会社の１株当りの株価はいくらか。

c. 負債発行発表直後の、グリーン社の市場価値貸借対照表を作成せよ。

d. 株式買戻発表直後の、グリーン社の１株当りの株価はいくらか。

e. 負債発行の結果、グリーン社は何株を買い戻すか。買戻し後に普通株式は何株残っているか。

f. 資本構成変更後の市場価値貸借対照表を作成せよ。

g. 資本構成変更後のグリーン社の株式に要求されるリターンはいくらか。

25. 法人税を伴う MM

ウィリアムソン社の負債・株主資本比率は2.5である。会社の加重平均資本コストは15%で、税引き前負債コストは10%である。会社には35%の法人税率が課せられる。

a. ウィリアムソン社の株主資本コストはいくらか。

b. ウィリアムソン社のレバレッジがない場合の株主資本コストはいくらか。

c. もし会社の負債・株主資本比率が0.75だったら、加重平均資本コストはいくらになるか。もしそれが1.5だったら？

◆チャレンジ（問題26－30）

26. 加重平均負債コスト

法人税のみの世界で、R_{WACC} が $R_{\mathrm{WACC}} = R_0 \times [1 - t_C(B/V)]$ と表現できることを示せ。

27. 株主資本コストとレバレッジ

法人税のみの世界を仮定し、株主資本コスト R_S が、本章で法人税を伴う MM 命題Ⅱによって与えられるものであることを示せ。

28. ビジネス・リスクと財務リスク

会社の負債にはリスクがなく、よって負債コストは無リスク金利 R_f であると仮定する。β_A を会社の*資産*ベータ、すなわち会社の資産のシステマティック・リスクであると定義する。β_S を会社の株主資本ベータと定義する。MM 命題Ⅱとともに資本資産価格モデル CAPM を用いて、$\beta_S = \beta_A \times (1 + B/S)$ であることを示せ。ここで B/S は負債・株主資本比率である。税率は０と仮定する。

29. 株主のリスク

会社の事業は、経済全体の動きをきわめて密接に反映するとする。すなわち、会社の資産ベータは1.0である。前問の結果を用いて、負債・株主資本比率が０、１、５、20の場合の、会社の株主資本ベータをそれぞれ求めよ。これは資本構成と株主のリスクの間の関係に関して何を語っているか。株主が株式に要求するリターンは、どのように影響を受けるか。説明せよ。

30. レバレッジなしの株主資本コスト

以下の資本コストの方程式から始めて、

$$R_{\mathrm{WACC}} = \frac{S}{B+S} R_S + \frac{B}{B+S} R_B$$

レバレッジがある企業の株主資本コストが、次のように表せることを示せ。

$$R_S = R_0 + \frac{B}{S}(R_0 - R_B)$$

ミニケース

●スチーブンソン不動産の資本再構成

スチーブンソン不動産会社は、現在のCEOであるロバート・スチーブンソンによって25年前に設立された。会社は、土地や建物などの不動産を購入し、その不動産をテナントに貸し出す。会社は過去18年間、毎年利益をあげており、株主は会社の経営陣に満足している。スチーブンソン不動産を設立する前、ロバートは倒産したアルパカ牧場事業の創業者兼CEOだった。倒産の経験で、彼は負債調達を極端に毛嫌いするようになった。結果として会社は、全額株主資本で調達され、2,000万株の普通株式が発行されている。株式は現在、1株当り35.50ドルで取引されている。

スチーブンソン社は、米国南部の広大な土地を、6,000万ドルで購入する計画を評価している。土地は購入後テナント農家にリースされる。この購入は、スチーブンソン社の年間期待税引き前利益を、永久に1,400万ドル増加させると期待される。会社の新しいCFOのキム・ウェイアンドが、プロジェクトの責任者に任命されている。キムは、会社の現在のレバレッジがない株主資本コストが、12.5%であると算定した。彼女は、会社が資本構成に負債を取り入れれば、会社の価値がさらに上がると感じているので、プロジェクトの全資金を調達するために、会社が負債を発行すべきかどうか評価している。いくつかの投資銀行と会話した結果に基づいて、彼女は、会社が8%のクーポン利率で、債券を額面価額で発行できると考えている。彼女はまた、自分の分析に基づいて、株主資本70%、負債30%の資本構成が最適であると確信している。会社が30%以上の負債をもつと、財務的困難の可能性と付随する費用が急激に上昇するので、債券の格付は低くなり、金利もずっと高くなる。スチーブンソン社の法人税率（州税と連邦税）は40%である。

1．もしスチーブンソン社が総市場価値を最大化しようと望むなら、この土地購入の資金調達のために、負債を発行すべきか、それとも株式を発行すべきか。

説明せよ。

2．土地購入発表前の、スチーブンソン社の市場価値貸借対照表を作成せよ。

3．土地購入の資金調達のために、スチーブンソン社が株式の発行を決めたとする。

a. プロジェクトの純現在価値はいくらか。

b. 会社が株式を用いて土地購入の資金調達を行うと発表した後の、スチーブンソン社の市場価値貸借対照表を作成せよ。会社の新しい１株当りの株価はいくらか。土地購入の資金調達のために、スチーブンソン社は何株発行する必要があるか。

c. 株式発行後で、土地が購入される前の、スチーブンソン社の市場価値貸借対照表を作成せよ。スチーブンソン社は何株の普通株式を発行しているか。会社の１株当りの株価はいくらか。

d. 土地購入後の、スチーブンソン社の市場価値貸借対照表を作成せよ。

4．土地購入の資金調達のために、スチーブンソン社が負債の発行を決めたとする。

a. 土地購入が負債で資金調達されたら、スチーブンソン社の市場価値はいくらになるか。

b. 負債が発行され、土地が購入された後の、スチーブンソン社の市場価値貸借対照表を作成せよ。会社の１株当りの株価はいくらか。

5．どちらの資金調達方法が、スチーブンソン社の１株当りの株価を最大化するか。

第17章

資本構成：負債使用の限界

2008年後半に始まった景気後退の一つの結果は、倒産申請数の増加である。たとえば、ウェッジウッドPLCの水晶玉には、ひびが入っていたに違いない。なぜなら、会社は2009年の初めに会社更生手続の適用を申請した。ウェッジウッド・ブランドの歴史は1759年にさかのぼるが、会社は資本再構成かあるいは買い手を見つけることを希望して、倒産申請を行った。2009年1月のもう一つの大型倒産申請は、北米最大の電話通信装置メーカーのノーテル・ネットワークスだった。会社はつい最近の2000年にはカナダ最大の企業であり、その時会社の株式はトロント証券取引所の時価総額の35%を占めていたので、ノーテルの倒産は特に注目に値した。

米国では、サーキット・シティの倒産が一面を飾った。会社は2008年11月、組織を再編成するために、会社更生手続の適用を申請した。会社は156の店舗を閉鎖するつもりだと語った。これらの一部は売却され事業に現金を注入することになる一方、倒産は、残りの閉鎖店舗のリース契約から、会社が抜け出すことを許容する。残念ながら、物事は計画どおりに運ばず、2カ月後の2009年1月、会社は残りの店舗を閉鎖し、資産のすべてを清算すると発表した。

これらの状況が指摘するように、企業が使える財務レバレッジには限界が存在し、過大なレバレッジのリスクは倒産である。本章では、倒産に関連するコストと、企業がどのように倒産を避けようと試みるのか議論する。

17.1 財務的困難の費用

倒産リスクか倒産費用か

前章を通して何度も述べたように、負債は企業に税の利益を提供する。とはいえ、利払いと元本返済は義務なので、負債は企業に圧力をかける。もしこれらの支払義務が果たせなかったら、企業はある種の財務的困難に陥ることになる。最悪の困難は*倒産*であり、この場合、企業の資産は株主から債権者へと法的に移転する。これらの負債に伴う義務は、根本的に株式に伴う義務とは異なる。株主は配当を好みそして期待するが、社債保有者が利息と元本を受け取る権利を法律で保証されているのと違って、株主には配当金の支払が法律で保証されているわけではない。

倒産費用、あるいはもっと一般的には財務的困難に伴う費用が、負債のもつ優位性を相殺する傾向にあるという例を次に示す。まず倒産の単純な例をあげる。負債のコストに焦点を当てるために、税金はすべて無視する。

例17.1　倒産費用

ナイト社はもう１年間営業を続ける予定である。会社は、来年それぞれ50％の確率で、100ドルかあるいは50ドルのキャッシュフローがあると予測している。会社にはほかの資産はない。以前に発行した負債に、利息と元本の返済として49ドルが必要である。デイ社にもまったく同じキャッシュフローが予想されているが、利息と元本の返済には60ドルが必要である。これら二つの企業のキャッシュフローは次のようになる。

	ナイト社		デイ社	
	好況時（確率50％）	不況時（確率50％）	好況時（確率50％）	不況時（確率50％）
キャッシュフロー	$100	$50	$100	$50
負債の利息と元本の返済額	49	49	60	50
株主への分配	$ 51	$ 1	$ 40	$ 0

ナイト社は好況時と不況時の両方、そしてデイ社は好況時に、キャッシュフ

ローが利息と元本の返済額を超えている。この場合、債券保有者は予定どおりの返済額を受け取り、株主も残りのキャッシュフローからいくらかを受け取ることができる。しかしながら、上記の四つのケースで最も興味深いのは、不況時のデイ社である。この場合、債券保有者は60ドルの返済を受けることになっているのに、デイ社の手元には現金が50ドルしかない。デイ社にはほかに資産がないと仮定しているので、債券保有者は支払を全額受け取ることができない。もし倒産したら、債券保有者は会社が保有する現金をすべて受け取るが、株主は何も受け取ることができないことになる。重要なのは、株主が残りの10ドル（＝＄60－＄50）を支払わなくてよい、という点である。米国や、その他多くの国々において、企業は有限責任を負っているので、残り10ドルの支払のために、債券保有者は株主に対して賠償訴訟を起こすことはできない[1)]。

①債券保有者と株主はリスク中立的であり、②金利は10％であると仮定する。このリスク中立性の結果、株主、債券保有者双方へのキャッシュフローは10％で割り引かれる[2)]。ナイト社とデイ社の負債と株式、および企業全体の価値は次のように評価できる。

$$S_{ナイト}=\$23.64=\frac{\$51\times\frac{1}{2}+\$1\times\frac{1}{2}}{1.10}\qquad S_{デイ}=\$18.18=\frac{\$40\times\frac{1}{2}+0\times\frac{1}{2}}{1.10}$$

$$B_{ナイト}=\$44.54=\frac{\$49\times\frac{1}{2}+\$49\times\frac{1}{2}}{1.10}\qquad B_{デイ}=\$50=\frac{\$60\times\frac{1}{2}+\$50\times\frac{1}{2}}{1.10}$$

$$V_{ナイト}=\$68.18\qquad V_{デイ}=\$68.18$$

1）　企業の有限責任の壁を「突き破る」ことが可能な状況もある。通常、詐欺や虚偽の説明の事実がなければばならない。

2）　普通、投資家はリスク*回避的*であると仮定する。この場合、負債資本コスト R_B は株主資本コスト R_S よりも低くなる。R_S は前章でも述べたように、レバレッジが上がるにつれて高くなる。加えて、レバレッジが上がってデフォルトの確率が高まれば、R_B も上昇する可能性がある。

単純化のために、この例では*リスク中立性*を仮定している。これは、投資家が、リスクが高いか、低いか、それともまったくないかについて無差別であるということを意味する。この場合、リスク中立的投資家はリスクを負うことに対して代償を要求しないので、$R_S=R_B$ となる。加えて R_S も R_B のどちらもレバレッジとともに上昇しない。金利は10％なので、このリスク中立性の前提は、$R_S=10\%$ であることをも意味する。

金融経済学者は投資家がリスク回避的であると考えているが、彼らはしばしばリスクに関係していない要点を分離するために、リスク中立性を前提に議論を進める。これがわれわれのアプローチである。なぜならわれわれは、倒産リスクではなく倒産費用に焦点を当てたいからである。投資家がリスク回避的であると仮定しても、この例と同様の結論に達することができるが、読者には*非常に*わかりづらい内容になってしまう。

デイ社には倒産のリスクがあるが、２社の価値が同じであることに注意されたい。さらに、デイ社の債券保有者が、債券の価値を油断なく評価していることにも注目されたい。元本と利息の約束支払額は60ドルであるが、債券保有者は50ドルしか進んで支払おうとはしない。よって、彼らの約束されたリターンもしくは利回りは次のようになる。

$$\frac{\$60}{\$50}-1=20\%$$

デフォルトする確率が非常に高いので、デイ社の負債は*ジャンク債*とみなすことができる。すべてのジャンク債と同様、債券保有者は高い約束利回りを要求する。

上記のデイ社の例は、以下で議論する重要なキャッシュフローを無視しているので現実的ではない。より現実的な数字は以下のようなものだろう。

デイ社

	好況時（確率50%）	不況時（確率50%）	
利　益	$100	$50	$S_{デイ}=\$18.18=\dfrac{\$40\times\frac{1}{2}+0\times\frac{1}{2}}{1.10}$
負債返済	60	35	$B_{デイ}=\$43.18=\dfrac{\$60\times\frac{1}{2}+\$35\times\frac{1}{2}}{1.10}$
株主への分配	$40	$0	$V_{デイ}=\$61.36$

なぜ、債券保有者は不況時に35ドルしか受け取れないのだろうか。キャッシュフローが50ドルしかない場合、債券保有者には満額支払われない旨が通知されることになる。すると、債券保有者は、デイ社と交渉したり場合によっては訴訟を起こすために、弁護士を雇う可能性が高い。同様に会社も自社の弁護のために弁護士を雇う。倒産裁判所に持ち出された場合は費用がさらにかさむことになる。これらの手数料は、常に債券保有者への支払の前に払われるのが常である。この例では、倒産費用は総額で15ドル（＝$50－35）であると仮定している。

会社の価値はここで61.36ドルとなり、前に計算した68.18ドルの数字を下回っている。倒産費用がない場合とある場合のデイ社の価値を比較することにより、次のように結論できる。

倒産の可能性は企業の価値に負の影響を及ぼす。しかしながら、価値を下げるのは、倒産リスクそのものではない。正確には、倒産に伴う費用が価値を下げるのである。

前出のパイ・モデルの例で解説しよう。倒産費用がない世界においては、債券保有者と株主はパイのすべてを分け合うことができる。しかしながら、現実の世界では、倒産費用がパイの一部を食い尽くすので、株主と債券保有者の取り分は少なくなる。

債券保有者は不況時には受け取る金額が少なくなると知っているから、低い価格しか払わない。この場合、彼らの約束リターンは、

$$\frac{\$60}{\$43.18}-1=39.0\%$$

となる。債券保有者が倒産の可能性とその費用双方について現実的に考えているなら、彼らは適正価格を支払う。将来の倒産費用を負うことになるのは、すなわち株主である。これを理解するために、デイ社の資本構成が当初すべて株式であるとしよう。株主は、60ドル支払うことを約束する負債を発行して、その代金を配当支払に用いたい。もし倒産費用がないと仮定すれば、これまで考察してきたように、債券保有者は60ドルの支払を約束する負債に対して、50ドルを支払って購入するだろう。したがって、株主には50ドルの配当金が支払われることになる。しかしながら、倒産費用が存在する場合、負債の購入者は43.18ドルしか支払わない。この場合、43.18ドルだけが株主に配当金として支払える。もし倒産費用が存在すると、配当金が少なくなるので、株主は倒産費用によって損失を被ることになる。

17.2　財務的困難費用の明細

前の例で、倒産費用が企業の価値を下げる可能性があるということを示した。実際、仮に法的倒産は免れたとしても、一般的に企業の価値は下がる。したがって、*倒産の費用*というより*財務的困難の費用*といったほうがよいかもしれない。こうした費用について、さらに詳しく述べよう。

財務的困難の直接費用：清算あるいは再編にかかる法的ならびに管理費用

前にも述べたように、倒産前と倒産手続すべての段階で弁護士がかかわることになる。費用は往々にして１時間当り何百ドルにもなるので、弁護士費用はたちまち積み上がる。あるひょうきん者がかつて、弁護士にとっての倒産はサメにとっての血のようなものである、とコメントした。加えて、管理費と会計士へのかなりの報酬が加わる。そしてもし裁判になれば、専門家の証言が必要となることも忘れてはならない。双方とも、提案された和解案の公平性を証言させるために多くの証人を雇うことになるだろう。彼らへの報酬は、簡単に弁護士や会計士の費用と匹敵しうる（とはいえ、われわれは個人的にはこうした証人に対して好意的である。なぜなら大学教授から選ばれることが多いからである）。

近年の倒産で最もよく知られているものの一つは、企業ではなく、地方自治体であるカリフォルニア州オレンジ郡の倒産だろう。この倒産は、債券運用の失敗で、郡の財務ポートフォリオが多額の損失を被ったことにより引き起こされた。*ロサンゼルス・タイムズ*は次のように書いている。

> オレンジ郡の納税者は16億9,000万ドルを失い、郡政府は１年前の今日、倒産に追い込まれた。オレンジ郡はいま、倒産から抜け出すために、さらに何百万ドルもの金をつぎ込んでいる。
>
> 会計士は１時間当り325ドルで財務帳簿をじっくりと読み込んでいる。弁護士は夜中まで骨を折る―１時間当り385ドルで。国内有数の投資会社から来た財務アドバイザーたちは、納税者のために月々15万ドルでがんばる。事務員はコピー機の傍で待機し、時には3,000ドルを超える請求書を積み重ねる。
>
> これまでの合計額は2,900万ドルに達する。そして、まったく作業が終わる見込みはない。これは、１日につき11万5,000ドルだ。
>
> 国内最悪の自治体倒産をしたオレンジ郡を再建しようという多方面の努力は、納税者からの資金を毎月240万ドルも食い尽くす金食いマシンになってしまった。
>
> それでも郡の行政官に危機感はない。
>
> オレンジ郡の倒産は歴史的大惨事であり、助けるためには倒産同様に劇的な納税者のお金が必要であると彼らはいう。彼らは豪華な夕食や贅沢なホテル代

> 金数千ドルの請求は却下したが、一方で天井知らずの時間報酬にはめったに疑問をはさまない。彼らの予測では費用はもっとずっとかかるという。
>
> 実際、郡の共同投資への参加者は、ウォールストリートと法廷闘争をするための費用を支払うために、さらに別の5,000万ドルのファンドをつくることに合意している[3]。

民間部門における倒産費用は、往々にしてオレンジ郡のものよりはるかに大きい。たとえば、2005年時点で、エンロンとワールドコムの倒産の直接費用は、それぞれ一般に10億ドルと６億ドルを超えると推定されていた。

多くの学術研究が、財務的困難の直接費用を測定している。絶対額としての直接費用は大きいが、企業価値に対する割合は実際には小さい。White, Altman and Weissは、財務的困難の直接費用を、その企業の市場価値の約３％と見積もっている[4]。Warnerは倒産した20の鉄道会社についての研究で、財務的困難の正味費用は、平均すると、その企業が倒産する７年前の市場価値の１％であり、倒産が近づくとその割合が高くなるということを見出した（たとえば、倒産の３年前には市場価値の2.5%である）[5]。Lubbenは、法的報酬の平均費用だけで、倒産企業の総資産の約1.5%になると推定している[6]。Bris, Welch, and Zhuは、資産価値に対して測定された倒産経費は、２～10%であると見出した[7]。

財務的困難の間接費用

損なわれた事業遂行能力

倒産は、顧客や納入業者との関係を妨げる。損なわれたサービスや信用失墜双方のおそれから、しばしば売上げが低下する。たとえば、1970年代にクライスラー社

3）“The High Cost of Going Bankrupt,” *Los Angeles Times Orange County Edition, December*6, 1995. Lexis/Nexi.

4）M. J. White, “Bankruptcy Costs and the New Bankruptcy Code,” *Journal of Finance*（May 1983）、E. I. Altman, “A Further Empirical Investigation of Bankruptcy Cost Question,” *Journal of Finance*（September 1984）、およびLawrence A. Weiss, “Bankruptcy Resolution : Direct Costs and Violation of Priority of Claims,” *Journal of Financial Economics* 27（1990）.

5）J. B. Warner, “Bankruptcy Costs : Some Evidence,” *Journal of Finance*（May 1977）.

6）Stephen J. Lubben, “The Direct Costs of Corporate Reorganization : An Empirical Examination of Professional Fees in Large Chapter 11 Cases,” *American Bankruptcy Law Journal*（2000）.

7）Arturo Bris, Ivo Welch, and Ning Zhu, “The Cost of Bankruptcy : Chapter 7 Liquidation versus Chapter 11 Reorganization,” *Journal of Finance*（June 2006）.

が倒産の危機に瀕していたとき、これまでクライスラー車に乗り続けてきた顧客の多くが他社の車に乗り換えた。これらの顧客はクライスラーが倒産した場合に、部品が手に入らなかったりサービスが受けられなかったりすることを懸念したのである。時には倒産するかもしれないという評判だけで、顧客が遠ざかることさえある。たとえば、アトランティック・シティーのアトランティス・カジノが事実上支払不能になると、ギャンブラーたちは寄り付かなくなった。ギャンブラーは迷信深い人種である。多くは「もしカジノ自体が儲けられないなら、なんでそんな場所で自分が儲けられようか」と考えた。特にあきれてしまうのは、ニューヨークにあるまったく関係ない二つのミッチェルズという名の店についての話である。片方のミッチェルズが倒産を発表すると、顧客は両方の店に寄り付かなくなった。しばらくして、もう一方のミッチェルズも倒産を余儀なくされた。

これらの費用は明らかに存在するが、測定するのは非常にむずかしい。Altmanは、財務的困難に伴う直接的・間接的費用双方は、往々にして企業価値の20%を超えると推定している[8]。Andrade and Kaplanは、財務的困難の費用の総合計は、企業価値の10%から20%と推定している[9]。Bar-Orは、現在健全な企業の場合、将来の財務的困難の期待費用は、現在価値の8～10%と、AltmanやAndrade and Kaplanよりも低く見積もっている[10]。しかしながら、他の著者は、Bar-Orと違ってすでに財務的困難に陥っている企業の財務的困難費用を算出しており、現在健全な経営をしている企業の期待財務的困難費用を見積もっているわけではない。

Cutler and Summersは、話題になったテキサコの倒産について検証している[11]。1984年の1月、ペンゾイルはゲティ石油の7分の3を取得するとの法的合意に達したと思っていた。ところが、1週間もたたないうちに、テキサコがより高い株価でゲティ石油のすべてを買収してしまったのである。そこでペンゾイルはゲティを契約不履行で訴えた。テキサコは、ゲティに対する訴訟が起きた場合に保障するとの取決めをしていたため、テキサコが損害の責任を負うことになった。

8） Altman, *op. cit*.

9） George Andrade and Steven N. Kaplan, "How Costly is Financial (Not Economic) Distress? Evidence from Highly Leveraged Transactions that Became Distressed," *Journal of Finance* (October 1998).

10） Yuval Bar-Or, "An Investigation of Expected Financial Distress Costs," unpublished paper, Wharton School, University of Pennsylvania (March 2000).

11） David M. Cutler and Lawrence H. Summers, "The Costs Conflict Resolution and Financial Distress: Evidence from the Texaco-Pennzoil Litigation," *Rand Journal of Economics* (Summer 1988).

1985年11月、テキサス州裁判所は、ペンゾイルに120億ドルの損害賠償を認める判決を下した（この金額は後に減額された）。この結果、テキサコは倒産の申請をした。Cutler and Summersは、この訴訟の過程で起きた九つの重要なポイントをあげている。これらの出来事を通して、テキサコの企業価値（株価×発行済株式数）は累積で41億ドル減少した。これに対し、ペンゾイルの企業価値は6億8,200億ドルしか増加しなかった。すなわち、ペンゾイルはテキサコが失った分の6分の1程度を手に入れたのだが、結果として2社で約35億ドルの純損失を出したことになる。

何がこの純損失の理由を説明できるだろうか。Cutler and Summersは、テキサコとペンゾイルが、訴訟とそれに続く倒産により損失を受けた可能性が高いと示唆している。彼らの主張によると、倒産の直接費用自体は、これらの費用のほんの一部にすぎず、テキサコの税引き後の法的費用はおよそ1億6,500万ドルでしかないと推定している。ペンゾイルの法的費用の査定はもっとむずかしかった。ペンゾイルの代表弁護士であるジョー・ジャメイルが、決められた報酬はないと公に発表していたからである。とはいえ、巧妙な統計分析により、彼らはこの費用を約2億ドルと推定している。したがって、どこにお金が消えたのか、ほかを捜さなければならない。

このケースでは、財務的困難の間接費用が犯人かもしれない。テキサコの宣誓証言によれば、訴訟後、納入業者の一部が現金払いを要求するようになった。ほかの納入業者も、原油の発送を停止もしくはキャンセルした。一部の銀行は、テキサコが外国為替の先物契約を用いるのを制限した。宣誓証言は、こうした締めつけがテキサコの営業能力を低下させ、財務状態の悪化につながったと強調している。しかしこのような間接費用が、テキサコの価値の低下分とペンゾイルの価値の上昇分の間の35億ドルの差を説明できるだろうか。残念ながら、ここに間接費用が大きくかかわっていることはほぼ確実でも、これらの妥当な定量推定値を得る方法は一つも存在しない。

エージェンシー・コスト

企業が負債を発行している場合、債券保有者と株主との間に利害の衝突が起きる。このため、株主は利己的な戦略を追求したい要求にかられる。こうした利害衝突は財務的困難に陥ったときに激しくなり、企業にエージェンシー・コスト

(agency cost) を押し付けることになる。株主が債券保有者の利益を損ない、株主だけに利益をもたらすために用いる利己的戦略を、3通りあげる。こうした戦略は会社全体の価値を下げるため、非常に高くつくことになる。

利己的投資戦略 1

大きなリスクをとるインセンティブ　倒産間近の企業は、しばしば大きな賭けに出る。なぜなら彼らは他人のお金でゲームをしていると考えるからである。これを理解するために、レバレッジがある企業が、低いリスクと高いリスクをもつ、二つの*相互排他的*プロジェクトを検討していると仮定しよう。不況と好況という二つの結果が等確率で起こる。会社は危機的状況で、もし不況になると、一方のプロジェクトでは倒産寸前になり、他方のプロジェクトでは実際に倒産してしまう。低リスク・プロジェクトを選択した場合の、会社全体のキャッシュフローは次のとおりである。

低リスク・プロジェクトを選択した場合の企業価値

	確率	企業価値	=	株式	+	債券
不況	0.5	＄100	=	＄　0	+	＄100
好況	0.5	＄200	=	100	+	100

もし不況になれば企業価値は100ドル、もし好況になれば企業価値は200ドルになる。会社の期待価値は150ドル（＝0.5×＄100＋0.5×＄200）である。

会社は債券保有者に100ドルを支払うと約束している。株主は、総支払額から債券保有者へ支払われる額を差し引いた残りを受け取ることになる。言い換えると、債券保有者が支払に対する優先権をもち、株主は残余請求権をもっている。

ここで低リスク・プロジェクトのかわりに、もう一方の高リスク・プロジェクトを行ったと仮定する。支払額とその確率は以下のとおりである。

高リスク・プロジェクトを選択した場合の企業価値

	確率	企業価値	=	株式	+	債券
不況	0.5	＄　50	=	＄　0	+	＄　50
好況	0.5	＄240	=	140	+	100

*会社*の期待価値は145ドル（＝0.5×＄50＋0.5×＄240）となり、低リスク・プロジェクトを選択した場合よりも低くなる。したがって、もし会社の資本構成が株

式だけなら、低リスク・プロジェクトを選ぶことになる。しかしながら、*株式*の期待価値は高リスク・プロジェクトで70ドル（＝0.5×０＋0.5×＄140）であるが、低リスク・プロジェクトでは50ドル（＝0.5×０＋0.5×＄100）にしかならないことに注目されたい。現在の会社の負債状況では、たとえ高リスク・プロジェクトが*低い* NPVをもっていようと、株主は高リスク・プロジェクトを選ぶことになる。

ここでのポイントは、低リスク・プロジェクトに比べ、高リスク・プロジェクトが、好況時には企業価値を大きく引き上げ、不況時には企業価値を大きく引き下げるということである。好況時における企業価値の増加は、株主が獲得する。なぜなら、債券保有者には、どちらのプロジェクトが採択されても、全額の100ドルが支払われるからである。逆に不況時の価値の低下で、損害を受けるのは債券保有者である。なぜなら、彼らは低リスク・プロジェクトの場合には全額が支払われるが、高リスク・プロジェクトの場合は50ドルしか受け取ることができないからである。株主は不況の場合、どちらのプロジェクトが選択されようと何も受け取れないことに変わりはない。そのため、金融経済学者は、株主が高リスクのプロジェクトを選択することで、債券保有者から価値を奪い取ると主張する。

真偽のほどは定かではないが、この考えを地で行くような例がある。フェデラル・エクスプレス社は、創立後何年もたたない頃に、倒産の危機があったといわれている。創業者のフレデリック・スミスは、絶望のあまり会社の資金２万ドルをもってラスベガスへ行った。彼はテーブル・ゲームで勝ち、会社が生き残るのに十分な資金を手に入れたという。もし、賭けに負けていれば、倒産の際には単に銀行の取り分が２万ドル少なくなっていただろう。

利己的投資戦略２

過少投資のインセンティブ　倒産の可能性が非常に高い企業の株主は、新たな投資は株主の負担で債券保有者を助けることになる、と考えがちである。最も単純な例として、倒産の危機に瀕する不動産所有者を考えてみよう。彼が10万ドルの自腹を切ってビルを改築すれば、ビルの価値が15万ドル高まるとする。この投資の純現在価値はプラスであるが、価値が上昇しても倒産を回避できないなら、彼はこの案を却下するだろう。「すぐに銀行の手に渡る建物の価値を高めるために、なぜ私が自分の資金をつぎ込まなくてはいけないのか」と所有者は考えるはずである。

次の簡単な例は、この考え方を企業に当てはめたものである。新しいプロジェクトを採用するか却下するか決定しなければならない、表17.1の企業を考える。初め

表17.1　過少投資のインセンティブの例

	プロジェクトを行わない場合		プロジェクトを行う場合（費用は1,000ドル）	
	好況	不況	好況	不況
会社のキャッシュフロー	＄5,000	＄2,400	＄6,700	＄4,100
債券保有者の受取額	4,000	2,400	4,000	4,000
株主の受取額	＄1,000	＄　0	＄2,700	＄　100

（注）　プロジェクトはプラスのNPVをもっている。とはいえ、その価値のほとんどは債券保有者が獲得する。株主利益のために働く合理的な経営陣は、プロジェクトを却下する。

の二つの列は、プロジェクトがない場合のキャッシュフローを表している。会社は、5,000ドルと2,400ドルのキャッシュフローを、それぞれ好況と不況の場合に受け取る。会社は4,000ドルの元本と利息を支払わなければならないので、不況の場合はデフォルトする。

あるいはまた、表の次の二列に示されたように、会社は株主資本を調達して新しいプロジェクトに投資することができる。プロジェクトはどちらの景気状態でも1,700ドルの利益をもたらし、これは不況においてさえ倒産を免れるのに十分である。1,700ドルは、プロジェクトのコストの1,000ドルよりずっと大きいので、プロジェクトはどのような金利でもプラスのNPVをもっている。明らかに、全額株式調達の企業はプロジェクトを採用するだろう。

しかしながら、このプロジェクトはレバレッジがある企業の株主に不利益をもたらす。これを理解するために、既存の株主が*彼ら自身*で1,000ドルを提供するとしよう[12]。好況と不況が等確率で起こると仮定すると、プロジェクトを行わない場合の株主利益の期待価値は500ドル（＝0.5×＄1,000＋0.5×0）である。プロジェクトを行った場合の期待価値は1,400ドル（＝0.5×＄2,700＋0.5×＄100）である。1,000ドルのコストを支払っても、株主の利益は900ドル（＝＄1,400－＄500）しかふえない。

なぜプラスのNPVをもつプロジェクトが、株主に不利益をもたらすのだろうか。その鍵は、株主が1,000ドルの投資すべてを負担するのに、利益は株主と債券保有者で*分け合う*という点である。もし好況になれば、利益の増加分はすべて株主が受け取る。逆に、不況の場合は、債券保有者がプロジェクトのキャッシュフローの

12）　1,000ドルが新しい株主から調達された場合でも同様の結果となる。しかしながら、新株の発行数を確定しなくてはならないので、計算がはるかにむずかしくなる。

大半をもっていく。

利己的戦略１の議論と、利己的戦略２の議論は、非常によく似ている。どちらの場合も、レバレッジがある企業の投資戦略は、レバレッジがない企業とは異なっている。つまりレバレッジは、ゆがめられた投資戦略という結果をもたらすのである。レバレッジがない企業は、常にNPVがプラスのプロジェクトを選択するのに対し、レバレッジがある企業は、必ずしもNPVがプラスのプロジェクトを選択するとは限らない。

利己的投資戦略3

資産の食いつぶし　もう一つの戦略は、財務的困難に陥ったときに、特別な配当や他の分配をして、債券保有者の取り分を減らしてしまうというものである。これは不動産用語からとられた、*資産の食いつぶし*（*milking the property*）として知られている。戦略２と３は非常によく似ている。戦略２では、会社は新規株主資本を調達しないという選択をしている。戦略３では、配当金によって実は株主資本が引き出されるので、これをさらに進めたかたちになる。

利己的戦略のまとめ

ここで議論した投資戦略のゆがみは、倒産や財務的困難の危険性があるときにのみ起こる。したがって、これらのゆがみが、たとえばゼネラル・エレクトリック（GE）のような企業に影響を及ぼす*はずがない*。なぜなら、GEのような多角経営の優良企業にとって、倒産は現実的な可能性ではないからである。言い換えれば、会社がどのようなプロジェクトを採択しようと、GEの社債には実質的にリスクがない。同様な議論は、州の公益事業委員会によって保護されている統制企業についてもいえる。対照的に、コンピュータのようなリスキーな産業における小さな企業は、財務的困難を経験する可能性が高く、その結果、このようなゆがみに影響を受ける可能性が高い。

利己的投資戦略の費用はだれが支払うのだろうか。最終的には株主であるとわれわれは主張する。合理的債券保有者は、財務的困難が間近に迫ったとき、株主からの助力を期待できないことを知っている。むしろ、株主は債券価値を下げる投資戦略を選択する可能性が高いのである。そのため、債券保有者は債券に要求する利回りを上げることによって、自己防衛する。株主はこの高い利息を支払わなければならないので、彼らが最終的に利己的戦略の費用を負担することになるのである。これらのゆがみに直面している企業にとっては、起債するのは困難で、コストも高くなる。したがって、このような企業のレバレッジ比率は低くなる。

株主と債券保有者の関係は、エロール・フリンとデイビッド・ニーブンの関係に非常によく似ている。二人は親友で、1930年代の映画スターだった。ニーブンはフリンを評してこのようにいったといわれている。「フリンについてよいところは、彼と自分がどんな関係にあるのかよくわかることだよ。助けてほしいときには、必ずがっかりさせてもらえるからね」。

17.3　負債コストは削減できるか

米国の上院議員がいいがちな言葉に、「ここに10億、あそこに10億。すぐに巨額が積み上がる」というのがある。これまでに述べた財務的困難の費用は個別にみてもかなりのものである。それらの合計となると、負債資金調達に厳しい影響を及ぼすかもしれない。そのため、経営陣はこうした費用を減らそうとする。ここでは、彼らの手法のいくつかを考察してみよう。ただし、初めに断わっておくと、以下の手法は、負債コストを削減するのがせいぜいである。これらで負債コストを完全に*取り除く*ことはできない。

保護的誓約条項

株主は、利己的戦略に対する保険として、より高い金利を支払わねばならないので、低い金利に抑えようと、しばしば債券保有者と契約を結ぶ。こうした契約は**保護的誓約条項**（**protective covenant**）と呼ばれ、株主と債券保有者との間のローン書類（もしくは債務契約証書）の一部として、組み入れられる。契約違反はデフォルトにつながりかねないので、誓約条項は遵守する必要がある。保護的誓約条項は否定的誓約条項と肯定的誓約条項の二つのタイプに分類することができる。

否定的誓約条項（**negative covenant**）は、企業がとれる行為を制限あるいは禁止するものである。次にあげるのは、否定的誓約条項の典型的なものである。

1．会社が支払える配当金額に制限を設ける。
2．いかなる資産も他の債権者の抵当に入れてはならない。

3．他の企業と合併してはならない。
4．債権者の許可なしに、主要な資産を売却またはリースしてはならない。
5．新規長期負債を発行してはならない。

肯定的誓約条項（positive covenant）とは、企業が行うことを合意した行動や遵守しなくてはならない条件を指す。具体的には次のようなものがある。

1．会社は運転資本を最低限に抑えることに合意する。
2．会社は債権者のために定期的に財務報告書を作成する。

これらの誓約のリストがすべてではない。なかには30以上もの誓約をもつローン契約書もある。

Smith and Warnerは公募負債について調査し、91%の債券証書が、さらなる債券発行を制限する誓約を含み、23%が配当に制限を設け、39%が合併を制限し、36%が資産の売却を制限していることを見出した[13)]。

保護的誓約条項は倒産費用を軽減し、最終的に企業価値を高めるはずである。したがって、株主は適切な契約であれば好意的に受け止める可能性が高い。これを理解するため、倒産費用を削減するための株主による三つの選択肢について考えてみよう。

1．*負債を発行しない*。負債には税の利点があるので、これは利害衝突回避の非常に高くつく方法である。
2．*制限や保護的誓約条項のない負債を発行する*。この場合、債券保有者は、債権が保護されない代償として高い金利を要求する。
3．*ローン契約に保護的かつ制限的誓約条項を盛り込む*。誓約条項が明記されていれば、債権者は株主に大きな負担をかけずに保護を受けられる。彼らは満足して、より低い金利を受け入れるだろう。

このように、債券誓約条項は、たとえ柔軟性を減らすとしても、企業の価値を高めることができる。債券保有者と株主の間に起こる利害衝突を解決する方法として

13）C. W. Smith and J. B. Warner, "On Financial Contracting : An Analysis of Bond Covenants," *Journal of Financial Economics* 7 (1979).

表17.2　ローン誓約条項

株主行動または企業の状況	誓約の種類	誓約の理由
企業が財務的困難に陥りそうな場合、株主は高リスクの投資を望むかもしれない。	財務報告書の制限 1．最低運転資本 2．最低金利負担率 3．最低純財産	財務的困難が現実的な可能性である場合、高いリスクの投資は価値を債券保有者から株主に移転する。誓約は財務的困難の確率を減らす。
株主が企業の資産を自分に移し替えようと試みるかもしれない。	資産の処分に対する制限 1．配当の制限 2．資産売却の制限 3．担保と抵当	誓約は、資産を自分自身に移転し、*過少投資*をする株主の能力を制限する。
株主は企業のリスクをふやそうと試みるかもしれない。	資産の入替えに対する制限	企業リスクの増加は、株主を助け、債券保有者に損害を与える。
株主はこれまでと同等か、それ以上の優先権をもつ新規負債を発行しようと試みるかもしれない。	希薄化の制限 1．リースの制限 2．追加借入れの制限	誓約は、*既存債券保有者の権利の希薄化*を制限する。

は、最も安価な方法になりうるものである。典型的な債券誓約条項とその効果については表17.2に列記した。

債務の整理

倒産費用が非常に高くなる理由の一つは、さまざまな債権者（とその弁護士）が互いに争うからである。この問題は、債券保有者と株主間の適切な取決めによって軽減できる。たとえば、すべての債務を一名または多くても数名の債権者が引き受けるのも一つの方法である。万一財務的困難に陥ったとしても、この取決めは交渉費用を最小限にする。さらに債券保有者が株式を購入することもできる。こうすれば、株主と負債保有者は別個の存在ではなくなるから、お互いに争うことがなくなる。これは日本におけるアプローチのようである。日本では、通常大きな銀行が、融資先企業の株式を大量に保有する[14]。日本企業の負債・株主資本比率は、米国企業に比べてはるかに高い。

14)　米国では法律上の制限があるため、この方法をとるのはむずかしいかもしれない。

17.4　税効果と財務的困難費用の統合

Modigliani and Millerは、法人税が存在する場合、企業の価値はレバレッジとともに増加すると主張する。これは、すべての企業が最大限の借入れをすべきであるということを意味するので、この理論は現実の企業の行動を言い当ててはいない。他の研究者たちは、倒産とそれに関連するコストが、負債を伴う企業の価値を下げると提案している。

税効果と財務的困難費用の統合を表したのが図17.1である。斜めの直線は倒産費用がない世界における企業の価値を表している。∩型の曲線は倒産費用を伴う場合の企業価値である。∩型の曲線は、企業の資本構成がすべて株式である状態から、少額の負債をもつ状態になるにつれて上昇する。この時点では経営難に陥る可能性は非常に低いので、財務的困難費用の現在価値は最小限にとどまる。しかし、どんどん負債が追加されるにつれ、こうした費用の現在価値は*逓増的な*率で上昇する。ある地点で、負債の追加1ドルからのこれらの費用の現在価値増加額と、節税効果の現在価値の増加額が等しくなる。この点が企業価値を最大化する負債水準であり、図17.1においてB^*で表される。言い換えると、B^*が負債の最適額である。この点を過ぎると、節税効果よりも、倒産費用の増加率が高くなるので、これ以上の負債は企業価値を下げることになる。

図17.1の下図では、加重平均資本コスト（R_{WACC}）は、資本構成に負債が加えられるにつれ、低下する。B^*に達した後、加重平均資本コストは増加する。負債の最適額はまた、最も低い加重平均資本コストもつくりだす。

われわれの議論は、企業の資本構成の意思決定が、負債のもつ税の利益と、財務的困難費用とのトレードオフであることを示唆している。実際、このアプローチは、資本構成の*トレードオフ*、もしくは*静的トレードオフ理論*と呼ばれている。この含意は、どの個別企業にも負債の最適額が存在するということである。この負債の最適額が、企業の目標負債水準となる。財務的困難の費用は正確に表現できないので、企業の最適負債水準を厳密に求める公式はまだ開発されていない。しかしながら、本章の最後の節で、実際に、現実の世界において負債・株主資本比率を選択するための実践的方法のいくつかを紹介する。われわれが置かれている状況は、ジョン・メイナード・ケインズの言葉を彷彿とさせるものである。彼は次のように述べたと伝えられている。「歴史家の大半は、エリザベス女王一世が、ビクトリア

図17.1　負債の最適額と企業価値

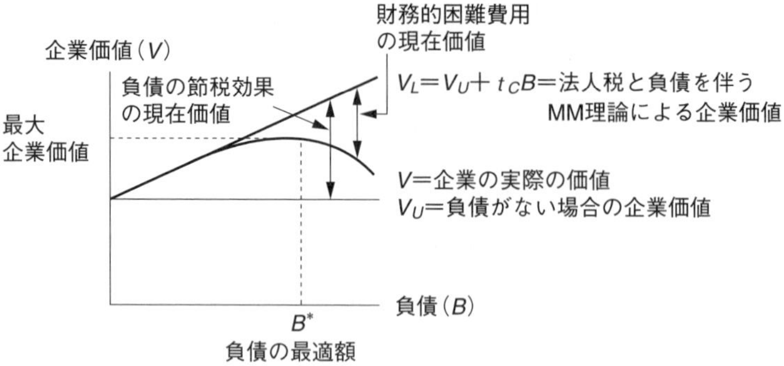

節税効果は、負債を伴う企業の価値を増加させる。財務的困難費用は、負債を伴う企業の価値を減少させる。これら二つの打ち消し合う要因が、B^*において負債の最適額を生み出す。

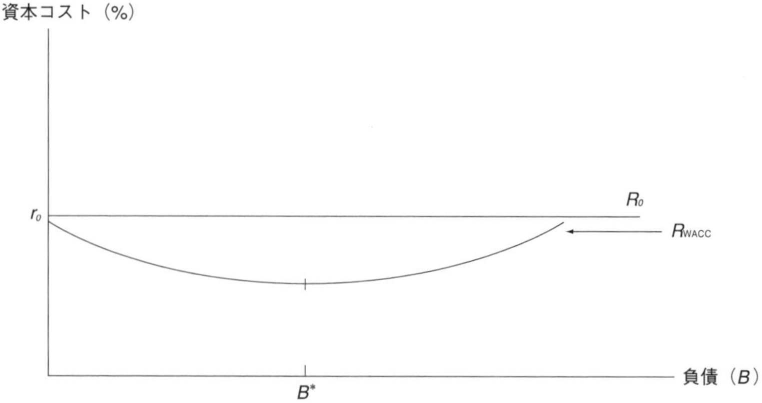

静的理論によると、R_{WACC}は、負債の税のメリットにより、はじめは減少する。点B^*を越えると、財務的困難費用により、上昇を始める。

女王よりもよい君主であり、より不幸な女性だったという意見に賛成するだろうが、いまだかつてこの意見を、正確かつ厳密に表現できた者はいない」。

再びパイ・モデル

さて、倒産費用を考察したので、前章のパイ・モデルによるアプローチに戻ろう。企業のキャッシュフローは四つの異なる請求者に渡る。株主、債券保有者、政府（税金というかたちで）、そして倒産プロセスにおける弁護士（およびその他）

図17.2　現実的要素を加えたパイ・モデル

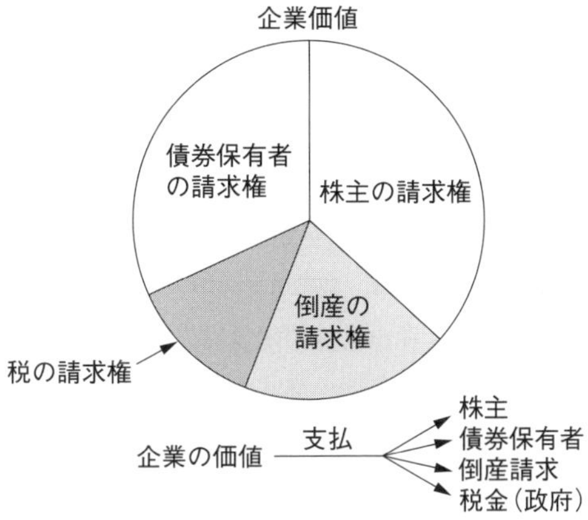

である。代数的には、以下が成立しなければならない。

CF＝株主への支払＋債券保有者への支払＋政府への支払＋弁護士（およびその他）への支払

これは、企業の総価値 V_T が、以下の四つの要素の合計と等しいことを意味する。

$$V_T = S + B + G + L$$

ここで、S は株主資本の価値、B は社債の価値、G は税金に対する政府の請求権の価値、L は企業が財務的困難に陥っているときに弁護士およびその他が受け取る金額の現在価値を表す。この関係は図17.2に示されている。

これで、企業のキャッシュフローに対する財務的請求権のリストが終わったわけではない。ちょっと変わった例をあげると、この本の読者は皆、ゼネラル・モーターズのキャッシュフローに対して経済的請求権をもっている。なんといっても、万一事故でけがをしたらGMを訴えることになるかもしれない。勝訴敗訴にかかわらず、GMは訴訟に対処することで資金を使うことになる。これを、こじつけだとか、取るに足りないことだと思うなら、国中の老若男女すべてに、何が起ころうと決してGMを訴えないと約束させるために、GMがどれだけ進んで支払うか考えてみるとよい。このような支払は法律で禁じられているが、だからといってこれらすべての潜在的請求権が存在しないというわけではない。たぶん金額は数十億ドルにもなるだろう。GMにも他の企業にも、潜在的訴訟（LS）という名のパイの一切れを入れるべきである。

図17.2は、MMの洞察の本質を例証している。V_Tが企業のキャッシュフローによって決まる一方で、企業の資本構成はパイをスライスするにすぎない。資本構成は、総価値V_Tに影響を及ぼさない。

しかしながら、株主や債券保有者の請求権と、税金や潜在的訴訟などの請求権には、重要な違いがある。前者の請求権は**市場性請求権**（marketable claims）であり、後者の請求権は**非市場性請求権**（nonmarketable claims）である。市場性請求権は金融市場で売買できるが、非市場性請求権は売買できない。この市場性と非市場性という請求権の違いは重要である。株式が発行されたとき、株主は後で配当を受け取る特権のために企業に現金を支払う。同様に、債券保有者は将来利息を受け取る特権のために、企業に現金を支払う。しかしながら、IRSは将来税金を受け取る特権のために企業に何も払わない。同様に、弁護士も将来報酬を受け取る特権のために企業に何も払わない。

われわれが*企業の価値*について語るとき、通常は市場性請求権の価値V_Mのみを指し、非市場性請求権の価値V_Nは含めない。われわれが明らかにしたのは、資本構成が総価値に影響を及ぼさないということである。

$$
\begin{aligned}
V_T &= S + B + G + L \\
&= V_M + V_N
\end{aligned}
$$

しかし、すでにみたように、市場性請求権の価値V_Mは、資本構成の変化とともに変化しうる。

パイ理論によれば、V_Mの増加は、V_Nの同一量の減少を意味する。合理的財務管理者は、市場性請求権の価値V_Mを最大化する資本構成を選択するだろう。同様に、合理的財務管理者は、非市場性請求権の価値V_Nを最小化するよう努めるだろう。これらは上の例における税金と倒産費用であるが、それにはまたLS請求権などその他すべての非市場性請求権が含まれる。

17.5　シグナリング

前節では、企業のレバレッジの意思決定が、税の助成と財務的困難費用とのトレードオフにかかわることを指摘した。この考え方は図17.1に描かれた。そこでは、負債の限界的な税の助成が、低い負債水準では財務的困難コストを上回り、高い負債水準では逆になる。企業の資本構成は、限界的負債利益が、限界的費用と等しいときに、最適化される。

この考え方をもう少し探求してみよう。企業の利益性と負債水準との間の関係はどのようなものだろうか。予想利益が少ない会社は、低い負債水準をとる可能性が高い。小さな支払利息控除だけで、会社の税引き前利益を相殺するのには十分である。また、あまり負債が多いと、会社の期待財務的困難費用を上昇させる。もっと成功している会社は、もっと負債を用いるだろう。この会社は、より大きな利益から税金を削減するために、支払利息を余分に利用することができる。そして、財務的により安全なので、この会社の追加的負債は、倒産のリスクをほんのわずか上昇させるだけだろう。言い換えると、合理的な企業は、利益の上昇が期待されるとき、負債水準（そして付随する利息支払）をふやす。

投資家は負債の増加にどのように反応するだろうか。合理的な投資家は、より高い負債水準から、より高い企業価値を推測する可能性が高い。したがって、これらの投資家は、企業がたとえば株式を買い戻すために負債を発行した後、この企業の株価をせり上げる可能性が高い。投資家は負債を、企業価値の*シグナル*としてみなしているのである。

ここで、経営陣が大衆を騙すインセンティブに入る。負債水準が最適な会社を考えてみよう。すなわち、負債の限界的な税の利益は、ちょうど財務的困難の限界的な費用と等しい。しかしながら、会社の経営者は、多くの株主が近いうちに保有株式を売りたがっていると知っているので、会社の現行株価を上げたいと強く望んでいるとする。この経営者は、投資家に実際よりも会社に価値があると単に*思いこませる*ために、負債水準を上げたいかもしれない。もしこの戦略がうまくいけば、投資家は株価を押し上げるだろう。

これは、企業がいくらかの追加的レバレッジをとることによって、投資家を騙すことが可能であると示唆する。ここで重要な質問をしよう。追加的負債には利益があるだけで費用はないのだろうか。これは、すべての企業ができる限り多くの負債をもつようになると示唆するのだろうか。幸運にも、答えは費用もまた存在するというものである。もしある企業が大衆を騙すためだけに追加的負債を発行したと想定しよう。ある時点で、市場はこの会社に結局それほど価値がないことを知ることになる。そのとき、株価は負債が発行されなかった場合よりも*下に*下落するに違いない。なぜだろうか。会社の負債水準はいまや最適水準よりも上だからである。

つまり、負債の限界的税の利益が、負債の限界的費用より下にあるということである。したがって、もし現在の株主が保有株式の半分を今売却し、残りの半分を保持するつもりだったとしたら、負債の増加は当面の売却には有利だが、後の売却では損失を被る可能性が高い。

さてここで大切なポイントである。先に、経営陣が投資家を騙そうとしない世界では、価値のある企業は、価値のない企業よりも、負債を多く発行すると述べた。実は、経営陣が投資家を騙そうと試みるときでさえ、より価値のある企業は依然として、価値のない企業よりも多く負債を発行したいと思うだろう。すなわち、すべての企業が投資家を騙すために負債水準を多少上げるだろうが、追加的負債の費用により、価値のない企業は、より価値のある企業ほど、負債を発行することができない。したがって、投資家はなお、負債水準を企業価値のシグナルとして扱うことができる。言い換えれば、投資家は負債の発表を、依然として企業の肯定的なしるしとしてみなせるのである。

上記は、簡略化した負債シグナリングの例であり、あまりに簡略化しすぎだといえるかもしれない。たとえば、一部の企業の株主は、たぶん保有株式のほとんどを即座に売却したいと思い、一部の企業の株主は、いまは少ししか売りたくないと思うかもしれない。ここでは、最も負債を伴う企業が最も価値があるのか、あるいは最も気短な株主を伴う企業にすぎないのか、判断することはできない。他の異議も同様に持ち出せるので、シグナリング理論は、実証的証拠によって確認するのがいちばんよい。そして幸運なことに、実証的証拠は、この理論を支持する傾向にある。

たとえば、エクスチェンジ・オファー（exchange offers）に関する証拠を考えてみよう。企業はしばしば、負債水準をエクスチェンジ・オファーによって変更する。これには二つのタイプがある。最初のタイプのオファーは、株主に、株式の一部と負債との交換を認め、それによってレバレッジが増加する。2番目のタイプは、負債保有者に、負債と株式との交換を認め、レバレッジが減少する。図17.3は、エクスチェンジ・オファーを通して負債と株式の比率を変えた企業の、株価動向を表している。図の実線は、レバレッジを増加させるエクスチェンジ・オファーが発表される日に、株価がかなり上昇することを示している（発表日は図中で0と表されている）。逆に、図の点線は、レバレッジを減少させるオファーが発表されるとき、株価がかなり下落することを示している。

負債の増加から、市場は企業の経営がよくなったと推測し、株価上昇につながる。逆に、負債の減少から市場は反対のことを推測し、株価下落につながる。した

図17.3　エクスチェンジ・オファーが発表されたときの株式リターン

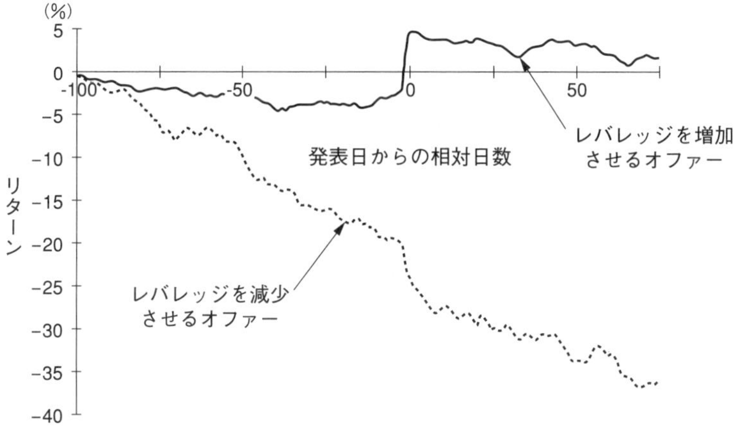

エクスチェンジ・オファーは、企業の負債・株主資本比率を変える。エクスチェンジ・オファーがレバレッジを増加させる企業の場合、株価が上昇することをグラフは示している。逆にレバレッジを減少させるオファーの企業の場合、株価は下落する。

（出所）　K. Shah,"The Nature of Information Conveyed by Pure Capital Structure Changes," *Journal of Financial Economics* 36（August 1994）.

がって、経営陣がレバレッジを変えるとき、彼らはシグナルを発しているというのである。

17.6　怠慢、役得、悪い投資：株主資本のエージェンシー・コストについて

前節で、静的トレードオフ・モデルを紹介した。このモデルでは、負債の増加が、節税効果と財務的困難費用を上昇させる。ここで、重要な株主資本のエージェンシー・コストを考慮して、トレードオフ・モデルを拡張する。この株主資本コストの議論は、アダム・スミスの有名な言葉に含まれている[15]。

しかしながら、このような［株式］会社の取締役たちは、自分自身のもので

15）　Adam Smith, *The Wealth of Nations*［1776］, Cannon edition（New York : Modern Library, 1937）, p. 700, as quoted in M. C. Jensen and W. Meckling, "Theory of the Firm : Managerial Behavior, Agency Costs, and Ownership Structure," *Journal of Financial Economics* 3（1978）.

はなく他人の資金の管理者であるので、非公開の共同出資事業のパートナーたちが、頻繁に自分たち自身の資金を案じて目を光らせるのと同様な行動を、彼らに期待することはとうていできない。金持ちの執事のように、主人の名誉のためではなく、自分のために些細なことにこだわりがちで、資金の保有から自分自身に施すことが多い。したがって、このような会社の経営には、多かれ少なかれ、怠慢や浪費が必ずはびこるのである。

このエレガントな文章は、次のように現代の言葉に置き換えることができる。人は、単に会社従業員である場合よりも、自分が所有者の一人である場合のほうが、より一生懸命働く。加えて、人は、会社のほんのわずかな割合を所有している場合よりも、大きな割合を所有している場合のほうが、より一生懸命働く。この考え方は、これから例証する資本構成に関して重要な意味合いをもつ。

例17.2　エージェンシー・コスト

ペイゲルさんは、100万ドルの価値があるコンピュータ・サービス会社のオーナー創業者である。彼女は現在会社の100%を所有している。事業を拡大する必要があるので、彼女はさらに200万ドルを調達しなくてはならない。200万ドルの負債を金利12%で発行するか、株式を200万ドル発行するかのどちらかが可能である。この二つの選択肢におけるキャッシュフローは以下のとおりである。

仕事ぶり	負債発行				株式発行			
	キャッシュフロー	利息	株主資本へのキャッシュフロー	ペイゲルさんへのキャッシュフロー（株主資本の100%）	キャッシュフロー	利息	株主資本へのキャッシュフロー	ペイゲルさんへのキャッシュフロー（株主資本の$33\frac{1}{3}$%）
1日6時間	＄300,000	＄240,000	＄60,000	＄60,000	＄300,000	0	＄300,000	＄100,000
1日10時間	400,000	240,000	160,000	160,000	400,000	0	400,000	133,333

創業者が皆そうであるように、ペイゲルさんも、どれくらい一生懸命働くかを自分で決めることができる。この例では、彼女は1日に6時間か、あるいは10時間のどちらかで働くことができる。負債発行の場合、4時間余分に働くと10万ドル（＝＄160,000－＄60,000）収入がふえることになる。しかしながら、

株式発行の場合、彼女は株主資本の３分の１しか保持しないと仮定しよう。ここでは、追加労働は３万3,333ドルしかもたらさない（＝＄133,333－＄100,000）。彼女も一人の人間にすぎないので、負債を発行した場合のほうが、より一生懸命働くだろう。言い換えれば、株式を発行した場合のほうが、彼女が*怠ける*インセンティブがあるということである。

これに加え、株式を発行した場合のほうが、彼女はもっと*役得*（大きなオフィスや公用車、経費での食事など）を手に入れようとする可能性が高くなる。彼女が３分の１の株式しか所有していないなら、経費の３分の２は他の株主によって支払われるのである。もし彼女がたった一人の株主なら、余分な役得は彼女の株主資本利益のみを減らすことになる。

最後に、彼女は純現在価値がマイナスのキャピタル・バジェッティング・プロジェクトを行う可能性が高くなる。わずかでも株式を保有している経営者が、株価を明らかに下げるマイナスNPVプロジェクトを行うことは、驚くべきことに思えるかもしれない。しかしながら、管理職の給料は通常会社の規模とともに上昇する。これは、利益の見込めるプロジェクトをすべて行ってしまった後には、利益の出ないものも行うインセンティブがあるということを示唆する。利益のあがらないプロジェクトが採択されて株価が下がったとしても、経営者がわずかな株式保有から被る損失は、給料の上昇分よりも少ないかもしれないのである。実際、悪い投資を採択することによる損失は、怠慢や過剰な役得による損失よりもはるかに大きいと考えられる。巨大な損失を出したプロジェクトは、いくつもの企業を倒産に追い込んできたが、経費をいくら使っても、そこまで経営を悪化させることはまずない。

したがって、この会社が追加の株式を発行すると、ペイゲルさんは、余暇や、仕事に関連する役得や、利益のあがらない投資を増加させる可能性が高い。これらの３項目は、エージェンシー・コストと呼ばれる。なぜなら、企業の経営者は株主の代理人だからである[16]。

この例は、株式の大量発行を考えている小さな会社によく当てはまる。この場合、総株主資本に占める経営者兼オーナーの出資分がおおいに希薄化されるため、

16)　すでに述べたように、*エージェンシー・コスト*は通常、株主、債券保有者、経営者間の利益の衝突から発生する費用として定義される。

仕事への熱意が大きく減少したり、会社の恩恵を大きくふやしたりする可能性が高くなる。しかしながら、この例は、多数の株主がいる大企業にはあまり当てはまらないかもしれない。たとえば、ゼネラル・モーターズのような大企業が何度目かの公募を行うと考えてみよう。このような会社における典型的な経営者は、最初からわずかな割合の株主資本しか保有していないので、職務怠慢への誘惑はおそらくすでに経験ずみである。この場合、追加公募がこの誘惑を増加させるとは期待できない。

だれがこれらのエージェンシー・コストを負担するのだろうか。新株を購入する投資家が注意しながら投資するなら、彼らが払うことにはならない。ペイゲルさんが以前ほど働かなくなることを知っていれば、彼らは株式に対して安い価格しか払わない。したがって、エージェンシー・コストによって損害を被るのは、現在のオーナーである。とはいえ、ペイゲルさんも、ある程度の自衛策を講じることができる。ちょうど株主が保護的誓約条項によって倒産費用を削減するように、オーナーは新たな株主によるモニターを許可すればよいのである。しかしながら、適切な報告や監視によってエージェンシー・コストを減らすことができたとしても、これらの手法でエージェンシー・コストを排除するのは非常にむずかしい。

レバレッジド・バイアウト（LBO）は、株式のエージェンシー・コストを大幅に削減する方法であると一般にいわれている。LBO においては、購入者（普通は現行の経営陣グループ）が現在の市場よりも高い株価ですべての株式を買いあげる。言い換えれば、株式がごく数名の手に握られることによって、会社は非公開になる。いまや経営陣がビジネスの大部分を所有するため、彼らは単に雇用されていたときよりも、一生懸命働く可能性が高いのである[17)]。

負債・株主資本調達に対する株主資本のエージェンシー・コストの影響

株主資本のエージェンシー・コストについてのここまでの議論は、静的トレード

17）　知合いのある教授は、学生に三つの質問をすることによって、LBO の紹介を始める。
1．君たちの何人が、これまでに自分の車を所有したことがあるか。
2．君たちの何人が、これまでに一度でも車をレンタルしたことがあるか。
3．君たちの何人が、レンタカーよりも自分の車のほうを大切にしたか。
自分の車のほうを大切にするのがまさしく人間の性であるように、会社をより多く所有するほど一生懸命働くのが、人間の性というものである。

オフ・モデルの拡張としてとらえられるべきものである。すなわち、第17.4節において、負債が株主資本を置き換えたときの企業価値の変化は、①負債の節税効果から、②財務的困難費用の増加分（負債のエージェンシー・コストを含む）を引いた差であると述べた。ここでは、企業価値の変化は、①負債の節税効果＋②株主資本のエージェンシー・コストの削減分－③財務的困難費用の増加分（負債のエージェンシー・コストを含む）である。最適負債・株主資本比率は、株主資本のエージェンシー・コストが存在する世界のほうが、ない世界よりも高くなるだろう。とはいえ、財務的困難費用はあまりに大きいため、株主資本のエージェンシー・コストは、100%の負債調達を意味しない。

フリー・キャッシュフロー

ミステリー小説のファンならだれでも、犯罪者には動機と機会の両方が必要だということを知っている。これまでの議論は動機についてだった。わずかしか会社の持分を所有していない経営者には、浪費的な行動をとるインセンティブがある。たとえば、経費を使いすぎてもほんの少ししかコストを負担せず、その利益を全部自分のものにすることができるのである。

ここで機会について述べよう。会社に十分なキャッシュフローがある場合のみ、経営者は経費をふくらませることができる。したがって、少額のキャッシュフローしか生み出せない企業よりも、多額のキャッシュフローを生み出せる企業のほうに、浪費的な行動が多くみられると期待される。正式にはフリー・キャッシュフロー仮説[18]と呼ばれるこの非常に単純な考え方は、相当程度の実証研究の支持を得ている[19]。

この仮説は資本構成に重要な意味をもっている。配当金は会社から出ていくので、フリー・キャッシュフローを減らすことになる。したがって、フリー・キャッシュフロー仮説によると、配当の増加は、経営者が浪費的な行動をとるのを防ぐことによって、株主に利益をもたらすことになる。さらに、利息と元本もまた会社から出ていくので、負債も同様にフリー・キャッシュフローを減らすことになる。実

18)　重要な論文は、Michael C. Jensen, "Agency Costs of Free Cash Flow, Corporate Finance and Takeovers," *American Economic Review* 76（1986），pp. 323-39.である。

19)　L. Lang, R. Stulz, and R. Walking, "Managerial Performance, Tobin's Q and the Gains in Tender Offers," *Journal of Financial Economics*（1989）.

際、将来返済ができなければ倒産という事態になるので、配当よりも利息と元本のほうが、経営陣の自由浪費傾向に対して、より影響力が強いはずである。これに対し、企業の配当支払には法的義務がないので、将来の配当の削減は、経営者にとってはさほど大きな問題とはならない。このためフリー・キャッシュフロー仮説は、株主資本から負債へのシフトは、企業価値を高めると主張する。

要約すると、フリー・キャッシュフロー仮説は、企業が負債を発行する理由を、さらにもう一つ提供する。株主資本のエージェンシー・コストについてはすでに述べた。新株は経営者の会社持分を希薄化するので、彼らの浪費的行動の*動機*を増加させる。ここでは、企業は利息と元本を返済しなければならないので、負債がフリー・キャッシュフローを減らすと述べた。フリー・キャッシュフロー仮説は、負債が経営陣の無駄遣いの*機会*を減らすと示唆している。

17.7　ペッキング・オーダー理論

長い間、トレードオフ理論がコーポレートファイナンスの世界の主流であったが、*ペッキング・オーダー理論*もまた注目を集めている[20)]。この考え方を理解するため、自分が新たな資本を必要としている企業の財務担当者だと仮定してみよう。担当者は起債をするか新株を発行するかの選択に直面している。以前われわれは、このような選択を、税の利益、財務的困難費用、およびエージェンシー・コストの見地から評価した。しかしながら、これまでわれわれは一つの重要な点を無視してきた。それはタイミングである。

財務担当者が次のように述べているとしよう。

> 私はある状況においてのみ株式を発行したい。それはすなわち株式が過大評価されているときである。もしわが社の株式が１株50ドルで売られていて、しかし私自身がそれは実際に60ドルの価値をもつと考えていたら、株式は発行しない。60ドルの価値がある株式に対して、50ドルしか支払わなくてよいなら、事実上、新しい株主に贈り物をプレゼントしていることになってしまう。もっと重要なのは、現在の株主の反発を買うことだ。なぜなら、会社は50ドルしか

20)　ペッキング・オーダー理論は一般に、S. C. Myers, "The Capital Structure Puzzle," *Journal of Finance* 39 (July 1984) に帰するとされる。

> 受け取らないのに、60ドルの価値がある物をくれてやることになるからである。だから、もし株式が過小評価されていると考えたら、債券を発行するだろう。特にデフォルトの可能性がごくわずかか、あるいはゼロの債券なら、正しい価格づけがなされる可能性が高い。それらの価値は主に市場全体の金利によって決まるが、これは広く知られた変数だ。
>
> しかし、わが社の株式が70ドルで取引されているとしたら、ぜひ新株を発行したい。株式の本来の価値が60ドルしかないのに、70ドルで買う間抜けな投資家がいれば、現在の株主のために10ドル儲けることができるのだ。

これは皮肉な見方に思えるかもしれないが、現実によくあっているようにみえる。米国でインサイダー取引法と情報開示法が適用される以前は、増資の前には多くの財務担当者が不当に過大評価した業績予測を発表したものである。そして現在でも、多くの経営者は株価が下落した後よりは上昇した後に株式を発行したいようである。したがって、株式発行において、タイミングは重要な動機であり、おそらくトレードオフ・モデルにおける動機より、もっと重要であるのかもしれない。なんといっても、前出の例の会社は、株式発行のタイミングを適切にとらえることによって、*瞬時に*10ドルを儲けられるのである。10ドル分のエージェンシー・コストと倒産費用の削減を達成するには、長い年月を要するだろう。

この例を可能にする鍵は、情報の非対称性である。すなわち経営陣は、一般的な投資家よりも会社の業績見通しについて詳しく知っているに違いない。もし経営陣による会社の真の価値の推定が、一般の投資家よりも優れていなければ、いくらタイミングを見計らったところで失敗に終わるだろう。この非対称性の仮定はなかなかもっともらしい。経営陣はその会社で毎日働いているのだから、投資家よりもその会社についてよく知っているはずである（気をつけなくてはならないのは、一部の経営陣は自社に関して常に楽観的なので、正常な判断が曇らされている、ということである）。

しかし、これでこの例が終わったわけではない。投資家を考慮する必要がある。投資家はこういっているとしよう。

> 一生懸命稼いだお金を使うのだから、慎重に投資しよう。とはいえ、私がすべての時間をつぎ込んで株式を研究したとしても、企業の経営陣ほどに知ることはできっこない。結局、昼間は自分の仕事をきちんとこなさなければならな

い。だから、私は経営陣の動向を見守る。もし会社が株式を発行するなら、その前に株式が過大評価されていた可能性が高い。会社が債券を発行するなら、株式は過小評価されていた可能性が高い。

発行者と投資家双方に目を向けると、互いに相手を出し抜こうとする一種のポーカーゲームのようである。このポーカーゲームにおいて、発行者が守らなくてはならない点が二つある。一つ目は、かなり当然のことでもあるが、株式が過小評価されているときは債券を発行することである。二つ目は、もっと微妙だが、企業が過大評価されているときにもまた、債券を発行することである。結局のところ、企業が株式を発行すれば、投資家は株式が過大評価されていると推測する。彼らは、過大評価による利益がなくなるまで十分株価が下がらなければ、株式を購入しないだろう。実際、*最も*株式が過大評価されている企業にしか、株式発行のインセンティブは存在しない。多少割高になっている企業が株式を発行したとすると、投資家はこの会社を最も過大評価された企業の一つだと考えるために、必要以上に株価を下げる原因となる。したがって、事実上だれも株式を発行しないという結果になる[21)]。

基本的にすべての企業が負債を発行すべきだというのは、明らかに極端な考え方である。これは、①税のない世界においては、資本構成は企業にとってどうでもよいことであるというModigliani-Miller（MM）の結論、および②法人税は存在するが、財務的困難費用がない世界においては、すべての企業が100%負債により資本調達されるべきであるというMMの結論と、同じくらい極端である。どうも、われわれファイナンスに身を置く人間は、極端なモデルを好むようだ！

しかし、MM理論の結論が、法人税を伴う財務的困難費用を加味することで調整できるように、純粋なペッキング・オーダー理論も調整することが可能である。純粋な理論では、財務担当者が唯一考慮するのは、タイミングであると仮定されている。現実には、担当者は税金や財務的困難費用、エージェンシー・コストなども同様に考慮しなければならない。したがって、企業が発行してもよい負債には限界がある。もしある額を超えると財務的困難が現実的な可能性になってくるなら、その会社はかわりに株式を発行するだろう。

21）　内容を平易にするため、ここでは、厳密なモデルというかたちでの結果は示していない。さらに詳しく知りたい読者は次の論文を参照されたい。S. C. Myers, "The Capital Structure Puzzle," *Journal of Finance* 39（July 1984）.

ペッキング・オーダーのルール

前の議論では、ペッキング・オーダー理論の基本的な考え方を提示した。この理論は財務管理者にどのような実務的意味をもつのだろうか。この理論は、現実の世界に以下の二つのルールを提供する。

ルール＃１　内部資金を使え

ここまで、説明をわかりやすくするため、株式を*リスクのない*負債と比較することによって、過度に単純化してきた。経営陣は、この種の負債に間違った価格がつけられているかどうか、自社の特別な知識を用いて知ることができない。なぜならリスクのない負債の価格は、市場全体の金利によって決まるからである。しかしながら、現実には企業負債にはデフォルトの可能性がある。したがって、担当者が、株式が過大評価されていると思う場合には、株式を発行する傾向があるのとちょうど同じように、負債が過大評価されていると思えば、負債を発行しようとするのである。

どういうときに、担当者は負債が過大評価されているとみなすのだろうか。おそらく株式が過大評価されていると考えるのと同様の状況においてである。たとえば、公衆がその企業の前途はばら色だと考えているのに、経営陣が将来に不安を抱えている場合、経営陣は会社の負債（株式がそうであるように）が過大評価されているとみなすだろう。すなわち、公衆がこの負債をほとんど無リスクとみるかもしれないのに対して、経営陣はデフォルトの可能性が非常に高いとみるのである。

したがって、投資家は負債発行の際にも、株式発行のときと同じくらい懐疑的に価格づけする可能性が高い。経営陣がここから逃れる方法は、利益剰余金からプロジェクトの資金をまかなうことである。そもそも投資家の資金をあてにするのを避けられれば、懐疑的な投資家について心配する必要はない。よって、ペッキング・オーダーの最初のルールは次のようになる。

内部資金を使え。

ルール＃２　最も安全な証券を最初に発行せよ

投資家は債券や株式を誤った価格で購入することをおそれてはいるが、このおそれは株式のほうがずっと大きい。財務的困難が避けられれば、投資家は決められたリターンを受け取るので、企業負債の場合は、株式に比べて依然リスクは小さい。したがって、ペッキング・オーダー理論は、外部資金調達が必要な場合は、株式の前に負債が発行されるということを示唆する。企業の負債余力が使い果たされたときにのみ、企業は株式を考慮する。

もちろん、さまざまな種類の負債が存在する。たとえば、転換型負債は普通負債よりもリスクが高いので、ペッキング・オーダー理論は、転換型負債の前に普通負債を発行すべきであると示唆する。よって、ペッキング・オーダー理論の２番目のルールは次のようになる。

最も安全な証券を最初に発行せよ。

含　意

トレードオフ理論とは相いれない、ペッキング・オーダー理論に伴ういくつかの含意が存在する。

1. *レバレッジの目標額がない*。トレードオフ・モデルによると、各企業は節税効果のような負債の利益と、財務的困難費用のような負債の費用のバランスをとる。レバレッジの最適額は、負債の限界利益が、負債の限界費用と等しくなったときに生じる。

   これに対し、ペッキング・オーダー理論は、レバレッジの最適額を示唆しない。そうではなく、各企業は資金調達の必要性に応じて、負債・株主資本比率を選択する。企業はまず、利益剰余金からプロジェクトの資金を調達する。これは、資本構成における負債の割合を低下させることになる。なぜなら内部資金でまかなわれた利益をあげるプロジェクトは、株主資本の簿価と時価の双方を上昇させるからである。さらなる資金ニーズは、負債でまかなうので、明らかに負債レベルは上昇する。しかしながら、ある時点で会社の負債余力を使い果たしてしまうので、株式発行がとってかわる。したがって、レバレッジの額は、着手可能なプロジェクトがいくつあるかという偶発的要因によって決定される。企業は目標負債・株主資本比率を追い求めないのである。
2. *儲けている企業は負債をあまり用いない*。利益をあげている企業は、資金を内部で生み出している。これは外部資金調達の必要性が低いことを意味する。もちろん外部資本を望む企業は、まず借入れを行うことになるが、利益をあげている企業は、より少ない負債にしか頼らない。トレードオフ・モデルには、この含意はない。ここではより利益があがる企業の、より大きなキャッシュフローは、より大きな負債余力を生み出す。トレードオフ・モデルでは、これらの企業は節税効果その他のレバレッジがもたらす利益を得るために、負債余力を使うことになる。

3．*企業は財務スラック（ゆとり）を好む*。ペッキング・オーダー理論は、リーズナブルなコストでの資金調達を得ることはむずかしいという前提のもとに成立している。疑り深い一般投資家は、経営陣が公募増資を行おうとすると、株式が過大評価されているのではないかと考え、株価の下落につながる。債券の場合、株式ほど価格が下落しないので、経営陣は最初、債券による資金調達に頼る。とはいえ、財務的困難費用の可能性に直面しないようにするには、それほど債券を発行できない。

それよりは、資金をあらかじめ用意しておいたほうが楽ではないだろうか。これが*財務スラック*の背後にある考え方である。企業は将来において、さまざまな利益があがるプロジェクトの資金を調達しなければならないことを知っているので、いま資金を蓄積しておく。そうすれば、プロジェクトに出くわしたとき、金融市場での資金調達を強いられない。しかしながら、企業が蓄積したい資金の量にも限界が存在する。本章の前の部分で触れたように、多すぎる自由裁量資金は、経営者が浪費的な行動を追求するように魅惑するかもしれない。

17.8　成長と負債・株主資本比率

節税効果と倒産費用のトレードオフ（図17.1参照）は、しばしば資本構成の「標準モデル」とみなされるが、このモデルにも批判はある。たとえば、現実の倒産費用は、税の助成分よりもずっと少ないと指摘されている。よって、モデルは最適負債・株主資本比率が100%に近くなることを示唆するが、これは現実にそぐわない[22)]。

おそらくこの点では、ペッキング・オーダー理論のほうが、より現実と一致している。すなわち、外部資金調達よりも内部資金調達のほうが好まれるので、企業はトレードオフ理論が示唆するよりも多くの株主資本をもつ可能性が高い。

たとえ倒産費用が低い世界においても、かなりの株主資本調達を示唆するもう一つのアプローチがある。Berens and Cuny[23]によって展開されたこの考え方は、株主資本調達は成長の後に続くと主張する。この考え方を説明するために、まず、ゼロ成長企業の例を考察する。次に、成長が企業レバレッジに与える影響について検討する。

ゼロ成長

完全に確定された世界を想像してみよう[24]。この世界で、ある会社が、100ドルの利払い・税引き前利益（EBIT）をもっていると仮定する。加えて、会社は金利10%で1,000ドルの負債を発行している。これは年間100ドルの支払利息を意味する。この会社のキャッシュフローは以下のとおりである。

年　度	1	2	3	4	…
利払い・税引き前利益（EBIT）	$100	$100	$100	$100	…
支払利息	−100	−100	−100	−100	…
課税所得	$　0	$　0	$　0	$　0	

この会社は、EBITのすべてがちょうど支払利息と等しくなるだけの負債を発行している。支払利息は課税控除できるので、会社はまったく税金を支払わない。この例では、株主がまったくキャッシュフローを受け取らないので、株式には価値がない。負債には1,000ドルの価値があるので、会社の価値もまた1,000ドルと評価される。したがって負債・価値比率（debt-to-value ratio）は100%である。

もし、会社の発行した負債が1,000ドル以下であったなら、会社の課税所得はプラスになり、結果として税金をいくらか支払うことになる。もし会社が1,000ドル以上の負債を発行していたなら、支払利息がEBITを超えてしまい、倒産の原因になる。したがって、最適負債・価値比率は100%となる。

22）　Merton Millerの American Finance Associationでの会長就任演説が“Dept and Taxes,” *Journal of Finance*（May 1977）として出版されているので参照されたい。

23）　J. L. Berens and C. L. Cuny, “Inflation, Growth and Capital Structure,” *Review of Financial Studies* 8（Winter1995）.

24）　数学はずっとやっかいになるが、不確実性のもとでも同様の定性的結果が得られる。

成　長

ここで、年度1でのEBITは100ドルであるが、毎年5％で成長しているもう一つの会社を考えてみよう[25]。税金をなくすために、この会社もまた支払利息がEBITとちょうど等しくなるだけの負債を発行したい。EBITは年に5％で成長するから、支払利息もまたこの率で増加しなければならない。これは、負債を毎年5％ずつ増額することで達成できる[26]。負債と収入のレベルは以下のようになる。

年	0	1	2	3	4…
負　債	＄1,000	＄1,050	＄1,102.50	＄1,157.63…	
新規発行された負債		50	52.50	55.13…	
EBIT		＄　100	＄　105	＄　110.25	＄115.76…
支払利息		−100	−105	−110.25	−115.76…
課税所得		＄　0	＄　0	＄　0	＄　0

どの年の支払利息も、常に前年の負債の10％であることに注目されたい。負債は、支払利息がEBITとちょうど等しくなるように設定されている。ゼロ成長の場合と同様に、この会社も毎年最大限の借入れを行っている。もし、支払利息が増加したらデフォルトが発生する。

成長率が年5％なので、この会社の価値は以下のようになる[27]。

$$V_{会社}=\frac{\$100}{0.10-0.05}=\$2,000$$

年度0における株主資本は、その時点での会社の価値2,000ドルと負債1,000ドルとの差である。したがって、株主資本は1,000ドルでなければならず[28]、これは50％（＝＄1,000／＄2,000）の負債・価値比率を意味する。ゼロ成長と成長の例との重要な違いに注意されたい。ゼロ成長の場合は株主資本がゼロである。すなわち会社の

25）　単純にするため、利益を内部留保せずに成長が達成されると仮定する。同じ結果は利益剰余金を伴う場合にも得られるが、計算がもっと複雑になる。もちろん、利益を内部留保して成長するほうが、内部留保なしの成長よりも現実的であることはいうまでもない。

26）　会社はなんの実物投資も行わないため、新たな負債は株式の買戻しに使われる。

27）　会社はまた式16.5の変形でも評価できる。

$$V_L=V_U+PVTS$$
$$=\frac{\$100(1-t_C)}{0.10-0.05}+\frac{t_C\times\$100}{0.10-0.05}=\$2,000$$

企業成長のため、V_U と $PVTS$ の双方が成長パーペチュイティである。

28）　課税所得がゼロのとき、株主資本に価値があることに、学生はしばしば驚く。新規負債は株式の買戻しに使われるので、実際には、株式保有者は各期にキャッシュフローを受け取っていることになる。

価値は単に負債の価値である。成長の場合は、負債と同様株主資本も存在する。

株主資本はまた別の方法でも評価することができる。EBITが全額利息として支払われてしまうために、一見すると株主は何も受け取っていないようにみえる。しかしながら、毎年発行される新たな負債から得た資金は、株主に配当として支払うことができる。年度1における新規負債は50ドルで、年5％で成長するため、株主持分の価値は、

$$\frac{\$50}{0.10-0.05}=\$1,000$$

となり、前の段落と同じ数字が得られる。

すでに言及したように、倒産費用がある世界では、年度0における1,000ドルを超える負債の増加は、会社の価値を下げることになる。したがって、成長を伴う場合、最適負債額は100％よりも少なくなる。とはいえ、倒産費用は税の助成ほど大きい必要はない。実際、たとえ倒産費用がごくわずかでも、初年度における契約された利息が100ドルを超えると、企業価値は低下する。この例の鍵は、*今日の*支払利息が*今日の*収入と同じに設定されていることである。将来の成長機会を考慮すると企業価値は増加する一方、これは現在の収入からフルに節税効果を得るために必要な、現在の負債レベルを増加させない。株主資本は企業価値と負債の差であるから、成長は株主資本価値を高めることになる。

ここであげた例は、現実の世界の本質的特徴をとらえている。すなわち成長である。成長機会がなくても、インフレを伴う世界においては、同様の結論が得られる。したがって、100％負債による資金調達が最適値以下であるというここでの結論は、成長機会とインフレの両方、あるいはいずれか一方が存在する場合に成立する。さらに、高成長企業は、低成長企業に比べて、より低い負債比率をもつはずである。ほとんどの企業は成長機会を有し、インフレは20世紀のほとんどすべてにわたって存在してきたので、本節における例は現実的な仮定に基づいたものであるといえる[29]。

29）　この例では、定額クーポン支払の永久債を想定している。Berens and Cunyは、多くの異なる債券を組み合わせることによって、企業はより大きな負債・価値比率で、等しく最適な資本構成を構築することも不可能ではないと指摘している（p. 1201）。どちらの資本構成も等しく最適なので、会社はどちらを選んでもよい。

さまざまな資金調達商品を伴う分析はもっと複雑なものになるが、会社は依然として悪い結果をもたらすことなく、低い負債/価値比率を選ぶことができる。したがって、倒産費用が低い世界においては、会社は大量の株式を使用することができるというBerens and Cunyの結論は、これまでと同様に成立する。

17.9 個人税

これまで本章では、法人税だけを考慮してきた。負債に対する支払利息は課税控除できる一方、株式の配当は課税控除できないので、われわれは税法が企業に負債を発行するインセンティブを与えると主張した。しかし税金を払っているのは企業だけではない。個人は受け取る配当と利息の両方に対して税金を支払わなければならない。法人と個人双方のすべての税金が考慮されない限り、資本構成に対する税の影響を完全に理解することはできない。

個人税の基本

1ドルの税引き前利益を受け取る全額株式調達企業の考察から始めよう。もし法人税率がt_Cだとしたら、会社はt_Cの税金を支払い、税引き後利益$1-t_C$が残る。このすべての金額が株主に配当として分配されると仮定しよう。もし株式配当に対する個人税率がt_Sだとしたら、株主は$(1-t_C)\times t_S$の税金を支払い、税引き後$(1-t_C)\times(1-t_S)$が残る。

かわりに、会社が負債で資金調達されているとしよう。法人レベルでは、支払利息は控除できるので、ここでは、1ドルすべてが利息として支払われることになる。もし受取利息に対する個人税率がt_Bだとしたら、債券保有者はt_Bの税金を支払い、税引き後$1-t_B$が残る。

資本構成に対する個人税の影響

資本構成に対する個人税の影響を探求するために、三つの質問を考えてみよう。

1. 財務的困難の費用を無視すると、もし配当と利息が同じ個人税率（すなわち$t_S=t_B$）で課税されたら、会社の最適資本構成はどのようなものになるだろうか。

   会社は、投資家の手にいちばん多く現金が渡る資本構成を選ぶべきである。これは、法人と個人の双方のレベルで、合計課税額を最小化する資本構成を選ぶことと同等である。

すでに述べたように、１ドルの税引き前法人利益から始めると、株主は（$1-t_C$）×（$1-t_S$）を受け取り、債券保有者は$1-t_B$を受け取る。もし$t_S=t_B$なら、債券保有者は株主よりも多く受け取るのがみてとれる。したがって、この状況では、会社は株式ではなく負債を発行すべきである。直観的にいうと、もし利益が株主に支払われたら、利益は法人レベルと個人レベルで２回課税される。逆に利益が債券保有者に支払われたら、利益は個人レベルで１回しか課税されない。

前章で用いた個人税なしの仮定は、利息と配当の双方が同じ税率で課税されるという仮定の特別なケースであることに注意されたい。個人税がない場合は、株主は$1-t_C$を受け取る一方、債券保有者は１ドルを受け取る。したがって、前章で述べたように、個人税が存在しない世界では、企業は負債を発行すべきである。

2．どのような状況下で、会社は株式発行と負債発行で無差別になるだろうか。

もし株主へのキャッシュフローが債券保有者へのキャッシュフローと等しかったら、会社は無差別になる。すなわち、会社は以下のとき、無差別になる。

$$(1-t_C)\times(1-t_S)=1-t_B \tag{17.1}$$

3．現実の世界で、会社はどうすべきだろうか。

これは明らかに重要な質問であるが、残念ながらむずかしい―むずかしすぎてはっきりと答えられない。とはいうものの、最高税率から始めてみよう。2005年時点で、法人税率は35％だった。最高限界税率枠にいる投資家にとって、利息収入もまた35％で課税された。この最高枠の投資家は、配当に対して15％を課税された。

これらの利率では、式17.1の左側は（1－0.35）×（1－0.15）となり、これは0.55と等しい。式の右側は１－0.35で、0.65になる。合理的な企業はすべて、0.55ドルではなく0.65ドルを投資家の手に渡すほうがよいので、一見すると企業は、前章でわれわれが主張したように、株式よりも負債を好むべきであるようにみえる。

現実の世界で何かこの結論を変えるようなものがあるだろうか。たぶん、われわれの株式収入の議論はまだ終わっていない。会社は配当を支払うかわりに、余剰資金で株式を買戻すことができる。キャピタル・ゲインもまた最大の15％で課税されるものの、株主はキャピタル・ゲイン税を、買い戻しからのすべての代金に対してではなく、売却からの利益に対してのみ支払う。したがって、キャピタル・ゲインに対する*実効*税率は、実際には15％より低い。企業は配当を支払い、株式も買い戻すので、*株式分配*に対する実効個人税率は15％より低いに違いない。

このより低い実効税率は、株式発行をより負担の少ないものにするが、しかしこの低い税率が、どこかの企業に債券のかわりに株式を選択させるということはない。たとえば、株式分配の実効税率が10％であるとしよう。税引き前企業利益の各１ドルにつき、株主は（１－0.35）×（１－0.10）＝0.59ドルを受け取る。この金額は債券保有者が受け取る0.65ドルより少ない。実際、株式収入に対する実効税率が正である限り、税引き前企業利益の１ドルから、債券保有者は依然として株主よりも多くを受け取る。また、すべての債券保有者が利息収入に対して35％で課税されると仮定した。現実には、債券保有者の多くが、より低い税率枠におり、さらに債券調達のほうへ、天秤ばかりを傾かせる。

株式が債券より税の優位性をもったことが、かつて一度でもあっただろうか。利息収入に対する限界税率が70％もあった1970年代を考えてみよう。配当も利息と同じ率で課税されたが、キャピタル・ゲインはもっとずっと低い率で課税された。法人利益は46％で課税された。したがって、株式収入に対する実効税率と、法人税率は、利息に対する最大税率より十分に下だった。妥当な仮定のもとで、あの時代は株式が税の優位性をもっていたと、論拠をあげて主張することができる[30)]。

しかしながら、現在は債券が税の優位性をもっているようにみえるが、企業に債券ではなく株式を発行させる原因が何かあるだろうか。イエス―本章の前半で議論した財務的困難の費用である。これらの費用は、負債のもつ税の優位性を打ち消し、企業に100％より少ないレバレッジを用いさせる原因になると、前に述べた。同じ論旨が個人税の存在の場合も適用される。そして、株式収入に対する個人税率が、利息に対する個人税率より低い限り、負債のもつ税の優位性は、個人税がない世界より、個人税がある世界のほうが小さくなる。したがって、負債の最適量は、個人税がない世界より、個人税がある世界のほうが

30)　実際には、資本構成のよく知られたモデルが、負債と株式の両方を発行した企業で、均衡が出現していただろうと主張する。低税率枠の投資家は、負債を購入し、高税率枠の投資家は株式を購入することになる。詳しくは、Merton Miller, “Debt and Taxes,” *Journal of Finance* (May 1977) を参照。

少なくなる。

17.10　企業はどのように資本構成を確立するのか

ファイナンスの分野において、最もエレガントで洗練されているものの一つが資本構成の理論である。金融経済学者は、この分野における自分たちの貢献を自画自賛してよい。しかしながら、理論の実践的な応用は、完全に満足できるものであるとは言いがたい。現在価値の場合では、プロジェクトを評価するための正確な公式をつくることができた。それに比べ、トレードオフ・モデルもペッキング・オーダー理論も、資本構成の処方箋はあいまいである。最適負債・株主資本比率を評価する正確な公式は存在しない。このため、現実の世界からの証拠に目を向けることにする。

以下の実証的な規則性は、資本構成の方針を構築する際に、考慮に値する。

1．*ほとんどの企業が低い負債・資産比率をもっている*。現実の世界ではどれだけの負債が用いられるのだろうか。第16章でみたように、米国企業の平均負債・株主資本比率は、通常100%未満である（平均負債・価値比率は通常50%未満）。図17.4は、近年の数カ国における負債・総価値比率を表している。会計方法の違いが、これらの数値の解釈をいくぶんむずかしくしている。とはいえ、米国とカナダの企業の負債比率が最も低い。

　これらの比率は高いのか低いのか、どうみなすべきだろうか。学者たちは一般に、法人税の削減を負債の主たる動機としてみているので、もし完全になくさないまでも、現実の世界の企業が法人税を大幅に減らすために十分な負債を発行するのか、知りたいところである。実証的証拠は、そうではないと示唆する。たとえば、米国の2007年の法人税は約4,600億ドルにのぼった。したがって、企業が節税効果を最大限に利用し尽くすまで負債を発行しないのは明らかである[31]。企業が実際に発行できる負債の額には、おそらく先に本章で議論した財務的困難費用のために、明らかに限界が存在する。

31）さらなる洞察は、John Graham “How Big Are the Tax Benefits of Debt?” *Journal of Finance*（2000）を参照。

図17.4　さまざまな国における非金融企業の推定負債・総価値（会計上の価値）比率

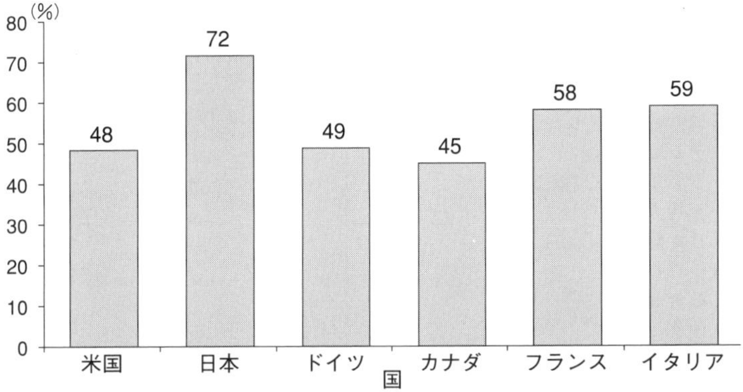

定義：負債は短期負債＋長期負債、総価値は負債＋株式（簿価）である。
（出所）　OECD financial statistics

2．*多くの企業が負債をまったく用いない*。Agrawal and Nagarajanは、その興味深い研究において、ニューヨーク株式市場に上場している企業のうち、長期負債をもたない約100社について考察した[32]。彼らは、これらの企業がいかなる種類のレバレッジに関しても回避的であることを発見した。これらの企業は短期負債もほとんどもっていない。しかも、レバレッジがある同業他社よりも、現金および市場性有価証券の残高水準がはるかに高い。一般に、これらの企業の経営陣は、自社の株主資本の持分割合が高い。さらに、レバレッジがある企業よりも全額株式調達企業のほうが、経営陣の家族が会社経営にずっと深くかかわっている。

したがって、一つのストーリーが浮かび上がってくる。全額株式調達企業の経営陣は、類似した、しかしレバレッジがある企業の経営陣に比べて、分散化が少ない。このことから、多額のレバレッジは、全額株式調達企業の経営陣が受け入れがたい追加的なリスクを意味する。

3．*業種によって資本構成に違いがある*。長年にわたり、負債比率には、はっきりとした業種による違いが存在している。表17.3にみられるように、製薬やエレクトロニクス産業といった、将来の投資機会がふんだんにある産業では、負債比率が非常に低い傾向にある。これは外部資金調達の必要性が大きいとき

32）　Anup Agrawal and Nandu Nagarajan, "Corporate Capital Structure, Agency Costs, and Ownership Control : The Case of All Equity Firms," *Journal of Finance* 45 (September 1990).

表17.3　米国非金融業の資本構成比率（中央値）の5年間平均

	株式と負債の市場価値合計に対する負債の割合（業種中央値）
高レバレッジ	
航空輸送	57.9
テレビ放送局	54.0
ホテルおよび宿泊施設	44.2
天然ガス・ディストリビューション	41.8
ビル建設	40.4
低レバレッジ	
教育サービス	7.8
製薬	6.8
バイオ製品	5.9
エレクトロニクス	3.3
コンピュータ	1.6

定義：負債は短期負債と長期負債の合計。
（出所） Ibbotson 2008, *Cost of Capital Yearbook*（Chicago : Morningstar, 2008）

でさえ、変わらない。ビル建設といった大きな有形資産投資を伴う産業は、高いレバレッジをもつ傾向がある。

4．*ほとんどの企業が目標負債・株主資本比率を用いる*。Graham and Harvey は、392人の最高財務責任者（CFO）に、彼らの会社が目標負債・株主資本比率を用いているか訊いた。結果は図17.5に提示されている[33]。みてとれるように、目標値の厳格さは企業間で異なるものの、大多数の企業が目標値を用いている。19%の企業だけが、目標比率を避けている。また、大企業は小企業より目標値を用いる可能性が高いことが、同論文では示されている。CFO は目標値に、どういう意味で*柔軟*か*厳格*かという言葉を用いたのかを明示しなかった。しかしながら、この研究の他の質問では、回答者は、全体として、会社の株価の変化に応じてリバランスしないと答えた。これは目標比率にある程度の柔軟性があることを示唆する。

企業はどのように目標負債・株主資本比率を決定すべきだろうか。目標比率を決定する数学的公式はないが、比率に影響を与える三つの重要な要因を提示する。

33） Graham, John and Campbell Harvey, "The Theory and Practice of Corporate Finance," *Journal of Financial Economics*（May/June 2001）.

図17.5　目標負債・株主資本比率の使用に関する調査結果

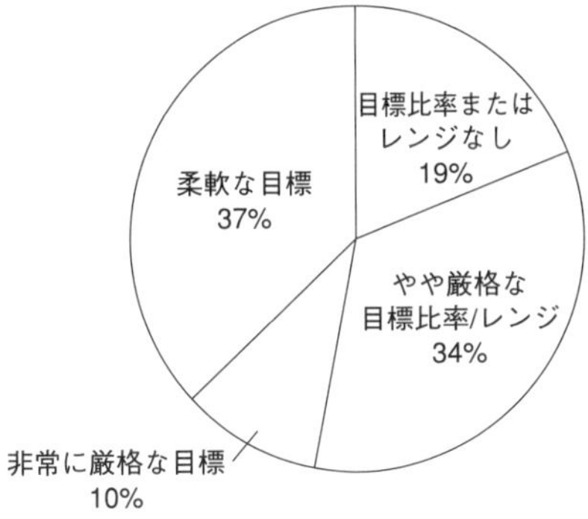

この図は、目標負債・株式資本比率の使用に関するCFO392人の調査回答を表している。

（出所）John Graham and Campbell Harvey, "The Theory and Practice of Corporate Finance," *Journal of Financial Economics* (May/June 2001) のFigure 6より。

・*税金*：先に指摘したように、企業は利払い前利益額までしか、課税目的で支払利息を控除できない。したがって、高収益企業は、低収益企業より、高い比率をもつ可能性が高い[34]。

・*資産の種類*：正式な倒産手続をとるかどうかにかかわらず、財務的困難は費用がかさむ。財務的困難費用は、企業の保有する資産の種類に依存する。たとえば、ある会社が土地や建物その他の有形資産に多くの投資を行っている場合、研究開発に多くを投資している企業よりも、財務的困難費用は少なくてすむことになる。研究開発は、通常土地ほど再販価値をもたず、よって、財務的困難においては、そのほとんどの価値が消滅する。したがって、有形固定資産に大きな投資を伴う企業は、研究と開発に大きな投資を伴う企業よりも、高い負債・株主資本比率をもつ可能性が高い。

・*営業利益の不確実性*：営業利益が不確実な企業は、たとえ負債がない場合でも、財務的困難に陥る可能性が高い。したがって、これらの企業はほとんどの場合、株式資金調達を行わなくてはならない。たとえば、現在の研究が新薬を生むかどうかだれにも予測できないので、製薬会社の営業利益は不確実であ

34）対照的に、ペッキング・オーダー理論は、高収益企業は利益剰余金から投資できるので、より少ない負債を利用すると主張する。とはいえ、ペッキング・オーダー理論は、そもそも目標比率を用いないと主張する。

る。結果として、これらの企業はほとんど負債を発行しない。これに対し、公共事業の営業利益は通常確かなものである。他の産業に比べて、公益事業は非常に多くの負債を用いる。

最後に一つ付け加えたい。これらのことをサポートする公式がなんら存在しないので、前述の点は財務意思決定の手助けになるには、あまりに漠然としすぎているようにみえる。かわりに、多くの現実の世界の企業は、資本構成の意思決定を、単純に業種平均をもとに決める。これを臆病なやり方だと思う人もいるかもしれないが、これは最低限、一般に受け入れられている値から大きく外れるのを防ぐ。結局のところ、どの産業においても、既存の会社は生き残ってきているのである。したがって、他の企業の決定に、最低限いくらかの注意を払うべきである。

要約と結論

1．前章で、理論に基づけば、法人税がある場合は資本構成をすべて負債にすべきだと述べた。現実には、企業は適度な金額の借入れしか行っていないので、この点に関して理論には不備があるに違いない。本章では、財務的困難費用が、企業に負債の発行を控えさせる原因になると指摘した。これらの費用には、直接費用と間接費用の2種類がある。倒産プロセスにおける弁護士や会計士の報酬は、直接費用の例である。間接費用は以下の4例について述べた。

損なわれた事業遂行能力。
リスキーなプロジェクトに着手するインセンティブ。
過少投資のインセンティブ。
倒産前の株主への資金の分配。

2．財務的困難費用は相当なものであり、最終的に株主が負担するので、企業には費用を減らすインセンティブがある。保護的誓約条項と負債の整理は、二つの一般的な費用削減手法である。

3．財務的困難費用は、削減できても排除することはできないので、企業は負債ですべてを調達しようとはしない。図17.1は、企業価値と負債の関係を示している。グラフ上で、企業は企業価値を最大化する負債・株主資本比率のポイントを選択する。

4．シグナリング理論は、追加的な支払利息が税引き前利益のいくらかを相殺するので、利益をあげている企業はレバレッジをふやす可能性が高いと主張する。合理的な投資家は高い負債水準から高い企業価値を推測する。したがって、投資家は負債を企業価値のシグナルとしてみなす。

5．企業のわずかな持分しか所有していない経営陣は、多くの持分を所有している経営陣より、あまり働かず、贅沢な経費勘定をもち、マイナスNPVの愛玩プロジェクトをより多く受け入れる可能性が高い。新規発行株式は、経営陣の会社に対する利害持分割合を希薄化するので、会社の成長が新規株式で資金調達される場合、このようなエージェンシー・コストは増加する可能性が高い。

6．ペッキング・オーダー理論は、経営陣が外部よりも内部からの資金調達を好むと示唆する。外部資金調達が必要な場合、経営陣には負債のような最も安全な証券を選択する傾向がある。外部株主資本を避けるために、余剰資金を蓄積することもある。

7．多額の株主資本調達は、たとえ倒産費用が低い世界においても、実質成長とインフレによって説明可能であるとBerens and Cunyは主張する。

8．ここまでの結論は、個人税を無視してきた。もし株主への分配が利息よりも低い実効税率で課税された場合は、企業レベルでの負債のもつ税の優位性は部分的に相殺されてしまう。

9．負債・株主資本比率は産業によって異なる。ターゲット負債・株主資本比率を決める三つの要因を提示する。

a. *税金*：課税所得が高い企業は、低い企業よりも負債により多く依存する。

b. *資産の種類*：研究開発等、無形資産の割合が高い企業は、負債が少ないはずである。有形資産を主体とする企業は、負債が多いはずである。

c. *営業利益の不確実性*：不確実な営業利益をもつ企業は、主に株主資本に依存するはずである。

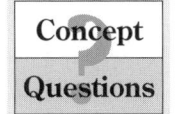

Concept Questions

1．倒産費用

倒産の直接費用と間接費用とは何か。それぞれを簡潔に説明せよ。

2．株主のインセンティブ

次の文章に同意するか、しないか。説明せよ。「会社の株主は、会社がネガティブNPVプロジェクトに投資することを決して望まない」。

3．資本構成の意思決定

過去数年間に被った多額の赤字のため、会社には20億ドルの税務上の繰越欠損金がある。これは今後の所得の20億ドル分には法人税がかからないことを意味する。証券アナリストたちは、会社が20億ドルを超える累積利益を生むには何年もかかるだろうと予測している。会社には資本構成に適度な量の負債がある。会社のCEOは、今度のプロジェクトの資金調達のために、負債か株式のどちらを発行すべきか考えている。あなたはどちらの資金調達法を勧めるか。説明せよ。

4．負債のコスト

負債のコストを最小限に抑えるために株主がとれる対策は何か。

5．M&Mと倒産費用

財務的困難費用およびエージェンシー・コストの存在は、企業が税金を払う世界におけるModigliani and Millerの理論にどのような影響を与えるか。

6．株主資本のエージェンシー・コスト

株主資本のエージェンシー・コストの源泉は何か。

7．観察された資本構成

本文の表17.3に提示されている、観察された資本構成を参照する。平均負債・株主資本コストの観点からみた産業のタイプに関して、あなたは何に気がついたか。ある特定のタイプの産業は、ほかに比べて高いレバレッジをもつ可能性が高いか。この観察された産業別の傾向の原因として、いくつかの可能性が高い理由は何か。事業業績と企業の課税ヒストリーは、何かの役割を担っているか。将来の利益見通しはどうか。説明せよ。

8．倒産と企業倫理

本文で述べたように、一部の企業は、実際の、あるいは潜在的な訴訟関連損失ゆえに、倒産申請を行った。これは倒産プロセスの適切な用い方か。

9．倒産と企業倫理

企業は時々、債権者に条件の再交渉を強いるために、倒産申請の脅しを用いる。批評家は、このような場合、企業は倒産法を「盾ではなく剣として使っている」と主張する。これは倫理にかなった駆け引きか。

10．倒産と企業倫理

コンチネンタル航空は、かつて、人件費を削減するために（少なくとも一部の理由として）、倒産を申請した。この行為は、倫理的または適切だったかどうか、激しく論争された。両サイドの主張を述べよ。

質問と問題

◆基本（問題1－5）

1．企業価値

ジャネッタ社のEBITは年間85万ドルで、永久に続くと見込まれている。会社のレバレッジがない場合の株主資本コストは14％で、法人税率は35％である。会社にはまた、市場価値が190万ドルの発行済永久債がある。

a．会社の価値はいくらか。

b．会社のCFOは、会社の価値が430万ドルであると社長に伝える。CFOは正しいか。

2．エージェンシー・コスト

トム・スコットは、スコット・マニュファクチャリング社のオーナーであり、社長であり、主要な営業マンである。そのため、会社の利益はトムがどれだけ働くかに左右される。もし彼が毎週40時間働いたら、会社のEBITは年間40万ドルになり、もし50時間働いたら、会社のEBITは年間50万ドルになる。会社は現在250万ドルの価値がある。会社は120万ドルの現金注入を必要としており、株式を発行するか、あるいは金利8％で債券を発行できる。法人税はないと仮定する。

a．それぞれのシナリオでの、トムへのキャッシュフローはいくらか。

b．どちらの資金調達法のほうが、トムがより一生懸命働く可能性が高いか。

c．それぞれの資金調達法で発生する、新しい特定の費用は何か。

3．資本構成と成長

エドワード建設には現在、8％の金利で市場価値が7万ドルの発行済負債がある。会社のEBITは5,600ドルで、永久に続くと期待される。税金がないと仮定する。

a. 会社の株主資本の価値はいくらか。負債・価値比率はいくらか。

b. もし会社の成長率が3％だったら、株主資本の価値と負債・価値比率はいくらか。

c. もし会社の成長率が7％だったら、株主資本の価値と負債・価値比率はいくらか。

4．非市場性請求権

ドリーム社には、額面が500万ドルの発行済負債がある。仮に全額株式調達だった場合の会社の価値は、1,450万ドルである。会社にはまた30万株の発行済株式があり、1株当り35ドルで売られている。法人税率は35％である。期待倒産費用による会社の価値の減少額はいくらか。

5．資本構成と非市場性請求権

前問の問題で、支払利息に対する税の優位性があるので、会社は資本構成の負債の量をふやすべきであると、社長が述べたとする。彼の主張は、こうすることで会社の価値が増加するというものである。あなたはどう返答するか。

◆中級（問題6－8）

6．財務的困難の費用

スタインバーグ社とディートリック社は、ディートリック社のほうがレバレッジが高いという点を除けば、まったく同一の会社である。両社とももう1年間営業する。両社のエコノミストたちは、来年現在の景気拡大が継続する確率が80％で、景気が後退する確率が20％という点で意見が一致している。もし景気拡大が続けば、どちらの会社も240万ドルの利払い・税引き前利益（EBIT）をあげる。もし景気後退になれば、2社のEBITはそれぞれ90万ドルになる。スタインバーグ社は1年後、負債返済のために80万ドルを支払わなくてはならない。ディートリック社は、1年後に110万ドルを返済しなければならない。どちらの会社も税金は払わない。15％の割引率を仮定する。

a. スタインバーグ社の負債と株主資本の価値はいくらか。ディートリック社は？

b. スタインバーグ社のCEOは最近、スタインバーグ社は負債が少なく、した

がって　倒産費用も低いので、ディートリック社よりも価値が高いはずだと述べた。あなたはこれに同意するか、しないか。

7．エージェンシー・コスト

ファウンテン社のエコノミストたちは、来年のビジネス環境がよくなる確率が、悪くなる確率と同じであると予測している。この予測をふまえて、ファウンテン社の経営陣は、二つの相互排他的プロジェクトから選択しなければならない。ここで選択したプロジェクトが、ファウンテン社が来年行う唯一の事業活動であり、会社は1年後に廃業すると仮定する。ファウンテン社は年度末に債券保有者に2,500ドルの返済をする義務がある。プロジェクトは同じシステマティック・リスクをもっているが、ボラティリティは異なる。以下は二つのプロジェクトに関する情報である。

景気	確率	低ボラティリティプロジェクトの利益	高ボラティリティプロジェクトの利益
不況	0.5	$2,500	$2,100
好況	0.5	2,700	2,800

a. もし低ボラティリティ・プロジェクトが採用されたら、会社の期待価値はいくらか。高ボラティリティ・プロジェクトが採用された場合はどうか。どちらの戦略が会社の期待価値を最大化するか。

b. もし低ボラティリティ・プロジェクトが採用されたら、会社の株主資本の期待価値はいくらか。高ボラティリティ・プロジェクトが採用された場合はどうか。

c. ファウンテン社の株主はどちらのプロジェクトを好むか。説明せよ。

d. 総企業価値ではなく株主資本価値を最大化するために、株主が高ボラティリティ・プロジェクトを選びかねないことを、債券保有者は十分認識している。このエージェンシー・コストを最小化するために、会社の社債保有者たちは、債券誓約条項を用いて、もしファウンテン社が高ボラティリティ・プロジェクトを採用したら、より高い支払を要求できるよう明記することを決定した。株主が二つのプロジェクトに関して無差別になるためには、債券保有者は負債の支払をどれだけ上げる必要があるか。

8．財務的困難

グッド・タイム社は地方のデパート・チェーンである。会社はもう1年間営業を続けることにしている。この1年が好況になる確率は60%、不況になる確率は40%

である。グッド・タイム社は、好況の場合２億1,000万ドル、不況の場合8,500万ドルの総キャッシュフローが入ると予測している。会社が年度末に要求される負債返済額は、１億2,000万ドルである。グッド・タイム社の発行済負債残高の市場価値は9,400万ドルである。会社は税金を払わない。

a. 不況の際、債券保有者はいくらのペイオフを期待できるか。
b. 会社の負債に約束されたリターンはいくらか。
c. 会社の負債の期待リターンはいくらか。

◆チャレンジ（問題９－10）

９．個人税、倒産費用、そして企業価値

利息収入に対する個人税および倒産費用が考慮された場合、株主資本への分配に対する課税率がゼロである世界におけるレバレッジがある企業の価値は、一般的に次の式で表される。

$$V_L = V_U + \{1 - [(1 - t_C)/(1 - t_B)]\} \times B - C(B)$$

ここで、

V_L＝レバレッジがある会社の価値
V_U＝レバレッジがない会社の価値
B＝会社の負債の価値
t_C＝会社の利益に対する法人税率
t_B＝利息収入に対する個人税率
$C(B)$＝財務的困難費用の現在価値

a. 税金がない場合のモデルにおいて、Modigliani and Miller は、t_C、t_B および $C(B)$ に関して、どのような仮定を置いているか。これらの仮定は、企業の最適負債・株主資本比率に関して、どのような意味をもつか。
b. 税金がある場合のモデルにおいて、Modigliani and Miller は、t_C、t_B および $C(B)$ に関して、どのような仮定を置いているか。これらの仮定は、企業の最適負債・株主資本比率に関して、どのような意味をもつか。
c. 法人税を減らすために支払利息課税控除を確実に使える、全額株式調達の会社を考える。もし法人税率が34％、利息収入に対する個人税率が20％、そして財務的困難の費用がなかったら、100万ドルの負債を発行して、その代金を株式の買戻しに充てた場合、会社の価値はどれだけ変わるか。

d. 過去数年からの大きな欠損金の繰越により、税金を払わないもう一つの全額株式調達の会社を考える。利息収入に対する個人税率は20%で、財務的困難の費用は存在しない。1ドルの株式のかわりに1ドルの永久債を発行した場合、会社の価値の変化はいくらになるか。

10. 個人税、倒産費用、そして企業価値

オーバーナイト出版社（OPC）には、250万ドルの余剰現金がある。会社はこの現金を、負債の全額償還か、あるいは株式の買戻しに使う計画である。会社の負債はある一つの機関に保有されており、この機関は負債をOPCに250万ドルで売り戻す意思がある。この機関はOPCに何の取引費用も請求しない。ひとたびOPCが全額株式調達の会社になったら、それは永久に続く。もしOPCが負債の償還を行わない場合、会社は250万ドルの現金を、市場で発行済株式の一部を買い戻すために用いる。株式の買戻しにもまた取引費用はかからない。会社はその資本構成にかかわらず、年間130万ドルの利払い・税引き前利益を永久にあげる。会社は各年度末に、すべての利益を配当として即座に支払う。OPCの法人税率は35%で、会社のレバレッジがない株主資本に要求されるリターンは20%である。利息収入に対する個人税率は25%で、株主資本への分配には税金がかからない。倒産費用はないと仮定する。

a. もしすべての負債を償還してレバレッジがない会社になったら、OPCの価値はいくらか。

b. 負債を償還するかわりに株式の買戻しを決定したら、OPCの価値はいくらか（ヒント：前問の、利息収入に対する個人税を伴うレバレッジがある会社の価値の方程式を用いる）。

c. 期待倒産費用の現在価値が40万ドルであると仮定する。これはOPCの意思決定にどのような影響を及ぼすか。

付章 17A　いくつかの有用な資本構成の公式

定義：

E(EBIT)＝利払い・税引き前現金営業利益の永続的期待値

V_U＝レバレッジがない企業の価値

V_L＝レバレッジがある企業の価値

B＝負債の現在価値

S＝株主資本の現在価値

R_S＝株主資本コスト

R_B＝負債資本のコスト

R_0＝全額株式調達企業の資本コスト。法人税のない世界においては、レバレッジがある企業に対する加重平均資本コスト R_{WACC} はまた、R_0 に等しい。しかしながら、法人税を伴うと、R_0はレバレッジがある企業の R_{WACC} よりも大きい。

モデルⅠ（税金なし）

$$V_L = V_U = \frac{\mathrm{E(EBIT)}}{R_0}$$

$$R_S = R_0 + (R_0 - R_B) \times B / S$$

モデルⅡ（法人税 $t_C > 0$；個人税なし $t_S = t_B = 0$）

$$V_L = \frac{\mathrm{E(EBIT)} \times (1 - t_C)}{R_0} + \frac{t_C R_B B}{R_B} = V_U + t_C B$$

$$R_S = R_0 + (1 - t_C) \times (R_0 - R_B) \times \frac{B}{S}$$

モデルⅢ（法人税 $t_C > 0$；個人税 $t_B > 0$；$t_S > 0$）

$$V_L = V_U + \left[1 - \frac{(1 - t_C) \times (1 - t_S)}{(1 - t_B)}\right] \times B$$

付章 17B　ミラー・モデルと累進所得税

第17.9節で、われわれは利息収入に対する個人所得税の税率を、一律であると仮定した。言い換えれば、すべての個人が利息収入に関して、同一の税率で課税されると仮定した。Merton Miller は著名な論文において、この節の結果を導出した[35)]。しかしながら、この論文の非凡な点は、個人によって税率が異なる場合の、個人税が与える影響について考察したことである。

この*累進*所得税は現実とも一致するものである。たとえば米国では現在、個人は所得に応じて０～35%の税率で課税される。加えて、企業の年金基金や個人退職勘定（IRA）そして大学のような実体は税金を免除されている。

累進税を伴うミラー・モデルを説明するため、すべての企業が最初は株式だけを発行する世界を考察する。t_C＝35%とt_S＝０を仮定する[36]。株式に要求されるリターン（R_S）は10%である。加えて、税率が０～50%の間で変化する累進個人所得税を仮定する。すべての個人はリスク中立的である。

ここで、1,000ドルの負債発行を考えている勇気ある企業を考えてみよう。この会社が株式を発行した時と同じ利益を得られる金利はいくらだろうか。負債は税控除を受けられるので、法人税引き後の負債コストは（１－t_C）×R_Bとなる。しかしながら、法人レベルでは株式は税控除を受けられないので、税引き後の株主資本コストはR_Sである。したがって、下記の式が成り立つ場合は、会社は債券と株式のどちらを発行してもかまわない、ということになる。

$$(1-t_C)\times R_B=R_S \qquad (17B.1)$$

t_C＝35%、R_S＝10%なので、この会社は最大限15.38%までの利息を支払うことができる。

最も低い税率枠（この例では免税）にいる人々が、利息にかかる税金が最も少なくてすむため、負債を購入することになるとMillerは主張する。これらの免税の投資家は、債券利回りも10%ならば、株式と債券のどちらを購入してもかまわない。したがって、この会社*だけ*が債券を発行する場合、損益分岐点の15.38%よりもずっと低い金利で債券を発行することができる。

最初に債券を発行した会社が利益をあげたことに気づいて、他社の多くも負債を発行しようとする可能性が高い。しかしながら、免税の投資家数が限られているとすれば、新たに発行される債券は、より高い税率枠の人々を引き付けなければならない。これらの人々は、株式配当よりも利息に対する税率のほうが高くなるので、彼らが債券を買うのは利回りが10%を超えている場合のみである。たとえば、15%税率枠の個人は、個人税引き後金利R_B×（１－0.15）をもつ。彼が債券と株式のど

35)　M. Miller, "Debt and Taxes," *Journal of Finance* (1977). そう、これはMM理論のMillerと同一人物である。

36)　t_S＝０という仮定はおそらく極端なものである。しかしながら、投資家がキャピタル・ゲインの実現を永久に先送りすることができるため、これは論文ではよく用いられる仮定である。なお、t_S＞０と仮定しても同じ定性的結論が得られるが、説明はもっと込み入ったものになる。

ちらを購入してもかまわないと考えるのは、R_B＝11.765％のときである。なぜなら、0.11765×0.85＝10％だからである。11.765％は式17.1で求めた15.38％よりも小さいので、企業は15％税率枠の投資家に債券を発行することによって、利益を得る。

次に35％税率枠の投資家について考えてみよう。15.38％の債券リターンは、彼らに10％［＝15.38％×（1－0.35）］の個人税引き後金利を提供する。よって、彼らは15.38％のリターンを債券から得ようと、10％のリターンを株式から得ようと、どちらでもかまわないということである。均衡においては、個人税率枠35％までの投資家が負債を保有するだけの、十分な負債を企業は発行する[37)]。より高い税率枠の投資家の興味を引くためには、企業が支払える15.38％を超える金利が必要になるので、これ以上債券は発行されない。

競争の素晴らしいところは、他の企業がだれかの発明を利用してしまうために、勇気ある最初の参入者の価値が消滅してしまう点である。ミラー・モデルによれば、さまざまな企業が、課税率35％までの個人が保有するのに十分な債券を発行することになる。これらの投資家に債券を保有する気にさせようと、競合金利は15.38％になる。均衡においては、どの企業も負債発行から利益を得ることができない。より正確にいえば、均衡においては、すべての企業が負債かあるいは株式を発行することに関して無差別である。

Millerの論文は、以下の三つの結果を導いている。

1．全体として、企業部門は、法人税率（t_C）以下の税率枠の個人が負債を保有し、より高い税率枠の個人が負債を保有しなくなるような、ちょうど十分な負債を発行する。したがって、より高い税率枠の個人は株式を保有する。
2．法人税率と同じ税率枠の人々が債券を保有するため、企業のレバレッジには利益も損失も生まれない。したがって、個別企業にとって資本構成の意思決定はどうでもよいことである。ミラー・モデルはなかなか洗練されているが、この結論は税金のない世界におけるMM理論が達したものと同じである。
3．式17B.1でわかるように、債券のリターンは、同等のリスクを伴う株式のリターンよりも高くなる（現実の世界においては、株式のより大きなリスクを反映するため、式17B.1を調整する必要がある）。

37）　t_B＜35％となるすべての投資家が債券を保有する。t_B＝35％の投資家は株式と債券のどちらを保有するかどうか無差別なので、かれらの一部だけが債券を選ぶ可能性が高い。

例17B. 1　ミラー・モデル

四つの投資家のグループがあり、それ以外は存在しない世界を仮定する。

グループ	債券（t_B）に対する限界税率（%）	個人の富（単位：100万ドル）
ファイナンス専攻	50%	＄1,200
会計専攻	35	300
マーケティング専攻	20	150
経営専攻	0	50

投資家はリスク中立的で、すべての投資家が株式からの収入には個人レベルで課税されないと仮定する（つまり、$t_S = 0$）。すべての投資家は海外不動産に投資することにより、5.4%の非課税リターンを得ることができる。したがって、これが株式投資利益率である。法人税率は35%である。支払利息は法人レベルでは税控除だが、個人レベルでは課税される。企業は、利払い・税引き前で、総額1億2,000万ドルのキャッシュフローを受け取る。成長機会はなく、永久に毎年は同じである。可能な負債・株主資本比率の範囲はどのようになるだろうか。

株式投資利益率(R_S)は、海外不動産のリターンと等しく、0.054となる。Millerの均衡においては、

$$R_S = (1 - t_C) \times R_B$$

である。したがって、

$$R_B = \frac{0.054}{1 - 0.35} = 0.0831$$

となる。

異なる投資家グループの税率枠を考えた場合、ファイナンス専攻は株式と海外不動産を保有し、会計専攻は株式と債券のどちらでもかまわない、ということが期待される。マーケティングおよび経営専攻は個人税率が0.35よりも低いので、債券を保有する。会計専攻は債券と株式のどちらを保有してもかまわないので、彼らが債券あるいは株式に投資したときにどうなるかを、知っておかなくてはならない。会計専攻が300ドルを債券購入に充てた場合、$B = \$300 + \$150 + \$50 = \$500$となる。ここで、次の計算が成り立つ。

$$S=\frac{(\text{EBIT}-R_BB)\times(1-t_C)}{R_S}=\frac{[\$120-(0.0831\times\$500)]\times(1-0.35)}{0.054}$$

$$=\$944$$

$$B=\frac{R_BB}{R_B}=\$500$$

$$V_L=S+B=\$944+\$500=\$1,444$$

$$\frac{B}{S}=\frac{\$500}{\$944}=0.530$$

会計専攻が株式と海外不動産を購入した場合（$B=\$150+\$50=\$200$）は、次のようになる。

$$S=\frac{(\text{EBIT}-R_BB)\times(1-t_C)}{R_S}=\frac{[\$120-(0.0831\times\$200)]\times(1-0.35)}{0.054}$$

$$=\$1,244$$

$$B=\$200$$

$$V_L=S+B=\$1,244+\$200=\$1,444$$

$$\frac{B}{S}=\frac{\$200}{\$1,244}=0.161$$

したがって、会計専攻が保有する債券の金額によって、経済全体の負債・株主資本比率は、0.161～0.530の範囲で変動する。

ミニケース

●マッケンジー社のキャピタル・バジェッティング

サム・マッケンジーは、地域企業であるマッケンジー・レストラン社の創業者兼CEOである。サムは、いくつかの新規レストランの開店を考えている。サリー・ソーントンは会社のCFOで、キャピタル・バジェッティング分析の責任者に任命されている。彼女は会社の拡大の可能性を分析し、新規レストランの成功は、今後数年間の経済状態に決定的に依存していると結論した。

マッケンジー社には現在、額面が3,400万ドルで、１年後に満期を迎える発行済債券がある。この債券に付随する誓約条項は、追加負債の発行を禁止している。この制限は、拡大の費用840万ドルが、すべて株式で調達されることを意味する。サリーは彼女の分析を以下の表にまとめた。表は、来年のそれぞれの経済状態で、拡大する場合としない場合の会社の価値を表している。

経済成長	確率	拡大なし	拡大あり
低い	0.30	$30,000,000	$33,000,000
普通	0.50	35,000,000	46,000,000
高い	0.20	51,000,000	64,000,000

1．拡大した場合と、拡大しない場合で、1年後の会社の期待価値はいくらか。拡大した場合と、拡大しない場合で、会社の株主はどちらでより利益を得るか。なぜか。
2．拡大した場合と、拡大しない場合で、1年後の会社の負債の期待価値はいくらか。
3．いまから1年後、拡大からどれだけの価値の創造が期待されるか。どれだけの価値が株主のために期待されるか。債券保有者は？
4．もし会社が拡大しないと発表したら、債券の価格には何が起こると思うか。会社が実際に拡大したら、債券の価格には何が起こると思うか。
5．もし会社が拡大しないことを選択したら、これは将来の会社の借入ニーズに対してどのような意味をもつか。もし会社が拡大したら、どのような意味をもつか。
6．債券の誓約条項により、拡大は株式で資金調達されなければならない。もし拡大が、新株ではなく手持ち資金でまかなわれたとしたら、あなたの答えにどのような影響を及ぼすか。

第18章

レバレッジがある企業の評価とキャピタル・バジェッティング

2008年12月、ニューメキシコ州は、シグネット・ソーラー社が北米で最初のソーラーパネルの生産施設を、アルバカーキ近郊に建設すると発表した。第1段階では約10万平方フィートの施設をつくり、長期計画ではこれが60万平方フィートまで拡大する。それではなぜ、シグネット・ソーラーはニューメキシコ州を選んだのだろうか。理由の一つは、会社に授与された1億8,500万ドルの州および地方自治体による税額控除パッケージである。このパッケージは、製造業税額控除、高賃金雇用税額控除、職業訓練インセンティブ・プログラム控除、地方雇用税額控除、そして再生可能エネルギー雇用税額控除から成り立っていた。企業が主要な工場を建設したり、移転を考えたりするとき、地方自治体はしばしばこれらのような助成を詰め込んだパッケージをつくりだす。他の一般的な助成は、助成付負債、教育訓練、そして道路とインフラ建設などである。

助成付負債では、州や地方自治体が負債を保証するので、企業はずっと低い金利で借入れができるようになる。もし負債の金利が、会社の通常の負債コストよりも低かったら、会社はこの財務的利益や他の助成をどのように評価したらよいだろうか。本章では、この質問および関連する質問に答えるために、キャピタル・バジェッティングの修正現在価値法と株主持分フロー法を用いてプロジェクトを評価する方法を解説する。

18.1　修正現在価値法

修正現在価値（adjusted present value, APV）法は、以下の公式によって的確に表される。

$$APV = NPV + NPVF$$

言葉で表すと、レバレッジがある企業にとってのプロジェクトの価値（APV）は、全額株式調達企業にとってのプロジェクトの価値（NPV）に、資金調達の副作用の現在価値（net present value of the financing side effects, NPVF）を加えたものである。一般的には四つの副作用が考えられる。

1．*負債に対する税の助成*：これは第16章で議論したが、そこでわれわれは、永久債の場合、税の助成の価値は $t_C B$ になることを指摘した（t_C は法人税率で、B は負債の価値である）。第16章における、法人税のもとでの評価に関する内容は、実はAPVアプローチの応用である。
2．*新しい証券を発行する費用*：第20章で議論するが、社債の公募発行には投資銀行が関与する。これら投資銀行には、その時間と労力に対して対価が支払われるが、これはプロジェクトの価値を低下させる費用である。
3．*財務的困難の費用*：財務的困難、特に倒産の可能性は、負債調達とともに上昇する。前章で述べたように、財務的困難は費用負担を強いるので、価値を低下させる。
4．*負債調達に対する助成*：州政府や地方政府によって発行された負債の利息は、投資家にとって非課税である。それゆえ、非課税の負債の利回りは、課税される負債の利回りより、通常かなり低い。しばしば企業は、地方自治体から非課税の利率で資金調達することが可能である。なぜなら地方自治体が同じ金利で借りることができるからである。他の助成と同様、この助成は価値を追加する。

これら四つの副作用はそれぞれ重要であるが、実際問題としては負債に対する課税控除がほぼ間違いなく最も大きな金額である。この理由から、次の例では税の助成のみを考慮し、他の三つの副作用は考慮しない[1)]。

以下の特徴をもつP.B.シンガー社のプロジェクトを考えてみよう。

キャッシュインフロー：無期限に年間50万ドル。
現金費用：売上高の72％
初期投資額：47万5,000ドル
$t_C = 34\%$

1）　第18.6節のビクスラー・エンタープライゼズ社の例は、発行費用と利子助成の両方を扱う。

R_0＝20％、R_0は、全額株式調達会社のプロジェクトの資本コスト。

もしプロジェクトと企業双方が株式だけで資金調達されたとすると、プロジェクトのキャッシュフローは以下のようになる。

キャッシュインフロー	＄500,000
現金費用	－360,000
営業利益	140,000
法人税（税率0.34）	－47,600
レバレッジがないキャッシュフロー（UCF）	＄ 92,400

現在価値と純現在価値の区別が、この例においては重要である。プロジェクトの*現在価値*は、時点0における初期投資が引かれる前の計算結果である。*純*現在価値の計算のためには、初期投資を差し引く。

割引率を20％とすると、プロジェクトの現在価値は、

$$\frac{\$92,400}{0.20}=\$462,000$$

である。

プロジェクトの純現在価値（NPV）、すなわち、全額株式調達企業にとってのプロジェクトの価値は、

$$\$462,000-\$475,000=-\$13,000$$

となる。NPVがマイナスなので、プロジェクトは、全額株式調達企業によって却下されることになるだろう。

次に、会社がプロジェクトの資金調達に、ちょうど12万6,229.50ドルの負債を活用し、残りの投資額34万8,770.50ドル（＝＄475,000－＄126,229.50）は、株主資本で調達するとしよう。レバレッジのもとでのプロジェクトの純現在価値（これを修正現在価値またはAPVと呼ぶ）は、次のようになる。

$$\text{APV}=\text{NPV}+t_C\times B$$

$$\$29,918=-\$13,000+0.34\times\$126,229.50$$

すなわち、一部にレバレッジを用いて資金調達されたプロジェクトの価値は、すべてが株主資本で調達されたプロジェクトの価値に、負債の節税価値を加えた値と等しい。この数値は正なので、このプロジェクトは採択されるべきである2)。

なぜ、このようなきちょうめんな量の負債を選択したのかと疑問に思うかもしれない。実は、レバレッジのもとでのプロジェクトの純現在価値に対する負債の比率が、0.25になるように金額を選んだのである[3]。

この例では、負債はプロジェクトの現在価値に対する固定の比率であり、初期投資額47万5,000ドルに対する固定の比率ではない。これは目標負債・*市場*価値比率のゴールと一致しており、現実の世界にみられる。たとえば、通常商業銀行は不動産開発業者に、初期投資額の固定割合ではなく、プロジェクトの市場価値の固定割合を融資する。

18.2　株主持分フロー法

株主持分フロー（flow to equity, FTE）法は、代替的なキャピタル・バジェッティング手法である。公式は、単純に、レバレッジがある企業の株主に対する、プロジェクトからのキャッシュフローを、株主資本コストR_Sで割り引くことを必要とする。パーペチュイティ（プロジェクトが永続的である）の場合、これは以下のようになる。

$$\frac{\text{レバレッジがある企業の株主に対するプロジェクトからのキャッシュフロー}}{R_S}$$

FTE法には三つのステップがある。

2）　この例は、負債の節税利益の潜在的重要性を際立たせる意図でつくられている。実際には、会社は、全額株式調達企業にとってのプロジェクトの価値が、最低限０のNPVをもつことを見出す可能性が高い。

3）　すなわち、初期投資後のプロジェクトの現在価値は、50万4,918ドル（＝＄29,918＋＄475,000）である。よって、プロジェクトの負債・価値比率は、0.25（＝＄126,229.50/＄504,918）となる。負債のこの水準は、直接、計算することもできる。

レバレッジがあるプロジェクトの現在価値
＝レバレッジがないプロジェクトの現在価値＋$t_C \times B$

であるから、

$$V_{\text{負債を伴う}} = \$462,000 + 0.34 \times 0.25 \times V_{\text{負債を伴う}}$$

である。これを整理すると、

$$V_{\text{負債を伴う}}\ (1 - 0.34 \times 0.25) = \$462,000$$

$$V_{\text{負債を伴う}} = \$504,918$$

となる。負債は価値の0.25なので、負債は12万6,229.50ドル（＝0.25×＄504,918）である。

ステップ1：レバレッジがあるキャッシュフロー（LCF）の計算[4]

金利を10%と仮定すると、この例における株主への永続的なキャッシュフローは、以下のようになる。

キャッシュインフロー	＄500,000.00
現金費用	−360,000.00
支払利息（10%×＄126,229.50）	−12,622.95
支払利息控除後の所得	127,377.05
法人税（税率0.34）	−43,308.20
レバレッジがあるキャッシュフロー（LCF）	＄　84,068.85

かわりに、レバレッジがないキャッシュフロー（unlevered cash flow, UCF）から直接、レバレッジがあるキャッシュフロー（levered cash flow, LCF）を計算することもできる。ここでの鍵は、レバレッジがない企業において株主が受け取るキャッシュフローと、レバレッジがある企業において株主が受け取るキャッシュフローの違いが、税引き後の支払利息だということである（負債は永続的なので、元本返済額は、この例には現れない）。これを代数的に記述すると次のようになる。

$$\text{UCF} - \text{LCF} = (1 - t_C) R_B B$$

この表現の右辺の項は、税引き後の支払利息を表している。したがって、レバレッジがない企業の株主へのキャッシュフロー（UCF）は9万2,400ドルで、税引き後支払利息は8,331.15ドル［＝0.10(0.66)×＄126,229.50］、そしてレバレッジがある企業の株主へのキャッシュフロー（LCF）は、

$$\$92{,}400 - \$8{,}331.15 = \$84{,}068.85$$

である。これは、前述の計算とまったく同じ数字である。

ステップ2：R_Sの計算

次のステップは、割引率R_Sの計算である。レバレッジがない株主資本の割引率

4）　シンプルにするために、*レバレッジがある*キャッシュフロー（LCF）という表現を用いる。より正確な表現は、*レバレッジがある企業の株主に対するプロジェクト*からのキャッシュフローだろう。同様に、*レバレッジがない*キャッシュフロー（UCF）のより正確な表現は、*全額株式調達企業の株主に対するプロジェクト*からのキャッシュフローになるだろう。

R_0を、0.20と仮定したことに注意されたい。前の章でみたように、R_Sの公式は、

$$R_S = R_0 + \frac{B}{S}(1 - t_C)(R_0 - R_B)$$

である。われわれの目標負債・価値比率が4分の1であるということは、3分の1の目標負債・株主資本比率を意味することに注意されたい。前出の公式をこの例に当てはめると、以下を得る。

$$R_S = 0.222 = 0.20 + \frac{1}{3}(0.66)(0.20 - 0.10)$$

ステップ3：評価

プロジェクトのLCFの現在価値は、

$$\frac{\text{LCF}}{R_S} = \frac{\$84,068.85}{0.222} = \$378,688.50$$

である。初期投資額が47万5,000ドルで、12万6,299.50ドルが借り入れられたので、会社は内部留保資金から、34万8,770.50ドル（＝$475,000－$126,229.50）をプロジェクトに拠出しなければならない。プロジェクトの*純*現在価値は、単にプロジェクトのLCFの現在価値と、借入れではない投資額との差である。よって、NPVは、

$$\$378,688.50 - \$348,770.50 = \$29,918$$

となる。これは、APV法での算出結果と同じである。

18.3　加重平均資本コスト法

最後に、加重平均資本コスト（weighted average cost of capital, WACC）法を用いてプロジェクトを評価することも可能である。この方法は前の数章で議論したが、ここで再確認することにする。WACCアプローチは、レバレッジがある企業のプロジェクト評価が、負債と株主資本双方によって同時に資金調達されているという洞察から始まる。資本コストは、負債コストと株主資本コストの加重平均である。株主資本コストは、R_Sである。税を無視すれば、負債コストは単純に借入金

利で、R_B である。しかしながら、法人税を伴うと、適切な負債コストは税引き後の負債コストで、$(1-t_C)R_B$ となる。

加重平均資本コスト R_{WACC} の公式は以下のとおりである。

$$R_{\mathrm{WACC}}=\frac{S}{S+B}R_S+\frac{B}{S+B}R_B(1-t_C)$$

株主資本の加重値、$S/(S+B)$ と、負債の加重値、$B/(S+B)$ は、目標比率である。目標比率は、一般的に会計上の価値ではなく、市場価値によって表される（会計上の価値の別の用語は*簿価*であることを思い出されたい）。

公式は、プロジェクトの*レバレッジがない*キャッシュフロー（UCF）を、加重平均資本コスト、R_{WACC} で割り引くことを必要とする。プロジェクトの純現在価値は、代数的に以下のように書き表せる。

$$\sum_{t=1}^{\infty}\frac{\mathrm{UCF}_t}{(1+R_{\mathrm{WACC}})^t}-\text{初期投資額}$$

もしプロジェクトがパーペチュイティなら、純現在価値は次のようになる。

$$\frac{\mathrm{UCF}}{R_{\mathrm{WACC}}}-\text{初期投資額}$$

プロジェクトの目標負債・価値比率が４分の１で、法人税率が0.34であることはすでに述べたが、これは加重平均資本コストが以下になることを意味する。

$$R_{\mathrm{WACC}}=\frac{3}{4}\times 0.222+\frac{1}{4}\times 0.10\times 0.66=0.183$$

R_{WACC} の0.183が、全額株式調達企業の株主資本コストの0.20より低いことに注意されたい。負債による資金調達は、加重平均資本コストを低減させる税の助成を提供するので、これは常にこうなる。

プロジェクトのUCFが９万2,400ドルであると先に求めたが、これは、プロジェクトの現在価値が

$$\frac{\$92{,}400}{0.183}=\$504{,}918$$

であることを意味している。初期投資額が47万5,000ドルであるから、プロジェクトのNPVは、

$$\$504{,}918-\$475{,}000=\$29{,}918$$

となる。三つの方法すべてが同じ結果になることに注意されたい。

18.4 APV、FTE、WACC各手法の比較

このテキストの前半におけるキャピタル・バジェッティング手法は、全額株式調達企業に適用された。レバレッジがある企業のキャピタル・バジェッティングは、企業価値に対する負債の効果が前の2章まで持ち越されたので、前半では扱うことができなかった。そこでは、負債が、税の利益を通して企業価値を高め、倒産とその関連費用を通して企業の価値を低めることを学んだ。

本章で、レバレッジがある企業のキャピタル・バジェッティングに対する三つのアプローチを提供する。修正現在価値（APV）法は、最初に全額株式調達であることをベースにしてプロジェクトを評価する。すなわち、全額株式調達におけるプロジェクトの税引き後キャッシュフロー（レバレッジがないキャッシュフロー、もしくはUCFと呼ばれる）が、キャピタル・バジェッティング式の分子に置かれる。全額株式調達と仮定したときの割引率が、分母に現れる。この時点では、計算はこのテキストの前半で行われたものと同一である。その後で負債の純現在価値を加算する。負債の純現在価値は、税効果、発行費用、倒産費用、利子助成という四つのパラメーターの合計となる可能性が高いことを指摘した。

株主持分フロー（FTE）法は、レバレッジがある企業の株主にもたらされる、プロジェクトからの税引き後キャッシュフロー（LCF）を割り引く。LCFとは、レバレッジがあるキャッシュフローを表しているが、これは支払利息が控除された後の株主への残余額である。割引率R_Sは、レバレッジがある企業の株主に対する資本コストである。レバレッジがある企業におけるR_Sは、レバレッジがない企業の資本コストR_0より高くなければならない。これは第16章で示したように、レバレッジが株主へのリスクを高めることによる。

最後の方法は、加重平均資本コスト（WACC）法である。この手法は、全額株式調達を仮定して、プロジェクトの税引き後キャッシュフロー（UCF）を計算する。UCFは、キャピタル・バジェッティング式の分子に置かれる。分母のR_{WACC}は、株主資本コストと負債資本コストの加重平均である。負債資本コストが法人税の正味として求められるため、負債のもつ税の優位性は、分母に反映される。分子は負債をまったく反映しない。

これら三つの手法はすべて同じ作業、すなわち負債資金調達を伴う場合の評価を行う。そして、前の例で示されたように、三つの手法すべてが同じ評価推定値を提

供する。しかしながら、すでにみたように、これらの手法は技術的にかなり異なっている。それゆえ、学生はしばしば次のような質問をする。「どうしてこんなことがありえるのですか。どうして三つの手法がこんなに違ってみえるのに、同じ答えをもたらすのですか」。このような質問に対処する最善の道は、以下の2点を押さえることである。

1．*APV vs WACC*：3手法のなかでは、APVとWACCが最も似ている。とどのつまり、両者ともレバレッジがないキャッシュフロー（UCF）を分子に置く。しかしながら、APV法ではこれらの流列をR_0で割り引き、レバレッジがないプロジェクトの価値を計算する。節税効果の現在価値を加えると、レバレッジがあるプロジェクトの価値が求まる。WACC法はUCFをR_{WACC}で割り引くが、これは、R_0より低い。

　したがって、両手法とも、レバレッジがない企業の基本NPV公式を、レバレッジによる税の利益が反映されるように調整する。APV法は、この調整を直接的に行う。これは、節税効果の現在価値を、別の項として単純に加算する。WACC法は、この調整をより微妙に行う。ここでは、割引率をR_0より下に下げる。このテキストでは証明を提供していないが、これら二つの調整は、常に同じ量的効果をもつと示すことができる。

2．*評価される主体*：FTE法は、一見すると、他の二つとは大きく異なる手法にみえる。APV法もWACC法も、初期投資額は最終ステップで引かれる（前例では47万5,000ドル）。しかしながら、FTE法では、初期投資への企業の貢献額（＄348,770.50＝＄475,000－＄126,229.50）のみが引かれる。これは、FTE法においては、レバレッジがある株主に対する将来キャッシュフロー（LCF）だけが評価されるからである。対照的に、レバレッジがない株主に対する将来キャッシュフロー（UCF）が、APV法とWACC法の双方で評価される。したがって、UCFが利払い前である一方で、LCFが利払い後の正味であるので、FTE法における初期投資額は、負債調達によって相応額が減算される。このようにして、FTE法は、他の二つの手法と同じ答えをもたらすのである。

推奨ガイドライン

プロジェクトの純現在価値は、三つの手法それぞれにおいて、まったく同じである。理論的に、これはいつも成り立っていなければならない[5]。とはいえ、通常、ある手法は他の手法よりも計算が楽であり、また多くの場合、手法の一つ以上が事実上計算不可能なこともある。まず最初に、どのようなときにWACC法とFTE法を利用するのが最善なのかを検討する。

もしプロジェクトのリスクが終わりまで一定であるなら、R_0がプロジェクトの期間を通して一定のままであると仮定することは妥当である。このリスクが一定という仮定は、多くの現実のプロジェクトでも合理的であると思われる。加えて、プロジェクト期間を通して負債・価値比率が一定のままであるなら、R_SとR_{WACC}もまた同様に一定のままとなるだろう。後者の仮定においては、FTE法かWACC法のどちらかが、適用しやすい。しかしながら、年ごとに負債・価値比率が変化する場合、R_SとR_{WACC}もまた同様に変化することになる。毎年分母が変化する状況でFTE法やWACC法を適用すると、計算が非常に複雑になり、そうなればなるほど間違えるおそれが大きくなる。したがって、負債・価値*比率*が時間とともに変化する場合は、FTEとWACCは困難な手法である。

APV法は、将来の各々の期間における負債の*水準*に基づいている。結果として、将来の期間における負債水準が正確に特定できれば、APV法は非常に適用しやすい。しかしながら、負債水準が不確かなとき、APV法には問題が多くなる。たとえば、負債・価値比率が一定のとき、負債水準はプロジェクトの価値に伴って変化する。将来におけるプロジェクトの価値を簡単に予測することはできないので、負債水準も簡単には予測できない。

よって、われわれは以下のガイドラインを推奨する。

企業の目標負債・価値比率が、プロジェクトの全期間にわたって適用できる場合には、WACC法またはFTE法を使用せよ。

プロジェクトの負債水準が、プロジェクトの全期間にわたってわかっている場合には、APV法を使用せよ。

APV法が好ましい状況もいくつかある。たとえば、レバレッジド・バイアウト（LBO）においては、企業は巨額の負債を伴って始まるが、その後数年間にわたって急速に負債が返済される。LBOが組成されるとき、将来における負債の削減ス

5）I.Inselbag and H.Kaufold,"Two DCF Approaches for Valuing Companies under Alternative Financial Strategies（and How to Choose Between Them)," *Journal of Applied Corporate Finance*（Spring 1997）を参照。

ケジュールがわかっているので、将来の各時点における節税効果は簡単に予測できる。したがってこの場合、APV法は使いやすい（APV法のLBOにおける適用例は、本章の付章に提供されている）。対照的に、この場合には、負債・株主価値比率が期間中一定であるとは期待できないので、WACC法やFTE法は事実上適用不可能である。加えて、利子助成や発行費用を伴う状況では、APV法がずっと扱いやすい（第18.6節のビクスラー・エンタープライゼズ社の例は、助成および発行費用に対してAPV法を適用する）。最後に、APV法は、リースか購入かの意思決定において、FTE法やWACC法よりずっと扱いやすい（リースか購入かの意思決定は、後の章で詳述する）。

先の例は、特別なケースである。典型的なキャピタル・バジェッティングの状況では、APV法よりWACC法やFTE法のほうがより受け入れられやすい。財務管理者は、一般的に、目標負債・価値*比率*の観点で考える。プロジェクトが期待以上の成果であれば、その価値と負債余力の両方がともに上昇する可能性が高い。管理者はそれに対応すべく、負債をふやすだろう。逆に、プロジェクトの価値が予想外に減少したら、管理者は負債を減らす可能性が高い。もちろん、資金調達は時間を要する仕事であるから、その比率が日々や月々で変更されることはない。むしろ、調整は、長期間にわたって行われることが期待される。すでに述べたとおり、企業が目標負債・価値比率に焦点を当てているときには、WACC法やFTE法が、APV法より適切である。

このことから、ほとんどの現実的な状況において、APV法より、むしろWACC法やFTE法を用いることを勧める。加えて、頻繁な企業経営陣との議論から、WACC法が実社会で最も広く利用されている手法であると確信できる。よって実務家は、APV法が、前述の特別な状況を除いては、キャピタル・バジェッティングにおいてあまり重要な手法ではないと、われわれに同意するようにみえる。

レバレッジを伴うキャピタル・バジェッティングの三つの手法

1．修正現在価値（APV）法

$$\sum_{t=1}^{\infty}\frac{\mathrm{UCF}_t}{(1+R_0)^t}+\text{負債の追加的効果}-\text{初期投資額}$$

UCF_t＝レバレッジがない会社の株主に対する、時点tにおけるプロ

ジェクトのキャッシュフロー

R_0＝レバレッジがない会社の資本コスト

2．株主持分フロー（FTE）法

$$\sum_{t=1}^{\infty}\frac{\mathrm{LCF}_t}{(1+R_S)^t}-(\text{初期投資額}-\text{借入額})$$

LCF_t＝レバレッジがある会社の株主に対する、時点 t におけるプロジェクトのキャッシュフロー

R_S＝レバレッジを伴う株主資本コスト

3．加重平均コスト（WACC）法

$$\sum_{t=1}^{\infty}\frac{\mathrm{UCF}_t}{(1+R_{\mathrm{WACC}})^t}-\text{初期投資額}$$

R_{WACC}＝加重平均資本コスト

注意：

1．APV 公式の中央の項は、レバレッジを伴うプロジェクトの価値が、レバレッジを伴わないプロジェクトの価値より大きいことを意味する。$R_{\mathrm{WACC}}<R_0$なので、WACC 公式は、レバレッジを伴うプロジェクトの価値が、レバレッジを伴わないプロジェクトの価値より大きいことを意味する。

2．FTE 法では、*支払利息控除後*のキャッシュフロー（LCF）が用いられる。初期投資額もまた*借入額*分減じられる。

ガイドライン：

1．企業の目標負債・価値*比率*が、プロジェクトの全期間にわたって適用できる場合には、WACC 法または FTE 法を使用せよ。

2．プロジェクトの負債*水準*が、プロジェクトの全期間にわたってわかっている場合には、APV 法を使用せよ。

18.5 割引率の推定が必要な場合のキャピタル・バジェッティング

本章のこれまでの部分では、APV、FTE、WACCという、レバレッジがある企業を評価する三つの基本的な手法を紹介した。しかしながら、詳述すべき重要なことが一つ残っている。第18.1節から第18.3節の例では、割引率を*仮定した*。ここで、先の3手法の応用として、レバレッジがある企業の割引率を、実際にどのように算定するのか説明したい。この節の例では、レバレッジがない企業の割引率に関する第10～13章の内容と、第15章の資本コストに対するレバレッジの影響を統合する。

例18.1　資本コスト

ワールド・ワイド・エンタープライゼズ（WWE）社は、小型機械ビジネスに参入しようと考えている巨大な複合企業で、プロジェクトを負債・価値比率25%（言い換えれば、負債・株主資本比率3分の1）で資金調達しようと計画している。小型機械産業には、現在、アメリカン・ウィジェット（AW）社1社がある。この会社は、負債40%、株主資本60%で資金調達を行っている。AW社の株式のベータは1.5である。AW社の借入金利は12%で、WWE社は、その小型機械ビジネス参入に際して、10%での借入れを期待している。両社の、法人税率は40%で、市場リスク・プレミアムは8.5%、無リスク金利は8%である。WWE社が小型機械ビジネス参入に関して用いる適切な割引率はいくらだろうか。

第18.1節から第18.3節で示したように、企業はAPV、FTE、WACCというキャピタル・バジェッティングの3手法の一つを用いることができる。これら三つの手法の適切な割引率は、それぞれR_0、R_S、R_{WACC}である。AW社は小型機械業界におけるWWE社の唯一の競合相手であるので、WWE社の小型機械事業におけるR_0、R_S、R_{WACC}を計算するために、AW社の資本コストをみてみる。以下の四つのステップによって、三つの割引率すべてを計算できる。

1. *AW社の株主資本コストの算定*：まず、証券市場線（SML）を用いて、AW社の株主資本コストを算定する。

AW 社の株主資本コスト

$$R_S = R_F + \beta \times (\overline{R}_M - R_F)$$

$$20.75\% = 8\% + 1.5 \times 8.5\%$$

ここで、$\overline{R}_M$は市場ポートフォリオの期待リターンで、R_Fは無リスク金利である。

2．*AW社の仮定的全額株式調達資本コストの決定*：AW 社と WWE 社の小型機械事業は、異なる目標負債・価値比率をもっているので、前述の数値はなんらかの手法で標準化されなければならない。最も簡単な方法は、AW 社が全額株式調達を行っていると仮定したうえで、AW 社の仮定的株主資本コストを計算することである。これは、税のもとでの MM 命題Ⅱから算定することが可能である。

全額株式調達の場合の AW 社の資本コスト

$$R_S = R_0 + \frac{B}{S}(1 - t_C)(R_0 - R_B)$$

$$20.75\% = R_0 + \frac{0.4}{0.6}(0.60)(R_0 - 12\%)$$

この方程式を解くと、$R_0 = 0.1825$であることがわかる。株主資本コストは、企業がレバレッジを活用しなかった場合低くなるので、R_0はR_Sより当然低い。

この時点で、現実の世界における企業は通常、彼らの新規事業のビジネス・リスクは、既存企業のビジネス・リスクと同等であるという仮定を置く。この仮定をわれわれの問題に適用し、全額株式調達の場合の WWE 社の小型機械事業の仮定的割引率もまた、0.1825とする[6)]。この割引率は WWE 社が APV 法を用いる場合に適用される。それは APV 法が、レバレッジがない企業におけるプロジェクトの資本コストであるR_0を用いるためである。

3．*WWE社小型機械事業の* R_S *の算定*：かわりに、WWE 社は、FTE 法を利用するかもしれない。レバレッジがある株主資本コストは以下によって

6）　かわりに、新規参入事業なので、会社は幾分リスクが高いと仮定するかもしれない。したがって、会社は0.1825よりわずかに高い割引率を選択するかもしれない。もちろん、割引率を上方修正するのに、正確な公式は存在しない。

算定される。

WWE 社の小型機械事業に対する株主資本コスト

$$R_S = R_0 + \frac{B}{S}(1 - t_C)(R_0 - R_B)$$

$$19.9\% = 18.25\% + \frac{1}{3}(0.60)(18.25\% - 10\%)$$

WWE 社の小型機械事業に対する株主資本コストの0.199が、AW 社の株主資本コストの0.2075より低いことに注意されたい。これは AW 社の負債・株主資本比率が高いためである（上に述べたように、両社は同一のビジネス・リスクをもつと仮定される）。

4．*WWE 社の小型機械事業に対する* R_{WACC} *の算定*：最後に、WWE 社が WACC 法を用いるとしよう。ここでの適切な計算は以下のようになる。

WWE 社の小型機械事業に対する R_{WACC}

$$R_{\text{WACC}} = \frac{B}{S+B}R_B(1 - t_C) + \frac{S}{S+B}R_S$$

$$16.425\% = \frac{1}{4}10\%(0.60) + \frac{3}{4}19.9\%$$

前述の例では、三つの割引率 R_0、R_S、R_{WACC} が実務上どのように算定されるかを示した。APV 法、FTE 法、WACC 法それぞれに適切な割引率が存在する。株主資本コストは企業の株式のベータから算定できるので、AW 社の R_S が最初に算定されたことに注意されたい。前の章で議論したように、ベータは、AW 社のような公開企業に関して、簡単に推定できる。

18.6　APV の例

本章ですでに述べたように、企業は通常、目標負債・株主比率を設定するので、キャピタル・バジェッティングにおいて WACC 法や FTE 法を利用できる。この場合、APV 法は同様にはうまく機能しない。しかしながら、これも先に述べたように、APV 法は、負債の利益と費用が存在する場合、好まれる手法である。ここでの分析は誤解されやすいので、一節すべてを例題に費やす。この例では、負債に対する税の助成に加えて、発行費用および利子助成も役割を担うことになる。

例18．2　APV

ビクスラー・エンタープライゼズ社は、5年間続く1,000万ドルのプロジェクトを検討しており、年間200万ドルの定額償却が予定されている。年間の現金収益から現金費用を控除した金額は、350万ドルである。法人税枠は34%である。無リスク金利は10%で、レバレッジがない株主資本コストは20%である。

毎年のキャッシュフロー予想は以下のとおりである。

	C_0	C_1	C_2	C_3	C_4	C_5
初期投資	－＄10,000,000					
減価償却の節税効果		0.34×＄2,000,000 ＝＄680,000	＄　680,000	＄　680,000	＄　680,000	＄　680,000
収益－費用		(1－0.34)×＄3,500,000 ＝＄2,310,000	＄2,310,000	＄2,310,000	＄2,310,000	＄2,310,000

プロジェクトのAPVは、全額株式調達の場合の価値に、負債の追加的効果を足したものであると先に述べた。順番に検討する。

全額株式調達の場合の価値

プロジェクトが全額株式で調達されたと仮定すると、プロジェクトの価値は以下のようになる。

$$-\$10,000,000+\frac{\$680,000}{0.10}\times\left[1-\left(\frac{1}{1.10}\right)^5\right]$$

初期投資　＋　減価償却の節税効果

$$+\frac{\$2,310,000}{0.20}\times\left[1-\left(\frac{1}{1.20}\right)^5\right]=-\$513,951$$

＋(現金収益－現金費用) の現在価値

この計算には、本書の前の章で説明した手法を用いている。減価償却の節税効果が、無リスク金利10%で割り引かれることに注意されたい。収益と費用は、より高い金利である20%で割り引かれる。

全額株式調達の企業は、このプロジェクトを明らかに却下するだろう。なぜならNPVが−51万3,951ドルだからである。そしてこの例では勘案されていないが、株式発行費用があれば、NPVはさらにマイナスとなる。とはいえ、負債調達は、プロジェクトの採択を正当化するのに十分な価値を追加するかもしれない。次に、負債の効果を検討する。

負債の追加的な効果

ビクスラー社は、発行費用差引後750万ドルの5年ノンアモチゼーション・ローンを、無リスク金利10%で調達することが可能である。発行費用は、株式や負債が発行される際に支払われる報酬である。これらの報酬は、印刷会社、弁護士、投資銀行などに支払われる。ビクスラー社は、発行費用がローン総調達額の1%になると知らされている。前章は、負債調達が通常のプロジェクトのNPVを変えるということを示している。次に負債の効果についてみていく。

発行費用

発行費用が総調達額の1%とすると、以下を得る。

$$\$7,500,000 = (1-0.01) \times \text{総調達額} = 0.99 \times \text{総調達額}$$

よって、総調達額は次のようになる。

$$\frac{\$7,500,000}{1-0.01} = \frac{\$7,500,000}{0.99} = \$7,575,758$$

これは、発行費用が7万5,758ドル（＝1%×$7,575,758）であることを意味する。計算を確認するために、正味調達額が750万ドル（＝$7,575,758−$75,758）であることに注意されたい。発行費用の7万5,758ドルは、投資銀行のような仲介機関が受け取る。

発行費用は即座に支払われるが、税金はローンの残存期間にわたって定額償却で控除される。発行費用からのキャッシュフローは以下のとおりである。

	日付 0	日付 1	日付 2	日付 3	日付 4	日付 5
発行費用	**−$75,758**					
控除額		$\frac{\$75,758}{5}=\$15,152$	$15,152	$15,152	$15,152	$15,152
発行費用からの節税効果		0.34×$15,152 = **$ 5,152**	**$ 5,152**	**$ 5,152**	**$ 5,152**	**$ 5,152**

発行費用からの関連するキャッシュフローは太字で表してある。10%で割り引くと、節税効果の純現在価値は、

$$\$5,152\times A_{0.10}^{5}=\$19,530$$

となる。これは発行の正味費用が以下になることを意味する。

$$-\$75,758+\$19,530=-\$56,228$$

負債の発行費用控除後で、負債の利益を引く前のプロジェクトの純現在価値は、以下のようになる。

$$-\$513,951-\$56,228=-\$570,179$$

税の助成

発行費用は仲介機関が受け取るのに、利息は総調達額に対して支払われなければならない。ローンの総調達額は757万5,758ドルなので、年間支払利息は75万7,576ドル（＝$7,575,758×0.10）である。税引き後利払費用は50万ドル（＝$757,576×（1－0.34））になる。ローンは途中元本返済がないノンアモチゼーションなので、757万5,758ドルの総負債額は日付5において返済される。これらのことは、以下に示されている。

	日付 0	日付 1	日付 2	日付 3	日付 4	日付 5
ローン（総調達額）	$7,575,758					
支払利息		10%×$7,575,758 = $757,576	$757,576	$757,576	$757,576	$ 757,576
税引き後利払費用		(1−0.34)×$757,576 = $500,000	$500,000	$500,000	$500,000	$ 500,000
負債の返済						$7,575,758

上記の表において、関連するキャッシュフローは太字で示されている。それらは①ローン調達額、②税引き後年間利払費用、そして③負債の返済である。発行費用が前に引かれたので、ローンの総調達額がインフローとして含まれることに注意されたい。

第16章において、資金調達の意思決定は純現在価値で評価できることを述べた。このローンの純現在価値は、単純に三つのキャッシュフローそれぞれの純現在価値である。これは以下のように表せる。

$$\text{ローンのNPV} = +\text{借入額} - \begin{matrix}\text{税引き後支払利息}\\ \text{の現在価値}\end{matrix} - \begin{matrix}\text{ローン返済}\\ \text{の現在価値}\end{matrix} \qquad (18.1)$$

この例での計算は次のようになる。

$$\$976,415 = +\$7,575,758 - \frac{\$500,000}{0.10} \times \left[1 - \left(\frac{1}{1.10}\right)^5\right] - \frac{\$7,575,758}{(1.10)^5} \qquad (18.1')$$

ローンのNPVはプラスであり、利払節税効果を反映している[7]。

この資金調達でのプロジェクトの修正現在価値は以下のとおりである。

$$\text{APV} = \begin{matrix}\text{全額株式調達}\\ \text{の場合の価値}\end{matrix} - \begin{matrix}\text{負債の}\\ \text{発行費用}\end{matrix} + \text{ローンのNPV} \qquad (18.2)$$

$$\$406,236 = -\$513,951 - \$56,228 + \$976,415 \qquad (18.2')$$

全額株式調達の会社がこのプロジェクトを却下するだろうということはすでに確認したが、もし会社が750万ドル（正味）のローンを獲得することができれば、プロジェクトは採用されることになる。

7）税金のない世界においては、ローンのNPVはゼロにならなければならない。なぜなら、そこでは支払利息が何の節税効果ももたらさないからである。この直観をチェックするために、以下の計算を行う。

$$\text{税金なしの場合：} 0 = +\$7,575,758 - \frac{\$757,576}{0.10} \times \left[1 - \left(\frac{1}{1.10}\right)^5\right] - \frac{\$7,575,758}{(1.10)^5}$$

上で議論したローン金利は、市場金利と同じ10%であったので、ここまで三つの負債の追加的効果のうち、二つ（発行費用と税の助成）だけを考慮した。次に3番目の効果が生じるもう一つのローンを検討する。

非市場金利による資金調達

政府関連機関からの助成を受けた資金調達を得られる企業は幸運である。ビクスラー・エンタープライゼズ社のプロジェクトは社会的に利益をもたらすものとみなされ、ニュージャージー州が会社に8%の金利で750万ドルのローンを提供するとしよう。加えて、州がすべての発行費用を負担する。明らかに、会社は先に計算したローンより、こちらのローンを選択する。このローンからのキャッシュフローは以下のとおりである。

	日付0	日付1	日付2	日付3	日付4	日付5
ローン	$7,500,000					
支払利息		8%×$7,500,000 =$600,000	$600,000	$600,000	$600,000	$　600,000
税引き後利息		(1−0.34)×$600,000 =$396,000	$396,000	$396,000	$396,000	$　396,000
負債の返済						$7,500,000

この表において、関連するキャッシュフローは太字で示されている。式18.1を用いると、ローンのNPVは以下のようになる。

$$\$1,341,939 = +\$7,500,000 - \frac{\$396,000}{0.10} \times \left[1 - \left(\frac{1}{1.10}\right)^5\right] - \frac{\$7,500,000}{(1.10)^5}$$

(18.1″)

式18.1″において、会社が8%で借り入れているときに、なぜキャッシュフローを10%で割り引くのだろうか。10%で割り引くのは、これが公正もしくは市場金利であるからである。すなわち、10%は助成の利益*なし*に借り入れることができる利率である。会社は市場金利より低い8%で借り入れているので、助成ローンの純現在価値は、前出のローンの純現在価値よりも大きい。式18.1″は、税効果*および*非市場金利効果の両方を考慮していることに注意されたい。

助成を受けた負債資金調達を伴うプロジェクトの純現在価値は、以下のようになる。

$$\text{APV} = \begin{matrix}\text{全額株式調達}\\\text{の場合の価値}\end{matrix} - \begin{matrix}\text{負債の}\\\text{発行費用}\end{matrix} + \text{ローンのNPV} \qquad (18.2)$$

$$+\$827{,}988 = -\$513{,}951 - 0 + \$1{,}341{,}939 \qquad (18.2'')$$

先の例は修正現在価値（APV）法を説明した。この手法は、全額株式調達企業にとってのプロジェクトの現在価値から始める。次に、負債の効果が加えられる。この手法には推奨すべき点が多い。各項目が別々に計算されてから単純に足し合わされるので、理解しやすい。そして、もしプロジェクトの負債が正確に特定できれば、負債の現在価値は正確に計算できる。

18.7　ベータとレバレッジ

前の章では、税金のない世界における、普通株式のベータと企業レバレッジとの間の関係の公式を提供した。ここでこの公式を再掲する。

税金なしの場合

$$\beta_{\text{株主資本}} = \beta_{\text{資産}}\left(1+\frac{\text{負債}}{\text{株主資本}}\right) \qquad (18.3)$$

すでに指摘したように、この関係は負債のベータがゼロであるという仮定のもとに成立する。

現実には、企業は税金を支払わなければならないので、法人税を伴う世界における関係を提供することは有意義である。レバレッジがない会社のベータとレバレッジを伴う株主資本のベータとの間には、①会社がt_Cの率で課税され、②負債のベータがゼロであるとき、以下の関係があることを示すことができる[8]。

法人税を伴う場合

$$\beta_{\text{株主資本}} = \left(1+\frac{(1-t_C)\text{負債}}{\text{株主資本}}\right)\beta_{\text{レバレッジがない会社}} \qquad (18.4)$$

［1＋（1－t_C）負債/株主資本］はレバレッジがある会社では1より大きくなけ

ればならないので、$\beta_{\text{レバレッジがない会社}} < \beta_{\text{株主資本}}$となる。式18.4の法人税を伴うケースは、式18.3の法人税がないケースときわめて似ている。なぜなら、どちらのケースにおいても、レバレッジを伴う株主資本は、レバレッジがない会社のベータより大きくなければならないからである。レバレッジが株主資本のリスクを増加させるという直観は、両方のケースに当てはまる。

とはいえ、二つの式は同じではないことに注意されたい。法人税のもとでは、レバレッジが株主資本ベータをより緩やかに増加させることを示すことができる。これが起こるのは、法人税を伴う場合、レバレッジが無リスクの節税効果をつくりだし、その結果会社全体のリスクを低下させるためである。

8）この結果は負債のベータがゼロである場合のみに成立する。これを理解するため、次の式に注目されたい。

$$V_U + t_C B = V_L = B + S \qquad \text{(a)}$$

ここで、

V_U＝レバレッジがない会社の価値
V_L＝レバレッジがある会社の価値
B＝レバレッジがある会社の負債の価値
S＝レバレッジがある会社の株主資本の価値

である。本論のなかで述べたように、レバレッジがある会社のベータは、負債ベータと株主資本ベータの加重平均である。

$$\frac{B}{B+S} \times \beta_B + \frac{S}{B+S} \times \beta_S$$

ここで、β_B および β_S は、それぞれレバレッジがある会社の負債および株主資本のベータである。$V_L = B + S$ なので、以下を得る。

$$\frac{B}{V_L} \times \beta_B + \frac{S}{V_L} \times \beta_S \qquad \text{(b)}$$

レバレッジがある会社のベータはまた、レバレッジがない会社のベータと節税効果のベータとの加重平均としても表すことができる。

$$\frac{V_U}{V_U + t_C B} \times \beta_U + \frac{t_C B}{V_U + t_C B} \times \beta_B$$

ここで、B_U はレバレッジがない会社のベータである。これは式(a)から導かれる。$V_L = V_U + t_C B$ なので、以下を得る。

$$\frac{V_U}{V_L} \times \beta_U + \frac{t_C B}{V_L} \times \beta_B \qquad \text{(c)}$$

(b)と(c)は両方ともレバレッジがある会社のベータを表しているので、等式と置くことができる。式(a)から、$V_U = S + (1 - t_C) \times B$ である。$\beta_B = 0$ の仮定のもとで、(b)と(c)を等しくし、式(a)を用いると、式18.4を得る。

レバレッジを伴うベータの一般化公式（β_B がゼロでない場合）は、以下のとおりである。

$$\beta_S = \beta_U + (1 - t_C)(\beta_U - \beta_B)\ \frac{B}{S}$$

および

$$\beta_U = \frac{S}{B(1 - t_C) + S}\beta_S + \frac{B(1 - t_C)}{B(1 - t_C) + S}\beta_B$$

例18.3　レバレッジがないベータ

C.F.リー社は、事業規模を拡大するプロジェクトを考えている。会社の負債の市場価値は１億ドルであり、会社の株主資本の市場価値は２億ドルである。負債は無リスクであるとみなされている。法人税率は34％である。回帰分析によると、会社の株主資本のベータは２である。無リスク金利は10％で、期待市場プレミアムは8.5％である。C.F.リー社が全額株式調達であるという仮定的ケースにおいて、プロジェクトの割引率はいくらになるだろうか。

この質問には二つのステップで答えることができる。

1．*仮定的全額株式調達企業のベータを求める*：式18.4を再整理すると、以下を得る。

レバレッジがないベータ

$$\frac{\text{株主資本}}{\text{株主資本}+(1-t_C)\times\text{負債}}\times\beta_{\text{株主資本}}=\beta_{\text{レバレッジがない会社}} \qquad (18.5)$$

$$\frac{\$200\text{m}}{\$200\text{m}+(1-0.34)\times\$100\text{m}}\times 2=1.50 \qquad (\text{m}=100\text{万})$$

2．*割引率を求める*：証券市場線（SML）から割引率を以下のように計算する。

割引率

$$R_S=R_F+\beta\times[\overline{R}_M-R_F]$$

$$22.75\%=10\%+1.50\times8.5\%$$

プロジェクトが規模拡大的でない場合

上記の例では、プロジェクトが規模拡大的なものだと仮定したので、会社の株主資本のベータから始めた。もしプロジェクトが規模拡大的でない場合は、プロジェクトが属する産業の、複数の企業のベータから始めることが可能である。それぞれの企業について、レバレッジを伴わない株主資本の仮定的ベータを式18.5によって計算できる。その後、SMLを用いてこれらのベータの平均からプロジェクトの割引率を算定できる。

例18．4　さらにレバレッジがないベータ

J. ロウズ社は現在ホッチキスを製造しているが、航空機用接着剤産業におけるプロジェクトに、100万ドルの投資を行うか考えている。会社はこのプロジェクトから毎年永久に続く、レバレッジを伴わない税引き後キャッシュフロー（UCF）30万ドルを予測している。会社はプロジェクトを、負債・価値比率0.5（もしくは同等に、負債・株主資本比率1：1）で資金調達するつもりである。

この新しい産業における競合3社は、現在レバレッジがなく、ベータはそれぞれ1.2、1.3、1.4である。無リスク金利が5％、市場リスク・プレミアムが9％、法人税率が34％であると仮定すると、プロジェクトの純現在価値はいくらになるだろうか。

この質問には、五つのステップで答えることができる。

1．*産業内のレバレッジがないベータの平均を計算する*：航空機接着剤産業における既存競合3社のレバレッジを伴わないベータの平均は、以下のとおりである。

$$\frac{1.2+1.3+1.4}{3}=1.3$$

2．*J. ロウズ社の新規プロジェクトのレバレッジがあるベータを計算する*：この新規プロジェクトのレバレッジがないベータが、既存の競合他社のものと同じであると仮定すると、式18.4から以下を得る。

レバレッジがあるベータ

$$\beta_{\text{株主資本}}=\left(1+\frac{(1-t_C)\text{負債}}{\text{株主資本}}\right)\beta_{\text{レバレッジがない会社}}$$

$$2.16=\left(1+\frac{0.66\times 1}{1}\right)\times 1.3$$

3．*新規プロジェクトのレバレッジを伴う株主資本コストを計算する*：証券市場線（SML）から、以下のように割引率を算定する。

割引率

$$R_S = R_F + \beta \times [\overline{R}_M - R_F]$$

$$0.244 = 0.05 + 2.16 \times 0.09$$

4．*新規プロジェクトの WACC を計算する*：加重平均資本コスト R_{WACC} を求める公式は以下のとおりである。

$$R_{\mathrm{WACC}} = \frac{B}{V} R_B (1 - t_C) + \frac{S}{V} R_S$$

$$0.139 = \frac{1}{2} \times 0.05 \times 0.66 + \frac{1}{2} \times 0.244$$

5．*プロジェクトの価値を求める*：キャッシュフローは永久に続くので、プロジェクトの NPV は以下のようになる。

$$\frac{\text{レバレッジがないキャッシュフロー（UCF）}}{R_{\mathrm{WACC}}} - \text{初期投資}$$

$$\frac{\$300,000}{0.139} - \$1\,\mathrm{m} = \$1.16\mathrm{m}$$

要約と結論

このテキストの前の部分で、全額株式調達企業のプロジェクトの純現在価値をどう計算するのか示した。前の２章では、税金と倒産費用の導入が企業の資本調達の意思決定を変えることを指摘した。合理的な企業は、このような世界においてはいくらかの負債をもつべきである。負債に伴う利益と費用のせいで、レバレッジがある企業のキャピタル・バジェッティングの意思決定は、レバレッジがない企業のものとは異なる。本章では、修正現在価値（APV）、株主持分フロー（FTE）、加重平均資本コスト（WACC）という、レバレッジがある企業のキャピタル・バジェッティングのための三つの手法を議論した。

Concept Questions

1．APV

プロジェクトの APV はどのように計算するか。

2．WACC と APV

WACC 法と APV 法の主要な違いは何か。

3．FTE

FTE法と他の二つの手法との主要な違いは何か。

4．キャピタル・バジェッティング

あなたは会社が新しいプロジェクトを行うべきかどうか決定しようとしており、WACC法を用いてNPVを計算したが、昔会計士だったCFOが、あなたがプロジェクトのキャッシュフローの計算で支払利息を用いていないのに気づいた。あなたは彼に何というべきか。もし彼がキャッシュフローの計算に支払利息を含めるべきだと言い張ったら、あなたはどの方法を用いるか。

5．ベータとレバレッジ

レバレッジがあるベータによって測定される二つのタイプのリスクは何か。

質問と問題

◆基本（問題1－9）

1．NPVとAPV

ゾウソー社はレンタカー会社で、25台の車を保有車両に追加するかどうか決めようとしている。会社は、すべてのレンタカーを、定額法を用いて5年間で完全に減価償却する。新たな車両25台は、5年間にわたって毎年14万ドルの税金・償却前利益をあげると見込まれている。会社は全額株式調達の会社で、法人税率は35%である。会社のレバレッジがない株主資本に要求されるリターンは13%で、車両の新規追加は、会社のリスクを増加させない。

a. もし全額株式調達のままでいるとしたら、会社が総車両に支払ってもよいと思える最大の価格はいくらか。

b. 会社はすべての車両を39万5,000ドルで購入できるとする。加えて、会社はこのプロジェクトの資金調達のためにクーポン利率8%の5年債を26万ドル発行できるとする。すべての元本は、5年後に1回のバルーン支払として返済される。このプロジェクトの修正現在価値（APV）はいくらか。

2．APV

ジェミニ社は全額株式調達の会社で、4年間のプロジェクトの存続期間にわたって定額法で減価償却される、190万ドルの投資を考えている。プロジェクトは4年間にわたって年間68万5,000ドルの税金・償却前利益を生み出すと期待されている。この投資は会社のリスク水準に変化を及ぼさない。ジェミニ社は地元の銀行から、プロジェクトの資金調達のために9.5％の４年ローンを受けることができる。すべての元本は、４年後に１回のバルーン支払として返済される。銀行はローン手数料（発行費用）として２万8,000ドルを請求するが、これはローンの期間中４年間にわたって減価償却される。もし会社がプロジェクトをすべて株主資本で調達したとしたら、会社の資本コストは13％になる。法人税率は30％である。修正現在価値（APV）法を用いて、会社がこのプロジェクトに着手すべきかどうか決定せよ。

3．FTE

ミラノ・ピザ・クラブは、特製ピザで有名な三つの同一レストランチェーン店を所有している。どの店も、負債・株主資本比率は40％で、毎年度末３万4,000ドルの利払いを行っている。会社のレバレッジを伴う株主資本コストは19％である。どの店も、年間の、売上高が120万ドル、売上原価が51万ドル、一般管理費が34万ドルになると推定されている。これらのキャッシュフローは永久に同じであると見込まれている。法人税率は40％である。

a．株主持分フロー法を用いて、会社の株主資本価値を求めよ。

b．会社の総価値はいくらか。

4．WACC

ワイルド・ウィジェッツ社が全額株式調達の会社だったら、1.1のベータをもつことになる。会社は、0.40の目標負債・株主資本比率をもっている。市場ポートフォリオの期待リターンは12％で、財務省短期証券の利回りは現在５％である。会社には20年後に満期を迎えるクーポン利率８％の発行済債券がある。債券は、現在975ドルで売られている。法人税率は34％である。

a．会社の負債コストはいくらか。

b．会社の株主資本コストはいくらか。

c．会社の加重平均資本コストはいくらか。

5．ベータとレバレッジ

北極釣具社と南極釣具社は、もし両社とも全額株式調達だった場合、1.25の同一な株主資本ベータをもつことになる。それぞれの会社の市場価値情報は以下のとおりである。

	北極釣具社	南極釣具社
負債	$2,900,000	$3,800,000
株主資本	3,800,000	2,900,000

市場ポートフォリオの期待リターンは12.40%であり、無リスク金利は5.30%である。両社とも法人税率は35%である。負債のベータはゼロであると仮定する。

a. 両社の株主資本ベータはそれぞれいくらか。

b. 両社の株主資本に要求されるリターンはそれぞれいくらか。

6．ローンのNPV

ケンドリック・エンタープライゼズ社のCFOであるダニエル・カフェは、10年の８%ローンで、総額535万ドルを調達することを評価している。ローンに対する利息の支払は年次で行われる。発行費用は総調達額の1.25%で、ローンの期間中10年間にわたって定額法で償却される。会社の税率は40%で、ローンは会社の財務的困難費用を増加させない。

a. 発行費用を除いたローンの純現在価値を計算せよ。

b. 発行費用を含めたローンの純現在価値を計算せよ。

7．全額株式調達企業のNPV

シャタード・ガラス社は、全額株式調達の会社である。会社の株主資本コストは現在14%で、無リスク金利は６%である。会社は現在、コストが1,140万ドルで６年間続くプロジェクトを考えている。プロジェクトは毎年、収益から費用を控除した金額として380万ドルを生み出す。もし会社の税率が40%だったら、プロジェクトを採用するべきか。

8．WACC

ナショナル・エレクトリック・カンパニー（NEC）は、パワー・システム部門において4,000万ドルのプロジェクトを考慮している。会社のCFOであるトム・エジソン氏はプロジェクトを評価し、レバレッジなしのプロジェクトのキャッシュフローが永久に毎年260万ドルになると決定した。エジソン氏は初期投資の調達のため、二つの可能性を考案した。10年債の発行か普通株式の発行である。NECの税引き前負債コストは7.2%で、株主資本コストは11.4%である。会社の目標負債・価値比率は80%である。このプロジェクトはNECの既存のビジネスと同じリスクを伴い、同量の負債をサポートする。NECは34%の税率枠にいる。NECはプロジェクトを採用すべきか。

9．WACC

ボレロ社は、資金調達コストに関して以下の情報をまとめた。

資金調達の種類	簿　価	時　価	コスト
短期負債	$10,000,000	$11,000,000	6.8%
長期負債	3,000,000	3,000,000	3.5
普通株式	6,000,000	26,000,000	14.5
合計	$19,000,000	$40,000,000	

会社は35%の法人税率におり、60%の目標負債・株主資本比率をもっている。目標短期負債/長期負債比率は20%である。

a. 簿価ウェイトを用いた場合、会社の加重平均資本コストはいくらか。

b. 時価ウェイトを用いた場合、会社の加重平均資本コストはいくらか。

c. 目標資本構成ウェイトを用いた場合、会社の加重平均資本コストはいくらか。

d. それぞれのWACCの違いは何か。プロジェクト評価に用いるのに正しいWACCはどれか。

◆中級（問題10－13）

10. APV

トライアド社は、ノースカロライナ州で有料道路を建設するために、タバコ道路建設社とジョイント・ベンチャーを組んだ。舗装機械の初期投資は3,000万ドルである。機械は、5年の経済耐用年数にわたって定額法を用いて完全に減価償却される。有料道路から徴収される利払い・税金・償却前利益は、初年度末から20年間、毎年380万ドルになると予想されている。法人税率は35%である。全額株式調達におけるプロジェクトに要求されるリターンは13%である。ジョイント・パートナーシップの税引き前負債コストは年8.5%である。社会資本整備への投資を促進するために、米国政府はこのプロジェクトに、1,800万ドルの、金利年5%期間15年というローン助成を与える。すべての元本は、15年後に一括バルーン払いとして返済される。このプロジェクトの修正現在価値はいくらか。

11. APV

前問の会社で、会社が普通得られる通常の条件で負債を発行しなければならないかわりに、助成付負債を発行できることの価値はいくらか。負債の額面金額と満期は同じであると仮定する。

12. APV

MVP社は、20年以上にわたってロデオ用品を生産してきた。現在、会社の負債・株主資本比率は50%であり、法人税率は40%である。レバレッジを伴う株主資本に要求されるリターンは16%である。MVP社は生産能力の拡大を計画している。購入される機材は、以下のレバレッジなしのキャッシュフローを生み出すことが期待されている。

年	キャッシュフロー
0	−21,000,000
1	6,900,000
2	11,000,000
3	9,500,000

会社は拡大資金の一部をまかなうため、700万ドルの負債発行をアレンジした。このローンでは、会社は毎年度末、年初の借入残高に対して9%の利息を支払う。会社はまた毎年度末に2,333,333ドルの元本返済も行い、3年後に完済する。修正現在価値法を用いて、会社がこの拡大計画を進めるべきかどうか決定せよ。

13. WACC

ネオン社の株式リターンと市場との間の共分散は0.036である。市場ポートフォリオのリターンの標準偏差は20%で、期待市場リスク・プレミアムは7.5%である。会社には総市場価値が3,500万ドルの発行済負債があり、最終利回りは8%である。会社はまた、600万株の普通株式を発行しており、1株が20ドルで売られている。会社のCEOは、会社の現在の負債・株主資本比率が最適であると考えている。法人税率は35%で、財務省短期証券の現在の利回りは年6%である。会社は4,500万ドルの費用がかかる追加の資本設備を購入するかどうか考えている。この設備から期待されるレバレッジなしのキャッシュフローは、5年間にわたり年間1,350万ドルである。設備の購入は会社のリスク水準を変えない。

a. 加重平均資本コスト法を用いて、ネオン社が設備を購入すべきかどうか決定せよ。

b. 会社は設備の購入に係る費用のすべてを負債で調達することに決めたとする。この場合、プロジェクトの資本コストはいくらか。説明せよ。

◆チャレンジ（問題14－17）

14. APV、FTE、そしてWACC

シーガー社はレバレッジがない会社で、永久に2,800万ドルの期待年次税引き前利益がある。会社の株主資本に要求されるリターンは現在20％で、会社は毎年度末すべての利益を配当として分配する。会社には150万株の発行済普通株式があり、35％の法人税率が課せられる。会社はクーポン利率９％の永久債を3,500万ドル発行して、その調達資金で株式を買い戻すという資本再構成を計画している。

a. 資本再構成計画が発表される前の、会社の価値を計算せよ。発表前の株主資本の価値はいくらか。１株当りの株価はいくらか。

b. APV法を用いて、資本再構成計画が発表された後の、会社の価値を計算せよ。発表後の株主資本の価値はいくらか。１株当りの株価はいくらか。

c. 何株が買い戻されるか。買戻しが完了した後の株主資本の価値はいくらか。１株当りの株価はいくらか。

d. 株主持分フロー法を用いて、資本再構成後の会社の株主資本の価値を計算せよ。

15. APV、FTE、そしてWACC

モジト・ミント社の負債・株主資本比率は0.35である。会社のレバレッジなしの株主資本に要求されるリターンは17％で、会社の負債の税引き前コストは９％である。モジト社の売上収益は、永久に昨年水準の2,890万ドルに安定したままであると予測されている。変動費は売上げの60％になる。法人税率は40％で、会社はすべての利益を毎年度末に配当として分配する。

a. もしモジト社がすべて株主資本で調達されていたら、会社の価値はいくらになるか。

b. 会社のレバレッジを伴う株主資本に要求されるリターンはいくらか。

c. 加重平均資本コスト法を用いて、会社の価値を計算せよ。会社の株主資本の価値はいくらか。会社の負債の価値はいくらか。

d. 株主資本フロー法を用いて、会社の株主資本の価値を計算せよ。

16. APV、FTE、そしてWACC

ローン・スター工業は、ちょうどクーポン利率９％の永久債を19万5,000ドル発行し、その調達資金を株式の買戻しに使ったところである。会社は永久に８万3,000ドルの利払い・税引き前利益を生むと見込んでいる。会社はすべての利益を毎年度末に配当として分配する。会社のレバレッジなしの資本コストは15％で、法人税率は40%である。

a. レバレッジがない企業としての会社の価値はいくらか。

b. 修正現在価値法を用いて、レバレッジを伴う会社の価値を計算せよ。

c. 会社のレバレッジを伴う株主資本に要求されるリターンはいくらか。

d. 株主資本フロー法を用いて、会社の株主資本の価値を計算せよ。

17. 規模拡大的でないプロジェクト

ブルー・エンジェル社は、クリスマス・ギフト産業の未公開企業で、新しいプロジェクトを考えている。会社は現在0.40の目標負債・株主資本比率をもっているが、業界の目標負債・株主資本比率は0.35である。業界の平均ベータは1.2である。市場リスク・プレミアムは7%で、無リスク金利は5%である。業界内のすべての企業が無リスク金利で負債を発行できると仮定する。法人税率は40%である。プロジェクトには47万5,000ドルの初期投資が必要で、その結果初年度末に8万ドルのキャッシュフローが入る見込みである。プロジェクトは、ブルー・エンジェル社の目標負債・株主資本比率で資金調達される。プロジェクトからの年次キャッシュフローは、5年度末まで5%の定率で成長し、その後は永久に一定のままとなる。ブルー・エンジェル社はこのプロジェクトに投資すべきか。

付章 18A　レバレッジド・バイアウトを評価するための修正現在価値法[9]

イントロダクション

レバレッジド・バイアウト（LBO）は、少数の株式投資家による、主に負債で資金調達された、公開または非公開企業の買収である。株主は重い利息と元本支払に、営業、および/または、資産の売却からの現金を充てる。一般に、株主は3～7年以内に、株式公開か他企業への会社の売却によってそのLBOを逆転させることを願っている。したがって買収は、会社が早い時期に負債の元利払いに十分な現金を生み出すことができ、プロセスの経過につれて他の購入者に会社が魅力的にな

9）この付章はIsik Inselbag and Howard Kaufold. The Wharton School, University of Pennsylvania,“Analyzing the RJR Nabisco Buyout: An Adjusted Present Value Approach.” よりとられた。

る場合にのみ、成功する可能性が高くなる。

レバレッジド・バイアウトにおいて、株式投資家は、決められたスケジュールに基づいて、残存元本の支払を行うことが期待される。持分所有者は会社の負債・株主資本比率が下がることを知っており、将来の営業のためにどれだけの負債額が必要か予測することができる。これらの状況下では、資本構成が変わっていくので、加重平均資本コスト（WACC）法に比べて、修正現在価値（APV）法のほうが、より実践的である。この付章では、これまでで最大のLBOであるRJRナビスコのケースを評価しながら、この手法を解説する。

RJRナビスコ・バイアウト

1988年夏、RJR株は1株55ドル近辺にとどまっていた。会社には50億ドルの負債があった。会社のCEOは、他の上級経営陣と協力して、マネジメント・バイアウトにより会社を非公開にするために、1株75ドルで買い付けると発表した。経営陣のオファーから数日後に、コールバーグ・クラビス&ロバーツ社（KKR）が90ドルの買付オファーで参戦した。11月の終わりには、KKRが1株109ドル（合計で250億ドル）のオファーで勝利を確実なものとした。ここで、APV法を用いてKKRの勝利の戦略を分析する。

本章で解説したAPV法は、プロジェクトのみならず会社も評価できる。このように適用された場合、レバレッジがある会社の最大価値（V_L）は、全額株式調達企業としての価値（V_U）に、資産が許容する負債からの利払節税効果の現在価値（PVTS）を足したものである[10]。この関係は以下のように表せる。

$$V_L = V_U + \mathrm{PVTS}$$
$$= \sum_{t=1}^{\infty} \frac{\mathrm{UCF}_t}{(1+R_0)^t} + \sum_{t=1}^{\infty} \frac{t_C R_B B_{t-1}}{(1+R_B)^t}$$

この式の2番目の項において、UCF_tはt年度の営業からのレバレッジを伴わないキャッシュフローである。これらのキャッシュフローを、資産に要求されるリターンR_0で割り引くと、全額株式調達の場合の企業価値が求められる。B_{t-1}は、年

10）　この数値から、財務的困難の費用もまた控除すべきである。とはいえ、RJRの場合は二つの理由で、これらの費用は小さいと考えられる。タバコと食品産業の会社として、会社のキャッシュフローは比較的安定しており、景気後退に強い。さらに、会社の資産は分割可能で、潜在的購入者にとって魅力的であり、会社の処分が必要になった場合、満額の価値を受け取れる。

表18A.1　RJR 営業キャッシュフロー

（単位：100万ドル）

	1989年	1990	1991	1992	1993
営業利益	＄2,620	＄3,410	＄3,645	＄3,950	＄4,310
営業利益に対する税金	891	1,142	1,222	1,326	1,448
税引き後営業利益	1,729	2,268	2,423	2,624	2,862
減価償却の加え戻し	449	475	475	475	475
資本支出の控除	522	512	525	538	551
運転資本の変化の控除	(203)	(275)	200	225	250
資産売却代金の加算	3,545	1,805			
レバレッジなしのキャッシュフロー（UCF）	＄5,404	＄4,311	＄2,173	＄2,336	＄2,536

表18A.2　予想利払費用および節税効果

（単位：100万ドル）

	1989年	1990	1991	1992	1993
利払費用	＄3,384	＄3,004	＄3,111	＄3,294	＄3,483
利払節税効果（$t_C=34\%$）	1,151	1,021	1,058	1,120	1,184

度（$t-1$）末での負債残高である。所与の年の利息は、前年度末時点の負債残高によるので、t 年度における支払利息は $R_B B_{t-1}$ である。よって、第２項の分子 $t_C R_B B_{t-1}$ は、t 年度の節税効果である。これらの年次節税効果を、会社の借入金利 R_B[11]を用いて割り引く。

KKR は RJR の食品部門のいくつかを売却し、会社の残りの部分をもっと効率的に運営する計画を立てていた。表18A.1は、KKR が資産売却計画と経営効率性を加味して予想した、バイアウトにおける RJR のレバレッジなしのキャッシュフローを提示している。

財務戦略の観点からは、KKR はレバレッジの大幅な上昇と、それに伴う税の利益をもくろんでいた。具体的には、KKR は買収を完了するために、およそ240億ドルの新規負債を発行し、年間利払費用を30億ドル以上にふやした[12]。表18A.2は、この取引で予想された、利払費用と節税効果を提示している。

ここで、表18A.1と18A.2のデータを用いて、RJR 買収の APV を計算する。この

11）　税引き前の借入金利 R_B は、LBO 契約のもとに特定の負債返済スケジュールがあらかじめ決められている場合に、利払節税効果の適切な割引率となる。もし負債誓約条項が、フリー・キャッシュフローのすべてを負債返済に充てることを要求するなら、任意の時点における負債残高、そして当然のことながら利払節税効果は、企業の営業キャッシュフローの直接関数である。負債残高はキャッシュフローと同じくらいリスキーなので、資産に要求されるリターンが利払節税効果を割り引くのに用いられるべきである。

表18A.3　RJRによるLBOの評価　（単位：100万ドル、株式数を除く）

	1989年	1990	1991	1992	1993
レバレッジなしのキャッシュフロー（UCF）	$5,404	$4,311	$2,173	$2,336	$2,536
最終価値：(1993年以降3%成長)					
レバレッジなしの最終価値(UTV)					23,746
目標負債での最終価値					26,654
最終価値の節税効果					2,908
利払節税効果	1,151	1,021	1,058	1,120	1,184
UCFのPV　1989－93　@14%	12,224				
UTVのPV　@14%	12,333				
レバレッジを伴わない価値の合計	$24,557				
節税効果のPV　1989－93　@13.5%	3,834				
最終価値における節税効果のPV　@13.5%	1,544				
節税効果の合計	5,378				
総価値	29,935				
承継負債の価値を控除	5,000				
株主資本の価値	$24,935				
株式数	2億2,900万株				
1株当りの価値	$108.90				

評価プロセスは表18A.3に提示してある。

表18A.3に示された評価は、四つのステップからなる。

ステップ1：*1989～1993年の、レバレッジなしのキャッシュフローの現在価値を計算する*。

1989～1993年のレバレッジなしのキャッシュフローは、表18A.1の最後の行と表18A.3の最初の行に示されている。これらのキャッシュフローは、資産に要求されるリターンR_0で割り引かれる。買収時点でのR_0は約14%であった。1989～1993年に期待される、レバレッジなしのキャッシュフローの1988年末における価値は、以下のようになる。

12）　この負債のかなりの部分は、現物払い（payment in kind, PIK）の類であり、貸し手に現金利息のかわりに、追加の債券を提供する。このPIK負債調達は、KKRに負債返済の資金負担を将来に先送りさせる一方で、大きな節税効果をもたらした。単純化するため、表18A.2は、現金利息と非現金利息を分けて示していない。

$$\frac{54.04}{1.14}+\frac{43.11}{1.14^2}+\frac{21.73}{1.14^3}+\frac{23.36}{1.14^4}+\frac{25.36}{1.14^5}=122.24\text{億ドル}$$

ステップ2：*1993年以降のレバレッジなしのキャッシュフロー（レバレッジなしの最終価値）の現在価値を計算する*。

レバレッジなしのキャッシュフローは、1993年以降、控えめに年間3％で成長すると仮定する。これらのキャッシュフローの1993年末時点で価値は、以下の成長パーペチュイティを割り引いたものに等しい。

$$\frac{25.36(1.03)}{0.14-0.03}=237.46\text{億ドル}$$

これを1988年の価値に転換すると、以下を得る。

$$\frac{237.46}{1.14^5}=123.33\text{億ドル}$$

ステップ1と同様、割引率は資産に要求されるリターンの14％である。

したがって、レバレッジを伴わない会社の価値の合計は、245.57億ドル（＝122.24億ドル＋123.33億ドル）となる。

総買収価値を計算するためには、負債調達によって生じることが期待される、利払節税効果を加えなければならない。

ステップ3：*1989〜1993年の利払節税効果の現在価値を計算する*。

1989年における米国税法では、支払利息1ドルにつき税金が34セント軽減される。1989〜1993年の利払節税効果の現在価値は、負債の税引き前平均コスト（これは約13.5％だった）で、年間節税額を割り引くことによって計算できる。表18A.2からの節税効果を用いて、これらの節税効果の割引価値は以下のように計算できる。

$$\frac{11.51}{1.135}+\frac{10.21}{1.135^2}+\frac{10.58}{1.135^3}+\frac{11.20}{1.135^4}+\frac{11.84}{1.135^5}=38.34\text{億ドル}$$

ステップ4：*1993年以降の利払節税効果の現在価値を計算する*。

最後に、1993年以降の会社の営業のために調達された負債に伴う節税効果の価値を計算しなければならない。負債は削減され、これ以降は会社の価値の25％に維持されると仮定する[13]。この仮定のもとでは、目標資本構成での会社の最終価値を計算するのに、WACC法を用いることが適切である。これは順に、全額株式調達の価値と節税効果からの価値に分解できる。

もし1993年以降、RJRが資本構成に25%の負債を用いるなら、この目標資本構成でWACCはおよそ12.8%になる[14]。よって、1993年末時点でのレバレッジを伴う最終価値は以下のように推定できる。

$$\frac{25.36(1.03)}{0.128-0.03}=266.54\text{億ドル}$$

レバレッジを伴う会社の価値は、レバレッジなしの価値に利払節税効果を足したものなので、以下が成り立つ。

$$\begin{aligned}\text{節税効果の価値（1993年末）} &= V_L(\text{1993年末})-V_U(\text{1993年末})\\ &=266.54\text{億ドル}-237.46\text{億ドル}\\ &=29.08\text{億ドル}\end{aligned}$$

これらの将来節税価値の、1988年末時点での価値を計算するには、再び借入金利の13.5%で割り引く[15]。

---

13)　この25%という数字は、RJRナビスコが所属する産業の負債活用と一致している。実際、これは経営陣による最初の買収提案直前の、RJRの負債・総市場価値比率であった。もし買収の資金調達に用いられた転換負債のかなりの部分がそれまでに株式と交換されれば、会社は1993年までにこの目標を達成できる。かわりに、KKRは新株を発行して（たとえば会社が公開された場合のように）、その調達資金で残存する負債の一部を償還することもできた。

14)　この利率を計算するには、本章での加重平均資本コストを用いる。

$$R_{WACC}=\frac{S}{S+B}R_S+\frac{B}{S+B}R_B(1-t_C)$$

そして、用いられた負債と株主資本の割合とコストを、適切な数値で置き換える。

具体的には、目標負債・価値比率は$\frac{B}{S+B}=25\%$で、$\frac{S}{S+B}=\left(1-\frac{B}{S+B}\right)=75\%$である。この割合を用いると、以下のようになる。

$$\begin{aligned}R_S&=R_0+\frac{B}{S}(1-t_C)(R_0-R_B)\\ &=0.14+\frac{0.25}{0.75}(1-0.34)(0.14-0.135)=0.141\end{aligned}$$

これらの結果と借入金利の13.5%をR_{WACC}に用いると、以下を得る。

$$R_{WACC}=0.75(0.141)+0.25(0.135)(1-0.34)=0.128$$

実際、この数値は、市場負債・価値比率が一定な場合か、あるいはキャッシュフローが成長している場合の、真の加重平均資本コストの概算値である。この問題に関する詳細な議論は、以下を参照されたい。Isik Inselbag and Howard Kaufold,"A Comparison of Alternative Discounted Cash Flow Approaches to Firm Valuation." The Wharton School, University of Pennsylvania (June 1990), unpublished paper.

$$\frac{29.08}{1.135^5}=15.44\text{億ドル}$$

したがって、節税価値の合計は53.78億ドル（＝38.34億ドル＋15.44億ドル）である。

これらの項目をすべて足し合わせると、買収提案におけるRJRの総価値は299.35億ドルになる。承継負債の市場価値50億ドルを差し引くと、株主資本の価値は249.35億ドル、もしくは１株当り108.90ドルになる。

LBO評価法の結びのコメント

本章ですでに述べたように、WACC法はキャピタル・バジェッティングにおいて、ずば抜けて最も広く用いられる応用手法である。この手法を用いてLBOを分析し、本付章の結果を得ることも可能であるが、しかし、はるかにむずかしいプロセスになる。われわれは、資本構成が時間とともに変わる場合に、APVアプローチが好ましい分析手法であることを示そうとした。

RJRに対するKKRの買収提案を、WACC法で評価する場合を考えてみよう。RJRの営業キャッシュフローを一連の加重平均資本コストによって割り引いて、同じ300億ドルという会社の総価値に到達することも可能であった。これを行うには、WACCが買収の進行とともに上昇するので、毎年適切な率を計算することが必要になる。これが起こるのは、税の助成の価値が、負債元本の返済に伴って減少するからである。言い換えれば、会社の資本構成が変化しているときに、資本コストを表す一つの数値は存在しない。

WACC法での買収の評価には、また理論的な問題もある。変化するWACCを計算するには、会社の負債と株主資本の市場価値を知らなければならない。しかしもし負債と株主資本の価値がすでにわかっているなら、会社の総市場価値もまたわかる。すなわち、WACCを計算するには会社の価値を知らなければならない。したがって、WACC法を適用するには、簿価を用いて負債と株主資本を測定するか、あるいは市場価値の動向に仮定を設けるしかないということになる。

---

15)　1993年以降、負債水準は企業価値の一定割合であり、節税効果は企業と同じくらいリスキーなので、利率R_0で割り引かれるべきであるという、説得力のある主張をすることが可能である。

ミニケース

●チーク・プロダクツ社のレバレッジド・バイアウト

チーク・プロダクツ社（CPI）は、53年前にジョー・チークによって設立され、当初はポテトチップスやプレッツェルなどのスナック・フードを販売していた。買収を通して、会社は、スナック・フード産業、ホーム・セキュリティ・システム、化粧品、およびプラスチックに主要な部門をもつ、複合企業に成長した。さらに、会社にはいくつかの小さい部門がある。近年、会社の業績は芳しくないが、会社の経営陣は業績（そして株価）を向上させるために、積極的に機会を探しているようにはみえない。

メグ・ウェイレンは、潜在的な買収候補を見つけ出すことに特化したファイナンシャル・アナリストである。彼女は、チーク社に二つの大きな変化が必要であると確信している。第一に、会社はいくつかの部門を売却し、スナック・フードおよびホーム・セキュリティ分野の中核能力に資源を集中したほうがよいと彼女は考えている。第二に、会社はすべて株式で資金調達されている。会社のキャッシュフローは比較的安定しているので、メグは会社の負債・株主資本比率が最低でも0.25であるべきだと考えている。彼女はこれらの変化が株主の富を著しく高めると考えているが、同時に現行の取締役会と会社の経営陣が、必要な措置をとる可能性は低いとも考えている。結果として、メグは会社がレバレッジド・バイアウトの格好の候補になると思っている。

レバレッジド・バイアウト（LBO）は、少数の株式投資家による、主に負債で資金調達された、公開または非公開企業の買収である。新しい株主は重い元利返済に、営業、および/または、資産の売却からの現金を充てる。一般に、株主は3年から7年以内に、株式公開か他企業への会社の売却によってそのLBOを逆転させることを願っている。したがって買収は、会社が早い時期に負債の元利返済に十分な現金を生み出すことができ、数年後に他の購入者に会社が魅力的になる場合にのみ、成功する可能性が高くなる。

メグは、彼女のパートナーであるベン・フェラーとブレントン・フリンに、LBOの可能性を提案した。ベンとブレントンは、会社のキャッシュフロー予測を用意するようメグに求めた。メグは以下の推定値を用意した（単位：100万）。

	2010年	2011	2012	2013	2014
売上高	$2,115	$2,371	$2,555	$2,616	$2,738
原価	562	738	776	839	884
減価償却	373	397	413	434	442
EBT	$1,180	$1,236	$1,366	$1,343	$1,412
資本支出	$ 215	$ 186	$ 234	$ 237	$ 234
純運転資本の変化	$ (94)	$ (143)	$ 78	$ 73	$ 83
資産の売却	$1,092	$ 791			

5年目の終わりに、キャッシュフローの成長率は年3.5%になるとメグは推定する。資本支出は、新しいプロジェクトと古くなった設備を交換するためのものである。加えて、会社はいくつかの部門の売却からキャッシュフローを実現する。会社はこれらの資産を売却するが、それでもなお、残った部門に対するより集中した努力により、全体的な売上高は上昇するはずである。

会社の財務諸表とさまざまな予測シナリオを掘り下げて吟味した後、ベンとブレントンは、5年後には会社をだれかに売却するか、再上場できると感じている。彼らはまた、買収価格のかなりの部分を借り入れる必要があることもわかっている。もしLBOを行った場合、今後5年間のそれぞれの年における、負債の支払利息は以下のとおりである（単位：100万）。

	2010年	2011	2012	2013	2014
支払利息	$1,482	$1,430	$1,534	$1,495	$1,547

会社の資産に要求されるリターンは現在14%である。負債水準が高いので、今後5年間の負債の最終利回りは12.5%になる。5年後に負債の借換えが行われると、新しい最終利回りは8%になると彼らは考えている。

CPI社には現在1億6,700万株の発行済株式があり、1株53ドルで売られている。法人税率は40%である。もしメグ、ベン、そしてブレントンがLBOを行うとしたら、彼らがオファーできる最大の1株当り株価はいくらか。

第19章

配当と他の分配

2008年５月28日、トラクター・メーカーのジョン・ディア社は、近年の事業の成功を株主に報いるための広範なプランを発表した。このプランでは、ディア社は、①四半期配当を12％引き上げて１株当り25セントから１株当り28セントにし、②予定されていたディア社の普通株式の買戻しを、19億ドルから69億ドル（もしくは会社の発行済株式の約７分の１）に拡大することになる。投資家は喝采し、発表の日に株価を3.4％せり上げた。なぜ投資家はそれほど喜んだのだろうか。その答えを見つけ出すために、本章ではこれらの行動のタイプと、これらが株主に対してもつ意味を探求する。

19.1　異なるタイプの配当

*配当*という言葉は、通常、利益の現金分配を指す。もし分配が、当期利益かあるいは累積利益剰余金以外の原資からなされたのであれば、配当よりむしろ*分配*という言葉が使われる。しかしながら、利益からの分配を配当と呼び、資本からの分配を清算配当と呼ぶことは許容される。

配当の最も一般的なタイプは、現金の形態である。公開企業は通常、**定期現金配当**（regular cash dividends）を１年に４回支払う。時に企業は、定期現金配当と*特別現金配当*を支払う。現金配当を支払うことは、企業の現金と利益剰余金を減らす―ただし清算配当の場合を除く（この場合、払込資本が減少するかもしれない）。

配当もう一つのタイプは、株式証券によって支払われる。この配当は、**株式配当**（stock dividends）と呼ばれる。現金が企業から流出しないので、これは真の配当ではない。正確には、株式配当は発行済株式数を増加させ、その結果各株式の価値を減少させる。株式配当は通常、比率で表される。たとえば、2％の株式配当では、株主は現在保有する50株につき1株の新株を受け取ることになる。

企業が**株式分割**（stock split）を宣言したとき、発行済株式数は増加する。各株式は以後、企業のキャッシュフローのより小さな割合を受け取る権利をもつことになるため、株価は下落するはずである。たとえば、株式が90ドルで売られている企業の経営陣が、1：3の株式分割を宣言した場合、株価は30ドル近辺に下落するはずである。株式分割は、通常ずっと大規模であることを除けば、きわめて株式配当に似ている。

現金支払の代替的な形態は、**自社株買戻し**（stock repurchase）である。ちょうど会社が配当を支払うために現金を使うように、会社は自社株を買い戻すために現金を使うかもしれない。買い戻した株式は、金庫株として会社に保有される。

19.2　現金配当の標準的支払方法

配当を支払うか支払わないかの決定は、企業の取締役会に委ねられている。配当は、ある特定の日付に株主名簿に記載された株主に分配可能である。配当が宣言されると、それは企業の債務となり、企業は簡単に無効にすることができない。配当額は、1株当り何ドル（*1株当り配当*）、市場株価の何％（*配当利回り*）、あるいは1株当り利益の何％（*配当性向*）というように表現される。

配当支払の仕組みは、図19.1の例と以下のスケジュールにより説明できる。

図19.1　配当支払手続の例

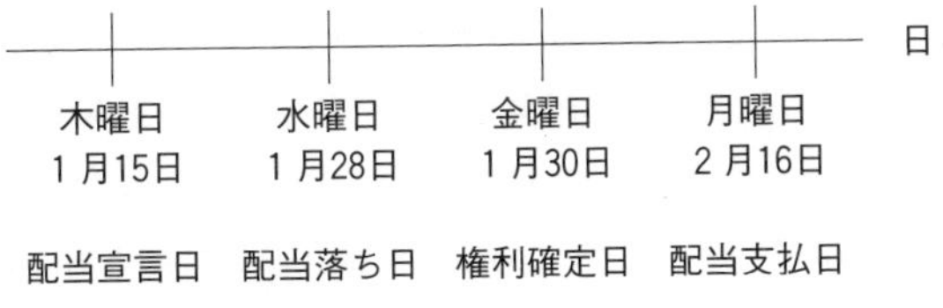

1. *配当宣言日*：取締役会が配当の支払を宣言する。
2. *権利確定日*：宣言された配当は、ある特定の日付に株主名簿に記帳された株主に分配可能となる。
3. *配当落ち日*：株式は、売り手に配当を得る権利が与えられる日に、配当落ちとなる。ニューヨーク証券取引所の規則では、株式はその後2営業日、権利確定日の前まで配当落ちとして取引される。
4. *配当支払日*：配当小切手が株主名簿に登録された株主に郵送される。

今日の配当のリストは、www.earnings.com

1．*配当宣言日（Declaration date）*：1月15日（配当宣言日)、取締役会は、1月30日付で株主名簿に記載されたすべての株主に対し、2月16日に1株当り1ドルの配当を支払う決議案を可決する。

2．*権利確定日（Date of record）*：企業は、1月30日時点で株主であると信じられるすべての人々の名簿を準備する。ここで信じられるという言葉は重要である。なぜなら、1月30日以後企業が購入通知を受け取った人々には、配当が支払われないからである。

3．*配当落ち日＊（Ex-dividend date）*：権利確定日における手続は、効率的な証券会社が、1月29日に発生した取引を1月30日までに企業に通知でき、一方で、同じ取引が効率的でない証券会社によって執行された場合、2月2日になるまで企業に届けられないとしたら、公正とはいえない。この問題を取り除くために、すべての仲買業者は、権利確定日の3営業日前に株式を購入した場合、株主に対して配当を受け取る権利を与えている。権利確定日の2営業日前、この例では1月28日水曜日は、配当落ち日と呼ばれる。この日以前では、株式は権利付きで取引されるといわれる。

4．*配当支払日（Date of payment）*：配当小切手は、2月16日に株主に郵送される。

明らかに、配当落ち日は重要である。なぜなら配当落ち日以前に証券を購入した人々は、直近の配当を受け取る一方で、配当落ち日当日あるいは以後に証券を購入した別の人々は、配当を受け取ることができないからである。したがって、株価は(ほかに何のイベントも起きないと仮定して）配当落ち日に下落する。この下落は、非効率性ではなく、効率性を示していることに注意されたい。なぜなら、市場が現金配当に合理的に価値をつけるからである。税金も取引コストもない世界では、株価は配当額だけ下落することが期待されるだろう。

＊訳者注：配当ではなく株式分割や増資による新株取得権などの場合は「権利落ち」というが、日本では配当落ちも権利落ちという場合が多い。

配当落ち日以前　　　　　　　　株価＝＄（P＋１）

配当落ち日当日あるいは以後　　株価＝＄P

これは、図19.2に例示されている。

株価の下落幅は、実証研究の問題である。たとえば、キャピタル・ゲイン課税のないケースを考えてみよう。株式が配当落ちとなる前日に、株式購入者は、①すぐに株式を買って今度の配当に税金を支払うか、②翌日株式を買って配当を受け取らないか、のどちらかを決めなければならない。もしすべての投資家が15％の税率枠におり、四半期配当が１ドルだったら、株価は配当落ち日に0.85ドル下落するはずである。すなわち、もし株価が配当落ち日にこの金額だけ下落したら、購入者はどちらの戦略でも同じリターンを得ることになる。

配当落ち日の価格下落の一例として、2004年11月にマイクロソフトが支払った巨大な配当を考えてみよう。この特別配当は、総額で桁外れの326億ドルにのぼった。これは史上最も大きい企業の現金支払だった。何がマイクロソフトの特別配当を特別なものにしたかというと、その絶対的な規模である。2004年にS&P500内のすべての企業が支払った年間配当は合計で2,136億ドルだったので、マイクロソフトの特別配当は、この年S&P500企業が支払った合計額の約15％にのぼった。この特別配当の規模にもう一つ別の感触を得るために、配当が投資家に送られた12月に、米国の個人所得が3.7％上昇したことを考えてみるとよい。この配当なしでは、個人所得は0.3％上昇したにすぎないので、この配当支払は、この月の米国におけるすべての個人所得の約３％を占めていた！

株式は2004年11月15日に配当落ちになった。総配当額は１株当り3.08ドルで、このうち特別配当が３ドルで、通常配当が0.08ドルだった。次の株価チャートは、配

図19.2　現金配当１ドルに対する配当落ち日近辺の株価の動き

——完全な世界の場合——

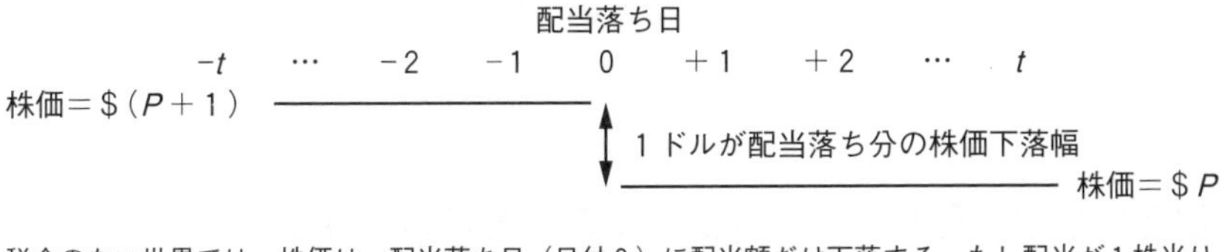

税金のない世界では、株価は、配当落ち日（日付０）に配当額だけ下落する。もし配当が１株当り１ドルだったら、株価は配当落ち日に価格Ｐに等しくなる。

配当落ち日以前（−１）　　価格＝＄（P＋１）

配当落ち日（０）　　　　　価格＝＄P

当落ち日の４日前から配当落ち日までの、マイクロソフト株の変化を示している。

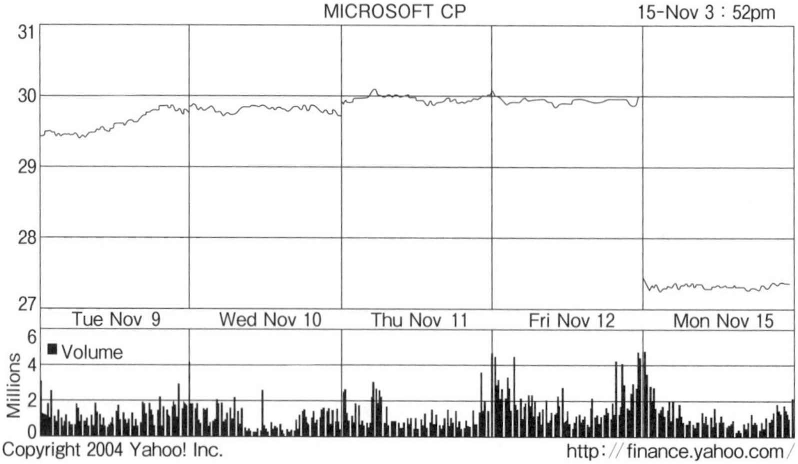

株式は11月12日（金曜日）に29.97ドルで取引を終え、11月15日に27.34ドルで取引を開始した。2.63ドルの下落である。15％の配当課税率では、2.62ドルの下落が期待されるが、実際の下落もほとんどぴったりこの金額だった。

19.3　ベンチマーク・ケース：配当政策の無関係性の例証

配当政策は関係ないという、説得力のある議論を展開することが可能である。これをブリストル社の例で説明する。ブリストル社は、全額株式調達の会社であり、10年間存続している。現在の経営陣は、現時点（時点０）で会社が１年後（時点１）に解散することを知っている。時点０で、経営陣は100％確実にキャッシュフローを予測できる。経営陣は、会社がいますぐ１万ドルと、来年に別途１万ドルのキャッシュフローを受け取ることを知っている。ブリストル社には、ほかにNPVがプラスの追加的プロジェクトはない。

現在の政策：配当をキャッシュフローと等しくする

現在、各時点における配当（Div）は、１万ドルのキャッシュフローと等しく設定されている。会社の価値は、これらの配当を割り引くことによって計算できる。

この価値は、以下のように表せる。

$$V_0 = \mathrm{Div}_0 + \frac{\mathrm{Div}_1}{1 + R_S}$$

ここで、Div_0とDiv_1は配当として支払われたキャッシュフローであり、R_Sは割引率である。最初の配当は即座に支払われるので、割り引かれない。

$R_S = 10\%$と仮定すると、会社の価値は、次のようになる。

$$\$19,090.91 = \$10,000 + \frac{\$10,000}{1.1}$$

もし発行済株式数が1,000株であった場合、各株式の価値は、

$$\$19.09 = \$10 + \frac{\$10}{1.1} \tag{19.1}$$

となる。例を簡単にするため、配当落ち日は、配当支払日と同じであると仮定する。直近の配当が支払われた後に、株価は即座に、9.09ドル（＝$19.09－$10）に下落する。ブリストル社の取締役会のメンバー数名は、現在の配当政策に不満を表明し、あなたに代替政策を分析するよう依頼した。

代替政策：最初の配当がキャッシュフローより大きい

もう一つの政策は、会社がすぐに１株当り11ドルの配当を支払うことであり、もちろん、配当支払総額は１万1,000ドルになる。資金流入は１万ドルしかないため、追加の1,000ドルをいくつかの方法のうちの一つで調達しなければならない。おそらく、いちばん簡単な方法は、いま（時点０で）債券あるいは株式を1,000ドル発行することだろう。株式が発行され、新株主は、時点０における投資に対して10%の要求リターンをあげるのに十分なキャッシュフローを、時点１で要望すると仮定する。新株主は、時点１のキャッシュフローに1,100ドルを要求し、旧株主には8,900ドルだけが残る。旧株主への配当は、以下のようになる。

	時点０	時点１
旧株主への総配当額	$11,000	$8,900
１株当り配当額	$　11.00	$　8.90

したがって、１株当りの配当の現在価値は、以下になる。

$$\$19.09 = \$11 + \frac{\$8.90}{1.1} \tag{19.2}$$

学生には、しばしば新株が発行される価格の決め方が勉強になる。新株の保有者は最初の配当を受け取る権利がないので、彼らは1株当り8.09ドル（= $8.90/1.1）を支払うことになる。したがって、123.61株（= $1,000/$8.09）の新株が発行される。

無差別性命題

式19.1と式19.2の値は、等しいことに注意されたい。これは、配当政策の変更が株式の価値に影響を与えなかったという、最初は驚くような結論に導く。しかしながら、よく考えてみると、この結果はかなり理にかなっているようにみえる。新株主は、時点0でお金を手放し、時点1で適切なリターンとともにそれを取り戻す。言い換えれば、彼らは、NPVがゼロの投資を行っているのである。図19.3に表されているように、旧株主は、時点0で追加的な資金を受け取るが、時点1において新株主に対して適切なリターンとともにお金を支払わなければならない。旧株主は元本に加えて適切なリターンを払い戻さなければならないので、時点0における新株の発行は、旧株主の持分の価値を、ふやしも減らしもしない。すなわち、彼らは、新株主にNPVがゼロの投資を譲っているのである。時点0における配当額の増加は、時点1での配当額の減少の必要性につながる。このため、旧株主の持分の価値は変化のないままである。

この例証は、Miller and Modigliani（MM）の先駆的な研究を基本にしている。われわれの説明は数値例のかたちであるが、MMの論文は、より一般的な状況において、投資家が配当政策に対して無差別であることを証明している。

自家製配当

この例で、投資家の配当政策に対する無差別性を説明するために、現在価値の式を使った。もう一つの、そしておそらくもっと直観的でわかりやすい説明は、割引キャッシュフローの数式がないものだろう。

個人投資家 X は、時点0と1の両方において、1株当り10ドルの配当を選好するとする。会社の経営陣が、代替の配当政策（二つの時点でそれぞれ11ドルと8.90

図19.3　現在と代替の配当政策

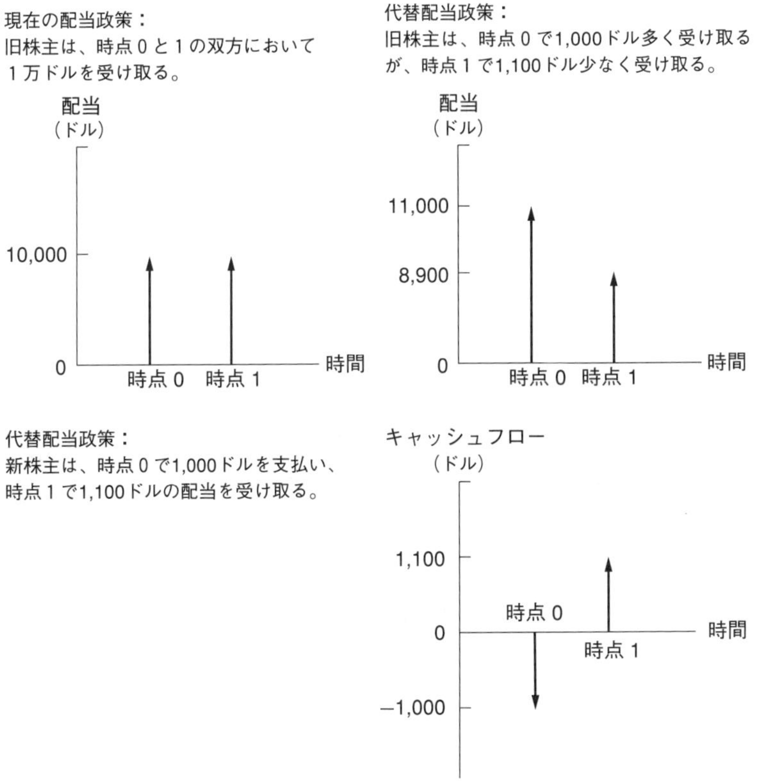

ドルの配当）を採択したと知らされたとき、彼女は失望するだろうか。必ずしもそうではない。なぜなら彼女は時点０で受け取った、必要のない資金１ドルを容易に再投資することができ、時点１で1.10ドルの増分リターンを得ることができるからである。したがって彼女は、時点０で10ドル（＝＄11－＄１)、そして時点１で10ドル（＝＄8.90＋＄1.1）の、望んでいた正味キャッシュフローを得ることになる。

反対に投資家*Z*は、時点０で11ドルのキャッシュフローを、そして時点１で8.90ドルのキャッシュフローを望んでいたが、経営陣が時点０と時点１の両方で10ドルの配当を支払うことを知ったとする。ここでは、彼は、時点０で株式を売って、望むキャッシュフローを得ることができる。すなわち、彼が時点０で総額１ドルの株式（あるいは一部分）を売れば、彼の時点０でのキャッシュフローは、11ドル（＝＄10＋＄１）となる。時点０における１ドル分の株式の売却は、時点１で配当を1.10

図19.4　自家製配当：時点0での配当と時点1での配当のトレードオフ

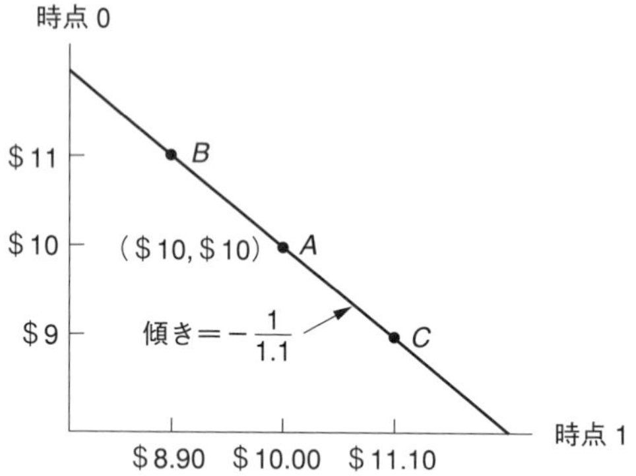

図は、①経営陣がどのように配当政策を変えることができるのかと、②個人がどのように企業の配当政策を元に戻せるのかの両方を示している。

配当政策を変更する経営陣：すべてのキャッシュフローを即座に支払った企業が、図上の点Aにある。企業は、追加の配当を支払うために新株を発行することによって点Bに、あるいは一部の現金で旧株を買い戻すことによって、点Cに達することができる。

企業の配当政策を元に戻す個人：企業が点Bによって表された配当政策を採用するとする。つまり時点0で11ドル、時点1で8.90ドルの配当である。個人は、配当の1ドルを10％で再投資することができ、点Aに移動する。かわりに、企業が点Aによって表された配当政策を採用するとする。個人は時点0で1ドル相当の株式を売却することができ、点Bに移動する。企業がどのような配当政策を確立しようとも、株主はそれを元に戻すことができる。

減らすため、彼の時点1での正味キャッシュフローは、8.90ドル（＝＄10－＄1.10）となる。

この例題は、どのように投資家が自家製配当（homemade dividends）をつくりだせるのかを説明している。この場合、企業の配当政策は、潜在的に不満足な株主によって元に戻される。この自家製配当は図19.4に示されている。ここで時点0と時点1双方における企業のキャッシュフローは、点Aによって表されている。この点はまた、最初の配当支払も表している。しかしながら、先ほどみたように、企業はかわりに時点0で11ドルと、時点1で8.90ドルを支払うことも可能であり、これは点Bによって表された戦略である。同様に、新株を発行するか、あるいは旧株を買い戻すことで、企業は対角線上の任意の点によって表された配当支払を達成することができる。

前の段落は、企業の経営陣が利用可能な選択肢を描写している。同じ対角線はまた、株主が利用可能な選択肢も表している。たとえば、株主が（＄11，＄8.90）の配当の分配を受け取る場合、株主は配当の一部を再投資することで、図の右下の方向に移動することもできれば、株式を売却して左上の方向に移動することもできる。

図の意味するところは、二つの文章に要約することができる。

1．配当政策を変えることによって、経営陣は図19.4の対角線に沿った、いかなる支払も達成することができる。
2．時点0で超過配当を再投資するか、あるいは株式を売却することによって、すべての個人投資家は対角線に沿った、いかなる正味現金支払も達成することができる。

したがって、企業と個人投資家の両方が対角線に沿ってのみ移動することができるため、このモデルにおける配当政策は無関係である。経営陣が行う配当政策の変更は、配当を再投資するか、あるいは株式を売却するかのどちらかによって、対角線上の望む点に移動できる個人投資家により、元に戻すことが可能である。

テスト

これらの正しい文章を検討することによって、あなたの知識をテストすることができる。

1．配当は重要である。
2．配当政策は無関係である。

最初の文章は、一般常識に従っている。明らかに投資家は、ある1期において、他の期の配当がすべて一定に保たれているなら、低配当よりも高配当を好む。言い換えれば、他のすべての期における1株当り配当が一定に保たれる一方で、ある期の1株当りの配当がふやされたら、株価は上昇するだろう。この行動は、生産性の改善、節税効果の増加、あるいは製品開発力の強化といった、経営陣の意思決定によって成し遂げることができる。実際、第9章において、企業の株式価値は、すべての将来配当の割引現在価値に等しいとわれわれが主張したことを、思い出されたかもしれない。

2番目の文章は、配当政策が、その他すべての期における1株当りの配当水準を一定に保つ一方で、ある1期の1株当り配当を引き上げることはできないということさえわかれば、理解可能である。正確にいえば、配当政策は単にある期の配当と、その他の期の配当とのトレードオフを確立するにすぎない。図19.4でみたように、時点0での配当の増加は、時点1での配当の減少によってのみ達成可能である。減少の程度は、すべての配当の現在価値が影響を受けない程度であるということである。

したがって、この単純な世界では、配当政策は重要ではない。つまり、経営陣が現在の配当を引き上げるか引き下げるか、どちらを選んだとしても、会社の現在価値には何の影響も及ぼさない。この理論は強力であり、MMの成果は一般的に現代ファイナンスの古典と考えられている。比較的少ない仮定で、驚くような結論が完全に正しいことであると示される。とはいうものの、われわれはMMに無視された多くの現実世界の要因を検討したいので、彼らの研究は本章における配当の議論の出発点にすぎない。本章の残りの部分では、これら現実世界の要因を調査する。

配当と投資政策

先の議論は、新株発行による配当の増加が、株主に役立ちもしなければ、損害も与えないことを示している。同様に、株式買戻しによる配当の減少も、株主に役立ちもしなければ、損害も与えない。この結果の鍵は、全体的なキャッシュフローの水準が固定されていると仮定し、着手可能なポジティブNPVプロジェクトに変化がないことを理解することである。

配当を増加させるために、資本支出を減らすことはどうなのだろうか。前のほうの章で、企業がすべてのポジティブNPVプロジェクトを受け入れるべきであることを示した。そうしなければ、企業の価値を減少させることになるだろう。したがって、以下の重要なポイントを得る。

企業は配当をふやすため（あるいは初めて配当を支払うため）に、決してポジティブNPVプロジェクトを断念するべきではない。

この考えは、Miller and Modiglianiによって暗に考慮された。指摘したように、彼らの配当無差別性命題の根底にある仮定の一つは、「企業の投資政策は先に決められていて、配当政策の変更によって変えられない」ということであった。

19.4 株式の買戻し

現金配当を支払うかわりに、企業は自社株を買い戻すために現金を使うかもしれない。近年、株式の買戻しは、株主への利益分配の一つの重要な手法になってきた。図19.5を考えてみよう。これは1984～2004年までの期間における、米国事業法人の、配当、株式買戻し、および利益の総額を表している。みてとれるように、初めのうちは株式買戻しの金額は、配当に比べて小さな割合だった。しかしながら、1998年には株式買戻しの金額が配当の金額を上回り、それからまた2003年に逆転した。また、図19.5で、買戻しと配当支払に「粘着性」がみられることにも注意されたい。2001年、総企業利益はマイナスに転じたが（特別会計項目を含む）、配当と株式買戻しの水準はあまり変わらなかった。より一般的にいうと、総利益のボラティリティは、配当と株式買戻しのボラティリティより、ずっと大きかった。

株式の買戻しは、通常三つの方法のうちの一つで成し遂げられる。まず、ほかのだれかがある株式を買うように、企業は単純に自社の株式を購入してもよい。このような*公開市場買付け*（*open market purchases*）では、企業は自身を購入者として明らかにしない。したがって売り手は、株式が企業に買い戻されたのか、他の投

図19.5　米国事業法人の、利益、配当、および正味買戻額

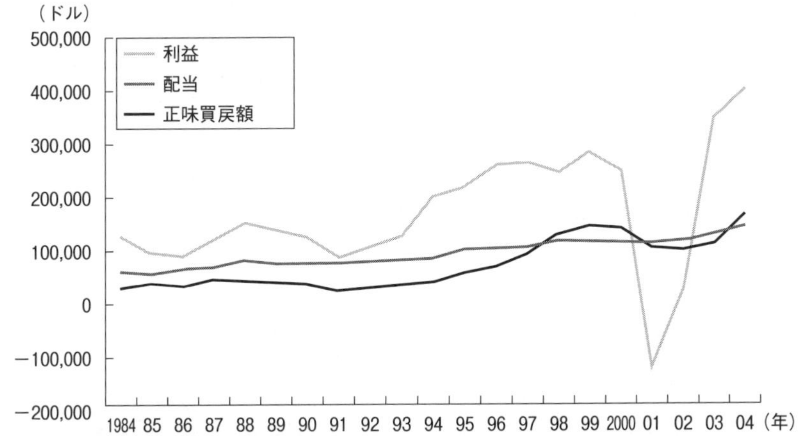

定義：正味買戻額は株式売却を含み、利益は特別項目を差し引いた純額である。
（出所）　Douglas Skinner, "The Evolving Relation between Earnings, Dividends, and Stock Repurchases," *Journal of Financial Economics* 87（2008）, pp.582-609. Appendix I より。

資家に買われたのかわからない。

２番目に、企業は*株式公開買付け（tender offer）*を開始することができる。ここでは、企業はすべての株主に対して、ある決められた価格で一定の株数を購入すると発表する。たとえば、A&C 社には、１株50ドルで100万株の発行済株式があるとしよう。会社は１株60ドルで30万株を買い戻す株式公開買付けを行う。A&C 社は、株主に株式を売る気にさせるために、50ドル以上の価格を選ぶ。実際、買付価格が十分高く設定されれば、株主は30万株以上を売りたいと思うだろう。すべての株式が差し出される極端なケースでは、A&C 社は、株主が保有する10株につき３株を買い戻すことになる。一方で、もし株主が十分な株式を差し出さなければ、公開買付けはキャンセルされる。公開買付けと関連する方法に、*ダッチ・オークション（Dutch auction）*がある。ここでは、企業は売却される株式に固定価格を設定しない。かわりに、企業が株式の入札オークションを行う。企業はさまざまな価格で買い取りたい株式数を発表し、株主はそれぞれの価格でどれだけの株式を売る気があるのかを知らせる。その後、企業は目的を達成する最も安い価格を支払う。

最後に、企業はある特定の個別株主から株式を買い戻すことができる。この手続は、*「標的買戻し」（targeted repurchase）*と呼ばれる。たとえば、インターナショナル・バイオテクノロジー社が、プライム・ロボティクス社の発行済株式の約10%を、１株38ドルで４月に購入したとする。そのとき、インターナショナル・バイオテクノロジー社は証券取引委員会に、プライム・ロボティクス社の経営権を最終的に買収するかもしれないと報告した。５月、プライム・ロボティクス社は、インターナショナル・バイオテクノロジー社保有の株式を、当時の時価よりずっと高い１株48ドルで買い戻した。このオファーは他の株主にはなされなかった。

企業はさまざまな理由からこの種の買戻しを行う。まれなケースでは、一人の大株主が、公開買付けよりも低い価格で、買収に応じることもありうる。法的費用もまた、より典型的な買戻しに比べて、標的買戻しのほうが安いかもしれない。くわえて、大株主の株式はしばしば、経営陣が望まない乗っ取りを避けるために買い戻される。

ここで、理論的に完全な資本市場における株式買戻しの例を考察する。続いて、買戻しの意思決定にかかわる現実の世界の重要な要因を議論する。

配当 vs 買戻し：概念的な例

テレフォニック・インダストリーズ社は、30万ドル（または1株当り3ドル）の余剰現金をもち、特別配当としてこの金額の即座の支払を考えているとしよう。会社は、この配当の後、年間利益が45万ドル（もしくは10万株の発行済株式1株当り4.5ドル）になると予想している。同等の企業の株価収益率が6なので、配当が支払われた後、会社の株式は27ドル（＝＄4.50×6）で売られるはずである。これらの数値は、表19.1の上半分に示されている。配当が1株当り3ドルなので、株式は配当支払*前*、1株30ドルで売られていただろう。

かわりに、会社は余剰現金で自社株の一部を買い戻すことができる。30ドルでの公開買付けがなされると想定しよう。ここでは、1万株が買い戻され、残りの総発行済株式数は9万株になる。前より残存株式数が少ないので、1株当り利益は5ドル（＝＄450,000/90,000）に上昇する。株価収益率は6のままである。なぜなら、会社のビジネスおよび財務リスクは、買戻しの場合も、配当の場合と同じであるからである。したがって、買戻し後の株価は30ドル（＝＄5×6）になる。これらの結果は表19.1の下半分に提示されている。

この例で、手数料、税金、そして他の不完全性要素を無視すると、株主は配当と買戻しに対して無差別である。配当の場合、各株主は27ドルの価値をもつ株式と3ドルの配当を受け取るので、合計価値は30ドルである。この数字は、買戻しの場合における、売却株主が受け取る金額と、残った株主の株式の価値双方と等しい。

この例は、完全な市場においては、企業が配当支払と株式買戻しに対して無差別であるという重要な点を説明している。この結果は、MMによって確立された負債対株主資本調達、および配当対キャピタル・ゲインの無差別性命題と非常に似ている。

表19.1　テレフォニック・インダストリーズ社の配当 vs 買戻しの例

	会社全体	1株当り
特別配当		（発行済株式数＝100,000）
提案された配当金	＄300,000	＄3.00
配当後の予想年間利益	450,000	4.50
配当後の株式の市場価値	2,700,000	27.00
買戻し		（発行済株式数＝90,000）
買戻し後の予想年間利益	＄450,000	＄5.00
買戻し後の株式の市場価値	2,700,000	30.00

1株当り利益がふえるので買戻合意は有益であると、時々著名な金融新聞で目にするかもしれない。もし買戻しが現金配当のかわりに用いられたら、テレフォニック・インダストリーズ社の1株当り利益はたしかに上昇する（EPSは配当後で4.5ドル、買戻し後で5ドル）。この結果が成り立つのは、買戻し後の発行済株式数の減少が、EPS比率の分母の減少を意味するからである。

しかしながら、金融新聞は買戻合意におけるEPSの数値を、過度に重要視しているかもしれない。これまで議論した無関係性命題をもとに考えると、EPSの上昇は必ずしも有益ではない。表19.1は、買戻しが余剰現金でまかなわれた場合、完全な市場においては、株主の総価値は、配当支払の戦略の場合も、買戻戦略の場合と同じであることを示している。

配当 vs 買戻し：現実の世界の考慮

先に、配当と比較した株式買戻しの成長を表した図19.5を参照した。実際には、配当を支払うほとんどの企業が、株式も買い戻す。これは、株式の買戻しが必ずしも配当を支払うことの代用ではなく、むしろ補完するものであることを示唆している。2007年では、配当だけを支払ったか、買戻しだけを行った米国事業法人の数は、配当支払と買戻しの両方を行った企業の数とほぼ同じだった。なぜ一部の企業は、配当よりも買戻しを選ぶのだろうか。以下はたぶん最も一般的な理由のうちの五つである。

1．**柔軟性**：企業はしばしば配当を株主に対する約束としてみなし、これまでの配当額を減らすことに非常に躊躇することは広く知られている。買戻しは同様の約束を意味しない。したがって、永久にキャッシュフローが増加する企業は、配当をふやす可能性が高い。逆に、キャッシュフローの増加が単に一時的なものである企業は、株式を買い戻す可能性が高い。

2．**エグゼクティブ報酬**：エグゼクティブにはしばしば全体的な報酬の一部として、ストック・オプションが与えられる。表19.1のテレフォニック・インダストリーズ社の例を再考してみよう。この例では、会社が配当かあるいは買戻しかを検討していたとき、会社の株式は30ドルで売られていた。さらに、この意思決定が行われる2年前、テレフォニック社はCEOのラルフ・テイラーに、1,000のストック・オプションを授与していたと想定しよう。当時、株価はたった20ドルだった。これはテイラー氏がオプションの授与日から行使期限日までのいつでも、オプションの*行使*と呼ばれる手続で、1,000株を１株当り20ドルで購入できることを意味する。行使による彼の利益は、20ドルを超える株価の上昇と直接的に比例する。この例でみたように、株価は配当の後27ドルに下落するが、買戻しの後は30ドルにとどまる。このCEOは明らかに配当より買戻しを好むだろう。なぜなら、株価と行使価格20ドルの差は、買戻しの後は10ドル（＝＄30－＄20）だが、配当の後は７ドル（＝＄27－＄20）しかないからである。株価は配当後よりも買戻し後のほうが高いので、既存のストック・オプションは常に、会社が配当を支払うかわりに株式を買い戻したほうが大きな価値をもつ。

3．**希薄化の相殺**：加えて、ストック・オプションの行使は、発行済株式数を増加させる。言い換えれば、行使は株式の希薄化をもたらす。企業はこの希薄化を相殺するためにしばしば株式を買い戻す。しかしながら、これが買戻しの正当な理由であると主張することは困難である。表19.1で示したように、買戻しは株主にとって配当よりよくも悪くもない。われわれの議論は、ストック・オプションが以前に行使されていようがいまいが成立する。

4．**過小評価**：多くの企業は、買戻しが最良の投資であると考えるので、株式を買い戻す。これは、株価が一時的に割安になっていると経営陣が考えるときに頻繁に起こる。

経営陣が株式を割安だと思うときに、企業が株式を買い戻すという事実は、決して会社の経営陣が正しいことを意味しない。実証研究のみが、検証可能である。株式市場の買戻しの発表に対する即座の反応は、通常好意的である。加えて、最近の実証研究は、買戻し後の長期株価パフォーマンスが、買戻しを行わない同等の企業の株価パフォーマンスより、ずっとよいことを示している。

5．**税金**：配当と株式買戻しに対する税金は次節で詳しく扱うので、現時点では配当よりも買戻しのほうが税のメリットを提供すると述べることだけにとどめておこう。

19.5　個人税、配当、そして株式買戻し

第19.3節で、税金も他の取引費用もない世界では、配当政策が無関係であると断

言した。同様に第19.4節で、このタイプの世界では、株式買戻しと配当の選択は無関係であると結論した。この節では、配当と買戻し双方に対する、税金の影響を考察する。われわれの議論は、企業を二つのタイプに分類することによって促される。配当を支払うのに十分な現金がない企業と、十分な現金がある企業である。

配当を支払うのに十分な現金がない企業

現金をもたず、一人の事業家が所有している企業から始めるのが、いちばん簡単である。もしこの会社が100ドルの配当を支払うことを決めたとすると、資本を調達しなければならない。会社は配当を支払うために、多くの異なる株式と債券発行のなかから選択するかもしれない。しかしながら、単純にするために、自分自身向けに株式を発行することによって、事業家が会社に現金を貢献すると仮定する。図19.6の左側に図示されたこの取引は、税金のない世界では、明らかに差引きゼロの取引（*wash*）である。100ドルの現金は、株式が発行されたときに企業に渡り、即座に配当として支払われる。したがって事業家は、配当が支払われたときに、利益も得なければ損も被らない。MMと一致する結果である。

ここで、配当が所有者の個人税率15%で課税されると仮定する。会社は依然として、株式の発行で100ドルを受け取る。とはいえ、100ドルの配当すべてを事業家が

図19.6　会社が配当を支払うために新株を発行する

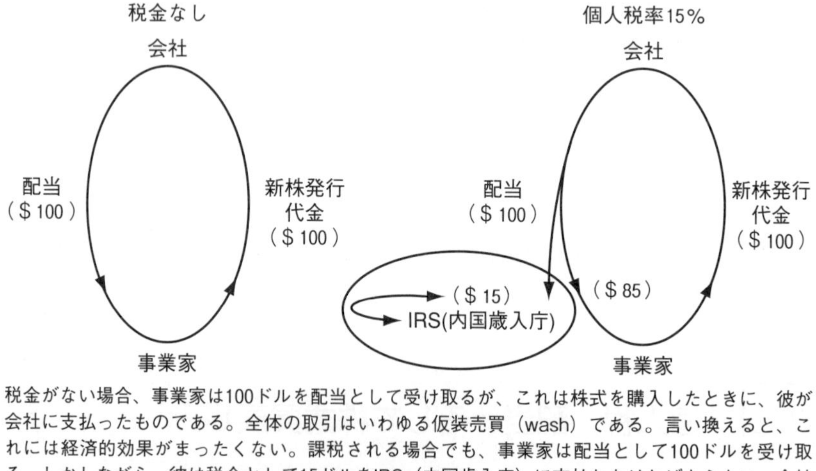

税金がない場合、事業家は100ドルを配当として受け取るが、これは株式を購入したときに、彼が会社に支払ったものである。全体の取引はいわゆる仮装売買（wash）である。言い換えると、これには経済的効果がまったくない。課税される場合でも、事業家は配当として100ドルを受け取る。しかしながら、彼は税金として15ドルをIRS（内国歳入庁）に支払わなければならない。会社が配当を支払うために株式を発行するとき、事業家は失い、IRSは勝利を収める。

キープできるわけではない。かわりに、配当支払は課税されるが、これは事業家が税引き後で85ドルしか受け取れないことを意味する。したがって、事業家は15ドルを失う。

この例は明らかに不自然で非現実的ではあるが、同様の結果はよりもっともらしい状況においても得られる。したがって金融経済学者は、個人税を伴う世界においては、配当を支払うために株式を発行すべきではないと、一般に合意している。

発行に伴う直接費用が、この効果に追加されることになる。新たな資本が調達されるとき、投資銀行に報酬を支払わなければならない。したがって、新株発行からの企業の正味受取額は、総調達資本の100%よりも少ない。新株発行の規模は、配当を減らすことによって小さくできるため、これは低配当政策を支持するもう一つの理由である。

もちろん、新株発行を通して配当の資金調達をするなというわれわれの助言は、現実の世界においては、多少修正が必要になるかもしれない。過去何年間にもわたり、巨額で安定的なキャッシュフローを生み出してきた企業は、定額配当を行っているかもしれない。もしある年に思いがけずキャッシュフローが枯渇してしまったら、配当を継続できるように、新株を発行すべきだろうか。われわれの上述の議論が新株を発行すべきではないと示唆する一方で、多くの経営者は、現実的な理由でとにかく新株を発行しようとする。特に、株主は配当の安定性を好むようにみえる。したがって経営陣は、税の不利益な結果を十分に承知しながらも、この安定性を達成するために新株発行を強いられるかもしれない。

配当を支払うのに十分な現金がある企業

先の議論では、個人税を伴う世界においては、配当を支払うために株式を発行すべきでないと主張した。配当に関する税の不利益は、「個人税を伴う世界では、いかなる状況においても、金輪際配当を支払ってはならない」という、さらに強い政策を意味するだろうか。

われわれは、この処方箋が、余剰現金をもつ企業には必ずしも当てはまらないことを以下で主張する。これを理解するために、すべてのポジティブNPVプロジェクトを選択し、慎重な現金残高を決定した後、100万ドルの余剰現金がある企業を想定しよう。この会社は、配当金のかわりに次の選択肢を考慮するかもしれない。

1．*追加のキャピタル・バジェッティング・プロジェクトを選択する*。会社はすでにすべての着手可能なポジティブNPVプロジェクトを選択してしまったので、余剰現金をネガティブNPVプロジェクトに投資しなければならない。これは明らかにコーポレートファイナンスの原理に反する政策である。

この戦略に対するわれわれの嫌悪にもかかわらず、研究者たちは、多くの経営者が配当を支払うかわりに、株主の不利益になるネガティブNPVプロジェクトに着手することを示唆している1)。ここでの考え方は、報酬や役得が往々にして会社の規模と連動するので、経営陣はむしろ資金を社内に保持しておきたいというものである。ここでは経営陣自らの利益にはなるかもしれないが、彼らは株主に不利益を与えている。このテーマは、第17章の「フリー・キャッシュフロー」と題された節で初めて話題にしたが、本章の後半でさらに言及する。

2．*他の企業を買収する*。配当の支払を避けるために、企業は他の会社の買収に余剰現金を用いるかもしれない。この戦略は利益のあがる資産を獲得するという利点がある。しかしながら、買収プログラムに乗り出すと、企業にはしばしば多大な費用がかかる。加えて、買収は常に市場価格より高値で行われる。このことから、多くの研究者は、たとえ正当なビジネスの目的のためであろうと、合併は買収企業にとって一般的に儲かるものではないと主張している。したがって、単に配当を避けるために買収を行う企業が成功する可能性は低い。

3．*金融資産を購入する*。配当支払のかわりに金融資産を購入する戦略は、以下の例で説明できる。

例19．1　配当と税金

リージョナル・エレクトリック社は、1,000ドルの余剰現金をもっている。会社は現金を内部留保して、10％の利回りの財務省短期証券に投資することもできるし、あるいは配当として株主に現金を支払うことも可能である。株主もまた同じ利回りで財務省短期証券に投資できる。法人税率は34％で、個人税率は28％であるとする。しかしながら、配当に対する最大税率は15％である。それぞれの政策において、投資家は5年後にいくらの現金をもつことになるだろ

1）たとえばM.C. Jensen, “Agency Costs of Free Cash Flows, Corporate Finance and Takeovers,” *American Economic Review*（May 1986）を参照。

うか。

もし配当がいま支払われたら、株主は今日個人税を引いた後、

$$\$1,000\times(1-0.15)=\$850$$

を受け取る。財務省短期証券に対する個人税引き後の彼らのリターンは7.2%［=0.10×(1－0.28)］なので、5年後には以下の金額をもつことになる。

$$\$850\times(1.072)^{5}=\$1,203.35 \qquad (19.3)$$

利息収入は個人税率（この例では28%）で課税されるが、配当はより低い税率の15%で課税されることに注意されたい。

もしリージョナル・エレクトリック社が財務省短期証券に投資するために現金を内部留保すると、税引き後金利は0.066［=0.10×(1－0.34)］となる。会社は5年後に以下の金額をもつことになる。

$$\$1,000\times(1.066)^{5}=\$1,376.53$$

もしこれが配当として支払われると、5年後に株主は個人税引き後で以下を受け取る。

$$\$1,376.53\times(1-0.15)=\$1,170.05 \qquad (19.4)$$

式19.3における結果のほうが式19.4よりも大きい。これは会社がいま配当を支払ったほうが、株主への現金が大きくなることを意味している。

この例は、余剰現金をもつ企業にとって、配当支払の意思決定は、個人および法人の税率に依存するということを表している。もし個人税率が法人税率よりも高ければ、企業には配当支払を減らすインセンティブがある。しかしながら、もし個人税率が法人税率よりも低ければ、企業は余剰現金を配当として支払うインセンティブをもつことになるだろう。

米国では、個人の最高限界税率と法人税率の双方が、2006年において35%だった。多くの投資家の限界税率は最大税率よりもずいぶん低いので、企業には現金を貯め込まないインセンティブがあるようにみえる。

しかしながら、税法に存在する奇癖が、相殺するインセンティブを提供す

る。特に、ある企業が他の企業から受け取る配当の70％は、法人税から除外される[2)]。個人にはこの除外は認められない。この奇癖は、企業が現金を他の配当を支払う株式に投資したほうが、現金を配当で支払うよりも、収益が高くなる可能性を増す。

金融資産に投資するか、あるいは配当を支払うかという企業の意思決定は複雑なものであり、会社の税率、投資家の限界税率、そして配当除外の適用に依存する。金融資産への投資を支持する多くの現実的な状況が考えられる一方で、少数の企業はこのようにして際限なく現金を蓄えるようにみえる。理由は内国歳入法のセクション532が、「余剰資金の不適切な蓄積」が認められる企業にペナルティーを科すからである。したがって、最後の分析として、金融資産の購入は、ネガティブNPVプロジェクトの選択や、他の企業の買収のように、余剰資金をもつ企業が配当を支払う必要性を取り除かない。

4．*株式を買い戻す*。前節で説明した例は、税金と取引コストのない世界では、投資家が株式買戻しと配当に関して、無差別であることを示した。しかしながら、現行税法のもとでは、株主は一般に配当よりも買戻しを好む。

一つの例として、100株に対して1株当り1ドルの配当を受け取る投資家を考えてみよう。15％の税率では、この投資家は配当に対して15ドルの税金を支払う。もし会社が既存の株式を100ドル分買い戻したとしたら、売却する株主はより低い税金を支払うことになる。これが起こるのは、税金が売却からの*利益*に対してのみ支払われるからである。もし100ドルで売った株式が当初、たとえば60ドルで購入されていたら、この個人の売却益は40ドルだけである。キャピタル・ゲイン税は6ドル（＝0.15×＄40）になる。この数字は配当に対する税金の15ドルより低い。買戻しと配当双方に対して同じ15％の税率が適用されるが、買戻しからの税金は、配当に対する税金よりも低いことに注意されたい。

この節で触れた配当に対するすべての選択肢のなかで、買戻しが最も支持できる。実際、学者たちは長い間、そもそもなぜ企業が買戻しのかわりに配当を支払ったりするのか不思議に思ってきた。買戻しを避ける最低限二つの理由が

2）　これは会社が他企業の株式の20％未満を所有している場合に適用される。もし会社が他企業の株式の20％以上を所有していたら、80％が除外され、もし他企業の株式の80％以上を所有していたら、100％が除外される。企業は、債券から得られる利息に対しては除外を認められていない。

考えられている。第一に、Grullon and Michaely は、過去において、証券取引委員会（SEC）が、株式買戻プログラムを行っていたいくつかの企業を、違法株価操作で告発したことを指摘している3)。とはいえ、1982年に採用されたSEC規則10b－18は、企業が株価操作の告発を回避するガイドラインを提供していることを、彼らは示唆する。これらのガイドラインは比較的簡単に遵守できるので、企業は今日、この告発について心配する必要がないはずである。実際、Grullon and Michaely は、近年の買戻プログラムの大幅な増加は、最低限でも部分的には10b－18の結果であると考えている。第二に、もし理由が配当に課せられる税金を逃れるためだけなら、IRS は自社株を買い戻す企業に対して、ペナルティーを与えることができる。しかしながら、この脅しは、企業買戻しの増加に伴い、いまだ現実のものとなっていない。したがって、これらの二つの理由は買戻しの回避を正当化するようにはみえない。

個人税に関する要約

この節は、個人税のために、企業には配当を減らすインセンティブがあることを示唆する。たとえば、企業は資本支出をふやしたり、他の企業を買収したり、金融資産を購入したりするかもしれない。しかしながら、財務的配慮と法的制限により、大きなキャッシュフローを伴う合理的な企業は、これらの活動をやりつくし、配当にたくさんの現金を残す可能性が高い。

企業がなぜ株式買戻しのかわりに配当を支払うのかを説明するのはさらにむずかしい。買戻しからの税の節約はかなりのものであり、SEC や IRS のいずれに対するおそれも、大げさすぎるようにみえる。学者はここで二つに分かれる。一部の人々は、企業が単に買戻しからの利益を理解するのが遅かっただけだと主張する。とはいえ、この考え方はすでにしっかり理解されているので、配当のかわりに買戻しを行うトレンドは続くことだろう。かつて買戻しがそうだったように、将来配当は重要でなくなると推測できるかもしれない。逆に、他の人々は、企業はこれまでもっともな理由のために配当を支払ってきたと主張する。おそらく法的煩わしさ（特に IRS からの）が、結局のところ重大である。あるいは、配当からの他のもっ

3）Grullon, Gustavo, and Roni Michaely, "Dividends, Share Repurchases, and Substitution Hypothesis," *Journal of Finance*（August 2002）, p. 1677参照。

と微妙な利益があるのかもしれない。次の節で、配当の潜在的利益を考察する。

19.6　高配当政策を支持する現実の世界の要因

前節で、個人は配当に対して税金を支払わなければならないので、財務管理者は配当を減らす方法を探し出そうとするかもしれないことを指摘した。さらなるキャピタル・バジェッティング・プロジェクトに着手することや、他の企業を買収することや、現金を蓄積することの問題点を議論したが、株式買戻しが、税のデメリットが少なく配当の利益の多くをもつことを述べた。この節では、たとえ配当に対する個人税が存在しても、なぜ企業が株主に高い配当を支払うかもしれないのか、その理由を考察する。

現金収入の要望

多くの個人は現金収入を望むと主張されてきた。古典的な例は、引退した人々と、一定の収入で暮らす人々のグループである。この議論はさらに、これらの個人が、配当が増加した場合には株式価格をせり上げ、配当が減少した場合には押し下げると主張する。

この議論は、Miller and Modigliani の理論的モデルでは成立しない。いまの高いキャッシュフローを選好するが、低配当証券しか保有していない個人は、株式を売って必要資金を簡単に手に入れることができる。したがって、取引費用がない世界では、高配当政策は、株主にとって何の価値もないものになるだろう。

とはいえ、現金収入の議論は、現実の世界にたしかに関係している。株式売却には仲買手数料や他の費用がかかるが、これは高配当証券に投資することによって避けることができる直接現金費用である。加えて、売却時に自身が費やす時間は、さらに多くの投資家を高配当証券の購入へと誘うかもしれない。

この議論を正しい視野に置くために、投資信託のような金融仲介機関が、これらの取引のリパッケージを、非常に低コストで行うことが可能であることも思い出されなければならない。このような仲介機関は、低配当株式を購入し、そして利益実現のための管理された政策のもとに、投資家により高い率で支払うことができる。

行動ファイナンス

無配当株式売却における取引コストが、投資家が配当を好む理由を説明できなかったとしよう。高配当を好む理由がほかにあるだろうか。第14章で、行動ファイナンスのトピックを紹介し、行動主義者たちの考え方が効率的資本市場理論に対する強力な挑戦であることを指摘した。行動ファイナンスはまた、高配当に関しても主張がある。

ここでの基本的な考え方は*セルフ・コントロール（自己制御）*である。これは心理学ではきわめて重要だが、ファイナンスではほとんど重要視されてこなかった概念である。心理学がセルフ・コントロールに関して何をいっているのかすべてレビューすることはできないが、減量という一つの例に焦点を当ててみよう。大学生のアル・マーチンは、自分が望むより数キロ太って、クリスマス休暇から戻ってきたところだと仮定する。ダイエットとエクササイズが減量する二つの方法であることには、おそらくだれもが合意するだろう。しかしアルはこのアプローチをどのように実践に移したらよいだろうか（ダイエットには同じ原則が当てはまるが、ここではエクササイズを取り上げる）。一つの方法（これを経済学者の方法と呼ぼう）は、合理的な意思決定を行うよう試みることである。毎日、アルはエクササイズのコストと利益をバランスさせる。減量は彼にとって重要なので、たぶんほとんどの日にエクササイズすることにするだろう。しかしながら、試験で忙しすぎるときは、時間がもったいないので、彼はエクササイズしないことを合理的に選択する。そして彼は、社交的にもアクティブでいたい。したがって、彼は、パーティや他の社交的約束で忙しくなったときには、エクササイズしないことを合理的に選択するかもしれない。

これは一見、理にかなっているようにみえる。問題は、彼が毎日選択をしなければならず、セルフ・コントロールの欠如が彼に打ち勝つ日があまりに多いことである。本当に時間がないからではなく、単にエクササイズに飽き始めているので、彼はエクササイズする時間がないと自分に言い聞かせるかもしれない。遠からず、彼はほとんどの日でエクササイズを避けるようになり…、そしてエクササイズをしない罪悪感への反動で食べすぎるようになる！

他の選択肢はあるだろうか。一つの方法は、厳格なルールを設定することである。おそらくアルは、*たとえ何があろうと*、週に５日はエクササイズすると決心する。これは必ずしもすべての人にとって最善のアプローチではないが、われわれの多く（たぶんほとんど）が、いくつものルールにのっとって生活している。たとえば、Shefrin and Statman は、いくつかの典型的なルールをあげている4)。

・毎日最低２マイルをジョギングする。
・１日に1,200カロリー以上摂取しない。
・夫の給料だけで生活し、妻の給料は預金する。
・子供の大学教育のために毎月の給料から最低２％を貯金し、決してお金を引き出さない。
・金輪際、酒を１滴も飲まない。

これが配当と何の関係があるのだろうか。投資家もまたセルフ・コントロールと対処しなければならない。一人の退職者が社会保障と個人年金に加えて、貯金から毎年２万ドルを消費したいと思っているとしよう。一方で、彼女は２万ドルの配当を生み出すのに十分配当利回りが高い株式を買うことができる。他方で、彼女は貯金で無配当株式を買い、毎年２万ドル分を消費のために売却することができる。これら二つの手法は、財務上は同等にみえるが、２番目にはあまりに裁量余地があるかもしれない。もしセルフ・コントロールの欠如が彼女に打ち勝ったら、ひょっとして彼女は売却しすぎてしまい、後々にほとんど残せなくなってしまうかもしれない。配当を支払う株式に投資して、*金輪際*「元本には手をつけない」という固い個人ルールによって、この可能性を遮断するほうがおそらくよいだろう。行動主義者たちは、この手法がすべての人に当てはまるとは主張しないが、前述したように、たとえ配当が税のデメリットをもっているとしても、企業がなぜ配当を支払うのかを説明するのに十分多くの人々がこのように考えると主張する。

行動ファイナンスは、配当の増加と同様、株式買戻しの増加も主張しているのだろうか。企業が買い戻す株式を投資家が売ることになるので、答えはノーである。先に述べたように、株式の売却にはあまりに裁量余地がある。投資家は、株式を売りすぎて、後の年月にほとんど残せないかもしれない。したがって、行動主義者の主張は、なぜ個人税を伴う世界において企業が配当を支払うのかを説明しているのかもしれない。

4） Hersh M. Shefrin and Meir Statman, "Explaining Investor Preference for Cash Dividends," *Journal of Financial Economics* 13 (1984).

エージェンシー・コスト

株主、債券保有者、そして経営者が相互利益を理由に会社を形成するが、後に1者が他の犠牲のもとに利益を得るかもしれない。たとえば、債券保有者と株主の間の潜在的争いを取り上げてみよう。債券保有者は、株主ができるだけ多くの現金を会社に残すことを望む。そうすれば、財務的困難のときでも、債券保有者に支払う現金があるからである。逆に、株主はこの余分な現金を彼ら自身が手にしたい。ここで配当が登場する。株主利益のために働いている経営者は、単に債券保有者から現金を引き離すためだけに、配当を支払うかもしれない。言い換えれば、配当は債券保有者から株主への富の移転とみなすことができる。この見方を支持する実証研究が存在する。たとえば、DeAngelo and DeAngeloは、財務的困難に陥っている企業が、配当を減額したがらないことを見出した[5)]。もちろん、債券保有者は株主が会社から資金を移転したがるのを知っている。彼ら自身を保護するために、債券保有者はしばしば、会社に一定水準以上の利益、キャッシュフロー、および運転資金がある場合にのみ、配当を支払うことができると規定したローン契約を作成する。

債券保有者との対立においては、経営者は株主のために働いているかもしれないが、他の状況では、経営者は株主を犠牲にして、利己的目標を追い求めるかもしれない。たとえば、前の章で議論したように、経営者は経費をふんだんに使い、自分のやりたいネガティブNPVプロジェクトに投資し、あるいは、もっと単純に、一生懸命働かないかもしれない。会社に豊富なフリー・キャッシュフローがある場合、経営者がこれらの利己的目標を追求するのが容易になる。結局、そもそも資金がなければ、お金の浪費はできないのである。そして、ここに配当が登場する。何人かの学者は、配当がエージェンシー・コストを減らす一つの方法になりうると提案している[6)]。「余剰」キャッシュフローと同額の配当を支払うことによって、企業は経営者の企業資源を浪費する能力を減らすことが可能である。

5）　H. DeAngelo and L. DeAngelo, "Dividend Policy and Financial Distress: An Empirical Investigation of Troubled NYSE Firms," *Journal of Finance* 45（1990）.

6）　Michael Rozeff, "How Companies Set Their Dividend Payout Rations," in *The Revolution in Corporate Finance*, edited by Joel M. Stern and Donald H. Chew（New York: Basel Blackwell, 1986）. Robert S. Hansen, Raman Kumar, and Dilip K. Shome, "Dividend Policy and Corporate Monitoring: Evidence from the Regulated Electric Utility Industry," *Financial Management*（Spring 1994）も参照。

この議論は配当の増加の理由を示唆するが、同じ議論は株式買戻しにも当てはまる。株主のために行動している経営者は、配当を通してと同じように、買戻しを通して簡単に債券保有者から現金を遠ざけることができる。そして、同様に株主のために行動している取締役会は、金遣いの荒い経営者が使える現金を、配当を通してと同じように、買戻しを通して簡単に減らすことができる。したがって、エージェンシー・コストの存在は、買戻しより配当を支持する主張にはならない。むしろ、エージェンシー・コストは、企業が大量の現金を蓄積するよりも、配当かあるいは買戻しを増加させることがもっともであると示唆する。

配当の情報内容と配当シグナリング

情報内容

配当に関して研究者が知らないことは多いが、ある一つのことに関しては確実に知っている。すなわち、企業の株価は、企業が配当の増加を発表したときにおおむね増加し、配当削減の発表があったときにおおむね下落するということである。たとえば、Asquith and Mullins は、配当開始の発表の後に、株価が約３％上昇すると推定している[7]。Healy and Palepu および Michaely, Thaler, and Womack は、無配転落の発表の後に、株価が約７％下落することを見出した[8]。

問題は、この実証的証拠をどのように*解釈*すべきかということである。配当に対する以下の三つの立場を考えてみよう。

1．MM の自家製配当の議論から、将来の利益（およびキャッシュフロー）が一定の場合、配当政策は無関係である。
2．税効果により、将来の利益（あるいはキャッシュフロー）が一定の場合、企業の株価は現在の配当と負の関係にあるかもしれない。
3．現金収入への要望と関連する要因により、たとえ将来の利益（あるいはキャッシュフロー）が一定の場合でも、企業の株価は現在の配当と正の関係にあるかもしれない。

7）P. Asquith and D. Mullins, Jr., "The Impact of Initiating Dividend Payments on Shareholder Wealth," *Journal of Business*（January 1983）.

8）R. Michaely, R. H. Thaler, and K. Womack, "Price Reactions to Dividend Initiations and Omissions: Overreactions of Drift," *Journal of Finance* 50（1995）.

配当の増加が発表されると株価が上がるという実証的証拠は、一見、3の立場と一致していて、1と2の立場とは不一致なようにみえる。実際、多くの著者がそう述べている。しかしながら、他の著者たちは、観察結果そのものは三つの立場すべてと一致していると反論している。企業は配当を削減したくないのだと、彼らは指摘する。したがって、企業は、配当が後で元の水準まで減らされる可能性がほとんどなくなるくらい、将来の利益やキャッシュフロー等が十分増加すると見込まれる場合にのみ、配当を引き上げる。配当の増加は、会社の業績見通しが好調であるという経営陣の市場への*シグナル*である。

現金配当への株主の選好だけではなく、好業績の見通しが株価を上昇させる。配当シグナルに続く株価の上昇は、配当の**情報内容効果**（information content effect）と呼ばれる。要点を繰り返すと、将来の利益（あるいはキャッシュフロー）が一定の場合、配当水準は株価に影響を与えないか、あるいは負の影響を及ぼす。それにもかかわらず、情報内容効果は、配当がふやされたとき、もし配当が同時に株主の将来の利益とキャッシュフローに対する期待を*増す*原因となれば、株価が上がる可能性を示唆する。

配当シグナリング

われわれはちょうど、市場が配当の増加から利益とキャッシュフローの増加を推測し、株価の上昇につながると主張したところである。逆に市場は配当の削減からキャッシュフローの減少を推測し、株価の下落につながる。これは興味深い企業戦略を提起する。経営陣は、キャッシュフローが上昇しないということを知っているのにもかかわらず、単に市場にキャッシュフローが高くなると*思い込ませる*ためだけに、配当をふやすことができるだろうか。

この戦略は不誠実にみえるかもしれないが、学者たちは、経営陣がしばしばこの戦略を試みるという立場をとっている。学者たちは以下の全額株式調達会社に対する会計恒等式から始める。

$$\text{キャッシュフロー}^{9)} = \text{資本支出} + \text{配当} \qquad (19.5)$$

式19.5は、会社が株式を発行も買戻しもしない場合、成立しなければならない。

9） 式19.5の正しい表現は、利益ではなくキャッシュフローを伴う。しかしながら、ほとんど理解を損なわずに、キャッシュフローではなく利益の観点から配当シグナリングを議論することができる。

すなわち、会社からのキャッシュフローはどこかに行かなければならない。もし配当として支払われないなら、なんらかの支出に用いられなければならない。支出が、キャピタル・バジェッティング・プロジェクトや、あるいは財務省短期証券の購入であろうと、これは依然として支出である。

年度の中間で、投資家たちが通年のキャッシュフローを予測しようとしていると想定しよう。これらの投資家はキャッシュフローを推定するのに、もちろん式19.5を利用できる。たとえば、現在の配当が5,000万ドルになると会社が発表し、市場は資本支出が8,000万ドルであると信じたとする。すると市場は、キャッシュフローが１億3,000万ドル（＝＄5,000万＋＄8,000万）になると算定するだろう。

かわりに、会社が7,000万ドルの配当を発表したとしよう。市場はキャッシュフローが１億3,000万ドルのままだと仮定するかもしれない。これは6,000万ドル（＝＄１億3,000万－＄7,000万）の資本支出を意味する。市場は価値ある資本支出がしわ寄せをくうと予想するので、ここでは配当の増加が株価に悪い影響を及ぼすだろう。あるいは、市場は資本支出が8,000万ドルのままだと仮定するかもしれない。これはキャッシュフローの推定が１億5,000万ドル（＝＄7,000万＋＄8,000万）になることを意味する。株価は通常キャッシュフローとともに上昇するので、株価はここでは上がる可能性が高い。一般に学者たちは、投資家が資本支出は変わらないままであると仮定するモデルが、より現実的だと考えている。したがって、配当の増加は株価を向上させる。

ここで、経営陣が大衆を欺くインセンティブについて考えよう。あなたは株価を押し上げたい経営者であるとする。たぶんあなたは、会社株式の個人保有の一部を、即座に売却する計画を立てているのだろう。市場がキャッシュフローの推定値を引き上げ、その結果現在の株価が押し上げられるようにするために、あなたは配当をふやすかもしれない。

もしこの戦略が魅力的なら、あなたが際限なしに配当をふやすのを防ぐものはあるのだろうか。答えはイエスである。なぜなら配当の増加は*コスト*を伴うからである。つまり、会社はいくつかの儲かるプロジェクトを見送らなければならないことになる。式19.5のキャッシュフローは定数であり、よって配当の増加は資本支出の減少によってのみ得られることを思い出されたい。いずれの時点かで、市場は、キャッシュフローが増加しておらず、かわりに儲かる資本支出が削減されたことを知ることになる。いったん市場がこの情報を吸収したら、株価は、配当がふやされなかった場合の水準より下に下落するに違いない。したがって、あなたがたとえば半分の保有株式を売却し、残りの半分を維持する計画なら、配当の増加は即座の売却には役立つだろうが、後で残りの株式を売るときに不利益を被るに違いない。したがって、あなたの配当水準に関する意思決定は、とりわけあなたの個人的な株式売却のタイミングをもとに決められることになるだろう。

これは、経営陣が自己利益の最大化をベースに配当政策を設定する、配当シグナリングの単純化した例である[10]。あるいはまた、経営者は自分の株式を即座に売りたいとは望んでいないが、いつの時点でも、たくさんの普通の株主がそうしたがっていることを知っているかもしれない。したがって、全体的な株主の利益のために、経営者は常に現在と将来の株価のトレードオフに注意を払うだろう。そしてこれが配当に関するシグナリングのエッセンスである。会社の真の（もしくは本源的な）価値を最大化するために配当政策を設定することは、経営者にとって十分ではない。彼は、たとえ現在の株価が真の価値を反映していなかったとしても、現在の株価に対する配当政策の影響もまた考慮しなければならないのである。

シグナルを送る動機は、経営陣が株式買戻しではなく、むしろ配当をふやすようになると示唆するのだろうか。ほとんどの学術モデルが、配当と株式買戻しが完全な代替であることを示唆するので、答えはたぶんノーである[11]。むしろこれらのモデルは、経営陣が、配当かあるいは株式買戻しをふやすために、資本支出（たとえポジティブ NPV プロジェクトでも）の削減を考慮することを示している。

19.7　顧客効果：現実世界の要因の決着？

前の２節において、個人税の存在が低配当政策を支持し、他の要因が高配当を支持すると指摘した。金融に携わる人たちは、これら一連の要因のうち、どちらがよ

10）完全に展開したシグナリングのモデルを考察している論文は、以下を含む。S. Bhattachara, "Imperfect Information, Dividend Policy, and 'the Bird in the Hand' Fallacy," *Bell Journal of Economics* 10（1979）; S. Bhattacharya, "Nondissipative Signaling Structure and Dividend Policy," *Quarterly Journal of Economics* 95(1980), p. 1 ; S. Ross, "The Determination of Financial Structure: The Incentive Signaling Approach," *Bell Journal of Economics* 8（1977), p. 1 ; M. Miller and K. Rock, "Dividend Policy under Asymmetric Information," *Journal of Finance*（1985).

11）配当と買戻しが完全な代替ではないシグナリング・モデルは、以下に含まれている。Franklin Allen, Antonio Bernardo, and Ivo Welch, "A Theory of Dividends Based on Tax Clienteles," *Journal of Finance*（2002), および John Kose and Joseph Williams, "Dividends, Dilution and Taxes: A Signaling Equilibrium," *Journal of Finance*（1985).

り重要か簡単に決められることを願っていた。残念ながら、長年の研究の結果、だれも二つのうちどちらが重要か結論を見出しえていない。二つの要因群が互いに完璧に打ち消し合うとは思えないので、これは驚くべきことである。

しかしながら、*顧客効果（clientele effect）*として知られるある特定の考え方は、二つの要因群が、結局互いに打ち消し合う可能性が高いことを示唆する。この考え方を理解するために、高税率枠の投資家と低税率枠の投資家を分けて考えてみよう。高税率枠に属する個人は、無配か低配当を好む可能性が高い。低税率枠の個人は一般的に三つのタイプに分類できる。最初に、低税率枠にいる個人投資家である。もし彼らが現金収入を望めば、いくらかの配当を好む可能性が高い。2番目に、年金基金は配当にもキャピタル・ゲインにも税金を支払わない。彼らは税の負担がないので、もし現金収入を望めば、年金基金もまた配当を好む。最後に、企業は最低限70％の配当収入を除外できるが、しかしキャピタル・ゲインは除外できない。したがって、たとえ不確実性を解消する要望や、現金収入に対する選好がなくても、企業は高配当株式に投資することを好むだろう。

すべての投資家の40％が高配当を選好し、60％が低配当を選好するが、それにもかかわらず、20％の企業だけが高配当を支払う一方で、80％は低配当を支払うと仮定しよう。ここでは、高配当企業が供給不足の状態である。したがって、これらの企業の株式は値をせり上げられるのに対して、低配当企業は値を押し下げられるはずである。

しかしながら、すべての企業の配当政策が長期で固定される必要はない。この例では、十分な低配当企業が支払額を引き上げるので、40％の企業が高配当を支払い、60％の企業が低配当を支払うようになると期待される。これが起こった後は、どのタイプの企業も配当政策を変更することによって利益を得られなくなる。いったん企業の支払額が株主の要望と一致すれば、いずれの企業も、一つの配当戦略から他の戦略に変更することによって、その市場価値に影響を与えることはできない。

顧客（clienteles）は以下のようにかたちづくられる可能性が高い。

グループ	株　式
高税率枠の個人	無配当から低配当株式
低税率枠の個人	低から中配当株式
非課税機関	中配当株式
企　業	高配当株式

顧客効果を理解しているかどうかみるため、次の質問を考えてみよう。「配当政策は無関係であるとか、企業は決して配当を払うべきではないとかいう理論的主張にもかかわらず、多くの投資家が高配当を好む。この事実により、企業はより高い配当性向をもつことによって、株価を押し上げることができる」。正解か、間違いか。

この文章は間違いである可能性が高い。配当を愛する投資家を満足させるのに十分な高配当企業がすでに存在している限り、ある会社が高い配当を支払うことによって、その株価を押し上げることはできない。企業は、*不満足*な顧客が存在している場合にのみ、株価を押し上げることができる。

われわれの顧客に関する議論は、税率枠が投資家によって異なるという事実に基

図19.7　投資家の配当に対する選好

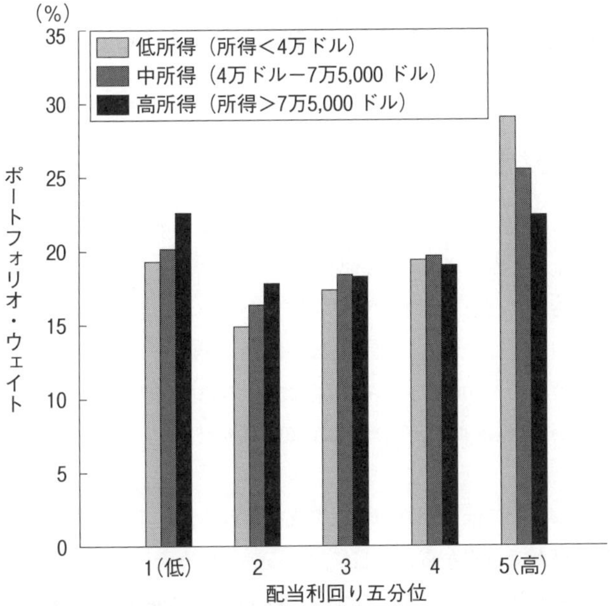

すべての株式を配当利回りでランクづけし、五つの五分位ポートフォリオに分類した。図は、低所得、中所得、高所得投資家のポートフォリオにおける各五分位のウェイトを表している。低所得投資家と比較して、高所得投資家は、資産のより大きな割合を低配当株式に投資し、より少ない割合を高配当株式に投資している。

（出所）　John Graham and Alok Kumar, "Do Dividend Clienteles Exist? Evidence on Dividend Preferences of Retail Investors," *Journal of Finance* (June 2006), pp.1305-36. の Figure 2 より。

づいている。もし株主が税金を気にするなら、株式は配当利回りをもとにして、税の顧客を引き付けるはずである。これが事実であるという証拠はあるだろうか。

図19.7を考えてみよう。ここでは、John Graham and Alok Kumar[12)]が普通株式を配当利回り（株価に対する配当の率）でランクづけし、五分位（quintile）と呼ばれる五つのポートフォリオに分類している。最下部の五分位は最も低い配当利回りをもつ株式20%を含み、次の五分位は、次に低い配当利回りをもつ株式20%を含み、というように続く。図は、低所得、中所得、高所得投資家のポートフォリオにおける各五分位のウェイトを表している。みてわかるように、低所得投資家と比較して、高所得投資家は、資産のより大きな割合を低配当株式に投資している。反対に、再び低所得投資家と比較して、高所得投資家は、資産のより少ない割合を高配当株式に投資している。

19.8 配当政策について何を知っていて、何を知らないのか

企業配当は相当な額である

配当は支払時に課税されるのに対して、キャピタル・ゲインに対する課税は売却時まで先延しすることができるので、配当はキャピタル・ゲインに比べて、税の観点から不利益であることを本章ですでに指摘した。それにもかかわらず、米国経済における配当は相当な額である。たとえば、図19.8を考えてみよう。この図は、すべての米国企業の1959～2006年の、総利益に対する総配当の比率を表している。米国企業の純利益が1.1兆ドルで、配当が7,000億ドルだった2006年では、この比率はおよそ64%だった。

おそらく配当は、主に低税率枠の個人に支払われるか、年金基金のような非課税機関が主要な受取人であるから、配当に対する課税は実際には最小限であると、だれか主張するかもしれない。しかしながら、Peterson, Peterson, and Ang は、代表的な１年間（1979年）について、配当に関する詳しい調査を行った[13)]。彼らは、

12） John Graham and Alok Kumar, "Do Dividend Clienteles Exist? Evidence on Dividend Preferences of Retail Investors," *Journal of Finance*（June 2006）.

13） P. Peterson, D. Peterson, and J. Ang, "Direct Evidence on the Marginal Rate of Taxation on Dividend Income," *Journal of Financial Economics* 14（1985）.

図19.8　全米国企業の総利益に対する総配当の比率：1959〜2006年

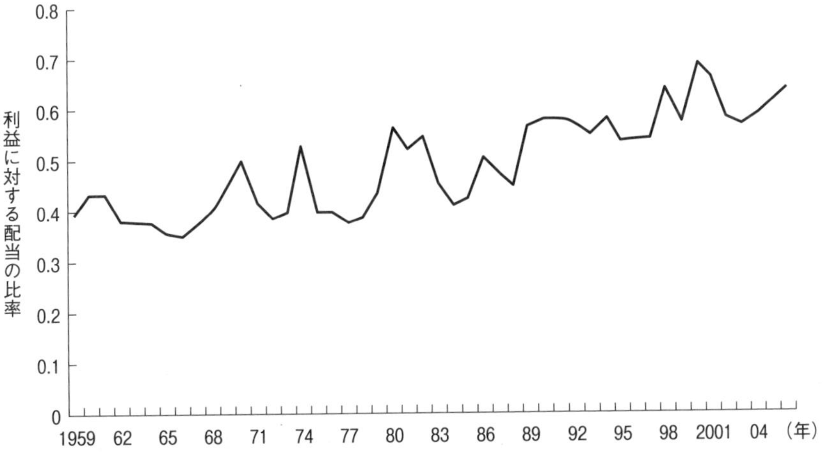

（出所） *The Economic Report of President.* February 2008, Table B-90.

約３分の２の配当が個人に行き、これらの個人の平均限界税率が約40％であることを発見した。したがって、相当の課税があっても、巨額の配当が支払われると結論しなければならない。

より少ない企業が配当を支払う

配当は相当な額であるが、Fama and French（FF）は、配当を支払う企業の割合がここ数十年にわたって減少していると指摘する[14]。この減少は、現在利益をあげていない小さな企業が、近年さまざまな市場で爆発的に上場されたことが主な原因であったとFFは主張している。これらのタイプの企業の大部分は、配当を支払わない。図19.9は、米国事業法人のうち、配当を支払う企業の割合が、1984〜2002年にかけて相当下がったことを示している。

Julio and Ikenberry（JI）[15]の論文で提示されたこの図はまた、配当を支払う企業の割合が2002〜2004年で*増加*していることを示している。一つの明らかな説明は、

14）E. F. Fama and K. R. French, "Disappearing Dividends: Changing Firm Characteristics or Lower Propensity to Pay?," *Journal of Financial Economics*（April 2001）.

15）Brandon Julio and David Ikenberry, "Reappearing Dividends," *Journal of Applied Corporate Finance* 16（Fall 2004）.

図19.9　すべての米国事業会社のなかで、配当を支払う企業の割合

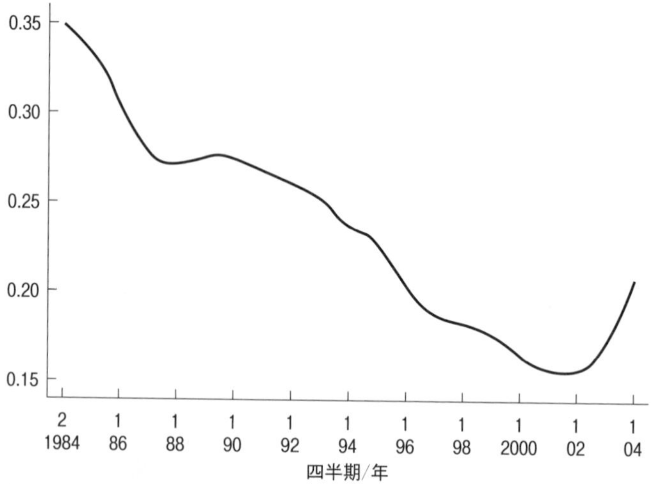

図は、1984～2004年の間に、米国事業法人のなかで、配当を支払った企業の割合を表している。割合は、1984～2002年にかけて相当下がり、その後2年間はリバウンドしている。

（出所）　Figure I of Brandon Julio and David Ikenberry, "Reappearing Dividends," *Journal of Applied Corporate Finance* 16（Fall 2004）.

2003年5月に配当に対する最高税率を15%に下げる法律が施行されたことである。しかしながら、JIはこの減税の影響を重要視せず、いくつかの他の理由を示唆している。さらに、配当を支払う企業の復活が観察されるのは、2002～2004年の2年間に限られている。これは統計的な異常値かもしれない。

図19.9は、1984～2002年で、すべての企業にわたって配当が減少したことを意味していない。DeAngelo, DeAngelo, and Skinner[16]は、小企業が配当をしりごみする一方で、大企業は過去数十年にわたって配当を大幅にふやしてきたことを指摘している。この増加は、配当支払額上位25社が、2000年における米国の総配当額の50%以上を占めるという集中状態を生み出した。DeAngeloらは、こう結論している（p. 425)。「事業法人は、少数の高収益企業が集合的にほとんどの利益を生み出し、配当の供給を独占する一方で、大多数の企業は総利益と配当に対して、よくてもわずかな集合的影響を及ぼしているにすぎないという、二層構造をかたちづくっている」。

16)　Harry DeAngelo, Linda DeAngelo, Douglas Skinner, "Are Dividends Disappearing? Dividend Concentration and the Consolidation of Earnings," *Journal of Financial Economics*（2004）.

企業は配当を滑らかにする

1956年、John Lintnerは配当政策に関して、いまもなお真実の響きがする二つの重要な観察を行った[17]。第一に、現実の世界の企業は、概して配当・利益比率の長期目標比率を設定する。使えるキャッシュフローと比較して、多くのポジティブNPVプロジェクトをもつ企業は低い目標比率を設定し、ポジティブNPVプロジェクトが少なければ高い比率を設定する可能性が高い。第二に、経営陣は利益の変化の一部分だけが恒久的であることを知っている。経営陣は、利益上昇の恒久性について査定する時間が必要なので、配当の変化は、利益の変化より何期も遅れるようにみえる。

総合すると、Lintnerの観察は、二つのパラメーターが配当政策を描写することを示唆している。すなわち、目標支払比率(t)と、現在の配当が目標に向かって調整していくスピード(s)である。配当の変化は、以下のモデルに従う傾向になるだろう。

$$\text{配当の変化} \equiv \mathrm{Div}_1 - \mathrm{Div}_0 = s \cdot (t\mathrm{EPS}_1 - \mathrm{Div}_0) \qquad (19.6)$$

ここで、Div_1とDiv_0は、それぞれ翌年の配当と、今年の配当である。EPS_1は来年の１株当り利益である。

例19．2　配当を滑らかにする

カリキュレーター・グラフィックス社は、0.30の目標配当性向をもっている。去年の１株当りの利益は10ドルで、目標どおりに去年は１株３ドルの配当を支払った。しかしながら、利益は今年20ドルに跳ね上がった。経営陣はこの増加を永続的であるとは考えていないので、彼らは配当を６ドル（＝0.30×＄20）まで一気に上げるつもりはない。そうではなく、彼らの調整スピード係数(s)は0.5で、これは去年から今年への配当の*増加*が以下になることを意味する。

$$0.5 \times (\$6 - \$3) = \$1.50$$

---

17) J. Lintner, "Distribution and Incomes of Corporations among Dividends, Retained Earnings and Taxes," *American Economic Review* (May 1956).

すなわち、配当の増加は、調整スピード係数の0.50に、フルに調整した場合の配当と去年の配当との差を、掛け合わせたものである。配当が1.50ドル増加するので、今年の配当は4.50ドル（＝＄3＋＄1.50）になる。

次に、利益が来年も20ドルにとどまると仮定する。来年の配当の増加は、以下のようになる。

$$0.5\times(\$6-\$4.50)=\$0.75$$

言葉で表すと、今年から来年への配当の増加は、調整スピード係数（0.50）に、フルに調整した場合の来年の配当（＄6）と今年の配当（＄4.50）との差を、掛け合わせたものである。配当が0.75ドル増加するので、来年の配当は5.25ドル（＝＄4.50＋＄0.75）になる。もし将来ずっと利益が20ドルのままだったら、このようにして、配当は毎年ゆっくりと上がっていく。しかしながら、配当は無限の未来においてのみ、6ドルに達する。

式19.6において、限界的状況は$s=1$と$s=0$のときに起こる。もし$s=1$なら、配当の実際の変化は、配当の目標変化と等しくなる。ここでは、全部の調整が即座に起こる。もし$s=0$なら、$\text{Div}_1=\text{Div}_0$になる。言い換えれば、配当の変化はまったくない。現実の世界の企業は、sを0と1の間に設定すると予想できる。

Lintnerのモデルの含意は、配当・利益比率は、会社の業績悪化の期間が始まるときに上がり、業績好況の期間になると下がるということである。したがって、配当は利益よりも変動性が少ない。言い換えれば、企業は配当を*滑らか*にする。

配当を支払うことの賛否両論

賛成	反対
1．配当は、安定的なキャッシュフローを望む一方で、定期的に株式を売却することによる取引コストを避けたい投資家を引き付けるかもしれない。	1．配当は通常所得として課税される。
2．セルフ・コントロールに乏しい投資家は、「金輪際元本には手をつけない」という方針をしっかり守りながら、高	2．配当は内部資金調達の源泉を減らす。配当は、企業にポジティブNPVプロジェクトを見合わせたり、より費

配当株式を通して現在の消費ニーズを満たすことができると、行動ファイナンスは主張する。 3．株主のために行動している経営陣は、債券保有者から現金を遠ざけるために、配当を支払うことができる。 4．株主のために行動している取締役会は、金遣いの荒い経営陣が使える現金を、買戻しを通して減らすことができる。 5．経営陣は、将来の好調なキャッシュフローに対する自分たちの自信をシグナルするために、配当をふやすかもしれない。	用のかかる外部株式調達に頼ることを強いるかもしれない。 3．いったん確立してしまうと、企業の株価に悪い影響を及ぼさずに配当金を削減することは非常にむずかしい。

配当に関するサーベイ証拠

ある最近の研究は、配当政策に関して多数の財務担当者をサーベイ調査した。質問の一つはこうだった。「これらの文章は、あなたの会社の配当政策に影響を及ぼす要因を述べているか」。表19.2は結果の一部を表している。

表19.2に示されたように、財務担当者は配当の削減を非常にいやがる。さらに、彼らは以前の配当を非常に気にかけ、比較的安定した配当を維持することを望む。対照的に、外部資金調達コストと「思慮ある者の原則」投資制限対象の投資家（受託者義務を負う者）を引き付けることはそれほど重要でない。

表19.3は同じサーベイからのものであるが、回答は次の質問に対してのものである。「あなたの会社の配当政策にとって、以下の要因はどれだけ重要か」。表19.2の回答と、前の議論をふまえると驚くべきことではないが、最も高いプライオリティは一定の配当を維持することである。次のいくつかの項目もまた、われわれの前の分析と一致する。財務管理者は配当の意志決定を行う際、利益の安定性と将来の利益水準を非常に気にし、そしてよい投資機会の可能性を考慮している。サーベイ回答者はまた、機関投資家と個人投資家の両方を引き付けることが比較的重要だと考えている。

本章の前の部分における税金と発行費用の議論とは対照的に、この調査の財務管理者たちは、株主が配当に支払う個人税はあまり重要ではないと考えている。そして、それ以上に少ない人数が、株式発行費用が関係あると思っている。

表19.2　配当の意思決定に関するサーベイ回答（注）

配当政策の文章	同意する、または強く同意する人の割合
1．１株当り配当を減らさないよう試みる。	93.8%
2．年度ごとに配当が滑らかになるよう試みる。	89.6
3．直近四半期で支払った１株当り配当の水準を考慮する。	88.2
4．将来元に戻さなければならなくなるような配当の変更はしたくない。	77.9
5．１株当り配当の変化または成長を考慮する。	66.7
6．外部資本調達コストが配当削減コストより小さくなるように考慮する。	42.8
7．「思慮ある者の原則」投資制限対象の投資家を引き付けるために配当を支払う。	41.7

（注）　サーベイ回答者は、次の質問を聞かれた。「これらの文章は、あなたの会社の配当政策に影響を及ぼす要因を述べているか」。

（出所）　A. Brav, J. R. Graham, C. R. Harvey, and R. Michaely, "Payout Policy in the 21st Century," *Journal of Financial Economics*（2005）の Table 4 より再掲。

表19.3　配当の意思決定に関するサーベイ回答（注）

配当政策の文章	重要、または非常に重要だと考える回答者の割合
1．過去の配当政策との整合性を維持すること	84.1%
2．将来の利益の安定性	71.9
3．配当の持続可能な変更	67.1
4．自社の株を購入するよう機関投資家を引き付けること	52.5
5．会社が追求するよい投資機会の可能性	47.6
6．自社の株を購入するよう個人投資家を引き付けること	44.5
7．配当を受け取ったときの株主の個人税	21.1
8．新株の発行費用	9.3

（注）　サーベイ回答者は、次の質問を聞かれた。「あなたの会社の配当政策にとって、以下の要因はどれだけ重要か」。

（出所）　A. Brav, J. R. Graham, C. R. Harvey, and R. Michaely, "Payout Policy in the 21st Century," *Journal of Financial Economics*（2005）の Table 5 より再掲。

19.9 すべてをつなぎ合わせる

本章で議論してきたほとんど（そして何十年にもわたる配当の研究からわかっているほとんど）は、一緒にまとめて、次の六つの知見に要約することができる[18]。

1．総配当と株式買戻しは非常に大きく、これらは長年にわたって名目値と実質値で安定的に増加してきた。
2．現金配当と株式買戻しは、比較的少数の大きな成熟企業にきわめて集中している。
3．経営陣は配当の削減を非常にいやがり、通常、会社に特別の問題があるときだけそうする。
4．経営陣は配当を滑らかにする。すなわち、利益の成長とともにゆっくりと徐々に上げる。
5．株価は配当の予期せぬ変化に反応する。
6．株式買戻しの規模は、一時的な利益とともに変化する傾向にある。

次のチャレンジは、これらの六つの断片を一つの合理的で筋の通った見方にはめ込むことである。一般に分配（株式買戻しと現金配当の組合せ）に関しては、単純なライフサイクル理論がポイント1と2にうまく当てはまる。鍵となる考え方は簡単である。第一に、現金をあまりもたない若い企業は一般的に現金分配をするべきではない。彼らはポジティブNPVプロジェクトのために現金が必要である（そして発行費用が外部資金の調達を妨げる）。

しかしながら、企業が生き抜き成熟するにつれ、フリー・キャッシュフロー（儲かる投資行動をまかなうために必要な金額以上に内部で生み出されたキャッシュフロー）を生み出し始める。相当なキャッシュフローは、もし分配されなかったら、エージェンシー問題につながりうる。経営陣は、帝国づくりを追求する誘惑に駆られるか、あるいは、株主利益にならないような方法で余剰現金を使ってしまいたく

18)　このリストは、Harry DeAngelo and Linda DeAngelo, "Payout Policy Pedagogy: What Matters and Why," *European Financial Management* 13（2007）の長いリストから一部を抽出したものである。

なるかもしれない。したがって、企業は現金を貯め込むより、分配を促す株主の圧力にさらされるようになる。そして観察結果と同様、長い間利益をあげてきた大企業は、大きな分配を行うと期待される。

したがって、ライフサイクル理論によると、企業は、余剰現金の内部留保によるエージェンシー・コストを、将来の外部株主資本調達の潜在的コストと交換する。企業は、現在と予測可能な将来の投資ニーズをまかなうのに十分な内部キャッシュフローを生み出すようになったら、分配を開始すべきである。

さらに複雑な問題は、現金分配か買戻しかという、分配のタイプにかかわっている。買戻しが有利であるとする税金の議論は、明快で強力なものである。買戻しはずっと柔軟性をもつオプションなので（そして経営陣は財務の柔軟性を非常に高く評価するので)、問題はこうなる。「企業はいったいいつ現金配当を選択するのだろうか」。

もしわれわれがこの質問に答えるとしたら、違う質問を尋ねなければならない。現金配当は、株式買戻しではできない何を達成できるのだろうか。一つの答えは、企業が現在と将来にわたって現金配当を支払うとコミットしたとき、市場に対して二つの部分からなるシグナルを送ることになるというものである。すでに議論したように、一つのシグナルは、企業が継続して支払を行える能力があるほど利益があがると予想しているということである。この点に関して、企業は市場を欺こうとして利益を得ることができないことに注意されたい。なぜなら、最終的に配当支払ができなかったとき（あるいは外部資本調達に頼ることなく、配当できなかったとき)、企業は罰を受けるからである。したがって、現金配当は他のあまり利益をあげていない競合他社から、自社を際立たせることができるかもしれない。

2番目の、よりかすかなシグナルは、フリー・キャッシュフローのエージェンシー問題に再びわれわれを連れ戻す。現在と将来にわたって現金配当を支払うとコミットすることにより、企業は、現金を貯め込むことはなく（あるいは少なくとも以前ほどではなく)、それによりエージェンシー・コストを減らし、株主の富を高めるというシグナルを送る。

この二つの部分からなるシグナリングのシナリオは、上のポイント3～5と一致しているが、一つの反論が残る。なぜ企業は、単純に配当を支払うために用いられるべき資金をとっておき、かわりに株式を買い戻すためにこれを用いるという政策にコミットしないのだろうか。結局、どちらの方法でも、企業は株主に現金を分配することにコミットしているのである。

固定的な買戻戦略には、二つの欠点がある。一つ目は、検証可能性である。企業は市場での買戻しを発表し、その後単に行わないことができる。適当に帳簿をごまかせば、嘘が発覚するのはずいぶんたってからになる。したがって株主は、実際に買戻しが行われたのかどうか、株主が確証を得ることができるなんらかの方法でモニターする仕組みをつくる必要がある。このような仕組みをつくるのはむずかしくないだろうが（債券市場に存在する単純な受託者関係でもよい）、現在のところそれは存在していない。もちろん、公開買付けによる買戻しは、ほとんど、あるいはまったく検証の必要がないが、このような買付けには費用が伴う。現金配当の優れた点は、モニターする必要がないということである。企業は年4回、毎年毎年小切手を切って郵送することを強いられる。

賢明な分配政策の特徴

・時間をかけて、すべてのフリー・キャッシュフローを分配する。
・配当を支払うためや株式を買い戻すために、ポジティブNPVプロジェクトを減らすことは避ける。
・企業が相当なフリー・キャッシュフローを生み出すようになるまで、配当を開始しない。
・現在の定期配当を、長期の目標配当性向と整合性のあるものに設定する。
・将来のコストがかかる外部資金調達を避けるために、配当水準を十分低く設定する。
・一時的なキャッシュフローの増加を分配するために、買戻しを用いる。

固定的買戻戦略に対する二つ目の難点は、さらに論争の余地がある。インサイダーとしての経営陣は、株主よりも、株価が高すぎるか安すぎるか、より正確に判断できる（もしインサイダー情報が理由なら、これはセミ・ストロングの市場効率性と矛盾しない）。このケースでは、固定的買戻しのコミットメントは、株式が過大評価されている状況でさえ、経営陣に株式の買戻しを強制することになる。言い換えれば、これは経営陣にNPVがマイナスの投資を行うことを強いる。

現金配当か株式買戻しかの質問にはさらに研究が必要であるが、過去の傾向は、配当と比較して買戻しの継続的な増加を支持するようにみえる。総企業分配は、長い間総利益のおよそ20%で比較的安定しているようにみえるが、買戻しは全体のより大きな部分を占めるようになってきている。1990年代後半には、分割割合は約50対50に達したが、総買戻しは近年、総配当を追い越したようである。

これまであまり注目されてこなかった総現金配当の一つの側面は、強い遺産効果があるかもしれないということである。1982年以前は、株式買戻しの法的位置づけはややあいまいで、相当な阻害要因になった。1982年、SECは何年もの議論を経て、企業が従うべき明確なガイドラインを打ち立て、これにより買戻しをずっと魅力的なものにした。

総配当のこれほど大きな部分を支払う巨大企業の多くが、1982年以前から（おそらくずっと長い間）配当を払い続けてきたので、遺産効果は生じる。これらの企業が配当の削減に対して気が進まなければ、総現金配当は大きくなる。とはいえ、これは単に古い企業の「ロックイン」効果によるものである。もし過去のやり方にとらわれて身動きがとれなくなっている配当支払企業が総配当の多くを占めるなら、われわれが観察するのは、①配当を開始する成熟企業の急激な減少傾向であり、そして②長い間にわたる現金配当と比較した買戻しの増加であるに違いない。実際、これらのトレンドの両方の証拠がみられる。しかしながら、マイクロソフトのケースが明確に示すように、遺産効果だけでは、すべての現金配当支払企業を説明できない。

19.10　株式配当と株式分割

もう一つのタイプの配当は、株式で支払われる。このタイプは**株式配当**（**stock dividend**）と呼ばれる。株式配当は現金で支払われないので、真の配当ではない。株式配当の効果は、それぞれの株主が保有する株式数を増加させることである。発行済株式数がふえるので、１株当りの価値は単純に下がる。

株式配当は一般的に%で表現される。たとえば、20%の株式配当は、株主が現在保有する５株につき１株を受け取る（20%の増加）ことを意味する。すべての株主が20%の株式を受け取るので、総発行済株式数は20%増加する。すぐ後で考察するように、その結果、それぞれの株式の価値は20%下がる。

株式分割（stock split）は、分割が%ではなく比率で表現される点を除いて、本質的に株式配当と同じものである。分割が宣言されると、各株式は分割されて追加の株式がつくられる。たとえば、１：３の株式分割では、それぞれの古い株式が三つの新しい株式に分割される。

株式分割と株式配当についてのやや詳細な解説

株式分割と株式配当は、企業と株主に対して基本的に同じ影響を与える。これらは発行済株式数を増加させ、株式の価値を減少させる。しかしながら、会計上の取扱いは同じではなく、二つのことに依存する。①分配が株式分割なのかそれとも株式配当なのかと、②もし配当と呼ばれるなら、株式配当の規模である。

慣習で、20～25%以下の株式配当は、*低配当率株式配当*（*small stock dividends*）と呼ばれる。このような配当の会計手順は次で解説する。20～25%以上の株式配当は、*高配当率株式配当*（*large stock dividends*）と呼ばれる。高配当率株式配当は珍しいことではない。たとえば、2005年４月、ウェルポイント社（医療保険会社）とジェンテックス社（自動防眩ミラーのメーカー）の両社は、100%の株式配当を発表した。比較的些細な会計上の違いを除いては、これは１：２株式分割と同じ効果をもつ。

低配当率株式配当の例

むずかしい会計問題に特化したコンサルティング会社であるピーターソン社には、発行済株式が１万株あり、１株が66ドルで売られている。株式の時価総額は66万ドル（＝＄66×10,000）である。10%の株式配当の場合、各株主は当初所有していた10株ごとに、追加の１株を受け取り、配当後の総発行済株式数は、１万1,000株になる。

株式配当前に、ピーターソン社の貸借対照表の資本の部は、以下のようになっていたとしよう。

普通株式（額面１ドル、１万株が発行ずみ）	＄ 10,000
額面超過資本金	200,000
利益剰余金	290,000
株主資本の合計	＄500,000

低配当率株式配当の後、一見恣意的な会計操作が、貸借対照表を調整するために用いられる。1,000株の新株が発行されたので、普通株式勘定は1,000ドル（各額面1ドルで1,000株）増加し、合計で1万1,000ドルになる。66ドルの市場価格は、額面価額を65ドル上回っているので、超過の6万5,000ドル（＝＄65×1,000株）が額面超過資本金勘定に追加され、合計で26万5,000ドルになる。

現金の出入りはまったくないので、株主資本の合計は株式配当によって影響を受けない。したがって、6万6,000ドル全部が利益剰余金から差し引かれ、22万4,000ドルになる。これらの操作の正味の結果として、ピーターソン社の株主資本勘定は以下のようになる。

普通株式（額面1ドル、1万1,000株が発行ずみ）	＄ 11,000
額面超過資本金	265,000
利益剰余金	224,000
株主資本の合計	＄500,000

株式分割の例

株式分割は概念的に株式配当に似ているが、一般的に比率で表される。たとえば、2：3分割の場合、各株主は当初保有していた2株につき追加の1株を受け取るので、2：3分割は50％の株式配当に相当する。ここでもまた現金は支払われず、株主の会社持分比率は何の影響も受けない。

株式分割の会計上の取扱いは、株式配当のものとは少し異なり、簡単になる。ピーターソン社が、1：2の株式分割を宣言することに決めたとしよう。発行済株式数は2倍の2万株になり、額面価額は半分の1株当り0.50になる。分割後の株主資本は以下のように表される。

普通株式（額面0.50ドル、2万株が発行ずみ）	＄ 10,000
額面超過資本金	200,000
利益剰余金	290,000
株主資本の合計	＄500,000

三つの勘定科目の右側の数字は、株式分割によってまったく影響を受けないことに注目されたい。唯一変わったのは額面価額と発行済株式数である。発行済株式数が2倍にふえたので、それぞれの額面価額は半分になる。

最近の株式分割のリストは、www.stocksplits.net を参照。

高配当率株式配当の例

われわれの例で、もし100%の株式配当が宣言されたら、１万株の新株が分配され、発行済株式数は２万株になる。１株当り１ドルの額面では、普通株式勘定が１万ドル増加し、合計で２万ドルになる。利益剰余金勘定は１万ドル減少し、28万ドルになる。結果は以下のようになる。

普通株式（額面１ドル、２万株が発行ずみ）	$ 20,000
額面超過資本金	200,000
利益剰余金	280,000
株主資本の合計	$500,000

株式分割と株式配当の価値

論理の法則は、株式分割および株式配当が、①企業の価値を変化させない、②企業の価値を増加させる、あるいは③企業の価値を減少させると教えてくれる。不運にも、問題はあまりにも複雑であり、三つの関係のどれが正しいのか、簡単に決定することができない。

ベンチマーク・ケース

株式配当と株式分割は、全体的に、株主の富あるいは企業の富の、どちらも変化させないという強力な議論を展開することができる。先の例では、株主資本は66万ドルの総市場価値をもっていた。低配当率株式配当では、株式数は１万1,000に増加するので、それぞれの株式の価値は60ドル（$66万/１万1,000）になるようにみえる。

たとえば、配当前に１株66ドルの価値がある株式を100株保有していた株主は、配当後に60ドルの価値がある株式を110株もつことになる。株式の総価値はどちらでも6,600ドルなので、株式配当は実際には何の経済的効果ももたない。

株式分割後では、発行済株式数は２万株になるので、それぞれの株式の価値は33ドル（＝66万/２万）になる。言い換えると、株式数は２倍になり、価格は半分になる。これらの計算から、株式配当と株式分割は、単なる紙上の取引であるようにみえる。

これらの結果は比較的自明なものであるが、これらの方策にはなんらかのメリットがあるかもしれないと示唆する理由がしばしば提示される。典型的な財務担当者は、多くの現実世界の複雑性に気づいており、このため株式分割あるいは株式配当の決定は、実際問題として軽々しく取り扱われない。

大衆向けの売買幅

株式配当と株式分割の支持者たちは、しばしば株式には適切な売買幅（trading range）があると主張する。株価がこの水準以上になったとき、多くの投資家が、*単位株（round lot）*と呼ばれる通常の取引単位100株を買うための資金をもたない。株式は100株以下の*端株単位（odd-lot）*で購入することができるが、この場合手数料はより高くなる。したがって企業は、この売買幅に株価を維持するために、株式を分割することになる。

たとえば、2003年の初頭、マイクロソフトは１：２の株式分割を発表した。これは1986年にマイクロソフトが上場してから、９回目の分割だった。株式は、２回２：３に分割され、合計７回１：２に分割されてきた。したがって、会社が初めて公開した1986年に保有していた１株は、最も最近の2003年の分割で288株になっていた。同様に、ウォルマートは1970年に上場したが、会社は11回１：２の株式分割を行い、デル・コンピューターは1988年の上場以来、２：３の分割を１回、１：２の分割を６回行ってきた。

この主張は一般的であるが、その妥当性はいくつかの理由から疑わしい。投資信託や年金基金、そしてその他の機関は、第二次世界大戦以降、着実に売買高を増加させており、いまや総売買高のかなりの割合を取り扱っている（たとえばニューヨーク証券取引所売買高の80％程度）。これらの機関は莫大な金額で売買するので、個別株式の株価はほとんど気にしない。

さらに、きわめて高い株価も時々見受けられるが、問題があるようにはみえない。極端な例をあげると、スイスのチョコレート・メーカーのリンツ社を考えてみよう。2006年２月、リンツ社の株式は１株２万4,595スイス・フラン（約１万8,818ドル）近辺で売られていた。単位株を購入するとなんと188万ドルかかることになる。これは相当高いが、伝説の投資家ウォーレン・バフェットが率いる会社であるバークシャー・ハザウェイも考えてみよう。2006年２月、会社の株式は、2004年２月の高値９万5,700ドルから下がり、１株当り約８万8,000ドルで売られていた。

最後に、株式分割は企業の株式の流動性を実際には下げるかもしれないという証拠がある。1：2の株式分割の後、もし分割によって流動性が増したなら、売買される株式数は2倍以上になるはずである。これは実際には起こっていないようであり、逆の結果が時々観察される。

株式併合

まれに出くわす財務戦略に**株式併合**（reverse split）がある。たとえば、2006年2月、医療品メーカーのエイビター社は、50：1の株式併合を行い、アヴァニール製薬は、2006年1月に4：1の株式併合を行った。5：1の株式併合では、投資家は保有する5株を新しい株式1株と交換する。これにより額面価額は5倍になる。株式分割と株式配当の場合と同様、株式併合はなんら実質的な意味をもたないと主張できる。

現実の世界の非完全性を所与にすると、三つの関連した理由が、株式併合に対して引合いに出される。第一に、株主の取引費用は、株式併合後に低下するかもしれない。第二に、企業の株価が「大衆向けの売買幅」まで上昇したとき、企業の株式の流動性と市場性が改善されるかもしれない。第三に、ある水準以下で売られている株式は「まとも」とはみなされず、投資家は、これらの企業の利益、キャッシュフロー、成長性および安定性を過小評価する。株式分割の場合と同様、これらの理由のどれも（とりわけ3番目）が特に説得力はない。

株式併合を支持する、ほかに二つの理由がある。第一に、株式取引所には1株当りの最低価格制限がある。株式併合は、株価をそのような最低価格まで引き上げるかもしれない。2001～2002年、下げ相場の結果として、この目的はますます重要になった。2001年、106の企業が株主に株式併合の承認を求めた。2002年には111の株式併合があり、2003年は75だったが、2004年の中間時点では14にすぎなかった。これらの株式併合の最も一般的な理由は、ナスダックが、30日間株価が1ドル未満だった企業を上場廃止にするからである。多くの企業、特にインターネット関連のテクノロジー企業が、上場廃止の危機に瀕し、株価を押し上げるために株式併合を用いた。第二に、企業は時々株式併合を行うと同時に、特定の数に満たない株式を買い取る。

たとえば、2005年10月、独立系金融リサーチ会社であるサージェント・リサーチ・システムは、101：1の株式併合を発表した。同時に、会社は100株以下の株主から、すべての株式を買い戻すことにした。株式併合の目的は、会社を非登録化（go dark）することを可能にするためだった。株式併合と株式買戻しで、会社の株主は300人未満になり、これによりSECに定期報告を提出する必要がなくなることを意味した。この提案をことさら想像力に富んだものにしたのは、株式併合の直後、会社は株価を元に戻すために1：101の株式分割を行ったことだった。

要約と結論

1．企業の配当政策は、完全な資本市場においては無関係である。なぜなら、株主が事実上、企業の配当戦略を元に戻すことができるからである。株主が望む以上に多くの配当を受け取った場合、株主は超過部分を再投資することができる。反対に、株主が望む以上に少ない配当を受け取った場合、株主は余分な株式を売却することができる。この主張はMMをもとにしており、前の章で議論した自家製レバレッジの概念と同様である。

2．完全な資本市場では、株主は配当と株式買戻しとで無差別になる。

3．米国では配当が課税されるので、企業は配当を支払うために株式を発行すべきでない。

4．また税金のために、企業には配当を減らすインセンティブがある。たとえば、企業は資本支出をふやしたり、他の企業を買収したり、金融資産を購入したりするかもしれない。しかしながら、財務的配慮と法的制限により、大きなキャッシュフローを伴う合理的な企業は、これらの活動をやりつくし、配当にたくさんの現金を残す可能性が高い。

5．個人税を伴う世界では、配当を支払うかわりに株式を買い戻すことを、強く支持できる。

6．それにもかかわらず、たとえ個人税を伴う世界でも、配当を支持するいくつかの根拠がある。

a. 無配当株式の投資家には、現在の消費のために株式を売却するときに、取引コストがかかる。

b. セルフ・コントロールに乏しい投資家は、「金輪際元本には手をつけない」という方針をしっかり守ることで、高配当株式を通して現在の消費ニーズを満たすことができると、行動ファイナンスは主張する。

c. 株主のために行動している経営陣は、債券保有者から現金を遠ざけるために、配当を支払うことができる。同様に株主のために行動している取締役会は、金遣いの荒い経営陣が使える現金を、買戻しを通して簡単に減らすことができる。

7．株式市場は、配当の増加（あるいは最初の配当支払）に対して好意的に反応し、配当の減少に対しては否定的に反応する。これは配当支払に、情報内容があるということを示唆する。

8．高（低）配当企業は、配当を好む（キャピタル・ゲインを好む）投資家の需要を満たすために生じるのだろう。これらの顧客のために、企業が配当政策を変更することによって価値を生み出せるかは、明らかでない。

Concept Questions

1．配当政策の無関係性

配当がそれほど重要なのにもかかわらず、どうしたら配当政策が無関係ということがありうるのか。

2．株式買戻し

株式買戻しの会社の負債比率に対する影響は何か。これは余剰現金のもう一つの使用法を示唆するか。

3．配当政策

企業は「残余」配当政策に従うべきであると時々提唱される。この政策では、企業は投資ニーズを満たし、望ましい負債・株主資本比率を維持することに集中すべきであるというのが基本的な考え方である。それを行った後、企業は残った（残余）利益を配当として支払う。残余配当政策の主要な欠点は何だと思うか。

4．配当スケジュール

12月８日火曜日、ホームタウン・パワー社の取締役会は、１月３日水曜日時点で株主名簿に登録されている株主に対し、１月17日水曜日に、１株当り0.75ドルの配当を支払うことを宣言した。配当落ち日はいつか。もし投資家がこの日の前に株式を購入したら、配当を受け取るのはだれか（売り手か買い手か）。

5．他の配当

株主に無料で火葬場の使用を提供するある英国企業のように、一部の企業は現物で配当を支払う（すなわち、株主に市場価格以下で会社のサービスを提供する）。投資信託はこれらの現物配当を行う企業の株式に投資すべきか（投資信託保有者は、これらのサービスを受け取れない）。

6．配当と株価

もし配当の増加が（即座の）株価の上昇につながるなら、配当政策が無関係であるとどうしていえるのか。

7．配当と株価

建設中の原子力発電所がコスト超過のトラブルを抱えているセントラル・バージニア・パワー社は先月、「投資計画に絡んだキャッシュフローの逼迫により、一時的に配当金の支払を停止する」と発表した。発表が行われた際、会社の株価は28.50ドルから25ドルに下落した。あなたはこの株価の変化をどう解釈するか（すなわち、何が原因だと思うか）。

8．配当再投資プラン

DRK社は最近、配当再投資プランDRIPを開発した。このプランでは、投資家は現金配当を自動的にDRK社の新株に再投資できる。時間とともに、配当を再投資して追加の株式を購入することにより、DRK社の投資家は、自分の保有を構築することができる。

1,000社以上が、配当再投資プランを提供する。DRIPをもつほとんどの企業が、ブローカー手数料やサービス料を請求しない。実際、DRK社の株式は市場価格の10%割引で購入できる。

DRK社のコンサルタントは、DRK社の株主のおよそ75%がこのプランに参加すると推定している。これは平均より若干高い。

DRK社の配当再投資プランを評価せよ。これは株主の富を増加させるか。メリットとデメリットを議論せよ。

9．配当政策

普通株式の新規公開に関して、2007年は比較的不振な年で、約356億ドルだけが調達された。公開された159の企業のうち、比較的少数が現金配当を支払った。なぜほとんどの企業が現金配当を支払わない選択をしたと思うか。

10．投資と配当

ヒュー慈善信託は、キャピタル・ゲイン、配当収入、利息収入に対して税金を払わない。この信託が、ポートフォリオに低配当、高成長企業株を保有することは非合理的か。ポートフォリオに地方債を保有することは非合理的か。説明せよ。

次の二つの問題には、以下の情報を用いる。

歴史的に、米国の税法は、株主が受け取る配当支払を通常所得として取り扱ってきた。したがって、配当は投資家の限界税率で課税され、これは2002年に38.6%にのぼった。キャピタル・ゲインは、キャピタル・ゲイン税率で課税され、これはほとんどの投資家にとって同じだったが、年とともに変動した。2002年では、キャピタル・ゲイン税率は20%だった。経済を活性化するために、ジョージ・W・ブッシュ大統領は、配当とキャピタル・ゲインに対する税率変更を含む租税プランの全面的見直しに着手した。2003年に施行された新しい租税プランでは、高税率枠の投資家の配当とキャピタル・ゲイン双方に対する税率を15%とした。低税率枠の投資家の配当とキャピタル・ゲインに対する税率は、2007年までが5％で、2008年にはゼロにするとした。

11. 配当落ち株価

この法律の変更は、配当落ち日の株価にどのような影響を及ぼすと思うか。

12. 株式買戻し

この法律の変更は、配当支払と比較した株式買戻しの相対的魅力にどのような影響を及ぼしたと思うか。

13. 配当と株式価値

成長パーペチュイティ・モデルは、株式の価値を、その株式からの期待配当の現在価値として表す。このモデルが妥当なのに、どうして配当政策が無関係であると結論づけることができるのか。

14. 手中の鳥の議論

今日の配当は、明日の不確実なキャピタル・ゲイン見通しよりも安全であるという「手中の鳥」の議論は、しばしば高い配当性向を正当化するのに使われる。この議論の誤信を説明せよ。

15. 配当と収入選好

現金収入への要望は、高配当政策を選好するための妥当な説明ではない。なぜなら、投資家は常に保有株式の一部を売却することによって、自家製配当をつくりだすことができるからである。この文章は正しいか間違っているか。説明せよ。

16. 配当と顧客

ヘンダーソン大佐は、ネオテック社の株式を保有している。なぜならこの会社の株価は過去数年間着実に上昇してきており、このパフォーマンスが今後も継続すると予想しているからである。大佐はサラ・ジョーンズにネオテック株を購入させるべく説得を試みているが、彼女はこの会社が無配当なので、投資をしぶっている。彼女の収入は安定配当に依存している。

a. 二人の投資家が象徴しているのはどのような選好か。

b. ネオテック社の株式こそサラにふさわしい株式であると説得するのに、大佐はどのような議論を用いるべきか。

c. なぜ大佐の議論は、サラを説得できないかもしれないのか。

17. 配当と税金

あなたの叔母さんは高税率枠におり、投資ポートフォリオの税負担を最小化したい。彼女は税引き後リターンを最大化するように売買を行う用意があり、あなたにアドバイスを求めてきた。あなたは彼女にどうすることを提案するか。

18. 配当 vs キャピタル・ゲイン

もし市場が、配当１ドルをキャピタル・ゲインの１ドルと等価であるとみなしているなら、異なる配当性向をもつ企業は、異なる顧客層の投資家を引き付けるだろう。ある顧客層と他の顧客層に変わりはない。したがって、企業は配当政策の変更によって企業価値を増加させることはできない。とはいえ、実証研究は、配当性向と、その他の企業特性との間に強い相関があることを明らかにしている。たとえば、最近公開された小さな急成長中の企業は、ほとんど常に配当性向がゼロであり、すべての利益が事業活動に再投資される。もし配当が無関係なら、この現象を説明せよ。

19. 配当の無関係性

配当政策は無関係であるはずとの理論的論証にもかかわらず、多くの投資家が高配当を好むという事実がある。もしこの選好が存在するなら、企業は配当支払率を高めることによって、自社の株価を押し上げることが可能である。この議論の誤信を説明せよ。

20. 配当と株価

実証研究は、最初の配当（すなわち、企業が初めて現金配当を支払うとき）が発表された日に、株価が大幅に上昇することを見出した。この研究結果は、最初の配当の情報内容に関して、どのような意味をもつか。

質問と問題

◆基本（問題１－10）

1．配当と税金

リー・アン社は、１株当り5.60ドルの配当を宣言した。キャピタル・ゲインは課税されないが、配当は15％で課税されるとする。IRSの新しい規則では、配当が支払われる際、税金を控除する必要がある。リー・アン社株式は１株75ドルで売られており、株式は配当落ちになるところである。配当落ち株価はいくらになると思うか。

2．株式配当

ヘキサゴン・インターナショナル社の株主資本勘定は以下のとおりである。

普通株式（額面１ドル）	$ 20,000
額面超過資本金	210,000
利益剰余金	735,300
株主資本の合計	$965,300

a. もしヘキサゴン社の株式が１株当り48ドルで売られていて、10％の株式配当が宣言されたら、新株は何株が分配されるか。株主資本勘定がどのように変わるか示せ。

b. もしヘキサゴン社が25%の株式配当を宣言したら、勘定はどのように変わるか。

3．株式分割

問題2の企業で、もし以下のことが起こったら、株主資本勘定がどのように変わるか示せ。

a. ヘキサゴン社は、1：4の株式分割を宣言する。分割後の発行済株式数はいくらか。1株当りの新しい額面価額はいくらか。

b. ヘキサゴン社は、5：1の株式併合を宣言する。併合後の発行済株式数はいくらか。1株当りの新しい額面価額はいくらか。

4．株式分割と株式配当

ロール・コーポレーション（RC）には現在、発行済株式が26万株あり、1株当り78ドルで売られている。市場は完全で税効果も存在しないとすると、以下が起こった後の株価はいくらか。また、それぞれで新しい発行済株式数を求めよ。

a. RCは3：5の株式分割を行う。

b. RCは15%の株式配当を行う。

c. RCは42.5%の株式配当を行う。

d. RCは7：4の株式併合を行う。

5．定期配当

以下は市場価値で表したレヴィ社の貸借対照表である。発行済株式数は8,000である。

市場価値貸借対照表

現金	$ 30,000	株主資本	$380,000
固定資産	350,000		
合計	$380,000	合計	$380,000

会社は1株当り1.60ドルの配当を宣言した。株式は明日配当落ちになる。税の効果をすべて無視すると、今日の株価はいくらか。明日の株価はいくらになるか。配当が支払われた後、貸借対照表はどのようになるか。

6．株式の買戻し

前問で、レヴィ社が1万2,800ドル分の株式を買い戻す予定であると発表したとしよう。この買戻しは、会社の株主資本にどのような影響を及ぼすか。発行済株式数はいくらになるか。買戻し後の株価はいくらになるか。税効果を無視して、株式買戻しが基本的に現金配当と同じであることを示せ。

7．株式配当

以下は、アウトボックス・マニュファクチャリング社の市場価値貸借対照表である。アウトボックス社は25%の株式配当を宣言した。株式は明日配当落ちになる(株式配当のスケジュールは、現金配当とよく似ている)。発行済株式数は2万株である。配当落ち株価はいくらになるか。

市場価値貸借対照表

現金	$230,000	負債	$190,000
固定資産	415,000	株主資本	455,000
合計	$645,000	合計	$645,000

8．株式配当

以下に普通株式勘定が示された会社は、1株当りの市場価値が45ドルの時に、12%の株式配当を宣言した。株式配当は普通株式勘定にどのような影響を及ぼすか。

普通株式（額面1ドル）	$　380,000
額面超過資本金	1,750,000
利益剰余金	4,150,000
株主資本の合計	$6,280,000

9．株式分割

前問で、会社はかわりに1：5の株式分割を決定したとする。会社の新しい（分割後)株式に対する1株当り60セントの現金配当は、株式分割前の昨年の配当の10%増を意味する。これは普通株式勘定にどのような影響を及ぼすか。昨年の1株当りの配当はいくらだったか。

10．配当と株価

マン社は、適切な割引率が10%であるリスク・クラスに属している。マン社は現在、発行済株式が15万株あり、1株120ドルで売られている。会社は、ちょうど始まったばかりの当会計年度の終わりに、5ドルの配当宣言をすることを検討している。配当に対する税金はないと仮定する。テキストで議論したMMモデルに基づいて、以下の質問に答えよ。

a. 配当が宣言された場合、配当落ち日の株価はいくらか。

b. 配当が宣言されなかった場合、年度末の株価はいくらか。

c. もしマン社が今年度の初めに300万ドルの新規投資を行い、140万ドルの純利益を稼ぎ、年度末に配当を支払うとしたら、資金調達のために会社は何株の新株を発行しなければならないか。

d. 株式を評価するために、現実の世界においてMM理論を用いることは現実的か。それはなぜか、あるいはなぜそうでないのか。

◆中級（問題11－16）

11. 自家製配当

あなたはエイヴォンデール社の株式を1,000株所有しており、1年後に1株当り95セントの配当を受け取る。2年後、エイヴォンデール社は1株当り45ドルの清算配当を支払う。エイヴォンデール株に要求されるリターンは14％である。現在の株価はいくらか（税金は無視する）。もしあなたが今後2年間、毎年同額の配当を受け取りたいとしたら、これを、自家製配当をつくりだすことによってどのように達成できるのか示せ（ヒント：配当はアニュイティのかたちになる）。

12. 自家製配当

前問で、あなたは最初の年に合計で500ドルの配当しかほしくないとする。あなたの2年目の自家製配当はいくらになるか。

13. 株式買戻し

フライチャッカー社は、特別配当を行うか、あるいは株式の買戻しを行うか、評価している。どちらの場合でも、3,000ドルが使われる。現在の利益は1株当り1.50ドルで、株価は現在58ドルである。発行済株式数は600株である。(a)と(b)の解答にあたっては、税金と他の市場の不完全性は無視する。

a. 1株当り株価と株主の富の観点で、二つの選択肢を評価せよ。

b. 二つの異なるシナリオのもとでの、フライチャッカー社の1株当り利益と株価収益率に対する影響はどのようになるか。

c. 現実の世界では、どちらの行動を勧めるか。なぜか。

14. 配当と企業価値

ノーヴィス社は、発行済株式数が2万株で、100％の配当支払政策をもち、純利益は4万5,000ドルである。いまから1年後の同社の期待企業価値は、163万5,000ドルである。ノーヴィス社の適切な割引率は12％で、配当税率はゼロである。

a. 現在の配当がまだ支払われていないと仮定すると、現在の会社の価値はいくらか。

b. 取締役会が現在の配当政策に従う場合、ノーヴィス社株式の配当落ち後の価格はいくらか。

c. 取締役会において、数人の取締役会メンバーが、配当があまりにも少なく、そのことがおそらく株価を押し下げていると主張した。彼らは、十分な新株を発行して資金を調達し、１株当り4.60ドルの配当を行うことを提案した。

i. 少ない配当が株価を押し下げているとの主張に対しコメントせよ。あなたのコメントを計算で支持せよ。

ii. 提案が採用された場合、新株の価格はいくらになるか。何株が発行されるか。

15. 配当政策

ギブソン社には、当期のキャッシュフローが140万ドルあり、配当は支払わない。会社の将来キャッシュフローの現在価値は2,000万ドルである。会社は全額株式調達で、75万株が発行されている。配当税率はゼロであると仮定する。

a. ギブソン社の株価はいくらか。

b. ギブソン社の取締役会は、現在のキャッシュフローの50%を現金配当として株主へ支払う計画を発表した。ギブソン社の株式を1,000株所有するジェフ・ミラーは、ゼロ配当政策を自分自身でどのように達成できるか。

16. 配当を滑らかにする

シャープ社は、１株当り1.50ドルの配当をちょうど支払ったところである。会社の目標配当性向は40%である。会社は、いまから１年後の１株当り利益が4.15ドルになると見込んでいる。

a. リントナー・モデルで定義される調整率が0.3であった場合、いまから１年後の配当はいくらか。

b. もし調整率がかわりに0.6だったら、いまから１年後の配当はいくらか。

c. どちらの調整率がより堅実か。なぜか。

◆チャレンジ（問題17－20）

17. 期待リターン、配当、そして税金

ゲッコー社とゴードン社は、同じビジネス・リスクをもっているが、配当政策は異なる。ゲッコー社は無配当であるのに対して、ゴードン社は期待配当利回りが６%である。キャピタル・ゲイン税率はゼロで、配当税率は35%だとする。ゲッコー社は、12%の期待利益成長率をもち、株価も同じ率で成長すると期待される。もし二つの株式の税引き後期待リターンが同じだったら（同じリスクなので）、ゴードン社株式に対して税引き前に要求されるリターンはいくらか。

18. 配当と税金

テキストで議論したように、市場の不完全性と税効果がない場合、株式が配当落ちになったとき、株価は配当支払額だけ下落すると期待される。しかしながら、いったん税金の役割を考慮すると、これは必ずしも正しくない。配当落ち株価を求めるのに、税効果を取り入れる一つのモデルが提案されている[19)]。

$$(P_0 - P_X)/D = (1 - t_P)/(1 - t_G)$$

ここで P_0 は配当落ち直前の株価、P_X は配当落ち株価、D は1株当りの配当額、t_P は配当に対する適切な限界個人税率、t_G はキャピタル・ゲインに対する実効限界税率である。

a. もし $t_P = t_G = 0$ だったら、株式が配当落ちになったとき、株価はいくら下落するか。

b. もし $t_P = 15\%$、$t_G = 0$ だったら、株価はいくら下落するか。

c. もし $t_P = 15\%$、$t_G = 20\%$ だったら、株価はいくら下落するか。

d. 株式を保有しているのは企業だけだとする。前の章を思い出すと、企業は配当収入に対して最低限70%課税除外を得られるが、キャピタル・ゲインにはそのような除外はない。もし企業の所得税とキャピタル・ゲイン税の双方の税率が35%だとしたら、このモデルは配当落ち株価がいくらになると予測するか。

e. この問題は、現実の世界の税の考慮と企業の配当政策に関して、何を教えてくれるか。

19. 配当 vs 再投資

ナショナル・ビジネス・マシーン社（NBM）には、税金を支払った後、余剰現金が300万ドルある。NBM 社はこの現金を使う二つの選択肢をもっている。一つの選択肢は、金融資産に現金を投資することである。その結果生まれる投資収入は、3年後に特別配当として支払われる。この場合、会社は利回り5%の財務省短期証券か、あるいは7%の優先株式に投資することができる。IRS の規則では、他の企業の株式に投資して受け取る配当の70%を、会社の課税所得から除外することができる。もう一つの選択肢は、現金をいま配当として支払うことである。投資家

19) N.Elton and M.Gruber, "Marginal Stockholder Tax Rates and the Clientele Effect," *Review of Economics and Statistics* 52 (February 1970).

は彼ら自身で、同じ利回りの財務省短期証券か、あるいは優先株式に投資することができる。法人税率は35%である。投資家の個人所得税率は31%で、これは利息収入と優先株式配当に適用される。普通株式の配当に対する個人配当税率は15%である。現金は今日支払われるべきか、あるいは3年後に支払われるべきか。二つの選択肢のうち、どちらが株主にとっていちばん高い税引き後収入を生み出すか。

20. 配当 vs 再投資

今年度の資本支出を終えた後に、カールソン・マニュファクチュアリング社には1,000ドルの余剰資金がある。カールソン社の経営陣は、利回り8%の財務省債券に資金を投資するか、あるいは投資家に現金配当を行い投資家自らが債券に投資するかのいずれかを選択しなければならない。

a. もし法人税率が35%だったら、いくらの個人税率が、投資家を、配当を受け取るか、あるいはカールソン社に資金を投資させるかに関して、同様に好ましくするか。

b. (a)に対する答えは理にかなっているか。それはなぜか、あるいはなぜそうでないのか。

c. 唯一の投資選択肢が利回り12%の優先株式であると仮定する。企業の70%配当除外が適用される。カールソン社の配当政策の意思決定に対して、株主が無差別になる個人税率はいくらか。

d. これは低配当性向を支持する強力な主張か。それはなぜか、あるいはなぜそうでないのか。

ミニケース

●エレクトロニック・タイミング，INC.

エレクトロニック・タイミング，Inc.(ETI)社は、エレクトロニック・エンジニアのトム・ミラーとジェシカ・カーによって15年前に設立された小さな会社である。ETI社は、ミックス・シグナル設計技術を利用した集積回路を製造しており、最近、クロック・タイミング・ジェネレーター(またはシリコン・タイミング・デバイス)市場に参入した。これは、電子システムを同調させるのに必要なタイミング・シグナル、もしくは「クロック(時計)」を供給する。このクロック製品は、当初パソコンのビデオ画像アプリケーションに用いられたが、市場はその後マザーボード、パソコン周辺機器、そしてデジタル・テレビやビデオ・ゲーム機などの他のデジタル家電を含むものに拡大した。ETI社はまた、個別アプリケーション専用の集積回路（ASIC）も設計して販売する。ASICの設計は、アナログとデジタルを組み合わせたミックス・シグナル技術によるものである。トムとジェシカに加えて、会社に資本を提供したノーラン・ピットマンが3番目の主要なオーナーである。それぞれが、発行済株式100万株の25%ずつを所有する。現在の従業員を含む他の何人かの個人が、会社の残りの株式を所有している。

最近、会社は新しいマザーボードをデザインした。ETI社のデザインは、より効率的かつより安価に製造できるもので、このデザインは多くのパソコンで標準になると期待される。新しいマザーボード製造の可能性を調査した後、ETI社は新たな工場は費用が高すぎて建設できないと決定した。オーナーたちはまた、外部からもう一人の主要オーナーを招き入れることには反対だった。かわりに、ETI社はデザインを他の企業に売却した。このマザーボード・デザインの売却は、3,000万ドルの税引き後支払で完了した。

1．トムは、会社がこの余剰資金を1回だけの特別配当に用いるべきだと考えている。この提案は、株価にどのような影響を及ぼすか。これは会社の価値にどのような影響を及ぼすか。

2．ジェシカは、会社がこの余剰資金を、負債の償還と、既存の製造能力の向上および拡大に使うべきだと考えている。ジェシカの提案は会社にどのような影響を及ぼすか。

3．ノーランは、株式の買戻しが望ましいと考えている。彼は買戻しが会社の株価収益率、総資産利益率、株主資本利益率を上昇させると主張する。彼の主張は正しいか。株式の買戻しは、会社の価値にどのような影響を及ぼすか。

4．トムとジェシカとノーランが話し合ったもう一つの選択肢は、株主に定期配当の支払を開始することである。あなたはこの提案をどのように評価するか。

5．株式を評価する一つの方法は、配当成長モデルか、あるいは配当パーペチュイティ・モデルである。以下を考える。配当性向は$1-b$であり、bは内部留保率もしくは再投資率である。したがって来年の配当は、来年の利益$E_1\times$（1－内部留保率）になる。持続可能な成長率を計算するのに最も一般的に使われる式は、株主資本利益率×内部留保率である。これらの関係を配当成長モデルに代入すると、現在の株価を計算するための以下の式が得られる。

$$P_0 = \frac{E_1(1 - b)}{R_S - ROE \times b}$$

会社は配当を支払うべきか、あるいは製造能力の向上と拡大を図るべきかという観点で、この結果はどういう含意をもっているか。

6．会社が配当を払うべきかどうかという質問は、会社の組織形態が株式会社であるか、それともLLCであるかに依存しているか。

第 V 部

長期資本調達

第20章

証券の公募発行

新規株式公開（IPO）を切望されていたクレジット・カードの巨人、ビザ（Visa）は、2008年３月19日に株式を公開した。JP モルガン、ゴールドマン・サックス、バンク・オブ・アメリカの助けによって、ビザは４億4,700万株の株式を44ドルの株価で販売した。大衆のクレジットに対する不運な熱狂に応えて、株価はその日の終わりに56.50ドルに急騰した（28％の上昇）。ビザの公開は合計で196.5億ドルを調達し、簡単に米国史上で最大の IPO になった。それまでの記録保持者は、2000年の AT&T ワイヤレスの公開で、106億ドルを調達した。本章では、ビザのような企業が株式を一般に販売するプロセスと、それにかかわる費用、そして投資銀行の役割について考察する。

大企業にも小企業にも、共通することが一つある。長期資本が必要であるということである。本章は、企業がどのように長期資本を獲得するのか解説する。特に企業の財務ライフサイクルで最も重要なステージである IPO に注意を払う。このような公募は、企業が未公開から公開に変わるプロセスである。多くの人々にとって、会社を始め、成長させ、そして公開することは、究極の起業家ドリームである。

20.1　公　募

企業が新たな資金をほしい場合、公募または私募で証券を発行することにより調達することができる。最初に公募を解説する。公募の基本的な手順は表20.1に示されている。1933年証券法は、複数の州にまたがるすべての新規証券発行に関する連邦規則を規定する。34年証券取引法は、すでに発行された証券を規制する基盤である。SEC が両法を執行する。

表20.1　資本調達のプロセス

公募の手順	時　間	活　動
1．引受け前の話合い	数カ月	調達金額および発行証券の種類を議論する。引受シンジケート団と販売グループを構成する。引受契約を交渉する。取締役会の承認をとる。
2．登録届出書の提出と承認	20日間の待機期間	登録届出書はすべての関連する財務と事業の情報を含む。
3．新証券の価格づけ	通常、登録期間の最終日以後	発行済証券の追加発行の場合は、価格は実勢市場価格に近く設定される。新規公開の場合は、徹底的な調査と分析が必要になる。
4．公募と販売	登録期間の最終日のすぐ後	典型的な買取引受契約では、アンダーライターが規定された量の株式を発行会社から購入し、より高い金額で販売する。販売グループが販売を手伝う。
5．市場の安定化	通常、発行から30日後	アンダーライターは、ある決められた価格でいつでも市場に買注文を出せるように待機する。

新規発行の基本的な手順

1．一般投資家に向けて証券を発行する際の経営陣の最初のステップは、取締役会の承認を得ることである。

2．次に、企業はSECに対して**登録届出書**（registration statement）を作成し、提出しなくてはならない。届出書は、財務の推移、現行事業の詳細、資金調達計画、将来の計画など大量の財務情報を含み、軽く50ページまたはそれ以上の分量となりうる。届出書はすべての証券の公募に必要であるが、次の二つの主要な例外がある。

a.　9カ月以内に満期となるローン

b.　500万ドル未満の発行

bの例外事項は*少額発行免除*として知られる。500万ドル未満の発行はレギュレーションA（Regulation A）の対象となるが、上記のような登録届出書ではなく、簡単な発行報告書だけが要求される。レギュレーションAの適用を受けるには、インサイダー（会社関係者）による株式売却を150万ドル以下に抑えなければならない。

3．SECは*待機期間中*に上記の登録届出書を精査する。この間、企業側は仮目

論見書（prospectus）を配布してもよい。仮目論見書は表紙に赤色の太文字が印刷されているので、**レッド・ヘリング（red herring）**と呼ばれる。目論見書には登録届出書に盛り込まれた情報の多くが記載されており、発行会社から潜在投資家に配布される。発行会社はこの待機期間中に証券の販売はできない。しかしながら、口頭での勧誘は可能である。

登録届出書は、SECから内容変更を求める通知がない限り、届出日から数えて20日目に効力を発する。変更がある場合は、変更後新たに20日間の待機期間が始まる。

4．登録届出書は、当初新証券の価格を記載しない。登録届出書の発効日に、価格が決められ、本格的な販売活動が始まる。最終的な目論見書は、発行証券の受渡し、あるいは販売の確認のいずれか早く行われるほうに、付されなければならない。

5．**墓石（tombstone）**広告は、待機期間中と終了後に使われる。図20.1はその一例である。

20.2　代替発行方法

新証券の発行を決定した場合、企業は公募かあるいは私募として販売できる。公募ならば、企業はSECに登録する義務がある。もし35人未満の投資家に販売される場合は、私募として扱うことができる。この場合、登録届出書は不要である[1]。

公募には*公募有償増資（general cash offer）*と*株主割当増資（rights offer）*の二種類がある＊。公募有償増資は希望する投資家のすべてを対象に販売され、株主割当増資は既存の株主を対象に販売される。ほとんどすべての負債が有償発行によって販売されるが、株式は、有償増資と株主割当増資の両方で販売される。

企業による最初の公開株式発行は、**新規株式公開（initial public offering, IPO）**もしくは、**非公開企業の新規発行（unseasoned new issue）**と呼ばれる。すべて

1）ただし、未登録証券の転売は規則でかなり制限される。購入者は最低2年間、その証券を保有しなければならない。

＊訳者注：ここでの“offer”は、株式のみならず債券も含めた「売出し」または「発行」という意味だが、日本では株式の場合「増資」という用語が使われる。翻訳に際してはこの慣習にのっとり、おおむね新株発行が対象の場合は「増資」、それ以外は「売出し」または「発行」を用いた。ただし一部の「増資」には、債券の「売出し」を含む場合もあるので注意されたい。

図20.1　墓石広告の例

This announcement is neither an offer to sell nor a solicitation of an offer to buy any of these securities.
The offering is made only by the Prospectus.

New Issue

11,500,000 Shares

World Wrestling Federation Entertainment, Inc.

Class A Common Stock

Price $17.00 Per Share

Copies of the Prospectus may be obtained in any State in which this announcement
is circulated from only such of the Underwriters, including the undersigned,
as may lawfully offer these securities in such State.

U.S. Offering

9,200,000 Shares

This portion of the underwriting is being offered in the United States and Canada.

Bear, Stearns & Co., Inc.

Credit Suisse First Boston

Merrill Lynch & Co.

Wit Capital Corporation

Allen & Company Incorporated　Banc of America Securities LLC　Deutsche Banc Alex. Brown

Donaldson, Lufkin & Jenrette　A.G. Edwards & Sons, Inc.　Hambrecht & Quist　ING Barings

Prudential Securities　SG Cowen　Wassertein Perella Securities, Inc.　Advest, Inc.

Axiom Capital Management, Inc.　Blackford Securities Corp.　J.C. Bradford & Co.

Joseph Charles & Assoc., Inc.　Chatsworth Securities LLC　Gabelli & Company, Inc.

Gaines, Berland, Inc.　Jefferies & Company, Inc.　Josephthal & Co., Inc.　Neuberger Berman, LLC

Raymond James & Associates, Inc.　Sanders Morris Mundy

Tucker Anthony Cleary Gull　Wachovia Securities, Inc.

International Offering

2,300,000 Shares

This portion of the underwriting is being offered outside of the United States and Canada.

Bear, Stearns International Limited

Credit Suisse First Boston

Merrill Lynch International

表20.2　新証券発行の方法

方　法	種　類	定　義
公募 伝統的な協議引受有償増資	買取引受有償増資	会社は、投資銀行と新株の引受けと販売に関して契約を交渉する。アンダーライターは決められた数の新株を購入し、より高い価格で販売する。
	ベスト・エフォート（最善の努力）による有償増資	会社は、投資銀行に、合意した価格でできるだけ多くの新株を販売させる。どれだけの資金が調達できるかに関しての保証はない。一部のベスト・エフォートによる有償増資は、アンダーライターを用いない。
	ダッチ・オークション有償増資	会社は、所与の販売される株式数に対して、獲得できる最も高い公募価格を決定するために、投資銀行に株式をオークションさせる。
優先引受	直接株主割当増資	会社は、既存の株主に新株を直接売り出す。
	スタンドバイ株主割当増資	直接株主割当増資のように、これは既存株主に優先引受権を与える。正味調達額はアンダーライターによって保証される。
非伝統的な有償増資	一括登録増資	適格企業は、今後2年間にわたって販売が予想されるすべての株式を一括して承認を受け、必要に応じて売り出す。
	競争引受有償増資	会社は協議のかわりに、一般競争入札を通してアンダーライターを選べる。
私募	直接販売	証券は、購入者に直接売られる。最近まで、購入者は一般的に、最低2年間は証券の転売ができなかった。

の新規株式公開は、有償増資である。なぜなら、もし会社の既存株主が株式を買いたいのなら、会社は株式を一般向けに売り出す必要がないからである。2005年には、162件のIPOによって、280億ドル以上の資金が調達された。**既公開企業の新規発行（seasoned new issue）**は、すでに株式公開されている企業の新規発行を指す。既公開企業の普通株式新規発行は、有償増資かあるいは株主割当増資を用いて行われる。

これらの新証券発行の方法は、表20.2に示されており、次の数節で議論する[2]。

20.3 有償増資

前述のとおり、**有償増資**（cash offer）では希望する投資家のすべてを対象に株式が販売される。有償増資が公募の場合、通常、**投資銀行**（investment banks）が関係してくる。投資銀行は金融仲介業者で、広範なサービスを提供する。証券販売の支援に加えて、合併や企業再編の推進、個人・機関投資家へのブローカー業務、自己勘定取引などを行う。ゴールドマン・サックスやモルガン・スタンレーといったウォール街の大手投資銀行のことを、たぶん耳にしたことがあるだろう。

発行会社のために、投資銀行は以下のようなサービスを行う。

証券発行方法の策定
新証券の価格設定
新証券の販売

有償で証券を発行するには、三つの基本的な方法がある。

1．*買取引受（firm commitment）*：この方法では、投資銀行（あるいは、投資銀行グループ）が公募価格より安く証券を購入し、それらを完売できないリスクを負う。この機能にはリスクが伴うので、投資銀行は買取引受で証券を*引き受ける（underwrite）*という。言い換えれば、買取引受による発行に加わる場合、投資銀行はアンダーライターとしての役割を果たす（買取引受は非常に広く行われているので、本章では*投資銀行*と*アンダーライター*を互換的に用いる）。

リスクを最小化するため、投資銀行は合同で引受グループ*（シンジケート団（syndicate））*を形成してリスクを分担し、助け合って販売を進める。こうしたグループでは、単独または複数の幹事会社が取引をアレンジする。幹事会社は、主幹事または代表幹事に任命される。主幹事は通常、発行のあらゆる面に

2）　表20.2は、米国における新証券発行の主な方法を解説している。米国におけるほとんどの新規公開は、ブックビルディングとして知られる協議引受有償増資方式を用いる。ブックビルディング（予約積上げ）とは、アンダーライターが潜在的注文予約を積み上げて、それをもとに公開価格を決める方法を指す。ブックビルディングはほとんどの国（しかしすべての国ではない）において株式引受で選択される手法である。

責任をもつ。シンジケート団に参加している他の投資銀行は、主に自分の顧客への販売を行う。

アンダーライターの買入価格と公募価格の差額は、*スプレッド*または*ディスカウント*と呼ばれる。これはアンダーライターが受け取る基本的な報酬である。時々、アンダーライターは、このスプレッドに加えて、ワラント（新株引受権証券）や株式のかたちで現金以外の報酬を得ることもある。

買取引受は、実際には購入・販売契約であり、シンジケート団の手数料はスプレッドである。発行会社は、総売却金額からスプレッドを引いた金額を受け取り、すべてのリスクはアンダーライターに転嫁される。もし全証券を合意した公募価格で完売できなかった場合、アンダーライターは売れ残った株式の値段を下げる必要があるかもしれない。とはいえ、公募価格は普通アンダーライターが市場の受入環境を調査し終わってから決めるので、このリスクは通常最小限である。これは特に、既公開会社の新規発行に当てはまる。なぜなら新証券の価格は、発行済証券の事前の取引をもとに決められるからである。

2．*ベスト・エフォート（best efforts，最善の努力）*：買取引受では、アンダーライターが、発行証券全部を買い取るので、リスクを負う。逆に、ベスト・エフォート発行の場合は、シンジケート団は株式を買わないので、リスクを負わない。かわりに、シンジケート団は単なる代理業者になり、売却株式数に応じた手数料を受け取る。シンジケート団には、合意した公募価格で証券を売るために、最善の努力を行う法的義務がある。もし株式を公募価格で売却することができない場合は、通常、発行を取りやめる。この形態の引受は、まれになってきている。

3．*ダッチ・オークション引受*：ダッチ・オークション引受（Dutch auction underwriting）では、アンダーライターは販売する株式に固定価格を設定しない。かわりに、アンダーライターは、投資家が株式に入札するオークションを行う。公募価格は、提出された入札価格を基に決定される。ダッチ・オークションは、より内容を表した名称である「*単一価格オークション（uniform price auction）*」としても知られる。この方式による証券の公募は、IPO 市場では比較的新しく、まだ広く使われていないが、これは債券市場では非常に一般的である。たとえば、米国財務省が膨大な量の中期債、長期債、短期証券を一般に販売するために用いる唯一の方法である。

ネット検索企業のグーグルがこの方法を採択したので、ダッチ・オークション引受は、2004年に大きなニュースになった。ダッチ、または単一価格オークションを理解する最もよい方法は、簡単な例を考察することである。リアール社は一般に対して400株を販売したいとしよう。会社は以下の五つの入札を受け取る。

入札者	株数	価格
A	100株	$16
B	100株	14
C	100株	12
D	200株	12
E	200株	10

したがって、入札者Aは1株16ドルで100株を買う気があり、入札者Bは1株14ドルで100株を買う気があり、というように続く。リアール社は入札を調べて、400株すべてが売却できる最も高い価格を決定する。たとえば、14ドルでは、AとBが200株しか買わないので、価格は高すぎる。さらに下に進むと、価格が12ドルになるまで400株すべてが売れないので、12ドルがこのIPOの公募価格になる。入札者AからDが株式を受け取り、Eは受け取れない。

この例で観察すべき追加的な二つの点がある。第一に、入札に成功した全員が12ドルを支払う。実際にはさらに高い価格を入札したAとBも同様である。入札成功者全員が同じ価格を支払うという事実が、“単一価格オークション”という名称の理由である。このようなオークションにおける意図は、高すぎる価格での入札に対していくらかの保護を提供することによって、入札者に積極的に入札することを奨励するためである。

第二に、12ドルの公募価格では、実際にはリアール社が売りたい400株を超える500株の入札があることに注目されたい。したがって、なんらかの割当方法がなければならない。これがどのように行われるかには、多少の違いがあるが、IPO市場では、単純に売り出される株数と、公募価格かそれ以上の価格を入札した株数の比率を計算する方法がとられる。この例では、400/500＝0.8であり、各入札成功者に、入札した株数のこの割合が割り当てられる。言い換えると、入札者AからDは、入札した株数の80%を、それぞれ1株当り12ドルで、受け取る。

ほとんどの公募で、主幹事アンダーライターは、市場価格が公募価格より下がった場合には、その株式を購入することができる。その目的は、一時的な売り圧力から市場を支え、価格を*安定*させることにある。発行株式が一定期間の後に（たとえば、30日）売れ残っている場合、シンジケート団のメンバーはグループを離れ、その株式を市場価格で売却できる。

多くの引受契約には、グリーン・シュー条項（Green Shoe provision）が入っている。これは、引受グループのメンバーに、公募価格で追加株式を購入するオプションを与えるものである[3]。グリーン・シュー・オプションの理由は、需要過多と超過応募に対応しようというものである。グリーン・シュー・オプションは通常、約30日間有効で、対象は新規発行証券の15%以下となっている。グリーン・シュー・オプションは引受シンジケート団にとっては恩典であり、発行会社にとっては新たなコストである。30日以内に新株の市場価格が公募価格を上回った場合、アンダーライターは発行会社から株式を購入し、直ちに一般向けに転売することができる。

新規発行証券が最初に公募販売された後の期間は、*アフターマーケット*と呼ばれる。この期間に、引受シンジケート団のメンバーは、通常、公募価格以下で新規発行証券を販売しない。

ほとんどすべての引受契約が、*ロックアップ条項*を含んでいる。このような取決めは、インサイダーがIPOの後、自分の株式を売却できるまでにどれくらい待たなければならないのかを規定する。典型的なロックアップ期間は180日に設定される。ロックアップされたインサイダーの保有株式数のほうが、一般が保有する株式数よりも大きいことは珍しいことではないので、ロックアップ条項は重要である。したがって、ロックアップ期間が終わったとき、大量の株式が内部関係者によって売却され、株価を押し下げる可能性がある。

公募のかなり前から始まり、IPOの後40日間、SECは企業と主幹事アンダーライターに「静粛期間（quiet period）」を義務づける。これは、一般とのすべてのコミュニケーションを、通常の発表と他の純粋な事実のものだけに制限しなければならないことを意味する。すべての関連する情報は目論見書に含まれるべきであるというのがSECの論理である。この要件の重要な結果は、アンダーライターの分析で投資家への推奨を行うことが禁止されるということである。とはいえ一般的に、静粛期間が終わるやいなや、主幹事アンダーライターは概して、好ましい「買い推奨」を伴った調査レポートを発表する。

3）　グリーン・シュー社が、この条項を認めた最初の企業である。

静粛にしていない企業は、IPOが延期されることになりうる。たとえば、グーグルのIPOの直前、共同創業者のセルゲイ・ブリンとラリー・ペイジは*プレイボーイ*誌に登場した。このインタビューはほとんどIPO延期の原因になりかけたが、グーグルはなんとか時間内に目論見書を修正することができた（その記事を含めることによって！）。しかしながら、2004年5月、セールスフォース．COMのIPOは、CEOであるマーク・ベニオフのインタビューが*ニューヨーク・タイムズ紙*に載ったせいで延期された。セールスフォース．COMは結局2カ月後に公開した。

投資銀行

投資銀行は新証券発行の中心的存在である。発行会社への助言や証券の販売（市場の受入環境調査後）、そして調達資金の引受けを行う。また、公募価格決定時点から販売するまでの間に、市場価格が下落するかもしれないリスクを受け入れる[4)]。

投資銀行の成功は世評に依存している。よい世評は、投資銀行が顧客を維持し、新たに引き付けるのに役立つ。言い換えると、金融経済学者は、どの投資銀行にも「世評資本」の貯蔵庫があると主張する。世評資本の一つの尺度は、投資銀行のペッキング・オーダー（序列）である。第一階層の会社への就職は下位階層の会社への就職と比べて、格段にプレスティージが高いと広くみなされているので、MBAの学生たちはこの序列を承知している。

投資銀行は自らの相対的ランキングを非常に重要視し、その地位の下落をきわめて嫌悪すべきものとみなす。こうした位置争いは、ルイ16世の宮廷で競って媚を売る様子に似て、くだらないことのようにみえるが、これは前述の議論によって説明される。世評が大きな意味をもつ産業界ではどこでも、企業は自らの世評を、細心の注意で守らなければならない。

シンジケート団を選択するには、二つの基本的な方法がある。**競争引受発行（competitive offer）**の場合、発行会社は最も高い値段をつけたアンダーライターに証券を提供する。**協議引受発行（negotiated offer）**の場合は、発行会社は単独のアンダーライターと共同して作業する。発行会社は通常、多数のアンダーライターと

4）　企業がどのようにアンダーライターと組むのかは、以下の研究に見出すことができる。Chitru S. Fernando, Vladimir A. Gutchers, and Paul A. Spindt, "Wanna Dance? How Firms and Underwriters Choose Each Other," *Journal of Finance*（October 2005）, pp. 2437-69.

同時に交渉するわけではないので、協議引受方式では競争の欠如から損失を被るかもしれない。

他分野の商取引では競争入札が頻繁に行われているが、投資銀行のケースでは、大規模発行の場合を除いて、ほとんどが協議取引となっていることに驚くかもしれない。投資銀行は、発行価格や手数料を設定する前に、莫大な時間と労力を費やして発行会社を研究しなければならないと主張する。大口発行の場合を別にして、ほぼ契約をとれる確証がないと、アンダーライターは、時間と労力を費やすことができない。

実証研究は、競争方式より協議方式のほうが、一般的に発行コストが高いことを示している。とはいえ、多くの金融経済学者が、発行会社は協議方式で必ずしも損失を被っていないと主張する。彼らは、協議を通じてアンダーライターが発行会社に関する多量の情報を入手し、この情報が増資の成功確率を高める可能性が高いと指摘する[5]。

● コラム ●

彼ら自身の言葉で

Robert S. Hanser*：買取引受公募の経済論理的根拠

アンダーライターは、四つの主要な機能を果たす。すなわち、証明、モニタリング、販売、そしてリスク負担である。

証明は、投資家に公募価格が公正であるという確証を与える。投資家は、公募価格が株式の本源的価値を不当に上回っていないかどうか不安である。証明は、公正性に関する投資家の疑念を減らすことによって発行会社の価値を高め、よりよい公募価格の設定を可能にする。

発行会社の経営と業績に関するモニタリングは、株主の通常のモニタリングに加えてのものなので、価値を生み出す。アンダーライターは、資本提供者と現行株主双方の利益のために、共同的なモニタリングを提供する。個人株主に

5）　この選択は、最近以下によって研究されている。Robert S. Hansen and Naveen Khanna, "Why Negotiation with a Single Syndicate May Be Preferred to Making Syndicates Compete: The Problem of Trapped Bidders," *Journal of Business* 67 (1994); S. Bhagat, "The Effect of Management's Choice between Negotiated and Competitive Equity Offerings on Shareholder Wealth," *Journal of Financial and Quantitative Analysis* (1986); and D. Logue and R. Jarrow, "Negotiation vs. Competitive Bidding in the Sales of Securities by Public Utilities," *Financial Management* 7 (1978).

よるモニタリングは、すべての株主が集団的にその利益を持分に応じて分け合う一方で、個人株主が全費用を負担することになるので、限界がある。対照的に、アンダーライターのモニタリングでは、すべての株主が費用と利益を持分に応じて分け合う。

調達資金に対する十分なデュー・ディリジェンスと法的責任は、投資家に安心感を提供する。しかしながら、証明とモニタリングを信用に値するものにするのは、長期間にわたって規律される場所である、競争的資本市場における主幹事銀行の世評である。評判の悪い行為が、銀行の将来を損ねるという証拠はたくさん存在する。資本市場の参加者は、行いのよくない銀行を雇わないことで罰する。参加者は、証明と意味のあるモニタリングの費用を、スプレッドのなかで「擬似貸出料」として銀行に支払う。これは、世評を「貸し出す」ことの公正な代価を表している。

マーケティングとは、公募価格で証券を購入するよう説得できる長期的投資家を見つけ出すことである。もし新株に対する需要が「水平的」なら、それは必要とされないだろう。投資家の興味を見極め拡大するための高価なロード・ショウ（全国営業）のような費用のかさむマーケティング活動に、発行者およびシンジケート団が、繰り返し投資を行うという証拠がたくさんある。もう一つは、同じ顧客を重複して追いかけないように、メンバーを組織化することである。主幹事銀行は、発行後数週にわたり、発行者の株式の取引支援を提供する。

引受リスクは、プット・オプション売却のリスクに似ている。シンジケート団は、すべての新規株式を公募価格で購入し、そしてそれらを、公募価格または市場価格の、いずれか低い金額で転売することに合意する。したがって、いったん募集が始まると、シンジケート団は、市場価格が公募価格を下回った場合の、売れ残り在庫に対する潜在的損失にさらされる。このリスクは小さいものである可能性が高い。なぜなら募集は通常、素早い売却のために十分準備されるからである。

＊Robert S. Hansen は、チュレーン大学の Freeman Senior Research Professor of Finance である。

公募価格

適正な公募価格の決定が、新規株式公開に臨む主幹事投資銀行にとって最大の難問である。設定する公募価格が高すぎたり低すぎたりすると、発行企業は潜在的な損失に直面する。もし高すぎた場合は、発行が不成功に終わり、撤回となるかもしれない。もし真の市場価格より低く設定した場合は、発行企業の既存株主が機会損失を被ることになる。

研究者たちは、非公開企業のIPOが、通常真の市場価格より安く売り出されていることを発見した。過小価格設定は、新規株主が、購入する株式からより高いリターンを得ることを手助けする。たとえば、Ritterは、1975～2007年の間に米国内で株式を公開した7,921社を調査した。彼は、IPOの価格は、発行後初日の取引で平均17.2%上昇したことを見出した（表20.3参照）。これらの数値は年率換算されているわけではない！

最近の例では、2006年1月21日、マクドナルドが、チポートレイ・メキシカン・グリル・チェーンの株式を、IPOを通して売却した。1株当り22ドルで、790万株が公開された。株式は39.51ドルの初値をつけ、初日の高値48.28ドルに上がった後、44.00ドルで取引を終えた。初日の利益は100%である。

表20.3　1975～2007年における新規株式公開の、増資数、平均初日リターン、および総調達額

年	増資数[1]	平均初日リターン（%）[2]	総調達額[3]（100万ドル）
1975-1979	112	5.7	1,124
1980-1989	2,380	6.8	61,880
1990-1999	4,146	21.1	291,531
2000-2007	1,283	24.8	259,193
1975-2007	7,921	17.2	613,728

（注）1　増資数には、公募価格5ドル未満のIPO、ADRs（米国預託証券）、ベスト・エフォート増資、ユニット増資、レギュレーションA増資（1980年代における150万ドル未満調達の小規模増資）、不動産投資信託（REITs）、パートナーシップ、およびクローズド・エンド型投資信託を含まない。

2　初日のリターンは、公募価格から最初の市場終値までのパーセンテージ・リターンとして計算されている。

3　総調達額のデータは、Securities Data Co.からのもので、オーバーアロットメント・オプションを含まないが、インターナショナル・トランシュ（もしあれば）を含む。インフレ調整は行われていない。

（出所）University of Florida, Jay R. Ritter 教授。

過小価格設定：一つの可能な説明

過小価格設定について、いくつかの可能な説明がある。しかしこれまで、どの説明が正しいのか学者間に合意はない。われわれの意見では、統一理論に向けての基本要素である、過小価格設定の謎に関連する二つの重要な事実がある。第一に、この明白な過小価格設定は、小規模発行に集中している。この点は、表20.4で明らかにされている。表は、過小価格設定が、前年において売上高がまったくないか、あるいはわずかな企業に帰すことができそうであることを示している。傾向としては、これらは社歴が浅く見通しが不確かな企業である。不確実性の増加は、過小評価が存在する場合にのみ、なんらかの方法でリスク回避的な投資家を引き付けるのだろう。第二に新規発行株式の価格が低い場合、往々にして超過応募になる。これは、投資家が希望する株式数をすべて買うことができず、アンダーライターが投資家に株式を割り当てることを意味する。超過応募の公開では株式数が十分にないため、一般の投資家は株式を手に入れるのが困難になる。新規株式公開の初期リターンは平均してプラスだが、それらのかなりの割合が株価下落を経験する。すべての新株発行に応募する投資家は、株価下落を伴う発行の場合、より多くの株式が割り当てられることになる。

二人の投資家の話を考えてみよう。スマートさんは、株式公開に際して、発行会

表20.4　1980～2007年における新規株式公開の、売上高で分類した平均初日リターン（注）

発行会社の年間売上高（m＝100万）	1980～1989年		1990～1998		1999～2000		2001～2007	
	会社数	初日平均リターン	会社数	初日平均リターン	会社数	初日平均リターン	会社数	初日平均リターン
＄0≤ 売上高＜＄10m	392	10.2%	676	17.3%	332	69.2%	131	6.4%
＄10m≤ 売上高＜＄20m	250	8.6	385	18.5	139	80.1	40	8.9
＄20m≤ 売上高＜＄50m	469	7.7	775	18.8	150	75.5	124	12.9
＄50m≤ 売上高＜＄100m	350	6.5	579	13.0	89	60.4	133	16.6
＄100m≤ 売上高＜＄200m	238	4.7	446	11.8	57	34.9	115	15.1
＄200m≤ 売上高	287	3.4	629	8.7	86	26.3	312	11.3
すべて	1,986	7.2	3,490	14.8	853	64.4	855	12.0

（注）　売上高は公開前12カ月間のものである。すべての売上高は、消費者物価指数を用いて、2003年時点の購買力による金額に換算されている。公募価格5ドル未満のIPO、ユニット増資、REITs、ADRs、クローズド・エンド型投資信託、銀行とS&L、公開日から6カ月以内にCRSPにリストされていない会社、およびデータがない140社を除いて、7,184のIPOがあった。平均初日リターンは18.3%である。

（出所）　University of Florida, Jay R. Ritter 教授。

社の価値を正確に知っている。アベレージ氏は、株価が通常、IPO の後 1 カ月間で値上りするということだけを知っている。この知識をもとに、アベレージ氏は、新規株式公開のたびに1,000株ずつ株式を買うことにする。アベレージ氏は、すべての新規株式公開にわたって、異常に高い平均リターンを実際に得るだろうか。

答えはノー、である。そして、少なくとも、その理由の一つはスマートさんである。たとえば、スマートさんは XYZ 社が過小価格設定されていると知っているので、全資金を同社の IPO に投資する。超過応募の場合は、アンダーライターがスマートさんとアベレージ氏の間で株式を分配する。もし分配が比例按分方式で行われ、スマートさんの応募数がアベレージ氏の 2 倍なら、彼女はアベレージ氏が 1 株受け取るごとに 2 株を受け取ることになる。結果として、株価設定が過小の場合は、アベレージ氏は希望するだけの株式を買うことができない。

スマートさんはまた、ABC 社が過大評価されていることを知っている。この場合、彼女は同社の IPO にまったく応募せず、アベレージ氏は1,000株全部を買うことになる。要約すると、アベレージ氏は、より知識のある投資家が群がって買う過小評価の株式については、少ない株式しか入手できず、逆に、より知識のある投資家が避ける株式については、希望するだけ入手できるということになる。

これは*勝者の災い*（*winner's curse*）と呼ばれ、なぜ IPO がきわめて大きな平均リターンをもつのか、おおむね説明している。平均的な投資家が首尾よく割当てを受けたとすると、それはより知識のある投資家が避けたからなのである。勝者の災いに対抗し、平均的な投資家を引き付けるために、アンダーライターは公募価格を過小に設定する6)。

過小価格設定のもう一つの理由は、リスクである。平均すると IPO はプラスの初期リターンがあるのは事実だが、かなりの割合で価格が下落する。アンダーライターは保有株式の価値の損失を被り、さらに割高な証券を売りつけられて怒った顧客から訴訟を起こされることも考えられる7)。

6）　この説明は、K. Rock, "Why New Issues Are Underpriced", *Journal of Financial Economics* 15（1986）で最初に提案された。

7）　何人かの研究者達は、個人投資家間の過度の熱狂と楽観が、高い初日リターンを説明できるという仮説を立てている（例として、Jay Ritter and Ivo Welch, "A Review of IPO Activity Pricing and Allocation," *Journal of Finance* 57,（August 2002）, pp. 1975–1828）。また、Francesca Cornelli, David Goldreich, and Alexander Ljungqvist, "Investor Sentiment and Pre-IPO Markets," *Journal of Finance*（June 2006）, pp. 1187–1216も参照。加えて、Gerard Hoberg in "The Underwriter Persistence Phenomenon," *Journal of Finance*（June 2007）, pp. 1169–1206は、高い過小価格設定のアンダーライターは、故意に安い見積りを出しているのではなく、かわりに優れた情報にアクセスでき、このアドバンテージを利用していると結論している。

たとえば、本章の初めで議論したビザのIPOを考えてみよう。株式は44ドルで始まり、初日の高値69ドルに上昇した後、56.50ドルで引けた。約28%の上昇である。これらの数字をもとにすると、ビザの過小価格設定は1株当り約12.50ドルで、これは会社が追加の55.88億ドルを取り損なったことを意味する。史上最大の「テーブルの上に残された」金額である。テーブルの上に残してきたお金によって、ビザが他の企業のように悪影響を受けないことを望みたい。1999年、eToy社の820万株のIPOは1株当り57ドルの過小価格設定がなされ、これは総額で約5億ドルだった。eToy社は叶うならばこの資金を使いたかっただろう。会社は2年をたたずして倒産した。

● コラム ●

彼ら自身の言葉で

Jay R. Ritter*：世界各国の新規株式公開過小価格設定について

普通株式の新規公開（IPO）で、過小価格設定が行われるのは米国だけではない。過小の程度は国によってさまざまだが、この現象は株式市場のある国ならどこでも存在する。

一般に、発達した資本市場をもつ国は、新興市場をもつ国よりも、過小価格設定はおだやかである。とはいえ、1999～2000年のインターネット・バブルの間は、発達した資本市場における過小価格設定は劇的に増加した。たとえば、米国においては、1999～2000年の間の平均初日リターンは65%だった。同じ時期、発達した資本市場における過小価格設定は増加したが、中国の住人に販売されたIPOの過小価格設定は、穏やかなものになった。中国の平均はほんの164%まで落ちた。これは90年代初期から中頃にかけてのものより低い。2000年の中頃インターネット・バブルがはじけると、米国、ドイツ、および他の発達した資本市場の過小価格設定は、より伝統的な水準に戻った。

以下の表は世界中の多くの国のIPOの平均初日リターンをまとめたもので、数値はさまざまな研究者による多数の調査から集められた。

国	サンプル数	期間	平均初日リターン	国	サンプル数	期間	平均初日リターン
アルゼンチン	20	1991-1994	4.4%	日本	2,458	1970-2006	40.1%
オーストラリア	1,103	1976-2006	19.8	韓国	1,417	1980-2007	57.4

オーストリア	96	1971-2006	6.5	マレーシア	350	1980-2006	69.6
ベルギー	114	1984-2006	13.5	メキシコ	88	1987-1994	15.9
ブラジル	180	1979-2006	48.7	オランダ	181	1982-2006	10.2
ブルガリア	9	2004-2007	36.5	ニュージーランド	214	1979-2006	20.3
カナダ	635	1971-2006	7.1	ナイジェリア	114	1989-2006	12.7
チリ	65	1982-2006	8.4	ノルウェー	153	1984-2006	9.6
中国	1,394	1990-2005	164.5	フィリピン	123	1987-2006	21.2
キプロス	51	1999-2002	23.7	ポーランド	224	1991-2006	22.9
デンマーク	145	1984-2006	8.1	ポルトガル	28	1992-2006	11.6
フィンランド	162	1971-2006	17.2	ロシア	40	1999-2006	4.2
フランス	686	1983-2006	10.7	シンガポール	441	1973-2006	28.3
ドイツ	652	1978-2006	26.9	南アフリカ	118	1980-1991	32.7
ギリシャ	363	1976-2005	25.1	スペイン	128	1986-2006	10.9
香港	1,008	1980-2006	15.9	スウェーデン	406	1980-2006	27.3
インド	2,713	1990-2004	95.4	スイス	147	1983-2006	29.3
インドネシア	321	1989-2007	21.1	台湾	1,312	1980-2006	37.2
イラン	279	1991-2004	22.4	タイ	447	1987-2006	36.9
アイルランド	31	1999-2006	23.7	トルコ	282	1990-2004	10.8
イスラエル	348	1990-2006	13.8	英国	3,986	1959-2006	16.8
イタリア	233	1985-2006	18.2	米国	15,649	1960-2007	18.0

*Jay R. Ritter は、フロリダ大学の Cordell Professor of Finance である。優れた研究者であり、新規発行と公開に関する、洞察力のある分析は高く評価されている。

20.4　IPO プロセスに関して CFO は何を語るか

IPO において、企業は二つの重要なことを達成する。すなわち、資本を調達することと公開企業になることである。公開企業になる二つの主要なメリットは、資本調達能力の向上と株主の分散化能力の向上である。米国では、公開企業でいるには相当な費用がかかる。証券取引委員会によって監視される法定開示要件と、ニューヨーク証券取引所およびナスダックの上場要件についてはすでに解説した。より最近では、企業統治のより厳しい説明責任に関するサーベンス・オクスレー法の要件もある。

2000～2002年に、最近株式公開した企業の多数の CFO が、会社の動機について聞かれた。図20.2は彼らの回答を表している。最も多く言及された株式公開の動機は、将来の買収に用いるために上場株式をつくりだすことと、会社の市場価値を確立することだった。分散化もまたメリットとしてあげられた。

CFO たちはまた、IPO の過小価格設定をどうみているのか聞かれた。図20.3は

図20.2　株式公開する動機のサーベイ証拠

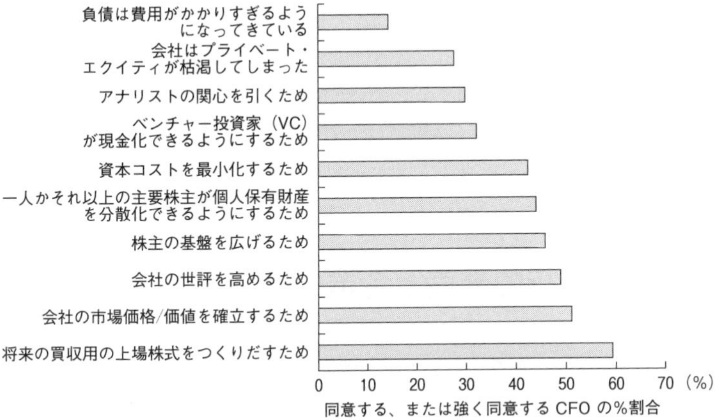
負債は費用がかかりすぎるようになってきている
会社はプライベート・エクイティが枯渇してしまった
アナリストの関心を引くため
ベンチャー投資家（VC）が現金化できるようにするため
資本コストを最小化するため
一人かそれ以上の主要株主が個人保有財産を分散化できるようにするため
株主の基盤を広げるため
会社の世評を高めるため
会社の市場価格/価値を確立するため
将来の買収用の上場株式をつくりだすため
0　10　20　30　40　50　60　70（%）
同意する、または強く同意するCFOの%割合

（出所） James C. Baum and Stanley E. Fawcett, "Evidence on What CFOs Think about the IPO Process : Practice, Theory and Managerial Implications," *Journal of Applied Corporate Finance* 61 (2002).

図20.3　IPOの過小価格設定に対するCFOの見方

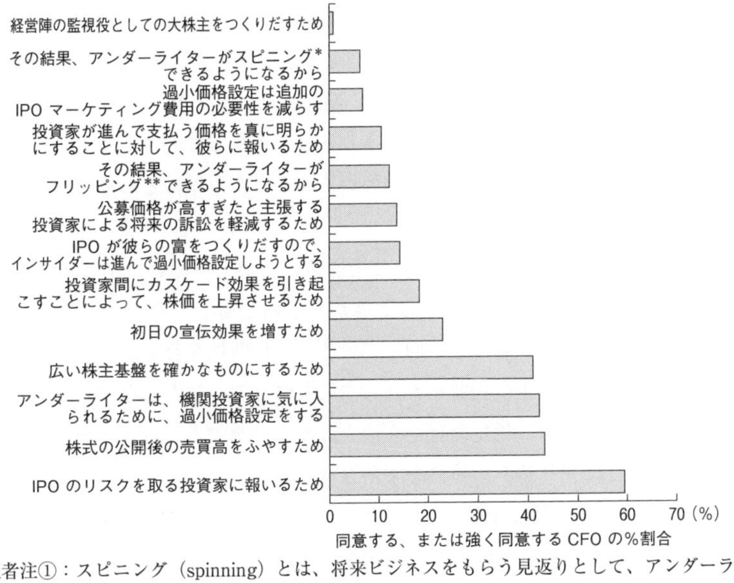
経営陣の監視役としての大株主をつくりだすため
その結果、アンダーライターがスピニング*できるようになるから
過小価格設定は追加のIPOマーケティング費用の必要性を減らす
投資家が進んで支払う価格を真に明らかにすることに対して、彼らに報いるため
その結果、アンダーライターがフリッピング**できるようになるから
公募価格が高すぎたと主張する投資家による将来の訴訟を軽減するため
IPOが彼らの富をつくりだすので、インサイダーは進んで過小価格設定しようとする
投資家間にカスケード効果を引き起こすことによって、株価を上昇させるため
初日の宣伝効果を増すため
広い株主基盤を確かなものにするため
アンダーライターは、機関投資家に気に入られるために、過小価格設定をする
株式の公開後の売買高をふやすため
IPOのリスクを取る投資家に報いるため
0　10　20　30　40　50　60　70（%）
同意する、または強く同意するCFOの%割合

＊訳者注①：スピニング（spinning）とは、将来ビジネスをもらう見返りとして、アンダーライターが顧客企業の経営陣に新規公開株を割り当てること。

＊＊訳者注②：フリッピング（flipping）とは、シンジケート団の証券会社の顧客が公開価格で購入し、すぐに初値近辺で売却すること。

（出所） James C. Baum and Stanley E. Fawcett, "Evidence on What CFOs Think about the IPO Process: Practice, Theory and Managerial Implications," *Journal of Applied Corporate Finance* 61 (2002).

サーベイ結果を表している。IPOの過小価格設定で最も多く言及された理由は、IPOのリスクをとる投資家に報いるためであり、次に公開後の株式売買高を上げるためだった。理由は、われわれのスマートさんとアベレージ氏の話、そしてアンダーライターのリスクと一致しているが、公開後の質と流動性もまた重要であることを示している。

20.5　新株発行の発表と企業の価値

すでに述べたように、企業がさらなる資金のために株式市場に戻ったとき、彼らは既公開企業の新株発行の手配をする。既公開企業の新株発行とIPOのための基本的プロセスは同じである。発表日に不思議なことが起こる。

企業がポジティブNPVプロジェクトをまとめあげた後で、新規の長期資金調達を検討すると考えることは妥当であるようにみえる。結果として、外部資金調達の発表が行われると、企業の市場価値は上昇するはずである。前の章で言及したように、これは新株資金調達の場合に実際に起きることとまったく反対である。Asquith and Mullins、Masulis and Korwar、そしてMikkelson and Partchは、既存株式の市場価値が、普通株式の新規発行が発表されると下落することを見出した[8]。この奇妙な結果についての、ありそうな説明のいくつかは、以下のとおりである。

1．*経営情報*：もし経営陣が自社の市場価値についてすぐれた情報をもっていたら、自社が過大評価されているときがわかるかもしれない。もしわかるなら、市場価値が正しい価値を上回っているときに新株発行を試みるかもしれない。これは既存の株主に利益をもたらすことになる。しかしながら、潜在的新株主は馬鹿ではない。新規発行から過大評価を推測するだろう。ゆえに、新株発行発表の日に売り込み、株価を下落させる。

2．*負債余力*：典型的な企業は、負債からの節税効果と財務的困難の費用をバランスさせる負債・株主資本比率を選択する。企業の経営陣が財務的困難に陥

8） P. Asquith and D. Mullins, “Equity Issues and Offering Dilution,” *Journal of Financial Economics* 15（1986）; R. Masulis and A. N. Korwar,“Seasoned Equity Offerings An Empirical Investigation,” *Journal of Financial Economics* 15（1986）.また、W. H. Mikkelson and M. M. Partch, “The Valuation Effects of Security Offerings and the Issuance Process,” *Journal of Financial Economics* 15（1986）.

る確率が高まったという特別な情報をもっている場合、企業は負債よりも株式で資金調達する可能性が高い。もし市場がこれを連鎖的に推理したなら、株価は新株発行発表の日に値下りするはずである。

3．*利益の減少*[9)]：企業の経営陣が予想外に大きな額の資金調達を行うとき（突然の資金調達はほとんどが巨額になる）、そしてもし投資家が会社の予定している投資や配当の支払を十分に熟知していれば（資本投資の発表は、将来の配当と同様によく知られているので、投資家は熟知することになる）、突然の資金調達額は大まかにいって、利益の不足額に等しくなる（これは企業の資金の源泉と使途の恒等式から直接導かれる）。したがって、新株発行の発表はまた、将来の利益不足を明らかにすることになる。

最近の例をあげると、2008年４月に、当時米国最大の貯蓄貸付機関（S&L）であったワシントン・ミューチュアル（“WaMu”としてよく知られる）は、私募で株式の再売出しを行うと発表した。この日、株式は約10.2％下落した。通常よりずっと大きな下落であった。なぜだろうか。一つの理由は、再売出しの約70億ドルが、普通よりはるかに大きいということだった。このとき、ワシントン・ミューチュアルの時価総額は約105億ドルだった。もう一つは、ワシントン・ミューチュアルが合計で61億ドルにのぼる、３期連続の損失を出していたことだった。市場はこの売出しを弱体化のしるしであるとみた。ワシントン・ミューチュアルは結局、2008年９月25日、JP モルガン・チェースに19億ドルで買収された。もう一つの例では、2008年５月、水およびエネルギー産業に製品とサービスを提供するアイトロン社は、約３億2,100万ドルを調達するために再売出しを行うと発表した。歴史から推察できるように、このニュースで株価は2.4％下落した。

20.6　新規発行の費用

証券の公募はタダではなく、発行方法の違いによる費用の差は、どれを用いるか

9）Robert S. Haugen and Claire Crutchley,“Corporate Earnings and Financings, An Empirical Analysis,” *Journal of Business* 20（1990）. 関連する議論は、Murray Carlson, Adlai Fisher, and Ronald Giammarino in “Corporate Investment and Asset Price Dynamics : Implications for Cross -Section of Returns,” *Journal of Finance*（2004）でも行われている。

を決定する際の重要な要素である。費用は、六つのカテゴリーに分類される。

1．スプレッドまたは引受ディスカウント：スプレッドとは、発行会社が受け取る価格と一般に売り出される価格との差をいう。
2．その他の直接費用：発行会社が負担する費用で、アンダーライターが受け取る報酬には含まれないものをいう。目論見書に記載される届出手数料、弁護士報酬、税金などを含む。
3．間接費用：目論見書には記載されない費用で、経営陣が新株発行に費やす時間的経費などを指す。
4．異常リターン：既公開企業の株式発行では、発行の発表時に株価が３％ないし４％値下りする。この値下りは、発行会社が新規の株主に割高な公募価格で株式を売りつけるのを防ぐ。
5．過小価格設定：新規株式公開の場合、株価は通常、発行日以降大幅に値上りする。株式が発行後の市場において効率的価格以下で売り出されるので、これは発行会社にとっての費用である。
6．グリーン・シュー・オプション：グリーン・シュー・オプションは、超過割当に対処するため、追加の株式を公募価格で買う権利をアンダーライターに与える。アンダーライターは、公募価格が発行後の市場価格より低い場合にのみ追加の株式を購入するので、これは発行会社にとっての費用である。

Lee，Lockhead，Ritter，and Zhao の興味深い研究は、これら六つの費用のうち、引受ディスカウントおよびその他の直接費用の二つを報告している10)。株式発行と債券発行双方に関する彼らの結論は、更新されたものが表20.5〜表20.7に提示されている。この表から以下の三つの結論が浮かび上がる。

1．株式発行、負債発行の両カテゴリーとも、発行費用は調達総額が増加するのに伴って減少している。よって、発行費用は実質上、規模の経済に従うようにみえる11)。

---

10)　Oya Altinkilic and Robert S. Hansen，“Are There Scale Economies in Underwriting Spreads? Evidence of Rising External Financing Costs，” *Review of Financial Studies* 13（2000）は、規模の経済の概念に疑問を投げかけた。彼らは、アンダーライター費用がＵ字型になるというデータと分析を提示している。

表20.5　国内に営業基盤を置く企業によって発行された株式（IPO と SEO）と、普通ならびに転換社債の、総調達資金に対する直接費用の割合：1990〜2008年

株式								
	IPO				SEO			
調達額（単位：100万ドル）	発行数	総スプレッド	他の直接費用	総直接費用	発行数	総スプレッド	他の直接費用	総直接費用
2-　9.99	624	9.15%	6.21%	15.36%	267	7.56%	5.32%	12.88%
10- 19.99	704	7.33	4.30	11.63	519	6.32	2.49	8.81
20- 39.99	1,336	6.99	2.82	9.81	904	5.73	1.51	7.24
40- 59.99	771	6.96	2.25	9.21	677	5.28	0.92	6.20
60- 79.99	403	6.88	1.77	8.65	489	5.07	0.74	5.81
80- 99.99	245	6.79	1.55	8.34	292	4.95	0.61	5.56
100-199.99	438	6.48	1.19	7.67	657	4.57	0.43	5.00
200-499.99	197	5.91	0.81	6.72	275	3.99	0.27	4.26
500以上	72	4.66	0.49	5.15	83	3.48	0.16	3.64
合計	4,790	7.17%	2.97%	10.14%	4,163	5.37%	1.35%	6.72%
債券								
	転換社債				普通社債			
調達額（単位：100万ドル）	発行数	総スプレッド	他の直接費用	総直接費用	発行数	総スプレッド	他の直接費用	総直接費用
2-　9.99	8	5.73%	2.78%	8.51%	70	1.39%	2.35%	3.74%
10- 19.99	20	5.26	2.90	8.16	104	1.33	1.59	2.92
20- 39.99	27	4.74	1.72	6.46	159	1.22	0.90	2.12
40- 59.99	33	3.29	1.01	4.30	152	0.72	0.63	1.35
60- 79.99	61	2.70	0.61	3.31	113	1.52	0.76	2.28
80- 99.99	17	2.16	0.56	2.72	159	1.39	0.56	1.95
100-199.99	100	2.56	0.39	2.95	677	1.60	0.52	2.12
200-499.99	53	2.34	0.22	2.56	333	1.43	0.37	1.80
500以上	17	2.05	0.11	2.16	118	0.62	0.20	0.82
合計	336	2.99%	0.77%	3.76%	1,885	1.36%	0.66%	2.02%

（出所）Inmoo Lee, Scott Lockhead, Jay Ritter, and Quanshui Zhao, "The Costs of Raising Capital," *Journal of Financial Research* I（Spring 1996）. 著者たちによる計算と更新。

2．表20.5の最後の行は、すべての発行形態にわたって、株式発行の直接費用が負債発行よりも高いことを示している。

3．最後に、おそらく最も重要なことだが、証券の公募発行費用はきわめて高

11）新規株式公開市場で最も興味深いものの一つは、近年の新規株式公開では、ほとんどの引受スプレッドがちょうど7％となっていることである。これは、以下に記されている。H. C. Chen and Jay R. Ritter, "The Seven-Percent Solution," *Journal of Finance*（June 2000）. そして、Robert S. Hansen, "Do Investment Banks Compete in IPO's? The Advent of the 7％ Plus Contract," *Journal of Financial Economics* 59（August 2001）.

表20.6　新規株式公開の直接および間接費用：1990～2008年

調達額（単位：100万ドル）	発行数	総スプレッド	他の直接費用	総直接費用	過小価格設定
2- 9.99	624	9.15%	6.21%	15.36%	18.18%
10-19.99	704	7.33	4.30	11.63	10.02
20-39.99	1,336	6.99	2.82	9.81	17.91
40-59.99	771	6.96	2.25	9.21	29.57
60-79.99	403	6.88	1.77	8.65	39.20
80-99.99	245	6.79	1.55	8.34	45.36
100-199.99	438	6.48	1.19	7.67	37.10
200-499.99	197	5.91	0.81	6.72	17.12
500以上	72	4.66	0.49	5.15	12.19
合計	4,790	7.17%	2.97%	10.14%	23.49%

（出所） Inmoo Lee, Scott Lockhead, Jay Ritter, and Quanshui Zhao,"The Costs of Raising Capital," *Journal of Financial Research* I（Spring 1996）. 著者たちによる計算と更新。

表20.7　国内負債発行の平均総スプレッドと総直接費用：1990～2008年

調達額（単位：100万ドル）	転換社債						普通社債					
	投資適格			投資不適格			投資適格			投資不適格		
	発行数	総スプレッド	総直接費用	発行数	総スプレッド	総直接費用	発行数	総スプレッド	総直接費用	発行数	総スプレッド	総直接費用
2- 9.99	0	—	—	0	—	—	40	0.62%	1.90%	0	—	—
10- 19.99	0	—	—	1	4.00%	5.67%	68	0.50	1.35	2	2.74%	4.80%
20- 39.99	0	—	—	11	3.47	5.02	119	0.58	1.21	13	3.06	4.36
40- 59.99	3	1.92%	2.43%	21	3.33	4.48	132	0.39	0.86	12	3.01	3.93
60- 79.99	4	1.65	2.09	47	2.78	3.40	68	0.57	0.97	43	2.99	4.07
80- 99.99	3	0.89	1.16	9	2.54	3.19	100	0.66	0.94	56	2.74	3.66
100-199.99	28	2.22	2.55	50	2.57	3.00	341	0.55	0.80	321	2.71	3.39
200-499.99	26	1.99	2.18	17	2.62	2.85	173	0.50	0.81	156	2.49	2.90
500以上	12	1.96	2.09	1	2.50	2.57	97	0.28	0.38	20	2.45	2.71
合計	76	1.99%	2.26%	157	2.81%	3.47%	1,138	0.51%	0.91%	623	2.68%	3.35%

（出所） Inmoo Lee, Scott Lockhead, Jay Ritter, and Quanshui Zhao,"The Costs of Raising Capital," *Journal of Financial Research* I（Spring 1996）. 著者たちによる計算と更新。

い。たとえば、1,000万ドル未満の新規株式公開の場合、総直接費用は約15%である。加えて、表20.6は、過小価格設定に伴う費用が、さらに18.18%かかることを明らかにしている。これは、初めて株式公開をすることが、重要な意思決定であることを意味している。必要資金の調達、株式所有の拡大など多くの利点があるが、費用を無視することはできない。

株式公開の費用：シンビオン社のケース

2004年2月6日、ナッシュビルに本拠を構える、外来患者用の外科手術センターを所有し運営するシンビオン社は、IPOを通して公開した。シンビオン社は1株当り15ドルの価格で828万株を発行したが、そのうち297万1,600株はシンビオン社の主幹事投資銀行であるクレディ・スイス・ファースト・ボストンLLCが引き受け、残りは他の七つの投資銀行からなるシンジケート団によって引き受けられた。

IPOは合計で1億2,420万ドルを調達したが、費用控除後にシンビオン社が手にできたのは1億1,229万6,000ドルだけだった。もっとも大きな費用は、アンダーライター・スプレッドの7%で、これはこの規模の発行としてはきわめて標準的なものである。シンビオン社は828万株を1株当り13.95ドルでアンダーライターに売却し、それからアンダーライターは1株当り15ドルで一般に株式を販売した。したがって、投資家が支払った1億2,420万ドルのうち、シンビオン社は1億1,550万6,000ドルを受け取った。

でもちょっと待ってほしい――まだある。シンビオン社は、SECの登録費用に1万48ドル、他の申請費用に1万2,000ドル、そしてナスダックに上場するのに10万ドルを使った。会社はまた、必要な会計監査を得るのに129万ドル、実際に株式を移し、株主リストを維持する名義書換代理人に5,250ドル、印刷と彫版費用に56万5,000ドル、弁護士報酬と経費に116万ドル、そして最後に、雑費に6万7,702ドルを使った。

シンビオン社の出費が示すように、IPOは非常に高くつきうる！　最後には、シンビオンの経費は合計で1,109万4,000ドルにのぼり、そのうち869万4,000ドルがアンダーライターにわたり、321万ドルが他の関係者にわたった。シンビオン社の総費用は、発行調達額の10.6%で、これは通常期待されるより若干高かったかもしれない。少なくともその理由の一部は、会社が2003年に公開の申請を行ったことである。このプロセスの途中で、会社とアンダーライターは、市場環境がIPOには好ましくないと判断し、登録を撤回した。この前回の登録費用も、2004年のIPOに含まれていた。

20.7　新株引受権

一般投資家対象に新規普通株式が売り出される場合、既存株主の株式保有比率は低下する可能性が高い。しかしながら、発行企業の定款に先買権が含まれている場合、会社はまず最初に、既存株主に対して新規普通株式を売り出さなくてはならない。これは、各株主の持株比率を保障する。

既存株主への普通株式の発行は*株主割当増資*という。株主割当増資の場合、既存株主はすべて、発行会社より、一定期間内に一定の価格で一定数の新株を購入する*オプション*を与えられる。一定期間を過ぎると、引き受ける権利は消滅する。たとえば、株式が30ドルで売られているある企業は、既存株主に2カ月以内に1株10ドルで一定数の株式を買う権利を与えるかもしれない。このオプションの条件は、*持分ワラント*または*新株引受権*として知られる証書により裏付けされる。このような新株引受権は、しばしば証券取引所や店頭取引で売買される。

株主割当増資の手順

株主割当増資において財務管理者が考慮すべきさまざまな事柄を、ナショナル・

表20.8　株主割当増資前の財務諸表

ナショナル・パワー社
貸借対照表および損益計算書

貸借対照表

資　産		株主持分	
		資本金	$10,000,000
		利益剰余金	10,000,000
合　計	$20,000,000	合　計	$20,000,000

損益計算書

税引前利益	$ 3,030,303
税金（34%）	1,030,303
純　利　益	$ 2,000,000
1株当り利益	$ 2
発行済株式数	1,000,000
1株の時価	$ 20
総市場価値	$20,000,000

パワー社の状況で例証する。会社の初めの財務諸表は表20.8に示されている。

ナショナル・パワー社の税引き後利益は200万ドルで、100万株が発行ずみである。１株当り利益は２ドルで、株価は利益の10倍（すなわち、株価収益率は10）で売られている。したがって１株の市場価格は20ドルである。会社は株主割当増資によって、新たな株主資本を500万ドル調達する計画である。

新株引受権発行のプロセスは、現金と引き換えに株式を発行するプロセスとは異なる。既存の株主は、所有する１株につき一つの新株引受権を与えられたという知らせを受ける。株主が発行会社の応募代行業者（通常は銀行）宛てに代金を支払い、必要な新株引受権数を提出すれば、権利が行使されたことになる。ナショナル・パワー社の株主には、いくつかの選択肢がある。すなわち、①権利を有する株数すべてに応募する、②新株引受権をすべて売却するよう指示する、あるいは③何もせず、新株引受権の期限が切れるままにしておく、である。

ナショナル・パワー社の財務管理者は、次の質問に答えなくてはならない。

1．既存株主は新株１株にいくら払うべきか。
2．１株購入に必要な新株引受権数をいくつにすべきか。
3．株主割当増資が既存の株価にどう影響するか。

応募価格

株主割当増資において、**応募価格**（subscription price）は、既存株主が１株に払い込む価格である。合理的な株主は、応募価格が増資の期限日に市場株価より安いときにのみ株主割当増資に応募する。たとえば、最終日の株価が13ドルで、応募価格が15ドルの場合、合理的な株主はだれも新株を買わないだろう。13ドルの価値しかない株式になぜ15ドルも支払うのか。ナショナル・パワー社は、現在の市場価格20ドルを十分下回る10ドルの応募価格を選択する。市場価格が増資期限日までに半分に下落しない限り、この株主割当増資は成功することになる。

１株の購入に必要な新株引受権数

ナショナル・パワー社は増資によって500万ドルを調達したい。応募価格の10ドルでは、新規に50万株を発行しなくてはならない。これは予定総調達額を応募価格で割ることによって求めることができる。

$$新株数=\frac{調達資金額}{応募価格}=\frac{\$5,000,000}{\$10}=500,000株$$

株主は通常、所有する１株につき一つの新株引受権を得るので、100万の新株引受権がナショナル・パワー社によって発行される。新株１株を得るために、どれだけの数の新株引受権を行使しなければならないかは、現在の発行済株式数を新株数で割れば求められる。

$$１株購入するのに必要な新株引受権数=\frac{「旧」株式}{「新」株式}=\frac{1,000,000}{500,000}=２新株引受権$$

したがって株主は新株１株を入手するために、二つの新株引受権と10ドルを提供しなければならない。もし株主全員がこうすれば、ナショナル・パワー社は必要な500万ドルを調達できることになる。

応募価格、新株数、そして新株購入に必要な新株引受権数が、相互に関連していることは、明確になったはずである。もしナショナル・パワー社が応募価格を引き下げた場合、新株で500万ドル調達するためには、新株発行数をふやさなければならない。以下にいくつかの選択肢を示す。

応募価格	新株数	１株購入に必要な新株引受権数
＄20	250,000	4
10	500,000	2
5	1,000,000	1

株主割当増資が株式価格に及ぼす影響

新株引受権には明らかに価値がある。ナショナル・パワー社の場合、20ドルの価値がある株式１株を、10ドルで買える権利で、これには価値がある。

ナショナル・パワー社のある株主が、株主割当直前に２株を保有していたとしよう。この状況は表20.9に表されている。当初、ナショナル・パワー社の株価は20ドルなので、この株主の総保有額は、40ドル（＝２×＄20）である。２株保有している株主は、二つの新株引受権を受け取る。同社の新株引受権は、２株の所有者に10ドルで１株を買い増す機会を提供する。この新株引受権を行使して新株を購入する株主の持株数は、３株にふえる。新株引受権行使後の保有株式の価値は、＄40＋＄10

表20.9　ナショナル・パワー社の新株引受権をもつ個人株主への価値

	株　主
当初の保有	
株式数	2
株　価	＄20
保有価値	＄40
割当増資の条件	
応募価格	＄10
発行新株引受権数	2
1株に必要な新株引受権数	2
増資終了後	
株式数	3
保有価値	＄50
株　価	＄16.67
新株引受権の価値	
旧株価－新株価	＄20－＄16.67＝＄3.33
新株価－応募価格 / 1株に必要な新株引受権数	(＄16.67－＄10)/2＝＄3.33

＝＄50（当初の価値40ドルに、発行会社への払込額10ドルを加える）となる。この株主はいまや3株を保有しているので、1株当りの価格は16.67ドル（＝＄50/3。小数点以下3位を四捨五入）に下落する。

従来の株価20ドルと新株の株価16.67ドルの差額は、旧株が新株の引受権を伴っていたという事実を反映している。この差額は1引受権の価値に等しくなくてはならない。つまり、＄20－＄16.67＝＄3.33である。

前章で配当落ち日について学習したが、ここでは**権利落ち日**（ex-rights date）がある。権利落ち日より前に株式を買った投資家は、新株引受権の分配時にそれを受け取ることになる。権利落ち日、あるいはそれ以降に株式を買った投資家は、新株引受権をもらえない。われわれの例では、権利落ち日前の株価は20ドルである。権利落ち日、あるいはそれ以降に株式を買った投資家には、新株引受権を得る資格がない。権利落ち日、またはそれ以降の株価は16.67ドルである。

表20.10は、ナショナル・パワー社で起こったことを表している。全株主が新株引受権を行使すると、株式数は150万株にふえ、会社の価値は2,500万ドルに増加する。株主割当増資終了後、1株の価値は16.67ドルに下落する（＝＄2,500万/150万株）。

ナショナル・パワー社の株式を保有していない投資家でも、新株を購入したい場合は、その新株引受権を買えばよい。新株引受権を二つ購入する外部投資家は、

表20.10　ナショナル・パワー社の株主割当増資

当初の保有	
株式数	1,000,000
株　価	＄20
企業価値	＄20,000,000
割当増資の条件	
応募価格	＄10
発行新株引受権数	1,000,000
１株に必要な新株引受権数	2
増資終了後	
株式数	1,500,000
株　価	＄16.67
企業価値	＄25,000,000
１新株引受権の価値	＄20－＄16.67＝＄3.33 または（＄16.67－＄10）/２＝＄3.33

＄3.33×２＝＄6.67（前述の四捨五入により計算）を支払うことになる。この投資家が10ドルの購入費用で新株引受権を行使した場合、総費用は＄10＋＄6.67＝＄16.67となる。この支払の見返りとして、投資家は16.67ドルの価値を有する新株を１株受け取る。

もちろん、外部投資家はまた、ナショナル・パワー株を直接16.67ドルで購入できる。効率的株式市場においては、新株を、新株引受権経由で買おうが、直接買おうが、まったく違いはない。

株主への影響

株主は新株引受権を行使するか、あるいは売却することが可能である。どちらの場合でも、株主は株主割当増資によって得もしなければ損もしない。仮想のナショナル・パワー社の２株保有者は、40ドルの価値を有するポートフォリオを保有している。一方で、もしこの株主が新株引受権を行使すると、株主は合計50ドルの価値を有する３株を保有することになる。言い換えると、10ドルを投資することによって、投資家は保有価値を10ドル分ふやすことになる。これは、この投資家が損も得もしないということである。

他方では、二つの引受権をそれぞれ3.33ドルで売却する株主は、＄3.33×２＝＄6.67を現金で入手する。２株はそれぞれ16.67ドルの価値があるので、保有価値は次のようになる。

株　　式	= 2 × $ 16.67 =	$ 33.33
新株引受権売却	= 2 × $　3.33 =	$　6.67
合　　計	=	$ 40.00

33.33ドルの新しい市場価値プラス現金の6.67ドルは、もともとの保有価値40ドルとまったく同じである。したがって、株主は、新株引受権の行使あるいは売却から、損も得もしない。

会社の株式の新しい市場価格が、株主割当増資前に比べて、株主割当増資後に、値下りするのは明らかである。応募価格が低ければ低いほど、株主割当増資の価格下落は大きくなる。しかしながら、われわれの分析は、株主が株主割当増資によって何の損失も被らないことを明らかにしている。

引受けの取決め

投資家が引受権を放棄したり、悪いニュースが株価を応募価格以下に下落させた場合、応募が募集予定額に満たないという事態が起こりうる。これらの可能性に対処するために、株主割当増資の引受けは、通常スタンドバイ引受方式（standby underwriting）で取り決められる。この方式では、アンダーライターが、購入されなかった部分を、応募価格から手数料を差し引いた額で購入することを確約する。アンダーライターは通常、そのリスク負担機能に対する報酬としてスタンドバイ料（standby fee）を受け取る。

実際には、応募価格は通常、そのときの市場価格より十分下に設定され、応募不足の確率をきわめて小さなものにしている。少数の（10%以下の）株主が、この価値ある新株引受権を行使しないが、株主は通常、権利行使されなかった株式を応募価格で買うことを許される。この超過応募の特権（oversubscription privilege）が、発行会社がアンダーライターに助けを求めるような事態を、起こりそうもないことにしている。

20.8　株主割当増資の謎

Smith は三つの異なる方式について発行費用を計算している。アンダーライターを伴う増資、スタンドバイ引受けを伴う株主割当増資、純粋な株主割当増資の三方式である12)。表20.11に示した彼の研究結果は、この三つのうちで純粋な株主割当増資が最も安いことを示唆している。表の最後の行にあるとおり、調達額に対する発行費用は、アンダーライターを伴う株式発行が6.17%、スタンドバイ引受けを伴う株主割当増資が6.05%、純粋な株主割当増資が2.45%となっている。表の中央部にあるとおり、発行株式の規模で分けて考えても、この違いは変わらない。

企業の役員が合理的なら、最も安上りの方法で株主資本を調達するだろう。したがって、上記の証拠は、純粋な株主割当増資が支配的になることを示唆する。ところが驚いたことに、新株発行の90%超がアンダーライター方式となっているとSmithは指摘する。これは普通、ファイナンスに携わる者の間では異常なこととしてみられる。とはいえ、これまでに、いくつかの説明がなされてきた13)。

1．アンダーライターは、株価を上昇させる。これは、投資家の信頼感が増すことと、引受グループの販売努力によって、成し遂げられるとされる。しかしながらSmithは、株主割当増資52件、アンダーライター付増資344件を調べた結果、これに対する何の証拠も発見できなかった。
2．アンダーライターは合意した価格で株式を購入するので、発行企業に保険を提供している。すなわち、株式のすべてを一般投資家に売り切ることができない場合、アンダーライターが損失を被る。この潜在的損失は、アンダーライターの実際の報酬が、表20.11で計測された額より少ないことを意味するのかもしれない。しかしながら、潜在的な経済損失はおそらくそれほど大きなものではない。ほとんどのケースで、公募価格は公開の24時間以内に決められる。それまでにアンダーライターは通常、その株式に対する市場環境を入念に評価し終えている。
3．このほか、(a)アンダーライターによる増資のほうが、株主割当増資よりも早く調達資金が手に入る、(b)アンダーライターは、株主割当増資よりも、株

12)　C.W. Smith, Jr.,"Alternative Methods for Raising Capital: Rights versus Underwritten Offerings," *Journal of Financial Economics* 5 (December 1977). Myron Slovin, Marie Sushaka, and Kam Wah Lai,"Alternative Flotation Methods, Adverse Selection, and Ownership Structure: Evidence from Seasoned Equity Issuance in the U.K.," *Journal of Financial Economics* 57 (2000) は英国において、同様な違いを見つけた。

13)　世界中で株主割当増資が用いられているので、これはますます異常である。実際、株主割当増資は多くの国で法律により命じられている。

表20.11　調達額に対する発行費用の割合（注）

発行額（単位：100万ドル）	アンダーライターを伴う増資				スタンドバイ引受けを伴う株主割当増資				純粋な株主割当増資	
	数	調達額に対する報酬（%）	調達額に対する他の費用（%）	調達額に対する総費用	数	調達額に対する報酬（%）	調達額に対する他の費用（%）	調達額に対する総費用	数	調達額に対する総費用
0.50未満	—	—	—	—	—	—	—	—	3	8.99
0.50 — 0.99	6	6.96	6.78	13.74	2	3.43	4.80	8.24	2	4.59
1.00 — 1.99	18	10.40	4.89	15.29	5	6.36	4.15	10.51	5	4.90
2.00 — 4.99	61	6.59	2.87	9.47	9	5.20	2.85	8.06	7	2.85
5.00 — 9.99	66	5.50	1.53	7.03	4	3.92	2.18	6.10	6	1.39
10.00 — 19.99	91	4.84	0.71	5.55	10	4.14	1.21	5.35	3	0.72
20.00 — 49.99	156	4.30	0.37	4.67	12	3.84	0.90	4.74	1	0.52
50.00 — 99.99	70	3.97	0.21	4.18	9	3.96	0.74	4.70	2	0.21
100.00 —500.00	16	3.81	0.14	3.95	5	3.50	0.50	4.00	9	0.13
合計／平均	484	5.02	1.12	6.17	56	4.32	1.73	6.05	38	2.45

（注）　1971～1975年の間の、1933年証券法に基づいて登録された578の普通株式発行をもとにしている。発行は、発行額と資金調達方式（アンダーライターを伴う増資、スタンドバイ引受けを伴う株主割当増資、純粋な株主割当増資）により分類されている。

増資前に会社の株式がNYSE、AMEX、または地方証券取引所に上場されていたものだけを含む。付随する二次的販売は、総調達額の10%以下であり、増資は他の種類の証券を含んでいない。報告された費用は、①引受サービスに対するアンダーライターへの報酬、②弁護士報酬、③会計士報酬、④技術報酬、⑤信託報酬、⑥印刷、彫版費用、⑦SEC登録料、⑧連邦歳入印紙、そして⑨州税である。

（出所）　C.W. Smith, Jr.,"Cost of Underwritten versus Rights Issues," *Journal of Financial Economics* 5（December 1977），p.277（Table 1）を修正。

式所有の幅広い分布を提供する、(c)投資銀行からの助言は有益である、(d)株主にとって割当増資の権利行使はわずらわしい、(e)市場価格が応募価格より下がるかもしれないリスクが相当ある、などといった意見がある。

上記の議論は謎の断片であるが、どれもあまり説得力があるようにはみえない。近年、Booth and Smithは、従来のコスト研究では考慮されなかったアンダーライターの機能を識別した[14]。彼らは、アンダーライターが、公募価格と株式の真の価値が一致していることを*証明する*と主張する。この証明は、引受関係のなかに暗に含まれ、アンダーライターが発行企業の内部情報にアクセスでき、その世評を正確な価格設定に賭けるとき、提供される。

14）　J. Booth and R. Smith, "The Certification Role of the Investment Banker in New Issue Pricing," *Midland Corporate Finance Journal*（Spring 1986）.

20.9 希薄化

証券の販売に関しての議論でかなり話題に上るのが、希薄化（dilution）である。希薄化とは既存の株主価値の損失を指す。いくつかのタイプがある。

1．持分割合の希薄化
2．市場価値の希薄化
3．簿価と１株当り利益の希薄化

これら三つのタイプの違いは若干紛らわしいが、いくつかの一般的な誤解があるので、この節で議論する。

持分割合の希薄化

希薄化の最初のタイプは、企業が株式を公募するときはいつでも生じうる。たとえば、ジョー・スミスはメリット・シュー社の株式を5,000株所有している。メリット・シュー社は現在５万株が発行ずみであり、１株に１議決権がある。したがって、ジョーは10%（=5,000/50,000）の議決権をもち、配当の10%を受け取る。

もしメリット・シュー社が、公募有償増資で新株を５万株発行したら、ジョーのメリット・シュー社の持分は希薄化するかもしれない。もしジョーが新株を購入しなかったら、彼の持分は５%（=5,000/100,000）に下落する。ジョーの持分の価値は影響を受けないことに注意されたい。単に彼の会社の持分割合が小さくなるだけである。

株主割当増資は、ジョー・スミスが10%の持分割合を維持する機会を保証するので、既存株主の持分の希薄化は、株主割当増資を用いることによって避けることができる。

価値の希薄化：簿価 vs 時価

次に、いくつかの会計数値をみることによって、価値の希薄化を考察する。希薄化に関する誤った考え方を例証するためにこれを行うが、会計価値の希薄化のほう

表20.12　新株発行と希薄化：アッパー・ステイツ・マニュファクチャリング社のケース

	当初	新規プロジェクト着手後	
		希薄化	希薄化なし
株式数	1,000,000	1,400,000	1,400,000
簿価	＄10,000,000	＄12,000,000	＄12,000,000
1株当り簿価（B）	＄10	＄8.57	＄8.57
市場価値	＄5,000,000	＄6,000,000	＄8,000,000
市場価格（P）	＄5	＄4.29	＄5.71
純利益	＄1,000,000	＄1,200,000	＄1,600,000
株主資本利益率（ROE）	0.10	0.10	0.13
1株当り利益（EPS）	＄1	＄0.86	＄1.14
EPS/P	0.20	0.20	0.20
P/EPS	5	5	5
P/B	0.5	0.5	0.67
プロジェクトのコスト200万ドル		NPV＝－＄1,000,000	NPV＝＄1,000,000

が、市場価値の希薄化より重要だと示唆する意味ではない。これから示すように、真実はまったくその逆である。

アッパー・ステイツ・マニュファクチャリング（USM）社は、予想される将来の需要を満たすために、新たな発電所を建設したいとする。表20.12に示されたように、USM 社は現在100万株が発行ずみであり、負債はない。1株当り5ドルで取引されていて、会社には500万ドルの市場価値がある。USM 社の簿価は合計1,000万ドルで、1株当り10ドルである。

USM 社は、コスト超過、原子力発電所建設における規制の遅れ、平均以下の利益等、過去にさまざまな困難を経験してきた。これらの困難は、USM 社の時価/簿価比率が0.50（＝＄5/10）という事実に反映されている（成功している企業では、時価が簿価より低いことはめったにない）。

USM 社の純利益は現在100万ドルである。100万株が発行ずみなので、1株当り利益は1ドルであり、株主資本利益率は10%（＝＄1/10）である。したがって、USM 株は利益の5倍（株価収益率は5）で売られている。USM 社には200人の株主がおり、それぞれが5,000株を保有している。新たな発電所のコストは200万ドルなので、USM 社は新規に40万株を発行しなければならない（＄5×40万＝＄200万）。よって、発行後の株式数は140万株になる。

新たな発電所の ROE は会社全体のものと同じになると期待されている。言い換えれば、純利益は20万ドル（＝0.10×200万ドル）ふえると期待されている。

したがって、総純利益は120万ドルになる。もし発電所が建設されたら、以下が結果として起こる。

1．発行済株式数が140万株なので、EPSは1ドルから下がって、0.857ドル（＝＄1.2/1.4）になる。
2．各旧株式の持分割合は0.50％から下がって、0.36％（＝5,000/140万）になる。
3．もし株価が引き続き利益の5倍で売られるなら、価値は1株当り0.71が失われて、4.29ドル（＝5×＄0.857）になる。
4．総簿価は以前の1,000万ドルに新しく200万ドルが加わって、合計1,200万ドルになる。1株当り簿価は8.57ドル（＝＄1,200万/1,400万）になる。

これを額面どおりに受け取れば、持分割合の希薄化、会計価値の希薄化、そして市場価値の希薄化のすべてが起こる。USM社の株主は相当な損失を被るようにみえる。

誤った考え方

この例は、時価/簿価比率が1未満のとき、新株を発行することは株主に不利益をもたらすことを表しているようにみえる。一部の経営陣は、市場価値が簿価よりも低い場合、新株が発行されるときはいつでもEPSが下がるので、その結果希薄化が起こると主張する。

簿価/時価比率が1未満の場合、株式数の増加はEPSが下がる原因になる。このようなEPSの減少は、会計上の希薄化であり、会計上の希薄化はこれらの状況の下で常に起こる。

市場価値の希薄化もまた必然的に起こるというのは正しいだろうか。答えはノーである。この例に何も間違ったところはないが、なぜ市場価格が下がるのかは明白ではない。次にこれを議論する。

正しい議論

この例では、市場価格は1株当り5ドルから4.29ドルに下落する。これは本当の希薄化であるが、なぜ起こるのだろうか。その答えは新しいプロジェクトにかかわっている。USM社は新たな発電所に200万ドルを費やす。しかしながら、表20.12

が示すように、会社の総市場価値は500万ドルから600万ドルへと、100万ドルしか上昇しない。これは単純に新しいプロジェクトのNPVが－100万ドルであることを意味する。140万株の株式では、1株当りの損失はすでに計算したように0.71ドル（＝＄1/1.4）になる。

したがって、プロジェクトのNPVがマイナスなので、USM社の株主に真の希薄化が起こるが、これは時価/簿価比率が1未満だからという理由ではない。このマイナスのNPVが市場価格の下落を招くのであり、会計上の希薄化はそれとまったく関係ない。

新しいプロジェクトが100万ドルのプラスのNPVをもっているとしよう。総市場価値は、300万ドル（＝＄200万＋＄100万）増加する。表20.12（3列目）に示されたように、1株当りの価格は5.71ドルに上がる。1株当り簿価はいままでどおり下がるので会計上の希薄化は依然として起こることに注目されたい。この事実にはなんら経済的な意味はない。株式の市場価値は上昇する。

株式価値の0.71ドルの増加は、100万ドルのNPVが1株当り約0.71ドルの価値の増加をもたらすからである。また、示されているように、もしEPSに対する株価比率が5のままなら、EPSは1.14ドル（＝＄5.71/5）に上昇しなければならない。総利益（純利益）は、1株当り1.14ドル×140万株で、160万ドルに増加する。最後に、ROEは13.33％（＝＄160万/1,200万）に上昇する。

20.10　一括登録

証券発行の手続を簡素化するため、SECは現在、一括登録（shelf registration）を認めている。一括登録により、企業は向こう2年以内に増資が見込まれる発行についてSECに届け出ることができる。この届出の際に、発行登録書が提出される。企業は、簡単な書類を配布することを条件に、この2年内ならいつでも証券を販売することが許される。

すべての企業に一括登録が認められるわけではない。主な条件は次のとおりである。

1．会社は*投資適格*の格付を受けていなければならない。
2．会社は過去12カ月間に、負債の不履行があってはならない。

3．発行済株式の合計市場価値が、7,500万ドル超でなければならない。
4．会社は過去12カ月間に、1934年証券法に違反していてはならない。

企業は時々、新株発行の*ドリブル法*を活用する。ドリブル法では、発行会社は発行を登録し、販売代理人としてアンダーライターを雇う。会社は少額ずつの株式を時折株式取引所で売却する。たとえば、2006年６月、インターネット検索プロバイダーのアスク・ジーブス社は、普通株式、負債証券、および他の証券の組合せを発行するために、４億ドルの一括登録を申請した。

この規則は大きな物議をかもしてきた。一括登録に対する反対意見もいくつか出ている。

1．一括登録の発行登録書は、実際の株式発行の２年前に作成されたものであるかもしれず、ディスクロージャーの適時性が減少する。
2．一括登録は将来の発行情報を市場に持ち込むので、供給過剰のおそれから市場機能が損なわれると指摘する投資銀行もある。この供給過剰のおそれは、市場を圧迫すると懸念されている。しかしながら、Bhagat, Marr, and Thompsonによる実証分析は、一括登録が普通の引受方式に比べて低コストであることを見出し、市場に対する供給過剰効果を示唆する証拠は見つからなかった15)。

20.11　非公開株式市場

この章ではこれまで、企業は、十分大きく、成功していて、かつ十分な歴史があり、公開株式市場において資金調達が可能であると仮定してきた。もちろん、この水準に達せず、公開株式市場を利用できない企業も数多く存在する。創業中の会社や財務面で問題を抱える企業にとって、公開株式市場は往々にして利用可能ではない。ベンチャー・キャピタル（venture capital）市場は非公開株式（プライベート・エクイティ）市場の一部である。

---

15)　S. Bhagat, M. W. Marr, and G. R. Thompson, "The Rule 415 Experiment: Equity Markets," *Journal of Finance* 19 (December 1985).

図20.4　企業の株式証券発行

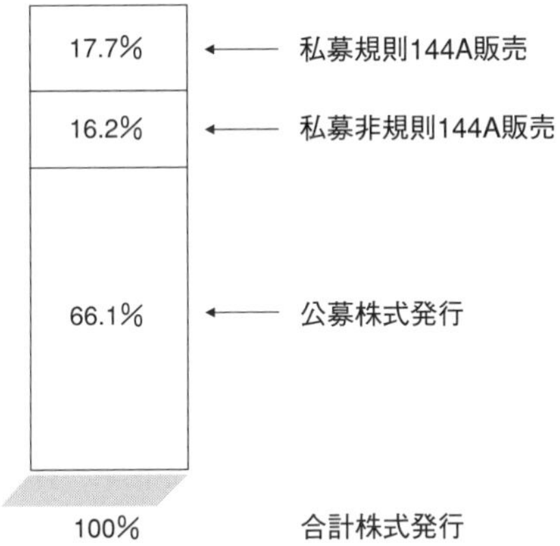

（出所）　Jennifer E. Bethal and Erik R. Sirri, "Express Lane or Toll Booth in the Desert: The SEC Framework for Securities Issuance," *Journal of Applied Corporate Finance*（Spring 1998）.

私募発行

私募発行では、公募発行の一部である届出要件に付随する費用のかかる手続がいらない。証券取引委員会（SEC）は、私募発行の対象を保険会社や年金基金などの機関投資家等、数十の知識のある投資家に限定している。私募発行証券の最大の欠点は、転売が容易に行えないことである。私募発行のほとんどは負債だが、株式証券もまた私募発行が可能である。

1990年に、SEC は規則144A を採用し、特定の適格機関投資家を対象にした証券私募発行のフレームワークを確立した。図20.4に示されているように、この規則はかなりの私募引受証券市場を生み出した。主にこの規則144A のおかげで、企業は、すべての新証券発行による資金調達の 6 分の 1 を、SEC への届出なしに調達する。規則144A による発行を購入する資格を得るには、投資家は最低 1 億ドル以上の運用資産をもっていなければならない。ほとんどの私募発行は、普通負債か転換型負債である。とはいえ、優先株式は頻繁に私募として発行される。

プライベート・エクイティ・ファーム

非公開株式への多額の投資は、投資信託や年金基金などの大きな機関投資家を代表する、プロの非公開株式担当マネジャーたちによって行われる。リミテッド・パートナーシップがこの市場での支配的な仲介形態である。通常、機関投資家が有限責任のリミテッド・パートナーとして機能し、プロのマネジャーたちは無限責任のゼネラル・パートナーとして機能する。ゼネラル・パートナーは、少数株主支配の非公開企業に対する、資金調達と株式投資を専門に扱う企業である。非公開株式市場は、典型的な創業中の会社や、確立した公開企業双方にとって重要な役割を果たしてきた。したがって、非公開株式市場は、ベンチャー株式市場と非ベンチャー株式市場に分けることができる。非ベンチャー株式市場の大部分は、財務的困難に陥った企業で構成される。財務的困難に陥った企業は、おそらく株式の公募はできず、一般的に、銀行融資や公募負債といった旧来の負債に頼ることはまず無理である。これらの企業にとって、非公開株式市場で投資を行う企業を見つけることが最善の選択肢である。

ベンチャー・キャピタルの供給者

すでに指摘したとおり、ベンチャー・キャピタルは非公開株式市場の重要な部分である。ベンチャー・キャピタルの供給者には、少なくとも四つのタイプがある。第一に、古い歴史をもつ、裕福なファミリーで、昔から将来性のある事業に対して創業資金を供給してきた。たとえば、ロックフェラー一族は、長い間にわたって、多くの成功した事業に、初期資本を供給した。これらのファミリーは、少なくとも１世紀にわたってベンチャー・キャピタルにかかわってきた。

第二に、多くの私的パートナーシップや私企業が、投資資金の供給を目的に設立されている。パートナーシップのオーガナイザーが、保険会社や年金基金といった機関投資家から資金を集めたりする。他方で、個人グループが、最終的に芽を出しつつある起業家に投資される資金を提供することもある。アーサー・ロック＆カンパニー・オブ・サンフランシスコが最も有名かもしれない。アップル・コンピュータやその他ハイテク企業での巨大な成功により、同社はベンチャー・キャピタル産業における神話的な偉業を達成した。

最近の試算では、ベンチャー・キャピタル企業の数は約4,000にのぼる。ベンチャー１件当りの平均投資額は100万ドルないし200万ドルの間と推定されている。しかしながら、資金調達額はベンチャーによってかなりの差があるので、この数字にあまり意味をもたせてはならない。

かつて個人がいかに簡単にベンチャー・キャピタルを手に入れることができたか、という話が溢れていたものだった。草創期はそうだったかもしれないが、いまはまったく事情が異なる。ベンチャー・キャピタル企業は、資金投資のミスを犯さないようにさまざまな審査手続を行う。たとえば、資金需要が大きいので、ベンチャー・キャピタル企業の多くは、事業計画を専任で読み込む従業員を最低一人は抱えている。特別に優れた事業計画のみが、資金供給を期待できる。

第三に、大企業や大手金融機関は、ベンチャー・キャピタル子会社を設立している。とはいえ、この種の子会社はベンチャー・キャピタル市場のほんの一部にすぎない。

第四に、非公式なベンチャー・キャピタル市場の参加者が、最近認識されている。どのベンチャー・キャピタル企業にも属さないかわりに、これらの投資家（しばしば*エンジェル*と呼ばれる）は、資金提供に際して個人として活動する。しかしながら、どんな観点からも、彼らが孤立しているとみるべきではない。エンジェルたちの豊かなネットワークが存在し、常に互いのアドバイスに頼っている。どの非公式ネットワークにも、豊富な知識を有する信頼の厚い人物がおり、ベンチャーを支援するときは、あまり経験のない投資家も一緒に連れてくると、多くの研究者が強調している。

資金供給の段階

A. V. Bruno and T. T. Tyebjee は、ベンチャー・キャピタル資金供給に 6 段階を識別している16)。

1．*シード・マネー（種銭）段階*：コンセプトを証明したり製品を開発したりするのに必要な少額資金供給。マーケティングはこの段階には含まれない。
2．*創業*：スタートして 1 年以内の企業を対象にした資金供給。マーケティング費用や製品開発費のための資金。
3．*第 1 ラウンドの資金供給*：企業が創業資金を使い果たした後、販売や製造を開始するための追加資金。

16) A. V. Bruno and T. T. Tyebjee, "The Entrepreneur's Search for Capital," *Journal of Business Venturing* (Winter 1985). また、以下も参照。Paul Gompers and Josh Lerner, *The Venture Capital Cycle*, (Cambridge, MA: MIT Press, 2002).

4．*第2ラウンドの資金供給*：すでに製品販売を行っているが、まだ赤字の企業に対しての、運転資金に特定した資金。

5．*第3ラウンドの資金供給*：最低限収支トントンの状況で、拡張を検討中の企業に対する資金供給。これはメザニン（中二階）資金供給としても知られている。

6．*第4ラウンドの資金供給*：半年以内に株式公開する可能性が高い企業に供給される資金。この段階は*ブリッジ・ファイナンス*（つなぎ融資）としても知られている。

読者にとってこれらの分類はあいまいにみえるかもしれないが、用語はこの業界内で広く使われている。たとえば、Pratt's *Guide to Venture Capital* に記載されているベンチャー・キャピタル企業は、自社が上記のどの段階の企業への資金供給に関心があるのかを明らかにしている。

ベンチャー・キャピタル・ファイナンスの最後から2番目の段階は新規株式公開である[17)]。ベンチャー・キャピタリストは、新規株式公開において、きわめて重要な参加者である。ベンチャー・キャピタルは新規株式公開時に、すべての所有株式を売却することはまずない。そのかわり、後の公募の際に売り切るのが普通である。しかしながら、ベンチャー・キャピタル企業は、対象企業の市場価値が最高のときに新規株式公開するよううまくタイミングを計れるという、無視できない証拠が存在する。図20.5は、1978～1992年までの、ベンチャー・キャピタルが支援する、非公開バイオ企業の新規株式公開数を月別にみたものである。ベンチャー・キャピタル支援新規株式公開数は、最上部のパネルにあるバイオテック市場指数の上昇・下降とはっきり足並みをそろえている。

要約と結論

本章では株式がどのように発行されるのかを詳しくみた。主な点は次のとおりである。

17）Christopher Barry, Chris J. Muscarella, John W. Peavey III, and Michael R. Vetsuypens, "The Role of Venture Capital in the Creation of Public Companies: Evidence from the Going Public Process," *Journal of Financial Economics* 27 (1990). 非常に影響を及ぼした論文で、ベンチャー・キャピタルが通常、新規株式公開時に株式を売却せずに、取締役会に議席をもち、経営陣に対するアドバイザーとしての役割を果たすことを示している。

図20.5　ベンチャー・キャピタル支援のバイオテクノロジー企業の新規株式公開：1978年1月～1992年1月

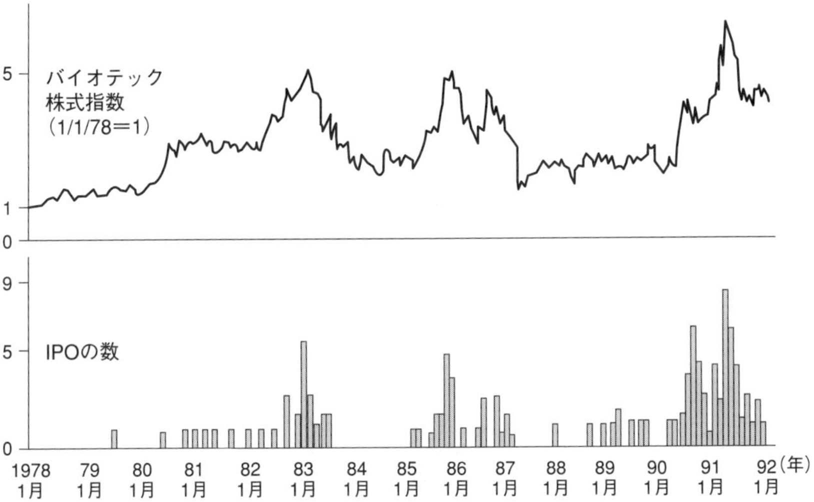

（出所）　Joshua Lerner, "Venture Capitalists and the Decision to Go Public," *Journal of Financial Economics* 35 (June 1994).

1．株式の発行費用は発行規模が大きいほど相対的に小さい。

2．大規模発行の場合、買取引受方式のほうがベスト・エフォート方式よりもはるかに普及している。小規模発行は、より大きな不確実性を伴うので、おそらくベスト・エフォート方式が主に用いられる。所与の発行規模に対して、ベスト・エフォート方式と買取引受方式では、直接費用は同程度である。

3．株主割当増資は公募有償増資に比べて費用が安く、過小価格設定の問題を排除する。ただし、ほとんどの新株発行は有償公募で行われる。

4．一括登録は、負債と株式発行の新たな方法である。一括登録発行の直接費用は、従来の発行に比べてかなり少ない。

5．ベンチャー・キャピタル提供者は、創業中の会社や後の資金供給に、ますます大きな影響力を及ぼしている。

Concept Questions

1．負債 vs 株式の公募規模

全体でみると、負債の公募は株式の公募に比べてずっと一般的で、通常、規模もずっと大きい。なぜか。

2．負債 vs 株式の発行費用

なぜ株式を販売するコストは、債券を販売するコストより、これほど大きいのか。

3．債券格付と発行費用

なぜ非投資適格債は、投資適格債より、ずっと直接費用が高いのか。

4．負債公募における過小価格設定

なぜ負債の公募では、過小価格設定が重大な関心事ではないのか。

次の三つの問題には、以下の情報を用いる。目の病気の治療薬を開発するアイテック製薬は、2004年1月に公開した。投資銀行のメリルリンチに助けられ、アイテック社は、1株21ドルで650万株を売却することにより、合計で1億3,650万ドルを調達した。初日の取引の終値は、高値の33.00ドルから若干下がって、32.40ドルだった。終値をもとにすると、アイテック社の株式は明らかに11ドルの過小価格設定がなされており、これは会社が追加の7,150万ドルを取り損なったことを意味する。

5．IPO 価格設定

アイテック社の IPO では、約54%の過小価格設定がなされた。過小価格設定に関して、アイテック社はメリルリンチに怒るべきか。

6．IPO 価格設定

前問で、以下のことを知ったら、あなたの考えは影響されるか。会社は4年弱前に設立され、2003年の最初の9カ月間に3,000万ドルの売上げしかなく、これまで一度も利益をあげたことがなかった。加えて、会社にはマクジェンという一つの製品しかなかった。これは食品医薬品局（FDA）から優先的に審査を受けられるファースト・トラック指定を獲得したが、まだ販売認可は下りていなかった。

7．IPO 価格設定

前の二つの問題で、以下のことを知ったら、あなたの考えはどのように影響されるか。IPO で売り出された650万株に加えて、アイテック社にはさらに発行済株式が3,200万株あった。3,200万株のうち、1,000万株は巨大製薬企業ファイザーが所有し、1,200万株は13人の取締役と重役たちが所有していた。

8．有償増資 vs 割当増資

レン・スティンピィ・インターナショナル社は、新規普通株式を大量に販売して、新たな株主資本を調達する計画を立てている。レン・スティンピィ社は現在公開企業で、買取引受による公募有償増資にするか、既存株主への株主割当増資（買取引受なし）にするか選ぼうとしている。レン・スティンピィ社の経営陣は、販売費用の最小化に関心があり、あなたに増資方法の選択についてアドバイスと求めてきた。あなたはどう進言するか。なぜか。

9．IPO 価格設定

1980年に、あるファイナンスの助教授が、12銘柄の新規公開普通株式を購入した。彼はそれぞれの株式を、約１カ月間保有した後で売却した。彼の従った投資ルールは、石油およびガス開発企業の買取引受方式による新規株式公開には、すべて買い注文を出すというものであった。そのような新規株式公開は22件あり、彼は各株式について1,000ドルずつの買い注文を出した。そのうちの10件で、この助教授は株式割当てを受けられなかった。割当てのあった12件のうち５件については、割り当てられた株式数は応募数より少なかった。

1980年は、石油およびガス開発会社の株主には非常によい年だった。株式を公開した22社を平均してみると、１カ月以内に発行価格から80%値上りした。しかしこの助教授の場合、投資記録をみると、12社に対する8,400ドルの投資が１万ドルにふえたにすぎず、わずか20%ほどのリターンであった（売買手数料は無視できる額)。彼は運が悪かったのか、それとも平均的な新規株式公開投資家ほどには儲からないと、始めから考えているべきだったのか。説明せよ。

10. IPO 価格設定

次の資料は、ペスト・インベスティゲーション・コントロール・コーポレーション（PICC）社の目論見書の表紙と要約である。会社は、投資銀行アーランガー&リッターによる買取引受による新規株式公開を明日行うことになっている。

以下の質問に答えよ。

a. あなたは目論見書に記載された情報以外、PICC に関して何も知らないとする。ファイナンスの知識をもとに、明日の PICC の株価の予測はいくらか。なぜそうなると思うのか、簡潔に説明せよ。

b. あなたは投資用に数千ドルもっているとする。今夜授業から家に戻ったとき、あなたはここ数週間話していなかった株式ブローカーが電話してきたことを知る。彼女は PICC が明日公開し、もしあなたが明日の朝一番で彼女に電話すれば、あなたのために公募価格で数百株を手に入れることができるというメッセージを残していた。この機会のメリットを議論せよ。

目論見書　　PICC

200,000株

ペスト・インベスティゲーション・コントロール・コーポレーション

本契約により売り出される株式、20万株すべては、ペスト・インベスティゲーション・コントロール・コーポレーション（"会社"）によって販売される。株式公開の前に、PICC 株式ための公の市場は存在せず、またそのような市場が形成されるという保証も与えられない。

これらの証券は SEC によって承認も非承認もされておらず、また委員会はこの目論見書の正確性と妥当性に関して何の判断も下していない。真実に反す

る表現は犯罪である。

	公募価格	引受ディスカウント	会社の調達額＊
1株当り	＄11.00	＄1.10	＄9.90
合計	＄2,200,000	＄220,000	＄1,980,000

＊会社によって支払われる、推定費用2万7,000ドル控除前。

これは新規株式公開である。事前の売却を条件とし、そしてアンダーライターの法律顧問および会社の法律顧問による特定の法的問題の承認を条件として、アンダーライターに受け渡されそして受領された場合に、普通株式が売り出される。アンダーライターは、このようなオファーを撤回、解消、または修正し、そしてオファーを全部または部分的に断る権利を保持する。

アーランガー＆リッター投資銀行

2009年7月13日

目論見書の要約

会社　ペスト・インベスティゲーション・コントロール・コーポレーション（CICC）は、環境に安全な害虫管理装置として、ヒキガエルとアマガエルを飼育し、販売する。

新規発行株式　額面のない普通株式20万株

上場　会社はナスダックへの上場を試み、店頭で取引される。

発行済株式　2009年6月30日時点において、40万株の普通株式が発行ずみであった。公開後、60万株の普通株式が発行ずみとなる。

調達額の使途　棚卸資産、受取勘定および一般的運転資本の拡大資金をまかなうためと、特定のファイナンス教授のためのゴルフクラブ会員権を支払うため。

一部の財務情報

（1株当りデータ以外は、単位：1,000）

	6月30日終了会計年度				2009年6月30日	
	2007年	2008	2009		実際	この公開の後
売上高	＄60.00	＄120.00	＄240.00	運転資本	＄8	＄1,961
純利益	3.80	15.90	36.10	資産合計	511	2,464
1株当り利益	0.01	0.04	0.09	株主持分	423	2,376

11．競争引受けと協議引受け

競争引受発行と協議引受発行の、それぞれの比較優位性は何か。

12．既公開企業の新規発行

既公開企業の新株発行が発表されると、通常、株価が下がるのはなぜか、考えられる理由を述べよ。

13．資本調達

メガバックス・インダストリーズ社は、大規模な普通株式の新規発行によって新たな資本を調達する計画を練っている。メガバックス社は公開企業であり、アンダーライターによる公募有償増資にするか、現行株主に対する割当増資にするか（アンダーライターなし）、どちらかを選ぼうとしている。会社の経営陣は現行株主の富を最大化することに関心があり、どちらの方式を選ぶべきか、あなたに助言を求めてきた。あなたはどう進言するか。なぜか。

14．一括登録

シンジケート団のかわりに、一括登録が多くの企業で用いられているのはなぜか。

15．IPO

それぞれのIPOは独特であるが、IPOにおける基本的な経験則とは何か。

質問と問題

◆基本（問題１－９）

1．株主割当増資

アゲイン社は、株主割当増資を計画している。現在、発行済株式数は45万株で、株価は90ドルである。新株は、１株84ドルで８万株が売り出される。

a．会社の新しい市場価値はいくらか。

b．新しい株式１株を購入するのに必要な新株引受権数はいくらか。

c．権利落ち株価はいくらか。

d．新株引受権一つの価値はいくらか。

e. 企業が一般公募増資よりも株主割当増資を選ぶとしたら、その理由は何か。

2．株主割当増資

クリフォード社は、新しく*Journal of Financial Excess*を発刊するために、株主割当増資で4,000万ドルを調達すると発表した。このジャーナルは、著者が１ページ当り5,000ドルの払戻不可の審査料を支払った後で、潜在的な論文を審査する。株式は現在１株当り34ドルで売られており、340万株が発行ずみである。

a. 可能な最大応募価格はいくらか。最小価格は？

b. 応募価格が１株30ドルに設定されたら、何株が販売されなければならないか。

c. 権利落ち株価はいくらか。新株引受権一つの価値はいくらか。

d. 公募前に1,000株を保有し、追加の株式を購入する気（あるいはお金）がない投資家が、この割当増資で害を被らないことを示せ。

3．新株引受権

ストーン・シュー社は、事業を拡大するために追加の株主資本調達が必要であり、必要資金は株主割当増資を通して獲得するのが最善であると判断した。会社は、株主割当増資の結果、株価が75ドルから70.25ドルに下がると正しく算定した（75ドルは権利付株価、70.25ドルは権利落ち株価、または発行後株価として知られる）。会社は１株当りの応募価格が50ドルで、1,500万ドルの追加資金を調達しようとしている。現在（増資前）、何株が発行ずみか（株主資本の市場価値の増分は、公募の総調達資金と等しいと仮定せよ）。

4．IPOの過小価格設定

ウッズ社とガルシア社の両社が、１株当り40ドルのIPOを発表した。両社のどちらかが、８ドル過小価格設定され、もう１社は５ドル過大価格設定されているが、あなたにはどちらがどちらだか知る方法がない。あなたはそれぞれの株式を1,000株ずつ購入する計画である。もし株式が過小価格設定されていたら、割当てになり、あなたの注文は半分しか満たされない。もしウッズ社を1,000株とガルシア社を1,000株得られたとしたら、利益はいくらになるか。実際にはいくらの利益を期待するか。どのような原則をここで例証したのか。

5．発行費用の計算

セント・アンガー社は、新しい市場へ拡大するために、3,500万ドルを調達する必要がある。会社は必要資金の調達のために、公募有償増資で新株を販売する。もし公募価格が１株当り31ドルで、会社のアンダーライターが８％のスプレッドを請求するとしたら、何株販売する必要があるか。

6．発行費用の計算

前問で、もしSECの申請費用と公募に関連する管理経費が90万ドルだとしたら、何株販売する必要があるか。

7．発行費用の計算

グリーン・ヒル社は、ちょうど公開したところである。買取引受契約のもと、売却した800万株の1株につき22.10ドルを受け取った。新規株式公開価格は1株当り24ドルで、株価は取引開始数分後に29.50ドルに上昇した。グリーン・ヒル社は、弁護士費用とその他の直接費用に95万ドル、間接費用に25万ドルを支払った。発行費用は調達資金の何％か。

8．価格の希薄化

ラジオ社は、10万株が発行ずみである。各株式は80ドルの価値があるので、会社の株主資本の市場価値は800万ドルである。会社は新規に2万株を以下の価格で発行するとする。80ドル、75ドル、65ドル。それぞれの代替発行価格が、既存株式（1株当り）に及ぼす影響は何か。

9．株式の公募

ニュートン社には3万株の発行済株式があり、1株が40ドルで売られている。新規に8,000株を以下の価格で発行するとする。40ドル、20ドル、10ドル。それぞれの代替発行価格が、既存株式（1株当り）に及ぼす影響は何か。

◆中級（問題10－18）

10．希薄化

ティアドロップ社は、設備を拡張したい。会社は現在800万株を発行ずみで、負債はない。株式は1株当り65ドルで売られているが、1株当りの簿価は20ドルである。ティアドロップ社の純利益は現在1,150万ドルである。新たな設備には4,000万ドルの費用がかかるが、これは純利益を60万ドル増加させる。

a. 一定の株価収益率を仮定して、投資の資金調達に新株を発行する影響は何か。答えるために、新しい1株当り簿価、新しいEPS、新しい株価、新しい時価/簿価比率を計算せよ。ここで何が起こっているのか。

b. 株価が変わらないままであるためには、ティアドロップ社の新しい純利益はいくらにならなければならないか。

11. 希 薄 化

メタリカ重金属鉱山社は、事業を多角化したい。以下は最近の会社の財務情報の一部である。

株価	$　　　　73
株式数	45,000
資産合計	$6,500,000
負債合計	$2,600,000
純利益	$　630,000

メタリカ社は、会社と同じ株価収益率をもつ投資を考えている。投資のコストは110万ドルで、新株発行によって資金調達される。投資のリターンは、会社の現在のROEと同じになる。1株当り簿価、1株当り市場価値、そしてEPSには何が起こるか。この投資のNPVはいくらか。希薄化は起こるか。

12. 希 薄 化

前問で、公募後の株価を1株当り73ドルにしたかったら、投資のROEはいくらにならなければいけないか（株価収益率は一定のままであると仮定する）。この投資のNPVはいくらか。希薄化は起こるか。

13. 新株引受権

会社の株式は、現在1株当り63ドルで売られている。先週、会社は新たな株主資本を調達するために、新株引受権を発行した。新株を購入するには、株主は12ドルと三つの新株引受権を送らなければならない。

a. 権利落ち株価はいくらか。

b. 新株引受権一つの価格はいくらか。

c. 価格の下落はいつ起こるか。なぜそれは起こるのか。

14. 新株引受権

サミット社の株式は、現在1株27ドルで売られている。発行済株式数は100万株である。会社は新規事業をまかなうため、200万ドルの資金調達を計画中である。次に述べる条件のもとで、権利落ち株価、1新株引受権の価値、適切な応募価格をそれぞれ求めよ。

a. 旧株2株で新株1株を買う権利がある場合

b. 旧株4株で新株1株を買う権利がある場合

c. (a)から(b)に変わることにより、株主の富はどう変化するか。

15. 新株引受権

フーバスティンク製造は、株主割当増資を考えている。会社は権利落ち株価が61ドルになると算定した。現在の株価は１株当り68ドルで、1,000万株が発行ずみである。株主割当増資は、合計で6,000万ドルを調達する。応募価格はいくらか。

16. 新株引受権の価値

新株引受権の価値が、以下で表せることを示せ。

$$新株引受権の価値 = P_{RO} - P_X = (P_{RO} - P_S)/(N+1)$$

ここで、P_{RO}、P_S、そしてP_Xは、それぞれ権利付株価、応募価格、権利落ち株価であり、Nは応募価格で一つの新株を買うのに必要な新株引受権数である。

17. 新株引受権の売却

ワトキー社は、株主割当増資で412万5,000ドルを調達したい。会社は現在75万株の普通株式を発行ずみで、１株当り45ドルで売られている。会社のアンダーライターは応募価格を１株当り25ドルに設定しており、ワトキー社に６％のスプレッドを請求する。もしあなたが現在6,000株のワトキー社株式を所有していて、株主割当増資に参加しないと決めたら、あなたは新株引受権を売却することによって、いくらのお金を得ることができるか。

18. 新株引受権の評価

ミッチー在庫システム社は、株主割当増資を発表した。会社は、新しい株式１株を応募価格40ドルで買うには新株引受権四つが必要になると発表した。権利落ち日の前日のミッチー株の終値は１株当り75ドルだった。翌朝、あなたは株式が１株当り68ドルで売られ、新株引受権が一つ６ドルで売られていることに気づく。株式および/または新株引受権は、権利落ち日に正しく価格づけされているか。これらの価格を用いて、即座の利益が得られる取引を説明せよ。

ミニケース

●イーストコースト・ヨット社が公開する

ラリッサ・ワレンとダン・アービンは、イーストコースト・ヨット社の将来について語り合ってきた。会社は急成長中で、将来が爽快なセーリングのようにみえる。しかしながら、急成長は会社の成長がこれ以上内部資金でまかなえないことを意味し、彼らは会社を公開する絶好のタイミングだと判断した。この目的のために、彼らは投資銀行のクロウ＆マラード社と話合いを始めた。会社は、以前の債券発行で手助けしてくれたアンダーライターのロビン・ペリーと仕事上の付き合いがあった。クロウ＆マラード社は、数多くの小さな企業のIPOを手助けしているので、ラリッサとダンは、彼らの選択に自信がもてた。

ロビンは、ラリッサとダンにプロセスを説明することから始めた。クロウ＆マラード社は債券発行に４％のアンダーライター報酬を請求するが、イーストコースト・ヨット社の新規株式公開規模の株式公募には、７％のアンダーライター報酬を請求する。ロビンはラリッサとダンに、会社は弁護士報酬と経費に150万ドル、SECの登録料に１万5,000ドル、そして他の申請料に10万ドルの支払が見込まれると話した。加えて、ナスダックに上場するには、会社は10万ドルを支払わなくてはならない。さらに、8,500ドルの名義書換代理人報酬と、52万5,000ドルの彫版費用がある。会社はまた、IPOに関連する他の費用に７万5,000ドルの支払を見込まなければならない。

最後に、ロビンはラリッサとダンに、SECに申請するためには、会社は過去３年分の会計監査済み財務諸表を提出しなければならないと伝える。彼女は会計監査の費用については確信がない。ダンはロビンに、会社は債券契約の一部として会計監査済み財務諸表を提供しており、会社は外部会計監査人に毎年30万ドルを支払っていると伝えた。

1．話合いの後、ダンはロビンにダッチ・オークションによるIPOプロセスについて尋ねる。もしイーストコースト・ヨット社が伝統的なIPOではなくダッチ・オークションIPOを用いたら、費用の違いはいくらか。会社はダッチ・オークションで公開すべきか、それとも伝統的な買取引受で公開すべきか。

2．IPOの可能性とイーストコースト・ヨット社の将来を話し合っている最中、ダンは6,000万ドルを調達する必要があると感じていると述べた。しかしながら、ラリッサは、もし会社がさらに多くの現金をじきに必要になった場合、IPOのすぐ後での２回目の増資は潜在的に問題が多いと指摘する。かわりに、彼女は会社がIPOで9,000万ドルを調達すべきであると提案する。IPOの最適な規模をどのように計算できるか。IPOの規模を9,000万ドルにふやすことのメリットとデメリットは何か。

3．協議の後、ラリッサとダンは、会社はクロウ＆マラード社を主幹事アンダーライターとして用いて、買取引受公開を行うべきであると決心した。IPOは7,000万ドルになる。過小価格設定を無視すると、IPOは販売額の%割合で、いくらの費用がかかるか。

4．イーストコースト・ヨット社の従業員の多くが、既存の従業員株式購入プランを通して、会社の株式を保有している。株式を売るために、従業員は彼らの株式がIPOで売られるように、応募価格で差し出すこともきるし、またイーストコースト・ヨット社が公開した後（180日のロックアップ期間が過ぎ次第)、流通市場で売却することもできる。ラリッサはあなたに、どちらの選択肢が最善か授業員にアドバイスするよう求める。あなたは従業員にどうアドバイスするか。

第21章

リ　ー　ス

あなたはGE航空で空の旅をしたことがあるだろうか。たぶんないだろう。しかし、ゼネラル・エレクトリック社の一部門であるGEコマーシャル・ファイナンスは、世界で最も多くの航空機（1,494機）を保有している会社の一つである。実際、このGEの金融部門は、5,720億ドル以上の資産をもち、2008年に86億ドルの利益をあげた。会社は航空機に加えて、船舶、ドリリング・リグ（海底油田の掘削装置）、トラック、および不動産をリースする。それでは、なぜGEコマーシャル・ファイナンスは、単にリースで貸し出すためだけにこれらの資産を購入するのだろうか。なぜGEコマーシャル・ファイナンスからリースする企業は、単純に資産を自社で購入しないのだろうか。本章は、これらの質問と他のリースに関連する質問に答える。

21.1　リースの種類

基　本

*リース*は賃借人と賃貸人の間の、契約上の合意である。この合意は、賃借人が資産を使用する権利を有し、見返りに、所有者である賃貸人に対し定期的に料金を支払わなければならないことを確立する。賃貸人は、資産の製造メーカーかあるいは独立系リース会社のどちらかである。もし賃貸人が独立系リース会社の場合には、資産をメーカーから購入しなければならない。その後、賃貸人が資産を賃借人に引き渡すことにより、リースは実施される。

賃借人に関する限り、最も重要なのは資産の使用であって、だれがそれを所有するかではない。資産の使用権はリース契約によって得ることができる。ユーザーは

図21.1　購入 vs リース

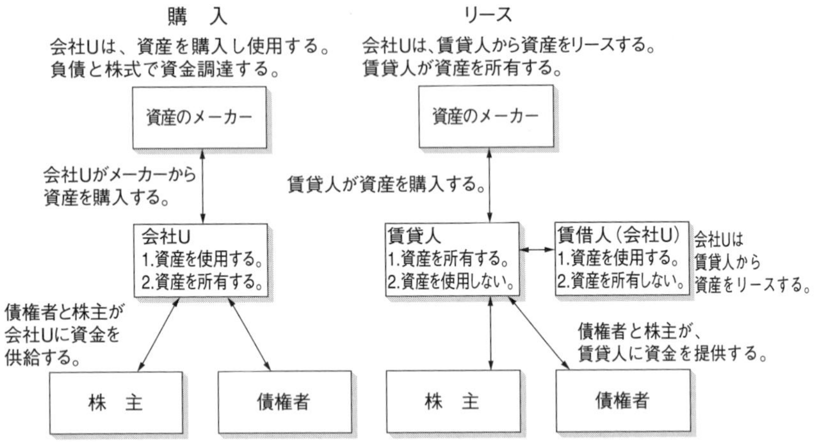
購　入
会社Uは、資産を購入し使用する。
負債と株式で資金調達する。
資産のメーカー
会社Uがメーカーから
資産を購入する。
会社U
1.資産を使用する。
2.資産を所有する。
債権者と株主が
会社Uに資金を
供給する。
株　主
債権者
リース
会社Uは、賃貸人から資産をリースする。
賃貸人が資産を所有する。
資産のメーカー
賃貸人が資産を購入する。
賃貸人
1.資産を所有する。
2.資産を使用しない。
賃借人（会社U）
1.資産を使用する。
2.資産を所有しない。
会社Uは
賃貸人から
資産をリースする。
債権者と株主が、
賃貸人に資金を提供する。
株　主
債権者

資産を購入することも可能なので、リースと購入は、資産使用についての代替的資金調達方法にかかわる。これは、図21.1に図解されている。

図21.1は、コンピュータ産業でしばしばみられる具体例である。会社Uは賃借人で、病院、法律事務所、またはコンピュータを使う他の企業などである。賃貸人は、IBMやアップルなどのメーカーから設備を買い入れる独立系リース会社である。このタイプのリースはダイレクト・リース（direct lease）と呼ばれる。図では、賃貸人は購入資金の調達に負債と株式の両方を発行した。

もちろん、IBMなどのメーカーは、*自社製*のコンピュータをリースすることも可能だが、この例ではそういう状況を提示していない。そうしたタイプのリースは、販売型リース（sales-type leasing）と呼ばれる。この場合、IBMは独立系コンピュータ・リース会社と競合することになる。

オペレーティング・リース

何年も前、賃借人が設備とともにオペレーターの提供を受けるようなリースは、オペレーティング・リース（operating lease）と呼ばれた。オペレーティング・リースは、今日では正確に定義できないが、リースのこの形態はいくつかの大切な特徴を有している。

1．オペレーティング・リースは通常、完全に償却されない。これは、リース契約の条件で要求される支払が、賃貸人の資産の費用全額を回収するには十分ではないということを意味する。これは、オペレーティング・リースでは、リース期間が通常、資産の経済耐用年数より短いことから生じる。したがって、賃貸人は資産の費用を、リース契約の更新か、あるいは残余価値での資産売却によって、回収しなければならない。
2．オペレーティング・リースは、通常賃貸人がリース資産を維持し、保険をかけることを要求する。
3．おそらくオペレーティング・リースの最も興味深い特徴は、解約オプションである。このオプションは、賃借人に満期日以前にリース契約を解約する権利を与える。もし解約のオプションが行使されたら、賃借人は設備を賃貸人に返却しなければならない。解約条項の価値は、将来の技術的あるいは経済的状況が、賃借人にとっての資産の価値を、当該リース契約のもとでの将来のリース料支払額の価値より、少ないものにするかどうかにかかっている。

リースの実務者にとって、上記の特徴がオペレーティング・リースを構成する。しかしながら、すぐ後で考察するように、会計士はこの用語を少し異なる意味で用いる。

ファイナンス・リース

ファイナンス・リース（financial lease）は、以下の重要な特徴からわかるとおり、オペレーティング・リースと対極に位置する。

1．ファイナンス・リースは、賃貸人による保守やサービスを提供しない。
2．ファイナンス・リースは、完全に償却される。
3．賃借人は通常、満期時にリースを更新する権利を有する。
4．一般的に、ファイナンス・リースは解約できない。言い換えれば、賃借人はリース料の全額を支払うか、さもなければ、倒産のリスクに直面しなければならない。

上記の特徴ゆえに、特に2にあげた特徴から、このリースは購入に対する代替的資金調達手段を提供する。したがって、その呼び名も理にかなったものである。ファイナンス・リースの二つの特別なタイプは、セール・アンド・リースバック取引とレバレッジド・リース取引である。

セール・アンド・リースバック

セール・アンド・リースバック（sales and leaseback）は、企業が資産を他社に売却し、直ちにリースバックするものである。セール・アンド・リースバックにおいては、二つのことが起こる。

1．賃借人は資産の売却代金を受け取る。
2．賃借人は定期的なリース料を支払うことによって、資産の使用権を保持する。

たとえば、2006年１月、ロロデックス電子手帳のディストリビューターであるフランクリン・エレクトロニック・パブリッシャーズ社は、本社ビルのセール・アンド・リースバック取引を締結した。会社は本社ビルを1,030万ドルで売却し、同時に購入者から10年間のリースを受けることに合意した。最初の年次リース料は73万6,000ドルだった。

レバレッジド・リース

レバレッジド・リース（leveraged lease）は、賃借人、賃貸人、貸し手の３者間の合意である。

1．他のタイプのリースと同様、賃借人は資産を使用し、定期的にリース料を支払う。
2．他のタイプのリースと同様、賃貸人は資産を購入し、これを賃借人に提供し、リース料を徴収する。ただし、賃貸人は購入価格の40～50％未満しか自己資金を使用しない。
3．貸し手が残りの資金を提供し、賃貸人から利払いを受ける。したがって、図21.1の右側は、大部分の資金が債権者から提供された場合、レバレッジド・リースとなる。

レバレッジド・リースの貸し手は、通常、ノンリコース・ローン（非遡及型融資）を用いる。これは、デフォルトの際に、賃貸人が貸し手に対して義務を負わないことを意味する。とはいえ、貸し手は二つの方法で保護される。

1．貸し手は資産に対して第一順位の先取特権をもつ。
2．ローンがデフォルトに陥った場合、リース料は直接貸し手に支払われる。

賃貸人は資金の一部しか提供しないが、リース料の支払と、資産所有に伴う税の利益のすべてを得る。リース料の支払は、ノンリコース・ローンの元利返済に用いられる。競争市場においては、賃貸人の税金が軽減されると、支払リース料が引き下げられるので、賃借人も利益を得ることになる。

21.2　会計とリース

1976年以前、企業は、貸借対照表にリース資産あるいはリース契約を表記することなしに、リース資産を使用することができた。賃借人は、リース関連の情報を財務諸表の脚注で報告するだけでよかった。したがって、リースは**簿外資金調達（off-balance sheet financing）**となった。

1976年11月に、米国財務会計基準審議会（Financial Accounting Standards Board, FASB）が、*財務会計基準*13号（FAS13）「リースの会計」を発表した。FAS13では、ある一定のリースはキャピタル・リースとして分類される。キャピタル・リースの場合、支払リース料の現在価値は、貸借対照表上の右側に現れる。また同一の値が、資産として貸借対照表の左側に現れる。

FASBはその他のリースをすべてオペレーティング・リースとして分類するが、この定義は会計関係者以外の定義とは異なる。貸借対照表に、オペレーティング・リースは記載されない。

この違いのもつ会計上の意味は、表21.1に例証されている。何年も前に、土地購入のために10万ドルの株式を発行した企業を想定しよう。会社はいま、10万ドルのトラックを使用したい。購入でも、リースでも、どちらも可能である。トラック購入を反映した貸借対照表は、表の最上段に示されている（トラック購入は、すべて負債で資金調達されたと仮定する)。かわりに、会社がトラックをリースするとし

表21.1　FAS13による貸借対照表の例

貸借対照表			
トラックが負債で購入された（会社は10万ドルのトラックを所有する）			
トラック	$100,000	負　債	$100,000
土　地	100,000	株主資本	100,000
資産合計	$200,000	負債および資本合計	$200,000
オペレーティング・リース（会社はトラックをオペレーティング・リースする）			
トラック	$　0	負　債	$　0
土　地	100,000	株主資本	100,000
資産合計	$100,000	負債および資本合計	$100,000
キャピタル・リース（会社はトラックをキャピタル・リースする）			
トラック	$100,000	負　債	$100,000
土　地	100,000	株主資本	100,000
資産合計	$200,000	負債および資本合計	$200,000

よう。このリースがオペレーティング・リースと判断されるなら、中段の貸借対照表がつくられる。この場合、リース債務もトラックも、いずれも貸借対照表には現れない。最下段の貸借対照表は、キャピタル・リースを反映している。トラックは資産として、そしてリースは負債として、表示される。

会計上、企業の財務の強さは、その負債額に反比例すると一般に主張される。オペレーティング・リースではリース債務が隠されるため、オペレーティング・リースを使用する企業の貸借対照表は一見、キャピタル・リースを使用する同等の企業に比べて、財務の力が強いようにみえる。選択肢を与えられたら、企業はおそらくリースのすべてをオペレーティング・リースに分類することだろう。この傾向があるため、FAS13は、リースが次に示す四つの基準の一つにでも該当する場合は、キャピタル・リースに分類しなければならないと明確に述べている。

1．支払リース料の現在価値が、少なくともリース開始時の資産の適正市場価格の90%以上である。
2．物件の所有権が、リース期間満了までに賃借人に移行する。
3．リース期間が、その見積経済耐用年数の75%以上である。
4．賃借人がリース満了時に、適正市場価格以下で当該資産を購入できる。これはしばしば*バーゲン購入オプション*と呼ばれる。

これらの規則により、購入に近いリースは資産として計上される。たとえば、最初の二つの基準は、資産がリース期間満了時に購入される可能性が高いので資産化し、あとの二つの基準は、長期リースを資産化する。

この分類方式を悪用して帳簿操作を試みた企業もあった。仮に、ある運送会社が、15年間使用する予定で20万ドルのトラックをリースしたいとする。ズル賢い財務管理者なら、支払リース料の現在価値が17万8,000ドルである、10年契約のリースを結ぼうとするかもしれない。これらの条件なら、上記の基準1と3に抵触しない。もし基準2と4を迂回できれば、この契約はオペレーティング・リースとなり、貸借対照表には現れないことになる。

このような策略は割にあうのだろうか。セミ・ストロング・フォームの効率的資本市場仮説は、株価が公に入手可能なあらゆる情報を反映していることを示唆する。先にこのテキストで議論したように、実証研究は、おおむねこの仮説を支持している。オペレーティング・リースは企業の貸借対照表には現れないが、これらのリースに関する情報は、年次報告書のどこかで開示されなければならない。このため、リースを貸借対照表から外しておく試みは、効率的資本市場では株価に影響を及ぼさないことになる。

21.3 税金、IRS、そしてリース

もしリースが内国歳入庁（IRS）に適格とみなされれば、賃借人は支払リース料を法人税から控除できる。節税効果はリースの経済妥当性にとって非常に重要なので、大きなリース取引を行う前に、すべての関係当事者は通常IRSに見解を打診する。IRSの見解は、次のガイドラインを反映する。

1. リース期間は30年未満でなければならない。もし期間が30年以上なら、その取引は条件付販売とみなされる。
2. リースは、適正市場価格以下で資産を取得するオプションをもつものであってはならない。この種のバーゲン・オプションは、賃借人に対し当該資産の残余廃棄価値を与えるが、これは株主持分を意味する。
3. リースは、当初きわめて高く、後に非常に安くなるような、リース料支払スケジュールをもってはならない。初期のバルーン支払は、リースが正当なビジネス目的ではなく、税金を逃れるために利用される証拠とみなされる。

4．支払リース料は、賃貸人に適正市場利益率をもたらすものでなければならない。賃貸人に対するリースの潜在的利益性は、その取引のもつ税の利益とは、分けて考えられるべきである。
5．リースは、リース期間中、賃借人が負債を発行したり、配当を支払ったりする権利を制限してはならない。
6．更新オプションは、妥当でありかつ資産の適正市場価値を反映しなければならない。この要件は、賃借人に対し、競合他社からのオファーを検討する優先権を与えることで、満たされる。

IRSがリース契約に関心を抱く理由は、多くの場合、これらがもっぱら税金を逃れるために契約されるようにみえるからである。これがどう起こるのかみるために、ある企業が、価格100万ドル、耐用年数5年のバスを1台、購入しようとしているとしよう。減価償却費は、定額償却を仮定して、年間20万ドルになる。次に、この企業は2年間、年間50万ドルでバスをリースし、2年目の終わりにバスを1ドルで購入できるとする。バス購入に伴う税の免除の現在価値は、明らかにバスがリースされた場合よりも小さい。支払リース料のスピードアップは、企業における税の免除を非常に大きくし、事実上、加速償却を行うかたちになる。賃貸人と賃借人の法人税率が異なる場合は、リースは税金逃れの外観をなす可能性がある。

21.4　リースのキャッシュフロー

この節では、リースの評価に用いる基本的なキャッシュフローを確認する。導管を製造するゾモックス社が直面する意思決定を考えてみよう。事業の拡大は続いており、ゾモックス社は現在、ホンジュラス横断パイプライン向けに、5年分の鋼管の受注残高を抱えている。

インターナショナル・ボーリング・マシーン・コーポレーション（IBMC）は、販売価格1万ドルの導管穿孔機を製造している。ゾモックス社は新しい機械が必要であると決定したが、IBMCのモデルを使用すると、今後5年間、年6,000ドルの電力料金を節約できる。ゾモックス社は、ステート・エレクトリック・ユーティリティーズ社との間に長期の電力購入契約を結んでいるので、この節約額は確実である。

ゾモックス社の法人税率は34%である。穿孔機には5年間の定額償却が用いられ、5年後の残余価値はゼロになると仮定する1)。

しかしながら、フレンドリー・リーシング・コーポレーションが、同じ穿孔機のリースを、期間5年、年2,500ドルで、ゾモックス社に売り込んできた。リースの場合、保守、保険、運転費用はゾモックス社の負担となる2)。

最近雇用されたMBAのサイモン・スマートは、IBMC製機械を購入するかわりにリースした場合の、増分キャッシュフローを算出するよう求められた。彼が用意した表21.2には、同機械を購入した場合と、フレンドリー・リーシング社とリース契約した場合の、直接的なキャッシュフローの結果が示されている。

わかりやすくするため、サイモン・スマートは表21.3を用意したが、そこでは購入による直接キャッシュフローを、リースによるキャッシュフローから差し引いた結果が示されている。リースの正味利益だけがゾモックス社に関係することに注目し、彼は分析から次の結論を得た。

表21.2 IBMC製の導管穿孔機使用によるゾモックス社のキャッシュフロー：購入 vs リース

	年度0	年度1	年度2	年度3	年度4	年度5
購　入						
機械代金	－＄10,000					
税引き後の経費削減額						
[＄3,960＝＄6,000×(1－0.34)]		＄3,960	＄3,960	＄3,960	＄3,960	＄3,960
減価償却節税効果		680	680	680	680	680
	－＄10,000	＄4,640	＄4,640	＄4,640	＄4,640	＄4,640
リース						
リース料		－＄2,500	－＄2,500	－＄2,500	－＄2,500	－＄2,500
リース料の節税効果						
(＄850＝＄2,500×0.34)		850	850	850	850	850
税引き後の経費削減額		3,960	3,960	3,960	3,960	3,960
合　計		＄2,310	＄2,310	＄2,310	＄2,310	＄2,310

減価償却は定額法である。減価償却基礎価額は1万ドルなので、1年当りの減価償却費は＄10,000/5＝＄2,000となる。

減価償却の節税効果は、以下のようになる。

税率×年間減価償却費＝減価償却節税効果

0.34×　＄2,000　＝　＄680

1） 現行税制は加速償却も認めているので、これは簡略化した仮定である。加速償却方式はほとんどの場合、最善の選択である。

2） 単純化のため、リース料は毎年度末に支払われると仮定した。実際には、ほとんどのリースが、年初にリース料の支払が行われることを要求する。

表21.3　購入のかわりにリースすることによるゾモックス社の増分キャッシュフロー

リース－購入	年度 0	年度 1	年度 2	年度 3	年度 4	年度 5
リース						
リース料		－＄2,500	－＄2,500	－＄2,500	－＄2,500	－＄2,500
リース料の節税効果		850	850	850	850	850
購入（マイナス）						
機械代金	－(－＄10,000)					
失われた減価償却節税効果		－680	－680	－680	－680	－680
合　計	＄10,000	－＄2,330	－＄2,330	－＄2,330	－＄2,330	－＄2,330

最下行は購入と比較したリースからのキャッシュフローを示す。リースと比較した購入でみると、キャッシュフローは正反対になる。

1．運転費用は、リースによって直接影響を受けない。ゾモックス社は所有するかリースするかにかかわらず、穿孔機の使用で3,960ドル（税引き後）の経費節約になる。したがって、表21.3にはこのキャッシュフローが現れない。
2．機械がリースされると、ゾモックス社は購入した場合の代金１万ドルを節約することになる。この節約分は、年度０における最初のキャッシュ*イン*フローの１万ドルとして、表される。
3．ゾモックス社が穿孔機をリースする場合、会社はこの機械を所有しないので、減価償却節税効果は諦めなければならない。これらの節税効果は、アウトフローとして表現される。
4．ゾモックス社が機械をリースする場合、会社は５年間にわたって年2,500ドルを支払わなくてはならない。最初のリース料は、初年度末に支払われる（第１回目の支払は契約直後の場合もあるので、これは幸運である）。支払リース料は課税控除可能であり、結果として、850ドル（＝0.34×＄2,500）の節税効果を生む。

正味キャッシュフローは表21.3の最後の行に示されている。数値は購入からのキャッシュフローと比較した*リース*からのキャッシュフローを示す。キャッシュフローを必ずこういうかたちで表現しなければならないわけではない。リースからのキャッシュフローと比較した*購入*からのキャッシュフローで表すこともできた。その場合のキャッシュフローは、以下のようになる。

	年度 0	年度 1	年度 2	年度 3	年度 4	年度 5
リースと比較した購入からの正味キャッシュフロー	－＄10,000	＄2,330	＄2,330	＄2,330	＄2,330	＄2,330

もちろん、ここでのキャッシュフローは、表21.3の最下行のものと反対になる。目的によって、リースと比較した購入、あるいは購入と比較したリースのどちらを検討してもよい。したがって、学生諸君は、どちらの見方にもなじんでおくべきである。

こうしてキャッシュフローがわかったので、これらを適切に割り引くことによって、意思決定を下せる。とはいえ、割引率は微妙な問題を含んでいるので、次の節では少し回り道をし、その後でこのゾモックス社のケースに戻ることにする。次節では、リース対購入の意思決定におけるキャッシュフローは、*税引き後*の金利（すなわち、税引き後負債資本コスト）で割り引かれるべきであることを明らかにする。

21.5　回り道：法人税を伴う割引化と負債余力

リースの分析はむずかしく、財務の実務者も研究者も、概念上の間違いを犯してきた。これらの間違いは税金にまつわるものである。彼らの轍を踏まないために、われわれは１年物の融資という最も単純な例から始めよう。この例は、ここまでのリース対購入の状況とは無関係だが、ここで展開する原則は、リース・購入の分析に直接適用される。

無リスク・キャッシュフローの現在価値

100ドルを１年間貸し出す会社を考えてみよう。もし金利が10％なら、会社は年度末に110ドルを受け取る。このうち、10ドルは利息であり、残りの100ドルが元本である。34％の法人税は、利息に対する税額3.40ドル（＝0.34×＄10）を意味する。したがって、会社は100ドルの投資に対して、税引き後で106.60ドル（＝＄110－＄3.40）を得ることになる。

次に、100ドルを１年間借り入れる会社を考えてみよう。10％の金利では、会社

表21.4　法人税を伴う世界における貸出と借入れ（金利は10%で、法人税は34%とする）

時点0		時点1	
貸出の例			
貸し出す	－＄100	受け取る	＋＄100.00の元本
		受け取る	＋＄ 10.00の利息
6.6%		支払う	－＄ 3.40（＝－0.34×＄10）の税金
貸出金利 ──→			＋＄106.60
税引き後貸出金利は6.6%			
借入れの例			
借り入れる	＋＄100		
		支払う	－＄100.00の元本
		支払う	－＄ 10.00の利息
6.6%		受け取る	＋＄ 3.40（＝0.34×＄10）の税の払戻し
借入金利 ──→			－＄106.60
税引き後借入金利は6.6%			

一般原則：法人税を伴う世界においては、無リスク・キャッシュフローは、税引き後金利で割り引かれるべきである。

は年度末に銀行に110ドルを支払わなければならない。しかしながら、この借入会社は、支払利息10ドルを税金から控除できる。会社は、資金をまったく借りなかった場合に比べて、納める税金は3.40ドル（＝0.34×＄10）少なくてすむ。したがって、この税金の削減額を考慮すると、会社は100ドルの借入れに対して、106.60ドル（＝＄110－＄3.40）を支払わなければならない。この貸出と借入れ双方のキャッシュフローは、表21.4に示されている。

前の二つの段落は非常に重要な結果を示している。すなわち会社は、今日100ドルを受け取ろうが、あるいは来年106.6ドルを受け取ろうが、どちらでもかまわないということである[3]。もし今日100ドルを受け取ったなら、それを貸し出し、年度末には税引き後で106.60ドルを受け取ることができる。逆に、年度末に106.60ドルを受け取ることが今日わかっていれば、会社は今日100ドルを借り入れることができる。ローンに対する税引き後の元利返済は、会社が年度末に受け取る106.6ドルで支払うことができる。上記で示した互換性ゆえに、来年の106.60ドルの支払は、100ドルの現在価値をもつという。100ドル＝＄106.60/1.066であるから、無リスク・キャッシュフローは、税引き後金利の0.066［＝0.10×（1－0.34）］で割り

3）　簡単にするため、企業は法人税引き後で100ドルまたは106.60ドルを受け取ったと仮定する。0.66＝1－0.34なので、税引き前インフローはそれぞれ、151.22ドル（＝＄100/0.66）と161.52ドル（＝＄106.6/0.66）になる。

引かれるべきである。

もちろん、上の議論では特殊な例を考慮した。一般的な原則は次のとおりである。

法人税を伴う世界においては、企業は無リスク・キャッシュフローを、税引き後の無リスク金利で割り引くべきである。

最適負債水準と無リスク・キャッシュフロー

加えて、この単純な例は、最適負債水準についての関連ポイントを説明することができる。資本構成における現在の負債水準が、最適であると判断したばかりの企業を考えてみよう。この判断直後、会社は、支払保証付きの106.60ドル、たとえば非課税政府発行宝くじの懸賞金を、１年後に受け取ることになると、突然知らされる。この思わぬ幸運は、他の資産同様、会社の最適負債水準を引き上げるはずである。この支払は、会社の最適水準をどれだけ引き上げるだろうか。

われわれの分析は、会社の最適負債水準が以前に比べて、100ドル上昇していなければならないことを示唆する。すなわち、会社は今日、100ドルを借り入れて、たぶん全額を配当として支払うことが可能である。会社は年度末時点で銀行から110ドルを借りていることになる。しかしながら、税の払戻しを受けるので、差引き返済額は106.60ドルとなる。したがって、今日の100ドルの借入れは、来年の宝くじ懸賞金の106.60ドルで完全に相殺される。言い換えれば、宝くじの収入は、負債の増加をまかなえる取消不可能なトラストとして機能する。宝くじが発表になる前の、最適負債水準は知る必要がないことに注意されたい。われわれは、宝くじ前の最適水準がどうであろうと、発表後には最適負債水準は100ドル分高くなっているとだけ述べているのである。

もちろん、これは一つの例にすぎない。一般的な原則は以下のとおりである[4)]。

法人税を伴う世界では、企業の最適負債水準の増加は、将来の保証された税引き後インフローを、税引き後無リスク金利で割り引くことによって求められる。

反対に、別の企業が来年、106.60ドルの追徴課税を政府に納入しなければならなくなったと突然知ったケースを考えてみよう。明らかに、この新たな債務は企業の

4）　この原則は、無リスクもしくは保証されたキャッシュフローのみに当てはまる。残念ながら、リスクを伴うキャッシュフローから、最適負債水準の増加を求める簡単な公式は存在しない。

負債余力に影響を及ぼす。上記の理由から、この会社の最適負債水準は、ちょうど100ドル分低下しなければならないことがわかる。

21.6 リース対購入意思決定のNPV分析

前節の回り道は、リースを評価する簡単な方法に導く。すなわち、すべてのキャッシュフローを税引き後の金利で割り引くという方法である。表21.3の最下行から、ゾモックス社のリース対購入の増分キャッシュフローは、以下のとおりである。

	年度0	年度1	年度2	年度3	年度4	年度5
購入と比較したリースからの正味キャッシュフロー	＄10,000	－＄2,330	－＄2,330	－＄2,330	－＄2,330	－＄2,330

ゾモックス社は、7.57575％の金利で、借入れも貸出もできると仮定しよう。もし法人税が34％なら、正しい割引率は、税引き後金利の５％［＝7.57575％×（1－0.34)］である。５％を使ってリースのNPVを計算すると、以下のようになる。

$$\text{NPV} = \$10,000 - \$2,330 \times A^{5}_{0.05} = -\$87.68 \qquad (21.1)$$

購入と比較したリースからの増分キャッシュフローの純現在価値はマイナスなので、ゾモックス社は購入することを好む。

式21.1は、リース対購入分析に対する正しいアプローチである。とはいえ、学生たちは往々にして二つのことに頭を痛める。その一つは、表21.3のキャッシュフローは本当に無リスクのものかどうかという疑問である。この問題は以下で考察する。もう一つは、このアプローチが直観的に理解しがたいということである。この懸念については、少し後で取り扱う。

割引率

税引き後の無リスク金利で割り引いたので、われわれは暗に、ゾモックス社のキャッシュフローが無リスクであると仮定していた。これは妥当だろうか。

リース料の支払は、賃借人によって発行された担保付債券の元利返済のようなもので、割引率はそうした債券の金利とほとんど同じはずである。一般的に、この金利は前節で考慮した無リスク金利よりわずかに高い。さまざまな節税効果は、二つの理由から、支払リース料より多少リスクが大きくなるだろう。第一に、減価償却節税効果の価値は、それらを用いる課税所得を十分に生み出すゾモックス社の能力に依存している。第二に、法人税率は、1986年に下がり、1993年に上がったように、将来変わるかもしれない。こうした二つの理由から、減価償却の節税効果を、支払リース料よりも高い金利で割り引くのは妥当かもしれない。しかしながら、われわれの経験では、現実の世界の企業は、節税効果と支払リース料を同じ利率で割り引いている。これは財務の実務にあたる人たちが、上記の二つのリスクをとるに足りないものとみなしていることを意味する。ここでは、これら二つのキャッシュフローを同じ利率で割り引くという実社会の慣習にならう。この利率は、賃借人が発行する担保付債券に対する税引き後金利である。

この時点で、なぜリース対購入の分析の割引率としてR_{WACC}を用いないのかという、さらなる疑問を抱く学生もいる。もちろん、R_{WACC}はリース分析に用いるべきではない。なぜなら、キャッシュフローは営業キャッシュフローというよりも元利返済に近いので、リスクはずっと小さいからである。割引率は、増分キャッシュフローのリスクを反映したものでなくてはならない。

21.7 負債の置換えとリースの評価

負債の置換えの基本的概念

前述の分析から、簡単に正しい答えを算出できるようになった。これは明らかに重要な利点とみなされなければならない。とはいえ、この分析はほとんど直観的な理解を促さない。これを改善するため、負債の置換問題を検討することにより、リース・購入分析をより直感的に理解しやすいものにしたい。

設備を購入する企業は通常、購入資金を手当するために負債を発行する。負債は企業の債務になる。賃借人は、将来の支払リース料全額の現在価値に等しい債務を負うことになる。このことから、われわれはリースが負債に置き換わると主張する。表21.5の貸借対照表は、リースがどのように負債に影響するかを示している。

表21.5　リースが採用されたときの、企業内のどこかにおける負債の置換え

資　産		負　債	
初期状況			
流　動	$50,000	負　債	$60,000
固　定	50,000	株主資本	40,000
合　計	$100,000	合　計	$100,000
有担保ローンで購入			
流　動	$50,000	負　債	$66,000
固　定	50,000	株主資本	44,000
機　械	10,000		
合　計	$110,000	合　計	$110,000
リース			
流　動	$50,000	リース	$10,000
固　定	50,000	負　債	56,000
機　械	10,000	株主資本	44,000
合　計	$110,000	合　計	$110,000

この例は、リースが企業のどこかで負債の水準を減少させることを示している。この例は要点を例証しているが、負債の置換えを算出する*正確な*方法を提示するものではない。

当初10万ドルの資産を保有し、最適負債・株主資本比率が150%の企業を考えてみよう。この会社の負債は6万ドルで、株主資本は4万ドルである。ゾモックス社のケースと同様、会社は1万ドルの新しい機械を導入しなければならないとする。会社には二つの選択肢がある。

1. *会社は機械を購入できる*。これを選択した場合、購入資金は有担保ローンと増資で調達する。機械の負債余力は、会社全体のものと同じであると仮定する。
2. *会社は機械をリースし、100%の資金調達を得られる*。すなわち、将来の支払リース料の現在価値は1万ドルになる。

もし会社が、担保付負債および増資による資金で機械を購入するとしたら、負債は6,000ドル分、株式は4,000ドル分増加することになる。会社の最適負債・株主資本比率150%は、維持される。

反対に、リースの選択肢を考えてみよう。賃借人は支払リース料を債務とみなすので、賃借人は負債・株主資本比率だけではなく、*債務・株主資本*比率も考慮す

る。前述のとおり、リース債務の現在価値は1万ドルである。この会社が150%の負債・株主資本比率を維持する場合、リース実行の際には会社のどこかの負債を4,000ドル分減らさなければならない。負債は買い戻さなければならないので、1万ドルの資産がリースのもとに置かれた場合、正味債務は6,000ドル（＝＄10,000－＄4,000）だけふえる[5)]。

負債の置換え（debt displacement）はリースの隠れたコストである。企業がリースを用いると、そうでない場合ほど、普通の負債を使わなくなる。負債余力の恩恵、特に金利費用に伴う税の軽減は失われる。

ゾモックス社の例における最適負債水準

前節では、リースが負債に置き換わることを明らかにした。そこでは要点を例証したが、負債の置換えを算出する*正確な*方法を提示しようとしたわけではない。以下に、ゾモックス社の例における購入とリースとの、最適負債水準の差を算出する正確な方法を示す。

表21.3の最後の行から、リースのキャッシュフローと比較した*購入*からのキャッシュフローは、以下のとおりである[6)]。

	年度0	年度1	年度2	年度3	年度4	年度5
リースと比較した購入からの正味キャッシュフロー	－＄10,000	＄2,330	＄2,330	＄2,330	＄2,330	＄2,330

年度0に最適負債水準が増加するのは、会社がその時点で、年度1から始まる保証されたキャッシュフローについて知るからである。われわれの割引化と負債余力に関する回り道は、この増加した負債水準を、将来の無リスク・キャッシュインフローを税引き後金利で割り引くことによって、計算するよう示した[7)]。したがって、リースと比較した購入の追加的負債水準は、次のようになる。

5）現実の世界の成長企業は、リースを行うとき、通常、負債の買戻しはしない。むしろ、これらの企業は、リースなしの場合に比べて、将来の負債発行を少なくする。

6）表21.3の最後の行は、購入と比較したリースからのキャッシュフローを表している。先に指摘したとおり、ここではリースと比較した購入からのキャッシュフローを提示しているので、キャッシュフローは逆になる。

7）回り道では無リスクのキャッシュフローのみを考慮したが、リースの例におけるキャッシュフローは必ずしも無リスクとは限らない。先に解説したとおり、ここでは、賃借人発行の担保付負債に対する税引き後金利で割り引くという、現実の世界の慣習に従った。

$$\$10,087.68=\frac{\$2,330}{1.05}+\frac{\$2,330}{(1.05)^2}+\frac{\$2,330}{(1.05)^3}+\frac{\$2,330}{(1.05)^4}+\frac{\$2,330}{(1.05)^5}$$

すなわち、リースのもとでの負債の最適額がどうであろうと、購入のもとでの最適負債額は、10,087.68ドル多くなる。

この結果は、別の方法でも表現できる。一方は穿孔機を購入し、他方はそれをリースする点以外は、まったく同一の２社を想像しよう。表21.3から、購入方式の会社はリース使用方式の会社に比べて、５年間に毎年2,330ドル多い税引き後キャッシフローを生み出すことがわかる。さらに、同じ銀行が両社に融資すると想定しよう。銀行は購入方式の会社に、より多くの資金を貸し出す。なぜなら購入方式の会社のほうが毎期、キャッシュフローが大きいからである。増分の融資を、毎年2,330ドルの余分なキャッシュフローで完済できるようにするためには、銀行はどれだけの追加資金を購入方式の会社に貸し出すべきだろうか。

これを理解するために、１年ごとに分けて考えてみよう。購入方式の会社は、年度０にリース方式の会社より１万87.68ドル多く借り入れるので、年度１に追加的な負債に対して764.22ドル（＝＄10,087.68×0.0757575）の利息を支払うことになる。この利息は、会社が税金を259.83ドル（＝＄764.22×0.34）減らすことを可能にし、年度１における税引き後のアウトフローは、504.39ドル（＝＄764.22－＄259.83）になる。

表21.3から、購入方式の企業は、リース使用方式の企業に比べて、年度１に2,330ドル多い現金を生み出すことがわかっている。購入方式の会社には年度１に2,330ドルが余分に入るものの、借入れに対して利息を支払わなければならないから、リース方式の会社と同じキャッシュフローを依然としてもつためには、会社は年度１にどれだけのローンを返済できるだろうか。購入方式の会社は、年度１に1,825.61ドル（＝＄2,330－＄504.39）を返済し、なおリース方式の会社と同じ正味キャッシュフローを維持できる。返済後、購入方式の会社には、年度１で8,262.07ドル（＝＄10,087.68－＄1,825.61）の未払残高が残る。表21.6に、５年間の各年度についてこのキャッシュフローを示した。５年間で未払残高はゼロとなる。したがって、年間2,330ドルのキャッシュフローは、リースではなく購入した場合の余分な現金を表しているが、これは１万87.68ドルのローンを完全に償却する。

ここでの負債余力の分析には二つの目的がある。一つは、購入による追加的負債余力を示すことであるが、われわれはこの課題をちょうど達成した。二つ目は、リースが購入よりも好まれるかどうかを決定することである。意思決定のルール

表21.6　ゾモックス社がリース方式ではなく購入方式にした場合の、適正負債水準の増加額の計算

	年度 0	年度 1	年度 2	年度 3	年度 4	年度 5
ローンの未払い残高	$10,087.68	$8,262.07*	$6,345.17	$4,332.42	$2,219.05	$ 0
利払い		764.22	625.91	480.69	328.22	168.11
利払いに対する税控除		259.83	212.81	163.44	111.59	57.16
税引き後利払費用		$504.39	$413.10	$317.25	$216.63	$110.95
購入方式の会社がリース方式の会社以上に生み出す余分な現金（表21.3より）		$2,330.00	$2,330.00	$2,330.00	$2,330.00	$2,330.00
ローンの返済		$1.825.61**	$1,916.90	$2,012.75	$2,113.37	$2,219.05

一方はリースし、他方は購入する点以外は、同一の２社を仮定する。購入方式の会社は、リース方式の会社より１万87.68ドル多く借り入れることができる。リースではなく、購入からの毎年2,330ドルの余分なキャッシュフローは、５年間ローンを完済するのに用いることができる。
＊$8,262.07＝$10,087.68－$1,825.61
＊＊$1,825.61＝$2,330－$504.39

は、前述の議論から容易に導かれる。設備をリースし、購入方式に比べて１万87.68ドル少ない負債をもつことにより、会社は年度１～年度５まで、借入れによる購入で得たであろう額とまったく同じキャッシュフローを得る。したがって、リース方式を、負債を伴う購入方式と比較する場合、年度１から始まるキャッシュフローは無視してよい。しかしながら、年度０においては、これら２方式のキャッシュフローは異なる。

1. *年度０における購入費用の１万ドルは、リース方式では発生しない*。リース方式では、これはキャッシュインフローとみなされるべきである。
2. *リース方式の場合、購入方式と比較して、年度０における会社の借入金は１万87.68ドル少なくなる*。これはリースのもとでは、キャッシュアウトフローとみなされるべきである。

会社はリース方式では１万87.68ドル借入れが少ないが、設備に対して１万ドルのみ節約するので、リース方式では、年度０に、購入方式と比べて、－87.68ドル（＝10,000－$10,087.68）の余分なキャッシュアウトフローが必要になる。後年度のリースからのキャッシュフローは、負債を伴う購入からのものとまったく同じであるので、会社は購入すべきである。

これは、本章で先にわれわれが得た答えとまったく同じである。そこではすべて

のキャッシュフローを税引き後の金利で割り引いた。もちろん、これは偶然の一致などではない。なぜなら、最適負債水準の増加もまた、すべてのキャッシュフローを税引き後の金利で割り引いて決定されるからである。ボックス内の数値は、購入と比較したリースのNPVである。したがって、負のNPVは、購入方式が選ばれるべきであることを示している。リースのNPVはしばしば、リースのネット（正味）アドバンテージ、またはNALと呼ばれる。

購入と比較したリースの現在価値を計算する二つの方法*

方法１：すべてのキャッシュフローを税引き後金利で割り引く。

$$-\$87.68 = \$10,000 - \$2,330 \times A_{0.05}^{5}$$

方法２：購入価格とリースのもとでの最適負債水準の減少額とを比較する。

$$-\$87.68 = \underset{\text{購入価格}}{\$10,000} - \underset{\text{リースでの最適負債水準の減少額}}{\$10,087.68}$$

＊購入と比較したリースのNPVを計算しているので、負の値は、購入のほうが望ましいことを示す。

21.8　リースは儲かることがあるのか：基本ケース

これまで、ゾモックス社という潜在的賃借人としての立場から、リース・購入の意思決定をみてきた。次にフレンドリー・リーシング社という賃貸人の視点から意思決定を眺めてみたい。この会社には三つのキャッシュフローがあり、そのすべてが表21.7に示されている。第一に、年度０にフレンドリー社が１万ドルで機械を購入する。第二に、資産が５年間にわたって定額償却されるので、減価償却費は毎年度末に2,000ドル（＝＄10,000/５）発生する。毎年の減価償却節税効果は680ドル（＝＄2,000×0.34）である。第三に、毎年の支払リース料が2,500ドルなので、税引き後の支払リース料は1,650ドル［＝＄2,500×（１－0.34)］になる。

次に、表21.7の最下行に示されたフレンドリー社への合計キャッシュフローを調べてみよう。読者のなかで健全な記憶力の持主は、非常におもしろいことに気づくだろう。これらのキャッシュフローは、表21.3の最下行に示されたゾモックス社のキャッシュフローと、完全に反対になっている。読者のなかで健全な懐疑心の持主は、非常に興味深いことを考えているのではないだろうか。「賃貸人のキャッシュフローが賃借人のキャッシュフローとちょうど正反対なら、両者を統合したキャッシュフローは毎年ゼロにならなくてはならない。したがって、このリースには、何の全体的メリットもないようにみえる。賃借人の純現在価値は－87.68ドルなので、賃貸人のNPVは87.68ドルでなければならない。あわせたNPVは0ドル（＝－＄87.68＋＄87.68）である。賃貸人と賃借人の両者のNPVが、同時にプラスになることは、どうやってもないようにみえる。一方は必ず損をするので、このリース取引は永久にまとまらない」と。

これがリースの最も重要な結論の一つである。表21.7は特定のリース取引を対象にしているが、この原則は一般化することが可能である。①両者が同一金利・同一税率のもとにあり、②取引コストを考慮しない場合、両者に利益をもたらすリース取引は存在しえない。しかしながら、両者のNPVをゼロにする支払リース料は存在する。この料金では、ゾモックス社はリースにするか購入にするかに対して無差別であり、フレンドリー・リーシング社もリース契約をしてもしなくてもどちらでもよい[8)]。

さらに健全な懐疑心の持主なら、こう考えるかもしれない。「このテキストは、

表21.7　IBMC製導管穿孔機の賃貸人としての、フレンドリー・リーシングへのキャッシュフロー

	年度0	年度1	年度2	年度3	年度4	年度5
機械代金	－＄10,000					
減価償却節税効果 （＄680＝＄2,000×0.34）		＄　680	＄　680	＄　680	＄　680	＄　680
税引き後支払リース料 ［＄1,650＝＄2,500×（1－0.34）］		1,650	1,650	1,650	1,650	1,650
合　計	－＄10,000	＄2,330	＄2,330	＄2,330	＄2,330	＄2,330

これらのキャッシュフローは、賃借人であるゾモックス社へのキャッシュフローと反対である（表21.3の最後の行を参照）。

8）　この例では、支払リース料の損益分岐点は2,469.32ドルとなる。賃貸人、賃借人とも、これは以下のように求められる。

$$\$10,000 = \$680 \times A^{5}_{0.05} + L \times (1 - 0.34) A^{5}_{0.05}$$

この場合、$L = 2,469.32$ドルである。

リースは有益ではないと主張しているようにみえる。それにもかかわらず、現実の世界では、リースが頻繁に行われている。ひょっとすると、ほんとうにひょっとするとだが、このテキストは間違っているのではないだろうか」と。間違っているとは認めないが（間違いを認めるテキストなんてあるだろうか!?)、この点について不十分であることは公に認めよう。次節では、リースに利点をもたらす要因を検討する。

21.9　リースの理由

リースを支持する人たちは、企業が資産を購入するよりリースすべきであるという理由について、多くの主張をしている。リースを支持する理由には、納得のいくものもあればそうでないものもある。ここでは、われわれが考えるリースのよい理由と、悪い理由を議論する。

リースのよい理由

もしリースがよい選択だとしたら、それは次にあげる理由のいくつかが事実だからである。

1．リースによって、税金が軽減される。
2．リース契約は、ある種の不確実性を減らす。
3．資産をリースするより、負債と株式で資金調達して資産を購入するほうが、取引コストが高くなる。

税の利点

長期リースを支持する最も重要な理由は、税の軽減である。法人所得税が廃止されれば、長期リースはたぶん消滅してしまうだろう。企業が異なる税率枠にいるので、リースの税の利点が生まれる。

低税率枠のユーザーが購入しても、減価償却と支払利息控除による税の利益はほとんど得られない。もしユーザーがリースしたら、賃貸人が減価償却節税効果と支払利息控除を受けることになる。競争市場では、賃貸人はこれらの節税効果を反映して、リース料金を下げなければならない。したがって、ユーザーは購入よりもリースを選ぶ可能性が高くなる。

ゾモックス社とフレンドリー・リーシング社の例では、フレンドリー社にとってのリースの価値は87.68ドルだった。すなわち、

$$\$87.68 = -\$10,000 + \$2,330 \times A^{5}_{0.05}$$

である。しかしながら、ゾモックス社にとってのリース価値は正反対（－87.68ドル）だった。賃貸人の利益は賃借人の損から生まれるので、取引はまとまりそうもない。

しかしながら、ゾモックス社が税金を支払わず、支払リース料が2,500ドルから2,475ドルに下がると、フレンドリー社とゾモックス社双方に、リースで正のNPVが生まれる。ゾモックス社は、$t_c = 0$として表21.3を再計算し、リースからのキャッシュフローが以下であることを見出す。

	年度0	年度1	年度2	年度3	年度4	年度5
機械代金	$10,000					
支払リース料		－$2,475	－$2,475	－$2,475	－$2,475	－$2,475

ゾモックス社にとってのリースの価値は、

$$\text{リースの価値} = \$10,000 - \$2,475 \times A^{5}_{0.0757575}$$
$$= \$6.55$$

となる。税率がゼロなので、割引率が7.57575％の金利になることに注目されたい。加えて、税がないので、税引き後の低い数値ではなく、総支払リース料2,475ドルを用いる。さらに、何の税も適用されないので、減価償却も無視される。

2,475ドルの支払リース料では、フレンドリー・リーシング社へのキャッシュフローは以下のようになる。

	年度 0	年度 1	年度 2	年度 3	年度 4	年度 5
機械代金	－＄10,000					
支払リース料						
減価償却節税効果（＄680＝＄2,000×0.34）		＄　680	＄　680	＄　680	＄　680	＄　680
税引き後支払リース料［＄1,633.50＝＄2,475×(1－0.34)］		＄1,633.50	＄1,633.50	＄1,633.50	＄1,633.50	＄1,633.50
合　計		＄2,313.50	＄2,313.50	＄2,313.50	＄2,313.50	＄2,313.50

フレンドリー社にとってのリースの価値は、

$$\text{リースの価値} = -\$10,000 + \$2,313.50 \times A^{5}_{0.05}$$
$$= -\$10,000 + \$10,016.24$$
$$= \$16.24$$

となる。異なる適用税率の結果として、賃借人（ゾモックス）は6.55ドルの利益を得、賃貸人（フレンドリー）は16.24ドルの利益を得る。適用税率が異なる場合、賃貸人、賃借人の双方とも利益を得ることができる。なぜなら賃貸人は、賃借人が使えない減価償却と支払利息節税効果を使用するからである。IRSの税収が減り、賃貸人への税の免除の一部が、リース料引下げという形で賃借人に移転される。

適用税率が異なる場合、両者はともに利益を得ることができるので、支払リース料は交渉を通して決められる。交渉が始まる前に、両社ともお互いの*留保*支払額を知っておく必要がある。これは、当事者が、リース取引を締結するかどうかに関して無差別になる支払額である。言い換えると、これはリースの価値がゼロになる支払額である。次に、これらの支払額の計算を行う。

賃借人の留保支払額

ここで、賃借人にとってリースの価値がゼロとなるような支払額L_{MAX}を求めよう。賃借人の適用法人税率がゼロの場合、L_{MAX}で表したキャッシュフローは、以下のようになる。

	年度0	年度1	年度2	年度3	年度4	年度5
機械代金	$10,000					
支払リース料		$-L_{MAX}$	$-L_{MAX}$	$-L_{MAX}$	$-L_{MAX}$	$-L_{MAX}$

この表は、

$$\text{リースの価値} = \$10,000 - L_{MAX} \times A^{5}_{0.0757575}$$

であることを意味する。リースの価値は以下のとき、ゼロになる。

$$L_{MAX} = \frac{\$10,000}{A^{5}_{0.0757575}} = \$2,476.62$$

この計算を行った後、賃貸人は、2,476.62ドルを上回る支払額の請求は不可能であることを知る。

賃貸人の留保支払額

次に、賃貸人にとってリースの価値がゼロになるような支払額L_{MIN}を求めよう。賃貸人へのキャッシュフローをL_{MIN}で表すと次のようになる。

	年度0	年度1	年度2	年度3	年度4	年度5
機械代金	−$10,000					
減価償却節税効果 ($680=$2,000 ×0.34)		$680	$680	$680	$680	$680
税引き後支払 リース料(t_C=0.34)		$L_{MIN} \times (0.66)$	$L_{MIN} \times (0.66)$	$L_{MIN} \times (0.66)$	$L_{MIN} \times (0.66)$	$L_{MIN} \times (0.66)$

この表は、

$$\text{リースの価値} = -\$10,000 + \$680 \times A^{5}_{0.05} + L_{MIN} \times (0.66) \times A^{5}_{0.05}$$

であることを意味する。リースの価値は以下のとき、ゼロになる。

$$L_{MIN} = \frac{\$10,000}{0.66 \times A^{5}_{0.05}} - \frac{\$680}{0.66}$$
$$= \$3,499.62 - \$1,030.30$$
$$= \$2,469.32$$

この計算を行った後、賃借人は、賃貸人が2,469.32ドル以下のリース料には決して同意しないことを知る。

不確実性の削減

リースが満了したとき、賃借人は資産を保有しないことをすでに指摘した。この時点における資産の価値は*残余価値*（*residualvalue*）と呼ばれ、賃貸人が確たる権利を有している。リースの契約時には、資産の残余価値がどうなるのかについて相当な不確実性があるかもしれない。したがって、リース契約では、残余価値のリスクは賃貸人が負う。逆に購入の場合はユーザーがこのリスクを負うことになる。

特定のリスクを負担できる能力をもつ者が、そうすべきであるというのは常識である。もしユーザーがリスク回避的でないなら、購入しても問題はない。しかしながら、ユーザーがリスクを極度に嫌う場合は、リスクをもっと負担できる能力をもつ第三者としての賃貸人を探す必要がある。

後者のケースは、小規模ユーザーおよび/または創業したての会社などによくみられる。会社全体のリスクが非常に高く、主要株主が分散化していない可能性が高いので、会社はできる限りリスクの最小化を望む。株式を公開している大手金融機関のような潜在賃貸人は、リスクを負担する能力がはるかに高い。逆に、ユーザーがブルー・チップ（優良）企業の場合に、この状況が起こるとは思えない。潜在賃借人側にリスク負担能力があるからである。

取引コスト

資産の所有権を変更する費用は、リース契約の作成費用に比べて通常高い。ロサンゼルスに住む人が、２日間ニューヨークでビジネスを行わなければならない場合の選択肢を考えてみよう。２日間ホテルに宿泊したほうが、ニューヨークにマンションを購入して２日後に売却するよりも、明らかに安上りである。

残念ながら、リースはまた、エージェンシー・コストも生む。たとえば、賃借人は、資産の残余価値に何の関心もないので、資産を誤使用したり、使いすぎたりするかもしれない。このコストは、その分高くなったリース料を通して、賃借人が暗黙のうちに負担する。賃貸人は監視することによって、これらのエージェンシー・コストを減らすことができるが、監視そのものが高くつく。

このため、購入と再売却の取引コストが、リースのエージェンシー・コストと監視費用よりも高い場合に、リースは最も有益になる。Flathは、短期リースでこの状況は起こるが、長期リースでは起こらないと主張している[9)]。

リースの悪い理由

リースと会計利益

「会計とリース」の議論において、オペレーティング・リース使用の場合は、キャピタル・リースや負債調達で購入する場合に比べて、より少ない債務が貸借対照表に現れることを指摘した。力強い貸借対照表を投影したい企業が、オペレーティング・リースを選ぶかもしれないことも示唆した。加えて、総資産利益率（ROA）は通常、キャピタル・リースや購入のいずれよりも、オペレーティング・リースのほうが高くなる。これを理解するため、ROA公式の分子と分母を考察してみよう。

オペレーティング・リースでは、支払リース料は経費として扱われる。資産が購入された場合は、減価償却費と支払利息の両方が経費となる。少なくとも資産耐用年数の初期の頃は、年間リース料支払額が、一般的に年間の減価償却費と支払利息の合計額よりも少ない。したがって、ROA公式の分子である会計上の利益は、オペレーティング・リースのほうが、購入の場合よりも大きくなる。キャピタル・リースにおける会計上の経費は、購入の場合の減価償却費や支払利息と相似しているので、リースが資産計上されたとき、会計利益の増加は起こらない。

加えて、オペレーティング・リースの場合、リース資産は貸借対照表に現れない。したがって、ROA公式の分母である企業の資産合計額は、オペレーティング・リースのほうが、購入やキャピタル・リースの場合に比べて小さくなる。これら二つのことから、企業のROAは、購入やキャピタル・リースの場合に比べて、オペレーティング・リースのほうが高くなる。

もちろん、効率的資本市場においては、会計情報によって投資家をだますことはできない。だから、リースの会計上の数値に及ぼす影響が、企業に価値を生み出すことはありそうもない。情報通の投資家たちは、経営陣の財務諸表を向上させようという試みを見抜くことができるはずである。

100%の資金調達

有担保設備ローンには頭金が必要なのに対して、リースは100%の資金調達を提供するとしばしば主張される。しかしながら、われわれは前に、リースは企業内のどこかで負債に置き換わると主張した。われわれの分析は、リースが、借入れで購

9） D. Flath, “The Economics of Short-Term Leasing,” *Economic Inquiry* 18（April 1980）.

入するほど大きな総負債水準を許容しないことを示唆している。

他の理由

もちろん、一部の企業がリースを有利だとみなす、多くの特別な理由が存在する。ある有名なケースでは、米国海軍は、議会に予算を求めるかわりに、タンカーの艦隊をリースした。このように、官僚的な企業によってつくりあげられた資本支出管理システムを迂回するために、リースが用いられることもある。

21.10 いくつかの未解答の問題

われわれの分析は、長期リースの主要な利点が、賃貸人と賃借人の適用税率の違いから生まれることを示唆する。リースに対する他の妥当な理由は、契約費用の安さとリスクの削減である。われわれの分析が具体的に答えていない問題もいくつかある。

リース使用と負債使用は相互補完的か

Ang and Petersonは、負債の多い企業がリースを頻繁に用いる傾向にあることを見出した[10)]。この結果は、困惑するようなものではない。大きな負債余力をもたらす企業属性は、リースもまた有利なものにするかもしれない。したがって、個別企業にとってリースは負債に置き換わるが（すなわち、リースと借入れは代替手段）、数多くの企業に視点を移すと、多額の負債と多額のリースは、正の関係になりうる。

リースはなぜメーカーと独立系リース会社の両方によって提供されるのか

なぜメーカー（たとえば、コンピュータ・メーカー）と独立系リース会社の両方がリースを提供するのかは、税金の相殺効果によって説明できる。

---

10)　J. Ang and P. P. Peterson, "The Leasing Puzzle," *Journal of Finance* 39 (September 1984).

1．メーカーが賃貸人の場合、製造コストが減価償却決定の基準になる。独立会社が賃貸人の場合は、メーカーに支払った販売価格が減価償却の基準になる。販売価格は通常、メーカーの製造コストより高く設定されているため、これは独立系リース会社の有利な点である。
2．しかしながら、資産を独立系リース会社に販売したとき、メーカーは課税のために利益を認識しなくてはならない。一部の設備に対するメーカーの利益は、メーカーが賃貸人になった場合、繰延べ可能である。これはメーカーがリースを提供するインセンティブになる。

なぜ一部の資産がほかより多くリースされるのか

特定の資産は、他の資産より頻繁にリースされるようである。Smith and Wakemanは、リースに影響する税以外のインセンティブを調査した[11]。彼らの分析は、リースか購入かの意思決定における重要な資産と企業の属性を、数多く示唆している。以下は彼らが触れたものの一部である。

1．資産価値が使用と保守の決定の影響を受けやすいほど、資産はリースのかわりに購入される傾向がある。所有は、リースの場合よりも、保守費用を最小化しようというインセンティブが強く働くと彼らは主張する。
2．価格差別化機会は重要かもしれない。リースは、あまりに低い価格設定を禁止する法律を迂回する一つの方法かもしれない。

要約と結論

米国では多くの設備が、購入ではなくリースされる。この章では、リースを取り巻く制度上の取決めを解説し、リースをファイナンスの観点からどう評価するかを示した。

1．リースは二つの正反対のタイプに分けられる。オペレーティング・リースは、賃借人に設備の使用を許可するが、所有権は賃貸人にとどまる。ファイナ

---

11)　C. W. Smith, Jr., and L. M. Wakeman, "Determinants of Corporate Leasing Policy," *Journal of Finance* (July 1985).

ンス・リースの賃貸人は法的に設備を所有するが、ファインス・リースは完全に償却されるので、実質上の所有権は賃借人にある。

2．企業が資産を負債で購入すると、資産と負債の両方が企業の貸借対照表に現れる。もしリースが多くの基準のうちの最低一つでも満たせば、資産計上されなければならない。これは、リースの現在価値が資産と負債の両方に現れることを意味する。もしこれらの基準を一つも満たさない場合は、リースは資産化を免れる。会計関係者による定義と実務者による定義は多少異なるが、基準を満たさないリースは、オペレーティング・リースと呼ばれる。オペレーティング・リースは貸借対照表には現れない。見た目の理由から、多くの企業はリースがオペレーティングと呼ばれることを好む。

3．企業は一般的に節税目的でリースする。税収確保のため、IRSは多くの基準を満たす場合に限って、金融取引がリースとして分類されることを認めている。

4．無リスクのキャッシュフローは、税引き後の無リスク金利で割り引かれるべきであることを示した。支払リース料も減価償却節税効果もほぼ無リスクなので、リースか購入かの意思決定におけるすべての関連するキャッシュフローは、税引き後金利に近い利率で割り引かれるべきである。われわれは、賃借人の担保付負債の税引き後金利で割り引くという、実社会で行われている慣習を用いる。

5．この方法はシンプルではあるが、ある種の直感的な理解に欠ける。読者の直感的理解を高めることを願って、代替方法を提示した。リースに比べて、購入は負債余力を生み出す。この負債余力の増加は、購入のキャッシュフローとリースのキャッシュフローとの差額を、税引き後金利で割り引くことによって計算できる。購入に伴う負債余力の増加は、年度0における購入に伴う余分なアウトフローと比較される。

6．もし賃貸人と賃借人の適用法人税率が同じなら、賃貸人へのキャッシュフローは、賃借人へのキャッシュフローと正反対となる。したがって、賃借人にとってのリースの価値と賃貸人にとってのリースの価値を合計すると、ゼロにならなくてはいけない。これはリースが決してうまくいかないことを示唆する一方、現実にはリースを支持する理由が少なくとも三つある。

a. 賃貸人と賃借人の税率格差

b. 賃貸人へのリスク負担の移行

c. 取引コストの最小化

リースに対する多くの悪い理由もまた、付記した。

Concept Questions

1．リース vs 借入れ

リースと借入れの重要な違いは何か。これらは完全に代替的か。

2．リースと税金

税金はリースの意志決定において、重要な考慮事項である。高税率枠にいる高い利益をあげている会社と、低税率枠にいる利益の少ない会社では、どちらがリースする可能性が高いか。

3．リースと IRR

リースの意思決定を評価する際、IRR を用いることによるいくつかの潜在的な問題は何か。

4．リース

以下の文章にコメントせよ。

a. リースはリスクを減らし、会社の資本コストを減らすことができる。

b. リースは100%の資金調達を提供する。

c. もし税のメリットがなくなったら、リースは存在しなくなるだろう。

5．会計とリース

貸借対照表にリースを報告するかどうか決める会計基準を議論せよ。それぞれのケースで、基準の根拠を述べよ。

6．IRS 基準

リースが課税控除可能かどうかを決める IRS 基準を議論せよ。それぞれのケースで、基準の根拠を述べよ。

7．簿外資金調達

簿外資金調達とは何を意味するか。いつリースはそのような資金調達を提供するか。そしてその会計および経済効果は何か。

8．セール・アンド・リースバック

なぜ企業はセール・アンド・リースバックを選択するかもしれないのか。理由を二つあげよ。

9．リースの費用

なぜ税引き後借入金利がリースの評価に用いる適切な割引率なのか説明せよ。

問題10〜12は、以下を参照する。2008年6月、ジェネシス・リース・リミッテッド社は、ボーイング767−300ER旅客機を購入する取引を発表した。その後ジェネシス社は、2020年まで日本航空に旅客機をリースする契約に調印した。この旅客機により、ジェネシス社は19カ国の36の航空会社に54機をリースすることとなった。

10．リースvs購入

もし会社の事業に明らかに必要なものなら、なぜ日本航空は旅客機を購入しないのか。

11．リースの理由

なぜジェネシス社はボーイングから旅客機を購入し、日本航空にリースするのか。これは単純に、日本航空が旅客機を購入するために、融資するのとどう違うのか。

12．リース

リース期間満了後、旅客機には何が起こると思うか。

質問と問題

◆基本（問題1−8）

問題1〜6には、次の情報を用いる。あなたは原子力研究機関で働いており、診断スキャナーをリースするか考えている（高価なハイテク装置をリースすることは一般的に行われている）。スキャナーには450万ドルの費用がかかり、4年間でゼロまで定額償却される。放射能汚染のせいで、スキャナーは4年後にはまったく価値がなくなる。スキャナーは、毎年135万ドルで、4年間リースできる。

1．リースか購入か

税率は35％であり、税引前金利8％で借入れできるとする。リースすべきか、購入すべきか。

2．リースのキャッシュフロー

賃貸人の観点でみた、リースからのキャッシュフローはどのようなものか。35%の税率枠を仮定する。

3．損益分岐点支払額を求める

賃貸人と賃借人がリースに関して無差別になるリース料支払額はいくらか。

4．税金とリースのキャッシュフロー

あなたの会社は、今後数年間、税金を払うことはないと予測している。この場合、リースからのキャッシュフローはどうなるか。

5．リース料支払額の設定

前問で、どちらにとっても利益になるリース料支払額のレンジはいくらか。

6．MACRS 減価償却とリース

スキャナーがMACRS（第6章参照）のもとで、3年資産として減価償却されると仮定して、問題1をやり直せ。

7．リースか購入か

スーパー・ソニックス・エンタテインメント社は、43万5,000ドルのコストがかかる機械の購入を考えている。機械は5年間にわたって定額法で減価償却され、5年後の価値はゼロである。会社は、10万7,500ドルの年度末支払で、この機械をリースすることもできる。会社は9%の金利で債券を発行できる。もし法人税率が35%だったら、会社は購入すべきか、あるいはリースすべきか。

8．リース料支払額の設定

クォーツ・コーポレーションは比較的新しい企業である。同社は、創業初期に、最低8年間の税の欠損金繰越しを受けられるだけの、大きな損失を計上した。したがって、クォーツ社の実効税率はゼロである。会社は設備をニュー・リーシング社（NLC）からリースする計画である。リース期間は5年である。設備の購入価格は78万ドルである。NLC は35%の税率枠にいる。このリースに取引コストは発生しない。両社とも金利7%で借り入れることができる。

a. クォーツ社の留保価格はいくらか。

b. NLC の留保価格はいくらか。

c. なぜこれらの留保価格がリース料の交渉範囲を決めるのか、説明せよ。

◆中級（問題9－16）

問題9～11には、次の情報を用いる。ワイルドキャット社は、石油探査事業のための新しいコンピュータ制御掘削システムを、リースするか購入するか決めようとしている。経営陣は、競争力を維持するためにはこのシステムが必要であると判断しており、これにより年間110万ドルの税引き前経費節約ができる。システムのコストは700万ドルで、5年間にわたって定額法でゼロまで償却される。ワイルドキャット社の税率は34%で、会社は金利9%で借り入れできる。ランバート・リーシング社はワイルドキャット社に、この掘削機材のリースを年間165万ドルのリース料でオファーした。ランバート社の方針で、賃借人は年度の初めにリース料の支払を行う。

9．リースか購入か

ワイルドキャット社にとってNALはいくらか。会社が受け入れ可能な最大のリース料支払額はいくらか。

10．リースと残余価値

リース満了後、機材は70万ドルの税引き後残余価値があると見込まれるとする。この場合、会社が受入可能な最大のリース料支払額はいくらか。

11．リースの保証金

多くの賃貸人が現金支払か他の担保のかたちで、保証金を要求する。ランバート社がワイルドキャット社に、50万ドルの保証金をリース開始時に支払うことを要求するとする。もしリース料支払額が引き続き165万ドルだとしたら、これはワイルドキャット社が機材をリースするのに有利に働くか。

12．リース料支払額の設定

レイモンド・レーヨン社は製造設備を拡大したい。リバティ・リーシング社はレイモンド・レーヨン社に対し、260万ドルの機械を6年間リースする機会を提供した。機械は定額法により完全に償却される。法人税率は、レイモンド・レーヨン社が25%、リバティ・リーシング社が40%である。両社は金利9%で借り入れできる。リース料の支払は年度末とする。レイモンド社の留保価格はいくらか。リバティ社の留保価格はいくらか。

13．リース料支払額の設定

資産のコストは47万5,000ドルで、耐用年数の3年間にわたって定額償却される。資産に残余価値はない。法人税率は34%で、適切な金利は10%である。

a. 賃借人と賃貸人を同等に満足させるリース料支払額はいくらか。

b. 賃貸人に対するリース価値が、賃借人に対するリース価値の逆（負）の値になるような一般的な状況について述べよ。

c. 賃借人は税金を払わず、賃貸人の税率は34%である。両者ともに、リースが正のNPVとなるリース料支払額のレンジを示せ。

14. リースか購入か

ウルフソン社は、価格510万ドルの新しい機械を購入することを決定した。機械は定額償却され、4年後に無価値になる。法人税率は35%である。サー銀行が、期間4年、510万ドルの融資を提案してきた。返済計画は、4年間にわたって元本返済が年間127万5,000ドルで、利息は年初の融資残高に対して9%である。元本、利息とも支払は毎年度末である。カル・リーシング社は同じ機械のリースをウルフソン社に提案している。リース料は年150万ドル、期間4年で、毎年年初に支払う。

a. ウルフソン社はリースにすべきか、それとも銀行からの借入れで購入すべきか。

b. ウルフソン社が、リースか購入かの選択に対して、無差別になる年間リース料支払額はいくらか。

15. リース料支払額の設定

資産のコストは33万ドルで、耐用年数の3年間にわたって定額償却される。資産に残余価値はない。賃貸人は金利7%で借入れでき、賃借人は金利9%で借入れできる。法人税率は両社とも34%である。

a. 賃借人と賃貸人が異なる借入利率をもつという事実は、NALの計算にどのような影響を及ぼすか。

b. 賃借人と賃貸人を同等に満足させるリース料支払額はいくらか。

c. 賃借人は税金を払わず、賃貸人の税率は34%である。両者ともに、リースが正のNPVとなるリース料支払額のレンジを示せ。

16. 自動車リース料

自動車はしばしばリースされるが、自動車リースにはいくつかの独特な条件がある。あなたは車をリースするか検討しているとしよう。あなたとディーラーが合意した車の価格は2万8,000ドルである。これは基本的な資本化費用である。資本化費用価格に追加される他の費用は、取得（銀行）手数料、保険、または延長保証を含む。これらの費用は450ドルと仮定する。資本化費用の引下げは、頭金、下取り車、あるいはディーラー・リベート（割戻金）などである。あなたは2,000ドルの頭金を入れ、下取りやディーラー・リベートはないと仮定する。もし年間1万2,000マイル走行したら、3年後のリース満了時の車の残余価値は1万6,500ドルになる。ローンに対する金利であるリース（あるはマネー）ファクターは、ローンのAPR

を2,400で割ったものである（われわれも実際2,400がどこからきたのかたしかでない）。ディーラーがあなたに提示したリース・ファクターは0.00342である。月次リース料支払額は、三つの部分からなる。減価償却料、ファイナンス料、そして売上税である。減価償却料は、正味資本化費用から残余価値を引いて、リース期間で割ったものである。正味資本化費用は車のコストから頭金等を引いて、追加費用を足したものである。ファイナンス料は、正味資本化費用に残余価値を足して、リース・ファクターを掛けたものであり、月次売上税は、単純に月次リース料支払額に税率を掛けたものである。ディーラーはあなたにいくらのAPRを提示しているか。もし売上税が７％だったら、あなたの36カ月リースの月次リース料支払額はいくらか。

◆チャレンジ（問題17－18）

17. リースvs借入れ

問題１～６で議論した診断スキャナーのケースに戻る。スキャナー購入価格の450万ドルがすべて借り入れられたとする。ローン金利は８％で、ローンは均等返済される。ローン返済を明示的に含めて、リースvs借入れの分析を行え。購入のかわりにリースする場合のNPVが、問題１のものと変わらないことを示せ。なぜそうなのか。

18. リースか購入か

高騰する電気代のため、ファーマー社のチキン脱羽機は経済的に無価値になってしまった。交換できる機械は２機種しかない。国際脱羽機社（IPM）の機種はリース契約でしか入手できない。リース期間は５年で、年初払いの年間リース料は２万7,000ドルである。この機械により、ファーマー社は電気代を年間１万2,000ドル節約できる。一方、ファーマー社はさらに省エネ効果のある機械を、ベーシック・マシーン・コーポレーション（BMC）から15万ドルで購入することもできる。この機械による電力料節約額は年間２万ドルになる。地元の銀行がこの機械購入に15万の融資を申し出ている。この５年ローンの金利は残高に対し10％で、年間３万ドルの元本返済が要求される。ファーマー社の目標負債・資産比率は67％で、適用税率は34％である。５年後には、どちらの機種も無価値になる。機械は定額で減価償却される。

a. ファーマー社は、IPM製機械をリースすべきか、それともより効率的なBMC製機械を購入すべきか。

b. あなたの答えは、機械を直接購入する際の資金調達形態に依存しているか。

c. このリースによって置き換えられる負債はどれだけか。

付章 21A リースの APV 法

本章の前のほうで提示したボックスでは、購入と比較したかたちでのリースのNPV 計算方法を二つ示した。

1．税引き後金利ですべてのキャッシュフローを割り引く。
2．購入価格と、リースによる最適負債水準の減少額を比較する。

驚くべきことに（そしておそらく不幸にも）、さらに別の方法がある。この第三の方法は、本書で先に触れた修正現在価値（APV）と重要な関係にあるので、取り上げざるをえない。ここでは、表21.3でみたゾモックス社の例を使って検討したい。

前の章では、どのようなプロジェクトの APV も次のように表現できることを学習した。

APV＝全額株式調達の場合の価値＋負債の追加的影響

言い換えると、プロジェクトの修正現在価値は、全額株主資本で調達された場合のプロジェクトの NPV と、負債調達の追加的影響の合計である。リースか購入かの意思決定においては、APV 法は次のように表せる。

負債と比較したリースの修正現在価値	＝	購入がすべて株主資本で調達された場合の、負債と比較したリースの純現在価値	－	購入が一部負債によって資金調達された場合の追加的影響

全額株式調達の場合の価値

これまでの章で、全額株式調達の場合の価値は、単純に、税引き前の金利で割り引いたキャッシュフローの純現在価値であることがわかっている。ゾモックス社の例では、表21.3からこの価値が、以下であることがわかる。

$$\$592.03 = \$10,000 - \$2,330 \times A^{5}_{0.0757575}$$

この計算は、税引き前の金利で割り引いている点を除いて、前のボックスの方法１と同じである。計算の結果は、購入が全額株式調達でまかなわれた場合、リースが購入より592.03ドル分好ましいことを示している。負債による資金調達は税の助成を生むので、負債が認められない場合、リースは購入に比べて、およそ600ドルの差で好まれるのは驚くに当たらない。

負債の追加的影響

先に、支払利息節税効果は、どの年度でも、支払利息額に法人税率を乗じたものであることを学んだ。表21.6の各５年間の利息をもとにした、支払利息節税効果の現在価値は次のようになる。

$$\$679.71 = 0.34\left[\frac{\$764.22}{1.0757575} + \frac{\$625.91}{(1.0757575)^2} + \frac{\$480.69}{(1.0757575)^3} + \frac{\$328.21}{(1.0757575)^4} + \frac{\$168.11}{(1.0757575)^5}\right]$$

この節税効果はリースのNPVから差し引かなければならない。なぜなら、リースでは得られない支払利息控除分に相当するからである。購入と比較したリースの修正現在価値は、

$$-\$87.68 = \$592.03 - \$679.71$$

となる。この値は、前の二つの方法による計算と同じであり、この三つの方法がすべて同じであることを示唆している。次のボックスはAPV法を提示する。

どの方法が、いちばん計算が簡単だろうか。第一の方法は、税引き後金利で割り引くだけでよいので最も簡単である。第二と第三の方法（二つのボックスに表示）も簡単そうにみえるが、どちらも負債余力の増加分の計算が別途必要になる。

どの方法がより直観的に理解しやすいだろうか。われわれの経験では、学生は一般的に第三の方法が最も直観的だと思うようである。これはおそらく、前の章ですでにAPV法を学んでいるからである。第二の方法は、時間をかけて負債水準増加

の概念を理解した学生にとっては概してむずかしくはない。しかしながら、第一の方法は、単なる機械的なアプローチなので、いちばん直観的に理解しがたい。

実務家はどの方法を用いるべきだろうか。実務家は最も単純な方法、すなわち第一の方法を用いるべきである。その他の方法は、直観的に理解しやすいということだけで、取り上げた。

購入と比較したリースの純現在価値を計算する第三の方法*†

方法3：APVの計算：

全額株式調達の場合の価値：$\$592.03=\$10{,}000-\$2{,}330\times A^{5}_{0.0757575}$

負債の追加的影響：‡

$$-\$679.71=-0.34\left[\frac{\$764.22}{1.0757575}+\frac{\$625.91}{(1.0757575)^{2}}+\frac{\$480.69}{(1.0757575)^{3}}+\frac{\$328.21}{(1.0757575)^{4}}+\frac{\$168.11}{(1.0757575)^{5}}\right]$$

$$\text{APV}=-\$87.68=\$592.03-\$679.71$$

*購入と比較したリースのNPVを計算しているので、負の値は購入のほうが好ましいことを示す。

†初めの二つの方法は、本章の前にほうで提示したボックスに示されている。

‡もしリースにした場合、会社は支払利息控除を取り損なう。ここでは、購入と比較したリースのNPVを計算しているので、負債の追加的影響はマイナスの数値になる。

ミニケース

●ワーフ・コンピューター社におけるリースか購入かの意思決定

ワーフ・コンピューターは、会社が開発したバーチャル・キーボード（VK）を生産して、販売することに決定した。このベンチャー事業に着手するには、会社はキーボードのマイクロフォンを製造する装置を手に入れる必要がある。マイクロフォンに要求される感度と小型化のために、会社は製造に特別な装置が必要になる。

会社の社長であるニック・ワーフは、装置の販売会社を見つけた。クラプトン音響装置社は、ワーフ・コンピューターに必要な装置を250万ドルの価格で販売するとオファーした。新しい技術の急速な発展のために、装置は３年 MACRS 減価償却クラスに属する。４年後の装置の市場価格は30万ドルになると見込まれている。

かわりに、会社は装置をヘンドリックス・リーシング社からリースすることができる。リース契約は65万ドルの年次リース料支払が４回で、年初に支払われる。加えて、ワーフ・コンピューターは、15万ドルの保証金を入れる必要がある。保証金はリース満了後返金される。ワーフ・コンピューターは11％の利回りで債券を発行でき、会社の限界税率は35％である。

1．ワーフ社は装置を買うべきかリースすべきか。

2．ニックは、ヘンドリックス・リーシング社の社長であるジェームズ・ヘンドリックスに、会社は装置を４年間必要になるが、リース契約は２年にしてほしいと告げる。２年後、リースは更新することができる。ニックはまた保証金をなしにしたいが、そのかわり２年間のそれぞれのリース料支払額を115万ドルに上げてもかまわない。２年後にリースが更新される際、ヘンドリックス社は更新の条件を計算するのに、最初の２年間の割増しリース料支払額を考慮する。装置は２年後に100万ドルの市場価値をもつと期待される。これらの条件で、リース契約の NAL はいくらか。なぜニックはこのリースを好むかもしれないのか。新しいリース条件に関する潜在的な倫理的問題は何か。

3．リースの話合いで、ジェームズはニックに、リース終了時に装置を購入できるオプションを加えることもできると告げる。ヘンドリックス・リーシングは、三つの購入オプションを提供する。

a. 装置を公正な市場価値で購入するオプション。

b. 装置を決められた価格で購入するオプション。価格はリース契約締結の前に交渉で決められる。

c. 装置を12万5,000ドルで購入するオプション。

購入オプションの追加は、リースの価値にどのような影響を及ぼすか。

4．ジェームズはまた、リース契約に解約オプションを加えることもできるとニックに告げる。解約オプションにより、ワーフ・コンピューターは契約日から１年ごとにリースを解約することができる。リースを解約するためには、ワーフ・コンピューターは契約年度末より30日以前に通知しなければならない。解約オプションの追加は、リースの価値にどのような影響を及ぼすか。

第 VI 部

オプション、先物、そして
コーポレートファイナンス

第22章

オプションとコーポレートファイナンス

2009年1月9日、ペプシコ、3M、そしてアマゾンの株価終値は、それぞれ52.57ドル、57.74ドル、55.51ドルだった。それぞれの会社は、行使価格が55ドルで行使期限日が2月21日（43日先）のコール・オプションが、シカゴ・オプション取引所で取引されていた。たぶんこれらのコール・オプションの価格はほとんど同じだと思うだろうが、そうではなかった。ペプシコのオプションは1.30ドルで売られ、3Mのオプションは5ドルで取引され、アマゾンのオプションは6.20ドルで取引されていた。なぜこれらのほとんど同じ株価に対するオプションが、行使価格と行使期限日までの時間がまったく同じなのに、これほど異なる価格づけをされたのだろうか。大きな理由は、原（もとにある）株式のボラティリティがオプション価値の重要な決定要因であるということである。実際、これら三つの株式は、非常に異なるボラティリティをもっていた。本章では、これとその他の多くの問題を、ノーベル賞受賞のブラック・ショールズ・オプション価格評価モデルを用いて、より深く探求する。

22.1　オプション

オプション（option）とは、所定の日、またはそれ以前に、資産を決められた価格で買う、あるいは売る権利を、所有者に与える契約である。たとえば、建物に対するあるオプションは、2010年1月の第三水曜日に先立つ土曜日以前ならいつでも、100万ドルでその建物を買う権利を買い手に与えるかもしれない。オプションは特殊なタイプの金融契約である。なぜなら買い手に何かをする権利を与えるが、しかし義務を求めるものではないからである。買い手はそうすることが自分に有利な場合に限ってオプションを行使し、そうでない場合はオプションを放棄できる。

オプションには、関連する特殊な用語がある。以下はいくつかの重要な定義である。

1．*オプションの行使*：オプション契約によって原資産を買うか、あるいは売る行為。
2．*ストライク・プライスまたは行使価格*：保有者が、原資産を買うか、あるいは売ることができる、オプション契約に定められた価格。
3．*行使期限日*：オプションの満期日。この日を過ぎるとオプションは消滅する。
4．*アメリカン・オプションとヨーロピアン・オプション*：アメリカン・オプションは行使期限日までのどの時点でも行使できる。ヨーロピアン・オプションはアメリカン・オプションと異なり、行使期限日にのみ行使することが可能である。

The Options Industry Council のウェブサイト www.888options.com には、たくさんの教材がある。

22.2　コール・オプション

最も一般的なタイプのオプションは、コール・オプション（call option）である。コール・オプションは所有者に対し、特定の期間に、決められた価格で、資産を買う権利を与える。対象資産の種類に制限はないが、取引所で最も広く取引されるのは、株式および債券に対するオプションである。

たとえば、IBM 株に対するコール・オプションは、シカゴ・オプション取引所で買うことができる。IBM が自社の普通株式に対するコール・オプションを発行（すなわち、販売）するわけではない。そうではなく、個々の投資家が、IBM 株のコール・オプションの、最初の買い手と売り手になる。今日が4月1日だとしよう。典型的な IBM 株のコール・オプションは、投資家に、9月19日（オプションは限月の第三金曜日の後の土曜日に期限が終わる）またはそれ以前に、行使価格100ドルで、IBM の株式100株を買うことを可能にする。IBM の株価が、9月19日またはそれ以前に、100ドルを超える可能性がある場合には、これは価値のあるオプションである。

行使期限日におけるコール・オプションの価値

行使期限日における、普通株式に対するコール・オプションの価値はいくらだろうか。この質問への答えは、行使期限日における原株式の価値によって異なる。

IBMの例を続けよう。仮に行使期限日での株価が130ドルであるとする。コール・オプションの買い手[1)]は、原株式を100ドルの行使価格で買う権利をもっている。言い換えれば、彼はコールを行使する権利をもっている。130ドルの価値があるものに対して、100ドルで買う権利をもっているということは、明らかによいことである。行使期限日におけるこの権利の価値[2)]は、30ドル（＝＄130－＄100）である。

行使期限日の株価がさらに高かったら、コールの価値はさらにずっと大きくなる。たとえば、IBM株が行使期限日に150ドルで売られていたら、コールはその時点で50ドル（＝＄150－＄100）の価値をもつことになる。実際、コールの価値は、株価が1ドル上がるごとに1ドルふえる。

株価が行使価格を上回っている場合、*コールはイン・ザ・マネー*であるという。もちろん、普通株式の価値が行使価格を下回る事態もありうる。この場合、コールは*アウト・オブ・ザ・マネー*であるという。当然、コールの保有者は権利を行使しない。たとえば、行使期限日の株価が90ドルだとしたら、合理的な投資家はだれも権利を行使しないだろう。たった90ドルの価値しかない株式に、だれが100ドルを支払うだろうか。オプションの保有者にはコールを行使する義務はないので、このオプションから立ち去ることができる。結果として、もし行使期限日にIBMの株価が100ドル未満なら、コール・オプションの価値はゼロとなる。この場合、コール・オプションの保有者にコールを行使する*義務*があれば別だが、コール・オプションの価値は、IBMの株価と100ドルとの差にはならない。

行使期限日におけるコール・オプションのペイオフは、以下のようになる。

1）　われわれは、*買い手*、*所有者*、*保有者*、などの言葉を互換的に用いる。
2）　この例では、コールの保有者が100ドルで1株買えると仮定している。実際には、1株当り100ドルで100株が買える。したがって、利益は3,000ドル［＝(＄130－＄100)×100］になる。

図22. 1　行使期限日におけるコール・オプションの価値

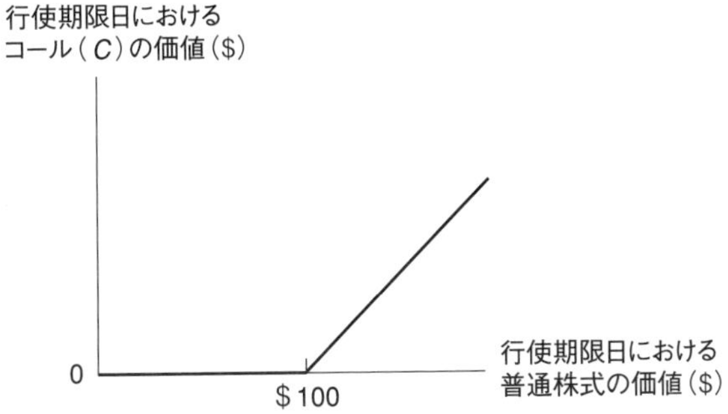

コール・オプションは所有者に対し、特定の期間に、決められた価格で、資産を買う権利を与える。もしIBMの株価が100ドルより高かったら、コールの価値は

株価－$100

になる。もしIBMの株価が100ドルより安かったら、コールの価値はゼロになる。

	行使期限日におけるペイオフ	
	株価が100ドル未満の場合	株価が100ドル以上の場合
コール・オプションの価値	0	株価－＄100

図22. 1は、IBM株の価値に対して、行使期限日時点のコールの価値を描いている。これはコール・オプション価値の*ホッケー・スティック図*と呼ばれる。もし株価が100ドルを下回ったら、コールはアウト・オブ・ザ・マネーで、何の価値もない。もし株価が100ドルを上回ったら、コールはイン・ザ・マネーで、その価値は株価の上昇に伴って1対1の比率でふえていく。コールの価値は決してマイナスになることがない点に注意されたい。これは*限定債務金融商品*で、保有者が失うのは最初に支払った金額だけである。

例22. 1　コール・オプションのペイオフ

ラッカン氏が、TIX社の普通株式に対する、1年のコール・オプションを保有しているとする。これはヨーロピアン・コール・オプションで、150ドルで行使可能である。行使期限日が到来したとしよう。行使期限日におけるTIXコール・オプションの価値はいくらだろうか。もしTIX株が1株200ドルで売られていたら、ラッカン氏は、オプションを行使し（すなわち150ドルでTIX株を購入し）、直ちに200ドルでその株式を売却することができる。ラッカン氏は、50ドル（＝＄200－＄150）の儲けを手にすることになる。したがって、このコール・オプションの行使期限日における価格は50ドルでなければならない。

かわりに、TIX株が行使期限日に100ドルで売られているとする。もしラッカン氏が依然コール・オプションを保有していたら、彼はそれを破棄することになる。この場合、行使期限日のTIXオプションの価値はゼロである。

22.3　プット・オプション

プット・オプション（put option）は、コール・オプションの正反対とみることができる。ちょうどコールが保有者に決められた価格で株式を買う権利を与えるように、プットは保有者に決められた行使価格で株式を売る権利を与える。

行使期限日におけるプット・オプションの価値

プットの価値を決める状況は、コール・オプションの場合の正反対である。なぜなら、プット・オプションは保有者に株式を売る権利を与えるからである。プットの行使価格が50ドルで、行使期限日における株価が40ドルであると仮定しよう。このプット・オプションの所有者は、株式を実際の価値以上に高く売る権利をもっている。明らかに、利益を得られる。すなわち、彼は株式を市場価格の40ドルで購入し、直ちに行使価格の50ドルで売却することによって、10ドル（＝＄50－＄40）の利益を生み出せる。したがって、行使期限日におけるオプションの価値は10ドルでなければならない。

株価がさらに低ければ、利益はもっと大きくなる。たとえば、株価がわずか30ドルであるとすると、このオプションの価値は20ドル（＝＄50－＄30）になる。実際、行使期限日の株価が１ドル下落するごとに、プットの価値は１ドルずつ増大する。

しかしながら、この株式が行使期限日に60ドルで（あるいは行使価格50ドルより

図22.2　行使期限日におけるプット・オプションの価値

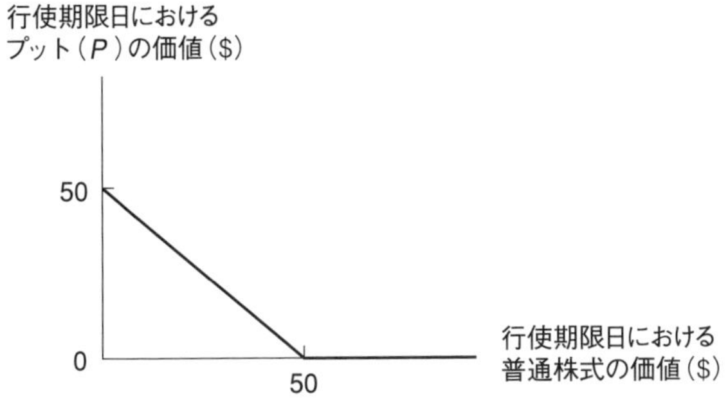

プット・オプションは所有者に対し、特定の期間に、決められた価格で資産を売る権利を与える。もし株価が行使価格の50ドルより高かったら、プットの価値はゼロになる。もし株価が50ドルより安かったらプットの価値は

$50－株価　になる。

高い水準ならどんな価格でも）取引されていたとする。プットの所有者はこの場合行使したいとは思わないだろう。公の市場において60ドルで取引されている株式を、50ドルで売ることは、みすみす損をすることである。かわりにプットの所有者は、このオプションから立ち去る。すなわち、プット・オプションの行使期限が切れるのに任せる。

このプット・オプションのペイオフは、以下のようになる。

	行使期限日におけるペイオフ	
	株価が50ドル未満の場合	株価が50ドル以上の場合
プット・オプションの価値	＄50－株価	0

図22.2は、原株式価値のすべての可能な値に対応する、プット・オプションの価値を描いている。図22.2とコール・オプションを対象にした図22.1を比較すると、学ぶところが多い。コール・オプションは株価が行使価格より上にあるときにいつでも価値があり、プット・オプションは株価が行使価格より下にあるときに価値がある。

例22.2　プット・オプションのペイオフ

ヒカン女史は、BMI株が現在の1株160ドルの株価から下落することを確信

している。彼女はプットを購入する。このプット・オプションは、いまから1年後にBMI株を1株150ドルで売却する権利を彼女に与える。もし行使期限日にBMIの株価が200ドルなら、オプションは無価値なので、ヒカン女史は契約を破り捨てる。すなわち、彼女は200ドルの価値がある株式を、行使価格の150ドルで売却したいとは思わない。

これに反して、もしBMI株が行使期限日に100ドルで取引されていたら、ヒカン女史はオプションを行使する。このケースでは、彼女は市場でBMI株を100ドルで購入し、その足で株式を行使価格の150ドルで売却することができる。彼女の利益は50ドル（＝＄150－＄100）である。したがって、行使期限日におけるプット・オプションの価値は50ドルになる。

22.4　オプションの売り

普通株式に対するコールを売る投資家は、コール・オプションの保有者から要求があれば、普通株式を引き渡すという約束をする。売り手はそうすることが*義務*であることに注意されたい。

行使期限日に普通株式の価格が行使価格より大きい場合、保有者はコールを行使し、売り手は行使価格と交換で保有者に株式を渡さなければならない。売り手は、株価と行使価格の差を失う。たとえば、株価が60ドルで、行使価格が50ドルであるとしよう。行使が差し迫っていることを知り、オプションの売り手は市場で、株式を60ドルで購入する。これを50ドルで売り渡す義務があるので、売り手は10ドル（＝＄50－＄60）を失う。逆に、行使期限日に普通株式の価格が行使価格を下回っていたら、コール・オプションは行使されず、売り手の債務はゼロである。

コールの売り手は、どうしてこんなに危ないポジションに身を置くのだろうか。とどのつまり、売り手は株価が行使価格を上回って終われば損をし、株価が行使価格を下回って終われば、単に損失を避けられるというだけである。答えは、売り手がこのリスクを負うことで報酬を得るからである。オプション取引が行われる日に、売り手は買い手が支払う対価を受け取る。

次に、プットの売り手をみてみよう。普通株式に対するプットを売る投資家は、プットの保有者から要求があれば、普通株式を買い取ることに同意する。この取引では、株価が行使価格を下回った場合、保有者はその株式を売り手に押し付け、売り手は損をする。たとえば、株価が40ドルで、行使価格が50ドルであるとしよう。この場合、プットの保有者は行使する。言い換えれば、保有者は原株式を行使価格の50ドルで売却する。これは、プットの売り手が、原株式を行使価格の50ドルで買い取らなければならないことを意味する。この株式はわずか40ドルの価値しかないので、ここでの損失は10ドル（＝＄40－＄50）になる。

「コールの売り」と「プットの売り」のポジションは、図22.3に描かれている。図の左側のグラフは、行使期限日の株価が50ドル未満の場合、コールの売り手は何も失わないことを示している。しかし、株価が50ドルを超えると、売り手は株価の値上り１ドルにつき１ドルの損をする。図の中央のグラフは、行使期限日の株価が50ドルを超えていれば、プットの売り手が何の損もしないことを示している。しかしながら、株価が50ドル未満になると、売り手は１ドルの値下りにつき１ドルの損をする。

図22.3に示したグラフを、図22.1、図22.2に示したグラフとじっくり見比べてほしい。コールの売りのグラフ（図22.3の左側のグラフ）は、コールの買いのグラフ（図22.1）のミラー・イメージになっている[3]。オプションはゼロ・サム・ゲームなので、こうなる。コールの売り手は、買い手が儲ける分だけ損をする。同様に、プットの売りのグラフ（図22.3の中央のグラフ）は、プットの買いのグラフ（図22.2）のミラー・イメージになっている。ここでも、プットの売り手は、買い手が

図22.3　コールおよびプットの売り手、そして普通株式の買い手のペイオフ

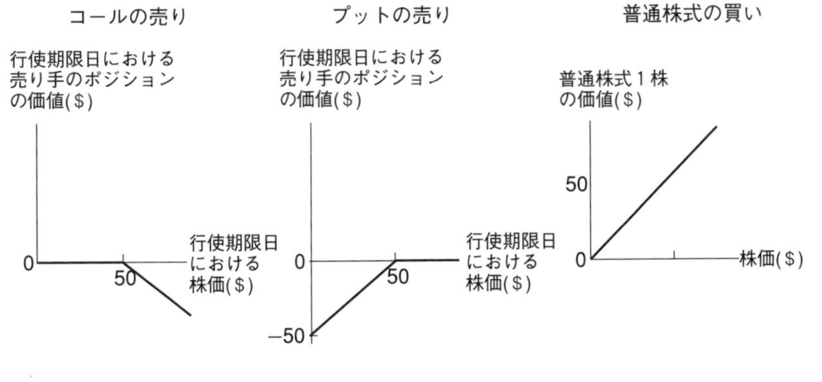

3）　実際には行使価格が異なるので、二つのグラフは互いの完全なミラー・イメージではない。図22.1の行使価格は100ドルで、図22.3の行使価格は50ドルである。

儲ける分だけ損をする。

図22.3はまた、単純な普通株式購入の行使期限日における価値も示している。株式の購入は、その株式に対するコール・オプションを、行使価格ゼロで購入するのと同じであることに注目されたい。これは驚くことではない。もし行使価格がゼロなら、コールの保有者はただで株式を取得できるが、これは実際に株式を保有しているのと同じである。

オプション取引所をチェックしてみよう。
www.cboe.com
www.nasdaq.com
www.kcbt.com
www.euronext.com

22.5　オプションの価格情報

コールとプットの定義を理解したところで、これらのオプションがどのようにクォート（呼び値）されているのかをみてみよう。表22.1はfinance.yahoo.comからとられた、2008年9月に行使期限日を迎えるインテル・コーポレーションのオプションに関する情報である。この時のインテルの株価は23.57ドルだった。

表の左端は、取引可能な行使価格（Strike）である。上の部分はコール・オプションの価格情報で、下の部分はプット・オプションの価格情報である。2番目の列はティッカー・シンボル（Symbol）で、原株式、オプションのタイプ、限月、そして行使価格を個別に示している。次は、オプションの直近の価格（Last）と、前日からの価格変化（Chg）である。買い呼び値（Bid）と売り呼び値（Ask）が続く。オプション価格はオプション一つ当りでクォートされるが、実際の取引は標準化された契約で行う。各契約は、100株の購入（コールの場合）か100株の売却（プットの場合）を求める。したがって、行使価格25ドルのコール・オプションは、直近で、オプション当り0.14ドル、もしくは契約当り14ドルで取引された。最後の二つの列は契約の売買高（Vol）と、現在の未決済契約数を表す建玉（Open Int）である。

表22.1　インテル・コーポレーションのオプションに関する情報

View By Expiration : **Sep 08** | Oct 08 | Jan 09 | Apr 09 | Jan 10

CALL OPTIONS Expire at close Fri, Sep 19, 2008

Strike	Symbol	Last	Chg	Bid	Ask	Vol	Open Int
18.00	NQIR.X	5.35	↑0.25	5.50	5.60	35	221
19.00	NQIT.X	3.90	0.00	4.45	4.55	80	2,518
20.00	NQID.X	3.40	↑0.30	3.55	3.60	202	906
21.00	NQIU.X	2.43	↑0.17	2.59	2.62	139	4,093
22.00	NQIZ.X	1.70	↑0.22	1.77	1.79	209	11,292
23.00	NQIY.X	0.97	↑0.17	0.99	1.00	1,092	19,646
24.00	NQIB.X	0.45	↑0.10	0.45	0.46	880	25,547
25.00	INQIE.X	0.14	↑0.04	0.14	0.15	172	40,478
26.00	INQIA.X	0.03	↑0.01	0.03	0.04	54	14,855
27.00	INQID.X	0.01	0.00	N/A	0.02	29	11
28.00	INQIB.X	0.02	0.00	N/A	0.01	69	50
29.00	INQIC.X	0.01	0.00	N/A	0.01	2	98

PUT OPTIONS Expire at close Fri, Sep 19, 2008

Strike	Symbol	Last	Chg	Bid	Ask	Vol	Open Int
18.00	NQUR.X	0.02	0.00	N/A	0.01	8	443
19.00	NQUT.X	0.04	0.00	0.01	0.02	20	1,475
20.00	NQUD.X	0.06	0.00	0.03	0.04	171	3,248
21.00	NQUU.X	0.09	↓0.04	0.07	0.09	562	11,826
22.00	NQUZ.X	0.22	↓0.08	0.19	0.20	124	21,402
23.00	NQUY.X	0.46	↓0.16	0.43	0.44	699	13,893
24.00	NQUB.X	0.93	↓0.27	0.91	0.93	1,079	10,789
25.00	INQUE.X	1.66	↓0.45	1.61	1.64	275	3,114
26.00	INQUA.X	2.89	↓0.31	2.45	2.48	218	1,091

ティッカー・シンボルのさらに詳しい情報は、www.cboe.com の“Trading Tools”の下の“Symbol Directory”リンクを参照。

22.6　オプションの組合せ

プットとコールは、もっと複雑なオプション取引構築のための基本的構成要素として用いることができる。たとえば、図22.4は、株式プット・オプションの買いと、原株式の買いを、同時に行った場合のペイオフを表している。

株価が行使価格より高い場合、プット・オプションは無価値になり、組合せポジションの価値は普通株式の価値と等しくなる。逆に、行使価格が株価より高い場合、株式の価値の下落は、プットの価値の上昇によってきっかり相殺される。

このプットの買いと原株式の買いの戦略は、*プロテクティブ・プット*と呼ばれる。これはあたかも株式に対して保険をかけたようなものである。株式は、市場価格がどんなに下がろうが、いつでも行使価格で売ることができる。

図22.4にあるプットの買いと原株式の買いの組合せは、図22.1にあるコールの購入と同じかたちであることに注意されたい。この点をさらに確認するため、図22.5の左端にあるコールの買いのグラフを考えてみよう。このグラフは、行使価格が50ドルである点を除けば、図22.1と同じである。ここで、以下の戦略を試してみよう。

（取引A）コールを買う。

（取引B）オプションと同じ日に満期を迎える、額面50ドルのゼロ・クーポン債（すなわち財務省短期証券）を買う。

図22.4　プットの買いと原株式の買いの組合せのペイオフ

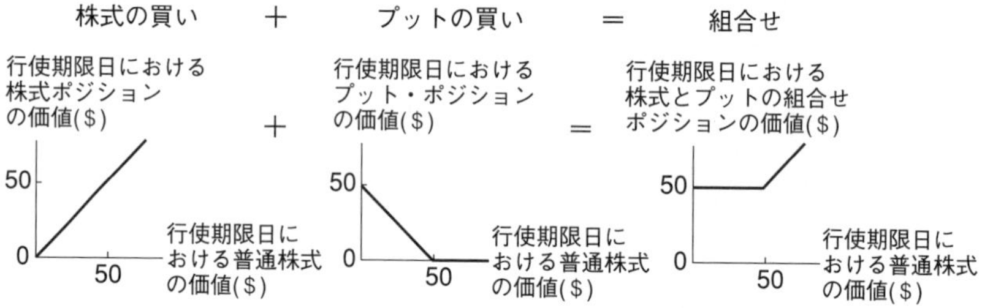

図22.5　コールの買いとゼロ・クーポン債の買いの組合せによるペイオフ

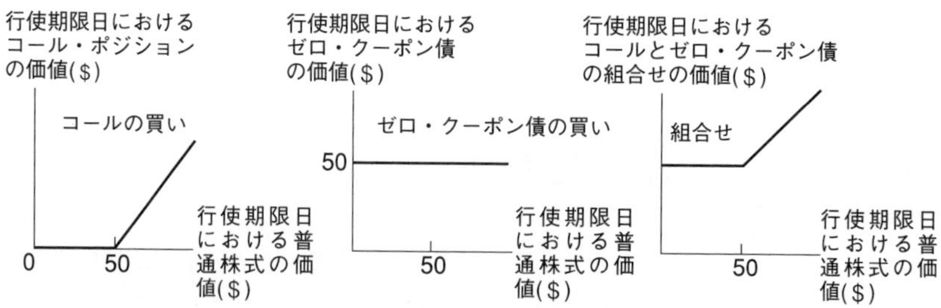

コールの買いとゼロ・クーポン債の買いの組み合わせを描いたグラフは、図22.4のプットの買いと株式の買いの組み合わせのグラフと同じである。

この戦略の取引Aのグラフは図22.5の左端に描いたが、取引Bのグラフはどのようにみえるだろうか。それは図の中央のグラフのようになる。すなわち、このゼロ・クーポン債の購入者は、行使期限日の株価がどうなろうがそれとは関係なく、必ず50ドルを受け取ることになる。

この戦略の取引Aと取引Bを、*同時に*行った場合のグラフはどのようにみえるだろうか。それは図22.5の右端のグラフのようになる。すなわち、投資家は株式がどうなろうがそれとは関係なく、保証された50ドルを債券から受け取る。加えて、投資家は株価が行使価格の50ドルを1ドル上回るごとに、1ドルのペイオフをコールから受け取る。

図22.5の右端のグラフは、図22.4の右端のグラフと*そっくり*同じにみえる。このように、原株式の価格がどう動くかにかかわらず、投資家は図22.4の戦略と図22.5の戦略から同じペイオフを得る。言い換えれば、投資家は、

1．プットの買いと原株式の買い

2．コールの買いとゼロ・クーポン債の買い

から同じペイオフを得る。

もし投資家が二つの戦略から同じペイオフを得るなら、この両戦略は同じコストでなければならない。そうでなかったら、すべての投資家がより低いコストの戦略を選択し、より高いコストの戦略を避けることになる。これは以下の興味深い結果を導く。

原株式の価格＋プットの価格＝コールの価格＋行使価格の現在価値

1番目の戦略のコスト＝2番目の戦略のコスト　(22.1)

この関係は、プット・コール・パリティ（put-call parity）として知られ、オプションに関する最も基本的な関係の一つである。この式は、プロテクティブ・プットを買うのに2通りの方法があるといっている。プットと原株式を同時に買うのが一つの方法である。この場合、総コストは原証券の価格にプットの価格を足したものである。あるいはもう一つの方法として、コールを買い、ゼロ・クーポン債を買うこともできる。この場合、総コストはコールの価格にゼロ・クーポン債の価格を足したものである。ゼロ・クーポン債の価格は、行使価格の現在価値に等しい。すなわち、テキストの例でいえば、50ドルの現在価値である。

式22.1は非常に厳密な関係である。プットとコールの両方が、同一行使価格と同一行使期限日をもつときのみに成立する。加えて、ゼロ・クーポン債の行使期限日

は、オプションの行使期限日と同一でなければならない。

基本的なプット・コール・パリティを理解するため、方程式を再編成してみよう。

原株式の価格＝コールの価格－プットの価格＋行使価格の現在価値

この関係は、ここでは、コールを買い、プットを売り、ゼロ・クーポン債を買うことによって、株式の購入が複製できることを示している（「プットの価格」の前に負の符号がついているので、プットは買われるのではなく、売られることに注意されたい）。この３本立ての戦略では、投資家は*合成*株式を購入したといわれる。

もう１回変形してみよう。

カバード・コール戦略

原株式の価格－コールの価格＝－プットの価格＋行使価格の現在価値

多くの投資家が、株式を買い、同時にその株式に対するコールを売ることを好む。これは、*カバード・コールの売り*として知られる保守的な戦略である。前述のプット・コール・パリティの関係から、この戦略は、プットの売りとゼロ・クーポン債の買いに等しいことがわかる。図22.6はカバード・コールのグラフを図解している。カバード・コールが、プットの売りとゼロ・クーポン債の買いを同時に行うことによって複製できることを、自分で確認してみるとよい。

もちろん、この基本的なプット・コールの関係を組み換える方法はほかにもある。どの組換えでも、左辺の戦略は右辺の戦略と同等である。プット・コール・パリティの優れた点は、どんなオプションの戦略も、いかに二つの方法で達成できるかを示すことである。

プット・コール・パリティの理解をテストするために、ジョセフ・ベルモント社

図22.6　株式の買いとコールの売りの組合せによるペイオフ

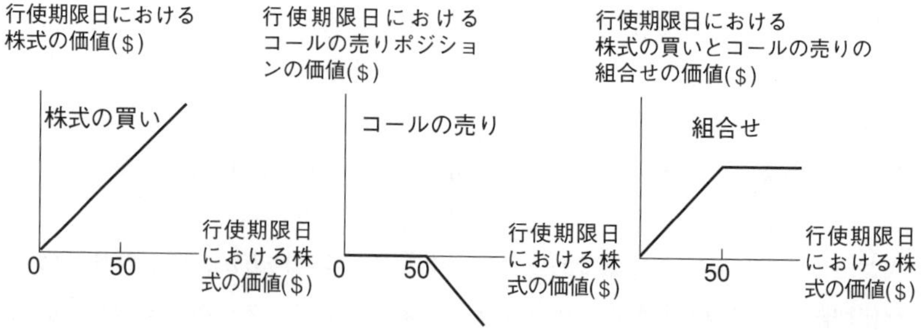

の株式が80ドルで売られているとしよう。行使価格が85ドルの３カ月コール・オプションは６ドルで取引されている。無リスク金利は月次で0.5%である。行使価格が85ドルの３カ月プット・オプションの価値はいくらだろうか。

プット・コール・パリティの関係を再整理して、プットの価格を以下のように求める。

プットの価格＝－原株式の価格＋コールの価格＋行使価格の現在価値

　　　　　　＝－＄80＋＄６＋＄85/1.005^3

　　　　　　＝＄9.74

示されているように、プットの価値は9.74ドルである。

例22.３　合成財務省短期証券

スモリラ社の株式が110ドルで売られているとする。スモリラ株に対する行使価格が110ドルで１年満期のオプションは、15ドルで売られている。同じ条件のプット・オプションは５ドルで売られている。無リスク金利はいくらだろうか。

答えるためには、プット・コール・パリティを用いて、無リスクのゼロ・クーポン債の価格を求める必要がある。

原株式の価格＋プットの価格－コールの価格＝行使価格の現在価値

数値を代入すると以下のようになる。

＄110＋＄５－＄15＝＄100

行使価格110ドルの現在価値が100ドルなので、推定される無リスク金利は10%である。

22.7　オプションの評価

前節では、行使期限日におけるオプションの価値を算出した。ここでは、行使期限日よりずっと前にオプションを買う場合の、オプションの価値を算出したい[4]。コールの価値の上限と下限を考察することから始める。

コールの価値の境界を定める

下　限

行使期限日の前にイン・ザ・マネーにあるアメリカン・コールを考えてみよう。たとえば、株価は60ドルで、行使価格は50ドルであると仮定する。この場合、オプションは10ドル未満では売られない。これを理解するため、オプションが、たとえば９ドルで取引される簡単な戦略をみてみよう。

日付	取引	
今日　(1)	コールを買う。	−＄ 9
今日　(2)	コールを行使する。すなわち、原株式を行使価格で買う。	−＄50
今日　(3)	株式を現在の市場価格で売る。	＋＄60
裁定利益		＋＄ 1

この取引で描写された利益のタイプは、*裁定（アービトラージ）*利益である。裁定利益は、リスクやコストをまったく伴わず、正常かつ十分に機能している金融市場では起こりえない取引からもたらされる。これらのオプションに対する超過需要は、すぐにオプション価格を最低10ドル（＝＄60−＄50）まで吊り上げることになるだろう。

もちろん、オプションの価格は10ドルより上になる可能性が高い。行使期限日前に株価が60ドルより上に上昇する可能性があるので、投資家は、合理的に10ドル以上を支払う。たとえば、コールは実際には12ドルで売られているとする。このケースでは、オプションの*本源的価値*は10ドルであるといい、これは常に最低限これだけの価値がなければならないことを意味する。残りの２ドル（＝＄12−＄10）は、時々*時間プレミアム*と呼ばれ、オプションが満期になる前に価格が上昇する可能性に対して、投資家が進んで支払う追加金額を表す。

4）　この節での議論は、アメリカン・オプションについてである。なぜなら、これらが現実の世界でより一般的に取引されているからである。必要に応じて、ヨーロピアン・オプションとの違いを示す。

図22.7　コール・オプションの価値の上限と下限

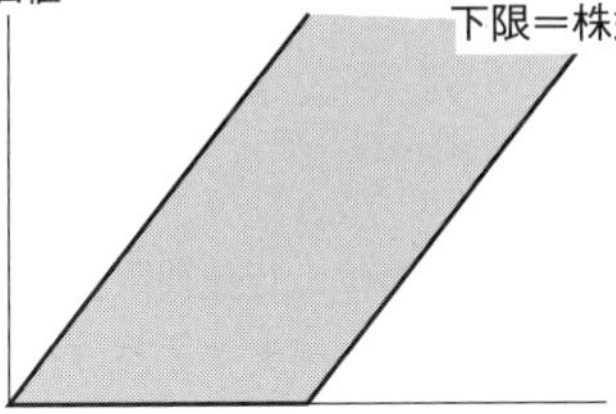

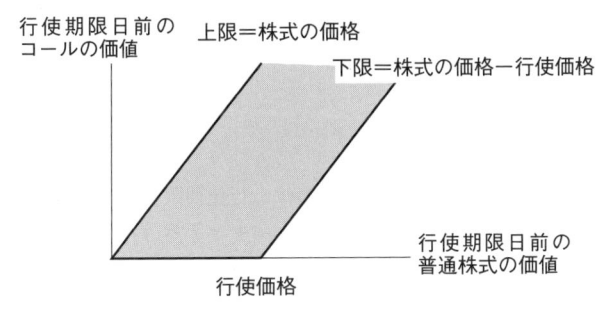

コールの価値は、陰影のついた範囲に限定される。

上　限

オプション価格には、上限も同様にあるのだろうか。結論としては、上限は原株式の価格ということになる。すなわち、普通株式を買うオプションは、普通株式そのものより大きな価値をもつことはできない。行使価格を支払うことによって、コール・オプションは普通株式を買うのに用いることができる。もし株式がもっと安い価格で直接購入できるなら、この方法で株式を買うのはばからしい。上限と下限は、図22.7に示されている。

コール・オプション価値を決定する要因

ここまでの議論は、コール・オプションの価格が、図22.7の陰影部分のどこかに入らなければならないことを示した。ここでは、それが陰影部分のどこなのかを、より厳密に決定する。コールの価値を決定する要因は、二つのグループに分けられる。一つのグループには、オプション契約の特徴が入る。契約の二つの基本的な特徴は、行使価格と行使期限日である。コール価格に影響を与える要因のもう一つのグループは、株式と市場の特徴に関係する。

行使価格

行使価格の上昇は、コールの価値を下げる。たとえば、60ドルで売られている株式に対する二つのコールがあるとしよう。一つのコールの行使価格は50ドルで、もう一つのコールの行使価格は40ドルである。どちらのコールがほしいだろうか。明らかに、行使価格40ドルのコールのほうが好ましい。なぜなら、こちらのコールは

20ドル（＝＄60－＄40）のイン・ザ・マネーだからである。言い換えれば、行使価格40ドルのコールは、行使価格が50ドルで、それ以外は同一のコールより、ずっと高く売れるはずである。

行使期限日

アメリカン・コール・オプションの価値は、行使期限日までの期間が短いという点以外は同一のオプションの価値より、最低限大きくなければならない。二つのアメリカン・コールを考えてみよう。一つは９カ月の満期をもち、もう一つは６カ月で行使期限となる。明らかに、９カ月コールは、６カ月コールと同じ権利を有し、そしてまた、これらの権利が行使できる追加的な３カ月をもっている。９カ月コールのほうが、価値が少ないということはありえず、一般的にもっと価値がある[5]。

株　価

他の事柄が同一なら、株価が高くなればなるほど、コール・オプションの価値は高くなる。たとえば、もし株式の価値が80ドルなら、行使価格が100ドルのコールに、価値はあまりない。もし株価が120ドルに急騰したら、このコールはもっとずっと価値をもつことになる。

ここで図22.8を考えてみよう。図は、行使期限日前のコール価格と株価の関係を表している。曲線は、株価が上昇するにつれて、コール価格が上昇することを示している。さらに、この関係は直線ではなく、凸状曲線で表される。すなわち、所与の株価変動によるコール価格の上昇は、株価が安いときよりも、高いときのほうが大きくなる。

図22.8の曲線には、二つの特別なポイントがある。

1．*株式に価値がない*。もし原株式に価値がなければ、コールも無価値でなけ

5）この関係は、ヨーロピアン・コール・オプションには必ずしも当てはまらない。行使期限日だけが異なり、他の条件は同一という二つのヨーロピアン・コール・オプションを考えてみよう。一つは５月末に行使期限を迎え、もう一つは、それより数カ月後に行使期限を迎える。さらに、*巨額*の配当金が６月上旬に支払われると仮定しよう。もし最初のコールが５月末に権利行使されたら、保有者は原株式を受け取る。もし彼がこの株式を売らなければ、その後すぐに高額の配当金を受け取ることになる。しかしながら、２番目のコールの保有者は、配当金が支払われた後で、この株式を権利行使によって手に入れる。市場は、このオプションの保有者が配当金を取り損なうことになるのを知っているので、２番目のコール・オプションの価値は、最初のオプションの価値より小さくなる可能性がある。

図22.8　株価の関数としてのアメリカン・コールの価値

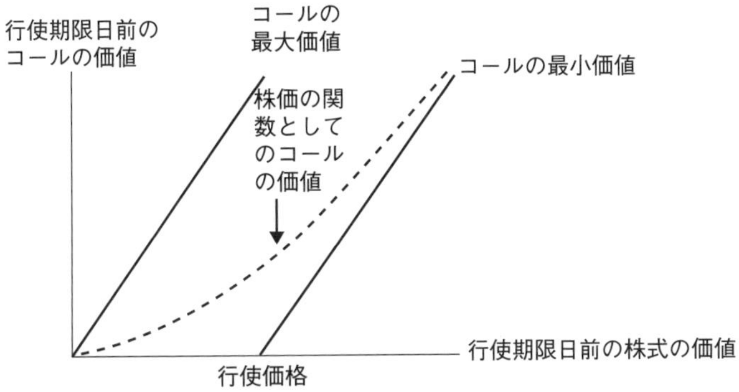

コール価格は株価と正の関係にある。加えて、株価変動によるコール価格の変動は、株価が低いときよりも高くなるほど大きくなる。

ればならない。すなわち、株式が価値をもつ可能性が皆無なら、株式を得るために行使価格を支払うのは無意味である。

2．*行使価格と比較して株価がきわめて高い*。この状況においては、コールの保有者は最終的にコールを行使できることになるとわかっている。彼はすでに自分を株式の所有者とみなせる。唯一の違いは、行使期限日に行使価格を支払わなければならないことである。

したがって、彼のポジションの価値、すなわちコールの価値は、

株価－行使価格の現在価値

となる。曲線に関するこれら二つのポイントについては、表22.2の下半分に要約されている。

www.nasdaqtrader.com　で、フィラデルフィア証券取引所がオプションのよい議論を行っている。

重要な要因：原資産の変動性

原資産の変動性が大きければ大きいほど、コール・オプションの価値も大きくなる。次の例を考えてみよう。コールが行使期限を迎える直前に、株価が、0.5の確率で100ドルか、あるいは0.5の確率で80ドルになるとする。行使価格が110ドルの

表22.2　アメリカン・オプションの価値に影響を与える要因

増　加	コール・オプション(注)	プット・オプション(注)
原資産の価値（株価）	+	−
行使価格	−	+
株式ボラティリティ	+	+
金　利	+	−
行使期限日までの時間	+	+

上記に加えて、アメリカン・コールに関する以下の四つの関係も提示した。

1．コール価格は、決して株価より大きくなりえない（上限）。
2．コール価格は、決してゼロか、あるいは株価と行使価格との差以下になりえない（下限）。
3．株式の価値がゼロの場合は、コールの価値もゼロになる。
4．株価が行使価格よりはるかに大きいときは、コール価格は株価と行使価格の現在価値との差に近づく。

（注）　符号（+、−）は、オプションの価値に対する変数の影響を表す。たとえば、株式ボラティリティに関する二つの+符号は、ボラティリティの上昇が、コールの価値とプットの価値の両方を上昇させることを表している。

コールの価値はいくらになるだろうか。明らかに、このコールは無価値になる。なぜなら、株式に何が起きようが、株価は常に行使価格を下回るからである。

株式がもっと変動的だったらどうなるだろうか。上記の最高のケースに対して20ドルを加え、最悪のケースに対しては20ドルを引くとする。その結果、株価は２分の１の確率で60ドルになり、２分の１の確率で120ドルになる。株式リターンの幅を広げたが、もちろん、株式の期待価値は同じままである。

$$(1/2\times\$80)+(1/2\times\$100)=\$90=(1/2\times\$60)+(1/2\times\$120)$$

株価が２分の１の確率で120ドルになる、もしくは110ドルの行使価格を10ドル上回るので、コール・オプションはいまや価値をもつことに注意されたい。これは非常に大切なポイントを例証している。原資産に対するオプションを保有することと、原資産を保有することは、基本的に異なる。もし市場の投資家がリスク回避的なら、株式の変動性の増加は、その市場価値を減少させる。しかしながら、コールの保有者は、確率分布の正のテイル部分からペイオフを受ける。その結果、原株式の変動性の増加は、コールの市場価値を上昇させる。

この結果は図22.9からもみてとれる。どちらも正規分布をなす株式ＡとＢを考えてみよう。それぞれの証券について、図は、行使期限日における異なる株価の確率を図解している。数値が示すとおり、株式Ｂは株式Ａに比べてボラティリティ

図22．9　行使期限日における証券Ａと証券Ｂ双方の普通株式価格の分布。両証券に対するオプションは、同じ行使価格をもつ

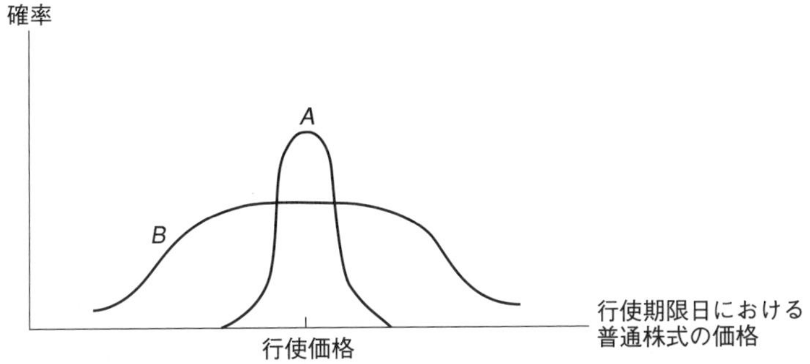

株式Bのほうがより変動性が高いので、株式Bに対するコールは、株式Aに対するコールより価値がある。行使期限日では、ディープ・イン・ザ・マネーのコールは、ほんのわずかにイン・ザ・マネーのコールより、大きな価値をもつ。しかしながら、行使期限日では、ほんのわずかにアウト・オブ・ザ・マネーのコールと同様に、はるかにアウト・オブ・ザ・マネーのコールもまったく価値がない。

（変動性）が大きい。これは株式Ｂが、異常に高いリターンと異常に低いリターンの両方に関して、より大きな確率をもっていることを意味する。株式ＡとＢそれぞれに対するオプションは、行使価格が同一であると仮定しよう。オプション保有者にとっては、平均をはるかに下回る株式Ｂのリターンは、平均をほどほどに下回る株式Ａのリターンより、ちっとも悪いとはいえない。どちらの状況でも、オプションはアウト・オブ・ザ・マネーで期限切れとなる。しかしながら、オプション保有者にとっては、平均をはるかに上回る株式Ｂのリターンは、平均をわずかながら上回る株式Ａのリターンよりずっとよい。行使期限日におけるコールの価格は、株価と行使価格との差であるから、行使期限日における株式Ｂに対するコールの価値は、この場合、ずっと高くなる。

ボラティリティにフォーカスしたオプション向けのサイトは、www.ivolatility.com

金　利

コール価格はまた、金利水準の関数でもある。コールの買い手は、もしオプションを行使すればの話だが、行使するまで行使価格を支払わない。高金利下では、支払を延ばせることには、より価値があり、低金利下ではそれほどの価値がない。したがって、コールの価値は、金利と正の関係にある。

プット・オプションの価値を決定する要因の駆け足の議論

コールの価値に影響する要因について時間をかけて検討してきたので、プットに対するこれら要因の影響も非常に簡単に考察できる。表22.2に、アメリカン・コールおよびアメリカン・プット双方の価格に影響を与える五つの要因をまとめてある。三つの要因のプットに対する影響は、これらの要因がコールに与える影響と、正反対である。

1．株価が上昇するにつれ、プットの市場価値は*減少*する。なぜなら株価が行使価格を下回っている場合に、プットはイン・ザ・マネーになるからである。
2．高い行使価格のプットの価値は、行使価格が低いことを除いて同一のプットの価値より*大きい*。上記1の理由による。
3．高金利は、プットの価値に対して*不利な*影響を与える。行使価格の現在価値が、高い金利によって下がる場合は、将来のある時点において行使価格で株式を売却できることの価値は下がる。

ほかの二つの要因がプットに与える影響は、それらがコールに与える影響と同じである。

4．行使期限日までかなりの時間があるアメリカン・プットの価値は、行使期限日が近いことを除いて同一のプットの価値より、大きい[6]。コールの場合がそうであったように、行使期限日までの期間が長いほど、プット保有者には柔軟性が増す。
5．原株式のボラティリティは、プットの価値を上昇させる。その理由は、コールの場合と同様である。行使期限日に、はるかにイン・ザ・マネーにあるプットは、ほんのわずかにイン・ザ・マネーのプットより、もっと価値がある。しかしながら、行使期限日に、はるかにアウト・オブ・ザ・マネーにあるプットは、ほんのわずかにアウト・オブ・ザ・マネーのプットと同じように、価値がない。

6）　この結果は、アメリカン・プットの場合では成立しなければならないが、ヨーロピアン・プットには必ずしも当てはまらない。

22.8 オプション価格評価公式

これまで、コール・オプションの価値は、五つの変数の関数であることを定性的に解説した。

1. 原資産の現在の価格。株式オプションの場合、これは普通株式1株の価格である。
2. 行使価格。
3. 行使期限日までの時間。
4. 原資産の変動性。
5. 無リスク金利。

ここで、定性的なモデルにかえて、厳密なオプション評価モデルを取り上げよう。取り上げるモデルは、有名なブラック・ショールズ・オプション価格評価モデルである。このブラック・ショールズ・モデルは、数字を代入すれば、価値についての答えが得られる。

ブラック・ショールズ・モデルは、かなり複雑な方程式によって表されている。学生諸君にとっては嬉しいことだろうが、方程式の導出はこのテキストのレベルではとうてい不可能である。しかしながら、この偉業を少しなりとも解釈し、直観的な理解を促そう。

本書の前半の章において、われわれは純現在価値の公式を使って、キャピタル・バジェッティング・プロジェクトをどう割り引くかを示した。株式や債券についてもまたこのアプローチを用いた。なぜプットやコールを評価するのにも、同じNPV公式が使えないのか、という質問が時々学生から出る。これはよい質問である。オプションを評価する最初の試みはNPVを用いた。残念ながら、だれも適切な割引率を決定することができなかったので、この試みは成功しなかった。オプションは一般的に原株式よりリスクが大きいが、どのくらいリスクが大きいかについてはだれもわからなかったのである。

Black and Sholesは、借入金により株式を購入する戦略は、コールのリスクを複製すると指摘することによって、この問題に挑んだ。すると、株価はすでにわかっているので、コールのリターンが、コール複製（借入金による株式投資）戦略のリターンと等しくなるように、コールの価格を決定することが可能である。

われわれは、コールと株式の組合せが、すべてのリスクを排除するという簡単な例を考慮することによって、ブラック・ショールズ・アプローチの背景にある直観的な考え方を解説する。この例は、将来の株価がたった二つの値のうちの一つしかとりえないようにするので、機能する。それゆえ、この例は*二項オプション・モデル*と呼ばれる。株価がそれ以外の値をとりうるという可能性を排除することによって、コールを正確に複製することが可能になるのである。

二項オプション・モデル

次の例を考えてみよう。ある株式の現在の市場価格が50ドルで、年末には60ドルかあるいは40ドルになるとする。さらに、この株式に対する、期間１年、行使価格50ドルのコール・オプションを考える。投資家は、10%の金利で借入れができる。われわれの目的は、このコールの価値を決定することである。

正確にコールを評価するために、二つの戦略を吟味する必要がある。第一の戦略は、単純にコールを買うというものである。第二の戦略は、以下のとおりである。

a.　株式を１/２株購入する。

b.　18.18ドルを借り入れる。これは年末に20ドル（＝$18.18×1.10）の元利返済を行うことを意味する。

すぐにわかるが、第二の戦略のキャッシュフローは、コール購入のキャッシュフローと正確に一致する（少し後で、購入株式数と資金借入額の細かい数値がどう出てきたかを明らかにする)。キャッシュフローが一致するので、第二の戦略はコールを*複製*しているといえる。

年末時点での、将来のペイオフは次のとおりである。

当初の取引	将来のペイオフ	
	もし株価が60ドルなら	もし株価が40ドルなら
1．コールを買う	$60－$50　＝　$10	0
2．株式１/２株を買う	1/2×$60　＝　$30	1/2×$40＝　$20
10%の金利で18.18ドルを借り入れる	－($18.18×1.10)＝－$20	－$20
株式と借入戦略からの合計	$10	0

「コールの買い」戦略の将来のペイオフ構造は、「株式買い」と「借入れ」によって複製されることに注意されたい。すなわち、どちらの戦略でも、投資家は、株価が上昇すれば10ドルを得、株価が下落すれば０ドルで終わる。したがって、投資家に関する限り、これら二つの戦略は同等である。

もし二つの戦略が常に同じキャッシュフローを年末にもつなら、それらの当初のコストはどう関係しているだろうか。二つの戦略とも当初のコストは*同じ*でなければならない。そうでなければ、裁定取引の可能性が出てきてしまう。この株式の購入と借入れのコストは、簡単に計算することができる。

株式１/２株を買う	1/2×＄50＝	＄25.00
18.18ドルを借り入れる		－＄18.18
		＄ 6.82

行使期限日において、コール・オプションは、株式購入と借入れの戦略と同じペイオフをもたらすので、コールの価格は6.82ドルでなければならない。これは、裁定利益を伴わない市場におけるコール・オプションの価値である。

前述の例で触れなかった重要な点が二つある。

デルタの決定

複製戦略で、どうやって１/２の株式を買うことがわかったのだろうか。実は、その答えは意外に簡単である。年末の株価は60ドルかあるいは40ドルのどちらかになる一方、コール価格は10ドルかあるいは０ドルになる。したがって、株価には20ドル（＝＄60－＄40）振れる可能性がある一方で、コール価格には10ドル（＝＄10－＄０）振れる可能性がある。これは次のように比率で表せる。

$$\text{デルタ}=\frac{\text{コールの振れ}}{\text{株式の振れ}}=\frac{\$10-\$0}{\$60-\$40}=\frac{1}{2}$$

示されているように、この比率はコールの*デルタ*と呼ばれる。言葉で表せば、株価の１ドルの振れにつき、コール価格には１/２ドルの振れが生じる。われわれは、株式を用いてコールを複製しようとしているので、１単位のコールを購入するかわりに、１/２の株式を購入することは妥当にみえる。言い換えれば、１/２の株式購入のリスクは、コール１単位購入のリスクと等しいはずである。

借入金額の決定

いくら借り入れるべきかを、どのようにして知ったのだろうか。1/2の株式購入により、行使期限日では30ドルか、あるいは20ドルがもたらされる。これはコールで得る10ドルか、あるいは0ドルのペイオフに比べて、それぞれちょうど20ドル多い。株式購入を通してコールを複製するには、元利返済がちょうど20ドルになるような金額もまた借り入れなければならない。この借入金額は、単に20ドルの現在価値で、18.18ドル（＝＄20/1.10）になる。

さて、デルタおよび借入金額の決定方法がわかったので、コールの価値を以下のように書き表せる。

コールの価値	＝	株価	×	デルタ	－	借入金額
＄6.82	＝	＄50	×	1/2	－	＄18.18

(22.2)

この直観的洞察は、ブラック・ショールズ・モデルを理解するうえで非常に役に立つ。

リスク中立評価

この簡単な例を離れる前に、一つの驚くべき点について触れなければならない。われわれは、株式が上がるのか下がるのかの確率さえ知ることなしに、オプションの正確な価値を見出したのだ！　もし楽観的な人が上昇の確率は非常に高いと思い、悲観的な人がその確率が非常に低いと思ったとしても、二人はオプション価値では意見が一致する。どうしてそんなことがありえるのだろうか。その答えは、50ドルという現在の株価が、すでに楽観的な人と悲観的な人の見方を均衡させているからである。オプションは、その価値が株価によって決まるため、この均衡を反映している。

この洞察は、コールの評価にもう一つのアプローチを提供する。もしコールを評価するのに、二つの状態の確率が必要でないなら、たぶんどんな確率を選んでも、依然として正しい答えを得られるのではないだろうか。株式のリターンが、無リスク金利の10％と等しくなるような確率を選んだとしよう。株価が上昇した場合の株式リターンは20％（＝＄60/＄50－1）で、下落した場合の株式リターンはマイナス20％（＝＄40/＄50－1）になるとわかっている。したがって、以下に示すとおり、10％の期待リターンを達成するために必要な上昇の確率について解くことができる。

$$10\% = \text{上昇の確率} \times 20\% + (1 - \text{上昇の確率}) \times (-20\%)$$

この方程式を解くと、上昇の確率は 3／4 で、下落の確率は 1／4 であることがわかる。これらの確率をコールに当てはめれば、コール価値を次のように評価できる。

$$\text{コールの価値} = \frac{\frac{3}{4} \times \$10 + \frac{1}{4} \times \$0}{1.10} = \$6.82$$

これは複製アプローチから得た値と同じである。

株式の期待リターンが10%となるような確率をなぜ選んだのだろうか。われわれは投資家が*リスク中立*的であるという特別なケースで評価したかったのである。このケースは、すべての資産（株式とコール双方を含む）の期待リターンが、無リスク金利に等しい状況で生じる。言い換えれば、このケースは、投資家が、当該資産のリスクがどうあろうと、無リスク金利以上の追加的報酬を要求しないときに生じる。

もし株式の期待リターンが、無リスク金利よりも大きいと仮定していたとしたら、どうなっただろうか。コールの価値は依然として6.82ドルになる。しかしながら、計算はむずかしくなる。たとえば、もし株式の期待リターンが11%だと仮定していたら、コールの期待リターンを求めなければならなかっただろう。コールの期待リターンは11%より高いだろうが、正確に決定するのには大変な労力を必要とする。どうして必要以上のことをしなければならないのか。何のよい理由も思いつかないので、われわれ（そして他の多くの金融経済学者）は、リスク中立性を仮定するほうを選ぶ。

これらの結果から、以下の二つの方法でコールの価値を評価できる。

1．コールを複製する戦略のコストを求める。この戦略は、一部借入金による端株への投資を必要とする。
2．リスク中立性の仮定のもとで、上昇と下落の確率を計算する。行使期限日におけるコールのペイオフを割り引くために、無リスク金利とともに、これらの確率を用いる。

ブラック・ショールズ・モデル

前出の例は複製戦略を例証する。残念ながら、このような戦略は、現実の世界において、たとえば1年という時間枠では機能しない。なぜなら翌年の株価には、二つどころか、もっとたくさんの可能性があるからである。とはいえ、可能性の数は、期間が短くなるにつれて減少する。学者たちは、次の無限小の瞬間において、株価に二つの可能性しかないという仮定は、きわめて妥当であると主張している[7]。

われわれの意見では、Black and Sholesの基本的な洞察は、期間を短くしたことである。彼らは、株式と借入れの特別な組合せが、実際に無限小な期間でコールを複製できることを明らかにする。株式の価格は最初の瞬間に変わるので、次の瞬間にコールを複製するためには、別の株式と借入れの組合せが必要になり、そしてこのプロセスが続いていく。瞬間瞬間にその組合せを調整することによって、彼らはコールを連続的に複製できる。一つの方程式が、①どんな瞬間における複製の組合せも決定でき、そして②この複製戦略に基づいてオプションを評価ができることは、驚きに値する。われわれが二つの状態の世界でコールをどのように評価するかを示したように、彼らのダイナミック戦略は、現実の世界でのコールの評価を可能にするとだけ述べておけば十分であろう。

これがブラック・ショールズ（BS）・モデルの背景にある、基本的な直観的洞察である。彼らの公式の実際の導出は、悲しいかな、このテキストの範囲をはるかに超えており、ここでは単に公式だけを提示する。

ブラック・ショールズ・モデル

$$C = S\mathrm{N}(d_1) - Ee^{-Rt}\mathrm{N}(d_2)$$

ここで、

$$d_1 = [\ln(S/E) + (R + \sigma^2/2)t]/\sqrt{\sigma^2 t}$$
$$d_2 = d_1 - \sqrt{\sigma^2 t}$$

である。

7）　この仮定の完全な取扱いは、John. C. Hull, *Options, Futures and Other Derivatives*, 6th ed. Upper Saddle River, NJ : Prentice Hall（2005）にみることができる。

この公式はコール、C、の評価のためのものであるが、ファイナンスの分野では最も複雑なものの一つである。しかしながら、これには五つのパラメーターしかない。

1．S ＝現在の株価
2．E ＝コールの行使価格
3．R ＝連続複利での年次無リスク利益率
4．σ^2＝株式の連続リターンの分散（年間）
5．t ＝行使期限日までの時間（年単位）

加えて、統計的概念がある。

N(d)＝標準正規分布に基づくランダム変数が、d 以下になる確率

公式の代数的な議論をするかわりに、例をあげてこの公式を説明する。

www.numa.com にブラック・ショールズ計算プログラム（そしてもっと）がある。

例22．4　ブラック・ショールズ

プライベート・エクイップメント・カンパニー（PEC）を考えてみよう。0年の10月4日、PEC 4月49コール・オプションの終値は4ドルだった。株式自体は50ドルで売られている。10月4日時点で、オプションは行使期限日（満期日＝1年4月21日）まで199日ある。連続複利での年次無リスク金利は7％である。

これらの情報により、3変数の値が直接決まる。

1．株価 S は、50ドルである。
2．行使価格 E は、49ドルである。
3．無リスク金利 R は、0.07である。

加えて、満期までの時間 t がすぐに計算できる。公式には t を年で表す必要がある。

4．199日の期間を、$t=199/365$として、年で表す。

現実の世界では、オプション・トレーダーは、SとEの値を正確に知っている。トレーダーたちは一般に、米国財務省短期証券を無リスクとみなしているので、*ウォール・ストリート・ジャーナル*かあるいは同様の新聞から、現在の金利情報を入手できる。トレーダーはまた、行使期限日までの日数を正確に知っている（あるいは、計算できる）。したがって、行使期限日までの年数tの端数も、素早く計算できる。

問題は、株式リターンの分散を決定する際に生じる。公式は、10月4日の購入日と行使期限日の間の、実際の分散を求めている。残念ながら、これは未来に関することであり、正しい分散の値は手に入れようがない。かわりに、トレーダーたちはしばしば、ちょうどわれわれが前半の章で分散を計算したように、過去のデータから分散を推定する。加えて、一部のトレーダーたちは、直観を用いて推定値を調整したりする。たとえば、来たるべきイベントの予感が、株式のボラティリティを現在増加させているのなら、トレーダーは、これを反映するために分散の推定値を上方修正する（この問題は、1987年10月19日の株価暴落直後に最も深刻だった。この後の株式市場はきわめてリスクが大きくなり、このため暴落前のデータを用いた推定値はあまりに低すぎた）。

上記の議論は単に分散推定のむずかしさを述べただけで、解答を提示するものではない。ここでは、トレーダーが分散の推定値を用意したと仮定する。

5．プライベート・エクイップメント社の分散は、年0.09であると推定された。

こうして求めた5変数を使い、PECコール・オプションのブラック・ショールズの価値を、三つのステップで計算する。

ステップ1：*d_1とd_2を計算する*。これらの値は、基本公式にわれわれのパラメーターを、多少つまらなくても、ただそのまま代入して求める。以下のようになる。

$$d_1=\left[\ln\left(\frac{S}{E}\right)+(R+\sigma^2/2)\,t\right]\Big/\sqrt{\sigma^2 t}$$

$$\left[\ln\left(\frac{50}{49}\right)+(0.07+0.09/2)\times\frac{199}{365}\right]\Big/\sqrt{0.09\times\frac{199}{365}}$$

$$=[0.0202+0.0627]/0.2215=0.3742$$

$$d_2=d_1-\sqrt{\sigma^2 t}$$

$$=0.1527$$

ステップ２：N(d_1) とN(d_2) を計算する。N(d_1) とN(d_2) の値は、図22.10を考察することによって、いちばんよく理解できる。図は、期待値が０で標準偏差が１の正規分布を表している。これはしばしば標準正規分布(standardized normal distribution) と呼ばれる。前半の章で述べたが、この分布からの抽出値が－１と＋１の間（言い換えれば、平均値から１標準偏差以内）である確率は68.26%である。

ここで、異なる質問をしてみよう。標準正規分布からの抽出値が、特定の値より下になる確率はいくらだろうか。たとえば、正規分布は対称的なので、抽出値が０の下にくる確率は明らかに50%である。統計学の専門用語を使うと、０の累積確率（cumulative probability）は50%である。統計学者はまた、N(0)＝50%ともいう。結論としては、

図22.10　累積確率のグラフ

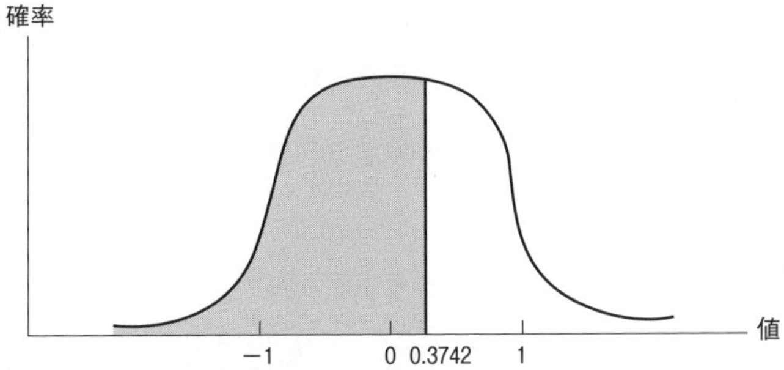

陰影部分は、累積確率を表している。標準正規分布からの抽出値が0.3742未満である確率は0.6459なので、N(0.3742)＝0.6459であるという。すなわち、0.3742の累積確率は0.6459である。

$$N(d_1)=N(0.3742)=0.6459$$
$$N(d_2)=N(0.1527)=0.5607$$

となる。最初の値は、標準正規分布からの抽出値が0.3742未満である確率が64.59%であることを意味している。第二の値は、標準正規分布からの抽出値が0.1527未満である確率が56.07%であることを意味している。より一般的には、N(d) は標準正規分布からの抽出値が d 未満であるという表記である。言い換えれば、N(d) は d の累積確率である。この例における、d_1および d_2 は、わずかながら０の上であり、したがって、N(d_1) およびN(d_2) は、0.50よりもわずかながら大きい。

N(d_1) と N(d_2) を求める最も簡単な方法は、エクセルのNORMSDIST関数である。この例では、NORMSDIST(0.3742) とNORMSDIST(0.1527) は、それぞれ0.6459と0.5607である。

また、表22.3からも累積確率を求めることができる。たとえば、$d=0.37$を考えてみよう。これは表中で、縦軸が0.3で、横軸が0.07に見つけることができる。$d=0.37$の表中の値は0.1443である。この値は0.37の累積確率ではない。累積確率を求めるには、まず修正が必要である。すなわち、

$$N(0.37)\quad =0.50+0.1443=0.6443$$
$$N(-0.37)=0.50-0.1443=0.3557$$

である。残念ながら、0.3742という値は小数点以下４位までが重要なのに、われわれの表では２位までしか提供しない。したがって、N(0.3742) を求めるには、補間する必要がある。N(0.37)＝0.6443で、N(0.38)＝0.6480なので、これら二つの値の差は0.0037(0.6480－0.6443)である。０.3742は、0.37と0.38の区間の42%の場所に位置しているから、次のように補間する[8]。

$$N(0.3742)=0.6443+0.42\times 0.0037=0.6459$$

ステップ３：*Cを計算する*。以下のようになる。

8）この手法は、*線形補間法（linear interpolation）*と呼ばれるが、数多くある補間法のただ一つにすぎない。

$$
\begin{aligned}
C &= S\times[N(d_1)] - Ee^{-Rt}\times[N(d_2)]\\
&= \$50\times[N(d_1)] - \$49\times[e^{-0.07\times(199/365)}]\times[N(d_2)]\\
&= (\$50\times 0.6459) - (\$49\times 0.9626\times 0.5607)\\
&= \$32.295 - \$26.447\\
&= \$5.85
\end{aligned}
$$

表22.3　標準正規分布関数の累積確率

d	0.00	0.01	0.02	0.03	0.04	0.05	0.06	0.07	0.08	0.09
0.0	0.0000	0.0040	0.0080	0.0120	0.0160	0.0199	0.0239	0.0279	0.0319	0.0359
0.1	0.0398	0.0438	0.0478	0.0517	0.0557	0.0596	0.0636	0.0675	0.0714	0.0753
0.2	0.0793	0.0832	0.0871	0.0910	0.0948	0.0987	0.1026	0.1064	0.1103	0.1141
0.3	0.1179	0.1217	0.1255	0.1293	0.1331	0.1368	0.1406	0.1443	0.1480	0.1517
0.4	0.1554	0.1591	0.1628	0.1664	0.1700	0.1736	0.1772	0.1808	0.1844	0.1879
0.5	0.1915	0.1950	0.1985	0.2019	0.2054	0.2088	0.2123	0.2157	0.2190	0.2224
0.6	0.2257	0.2291	0.2324	0.2357	0.2389	0.2422	0.2454	0.2486	0.2517	0.2549
0.7	0.2580	0.2611	0.2642	0.2673	0.2704	0.2734	0.2764	0.2794	0.2823	0.2852
0.8	0.2881	0.2910	0.2939	0.2967	0.2995	0.3023	0.3051	0.3078	0.3106	0.3133
0.9	0.3159	0.3186	0.3212	0.3238	0.3264	0.3289	0.3315	0.3340	0.3365	0.3389
1.0	0.3413	0.3438	0.3461	0.3485	0.3508	0.3531	0.3554	0.3577	0.3599	0.3621
1.1	0.3643	0.3665	0.3686	0.3708	0.3729	0.3749	0.3770	0.3790	0.3810	0.3830
1.2	0.3849	0.3869	0.3888	0.3907	0.3925	0.3944	0.3962	0.3980	0.3997	0.4015
1.3	0.4032	0.4049	0.4066	0.4082	0.4099	0.4115	0.4131	0.4147	0.4162	0.4177
1.4	0.4192	0.4207	0.4222	0.4236	0.4251	0.4265	0.4279	0.4292	0.4306	0.4319
1.5	0.4332	0.4345	0.4357	0.4370	0.4382	0.4394	0.4406	0.4418	0.4429	0.4441
1.6	0.4452	0.4463	0.4474	0.4484	0.4495	0.4505	0.4515	0.4525	0.4535	0.4545
1.7	0.4554	0.4564	0.4573	0.4582	0.4591	0.4599	0.4608	0.4616	0.4625	0.4633
1.8	0.4641	0.4649	0.4656	0.4664	0.4671	0.4678	0.4686	0.4693	0.4699	0.4706
1.9	0.4713	0.4719	0.4726	0.4732	0.4738	0.4744	0.4750	0.4756	0.4761	0.4767
2.0	0.4773	0.4778	0.4783	0.4788	0.4793	0.4798	0.4803	0.4808	0.4812	0.4817
2.1	0.4821	0.4826	0.4830	0.4834	0.4838	0.4842	0.4846	0.4850	0.4854	0.4857
2.2	0.4861	0.4866	0.4830	0.4871	0.4875	0.4878	0.4881	0.4884	0.4887	0.4890
2.3	0.4893	0.4896	0.4898	0.4901	0.4904	0.4906	0.4909	0.4911	0.4913	0.4916
2.4	0.4918	0.4920	0.4922	0.4925	0.4927	0.4929	0.4931	0.4932	0.4934	0.4936
2.5	0.4938	0.4940	0.4941	0.4943	0.4945	0.4946	0.4948	0.4949	0.4951	0.4952
2.6	0.4953	0.4955	0.4956	0.4957	0.4959	0.4960	0.4961	0.4962	0.4963	0.4964
2.7	0.4965	0.4966	0.4967	0.4968	0.4969	0.4970	0.4971	0.4972	0.4973	0.4974
2.8	0.4974	0.4975	0.4976	0.4977	0.4977	0.4978	0.4979	0.4979	0.4980	0.4981
2.9	0.4981	0.4982	0.4982	0.4982	0.4984	0.4984	0.4985	0.4985	0.4986	0.4986
3.0	0.4987	0.4987	0.4987	0.4988	0.4988	0.4989	0.4989	0.4989	0.4990	0.4990

（注）　N(d）は、標準正規分布関数のもとでの面積を表している。$d_1=0.24$とすると、この表は、0.5000＋0.0948＝0.5948の累積確率を意味する。もしd_1が0.2452だったら、N(0.25)とN(0.24）の間を補間して、確率を推定しなければならない。

推定価格5.85ドルは、実際の価格４ドルよりも高く、これはコール・オプションが過小評価されていることを意味する。ブラック・ショールズ・モデルを信奉するトレーダーなら、コールを買うだろう。もちろん、ブラック・ショールズ・モデルは完璧ではない。おそらく、モデルによる推定値と市場価格との差は、トレーダーの分散推定値の誤差を反映している。

前例は、ブラック・ショールズ公式を用いた計算に焦点を当てた。この公式の背景にはなんらかの直観的洞察があるのだろうか。答えはイエスであり、直観的洞察は、われわれの二項モデルの例での株式購入と借入戦略から導かれる。ブラック・ショールズ式の最初の行は、以下のとおりである。

$$C = S \times \mathrm{N}(d_1) - Ee^{-Rt}\mathrm{N}(d_2)$$

これはまさに式22.2に類似している。

$$\text{コールの価値} = \text{株価} \times \text{デルタ} - \text{借入金額} \tag{22.2}$$

この式は、二項モデルの例で示したものである。結論として、$\mathrm{N}(d_1)$ は、ブラック・ショールズ・モデルにおけるデルタである。先の例では $\mathrm{N}(d_1)$ は0.6459である。加えて、$Ee^{-Rt}\mathrm{N}(d_1)$ は、コールを複製するために投資家が借り入れなければならない金額である。先の例では、この値は26.45ドル（＝＄49×0.9626×0.5607）である。したがってモデルは、以下の二つの取引を行うことによって、先の例のコールを複製できると教えてくれる。

1．株式0.6459株を買う。
2．26.45ドルを借り入れる。

ブラック・ショールズ公式は、ファイナンスの分野では最も重要な貢献の一つであるといっても過言ではない。いくつかのパラメーターがあれば、だれでもオプションの価値を計算できる。この公式の魅力は、四つのパラメーターが観察可能なことである。すなわち、現在の株価 S、行使価格 E、金利 R、そして行使期限日までの時間 t である。パラメーターのうち一つだけは推定しなければならない。リターンの分散 σ^2 である。

この公式がいかに魅力的であるかを知るには、必要でないパラメーターを考えてみればよい。まず、投資家のリスク回避性は価値に影響を与えない。この公式は、リスク負担に対する姿勢がどうあろうと関係なく、だれでも用いることができる。また、株式の期待リターンにも依存していない！　株式の期待リターンについて異なる評価をしている投資家たちが、それにもかかわらず、コール価格に関しては同意することになる。二項モデルの例のように、これはコールが株価に依存しており、価格はすでに、投資家の多様な相場観を均衡しているからである。

もう一つのよいオプション計算プログラムは、次に見出せる。www.margrabe.com/optionpricing.html.

22.9　オプションとしての株式と債券

本章ではここまで、公に取引されているオプションを、記述し、説明し、評価した。取引のほとんどがこれらの上場オプションなので、ファイナンスの学生にとっては重要な内容である。コーポレートファイナンスの学生にとっては、オプションの学習はもう一つの意味をもっている。

人生を通してこれまでずっと散文を話していたことに、初めて気づいて驚く年配の紳士のジョークを聞いたことがあるかもしれない。同じことは、コーポレートファイナンスの学生とオプションについてもいえる。オプションは、本章で初めて正式に定義されたが、以前に議論した企業の政策の多くが、実際には姿を変えたオプションだった。コーポレートファイナンスのすべてをオプションの観点から書き直すことは、本章の範囲を超えているが、本章の後半では潜在的なオプションの三つの例を検討する。

1. オプションとしての株式と債券
2. オプションとしての資本構成の意思決定
3. オプションとしてのキャピタル・バジェッティングの意思決定

簡単な例を通して、株式と債券における潜在的なオプションを例証することから始める。

例22.5　オプションとしての株式と債券

ポポフ社は、来年北極で開催されるオリンピック大会での売店営業権を与えられた。同社の経営陣が北極に住んでいることと、この大陸には他の売店ビジネスが存在しないことが理由で、大会終了後、この事業は解散する。会社は、この事業の資金調達のために債券を発行した。来年支払期限がくる負債の元利合計は800ドルであり、そのときに負債は完済しなければならない。同社のキャッシュフローは次のように予測されている。

ポポフ社のキャッシュフロー・スケジュール

	大会は大成功	大会はほぼ成功	大会はやや失敗	大会は大失敗
元利払い前のキャッシュフロー	$1,000	$850	$700	$550
－利息と元本	－800	－800	－700	－550
株主へのキャッシュフロー	$　200	$　50	$　0	$　0

みてわかるように、経営陣は同じ可能性の四つのシナリオを予測した。最初の二つのシナリオのうちのどちらが実現しても、債券保有者は完済される。株主には余剰キャッシュフローがいく。しかしながら、残りの二つのシナリオのうちの一つが実現すると、債券保有者は完済されない。かわりに、彼らは会社の全キャッシュフローを受け取り、株主には何も残らなくなる。

この例は資本構成の章で取り上げた倒産のケースと似ている。われわれの新しい洞察は、普通株式と企業の関係を、オプションの観点で表すことができるということである。直観的理解が容易なので、まずコール・オプションを考える。次に、プット・オプションを取り上げる。

コール・オプションの観点で表された企業

株　　主

株式は企業に対するコール・オプションとしてみなせることを次に示す。これを説明するため、図22.11は、株主へのキャッシュフローを、会社へのキャッシュフローの関数として描いている。会社へのキャッシュフローが800ドルに満たない場合、株主は何も受け取れない。この場合、キャッシュフローはすべて債券保有者のもとにいく。しかしながら株主は、会社の800ドルを超えるキャッシュフローはすべて受け取る。このグラフは本章の前のほうでみたコール・オプションのグラフにそっくりである。

しかし、株式がコール・オプションとなる、その原資産とは何だろうか。原資産は会社そのものである。すなわち、*債券保有者*が会社を所有しているとみなすことができる。しかしながら、株主は会社に対する行使価格800ドルのコール・オプションを所有している。

もし会社のキャッシュフローが800ドルを超えたら、株主はそのオプションを行使する選択をするだろう。言い換えれば、株主は債券保有者から800ドルで会社を買い取るということである。彼らの正味キャッシュフローは、企業のキャッシュフローと支払う800ドルの差額である。これは、もし大会が大成功なら200ドル（＝＄1,000－＄800）になり、もし大会がほぼ成功なら50ドル（＝＄850－＄800）になる。

会社のキャッシュフローの価値が800ドル未満だったら、株主はオプション行使を選択しないだろう。かわりに、コール・オプションの保有者ならだれでもそうするように、会社から立ち去る。そして、債券保有者が全キャッシュフローを受け取る。

図22.11　会社のキャッシュフローの関数としてのポポフ社の株主へのキャッシュフロー

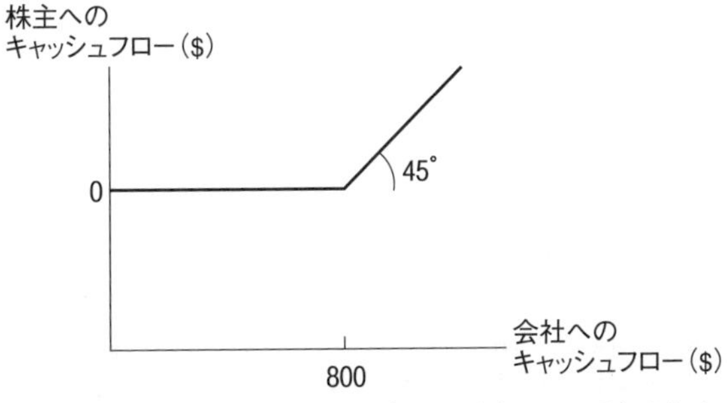

株主は、会社に対するコール・オプションをもっているとみなせる。もし会社のキャッシュフローが800ドルを超えたら、株主は会社を受け取るために800ドルを支払う。もし会社のキャッシュフローが800ドル未満なら、株主はオプションを行使しない。彼らは何も受け取らずに会社から立ち去る。

この企業の見方は新しいもので、学生は初めて出会ったときに、往々にして困惑する。とはいえ、学生諸君には、自分の体の一部になるまで、この見方で企業をみつづけることをお勧めする。

債券保有者

債券保有者についてはどうだろうか。先に示したキャッシュフロー・スケジュールでは、もし会社が800ドル未満の現金しか生み出さない場合、債券保有者が全キャッシュフローを受け取ることになる。会社の稼ぎが800ドルを超える場合は、債券保有者は800ドルしか受け取れない。すなわち、彼らは、元金と利息のみに権利がある。これは図22.12に描かれている。

株主が会社に対するコール・オプションをもっているという見方に照らせば、債券保有者のポジションは何から構成されているのだろうか。債券保有者のポジションは、以下の二つの請求権によって表すことができる。

1．債券保有者は会社を所有している。
2．債券保有者は、行使価格800ドルで、会社に対するコールを売却している。

前述のとおり、もしキャッシュフローが800ドル未満なら、株主は会社から立ち

図22.12　会社のキャッシュフローの関数としての債券保有者へのキャッシュフロー

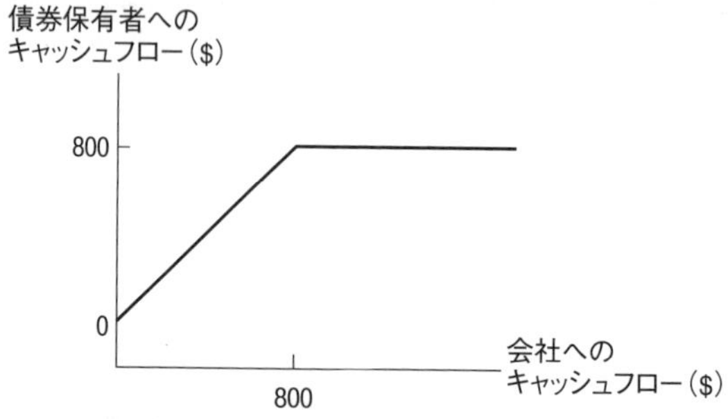

債券保有者は、会社を所有しているが、同時に株主に対してコール・オプションを売っているとみなせる。もし会社のキャッシュフローが800ドルを超えたら、債券保有者に対してコールは行使される。債券保有者は会社を譲り、800ドルを受け取る。もしキャッシュフローが800ドル未満なら、コールは期限切れになる。この場合、債券保有者は会社のキャッシュフローを受け取る。

去る。したがって、債券保有者はこの場合、会社の所有権を保持する。しかしながら、もしキャッシュフローが800ドルを超えたら、株主はオプションを行使する。彼らは、800ドルで債券保有者から持分を買い取る。

プット・オプションの観点で表された企業

先の分析は、コール・オプションの観点からみた株主および債券保有者のポジションを明らかにした。ここでは、プット・オプションの観点から状況を表す。

株　主

株主のポジションは以下の三つの請求権によって表すことができる。

1．株主は会社を所有している。
2．株主は債券保有者に、800ドルの利息と元金を負っている。

もし負債が無リスクなら、これら二つの請求権が株主の立場を完全に表していることになる。しかしながら、デフォルトの可能性があるため、第三の請求権もまた生まれる。

3．株主は行使価格800ドルの、会社に対するプット・オプションを保有している。債券保有者グループがプットの売り手である。

さて、二つの可能性を考えてみよう。

キャッシュフローが800ドルより少ない場合

プットの行使価格は800ドルなので、プットはイン・ザ・マネーにある。株主は、債券保有者に対して会社を「プットする」（売却する）。通常、プットの保有者は資産が売却されるとき、行使価格を受け取る。しかしながら、株主はすでに債券保有者に対して800ドルの債務を負っている。このため、負債800ドルはただ解消され、株式が債券保有者に渡るとき、金銭の受渡しはない。株主は負債を解消するのと引き換えに株式を放棄するので、キャッシュフローが800ドル未満の場合は、株主は何も受け取れないことになる。

キャッシュフローが800ドルより多い場合

ここではプットがアウト・オブ・ザ・マネーなので、株主は行使を行わない。したがって、株主は企業の所有権は保持するが、利息と元金分として800ドルを債券保有者に支払う。

債券保有者

債券保有者のポジションは、以下の二つの請求権によって表すことができる。

1．債券保有者は800ドルを貸している。
2．債券保有者は株主に対し、会社に対するプット・オプションを行使価格800ドルで売却した。

キャッシュフローが800ドルより少ない場合

前述のとおり、株主はこの場合、プットを行使する。これは、債券保有者が会社に800ドルを支払う義務を負うことを意味する。債券保有者は800ドルを貸しているので、両債務は互いに相殺される。したがって、この場合、債券保有者は単に会社を受け取る。

キャッシュフローが800ドルより多い場合

ここでは、株主はプットを行使しない。したがって、債券保有者は単に支払われるべき800ドルを受け取る。

債券保有者のポジションをこのように表すことは、深い理解を促す。無リスクのデフォルト・フリー債で、債券保有者は800ドルを貸し出している。したがって、無リスク債とプットの観点で、リスキーな債券を表すことができる。

リスキーな債券の価値＝デフォルト・フリー債－プット・オプションの価値

すなわち、リスキーな債券の価値は、デフォルト・フリー債の価値から、800ドルで会社を売却する株主のオプション価値を引いたものである。

二つの見方の結論

株主と債券保有者のポジションは、コールかプットのいずれかの観点でみることができるとわれわれは主張した。これら二つの見方は、表22.4に要約されている。

われわれのこれまでの経験からいうと、学生にとって企業のことをプットのかたちでみるのは、コールのかたちでみるよりも一般にむずかしいようである。したがって、これら二つの見方が同等であると明らかにできる方法があれば、助かる。幸いにして、*プット・コール・パリティ*がある。前のほうの部分で、式22.1として、プット・コール・パリティ関係を提示したが、ここでもう一度みてみよう。

原株式の価格＋プットの価格＝コールの価格＋行使価格の現在価値　(22.1)

この節での結果を用いると、式22.1は次のように書き換えられる。

会社に対する コールの価値	＝	会社の 価値	＋	会社に対する プットの価値	−	デフォルト・ フリー債の価値	(22.3)
コール・オプション の観点による株主の ポジション	＝			プット・オプション の観点による株主の ポジション			

式22.1から式22.3に移るにはいくつかの手順を必要とする。第一に、この節では、株式ではなく、企業を原資産として扱う（一般的な慣例にならって、企業の価値、そして株式の価格という）。第二に、行使価格は800ドルで、これは会社の負債に対する元金と利息の合計額である。無リスク金利で割り引いたこの金額の現在価値は、デフォルト・フリー債の価値である。第三に、式22.1の項の順序は、式22.3では入れ替えられる。

表22.4に示されたとおり、式22.3の左辺は、コール・オプションの観点による株

表22.4　コールとプットの観点によるポポフ社の株主と債券保有者のポジション

株　主	債券保有者
コール・オプションの観点からみたポジション	
1．株主は、会社に対する行使価格800ドルのコールを所有する。	1．債券保有者は会社を所有する。 2．債券保有者は、会社に対するコールを株主に売却した。
プット・オプションの観点からみたポジション	
1．株主は会社を所有する。 2．株主は、800ドルの元利支払義務を債券保有者に負っている。 3．株主は、会社に対する行使価格800ドルのプットを所有する。	1．債券保有者は、元利800ドルを貸している。 2．債券保有者は、会社に対するプットを株主に売却した。

主のポジションであることに注意されたい。この表に示されたとおり、式22.3の右辺は、プット・オプションの観点による株主のポジションである。したがって、プット・コール・パリティは、コール・オプションの観点から株主のポジションをみることが、プット・オプションの観点から株主のポジションをみるのと、同等であることを示している。

ここで、式22.3の順序を入れ替えると、以下を得る。

会社の価値 − 会社に対するコールの価値 ＝ デフォルト・フリー債の価値 − 会社に対するプットの価値　(22.4)

コール・オプションの観点による債券保有者のポジション ＝ プット・オプションの観点による債券保有者のポジション

表22.4に示されたとおり、式22.4の左辺は、コール・オプションの観点による債券保有者のポジションである（式のこちら側のマイナス符号は、債券保有者がコールを売っていることを表している）。この表に示されたとおり、式の右辺はプット・オプションの観点による債券保有者のポジションである。したがって、プット・コール・パリティは、コール・オプションの観点から債権保有者のポジションをみることが、プット・オプションの観点から債券保有者のポジションをみるのと、同等であることを示している。

ローン保証に関する注意

前出のポポフ社の例では、債券保有者がデフォルトのリスクを負った。もちろん、債券保有者は一般にリスク負担に十分見合うだけの金利を求める。企業が財務的困難に陥ると、普通の金利での借入れがこれ以上できなくなる。したがって、財務的困難に陥った企業は、しばしば政府のローン保証を求めてきた。われわれのフレームワークは、これらのローン保証を理解するために用いることができる。

企業が保証付きの借入れに対してデフォルトした場合、政府はその差額を埋めなければならない。言い換えれば、政府保証はリスキーな債券をリスクのない債券に転換する。この保証の価値はいくらだろうか。オプションの価格評価で、以下が成り立ったことを思い出されたい。

デフォルト・フリー債の価値 ＝ リスキーな債券の価値 ＋ プット・オプションの価値

この式は、政府がプット・オプションの価値と同じコストの義務を引き受けていることを示している。

この分析は、政治家や企業の広報担当者どちらのものとも異なる。通常彼らは、保証が企業に借入れを可能にし、支払能力がある状態を継続させるのだから、納税者には何のコストもかからないという。しかしながら、支払能力継続の可能性はおおいにあるかもしれないが、それは決して確実なものでないということが指摘されなければならない。したがって、保証がなされる段階で、政府の義務は、現在価値としてコストを伴っている。政府保証は、政府に何のコストもかからないというのは、マイクロソフト株のプットは、株価が値上りする可能性が*高い*ので、何の価値もないというようなものである。

実際には、政府はこれまでローン保証に関して運がよかった。最も大きい二つの保証は、1971年のロッキード社に対するものと、1980年のクライスラー社に対するものだった。両者ともほとんど現金がなくなり、ローンに対してデフォルトを起こしかけていた。いずれのケースでも、合衆国政府が新規借入れに対して保証をつけることに同意し、救済に入った。その保証のもとでは、もしロッキードとクライスラーが新たな借入れに対してデフォルトしたら、債権者は合衆国政府から請求額全部を受け取れることになっていた。債権者の立場からすれば、ローンは財務省債券同様にリスク・フリーになった。これらの保証は、ロッキードとクライスラー両社をして、巨額の資金を借り入れ、苦境を乗り切ることを可能にした。結果的に、両社ともデフォルトすることはなかった。

典型的なローン保証で利益を受けるのはだれだろうか。

1．発行ずみのリスキーな債券が保証を受けた場合、すべての利益は既存の債券保有者が享受する。企業の限定責任により、株主は倒産時に何の義務も負わないので、株主には何も得ない。

2．新規負債が発行され、保証された場合、新しい債権者は利益を得ない。むしろ、競争市場では、負債のもつ低いリスクのために、彼らは低い金利を受け入れなければならない。ここでは株主が利益を得る。なぜなら、彼らは低い金利で負債を発行できるからである。加えて、従来からの債券保有者も、保証がなかった場合に比べて企業価値が増大するため、利益の一部を享受する。したがって、株主がローン保証からの利益をすべて得たいのなら、保証が履行される前に再交渉するか、あるいは発行済債券を繰上償還すべきである。これはクライスラーの場合に起こった。

22.10　オプションと企業の意思決定：いくつかの適用例

この節では、二つの重要な分野におけるオプション分析の含意を探求する。キャピタル・バジェッティングと合併である。合併から始め、非常に驚くべき結果を示す。それから純現在価値ルールが、レバレッジがある企業においていくつかの重要な問題を抱えていることを示す。

合併と分散化

本書の他の部分で、合併と買収を議論する。そこでは、二つの企業が合併する理由として、分散化がしばしば引合いに出されることを述べる。分散化は合併のよい理由だろうか。たしかにそのようにみえるかもしれない。とどのつまり、先の章では、分散化が非システマティック・リスクを排除するので、なぜ投資家のポートフォリオにとって価値があるのかを説明するのに多くの時間を費やした。

この問題を精査するために、二つの会社を考えてみよう。サンシャイン水着社と、ポーラー冬服社である。明白な理由で、両社は非常に季節的なキャッシュフローをもっており、両社はそれぞれシーズン・オフの間のキャッシュフローを懸念している。もし二つの会社が合併したら、統合会社はずっと安定的なキャッシュフローをもつことになる。言い換えると、合併は季節的変動の一部を分散化により排除し、現実的に倒産の可能性をずっと減らす。

二つの会社の事業運営は非常に異なるので、提案された合併は純粋に「財務的」合併であることに注意されたい。これはリスク削減の可能性を除いて、「シナジー」もしくは価値創造の可能性がないことを意味する。以下は合併前の一部の情報である。

	サンシャイン水着社	ポーラー冬服社
資産の市場価値	3,000万ドル	1,000万ドル
純粋割引債の額面価額	1,200万ドル	400万ドル
負債の満期	3年	3年
資産の標準偏差	50%	60%

連続複利での無リスク金利は5％である。この情報を所与として、それぞれの会社の株主資本をコール・オプションとしてみなし、株主資本価値を算定するためにブラック・ショールズ・モデルを用いて、以下を計算する（練習のために検算するとよい）。

	サンシャイン水着社	ポーラー冬服社
株主資本の市場価値	2,042万4,000ドル	700万1,000ドル
負債の市場価値	957万6,000ドル	299万9,000ドル

これらの数値を検算する際、もし表22.3を用いると若干異なる答えになるかもしれない（われわれはスプレッドシートを用いた）。負債の市場価値は、貸借対照表恒等式を用いて計算したことに注意されたい。

合併の後、統合会社の資産は、何の価値の創造も破壊もないので、単純に合併前の価値の合計（＄3,000＋＄1,000＝＄4,000万）になる。同様に、負債の総額面価額は、1,600万ドルになる。しかしながら、統合会社の資産リターンの標準偏差には40％を仮定する。分散化効果があるので、これはどちらの個別企業のものより低い。

それでは、この合併の影響はどうなるだろうか。それを解明するために、合併後の株主資本の価値を計算する。上記の議論をもとに、以下は関連する情報である。

	統合会社
資産の市場価値	4,000万ドル
純粋割引債の額面価額	1,600万ドル
負債の満期	3年
資産リターンの標準偏差	40％

再び、株主資本と負債の価値を計算する。

	統合会社
株主資本の市場価値	2,664万6,000ドル
負債の市場価値	1,335万4,000ドル

ここで気づくのは、合併が、少なくとも株主には、ひどく悪い提案だということである。合併前、二つの個別企業の株主資本は、合計で2,742万5,000ドル（＝＄2,042万4,000＋＄700万1,000）の価値があった。対照的に、合併後は2,664万6,000ドル

しかない。したがって、合併は77万9,000ドル（＝＄2,472万5,000－＄2,664万6,000)、またはほぼ100万ドルの株主資本を蒸発させてしまった。

株主資本の100万ドルはどこに行ったのだろうか。これは債券保有者に渡った。彼らの債券は、合併前に1,257万5,000ドル（＝＄957万6,000＋＄299万9,000）の価値があり、合併後は1,335万4,000ドルなので、ちょうど77万9,000ドルの増加である。したがって、この合併は価値の創造も破壊も行わないが、価値を株主から債券保有者に移した。

この例は、純粋な財務的合併が悪い考えであり、またなぜそうなるのかを示している。分散化は会社の資産に対する利益の変動を減らすという意味で機能する。このリスクの削減は、デフォルトの可能性を減らすことにより、債券保有者に利益をもたらす。これは時々「共同保険効果」と呼ばれる。基本的に、合併することによって、企業は互いの債券を保証し合う。したがって、債券はリスクが減り、価値が増す。もし債券の価値がふえ、資産価値の正味の増加がないなら、株主資本の価値は下がらなければならない。よって、純粋な財務的合併は、債権者にとってはよいが、株主にとってはよくない。

これを理解するもう一つの方法は、株主資本はコール・オプションなので、原資産のリターン分散の減少は、その価値を下げるということである。純粋な財務的合併のケースにおける価値の減少には、興味深い解釈がある。合併はデフォルト（そしてその結果倒産）が起こる可能性を*減らす*。これは債券保有者からしてみれば明らかによいことであるが、株主の観点からみるとなぜ悪いことなのだろうか。答えはシンプルである。倒産する権利は、株主の貴重なオプションである。純粋な財務的合併は、このオプションの価値を減少させる。

オプションとキャピタル・バジェッティング

次に、キャピタル・バジェッティングに関する二つの問題を検討する。ここで示すのは、レバレッジがある企業では、株主はNPVが高いプロジェクトより低いプロジェクトを好むかもしれないということである。その後、株主はNPVがプラスのプロジェクトよりマイナスのプロジェクトさえ好むかもしれないということを示す。

いつものように、最初にこれらのポイントを例証する。以下は会社の基本的な情報である。

資産の市場価値	2,000万ドル
純粋割引債の額面価額	4,000万ドル
負債の満期	5年
資産リターンの標準偏差	50%

無リスク金利は4％である。すでに何度も行ったように、株主資本と負債の価値を計算することができる。

株主資本の市場価値	574万4,000ドル
負債の市場価値	1,425万6,000ドル

この会社のレバレッジの度合いはなかなか高い。市場価格に基づく負債・株主資本比率は、＄1,425万6,000/＄574万4,000＝2.48、または248％である。これは高いが、聞いたことがないというほどではない。また、ここでのオプションは、アウト・オブ・ザ・マネーであることに注意されたい。その結果、デルタは0.547である。

会社は、二つの相互排他的なプロジェクトを検討している。プロジェクトは、会社の資産の市場価値と会社の資産リターンの標準偏差双方に、以下のように影響を及ぼす。

	プロジェクト*A*	プロジェクト*B*
NPV	400万ドル	200万ドル
会社の資産の市場価値（＄2,000万＋NPV）	2,400万ドル	2,200万ドル
会社の資産リターンの標準偏差	40%	60%

どちらのプロジェクトのほうがよいだろうか。プロジェクト*A*のほうが高いNPVをもっているのは明らかであるが、あなたはもう、会社の資産リターンの標準偏差が違うことに、用心深くなっているだろう。一つのプロジェクトは標準偏差を減らし、もう一つのプロジェクトはふやす。どちらのプロジェクトを投資家が好むのかみるために、すでになじんだ計算を行う。

	プロジェクト*A*	プロジェクト*B*
株主資本の市場価値	596万5,000ドル	875万1,000ドル
負債の市場価値	1,803万5,000ドル	1,324万9,000ドル

二つのプロジェクトの間には、劇的な違いがある。プロジェクト A は株主と債券保有者双方に利益をもたらすが、ほとんどの増加分は債券保有者にいく。プロジェクト B は株主資本にきわめて大きな影響を及ぼし、加えて負債の価値を減らす。明らかに株主は B を選好する。

われわれの分析の含意はなんだろうか。基本的に、われわれは二つのことを見出した。第一に、もしデルタが１より相当低い場合は、創造された価値の一部は債券保有者に渡る。第二に、株主は会社の資産リターンの分散を増加させる強いインセンティブがある。より具体的にいうと、株主は、たとえNPVが低かったとしても、分散を減少させるプロジェクトではなく、分散を増加させるプロジェクトに対する強い選好をもつ。

最後の例を行おう。以下は異なる数値のセットである。

資産の市場価値	2,000万ドル
純粋割引債の額面価額	１億ドル
負債の満期	５年
資産リターンの標準偏差	50%

無リスク金利は４％なので、株主資本と負債の価値は以下のようになる。

株主資本の市場価値	201万2,000ドル
負債の市場価値	1,798万8,000ドル

前の例に比べて負債の額面価額が１億ドルに変わったので、オプションはきわめてアウト・オブ・ザ・マネーである。デルタは0.24しかないので、ほとんどの創造された価値は債券保有者に渡る。

会社には、いま行うか、そうでなければ永久に行わない検討中の投資がある。プロジェクトは、会社の資産の市場価値と会社の資産リターンの標準偏差双方に、以下のように影響を及ぼす。

プロジェクトのNPV	−100万ドル
会社の資産の市場価値（＄2,000万＋NPV）	1,900万ドル
会社の資産リターンの標準偏差	70%

したがって、プロジェクトはマイナスのNPVをもっているが、会社の資産リターンの標準偏差を増加させる。もし会社がプロジェクトに着手したら、以下の結

果を生む。

株主資本の市場価値	483万4,000ドル
負債の市場価値	1,416万6,000ドル

プロジェクトは株主資本の価値を2倍以上にする！　再度われわれがみているのは、株主にはボラティリティを増加させる強いインセンティブが、特にオプションがきわめてアウト・オブ・ザ・マネーのときに、あるということである。何が起こっているかというと、倒産する可能性が高いので、投資家にはほとんど失うものがない。その結果、たとえそれがマイナスのNPVをもっていようとも、イチかバチかのロングショットに賭ける強いインセンティブがある。これは最後に残ったお金で宝くじを買うのに少し似ている。悪い投資ではあるが、ほかに選択肢がない！

22.11　現実のプロジェクトへの投資とオプション

このテキストの前半で扱ったキャピタル・バジェッティングに関する内容を簡単に復習してみよう。われわれは最初に、将来キャッシュフローの予測が期日0で行われたプロジェクトを考察した。将来の各時点における期待キャッシュフローを、適切なリスク調整済割引率で割り引いて、NPVを算出した。独立したプロジェクトについては、正のNPVは採択を意味し、負のNPVは却下を意味した。このアプローチでは、割引率を通してリスクを取り扱った。

われわれは後に、さらに洗練された方法でリスクを扱うアプローチである、意思決定ツリー分析を検討した。企業は、プロジェクトの期間すべてにわたって、投資を行い、執行上の意思決定をすることを指摘した。われわれは、将来の意思決定が最善であると仮定して、プロジェクトをいまの時点で評価する。しかしながら、多くの情報がこれから発見されていくので、これらの意思決定がどうなるのかまだわからない。必要な情報が手に入るまで、投資や執行上の意思決定を遅らせることができる企業の能力は、一つのオプションである。ここでは例を通して、このオプションを説明する。

例22.6　オプションとキャピタル・バジェッティング

エクソフ・オイル社（EO）は、アラスカの奥地の油田購入を検討中である。売り手はこの資産を１万ドルで売り出しており、すぐに売却したがっている。当初の採掘費用は50万ドルである。会社は何十年にもわたって、毎年１万バレルの石油が汲み出せると見込んでいる。石油枯渇の時期があまりにも遠い将来で、推定が非常に困難なため、会社は油田からのキャッシュフローが永久に続くとみなす。石油価格は１バレル50ドルで、採油費用がバレル当り46ドルなので、会社は純利鞘がバレル当り４ドルになると見込んでいる。石油価格はインフレ率で上昇すると期待されるので、会社はバレル当りのキャッシュフローが常に実質で４ドルであると仮定する。適正な実質割引率は10％である。会社には過去の業績不振時からの十分な税額控除があり、油田からの利益に対してまったく税金を支払う必要がない。エクソフ社はこの資産を購入すべきだろうか。

エクソフ社にとっての油田のNPVは、以下のとおりである。

$$-\$110,000=-\$10,000-\$500,000+\frac{\$4\times 10,000}{0.10}$$

この分析によると、エクソフ社はこの土地を購入すべきではない。

このアプローチは、本書や他の教科書の標準的なキャピタル・バジェッティング手法を用いているが、この状況では実のところ不適当である。これを理解するため、エクソフ社のコンサルタントであるカートリー・ソーントン氏の分析を検討してみよう。ソーントン氏は、石油価格がインフレ率で上昇すると期待されることには同意する。しかしながら、彼は、来年が石油価格にとってきわめて危険な年であることを指摘する。一方で、OPEC（石油輸出国機構）は、将来長年にわたって石油価格をバレル当り実質65ドルに引き上げる長期契約を検討中である。他方で、ナショナル・モーターズ社は、最近、砂と水の混合物を燃料として用いる自動車を実験中であると発表した。ソーントン氏は、この開発が成功すれば、石油価格は長期にわたりバレル当り実質35ドルになると主張する。これらの２件に関する十分な情報は、ちょうど１年後に発表される。

石油価格が１バレル65ドルに上昇すると、プロジェクトのNPVは次のようになる。

$$\$1{,}390{,}000 = -\$10{,}000 - \$500{,}000 + \frac{(\$65 - \$46) \times 10{,}000}{0.10}$$

しかしながら、石油価格が1バレル35ドルに下落すれば、油田のNPVはいまよりもずっとマイナスになるだろう。

ソーントン氏は、エクソフ社役員会に、以下の二つの提案を行う。

1．土地は購入されるべきである。
2．採掘に関する意思決定は、OPECの新たな合意と、ナショナル・モーターズ社の新型自動車に関する情報が発表されるまで延期すべきである。

ソーントン氏は、最初に土地がすでに購入ずみであるという仮定を置いて、彼の提案を役員会に説明する。この仮定のもとでは、採掘に関する意思決定は延期されるべきであると、彼は主張する。次に彼は、初めに土地が購入されていなければならないという仮定を検討する。第一の意思決定（土地の購入）がなされたと仮定した後で、第二の決定（採掘の是非）を検討するというこのアプローチは、先のわれわれの意思決定ツリーの紹介でも用いられた。次に、ソーントン氏の分析をみていこう。

土地はすでに購入されたと仮定する。もし土地がすでに購入されているなら、採掘を直ちに開始すべきではないだろうか。採掘がすぐに始まった場合、NPVはマイナス11万ドルになる。もし採掘の意思決定を、1年後に新たな情報が発表されるまで延期したら、最善の選択はその時点で行うことができる。もし石油価格が1バレル35ドルに下落したら、エクソフ社は採掘すべきではない。かわりに、会社はこのプロジェクトから撤退するべきである。土地購入価格の1万ドルを超える損失は、まったく出ない。もし石油価格が65ドルに上昇したら、採掘を開始すべきである。

ソーントン氏は、延期することにより、石油価格が上昇した場合にのみ、会社は50万ドルの採掘費用を投資することになると指摘する。したがって、延期することにより、エクソフ社は石油価格が下落した場合に50万ドルを節約する。ひとたび土地を購入したら、採掘の決定は延期されるべきであるというのがソーントン氏の結論である[9)]。

最初に土地を購入すべきだったのだろうか。もし土地が購入されていれば、情報の発表まで採掘を延期することが最善であると、いまやわれわれは知って

いる。採掘に関するこの最善な決定を知っているとして、そもそも初めに土地を購入すべきだったのだろうか。石油価格が上昇する正確な確率を知らないにもかかわらず、ソーントン氏は、土地が購入されるべきだと確信している。石油価格65ドルでのプロジェクトのNPVが139万ドルであるのに対して、土地価格はたった１万ドルである。ソーントン氏は、石油価格の上昇は可能だが、ありそうだとは必ずしもいえないと思っている。それでも、高い潜在リターンは、明らかにリスクをとるに価すると彼は主張する。

この例は、前章でのソーラー・エクイップメント社の意思決定ツリー分析と類似したアプローチを提示している。本節でのわれわれの目的は、この種の意思決定をオプションのフレームワークのなかで議論することである。エクソフ社が土地を購入する場合、これは実際にはコール・オプションの購入である。すなわち、いったん土地が購入されたら、会社は行使価格50万ドルで、産出能力のある油田を買うオプションを保有することになる。結果からいえば、一般的にコール・オプションを直ちに行使すべきではない[10]。この場合、会社は将来の石油価格に関する適切な情報が発表になるまで、行使を延期すべきである。

本節は、古典的なキャピタル・バジェッティングにおける重大な欠陥を指摘している。純現在価値計算は、現実の世界の企業を通常無視する。この例では、標準的な手法は、土地購入に関してマイナスのNPVを生み出した。ところが、会社に新たな情報に基づいて投資政策を変更するオプションを許容すれば、土地購入は簡単に正当化できる。

読者もプロジェクトに隠されたオプションを探してみてほしい。オプションは有益なので、もしキャピタル・バジェッティング計算が柔軟性を無視すると、経営陣

9）　実際には、ここでは三つの異なる効果がある。第一に、会社は意思決定の延期によって、石油価格下落の際の採掘コストを回避する。これはソーントン氏によって議論された効果である。第二に、もし結果的に採掘が実施されたとしても、その意思決定が延期された場合は、支払額50万ドルの現在価値は少なくなる。第三に、延期により企業は１年分のキャッシュフローを失う。

10）　実際には、配当を支払わないコール・オプションは、決して行使期限日前に行使すべきではない。しかしながら、配当を支払う株式では、配当落ち日までに行使するのが最善の場合もある。この例の実物資産のオプションについても同様なことがいえる。
　会社は、直ちに採掘を開始すれば、早い段階でキャッシュフローを得ることになる。これは、配当を獲得するために、株式に対するコールを早まって権利行使した利益と同様である。しかしながら、この例では、この配当効果は、待つことによる利益に比べるとはるかに劣っている。

は会社のプロジェクトに対して誤った見方をしてしまう。

要約と結論

本章はオプションのイントロダクションに当たる。

1．最もありふれたオプションは、プットとコールである。これらのオプションは保有者に対し、普通株式を所与の行使価格で売る、または買う権利を与える。アメリカン・オプションは、行使期限日かそれ以前のいつでも行使できる。ヨーロピアン・オプションは、行使期限日のみに行使できる。
2．株式を買ってプットを買う戦略は、コールを買ってゼロ・クーポン債を買う戦略に等しいことを示した。これから、プット・コール・パリティの関係が確立された。

株式の価値＋プットの価値－コールの価値＝行使価格の現在価値

3．オプションの価値は次の五つの要因に依存する。
・原資産の価格
・行使価格
・行使期限日
・原資産の変動性
・無リスク債券の金利
ブラック・ショールズ・モデルは、これら五つの要因からオプションの本源的価格を決めることができる。
4．コーポレートファイナンス理論の多くはオプションのかたちで提示することが可能である。本章では次のような点を指摘した。
a. 普通株式は、その企業に対するコール・オプションとして表せる。
b. 株主は、企業のリスクを増大させることによって、彼らのコールの価値を高めることができる。
c. 現実のプロジェクトには、その価値を高める、隠されたオプションがある。

Concept Questions

1．オプション

コール・オプションとは何か。プット・オプションとは何か。それぞれを買いたくなるのはどのような状況のときか。どちらがより大きな潜在的利益をもっているか。なぜか。

2．オプション

これらの投資家それぞれについて、以下の文章を完成させよ。

a. コール・オプションの買い手

b. プット・オプションの買い手

c. コール・オプションの売り手

d. プット・オプションの売り手

「(プット/コール) オプションの（買い手/売り手）は、特定の期間、決められた価格で、ある資産を（買う/売る）ための（権利/義務）に対して、お金を（支払う/受け取る)」

3．アメリカン・オプションとヨーロピアン・オプション

アメリカン・オプションとヨーロピアン・オプションの違いは何か。

4．本源的価値

コール・オプションの本源的価値とは何か。プット・オプションでは？　これらの値をどう解釈したらよいか。

5．オプションの価格評価

パテル社の株式は1株当り50ドルで取引されている。パテル社1株に対する行使価格35ドルのコール・オプションは、10ドルで売られている。ここでは何がおかしいか。もしオプションの期限が今日で切れるとしたら、この誤った価格づけを利用してどのように儲けられるか。

6．オプションと株式リスク

株式のリスクが増加したら、その株式に対するコール・オプションには何が起こる可能性が高いか。プット・オプションの価格ではどうか。説明せよ。

7．オプションのリスク

正しいか、誤っているか。「株式の非システマティック・リスクは分散化により消し去ることができるので、株式の評価に無関

係である。したがって、その株式に対するコール・オプションの評価にも無関係である」。説明せよ。

8．オプションの価格評価

ある株式が現在1株当り30ドルで売られているとする。もし行使価格30ドルのプット・オプションとコール・オプションが売られているとしたら、どちらの価格のほうが高いと思うか。説明せよ。

9．オプション価格と金利

財務省短期証券の金利が突然予期せず上昇したとする。他のすべてのことが同じだったとしたら、コール・オプションの価値にはどんな影響があるか。プット・オプションの価値には？

10．条件付債務

あなたが普通の学生ローンを借りると、通常、ローンは米国政府によって保証される。これはあなたが返済できなかったとき、米国政府が返済してくれることを意味する。これは米国政府が提供する多くのローン保証の一例である。このような保証は、政府支出の計算や、公式な財政赤字の数字には表れない。なぜ表れないのか。それらも含まれるべきではないのか。

11．オプションと行使期限日

行使期限日までの時間が長くなることの、オプション価値に対する影響は何か。説明せよ。

12．オプションと株価ボラティリティ

原株式リターンのボラティリティが増加することのオプション価値に対する影響は何か。説明せよ。

13．オプションとしての保険

保険契約はオプションと類似しているとみなされる。保険契約者の観点からすると、どのタイプのオプションが保険契約か。なぜか。

14．コール・オプションとしての株主資本

レバレッジがある会社の株主は、会社の資産に対するコール・オプションを保有していると考えられるという。この文章が何を意味するのか説明せよ。

15. オプション評価とNPV

あなたはタイタン工業のCEOで、大量の従業員ストック・オプションを授与されたところである。会社には二つの相互排他的プロジェクトがある。1番目のプロジェクトは大きなNPVをもち、会社の総リスクを減少させる。2番目のプロジェクトは、小さなNPVをもち、会社の総リスクを増加させる。あなたは1番目のプロジェクトを採用することに決めていたが、従業員ストック・オプションはあなたの意思決定にどのような影響を及ぼすか。

16. プット・コール・パリティ

あなたは同じ満期で同じ行使価格のプットとコールを見つけた。プットとコールの相対的価格に関して、何を知っているか。あなたの答えを証明し、直観的な説明を提供せよ。

17. プット・コール・パリティ

あるプットとコールは、同じ満期と行使価格をもっている。もしそれらが同じ価格だったら、どちらがイン・ザ・マネーか。あなたの答えを証明し、直観的な説明を提供せよ。

18. プット・コール・パリティ

プット・コール・パリティが教えてくれるのは、株式、コール、プット、財務省短期証券のうち、どれでも三つがわかれば、四つ目は他の三つを用いて合成または複製できるということである。たとえば、コール、プット、財務省短期証券を用いて、どのように株式を複製できるか。

質問と問題

◆基本（問題1－17）

1．二項オプション価格評価モデル

財務省短期証券の利回りは現在5.5％である。ニナ・マニュファクチャリング社の株式は、現在1株当り70ドルで売られている。1年後に株価が65ドル以下に下がる可能性はない。

a. 行使価格60ドルのコール・オプションの価値はいくらか。本源的価値はいくらか。

b. 行使価格50ドルのコール・オプションの価値はいくらか。本源的価値はいくらか。

c. 行使価格60ドルのプット・オプションの価値はいくらか。本源的価値はいくらか。

2．オプション価格情報を理解する

次のオプション価格情報を用いて、以下の問題に答えよ。株式は現在83ドルで売られている。

オプション	限月	行使価格	コール		プット	
			売買高	終値	売買高	終値
RWJ						
	3月	80	230	2.80	160	0.80
	4月	80	170	6	127	1.40
	7月	80	139	8.05	43	3.90
	10月	80	60	10.20	11	3.65

a. コール・オプションはイン・ザ・マネーか。RWJ社のコール・オプションの本源的価値はいくらか。

b. プット・オプションはイン・ザ・マネーか。RWJ社のコール・オプションの本源的価値はいくらか。

c. 二つのオプションは明らかに誤った価格づけがされている。どれか。それらのオプションは最低限、いくらで売られるべきか。それぞれのケースで、どのように誤った価格づけから利益を得ることができるか説明せよ。

3．ペイオフの計算

次のオプション価格情報を用いて、以下の問題に答えよ。株式は現在114ドルで売られている。

オプション	限月	行使価格	コール		プット	
			売買高	終値	売買高	終値
マイクロソフト						
	2月	110	85	7.60	40	0.60
	3月	110	61	8.80	22	1.55
	5月	110	22	10.25	11	2.85
	8月	110	3	13.05	3	4.70

a. あなたは2月限月で行使価格110のコール・オプションを10契約購入するとする。あなたはいくら支払うか（手数料は無視）。

b. (a)で、マイクロソフト株が行使期限日に140ドルで売られているとする。あなたのオプション投資の価値はいくらか。最終株価が125ドルだったらどうか。説明せよ。

c. あなたは8月限月で行使価格110のプット・オプションを10契約購入するとする。あなたの最大利益はいくらか。マイクロソフト株が行使期限日に104ドルで売られているとする。あなたのオプション投資の価値はいくらか。あなたの正味利益はいくらか。

d. (c)で、あなたは8月限月で行使価格110のプット・オプションを10契約*売却*するとする。もし行使期限時にマイクロソフト株が103ドルで売られていたら、あなたの正味損益はいくらか。132ドルではどうか。損益分岐点株価（利益がゼロになる最終株価）はいくらか。

4．二項オプション価格評価モデル

アービン社の株式は、1年後に65ドルか85ドルのどちらかになる。1年満期のコール・オプションが取引されている。財務省短期証券の現在の利回りは6％である。

a. アービン株の現在の株価は70ドルであるとする。もし行使価格が60ドルだったら、コール・オプションの価値はいくらか。

b. (a)で、行使価格は80ドルであるとする。この場合、コール・オプションの価値はいくらか。

5．二項オプション価格評価モデル

タラ社の株式は、1年後に50ドルか70ドルのどちらかになる。1年満期のコール・オプションが取引されている。財務省短期証券の現在の利回りは5％である。

a. タラ株の現在の株価は60ドルであるとする。もし行使価格が35ドルだったら、コール・オプションの価値はいくらか。

b. (a)で、行使価格が60ドルであるとする。この場合、コール・オプションの価値はいくらか。

6．プット・コール・パリティ

ある株式が現在47ドルで売られている。行使価格45ドルで3カ月後に期限を迎えるコール・オプションは、3.80ドルで売られている。もし連続複利での無リスク金利が年2.6％だったら、同じ行使価格のプット・オプションの価値はいくらか。

7．プット・コール・パリティ

6カ月後に期限を迎える行使価格60ドルのプット・オプションが4.89ドルで売られている。株価は現在57ドルで、連続複利での無リスク金利は年3.6%である。同じ行使価格のコール・オプションの価値はいくらか。

8．プット・コール・パリティ

行使価格85ドルで、行使期限が3カ月のプット・オプションとコール・オプションが、それぞれ3.15ドルと6.12ドルで売られている。もし連続複利での無リスク金利が年4.8%だったら、現在の株価はいくらか。

9．プット・コール・パリティ

行使価格45ドルで、行使期限が2カ月のプット・オプションとコール・オプションが、それぞれ2.65ドルと5.32ドルで売られている。もし株価が現在47.30ドルだったら、連続複利での年次無リスク金利はいくらか。

10．ブラック・ショールズ・モデル

以下の情報をもとに、コール・オプションとプット・オプションの価格はそれぞれいくらか。

株価＝46ドル
行使価格＝50ドル
無リスク金利＝年6％（連続複利）
満期＝3カ月
標準偏差＝54%（年次）

11．ブラック・ショールズ・モデル

以下の情報をもとに、コール・オプションとプット・オプションの価格はそれぞれいくらか。

株価＝93ドル
行使価格＝90ドル
無リスク金利＝年4％（連続複利）
満期＝8カ月
標準偏差＝62%（年次）

12．デルタ

以下の情報をもとに、コール・オプションとプット・オプションの価格はそれぞれいくらか。オプションのデルタは何を教えてくれるか。

株価＝74ドル

行使価格＝70ドル

無リスク金利＝年５％（連続複利）

満期＝９カ月

標準偏差＝56％（年次）

13. ブラック・ショールズ・モデルと資産価値

あなたはフロリダ州のキー・ウェストに土地１区画を所有しており、現在は使われていない。同様な区画が最近190万ドルで売られた。過去５年間、この地域の土地の価格は毎年12％で上昇してきた。土地価格の標準偏差は年間25％である。最近、あるバイヤーがあなたに、12カ月後に土地を210万ドルで購入するオプションがほしいと申し出た。連続複利での無リスク金利は、年５％である。あなたはこのオプションにいくら請求すべきか。

14. ブラック・ショールズ・モデルと資産価値

前問で、あなたは１年後にバイヤーに土地を売却するオプションがほしかったとする。すべての事実が同じだと仮定して、今日どのような取引が発生するか説明せよ。今日の取引の価格はいくらか。

15. オプションの時間的価値

あなたはある株式に関して以下の情報を与えられた。

株価＝74ドル

行使価格＝80ドル

無リスク金利＝年６％（連続複利）

満期＝６カ月

標準偏差＝53％（年次）

a. コール・オプションの本源的価値はいくらか。プット・オプションは？

b. コール・オプションの時間的価値はいくらか。プット・オプションは？

c. コールまたはプットは、より大きな時間的価値をもっているか。これは一般的に正しいと期待できるか。

16. リスク中立評価

ある株式の価格は現在54ドルである。株式は来年15％上がるか下がるかのどちらかである。この株式に対する行使価格が50ドルで行使期限まで１年のコール・オプションがある。もし無リスク金利が８％だったら、コール・オプションのリスク中立価値はいくらか。

17. リスク中立評価

前問で、無リスク金利は５％しかないと仮定する。この場合、オプションのリスク中立価値はいくらか。株価が上昇または下落したら、リスク中立確率には何が起こるか。

◆中級（問題18－29）

18. ブラック・ショールズ・モデル

あるコール・オプションは６カ月後に満期を迎える。株価は75ドルで、株式リターンは年次30％の標準偏差をもっている。連続複利での無リスク金利は年間４％である。行使価格が０だったら、コール・オプションの価格はいくらか。

19. ブラック・ショールズ・モデル

あるコール・オプションの行使価格は80ドルで、６カ月後に満期を迎える。現在の株価は86ドルで、連続複利での無リスク金利は年５％である。もし株式の標準偏差が年間０％だったら、コール・オプションの価格はいくらか。

20. ブラック・ショールズ・モデル

株式には現在35ドルの値段がついている。１年満期のコール・オプションの行使価格は50ドルである。連続複利での無リスク金利は年７％で、株式リターンの標準偏差は無限大に大きい。コール・オプションの価格はいくらか。

21. オプションとしての株主資本

サンバーン・サンスクリーン社には、額面が１万5,000ドルで、１年後に満期を迎える発行済ゼロ・クーポン債がある。会社の資産の現在の市場価値は１万5,800ドルである。会社の資産に対するリターンの標準偏差は年次38％で、連続複利での年次無リスク金利は５％である。ブラック・ショールズ・モデルに基づくと、会社の株主資本と負債の市場価値はいくらか。

22. オプションとしての株主資本とNPV

前問の会社が二つの相互排反的プロジェクトを検討しているとする。プロジェクト*A*のNPVは1,200ドルで、プロジェクト*B*のNPVは1,600ドルである。プロジェクト*A*を行うと、会社の資産に対するリターンの標準偏差は年次55％に増加する。もしプロジェクト*B*を行うと標準偏差は年次34％に減少する。

a. プロジェクト*A*が行われた場合、会社の株主資本と負債の価値はいくらか。プロジェクト*B*の場合はいくらか。

b. どちらのプロジェクトを株主は好むか。あなたの答えをNPVルールと矛盾のないようにできるか。

c. 株主と債券保有者は、実際には同じ投資家グループだとする。これは(b)での答えに影響を及ぼすか。

d. この問題は、株主のインセンティブに関して何を示唆するか。

23. オプションとしての株主資本

フロストバイト・サーマルウェア社には、額面が2万5,000ドルで、1年後に満期を迎える発行済ゼロ・クーポン債がある。会社の資産の現在の市場価値は2万7,200ドルである。会社の資産に対するリターンの標準偏差は年次53%で、連続複利での年次無リスク金利は5%である。ブラック・ショールズ・モデルに基づくと、会社の株主資本と負債の市場価値はいくらか。会社の連続複利負債コストはいくらか。

24. 合併とオプションとしての株主資本

前出のサンバーン・サンスクリーン社とフロストバイト・サーマルウェア社が合併を決めたとする。二つの会社は季節的な売上げをもっているので、統合会社の資産に対するリターンは、年次29%の標準偏差をもつことになる。

a. 二つの既存会社の株主資本の統合価値はいくらか。負債の価値はいくらか。

b. 新会社の株主資本の価値はいくらか。負債の価値はいくらか。

c. 株主の損益はいくらか。債券保有者の損益はいくらか。

d. ここでは、株主価値に何が起こったか。

25. オプションとしての株主資本とNPV

会社には額面が2,500万ドルで、10年後に満期を迎える発行済ゼロ・クーポン債がある。会社の資産の現在の価値は2,100万ドルで、会社の資産に対するリターンの標準偏差は年次39%である。連続複利での無リスク金利は年6%である。

a. 会社の株主資本の現在の市場価値はいくらか。

b. 会社の負債の現在の市場価値はいくらか。

c. 会社の連続複利負債コストはいくらか。

d. 会社には新しいプロジェクトがある。プロジェクトのNPVは120万ドルである。もし会社がこのプロジェクトを行ったら、株主資本の新しい市場価値はいくらになるか。ボラティリティは変わらないと仮定する。

e. 会社が新しいプロジェクトを行い、追加資金は借り入れないと仮定すると、新しい連続複利負債コストはいくらになるか。ここでは何が起こっているか。

26. 二項オプション価格評価モデル

ケンは、サウスイースタン航空株（無配当普通株式）に対する、行使価格85ドルで行使期限が1年のヨーロピアン・コール・オプションを買おうかと思っている。現在、サウスイースタン航空株は、1株80ドルで取引されている。ケンは、サウスイースタン航空株が1年後、1株98ドルかあるいは70ドルで取引されていることを知っている。ケンは、年2.5%（実効年利回り）の無リスク金利で貸し借りできる。

a. コール・オプションは、今日いくらで売られるべきか。

b. もしサウスイースタン航空株のオプションが現在取引されていなかったら、ケンが上記のコール・オプションと同じペイオフをもつ、合成コール・オプションを構築する方法はあるか。もしあるなら、どのように構築するか。

c. この合成コール・オプションのコストはいくらか。これは、実際のコール・オプションのコストより、高いか、安いか、あるいは同じか。これは道理にかなっているか。

27. 二項オプション価格評価モデル

ロブは、バイオラボ株（無配当普通株式）に対する、行使価格が40ドルで行使期限が半年のヨーロピアン・プット・オプションを買いたい。現在、バイオラボの普通株式は、1株30ドルで取引されており、ロブは半年後、株価が1株60ドルに上がるか、15ドルに下がると見込んでいる。ロブは、年8%（実効年利回り）の無リスク金利で貸し借りできる。

a. プット・オプションは、今日いくらで売られるべきか。

b. もしバイオラボ株のオプションが現在取引されていなかったら、ロブに上記のプット・オプションと同じペイオフをもつ、合成プット・オプションを構築する方法はあるか。もしあるなら、どのように構築するか。

c. この合成プット・オプションのコストはいくらか。これは、実際のプット・オプションのコストより、高いか、安いか、あるいは同じか。これは道理にかなっているか。

28. 二項オプション価格評価モデル

マベリック・マニュファクチャリング社は、3カ月後に、製造に用いる金を購入しなければならない。マベリック社の経営陣は、もし金が1オンス875ドル以上に上がるようなことになったら、会社は倒産すると予測している。金の現在の価格は1オンス815ドルである。会社のCEOは、3カ月後、金価格が1オンス975ドルに上がるか、740ドルに下がると考えている。経営陣は倒産につながるいかなるリスクも排除したい。マベリック社は、年6.50%（実効年利回り）の無リスク金利で貸し借りできる。

a. 会社は、金価格に対するコール・オプションかプット・オプションのどちらを買うべきか。倒産を避けるために、会社はこのオプションがいくらの行使価格とどれだけの行使期限をもつことが望ましいか。

b. このようなオプションは、公開市場においていくらで売られるべきか。

c. もし金のオプションが現在取引されていなかったら、会社が上記のコール・オプションと同じペイオフをもつ、合成オプションを構築する方法はあるか。もしあるなら、どのように構築するか。

d. この合成オプションのコストはいくらか。これは、実際のオプションのコストより、高いか、安いか、あるいは同じか。これは道理にかなっているか。

29. ブラック・ショールズ・モデルとカラーのコスト

投資家は、資産を買い、その資産に対するアウト・オブ・ザ・マネーのプット・オプションを買い、その資産に対するアウト・オブ・ザ・マネーのコール・オプションを売った場合、「カラー」のポジションをとったといわれる。二つのオプションは同じ行使期限をもたなければならない。マリーはハリウッド社株（無配当普通株式）に対する、行使期限が半年のカラーを買いたいとする。彼女は、プットの行使価格を65ドルにし、コールの行使価格を110ドルにしたい。ハリウッド社の現在の株価は1株85ドルである。マリーは年7％の連続複利無リスク金利で貸し借りでき、ハリウッド社株の連続複利リターンの年次標準偏差は50％である。ブラック・ショールズ・モデルを用いて、マリーが買いたがっているカラーの総コストを計算せよ。カラーの効果は何か。

◆チャレンジ（問題30－38）

30. 負債の評価と満期までの時間

マクレモア工業には、額面が4万ドルで、2年後に満期を迎える発行済ゼロ・クーポン債がある。会社の資産の現在の価値は1万9,000ドルで、会社の資産に対するリターンの標準偏差は年次60％である。

a. 連続複利での無リスク金利は年5％であると仮定する。会社の債券と同じ額面と満期をもつ無リスク債の価値はいくらか。

b. 負債の額面と等しい行使価格をもつ、会社の資産に対するプット・オプションに対して、債券保有者はいくら払わなければならないか。

c. (a)と(b)の答えを用いて、会社の負債の価値はいくらか。会社の負債の連続複利利回りはいくらか。

d. マクレモア工業の資産価値の精査と、負債が2年後に完済されなければならないという事実から、会社は負債に対してデフォルトする可能性が高い。経営陣は債券保有者に、負債の額面と同額を返済するが、それは5年後にしたいという申出を行った。提案されたプランでは、負債の価値はいくらになるか。負債の新しい連続複利利回りはいくらか。なぜこうなるのか説明せよ。

31. 負債の評価と資産分散

ブロジック社には、額面が5万ドルで、5年後に満期を迎える発行済ゼロ・クーポン債がある。会社の資産の現在の価値は4万6,000ドルで、会社の資産に対するリターンの標準偏差は年次50%である。連続複利での無リスク金利は年6%である。

a. 会社の債券と同じ額面と満期をもつ無リスク債の価値はいくらか。

b. 負債の額面と等しい行使価格をもつ、会社の資産に対するプット・オプションの価値はいくらか。

c. (a)と(b)の答えを用いて、会社の負債の価値はいくらか。会社の負債の連続複利利回りはいくらか。

d. 会社は、資産に対するリターンの標準偏差が年次60%になるように、資産を再構築できるとする。負債の価値には何が起こるか。負債の新しい連続複利利回りはいくらか。(c)と(d)の答えを整合させよ。

e. もし会社が資産を再構築したら、債券保有者には何が起こるか。株主には何が起こるか。これはどのようにしてエージェンシー問題をつくりだすか。

32. 二項オプション価格評価と企業評価

負債と株式の両方で資金調達されているストラドラー不動産は、新規事業に着手している。もしプロジェクトが成功すれば、会社の価値は1年後には3億8,000万ドルになるが、もし失敗に終われば、会社の価値は2億1,000万ドルになってしまう。ストラドラー社の現在の価値は3億ドルで、この数字は新規プロジェクトの見通しを織り込んでいる。ストラドラー社には、1年後に満期を迎える額面3億2,000万ドルの発行済ゼロ・クーポン債がある。1年後に満期を迎える財務省短期証券の利回り（実効年利回り）は7%である。ストラドラー社は配当を支払わない。

a. 二項オプション価格モデルを用いて、ストラドラー社の負債と株主資本の現在の価値を求めよ。

b. ストラドラー社には発行済株式が50万株あるとする。会社の株主資本の1株当り価格はいくらか。

c. ストラドラー社の負債の市場価値と、満期1年の同額の無リスク負債の現在価値を比較せよ。会社の負債の価値は、無リスク負債の現在価値より、大きいか、小さいか、それとも同じか。これは道理にかなっているか。どのような要因がこれら二つの価値に違いをもたらす可能性があるか。

d. 上記のプロジェクトのかわりに、ストラドラー社の経営陣は、さらにリスクを伴うプロジェクトに着手することを決めた。1年後に、会社の価値は4億4,500万ドルに増加するか、あるいは1億8,500万ドルに減少する。驚いたことに、経営陣は、もしこのリスキーなプロジェクトがリスクの少ないプロジェクトにとってかわっても、会社の今日の価値はちょうど3億ドルのままであろうと結論した。二項オプション価格評価モデルを用いて、会社がこの新しいプロジェクトに着手した場合の、会社の負債と株主資本の価値を求めよ。債券保有者はどちらのプロジェクトを好むか。

33. ブラック・ショールズ・モデルと配当

本章で議論した五つの要因に加えて、配当もまたオプションの価格に影響を及ぼす。配当を伴うブラック・ショールズ・オプション価格評価モデルは、以下のとおりである。

$$C = S \times e^{-dt} \times \mathrm{N}(d_1) - E \times e^{-Rt} \times \mathrm{N}(d_2)$$
$$d_1 = [\ln(S/E) + (R - d + \sigma^2/2) \times t]/(\sigma \times \sqrt{t})$$
$$d_2 = d_1 - \sigma \times \sqrt{t}$$

すべての変数は、株式に対する連続複利配当利回りの変数であるdを除いて、配当なしのブラック・ショールズ・モデルと同じである。

a. 配当利回りは、コール・オプションの価格にどのような影響を及ぼすと思うか。説明せよ。

b. 株価は現在106ドルで、株価リターンの標準偏差は年次50%、連続複利での無リスク金利は、年5%である。もし株式の配当利回りが年2%だったら、行使価格100ドルで、6カ月満期のコール・オプションの価格はいくらか。

34. プット・コール・パリティと配当

配当が支払われる場合、プット・コール・パリティの条件は変わる。配当調整済みプット・コール・パリティ公式は以下のとおりである。

$$S \times e^{-dt} + P = E \times e^{-Rt} + C$$

ここで、d は再び連続複利配当利回りである。

a. 配当利回りは、プット・オプションの価値にどのような影響を及ぼすと思うか。説明せよ。

b. 前問から、コール・オプションと同じ行使価格と満期をもつプット・オプションの価格はいくらか。

35. プットのデルタ

本章で、プット・オプションのデルタが $N(d_1)-1$ であると述べた。これは $-N(-d_1)$ と同じか（ヒント：イエス、でもなぜ）。

36. ブラック・ショールズ・プット価格評価モデル

コールを価格評価するブラック・ショールズ・モデル、プット・コール・パリティ、そして前問の結果を用いて、プットを直接価格評価するブラック・ショールズ・モデルが、以下のように表せることを示せ。

$$P=E\times e^{-Rt}\times N(-d_2)-S\times N(-d_1)$$

37. ブラック・ショールズ・モデル

株式には現在50ドルの価格がついている。株式は決して配当を支払わない。連続複利での無リスク金利は年12%で、株式リターンの標準偏差は60%である。この株式に対するヨーロピアン・コール・オプションは、行使価格が100ドルで、行使期限日がない（無限の寿命をもつ）。ブラック・ショールズ・モデルに基づくと、コール・オプションの価格はいくらか。ここに矛盾はあるか。この矛盾から抜け出す方法はあるか。

38. デルタ

あなたはコールを一つ買い、同じ行使価格と行使期限日のプットを一つ売った。あなたのポートフォリオのデルタはいくらか。なぜか。

ミニケース

●クリソールド工業株オプション

あなたは現在、クリソールド工業で働いている。会社は５年前に公開し、照明設備と特注製品の設計、生産、販売をグローバルに展開している。会社の社長であるマル・クリソールドは、最近起こった出来事のために会社のリスクに関して懸念を抱き、あなたに助言を求めた。

マルとの話合いのなかで、あなたは、会社の株式の市場リスクが期待リターンの決定要因であるとCAPMが提唱していることを説明する。マルはこれに同意するものの、彼のポートフォリオはすべてクリソールド工業株とオプションなので、会社の株式の総リスク、もしくは標準偏差が気がかりであると主張する。さらに、彼は過去5年間の会社の株式の標準偏差を計算してみたものの、将来の株式ボラティリティ（標準偏差）の推定値がほしい。

マルは、会社の株式のオプション契約に内在するインプライド・ボラティリティを計算することにより、将来の株式ボラティリティの推定値を見つけることができると述べる。オプション価格に影響を与える要因を考察すると、株式のボラティリティを除いて、すべての要因は市場で直接観察できる。マルは、ボラティリティ以外のオプション要因はすべて観察できるので、単にブラック・ショールズ・モデルを解いて、インプライド・ボラティリティを見つけることができるという。

会社の株式のインプライド・ボラティリティを見つけるのを助けるために、マルはあなたに以下の6カ月後に期限を迎える四つのコール・オプションの価格を提供した。無リスク金利は4％で、現在の株価は50ドルである。

行使価格	オプション価格
＄30	＄27.65
40	19.45
50	11.95
55	9.55

1．この株式に対して、いくつの異なるボラティリティが見つかると期待するか。
2．残念ながら、インプライド・ボラティリティを解くことはマルが示唆するほどやさしくはない。実際、仮にブラック・ショールズ・モデルの他のすべての変数があったとしても、ボラティリティを直接求める解はない。マルは、それでもあなたに株式のインプライド・ボラティリティを推定してほしい。これを行うには、エクセルのソルバー関数を用いてスプレッドを作成し、それぞれのオプションのインプライド・ボラティリティを計算する。
3．オプションのインプライド・ボラティティはすべて同じか（ヒント：ノー）。これらのオプションに異なるボラティティをもたらす潜在的理由は何か。

4．オプション価格に対するボラティリティの重要性を議論した後、あなたのボスは、VIX について聞いたことがあるという。VIX とは何で、それは何を意味するのか。答えるにあたって、シカゴ・オプション取引所（CBOE）のウェブサイト www.cboe.com を訪ねる必要があるかもしれない。

5．CBOE のウェブサイト上で、VIX のオプション価格情報を探す。VIX オプションのインプライド・ボラティリティは何を意味するか。

第23章

オプションと
コーポレートファイナンス：発展と応用

2008年の歴史的に大きな株式市場の下落は、何百万もの従業員ストック・オプションの価値を劇的に減らし、それらの多くを「水面下」に沈めてしてしまった。これは、株価が対応する行使価格よりはるかに下になってしまったことを意味する。実際、何人かのアナリストは、フォーチュン500企業の従業員ストック・オプションの72％が水面下にあり、これらの同じ企業のCEOによって保有されるストック・オプションの93％が同様な状況にあると推定している。それに応えて、記録的な数の企業が、水面下のオプションを、現金、株式、または制限付株式と交換した。加えて、多数の企業が、従業員ストック・オプションの行使価格を下げた。本章は、従業員ストック・オプションと、コーポレートファイナンスにおける他のオプション原理の応用を探求する。

23.1　エグゼクティブ・ストック・オプション

なぜオプションか

企業幹部（エグゼクティブ）の報酬は通常、基本給与に加えて、次の要素のすべて、またはいくつかで構成される。

1．長期報酬
2．年次賞与
3．退職給付金
4．オプション

表23.1　2007～2008年、トップ10オプション支給額[1]

会　社	CEO	支給されたオプション数（単位：1,000）	平　均 株　価	支給されたオプションの額面価額（単位：100万）[2]
オラクル・コーポレーション	L.エリソン	7,000	$ 14.57	$102.0
キャピタル・ワン・ファイナンシャル・コーポレーション	R.フェアバンク	1,662	50.99	84.7
ゴールドマン・サックス・グループ	L.ブランクファイン	322	204.16	65.8
ワコビア・コーポレーション	G.トンプソン	1,494	42.35	63.3
アメリカン・エキスプレス・カンパニー	K.シュノールト	900	58.14	52.3
ユナイテッド・テクノロジーズ・コーポレーション	G.デービッド	769	57.30	44.1
メリル・リンチ&Co	J.セイン	614	60.43	37.1
フリーポート・マクモラン・コッパー&ゴールド	R.アドカーソン	500	72.92	36.5
エトナ	R.ウィリアムズ	706	42.57	30.1
ワイス	R.エスナー	370	56.00	20.7

（注）　1　会計年度2007年3月1日～2008年2月28日に株主総会議案書を提出した米国トップ200企業（事業会社とサービス会社）をもとにしている。それぞれの権利確定期間に対して年率化された巨額授与を含む。

2　供与されたオプションの授与額は、オプション数に株価を乗じたものである。

（出所）　Perl Meyer & Partners.

最後にあげたオプションは、多くのトップ・エグゼクティブにとって、報酬全体で最も大きな部分を占める。表23.1に、2007～2008年の間に最大のストック・オプションを受けたCEO（最高経営責任者）10人のリストを示した。順位は支給されたオプションの*額面価額*の順になっている。これは、オプション数に現行株価を乗じた値である。

オプションの額面価額を知っても、自動的にオプションの市場価値を計算することはできない。ブラック・ショールズ・モデルでも二項モデルでも、オプションの価値を決めるにはまず、行使価格も知らなければならない。しかしながら、行使価格は通常、エグゼクティブがオプションを受領する日の株式の市場価格と等しく設定される。次節では、行使価格が市場価格と等しいという仮定のもとに、オプションを評価する。

会社の株式に対するオプションは、基本給与の引上げにかわるものとしてエグゼクティブに支給されるケースがますますふえている。以下は、オプションを利用するいくつかの理由である。

1．オプションによって、エグゼクティブは株主と利害をともにするようになる。利害を同じくすることにより、エグゼクティブは株主の利益のために、よりよい意思決定を行うようになると主張される。
2．オプションは、企業にエグゼクティブの基本給与を下げることを可能にする。これは、エグゼクティブの給与と他の従業員の給与との大きな格差からくる士気の低下を取り除く。
3．会社の業績と無関係に給与を保証するのではなく、オプションはエグゼクティブの報酬をリスクにさらす。
4．オプションは従業員への節税効果をもつ給与支払方法である。現行税法では、エグゼクティブが自社株購入のオプションを受給し、そのオプションが「アット・ザ・マネー」である場合は、課税所得とみなされない。最終的にオプションが行使されたときにのみ課税される。

例23．1　スターバックスにおけるオプション

ストック・オプションは、上級エグゼクティブに限定されたものではない。シアトルで産声をあげたコーヒー・チェーンであるスターバックスは、末端レベルの従業員にまでストック・オプションを拡大した。創業者のハワード・シュルツ氏は、こう述べている。「われわれは非公開の会社だったが、トップからバリスタ（店員）に至るまで、会社のすべての従業員に対し、基本給水準に比例したストック・オプションを支給した。そうすれば、従業員は自らの努力で毎年スターバックスにより大きな成功をもたらし、スターバックスがいつの日か株式公開されたら、彼らのオプションは究極的に大金になるだろう」。

エグゼクティブ報酬の評価

この節では、エグゼクティブ・ストック・オプションを評価する。トータルな報

酬体系が複雑なため、これはもちろん、非常にむずかしい作業になる。実際のオプションの経済価値は、原株式のボラティリティやオプション授与の正確な条件など、他の要因に依存している。

表23.1にリストされたエグゼクティブたちが保有するオプションの経済価値を推定してみよう。この推定には、第22章のブラック・ショールズ・オプション価格評価公式を使う。もちろん、特定のプランの特徴に関する情報の多くが欠落しており、せいぜい望めるのはおおまかな推定値である。エグゼクティブに対し、オプションを行使する前に一定の保有期間（フリーズ・アウト期間）を義務づけるような単純な規約が、標準的なオプションの価値を大幅に減少させる可能性がある。同様に重要なのは、もし株式が配当を支払う場合は、ブラック・ショールズ公式に修正が必要になることである。直観的に、有配株に対するコール・オプションは、無配株に対するコールより価値がない。他のすべての条件が同じなら、配当支払は株価を下げるからである。それでも、できるだけのことをやってみよう。

例23．2　キャピタル・ワン・コーポレーションにおけるオプション

会計年度2007年に提出された株主総会議案書によると、CEOのリッチ・フェアバンクは166万2,000株のストック・オプションを授与された。オプションの平均行使価格は50.99ドルだった。すべてのオプションがアット・ザ・マネーで授与されたと仮定する。また、オプションは5年後に期限を迎え、無リスク金利は5％であると仮定する。これらの情報は以下を意味する。

1．株価（S）は行使価格（E）に等しく、50.99ドルである。
2．無リスク金利（R）は0.05である。
3．期間（t）は5である。

加えて、表23.2に報告された株式ボラティリティ（σ）は年37.46％で、これは分散（σ^2）が（$0.3746)^2=0.1403$であることを意味する。

これで、ブラック・ショールズ・モデルを用いてリッチ・フェアバンクのオプションの価値を推定する十分な情報がそろった。

$$C=S\mathrm{N}(d_1)-Ee^{-Rt}\mathrm{N}(d_2)$$

$$d_1 = \frac{R + \frac{1}{2\,\sigma^2 t}}{\sqrt{\sigma^2 t}} = 0.7173$$

$$d_2 = d_1 - \sqrt{\sigma^2 t} = -0.1204$$

$$\mathrm{N}(d_1) = 0.7634$$

$$\mathrm{N}(d_2) = 0.4521$$

$$e^{-Rt} = 0.7788$$

$$C = \$50.99 \times 0.7634 - \$50.99 \times (0.7788 \times 0.4521) = \$20.97$$

ファエバンク氏は166万2,000株に対するストック・オプションを授与され、各オプションは20.97ドルの価値があるので、上記の計算による彼のオプションの市場価値は3,490万ドル（＝166万2,000×＄20.97）である。表23.2は、会社によって実際に報告された価値を示しているが、これは1,700万ドルしかない。この違いを説明できる多くの要因が存在する。われわれが用いたパラメーターのどれもが間違っているかもしれず、計算に大きな影響を及ぼしたかもしれない。たぶんもっと重要なのは、キャピタル・ワン社が年間約７％の配当を支払ったことである。配当は株主が受け取る支払であるが、オプション保有者は受け取れない。株主は配当とキャピタル・ゲインを受け取るが、オプション保有者はキャピタル・ゲインからしか利益を得られないので、株式が配当を支払う場合、オプションの価値は下がる。５年後のキャピタル・ワン株の最終株価は、配当が再投資されていた場合よりも低くなるので、オプション価値もまた低くなる。上記の計算を配当の影響を考慮してやり直すと、フェアバンク氏に授与されたオプションの価値は約1,700万になり、これは実際に会社が報告したものである。

表23.2は、各企業によって報告されたオプションの授与額と実際の価値を示している。これらの会社のほとんどがオプションの評価にブラック・ショールズ法を用いるが、彼らは配当が支払われるかどうかといった、プランと株式の特徴を考慮する。みてわかるように、これらの報告された価値は、一般的な基準からすると大きいが、対応する授与額より相当少ない。また、授与額によるランキングは、報告されたオプション価値のランキングとは異なることに注意されたい。たとえば、表23.1は、ワイス社のCEOが2,070万ドルの授与額を受け取り、トップ10リストの

表23.2　2007～2008年、トップ10オプション支給額[1]

会　社	CEO	供与されたオプションの授与額（単位：100万）[2]	年次株式ボラティリティ（%）	ブラック・ショールズ・モデルによる評価額（単位：100万）[3]
オラクル・コーポレーション	L. エリソン	$102.0	25.09%	$50.1
キャピタル・ワン・ファイナンシャル・コーポレーション	R. フェアバンク	84.7	37.46	17.0
ゴールドマン・サックス・グループ	L. ブランクファイン	65.8	32.76	16.4
ワイス	R. エスナー	20.7	23.17	14.9
アメリカン・エキスプレス・カンパニー	K. シュノールト	52.3	28.94	13.3
ユナイテッド・テクノロジーズ・コーポレーション	G. デービッド	44.1	18.40	12.6
メリル・リンチ&Co	J. セイン	37.1	35.68	11.7
ワコビア・コーポレーション	G. トンプソン	63.3	26.83	11.3
フリーポート・マクモラン・コッパー&ゴールド	R. アドカーソン	36.5	45.56	11.1
エトナ	R. ウィリアムズ	30.1	22.29	10.8

（注）　1　会計年度2007年３月１日～2008年２月28日に株主総会議案書を提出した米国トップ200企業（事業会社とサービス会社）をもとにしている。それぞれの権利確定期間に対して年率化された巨額授与を含む。

2　供与されたオプションの授与額は、オプション数に株価を乗じたものである。

3　オプション価値は、各企業が報告したFAS123(R) の値である。前年の巨額授与に関しては、「報告された」価値がない場合、授与日のブラック・ショールズ・モデルの値を用いた。授与はそれぞれの権利確定期間に対して年率化されている。

（出所）　Perl Meyer & Partners.

第10位だったことを示しているが、表23.2の報告されたオプション価値は1,490万ドルで、リストの第４位だった。

表23.2で計算した価値は、オプションが仮に市場で取引された場合の経済価値である。本当の質問は、これがだれの価値なのかということである。これらは、企業に対するオプションの費用なのだろうか。エグゼクティブに対するオプションの価値なのだろうか。

われわれが表23.2で計算したのと同じように、企業がオプションの公正市場価値を計算するとしよう。例証のため、オプションはイン・ザ・マネーであり、それぞれが25ドルの価値があると仮定する。また、CEOはそのオプションを100万単位、合計価値で2,500万ドルを保有していると仮定する。これはオプションが金融市場で取引され、トレーダーや投資家が進んで支払う金額である[1]。もし会社が大企業なら、これをCEOに対して授与するオプションの費用としてみなしても、そう的外れではないだろう。もちろん、企業はお返しとして、CEOが株主のために、企業価値をこの金額以上に引き上げてくれることを期待する。これまでみてきたとおり、オプションの主要な目的は、おそらく経営サイドの利害と株主の利害を一つにすることである。とはいえ、いかなる状況下においても、この2,500万ドルは、CEOに対するオプション価値としての、必ずしも公正な測定値ではない。

一つの例証として、ABC社のCEOが、行使価格30ドルのオプションを、100万株に対して所有しており、同社の株価は現在50ドルであるとしよう。もし今日オプションが行使されたら、これは2,000万ドルの価値をもつことになる（市場価値の過小評価）。加えて、CEOが、同社株500万ドルとその他資産500万ドルを所有しているとしよう。CEOは明らかに、きわめて分散化されていない個人ポートフォリオを所有している。現代ポートフォリオ理論の標準からいえば、個人財産の25/30もしくは約83%を、1銘柄の株式およびそのオプションでもつことは、不必要にリスクが大きい。

ほとんどの基準でCEOは裕福だが、株式の価値が大きく変動すると、CEOの経済状況には劇的な影響が出る。もし1株当りの価値が50ドルから30ドルに下落した場合、100万株に対する現在の行使価値は、2,000万ドルからゼロに急落する。オプションの行使期限日まで時間が残っていれば、すべての価値を失うことにはならないという事実を無視すると、CEOの正味資産は3,000万ドルから800万ドル（その他資産＄500万＋＄300万の新しい株式価値）へと驚くべき減少をみせる。しかし、これがCEOに、オプションと自社株を与える目的である。すなわち、CEOの富を、会社の富とともに上昇・下落するようにすることである。これが、なぜ会社が、少なくともフリーズ・アウト期間中は、エグゼクティブに対して、利益を実現するためのオプション売却を許さずに、保有を要求するかの理由である。

これのもつ意味は、オプションがエグゼクティブの正味資産の大きな部分を占める場合、エグゼクティブにとって、所有する合計価値は、市場価値よりも小さくなるということである。純粋にファイナンスの面からみると、エグゼクティブは2,000万ドルのオプションよりも、500万ドルの現金のほうが幸せかもしれない。少なく

1）　この例では、新株予約権による希薄化を無視した。新株予約権による希薄化については第24章を参照。

ともそのほうが、エグゼクティブは、自分のポートフォリオの分散化を図ることができる。

23.2 新会社の評価

ラルフ・シモンズ氏は、あなたが考えるような典型的なタイプのMBA学生ではなかった。彼は子供の頃から、たった一つの大望を抱いていた。ワニ肉料理のレストランを開くという夢である。彼は、ワニの調理法を101通りも知っていたが、レストラン経営に必要な事業のノウ・ハウがないと気づいたため、ビジネス・スクールに入った。勉学の対象を極端に絞り、大学院での授業は自分の夢を推し進めるのに重要だと考える授業のみに限定した。

大学院で起業に関するコースを履修する傍ら、彼は「ワニの細道」と名づけたレストランの事業計画の策定を始めた。彼は、マーケティングについて考え、資本調達について考え、未来の従業員をどう扱うかについて考えた。さらに、レストランのレイアウトの作成にも多くの時間を割いた。起業のクラスの担当教授のアドバイスに逆らって、彼はレストランをワニのかたちにデザインし、ワニの口がレストランの正面入り口になるというものにした。もちろん、事業計画は財務計画なしでは完成しない。熟考の結果、表23.3のような予想を立てた。

表はまず、販売予想から始まる。初年度売上高の30万ドルが増加していき、年間100万ドルで安定した状態になる。行(1)から行(2)への途中の計算は省略したが、次の行には営業からのキャッシュフローが示してある。表の4行目には、運転資本差引き後の正味キャッシュフローが記してある。新会社の場合はきわめて普通であるが、「ワニの細道」の場合も正味キャッシュフローは当初マイナスで始まり、3年目にプラスに転じる。しかしながら、表のその他の部分は悲しい現実を表している。レストラン事業からのキャッシュフローは割引率を20%と仮定した場合、58万2,561ドルの現在価値を生む。だが、残念ながら、建物の建設費は70万ドルでこれより大きく、－11万7,439ドルのマイナスの純現在価値を意味する。

この財務予想は、ラルフの生涯の夢が実現しそうにないことを示している。レストラン開業の資金を調達する期待ももてず、もし資金を得ても、レストランは結局失敗する可能性が高い。このベンチャー事業を黒字に転換してくれるような数値の誤り、コスト節減の計上もれなどを見つけようと、ラルフは数値を何度も何度もチ

表23.3　「ワニの細道」の財務予想

	年度1	年度2	年度3	年度4	その後ずっと
(1)　売上高	$300,000	$600,000	$900,000	$1,000,000	$1,000,000
(2)　営業からのキャッシュフロー	−$100,000	−$50,000	+$75,000	+$250,000	+$250,000
(3)　運転資本の増加	$50,000	$20,000	$10,000	$10,000	0
正味キャッシュフロー (2)−(3)	−$150,000	−$70,000	$65,000	$240,000	$250,000
年度1－4における正味キャッシュフローの現在価値(20%で割引)			−$20,255		
継続価値の現在価値 $\left[\frac{\$250,000}{0.20}\times\frac{1}{(1.20)^4}\right]=$			+$602,816		
レストランの現在価値			$582,561		
−建物の費用			−$700,000		
レストランの純現在価値			−$117,439		

ェックしたが、むなしい望みに終わった。実際、何かあったとすれば、それは自分の見通しの甘さで、割引率20%とか永久に壊れない建物などは、楽観的なものだったと悟った。

企業戦略の授業をとってはじめて、彼のベンチャー事業には隠れた価値があることを認識した。この授業で、教授は繰り返し、新たな機会を活用できるように企業の位置づけを行うことの重要性を説いていた。ラルフは最初、このことと自分の事業との関連性がみえなかったが、やっと「ワニの細道」にとってどんな意味をもつのかに気づいた。彼の財務予想は期待をベースにしていた。彼が考える以上にワニ肉に人気が出る確率が50%あり、この場合、実際のキャッシュフローは予想を上回ることになる。ワニ肉の人気が想像以下である確率は50%あるが、この場合、実際のキャッシュフローは予想を下回ることになる。

永久に赤字を出し続けたくはないので、もしレストランの業績が不振なら、2、3年で店をたたむことになるだろう。しかしながら、もしレストランがうまくいった場合は、拡張を考える立場に置かれることになる。ワニ肉がある地域で好評なら、他の地域でも好評になる可能性が高い。したがって、ラルフは二つのオプションがあることに気がついた。不調ならやめるというオプションと、好調なら拡大するというオプションである。両方のオプションとも前章の原則に沿って評価ができるが、拡大のオプションのほうがおそらくずっと価値があるので、そちらに焦点を当てよう。

彼が個人的にワニ肉が好きであればあるほど、逆に消費者の抵抗が、「ワニの細道」の失敗を運命づける地域もたくさんあるのではないかとラルフは考えた。したがって、彼はすでにワニ肉の評判が多少よい地域のみを対象にする戦術を考え出した。もし第１号店が成功したら、彼は急速に拡大することが可能であるが、市場規模から追加は30店舗が限界だろうと予測した。

ラルフは、この拡大がいまから約４年後に起こると考えた。彼は、①最初のレストランが円滑に営業できるようにするのと、②レストランの正確な評価に十分な情報を入手するために、第１号店の営業に３年をかける必要があると考えた。もし第１号店が十分に成功したら、外部資本を獲得するのにもう１年必要になる。こうして４年目あたりで、彼は追加30店舗を建設する準備が整う。

ラルフは、ブラック・ショールズ・モデルによって、拡大オプションを含む自分の事業の評価を行う。表23.3から、１店舗が70万ドルで、追加30店舗の総費用は2,100万ドル（＝30×＄700,000）であるとわかる。表によると、これら30店舗からもたらされるキャッシュ・インフローの現在価値は、1,747万6,830ドル（＝30×＄582,561）である。しかしながら、拡大は４年目近辺で起こるので、この現在価値の計算は４年後の将来の観点で示されている。今日時点の現在価値は、割引率を年20%と仮定すると、842万8,255ドル（＝＄17,476,830/$(1.20)^4$）になる。したがって、ラルフは彼の潜在的レストラン事業を、行使価格2,100万ドル、現資産価値842万8,255ドルのオプションとしてとらえる。オプションは、現在アウト・オブ・ザ・マネーである。この結果は、表23.3で計算されたとおり、典型的レストランのマイナスの価値による。もちろん、ラルフは、４年以内にこのオプションがイン・ザ・マネーに動くことを望んでいる。

ブラック・ショールズ・モデルを用いるために、ラルフにはさらに三つの変数が必要である。R＝連続複利金利、t＝行使期限日までの時間、そしてσ＝原資産の標準偏差である。ラルフは、４年物ゼロ・クーポン債の利回り3.5%を金利の推定値として用いる。行使期限日までの時間は４年である。このレストランの場合は過去のデータがないため、標準偏差の推定は少し厄介である。ラルフは、取引所上場レストランのリターンの標準偏差が、年平均で0.35であることを見出す。「ワニの細道」は新規参入であり、リスクはこれよりもやや大きいと彼は理由づける。過去数年間に株式を公開したレストランを調べると、年次平均標準偏差は0.45である。ラルフの店はさらに新しいため、彼は0.50の標準偏差を用いる。

これで、ラルフのベンチャー事業を評価するのにデータが出そろった。ブラック・ショールズ・モデルによる価値は145万5,196ドルである。実際の計算は表23.4に示されている。もちろん、このオプションを活用するのに先立って、ラルフはテスト・レストランを立ち上げなければならない。したがって、コール・オプションの価値とテスト・レストランの負の現在価値を足すと、133万7,757ドル（＝＄1,455,196－＄117,439）になる。この価値は大きく、かつプラスであるので、ラルフは「ワニの細道」にかけた夢を追い続ける決心をした。彼は、レストランが失敗する確率が50％よりも大きいことはわかっている。にもかかわらず、彼のレストラン事業に価値をもたせるほど、拡大オプションは重要なものである。そして、もし外部資本が必要なときには、おそらく必要な投資家を引き付けることができるだろう。

この結果は、矛盾しているようにみえる。もしラルフが、拡大の可能性のない、単独のレストランに投資を求めたとしても、おそらく外部資本は集められないだろう。結局、表23.3は、純現在価値が－11万7,439ドルであることを示している。しかしながら、ラルフがもっと大きくものを考えれば、ラルフは必要とする資金をすべて集められる可能性が高い。しかし結局のところ、これは実際には矛盾などではない。大きく考えることにより、ラルフは投資家に対し、拡大の義務ではなく、拡大のオプションを提供していることになる。

われわれが選んだこの例は、つまらないものにみえるかもしれないし、事実、興味を抱いてもらうためにありそうにないことも付け加えている。しかしながら、もしオプションを伴う事業の状況が、普通ではないとか、重要ではないと考えるなら、声を大にして、これほど真実に近いものはないといいたい。組み込まれたオプションの考え方は、事業の核心部分にある。あらゆる事業のアイデアには二つの結果がありうる。一つは、事業が失敗するケースで、経営者はたぶん最も効率的な方法で閉鎖しようとするだろう。もう一つは、事業が成功するケースで、経営者は拡大を試みるだろう。したがって、どんな事業にも廃棄するオプションと拡大するオプションの両方がある。キャピタル・バジェッティングに対する純現在価値のアプローチは、間違っているかあるいは不完全であると賢者が主張するのを読んだことがあるかもしれない。この種の批判は、金融エスタブリッシュメントをしばしばいらつかせるが、賢者の言い分にも一理がある。もし事実上すべてのプロジェクトにオプションが組み込まれているなら、ここで要約したようなアプローチのみが適切でありうるだろう。オプションを無視することは、重大な過小評価につながる可能性が高い。

表23.4　オプションとしての新会社（ワニの細道）の評価

事実

1．レストラン1店舗の価値は、表23.3における純現在価値計算で示されたように、−11万7,439ドルである。したがって、もし拡大の可能性がないなら、レストランの資金調達はできない。

2．もしテスト店が成功したら、ラルフ・シモンズは、4年目頃に追加の30店舗をつくる計画である。これは以下の観察につながる。

a. 30店舗の総費用は2,100万ドル（＝30×＄700,000）である。

b. 4年度時点における将来キャッシュフローの現在価値は、1,747万6,830ドル（＝30×＄582,561）である。

c. これらのキャッシュフローの今日時点における現在価値は842万8,255ドル（$\$17,476,830/(1.20)^4$）である。

ここでは、プロジェクトからのキャッシュフローは年率20%で割り引かれると仮定する。

したがって、この事業は、基本的に行使価格が2,100万ドル、現資産の価値が842万8,255ドルのコール・オプションである。

3．ラルフ・シモンズは、「ワニの細道」の株式リターンの標準偏差が0.50であると推定する。

ブラック・ショールズ・モデルのパラメーター：

S（株価）＝＄8,428,255

E（行使価格）＝＄21,000,000

t（行使期限日までの時間）＝4年

σ（標準偏差）＝0.50

R（連続複利金利）＝3.5%

ブラック・ショールズ・モデルからの計算：

$$C = SN(d_1) - Ee^{-Rt}N(d_2)$$

$$d_1 = [\ln(S/E) + (R + 1/2\sigma^2)t]/\sqrt{\sigma^2 t}$$

$$d_2 = d_1 - \sqrt{\sigma^2 t}$$

$$d_1 = \left[\ln\frac{8,428,255}{21,000,000} + \left(0.035 + \frac{1}{2}(0.50)^2\right)4\right]/\sqrt{(0.50)^2 \cdot 4} = -0.27293$$

$$d_2 = -0.27293 - \sqrt{(0.50)^2 \cdot 4} = -1.27293$$

$$N(d_1) = N(-0.27293) = 0.3936$$

$$N(d_2) = N(-1.27293) = 0.1020$$

$$C = \$8,428,255 \times 0.3936 - \$21,000,000 \times e^{-0.035 \times 4} \times 0.1020$$

$$= \$1,455,196$$

テスト店の費用を含めた事業の価値＝＄1,455,196−＄117,439

＝＄1,337,757

23.3 さらに二項モデルについて

本章の前のほうで、われわれはエグゼクティブ報酬と新会社設立の意思決定という、二つのオプションの応用を考察した。どちらの場合にも、ブラック・ショールズ・モデルを用いてオプションを評価した。このモデルは当然広く知れ渡っているが、オプションの評価に関して、これが唯一のアプローチではない。前章で触れたように、二項モデルは代替であり、一部の状況においては、より優れたアプローチである。本章の残りでは、二項モデルの二つの応用例を検討する。

暖房用石油

2期日の例

典型的な燃料販売業者であるアンソニー・マイヤー氏を考えてみよう。彼のビジネスは、暖房用石油を卸売り価格で購入し、それよりやや高い価格で一般家庭に再販売することである。収益の大半は、冬場の売上げからもたらされる。今日9月1日、暖房用石油はガロン当り2ドルで売られている。もちろん、この価格は固定されていない。というよりも、石油価格は、顧客が暖房用石油を大量に手当する時期である9月1日から12月1日まで変化する。問題を簡単にするために、アンソニーは12月1日時点の石油価格が、2.74ドルか、あるいは1.46ドルになると考えているとしよう。図23.1は、この可能な価格動向を描いている。この可能価格帯の開きは、大きな不確実性を表している。なぜならアンソニーは、どちらの可能価格が実際に起きるのか見当もつかないからである。しかしながら、彼は価格変化を顧客に転嫁できるので、この価格変動はたいしたリスクを意味しない。すなわち、彼は、石油価格がガロン当り2.74ドルになれば、1.46ドルのときよりも、顧客に高い価格を請求することになる。

もちろん、アンソニーは、顧客へリスクを転嫁することによって、自分のリスクを回避している。彼の顧客はこのリスクを受け入れる。たぶん一人ひとりは、アンソニーともっとよい条件を交渉するにはあまりに小口であるためだろう。だが、この地域の大きな電力会社CECOの場合はそうではない。CECOはアンソニーに、次のような提案を申し出る。会社は12月1日に、ガロン2.10ドルでアンソニーから*最大*600万ガロンまでの石油を購入できるようにしたいというのである。

図23.1　2期日の例における9月1日から12月1日までの暖房用石油価格の動き

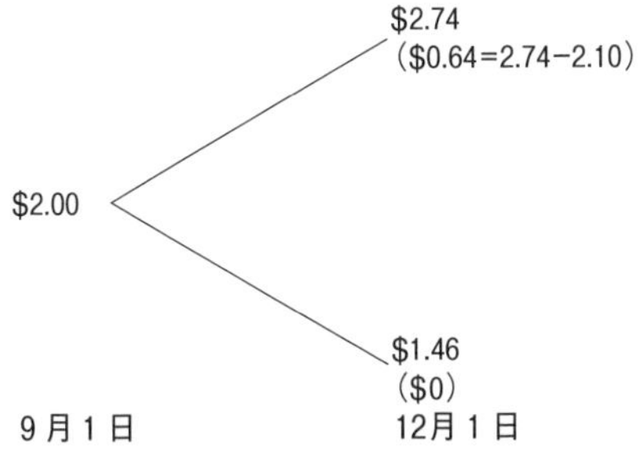

12月1日の暖房用石油の価格は、2.74ドルか、あるいは1.46ドルである。9月1日時点の価格が2ドルなので、u=1.37（＝＄2.74/＄2.00）と d=0.73（＝＄1.46/＄2.00）である。上昇期における1ガロン当りのアンソニーの損失（もしくは、同等に、1ガロン当りのCECOの利益）0.64ドルと、下落期における0ドルは、カッコ内に示されている。

この取引は大量の石油を扱うが、アンソニーもCECOも、アンソニーがこれにより損失を出す可能性があることを知っている。もしガロン2.74ドルに価格が上昇したら、CECOは喜んでアンソニーから600万ガロンを、ガロン当りわずか2.10ドルで購入し、アンソニーは明らかに損失を被る。しかしながら、石油価格がガロン1.46ドルに下落した場合、CECOはアンソニーから石油を購入しない。CECOは公開市場において1.46ドルで好きなだけ石油を買えるというのに、どうして2.10ドルでアンソニーから買うだろうか。言い換えれば、CECOは暖房用石油に対する*コール・オプション*を求めているのである。アンソニー側の損失リスクに報いるため、CECOが彼に、2.10ドルで600万ガロン購入する権利に対し、前金で100万ドルを支払うということで、両者は合意する。

これはフェアな取引だろうか。零細販売業者はこれらの取引を「勘」で評価するかもしれないが、われわれは前章で解説した二項モデルを用いて、より定量的に評価することが可能である。前章で、オプションの問題は*リスク中立価格評価*を仮定することによって、最も簡易に扱えることを指摘した。このアプローチでは、9月1日から12月1までに、石油価格が37%（＝＄2.74/＄2.00－1）値上りするか、あるいは－27%（＝＄1.46/＄2.00－1）値下りするかのどちらかであることに、まず注目する。これら二つの数値は、暖房用石油に対する期待リターンであると考えることができる。加えて、さらに二つの項、u と d を導入する。u は1＋0.37＝1.37と、また d は1－0.27＝0.73と定義する[2]。前章の方法論を用いて、この契約を次のとおり２段階で評価する。

ステップ１：リスク中立確率を求める

石油の期待リターンが無リスク金利と完全に一致するように、価格上昇の確率を求める。年金利を８％と仮定すると、今後３カ月分の金利は２％になり、価格上昇の確率を以下のように解くことができる[3]。

２％＝上昇の確率×0.37＋（１－上昇の確率）×（－0.27）

この方程式を解くと、上昇の確率は約45％となり、したがって下落の確率は55％となる。言い換えれば、もし価格上昇の確率が45％なら、暖房用石油の期待リターンは２％となる。前章で述べたとおり、これらはリスク中立の世界と一致した確率である。すなわち、リスク中立性のもとでは、どのような資産の期待リターンも無リスク金利と等しくなる。リスク中立的な個人には、リスクを負うことに対して報酬を支払う必要がないので、だれも無リスク金利を上回る期待リターンを要求することはない。

ステップ２：契約を評価する

12月１日に石油価格が2.74ドルに値上りすれば、CECO は石油をアンソニーから、ガロン2.10ドルで購入したい。その場合、アンソニーはガロン0.64ドルの損失を被る。なぜなら、彼は、CECO にガロン2.10ドルで売却するためだけに、石油を市場でガロン2.74ドルで購入するからである。この0.64ドルの損失は、図23.1に示されている。逆に、暖房用石油の市場価格がガロン1.46ドルに値下りした場合は、CECO は石油をアンソニーからまったく購入しない。すなわち、暖房用石油が市場でガロン1.46ドルで買えるときに、CECO が好んでアンソニーに2.10ドルを支払って買ったりしない。したがって、アンソニーは価格が1.46ドルに値下りした場合、損も得もしないといえる。図23.1には、1.46ドルの価格のもとで、ゼロの儲けあるいは損失がカッコ内に示されている。加えて、すでに述べたように、アンソニーは100万ドルを前金で受け取る。

これらの数字をもとに、アンソニーにとっての契約の価値は次のように計算でき

2）　後で触れるが、u および d は、ここでは暖房用石油の年間リターンの標準偏差0.63と一致している。

3）　簡単にするため、貯蔵費用とコンビニエンス・イールドは無視する。

る。

$$\underbrace{[0.45\times(\$2.10-\$2.74)\times 6{,}000{,}000+0.55\times 0]/1.02}_{\text{コール・オプションの価値}}+\$1{,}000{,}000=-\$694{,}118 \tag{23.1}$$

前章と同様、われわれはリスク中立価格評価を用いて、オプションの価値を求めている。ガロン当り－0.64ドル（＝＄2.10－＄2.74）ならびに0ドルのキャッシュフローは、リスク中立確率と掛け合わされる。式23.1の最初の項全体は、キャッシュフローが12月1日に発生するので、1.02で割り引かれる。100万ドルは、本日、9月1日にアンソニーが受け取るので、割り引かれない。この契約の現在価値はマイナスなので、アンソニーはこの契約を拒絶するのが賢明である。

前述のとおり、アンソニーはCECOに対しコール・オプションを売却した。前出の式の最初の項は、－169万4,118ドルに等しいが、これはコール・オプションの価値とみなすことができる。この式は、アンソニーの立場からオプションをみるので、負の値となっている。したがって、CECOにとってのコール・オプションの価値は＋169万4,118ドルとなる。ガロン当りでみると、CECOにとってのオプション価値は、次のようになる。

$$[0.45(\$2.74-\$2.10)+0.55\times 0]/1.02=\$0.282 \tag{23.2}$$

式23.2は、CECOが価格上昇時に、ガロン当り0.64ドル（＝＄2.74－＄2.10）の利益を得ることを示している。なぜならCECOは契約によって、2.74ドルの価値の暖房用石油を、2.10ドルで購入できるからである。これに対して、価格下落時には、契約はCECOにとって無価値になる。CECOが、公開市場でわずか1.46ドルで買える石油を、2.10ドルで購入するはずがないからである。リスク中立価格評価を用いて、この公式は、暖房用石油1ガロンに対するコール・オプションの価値が、0.282ドルであることを教えてくれる。

3期日の例

前出の例は、現実の世界のいくつもの面をとらえているが、一つの欠点がある。石油価格が12月1日に、たった二つの値しかとりえないと仮定していることである。実際には石油はどんな値でもとりうるので、これは明らかに現実的ではない。この欠点は一見著しく重大なように思えるが、実際は簡単に修正可能である。この例の3カ月間を、もっと細かい間隔に分けるだけでよい。

図23.2 3期日モデルにおける暖房用石油価格の動向

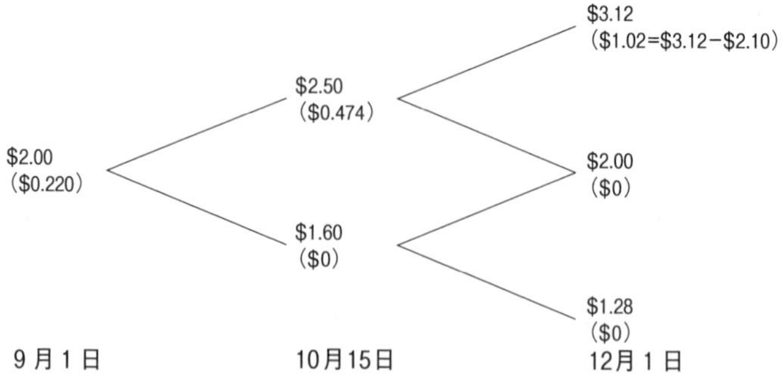

図は、u＝1.25とd＝0.80のときの、三つの期日における、暖房用石油1ガロンの価格を表している。12月1日には、暖房用石油の価格には三つの可能性がある。これら三つの価格それぞれについて、1ガロンの暖房用石油に対する、行使価格2.10ドルのコール・オプションの価格を計算する。これらの数値はカッコ内に入れてある。12月1日以前のコール価格は、二項モデルによって決定され、それらもまたカッコ内に表されている。

たとえば、図23.2を考えてみよう。これは、1カ月半の間隔2期間にわたって、暖房用石油の価格動向を表している[4]。図にあるとおり、10月15日の価格は2.50ドルかあるいは1.60ドルになる。2.50ドルは*上昇状態*における価格、1.60ドルは*下落状態*における価格と呼ぶ。したがって、暖房用石油は、二つの状態において、25%（＝＄2.50/＄2.00－1）と、－20%（＝＄1.60/＄2.00－1）というリターンをもつ。

10月15日から12月1日に移行するにあたって、同じ変動性を仮定する。すなわち、10月15日の価格が2.50ドルだとすると、12月1日の価格は、3.12ドル(＝＄2.50×1.25）か、あるいは2ドル（＝＄2.50×0.80）になる。同様に、10月15日の価格が1.60ドルだとすると、12月1日の価格は、2ドル（＝＄1.60×1.25）か、あるいは1.28ドル（＝＄1.60×0.80）になる。暖房用石油（またはほとんどの商品や資産）に影響を与える新しい情報は、毎月同程度である可能性が高いので、この一定の分散の仮定は、きわめて妥当なものである。

10月15日には二つの価格可能性しかなかったが、12月1日には三つの価格可能性があることに注意されたい。また、12月1日に同じ2ドルの価格を生み出す、二つの経路があることにも注意されたい。価格は10月15日に2.50ドルに上昇し、12月1

4） 一見明白ではないが、図23.2の価格動向は、図23.1の価格動向と一致していることが後にわかる。

日に２ドルに下落するのかもしれないし、あるいは、価格は10月15日に1.60ドルに下落し、12月１日に２ドルに上昇するのかもしれない。言い換えれば、モデルは対称的であり、上昇して下落した12月１日の価格は、下落して上昇した場合と同じ価格になる。

この３期日モデルで、CECOのオプションをどう評価するのだろうか。新しい日付が加わるため、もう一つステップが必要になるが、２期日モデルの例で使用したのと同じ手順を用いる。

ステップ１：リスク中立確率を求める

２期日モデルの例で行ったように、暖房用石油の期待リターンが無リスク金利とちょうど等しくなるように、価格上昇の確率を決定する。しかしながら、このケースでは１カ月半という間隔で作業する。年率８％の金利を仮定すると、１カ月半では１％の金利を意味し[5)]、上昇の確率は以下のように解くことができる。

１％＝上昇の確率×0.25＋（１－上昇の確率）×（－0.20）

この方程式を解くと、ここでの上昇の確率は47％で、下落の確率は53％である。言い換えれば、もし上昇の確率が47％なら、暖房用石油の期待リターンは、１カ月半ごとに１％である。繰り返すと、これらの確率はリスク中立価格評価の仮定のもとで、決定される。

確率47％と53％は、９月１日から10月15日までの期間と、10月15日から12月１日までの期間双方に、同様に成立することに注意されたい。これは両期間とも、上昇状態におけるリターンが25％で、下落状態におけるリターンが－20％だからである。したがって、先の方程式はそれぞれの期間に別々に当てはまる。

ステップ２：10月15日時点でオプションを評価する

図23.2に示されたとおり、12月１日に石油が3.12ドルに上昇していれば、CECOのオプションはガロン当り1.02ドルの価値になる。すなわち、CECOは、公開市場なら3.12ドル支払わなければならないところを、アンソニーから2.10ドルで石油を購入できる。しかしながら、石油価格がこの日に２ドル、あるいは1.28ドルに下落していれば、オプションは無価値になる。この場合、2.10ドルの行使価格は、２

５）　わかりやすくするため、金利の複利化は無視している。

ドルあるいは1.28ドルより高いので、オプションはアウト・オブ・ザ・マネーになる。

これらの12月１日時点のオプション価格を用いて、われわれは10月15日時点のコール・オプションの価値を計算することができる。もし10月15日の暖房用石油価格が2.50ドルなら、図23.2に示されたように、コール・オプションは12月１日に、1.02ドルか、あるいは０ドルの価値をもつ。したがって、10月15日の暖房用石油価格が2.50ドルであれば、その時点での暖房用石油１ガロンに対するオプションの価値は、次のようになる。

$$[0.47\times 1.02+0.53\times 0]/1.01=\$0.474$$

ここでは、先の２期日モデルの例で用いたのと同じリスク中立価格評価アプローチを用いて、オプションの評価を行う。この0.474ドルという価値は、図23.2のカッコ内に示されている。

10月15日時点で、価格が1.60ドルの場合のオプション価値もまた知りたい。しかしながら、以下の計算が示すように、ここでの価値は明らかにゼロである。

$$[0.47\times \$0+0.53\times \$0]/1.01=0$$

図23.2をみれば、これは明白である。図から、10月15日の暖房用石油の価格が1.60ドルなら、コールは12月１日にアウト・オブ・ザ・マネーで終わらなければならない。したがって、もし10月15日の暖房用石油の価格が1.60ドルなら、同日のコールにも価値がない。

ステップ３：９月１日時点のオプションを評価する

ステップ２で、もし10月15日の暖房用石油１ガロンの価格が2.50ドルなら、同日のコール価格は0.474ドルになることをみた。同様に、もし10月15日の石油価格が1.60ドルなら、同日のオプション価格は０ドルになる。これらの値から、９月１日時点のコール・オプションの価値を次のように計算できる。

$$[0.47\times \$0.474+0.53\times \$0]/1.01=\$0.220$$

この計算は、前出の２期日モデルの例でのオプション価値の計算や、ステップ２でのオプション価値の計算とまったく類似していることに注意されたい。言い換えると、用いられる間隔の数に関係なく、同じアプローチが適用される。後で考察するように、間隔の数をふやすと、より現実的になるが、なお同じ基本的手法が維持される。

これまでの計算で、暖房用石油1ガロンに対するCECOのオプション価値がわかった。次に、アンソニーにとってのこの契約の価値を計算しよう。前出の式の計算結果から、契約の価値は以下のように書ける。

$$-\$0.220\times6,000,000+\$1,000,000=-\$320,000$$

すなわち、アンソニーは暖房用石油600万ガロンに対して、1ガロン当り0.220ドルの価値をもつオプションを譲渡しようとしている。その代償として、彼はわずか100万ドルを前金で受け取る。彼は差し引き32万ドルを失うことになる。もちろん、CECOにとっての契約の価値は正反対で、32万ドルになる。

多期日モデルへの拡張

われわれは、2期日の例と3期日の例を用いて、CECOとアンソニーの契約を考察した。3期日の場合は、より多くの価格変動の可能性が許容されるので、より現実的である。とはいえ、なぜ3期日でやめてしまうのだろうか。4期日、5期日、50期日、500期日とふえるほど、さらに現実に近づくはずである。期日数をふやすにつれ、3カ月（9月1日から12月1日まで）という全体期間はそのままで、単に個々の期間を短くしているという点に注意されたい。

たとえば、90期日で3カ月間のモデルを考えてみよう。この場合、3カ月間には約90日あるので、各期間はおよそ1日分の長さである。二項モデルにおける二つの可能な結果という仮定は、3カ月間隔はいうまでもなく、1日間隔のほうが1カ月半間隔より、もっと現実的である。もちろん、1時間とか1分の間隔にすれば、おそらくさらに大きな現実性を達成できるだろう。

では、間隔の増加に対応するには、どのように二項モデルを調整したらよいだろうか。結果として、二つのシンプルな公式が、uとdを原資産のリターンの標準偏差に関係づける6)。

$$u=e^{\sigma/\sqrt{n}}\quad および\quad d=1/u$$

ここで、σは原資産（この場合は暖房用石油）の標準偏差、nは1年間の間隔の

6）これらの公式の導出については、John C. Hull, *Options, Futures, and Other Derivatives*, 6th ed.（Upper Saddle River, NJ: Prentice Hall, 2005）を参照。

表23.5　暖房用石油1ガロンに対するコールの価値

	間隔数*	コールの価値
	1	$0.282
	2	0.220
	3	0.244
	4	0.232
	6	0.228
	10	0.228
	20	0.228
	30	0.228
	40	0.228
	50	0.226
	99	0.226
ブラック・ショールズ	無限大	0.226

この例では、二項モデルによるコールの価値は、間隔数の増加とともに変化する。しかしながら、コールの価値は、急速にブラック・ショールズの価値に収束していく。したがって、たとえ間隔数が少なくても、二項モデルはブラック・ショールズのよい近似値のようである。
＊間隔数は、常に期日数より一つ少ない。

数である。

暖房用石油を例として取り上げたとき、暖房用石油のリターンの標準偏差を、年0.63（もしくは、63％）と仮定した。1年には四つの4半期があるので、図23.1の2期日モデルの例に示されたとおり、$u=e^{0.63/\sqrt{4}}=1.37$であり、$d=1/1.37=0.73$である。図23.2の3期日モデルの例では、間隔はどれも1カ月半であるから、$u=e^{0.63/\sqrt{8}}=1.25$であり、$d=1/1.25=0.80$である。したがって、現資産のリターンの標準偏差が推定できれば、二項モデルを実際に適用することができる。

先にも述べたとおり、暖房用石油1ガロンに対するコール・オプションの価値は、2期日モデルでは0.282ドル、3期日モデルでは0.220ドルと推定された。期間を3カ月（9月1日から12月1日まで）で一定に保ちながら、間隔数をふやすと、オプション価値はどう変わるだろうか。表23.5に、各種の間隔についてコールの価値を計算した[7)]。長い間隔より短い間隔のほうが、たった二つの可能な値という制限がより妥当になるので、間隔数の増加に伴い現実性が増す。したがって、コールの価値は、間隔数がたとえば1とか2の場合に比べて、99とか無限大である場合のほうが、より現実的である可能性が高い。

7）　この議論では、間隔と期日の双方を使った。用語の正確さを期すために、間隔の数は常に期日の数より一つ少ないことを忘れないでいてほしい。たとえば、モデルが二つの期日をもつとすると、間隔は一つだけである。

しかしながら、表からは大変興味深い現象がみてとれる。間隔数の増加に伴いコール価値は変化するものの、急速に収斂が起こっている。間隔数が6のときのコールの価値は、間隔数が99のときのコールの価値と、ほとんど変わらない。したがって、二項モデルでは、間隔数が少なくても、有用にみえる。3カ月間に間隔数が6ということは、各間隔が2週間の長さであることを意味する。もちろん、暖房用石油が2週間で二つの価格しかとりえないというのは、まったく現実的ではない。矛盾は、この非現実的な仮定が、それでもなお現実的なコール価格を生み出すということである。

間隔数が無限大になった場合、すなわち、一つの間隔の長さがゼロに向かう場合、何が起こるだろうか。最終的にブラック・ショールズ・モデルの価値になることが、数学的に証明可能である。この価値もまた表23.5に示されている。したがって、ブラック・ショールズ・モデルが石油価格の評価に最善のアプローチであるといえる。また非常に簡単に適用できる。ブラック・ショールズ・モデルでは、電卓でオプションの価値を計算できるが、二項モデルでは通常、コンピュータ・プログラムを用いなければならない。とはいえ、表23.5に示されたように、二項モデルから得られる値は、たとえ間隔数が相対的に少ない場合でも、ブラック・ショールズ・モデルの値にきわめて近い。したがって、ブラック・ショールズ・モデルは時間の節約にはなるが、推定値には実質的に影響を与えない。

この時点では、あたかもブラック・ショールズ・モデルのほうが二項モデルよりも望ましいようにみえる。時間を節約し、少しでも精度の高い数値を得たいと思わない人はいないだろう。しかしながら、常にこれが当てはまるとはいえない。二項モデルのほうがブラック・ショールズ・モデルよりも好まれる状況も多い。そのような状況の一例を次節で取り上げる。

23.4　閉鎖と再開の意思決定

特殊なオプションの例で、最も古く、最も重要なものは、天然資源や鉱業の分野で発生している。

金鉱山の評価

「Woe Is Me（嗚呼悲しいかな）」という名の金鉱山会社は、1878年、西部の最も豊かな金鉱脈の上に設立された。30年後の1908年までに、採鉱は峠を越え、その後は金価格動向のいかんで、時折再開された。現在、ここでの金の採鉱は行われていないが、証券取引所ではWOEの名のもとに株式が取引されている。WOEの発行済株式は約2,000万株で、債務はなく、時価総額（株価に発行済株式数を乗じたもの）は10億ドルをはるかに上回っている。WOEは鉱山を取り巻く土地約160エーカーを所有しており、金の採鉱のために期間100年のリースを政府から受けている。とはいえ、砂漠のなかの土地には数千ドルの市場価値しかない。WOEは約3,000万ドルの現金、証券、その他資産を保有している。資産約3,000万ドルとキャッシュフローをなんら生まない閉鎖金鉱山を保有する企業に、これほどの時価総額があるという事実をどう説明すればよいだろうか。

その答えは、WOEが金鉱山のかたちでもつ潜在的オプションにある。現行の金価格をオンス約320ドル、採鉱・精錬費をオンス約350ドルと仮定してみよう。鉱山が閉鎖されているのもちっとも不思議ではない。金1オンスを採鉱するのに350ドルの費用がかかるが、それがわずか320ドルでしか売れず、結果として1オンス当り30ドルの赤字が生じるのである。おそらく金価格が上昇したら、鉱山は再開できるだろう。鉱山を再開するのには200万ドルの費用がかかり、再開されると、産出高は年間5万オンスになる。地質学者はこの鉱山の金の埋蔵量を、基本的に無限だと考えており、WOEは向こう100年間の採鉱権をもっている。リース契約条項によれば、WOEは掘った金を貯蔵することは許されず、その年のうちに採鉱した金のすべてを売却する義務がある。鉱山の閉鎖には機材の撤去と、環境問題がらみの処理が必要で、100万ドルの費用がかかる。われわれは、鉱山を再開するのに必要な200万ドルを参入費用または投資と呼び、閉鎖するための100万ドルを閉鎖もしくは廃棄費用と呼ぶことにする（鉱山を操業せず、ただ開いたままにしておいても、廃棄費用を回避することはできない）。

ファイナンス的な見方をすると、WOEは企業と鉱山に偽装した、金価格に対するオプションのパッケージにほかならない。基本的なオプションは金価格に対するコール・オプションで、行使価格は採鉱費用の350ドルである。このオプションは、行使されると発生する200万ドルの行使費用（再開費用）と、廃棄された場合の閉鎖費用100万ドルを伴うので、込み入っている。加えて、最終的な行使期限をもたない永久オプションである事実もまた、ことを複雑にする。

廃棄と再開の意思決定

WOEに潜在するオプション（どんなリアル・オプションも同様だが）の正確な評価を試みる前に、常識から何がいえるのか考えてみよう。初めに、鉱山は金の価格がオンス350ドルの採鉱費用を十分に上回った場合にのみ、再開すべきである。再開するのに200万ドルの費用がかかるので、金価格が350ドルをわずかながら上回った程度では再開すべきではない。たとえば、金価格が350.10ドルの場合、オンス（oz）当り10セントの利益は年間5,000ドル（＝50,000oz×＄0.10/oz）にしかならないので、再開すべきではない。これでは200万ドルの再開費用にも満たない。とはいえ、さらに重要なのは、金価格が360ドルに上昇し、利益もオンス当り10ドル、すなわち年間50万ドルとなって、適切な割引率のもとで、再開費用200万ドルが支払えるようになっても、鉱山はおそらく再開されないということである。その理由は、すべてのオプション問題にいえることだが、ボラティリティ（この場合は金価格のボラティリティ）が重要な役割を果たすからである。金価格は変動性が高く、価格がオンス当り350ドルを十分に上回らないと、鉱山を再開する価値がない。再開時点の金価格が、オンス350ドルの採鉱費用にきわめて近い水準、たとえば360ドルだとしたら、毎回360ドルを超えるたびに再開し、10ドル（もしくはたった3％）下がるたびに、赤字操業に陥って閉鎖の意思決定に直面するはめになる。

金のリターンの推定ボラティリティは、およそ年間15％である。これは金価格の、1標準偏差の動きが320ドルの15％、もしくは年48ドルであることを意味する。これだけ金価格にランダムな値動きがあると、352ドルの境界価格は、採鉱の再開にはあまりにも低すぎる。閉鎖の意思決定にも同様な論理が当てはまる。もし鉱山が開かれたら、金価格が採鉱費用の350ドルより上である限り、採鉱した金から利益を得られるので、開き続けることになる。しかし、金価格が350ドルを下回ったからといって、直ちに閉鎖することもしない。金価格が後で350ドル以上に戻るかもしれないので、営業赤字に耐えるのである。もしかわりに閉鎖して、その後価格が350ドル以上に戻ったら、再開費用200万ドルを支払うためだけに、閉鎖費用に100万ドルを費やしたことになってしまう。

要約すると、鉱山が現在閉鎖中の場合、金価格が採鉱費用のオンス350ドルを*十分に*超えたら、200万ドルの費用を投じて再開する。鉱山が現在操業中の場合、金価格が採鉱費用のオンス350ドルを*十分に*下回ったら、100万ドルの費用を投じて閉鎖する。WOEの問題は、閉鎖中の鉱山を再開し、操業中の鉱山を閉鎖するという、これら二つの境界価格を見つけることである。これら二つの価格をそれぞれ再開価格、閉鎖価格とすると、以下の関係が成り立つ。

再開価格＞350ドル/オンス＞閉鎖価格

言い換えれば、WOEは金価格オプションが十分にイン・ザ・マネーなら鉱山を再開し、十分にアウト・オブ・ザ・マネーなら閉鎖する。

われわれは、金価格の値動きが荒いほど、再開価格と閉鎖価格が350ドルから離れていくことを知っている。また、再開費用が高くなるほど、再開価格は上がり、閉鎖費用が高くなるほど、閉鎖価格が下がることも知っている。興味深いことに、閉鎖費用がふえれば、再開価格の上昇もまた期待される。結局、鉱山を閉鎖する費用がかさむほど、WOEは再開を決める際に、金価格が採鉱費用より高い水準に維持される確信を得る必要がある。そうでないと、価格が350ドルを割って、WOEはすぐに閉鎖と再開の費用のかかる選択を迫られることになるかもしれない。同様に、鉱山再開費用の増加は、WOEを操業中の鉱山の閉鎖に対して消極的にする。結果として、閉鎖価格は低くなる。

前述の議論は、WOEの評価の問題を、２段階に要約することを可能にする。第一に、境界価格（再開価格と閉鎖価格）を求めなければならない。第二に、最善の境界価格の選択を所与として、金価格が再開価格を超えたら200万ドルの費用で行使され、また金価格が閉鎖価格を下回ったら100万ドルの費用で閉鎖される、金のオプションの価値を決定しなければならない。

鉱山が再開されるとき、すなわち、オプションが行使されるとき、年次キャッシュフローは、オンス当りの金価格と採鉱費用の差に、５万オンスを掛け合わせた額に等しくなる。閉鎖されたときは、鉱山は何のキャッシュフローも生まない。

次の図は各時点で行える意思決定を表している。

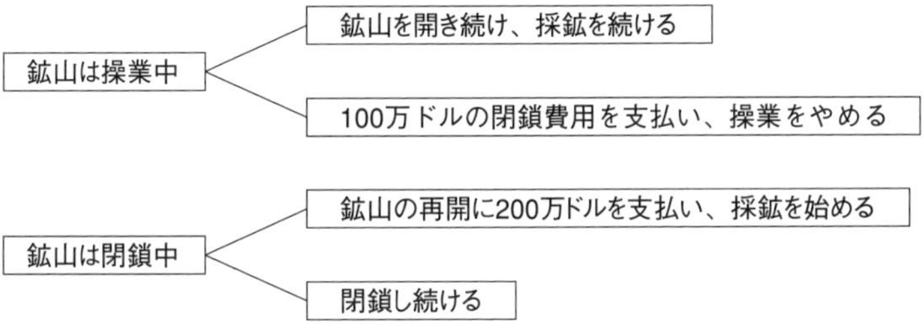
鉱山は操業中
鉱山を開き続け、採鉱を続ける
100万ドルの閉鎖費用を支払い、操業をやめる
鉱山は閉鎖中
鉱山の再開に200万ドルを支払い、採鉱を始める
閉鎖し続ける

どうやって、再開価格と閉鎖価格の臨界値を決定し、それから鉱山を評価するのだろうか。われわれが先に展開したツールを用いることによって、よい近似値を得ることが可能である。

単純な金鉱山の評価

以下は、再開価格と閉鎖価格を決定し、鉱山を評価するために、踏まなければならない手順である。

ステップ1

無リスク金利とボラティリティを見つける。ここでは、3.4%の半年金利と、金の年次ボラティリティとして15%を用いる。

ステップ2

二項ツリーを構築し、金価格を書き入れる。たとえば、ツリーの間隔を6カ月としよう。もし年次ボラティリティが15%なら、u は $e^{0.15/\sqrt{2}}$で、これはほぼ1.11に等しい。もう一つのパラメーター d は0.90（＝1/1.11）である。図23.3にツリーを示す。現在の価格320ドルから始めると、最初の11%の上昇は、6カ月間に価格を355ドルに引き上げる。一方、最初の10%の下落は、価格を288ドルにする。これに続くステップは、直前の価格から11%の上昇か10%の下落になる。ツリーはリース期間の100年間にわたって、200個の6カ月ステップで広がっていく。

前節の分析をもとにして、各ステップでのリスク調整済確率を計算する。半年金利が3.4%であるから、

3.4%＝上昇の確率×0.11＋（1－上昇の確率）×（－0.10）

図23.3　金価格の二項ツリー

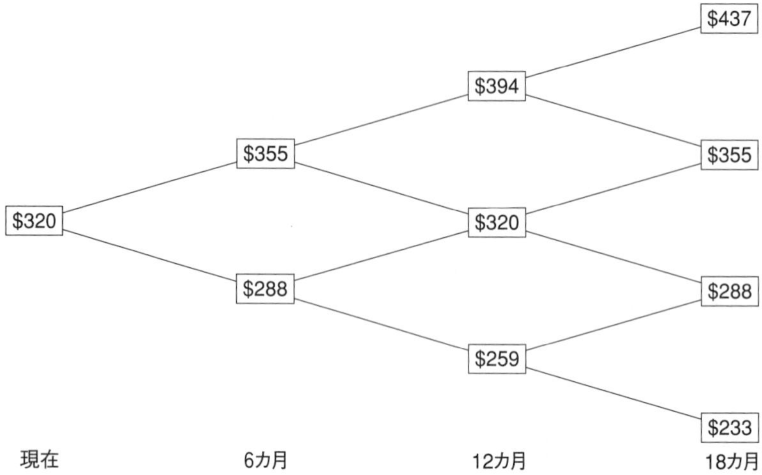

この二項ツリーの各ステップは、6カ月間隔である。それぞれのステップで、*u*は1.11、*d*は0.90に等しい。

となる。この方程式を解くと、上昇の確率0.64を得るが、これは下落の確率が0.36であることを意味する。これらの確率は、すべての6カ月期間で同じである。言い換えれば、もし上昇の確率が0.64なら、金の期待リターンはどの6カ月期間でも3.4%になる。これらの確率は、リスク中立価格評価の仮定のもとで決定される。言い換えれば、もし投資家がリスク中立的なら、金の追加のリスクには無関心なので、彼らは無リスク金利と等しい期待リターンに満足する。

ステップ3

さてここで、コンピュータの電源を入れ、たとえば5,000通りのツリーの可能な経路をシミュレーションさせてみよう。各ノード（結節点）において、コンピュータが「上昇」を選ぶ確率は0.64であり、「下落」を選ぶ確率は0.36である。典型的な経路は、向こう100年間にわたって各6カ月ごとに上がったり下がったりして、

上昇、上昇、下落、上昇、下落、下落、……、下落

というようなものになるかもしれない。1番目の「上昇」は、最初の6カ月で価格が320ドルから355ドルに上昇したことを意味し、次の「上昇」はその年の後半に再び355ドルから394ドルに上昇し、これがどんどん続いて、最後に100年目の年の後

半に下落することになる。

5,000通りのこのような経路で、金価格の動向に関する将来のあらゆる可能性の優れたサンプルが手に入る。

ステップ4

次に、境界価格（再開価格と閉鎖価格）の可能な選択肢について検討する。再開価格の可能性については、以下の15の可能性を考慮する。

再開価格＝360ドルあるいは370ドルあるいは……あるいは500ドル

閉鎖価格の可能性については、以下の25の値を考慮する。

閉鎖価格＝340ドルあるいは330ドルあるいは……あるいは100ドル

これらの値を選んだのは、それらが妥当であり、10ドルずつの増加はちょうどよいと思えるからである。しかしながら、厳密には、ツリーを移動し100年の終点に近づくにつれて、境界価格が変わるのを許容すべきである。たとえば、おそらく、リース期間満了まで後１年という時点で鉱山の再開を決めたとすると、金価格は、少なくとも１年間で再開費用200万ドルを回収できるまで十分に高くなければならない。１年当り５万オンスの金を採鉱するので、もし99年目に金価格が採鉱費用の390ドルを最低40ドル上回っていれば、鉱山を再開する。

これはリースの末期には重要になるが、一定の境界価格を用いることは、100年間にわたる価値に対してそれほど大きな影響を及ぼすことはないはずである。よってわれわれは、一定境界価格の推定値を引き続き用いる。

ステップ5

選択した再開価格と閉鎖価格の組合せに対して、鉱山の価値を計算する。たとえば、再開価格＝410ドルで、閉鎖価格＝290ドルの場合、金価格が410ドルになれば、閉鎖していた鉱山を再開し、金価格が290ドルに下落すれば、開いていた鉱山を閉鎖するキャッシュフローを、コンピュータを用いて追跡する。これを、ステップ３でシミュレーションした5,000通りの経路に対して行う。

たとえば、図23.4の経路を考えてみよう。

上昇、上昇、下落、上昇、上昇、下落、下落、下落、下落

図23.4　金価格の可能な経路

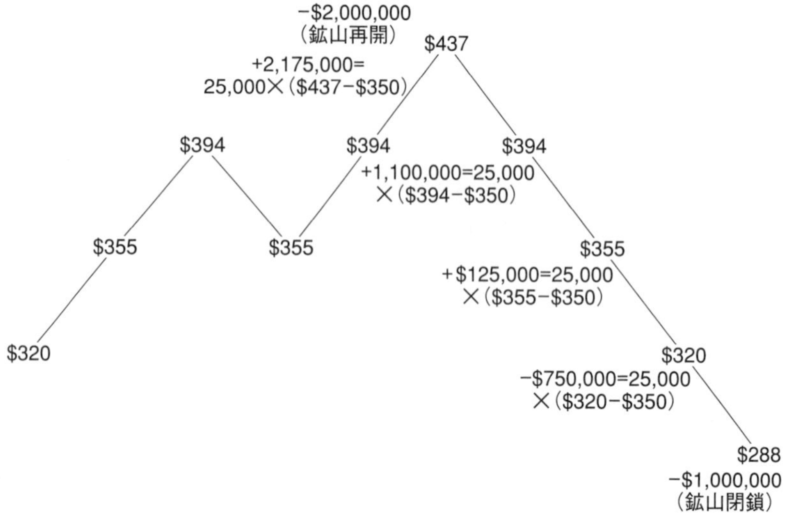

この経路は、金価格シミュレーションの5,000回の経路の一つであるとしよう。再開価格は410ドルで、閉鎖価格が290ドルなので、価格が437ドルに達したとき、鉱山は再開される。価格が288ドルになったとき、鉱山は閉鎖される。

図からわかるとおり、価格は２年半後にピークの437ドルに達し、これに続く４期間落ち続けて288ドルになる。もし再開価格＝＄410で、閉鎖価格＝＄290なら、金価格が437ドルのとき鉱山を再開し、200万ドルの費用を必要とする。しかしながら、そのとき、会社は２万5,000オンスの金を437ドルで売却し、217万5,000ドル（＝25,000×（＄437－＄350））のキャッシュフローを得ることができる。６カ月後に金価格が394ドルに下落すると、会社は別の２万5,000オンスを売却し、110万ドル（＝＄25,000×（＄394－＄350））のキャッシュフローを得る。価格は下落を続け、１年後に320ドルに落ち込む。生産コストはオンス350ドルなので、会社はここでキャッシュフローの持出しになる。次に、価格は288ドルに下落する。これは閉鎖価格の290ドルを下回る水準なので、鉱山は100万ドルの費用で閉鎖される。もちろん、金価格はこの先も上下に変動し、将来の鉱山の再開あるいは閉鎖の可能性につながる。

この経路は一つの可能性でしかない。5,000通りの経路のシミュレーションで、起こるかもしれないし起こらないかもしれない。コンピュータがシミュレーションしたこの5,000通りの経路の一つひとつに、再開価格410ドルと閉鎖価格290ドルを用いた一連の半年ベースのキャッシュフローがある。それらのキャッシュフローの、一つひとつの現在価値を、3.4%の金利で割り引いて計算する。すべてのキャッシュフローを合計すると、一つの経路に対する金鉱山の現在価値が得られる。

その後、5,000通りのシミュレーション経路すべてにわたる金鉱山の現在価値の平均をとる。この数値は、410ドルになると再開し、290ドルになると閉鎖するという政策のもとでの、鉱山の期待価値である。

ステップ6

最後のステップでは、ステップ5からの、再開価格と閉鎖価格のさまざまな可能選択肢による期待割引キャッシュフローを比較して、最も高いものを選ぶ。これが鉱山の期待価値に関する最善の推定値である。この推定値に対応する閉鎖価格と再開価格の値は、閉鎖中の鉱山を再開し、操業中の鉱山を閉鎖するポイントである。

ステップ4で触れたとおり、再開価格には15の異なる値があり、閉鎖価格には25の異なる値があるが、これは375（＝15×25）の異なる組合せがあることを意味している。表23.6をみてみよう。ここにはベスト20の組合せに伴う現在価値が示されている。表から、現在価値14億6,700万ドルを伴う、再開価格＝＄400と閉鎖価格＝＄140の組合せが最善であることがわかる。この数値は、再開価格と閉鎖価格に前述の値を仮定した、5,000回のシミュレーションの平均現在価値を表している。これに次ぐのは現在価値14億5,900万ドルを伴う、再開価格＝＄460と閉鎖価格＝＄300の組合せである。3位の組合せは、これよりやや低い現在価値を伴い、表はさらに続いていく。

もちろん、鉱山の価値に関するわれわれの推定値は、最善の組合せの現在価値、14億6,700万ドルである。もし市場がわれわれと同様の仮定を置くなら、WOEの時価総額（株価×発行済株式数）は、この値に達するはずである。会社の価値はオプションのフレームワークを用いると、かなり高くなることに注意されたい。しかしながら、前述のとおり、普通の割引キャッシュフロー法を用いると、WOEは無価値にみえる。これが起こるのは、320ドルという初めの金価格が、採鉱費用の350ドルを下回っているからである。

この例は、概念の点でも、具体的な計算の点でもやさしくはない。しかしながら、この例をマスターするための余分な学習には十分価値があるものとわれわれは考える。なぜなら、これは現実の世界の企業財務部門で、実際に起こる種類のモデルづくりを解説しているからである。

表23.6　WOE金鉱山価値の、再開価格と閉鎖価格の選択ベスト20

再開価格	閉鎖価格	金鉱山の推定価値
＄400	＄140	＄1,466,720,900
460	300	1,459,406,200
380	290	1,457,838,700
370	100	1,455,131,900
360	190	1,449,708,200
420	150	1,448,711,400
430	340	1,448,450,200
430	110	1,445,396,500
470	200	1,435,687,400
500	320	1,427,512,000
410	290	1,426,483,500
420	290	1,423,865,300
400	160	1,423,061,900
360	320	1,420,748,700
360	180	1,419,112,000
380	280	1,417,405,400
450	310	1,416,238,000
450	280	1,409,709,800
440	220	1,408,269,100
440	240	1,403,398,100

（注）このシミュレーションでは、金価格が再開価格を上回ると常にWOEは鉱山を再開し、金価格が閉鎖価格を下回ると常に閉鎖する。

さらに、この例は二項アプローチの利点を浮き彫りにしている。多くのシミュレーションに伴うキャッシュフローを計算し、各シミュレーションからのキャッシュフローを割り引き、全シミュレーションの現在価値の平均を計算するだけでよい。ブラック・ショールズ・モデルはシミュレーションになじまないので、この種の問題には使用できない。加えて、ブラック・ショールズ・モデルより、二項モデルのほうが適している状況が数多くある。たとえば、ブラック・ショールズ・モデルが、行使期限日前に配当支払を伴うオプションを適切に取り扱えないことは、広く知られている。またアメリカン・プットの評価も適切に取り扱うことができない。対照的に、二項モデルはこれらのいずれの状況も容易に取り扱える。

したがって、コーポレートファイナンスを学ぶ者は、両モデルに習熟しなければならない。ブラック・ショールズ・モデルは二項モデルより使うのが簡単なので、適切な場合はいつでも用いられるべきである。しかしながら、ブラック・ショールズ・モデルが対応できないような、より複雑な状況では、二項モデルが必須のツールになる。

要約と結論

現実のビジネスに広く存在するリアル・オプションは、純現在価値分析ではとらえられない。第７章では、意志決定ツリーを通してリアル・オプションを評価した。本章のオプションの学習をベースにすると、ブラック・ショールズ・モデルと二項モデルによって、リアル・オプションの評価ができるようになる。

本章では、四つの異なるタイプのオプションを解説した。

・エグゼクティブ・ストック・オプション（これは厳密にはリアル・オプションではない）
・新会社に組み込まれたオプション
・単純なビジネス契約内のオプション
・プロジェクトの閉鎖と再開のオプション

数学的見地から、説明はシンプルに、かつストレートにするよう努めた。第22章でのオプション価格評価に対する二項アプローチを、多期日に拡張した。この調整は、より現実の世界に近いものにする。なぜなら、期間終了時に二つしか可能な価格がないという仮定は、期間が短くなるほど現実的なものになるからである。

Concept Questions

１．従業員ストック・オプション

もし企業に対する費用のほうが、エグゼクティブに対する価値よりも高いのなら、なぜ企業はエグゼクティブに対してオプションを発行するのか。なぜ現金だけを支給し、差額を山分けしないのか。そうすれば企業、エグゼクティブの双方とも、利益を得ることにならないか。

２．リアル・オプション

多くの事業に存在する二つのオプションとは何か。

３．リアル・オプション

なぜNPVの厳密な計算は、通常、企業やプロジェクトの価値を過小評価するのか。

4．リアル・オプション

電力会社は、しばしば石炭か石油かあるいは両方を燃やす新しい発電所建設の意思決定に直面する。もし石炭と石油の価格が非常に変動的だったら、石炭か石油のいずれかを燃やせる発電所を建設する意思決定には、どれだけの価値があるか。石炭価格と石油価格の間の相関が上昇したら、このオプションの価値には何が起こるか。

5．リアル・オプション

あなたの会社は郊外に空き地をもっている。この土地の開発を待つことのメリットは何か。

6．リアル・オプション

スター鉱業は金鉱山を買ったが、現在のところ鉱山から利益をあげるには採鉱費用が高すぎる。オプション用語で、会社はこの金鉱山に対して、どんなタイプのオプション（複数？）をもっているか。

7．リアル・オプション

あなたは同僚とリアル・オプションについて議論している。議論のなかで、同僚がいった。「リアル・オプション分析はわけがわからない。なぜなら、リスキーな事業に対するリアル・オプションのほうが、安全な事業に対するリアル・オプションより価値があるっていうんだから」。あなたはこれにどう返答すべきか。

8．リアル・オプションとキャピタル・バジェッティング

あなたの会社は現在、純現在価値を含めた伝統的なキャピタル・バジェッティング手法を用いている。リアル・オプション分析の活用を耳にした後、あなたの上司は、会社が純現在価値のかわりにリアル・オプション分析を用いるべきであると決定した。この決定をあなたはどう評価するか。

9．オプションとしての保険

企業によって購入されようが個人によって購入されようが、保険は基本的にオプションである。保険契約はどんなタイプのオプションか。

10. リアル・オプション

会社に競合相手がいた場合、リアル・オプション分析はどのように変わるか。

質問と問題

◆基本（問題１－５）

1．従業員ストック・オプション

ゲーリー・レビンは、マウンテンブルック・トレーディング社のCEOである。取締役会はちょうどレビン氏に、会社の株式に対する３万株分のアット・ザ・マネー・ヨーロピアン・コール・オプションを授与した。株式は無配当で、現在１株当り55ドルで取引されている。オプションは５年後に行使期限を迎え、株式リターンの標準偏差は45％である。５年後に満期を迎える財務省短期証券の連続複利利回りは現在６％である。

a. ブラック・ショールズ・モデルを用いて、レビン氏のストック・オプションの価値を計算せよ。

b. あなたはレビン氏のファイナンシャル・アドバイザーである。彼は上記のストック・オプション・パッケージか、即座の75万ドルのボーナスのどちらかを選ばなければならない。もし彼がリスク中立的だったら、あなたはどちらを勧めるか。

c. もしレビン氏がリスク回避的で、オプションを満期前に売却できないとしたら、あなたの(b)での答えはどのように変わるか。

2．従業員ストック・オプション

ジャレッド・ラザルスは、ちょうどブルーベル・フィットネス・センター社のCEOに任命されたところである。彼の３年契約は、37万5,000ドルの年次サラリーに加えて、報酬が、行使期限３年の同社株に対する１万5,000のアット・ザ・マネー・ヨーロピアン・コール・オプションを含むと明記している。現在の株価は１株当り34ドルで、会社の株式に対するリターンの標準偏差は74％である。会社は配当を支払わない。３年後に満期を迎える財務省短期証券の連続複利利回りは年５％である。ラザルス氏の年次サラリーの支払は年度末に発生し、これらのキャッシュフローは年９％の利率で割り引かれると仮定する。ブラック・ショールズ・モデルを用いてストック・オプションの価値を計算し、契約締結日における報酬パッケージの総価値を求めよ。

3．二項モデル

ガスワークス社は、３カ月後に最大500万バレルのガソリンを、ガロン2.05ドルで販売するオプションをもっている。ガソリンは現在、卸売市場でバレル1.74ドルで売られており、価格の標準偏差は46％である。もし無リスク金利が年６％だったら、このオプションの価値はいくらか。

4．リアル・オプション

ウェバー社は国際的コングロマリットで、その不動産部門は今後１年間にわたってサクラメントのダウンタウンの一角にオフィス・ビルを建てる権利を保有している。このビルの建築には2,000万ドルの費用がかかる。ダウンタウン地域のオフィス需要の低迷により、このようなビルは現在約1,850万ドルの価値がある。もし需要が増加すれば、１年後にビルは2,240万ドルの価値をもつことになる。もし需要が減少すれば、１年後に同じオフィス・ビルは、1,750万ドルの価値しかもたない。会社は年4.8％（実効年利回り）の無リスク金利で貸し借りできる。地元の不動産ビジネスの競合会社は、最近ウェバー社に、この土地にビルを建てる権利に対して75万ドルをオファーした。会社はこのオファーを受けるべきか。二項モデルを用いて、このリアル・オプションの価値を評価せよ。

5．リアル・オプション

ジェット・ブラック社は石油部門をもつ国際的コングロマリットで、現在入札で１年後に大きな土地区画で原油を採掘する権利を勝ち取ろうと競合している。原油の市場価格は現在１バレル58ドルで、この土地は37万5,000バレルの石油を埋蔵している。石油の採掘には3,500万ドルの費用がかかる。１年後に満期を迎える財務省短期証券の連続複利利回りは４％で、原油価格リターンの標準偏差は50％である。ブラック・ショールズ・モデルを用いて、会社が入札で提示してもよい最大価格を求めよ。

◆中級（問題６－８）

6．リアル・オプション

サルダノ＆サンズ社は大きな公開企業で、倉庫をリースするかどうか考えている。サルダノ社の部門の一つは鋼材の生産を行っており、倉庫はこの地域で当該事業に適している唯一の施設である。鋼鉄の現在の価格は１トン630ドルである。もし今後半年間で鋼鉄の価格が下がったら、会社は400トンの鋼鉄を購入し、４万5,000

本のスチール・ロッドを生産する。スチール・ロッドの生産には１本当り16ドルの費用がかかり、会社はそれを24ドルで販売する計画である。スチール・ロッドを製造し、販売するのには、ほんの数日しかかからない。もし鋼鉄の価格が上がるか、同じにとどまるなら、会社はプロジェクトを行っても利益をあげられず、スチール・ロッドの生産を行わずに、そのままリース契約が切れるのに任せるつもりである。半年後に満期を迎える財務省短期証券の連続複利利回りは4.5％で、鋼鉄リターンの標準偏差は45％である。ブラック・ショールズ・モデルを用いて、会社がリースに支払ってもよい最大額を求めよ。

7．リアル・オプション

ウェット・フォー・ザ・サマー社は、スイミング・プールのフィルターを製造している。会社はプール・フィルター製品に新しい技術を導入するかどうか決めようとしている。会社は新しい技術が市場に受け入れられたかどうか１年後に知ることになる。もし新しいフィルターの需要が高かったら、１年後のキャッシュフローの現在価値は1,340万ドルになる。逆に、需要が低かったら、１年後のキャッシュフローの現在価値は700万ドルになる。これらの仮定のもとにおけるプロジェクトの今日の価値は1,160万ドルで、無リスク金利は６％である。１年後、もし新しい技術に対する需要が低かったら、会社はこの技術を820万ドルで売却することができる。廃棄するオプションの価値はいくらか。

8．二項モデル

ある株式に対する、２カ月後に期限を迎えるヨーロピアン・プット・オプションがある。株価は58ドルで、株式リターンの標準偏差は70％である。オプションは65ドルの行使価格をもち、無リスク金利は年５％である。１カ月の期間ステップを用いると、現在のプット・オプションの価値はいくらか。

◆チャレンジ（問題９－10）

9．二項モデル

前問で、行使形態はヨーロピアンではなく、アメリカンだとする。この場合、オプションの価格はいくらか（ヒント：もし満期前に行使できるとしたら、オプションの価値をどのように求めるか。満期の前にいつオプションを行使するか）。

10．リアル・オプション

あなたはオフィス・ビルに対する行使価格5,200万ドルのオプションを購入するために交渉している。ビルは現在5,000万ドルと査定されている。このオプションにより、あなたは6カ月後か1年後のどちらかで、ビルを購入することができる。6カ月後、ビルの家賃支払累積額65万ドルは、所有者に支払われる。もしあなたが6カ月後にオプションを行使したら、あなたはこの累積家賃支払を受け取るが、そうでない場合は、現在の所有者に支払われる。2番目の累積家賃支払額65万ドルは、いまから1年後に同様の条件で支払われる。ビルの価値の標準偏差は30%で、無リスク金利は年6%である。6カ月の期間ステップを用いると、オプションの価値はいくらか（ヒント：6カ月後のビルの価値は、もしあなたがオプションを行使しなかったら、累積家賃支払額分少なくなる）。

ミニケース

●エキゾチック・キュイジーヌの従業員ストック・オプション

MBA新卒のあなたは、去年公開したばかりのレストラン・チェーンであるエキゾチック・キュイジーヌ社の管理職の地位についた。会社のレストランは、ワニ、バッファロー、ダチョウといった食材を用いたエキゾチックな料理に特化している。入社にあたってのあなたの懸念事項は、レストラン事業が非常にリスクを伴うということだった。しかしながら、それなりに精査した後で、あなたはレストラン産業に関する一般的な誤解を発見した。新しいレストランの90%が3年以内に閉鎖されると広く考えられているが、最近の証拠は3年間にわたる失敗率が60%に近いことを示唆している。したがって、これはリスキーなビジネスであるが、当初考えていたほどリスキーではない。

インタビューのとき、説明された報酬の一つは従業員ストック・オプションだった。雇用契約に署名すると、あなたは会社の株式1万株に対する行使価格40ドルのオプションを受け取る。かなり一般的だが、あなたのストック・オプションは、3年間の権利確定期間と10年の満期をもっている。これはあなたが3年間はオプションを行使できず、権利が与えられる前に退社すると、オプションを失うことを意味する。3年間の権利確定期間後、あなたはオプションをいつでも行使できる。したがって、従業員ストック・オプションは、最初の3年間はヨーロピアン（そして没収対象）であり、その後はアメリカンになる。もちろん、あなたはオプションを売却したり、なんらかのヘッジ契約を結んだりすることはできない。もしオプションの権利確定後に退職したら、3カ月以内に行使しなければならない。そうでないと無効になる。

エキゾチック・キュイジーヌ株は現在、去年の公開価格より若干上がって、1株当り36.28ドルで取引されている。会社の株式に対して市場で取引されるオプションはない。会社は約1年しか取引されていないので、あなたは株式リターンの標準偏差を推定するのにヒストリカル・リターンを使いたくない。しかしながら、あなたはレストラン業界の株式の平均標準偏差が約55%であると推定した。エキゾチック・キュイジーヌは、新しいレストラン・チェーンなので、あなたは計算に60%の標準偏差を用いることに決める。会社は比較的若く、近い将来においては、すべての利益が会社に再投資されると予想する。したがって、最低限今後10年間は配当が支払われないと予想する。3年物財務省債券の利回りは現在3.8%で、10年物財務省債券の利回りは4.4%である。

1．あなたは自分のオプションを評価しようとしている。最低限の価値はいくらか。最大限の価値はいくらか。
2．3年後、会社の株式は60ドルで取引されているとする。そのとき、あなたはオプションを保有し続けるべきか、それとも即座に行使すべきか。このような意思決定を行うに際して、重要な決定要因をいくつかあげよ。
3．あなたのオプションは、他のほとんどの従業員ストック・オプションと同様、譲与も取引もできない。これはオプションの価値に重大な影響を及ぼすか。なぜか。
4．従業員ストック・オプションは通常、なぜ権利確定条項をもつのか。権利確定後に退社した後、なぜすぐに行使されなければならないのか。
5．従業員ストック・オプションにおける物議を醸す慣行は、行使価格の再設定である。会社の株価が大きく下落した場合、従業員ストック・オプションは相当なアウト・オブ・ザ・マネー、または「水面下」になる。このような場合、多くの企業は、オプションの当初の条件はそのままで、行使価格だけ下げる。行使価格の再設定を支持する人たちは、株価の下落によりオプションがイン・ザ・マネーで終わる可能性がほとんどなくなり、モチベーションを促す力が失われると主張する。反対する人たちは、行使価格の再設定は基本的に失敗に対する報酬だと主張する。この主張をあなたはどう評価するか。行使価格再設定の可能性は、授与時の従業員ストック・オプションの価値にどのような影響を及ぼすか。

6．これまでみてきたように、会社の株価ボラティリティのほとんどは、システマティック、もしくは市場全体のリスクに起因する。このようなリスクは会社と従業員のコントロールを超えたものである。これは従業員ストック・オプションに対して、どのような意味をもつか。あなたの答えに照らして、従来の従業員ストック・オプションに対する改善策を提案できるか。

第24章

新株予約権と転換社債型新株予約権付社債*

2008年2月、オーストラリアのウラン採鉱企業であるパラディン・エナジー社は、新規債券発行の価格を発表した。会社は2013年満期の5％クーポン債を3億2,500万ドル販売した。何が驚くべきことかというと、この債券の最終利回りが発行時に5％と低かったことである。これは会社の他の債券の利回りに比べて相当低い。それではパラディン社はどのようにして、このように低い約束利回りで債券を発行することができたのだろうか。

答えは、この債券が、1株当り6.59ドルの価格で、会社の普通株式に転換可能だったからである。債券が発行されたとき、パラディン社株は5.27ドルで取引されていたので、転換はすぐに利益を生まなかったが、将来もし株価が上昇したら、非常に儲かる可能性がある。もう一つの条項では、もし株価が、決められた期間にわたって6.59ドルの転換価格の130％を上回ったら、パラディン社が債券を額面価額で償還（買戻し）できるようになっていた。したがって、基本的にこの転換社債は、一つは債券保有者によって保有され、一つは会社によって保有される、二つのコール・オプションが付随した低クーポン債である。

債券とコール・オプションが一緒になった金融商品を、どのように評価するのだろうか。本章では、これとその他の問題を探求する。

24.1　新株予約権

新株予約権（warrant）は保有者に、普通株式を、一定の期間内に、決められた

*訳者注：日本では2002年の商法改正前は、新株予約権はワラント、転換社債型新株予約権付社債は転換社債と呼ばれており、現在も実務者間では広く用いられている。本書では読みやすさを勘案して、基本的に、転換社債型新株予約権付社債には転換社債という用語を用いる。

価格で、直接発行企業から購入する権利を与える証券である。しかし、購入する義務は伴わない。それぞれの新株予約権には、保有者が購入できる株式数、行使価格、行使期限日が特定される。

これまでの解説から、新株予約権がコール・オプションに類似していることは明らかである。新株予約権と、シカゴ・オプション取引所（CBOE）で取引されているオプションとの間の契約上の特徴に、たいして違いはない。たとえば、新株予約権のほうが、行使期限が長い1)。一部の新株予約権は、実際には永久的で、決して行使期限日を迎えないものもある。

新株予約権は通常、私募債と組み合わせて発行されるので、*株式キッカー（おまけ）*と呼ばれる2)。ほとんどの場合、新株予約権は発行されたとき債券に付属している。借入契約には、新株予約権が債券から分離可能か、すなわち、切り離して売却可能かどうかが記載される。通常、新株予約権は直ちに分離可能である。

たとえば、有名なバナナ会社であるチキータ・ブランズ・インターナショナルは、会社更生中に、新株予約権を発行した。各新株予約権は、保有者に、行使価格19.32ドルで１株を購入する権利を与えた。新株予約権は2009年３月19日に満期を迎えた。2008年９月３日、チキータ株の終値は15.12ドルで、新株予約権の価格は1.05ドルだった。

チキータ社の新株予約権の価値とその株価との関係は、前の章で解説したコール・オプションと株価との関係と同じようにみなすことができる。図24.1は、チキータ社の新株予約権について、この関係を示している。チキータ社の株価が19.32ドルを下回った場合、新株予約権価値の下限はゼロになる。株価が19.32ドルを上回れば、下限は株価から19.32ドルを引いた額になる。上限は、チキータ社の株価になる。普通株式１株を購入する権利を有する新株予約権は、原証券（普通株式）の価格より高い価格で売ることはできない。

2008年９月３日のチキータ社の新株予約権価格は、下限よりも高い水準にあった。新株予約権価格が下限をどの程度上回るかは以下の要因による。

1．チキータ社の株式リターンの分散
2．行使期限日までの時間
3．無リスク金利

1）　新株予約権は通常、オプションと同じように、株式分割や配当から保護されている。
2）　新株予約権は、一般公募債券や普通株式の新規発行とあわせて発行されることもある。

図24.1　2008年9月3日のチキータ社の新株予約権

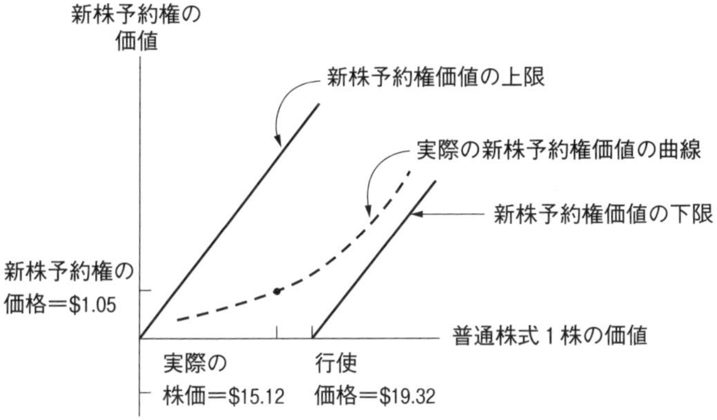

4．チキータ社の株価

5．行使価格

これらは、コール・オプションの価値を決定する要因と同じである。

新株予約権はまた、変わった特徴をもつ場合がある。たとえば、モンタナ・ブレッド・カンパニーには、2007年に満期を迎えた、行使価格7.58ドルの新株予約権があった。各新株予約権はクリスピー・クリーム・ドーナッツ社の株式0.15株を購入するために用いることができた。クリスピー・クリーム・ドーナッツ社の株式1株を購入するには、保有者は6.66個の新株予約権と50.48ドルを差し出す必要があった。これは、株価に対する行使価格が、新株予約権に記載された行使価格の7.58ドルではなく、50.48ドルだったことを意味する

24.2　新株予約権とコール・オプションの違い

保有者の立場からみると、新株予約権は普通株式に対するコール・オプションと似ている。コール・オプション同様、新株予約権は保有者に対し、特定の価格で普通株式を購入する権利を与える。新株予約権は、ほとんどの場合コール・オプションより長い有効期間を伴って発行されるが、普通、行使期限日をもつ。しかしながら、企業の立場からみると、新株予約権は普通株式に対するコール・オプションと

は大きく異なる。

最も重要な違いは、コール・オプションが個人によって発行されるのに対して、新株予約権は企業によって発行されるという点である。新株予約権が行使されると、企業は新株を発行しなければならない。したがって、新株予約権が行使されるたびに、発行済株式数が増加する。

一例として、エンドラン社が、普通株式１株を25ドルで購入する権利を保有者に与える新株予約権を発行する場合を考えてみよう。さらに、この新株予約権が行使されたとする。エンドラン社は新たに株券を１枚印刷しなければならない。この株券と引き換えに、会社は新株予約権保有者から25ドルを受け取る。

対照的に、コール・オプションが行使される場合は、発行済株式数に変化は生じない。イーガーさんはエンドラン社の普通株式に対するコール・オプションを保有しているとする。このコール・オプションは、イーガーさんにエンドラン社の普通株式１株を25ドルで買う権利を与える。もしイーガーさんがコール・オプションの行使を選択すると、売り手（たとえばスイフト氏）は、25ドルと引き換えにエンドラン社の普通株式１株を彼女に渡す義務がある。もしスイフト氏がまだその株式を所有していない場合は、株式市場で１株を購入しなければならない。コール・オプションは、エンドラン社の普通株式に対する、売り手と買い手との間の、エンドラン社が関与しない相対取引である。コール・オプションが行使されると、投資家の一方が儲かり他方が損する。エンドラン社の発行済株式数は一定で、同社には新規の資金がまったく入ってこない。

例24．1　新株予約権と企業価値

新株予約権が企業の価値にどう影響するのかをみるために、グールド氏とロックフェラーさんという二人の投資家が、共同でプラチナを６オンス購入したとしよう。プラチナを購入した時、グールド氏とロックフェラーさんは、それぞれ費用の半分を負担した。費用は、１オンス500ドルのプラチナが６オンスで、3,000ドル（各人1,500ドルずつ）である。二人は会社を設立し、２枚の株券を印刷し、会社をGR社と名づけた。各株券は、プラチナに対する２分の１の請求権を意味する。グールド氏とロックフェラーさんそれぞれが１枚の株券を所有する。二人は、プラチナを唯一の資産とする会社を設立した。

コールが発行される場合

グールド氏は後に、自分の持株に対するコールを、フィスケ夫人に売ることに決めた。このコール・オプションは、フィスケ夫人に、来年中にグールド氏の持株を1,800ドルで買う権利を与える。プラチナ価格がオンス600ドルを上回れば、会社の価値は3,600ドル以上になり、株式の価値はそれぞれ1,800ドル以上になる。もしフィスケ夫人がオプションを行使することにしたら、グールド氏は自分の株券を渡し、1,800ドルを受け取らなければならない。

このオプションの行使によって、会社はどんな影響を受けるだろうか。株式数は変わらない。依然２株であり、いまはロックフェラーさんとフィスケ夫人が所有する。もしプラチナ価格が700ドルに上昇したら、１株の価値は2,100ドル（＝＄4,200／２）になる。フィスケ夫人がこの価格でオプションを行使すると、300ドル儲かる。

かわりに新株予約権が発行される場合

新株予約権が発行される場合は、これとは異なる。グールド氏はフィスケ夫人にコール・オプションを売却しないとする。かわりに、グールド氏とロックフェラーさんは株主総会を開く。二人は、GR社が新株予約権を発行し、フィスケ夫人に売ることを議決する。新株予約権は、フィスケ夫人に行使価格1,800ドルで、会社の株式１株を受け取る権利を与える3)。もしフィスケ夫人が新株予約権を行使することに決めると、会社は株券をもう１枚発行し、1,800ドルと引き換えにフィスケ夫人に与える。

フィスケ夫人の立場からみると、コール・オプションも新株予約権も同じであるようにみえる。新株予約権もコールも、行使価格は同じ1,800ドルである。プラチナ価格がオンス600ドルを超えると、依然フィスケ夫人にとってはオプションを行使することが有利である。しかしながら、新株予約権の場合、フィスケ夫人の利益は、希薄化により少なくなることを明らかにしよう。

GR社もまた希薄化を考慮しなければならない。プラチナ価格が700ドルに上昇し、フィスケ夫人が新株予約権を行使するとする。二つの事態が起こる。

3）　新株予約権の販売は、会社に現金をもたらす。この販売代金は即座にグールド氏とロックフェラーさんに現金配当として支払われると仮定する。これにより、新株予約権を伴う会社は、新株予約権を伴わない会社と同じ総価値をもつことになるので、分析が簡単になる。

1．フィスケ夫人は会社に1,800ドルを支払う。

2．会社は株券を1枚印刷し、フィスケ夫人に与える。株券は会社のプラチナに対する3分の1の請求権を意味する。

フィスケ夫人が会社に1,800ドルを出資するので、会社の価値は増加する。会社の現在の価値は、以下のようになる。

新しい会社の価値＝プラチナの価値＋フィスケ夫人による会社への出資
＝　＄4,200　＋　＄1,800
＝　＄6,000

フィスケ夫人は会社の価値に対して3分の1の請求権をもつので、彼女の持分は2,000ドル（＝＄6,000/3）である。新株予約権を行使することにより、フィスケ夫人の利益は200ドル（＝＄2,000－＄1,800）になる。これは表24.1に示されている。

表24.1　GR 社に対するコール・オプションおよび新株予約権の効果（注）

会社の価値	1株当りのプラチナ価格	
	＄700	＄600
新株予約権なしの場合		
グールド氏の持分	＄2,100	＄1,800
ロックフェラーさんの持分	2,100	1,800
会社	＄4,200	＄3,600
コール・オプションの場合		
グールド氏の請求権	＄　0	＄1,800
ロックフェラーさんの請求権	2,100	1,800
フィスケ夫人の請求権	2,100	0
会社	＄4,200	＄3,600
新株予約権の場合		
グールド氏の持分	＄2,000	＄1,800
ロックフェラーさんの持分	2,000	1,800
フィスケ夫人の持分	2,000	0
会社	＄6,000	＄3,600

（注）もしプラチナの価格が700ドルなら、会社の価値はプラチナ6オンスの価値に、フィスケ夫人によって会社に払い込まれた追加の現金を足したものとなる。この金額は6,000ドル（＝＄4,200＋＄1,800）である。

希 薄 化

フィスケ夫人は、コール・オプションでは利益を300ドル得るのに、新株予約権ではどうして200ドルしか利益を得ないのだろうか。その鍵は希薄化、すなわち、もう１株がつくりだされたことである。コール・オプションの場合、彼女は1,800ドルを拠出し、発行済株式２株のうち、１株を受け取る。すなわち、彼女は2,100ドル（＝１／２×＄4,200）の価値をもつ株式を受け取る。彼女の利益は300ドル（＝＄2,100－＄1,800）である。この利益を書き直すと、次のようになる。

コールの行使による利益

$$\frac{\$4,200}{2}-\$1,800=\$300 \tag{24.1}$$

新株予約権の場合、フィスケ夫人は1,800ドルを拠出して新株を取得する。彼女はここで発行済株式３株のうちの１株を所有する。1,800ドルは会社にとどまるので、彼女の持分の価値は2,000ドル［＝（＄4,200＋＄1,800）／３］になる。彼女の利益は200ドル（＝＄2,000－＄1,800）である。これを書き直すと、次のようになる。

新株予約権行使の利益

$$\frac{\$4,200+\$1,800}{2+1}-\$1,800=\$200 \tag{24.2}$$

新株予約権はまた、会計上の数値に影響する。新株予約権と（後に取り上げる）転換社債は、株式数の増加をもたらす。これにより、会社の純利益は増加した株数で分け合うことになり、１株当り利益は減少する。新株予約権や転換社債を多く発行する企業は、*希薄化前*の基準、および*希薄化をすべて反映した*基準の両方で利益を報告しなければならない。

会社はいかにして新株予約権保有者に損害を与えうるか

グールド氏とロックフェラーさんが所有するプラチナの会社が、フィスケ夫人に*イン・ザ・マネー*で、もうすぐ期限切れになる新株予約権を発行したとする。グールド氏とロックフェラーさんが、フィスケ夫人に損害を与える一つの方法は、自分たちに高額な配当を支払うことである。この資金は相当量のプラチナを売却することによって調達できる。会社の価値は下落し、新株予約権の価値もずっと低下する。

24.3 新株予約権の価格評価とブラック・ショールズ・モデル

コールおよび新株予約権の行使による利益を、もっと一般的な言葉で表現したい。コールの利益は次のように書き表せる。

コール１単位の行使による利益

$$\frac{\text{負債控除後の企業価値}}{\#} - \text{行使価格} \tag{24.3}$$

（１株の価値）

式24.3は、式24.1の一般化である。負債控除後の企業価値を、総企業価値から負債の価値を引いたものと定義する。この例では、総企業価値は4,200万ドルで、負債はない。＃は発行済株式数を表し、この例では２である。左側の比率は１株の価値である。新株予約権の利益は、次のように書き表せる。

新株予約権１個の行使による利益

$$\frac{\text{負債控除後の企業価値} + \text{行使価格} \times \#_w}{\# + \#_w} - \text{行使価格} \tag{24.4}$$

（新株予約権が行使された後の１株の価値）

式24.4は、式24.2の一般化である。左辺の項の分子は、新株予約権が行使された*後*の負債控除後の企業価値である。これは新株予約権行使*前*の負債控除後の企業価値に、行使により企業が受け取る代金を加えた数値である。代金は、行使価格に新株予約権数を掛けた値に等しい。新株予約権数は$\#_w$として表されている（この分析はイン・ザ・マネーの新株予約権がすべて行使されるという現実的な仮定を用いている）。われわれの数値例では$\#_w = 1$である点に注意されたい。分母の$\# + \#_w$は新株予約権行使*後*の発行済株式数である。左側の比率は行使後の１株の価値である。項を整理すると、式24.2は次のように書き直せる4)。

新株予約権1個の行使による利益

$$\frac{\#}{\# + \#_w} \times \left(\frac{\text{負債控除後の企業価値}}{\#} - \text{行使価格} \right) \qquad (24.5)$$

（新株予約権なしの企業の、コールによる利益）

公式24.5は、新株予約権の利益とコールの利益とを関係づけている。カッコ内の項は式24.3である点に注意されたい。したがって、新株予約権の行使による利益は、新株予約権を伴わない企業のコール行使による利益の、比率割合である。この $\#/(\# + \#_w)$ という比率は、すべての新株予約権が行使された後の株式数に対する、新株予約権を伴わない企業の株式数の割合である。この比率は常に1未満でなければならない。したがって、新株予約権の利益は、新株予約権を伴わない企業の、同等のコールの利益に比べて小さくなければならない。この例における $\#/(\# + \#_w) = 2/3$ は、フィスケ夫人がなぜコールで300ドルの利益を得るのに、新株予約権では200ドルの利益しか得られないのかを説明していることに注意されたい。

これまでの議論は、新株予約権のためにはブラック・ショールズ・モデルを調整する必要があることを意味している。フィスケ夫人にコール・オプションが発行されるとき、われわれは、行使価格が1,800ドルで、行使期限日までの時間が1年であることを知っている。株価、株式の分散、金利についてはいずれも仮定を置かなかったが、実際の状況ではこれらのデータは簡単に提供できる。したがって、フィスケ夫人のコールを評価するのに、ブラック・ショールズ・モデルを用いることができる。

明日、新株予約権がフィスケ夫人に発行されると仮定する。われわれは、発行される新株予約権数、行使期限日、行使価格について知っている。新株予約権の代金は即座に配当として支払われるという仮定を用いると、ブラック・ショールズ・モデルを、この新株予約権を評価するのに用いることができる。最初に、同等のコールの価値を計算する。新株予約権価格はコール価格に、比率 $\#/(\# + \#_w)$ を掛け合わせたものである。前述のとおり、この比率はわれわれの例では2/3である。

4）　公式24.5を導くには、式24.4の「行使価格」を切り離さなければならない。この結果、以下を得る。

$$\frac{\text{負債控除後の企業価値}}{\# + \#_w} - \frac{\#}{\# + \#_w} \times \text{行使価格}$$

項を整理することによって、公式24.5が得られる。

24.4 転換社債

転換社債（convertible bond）は、新株予約権付社債と似ている。最も重要な違いは、新株予約権付社債は別個の証券に分離できるが、転換社債はできないということである。転換社債は、債券の満期日以前ならいつでも、債券を一定数の株式に転換する権利を、保有者に与える。

優先株式は、しばしば普通株式に転換できる。転換条項付優先株式は、行使期限がないという点を除けば、転換社債と同じである。

例24.2　転換社債

オーシャンドア・テクノロジー社は、コンピュータ向けハード・ディスク・ドライブの最も重要なメーカーの一つである。株式は店頭市場で取引されている。

2009年11月1日、オーシャンドア社は、2025年満期の6.75%転換劣後債の発行により、3億ドルを調達した。会社は、調達資金を新規工場や設備への投資に使う計画だった。典型的な債券同様、これには減債基金があり、繰上償還可能だった。オーシャンドア債は、転換できる点で他の債券と異なっていた。すなわち各債券は、満期日以前ならいつでも、同社の普通株式23.53株に転換可能だった。各債券が交換できる株数（この例では23.53株）を**転換比率**（conversion ratio）と呼ぶ。

債券トレーダーはまた、債券の**転換価格**（conversion price）にも注意を払う。これは転換比率に対する債券の額面価額の率として計算される。オーシャンドア債の額面価額は1,000ドルだったので、転換価格は42.5ドル（＝＄1,000/23.53）だった。オーシャンドア債の保有者は、額面価額1,000ドルの債券を引き渡し、オーシャンドア社の普通株式23.53株を受け取ることができた。これは、オーシャンドア社の普通株式1株の受領につき42.5ドル（＝＄1,000/23.53）を支払うのと同じことであった。

オーシャンドア社が転換社債を発行した時、普通株式は1株22.625ドルで取引されていた。42.5ドルという転換価格は、実際の普通株式価格に比べて88%高かった。この88%は**転換プレミアム**（conversion premium）と呼ばれる。

これは、オーシャンドア転換社債の転換オプションがアウト・オブ・ザ・マネーだったという事実を反映している。

転換社債はほとんど常に、株式分割および株式配当から保護されている。もしオーシャンドア社の普通株式が２対１で分割されていたら、転換比率は23.53から47.06に上げられていただろう。

転換比率、転換価格、転換プレミアムは、実際の取引ではよく知られた用語である。このことだけでも、学生は概念をマスターすべきである。しかしながら、転換価格と転換プレミアムは、債券が額面価額で取引されるということを暗に仮定している。債券が違う価格で取引されている場合、これらの用語はほとんど意味をなさない。対照的に、転換比率は債券の価格に関係なく、意味のある解釈が可能である。

これらの概念の一例として、アムジェン社の転換社債を考えてみよう。2006年にこれらの債券が売り出された時、この売出しは史上最大の転換社債発行で、すべての発行済転換社債の２％を占めた。2011年に満期を迎えるこの債券の転換比率は12.52だった。これは転換価格が79.87ドル（＝＄1,000/12.52）であることを意味する。2009年の初め、アムジェン社の株式は約44ドルで売られていたので、これは81.5％の転換プレミアムを意味した。2013年満期の債券は、12.58の転換比率をもっている。これが81％の転換プレミアムになるか自分で試してみるとよい。

24.5　転換社債の価値

転換社債の価値は、次の三つの構成要素で表すことができる。すなわち、普通債券価値、転換価値、オプション価値である。次に、これら三つの構成要素を検討する。

普通債券価値

普通債券価値とは、転換社債が普通株式に転換できない場合に、取引される価値のことである。これは金利の一般的水準とデフォルト・リスクに依存する。オーシャンドア社発行の普通債券の格付がAで、A格付債が2006年11月1日時点で、6カ月当り4%の利回りで価格づけされていたとしよう。オーシャンドア転換社債の普通債券価値は、半年ごとのクーポン支払33.75ドルと元本を、4%で割り引くことによって求めることができる。

$$\begin{aligned}
\text{普通債券価値} &= \sum_{t=1}^{32}\frac{\$33.75}{1.04^t}+\frac{\$1,000}{(1.04)^{32}}\\
&= \$33.75\times A_{0.04}^{32}+\frac{\$1,000}{(1.04)^{32}}\\
&= \$603.23+\$285.06\\
&= \$888.29
\end{aligned}$$

転換社債の普通債券価値は、最低限の価値である。オーシャンドア転換社債の価格が、この普通債券価値を下回ることはありえない。

図24.2は普通債券の価値と株価の関係を示している。図24.2では、われわれは暗に、転換社債がデフォルト・フリーであるという、大胆な仮定を置いている。この場合、普通債券の価値は株価に左右されず、直線として表される。

図24.2　所与の金利における転換社債の最小価値 vs 株式の価値

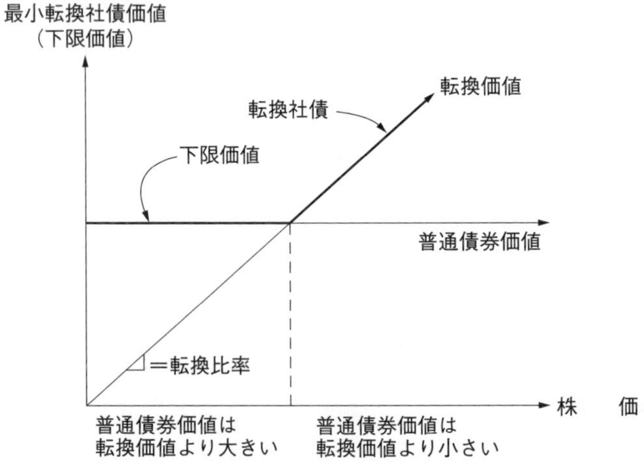

図に示されたように、転換社債の最小もしくは下限価値は、普通債券価値と転換価値の、どちらか大きいほうである。

転換価値

転換社債の価値は、転換価値に依存している。**転換価値**（conversion value）は、債券が直ちに現在の価格で普通株式に転換されたとしたら、どれだけの価値をもつかという値である。通常、転換価値は、転換した場合に受け取る株式数に、普通株式の現在の株価を掛けて求める。

2009年11月1日、オーシャンドア社の転換社債はそれぞれ23.53株の普通株式に転換できる状態だった。オーシャンドア社の普通株式は22.625ドルで取引されていた。したがって、転換価値は532.37ドル（＝23.53×＄22.625）だった。転換社債は転換価値を下回る水準で取引されることはない。裁定取引がそうなることを防ぐ。もしオーシャンドア社の転換社債が532.37ドル未満で取引されたら、投資家は転換社債を買って、それを普通株式に転換し、その株式を売却するだろう。株式の価値と債券の転換価値の差が、利益となる。

したがって、転換社債は二つの最小価値をもっている：普通債券の価値と転換価値である。転換価値は、その企業の原証券（普通株式）の価値によって決められる。これは、図24.2に図解されている。普通株式の価値が上がったり下がったりするにつれて、転換価格も上下する。オーシャンドア社の普通株式の価値が１ドル上がると、同社の転換社債の転換価値は23.53ドル増加する。

オプション価値

転換社債の価値は通常、普通債券の価値と転換価値の両方を上回る5)。これは、転換社債の保有者が即座に転換する必要がないので起こる。かわりに、待つことによって、彼らは将来、普通債券か転換価値か、どちらか大きいほうを選べるようになるからである。この待つというオプションには価値があり、普通債券の価値と転換価値のいずれよりも、価値を上昇させる。

企業の価値が低い場合、転換社債の価値は、普通債券としての潜在的価値に最も大きく影響を受ける。しかしながら、企業の価値が非常に高い場合、転換社債の価

5）最もありそうな例外は、転換が投資家に、転換以前に得られる利息より、はるかに多い配当をもたらす場合である。ここでの最善の策は、即座に転換することだろう。これは債券の市場価値が、転換価値にまったく等しいことを意味している。このほか、企業がデフォルトになったり、債券保有者が転換を強制されたりするケースも例外である。

図24.3　所与の金利における転換社債の価値 vs 株式の価値

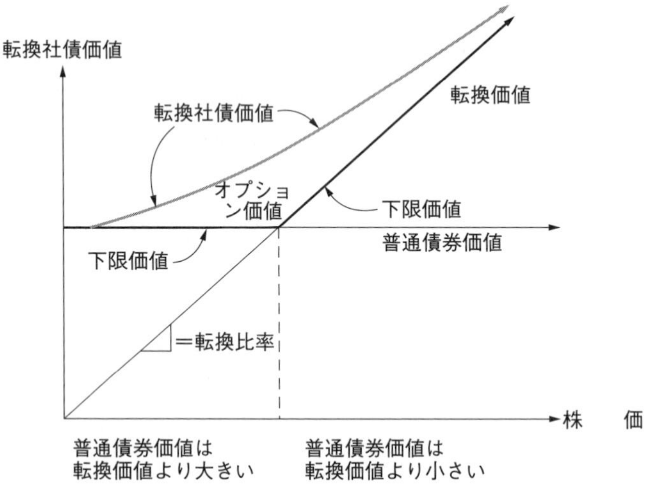

図に示されたように、転換社債の価値は、下限価値とオプション価値の合計である。

値は、おおむね潜在的転換価値によって決まる。これは、図24.3に図解されている。

図の下部は、転換社債の価値が、普通債券価値と転換価値のどちらか大きいほうに、オプション価値を加えたものであることを表している。

転換社債の価値

＝どちらか大きいほう（普通債券価値、転換価値）＋オプション価値

例24.3　転　換

ムルトン社は、普通株式1,000株と社債100口を発行ずみであるとする。債券の額面価額は、満期時点で1,000ドルである。これらは割引債でクーポンの支払はない。満期日に、各債券は新規発行の普通株式10株に交換できる。

ムルトン社の転換社債保有者たちが、満期時に普通株式に転換するのが有利になるのは、どういう状況だろうか。

もし転換社債保有者たちが転換したら、1,000株（＝100×10）を受け取る。すでに発行済株式が1,000株あるので、転換により発行済株式総数は2,000株に

なる。したがって、転換した債券保有者は企業の価値 V の50%を所有することになる。転換しない場合は、彼らは10万ドルかあるいは V のどちらか少ないほうを受け取る。ムルトン社の債券保有者がどちらを選択するかは明らかである。彼らは、V の50%が10万ドルより大きい場合に、転換すべきである。V が20万ドルより大きいときは常にそうなる。これは次のように説明できる。

ムルトン社の転換社債保有者と株主へのペイオフ

	（1） $V \leq \$100,000$	（2） $\$100,000 < V \leq \$200,000$	（3） $V > \$200,000$
意思決定	債券保有者は 転換しない	債券保有者は 転換しない	債券保有者は 転換する
転換社債保有者	V	$\$100,000$	$0.5V$
株主	0	$V-\$100,000$	$0.5V$

24.6　新株予約権および転換社債を発行する理由

コーポレートファイナンスの分野で、現実の世界の実務家が最も混乱するのは、おそらく転換型負債を発行する理由だろう。空想と現実を区別するため、やや厳密な議論を提供する。まず、転換型負債と普通負債を比較する。次に、転換型負債と株式を比較する。それぞれの比較において、企業はどういう状況で、転換型負債のほうが有利になるのか、またどういう状況で不利になるのかを検討する。

転換型負債 vs 普通負債

転換型負債の金利は、他の条件が同一の普通負債のものより低い。たとえば、普通負債に対する金利が10%の場合、転換型負債の金利は９%というようになる。転換から利益を得られる可能性があるので、投資家は転換型負債に対して、より低い金利を受け入れる。

転換型負債と普通負債の両方を真剣に検討したうえで、最終的に転換型負債の発行を決める企業を想像してみよう。この意思決定が企業に利益をもたらすのはどのようなときで、また損失をもたらすのはどのようときだろうか。二つの状況を考察する。

株価は後に上昇し、転換が進む状況

企業は明らかに自社の株価が上昇するのを好む。しかしながら、株価上昇前に転換型負債ではなく、普通負債を発行していたら、さらに利益を得られたことになる。会社は、普通負債の場合に比べて少ない金利ですんだが、転換型負債保有者に市場価格より安く大量の株式を売らなければならなくなった。

株価は後に下落するか、あるいは転換が有利になるほど上昇しない状況

企業は自社の株価が下落するのを嫌悪する。しかしながら、株価が下落する限り、前に普通負債のかわりに、転換型負債を発行しておいたことを喜ぶ。転換型負債に対する金利のほうが低いからである。転換が行われないのなら、金利の比較だけすればよい。

要　約

もし原株式が将来上昇するなら、企業は転換型負債を発行したほうが、普通負債を発行した場合に比べて、不利である。逆に、もし原株式が将来下落するなら、企業は転換型負債を発行したほうが、普通負債を発行した場合に比べて有利である。効率的な市場においては、だれも将来の株価を予測できない。したがって、転換型負債が普通負債より優位にあるとも、劣位にあるともいえない。

転換型負債 VS 普通株式

次に、転換型負債と普通株式の両方を真剣に検討したうえで、最終的に転換型負債の発行を決める企業を想像してみよう。この意思決定が企業に利益をもたらすのはどのようなときで、また損失をもたらすのはどのようなときだろうか。二つの状況を考察する。

株価は後に上昇し、転換が進む状況

企業は、前に株式のかわりに転換型負債を発行していたことで利益を得る。これを理解するため、オーシャンドア社のケースを考えてみよう。会社は株式を22ドルで発行することができた。かわりに、転換型負債を発行したことにより、会社は転

換で実質的に１株当り42.5ドルを受け取った。

株価は後に下落するか、あるいは転換が有利になるほど上昇しない状況

どんな企業も自社の株価下落はみたくない。しかしながら、株価が下落してしまったら、会社は、それ以前に転換型負債のかわりに、普通株式を発行しておいたことで利益を得る。会社は将来の市場価格よりも高値で株式を発行したことにより利益を得る。すなわち、会社は後の株価の価値よりも多く受け取ったことになる。しかしながら、普通債券価値が下限として働くので、株価の下落は転換型負債の価値にそれほど影響を与えなかった。

要　約

もし原株式が将来上昇するなら、企業は転換型負債を発行したほうが、普通株式に比べて有利である。もし原株式が将来下落するなら、企業は転換型負債を発行したほうが不利である。効率的な市場においては、だれも将来の株価を予測できない。したがって、転換型負債の発行が株式の発行よりも、よいとも悪いともいえない。上記の分析は、表24.2に要約されている。

Modigliani-Miller（MM）は、税金と倒産費用を仮定しない場合、企業は株式を発行するのか、あるいは債券を発行するのかに関して、無差別であると指摘している。このMMの関係は、きわめて一般的なものである。彼らの議論を修正して、企業は、転換型負債を発行するのか、あるいはその他の証券を発行するかには関して、無差別であると示すことができる。紙幅を節約するために（また学生の忍耐力も考えて）、転換型負債を伴う世界におけるMM理論の完全な証明は省略する。し

表24.2　転換社債（CB）が有利、不利になるケース

	将来株価が下がる場合	将来株価が上がる場合
転換社債（CB）	低株価なので転換されない	高株価なので転換される
普通債券との比較	クーポン利率が低いので、CBは割安な資金調達を提供する。	債券が転換され、株式の希薄化が起こるので、CBは割高な資金調達を提供する。
普通株式との比較	企業はもっと高い株価で普通株式を発行できていたので、CBは割高な資金調達を提供する。	債券が転換されるとき、企業は株式を高い株価で発行できるので、CBは割安な資金調達を提供する。

かしながら、上記の結果はMM理論と完全に一致している。次に、転換型負債に対する現実の世界の見方に議論を転じよう。

「タダの昼食」論

これまでの議論は、転換型負債の発行がその他の証券の発行に比べて、有利とも不利ともいえないことを示唆している。残念ながら、企業経営者の多くは、転換型負債の発行は、他の証券を発行するよりも実際に有利だとする考え方の罠にはまっている。これは「タダの昼食（free lunch）」型の考え方で、われわれはこの考え方にはきわめて批判的である。

例24．4　転換型負債のほうが常によいか

RW社の株価は20ドルである。この会社は金利10％で劣後債券を発行できるとしよう。会社はまた、金利6％で、転換価値800ドルの転換社債も発行できるとする。この転換価値は、保有者が転換社債を普通株式40株（＝＄800/＄20）に転換できることを意味する。

「タダの昼食」論の信奉者である企業の財務担当者なら、転換社債は劣後債券や普通株式のどちらよりも安く資金調達ができるのだから、転換社債を発行すべきであると主張するだろう。財務担当者は、会社の業績が振るわず、株価が20ドル以上に上がらない場合、転換社債保有者が債券を株式へ転換することはないと指摘する。この場合、会社は無価値の株式キッカー（おまけ）をつけることによって、市場より安い金利で負債調達を行ったことになる。一方、会社の業績が順調で、普通株式の価格が25ドルあるいはそれ以上に値上りした場合、転換社債保有者は転換することになる。会社は40株を発行し、その株式を引き渡して、かわりに額面価額1,000ドルの債券を受け取る。これは25ドルの転換価格を意味する。会社は事実上1株25ドル、言い換えれば、転換社債が発行された時の株価20ドルよりも、20％高い価格で普通株式を発行したことになる。これにより、会社は株主資本のコストを下げることができる。かくして、財務担当者は、会社の業績がよかろうが悪かろうが、転換社債が最も安上りな資金調達形態である、と得意げに指摘する。

一見、この主張はなかなか妥当なものに聞こえるが、実は欠陥がある。この

財務担当者は、株価が後に下落する場合は、転換社債調達を*普通負債*と比較している。しかしながら、株価が後に上昇する場合は、転換社債調達を*普通株式*と比較している。これは不公平な比較の混同である。対照的に、表24.2のわれわれの分析は、転換社債をそれぞれの代替証券と比較する際、株価上昇時と下落時の両方を検討しているので、公平なものである。われわれの分析では、株価上昇時と下落時の両方において、一つの代替証券が転換社債より優れているということはなかった。

「高価な昼食」論

この財務担当者の主張に沿って、①株価上昇時における転換型負債調達と普通債券の比較、および②株価下落時における転換型負債調達と株式の比較を行うとしよう。

表24.2から、株価が後に上昇する場合は、転換型負債は普通負債よりも、高くつくことがわかる。転換型負債保有者に、市場価格より低い価格で大量の株式を売るという会社の義務は、転換型負債の金利の低さを相殺してもなお余りある。

また表24.2より、株価が後に下落する場合は、転換型負債は株式よりも、高くつくことがわかる。もし会社が株式を発行していたら、後の価値よりも高い価格を受け取っていたことになる。したがって、「高価な昼食」論は、転換型負債が資金調達の形態としては劣っていることを意味する。もちろん、われわれは、「タダの昼食」論と「高価な昼食」論のどちらも却下する。

和　　解

効率的な金融市場では、「タダの昼食」も「高価な昼食」も存在しない。転換社債は、他の証券より安くもなければ高くもない。転換社債は、普通負債と普通株式を買うオプションのパッケージである。転換社債の市場価値と普通社債の価値との差は、投資家がコール・オプション部分に支払う価格である。効率的な市場では、これは適正価格である。

一般に、企業が好調な場合は、転換社債の発行は普通社債の発行よりも不利であり、普通株式の発行よりも有利である。対照的に、業績が不振な場合は、転換社債は普通社債の発行よりも有利であり、普通株式の発行よりも不利である。

24.7　なぜ新株予約権や転換社債が発行されるのか

これまでの研究から、転換社債を発行する企業は、その他の企業と異なることが知られている。以下は、そうした違いのいくつかである。

1．転換社債を発行する企業の債券格付は、他の企業の債券格付に比べて低い6)。
2．転換社債は、高い成長率と大きな財務レバレッジを伴う、より小さい企業によって利用される傾向にある7)。
3．転換社債は通常、劣後で無担保である。

転換社債を利用する企業の種類は、なぜ転換社債が発行されるのかについて、ヒントを提供する。以下は、いくつかの理にかなった説明である。

キャッシュフローのマッチング

資金調達コストが高い場合、企業のキャッシュフローにマッチしたキャッシュフローをもつ証券を発行するのが合理的である。若く、リスキーで、望むらくは成長中の企業は、転換社債かあるいは新株予約権付社債の発行を選好するかもしれない。なぜなら初期の金利費用が安くすむからである。会社が成功したら、転換社債（あるいは新株予約権）は転換される。これに伴う株式の希薄化は高くつくが、企業が十分払えるようになったときに起こる。

リスク・シナジー

転換社債と新株予約権付社債を支持するもう一つの議論は、発行企業のリスク評価がきわめて高くつく場合に、有用であるというものである。あなたは、創業したばかりの企業の新商品を評価しているとする。新商品は、北部でとうもろこしの収

6）E. F. Brigham, "An Analysis of Convertible Debentures," *Journal of Finance* 21（1966）.
7）H. Mikkelson, "Convertible Calls and Security Returns," *Journal of Financial Economics* 9（September 1981）, p. 3.

表24.3　転換社債利回りの仮定例(注)

	企業のリスク	
	低	高
普通債券利回り	10%	15%
転換社債利回り	6%	7%

(注)　普通債券利回りは、デフォルト・リスクを反映する。転換社債利回りは、デフォルト・リスクにあまり敏感でない。

量増加をもたらす可能性のある生物遺伝ウィルスである。これはまた、がんの原因になるかもしれない。この種の商品は、適切に評価することが困難である。したがって、この会社のリスクを決定するのは非常にむずかしい。ハイ・リスクかもしれないし、ロー・リスクかもしれない。もし会社のリスクが高いと確信をもつことができれば、あなたは債券価格を高利回り、たとえば15%で価格づけする。もし、ロー・リスクなら、もっと低い利回り、たとえば10%で価格づけする。

転換社債と新株予約権付社債は、リスク評価のミスに対して多少の保護を提供する。両者ともに、普通債券と会社の原株式に対するコール・オプションという、二つの要素をもっている。もし企業が結果的にロー・リスクの会社だったら、普通債券部分が高い価値をもち、コール・オプション部分が低い価値をもつことになる。しかしながら、もし企業が結果的にハイ・リスクの会社だったら、普通債券部分が低い価値をもち、コール・オプション部分が高い価値をもつことになる。これは、表24.3に例証されている。

とはいえ、リスクは価値に影響し、転換社債と新株予約権付社債では相互に打ち消し合うが、それでも市場と買い手は、証券を評価するために会社の潜在力を査定しなければならない。普通債券に要求される労力に比べて、転換社債や新株予約権付社債のほうがずっと少なくてすむかは明白ではない。

エージェンシー・コスト

転換社債は、資金調達に付随するエージェンシー問題を解決できる。前章で、普通債券は、無リスク債券から企業の資産に対するプット・オプションを引いたものであることを示した。これは、債権者に、企業がロー・リスクの企業活動をするよう強いるインセンティブをつくりだす。対照的に、普通株式保有者にはハイ・リスクのプロジェクトを採用するインセンティブがある。マイナスのNPVを伴うハイ・リスク・プロジェクトは、富を債券保有者から株主へ移転する。これらの利害衝突が解決されない場合、企業は儲かる投資機会を見過ごすことを余儀なくされるかもしれない。しかしながら、転換社債は株式の要素をもつので、普通債券のかわりに転換社債が発行された場合、富の収奪はそれほど起こらない[8)]。言い換えると、転換社債はエージェンシー・コストを緩和する。一つの含意は、現実の世界において、転換社債は普通債券に比べて、負債の制限的誓約条項がそれほど厳しくないということである。この点は実証的証拠が裏付けているようにみえる。

裏口株式

ある有名な説に、転換社債を裏口株式としてみるものがある[9)]。若くて、小さい、高成長企業は普通、高い財務的困難コストのため、リーズナブルな条件で債券を発行できない。とはいえ、株価があまりに低かったら、オーナーは株式を発行する気になれないだろう。

Lewis、Ragolski、and Sewartは、転換社債のリスク移転および裏口株式説を考察した。彼らは、これら2説を支持する証拠を見出している。

24.8　転換政策

転換社債に関して、これまでに触れなかった点がある。企業は、しばしば債券にコール・オプションを付与する。転換社債を繰上償還する標準的な手続は簡単である。債券が繰上償還されると、保有者は約30日間で次のどちらかを選択する。

1．転換比率で、債券を普通株式に転換する。
2．債券を引き渡し、繰上償還価格を現金で受け取る。

8）A. Barnea, R. A. Haugen, and L. Senbet, *Agency Problems and Financial Contracting*, Prentice Hall Foundations of Science Series（New York : Prentice Hall, 1985）, Chapter VI.
9）J. Stein, "Convertible Bonds as Backdoor Equity Financing," *Journal of Financial Economics*, 32（1992）. また、Craig M. Lewis, Richard J. Ragolski, and James K. Seward, "Understanding the Design of Convertible Debt," *The Journal of Applied Corporate Finance*（Spring, 1998）を参照。

債券保有者はどうすべきだろうか。もし債券の転換価値が繰上償還価格より高ければ、転換するほうが債券を引き渡すより明らかに有利であり、もし転換価値が繰上償還価格より低ければ、債券を引き渡すほうが転換するより有利である。転換価値が繰上償還価格より高い場合、繰上償還はいわゆる**強制転換**（force conversion）を行う。

財務管理者はどうすべきだろうか。債券の繰上償還は、会社全体としての価値を変えない。しかしながら、最適な償還政策は、債券保有者を犠牲にして株主に利益をもたらすことができる。われわれは、大きさが決められたパイの分配について語っているので、最適の償還政策は非常に簡単である。すなわち、債券保有者が望まないことはなんでもやれ、である。

債券保有者は、債券の市場価値が繰上償還価格を下回っているとき、株主が繰上償還してくれることを望む。株主は、債券保有者に特別な価値を提供することになる。逆に、債券価値が繰上償還価格を上回った場合は、債券保有者は株主が繰上償還しないことを望む。なぜなら、債券保有者は価値ある資産をもち続けることができるからである。

もう一つだけ政策が残っている。これは株主の価値を最大にし、債券保有者の価値を最小にする政策で、以下のとおりである。

債券の価値が繰上償還価格と等しいときに、繰上償還すること。

転換価値が繰上償還価格に達した時点で、企業が必ずしも転換社債の繰上償還を行わないのは謎である。Ingersollは、1968年から1975年までの124社の繰上償還政策を調査した[10]。ほとんどのケースで、企業は転換価値が繰上償還価格より相当高い水準になるまで繰上償還を待つことを、彼は見出した。中央値の企業は、債券の転換価値がコール価格を44%上回るまで待った。これは上述した最適の戦術とあまりにもかけ離れている。なぜだろうか。

一つの理由は、もし企業がこの最適戦術を実行しようとしたら、本当に最適ではないかもしれないからである。債券保有者には、社債を普通株式に転換するか、それとも債券をコール価格で引き渡して現金を得るかを決めるのに、30日の余裕があ

10）J. Ingersoll, "An Examination of Corporate Call Policies on Convertible Bonds," *Journal of Finance* (May 1977). また、M. Harris and A. Raviv, "A Sequential Signalling Model of Convertible Debt Policy," *Journal of Finance* (December 1985) も参照。Harris and Ravivは、Ingersollの調査結果と一致するシグナル均衡を解説している。彼らは、望ましい情報をもつ経営陣が、株価の下押しを避けるために繰上償還を遅らせることを示している。

ることを思い出してほしい。この30日間に、株価が下落し、転換価値が繰上償還価格を下回ることもありうる。もしそうなると、転換社債は「アウト・オブ・ザ・マネー」になり、企業はただでお金をあげている。企業は価値がずっと少ない普通株式のために現金を渡すことになる。この可能性があるので、現実の世界における企業は、通常、繰上償還を行う前に、転換価値がコール価格をはるかに上回るまで待つ[11]。これは賢明である。

要約と結論

1．新株予約権は保有者に対し、特定の期間に、行使価格で普通株式を買う権利を与える。通常、新株予約権は私募債券とパッケージで発行される。後に新株予約権と債券は切り離され、別々に取引される。

2．転換社債は、普通債券とコール・オプションの組合せである。保有者は株式を受け取るのと交換に、債券を引き渡す。

3．転換社債と新株予約権は、コール・オプションのようなものである。しかしながら、いくつかの重要な違いがある。

a. 新株予約権と転換社債は企業によって発行される。コール・オプションは、個々の投資家の間で取引される。

i. 新株予約権は通常、私募で発行され、債券と組み合わされる。ほとんどの場合、新株予約権は発行直後に切り離すことができる。新株予約権は、優先株式とともに、普通株式とともに、あるいはエグゼクティブ報酬プログラムのなかで、発行されるケースもある。

ii. 転換社債は通常、普通株式に転換できる債券である。

iii. コール・オプションは、個々の投資家（コール・オプションの売り手）

11) Paul Asquith, "Convertible Bonds Are Not Called Late," *Journal of Finance*（September 1995）を参照。一方、株式市場は普通、繰上償還の発表にネガティブな反応を示す。たとえば、A. K. Singh, A. R. Cowan, and N. Nayan, "Underwritten Calls of Convertible Bonds," *Journal of Financial Economics*（March 1991）および、M. A. Mazzeo and W. T. Moore, "Liquidity Costs and Stock Price Response to Convertible Security Calls," *Journal of Business*（July 1992）を参照。

Ederington、Caton、and Campbellが、転換社債の繰上償還の最適時期に関するさまざまな各種の理論をテストした。彼らは、前出の30日間の「安全余裕期間」理論と一致する証拠を見つけた。彼らはまた、受け取られるべき配当（転換後）が企業の利払額を上回る場合、イン・ザ・マネーの転換社債の繰上償還はきわめて可能性が低いことを見出した。Louis H. Ederington, Gary L. Caton, and Cynthia J. Campbell, "To Call or Not to Call Convertible Debt," *Financial Management*（Spring 1997）を参照。

により別々に販売される。

b. 新株予約権とコール・オプションは現金で行使する。新株予約権保有者は発行企業に現金を渡し、会社の新株を受け取る。コール・オプション保有者は、他の投資家に現金を渡して株式を受け取る。転換社債は、普通株式と交換される。結果として、新株予約権付社債と転換社債は、企業のキャッシュフローと資本構成に異なる影響を与える。

c. 新株予約権と転換社債は、既存の株主に対し、株式の希薄化をもたらす。新株予約権が行使されたり、転換社債が転換されると、企業は普通株式を新規発行しなければならない。既存株主の持分比率は低下することになる。コール・オプションが行使されたとき、新株は発行されない。

4．もっともらしいか、ありえないかを問わず、転換社債や新株予約権付社債発行に関する議論はたくさんある。一つのもっともらしい論理的根拠はリスクとかかわる。転換社債と新株予約権付社債は、リスキーな企業と関係している。貸し手は、ハイ・リスクの企業から身を守るために、いくつかのことができる。

a. 彼らは、高利回りを要求できる。

b. リスク評価の困難な企業への貸出は控え目にするか、あるいはまったくしない。

c. そのような債券にいくつかの厳しい制限を課す。

リスクに対して保護するもう一つの有益な方法は、株式キッカーをつけて債券を発行することである。これは、貸し手にリスクから利益を得られる機会を与え、債券保有者と株主の間のリスクに関する利害衝突を軽減する。

5．ファイナンスの研究者が、特に頭を痛める問題がある。すなわち、転換社債には通常、繰上償還条項がある。企業は転換価値が繰上償還価格を大幅に上回るまで、繰上償還を引き延ばすようである。株主の立場からすると、最適な繰上償還政策は、転換価値が繰上償還価格に等しくなった時点で償還することである。

Concept Questions

1．新株予約権とオプション

新株予約権と上場コール・オプションの重要な違いは何か。

2．新株予約権

新株予約権価格に対する以下の限界を説明せよ。

a. もし株価が新株予約権の行使価格を下回っていたら、新株予約権の価格の下限はゼロである。

b. もし株価が新株予約権の行使価格を上回っていたら、新株予約権の価格の下限は、株価と行使価格との差である。

c. すべての新株予約権の価格の上限は、会社の株式の現行価値である。

3．転換社債と株式ボラティリティ

あなたは繰上償還可能な転換社債を評価しているとする。もし株式ボラティリティが上昇したら、これは債券価格にどのような影響を及ぼすか。

4．転換社債の価値

金利が上昇したら、転換社債の価格には何が起こるか。

5．希 薄 化

希薄化とは何か。新株予約権が行使されるとなぜ希薄化が起こるのか。

6．新株予約権と転換社債

要求されるクーポン利率が低いので、新株予約権や転換機能のついた債券を発行するほうが安くつくという単純な見方は、どこが間違っているか。

7．新株予約権と転換社債

企業は、なぜ転換社債や新株予約権付社債を発行するのか。

8．転換社債

転換社債は、どうして行使期限日前に、自由意志で株式に転換されないのか。

9．転換社債

企業はいつ転換社債の強制転換を行うべきか。説明せよ。

10．新株予約権の評価

行使期限まで半年で、保有者に発行企業の普通株式を1株当り31ドルの行使価格で、10株購入する権利を与える新株予約権がある。もし株式の現在の市場価格が1株15ドルだったら、新株予約権の市場価格はゼロになるか。説明せよ。

質問と問題

◆基本（問題１－９）

１．転換価格

ある転換社債は、18.4の転換比率をもっている。転換価格はいくらか。

２．転換比率

ある転換社債は、70.26ドルの転換価格をもっている。この債券の転換比率はいくらか。

３．転換プレミアム

エクリー社は最近、12.8の転換比率をもつ社債を発行した。もし社債発行時の株価が61.18ドルだったら、転換プレミアムはいくらだったか。

４．転換社債

ハノン・ホーム・プロダクツ社は最近、８％の転換社債200万ドルを発行した。各転換社債は1,000ドルの額面をもつ。各転換社債は満期までいつでも普通株式18.5株に転換できる。株価は38.20ドルで、各転換社債の市場価格は1,070ドルである。ハノン社の転換社債に関する以下の質問に答えよ。

a. 転換比率はいくらか。

b. 転換価格はいくらか。

c. 転換プレミアムはいくらか。

d. 転換価値はいくらか。

e. もし株価が２ドル上昇したら、新しい転換価値はいくらか。

５．新株予約権の価値

ある新株予約権は、保有者に１株当り41ドルの行使価格で、普通株式３株を購入する権利を与える。株式の現在の市場価格は47ドルである。新株予約権の最小価値はいくらか。

６．転換社債の価値

ある会社の転換社債の発行に際して、以下の二つのうち、どちらかの関係が存在していたと、アナリストが最近あなたに報告した。

	シナリオ１	シナリオ２
転換社債の額面	1,000ドル	1,000ドル
転換社債の普通債券価値	900	950
転換社債の市場価値	1,000	900

債券は即座に転換可能である。どちらのシナリオが生じた可能性が高いと思うか。説明せよ。

7．転換社債の価値

スポータイム・フィットネス・センター社は、転換価格が34ドルの転換社債を発行した。社債は即座に転換できる。会社の普通株式の現在の価格は1株当り29ドルである。転換社債の現在の市場価格は990ドルである。転換社債の普通債券価値はわからない。

a. 転換社債の最小価格はいくらか。

b. 転換社債の現在の市場価格と、それが即座に転換できる普通株式の価値との差を説明せよ。

8．転換社債

あなたは転換比率が21.5の繰上償還可能転換社債を所有している。株式は現在1株当り52ドルで売られている。債券の発行会社は、110ドルの繰上償還価格で繰上償還すると発表した。ここでのあなたの選択肢は何か。あなたはどうすべきか。

9．新株予約権の価値

ゼネラル・モデム社の5年物新株予約権は、現在公開市場で取引されている。それぞれの新株予約権は、所有者に普通株式を55ドルの行使価格で1株買う権利を与える。

a. 株式は現在1株51ドルで取引されているとする。新株予約権の価格の下限はいくらか。上限はいくらか。

b. 株式は現在1株58ドルで取引されているとする。新株予約権の価格の下限はいくらか。上限はいくらか。

◆中級（問題10－13）

10. 転換社債

バーナンキ社は、クーポン利率が6％（年次クーポン支払）で、満期が30年の繰上償還可能転換社債を発行したところである。債券は130ドルの転換価格をもっている。会社の株式は1株26ドルで売られている。債券の所有者は、もし債券の転換価値が1,100ドル以上になったら、強制的に転換させられる。他の点で同等の非転換型社債に要求されるリターンは11％である。

a. 債券の最低価値はいくらか。

b. もし株価が年13％で永久に成長するとしたら、この債券の転換価値が1,100

ドルを超えるのにどれだけの時間がかかるか。

11. 転換社債

ロブ・スチーブンスはアイズナー建設のCEOで、会社の普通株式を75万株所有している。会社は現在、500万株の普通株式と、額面で3,000万ドルの転換社債が発行ずみである。転換社債は34ドルの転換価格をもち、株式は現在40ドルで売られている。

a. スチーブンス氏は、会社の普通株式の何%を所有しているか。

b. もし会社が転換社債の繰上償還を決定し、転換を強制したら、スチーブンス氏は会社の普通株式の何%を所有することになるか。彼は転換社債を所有していない。

12. 新株予約権

サバイバー社は、全額株式調達の会社で、発行済普通株式が8株ある。昨日、会社の資産はプラチナ9オンスで、現在1オンス当り850ドルの価値がある。今日、会社は、ウー夫人に850ドルの公正価値で新株予約権1個を発行した。新株予約権1個はウー夫人に会社の普通株式1株を1,000ドルで買う権利を与え、今日から1年後の行使期限日にのみ行使できる。会社は新株予約権の発行代金で、すぐさま追加のプラチナ1オンスを購入した。

a. 新株予約権が発行される*前*の、株式1株の価格はいくらだったか。

b. 新株予約権が発行された*直後*の、株式1株の価格はいくらか。

c. 1年後の新株予約権の行使期限日に、プラチナ1オンスが975ドルで取引されているとする。行使期限日における株式1株の価値はいくらか。

13. 新株予約権

リケッティ・エンタープライゼズ社の資本構成は、普通株式1,500万株と、100万個の新株予約権からなっている。各新株予約権は、所有者に普通株式を19ドルの行使価格で1株買う権利を与える。現在の株価は1株25ドルで、各新株予約権には7ドルの価値がある。もしすべての新株予約権保有者が今日行使することを決めたら、新しい株価はいくらになるか。

◆チャレンジ（問題14－16）

14. 転換社債の計算

あなたは新発の25年物繰上償還可能転換社債を評価するために雇われた。債券のクーポン利率は6.80%で、年次で支払われる。転換価格は150ドルで、株式は現在

35.50ドルで売られている。株価は年12%で成長すると期待されている。債券は1,150ドルで繰上償還可能であるが、過去の経験から、転換価値が1,250ドルになるまで繰上償還されることはない。この債券に要求されるリターンは9%である。この債券の価値はいくらか。

15. 新株予約権の価値

スーペリア・クランプス社の資本構成は、普通株式600万株と、新株予約権75万個からなっている。各新株予約権は、所有者に会社の新規発行普通株式を20ドルの行使価格で1株買う権利を与える。新株予約権はヨーロピアン・タイプで、1年後に行使期限を迎える。会社の資産の市場価値は1億500万ドルで、会社の資産に対するリターンの年次分散は0.15である。1年後に満期を迎える財務省短期証券の連続複利利回りは年7%である。スーペリア社は配当を支払わない。ブラック・ショールズ・モデルを用いて、新株予約権1個の価値を求めよ。

16. 新株予約権の価値

オメガ航空の資本構成は、普通株式320万株と、半年後に満期を迎える額面1,800万ドルの割引債からなっている。会社は、満期を迎える負債の償還に充てる資金を調達するために、行使価格が75ドルで、行使期限が半年の新株予約権を発行すると発表したところである。各新株予約権は行使期限日のみに行使でき、所有者に新規発行普通株式を1株買う権利を与える。会社は新株予約権発行の販売代金を即座に財務省短期証券に投資する。市場価値貸借対照表は、発表後会社が2億1,000万ドルの価値をもつ資産を保有していることを示している。会社は配当を支払わない。会社の資産に対するリターンの標準偏差は50%で、半年後に満期を迎える財務省短期証券の連続複利利回りは6%である。売却代金で半年後に満期を迎える負債を償還できるようにするためには、どれだけの数の新株予約権を発行しなければならないか。

ミニケース

●S&Sエア社の転換社債

クリス・ガスリーは最近、S&Sエア社に、会社の短期財務プランニングとパフォーマンス評価を手助けするために雇用された。クリスは5年前にファイナンスの学位で大学を卒業して以降、フォーチュン500企業の財務部で働いてきた。

S&Sエア社は、マーク・セクストンとトッド・ストーリーという友人二人によって10年前に設立された。会社はこれまで軽飛行機を製造・販売してきており、その製品は安全性と信頼性で高い評価を受けている。会社は主に、自分で所有し飛行する個人向けのニッチ市場で事業を行っている。会社には二つの軽飛行機がある。価格が5万3,000ドルのバーディと、7万8,000ドルのイーグルである。

S&Sエア社は公開していないが、会社は投資機会のために新たな資金が必要である。投資銀行レインズ&ワレン社のトニーシャ・ジョーンズと話し合った結果、クリスは20年満期の転換社債発行が最適であると決断した。彼はオーナーのマークとトッドに会い、転換社債発行に関する彼の分析を提示した。会社が公開されていないので、クリスは同等な上場企業を分析し、業界の平均株価収益率が12.5であると算定した。会社の1株当り利益は1.60ドルである。これを念頭に、クリスは転換価格が1株当り25ドルになるべきであると結論した。

数日後、トッドとマークそしてクリスは再び会い、債券発行の可能性について議論した。トッドとマークの二人は、転換社債について調べ、クリスにいくつかの質問があった。トッドがまずクリスに、転換社債発行は、転換権をもたない同等な債券より低いクーポン利率になるか尋ねる。クリスは、この転換社債を額面で販売するためには、800ドルの転換価値と6％のクーポン利率が必要になるが、一方で通常の債券ならクーポン利率が7％になると返答する。トッドは了解してうなずき、転換社債はどちらに転んでも有利な資金調達形態であると説明する。もし会社の株式価値が転換価格以上に上がらなかったら、会社は市場金利より低いコスト（7％のかわりに6％）で負債を発行したことになると、彼は述べる。もし会社の株式が転換価格以上に上がったら、会社は事実上、現在の価値より上で株価を発行したことになる。

マークがすぐに異論を唱え、転換社債はどちらに転んでも利益が得られない資金調達形態であると主張する。もし会社の株式価値が25ドルに上がったら、会社は転換価格で株式を売ることを余儀なくされると主張する。これは新しい株主（転換社債を購入した）がバーゲン価格から利益を得ることを意味する。違う言い方をすると、もし会社が好業績になったら、利益を共有しない普通の負債を発行しておいたほうがよかったことになる。

クリスは助けを求めにトニーシャを訪ねた。トニーシャのアシスタントとして、あなたは以下の質問に答えるメモを準備するよう頼まれた。

1．なぜクリスは25ドルの転換価格を提案していると思うか。会社が未公開であることを考えると、転換価格について話すこと自体無意味ではないか。
2．S&Sエア社転換社債の下限価格はいくらか。
3．債券の転換比率はいくらか。
4．債券の転換プレミアムはいくらか。
5．オプションの価値はいくらか。
6．要求されるクーポン利率が低くなるので、転換社債を発行するほうが安くつくという、トッドの主張はどこか間違っているか。
7．転換社債は、新しい株主に会社の利益を共有する権利を与えるので悪いアイデアであるという、マークの主張はどこか間違っているか。
8．トッドとマークの主張を、どのように「和解」することができるか。
9．議論の最中、債券が、メイク・ホールではなく通常の繰上償還機能をもつべきかどうかに関して疑問が生じた。クリスはみんなに打ち明けた。「繰上償還機能は、S&Sエア社に強制転換する権利を与える。これにより、マークが指摘した問題が最小化できる」。彼は何をいっているのか。意味をなしているか。

第25章
デリバティブとリスク・ヘッジ

ジェット燃料の価格は、航空会社の利益性に大きな影響を及ぼす可能性がある。2008年の燃料コストの高騰で、燃料は多くの航空会社にとって営業費のほぼ40%を占める最大の経費になった。サウスウェスト航空は、変動性の激しい燃料コストに伴うリスクに対応するため、ヒーティング・オイル先物契約、ジェット燃料スワップ、コール・オプションなどの高度な金融商品をいろいろと用いて、燃料コストのヘッジを始めた革新者になった。燃料コストが高騰している期間、サウスウェスト航空は、ヘッジによって何百万ドルも節約し、数少ない利益をあげている会社の一つだった。

2008年後半、ジェット燃料のコストは劇的に下落し、サウスウェスト航空のヘッジはそれほどうまく機能しなかった。2008年まで、会社は16年間にわたって四半期損失を一度も発表したことがなかったが、第４四半期の損失が5,600万ドルだったと発表した。これは大部分、１億1,700万ドルにのぼるヘッジの損失に起因する。しかし、サウスウェスト航空は、軽い痛手で逃れられたのかもしれない。同時期、ユナイテッド航空の親会社であるUAL コーポレーションは９億3,300万ドルを失い、キャセイ・パシフィック航空はヘッジで10億ドルを失った。本章では、企業の経営陣にリスクをコントロールすることを可能にする、さまざまなデリバティブ契約を探求する。また、これらの航空会社が身をもって学習したように、ヘッジがどのように諸刃の剣になりうるのかを説明する。

25.1　デリバティブ、ヘッジ、そしてリスク

*デリバティブ（派生商品）*という名前は、文字どおりの意味をもつ。デリバティブとは、そのペイオフと価値が、他の何かから派生する、もしくは依存する金融商品である。デリバティブが依存するもののことを、われわれはしばしば*原*

（*primitive or underlying*）という言葉で表す。たとえば、第22章でオプションがどのように機能するのかを学習した。オプションはデリバティブである。コール・オプションの価値は、契約対象となる原株式の価値に依存する。実際、コール・オプションはきわめて複雑なデリバティブの例である。大多数のデリバティブは、コール・オプションよりシンプルである。ほとんどのデリバティブは、フォワード（先渡し）契約や先物取引、またはスワップであり、これらの一つひとつを詳細に検討する。

企業はどうしてデリバティブを利用するのだろうか。答えは、デリバティブが企業のリスク・エクスポージャーを変えるための道具であるからである。かつてある人が、ファイナンスにとってのデリバティブは、外科手術にとってのメスである、といった。デリバティブを用いることにより、企業はリスク・エクスポージャーの望ましくない部分を切り捨て、さらにエクスポージャーを違うかたちに変換することもできる。ファイナンスの中心にある考え方は、リスクは望ましくないということである。リスクとリターンに関する章で、われわれは、リスクに報いるだけの期待リターンがある場合のみ、個人はリスキーな証券を選択すると指摘した。同様に、プロジェクトのリターンがリスクに見合う場合にのみ、企業はハイ・リスクなプロジェクトを採用する。したがって、企業が常に自らのリスクを低減する方法を求めていることは驚くに値しない。企業がデリバティブの利用でリスクを低減することを、ヘッジする（hedging）という。金融市場でのいくつかの取引によって、ヘッジは、プロジェクトに内在するリスクのような、企業のリスクを相殺する。

デリバティブはまた、企業のリスク・エクスポージャーを単に変更したり、ふやしたりするのにさえ用いられる。その場合は、企業はデリバティブの根底にあるなんらかの経済変数の動向に対して、**投機をしている**（speculating）のである。たとえば、金利の上昇とともに価値が上がるデリバティブを購入し、一方で金利変動を相殺するエクスポージャーがない場合、この企業は、金利が上昇し、デリバティブのポジションで利益を得ることに投機している。金利や他の経済変数の上昇・下落に関する意見を反映するためにデリバティブを用いることは、ヘッジとは逆であり、リスクを増大させることになる。経済見通しをもとにデリバティブを用いて投機を行って、見通しが的中した場合に利益を得ることは、必ずしも間違ったことではないが、スペキュレーター（投機家）は常に鋭い道具は深く切れることを肝に銘じておかなくてはならない。もしデリバティブのポジションのもとになった意見が間違っていると判明したら、その結果は高くつく可能性がある。効率的市場理論は、市場に何が起きるかを予測することがいかに困難であるかを教えてくれる。デリバティブ関連の悲劇のほとんどは、デリバティブがヘッジやリスク相殺の手段として用いられたからではなく、むしろ投機が原因で起こっている。

25.2　フォワード取引

フォワード（先渡し）取引を考察することで、ヘッジの議論を始めよう。おそらくあなたもこれまでの人生で、知らずにフォワード取引を行ってきている。たとえば、あなたが2月1日に、『富豪と有名人の食習慣』というベスト・セラーを買おうと書店に入るとする。書店の店員が、その本は現在売切れだが、あなたの電話番号を控え、取り寄せるという。本の価格は10ドルである。もしあなたが2月1日に、電話連絡を受けたら来店し、10ドルを支払って本をピックアップすることに合意したら、あなたと店員は**フォワード契約**（**forward contract**）を結んだことになる。すなわち、あなたは、書店から連絡を受けたら、本の代金を支払うことと、ピックアップすることの2点に合意した。あなたは後で本を購入することに合意しているので、2月1日にフォワード契約を購入していることになる。商品取引の専門用語でいえば、本をピックアップするとき、あなたはデリバリーを受けている（taking delivery）。そして本は**受渡可能商品**（**deliverable instrument**）と呼ばれる。

店員は書店の代理人として働き、フォワード契約を販売している（かわりに、彼はフォワード契約を書いているともいう）。書店は本が到着したらすぐに、前もって決めた10ドルの価格であなたに引き渡すことに合意している。本をあなたに渡す行為は、デリバリーを行う（making delivery）と呼ばれる。表25.1にこの書物購入をまとめてある。契約は2月1日に結ばれていることに注意されたい。この時、価格が決定され、販売の条件も取り決められる。このケースでは、本が到着した時に取引が行われる。他のケースでは、前もって取引を執行する正確な日時が決められる。しかしながら、2月1日に*何の*現金の受渡しも行われない。本が到着した時にのみ、金銭の授受が行われる。

本章を始める前は、フォワード契約は遠い異国のことのように思えただろうが、実は非常に日常的なものであることがわかるだろう。普段の生活のなかで、あなたもおそらくフォワード契約にかかわってきた。同様に、フォワード契約はビジネスの世界では常時発生している。企業が即座に納入されない商品を発注する場合はい

表25.1　フォワード契約としての書物の購入

2月1日	本の到着日
買い手 　買い手は以下に同意する。 　1．10ドルの購入代金を支払う。 　2．本が到着したら受け取る。	買い手は、 　1．購入代金10ドルを支払う。 　2．本を受け取る。
売り手 　売り手は以下に同意する。 　1．本が届いたら、引き渡す。 　2．本が届いたら、10ドルの代金を受け取る。	売り手は、 　1．本を引き渡す。 　2．10ドルの代金を受け取る。

つでも、フォワード契約をしていることになる。時に、小口注文の場合は特に、口頭での約束で十分である。他の場合、特に大口注文の場合は、文書による合意が必要になる。

フォワード契約はオプションではないことに注意されたい。売り手と買い手の双方に、契約上、取引を履行することが義務づけられる。対照的に、オプションの買い手は、オプションを行使するか、しないかを自分で*選択*できる。

フォワード契約は、交換が即座に起こる**現金取引**（**cash transaction**）と比較対照されるべきである。この本が書店の書架にあったとしたら、あなたの購入は現金取引になる。

25.3　先物契約

フォワード契約の変形が、金融取引所で取引される。取引所での契約は、普通、**先物契約**（**futures contract**）と呼ばれる。米国やその他に数多くの先物取引所があり、さらに多くが設立中である。なかでもいちばん大きいのはCMEグループで、旧シカゴ・マーカンタイル取引所（CME）とシカゴ商品取引所（CBT）が統合したものである。とはいえ、依然として別々の取引システムを用いている。他の有名な取引所として、ロンドン国際金融先物取引所（LIFFE）やニューヨーク・マーカンタイル取引所（NYM）などがある。

表25.2に、選択された先物契約に関する*ウォール・ストリート・ジャーナル*紙面の一部が提示されている。表の左側のトウモロコシ（Corn）契約をみると、契約はCBTで取引され、1契約は5,000ブッシェルのトウモロコシの受渡しを意味

表25.2　2009年2月12日の先物契約に関するデータ

Futures Contracts

	Open	High	Contract hi lo	Low	Settle	Chg	Open interest
Metal & Petroleum Futures							
Copper-High (CMX)-25,000 lbs.; cents per lb.							
Feb	153.20	155.10		150.00	**152.95**	−0.45	563
March	155.70	156.40		150.20	**153.45**	−0.55	31,889
Gold (CMX)-100 troy oz.; $ per troy oz.							
Feb	938.80	952.80		936.40	**948.50**	4.70	2,673
April	939.40	954.00		936.50	**949.20**	4.70	235,894
June	941.20	955.60		938.50	**951.20**	4.70	46,381
Aug	943.30	956.70		941.10	**953.20**	4.70	13,092
Dec	945.70	960.80		945.70	**957.10**	4.70	17,524
Dec'10	960.20	972.90		959.00	**970.20**	4.10	10,082
Platinum (NYM)-50 troy oz.; $ per troy oz.							
April	1071.10	1095.80		1057.00	**1077.90**	−2.80	19,163
July	1083.20	1084.00		1074.10	**1081.50**	−2.40	685
Silver (CMX)-5,000 troy oz.; cnts per troy oz.							
Feb	1343.0	1343.0		1334.5	**1350.5**	−1.0	40
March	1350.0	1372.0		1329.0	**1351.0**	−1.0	43,497
Crude Oil, Light Sweet (NYM)-1,000 bbls.; $ per bbl.							
March	35.92	36.25	▼	33.55	**33.98**	−1.96	169,986
April	42.41	43.06		41.36	**42.17**	−0.30	259,912
May	46.03	46.59		45.07	**45.92**	−0.03	116,344
June	48.07	48.50		47.01	**47.81**	−0.02	128,685
Dec	53.77	54.26		53.12	**53.87**	0.18	93,821
Dec'10	61.00	61.25		60.20	**60.93**	0.28	70,178
Heating Oil No. 2 (NYM)-42,000 gal.; $ per gal.							
March	1.3240	1.3420		1.3016	**1.3218**	.0054	43,588
April	1.3295	1.3403		1.3015	**1.3218**	.0046	46,046
Gasoline-NY RBOB (NYM)-42,000 gal.; $ per gal.							
March	1.2850	1.3055		1.2480	**1.2583**	−.0115	39,946
April	1.3525	1.3791		1.3350	**1.3443**	−.0025	52,112
Natural Gas (NYM)-10,000 MMBtu.; $ per MMBtu.							
March	4.597	4.631		4.380	**4.485**	−.047	84,429
April	4.621	4.664		4.404	**4.504**	−.074	107,190
May	4.715	4.764		4.495	**4.599**	−.075	71,018
June	4.860	4.897		4.647	**4.737**	−.074	35,928
July	5.032	5.032		4.795	**4.877**	−.076	35,206
Oct	5.243	5.260		5.030	**5.109**	−.081	38,197
Agriculture Futures							
Corn (CBT)-5,000 bu.; cents per bu.							
March	368.75	377.75		366.00	**366.25**	−2.25	214,858
May	378.25	387.25		375.50	**376.00**	−2.50	199,040
Ethanol (CBT)-29,000 gal.; $ per gal.							
March	1.61	1.61		1.59	**1.59**	−.01	304
April	1.59	1.60		1.59	**1.59**	−.01	527
Oats (CBT)-5,000 bu.; cents per bu.							
March	191.75	192.50		186.25	**190.50**	2.00	4,042
May	199.00	200.00		194.25	**198.50**	1.50	6,356
Soybeans (CBT)-5,000 bu.; cents per bu.							
March	978.00	985.25		967.50	**968.50**	−9.50	95,381
May	982.00	988.00		970.25	**971.50**	−10.50	102,931
Soybean Meal (CBT)-100 tons; $ per ton.							
March	306.80	310.30		304.20	**304.70**	−1.00	47,387
May	303.70	307.00		301.00	**301.60**	−1.40	34,794
Soybean Oil (CBT)-60,000 lbs.; cents per lb.							
March	33.30	33.49		32.75	**32.83**	−.35	64,587
May	33.59	33.82		33.07	**33.15**	−.36	66,313
Rough Rice (CBT)-2,000 cwt.; cents per cwt.							
March	1261.50	1280.00		1249.00	**1259.50**	4.00	2,972
May	1271.00	1293.00		1265.00	**1275.00**	4.00	2,229
Wheat (CBT)-5,000 bu.; cents per bu.							
March	544.25	552.25		536.00	**538.75**	−4.50	80,004
May	557.00	564.75		548.00	**551.50**	−4.50	84,634
Wheat (KC)-5,000 bu.; cents per bu.							
March	578.00	585.75		572.75	**575.00**	−3.00	20,685
July	598.50	605.00		592.00	**594.25**	−3.75	21,730
Wheat (MPLS)-5,000 bu.; cents per bu.							
March	637.25	649.00		637.25	**639.50**	−1.75	4,250
May	629.75	638.00		627.00	**628.25**	−2.00	8,986
July	625.00	632.75		622.75	**623.50**	−1.75	5,275
Sept	629.25	635.75		626.50	**626.50**	−2.50	3,983
Dec	642.50	648.25		638.50	**639.00**	−2.00	2,708
March'10	654.25	654.25		650.75	**650.75**	−3.75	239
Cattle-Feeder (CME)-50,000 lbs.; cents per lb.							
March	95.550	95.900		94.700	**95.150**	−.250	8,897
April	96.900	96.900		95.850	**96.150**	−.250	5,998
Cattle-Live (CME)-40,000 lbs.; cents per lb.							
Feb	84.450	84.650		83.700	**84.350**	−.175	15,280
April	87.700	87.750		86.550	**87.500**	−.100	94,737
Hogs-Lean (CME)-40,000 lbs.; cents per lb.							
Feb	58.000	58.925		58.000	**58.825**	1.225	8,229
April	62.300	64.050		62.200	**63.800**	1.525	60,263
Pork Bellies (CME)-40,000 lbs.; cents per lb.							
Feb	77.800	80.900		77.800	**77.800**	−.200	9
May	81.050	82.100		80.200	**82.100**	1.125	519
Lumber (CME)-110,000 bd. ft., $ per 1,000 bd. ft.							
March	154.10	155.20		150.30	**152.30**	−1.20	3,324
May	168.50	169.30		164.30	**168.00**	1.00	3,487
Milk (CME)-200,000 lbs., cents per lb.							
Feb	9.35	9.38		9.32	**9.33**	.01	5,088
March	10.30	10.50		10.30	**10.44**	.09	4,913
Cocoa (ICE-US)-10 metric tons; $ per ton.							
March	2,716	2,716		2,599	**2,644**	−70	5,773
May	2,693	2,693		2,599	**2,649**	−44	57,585
Coffee (ICE-US)-37,500 lbs.; cents per lb.							
March	115.80	116.45		111.40	**112.15**	−3.65	29,861
May	117.10	118.40		113.55	**114.45**	−3.35	61,310
Sugar-World (ICE-US)-112,000 lbs.; cents per lb.							
March	13.20	13.22		12.80	**13.13**	−.06	123,726
May	13.55	13.55		13.15	**13.49**	−.01	196,049
Sugar-Domestic (ICE-US)-112,000 lbs.; cents per lb.							
May	20.20	20.30		20.20	**20.20**	.04	3,556
Cotton (ICE-US)-50,000 lbs.; cents per lb.							
March	45.92	46.49		45.00	**45.03**	−.80	22,198
May	47.00	47.65		46.38	**46.47**	−.52	48,631
Orange Juice (ICE-US)-15,000 lbs.; cents per lb.							
March	69.30	69.75		67.55	**68.70**	−.70	14,909
May	73.55	73.55	▼	71.15	**72.45**	−.60	9,513
Interest Rate Futures							
Treasury Bonds (CBT)-$100,000; pts 32nds of 100%							
March	128-255	129-150		127-135	**129-090**	17.5	694,177
June	127-170	128-040		126-055	**127-315**	17.5	22,425
Treasury Notes (CBT)-$100,000; pts 32nds of 100%							
March	123-220	124-105		123-170	**124-050**	15.5	1,024,668
June	122-000	122-115		121-200	**122-050**	15.5	36,065
5 Yr. Treasury Notes (CBT)-$100,000; pts 32nds of 100%							
March	118-192	119-002		118-140	**118-260**	7.2	959,063
June	117-212	117-262		117-097	**117-207**	7.7	21,249
2 Yr. Treasury Notes (CBT)-$200,000; pts 32nds of 100%							
March	108-302	109-010		108-292	**109-005**	3.5	494,168
June	108-185	108-192		108-160	**108-187**	3.7	6,329
30 Day Federal Funds (CBT)-$5,000,000; 100 - daily avg.							
Feb	99.760	99.770		99.760	**99.768**	.010	65,939
May	99.710	99.725		99.710	**99.725**	.020	51,072
1 Month Libor (CME)-$3,000,000; pts of 100%							
Feb	99.5400	99.5400		99.5350	**99.5400**	.0075	9,926
March	99.4500	99.4850		99.4500	**99.4700**	.0200	5,746
Eurodollar (CME)-$1,000,000; pts of 100%							
Feb	98.7800	98.7850		98.7650	**98.7750**	.0025	88,585
March	98.8100	98.8350		98.7850	**98.8050**	.0100	1,249,000
June	98.8050	98.8250		98.7700	**98.8100**	.0250	998,852
Sept	98.7200	98.7700		98.7050	**98.7600**	.0400	881,918
Currency Futures							
Japanese Yen (CME)-¥12,500,000; $ per 100¥							
March	1.1071	1.1139		1.0980	**1.1059**	.0003	102,993
June	1.1119	1.1161		1.1009	**1.1083**	.0002	4,514
Canadian Dollar (CME)-CAD 100,000; $ per CAD							
March	.8055	.8066		.7960	**.7973**	−.0081	63,875
June	.8029	.8068		.7972	**.7978**	−.0082	3,286
British Pound (CME)-£62,500; $ per £							
March	1.4371	1.4410		1.4132	**1.4190**	−.0184	80,969
June	1.4355	1.4394		1.4141	**1.4189**	−.0184	2,899
Swiss Franc (CME)-CHF 125,000; $ per CHF							
March	.8628	.8655		.8539	**.8573**	−.0064	31,283
June	.8586	.8670		.8566	**.8593**	−.0065	370
Australian Dollar (CME)-AUD 100,000; $ per AUD							
March	.6535	.6605		.6415	**.6436**	−.0129	44,727
June	.6460	.6566		.6389	**.6408**	−.0129	501
Mexican Peso (CME)-MXN 500,000; $ per 10MXN							
Feb	...	...		...	**.68550**	−.00475	...
March	.68250	.68675		.67775	**.67925**	−.00475	45,331
Euro (CME)-€125,000; $ per €							
March	1.2883	1.2939		1.2714	**1.2770**	−.0129	149,146
June	1.2916	1.2930		1.2711	**1.2765**	−.0129	1,468
Index Futures							
DJ Industrial Average (CBT)-$10 x index							
March	7904	7940		7660	**7937**	41	21,469
June	7840	7840		7786	**7896**	40	61
Mini DJ Industrial Average (CBT)-$5 x index							
March	7927	7932		7923	**7937**	41	72,975
S&P 500 Index (CME)-$250 x index							
March	831.00	836.50		806.00	**835.40**	3.90	551,827
June	809.00	830.80		804.80	**832.20**	3.90	18,323
Mini S&P 500 (CME)-$50 x index							
March	831.00	836.75		805.50	**835.50**	4.00	2,656,184
June	830.00	835.25		802.75	**832.25**	4.00	97,898
Nasdaq 100 (CME)-$100 x index							
March	1225.75	1246.00		1203.00	**1245.25**	20.75	28,025
June	1225.00	1242.50		1225.00	**1244.75**	20.25	21
Mini Nasdaq 100 (CME)-$20 x index							
March	1224.8	1247.0		1202.5	**1245.3**	20.8	260,983
June	1222.5	1246.0		1203.0	**1244.8**	20.3	3,044
Mini Russell 2000 (ICE-US)-$100 x index							
March	448.00	453.70		433.50	**453.40**	6.10	406,653
June	436.50	447.00		431.50	**451.20**	6.10	4,047
Mini Russell 1000 (ICE-US)-$100 x index							
March	445.10	453.90		437.90	**453.85**	2.85	15,945
U.S. Dollar Index (ICE-US)-$1,000 x index							
March	86.09	87.12		85.87	**86.91**	.78	17,015
June	86.70	87.58		86.70	**87.46**	.72	2,339

（出所）　2009年2月12日発行の*ウォール・ストリート・ジャーナル*

し、ブッシェル当りセント単位で値付けされることがわかる。契約が満期を迎える月は、最初の列に記されている。

3月限月のトウモロコシ契約では、行の最初の数字が始値(ブッシェル当り368.75セント）で、次の数字がその日の高値（377.75)、その次がその日の安値（366.00)である。*清算価格（settlement price）*は4番目の数字（366.25）で、基本的にその日の終値である。値洗いにはこの数値が用いられる。次の列の変化（Chg）は、前回の取引セッションからの清算価格の動き（−2.25セント）を表している。最後に示された、*建玉（open interest）*の数字（214,858）は、その日の終了時点における未決済契約数である。

先物取引がどれくらい大きくなりうるのか知るために、CBT財務省債券(Tresury Bonds）契約をみてみよう。これは金利先物（Interest Rate Futures）の見出しの下にある。1契約は額面が10万ドルの財務省長期債に対するものである。すべての限月の建玉の合計は約71万7,000契約である。したがって、これを額面で表すと、一つのタイプの契約だけでなんと717億ドルである！

先物契約を議論中だが、まずフォワード契約からみてみよう。あなたは9月限月の小麦を4.07ドルの*フォワード契約*で売ったと仮定しよう。先の先物契約の議論から、これは、9月中の特定の日に、約束の数量の小麦を、ブッシェル当り4.07ドルで引き渡すことに同意したことを意味する。

先物契約は、フォワード契約とは多少異なる。第一に、先物契約では、売り手が受渡月（すなわち9月）内の好きな日を、小麦をデリバリーする日として選ぶことができる。これは、売り手に、フォワード契約では得られない、行動の余地を与える。売り手はデリバリーすることを決めたら、その旨、取引所の清算機関に伝える。これを受けて、清算機関は9月の小麦契約を買った人に、数日中にデリバリーを受ける準備をするように伝える。個々の取引所によって買い手の選び方が異なるが、買い手は普通ランダムに選ばれる。どの時点でも、非常に多くの買い手が存在するので、清算機関からデリバリーを受けるように選ばれた買い手は、ほぼ間違いなく、いまデリバリーを行おうとしている売り手から、当初の契約を購入したわけでない。

第二に、フォワード契約が一般に取引所外で取引されるのに対して、先物契約は取引所で取引される。それゆえ、先物契約には概して流動性に富む市場が存在する。買い手は、先物ポジションを売りで相殺できる。売り手は、先物ポジションを買いで相殺できる。このプロセスはオプション市場での相殺プロセスと類似している。とはいえ、オプションの買い手は、契約を行使せずに、契約から立ち去ることが可能である。もし先物契約の買い手が、最後まで契約を売らないでいたら、デリバリーを受けなければならない。

第三に、そしていちばん大事なことは、先物契約の価格が、毎日値洗い（marked to the market）されるということである。すなわち、金曜日の終値で価格が4.05ドルに下がったとしよう。この日、すべての買い手はブッシェル当り２セントを損したので、それぞれ24時間以内にブローカーにブッシェル当り２セントを渡さなければならない。ブローカーはこれを取引清算機関に送金する。一方、この日、売り手全員がブッシェル当り２セントを儲けたので、それぞれブローカーから２セントを受け取る。ブローカーはその後清算機関から受け取るお金をこれに充てる。どの売り手にも必ず買い手がいるので、清算機関は毎日収支トントンにならなくてはいけない。

次に、翌週月曜日には値上りして、終値で4.12ドルとなったとしよう。買い手はいずれもブッシェル当り７セント（＝＄4.12－＄4.05）を受け取り、売り手は７セントを支払わなければならない。最後に、月曜日に、売り手がブローカーに、デリバリーの意思を伝えるとしよう[1)]。受渡価格は、月曜日の終値の4.12ドルになる。

先物契約には明らかに多くのキャッシュフローが存在する。だが、いろいろと整理すると、買い手にとっての*正味価格*とは、当人がそもそも初めに買った価格でなければならない。すなわち、木曜日の終値4.07ドルで買い、月曜日にデリバリーを受けるように伝えられた個人は、金曜日にブッシェル当り２セントを支払い、月曜日に７セントを受け取り、そして4.12ドルでデリバリーを受ける。彼女のブッシェル当りの正味アウトフローは－4.07ドル（＝－＄0.02＋＄0.07－＄4.12）で、これは木曜日に契約した価格と一致する（この分析では貨幣の時間的価値を無視する）。逆に、木曜日に終値4.07ドルで売り、月曜日にデリバリーすることをブローカーに伝えた人は、金曜日にブッシェル当り２セントを受け取り、月曜日に７セントを支払い、4.12ドルでデリバリーを行う。彼のブッシェル当りの正味インフローは4.07ドル（＝＄0.02－＄0.07＋＄4.12）で、これは木曜日に契約した価格と一致する。

これらの詳細はボックスのなかに示されている。簡単にするため、木曜日の終値で最初の取引を行った買い手と売り手は、受渡しのプロセスで相手になると仮定す

1）　受渡しは、２日後の水曜日になる。

る[2]。この例の要点は、買い手のブッシェル当り4.07ドルという正味支払額が、あたかも彼女がフォワード契約をブッシェル当り4.07ドルで購入したのと同じになるということである。同様に、売り手のブッシェル当り4.07ドルという正味受取額は、あたかも彼が4.07ドルでフォワード契約を売却したのと同じになる。唯一の違いは、キャッシュフローのタイミングである。フォワード契約の買い手は、行使期限日に4.07ドル支払うだけでよいことがわかっている。それまで、他のキャッシュフローを気遣う必要はない。逆に、先物契約の買い手へのキャッシュフローも正味でちょうど4.07ドルになるものの、キャッシュフローのパターンは前もってわからない。

先物契約における値洗いの例

買い手と売り手の双方は、木曜日の終値で取引する。受渡しは、月曜日の終値で行われる（注）。

<table>
<tr><th></th><th>9月19日
（木曜日）</th><th>9月20日
（金曜日）</th><th>9月23日
（月曜日）</th><th>受渡し
（売り手は月曜日に通知する）</th></tr>
<tr><td>終　値</td><td>＄4.07</td><td>＄4.05</td><td>＄4.12</td><td></td></tr>
<tr><td>買い手</td><td>買い手は、先物契約をブッシェル当り4.07ドルの終値で購入する。</td><td>買い手は、ブッシェル当り2セントを、1営業日以内に清算機関に支払わなければならない。</td><td>買い手は、ブッシェル当り7セントを、1営業日以内に清算機関から受け取る。</td><td>買い手は、ブッシェル当り4.12ドルを支払い、1営業日以内に穀物を受け取る。</td></tr>
<tr><td colspan="5">買い手の正味支払額の−4.07ドル（＝−＄0.02＋＄0.07−＄4.12）は、あたかも買い手がフォワード契約をブッシェル当り4.07ドルで購入したのと同じである。</td></tr>
<tr><td>売り手</td><td>売り手は、先物契約をブッシェル当り4.07ドルの終値で売却する。</td><td>売り手は、ブッシェル当り2セントを、1営業日以内に清算機関から受け取る。</td><td>売り手は、ブッシェル当り7セントを、1営業日以内に清算機関に支払う。</td><td>売り手は、ブッシェル当り4.12ドルを受け取り、2営業日以内に穀物をデリバリーする。</td></tr>
<tr><td colspan="5">売り手の正味受取額の4.07ドル（＝＄0.02−＄0.07＋＄4.12）は、あたかも買い手がフォワード契約をブッシェル当り4.07ドルで売却したのと同じである。</td></tr>
</table>

（注）　簡単にするために、買い手と売り手は、①当初同じ時刻に取引し、②受渡しのプロセスで相手になると仮定する。現実の世界では、清算機関がデリバリーを受ける買い手をランダムに選ぶので、これは実際には非常にありえない話である。

2）　前に指摘したように、現実の世界では、これが実際に起こることはまずない。

先物契約の値洗い規定には、二つの関連した効果がある。一つ目は、純現在価値に関係している。たとえば、購入直後の大幅な価格下落は、先物契約の買い手にとって、即座の資金流出を意味する。4.07ドルの正味アウトフローはフォワード契約でも同じだが、キャッシュアウトフローの現在価値は、先物契約の買い手にとってのほうが、より大きいものとなる。もちろん、購入の後価格が上昇すれば、キャッシュアウトフローの現在価値は、先物契約の買い手にとってのほうが、より小さいものになる[3]。この効果は、ある特定の理論的状況においては、大きなものとなりうるが、現実の世界においては、あまり重要でないようにみえる[4]。

二つ目は、行使期限日前の突然のアウトフローに対応するため、企業は余分な流動性をもたなければならないということである。この追加リスクは、先物契約の魅力を減じるかもしれない。

学生はしばしば、「いったい全体、なぜ商品取引所の経営陣は、完全無欠の契約を、こんなおかしな値洗い規定で台なしにしてしまうのですか」という質問をする。実際、これには非常によい理由がある。書店に関する表25.1のフォワード契約を考えてみよう。『富豪と有名人の食習慣』という本への一般大衆の興味が急速に薄れていくと仮定する。書店が買い手に電話をかけるときには、他の書店がこの本を6ドルに値下げしているかもしれない。フォワード契約では10ドルなので、買い手にはフォワード契約でデリバリーを受けないインセンティブが生まれる。逆に、この本が飛ぶように売れて15ドルに値上りしたとすると、書店は買い手に電話するのをあっさりやめるかもしれない。

示されたように、フォワード契約は非常に大きな欠陥を抱えている。受渡可能商品の価格がどちらの方向に動いても、契約の一方にデフォルトするインセンティブが生まれるのである。デフォルトが発生したケースは、現実の世界には数多い。ある有名なケースでは、コカ・コーラがかかわっている。20世紀初頭の創業時、コカ・コーラは壜詰業者や販売業者に対して、コーラ・シロップを一定の価格で*永久に*供給すると合意した。もちろん、この契約が守られていたなら、後の物価上昇で、コカ・コーラは巨額の損失を被っていたことだろう。多大な法的努力の後、会社と壜詰業者は契約に*インフレ・エスカレーター条項*を盛り込んだ。もう一つの

3） 先物契約の売り手の場合は、方向が逆になる。しかしながら、フォワード契約と先物契約の間で、キャッシュフローの純現在価値が異なる可能性があるという一般的な要点は、売り手にも同様に当てはまる。

4） John C. Cox, John E. Ingersoll, and Steven A. Ross, "The Relationship between Forward and Future Prices," *Journal of Financial Economics*（1981）を参照。

有名なケースには、ウェスティングハウスがかかわっている。会社は特定の電力会社に対し、ウランを一定価格で供給することを約束していたようである。ウランの価格は1970年代に急騰し、ウェスティングハウスは出荷するごとに損失を被った。ウェスティングハウスは、この契約をデフォルトした。電力会社はウェスティングハウスを訴えるが、債権の全額にはとうてい及ばない額しか取り返せなかった。

値洗い規定は、先物契約のデフォルトの可能性を最小化する。もし価格が上昇したら、売り手には先物契約をデフォルトするインセンティブが生まれる。しかしながら、清算機関へ支払った後は、先物契約の売り手は、デフォルトする理由がほとんどない。もし価格が下がったら、同じことは買い手についてもいえる。原資産の価値の変化は毎日認識されるので、損害が累積することがなく、デフォルトするインセンティブは低減される。

このデフォルトの問題があるので、フォワード契約は通常、相互に既知で信頼できる個人や法人間で取引される。しかし、W. C. フィールズがいうように、「人を信じよ。だが、トランプのカードはしっかりと切れ」である。弁護士は、たとえ友人間であっても、いわゆる完璧なフォワード契約を書くことによって、快適な暮らしを得ている。値洗い制度の優れた点は、相互に知らない投資家同士という、最も起こりやすい場で、デフォルトを防げることである。10年ないし20年前の先物契約のテキストには通常、「商品取引所では大規模なデフォルトはこれまで発生していない」といった記述があった。だが、1970年代にハント兄弟が銀の先物契約をデフォルトした後では、どんなテキストもこの主張はできない。それにもかかわらず、先物契約でのデフォルト率が極端に低いということは、真に畏敬の念を起こさせる。

25.4　ヘッジ

先物契約がどのように機能するかわかったので、次にヘッジについて議論しよう。ヘッジには、ロング（買い）とショート（売り）という、二つのタイプがある。ショート・ヘッジの議論から始める。

例25.1　先物ヘッジ

6月に、中西部の農場主、バーナード・エイベルマン氏は、9月末の小麦収穫高を5万ブッシェルと予想した。彼には二つの選択肢がある。

1. *予想収穫高に対して先物契約を売る*。6月1日現在、シカゴ商品取引所の9月限月小麦契約は、ブッシェル当り3.75ドルで取引されている。エイベルマン氏は以下の取引を行う。

取引日	取　引	ブッシェル当りの価格
6月1日	9月限月先物契約 10枚の売り	$3.75

シカゴ市内の指定受渡地点までの搬送費は、ブッシェル当り30セントである。したがって、彼の正味価格はブッシェル当り3.45ドル（＝$3.75－$0.30）になる。

2. *先物契約を売らずに小麦の収穫をする*。かわりに、エイベルマン氏は、先物契約の恩恵なしに、小麦を収穫することもできた。9月の現物価格はだれにもわからないので、リスクは非常に大きなものになる。もし価格が上昇したら、彼は利益を得る。逆に、価格が下落すれば損失を被る。

われわれは戦略2を、ヘッジなしのポジションという。なぜなら先物市場を用いてリスクを低減しようとしていないからである。逆に、戦略1はヘッジを用いる。すなわち、先物市場でのポジションが、実際の商品のポジションがもつリスクを相殺する。

ヘッジはきわめて賢明な措置にみえるかもしれないが、だれもがヘッジするわけではないことを指摘しなければならない。エイベルマン氏は、少なくとも次の二つの理由からヘッジを却下するかもしれない。

第一に、彼は単にヘッジを知らないかもしれない。ビジネス界のだれもがヘッジの概念を理解しているわけではないことを、われわれは見出した。多くの企業幹部は、リスクが大きすぎるので、在庫のヘッジのために先物市場を用いたくないと、われわれに語った。しかしながら、われわれは同意しない。これらの市場には大きな価格変動があるが、ヘッジは、在庫を保有する人が負うリスクを、実際に低減する。

第二に、エイベルマン氏には商品価格が上昇するという特別な洞察か、または特別な情報があるのかもしれない。もし彼が9月の現物価格が3.75ドルを十分上回ると予想しているなら、彼にとって価格を3.75ドルで確定するのは賢明ではないだろう。

戦略1のヘッジをショート・ヘッジ（short hedge）と呼ぶ。なぜなら、エイベルマン氏は先物契約を売ることによって、リスクを低減するからである。ビジネスでは、ショート・ヘッジは非常に一般的である。だれかが在庫品の受取りか、あるいは在庫品の保有を見込んでいるときに、ショート・ヘッジが行われる。エイベルマン氏は、穀物の収穫を見込んでいた。大豆ミール（あらびき粉）や大豆油の製造会社は、代金支払ずみの大量の原料大豆を保有するかもしれない。しかしながら、ミールや油に支払われる価格はわからない。なぜならミールや油が製造されるときの将来の市場価格はだれにもわからないからである。この製造会社は、先物契約でミールと油を売って、販売価格を確定できる。石油会社は、暖房用石油に精製される大量の原油在庫をもつかもしれない。この会社は、暖房用石油の先物契約を売って、販売価格を確定することが可能である。モーゲージ（不動産担保ローン）取扱業者は、時間をかけてモーゲージを集めてから、まとめて金融機関に売るかもしれない。金利の変動は、在庫状態にあるときのモーゲージの価値に影響を与える。モーゲージ取扱業者は、この金利リスクを相殺するため、財務省長期債券の先物契約を売ることができる（この最後の例は、本章で後に取り上げる）。

例25.2　さらにヘッジ

4月1日、ムーン・ケミカル社は、将来、米国政府に石油化学製品を売ることに合意した。受渡日と価格は決められている。石油が生産工程の基本材料なので、ムーン・ケミカル社は手元に大量の石油を確保する必要がある。会社は石油を二つの方法のうちの一つで確保することができる。

1. *会社の必要に応じて石油を購入する*。これは、ヘッジなしのポジションである。なぜなら4月1日時点では、会社は将来支払わなければならない石油の価格がわからないからである。石油は価格が大きく変動する商品なので、ムーン・ケミカル社は大きなリスクを負うことになる。このリスク負担の鍵は、米国政府への販売価格がすでに決まっていることである。したがって、ムーン・ケミカル社はコストの上昇を、この顧客には転嫁することができない。

2．*先物契約を買う*5)。会社は在庫を必要とする日に対応した限月の先物契約を買うことができる。先物契約がムーン・ケミカル社の購入価格を確定する。原油先物契約は毎月あるので、適切な先物契約を選定することはむずかしくない。他の商品のほとんどは、1年に5限月しかなく、生産月から1カ月ずれた限月の取引を買うことが往々にして必要になる。

前述のとおり、ムーン・ケミカル社は、コスト上昇分をこの顧客にはまったく転嫁できないので、石油価格の変動リスクをヘッジすることに関心がある。視点を変えて、ムーン・ケミカル社が米国政府に固定した価格で石油化学製品を販売しないと仮定してみよう。かわりに、石油化学製品は、実際の市場価格で、民間企業に売られるとする。石油化学製品は、石油を主な材料としてつくられるので、製品価格は直接、石油価格と連動して動くはずである。コスト上昇分は消費者に転嫁される可能性が高いので、会社はおそらくヘッジを望まないだろう。そのかわり、会社は、戦略1をとり、必要に応じて石油を購入する可能性が高い。もし石油価格が4月1日から9月1日の間に上昇したら、もちろんムーン・ケミカル社は原材料の高騰に見舞われる。とはいえ、競争市場においては、売上高も同様に上昇する可能性が高い。

戦略2はロング・ヘッジ（long hedge）と呼ばれる。なぜなら、リスク低減のために先物契約を購入するからである。言い換えれば、先物市場でロング・ポジションをとることになる。一般に、企業は固定した販売価格にコミットしている場合、ロング・ヘッジを行う。一つの状況は、ムーン・ケミカル社が米国政府と交わしたように、顧客との間に文書で取決めを交わす場合である。他方で、企業はコストを消費者へ簡単に転嫁できないか、あるいはしたくない場

5）かわりに、会社は4月1日に石油を購入し、貯蔵することもできた。これは価格変動のリスクを排除する。なぜなら即座の購入により、会社の石油コストが固定されるからである。しかしながら、4月1日時点の先物契約と同日の現物価格との差額のほうが、貯蔵コストよりも小さい通常のケースでは、この戦略は戦略2より劣る。

合もあるかもしれない。たとえば、ある学生のグループが1970年代後半に、ペンシルバニア大学の近くで「What's Your Beef」という名の小さな食料品店を開いた6)。当時は消費者物価、とりわけ食品価格が乱高下する時代だったことを、覚えているかもしれない。同輩学生たちが特に節約を心がけていることを知っていたので、店の学生オーナーたちは、物価が上がろうが下がろうが、食料品価格を一定に保つことを誓った。彼らはこれを、さまざまな農産物の先物契約を購入することによって達成した。

25.5　金利先物契約

本節では、金利先物契約を考察する。ここでの例では、非常に人気のある米国財務省長期債券（Tボンド）の先物契約を扱う。最初にTボンドとTボンドに対するフォワード契約の価格評価を行う。先物とフォワード契約との違いも探求する。続いてヘッジの例を提示する。

Tボンドの価格評価

このテキストの始めのほうでも述べたが、Tボンドは残存期間中半年ごとに利息を支払う。加えて、債券の額面価額が満期日に支払われる。3月1日発行の20年満期、クーポン利率8％の債券を考えてみよう。最初の支払は6カ月後、すなわち9月1日に発生する。この債券の価値は以下のように求められる。

Tボンドの価格評価

$$P_{TB}=\frac{\$40}{1+R_1}+\frac{\$40}{(1+R_2)^2}+\frac{\$40}{(1+R_3)^3}+\cdots+\frac{\$40}{(1+R_{39})^{39}}+\frac{\$1,040}{(1+R_{40})^{40}} \qquad (25.1)$$

クーポン利率8％の債券は年間80ドルの利息を支払うので、半年ごとのクーポンは40ドルになる。元本と半年分のクーポンの両方が満期日に支払われる。前章で述べたとおり、Tボンドの価格 P_{TB} は、債券の個々の支払を、適切なスポット・レー

6）普通なら、このテキストでは変わった企業名はフィクションであることのヒントになる。しかしながら、これは実際の話である。

トで割り引いて計算する。支払は半年ごとなので、各スポット・レートも半年ベースで表される。すなわち、すべての満期日に対する実効年利回りが８％である、水平な期間構造を想像してみよう。それぞれのＲは半年ベースで表されるので、各スポット・レートは3.92％（$=\sqrt{1.08}-1$）になる。クーポンの支払は６カ月ごとに発生するので、20年間にわたり40個のスポット・レートがある。

フォワード契約の価格評価

ここで、あなたは３月１日に、いまから６カ月後、すなわち９月１日に、新発の20年満期、クーポン利率８％のＴボンドを購入する*フォワード契約*に合意したとしよう。典型的なフォワード契約と同様、代金の支払は３月１日ではなく、９月１日になる。図25.1に、３月１日発行のＴボンドおよび３月１日にあなたが購入するフォワード契約両方のキャッシュフローが示されている。Ｔボンドのキャッシュフローは、フォワード契約のキャッシュフローに比べて、ちょうど６カ月早く始まる。Ｔボンドは、３月１日（期日０）に現金で購入される。最初のクーポンの支払は９月１日（期日１）である。最後のクーポンは、額面1,000ドルとともに期日40で支払われる。フォワード契約により、あなたは９月１日（期日１）にフォワード契約の価格$P_{\text{フォワード}}$を支払わなければならない。その時に、新発のＴボンドを受け取る。その債券から最初に受け取るクーポンは、翌年の３月１日（期日２）に支払われる。最後のクーポンは、額面1,000ドルとともに期日41日で支払われる。

図25.1　ＴボンドおよびＴボンドに対するフォワード契約のキャッシュフロー

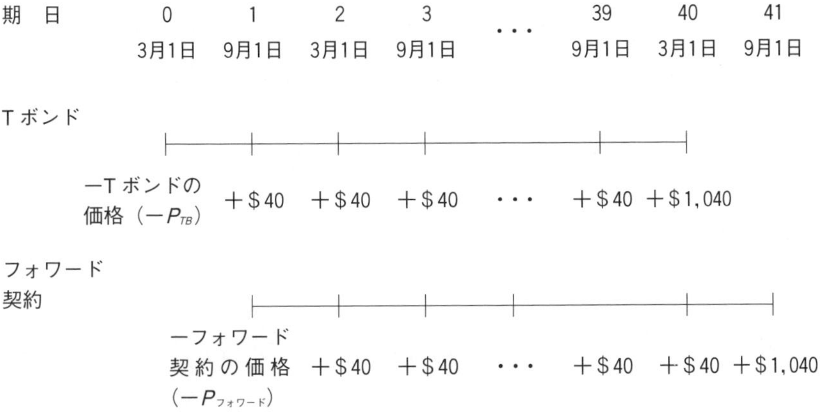

40個のスポット・レートを所与として、式25.1はＴボンドをどのように価格評価するのか示した。Ｔボンドに対するフォワード契約の価格はどのように求められるだろうか。先に債券の価格評価に純現在価値分析が利用できることを学んだように、ここではフォワード契約の価格評価にも、純現在価値分析が利用できることを示そう。図25.1のフォワード契約のキャッシュフローを所与とすると、フォワード契約の価格は次の式を満たさなければならない。

$$\frac{P_{フォワード}}{1+R_1}=\frac{\$40}{(1+R_2)^2}+\frac{\$40}{(1+R_3)^3}+\frac{\$40}{(1+R_4)^4}+\cdots+\frac{\$40}{(1+R_{40})^{40}}+\frac{\$1,040}{(1+R_{41})^{41}} \tag{25.2}$$

式25.2の右辺は、受渡証券（9月1日発行のＴボンド）からのすべてのキャッシュフローを、期日0（3月1日）まで割り引く。最初のキャッシュフローは期日2（翌年の3月1日）で発生するので、$1/(1+R_2)^2$で割り引く。1,040ドルという最後のキャッシュフローは、期日41日で発生するので、$1/(1+R_{41})^{41}$で割り引く。左辺は期日0におけるフォワード契約のコストを示す。実際の支払は期日1に発生するので、$1/(1+R_1)$で割り引く。

学生はしばしば、「実際には9月1日にフォワード契約の支払をするのに、なぜすべてを期日0まで割り引くのですか」という質問をする。答えは単に、あらゆるキャピタル・バジェッティングの問題に適用するのと同じテクニックを、式25.2にも適用するからである。すなわち、すべてを現在（期日0）の貨幣価値に置き換えたい。スポット・レートは市場からわかるので、トレーダーはＴボンドを式25.1で価格評価するのと同様、式25.2でフォワード契約を価格評価するのに何の問題もないはずである。

フォワード契約は、原債券そのものと似ている。もし3月2日に金利の期間構造全体が不意に上にシフトしたら、前日に発行されたＴボンドの価値は下落するはずである。これは式25.1からみてとれる。各スポット・レートの上昇は、それぞれの支払クーポンの現在価値を下げる。よって、債券の価値は下落する。逆に、金利の期間構造の下落は、債券の価値を上げる。

同じ関係は、式25.2を書き換えればわかるように、フォワード契約にも成立する。

$$P_{フォワード}=\frac{\$40\times(1+R_1)}{(1+R_2)^2}+\frac{\$40\times(1+R_1)}{(1+R_3)^3}+\frac{\$40\times(1+R_1)}{(1+R_4)^4}$$

$$+\cdots+\frac{\$40\times(1+R_1)}{(1+R_{40})^{40}}+\frac{\$1{,}040\times(1+R_1)}{(1+R_{41})^{41}} \tag{25.3}$$

左辺と右辺の双方に（１＋R_1）を乗じることで、式25.2から式25.3に移行した。もし３月２日に、金利の期間構造全体が不意に上にシフトしたら、式25.3の右辺の第１項は減少するはずである[7]。すなわち、R_1とR_2の両方は、同じ量だけ上昇する。しかしながら、R_2は二乗した項として$1/(1+R_2)^2$に入るので、R_2の増加はR_1の増加を相殺してもなお余りある。さらに右へ進むと、スポット・レートR_iの増加は、R_1の増加を相殺してもなお余りある。ここではR_iは$1/(1+R_i)^i$にｉ乗として入る。したがって、全体の期間構造が３月２日に同じ量だけ上にシフト（平行移動）する限り、フォワード契約の価値はその日に下落しなければならない。逆に、全体の期間構造が３月２日に同じ量だけ下落する限り、フォワード契約の価値は上昇しなければならない。

先物契約

前述の議論では、Ｔボンドのフォワード契約、すなわち、受渡証券がＴボンドであるフォワード契約を扱った。Ｔボンドの先物契約はどうなっているのだろうか[8]。先に、両者の間にはいくつかの違いがあるものの、先物契約とフォワード契約はきわめて似ていると述べた。第一に、先物契約は通常取引所で取引されるが、フォワード契約は取引所では取引されない。この場合、Ｔボンド先物はシカゴ商品取引所で取引されている。第二に、先物契約は通常売り手に一定の受渡期間を許容するが、フォワード契約では通常特定の日に受渡しが必要になる。Ｔボンド先物契約の売り手は、デリバリーを行うのに限月内の好きな営業日を選ぶことができる[9]。第三に、先物契約には値洗いの慣例が課せられるが、フォワード契約にはそうした決まりがない。Ｔビル（米国財務省短期証券）先物契約のトレーダーは、この慣例に従わなければならない。第四に、先物契約には一般的に流動性のある市場があり、契約の相殺が迅速に行える。すなわち、買い手はいつでも自分の先物契約を売ることができ、売り手はいつでも自分の先物契約を買い戻すことができる。逆

7）　われわれは、各スポット・レートが同量だけシフトすると仮定している。たとえば、３月１日に、R_1＝５％、R_2＝5.4％、そしてR_3＝5.8％としよう。３月２日にすべてのレートが１／２％上昇すると仮定すると、R_1は5.5％（＝５％＋１／２％）、R_2は5.9％、そしてR_3は6.3％になる。

8）　債券に対する先物契約は、金利先物契約とも呼ばれる。

9）　受渡しは、売り手が清算機関にデリバリーの意思を通知した２日後に行われる。

に、フォワード市場は一般的に流動性が乏しいので、トレーダーは自分のポジションを簡単に相殺することができない。Tボンド先物契約の人気は、他の先物契約に比べて、さらに高い流動性を生み出している。この先物契約のポジションは、きわめて簡単に相殺できる。

この議論には、Tボンドのフォワード契約とTボンドの先物契約との違いを、すべて列記しようという意図はない。むしろ、両契約が基本的特徴を共有していることを指摘するのがねらいである。両者の間に違いはあるが、同一種目の変形と考えるべきで、別個の種目ではない。したがって、式25.3は正確なフォワード契約の価格評価式であるが、先物契約の式としても、まともな推定値であるはずである。

金利先物でのヘッジ

さて、基本的な仕組みは修得したので、Tボンドに対する先物契約、あるいはフォワード契約を使ったヘッジの例の準備は整った。Tボンドでは、フォワード契約が散発的に行われるのに比べて、先物契約はきわめて人気があるので、ここでの例では先物契約を用いる。

例25.3　金利ヘッジ

ロン・クーク氏は、モーゲージ（不動産担保ローン）取扱会社のオーナーであり、3月1日に、彼は複数の住宅保有者に対して、5月1日付で合計100万ドルの貸付をすると約束した。これは、20年のモーゲージで、利率はその時点での市場モーゲージ金利の12%である。したがって、額面金額での融資になる。住宅保有者はこの用語を使わないだろうが、ロン・クーク氏はモーゲージの*フォワード契約*を買っているといえる。すなわち、彼は、向こう20年間にわたる毎月の元利返済と引き換えに、5月1日に借り手に100万ドルを与えることを、3月1日に同意した。

多くのモーゲージ取扱業者と同様、彼はこの100万ドルを自分の財布から出すつもりはまったくない。そうではなく、彼はモーゲージを保険会社に売却する予定である。したがって、保険会社が実際にはローンを行い、20年間にわたって元本と利息を受け取ることになる。ロン・クーク氏はいまのところ、特定の保険会社を想定していない。モーゲージを1社かあるいは複数の会社に売却するため、今後60日間にわたって、多くの保険会社の住宅モーゲージ部門を訪ねる予定である。借り手は５月１日に資金を期待しているので、彼はモーゲージ売却の期限を４月30日と決める。

クーク氏は、４月15日に、アクメ保険会社にローンを売るとしよう。この借用証書にアクメ社はいくら支払うだろうか。

あなたは、保険会社が当然、このローンに100万ドルを支払うと考えるかもしれない。しかしながら、４月15日以前に、金利が12％より高くなったと仮定しよう。保険会社は、このモーゲージを割引価格で買おうとするだろう。たとえば、保険会社はモーゲージに対して94万ドルだけ支払うことに合意するとする。ロン・クーク氏は借り手に100万ドルを貸す約束をしたので、彼は自分の財布から６万ドル（＝＄1,000,00－＄940,000）を追加して出さなければならない。

かわりに、４月15日以前に、金利が12％より低くなったと仮定しよう。このシナリオでは、モーゲージはプレミアムで売ることができる。もし保険会社がモーゲージを105万ドルで購入したら、クーク氏は予想外の利益５万ドル（＝＄1,050,000－＄1,000,000）を手に入れることになる。

ロン・クーク氏は金利を予測できないので、このリスクは避けたい類のものである。リスクは表25.3に要約されている。

金利リスクの存在に気がつくと、学生たちはこの時点で次のような質問をするかもしれない。「クーク氏は、彼のリスク負担を埋め合わせるために、このローンから何を得るのですか」。クーク氏は二つの手数料を得るために、モー

表25.3　モーゲージ取扱業者、ロン・クーク氏に対する金利変動の影響

	４月15日のモーゲージ金利	
	12％より上	12％より下
アクメ保険会社への売却価格	100万ドルより下 （94万ドルと仮定する）	100万ドルより上 （105万ドルと仮定する）
クーク氏への影響	100万ドルを借り手に貸さなければならないので、彼は損失を被る。	借り手に100万ドルしか貸さないので、彼は利益を得る。
利益または損失額	６万ドルの損失 （＝＄94万－＄100万）	５万ドルの利益 （＄105万－＄100万）

（注）　ローン契約がなされた３月１日時点の金利は12％だった。４月15日は、モーゲージがアクメ保険会社に売却された日である。

ゲージを保険会社に売却したいのである。一つは*取扱手数料*で、保険会社から４月15日、つまりローン売却日に支払われる。地域にもよるが、業界基準はローンの価値の１％で、この場合１万ドル（＝１％×＄1,000,000）になる。加えて、クーク氏は、保険会社の集金代理人を努めることになる。この仕事で、彼は毎月ローン残高のごく一部を受け取る。たとえば、もし彼に毎月ローンの0.03％が支払われるなら、最初の月には300ドル（＝0.03％×＄1,000,000）を受け取る。ローン残高が減少するにつれ、彼の受取額は減っていくことになる。

クーク氏はローンの手数料収入を得られるが、金利リスクも負う。３月１日以降、金利が下がれば利益を得るが、金利が上がれば損失を被る。このリスクをヘッジするため、彼は６月限月のＴボンド先物契約を３月１日に売却する。モーゲージと同様、もし金利が上昇したら、Ｔボンド先物契約は下落する。彼は先物を売るので、もし先物の価値が下がれば利益を得る。したがって、金利が上昇した場合、モーゲージで被る損失は、先物市場で得る利益によって相殺される。逆に、金利が下がれば、Ｔボンド先物契約の価値は上がる。彼は先物を売るので、金利が下がったとき、先物契約で損失を被る。金利が下がった場合、モーゲージで得る利益は、先物契約で被る損失で相殺される。

このヘッジ取引の詳細は表25.4に示されている。左側は「現物市場」と記してあるが、これはモーゲージ市場の取引が、取引所外で行われるためである。右側は先物市場での相殺取引を表す。１行目を考えてみよう。クーク氏は３月１日にフォワード契約を行う。彼は同時にＴボンド先物契約を売却する。各契約の受渡可能証券は、10万ドルのＴボンドなので、10枚が売却される。合計は100万ドル（＝10×＄100,000）で、モーゲージの価値と等しい。クーク氏は５月限月のＴボンド先物契約を売却したい。そうすれば、先物契約のＴボンドは、ローンが実施されるのと同じ月に受渡しされることになる。だが、５月限月のＴボンド先物契約は存在しないので、クーク氏は６月物を使っていちばん近いマッチングを達成する。

もし満期日まで保有したら、クーク氏には６月にＴボンドをデリバリーす義務が生じることになる。ローンが売却された時点で、現物市場での金利リスクは消滅する。その時点で、先物市場での金利リスクも解消されなければならない。したがって、クーク氏はローンがアクメ保険に売却されると直ちに、先物契約でポジションを相殺する。

表25.4　モーゲージ取扱業者、ロン・クーク氏のヘッジ戦略

	現物市場	先物市場
3月1日	クーク氏は20年間12%で100万ドルの貸出をすることをフォワードで契約する。ローンは5月1日に実行される。3月1日に、現金の授受はない。	クーク氏は、6月限月Tボンド先物10契約を売却する。
4月15日	ローンはアクメ保険会社に売却される。クーク氏は、5月1日のローン実行日に、アクメ社から売却価格を受け取る。	クーク氏は、すべての先物契約を買い戻す。
金利が上がった場合	ローンは100万ドルより安い価格で売却される。クーク氏は借り手に渡さなければならない100万ドルよりも少ない金額を受け取るので、損失を被る。	各先物契約は、売却価格より低い価格で買い戻され、利益を生む。クーク氏の先物市場での利益は、現金市場での損失を相殺する。
金利が下がった場合	ローンは100万ドルより高い価格で売却される。クーク氏は、借り手に渡さなければならない100万ドルよりも大きな金額を受け取るので、利益を得る。	各先物契約は、売却価格より高い価格で買い戻され、損失を生じる。クーク氏の先物市場での損失は、現物市場での利益で相殺される。

例が示すように、先物契約市場での相殺取引を通じて、リスクは明らかに低減される。しかしながら、リスクは完全に取り除かれたのだろうか。現物市場での損失が、先物市場での利益と*正確に*相殺されれば―あるいは、この逆でもよいが―リスクは完全に取り除かれたことになる。だが、モーゲージとTボンドは同一の金融商品ではないので、なかなかこうはならない。第一に、モーゲージの満期日は、Tボンドと異なるかもしれない。第二に、Tボンドは、モーゲージとは異なる支払スケジュールをもっている。Tボンドの元本は満期日にしか支払われないが、モーゲージでは元本が毎月支払われる。モーゲージは元本を継続的に支払うので、同じ満期のTボンドより、満期日までの*実質的な*期間が短くなる[10)]。第三に、Tボンドにはデフォルト・リスクはないが、モーゲージにはある。たとえ無リスク資産に対する期間構造に変化がなくても、デフォルト・リスクを伴う金融商品に対する期

10)　かわりに、モーゲージは同じ満期のTボンドより、デュレーションが短いということもできる。デュレーションの正確な定義は、本章でこの後扱う。

間構造は、変動するかもしれない。第四に、モーゲージは、繰上返済が行われるかもしれないので、*期待満期日*は、同じ満期のＴボンドより短い。

モーゲージとＴボンドは同一の金融商品ではないので、受ける金利の影響はまったく同じではない。もしＴボンドの価格変動がローンより小さかったら、ファイナンシャル・コンサルタントはクーク氏に、10枚より多く先物契約を売却するよう助言するかもしれない。逆に、Ｔボンドの値動きのほうが激しかったら、コンサルタントは先物契約の売りを10枚より少なくするよう助言するだろう。モーゲージに対する先物の最適な比率は、リスクを可能な限り低減する。しかしながら、モーゲージとＴボンドの値動きは*完全に相関*していないので、クーク氏のヘッジ戦略はすべてのリスクを排除できない。

クーク氏はリスクを低減するために先物契約を売却するので、上述の戦略はショート・ヘッジと呼ばれる。ここでは金利先物契約がかかわっているが、このショート・ヘッジは農産物や鉱産物の先物契約におけるショート・ヘッジと同様である。本章の始めに、個人も法人も在庫の価格変動を相殺するためにショート・ヘッジを行うと述べた。クーク氏が借り手にローンを供与すると契約した途端、このモーゲージは、実質的に彼の在庫になる。彼は、自分の在庫の価格変動を相殺するために、先物契約を売却する。

次に、モーゲージ取扱業者がロング・ヘッジを行う場合を考えてみよう。

例25．4　ショート・ヘッジvsロング・ヘッジ

マーガレット・ボズウェルさんも、モーゲージ取扱業者の一人である。ボズウェルさんの会社も、クーク氏の会社と同様の問題に直面している。しかしながら、ボズウェルさんの場合は、クーク氏とは逆の戦略である、先行約定（advance commitments）を利用して、この問題に取り組む。すなわち、彼女は、借り手を見つける前に、金融機関にローンを受け渡す約束をする。３月１日に、ボズウェルさんの会社は、ノー・ステイト保険会社にローンを売却する契約をした。契約には、５月１日までにボズウェルさんが額面100万ドル、利率12％のモーゲージを、ノー・ステイト保険に引き渡すことが明記されている。ノー・ステイト社は額面でモーゲージを購入するが、これは５月１日に100万ドルをボズウェルさんに支払うことを意味する。３月１日現在、ボズウェルさんはまだ借り手をだれも見つけていない。今後２カ月間、彼女は５月１日ス

タートのモーゲージを希望する個人客を探さなければならない。

クーク氏の場合と同様、金利の変動はボズウェルさんに影響を与える。もし借り手と契約する前に金利が下がった場合、借り手は利率12%のローンに対してプレミアムを求めるだろう。すなわち、借り手は5月1日に額面以上の金額を受け取ることになる11)。ボズウェルさんは保険会社から額面金額を受け取るので、差額はボズウェルさんが埋めなければならない。

逆に、金利が上昇すると、利率12%のローンはディスカウントで提供される。すなわち、借り手は5月1日に額面金額より少ない額を受け取る。ボズウェルさんは保険会社から額面金額を受け取るので、差額はまるまる彼女の儲けになる。

詳細は表25.5の左側に示されている。クーク氏と同様、ボズウェルさんにと

表25.5　モーゲージ取扱業者、マーガレット・ボズウェルさんの先行約定

	現物市場	先物市場
3月1日	ボズウェルさんは、ノー・ステイト保険に100万ドルのモーゲージを受け渡す、フォワード契約（先行約定）を結ぶ。保険会社は5月1日に、ローンの額面金額をボズウェルさんに支払う。借り手は、ボズウェルさんから5月1日に資金を受け取る。モーゲージは20年で利率12%である。	ボズウェルさんは、6月限月のTボンド先物を買う。
4月15日	ボズウェルさんは、借り手と20年、利率12%のモーゲージ契約を結ぶ。彼女は、借り手に5月1日に資金を渡すことを約束する。	ボズウェルさんは、先物契約をすべて売却する。
金利が上がった場合	ボズウェルさんは、借り手にモーゲージをディスカウントで提供する。保険会社からは額面金額を受け取るので、彼女は利益を得る。	先物契約は、購入価格より安く売却され、損失が生じる。ボズウェルさんの先物市場での損失は、現物市場での利益で相殺される。
金利が下がった場合	ローンは借り手にプレミアムで提供される。保険会社からは額面金額しか受け取れないので、ボズウェルさんは損失を被る。	先物契約は、購入価格より高い値段で売却され、利益を生む。ボズウェルさんの先物市場での利益は、現物市場での損失で相殺される。

11)　かわりに、もし12%未満の利率が用いられれば、モーゲージはなお額面で販売できる。しかしながら、保険会社は12%のモーゲージだけを購入したいので、これは行われない。

ってもリスクは負担になる。したがって、彼女は先物市場での取引で、先行約定を相殺する。金利が下落すると彼女は現物市場で損失を被ることになるので、リスク低減のために先物契約を買う。金利が下落すると、彼女の先物契約の価値は上がる。先物市場での利益が、現物市場での損失を相殺する。逆に、金利が上がると、彼女は現物市場で利益を得る。金利上昇時に、彼女の先物契約の価値は下がり、利益を相殺する。

ボズウェルさんは先物契約を買うことによって、現物市場の損失を相殺するので、これを*ロング・ヘッジ*と呼ぶ。ここでは金利先物契約がかかわっているが、このロング・ヘッジは農産物や鉱産物の先物契約におけるロング・ヘッジと同様である。本章の始めに、個人も法人も商品を固定価格で売るためにロング・ヘッジを行うと述べた。ボズウェルさんがノー・ステイトと先行約定を結んだ途端、彼女は販売価格を確定した。彼女は、原材料、すなわちモーゲージの価格変動を相殺するために、先物契約を購入する。

25.6　デュレーション・ヘッジ

前節は金利変化のリスクにかかわっていた。ここではより厳密な方法でこのリスクを探究したい。特に、デュレーションの概念が金利リスクの主要な決定要素であることを明らかにしたい。まず、金利の変動が債券価格に与える影響を考察することから始める。

ゼロ・クーポン債のケース

すべての満期日にわたって金利が10％である世界を想定してみよう。1年物の純粋割引債は、満期日に110ドルを支払う。5年物の純粋割引債は、満期日に161.05ドルを支払う。これらの債券の価値は両方とも100ドルであり、以下のように求められる[12]。

12)　かわりに、満期日に100ドルを支払う債券を選ぶこともできた。その場合、価値はそれぞれ90.91ドル（＝＄100/1.10）と62.09ドル［＝＄100/(1.10)^5］になる。しかしながら、両債券が当初同じ価格をもつと、後の比較がより簡単になる。

表25.6　金利の関数としての純粋割引債の価値

金　利	1年物純粋割引債	5年物純粋割引債
8%	$\$101.85=\dfrac{\$110}{1.08}$	$\$109.61=\dfrac{\$161.05}{(1.08)^5}$
10%	$\$100.00=\dfrac{\$110}{1.10}$	$\$100.00=\dfrac{\$161.05}{(1.10)^5}$
12%	$\$\ 98.21=\dfrac{\$110}{1.12}$	$\$\ 91.38=\dfrac{\$161.05}{(1.12)^5}$

所与の金利変化に対して、5年物純粋割引債は、1年物純粋割引債より、価格の変動が大きい。

1年物純粋割引債の価値

$$\$100=\frac{\$110}{1.10}$$

5年物純粋割引債の価値

$$\$100=\frac{\$161.05}{(1.10)^5}$$

金利が動いたときに、どちらの債券が大きく変動するだろうか。答えを見つけるために、金利が8%の場合と12%の場合とで、両債券の価値を計算する。結果は表25.6に示されている。みてわかるとおり、5年物債券のほうが1年物債券より価格の振れが大きい。すなわち、金利が10%のときは両債券とも価値は100ドルである。そして、金利が8%のときは5年物債券が1年物債券より価値が大きくなり、金利が12%のときは1年物より価値が小さくなる。5年物のほうがより価格変動を伴うといえる。この点は、本章でも先に簡単に触れているが、理解するのはむずかしくない。分母の金利の項$1+R$は、5年物債券では5乗されるが、1年物債券では1乗のみである。したがって、金利変動の影響は、5年物債券に対して拡大される。一般的なルールは以下のとおりである。

長期純粋割引債の価格変化率は、短期純粋割引債の価格変化率より大きい。

同一満期日だが異なるクーポン利率の二つの債券のケース

先の例では、満期日の異なる純粋割引債を取り扱った。ここでは価格ボラティリティに対する異なるクーポン利率の影響を考察したい。満期日の違いからの影響を分離するため、同一満期日だがクーポン利率の異なる二つの債券を考える。

5年満期、クーポン利率10%の債券と、5年満期、クーポン利率1%の債券を考えてみよう。金利が10%のとき、債券の価格は以下のように評価される。

5年満期、クーポン利率10%の債券の価値

$$\$100=\frac{\$10}{1.10}+\frac{\$10}{(1.10)^2}+\frac{\$10}{(1.10)^3}+\frac{\$10}{(1.10)^4}+\frac{\$110}{(1.10)^5}$$

5年満期、クーポン利率1%の債券の価値

$$\$65.88=\frac{\$1}{1.10}+\frac{\$1}{(1.10)^2}+\frac{\$1}{(1.10)^3}+\frac{\$1}{(1.10)^4}+\frac{\$101}{(1.10)^5}$$

金利が変化したとき、どちらの債券のほうが、価格*変化率（%）*が大きいだろうか[13]。その答えを見つけるために、まず、金利が8%の場合と12%の場合で、それぞれ債券の価値を計算する。結果は表25.7に示されている。当然予想されるように、クーポン利率10%の債券のほうが、クーポン利率1%の債券より、常に価値が高い。また、同様に予想されるとおり、どちらの債券も、金利が12%のときよ

表25.7　異なる金利における利付債の価値

金　利	5年満期、クーポン利率10%の債券
8%	$\$107.99=\frac{\$10}{1.08}+\frac{\$10}{(1.08)^2}+\frac{\$10}{(1.08)^3}+\frac{\$10}{(1.08)^4}+\frac{\$110}{(1.08)^5}$
10%	$\$100.00=\frac{\$10}{1.10}+\frac{\$10}{(1.10)^2}+\frac{\$10}{(1.10)^3}+\frac{\$10}{(1.10)^4}+\frac{\$110}{(1.10)^5}$
12%	$\$92.79=\frac{\$10}{1.12}+\frac{\$10}{(1.12)^2}+\frac{\$10}{(1.12)^3}+\frac{\$10}{(1.12)^4}+\frac{\$110}{(1.12)^5}$
金　利	**5年満期、クーポン利率1%の債券**
8%	$\$72.05=\frac{\$1}{1.08}+\frac{\$1}{(1.08)^2}+\frac{\$1}{(1.08)^3}+\frac{\$1}{(1.08)^4}+\frac{\$101}{(1.08)^5}$
10%	$\$65.88=\frac{\$1}{1.10}+\frac{\$1}{(1.10)^2}+\frac{\$1}{(1.10)^3}+\frac{\$1}{(1.10)^4}+\frac{\$101}{(1.10)^5}$
12%	$\$60.35=\frac{\$1}{1.12}+\frac{\$1}{(1.12)^2}+\frac{\$1}{(1.12)^3}+\frac{\$1}{(1.12)^4}+\frac{\$101}{(1.12)^5}$

13)　債券の価格は当初それぞれ異なる。したがって、われわれは絶対的価格変化ではなく、価格変化率に注目する。

り、８％のときのほうが、価値が高い。

金利が10％から８％に変わるとき、また金利が10％から12％に変わるときの、両債券の価格変化率を計算する。これらの価格変化率は以下のとおりである。

	クーポン利率10％の債券	クーポン利率１％の債券
金利が10％から８％に変化する	$7.99\% = \frac{\$107.99}{\$100} - 1$	$9.37\% = \frac{\$72.05}{\$65.88} - 1$
金利が10％から12％に変化する	$-7.21\% = \frac{\$92.79}{\$100} - 1$	$-8.39\% = \frac{\$60.35}{\$65.88} - 1$

みてわかるように、金利が下落するときには、クーポン利率10％の債券より、クーポン利率１％の債券のほうが、価格上昇率が大きい。同様に、金利が上昇するときには、クーポン利率10％の債券より、クーポン利率１％の債券のほうが、価格下落率が大きい。したがって、クーポン利率１％の債券の価格変化率は、クーポン利率10％の債券の価格変化率より、大きいといえる。

デュレーション

ここでの質問はもちろん、「なぜ」である。この質問には、デュレーション（duration）と呼ばれる概念を検討してからでないと答えられない。まず初めに、どんな利付債も、実際には純粋割引債の組合せであるということに注目する。たとえば、５年満期、クーポン利率10％の利付債は、次のように五つの純粋割引債で構成されている。

1．１年度末に10ドルを支払う純粋割引債
2．２年度末に10ドルを支払う純粋割引債
3．３年度末に10ドルを支払う純粋割引債
4．４年度末に10ドルを支払う純粋割引債
5．５年度末に110ドルを支払う純粋割引債

同様に、５年満期、クーポン利率１％の利付債は、五つの純粋割引債からなっている。純粋割引債の価格ボラティリティは満期日までの長さによって決まるので、５年物利付債を構成する五つの純粋割引債の平均満期日を求めたい。これがデュレーションの概念へとつながる。

平均満期日は、三つのステップで計算する。クーポン利率10%の利付債では、以下のようになる。

1．*各支払額の現在価値を計算する*。以下のように行う。

年	支払額	割引率10%での支払の現在価値
1	$ 10	$ 9.091
2	10	8.264
3	10	7.513
4	10	6.830
5	110	68.302
		$100.00

2．*各支払額の現在価値を相対的に表す*。一つの支払額の相対価値を、この支払額の現在価値の、債券価値に対する比率として計算する。債券の価値は100ドルである。

年	支払額	支払額の現在価値	相対価値＝支払額の現在価値/債券の価値
1	$ 10	$ 9.091	$9.091/$100＝0.09091
2	10	8.264	0.08264
3	10	7.513	0.07513
4	10	6.830	0.06830
5	110	68.302	0.68302
		$100.00	1.0

元本の支払もあるので、相対価値の大部分、68.302%は、５年目に発生する。

3．*相対価値で各支払の満期日を加重する*。

$$4.1699年 = 1年\times0.09091 + 2年\times0.08264 + 3年\times0.07513 + 4年\times0.06830 + 5年\times0.68302$$

債券の平均満期日を計算する多くの方法がある。ここでは、各支払の満期日に、支払額の現在価値を加重するかたちで計算した。この債券の*実効*満期は4.1699年とわかった。デュレーションは、有効満期を表現するのに一般的に用いられる用語である。したがって、この債券のデュレーションは4.1699年である。デュレーションは、年単位で表されることに注意されたい[14]。

5年満期、クーポン利率10%の債券のデュレーションは4.1699年なので、その価格変化率の変動は、4.1699年のデュレーションをもつ純粋割引債と同じはずである[15]。結論として、5年満期、クーポン利率1%の債券は、4.8742年のデュレーションをもつ。クーポン利率1%の債券は、クーポン利率10%の債券よりデュレーションが長いので、クーポン利率1%の債券は、より大きな価格変動性を伴うことになる。これはまさしくわれわれが先に見出したことである。一般的には、次のようにいえる。

デュレーションの長い債券の価格変化率は、デュレーションの短い債券の価格変化率より大きい。

最後の質問：同じ5年の満期をもつのに、クーポン利率1%の債券のほうがクーポン利率10%の債券よりもデュレーションが大きいのはなぜだろうか。先に触れたとおり、デュレーションは、それぞれのキャッシュフローの現在価値で加重した、債券キャッシュフローの平均満期である。クーポン利率1%の債券は、最初の4年間は毎年1ドルだけを受け取る。したがって、デュレーション公式において、1年目から4年目までに適用される加重値は小さいものになる。逆に、クーポン利率10%の債券は、最初の4年間は毎年10ドルを受け取る。デュレーション公式で、1年目から4年目までに適用される加重値は大きくなる。

---

14)　デュレーションの数学的公式は、

$$\text{デュレーション} = \frac{\mathrm{PV}(C_1)\ 1 + \mathrm{PV}(C_2)\ 2 + \cdots + \mathrm{PV}(C_T)\mathrm{T}}{\mathrm{PV}}$$

そして、

$$\mathrm{PV} = \mathrm{PV}(C_1) + \mathrm{PV}(C_2) + \cdots + \mathrm{PV}(C_T)$$

$$\mathrm{PV}(C_T) = \frac{C_T}{(1 + R)^T}$$

である。ここで、C_Tは、T時に受け取る現金で、Rは現行の割引率である。

また、上記の数値例では、10%の金利で各支払額を割り引いたことにも注意されたい。これは、金利が変わる前の債券のデュレーションを計算したかったからである。金利がたとえば8%あるいは12%に変化した後では、3ステップすべてが新しい金利を反映しなければならない。言い換えれば、債券のデュレーションは現行金利の関数である。

15)　実際には、この関係は、水平なイールド・カーブが一度シフトしたケースにのみ有効である。この場合、スポット・レートの変化は、すべての異なる満期日で同一になる。

資産と負債のマッチング

本章の始めのほうで、企業は先物契約を取引することによってリスクをヘッジできると主張した。金利リスクにさらされている企業もあるので、どうやって金利先物契約を用いてヘッジするのかも示した。企業はまた、負債と資産を釣り合わせることにより金利リスクをヘッジすることが可能である。このヘッジの能力は、デュレーションの議論からつながっている。

例25．5　デュレーションを用いる

以下はニューヨーク・フィジカル銀行の市場価値貸借対照表である。

ニューヨーク・フィジカル銀行
市場価値貸借対照表（m＝100万）

	市場価値	デュレーション
資産		
翌日物資金	$　35m	0
売掛金担保ローン	500m	3カ月
在庫ローン	275m	6カ月
事業ローン	40m	2年
モーゲージ	150m	14.8年
	$1,000m	
負債および株主持分		
当座および普通預金	$　400m	0
定期預金	300m	1年
長期資金調達	200m	10年
株主資本	100m	
	$1,000m	

銀行の資産は10億ドルで、負債は9億ドルである。株主資本はその差額で、1億ドル（＝$1,000m－$900m）である。各項目の市場価値およびデュレーションは、貸借対照表に示されている。翌日物資金と、当座および普通預金のデュレーションは、両方ともゼロである。これらの金融商品に支払われる利息は、経済市場の金利変動にあわせて、即座に調整が行われるからである。

銀行の経営陣は、今後先数カ月中に金利が急に動くと考えている。動く方向がわからないため、彼らは銀行が金利変動に対して弱い立場にあると心配して

いる。そこで、ヘッジ戦略策定のため、コンサルタントのジェームス・チャレスト氏を招く。

チャレスト氏はまず、資産のデュレーションと負債のデュレーションを計算する[16)]。

資産のデュレーション

$$2.56\text{年} = 0\text{年} \times \frac{\$35\text{m}}{\$1,000\text{m}} + 1/4\text{年} \times \frac{\$500\text{m}}{\$1,000\text{m}} + 1/2\text{年} \times \frac{\$275\text{m}}{\$1,000\text{m}} + 2\text{年} \times \frac{\$40\text{m}}{\$1,000\text{m}} + 14.8\text{年} \times \frac{\$150\text{m}}{\$1,000\text{m}} \qquad (25.4)$$

負債のデュレーション

$$2.56\text{年} = 0\text{年} \times \frac{\$400\text{m}}{\$900\text{m}} + 1\text{年} \times \frac{\$300\text{m}}{\$900\text{m}} + 10\text{年} \times \frac{\$200\text{m}}{\$900\text{m}} \qquad (25.5)$$

資産のデュレーションは2.56年で、負債のデュレーションと等しい。それゆえ、チャレスト氏は銀行が金利リスクから免疫化されていると主張する。

重ねて安全を期するため、銀行は別のコンサルタント、ゲイル・エラートさんを招く。エラートさんは、資産合計が10億ドルに対して、負債合計がわずか9億ドルなので、単純にデュレーションをあわせることは誤りだと主張する。もし資産と負債双方が同じデュレーションをもつなら、資産1ドル当りの価格変化は、負債1ドル当りの価格変化に等しいはずである。しかしながら、銀行には負債より資産のほうがたくさんあるので、価格変化の合計は、負債より資産のほうが大きくなる。銀行は、負債のデュレーションが資産のデュレーションよりも大きい場合に限って、金利リスクから免疫化される。エラートさんは、銀行が金利リスクから免疫化（immunized）されるためには、以下の関係が成立しなければならないという。

資産のデュレーション×資産の市場価値
　＝負債のデュレーション×負債の市場価値　(25.6)

銀行は負債のデュレーションと資産のデュレーションを同じにするべきでは

16)　複数の項目からなるグループのデュレーションは、各項目の市場価値で加重された、個別項目のデュレーションの平均である。この手法はデュレーションの実用性を大幅に高める単純化のステップである。

ないと、彼女はいう。そうではなく、式25.6を用いて、負債のデュレーションと資産のデュレーションをマッチチングすべきであるという。このマッチングのため、彼女は二つの方法を提案する。

1．*資産のデュレーションを変えることなく、負債のデュレーションをふやす*。エラートさんは負債のデュレーションを、以下の水準までふやせると主張する。

$$\text{資産のデュレーション}\times\frac{\text{資産の市場価値}}{\text{負債の市場価値}}$$

$$=2.56\text{年}\times\frac{\$1,000\text{m}}{\$900\text{m}}$$

$$=2.84\text{年}$$

すると、式25.6は次のようになる。

$$2.56\times\$1,000\text{m}=2.84\times\$900\text{m}$$

2．*負債のデュレーションを変えることなく、資産のデュレーションを減らす*。かわりに、エラートさんは、資産のデュレーションを以下の水準まで減らせると指摘する。

$$\text{負債のデュレーション}\times\frac{\text{負債の市場価値}}{\text{資産の市場価値}}$$

$$=2.56\text{年}\times\frac{\$900\text{m}}{\$1,000\text{m}}$$

$$=2.30\text{年}$$

すると、式25.6は次のようになる。

$$2.30\times\$1,000\text{m}=2.56\times\$900\text{m}$$

われわれは、エラートさんの分析に同意するが、この銀行の現在のミスマッチはいずれにしろ小さなものであった。巨大なミスマッチは、現実の世界の金融機関、特に貯蓄貸付組合（S&L）で起こった。S&Lは往々にして資産の大部分をモーゲージに投資した。これらのモーゲージのデュレーションは明らかに10年以上であった。モーゲージ貸付のための資金は、ほとんど短期借入金、特に普通預金で調達した。すでに触れたように、このような金融商品のデュレーションはきわめて短い。この状況に置かれた貯蓄金融機関は、金利の上昇が、モーゲージの価値を大幅に減らすので、巨額の金利リスクに直面することになる。金利の上昇は、負債の価値をわずかしか減らさないので、銀行の株主資本は下落する。1960年代と1970年代の大半は金利が上昇したので、株主資本の市場価値がゼロに近づいたS&Lも多くみられた17)。

デュレーションとこれに伴う免疫化戦略は、ファイナンスの他分野でも有益である。たとえば、多くの企業が退職者への義務として年金基金を設ける。年金基金の資産が、債券や他の確定利付証券へ投資される場合、資産のデュレーションを計算することが可能である。同様に、企業は退職者への義務を、負債の利払いと同様にみなす。これらの債務のデュレーションも同様に計算できる。年金基金のマネージャーは、通常、資産のデュレーションが負債のデュレーションとマッチするように、年金資産を選択する。そうすることで、金利変動が、年金基金の正味価値に影響を及ぼさなくなる。

現在、保険料を受け取っている生命保険会社は、将来、死亡保険金を提供する法的義務を負う。保険数理士は、これらの将来の保険給付を、確定利付証券の元利払いと類似したものとみなす。これらの、将来の期待給付金のデュレーションも計算することができる。保険会社は、しばしば、将来の死亡給付金のデュレーションとマッチするように、債券に投資する。

リース会社の業務はきわめてシンプルである。会社は負債を発行して資産を購入し、その資産をリースする。リース料の支払にも、負債と同様、デュレーションがある。リース会社は、しばしば、負債のデュレーションがリースのデュレーションと釣り合うように、負債を組み立てる。もしそうしないと、金利の急変で、株主資本の市場価値が、なくなってしまうこともありうる。

17)　実際、この例では株主資本の市場価値が簡単にマイナスになりうる。しかしながら、現実のS&Lは、われわれの市場価値貸借対照表には表されていない資産を保有している。すなわち、新たに儲かるローンを生み出す能力である。これは、貯蓄銀行の市場価値を、既存のローンの価値から既存の負債を引いた額より、上方に増加させるはずである。

25.7 スワップ契約

スワップ（swaps）は、フォワード契約や先物契約の、近い親戚のようなものである。スワップは長期のキャッシュフローを交換するために行う二者間の取決めである。スワップがとりうる形態には、限りないほどの柔軟性があるが、三つの基本的なタイプは、金利スワップ（interest-rate swaps）と通貨スワップ（currency swaps）、クレジット・デフォルト・スワップ（CDS）である。しばしば、これらは組み合わされ、ある通貨で受け取られる金利が別の通貨の金利とスワップされる。

金利スワップ

他のデリバティブと同じように、スワップは企業が、自社のリスク・エクスポージャーと貸借対照表を簡単に変更するために用いる道具である[18)]。ある企業が、元本１億ドルを、年次払クーポン利率９％、期間10年で返済する債務を借り入れ、帳簿に計上しているとする。繰上返済の可能性は無視すると、会社は毎年900万ドルの利払いを10年間続け、10年目の終わりには、元本１億ドルをまとめて返済しなければならない。しかしながら、会社はこれらの巨額の固定負債を帳簿に計上しておくことが、心地よくないとしよう。おそらく、この会社は景気循環的な事業を営んでおり、収益が変動し、負債の返済がむずかしくなるような事態に至ることもありうるのかもしれない。

また、会社は収益の多くを、自社製品を購入する顧客への信用供与から得ているとしよう。典型的な例として、製造業者は、リースかあるいは金融子会社を通して、顧客が自社製品を購入するための資金調達を手助けしたりする。通常、これらのローンは比較的に短期のもので、その時の市場短期金利にいくらかのプレミアムを乗せて貸し付けられる。これは、コストが相対的に固定されている一方で、収益は金利動向とともに上下するという状況に企業を置く。

会社が本当に望むのは、固定金利の借入れではなく、変動金利の借入れである。そうすると、金利が上昇した場合に会社はローンに対して余計に返済しなければな

18)　現在の会計原則のもとでは、ほとんどのデリバティブは通常、取得原価（すなわち、ディーラーが取引開始日に支払う金額）がないので、企業の貸借対照表には現れない。

らないが、製品金融から、より多くの利益を得ることができる。金利スワップは、この状況において理想的である。

もちろん、会社は資本市場に行き、変動金利で1億ドルを借り入れ、それを既存の固定金利ローンの返済に使うこともできる。これは可能であっても、新規ローンの引受け、既存ローンの買戻しなどが必要で、概して非常に高くつく。スワップ契約の締結は簡単であるというのが、スワップならではの利点である。

この場合のスワップは、固定金利の債務を、変動金利を支払う約束と交換するものである。6カ月ごとに、契約相手から固定クーポンを支払うという合意と引き換えに、会社は、その時点における市場金利に基づいたクーポンを支払うことに合意する。

通常、変動金利の約束の基準として使われるのはLIBORである。LIBORは、London Interbank Offered Rateの略で、ほとんどの国際的な銀行が、ロンドン市場でドル建てローンを交換する際にお互いに要求するレートである。したがって、LIBORは変動金利債務の参考レートとしてよく使われ、借り手の信用状況によって、レートはLIBORから、LIBORプラス1ポイント、あるいはそれ以上とさまざまである。

もしこの例の会社が、LIBORプラス50ベーシス・ポイントの支払を要する信用格付の企業だとすると、スワップでは、既存の9%の債務を、現行のLIBORレート（たとえそれがどんなものであれ）に50ベーシス・ポイント上乗せした金利を支払う債務に交換することになる。図25.8は、スワップに対するキャッシュフローがどう機能するかを示している。図中、LIBORは8%で始まり、4年間で11%に上昇し、その後、7%に下落すると仮定した。この図が例証するとおり、会社は、1年度に850万ドル（=8.5%×＄1億）、2年度に950万ドル、3年度に1,050万ドル、

表25.8　固定から変動へのスワップ：キャッシュフロー

（単位：100万ドル）

	クーポン									
	1年	2	3	4	5	6	7	8	9	10
A. スワップ										
固定債務	9	9	9	9	9	9	9	9	9	9
LIBOR変動	−8.5	−9.5	−10.5	−11.5	−7.5	−7.5	−7.5	−7.5	−7.5	−7.5
B. 当初のローン										
固定債務	−9	−9	−9	−9	−9	−9	−9	−9	−9	−109
正味効果	−8.5	−9.5	−10.5	−11.5	−7.5	−7.5	−7.5	−7.5	−7.5	−107.5

４年度に1,150万ドルの利払いを負うことになる。この後、金利は７％に急降下し、年間の支払額は750万ドルになる。そのかわり、会社は固定支払の900万ドルを毎年受け取る。実際には、全支払額を交換するのではなく、キャッシュフローは差額になる。会社は、変動金利を支払って、固定金利を受け取るので（これは貸し手への支払に充てられる）、たとえば初年度には、850万ドルを支払う義務を負い、契約相手に固定金利の900万ドルの支払義務を負わせていることになる。したがって、差引きで、会社は50万ドルを受け取ることになる。会社は貸し手に900万ドルを支払わなければならないが、スワップで50万ドルが入るので、実際はその差額の850万ドルだけを支払う。したがって、この会社は毎年、実質的にLIBORプラス50ベーシス・ポイントだけを支払うことになる。

また、取引全体が当初のローンの契約を変更することなしに、実行できることに注意されたい。効果としては、スワップすることによって、会社は、変動金利を支払うかわりに、固定金利を進んで支払ってくれる契約相手を見つけたのである。

通貨スワップ

FXはforeign exchange（外国為替）の略で、通貨スワップは時々FXスワップとも呼ばれる。通貨スワップとは、ある通貨の支払債務を、別の通貨の支払債務に交換することである。

通貨スワップは、国際貿易におけるリスクをヘッジするための当然の手段として生じる。たとえば、ある米国企業が、ドイツ市場で自社製品を幅広く販売するとする。毎年会社はドイツから、ユーロ建て売上高を受け取ることになる。インターナショナル・ファイナンスについては、この本でも後で学習するが、ここでは、為替レートが変動するので、会社は相当なリスクにさらされるということだけ観察しておこう。

もしこの会社が米国で製品を生産し、ドイツに輸出しているなら、従業員とサプライヤーにドルで支払わなければならない。だが、会社は売上高の一部をユーロで受け取っている。ドルとユーロの為替レートは時とともに変化する。ユーロの価値が上がると、ドイツからの収益はより多くのドルをもたらし、逆に下がると、受け取るドルが減る。会社は毎年、ドイツから１億ユーロの商品売上収益を受け取ることをあてにできるとする。為替レートが１ドルにつき２ユーロなら、会社は5,000万ドルを受け取ることになる。だが、為替レートが１ドル３ユーロに下落すると、会社は1億ユーロに対し、3,333万3,000ドルしか受け取れない。当然、会社はこれらの通貨の変動から身を守りたい。

そうするために、会社は通貨スワップを組むことができる。このようなスワップの契約条件がどんなものであるかは、いずれもっと正確に学習するが、とりあえず、このスワップは期間5年、毎年5,000万ドルに対して1億ユーロの固定レートで交換すると仮定する。今後5年間、ユーロとドルの間の為替レートがどう変化しようが、ドイツで毎年1億ユーロの収益がある限り、会社は毎年これを5,000万ドルとスワップする。

クレジット・デフォルト・スワップ（CDS）

CDSは、企業が債券をデフォルトすることによる価値の損失に対する保険のようなものである。他のスワップのように、CDSに関わる当事者はカウンターパーティ（相手方）と呼ばれる。CDSには常に二人のカウンターパーティがいる。典型的なCDSでは、カウンターパーティ1がカウンターパーティ2に対して定期的な支払を行う。その交換として、カウンターパーティ2はもし特定の債券がデフォルトしたら、額面価額を支払うことに同意する。カウンターパーティ1はプロテクション・バイヤーと呼ばれ、カウンターパーティ2はプロテクション・セラーと呼ばれる。定期的な支払はCDSスプレッドと呼ばれる。

たとえば、ミズノ・カンパニーがユナイテッド・パシフィック銀行から2億ドルの融資を望み、LIBOR+50ベーシス・ポイントを支払う気があるとしよう。ユナイテッド・パシフィック銀行は融資したいが、1社に対するそのような大きなローンと付随する信用リスクを正当化できない。ユナイテッド・パシフィック銀行は、ローンに同意し、CDSスプレッド40ベーシス・ポイント（bps）のプロテクションを購入することができる。ミッドランド・インシュランス・カンパニーがユナイテッド・パシフィック銀行のカウンターパーティになり、ミズノ・カンパニーがデフォルトした場合は、額面価額を支払うことに同意する。その交換として、ミッドランド・インシュランスは、決められた期間（たとえば5年間）、毎年80万ドル（＝40bps×2億ドル）を受け取る。

このシンプルな例では、CDSの条件は明白で厳密だった。実際には、CDSのための取引所や雛型はない。それぞれのカウンターパーティが、可能な限りベストな契約のために交渉を試みることになる。

スワップの価格評価

われわれはまだ、金利スワップにしろ通貨スワップにしろ、スワップの価格が市場でどのように決まるのかという疑問に答えていない。固定・変動金利交換の例と通貨スワップの例では、いくつかの数値を持ち出しただけである。それらがどう決定されるのかについて、ここでは詳しく立ち入らないが、最も重要なポイントは強調できる。

先物契約やフォワード契約と同じように、スワップは基本的にゼロ・サム取引である。これは、どちらのケースでも、市場は公正な価格を設定し、取引がまとまった瞬間には、いずれの当事者とも、損も得もしていないということである。たとえば、通貨スワップでは、スワップ・レートは、スワップの残存期間を通じて為替レートがどうなるかの市場期待値の平均である。金利スワップでは、利率は相手側の信用力を考慮した、貸し手にとっての公正な変動および固定金利として設定される。実際には、フォワード契約をどのように価格評価するかわかりさえすれば、スワップを公正に価格評価できる。金利スワップの例では、会社は1億ドルの元本に対して、LIBORプラス50ベーシス・ポイントを、9％の固定レートにスワップした。これはスワップの残存期間にわたる一連のフォワード契約と同等である。たとえばスワップを組んだ1年目では、会社は、900万ドル（1億ドルの9％）の固定支払と引き換えに、買い手が1億ドルに対してLIBORプラス50ベーシス・ポイントを受け取る権利をもつフォワード契約を売った場合と同じ立場になる。同様に、通貨スワップも、一連のフォワード契約としてみることができる。クレジット・デフォルト・スワップでは、スワップ・レートは、特定の期間にわたる特定の債券のデフォルト率の市場の期待である。

エキゾチック（非標準型デリバティブ）

ここまで、スワップ、オプション、フォワード契約、先物契約という、デリバティブ市場の基本商品を扱ってきた。エキゾチック（exotics）はこれらを複雑にブレンドしたもので、時に買い手に驚くべき結果をもたらす。

より興味深いエキゾチック・タイプの一つは、*インバース・フローター*と呼ばれる。先の固定・変動スワップの例では、変動支払はLIBORとともに変動した。インバース・フローターは、LIBORのような変動金利に対して、逆に動くものである。たとえば、支払変動金利は20％マイナスLIBORといったかたちになる。もしLIBORが9％なら、インバースは11％を支払い、もしLIBORが12％に上がれば、インバースは逆に8％に下がる。明らかに、インバースの買い手は金利が下がれば利益を得る。

フローターとインバース・フローターそれぞれに、*スーパー・フローター*、*スーパー・インバース*と呼ばれる強化版があり、金利の変動につれて1対1以上に動く。スーパー・インバースの例として、金利30％マイナス2倍のLIBORというフローターを考えてみよう。LIBORが10％のとき、インバースでの支払は、

30％－2×10％＝30％－20％＝10％

となり、もしLIBORが3％下がって7％になると、インバースのリターンは10％から16％へと6％ふえる。

30％－2×7％＝30％－14％＝16％

時にデリバティブは、金利の影響を制限するために、オプションと組み合わされることもある。これらの金融商品のなかで最も重要なのは、*キャップ*と*フロア*である。キャップは金利の上昇の影響に上限を設けるので、蓋（キャップ）をかぶせるという意味でこの名がついた。逆に、フロアは、それ以下の金利による影響を遮断する床（フロア）という意味でこの名がついた。

これらの影響を例証するために、短期資金で借入れを行い、金利上昇を懸念している企業を考えてみよう。たとえば、基準レートとしてLIBORを用いて、会社は7％のキャップを購入するかもしれない。キャップは、LIBORが7％より高い場合に限り、会社に元本に対するLIBORと7％の差額を支払う。LIBORが7％未満である限りは、キャップの保有者には何も支払われない。

キャップを買うことにより、仮にもし金利が7％を超えたとしても、会社は7％以上支払わなくてもよくなる。金利が9％に上昇したとしよう。会社は短期資金を借りており、9％の金利を支払うが、キャップがこれを相殺し、9％と上限の7％との差を会社に支払ってくれる。7％を超えるどんなLIBOR金利でも、会社はLIBORと7％の差を受け取り、結果として、借入金のコストに7％の蓋をしたことになる。

視点を逆にして、短期資金貸付を行っており、金利の下落、そしてその結果として収益の減少を懸念している金融会社を考えてみよう。会社は、そのような下落から身を守るためにフロアを買うことができる。フロアの下限が7％だとすると、

LIBORが7％を下回ったときはいつでも、7％とLIBORの差額をフロアが支払い、LIBORが7％の上にあるときは、何も支払われない。したがって、金利がたとえば、5％に下がるとすると、貸付業務からは5％しか受け取れないが、フロアが7％と5％の差、言い換えれば、追加の2％分を支払ってくれるのである。フロアを買うことにより、会社は、フロアと貸付の組合せから、受取利息が7％を下回ることはないと保証される。

われわれは、デリバティブの世界で利用可能なものについて、ほんの表面を引っかいただけである。デリバティブは市場のニーズを満たすために設計され、人間の想像力がその限界である。「買い手は警戒せよ」という警告を、これほど真摯に受け止めなくてはならない取引は、デリバティブの世界をおいてほかにない。特にエキゾチックの場合はそうである。スワップがデリバティブ市場の基本商品であるなら、キャップとフロアはエキゾチックの基本商品である。ここまでみたとおり、キャップとフロアはヘッジ商品として明らかに価値をもっている。だが、真にエキゾチックなデリバティブが注目を集めてきており、それらのいくつかはストレートな取引の残余として生まれた。ここでは詳細に検討しないが、これらの一部はあまりに変動が激しく予想不能なので、市場参加者は「毒性廃棄物」と名づけていると述べるにとどめよう。

25.8　デリバティブの実際の利用状況

デリバティブは通常、財務諸表には表れないので、企業のデリバティブの利用状況を観察することは、銀行借入れなどに比べるとはるかに困難である。企業のデリバティブ利用に関するわれわれの情報は、ほとんど学究的な調査から得たものである。多くの調査報告によれば、デリバティブは上場大企業の間で、広くさまざまなかたちで利用されている。大きな企業は小さな企業に比べて、デリバティブを利用する可能性がはるかに高い。表25.9は、デリバティブを利用する企業では、通貨や金利のデリバティブを用いる頻度が最も高いことを示している。

一般的な見方は、デリバティブを企業のキャッシュフローの変動を低減させるのに非常に役立てることが可能であるというものである。これはまた結果として、財務的困難に伴うさまざまなコストを減少させる。したがって、大きな企業のほうが小さな企業よりもデリバティブを利用するというのは、幾分謎である。なぜなら、

表25.9　デリバティブの使用：サーベイ結果

デリバティブを用いる企業

	全体	10億ドル未満	10億ドル以上
2005年12月	68%	53%	83%
2004年12月	74	67	83

デリバティブで何を管理するか

	全体	10億ドル未満	10億ドル以上
短期資産	55%	35%	68%
長期資産	29	17	37
短期負債	59	54	63
長期負債	61	67	57

どの資産クラスのデリバティブを用いるか

	全　体		10億ドル以上	
金利	70%	73%	77%	76%
通貨	67	54	80	68
クレジット	9	7	12	13
エネルギー	17	10	21	11
コモディティ	20	11	30	13
株式	7	12	10	16

（出所）　*Treasury & Risk Management*（December / January 2006）. 結果は190人の財務担当役員のサーベイに基づいている。サンプル内企業の収益は、30%が5億ドル未満で、18%が5億ドル～10億ドル、33%が10億ドル～50億ドル、19%が50億ドル以上だった。

大きな企業のほうが小さな企業より、キャッシュフローの変動性が少ないからである。また、一部の調査では、企業は時々、単にヘッジするだけでなく、投機をしたい場合にデリバティブを利用することが報告されている。

とはいえ、ほとんどの証拠は、デリバティブが、財務的困難のコストが高く、資本市場へのアクセスが制限されている企業によって、最も頻繁に利用されるという理論と一致している。

要約と結論

1．企業はリスクを低減するためにヘッジをする。本章では多数のヘッジ戦略を示した。
2．フォワード契約は、後日に現金と引き換えに商品を売るという2者間の合意である。価格は、契約が署名された時点で決まる。しかしながら、現金は受渡日に授受される。フォワード契約は通常、組織化された取引所では取引されない。

3．先物契約もまた、将来の受渡しのための合意である。先物契約には、流動性のような、フォワード契約にはない利点がある。先物契約の変わった特徴は、値洗いの慣習である。もしある日に先物契約の価格が下落すると、この契約のすべての買い手が、清算機関に損失分を支払わなければならない。この契約のすべての売り手は、清算機関から利益分を受け取る。価格上昇の場合は、すべてが逆になる。値洗いの慣習は、先物契約でのデフォルトを防止する。

4．ヘッジは、ショート・ヘッジとロング・ヘッジの二つに分けられる。リスクを低減するために先物契約を売る個人または企業は、ショート・ヘッジを行っている。ショート・ヘッジは一般に、商品の保有者に適切である。リスクを低減するために先物契約を買う個人または企業は、ロング・ヘッジを行っている。ロング・ヘッジは、通常、完成品を取り決めた価格で販売する契約を伴う企業によって用いられる。

5．金利先物契約は、受渡可能商品として債券を用いる。人気が高いので、Tボンドの先物契約を例として取り上げた。Tボンドの先物契約は、Tボンド自体の価格評価に使われるのと同じタイプの純現在価値分析で、価格評価できる。

6．多くの企業は、金利リスクに直面している。このリスクは金利先物契約を使ったヘッジで低減できる。他の商品でも同じであるが、ショート・ヘッジは先物契約を売却する。モーゲージや他の債券を買うことになっている企業は、ショート・ヘッジを行う可能性が高い。モーゲージや他の債券を固定価格で売ることになっている企業の場合は、ロング・ヘッジを行う可能性が高い。

7．デュレーションは、債券の全キャッシュフローの平均満期日を測定する。デュレーションの大きい債券は、高い価格変化率をもつ。企業はしばしば、資産のデュレーションと負債のデュレーションをマッチングしようと試みる。

8．スワップは、長期間にわたるキャッシュフローを交換する合意である。第一の主要なタイプは金利スワップで、ここでは、固定金利のような一つのパターンのクーポン支払が、他の、たとえばLIBORと連動して変化するクーポンと交換される。第二の主要なタイプは通貨スワップで、ここではある通貨建ての支払を、他の通貨建ての支払と交換する合意がなされる。

Concept Questions

1．ヘッジ戦略

会社がヘッジ戦略として木材に対する先物契約を売っているとしたら、会社の木材価格に対するエクスポージャーに関して、何が正しいに違いないか。

2．ヘッジ戦略

会社がヘッジ戦略として豚のわき腹肉先物に対するコール・オプションを買っているとしたら、会社の豚のわき腹肉価格に対するエクスポージャーに関して、何が正しいに違いないか。

3．フォワードと先物

フォワード契約と先物契約の違いは何か。なぜ先物契約のほうがずっと広く使われていると思うか。

4．コモディティのヘッジ

テキサスの大きな石油生産企業であるバブリング・クルード社は、石油が会社の主要な売上げの源なので、石油価格の不都合な動きに対してヘッジしたい。会社は何をすべきか。なぜ会社が石油価格に関して完全にリスクを排除できないかもしれないのか、最低二つの理由をあげよ。

5．リスクの源泉

会社はエネルギーを大量に使う製品を生産しており、エネルギーとして天然ガスを用いる。競合相手は主に石油を使う。なぜこの会社が石油と天然ガス双方の価格変動のリスクにさらされているか説明せよ。

6．コモディティのヘッジ

もしある織物メーカーが綿価格の不都合な動きに対してヘッジしたかったら、綿先物契約かあるいは綿先物に対するコール・オプションを購入することができる。二つのアプローチの賛否両論は何か。

7．オプション

なぜ債券に対するプット・オプションは、金利に対するコール・オプションと概念的に同じなのか説明せよ。

8．金利のヘッジ

会社は、1年後に満期を迎える大量の債券を発行している。満期を迎えるとき、会社は新規に債券を発行する。現在の金利は魅力的で、会社は来年の金利が高くなるのではないかと懸念している。このケースで、会社が用いるかもしれないいくつかのヘッジ戦略はどのようなものか。

9．スワップ

なぜスワップが本質的に一連のフォワード契約なのか説明せよ。会社がスワップ・ディーラーとスワップ契約を結ぶとする。両社が直面するデフォルト・リスクはどのようなものか説明せよ。

10．スワップ

会社が固定金利を変動金利に替える契約をスワップ・ディーラーと結んだとする。このスワップの結果発生するキャッシュフローを説明せよ。

11．取引エクスポージャー vs 経済的エクスポージャー

取引エクスポージャーと経済的エクスポージャーの違いは何か。どちらがより簡単にヘッジできるか。なぜか。

12．為替リスクのヘッジ

もし米国企業が商品を日本に輸出するとしたら、為替リスクをヘッジするために、どのように日本円に対する先物契約を用いるか。先物契約で為替レートがクォートされる方法は重要か。

13．ヘッジ戦略

以下のシナリオについて、考慮するかもしれない先物契約を用いたヘッジ戦略を説明せよ。もしクロス・ヘッジが適切だと思うなら、契約を選択した理由を議論せよ。

a. 公益企業が、上昇するコストを懸念している。

b. 菓子メーカーが、上昇するコストを懸念している。

c. トウモロコシ農家が、今年の収穫が全国的に記録的な豊作になるとおそれている。

d. 写真フィルム・メーカーが、上昇するコストを懸念している。

e. 天然ガス生産会社が、今年の市場は供給過剰になると確信している。

f. 銀行のすべての利益が、長期固定利率の住宅ローンからもたらされる。

g. 株式投資信託は、ブルーチップ大型株に投資するが、株式市場の下落を懸念している。

h. スイス・アーミー・ナイフの米国輸入業者は、6カ月後にスイス・フランで注文の支払を行う。

i. 建機の米国輸出業者は、ドイツの建設会社にいくつかのクレーンを販売する契約を結んだ。米国企業は3カ月後にユーロで支払を受ける。

14. スワップ

2004年5月、食品および食品関連の販売業者であるシスコ・コーポレーション（シスコ・システムズと間違えないように）は、金利スワップを締結したと発表した。この金利スワップは、会社の1億ドルの4.6%利付債を、実質的に6カ月LIBORマイナス0.52%の変動金利支払に変えた。なぜシスコ社はスワップ契約を用いるのか。言い換えると、固定利付債を発行してスワップを行う正味の効果は変動利付債をつくりだすことなのだから、なぜシスコ社は単純に変動利付債を発行しないのか。

15. ヘッジ戦略

ウィリアム・サンティアゴは、輸出入ビジネス参入に興味がある。最近ファイナンシャル・アドバイザーを訪ねた際、彼は「正しくゲームをプレイすれば、これは世界で最も安全なビジネスだ。すべての取引を外国為替先物市場でヘッジすることによって、リスクを全部排除できる」といった。あなたはヘッジに関するウィリアムの評価に同意するか。なぜか、あるいはなぜしないのか。

16. ヘッジ戦略

リョー・サエバは、英語の勉強のため1年間の滞米を計画している日本人学生である。彼は8カ月後の渡米を予定している。今後8カ月間に円がドルに対して弱くなることが心配で、彼はこのリスクをヘッジするために外国為替先物のポジションをとりたい。ミスター・サエバのヘッジのポジションはどのようなものであるべきか。円と米ドルの外国為替は、円/ドルで表されると仮定する。

質問と問題

◆基本（問題1－8）

1．先物価格

この質問に答えるには、本文中の表25.2を参照する。あなたは2009年2月12日、May2009ココア先物契約1枚を、その日の終値で購入したとする。もしココア価格が満期日に1トン2,431ドルになったとしたら、あなたの損益はいくらか。

2．先物価格

この質問に答えるには、本文中の表25.2を参照する。あなたは2009年2月12日、March2009銀先物契約5枚を、その日の終値で売却したとする。もし銀価格が満期日に1オンス13.97ドルになったとしたら、あなたの損益はいくらか。もし銀価格が満期日に1オンス12.63だったらどうか。

3．プットとコールのペイオフ

財務担当者が、5万バレルの原油に対する行使価格が1バレル35ドルのコール・オプションを買うとする。彼女は同時に5万バレルの原油に対する、行使価格が同じ1バレル35ドルのプット・オプションを売る。原油価格がそれぞれ30ドル、32ドル、35ドル、38ドル、40ドルだった場合の彼女の損益を考える。ペイオフのかたちに関して気づくことは何か。

4．値 洗 い

あなたは10枚の金先物契約をロングしている。ポジションを確立した最初の清算価格はオンス951ドルで、各契約は100オンスである。その後4日間の取引日における金の精算価格は、それぞれ943ドル、946ドル、953ドル、957ドルだった。各取引日終了時点のキャッシュフローを計算し、取引期間の終わりにおけるあなたの合計損益を計算せよ。

5．値 洗 い

あなたは25枚の原油先物契約をショートしている。ポジションを確立した最初の清算価格は1ガロン1.41ドルで、各契約は4万2,000ガロンである。その後4日間の取引日における原油の清算価格は、それぞれ1.37ドル、1.42ドル、1.45ドル、1.51ドルだった。各取引日終了時点のキャッシュフローを計算し、取引期間の終わりに

おける あなたの合計損益を計算せよ。

6．デュレーション

もし3年満期で、クーポン利率が年8％（年次払い）の債券が額面価額で売られていたら、デュレーションはいくらか。

7．デュレーション

もし4年満期で、クーポン利率が年8％（年次払い）の債券が額面価額で売られていたら、デュレーションはいくらか。

8．デュレーション

以下はブルー・スチール・コミュニティ銀行の市場価値貸借対照表である。

	市場価値（単位：100万）	デュレーション（単位：年）
資産		
フェデラル・ファンド預金	$ 31	0
売掛金担保ローン	630	0.20
短期ローン	390	0.65
長期ローン	98	5.25
住宅ローン	346	12.85
負債および株主資本		
当座および普通預金	$585	0
定期預金証書	310	1.60
長期資金調達	305	9.80
株主資本	295	—

a. 資産のデュレーションはいくらか。

b. 負債のデュレーションはいくらか。

c. 銀行は金利リスクから免疫化されているか。

◆中級（問題9－15）

9．先物でヘッジ

この質問に答えるには、本文中の表25.2を参照する。今日は2009年2月12日で、あなたの会社は朝食用シリアル食品を製産しており、2009年5月に14万ブッシェルのトウモロコシが必要だとする。あなたはトウモロコシの価格がいまから5月までに上がるかもしれないと懸念しているので、今日コストを固定化したい。

a. あなたのリスク・エクスポージャーをヘッジするために、どのようにトウモロコシ先物を用いることができるか。終値をもとにすると、いくらの価格で実質的に固定化することになるか。

b. 5月にトウモロコシ価格が1ブッシェル3.92ドルになるとする。あなたの先物ポジションの損益はいくらか。あなたの先物ポジションがどのようにトウモロコシ市場の価格リスクを排除したのか説明せよ。

10. 金利スワップ

ABC社とXYZ社は、どちらも自社の製造工場を向上するために100万ドルの資金を調達する必要がある。ABC社は確立した企業で、負債市場における信用格付もきわめて良好であり、固定金利11%か、あるいはLIBORプラス1%の変動金利で借入れが可能である。XYZ社は未熟な創業したての会社で、強い信用履歴を有していない。XYZ社は、固定金利10%か、あるいは変動金利LIBORプラス3%で借入れできる。

a. ABC社とXYZ社が、スワップから利益を得られる機会は存在するか。

b. あなたはスワップ・ディーラーとして銀行に雇われたところで、上司が顧客であるABC社とXYZ社の借入利率情報をあなたに示した。両社とも利益が得られて、同時に銀行が2%の合計利益をあげられるように、どのように金利スワップを結べるか説明せよ。

11. デュレーション

ハンセル夫妻には、今日から7年後に大学に入学予定の息子がいる。年間学費3万ドルは、息子が大学に在籍する4年間、毎年年初に支払う必要がある。もしハンセル夫妻が年9%の市場金利で貸し借りできるとしたら、夫妻のこの債務のデュレーションはいくらか。

12. デュレーション

もしクーポン利率が年6%（半年払い）で、市場金利が9%だったら、2年満期債券のデュレーションはいくらか。

13. フォワード価格

キャリー・コストもコンビニエンス・イールドも伴わない資産に対するフォワード価格（F）は、現在のスポット資産価格（S_0）×（1＋契約開始時と資産受渡日との間の適切な金利）である。以下の二つの戦略から発生するキャッシュフローを比較することによって、この関係を導出せよ。

戦略1：今日銀をスポット市場で購入し、1年間保有する（ヒント：銀の購入に自分のお金を用いない）。

戦略2：1年後受渡しの銀フォワード契約のロング・ポジションをとる。銀はキャリー・コストもコンビニエンス・イールドも伴わない資産であると仮定する。

14. フォワード価格

あなたは1年後に発行される10年満期のゼロ・クーポン債を購入するフォワード契約を結んだ。債券の額面は1,000ドルで、1年と11年のスポット金利は、それぞれ6％と9％である。これらの金利は実効年利回り（EAY）で表されている。

a. あなたの契約のフォワード価格はいくらか。

b. 1年と11年の両方のスポット金利が突然2％下方にシフトしたとする。フォワード契約の新しい価格はいくらか。

15. フォワード価格

今朝あなたは、1年満期の財務省債券を6カ月後に買うことに同意した。債券の額面は1,000ドルである。以下のスポット金利を用いて質問に答えよ。

期間	年次スポット金利（実効年利率）
6カ月	3.61％
12カ月	4.05％
18カ月	4.73％
24カ月	5.42％

a. この契約のフォワード価格はいくらか。

b. あなたがこのフォワード契約を購入して間もなく、すべての金利が30ベーシス・ポイント上昇した。たとえば、6カ月金利は3.61％から3.91％に上昇した。これらの変化を所与とすると、あなたの契約とその他の点で同一のフォワード契約の価格はいくらか。

◆チャレンジ（問題16）

16. ファイナンシャル・エンジニアリング

石炭に対するコール・オプションとフォワード契約はあるが、プット・オプションはないとする。どのようにファイナンシャル・エンジニアが、利用可能な契約を用いてプット・オプションを合成できるか示せ。あなたの答えは、プット、コール、先物の間の一般的関係について何を教えてくれるか。

ミニケース

●ウィリアムソン・モーゲージ社

ジェニファー・ウィリアムソンは最近MBAを取得し、モーゲージ取扱ビジネスに入ることに決めた。だれかのもとで働くのではなく、彼女は自分の事務所を開くことを決心した。いとこのジェリーが、彼が購入を進めている家のモーゲージに関して、彼女に相談をもちかけた。家は3カ月後に完成し、彼はその時にモーゲージが必要になる。ジェリーは50万ドルの25年、月次払い固定金利モーゲージを望んでいる。

ジェニファーは、3カ月後に現行金利の6.5%で資金を貸すことに同意した。ジェニファーは開業したばかりなので、ローンに使える50万ドルをもっていない。そこで彼女はMC保険会社のマックス・キャベルに、3カ月後に彼女からこのモーゲージを買い取ってくれないかともちかけた。マックスは3カ月後にモーゲージを買い取ることに同意したが、モーゲージの価格をあらかじめ決めておくことには否定的だった。かわりに、彼は3カ月後に市場金利でモーゲージを購入する契約を交わすことに同意した。市場では、3カ月後に受渡しを迎えるTボンド先物が取引されている。Tボンド先物契約は、額面が10万ドルの財務省債券に対応している。

1．ジェリーのモーゲージの月次返済額はいくらか。
2．この取引で、ジェニファーが直面する最も重大なリスクは何か。
3．ジェニファーはこのリスクをどのようにヘッジできるか。
4．3カ月後に市場金利は7.4%に上昇するとする。
　a. マックスは、このモーゲージにいくら支払ってもよいか。
　b. Tボンド先物の価値には何が起こるか。ロング・ポジションまたはショート・ポジションは、価値が増加するか。
5．3カ月後に市場金利は5.8%に下落するとする。
　a. マックスは、このモーゲージにいくら支払ってもよいか。
　b. Tボンド先物の価値には何が起こるか。ロング・ポジションまたはショート・ポジションは、価値が増加するか。
6．ジェニファーがTボンド先物を用いて彼女の金利リスクをヘッジする際に、彼女が直面する他の潜在的リスクはあるか。

第 VII 部

短期財務

第26章

短期財務と計画の策定

2008年中頃、ガソリン価格が１ガロン４ドルを超えたのを受けて、ハイブリッド車の売上げが本当に加速し始めた。たとえば、2007年を通して、ハイブリッド・タイプのGMサターン・ヴューは、販売されるまでにディーラーの駐車場に平均して63日間置かれていた。2008年夏には、この期間は17日間に短縮された。全体的に、ハイブリッド車は2008年の４月と５月の間、平均して23日間在庫になっていた。これは自動車業界平均の60日より、相当短い。ところが、サターン・ヴューは最も速く売れている車ではなかった。ホンダは正確なデータを公表していないが、会社はホンダ・シビックの在庫期間が「数日」であると報告した。もっとめざましいのはトヨタ・プリウスで、たった17*時間*で在庫から離れていった。もちろん、すべてのよいこと（そして素晴らしい売上数値）は、必ず終わりを迎える。2008年末には経済が停滞し始め、ガソリン価格は１ガロン２ドルに戻った。トヨタは減少した需要のために、プリウスを生産する工場の一つを操業停止にせざるをえなかった。本章で探求するように、商品が販売されるまで在庫に抱えている時間は、短期財務管理の一つの重要な要素であり、自動車業界のような産業は、この数値に細心の注意を払う。

短期財務のキャリアに興味があるなら、Association for Financial Professionals（AFP）のウェブサイト www.afponline.org を訪ねてみるとよい。

ここまでは、キャピタル・バジェッティング、配当政策、資本構成などの意思決定の多くを解説してきた。本章では短期財務の議論を始める。短期財務とは、主に流動資産と流動負債に影響を与える意思決定の分析にかかわる。

多くの場合、*純運転資本*という用語は、短期財務の意思決定と関連している。すでに説明したように、純運転資本とは、流動資産と流動負債の差である。しばしば、短期財務管理は*運転資本管理*と呼ばれる。これらの用語は同じことを意味している。

あまねく受け入れられた短期財務の定義は存在しない。短期財務と長期財務の最も重要な違いは、キャッシュフローのタイミングである。短期財務の意思決定には通常、1年以内のキャッシュインフローとアフトフローがかかわる。たとえば、企業が原材料を注文し、現金で支払い、そして1年以内に完成品を現金で販売する見込みのとき、短期財務の意思決定がかかわってくる。対照的に、長期財務の意思決定は、企業が、たとえば今後5年間に、営業費用を削減する特殊な機械を購入するといったときにかかわってくる。

どのような質問が短期財務の一般的な表題のもとに入るだろうか。いくつか上げると、

1. 請求書の支払のために、手元（銀行）に維持すべき現金の妥当な水準はどれくらいか。
2. 会社は短期でどれだけ借り入れるべきか。
3. 顧客への信用供与を、どの程度拡大すべきか。

本章では、短期財務意思決定の基本的要素を紹介する。初めに、企業の短期営業活動について解説する。次に、代替的な短期財務政策を考察する。最後に、短期財務計画における基本的要素の概要を示し、短期財務手段について説明する。

26.1　現金と純運転資本の追跡

この節では、ある年から翌年へと変化する現金と純運転資本の構成要素を考察する。このテーマに関するさまざまな側面は、第2章と第3章ですでに議論した。ここで、あのときの議論における短期財務の意思決定に関連する部分を簡単に復習する。われわれの目的は、企業の短期営業活動と、それが現金と純運転資本に及ぼす影響を解説することである。

初めに、*流動資産*は、現金および1年以内に現金に転換されると見込まれる資産であることを思い出そう。流動資産は、会計上の流動性（liquidity）の順番で貸借対照表に表記される。流動性とは、資産を適正価格で換金する際の容易さや、そ

のために要する時間である。貸借対照表の流動資産区分に記載された四つの主要項目は、①現金および現金同等物、②市場性証券、③売掛金、そして④棚卸資産である。

流動資産への投資と同様に、企業は*流動負債*と呼ばれる数種類の短期負債を利用する。流動負債は、1年以内（あるいは営業循環が1年以上の場合は営業循環内）に、現金の支払が必要になると予想される債務のことである。流動負債の区分にみられる三つの主要な項目は、①買掛金、②支払経費（未払賃金と税金を含む）、そして③支払手形である。

われわれは現金の変化に注目したいので、まず現金を、貸借対照表の他の要素から定義する。これにより現金勘定を切り離し、会社の営業と財務の意思決定が現金に及ぼす影響を探求することができる。貸借対照表等式は、以下のように表せる。

$$\text{純運転資本}+\text{固定資産}=\text{長期負債}+\text{株主資本} \tag{26.1}$$

純運転資本は、現金に他の流動資産を加え、流動負債を引いたものである。すなわち、

$$\text{純運転資本}=(\text{現金}+\text{その他の流動資産})-\text{流動負債} \tag{26.2}$$

である。これを基本貸借対照表恒等式の純運転資本に代入すると、以下を得る。

$$\text{現金}=\text{長期負債}+\text{株主資本}+\text{流動負債}-\text{現金以外の流動資産}-\text{固定資産} \tag{26.3}$$

これは、ある活動が現金を必然的に増加させ、ある活動が減少させることを、一般的な用語で表している。これらのさまざまな活動を、例とともにリストする。

現金を増加させる活動

長期負債をふやす（長期で借り入れる）。
株主資本をふやす（株式をいくらか販売する）。
流動負債をふやす（90日ローンを借りる）。
現金以外の流動資産を減らす（棚卸資産の一部を現金で売却する）。
固定資産を減らす（土地をいくらか売却する）。

現金を減少させる活動

長期負債を減らす（長期負債を完済する）。

株主資本を減らす（株式をいくらか買い戻す）。

流動負債を減らす（90日ローンを完済する）。

現金以外の流動資産をふやす（棚卸資産の一部を現金で購入する）。

固定資産をふやす（土地をいくらか購入する）。

二つのリストが完全に反対であることに気づいただろうか。たとえば、長期債券の発行は現金を増加させる（少なくともお金を使ってしまうまで）。長期債券の償還は現金を減少させる。

現金を増加させる活動は、*現金の源泉*と呼ばれる。現金を減少させる活動は、*現金の使途*と呼ばれる。われわれのリストに戻ると、現金の源泉は常に負債（または株主資本）勘定の増加かあるいは資産勘定の減少にかかわっていることがわかる。負債の増加は、借り入れるか会社の持分を売ることによって資金が調達されたことを意味するので、これは理にかなっている。資産の減少は、資産を売却したかあるいは清算したことを意味する。どちらの場合でも、現金が入ってくる。

現金の使途はこの反対である。現金の使途は、完済によって負債を減らすか、あるいはおそらく何かを購入することによって資産をふやすことと関係する。これらの両方の活動に、会社はいくらかの現金を使うことが必要になる。

例26．1　源泉と使途

ここで現金の源泉と使途に対する理解を簡単にチェックする。もし買掛金が100ドルふえたら、これは源泉か使途か、どちらを意味するだろうか。もし売掛金が100ドルふえたらどうだろうか。

買掛金は会社がサプライヤーに負う金額で、これは短期負債である。もしこれが100ドルふえたら、会社は実質的にお金を借り入れたので、現金の*源泉*である。売掛金は顧客が会社に負う金額なので、買掛金の100ドルの増加は、会社がお金を貸し出したことを意味する。これは現金の*使途*である。

26.2 営業循環と現金循環

短期財務における主要な関心事は、会社の短期の営業活動と財務活動である。典型的な製造企業では、これらの短期活動は、以下の連続的なイベントと意思決定からなるかもしれない。

イベント	意思決定
1．原材料の購入	1．どれくらい棚卸資産を発注するか。
2．現金の支払	2．借入れをするか、現金残高を引き下げるか。
3．製品の製造	3．どの製造技術を採用するか。
4．製品の販売	4．特定の顧客に信用供与するかどうか。
5．現金の回収	5．どのように回収するか。

これらの活動は、キャッシュインフローとキャッシュアウトフローのパターンをつくりだす。これらのキャッシュフローは、時期が一致せず、しかも不確実である。時期が一致しないのは、たとえば原材料代金の支払が、製品販売代金の受領と同時に起こらないからである。不確実なのは、将来の売上げと費用を、正確に予測することができないからである。

営業循環と現金循環の定義

単純なケースから始める。ある日（0日と呼ぶ）、1,000ドル分の棚卸資産を信用で購入（掛買い）する。30日後に請求書を支払い、さらに30日後、だれかが1,000ドルの棚卸資産を1,400ドルで購入する。買い手は45日後になるまで実際に支払わない。以下はこれらのイベントを時系列的に要約したものである。

日	活動	現金効果
0	棚卸資産の取得	なし
30	棚卸資産の支払	−1,000ドル
60	棚卸資産の信用販売	なし
105	売上代金の回収	+1,400ドル

営業循環

この例にはいくつか気づくべき点がある。まず、棚卸資産の取得した時から現金を回収するまでの全循環には105日かかる。これは**営業循環**（operating cycle）と呼ばれる。

例証しているように、営業循環は、棚卸資産を取得し、販売し、代金を回収するのに要する時間である。この循環には、二つの明確な構成要素がある。最初の部分は、棚卸資産を取得してから販売するまでに要する時間である。われわれの例では、この期間は60日間で、**棚卸資産期間**（inventory period）と呼ばれる。2番目の部分は、販売から代金を回収するまでに要する期間で、例では45日間である。これは**売掛金期間**（accounts receivable period）と呼ばれる。

以上の定義をもとにすると、営業循環は明らかに棚卸資産期間と売掛金期間の単なる合計である。

営業循環＝棚卸資産期間＋売掛金期間

105日　　　60日　　　45日　　　(26.4)

営業循環が表しているのは、製品がどのように流動資産勘定を通して動くかということである。製品は棚卸資産として始まり、販売された時に売掛金に転換され、最後に販売代金を回収した時に現金に変わる。それぞれの段階で、資産が現金に近づくことに注目されたい。

現金循環

気づくべき二つ目のことは、キャッシュフローと他のイベントが同調して起こらないということである。たとえば棚卸資産は、取得してから実際に支払うのは30日後である。その間の30日間は、**買掛金期間**（accounts payable period）と呼ばれる。次に、30日に現金を使うが、105日になるまで回収しない。どうにかして、75日間（＝105－30）、1,000ドルの資金繰りをしなければならない。この期間は、**現金循環**（cash cycle）と呼ばれる。

したがって、現金循環は、売上代金を回収するまでに経過する日数であり、棚卸資産に実際に支払った時点から測定される。定義に基づくと、現金循環は営業循環と買掛金期間との差であることに注意されたい。

図26.1　キャッシュフロー時間線と典型的な製造企業の短期営業活動

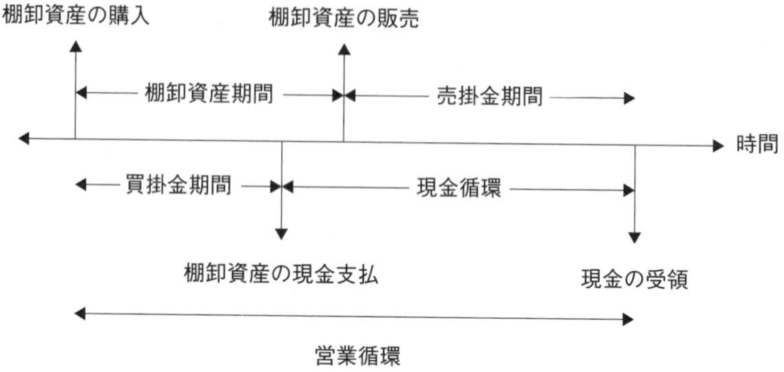

営業循環は、棚卸資産の購入から現金の受領までの期間である（営業循環は、発注から在庫品の到着までの時間を含まないかもしれない）。現金循環は、現金が支払われてから、現金が受領されるまでの期間である。

現金循環＝営業循環－買掛金期間

75日　＝　105日　－　30日　　(26.5)

図26.1は、キャッシュフロー時間線（cash flow time line）の観点で、典型的な製造企業の短期営業活動とキャッシュフローを描いている。図26.1において、短期財務意思決定の必要性は、キャッシュインフローとキャッシュアウトフローのギャップによって示唆される。これは、営業循環と買掛金期間の長さに関係している。

短期インフローとアウトフローのギャップは、借入れか、あるいは現金または市場性証券というかたちでの余剰流動性の維持によって埋めることができる。かわりに、このギャップは、棚卸資産期間、売掛金期間、または買掛金期間を変更することによって短縮することができる。これらはすべて経営上のオプションであり、次の節で議論する。

インターネット書店および小売りのアマゾンは、現金循環を管理することの重要性に関して、興味深い事例を提供してくれる。2008年１月、バーンズ＆ノーブルのほうがアマゾンよりも売上高が大きかったにもかかわらず、アマゾンの時価総額は、バーンズ＆ノーブル（店舗をかまえる最大の書店チェーン）よりも高かった（実際、17倍以上）。

どうしたらアマゾンがそれほど価値をもちえたのだろうか。複数の理由があるが、短期管理は一つの要因である。2007年の間、アマゾンは棚卸資産を、バーンズ

&ノーブルよりも4倍速く、年間約10回転させたので、棚卸資産期間は劇的に短かった。さらにめざましいのは、アマゾンは書籍を発送した時に顧客のクレジット・カードにチャージするが、通常、クレジット・カード会社から1日以内に支払を受けるということである。これはアマゾンがマイナスの現金循環をもっていることを意味する！　実際、2007年の間、アマゾンの現金循環は、ほぼ40日間のマイナスだった。したがって、すべての売上げが即座に活用できるキャッシュインフローを生み出す。

口座管理のアウトソーシングについて、www.businessdebts.com と www.opiglobal.com でもっと学ぼう。

営業循環と企業の組織図

営業循環と現金循環をより詳しく考察する前に、企業の流動資産と流動負債管理にかかわる人々を概観しておくのは有益である。表26.1が示すように、大企業における短期財務管理には、数多くの財務と非財務の管理者がかかわっている。表26.1を詳しくみると、信用販売には最低限三つの役職がある。信用調査部長、マーケテ

表26.1　短期財務の問題にかかわる管理者

管理者の役職	短期財務管理にかかわる職責	影響を受ける資産/負債
資金管理部長 (Cash manager)	回収、集中、支出；短期投資；短期借入れ；銀行との関係	現金、市場性証券、短期借入れ
信用調査部長 (Credit manager)	売掛金の監視と管理；与信政策の決定	売掛金
マーケティング部長 (Marketing manager)	与信政策の決定	売掛金
購買部長 (Purchasing manager)	購入とサプライヤーの決定；支払条件の交渉をすることも。	棚卸資産、買掛金
生産管理部長 (Production manager)	生産工程と原材料要件の設定	棚卸資産、買掛金
買掛金管理部長 (Payable manager)	支払政策と割引を受けるかどうかの決定	買掛金
管理部長 (Controller)	キャッシュフローの会計情報；買掛金の調整；売掛金への支払の適用	売掛金、買掛金

ィング部長、そして管理部長である。これら三つのうち、二つだけが財務担当役員の管轄下にある（マーケティング機能は通常、マーケティング担当役員につながっている）。したがって、もし異なる管理者が特に自分のことだけに集中していたら、利害衝突の可能性が存在する。たとえば、もしマーケティング部が新規顧客口座の拡大を試みたら、勧誘するためにより寛容な与信条件を求めるかもしれない。しかしながら、これは会社の売掛金への投資か、あるいは貸倒れリスクを増加させるかもしれず、結果として衝突が生じる可能性がある。

営業循環と現金循環の計算

われわれの例では、異なる期間を構成する時間の長さは明白だった。もし財務諸表の情報しかなければ、もう少し手間をかけなければならない。次にこれらの計算を例証する。

初めに、平均して棚卸資産を売るにはどれくらいかかるかとか、平均して売掛金を回収するにはどれくらいかかるかといった、さまざまなことを算定しなければならない。以下のような貸借対照表情報を集めることから始める（単位：1,000ドル）。

項目	期首	期末	平均
棚卸資産	$2,000	$3,000	$2,500
売掛金	1,600	2,000	1,800
買掛金	750	1,000	875

また、直近の損益計算書から、以下のような数字を得るかもしれない（単位：1,000ドル）。

純売上高	$11,500
売上原価	8,200

次に、いくつかの財務比率を計算する必要がある。これらは第3章でやや詳細に議論したが、必要に応じてこれらを定義し、用いる。

営業循環

まず初めに、棚卸資産期間が必要である。会社は8.2mドル（m＝100万）を棚卸資産（売上原価）に費やした。平均棚卸資産は2.5mドルだった。したがって、会社は年間3.28回（＝8.2/2.5）、棚卸資産を回転させた[1]。

$$\text{棚卸資産回転率}=\frac{\text{売上原価}}{\text{平均棚卸資産}}=\frac{\$8.2\text{m}}{\$2.5\text{m}}=3.28\text{回}$$

おおまかにいうと、これは会社が1年間に棚卸資産を3.28回購入し、売却したことを表している。これは、平均すると会社が以下の期間、棚卸資産を保有していたことを意味する。

$$\text{棚卸資産期間}=\frac{365\text{日}}{\text{棚卸資産回転率}}=\frac{365}{3.28}=111.3\text{日}$$

したがって、棚卸資産期間は約111日である。言い換えると、棚卸資産は販売されるまでに平均して111日間、会社にとどまっていた[2]。

同様に、売掛金の平均は1.8mドルで、売上高は11.5mドルだった。すべての売上げが信用販売だったと仮定すると、売掛金回転率は以下のようになる[3]。

$$\text{売掛金回転率}=\frac{\text{信用販売高}}{\text{平均売掛金残高}}=\frac{\$11.5\text{m}}{\$1.8\text{m}}=6.4\text{回}$$

もし会社が売掛金を年間6.4回回転させたのなら、売掛金期間は以下になる。

$$\text{売掛金期間}=\frac{365\text{日}}{\text{売掛金回転率}}=\frac{365}{6.4}=57\text{日}$$

売掛金期間はまた、*売掛債権回収日数*や*平均回収期間*とも呼ばれる。どのように呼ばれようと、これは顧客が支払うまでに平均して57日間かかったことを意味している。

営業循環は棚卸資産期間と売掛金期間の合計である。

$$\begin{aligned}\text{営業循環}&=\text{棚卸資産期間}+\text{売掛金期間}\\&=111\text{日}+57\text{日}=168\text{日}\end{aligned}$$

1）ここでの棚卸資産回転率の計算では、第3章で行ったように期末の棚卸資産を用いるかわりに、*平均*棚卸資産を用いている。どちらの手法も現実の世界では用いられる。平均値の利用に多少慣れるように、さまざまな比率の計算に本章を通してこの方法を用いる。

2）この尺度は、第3章で議論した売掛債権回収日数の数値と概念的に同一のものである。

3）もし100%未満の売上げが信用販売だったら、もう少し情報（すなわちこの年の信用販売高）が必要になるだけである。この尺度に関するさらなる議論は、第3章を参照。

これは、会社が棚卸資産を獲得し、販売し、売上代金を回収するのに、平均して168日が経過することを表している。

現金循環

次に、買掛金期間が必要である。先に与えられた情報から、平均買掛金は87万5,000ドルで、売上原価は8.2mドルであることがわかっている。買掛金回転率は以下のようになる。

$$買掛金回転率=\frac{売上原価}{平均買掛金残高}=\frac{\$8.2m}{0.875m}=9.4回$$

買掛金期間は、以下になる。

$$買掛金期間=\frac{365日}{買掛金回転率}=\frac{365}{9.4}=39日$$

したがって、会社は請求書を支払うまでに平均して39日間かかった。

最後に現金循環は、営業循環と買掛金期間の差である。

$$\begin{aligned}現金循環&=営業循環-買掛金期間\\&=168日-39日=129日\end{aligned}$$

したがって、在庫品の代金を支払ってから、売上代金を回収するまで、平均して129日間の遅れがある。

例26.2　営業循環と現金循環

あなたはスローペイ社に関して以下の情報を集めた。

項目	期首	期末
棚卸資産	$5,000	$7,000
売掛金	1,600	2,400
買掛金	2,700	4,800

ちょうど終了した年度の信用販売高は5万ドルで、売上原価は3万ドルだった。スローペイ社が売掛債権を回収するまでに、どれだけ長くかかるだろうか。スローペイ社が請求書を支払うのに、どれだけ長くかかるだろうか。

棚卸資産回転率＝＄30,000/6,000＝ 5 回

売掛金回転率＝＄50,000/2,000＝25回

買掛金回転率＝＄30,000/3,750＝ 8 回

これらを用いて、それぞれの期間を求める。

棚卸資産期間＝365/ 5 ＝73日

売掛金期間＝365/25＝14.6日

買掛金期間＝365/ 8 ＝45.6日

まとめると、スローペイ社は売上げを14.6日間で回収し、棚卸資産は73日間とどまり、請求書は46日後に支払われる。営業循環は、棚卸資産期間と売掛金期間の合計なので、87.6日（＝73＋14.6）である。現金循環は営業循環と買掛金期間の差なので、42日（＝87.6－45.6）である。

現金循環の解釈

ここでの例は、現金循環が棚卸資産期間、売掛金期間、そして買掛金期間に依存していることを示している。現金循環は、棚卸資産期間と売掛金期間が長くなると、増加する。もし会社が買掛金の支払を遅らせることができ、その結果買掛金期間を長くすることができれば、現金循環は短くなる。

アマゾンと異なり、ほとんど企業はプラスの現金循環をもつので、棚卸資産と売掛債権に資金手当が要求される。現金循環が長ければ長いほど、より大きな資金手当が必要になる。また、企業の現金循環の変化は、しばしば初期警戒尺度として監視される。現金循環が長くなることは、会社が在庫品の販売や売掛金の回収に問題を抱えていることを表しているかもしれない。このような問題は、買掛金期間を延ばすことによって、少なくとも部分的に隠すことができるので、両方の循環が監視されるべきである。

会社の現金循環と利益性のつながりは、企業の利益性と成長の基本的な決定要因の一つが、売上高/総資産で定義される総資産回転率であることを思い出せば、簡単に理解できる。第 3 章で、この比率が高ければ高いほど、企業の会計総資産利益率（ROA）と株主資本利益率（ROE）が高くなることを理解した。したがって、

他のことがすべて同じなら、現金循環が短ければ短いほど、会社の棚卸資産と売掛債権への投資は小さくなる。その結果、会社の総資産は小さくなり、総資産回転率は高くなる。

営業循環と現金循環の概観

2007年、*CFO* 誌はさまざまな産業の運転資本に関するサーベイを出版した。このサーベイの結果は、業種ごとに現金循環と営業循環に際立った違いがあることを明らかにした。下の表は、四つの業種と、それぞれの営業循環と現金循環の中央値を示している。これらのうち、レストラン産業が最も低い営業循環と現金循環をもっている。構成要素をみると、売掛金期間がレストラン産業では10日しかないのは驚くべきことである（ほとんどの顧客が現金で支払うか、デビット/クレジット・カードを使う）。たとえば、マクドナルドの売掛金期間は、業界内で最も長いものの一つで、14日である。レストラン産業はまた、短い棚卸資産期間をもっている(腐った食べ物は好きでないので、これは嬉しい)。

	売掛金期間（日）	棚卸資産期間（日）	営業循環（日）	買掛金期間（日）	現金循環（日）
電力	41	18	59	31	28
医療機器	73	46	119	17	102
紙製品	38	39	77	26	51
レストラン	10	5	15	14	1

レストラン事業に比べて、医療機器産業はずっと長い営業循環をもっている。その長い売掛金期間が主要な原因である。とはいえ、これは医療機器産業があまり効率的でないということを必ずしも意味しない。この業界では、仮にすべてでないにしても、ほとんどの売掛債権は医療保険会社とメディケアのような政府の医療保険によって支払われるが、これらの機関は比較的長い買掛金期間をもっている。

産業ごとに営業循環と現金循環が相当異なるのはすでにみたが、これらの循環は同じ産業内の企業でも異なる可能性がある。以下は、いくつかのコンピュータ会社の営業循環と現金循環である。みてわかるように、違いが存在する。アップルとデルは、業界内で最もよい営業循環と現金循環をもっている。実際、デルは流動資産管理の世界的リーダーとして長い間知られている。ヒューレット・パッカードの棚卸資産期間は、同業他社と比べて、劇的に違う値として際立っている。

	売掛金期間（日）	棚卸資産期間（日）	営業循環（日）	買掛金期間（日）	現金循環（日）
アップル	24	5	29	64	−35
デル	36	4	39	65	−26
ゲートウェイ	48	9	57	56	1
ヒューレット・パッカード	43	29	72	48	24

営業循環と現金循環のすべての構成要素を吟味することによって、会社がどこでうまくやっているか、どこが悪いのかを知ることができる。ゲートウェイとヒューレット・パッカードの営業循環をみると、両社が似通っているようにみえる。しかしながら、ヒューレット・パッカードはより長い棚卸資産期間をもち、ゲートウェイはより長い買掛金期間をもっている。

営業循環と現金循環をみるとき、それぞれが実際には財務比率であることを考慮に入れなければならない。いかなる財務比率でも、企業と業種の特徴が影響を及ぼすので、解釈には注意が必要である。たとえば、ヒューレット・パッカードをみると、一見長い棚卸資産期間をもっていることに気づく。これは悪いことだろうか。たぶんそうではない。ヒューレット・パッカードのビジネス・モデルは、この産業の他の会社とは異なる。ヒューレット・パッカードは小売店販売により多く依存しているので、アップルやデルより大きな在庫供給を維持する必要がある。もちろん、そのような営業は棚卸資産の増加をもたらすが、適切に管理すれば、これはよいことでありうる。

26.3　短期財務政策の側面

企業が採用する短期財務政策は、少なくとも2種類の要素からなる。

1．*企業の流動資産への投資規模*：これは通常、企業の総営業収益の水準と比較して測定される。柔軟的あるいは許容的な短期財務政策は、売上げに対する高い流動資産比率を維持する。一方、制限的短期財務政策は、必然的に売上げに対する低い流動資産比率をもつことになる。

2．*流動資産の資金手当*：これは、長期資金調達に対する短期負債の比率で測定される。制限的短期財務政策は、長期資金調達に対して短期負債の比較的高い割合を意味し、一方、柔軟的短期財務政策は、より少ない短期負債と、より多くの長期負債を意味する。

企業の流動資産への投資規模

柔軟的短期財務政策は、以下の要素を含む。

1．大量の現金と市場性証券残高を保有する。
2．棚卸資産への大規模な投資を行う。
3．寛容な与信条件により、売掛債権額が多い。

制限的短期財務政策は、以下の要素を含む。

1．現金残高が少なく、市場性証券への投資がない。
2．棚卸資産への小さな投資しか行わない。
3．信用販売を許さず、売掛債権がない。

短期資産への最適な投資額を決定するには、代替的短期財務政策の費用を判定することが必要である。目的は、制限的政策の費用と、柔軟的政策の費用とのトレードオフから、最善の妥協点に到達することである。

流動資産残高は、柔軟的短期財務政策において最も高くなり、制限的政策において最も低くなる。したがって、柔軟的短期財務政策は、現金、市場性証券、棚卸資産、売掛債権を保有するためのキャッシュアウトフローがより多くなるという点で、費用が高くなる。しかしながら、将来のキャッシュインフローは、柔軟的政策のもとで最大になる。顧客に寛容な与信を提供する信用政策を用いることによって、売上げは刺激される。また、大量の手元在庫（「棚上げ」）は、顧客に迅速な配達サービスを提供し、売上げを増加させる[4)]。加えて、企業はたぶん、柔軟的政策の迅速な配達サービスと寛容な与信条件に対して、より高い料金を設定できる。柔

4）　これは、ある種の完成品について当てはまる。

軟的政策はまた、在庫不足による生産停止の減少という結果も、もたらすかもしれない[5]。

流動資産の管理は、投資水準の上昇とともに増加する費用と、投資水準の上昇とともに減少する費用との間の、トレードオフにかかわると考えられる。流動資産への投資水準の上昇とともに増加する費用は、**保有コスト**（carrying costs）と呼ばれる。一方、流動資産への投資水準の上昇とともに減少する費用は、**不足コスト**（shortage costs）と呼ばれる。

保有コストには通常2種類ある。第一に、他の資産と比べて流動資産からの収益率は低いので、機会費用が存在する。第二に、資産の経済的価値を維持するための費用がある。たとえば、在庫品の保管費用はここに入る。

企業が流動性の高い資産を保有する決定要因

流動性の高い資産を 多く保有している企業	流動性の高い資産を あまり保有していない企業
高い成長機会 リスクの高い投資 小企業 信用力の低い企業	低い成長機会 リスクの低い投資 大企業 信用力の高い企業

NPVがプラスの投資機会と比較してキャッシュフローが少ないとき、企業は投資の継続を可能にするため、より多くの流動性の高い資産（つまり現金および市場性証券）を保有する。資本市場を容易に活用できる企業は、流動性の高い資産をそれほど多く保有しない。

（出所） Tim Opler, Lee Pinkowitz, Rene Stultz, and Rohan Williamson, “The Determinants and Implication of Corporate Cash Holdings,” *Journal of Financial Economics*, 52（1999）.

不足コストは、流動資産への投資が小さいときに生じる。たとえば現金が尽きてしまったら、企業は市場性証券の売却を強いられることになる。もし現金が尽きてしまい、市場性証券も容易に売却できなければ、企業は借入れをするか、債務不履行をする必要があるかもしれない（これの一般的な状況は*現金ショート*と呼ばれ

5）　これは、原材料の在庫には当てはまるが、完成品の在庫には当てはまらない。

図26.2　保有コストと不足コスト

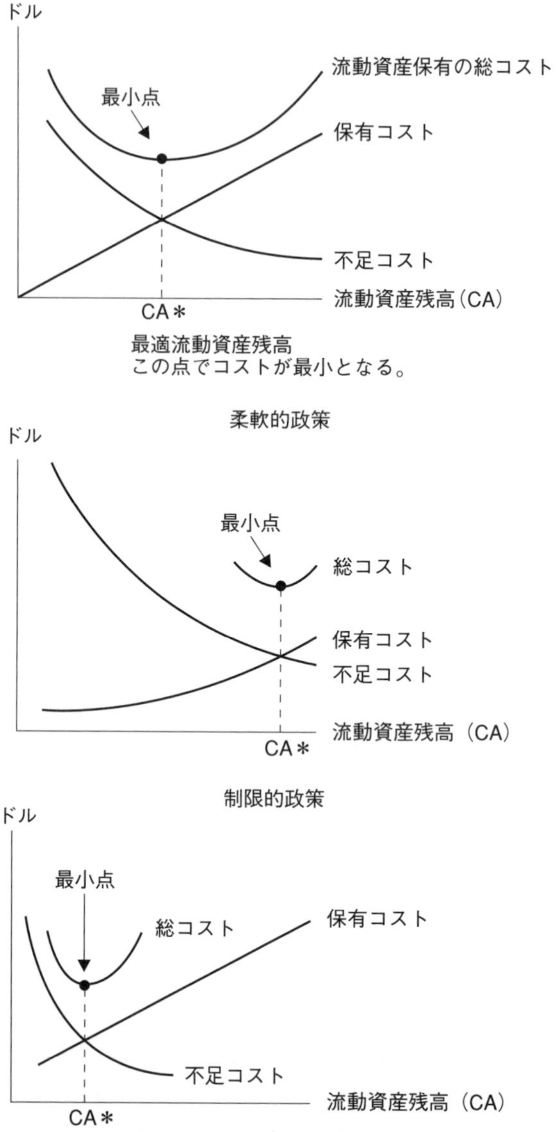

*保有コスト*は、流動資産への投資水準とともに増加する。保有コストは、機会費用と、資産の経済的価値を維持するための費用の両方を含む。*不足コスト*は、流動資産への投資水準の上昇とともに減少する。不足コストは、取引費用と、流動資産の不足（たとえば現金の不足）費用を含む。

る)。もし在庫がなかったり（*在庫ショート*)、顧客に信用供与ができなかったりしたら、企業は顧客を失うことになる。

不足コストには2種類ある。

1．*取引または発注費用*：発注費用とは、注文に伴う現金（仲介費用）や棚卸資産（製造準備費用）の費用である。
2．*安全のための蓄えに関する費用*：これは、売上機会の消失、顧客の信用失墜、ならびに生産スケジュールの中断の費用である。

図26.2は、保有コストの基本的な性質を示している。流動資産への投資の総コストは、保有コストと不足コストを合計することによって求められる。総コスト曲線上の最小点（CA＊）は、最適な流動資産残高を反映している。総コスト曲線は、一般的に最適点近辺においてかなり平坦であり、不足コストと保有コストの正確な最適点を見つけ出すことは不可能でないとしても、困難である。通常、われわれは最適点近辺の値で満足する。

保有コストが低いか、あるいは不足コストが高い場合、最適な政策はかなりの流動資産を必要とする。言い換えれば、最適な政策は柔軟的なものである。これは、図26.2の中央のグラフに示されている。

保有コストが高いか、あるいは不足コストが低い場合、最適な政策は制限的なものになる。これは、図のいちばん下のグラフに示されている。

Opler, Pinkowitz, Stulz, and Williamson は、公開企業による現金および市場性証券保有の決定要因を検証している[6)]。彼らは、企業が前述した静的トレードオフ・モデルに従って行動する証拠を見出した。彼らの研究は、流動性の高い資産（つまり現金および市場性証券）のみに焦点を当てているため、保有コストは流動性の高い資産保有の機会費用であり、不足コストはよい投資機会があるときに現金をもたないというリスクである。

流動資産に関する財務政策の代替案

前節では、流動資産への投資水準を考察した。ここでは、流動資産への投資が最

6） Tim Opler, Lee Pinkowitz, Rene Stulz, and Rohan Williamson, "The Determinants and Implication of Corporate Cash Holdings," *Journal of Financial Economics*, 52 (1999).

図26.3　理想的な経済における財務政策

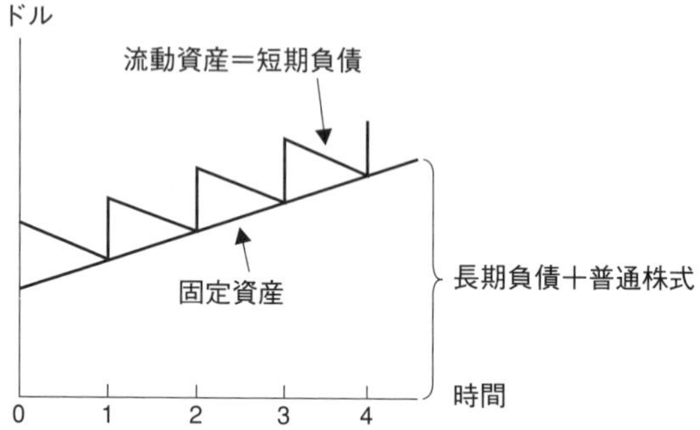

理想的な経済においては、短期資産は短期負債で資金調達されるため、
純運転資本は常にゼロである。

適であると仮定して、流動負債の水準に目を向ける。

理想モデル

理想的な経済においては、短期資産は常に短期負債で資金調達でき、長期資産は、長期負債と株主資本によって資金調達できる。この経済では、純運転資本は常にゼロである。

穀物倉庫経営者の簡単な例を考えてみよう。穀物倉庫の経営者は、収穫後に作物を購入し、保管し、その年を通して販売する。収穫後には高い穀物の在庫をもち、次の収穫の直前には在庫が少なくなる。

満期１年未満の銀行ローンが、穀物を購入する資金調達に利用される。ローンは穀物の販売収入から返済される。

この状況は、図26.3に示されている。長期資産は時間とともに増加すると見込まれるが、流動資産は収穫の終わりに増加し、その後、１年を通して減少する。短期資産は、次の収穫期の直前にゼロになる。短期資産は、短期負債で資金調達され、長期資産は、長期負債と株主資本で資金調達される。純運転資本（流動資産－流動負債）は常にゼロである。

流動資産の資金調達におけるさまざまな戦略

現実の世界では、流動資産がゼロになることは考えられない。なぜなら長期的な売上水準の増加が、流動資産への永続的な投資という結果をもたらすからである。成長企業は、流動資産と長期資産双方への永続的な投資を必要とすると考えられ

図26.4　時間経過とともに必要な総資産額

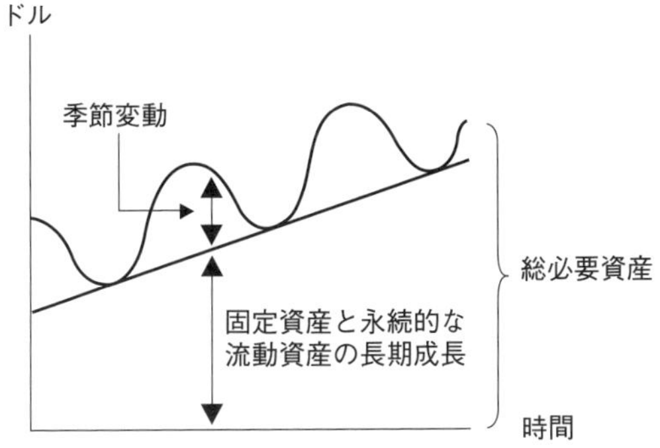

図26.5　資産の代替的資金調達政策

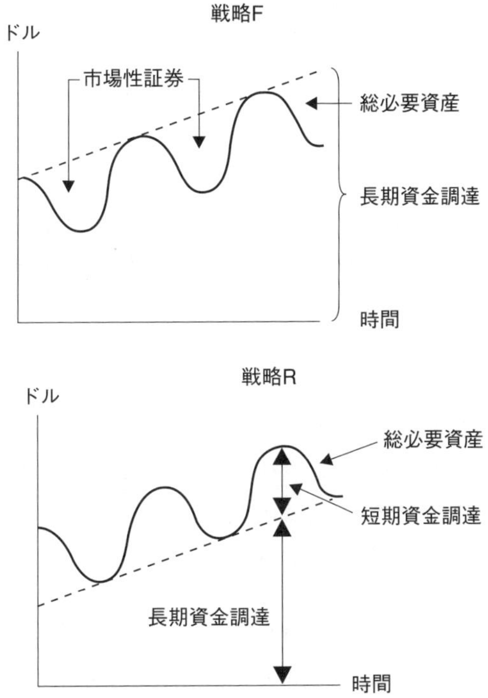

戦略Fは常に、余剰短期資金と、現金および市場性証券への大きな投資を意味する。
戦略Rは、長期的な必要資産に対してのみ長期資金調達を利用し、季節変動には短期借入金を利用する。

る。この総必要資産は、①長期成長のトレンド、②トレンドを中心とした季節変動、③日次および月次での予期せぬ変動を、時間の経過に伴ってバランスする。これは図26.4に描かれている（総必要資産のうち、日次および月次の予期せぬ変動は示していない）。

次に、この必要資産がどのように資金手当されるのかみてみよう。最初に、たとえ季節変動のピークにおいても、長期調達資金が総必要資産を上回る戦略（図26.5の戦略F）を考える。総必要資産がピークから減少したとき、企業は市場性証券への投資に利用できる余剰現金をもつことになる。このアプローチは慢性的な余剰短期資金と、純運転資本への大きな投資を意味するので、柔軟的戦略と考えられる。

長期調達資金が総必要資産をまかなえないとき、企業はその不足分を埋めるために、短期借入れを行わなければならない。この制限的戦略は、図26.5で戦略Rとして示されている。

どちらが最善か

短期借入金の最適な金額はどれくらいだろうか。最終的な答えはない。適切な分析には、以下の点が考慮されなければならない。

1．*現金準備*：柔軟的財務戦略は、余剰現金をもち、短期借入金がほとんどないことを意味する。この戦略は、企業が財務的困難に陥る可能性を減らす。企業は、繰り返し生じる短期債務の返済に関して、あまり心配する必要がない。しかしながら、現金および市場性証券への投資は、よくても純現在価値がゼロの投資にすぎない。
2．*満期*ヘッジ：ほとんどの企業は、短期銀行ローンで棚卸資産の資金調達を行い、固定資産には長期資金調達を用いる。企業には、耐用年数の長い資産を、短期借入れでまかなうことを避ける傾向がある。この種の満期のミスマッチは、頻繁な資金調達を必要とし、本質的にリスクが高い。なぜなら、短期金利は長期金利よりも変動が大きいからである。
3．*期間構造*：短期金利は普通、長期金利よりも低い。これは平均すると、長期借入金に依存することが、短期借入金に依存するよりも高くつくことを意味する。

26.4 キャッシュ・バジェッティング

資金予算（cash budget）は、短期財務計画における主要ツールである。これは財務管理者が、短期財務上のニーズ（および機会）を見極めることを可能にする。財務管理者は必要な短期借入金額を知ることができる。これは、キャッシュフロー時間線上のキャッシュフローのギャップを認識する方法である。資金予算の概念は単純である。資金予算は、現金の収入および支出の見積りを記録する。次のファン・トイズ社の例で、キャッシュ・バジェッティング（資金予算の策定）を説明する。

例26.3 現金回収

ファン・トイズ社のすべての現金収入は、玩具の売上げによってもたらされる。ファン・トイズ社のキャッシュ・バジェッティングは、翌年の四半期ごとの売上予測に始まる。

（単位：100万ドル）

	第1四半期	第2四半期	第3四半期	第4四半期
売上高	$100	$200	$150	$100

ファン・トイズ社の会計年度は7月1日に始まる。ファン・トイズ社の売上げは季節的で、通常クリスマス・セールのおかげで第2四半期が非常に高くなる。しかし、ファン・トイズ社は百貨店に対して信用販売を行っているため、売上げは即座に現金を生み出さない。そのかわりに、売掛金の回収から、後日現金がもたらされる。ファン・トイズ社は、90日の回収期間をもち、次の四半期に売上げの100%が回収される。言い換えれば、

回収額＝前四半期の売上高

である。この関係は、

前四半期末の売掛金＝前四半期の売上高　(26.6)

を意味する。前会計年度の第4四半期の売上高は1億ドルだったと仮定する。

表26.2　現金の源泉

（単位：100万ドル）

	第１四半期	第２四半期	第３四半期	第４四半期
売上高	$100	$200	$150	$100
現金回収	100	100	200	150
売掛金期首残高	100	100	200	150
売掛金期末残高	100	200	150	100

式26.6より、前会計年度の第４四半期末における売掛金は１億ドルであり、本会計年度の第１四半期における回収額は１億ドルであるとわかる。本会計年度の第１四半期における売上高１億ドルが売掛金に加えられるが、１億ドルの回収額は差し引かれる。したがって、ファン・トイズ社は、１億ドルの売掛金で第１四半期を終える。基本的な関係は、以下のとおりである。

期末売掛金＝期首売掛金＋売上高－回収額

表26.2は、ファン・トイズ社の次の４四半期における現金回収を表している。この例では回収が現金の唯一の源泉であるが、常にそうである必要はない。現金の他の源泉には、資産の売却、投資収入、そして長期資金調達などがある。

キャッシュアウトフロー

次に、現金支払について考察する。表26.3に示されているとおり、現金支払は四つの基本的な区分に分類できる。

表26.3　現金支出

（単位：100万ドル）

	第１四半期	第２四半期	第３四半期	第４四半期
売上高	$100	$200	$150	$100
購入	100	75	50	50
現金の使途				
買掛金の支払	50	100	75	50
賃金、税金、その他の費用	20	40	30	20
資本支出	0	0	0	100
長期資金調達費用：利息および配当	10	10	10	10
現金総支出	$80	$150	$115	$180

1．*買掛金の支払*：原材料等、財やサービスに対する支払である。これらの支払は一般的に購入の後に行われる。購入は売上予測に依存する。ファン・トイズ社のケースでは、以下を仮定する。

支払＝前の四半期の購入

購入＝次の四半期の売上予測の２分の１

2．*賃金、税金、その他の費用*：この区分は、実際の支払を要する事業活動の他のすべての通常費用を含む。たとえば、しばしば減価償却費は事業活動の通常費用と考えられるが、現金支出は必要としない。

3．*資本支出*：長期資産に対する現金支出である。ファン・トイズ社は、第４四半期に大きな資本支出を計画している。

4．*長期資金調達*：この区分は、発行済長期負債に対する利息および元本の支払と、株主に対する配当金の支払を含む。

予測キャッシュアウトフローの合計額は、表26.3の最下行に示されている。

現金残高

純現金残高は表26.4に示されており、第２四半期において大きな純現金支出が見込まれている。この多額のアウトフローは、利益を生み出せないことによるものではなく、むしろ売上高の回収の遅れに起因している。これは、第２四半期に3,000万ドルの累積現金不足をもたらす。

ファン・トイズ社は、取引を容易にし、不測の事態に備え、商業銀行の歩積預金残高を維持するため、最低営業現金残高を500万ドルに設定していた。これは、第２四半期における現金不足が、3,500万ドルであることを意味する。

表26.4　現金残高

（単位：100万ドル）

	第１四半期	第２四半期	第３四半期	第４四半期
現金収入合計	＄100	＄100	＄200	＄150
現金支出合計	80	150	115	180
純キャッシュフロー	20	(50)	85	(30)
累積余剰現金残高	20	(30)	55	25
最低現金残高	5	5	5	5
所要累積財務余剰（欠損）	15	(35)	50	20

26.5 短期財務計画

ファン・トイズ社は短期財務の問題を抱えている。第２四半期に予測されるキャッシュアウトフローを、内部的な財源でまかなえないのである。会社の資金調達の選択肢は、①無担保銀行借入れ、②有担保借入れ、③その他である。

無担保ローン

一時的な現金不足を補うための最も一般的な方法は、短期無担保の銀行ローンを組むことである。短期銀行ローンを利用する企業は通常、銀行に対して、コミットメント付きか、コミットメントなしか、どちらかの*クレジットライン*の設定を求める。*コミットメントなし*のクレジットラインとは、企業が事前に特定された限度額まで、通常の書類手続を経ずに借入れすることを認める、非公式の協定である。通常、クレジットラインの金利は、銀行の最優遇貸出金利プラス追加的な利率に設定される。

*コミットメント付き*のクレジットラインとは、正式な法的契約であり、通常、企業から銀行に支払われるコミットメント料（普通、これは、年間の契約金額のだいたい0.25％である）を必要とする。大企業の場合はしばしば、金利が最優遇金利ではなく、ロンドン銀行間貸し手金利（LIBOR）や銀行の調達金利に連動している。中小企業はしばしば、銀行に歩積預金を維持するよう要求される。

歩積預金（compensating balance）とは、企業が銀行に、低利あるいは無利子の口座で維持する預金である。歩積預金の金額は利用額の２～５％が一般的である。利息を受け取らずに、これらの資金を銀行に残すことで、企業は銀行がクレジットラインから得る実効金利を増加させる。たとえば、もし10万ドルの借入れをする企業が、5,000ドルを歩積預金として維持しなければならないとすると、企業は事実上９万5,000ドルのみを受け取ることになる。表示金利が10％の場合、年間の利息支払額は１万ドル（＝＄100,000×0.10）となる。実効金利は10.53％（＝＄10,000/＄95,000）である。

有担保ローン

銀行やその他の金融会社は、しばしばローンの担保を要求する。短期ローンの担保は通常、売掛金や棚卸資産からなる。

売掛金担保金融（accounts receivable financing）では、売掛金は担保にされるか、あるいはファクタリングされる。担保の場合、貸し手は売掛金に対して先取特権をもつだけでなく、借り手に対して遡求権をもつ。ファクタリングでは、売掛金は売却される。ファクターと呼ばれる購入者は、売掛金を回収しなければならない。ファクターは貸倒れの全リスクを負う。

名前が示すように、**在庫ローン**（inventory loan）では、棚卸資産を担保として用いる。在庫ローンのいくつかの一般的なタイプは以下のとおりである。

1．*包括的在庫先取特権（blanket inventory lien）*：包括的在庫先取特権は、借り手のすべての棚卸資産に対する先取特権を貸し手に与える。
2．*保管証（trust receipt）*：この取決めでは、借り手は、貸し手からの委託により、棚卸資産を保有する。ローンを承認する書類は保管証と呼ばれる。棚卸資産の売却による収入は、直ちに貸し手に送金される。
3．*倉庫金融（field-warehouse financing）*：倉庫金融では、公共の倉庫業者が、貸し手のために棚卸資産を監督する。

そ の 他

企業によって利用されている短期資金調達には、ほかにもさまざまな種類がある。なかでも最も重要なのは、**コマーシャル・ペーパー**（commercial paper）の発行と、**銀行引受手形**（banker's acceptance）による資金調達である。コマーシャル・ペーパーは、大企業および高格付企業によって発行される短期証券である。一般的に、これらの証券は満期までの期間が短く、長くて270日である（270日を超える場合、企業はSECに登録届出書を提出しなければならない）。企業はこれらの証券を直接発行し、通常は銀行の特別なクレジットラインで発行を裏付けるので、企業が獲得する金利は、しばしば銀行が直接ローンに適用する最優遇貸出金利よりも、かなり低くなる。

銀行引受手形は、銀行が金額を支払うという契約である。典型的には、この契約は、販売者が顧客に請求書を送付した際に生じる。顧客の銀行がこの請求書を*引き受ける*と、それが銀行の債務となる。このようにして、サプライヤーから何かを購入する企業は、実質的に、発行された請求書を銀行に支払わせることができる。もちろん、銀行は顧客に、このサービスに対する手数料を請求する。

要約と結論

1．本章では短期財務管理を紹介した。短期財務は短期資産と短期負債に関連する。企業の財務諸表に示された現金の短期的な源泉と使途を追跡し、検討した。短期的営業活動と企業の現金循環において、流動資産と流動負債がどのように発生するかを考察した。会計の観点からは、短期財務は純運転資本にかかわっている。
2．短期キャッシュフローの管理には、費用の最小化が必要になる。2種類の主な費用は、保有コストと不足コストである。保有コストとは、現金のような短期資産に過剰投資することによって生じる、金利やその他の関連した諸費用であり、不足コストとは、短期資産が尽きることによる費用である。短期財務管理と短期財務計画の目的は、これら2種類の費用のトレードオフにおける最適点を見つけることである。
3．理想的な経済では、企業は現金の短期的な収入と支出について完全に予測することができ、純運転資本をゼロに保つことができる。現実の世界では、純運転資本は、継続的に発生する債務に企業が対応するためのバッファーを提供する。財務管理者は、各流動資産の最適残高を探す。
4．財務管理者は、短期的な資金調達ニーズを認識するために、資金予算を利用することができる。資金予算によって、財務管理者は、短期的にどのような借入れが必要になるのかや、どのような貸出が可能なのかについて、知ることができる。企業には、無担保や有担保ローンを含め、短期的資金不足に対応するための資金を獲得する、多くの可能な方法がある。

Concept Questions

1．営業循環

長い営業循環をもつ企業の特徴をいくつかあげよ。

2．現金循環

長い現金循環をもつ企業の特徴をいくつかあげよ。

3．源泉と使途

ちょうど年度が終わり、あなたはホリー社に関する以下の情報を集めた。

a. 200ドルの配当が支払われた。

b. 買掛金が500ドル増加した。

c. 固定資産の購入は900ドルだった。

d. 棚卸資産は625ドル増加した。

e. 長期負債は1,200ドル減少した。

それぞれについて、現金の源泉か使途かを明記し、会社の現金残高に対する影響を説明せよ。

4．流動資産のコスト

グロール・マニュファクチャリング社は、最近ジャスト・イン・タイム（JIT）在庫システムを取り入れた。これは、会社の保有コスト、不足コスト、および営業循環に、どのような影響を及ぼす可能性が高いか。

5．営業循環と現金循環

会社の現金循環が、営業循環より長いということはありうるか。なぜか、あるいはなぜそうでないのか、説明せよ。

6．不足コスト

不足コストにはどのようなものがあるか。説明せよ。

7．純運転資本の理由

理想的な経済では、純運転資本は常にゼロである。なぜ現実の世界では、純運転資本はゼロ以上になるかもしれないのか。

問題8～12には以下の情報を用いる。

先月、ブルースカイ航空は、請求書の支払を30日から45日に延長すると発表した。理由は、会社が「コストをコントロールし、キャッシュフローを最適化」したいというものだった。買掛金期間の増加は、会社の4,000のサプライヤーすべてに適用される。

8．営業循環と現金循環

この買掛金政策の変更は、ブルースカイ航空の営業循環にどのような影響を及ぼしたか。現金循環にはどうか。

9．営業循環と現金循環

この発表はブルースカイ航空のサプライヤーにどのような影響を及ぼしたか。

10．企業倫理

大企業が、特に小さなサプライヤーを相手にしているとき、一方的に買掛金期間を延長することは倫理にかなっているか。

11．買掛金期間

どうしてすべての企業が、現金循環を短くするために、単純に買掛金期間を延長しないのか。

12．買掛金期間

ブルースカイ航空は、「コストをコントロールし、キャッシュフローを最適化」するために買掛金期間を延長した。この変更はブルースカイ航空に、具体的にどのような現金利益をもたらすのか。

質問と問題

◆基本（問題1－11）

1．現金勘定の変化

以下の企業行動が現金に及ぼす影響を、増加させる(I)、減少させる(D)、変化なし(N) で示せ。

a.　負債売却からの資金で、配当を支払う。

b.　土地を購入し、短期負債で支払う。

c.　在庫用の原材料を信用で購入する。

d.　短期銀行ローンを返済する。

e.　来年度の税金を前払いする。

f.　優先株式を買い戻す。

g.　商品を信用販売する。

h.　長期負債の利息を支払う。

i.　以前の売上代金を回収する。

j.　買掛金勘定が減少する。

k.　配当を支払う。

l.　生産材料を短期手形で購入する。

m.　公共料金を支払う。

n.　在庫用に購入された原材料代金を現金で支払う。

o.　市場性証券を売却する。

2．現金方程式

マコーネル社の簿価による正味資産は1万380ドルである。長期負債は7,500ドル、現金以外の純運転資本は2,105ドル、固定資産は1万5,190ドルである。会社には現金がいくらあるか。もし流動負債が1,450ドルだったら、流動資産はいくらか。

3．営業循環の変化

以下が営業循環に及ぼす影響を、増加させる(I)、減少させる(D)、変化なし(N) で示せ。

a.　売掛金平均が上昇する。

b.　顧客の返済回数がふえる。

c.　棚卸資産回転率が3倍から6倍になる。

d.　買掛金回転率が6倍から11倍になる。

e.　売掛金回転率が7倍から9倍になる。

f.　サプライヤーの支払を早くする。

4．循環の変化

以下が現金循環と営業循環にそれぞれ及ぼす影響を、増加させる(I)、減少させる(D)、変化なし(N) で示せ。

a.　顧客へ提供される割引の条件が、あまり好ましくないものにされる。

b.　サプライヤーによって提供される割引幅が大きくなる。その結果、支払が早く行われる。

c.　より多くの顧客が、信用ではなく現金で支払い始める。

d.　通常よりも少ない原材料が購入される。

e.　購入する原材料の、より多くの割合が信用で支払われる。

f.　注文ではなく、在庫のために、より多くの完成品が製造される。

5．現金回収の計算

リッツェンバーガー社は、来年度の四半期売上高を以下のように予測した。

	第1四半期	第2四半期	第3四半期	第4四半期
売上高	＄700	＄630	＄810	＄930

a. 期首の売掛金は275ドルであり、リッツェンバーガー社の回収期間は45日である。以下を完成することによって、四つの四半期それぞれの現金回収額を計算せよ。

	第１四半期	第２四半期	第３四半期	第４四半期
売掛金期首残高				
売上高				
現金回収額				
売掛金期末残高				

b. 回収期間に60日を仮定して、(a)をやり直せ。

c. 回収期間に30日を仮定して、(a)をやり直せ。

6．循環の計算

以下のブルドッグ・アイサーズ社の財務諸表情報を考える。

項目	期首		期末
棚卸資産	$15,382		$16,147
売掛金	12,169		12,682
買掛金	13,408		14,108
純売上高		$143,625	
売上原価		105,817	

営業循環と現金循環を計算せよ。あなたの答えをどのように解釈するか。

7．支払額の計算

ルーエレン社は、以下のように来年度の売上高の予測を立てた。

	第１四半期	第２四半期	第３四半期	第４四半期
売上高	$830	$745	$905	$980

この年以降の売上高は、それぞれの四半期で、これより15%大きいと予測されている。

a. ルーエレン社がそれぞれの四半期において、来四半期予想売上高の30%を注文すると仮定して、サプライヤーへの支払額を計算せよ。この場合、買掛金期間はいくらか。

	第１四半期	第２四半期	第３四半期	第４四半期
支払額	$	$	$	$

b. 買掛金期間に90日を仮定して、(a) をやり直せ。

c. 買掛金期間に60日を仮定して、(a) をやり直せ。

8．支払額の計算

サコアー社は、毎四半期に翌四半期予想売上高の75%をサプライヤーに注文する。買掛金期間は60日である。賃金、税金、およびその他の経費は、売上高の20%で、四半期ごとの配当は73ドルである。何の資本支出も計画されていない。

以下は、予想された四半期売上高である。

	第１四半期	第２四半期	第３四半期	第４四半期
売上高	$830	$1,050	$970	$860

翌年の第１四半期の売上高は、970ドルと予測されている。以下を埋めて、会社の現金支出額を計算せよ。

	第１四半期	第２四半期	第３四半期	第４四半期
支払額				
賃金、税金、 およびその他の経費				
長期資金調達費 (利息と配当)				
合計				

9．現金回収の計算

以下はシュライファー社の2010年第１四半期の販売予算である。

	1月	2月	3月
販売予算	$173,000	$184,000	$205,000

信用販売は以下のように回収される。

売上げの月に65%

売上げの翌月に20%

売上げの翌々月に15%

前四半期の売掛金勘定残高は７万9,800ドルだった（そのうち５万7,200ドルは12月売上げの未回収分)。

a. 11月の売上高を計算せよ。

b. 12月の売上高を計算せよ。

c.　1～3月までの各月の、売上げからの現金回収額を計算せよ。

10. 資金予算の計算

以下は、コーネル社の2010年第2四半期予算からの、いくつかの重要な数値である。

	4月	5月	6月
信用販売（掛売り）	$608,000	$633,600	$700,800
信用購入（掛仕入れ）	235,200	280,800	320,500
現金支出			
賃金、税金、および経費	63,600	77,136	80,480
支払利息	18,240	18,240	18,240
設備の購入	132,800	145,600	0

会社は、信用販売の5％が回収不能になり、35％が売上月に回収され、60％が翌月に回収されると予測している。信用購入は、購入の翌月に支払われる。

2010年3月、信用販売は33万6,000ドルで、信用購入は24万9,600ドルだった。この情報を用いて、以下の資金予算を完成せよ。

	4月	5月	6月
現金期首残高	$448,000		
現金収入			
信用販売からの現金回収			
現金収入合計			
現金支出			
購入			
賃金、税金、および経費			
支払利息			
設備の購入			
現金支出合計			
現金期末残高			

11. 源泉と使途

以下は、カウンティ・ケトル社の直近の貸借対照表である。減価償却累計額を除いて、各項目が現金の源泉か使途かを示し、そしてその金額を決定せよ。

カウンティ・ケトル社貸借対照表
2010年12月31日

	2009年	2010年
資産		
現金	$43,800	$41,650
売掛金	91,050	95,830
棚卸資産	76,000	81,560
土地、建物、設備	173,840	191,605
控除：減価償却累計額	(59,380)	(65,830)
資産合計	$325,310	$344,815
負債および資本		
買掛金	$60,460	$62,540
未払費用	9,150	8,405
長期負債	45,000	55,000
普通株式	30,000	35,000
利益剰余金	180,700	183,870
負債および資本合計	$325,310	$344,815

◆中級（問題12－15）

12. キャッシュ・バジェッティング

あなたの会社の来年の売上予算は、四半期当り20%の成長率に基づいており、第1四半期の予測は1億5,000万ドルである。この基本的なトレンドに加えて、四つの四半期の季節調整は、それぞれ0、－1,600万ドル、－800万ドル、2,100万ドルである。通常、売上高の50%はその四半期に回収することができ、45%を翌四半期に回収することができる。それ以外の売上げは貸し倒れる。期首の買掛金残高は7,200万ドルである。すべての売上げが信用販売であると仮定して、各四半期の売上げからの現金回収額を計算せよ。

13. 資金予算の計算

ワイルドキャット社は、次の4四半期の売上高（単位：100万ドル）を以下のように予測した。

	第1四半期	第2四半期	第3四半期	第4四半期
売上高	$210	$180	$245	$280

翌年の第1四半期の売上高は2億4,000万ドルと予測されている。年度の期首の売掛金は6,800万ドルだった。ワイルドキャット社は、45日の回収期間をもっている。

ワイルドキャット社が四半期にサプライヤーから購入する額は、翌四半期予想売上高の45%であり、サプライヤーは通常36日で支払われる。賃金、税金、および他の経費は売上高の約30%になる。支払利息と配当は、四半期当り1,200万ドルである。

ワイルドキャット社は、8,000万ドルの大きな資本支出を第2四半期に計画している。最後に、会社は年度を6,400万ドルの現金残高でスタートし、3,000万ドルの最低残高を維持したいと望んでいる。

a. 以下の表を埋めて、ワイルドキャット社の資本予算を完成せよ。

ワイルドキャット社資金予算　（単位：100万ドル）

	第1四半期	第2四半期	第3四半期	第4四半期
現金期首残高	$64			
正味キャッシュインフロー				
現金期末残高				
最低現金残高	30			
累積剰余（欠損）金				

b. ワイルドキャット社は、必要資金を四半期当り3%の利率で、短期で借り入れることが可能だとする。また会社は、余剰資金を短期市場性証券に四半期当り2%の利率で投資できるとする。以下の表を埋めて、短期財務計画を作成せよ。この年の、正味現金コスト（＝総支払利息－総投資収入）はいくらか。

ワイルドキャット社短期財務計画　（単位：100万ドル）

	第1四半期	第2四半期	第3四半期	第4四半期
現金期首残高	$64			
正味キャッシュインフロー				
正味短期投資				
短期投資からの収入				
短期投資の売却				
正味短期借入れ				
短期借入れの支払利息				
短期借入返済				
現金期末残高				
最低現金残高	30			
累積剰余（欠損）金				
短期投資期首残高				
短期投資期末残高				
短期負債期首残高				
短期負債期末残高				

14. 現金管理政策

以下を仮定して、問題13を再度行え。

a. ワイルドキャット社は、5,000万ドルの最低現金残高を維持する。

b. ワイルドキャット社は、1,000万ドルの最低現金残高を維持する。

(a)と(b)の答えをもとにすると、会社は現金管理政策を変更することによって、利益を押し上げることができるか。他の要因も考慮に入れるべきか。説明せよ。

15. 短期財務政策

クリーブランド・コンプレッサー社とニュー・ヨーク圧縮空気社は競合メーカーである。両社の財務諸表は以下に記載されている。

a. それぞれの企業の流動資産は、どのように資金調達されているか。

b. どちらの企業が流動資産により多く投資しているか。それはなぜか。

c. どちらの企業が保有コストを負う可能性が高いか。また、どちらの企業が不足コストを負う可能性が高いか。それはなぜか。

クリーブランド・コンプレッサー社
貸借対照表

	2009年	2010年
資産		
流動資産		
現金	$ 16,339	$ 13,862
純売掛金	25,778	23,887
棚卸資産	43,287	54,867
流動資産合計	$ 85,404	$ 92,616
固定資産		
土地、建物、設備	99,615	101,543
控除：減価償却累計額	(31,957)	(34,331)
純固定資産	$ 67,658	$ 67,212
前払費用	1,791	1,914
その他の資産	13,138	13,052
資産合計	$167,991	$174,794
負債および資本		
流動負債		
買掛金	$ 4,893	$ 6,494
支払手形	11,617	10,483
未払費用	7,227	7,422
その他の未払税金	8,460	9,924
流動負債合計	32,197	34,323
長期負債	22,036	22,036
負債合計	$ 54,233	$ 56,359
資本		

普通株式	38,000	38,000
資本準備金	12,000	12,000
利益剰余金	63,758	68,435
資本合計	113,758	118,435
負債および資本合計	$ 167,991	$ 174,794

クリーブランド・コンプレッサー社
損益計算書

	2010年
収益	
売上高	$ 162,749
その他の収益	1,002
収益合計	$ 163,751
営業費用	
売上原価	103,570
販売費および管理費	28,495
減価償却費	2,274
費用合計	$ 134,339
税引き前利益	29,412
税金	14,890
純利益	$ 14,522
配当金	$ 9,845
利益剰余金	$ 4,677

ニュー・ヨーク圧縮空気社
貸借対照表

	2009年	2010年
資産		
流動資産		
現金	$ 3,307	$ 5,794
純売掛金	22,133	26,177
棚卸資産	44,661	46,463
流動資産合計	$ 70,101	$ 78,434
固定資産		
土地、建物、設備	31,116	31,842
控除：減価償却累計額	(18,143)	(19,297)
純固定資産	$ 12,973	$ 12,545
前払費用	688	763
その他の資産	1,385	1,601
資産合計	$ 85,147	$ 93,343
負債および資本		
流動負債		
買掛金	$ 5,019	$ 6,008

銀行借入れ	645	3,722
未払費用	3,295	4,254
その他の未払税金	4,951	5,688
流動負債合計	$13,910	$19,672
資本		
普通株式	20,576	20,576
資本準備金	5,624	5,624
利益剰余金	46,164	48,598
控除：金庫株	(1,127)	(1,127)
資本合計	$71,237	$73,671
負債および資本合計	$85,147	$93,343

ニュー・ヨーク圧縮空気社損益計算書

	2010年
収益	
売上高	$91,374
その他の収益	1,067
収益合計	$92,441
営業費用	
売上原価	59,042
販売費および管理費	18,068
減価償却費	1,154
費用合計	$78,264
税引き前利益	14,177
税金	6,838
純利益	$ 7,339
配当金	$4,905
利益剰余金	$2,434

ミニケース

●キーファー・マニュファクチャリング社の純運転資本管理

あなたは最近、伝統ある財務部で働くためにキーファー・マニュファクチャリング社に雇われた。キーファー・マニュファクチャリング社は、異なる購入者向けにさまざまなサイズのボール箱を製造する小さな企業である。会社オーナーのアダム・キーファーは、主に会社の販売と生産部門で働いている。現在、会社は基本的にすべての受取勘定書を一つの山に積み上げ、すべての未払請求書をもう一つの山に積み上げていて、定期的にパートタイムの簿記係が来て、山にアタックする。このいい加減なシステムゆえに、財務部門は改革が必要で、それを行うために、あなたが呼び込まれた。

会社は現在、14万9,500ドルの現金残高をもち、第3四半期に26万ドルの新しい機械を購入する計画である。現金購入に提供される割引があるので、機械の購入代金は現金で支払われる。アダムは、予期せぬ偶発事態に備えるために、9万ドルの最低現金残高を維持したい。キーファー社の顧客に対する販売と、サプライヤーからの購入は、すべて信用で行われ、何の割引も提供せず、また受けてもいない。

会社はちょうど終了した会計年度の各四半期に、以下の売上高があった。

	第1四半期	第2四半期	第3四半期	第4四半期
総売上高	＄735,000	＄761,000	＄817,000	＄709,000

多少の調査を行い、顧客と会話した後、あなたは来年度の売上げが各四半期で8％高くなると予測する。あなたの計算によると、キーファー社は現在、売掛金期間が57日で、売掛金残高が55万3,000ドルである。しかしながら、売掛金残高の10％は最近倒産した会社のものなので、これは回収できない可能性が高い。

あなたはまた、キーファー社が通常、それぞれの四半期で、翌四半期予測総売上高の50％をサプライヤーに注文し、サプライヤーに平均して53日で支払うことを算定した。賃金、税金、およびその他の費用は総売上高の約25％になる。会社は長期負債に対して、14万8,000ドルの四半期利息の支払を行う。最後に、会社は短期財務ニーズのために、地元の銀行を用いる。会社は現在、すべての短期借入れに対して四半期当り1.2％を支払い、すべての短期預金に対して四半期当り0.5％を支払うマネーマーケット口座を維持している。

アダムはあなたに、現在の政策のもとで、資金予算と短期財務計画を作成するよう依頼した。彼はまた、いくつかのインプットの変更に基づく追加計画も作成するよう頼んだ。

1．与えられた数字を用いて、資金予算と短期財務計画を完成せよ。
2．キーファー社が最低現金残高を7万ドルに変更したと仮定して、資金予算と短期財務計画をつくり直せ。
3．11％の売上高成長率と5％の売上高成長率を仮定して、売上予算をつくり直せ。9万ドルの目標現金残高を仮定する。

4．会社が目標現金残高を９万ドルに維持すると仮定すると，短期資金調達の必要性がなくなる売上高成長率はいくらか。この質問に答えるには，スプレッドシートをつくって「ソルバー」関数を用いる必要があるかもしれない。

第27章

現金管理

企業の銀行口座に関するニュースが報じられる時は、ほとんどの場合、会社の現金が底をつきかけているからである。しかしながら2008年は、多くの企業にとってそうではなかった。たとえば、2008年9月、自動車メーカーのフォードには249億ドル（または1株当り10.42ドル）の現金残高があった。この金額の何がそれほど衝撃的かというと、株式は1株当りわずか5ドルほどで取引されていたので、フォードの実際の1株当りの現金は、株価よりずっと大きかったのである。通常、これはよいサインではない。他の健全に営業を行っている企業もまた、大量の現金を保有していた。たとえば、マイクロソフトは約210億ドルの現金の蓄えをもっていたし、ゼネラル・エレクトリックにも約600億ドルがあった。なぜこのような企業は、これほど大量に現金を保有するのだろうか。本章では、その理由を見つけるために、現金管理を考察する。

本章は、企業がどのように現金を管理するのかについて扱う。現金管理の基本的な目的は、企業活動を効率的かつ効果的に運営しながら、現金への投資をできる限り少なく維持することである。したがって、回収を加速し、支出を管理する方法を議論する。

加えて、企業は一時的に遊んでいる現金を、短期市場性証券に投資しなければならない。さまざまな箇所で議論しているが、これらの証券は金融市場で購入し売却することができる。全体として、これらの証券のデフォルト・リスクは非常に少なく、ほとんどが高い流動性をもっている。いわゆるマネー・マーケット証券には異なるタイプがあるが、最も重要なもののいくつかを議論する。

27.1 現金を保有する理由

ジョン・メイナード・ケインズは、その有名な『雇用・利子および貨幣の一般理論』で、流動性選好に関する三つの動機を識別している。投機的動機、予備的動機、そして取引動機である。次にこれらを議論する。

投機的動機と予備的動機

たとえば突然、割引で購入する機会を得たり、魅力的な金利や（国際的企業の場合）好ましい為替変動になったりするかもしれない。**投機的動機**（**speculative motive**）は、このような機会を逃さず利益が得られるようにするために、現金を保有する必要性である。

ほとんどの企業では、予備的借入能力と市場性証券を、投機的動機を満たすために用いることができる。したがって、流動性を維持するための投機的動機があるかもしれないが、これは必ずしも現金自体を保有するということではない。このように考えてみよう。もしあなたが、非常に大きな限度額のクレジット・カードをもっていたら、たぶん現金を持ち歩かずに、突然のバーゲンとかに出くわしても、好機を逃すことはないだろう。

これはまた、程度は低くなるが、予備的動機にも当てはまる。**予備的動機**（**precautionary motive**）は、財務的予備として機能する安全性供給の必要性である。おそらく流動性を維持するための予備的動機は存在するだろう。しかしながら、マネー・マーケット商品の価値は比較的たしかであり、Tビル（財務省短期証券）のような商品は非常に流動性が高いので、予備的目的のために、相当量の現金を保有する現実的な理由はない。

取引動機

現金は**取引動機**（**transaction motive**）を満たすために必要になる。請求書を支払うために手持ちの現金をもつ必要性である。取引に関連したニーズは、企業の通常の支出と回収活動から生じる。現金の支出には、賃金と給与、仕入債務、税金、そして配当の支払などがある。

現金は、製品の販売、資産の売却、そして新たな資金調達により集められる。キャッシュインフロー（回収）とアウトフロー（支出）は完全に一致しておらず、ある水準の現金保有がバッファーとして必要である。

電子送金や他の高速な「ペーパーレス」支払方法は発展し続け、取引のための現金の需要はなくなってさえしまうかもしれない。とはいえ、仮にそうなっても、流動性のための需要と効率的に管理する必要性は残るだろう。

歩積預金

歩積預金（compensating balance）は、現金を保有するもう一つの理由である。前の章で述べたように、企業に提供される銀行サービスに報いるために、現金残高が商業銀行に維持される。最低歩積預金残高の要件は、企業が保有する現金水準に下限を課すかもしれない。

現金を保有するコスト

企業がある種の必要最低限を超えて現金を保有するとき、機会費用を負う。余剰現金（貨幣か銀行預金として保有）の機会費用は、市場性証券への投資のような、2番目に最善な使用によって得ることができた利益である。

現金の保有には機会費用がかかるのに、なぜ企業は歩積預金要件以上の現金を保有するのだろうか。答えは、取引ニーズ（請求書の支払）を満たすために必要な流動性を提供する現金残高を維持しなければならないからである。もし会社があまりに少ない現金残高を維持したら、現金が枯渇してしまうかもしれない。もしそうなったら、会社は短期で現金を調達しなければならないかもしれない。これは、たとえば市場性証券の売却や、借入れを伴うだろう。

市場性証券の売却や、借入れといった行動には、さまざまな費用が絡んでくる。議論したように、現金の保有には機会費用がある。適切な現金残高を決定するためには、企業は現金を保有する利益を、これらの費用に対して比較検討しなければならない。このテーマは、次の節でもっと詳細に議論する。

現金管理 vs 流動性管理

先へ進む前に、真の現金管理と、より一般的なテーマである流動性管理を区別することは重要である。*現金*という言葉は、実際には二つの意味で使われるので、区別は混乱を招く。まず最初に、それは文字どおり、手元にある本当の現金を意味する。しかしながら、財務管理者は多くの場合、会社の現金と市場性証券の保有を指す言葉として用いる。市場性証券は時々、*現金同等物*（*cash equivalents*）や*現金類似物*（*near-cash*）と呼ばれる。たとえば、本章の初めのフォードとGEの現金残高の議論で実際に述べられていたのは、現金および現金同等物の合計である。

流動性管理と現金管理の区別は簡単である。流動性管理は、企業が保有すべき流動的資産の最適量にかかわり、前の章で議論した流動資産管理政策の一つの側面である。現金管理は、現金の回収と支出を最適化する方法にずっと密接に関連しており、本章で主にフォーカスするテーマである。

一般的に、企業は、取引ニーズを満たし、支払不能を避けるために現金を保有する利益と、低いリターンの機会費用とのバランスをとる必要がある。賢明な現金管理政策は、通常の事業で発生するかもしれない債務を満たすのに十分な現金を手元にもち、用心のために、いくらかの余剰現金を市場性証券に投資することである。その他の余剰現金はすべて、事業に投資するか、あるいは投資家に支払われるべきである1)。

27.2　フロートを理解する

間違いなくあなたは知っているように、パーソナル小切手帳に基づくあなたが保有するお金は、あなたの銀行が、あなたがもっていると考える金額とは、非常に異なる可能性がある。理由は、あなたが振り出した何枚かの小切手が、まだ支払のために銀行に提示されていないからである。同じことが、ビジネスにもいえる。企業が帳簿に記録する現金残高は、企業の*帳簿残高*（*book balance*）、あるいは*元帳残*

1）　企業統治が米国企業の現金保有に多少の役割を果たしているという、いくらかの証拠がある。Jarrad Harford, Sattar A. Mansi, and William F. Maxwell, in “Corporate Governance and Firm Cash Holdings in the U.S.,” *Journal of Financial Economics*, 2008, vol. 87, iss. 3, pp. 535–55. は、企業統治システムが弱い企業は、より少ない現金準備をもつことを見出した。余剰現金と弱い統治は、より大きな資本支出と、より多くの買収につながる。

高（ledger balance） と呼ばれる。銀行口座に示された使える残高は、*利用可能残高（available balance）*、あるいは*回収済残高（collected balance）* と呼ばれる。利用可能残高と元帳残高の差額は、フロート（float）と呼ばれ、決済の過程にある（銀行システムを移動中）小切手の正味効果を表す。

支出フロート

会社によって発行された小切手は、*支出フロート（disbursement float）* を生み出し、会社の帳簿残高を減らすが、利用可能残高は変えない。たとえば、ゼネラル・メカニクス社（GMI）は、現在10万ドルを銀行預金でもっているとしよう。6月8日に、会社は原材料を購入し、10万ドルを小切手で支払う。その結果、会社の帳簿残高は、すぐに10万ドルが減らされる

しかしながら、GMIの銀行は、たとえば6月14日に、支払のために銀行に提示されるまで、小切手のことを知らない。小切手の提示までは、会社の利用可能残高は帳簿残高より10万ドル多い。言い換えると、6月8日以前は、GMIのフロートはゼロだった。

$$
\begin{aligned}
\text{フロート} &= \text{会社の利用可能残高} - \text{会社の帳簿残高} \\
&= \$100,000 - \$100,000 \\
&= \$0
\end{aligned}
$$

6月8日～6月14日までのGMIのポジションは、以下のようになる。

$$
\begin{aligned}
\text{支出フロート} &= \text{会社の利用可能残高} - \text{会社の帳簿残高} \\
&= \$100,000 - 0 \\
&= \$100,000
\end{aligned}
$$

小切手が決済されている間、GMIは10万ドルの銀行残高をもっている。この期間、会社はこの現金から利益を得ることができる。たとえば、この利用可能残高を、一時的に市場性証券に投資して、利息を得ることが可能である。この点に関しては、少し後で議論する。

回収フロートと正味フロート

会社が受け取った小切手は、*回収フロート*（*collection float*）をつくりだす。回収フロートは帳簿残高を増加させるが、利用可能残高をすぐには変えない。たとえば、10月８日にGMIが顧客から10万ドルの小切手を受け取るとしよう。前例と同様、会社は銀行に10万ドルを預金しており、フロートはゼロだとする。会社は小切手を預け入れ、帳簿現金を10万ドル分増加させ、20万ドルにする。しかしながら、同社の銀行が小切手を顧客の銀行に提示して10万ドルを受け取るまでは、GMIにとって、追加現金は利用可能ではない。これが10月14日に起こるとする。その間、GMIの現金ポジションは、10万ドルの回収フロート分を反映することになる。これらのイベントを要約する。10月８日以前のポジションは、以下のとおりである。

フロート＝会社の利用可能残高－会社の帳簿残高
　　　　＝＄100,000－＄100,000
　　　　＝＄０

10月８日～10月14日までのGMIポジションは、以下のようになる。

回収フロート＝会社の利用可能残高－会社の帳簿残高
　　　　　　＝＄100,000－＄200,000
　　　　　　＝－＄100,000

一般的に、企業の支払（支出）活動は、支出フロートを生み出し、回収活動は回収フロートを生み出す。正味の効果―すなわち、回収フロートと支出フロートの合計―は、正味フロートである。ある時点における正味フロートは、単に、企業の利用可能残高と帳簿残高との、全体的な差額である。もし正味フロートがプラスなら、企業の支出フロートは回収フロートより大きく、利用可能残高は帳簿残高を超える。もし利用可能残高が帳簿残高より少なかったら、企業は正味回収フロートをもっている。

企業は帳簿残高よりも、正味フロートと利用可能残高に、より関心を払うべきである。もし、数日間小切手が決済されないことを財務管理者が知っていれば、管理者は銀行の現金残高を、知らない場合と比較して、少なく維持することができる。これは、相当な量の現金を生み出す可能性がある。

たとえば、エクソンモービルのケースを考えてみよう。エクソンモービルの平均日次売上高は約10億ドルである。もしエクソンモービルが回収を１日早められたら、投資のために10億ドルを解放することができる。比較的控えめな0.01％の日次金利でも、１日当りの獲得利息は10万ドルほどになる。

例27.1　ステイン・アフロート

あなたは5,000ドルの預金をもっているとする。ある日、あなたは本の支払のために1,000ドルの小切手を切り、2,000ドルの小切手を預け入れる。あなたの支出フロート、回収フロート、正味フロートはどうなるだろうか。

あなたが1,000ドルの小切手を切った後、あなたの小切手帳の残高は4,000ドルを示すが、小切手が決済されている間、銀行口座は5,000ドルを示す。この差が、1,000ドルの支出フロートである。

2,000ドルの小切手を預け入れた後、あなたの小切手帳の残高は6,000ドルになる。あなたが利用可能な残高は、小切手が決済されるまで増加しない。これは－2,000ドルの回収フロートを生み出す。あなたの正味フロートは、回収フロートと支出フロートの合計で、－1,000ドルである。

全体的には、あなたの小切手帳は6,000ドルを示している。銀行は7,000ドルの残高を示すが、あなたの預金した小切手がまだ決済されていないので、5,000ドルだけが利用可能である。あなたの利用可能残高と小切手帳残高との食い違いが、正味フロート（－1,000ドル）で、これはあなたにとってよくない。もしあなたが5,500ドルの別の小切手を切ったら、決済するのに十分な資金がなく、不渡りになるかもしれない。これがなぜ財務担当者が、帳簿残高よりも利用可能残高に、より注意を払わなければならないかの理由である。

フロート管理

フロート管理は、現金の回収と支出のコントロールにかかわる。現金回収の目的は、顧客が請求書を支払う時点と、現金が利用可能になる時点との間のズレを減らすことである。現金支出の目的は、支払を管理し、支払を行うことに関連する企業のコストを最小化することである。

総回収時間あるいは支出時間は、三つの部分に分けられる。郵送時間、処理の遅延、そして利用可能性の遅延である。

1．*郵送時間*は、回収と支出プロセスの一部で、この間、小切手が郵便システムに滞留する。
2．*処理の遅延*は、小切手の受取人が、支払を処理し、回収のために銀行に預け入れるのに要する時間である。
3．*利用可能性の遅延*は、銀行システムを通して小切手が決済されるのに必要な時間のことである。

回収の加速は、これらの構成要素の一つ以上を短縮することにかかわる。支出を遅らせることは、これらの一つを延長することにかかわる。回収時間と支出時間を管理するいくつかの方法については、後で議論する。最初に、どのようにフロートが測定されるのか議論する必要がある。

フロート管理サービスの現実の世界の例は、www.carreker.com を訪ねるとよい。

フロートの測定

フロートのサイズは、金額と遅延時間の双方に依存する。たとえば、あなたは毎月違う州に500ドルの小切手を郵送するとする。小切手が目的地に届くのに郵便で5日かかり（郵送時間）、受取人が銀行に行くまで1日かかる（処理の遅延）。受取人の銀行は、州外の小切手を3日間もち続ける（利用可能性の遅延）。遅延の合計は5＋1＋3＝9日である。

この場合、あなたの平均日次支出フロートはどれくらいだろうか。答えを計算するのに二つの同等な方法がある。一つは、500ドルのフロートが月に9日間あるので、総フロートは4,500ドル（＝9×＄500）である。ひと月が30日だと仮定すると、平均日次フロートは150ドル（＝＄4,500/30）になる。

あるいはまた、あなたの支出フロートは、月の9日間が500ドルで、他の21日間はゼロである（再度、ひと月30日を仮定する）。したがって、平均日次フロートは以下のようになる。

$$
\begin{aligned}
\text{平均日次フロート} &= (9 \times \$500 + 21 \times \$0)/30 \\
&= 9/30 \times \$500 + 21/30 \times \$0 \\
&= \$4{,}500/30 \\
&= \$150
\end{aligned}
$$

これは、あなたの帳簿残高が、平均的な日に、利用可能残高より150ドル少ないことを意味し、平均支出フロートは150ドルである。

複数の支出や受領があると、計算は少しだけ複雑になる。コンセプト社には、以下のように毎月2種類の受領があるとする。

	金額	処理と利用可能性の遅延	フロート合計
品目1：	$5,000,000	×9	=$45,000,000
品目2：	$3,000,000	×5	=$15,000,000
合計：	$8,000,000		$60,000,000

平均日次フロートは以下に等しい。

$$
\text{平均日次フロート} = \frac{\text{フロート合計}}{\text{日数合計}} \tag{27.1}
$$

$$
= \frac{\$60{,}000{,}000}{30} = \$2{,}000{,}000
$$

したがって、平均的な日には、200万ドルが未回収で利用可能ではない。

これを理解するもう一つの方法は、平均日次受領額を求め、平均遅延日数を乗じることである。平均日次受領額は、次のようになる。

$$
\text{平均日次受領額} = \frac{\text{総受領額}}{\text{総日数}} = \frac{\$8{,}000{,}000}{30} = \$266{,}666.67
$$

800万ドルの総受領額のうち、500万ドル、もしくはトータルの8分の5が、9日間遅延する。他の8分の3は5日間遅延する。よって、加重平均遅延日数は、

$$
\begin{aligned}
\text{加重平均遅延日数} &= (5/8) \times 9\text{日} + (3/8) \times 5\text{日} \\
&= 5.625 + 1.875 = 7.50\text{日}
\end{aligned}
$$

である。したがって、平均日次フロートは、以下になる。

$$
\begin{aligned}
\text{平均日次フロート} &= \text{平均日次受領額} \times \text{加重平均遅延日数} \\
&= 266{,}666.67 \times 7.50 = \$2{,}000{,}000
\end{aligned} \tag{27.2}
$$

やや詳説

フロートの測定において、回収フロートと支出フロートの間に、注意すべき重要な違いがある。われわれは*フロート*を、会社の利用可能な現金残高と帳簿残高の差として定義した。支出では、小切手が*郵送される*ときに会社の帳簿残高が下がるので、支出フロートにおいては、郵送時間は重要な構成要素である。しかしながら、回収では、小切手が*受け取られる*まで会社の帳簿残高は増加しないので、郵送時間は回収フロートの重要な構成要素ではない。

また、われわれが利用可能性の遅延を語るとき、小切手を決済するのにどれくらい長くかかるのかは、大して重要ではない。重要なのは、銀行が利用可能性を認めるまで、どれだけ長く待たなければならないかということである。銀行は、実際に利用可能性スケジュールを用いて、預入れの時間と他の要因に基づき、どれだけ長く小切手を保有するか決める。これ以上は、利用可能性の遅延は、銀行と顧客の交渉次第である。同様に、振り出された小切手も、重要なのは、口座から引き落とされる日であり、受取人が利用可能性を認められる時ではない。

フロートのコスト

会社にとって回収フロートの基本的なコストは、単純に現金を用いることができない機会費用である。最低でも、現金が投資に利用可能だったら、会社は利息を稼ぐことができた。

ランボー社には、1,000ドルの平均日次受領額と、３日の加重平均遅延日数があるとする。したがって、平均日次フロートは、3,000ドル（＝３×＄1,000）である。これは、典型的な日に、利息を稼がない3,000ドルがあることを意味する。ランボー社が、フロートをすべてなくすことができるとする。利益は何だろうか。もしフロートをなくすのに2,000ドルの費用がかかるとしたら、そうすることのNPVはいくらだろうか。

図27.1は、ランボー社の状況を表している。ランボー社はゼロのフロートからスタートするとしよう。ある日（日付１）に、ランボー社は1,000ドルの小切手を受け取り、預け入れる。現金は３日後の日付４に利用可能になる。日付１の終わりでは、帳簿残高は利用可能残高より1,000ドル多いので、フロートは1,000ドルである。日付２に会社は違う小切手を受け取り、預け入れる。これは３日後の日付５に回収される。日付２の終わりでは、二つの未回収小切手があり、帳簿は2,000ドルの残高を示している。しかしながら、銀行の利用可能残高はまだゼロなので、フ

図27.1　フロートの蓄積

	日付					
	1	2	3	4	5	…
開始フロート	$ 0	$1,000	$2,000	$3,000	$3,000	…
小切手の受領	1,000	1,000	1,000	1,000	1,000	…
小切手の決済（現金利用可能）	− 0	− 0	− 0	− 1,000	− 1,000	…
終了フロート	$1,000	$2,000	$3,000	$3,000	$3,000	…

ロートは2,000ドルである。同じ流れは日付３にも起こり、フロートは合計で3,000ドルに上昇する。

日付４に、ランボー社は再び1,000ドルの小切手を受け取り、預け入れる。しかしながら、会社はまた日付１の小切手を回収する。帳簿残高の変化と利用可能残高の変化は同じ1,000ドルなので、フロートは3,000ドルにとどまる。日付４以降も同じことが毎日続くので、フロートは永久に3,000ドルのままである[2]。

図27.2は、将来のある日（*t*）で、フロートが完全に取り除かれたらどうなるかを描いている。フロートが取り除かれた後、日次受領額は依然として1,000ドルである。フロートがないので、会社は同じ日に回収するから、日次回収額もまた1,000ドルのままである。図27.2が描いているように、唯一の変化は最初の日に起こる。この日、ランボー社はいつもどおり３日前の売上げからの1,000ドルを回収する。フロートがないので、会社は２日前の売上げ、１日前の売上げ、今日の売上げと、追加の3,000ドルを回収する。よって、日付 *t* の合計回収額は、1,000ドルのかわりに4,000ドルである。

ここで観察しているのは、フロートを取り除くことにより、ランボー社が追加の3,000ドルを日付 *t* で生み出したことである。その日以降は、ランボー社はフロートが取り除かれる前と同じように、1,000ドルの現金を受け取る。したがって、フロートを取り除くことによる会社の現金の唯一の変化は、即座にもたらされるこの3,000ドルである。これ以外のキャッシュフローは影響を受けないので、ランボー社は3,000ドル分金持ちになる。

言い換えると、フロートを取り除くPVは、単に総フロートである。ランボー社はこの金額を配当として支払うことも、利付資産に投資することも、あるいはそれ

2）　永久的なフロートは、時に*定常状態フロート*と呼ばれる。

図27.2　フロートを取り除く効果

	日付			
	t	$t+1$	$t+2$	…
開始フロート	$3,000	$　0	$　0	…
小切手の受領	1,000	1,000	1,000	…
小切手の決済（現金利用可能）	−4,000	−1,000	−1,000	…
終了フロート	$　0	$　0	$　0	…

以外に使うこともできる。もしフロートを取り除くのに2,000ドルかかるとしたら、NPVは1,000ドル（＝$3,000−2,000）なので、ランボー社は行うべきである。

現金管理の国際的な見方は、www.cfoasia.com を試してみるとよい。

例27.2　フロートの削減：パートⅠ

フロートを完全に取り除くかわりに、ランボー社がフロートを1日に減らすことができるとする。ランボー社がこれに支払ってもよい最大額はいくらだろうか。

もしランボー社がフロートを3日から1日に短縮できたら、フロートの金額は3,000ドルから1,000ドルに減少する。すぐ前の議論から、こうすることのPVは、2,000ドルのフロート削減と等しいことがすぐわかる。したがって、ランボー社は2,000ドルまでなら支払ってもよい。

例27.3　フロートの削減：パートⅡ

例27.2に戻る。ある大銀行が年間175ドル（年度末支払）で、フロート削減サービスを提供している。適切な割引率は8％である。ランボー社は銀行を雇うべきだろうか。この投資のNPVはいくらだろうか。この割引率をどのように解釈したらよいだろうか。ランボー社が支払ってもよい年間料金の最大額はいくらだろうか。

ランボー社のPVは依然として2,000ドルである。175ドルは、フロート削減を維持するために毎年永久に支払わなければならないので、費用はパーペチュイティであり、PVは2,187.50ドル（＝＄175/0.08）である。NPVは－187.50ドル（＝＄2,000－2,187.50）なので、このサービスはよい取引ではない。

不渡り小切手の可能性を無視すると、ここでの割引率は、短期借入コストと最も密接に関連している。理由は、ランボー社が小切手を預け入れるたびに、銀行から1,000ドルを借り入れ、3日後に返済できるからである。このコストは、ランボー社が支払わなければならない利息になる。

ランボー社が支払ってもよい最大額は、NPVがゼロになる料金である。このゼロNPVは、2,000ドルの利益が、ちょうどコストのPVと等しいときに起こる。すなわち、$\$2,000 = C/0.08$である（$C$は年間コスト）。$C$に関して解くと、$C$は年間160ドル（$=0.08\times\$\ 2,000$）となる。

倫理上と法律上の問題

現金管理者は、企業の帳簿残高（これは預け入れられたが、回収されていない小切手を反映する）ではなく、回収された銀行の現金残高を対象にしなければならない。そうしないと、現金管理者は、短期投資のために、未回収の現金を引き出してしまう可能性がある。ほとんどの銀行は、未回収の資金の使用に違約金利を科す。とはいえ、銀行は、未回収の資金の使用を完全に把握するのに十分な、経理と管理の手順を備えていないかもしれない。これは、企業に対して倫理上と法律上の問題を提起する。

電子データ交換とCheck21：フロートの終焉？

*電子データ交換（Electronic data interchange, EDI）*は、あらゆるタイプの企業間で盛んになりつつある、直接電子的に情報交換を行う行為を指す一般的な用語である。EDIの一つの重要な活用法は、しばしば*金融（financial）EDI*、もしくはFEDIと呼ばれ、金融情報と資金を当事者間で電子的に転送する。これにより、紙のインボイス、紙の小切手、郵送、そして取扱いが取り除かれる。たとえば、現在ではあなたの小切手口座から、毎月多くの種類の請求に対して直接引き落とすように手続することが可能である。そして企業は、いまや給料を従業員の口座に定期的に振り込んでいる。より一般的には、EDIは売り手が買い手に請求書を電子的に送

ることを可能にするので、郵便を回避できる。その後、買い手は支払を電子的に承認することができる。買い手の銀行はそれから、他の銀行にある売り手の口座に代金を送金する。正味の効果は、ビジネス取引を開始してから完了するのに要する時間がかなり短縮され、われわれが通常フロートとして考える時間が、格段に削減されるか、取り除かれることである。FEDIの使用がふえるにつれ（これはそうなる）、フロート管理は、コンピュータ化された情報交換と資金の転送を取り巻く問題点を中心に進展していくだろう。

EDI（およびFEDI）の欠点の一つは、導入するのが高価で複雑であるということである。しかしながら、インターネットの成長で、新しいかたちのEDIが出現した。インターネット電子商取引（e-commerce）である。たとえば、ネットワークの巨大企業シスコ・システムズは、毎日そのウェブサイトで、世界中の再販業者からの何百万もの注文を記帳している。企業はまた、重要なサプライヤーと顧客を「エクストラネット」（会社内のLANを拡張する企業間ネットワーク）を通してつないでいる。セキュリティの問題と標準化の欠如から、電子商取引やエクストラネットがEDIの必要性をすぐにもなくすようになるとはみえない。実際には、これらは将来が明らかになるにつれ、補足的なシステムとして用いられるようになる可能性が高い。

2004年10月29日、Check 21としても知られる、21世紀の小切手決済法（Check Clearing for the 21st Century Act）が発効した。Check 21以前、小切手を受け取った銀行は、支払が行われる前に、顧客の銀行にその小切手を物理的に送ることが義務づけられていた。いまは、銀行は小切手の電子画像を顧客の銀行に転送し、即座に支払を受けることができる。以前は、州外の小切手を決済するのに3日ほどかかった。しかし、Check 21では、決済時間は通常1日で、しばしば小切手は切られたその日に決済される。したがって、Check 21は、フロートを相当削減することが期待される。

27.3　現金の回収と集中

前の議論から、回収の遅延は、企業にとってよくないことであるとわかっている。他のことがすべて同じなら、企業は回収を早め、それによって回収時間を短縮するプロセスを採用するだろう。加えて、たとえ現金が回収された後でも、企業は現金を最も効果的に使える場所に、送り込む（集中させる）必要がある。次に、いくつかの一般的な回収と集中のプロセスを議論する。

回収時間の構成要素

先の議論から、現金回収プロセスの基本的部分を以下のように描くことができる。このプロセスに係る合計時間は、郵送時間、小切手処理の遅延、および銀行の利用可能性の遅延からなる。

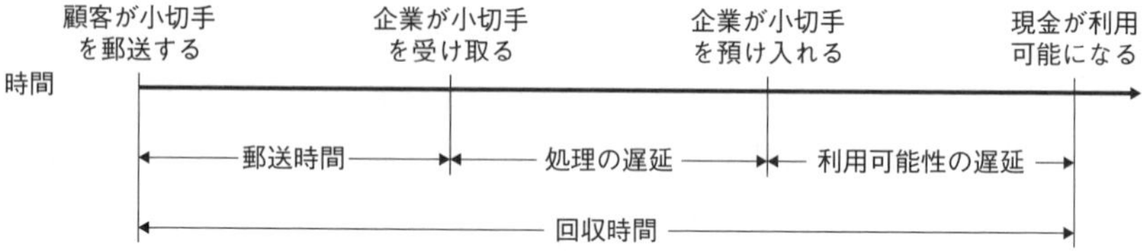

現金回収プロセスの各部において現金が費やす時間の長さは、企業の顧客と銀行がどこに位置しているのかと、企業の現金回収がどれだけ効率的なのかに依存する。

現金の回収

企業がどのように顧客から回収するのかは、ビジネスの特性による。最もシンプルなケースは、レストラン・チェーンのようなビジネスだろう。ほとんどの顧客が販売時点において、現金、小切手、またはクレジット・カードで支払うので（*店頭回収*と呼ばれる）、郵送の遅延の問題はない。通常、資金は地元の銀行に預金され、会社は資金を利用するなんらかの手段（後で議論する）をもつことになる。

企業が受け取る支払の一部か全部が郵便で届く小切手の場合、回収の三つの構成要素すべてが関連する。企業は、すべての小切手が１カ所に郵送されるようにするかもしれないし、より一般的には、企業は郵送時間を減らすために、多くの異なる郵便回収地点を設けるかもしれない。また、企業は回収作業を自社で行うかもしれないし、現金回収に特化した他社を雇うかもしれない。すぐ後で、これらの問題点に関して、より詳細な議論を行う。

現金回収に対する他の手法も存在する。より一般的になってきている一つは、事前承認支払の取決めである。この取決めでは、支払金額と支払日が事前に決められる。合意した日がくると、顧客の銀行口座から、企業の銀行口座に自動的にその金額が転送される。これは回収の遅延を大幅に減らすか、完全になくしてしまう。同じ手法は、オンライン端末をもつ企業によっても用いられる。これは売上げの知らせがあった途端、代金が即座に企業の口座に転送されることを意味する。

ロックボックス

企業が支払を郵便で受け取る場合、小切手が郵送される場所と、小切手が回収され預け入れられる方法を決めなければならない。回収地点の数と場所の注意深い選択で、回収時間を大きく短縮できる可能性がある。多くの企業は、支払を途中で受け取り、現金回収を速めるために、ロックボックス（lockbox）と呼ばれる私書箱を用いる。

図27.3はロックボックス・システムを図解している。回収プロセスは、顧客が小

図27.3　ロックボックス処理の概要

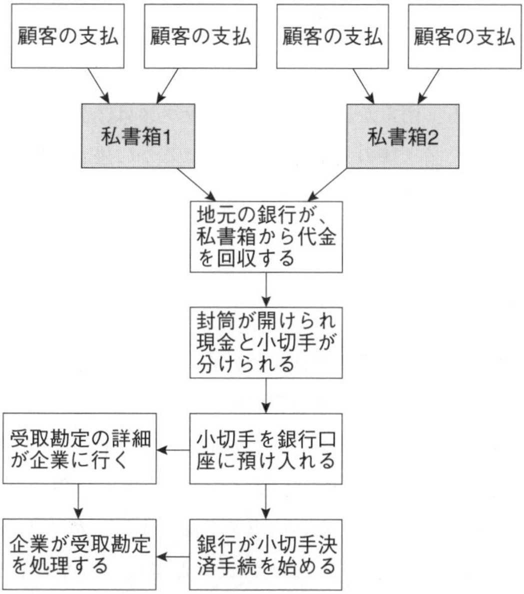

この流れは、法人顧客が企業宛てではなく、私書箱に送金を郵送したときに始まる。銀行は1日に数回、郵便局からロックボックスの中身を回収する。小切手はそれから企業の銀行口座に預け入れられる。

切手を企業ではなく、私書箱に郵送することで始まる。ロックボックスは地元の銀行によって管理される。大企業は実際に、全国に20以上のロックボックスを維持するかもしれない。

典型的なロックボックス・システムでは、地元の銀行は１日に数回、郵便局からロックボックスの小切手を回収する。銀行は小切手を企業の口座に直接預け入れる。取引の詳細は（コンピュータ処理が可能な形式で）記録され、企業へ送付される。

小切手が企業の本社ではなく、近くの郵便局で受領されるので、ロックボックス・システムは郵送時間を削減することになる。ロックボックスはまた、企業が物理的に売掛金を扱い、回収のために小切手を預け入れるのに要する時間を短縮するので、企業の処理時間も短縮する。全般的にみて、銀行のロックボックスは、企業が小切手を本社で受け取り、預入れと決済のために自ら銀行に送付する場合と比べて、より迅速に、受領が処理され、預け入れられ、そして決済されることを可能にするはずである。

一部の企業は、伝統的なロックボックスにかわるものとして、「電子ロックボックス」に変更した。電子ロックボックスの一つのバージョンでは、取引のどちら側も紙のやりとりをすることは一度もなく、顧客は電話かインターネットを使って自分の口座（たとえば銀行のクレジット・カード口座）にアクセスし、請求に目を通して、支払を承認する。明らかに電子ロックボックスは、少なくとも請求者の観点からみると、伝統的な請求書の支払方法よりもはるかに優れている。このようなシステムは、引き続き一般的になっていくだろう。

現金集中管理

すでに議論したように、企業は通常、数多くの現金回収地点を維持する。その結果、現金回収は多くの異なる銀行と銀行口座に分散することになってしまうかもしれない。この時点から、企業は現金を一つの主要口座に移す手順が必要になる。これは**現金集中**（cash concentration）と呼ばれる。定期的に現金をまとめることによって、モニターしなければならない口座数を減らすことができ、企業は現金管理を大幅に簡略化することができる。また、大きな資金プールが利用可能になるので、企業は短期投資で、よりよい利率を交渉するか獲得することができるようになる。

集中システムをセットアップするのに、企業は通常複数の*集中銀行*(*concentration bank*) を用いる。集中銀行は、ある地域に限定された地元の銀行から得られた資金をプールする。集中システムはしばしばロックボックス・システムと一緒に用いられる。図27.4は、統合された現金回収システムと集中システムの一例を描いている。図27.4が示すように、現金回収と集中プロセスの鍵の部分は、集中銀行への資金の転送である。この転送を達成するために、いくつかの選択肢がある。最も安いのは*預金口座振替小切手*（*depository transfer check, DTC*）で、これは署名が必要なく、同じ企業の特定の口座間の資金転送にのみ有効な、前もって印刷された小切手である。お金は1日か2日後に利用可能になる。*自動資金決済センター*（*automated clearing house, ACH*）転送は、基本的に紙の小切手の電子バージョンである。これらは状況によって、より費用がかかるかもしれないが、資金は翌日に利用可能になる。最も費用がかかる転送手段は、*電信送金*（*wire transfer*）で、これは同日の利用可能性を提供する。どの方法を企業が選択するかは、支払の数と金

図27.4　現金管理システムにおけるロックボックスと集中銀行

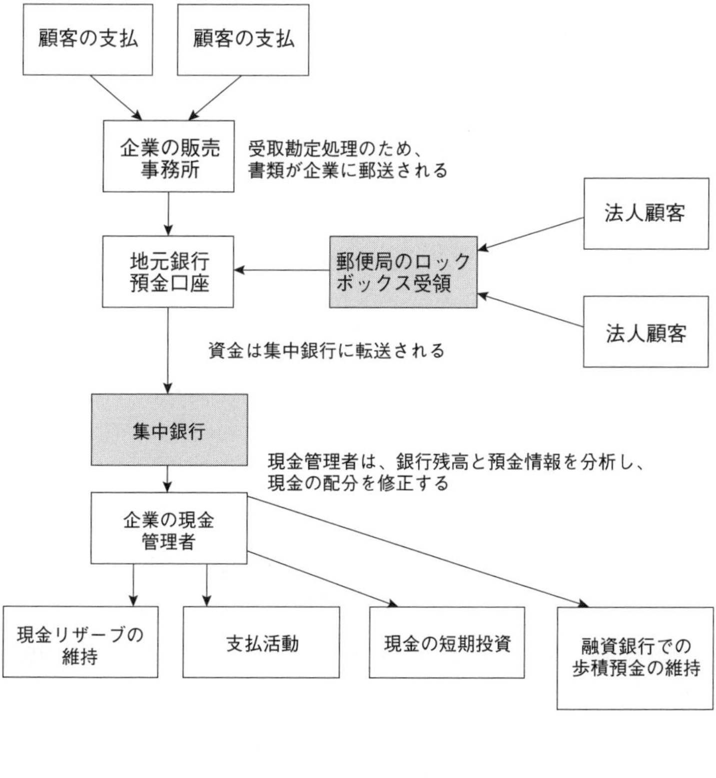

額による。たとえば、典型的なACH転送は200ドルほどであるが、典型的な電信送金は数百万ドルにもなる。数多くの回収地点をもち、比較的小さな支払の企業は安い方法を選ぶ一方、数が少なく比較的大きな支払の企業は、もっと費用がかかる方法を選ぶかもしれない。

Global Treasury News は、特に国際的な問題点に関する、現金管理の最新情報をもっている。
www.gtnews.com

回収の加速：例

ロックボックスと集中銀行システムを組み込んだ銀行の現金管理サービスを利用するかどうかの決定は、企業の顧客の所在地と米国郵便システムの速さに依存する。たとえば、フィラデルフィアにあるアトランティック社が、ロックボックス・システムを検討しているとしよう。同社の回収遅延日数は現在8日である。

アトランティック社は、国の南西部（ニューメキシコ州、アリゾナ州、カリフォルニア州）で事業を行っている。提案されたロックボックス・システムはロサンゼルスに設置され、パシフィック銀行により運営される。パシフィック銀行は、アトランティック社の現金回収システムを分析し、回収時間を2日短縮できるという結論を出した。具体的には、銀行は、提案されたロックボックス・システムに関して次の情報を提示した。

郵送時間の削減	＝1.0日
決済時間の削減	＝0.5日
企業の処理時間の削減	＝0.5日
合計	＝2.0日

以下もまたわかっている。

財務省短期証券の日次金利	＝0.025％
ロックボックスへの平均日次支払数	＝2,000
平均支払額	＝＄600

現在の回収に関するキャッシュフローは、以下のキャッシュフロー時間図に示されている。

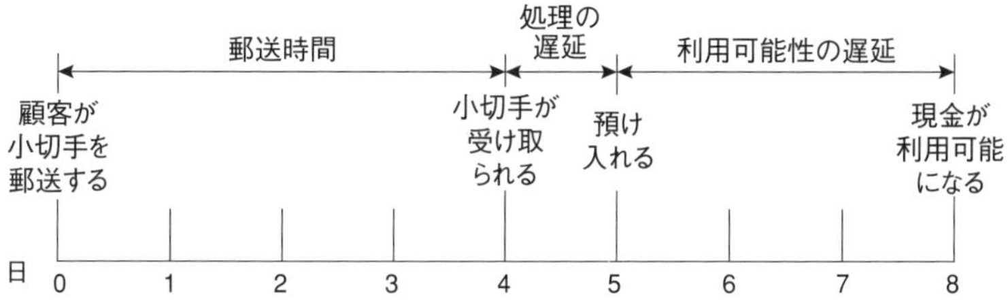

ロックボックス回収に伴うキャッシュフローは次のようになる。

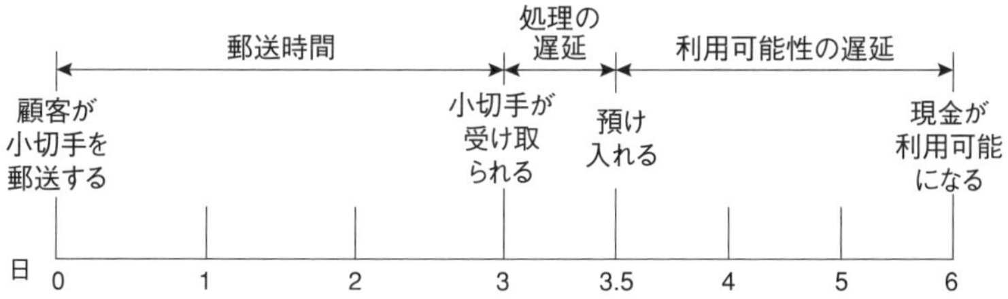

パシフィック銀行は、小切手処理１枚当り25セントで、このロックボックス・システムを運営することに同意した。アトランティック社は採用すべきだろうか。

最初にシステムの利益を算定する必要がある。南西部からの平均日次回収額は120万ドル（＝2,000×＄600）である。回収時間は２日短縮されるので、ロックボックスは、回収済銀行残高を240万ドル（＝＄120万×２）増加させることになる。言い換えると、ロックボックスは、処理、郵送、および決済時間を２日削減することにより、240万ドルを会社にもたらす。前の議論から、この240万ドルが提案のPVである。

NPVを計算するには、コストのPVを算定する必要がある。いくつかの異なる方法がある。まず、１日当り2,000枚の小切手があり、小切手１枚当り25セントなので、日次コストは500ドルである。このコストは、毎日永久にかかる。金利は日次0.025％なので、PVは200万ドル（＝＄500/0.00025）である。したがって、NPVは40万ドル（＝＄240万－＄200万）で、システムは望ましいようにみえる。

かわりに、アトランティック社は毎日240万ドルを0.025％で投資できる。獲得する利息は、１日当り600ドル（＝＄240万×0.00025）になる。システムのコストは１日当り500ドルなので、これを運営すれば明らかに１日当り100ドルの利益を生み出す。１日当り100ドルが永久に続くPVは40万ドル（＝＄100/0.00025）で、これは前に計算した値と同じである。

最後に、最も単純に、各小切手は600ドルで、もしシステムが用いられたら２日早く利用可能になる。600ドルの２日間の利息は0.30ドル（＝２×＄600×0.00025）である。小切手１枚当りのコストは25セントなので、アトランティック社は小切手１枚当り５セント（＝＄0.30－＄0.25）を儲けることになる。１日当り2,000枚の小切手では、利益は、前に計算した値と同じ１日当り100ドル（＄0.05×2,000）になる。

例27.4　回収の加速

アトランティック社の提案されたロックボックス・システムの例で、パシフィック銀行が小切手１枚当り25セントに加えて、２万ドルの固定手数料（年次支払）を要求するとする。システムは依然としてよいアイデアだろうか。

答えるには、固定手数料のPVを計算する必要がある。日次金利は0.025%である。したがって、年次金利は1.00025^{365}＝9.553%である。固定手数料（毎年永久に支払われる）のPVは、20万9,358ドル（＝＄20,000/0.9553）になる。手数料なしのNPVは40万ドルなので、手数料を含めたNPVは19万642ドル（＝＄40万－＄20万9,358）である。これは依然としてよいアイデアである。

27.4　現金支出の管理

企業の観点に立つと、支出フロートは望ましいものなので、支出管理の目的は支出を遅らせることである。そのために、企業は振り出す小切手に対して、郵送フロート、処理フロート、そして利用可能性フロートを*増加させる*戦略を練り上げるかもしれない。この節では、これらの最も一般的なものを議論する。

支出フロートを増加させる

すでにみたように、支払を遅らせるには、郵便配達、小切手処理、そして資金回収にかかる時間がかかわってくる。支出フロートは、地理的に遠くの銀行で小切手を振り出すことによって、増加させることができる。たとえば、ニューヨークのサプライヤーは、ロサンゼルスの銀行から振り出された小切手で支払われるかもしれない。これは、銀行システムを通して小切手が決済されるのに要する時間を長くする。遠く離れた郵便局から小切手を投函するのも、企業が支出を引き延ばす一つの方法である。

支出フロートを最大化する戦術は、倫理的そして経済的観点の両方で、議論の余地がある。第一に、次の章でやや詳細に議論するが、支払条件はしばしば早期支払に対して相当な割引を提供する。割引は通常、「フロート・ゲームをプレイ」して得られる潜在的節約よりも、ずっと大きい。このような場合、郵送時間を長くすることは、もし受取日が消印日ではなく受領日をもとにしていたら（より一般的)、何の利益もない。

これ以上の支出を遅らせる試みには、サプライヤーが欺かれる可能性はほとんどない。サプライヤーとのまずい関係は、より高くつくというマイナスの結果を生み出す可能性もある。全般的に、郵送時間や素朴なサプライヤーに乗じて意図的に支払を遅らせることは、期限日に請求書の支払をしなくてすむようになるかもしれないが、非倫理的なビジネス行為である。

無料のキャッシュ・バジェッティング・スプレッドシートは、以下を参照。
www.toolkit.cch.com/tools/tools.asp

支出の管理

支出フロートの最大化は、たぶん芳しくないビジネス行為である。とはいえ、企業はそれでもできるだけ少ない現金が支出につなぎとめられないように望む。したがって、企業は支出を効率的に管理するシステムを発展させてきた。このようなシステムの一般的な考え方は、請求書の支払に必要な最低金額以上を、銀行の預金口座にもたないということである。次にこの目的を達成するための、いくつかの手法を議論する。

ゼロ残高口座

ゼロ残高口座（zero-balance account）システムでは、銀行の協力のもとに、企業は一つのマスター口座と複数のサブ口座を維持する。サブ口座の一つから振り出

図27.5　ゼロ残高口座

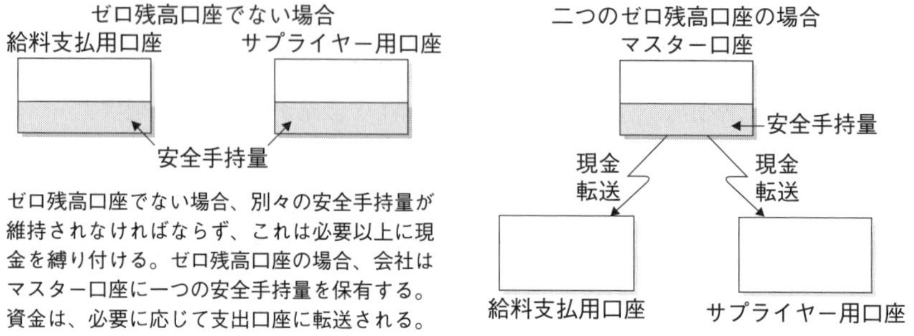

ゼロ残高口座でない場合、別々の安全手持量が維持されなければならず、これは必要以上に現金を縛り付ける。ゼロ残高口座の場合、会社はマスター口座に一つの安全手持量を保有する。資金は、必要に応じて支出口座に転送される。

された小切手が支払を迎えると、必要な資金がマスター口座から転送される。図27.5は、このようなシステムがどのように機能するのか図解している。このケースでは、会社は、サプライヤーと給料支払用に、二つの支出口座を維持している。表に示されたように、もし会社がゼロ残高口座を用いないと、これらの口座それぞれに、不意の支出に備えるための、現金の安全手持量を保有しなければならない。もし会社がゼロ残高口座を用いると、会社はマスター口座一つだけに安全手持量を保有し、必要に応じてサブ口座に資金を転送することができる。鍵は、バッファーとして保有される現金の総量が、ゼロ残高口座では少なくなるということであり、これはほかで使えるように現金を解放する。

27.5　余剰現金の投資

企業が一時的な余剰現金を保有している場合、短期市場性証券に投資することができる。さまざまな箇所で触れたように、短期金融資産の市場はマネー・マーケットと呼ばれる。マネー・マーケットで取引される短期金融資産の満期は、1年かそれ未満である。

ほとんどの大企業は、銀行とディーラーを介して取引することで、自社の短期金融資産を管理する。一部の大企業と多くの小企業は、マネー・マーケット・ファンドを利用する。これは、管理料と引き換えに、短期金融資産に投資するファンドである。管理料は、ファンドマネジャーによって提供されるプロの専門知識と分散化に対する報酬である。

多くのマネー・マーケット投資信託のなかには、法人顧客に特化しているものもある。加えて、銀行は企業のために、各営業日の終了時におけるすべての利用可能な余剰資金を集めて投資する取決めも提供する。

一時的な現金余剰

企業はさまざまな理由で、一時的な余剰現金をもつ。最も重要な理由の二つは、企業の季節的または周期的業務の資金手当と、企業の計画または潜在支出の資金手当である。

季節的または周期的活動

一部の企業は、予測可能なキャッシュフローのパターンをもっている。これらの企業は、年間のある時期にはキャッシュフローの余剰が生じ、それ以外の時期にはキャッシュフローの不足が生じる。たとえば、玩具小売企業のトイザらスは、クリスマスに影響を受ける季節的なキャッシュフローのパターンをもっている。

トイザらスのような企業は、キャッシュフローの余剰が生じたときに市場性証券を購入し、不足が生じたときに市場性証券を売却するかもしれない。もちろん、銀行ローンはもう一つの資金調達手段である。図27.6は、一時的な資金調達ニーズを満たすための、銀行ローンと市場性証券の利用を図解している。このケースでは、前章で議論した観点で、折衷案的な運転資本政策をとっている。

図27.6　季節的な現金需要

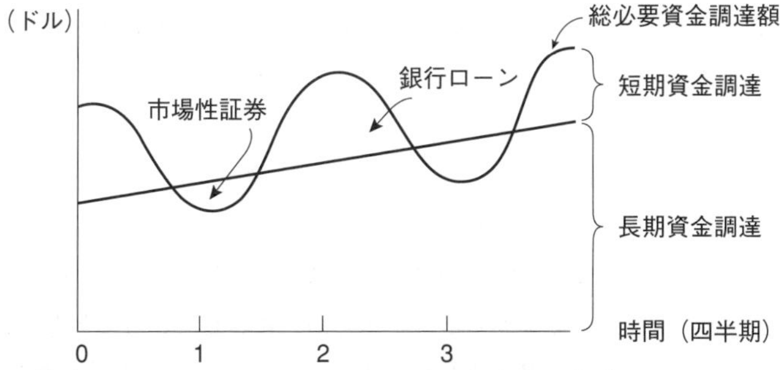

時間 1：余剰キャッシュフローが存在する。資産の季節的需要は低い。
余剰キャッシュフローは短期市場性証券に投資される。
時間 2：キャッシュフローが不足する。資産の季節的需要は高い。資金不足は市場性証券の売却と銀行借入れにより資金調達される。

計画または潜在支出

企業は、工場建設プログラムや配当の支払、あるいはその他の大規模な支出に対する現金を準備するため、しばしば市場性証券への一時的な投資をふやす。したがって、企業は現金が必要になる前に債券や株式を発行して、調達した資金を短期市場性証券に投資し、その後支出を資金手当するために証券を売却するかもしれない。また、企業は大きな現金支出を行わなければならない可能性に直面するかもしれない。一つのわかりやすい例は、大きな訴訟に負ける可能性だろう。企業はそのような偶発的な出来事に対して、余剰現金を積み上げるかもしれない。

短期証券の特徴

企業にはいくらかの一時的に遊んでいる現金があるが、さまざまな短期証券が投資に利用可能である。これらの短期市場性証券の最も重要な特性は、満期、デフォルト・リスク、市場性、および課税性である。

満　期

第８章から、金利水準の一定の変化に対して、満期がより長い証券の価格は、満期がより短い証券の価格よりも大きく変化することがわかっている。その結果、長期満期証券に投資する企業は、短期満期証券に投資する企業に比べて、より大きなリスクを受け入れている。

この種のリスクは、通常、*金利リスク*と呼ばれる。ほとんどの企業は、市場性証券への投資を90日満期以下のものに制限する。もちろん、短期満期証券の期待リターンは、通常、もっと長い満期の証券の期待リターンよりも低くなる。

デフォルト・リスク

*デフォルト・リスク*とは、利息や元本が期日に約束された金額どおりに支払われない（あるいはまったく支払われない）確率を指す。第８章で、ムーディーズ・インベスターズ・サービスやスタンダード＆プアーズといった財務レポート機関が、さまざまな企業や上場証券の格付をまとめ、発表していることを考察した。これらの格付はデフォルト・リスクにつながっている。もちろん、証券のなかには、米国財務省短期証券（Tビル）のように、無視できるほどのデフォルト・リスクしかもたないものもある。会社の余剰現金を投資する目的を考えると、企業は通常、

著しいデフォルト・リスクがある市場性証券への投資を避ける。

市 場 性

*市場性*とは、どれだけ容易に資産を現金に換えられるかを表すので、市場性と流動性はほぼ同じことを意味する。一部のマネー・マーケット商品は、ほかよりも市場性が高い。いちばん高いのはＴビルで、購入も売却も、非常に安く、非常に素早く行える。

課 税 性

政府債務（連邦政府または州政府）の一種ではないマネー・マーケット証券から得られる利息は、地方、州、連邦レベルで課税対象である。Ｔビルのような米国財務省債務は州税を免除されるが、他の政府保証負債は免除されない。地方債は連邦税を免除されるが、州レベルでは課税されることもある。

マネー・マーケット証券のさまざまなタイプ

一般的にマネー・マーケット証券は、市場性が高く、短期である。通常、デフォルト・リスクも低い。これらは、米国政府（たとえば、Ｔビル）、国内と外国銀行（たとえば、譲渡性預金証書）、および事業法人（たとえば、コマーシャル・ペーパー）によって発行される。非常にたくさんの種類があるが、ここでは最も一般的ないくつかだけを解説する。

Ｔビルは米国政府の債務であり、満期は30日、90日、または180日である。Ｔビルは、毎週オークションによって販売される。

短期免税証券は、州、地方自治体、地方住宅機関および都市再開発機関によって発行される短期証券である。これらはすべて地方債とみなされるので、連邦税から免除される。たとえば、RAN（revenue anticipation notes）、BAN（bond anticipation notes）、TAN（tax anticipation notes）は、それぞれ収益、債券、税金、の見込み証券である。言い換えると、これらは地方自治体による将来の現金受領をあてにした短期借入れである。

これらの短期非課税証券は、米国財務省証券よりもデフォルト・リスクがあり、市場性は低い。利息は連邦税が免税となるので、免税証券の税引き前利回りは、Ｔビル等の同等な証券よりも低い。また、企業には非課税証券を投資として保有することに対して制限が課せられる。

コマーシャル・ペーパーは、金融会社、銀行、そして事業法人によって発行される短期の証券を指す。通常、コマーシャル・ペーパーは無担保である。満期は数週間から270日に及ぶ。

コマーシャル・ペーパーの特に活発な流通市場はない。その結果、市場性は低い。しかしながら、コマーシャル・ペーパーを発行した企業は、しばしば満期前に直接買い戻す。コマーシャル・ペーパーのデフォルト・リスクは、発行企業の財務的な体力に依存する。ムーディーズやスタンダード&プアーズは、コマーシャル・ペーパーのクオリティ格付を発表している。これらの格付は、第8章で議論した債券格付と同じようなものである。

譲渡性預金証書（CD）は、商業銀行に対する短期ローンである。最も一般的なのは、10万ドルを超えるジャンボCDである。3カ月、6カ月、9カ月、および12カ月満期のCDには活発な市場がある。

レポ（repurchase agreement）は、銀行や証券会社による、買戻しの契約とともに行う、政府証券（たとえば、Tビル）の売却である。一般的に、投資家は債券ディーラーから財務省証券を購入し、同時に、決められたより高い価格で、後日売り戻すことに合意する。レポは通常、非常に短期であり、一晩から数日である。

ある企業が他の企業から受け取る配当の70〜80%は課税から免除されるので、優先株式の比較的高い利回りは、投資の強いインセンティブを提供する。唯一の問題は、普通の優先株式では配当が固定されているので、価格が短期投資に望ましい水準以上に変動することである。しかしながら、マネー・マーケット優先株式は比較的最近のイノベーションで、変動する配当を提供する。配当は比較的頻繁に再設定されるので（通常49日ごと）、このタイプの優先株式は、普通の優先株式よりずっと価格変動性が少なく、広く用いられる短期投資になってきている。

オンラインで、短期利率をチェックしてみよう。www.bloomberg.com

要約と結論

本章では、現金管理と流動性管理を考察した。

1．企業は、取引を行い、銀行が提供するさまざまなサービスに報いるために現金を保有する。

2．企業の利用可能残高と帳簿残高の差が、企業の正味フロートである。このフロートは、一部の小切手が決済されておらず、よって未回収であるという事実を反映する。財務管理者は常に、企業の帳簿残高ではなく、回収済みの現金残高を対象にしなければならない。そうしないと、銀行が知らないうちに、銀行の現金を使ってしまうことになり、倫理上と法律上の問題を引き起こす。

3．現金の回収を早め、支払を遅らせるために、企業は、現金の回収と支出を管理するさまざまな手順を利用できる。回収を速める方法には、ロックボックスの使用、集中銀行システム、そして電信送金などがある。

4．季節的または周期的活動のため、計画された支出の資金手当を助けるため、あるいは偶発的な事態に対する備えとして、企業は一時的に余剰現金を保有する。マネー・マーケットは、この余剰現金を預けるために利用できるさまざまな媒体を提供する。

Concept Questions

1．現金管理

会社が現金を保有しすぎることは可能か。なぜ株主は、会社が大量に現金を蓄積することに関心があるのか。

2．現金管理

会社が現金を保有しすぎていると考えた場合、会社にはどのような選択肢があるか。少なすぎた場合はどうか。

3．エージェンシー問題

株主と債権者は、会社がどれだけの現金を手元にもつべきかに関して、同意する可能性が高いか。

4．現金管理 vs 流動性管理

現金管理と流動性管理の違いは何か。

5．短期投資

短期金利にリンクした配当をもつ優先株式は、なぜ余剰現金をもつ企業にとって、魅力的な短期投資なのか。

6．回収フロートと支出フロート

どちらを企業は好むか。正味回収フロートか、正味支出フロートか。なぜか。

7．フロート

会社には200万ドルの帳簿残高があるとする。現金自動預払機の前で、現金管理者は銀行残高が250万ドルであることを発見する。ここで何が起こっているのか。もしこの状況が継続したら、どのような倫理的ジレンマが生じるか。

8．短期投資

以下のそれぞれの短期市場性証券について、企業の現金管理の目標を満たすために、その投資がもつ潜在的に不利な点を説明せよ。

a. Tビル

b. 普通の優先株式

c. 譲渡性預金証書

d. コマーシャル・ペーパー

e. 収益見込み債

f. レポ

9．余剰現金の使用

企業が保有する現金は、エージェンシー問題をひどくすると時に主張される（第1章で議論した）が、より一般的には株主の富を最大化するインセンティブを減らす。ここでの問題を説明せよ。

10. 余剰現金の使用

企業が通常もっている一つの選択肢は、サプライヤーにより素早く支払うことである。余剰現金をこのように使うことの、メリットとデメリットは何か。

11. 余剰現金の使用

通常もっているもう一つの選択肢は、発行済負債を減らすことである。余剰現金をこのように使うことの、メリットとデメリットは何か。

12. フロート

残念ながら、一般的な慣行はこうである（注意：家でこれを試さないように！）あなたは小切手口座にお金がなくなったとする。しかしながら、近所の食料品店は、顧客サービスとして、小切手を現金化してくれる。そこであなたは200ドルの小切手を現金に換える。もちろん、あなたが何もしなかったら、この小切手は不渡りになる。これを防ぐため、あなたは翌日同じ食料品店に行き、違う小切手で200ドルを現金化する。あなたはこの200ドルを預け入れる。あなたはこれを毎日繰り返し、小切手が不渡りにならないようにする。そしてついに、天から恵みが与えられ（たぶん実家からの送金）、あなたは振り出した小切手のお金を埋め合わせることができる。

興味深くするために、あなたはこの過程で小切手が不渡りにならないことに、確証がもてるとする。もし絶対に不渡りを出さず、法的な問題（たぶんこれは違法な小切手詐欺）は無視するとしたら、何か倫理上の問題点はあるか。特に、だれが不利益を被るか。

質問と問題

◆基本（問題１－10）

1．フロートの計算

通常の月に、ジェレミー社は総額で15万6,000ドルになる80枚の小切手を受け取る。これらは決済されるまでに平均４日間を要する。平均日次フロートはいくらか。

2．正味フロートの計算

毎営業日、会社はサプライヤーへの支払のために、平均して合計１万4,000ドルの小切手を振り出す。これらの小切手の通常の決済期間は４日である。会社は毎日、顧客からの小切手による支払を、合計で２万6,000ドル受け取る。この支払からの現金は、２日後に会社に利用可能となる。

a. 会社の支出フロート、回収フロート、および正味フロートを計算せよ。

b. もし回収された資金が、２日後ではなく、１日後に利用可能になるとしたら、(a)でどのように答えるか。

3．フロートのコスト

パープル・フィート・ワイン社は、１日当り平均して１万9,000ドルの小切手を受け取る。決済に要する時間は通常３日間である。現在の金利は１日当り0.019%

である。

a. 会社のフロートはいくらか。

b. このフロートを全部なくすために、会社はいくらまで支払ってもよいか。

c. このフロートを全部なくすために、会社が支払ってもよい最大日次手数料はいくらか。

4．フロートと加重平均遅延日数

あなたの隣人は月に一度郵便局に行き、2枚の小切手を受け取る。一つは1万7,000ドルで、もう一つは6,000ドルである。大きな金額の小切手は預け入れてから決済までに4日間かかり、小さな小切手は5日間かかる。

a. 月の総フロートはいくらか。

b. 平均日次フロートはいくらか。

c. 平均日次受領額と加重平均遅延日数はいくらか。

5．NPVと回収時間

あなたの会社の平均受領額は108ドルである。ある銀行が、総回収時間を2日間短縮するロックボックス・サービスを提案してきた。会社は通常、1日当り8,500枚の小切手を受け取る。日次金利は0.016%である。もし銀行が1日当り225ドルの手数料を請求するとしたら、このロックボックス・サービスの提案を受け入れるべきか。もしこのサービスを受け入れたら、正味の年間節約額はいくらになるか。

6．加重平均遅延日数を用いる

ある通販会社は、ひと月当り5,300枚の小切手を処理する。これらのうち、60%が55ドルで、40%が80ドルである。55ドルの小切手は、決済するのに平均で2日を要し、80ドルの小切手は平均で3日を要する。

a. 平均日次回収フロートはいくらか。この数字をどのように解釈するか。

b. 加重平均遅延日数はいくらか。この結果を用いて、平均日次フロートを計算せよ。

c. フロートをすべてなくすために、会社はいくら支払ってもよいか。

d. もし金利が年7%だったら、フロートの日次コストはいくらか。

e. 加重平均フロートを1.5日短縮するために、会社はいくら支払ってもよいか。

7．ロックボックスの価値

ペーパー・サブマリン製作所は、回収時間を短縮するためにロックボックス・システムを検討している。会社は以下を算定した。

平均日次支払回数：385

平均支払金額：＄1,105

変動ロックボックス手数料（1取引当り）：＄0.50

マネー・マーケット証券の日次金利：0.02%

もしロックボックス・システムが採用されたら、総回収時間は3日間短縮される。

a. このシステムを採用するPVはいくらか。

b. このシステムを採用するNPVはいくらか。

c. 採用した場合、1日当りの正味キャッシュフローはいくらか。小切手1枚当りは？

8. ロックボックスと回収

クッキー・カッター・モジュラー・ホーム社は、顧客から小切手を受領し、預け入れるのに6日間を要する。クッキー・カッター社の経営陣は、会社の回収時間を短縮するためにロックボックス・システムを検討している。ロックボックス・システムは、フロート時間を3日に短縮すると見込まれている。平均日次回収額は14万5,000ドルで、要求されるリターンは年9%である。

a. ロックボックス・システム利用の結果、未回収現金残高の減少額はいくらになるか。

b. これらの節約により得られるドル・リターンはいくらか。

c. このロックボックス・システムに対し、クッキー・カッター社が支払ってもよい最大の月次手数料は、もし月末払いだったら、いくらか。もし手数料が月初払いだったらどうか。

9. 遅延の価値

ノー・モア・ペンシルズ社は、2週間ごとに、平均して合計9万3,000ドルの小切手を支払い、決済に7日を要している。もし1日当り0.015%を得られる有利子口座からの資金移動を7日間遅らせたとすると、会社は年間いくらの利息が得られるか。複利化の影響は無視する。

10. NPVとフロートの削減

ノー・モア・ブックス社はフロイド銀行と、銀行が毎日400万ドルの回収を取り扱うかわりに、40万ドルの歩積預金を維持する契約を結んでいる。ノー・モア・ブックス社はこの契約をキャンセルし、他の二つの銀行がこの業務を取り扱うように、東部地域を分割することを考えている。銀行Aと銀行Bは、それぞれ毎日200万ドルの回収を取り扱い、歩積預金を25万ドル要求する。ノー・モア・ブックス社の財務管理部門は、東部地域が分割されると、回収が1日早まると見込んでいる。会社は新システムを採用すべきか。年間の正味節約額はいくらになるか。Tビル金利は年5％であると仮定する。

◆中級（問題11－12）

11. ロックボックスと回収時間

ケンタッキー州にあるバーズ・アイ・ツリーハウス社は、顧客の大半がペンシルバニア地域に所在することを突き止めた。したがって、会社は、ピッツバーグ所在の銀行が提供するロックボックス・システムの利用を検討している。銀行は、このシステムの利用により、回収時間が2日間短縮されると推定した。以下の情報に基づくと、ロックボックス・システムは採用されるべきか。

平均日次支払回数：750
平均支払金額：＄980
変動ロックボックス手数料（1取引当り）：＄0.35
マネー・マーケット証券の年次金利：7％

もし変動手数料に加えて、年間5,000ドルの固定手数料がかかるとしたら、あなたの答えはどうかわるか。

12. 必要取引数の計算

カリフォルニア州の大規模肥料販売会社であるカウ・チップス社は、東海岸の顧客からの代金回収を速めるため、ロックボックス・システムを利用することを計画している。フィラデルフィア地域の銀行が、このサービスを年間手数料2万ドルと、取引当り10セントの取扱手数料で提供することになる。推定される代金回収と処理時間の短縮は1日である。もしこの地域の顧客の平均支払額が5,300ドルだったら、カウ・チップス社がこのシステムから利益を得るためには、毎日平均して何人の顧客がこのシステムを利用する必要があるか。Tビルの現在の利回りは年5％である。

付章27A　目標現金残高の決定

目標現金残高は、現金の保有が多すぎることによる機会費用と、保有が少なすぎることによる取引費用のトレードオフにかかわる。図27A. 1は、この問題を図示している。もし企業が現金保有をあまりに少なく維持しようとすれば、現金残高が多い場合に比べて、より頻繁に市場性証券を売却せざるをえなくなる（そしておそらく後になって、売却分を埋めるために市場性証券を購入する）。したがって、現金保有が多くなるにつれて、取引費用は減少する傾向がある。逆に、現金保有の機会費用は、保有残高の上昇とともに上がる。図27A. 1の点 C^* において、総費用曲線として示された両費用の合計額は、最小になる。この点が、目標もしくは最適現金残高である。

図27A. 1　現金保有の費用

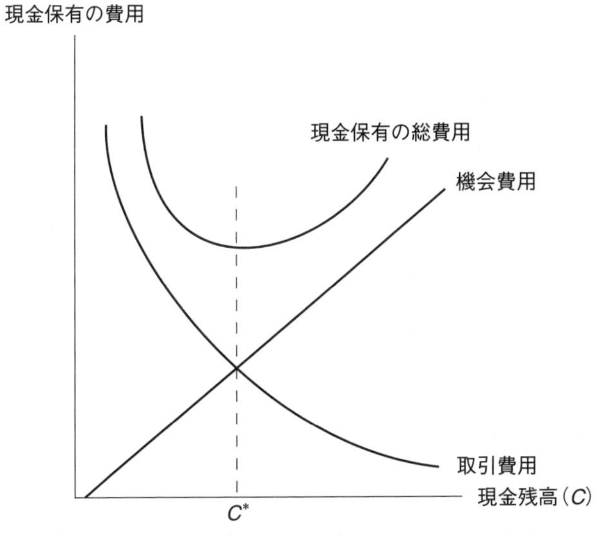

取引費用は、企業が現金残高を確立するために、市場性証券を売却しなければならないときに増加する。機会費用は、現金に対するリターンがないので、現金残高があるときに増加する。

Baumol モデル

William Baumol は、機会費用と取引費用を組み入れた現金管理の公式モデルを最初に発表した[3]。彼のモデルは、目標現金残高を設定するために利用できる。

ゴールデン・ソックス社は、第 0 週を現金残高 C = ＄120万で開始し、アウトフローはインフローを 1 週間当り60万ドル上回っているとする。現金残高は第 2 週の終わりにはゼロまで減少し、2 週間にわたる平均現金残高は C／2 = ＄60万（= ＄120万／2）である。第 2 週の終わりにゴールデン・ソックス社は、市場性証券の売却か借入れによって、現金を元に戻さなければならない。図27A. 2は、この状況を示している。

もし C が、たとえば240万ドルと高く設定されていたら、企業が市場性証券を売却せざるをえなくなるまでに、現金は 4 週間もっただろう。だが、会社の平均現金残高は（60万ドルから）120万ドルに増加することになる。もし C が60万ドルに設定されていたら、現金は 1 週間でなくなり、会社はより頻繁に現金を補充しなければならなくなっていただろう。だが、平均現金残高は60万ドルから30万ドルに減少することになる。

取引費用は現金を補充する際に必ず負担されなければならないため（たとえば、

図27A.2　ゴールデン・ソックス社の現金残高

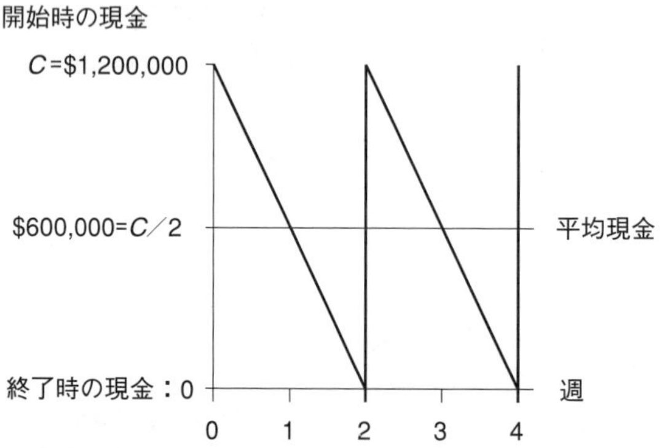

ゴールデン・ソックス社は、第 0 週を現金残高C=$120万で開始した。
残高は第 2 週目までにゼロに下落する。期間を通じた平均現金残高は、
C／2=$1,200,000／2=$600,000である。

3） W.S.Baumol, "The Transactions Demand for Cash : An Inventory Theoretic Approach," *Quarterly Journal of Economics* 66（November 1952）.

市場性証券売却の仲介費用)、当初の現金残高を大きくすることは、現金管理に伴う取引費用を少なくする。しかしながら、平均現金残高が大きければ大きいほど、機会費用（市場性証券から得られたであろうリターン）も大きくなる。

この問題を解決するために、ゴールデン・ソックス社は、以下の三つのことを知る必要がある。

F＝現金補充のための証券売却の固定費用

T＝たとえば1年間といった、適切な計画期間にわたって、取引目的で必要になる新たな現金の合計額

K＝現金保有の機会費用。これは市場性証券の金利である。

この情報から、ゴールデン・ソックス社は、どのような現金残高政策の総費用も求めることが可能である。その後、会社は、最適現金残高政策を決定できる。

機会費用

現金残高の総機会費用の金額は、平均現金残高に金利を乗じたものに等しくなければならない。

機会費用（$）＝$(C/2)\times K$

以下は、さまざまな代替案の機会費用である。

当初現金残高	平均現金残高	機会費用（K＝0.10）
C	$C/2$	$(C/2)\times K$
$4,800,000	$2,400,000	$240,000
2,400,000	1,200,000	120,000
1,200,000	600,000	60,000
600,000	300,000	30,000
300,000	150,000	15,000

取引費用

取引費用の合計は、ゴールデン・ソックス社が市場性証券を売却しなければならない年間の回数によって求められる。現金支出合計額は、年間で＄60万×52週＝＄3,120万である。もし当初現金残高が120万ドルに設定されたら、ゴールデン・ソックス社は2週間ごとに120万ドルの市場性証券を売却することになる。したがって、取引費用は以下の式で与えられる。

$$\frac{\$31,200,000}{\$1,200,000}\times F=26F$$

一般的な公式は、

$$\text{取引費用（\$）}=(T/C)\times F$$

である。代替的な取引費用の表は、以下のとおりである。

当該期間の 現金支出合計額	当初現金残高	取引費用（$F=1,000$）
T	C	$(C/2)\times K$
$31,200,000	$4,800,000	$　6,500
31,200,000	2,400,000	13,000
31,200,000	1,200,000	26,000
31,200,000	600,000	52,000
31,200,000	300,000	104,000

総費用

現金残高の総費用は、機会費用に取引費用を加えたものである。

$$\begin{aligned}\text{総費用}&=\text{機会費用}+\text{取引費用}\\&=(C/2)\times K+(T/C)\times F\end{aligned}$$

現金残高	総費用	=	機会費用	+	取引費用
$4,800,000	$246,500		$240,000		$　6,500
2,400,000	133,000		120,000		13,000
1,200,000	86,000		60,000		26,000
600,000	82,000		30,000		52,000
300,000	119,000		15,000		104,000

解

以上の表から、60万ドルの現金残高が、提示された可能性のうちで、最小の総費用、８万2,000ドルをもたらすことがわかる。しかし、70万ドルや50万ドル、あるいはその他の可能性についてはどうだろうか。最小の総費用を正確に求めるため、ゴールデン・ソックス社は、残高の増加による取引費用の限界的な減少額と、現金残高の増加に伴う機会費用の限界的な増加額を等しくしなければならない。目標現金残高は、二つの費用が相殺し合う点のはずである。これは反復計算か微分法により求めることができる。ここでは微分法を使用するが、もしこのような分析方法に慣れていなければ、解に至る途中部分は飛ばしてもさしつかえない。

総費用の方程式を思い出してみよう。

$$\text{総費用（TC）} = (C/2) \times K + (T/C) \times F$$

TC の式を現金残高に関して微分し、導関数をゼロと置くと、以下を得る。

$$\frac{d\mathrm{TC}}{d\mathrm{C}} = \frac{K}{2} - \frac{TF}{C^2} = 0$$

限界総費用＝限界機会費用＋限界取引費用[4]

一般的な現金残高 C*の解は、この方程式を C に関して解くことにより得られる。

$$\frac{K}{2} = \frac{TF}{C^2}$$

$$C^{*} = \sqrt{2\,TF/K}$$

もし $F = \$1,000$、$T = \$31,200,000$、$K = 0.10$なら、$C^{*} = 789,936.71$となる。$C^{*}$の値を所与とすると、機会費用は、以下のようになる。

$$(C^{*}\,2) \times K = \frac{\$789,936.71}{2} \times 0.10 = \$39,496.84$$

取引費用は、

$$(T/C^{*}) \times F = \frac{\$31,200,000}{\$789,936.71} \times \$1,000 = \$39,496.84$$

である。したがって、総費用は、

$$\$39,496.84 + \$39,496.84 = \$78,993.68$$

となる。

限　界

Baumol モデルは、現金管理に関する重要な貢献の一つである。モデルの限界は、以下を含む。

4）　C が増加すると取引費用が減少するので、限界取引費用は負の数になる。

1．*モデルは、企業の現金支出速度が一定であると仮定する*。実際には、支払期日が異なり、また、コストを確実に予測できないので、支出は部分的にしか管理できない。

2．*モデルは、予測期間中に現金収入がないと仮定する*。実際には、ほとんどの企業がキャッシュインフローとアウトフローの両方を日々経験する。

3．*安全のための備蓄が許されない*。企業はおそらく、現金が不足したり、なくなったりする可能性を減らす目的で、安全のための現金の備蓄を保有することを望む。とはいえ、企業が数時間以内に市場性証券を売却したり、借入れをしたりできれば、安全のための備蓄の必要性はきわめて低い。

Baumolモデルは、最適現金ポジションを決定するための、おそらく最もシンプルで、最も無駄がない実用的なモデルである。主要な欠点は、離散的で確実なキャッシュフローを仮定することである。次に不確実性を扱うように構築されたモデルについて議論する。

Miller-Orrモデル

Merton MillerとDaniel Orrは、日々ランダムに変動するキャッシュインフローとアウトフローを扱うための現金残高モデルを構築した5)。Miller-Orrモデルにはキャッシュインフローとキャッシュアウトフローの両方が含まれている。Miller-Orrモデルは、日次の正味キャッシュフロー（＝キャッシュインフロー－キャッシュアウトフロー）の分布が正規分布に従うと仮定する。正味キャッシュフローは毎日、期待された値か、多少高いか、あるいは低い値になりうる。正味キャッシュフローの期待値はゼロであると仮定する。

図27A. 3は、Miller-Orrモデルがどのように機能するのかを示している。Miller-Orrモデルは、管理の上限値（H）と下限値（L）、そして目標現金残高（Z）の観点で機能する。企業は、現金残高が上限と下限の範囲内でランダムに変動することを許容する。現金残高がHとLの間にある限り、企業は取引を行わない。点Xのように、現金残高がHに達した場合、企業はH—Z単位（または金額）の市場性証券を購入する。この行動により、現金残高はZまで減少する。同様に、点Y（下

5）　M. H. Miller and D. Orr,"A Model of the Demand for Money by Firms," *Quarterly Journal of Economics*（August 1966）.

図27A.3　Miller-Orr モデル

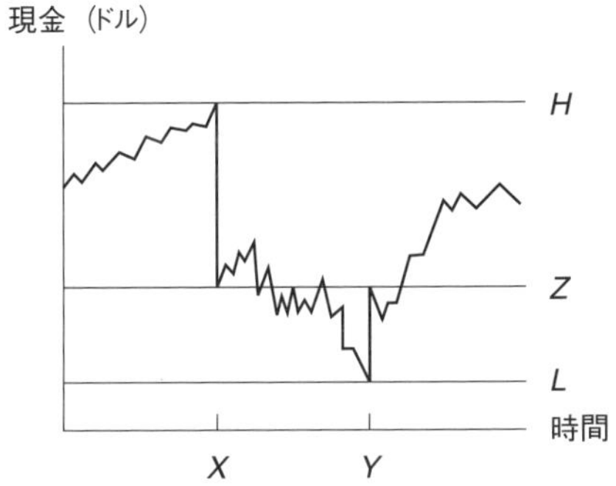

Hを管理上限値、Lを管理下限値とする。目標現金残高はZである。現金残高がLとHの間にある限り、取引は行われない。

限値）のように、現金残高が L まで減少した場合、企業は $Z—L$ の証券を売却し、現金残高を Z まで増加させる。どちらのケースでも、現金残高は Z まで戻る。企業がどの程度、現金不足のリスクに進んで耐えるのかに基づいて、管理者は下限値 L を設定する。

Baumol モデルと同様、Miller-Orr モデルも取引費用と機会費用に依存している。市場性証券の売買取引ごとの費用 F は、固定されていると仮定する。現金保有の期間ごとの機会費用 K（%）は、市場性証券の日次の金利である。Baumol モデルとは異なり、期間ごとの取引回数は、キャッシュインフローとアウトフローのパターンによって、期間ごとに変動するランダム変数である。

その結果、1期間当りの取引費用は、その期間における市場性証券の期待取引回数に依存する。同様に、現金保有の機会費用は、その期間の期待現金残高の関数である。

企業によって設定された L を所与とすると、Miller-Orr モデルは、目標現金残高 Z および上限値 H に関して解を求める。現金残高回帰政策（Z, H）の期待総費用は、期待取引費用と期待機会費用の合計に等しい。期待総費用を最小化する Z（現金回帰点）と H（上限値）の値は、Miller and Orr により導出されている。

$$Z^* = \sqrt[3]{3F\sigma^2/4K} + L$$

$$H^* = 3Z^* - 2L$$

ここで、*は最適値を表し、σ^2は日次正味キャッシュフローの分散である。Miller-

Orr モデルにおける平均現金残高は、以下のようになる。

$$平均現金残高 = \frac{4Z - L}{3}$$

例

Miller-Orr モデルを明確にするために、F は1,000ドル、金利は年間10%、日次正味キャッシュフローの標準偏差は2,000ドルであると仮定する。日次の機会費用 K は、以下のようになる。

$$(1 + K)^{365} - 1.0 = 0.10$$
$$1 + K = \sqrt[365]{1.10} = 1.000261$$
$$K = 0.000261$$

日次正味キャッシュフローの分散は、

$$\sigma^2 = (2,000)^2 = 4,000,000$$

である。$L = 0$ と仮定すると、以下を得る。

$$Z^* = \sqrt[3]{(3 \times \$1,000 \times 4,000,000)/(4 \times 0.000261)} + 0$$
$$= \sqrt[3]{(\$11,493,900,000,000)} = \$22,568$$
$$H^* = 3 \times \$22,568 = \$67,704$$

$$平均現金残高 = \frac{4 \times \$22,568}{3} = \$30,091$$

Miller-Orr モデルの含意

Miller-Orr モデルを用いるために、管理者は四つのことを行わなければならない。

1．現金残高の管理下限値を設定する。この下限値は、経営陣により決定された最小安全余裕額に関連づけられる。
2．日次キャッシュフローの標準偏差を推定する。

3．金利を設定する。
4．市場性証券の購入と売却に関する取引費用を推定する。

これらの4ステップによって、上限値と回帰値を計算することができる。Miller and Orrは、大きな事業会社の現金残高に関する9カ月分のデータを利用して、彼らのモデルを検証した。モデルは、実際に企業が得た平均値よりも、かなり低い平均日次現金残高を導くことができた6)。

Miller-Orrモデルは、現金管理の問題点を明確にする。第一に、モデルは、最適な回帰値Z^*が、取引費用Fと正の関係をもち、Kと負の関係をもつことを示している。この発見はBaumolモデルと整合し、同様である。第二に、Miller-Orrモデルは、最適な回帰値と平均現金残高が、キャッシュフローの変動性と正の関係をもつことを示している。すなわち、キャッシュフローが大きな不確実性にさらされている企業は、より大きな平均現金残高を維持すべきである。

目標現金残高に影響を与えるその他の要素

借入れ

前述の例では、企業は市場性証券を売却することによって現金を取得した。もう一つの方法は、現金の借入れである。借入れは、現金管理に追加的な検討事項を加える。

1．借入れは、金利が高くなる可能性が高いので、市場性証券の売却よりも費用がかかる可能性がある。
2．借入れの必要性は、少ない現金残高を維持するという経営陣の願望次第である。キャッシュフローの変動性が大きくなり、かつ、市場性証券への投資が減少するほど、予期せぬキャッシュアウトフローをまかなうため、企業に借入れの必要性が生じる可能性は高くなる。

6） D. Mullins and R. Hamonoffは、"Applications of Inventory Cash Management Models"（*Modern Developments in Financial Management*, ed. by S. C. Myers（New York： Praeger, 1976））において、Miller-Orrモデルの検証について議論している。彼らは、いくつかの企業の実際の現金残高と比較したとき、モデルが非常にうまく機能することを示している。しかしながら、単純な経験則も、Miller-Orrモデルと同じようにうまく機能する。

歩積預金

大企業にとって、証券の取引費用は、現金保有によって失われる収入よりはるかに少ない。現金を補てんするために、200万ドルのＴビルの売却に直面している企業と、資金を一晩遊ばせておく企業を考えてみよう。200万ドルの日次の機会費用は、年利が10％の場合、１日当り0.027％（＝0.10/365）である。200万ドルの日次リターンは、540ドル（＝0.00027×＄200万）となる。200万ドルのＴビルの売却費用は540ドルよりずっと低い。結果として、大企業は、かなりの金額を一晩遊ばせておくより、頻繁に証券を売買することになる。

とはいえ、ほとんどの大企業は、現金残高モデルが示唆するよりも多くの現金を保有している。以下は、いくつかの考えられる理由である。

1．企業は、銀行サービスに対する支払のため、現金を歩積預金として銀行に保有する。
2．大企業は、数十もの銀行に数千もの口座を保有している。毎日それぞれの口座を管理するより、現金を残しておく方が、ずっと理にかなっている場合もある。

付章27B　変動配当率優先株式、オークション配当率優先株式、および変動金利譲渡性預金証書

企業の現金管理者は、余剰現金からのリターンを改善するための新たな方法を、継続的に探している。ここ10年間で開発された洗練された投資手段の多くは、現金管理に利用するには、流動性が乏しすぎたり、リスクが高すぎたり、不適切な期限をもっていたりした。しかしながら、三つの商品（変動配当率優先株式、オークション配当率優先株式、および変動金利CDあるいはノート）は多大な便益を提供し、現在、企業の現金管理活動に使われている。

変動配当率優先株式

変動配当率優先株式（*adjustable-rate preferred stock, ARPS*）は、より伝統的なマネー・マーケット商品と競合するリターンを提供しながら、さらに法人投資家に対し、配当収入に対する80%の免税も提供する（株式投資をきわめて魅力的にする課税上の利点）ように設計されている。

ムーディーズやスタンダード&プアーズといった機関は発行証券に対し信用格付を与えており、それにより現金管理者は、他の投資と比較した、この商品の信用力を判断する基準を得られる。これらの証券の配当率は四半期ごとに、リセット日における、90日物Ｔビル利回り、10年物Ｔノート利回り、あるいは20年物Ｔボンド利回りの最も高い値に対し、固定スプレッドだけ上回るか下回るように調整される。スプレッドは各発行体により特定される。ARPS証券にはカラー（最低と最高の配当率水準）が設定され、ここに達した場合、結果としてその証券は、固定金利優先商品の特性をもつことになる。

変動金利の特性は、配当率（したがって、総合的な税引き前リターン）を代替的な投資と同水準に保ち、金利の変動のみが原因の価格変動性を低減する。しかしながら、変動金利の特性は、これらの商品に伴うすべての増分リスクを取り除くわけではない。

リスクはARPS市場に存在し、三つの区分に分けることができる。現金管理者は、これら3区分のいずれかで生じるかもしれない変化を考慮して、継続的に市場を再評価しなければならない。

ARPS市場の最大のリスクは、発行体の数が限られていて、特定の産業集団（最も顕著なのは銀行）に集中していることと、常に存在する格下げのリスクから生じる。他の信用商品と同様、ARPSも、発行体と産業集団の強さに対する市場の認識に起因した変動性にさらされる。信用力に対する懸念が、リセット日間とリセット日における変動配当率を左右しうるので、元本毀損の可能性はARPSの購入者にとって現実のリスクである。現金管理者は、ARPSへの投資には月ごとに（企業の現金ポートフォリオ評価の標準的な時間的視野）かなりの変動性がありうることを認識しなければならない。

二つ目のリスク要因は、ARPSの発行と流通市場が小さいことに関連する。これらの証券に対する需要は、主に法人投資家からのもので、このような投資基盤の限定的な性質が、市場の奥行きを評価する際の要素である。現金管理者がポジションを即座に清算しなければならない場合、薄い市場は価格圧力を悪化させる。その結果、ほとんどの法人投資家は、ポートフォリオを運営するため、ARPS市場に特化した投資信託マネジャーを採用する。流動性は投資信託では通常翌日であり（元本は決して保証されないが）、投資信託マネジャーは同市場における最も活発なプレーヤーとなっている。

最後に、これらの商品の主要な特徴が配当の免税という課税上の利点なので、課税規定の変更はARPSの発行価格に大きな影響をもっている。1986年の租税改正法は、この免税を85%から70%に減らした。46%の税率を仮定すると、ARPS市場の法人投資家は、配当収入が6.9%（15%が46%で課税される）ではなく、13.8%（30%が46%で課税される）で課税されることになった。このような増税は間違いなく、既発証券に対して相当な価格下落をもたらしただろう。ARPSの発行体と購入者にとって幸運なことに、最高法人税率は現在46%より低く、配当収入の受け手に小さな変化しかもたらしていない。投資としてのARPSは、他の商品と比較して税引き後リスク調整後ベースで評価されるため、課税上の利点という問題はきわめて重要である。もし商品に内在する追加的リスクが、課税上の利点を上回り始めれば、この商品は徐々に魅力的でなくなるだろう。

変動配当率優先株式市場は、主に変動配当が、発行体の信用上の懸念を埋め合わせなかったため、当初の支持者が望んだほどにはうまくいっていない。このため多くの証券は額面以下で取引され、いくつかの関連した商品の発達を促した。これらの新しい商品のうち、最も成功したのはオークション配当率優先株式である。

オークション配当率優先株式

ARPSと*オークション配当率優先株式*（*auction-rate preferred stock*）の共通点は、両者が変動配当率をもち、配当に対する同様の免税を企業に与えるということだけである。オークション配当率は、配当の設定方法とポートフォリオの管理方法においてARPSと異なる。

オークション配当率優先株式の配当率は、発行体によって設定されるのではなく、ダッチ・オークションと呼ばれるプロセスを経て、市場により設定される。オークションでは、リセット日の間の期間として標準的な49日間の配当利回りを投資家が決定できる。内国歳入庁は、配当免税が適格となるために、法人投資家が有配株式を最低45日以上保有することを求める。49日は、各証券の残存期間中、常に同じ曜日にオークションが行われるように選ばれた。

オークション配当率優先株式は次のようにオークションにかけられる。各入札者（すでに株式を所有し、保有し続けることを望む者、あるいは新たな購入者）は、オークション担当機関に、希望する株式数と配当水準を提示する。取引可能な株式を売り切ることができる最低の配当率が、次のリセット/オークションまでの49日間の配当となる。株式をすでに保有してオークションに参加する投資家は、設定された配当がいくらであっても株式を保有する（ローリングと呼ばれる）か、あるいは自ら受け入れる最低の配当率を入札し、より低い配当を受け入れることを望む他の入札者に、一部または全部の株式を負けるリスクを受け入れることになる。もちろん、株主には、オークションですべての株式を単に売却する権利もある。このプロセスは本質的に独立だが、ほとんどの証券に対する配当率は、通常、オークション日における60日物AAコマーシャル・ペーパー金利の、およそ60～80%に設定される。

オークション配当率優先株式は、法人投資家にいくつかの重要な特徴を提供する。

1．49日のリセット期間は、ARPS市場でみられる90日の期間よりも短く、金利の変動と信用力に対する懸念の双方から生じる価格変動性の可能性を低下させる。
2．配当水準を決定するためのオークションという方法は、証券が額面で取引される可能性を高め、元本の毀損を最小化する。さらに、より短いリセット期間はまた、オークションの間で企業が事業のために資金が必要になった場合に、現金管理者に流動性の向上をもたらす。オークション配当率優先株式の投資家は、これらの特徴のために、ARPSと比べて、多少のリターンを犠牲にしているが、それでも他のマネー・マーケット投資と比較すると、かなりの税引き後の利益を獲得する。
3．オークション配当率優先株式市場は、法人投資家にとってよりアクセスしやすく、投信を通してではなく、独自に投資することができる。多くの現金管理者は、これにより得られる、ポートフォリオに対する追加的なコントロールを選好する。

オークション配当率優先株式に伴うリスクは、ARPSに伴うリスクよりも小さいが、即座に流動性が必要になるかもしれない、あるいは厳格なリターン基準に直面している現金管理者にとっては、依然かなりのものであると考えなければならない。これらのリスクは次のものを含む。

1．*オークションの不成立*：オークションを管理する機関が、特定の証券に関して、すでに存在する株式の売却注文に見合うだけの入札を得られなかった場合、オークションは不成立とみなされる。これまでいくつかのオークションの不成立はあったが、想像されるほど壊滅的ではない。これは、次の49日間の配当率が、60日もののAAコマーシャル・ペーパーの金利の110％に設定されることを意味する。したがって、売り手が清算を望んでいた場合、キャピタル・ロスに直面することになる。

2．*発行体の信用状態*：ARPSと同じように、すべてのオークション配当率優先株式は、ムーディーズやスタンダード＆プアーズから格付を得る。これらはリセット日の間の期間、見かけ上のあるいは実際の信用状態の変化に、影響されやすい。新しい市場を促進するために、一部の大手仲介業者は、リセット日の間の期間、投資家の参加を促すように、オークション配当率優先株式を額面で買い取る保証さえした。

3．*課税規定の変更*：課税規定の大きな変更は、APRS市場に対するものと同様に、オークション配当率優先株式市場に影響を与える。もう一度繰り返せば、これらの商品は他の商品と比較して、税引き後リスク調整後ベースで判断されることを覚えておくことがきわめて重要である。

オークション配当率優先株式は、法人市場において非常に好意的に受け入れられてきている。継続的な成功の鍵は、発行体の分散化、きちんと成立するオークション、そして他のマネー・マーケット投資と比較した、継続的な税引き後利回りの優位性であろう。

変動金利譲渡性預金証書

余剰現金からのリターン向上を望む現金管理者が利用できる3番目の投資は、*変動金利譲渡性預金証書*（*floating-rate certificate of deposit, FRCD*）あるいはノートである。ここでの議論はCDを中心とするが、時間的視野を修正することで、短期ノートにも同様の議論が当てはまる。

FRCD市場は、短期現金の管理者に相当な投資機会を提供する。FRCDの「売り」である、頻繁にリセットされるクーポンは、投資家に、中期商品の利回りと、短期商品の流動性とを結合させることを可能にする。そのうえ、この結合は、魅力的なリターンを提供しつつ、金利リスクを低減し、資本維持の備えとなる。

FRCD市場を評価する際には、二つの問題が問われなければならない。

1．発行証券はどのように価格づけされるのか。
2．どの基準金利が選ばれるべきか。

変動金利CDは、ロンドン銀行間貸手金利（LIBOR）やＴビル、コマーシャル・ペーパーといった有名な市場インデックスにスプレッドを乗せるか、あるいは引いて価格づけされる。スプレッドの大きさは、発行体の信用力、発行証券の満期、流動性、発行時における全体的な金利水準を反映する。一般的に、このスプレッドは証券の満期まで固定されるが、新規発行証券のなかには実際に変動スプレッドをもつものもある。信用力に対する市場の認識が、基準金利に対するスプレッドに織り込まれた水準から大きく変化した場合、市場が投資家に対して、増加したリスクに報いるため、証券の価格は下落する。

実際に投資家に支払われるクーポン（インデックス金利＋/－事前に決められたスプレッド）は、通常、月ごと、四半期ごと、あるいは半期ごとに定期的にリセットされる。証券は市場状況に応じて継続的に価格改定されるが、このクーポンの変動的特性が、ほとんどのFRCDの価格を、常に額面価格から１～２％の範囲内に維持する。価格の安定性は、リセットの頻度とともに増加する。

ほとんどのFRCDはまた、コールまたはプット・オプションのかたちでの期限前償還を規定する。コールのケースでは、通常発行から３～５年以内に、発行体が証券を投資家から額面で買い戻すオプションをもつ。証券は任意のクーポン支払日に買い戻すことができ、予想されるように、普通、オプションは、証券が割高で取引されている場合に行使される。プット・オプションでは、投資家が、満期の前に、証券を発行体に額面で売り戻す権利をもつ。普通、オプションは、証券が割安に取引されている場合に行使される。これらの特徴は、通常、満期日をコールやプットの期日に置き換えて、利回り計算に織り込まれなければならない。

FRCDの当初の価格は、発行証券に対する市場需要、流動性、発行ストラクチャーの好ましい特徴を反映する。証券が額面に対し割高で取引されるか、割安で取引されるかは、これらやその他前述の要素に対する市場の認識の変化に依存する。しかしながら、頻繁にリセットされるクーポンを考えると、発行体のクオリティあるいはクオリティ・スプレッドのみが、元本の重大な毀損を引き起こすことになる。

FRCD の価格は、T ビルとユーロドルのスプレッドの拡大など、インデックス金利間の関係の変化が生じた場合にも影響を受ける。二つの FRCD が、一つは LIBOR に対するスプレッドを基準に、もう一つは T ビルに対するスプレッドを基準に、同じ利回りで価格づけされているとする。もし T ビルとユーロドルのスプレッドが拡大すると、LIBOR を基準とする FRCD に価格下落が起こる。これは、金利の絶対的な水準や、特定の信用リスクに対する市場の認識の変化にかかわらず、生じる。

FRCD の評価においては、インデックス金利に基づく証券の選択が、発行体の信用格付や満期に基づく証券の選択と同じくらい重要になりうる。インデックスの選択は、発行体の業界のファンダメンタルズが、そのインデックスに対して、どのように変動するのかについての認識を反映する。たとえば、基準としての T ビルの選択は、無リスクの基準と比べて、発行体がどのようなパフォーマンスをあげるかに関する分析を意味する。また、コマーシャル・ペーパーの選択は、同市場へのアクセスをもつ企業と比べた、発行体の将来性に関する分析を意味する。

基準金利はまた、全体的なクオリティに関する懸念が市場で生じた際にも重要となる。LIBOR インデックスはこれらの懸念を反映するが、LIBOR を基準とする FRCD の価格は、市場が決定する資金コストにクーポンが直接結びつけられているので、劇的に変化しないはずである。しかしながら、T ビルを基準とする FRCD は、このような場合に、かなりの価格変動を示すかもしれない。市場の変動に対するインデックスの感度が高くなるほど、証券の価格安定性は高まる。

FRCD は、ARPS やオークション配当率優先株式のような課税上の利点を提供しないが、現金管理者に対し、金利変化に見合った余剰現金からのリターンを維持する機会を与える。FRCD の流通市場は、まだ発展途上であるが、優先株式の市場と比べて、かなりの奥行きがある。

これらの投資商品はすべて、現金管理活動に、より長期の現金投資が可能になるように設計されている。一般的に現金管理者は、これらの商品への投資を検討する前に、最小限 9 カ月から12カ月の投資期間を用いている。少なくとも 1 年間は、企業の事業に現金が必要とされないことを、管理者が合理的に確信できなければ、現金がこれらの投資に拘束されるべきではない。

ミニケース

●リッチモンド社における現金管理

リッチモンド社は、20年前に現在の社長であるダニエル・リッチモンドにより創業された。会社は当初、郵便による通販会社としてスタートしたが、近年ウェブサイトのおかげで急成長している。顧客が幅広い地域に散らばっているので、会社は現在、サンフランシスコ、セントルイス、ボストンに、ロックボックス・センターを設けている。

会社の経理部長であるスティーブ・デニスは、現在の現金回収政策を精査している。各ロックボックス・センターは、平均して、毎日23万5,000ドルの支払を処理する。会社の現在の政策では、これらの支払を、回収センター地域の銀行で、毎日短期市場性証券に投資する。給料を支払うために各投資口座は２週間ごとにスイープされ、資金はリッチモンド社の本社があるダラスに電信送金される。各投資口座は１日当り0.068％を支払い、電信送金の費用は送金額の0.20％である。

スティーブは、ダラス郊外にあるサード・ナショナル銀行から、リッチモンド社に集中銀行システムを導入する可能性についてアプローチされた。サード・ナショナル銀行は、電信送金のかわりに、自動資金決済センター（ACH）転送を通して、ロックボックス・センターの日次支払額を受け入れる。ACHで転送される資金は、１日後にならないと利用できない。決済されたら、資金は１日当り0.075％の利回りを生み出す短期口座に預金される。各ACH転送には200ドルの費用がかかる。ダニエルはスティーブに、どちらの現金管理システムが会社のために最善か決定するよう頼んだ。スティーブはアシスタントのあなたに、以下の問題に答えるよう求めた。

1．現在のロックボックス・システムで、給料を支払うために利用可能なリッチモンド社の正味キャッシュフローの合計はいくらか。
2．サード・ナショナル銀行が提示した条件で、会社は集中銀行システムを導入するべきか。
3．会社が二つのシステムで無差別になる、ACH転送の費用はいくらか。

第28章

信用管理と在庫管理

2008年４月、ホームインテリア企業であるリネンズン・シングス社は、財務的にひどい状態に陥り、代金の支払が遅れるか、あるいはまったく払えなくなってしまったので、多くのサプライヤーが商品の納入をストップした。店舗を開き続けるための異常な努力のなか、会社は60～100社のサプライヤーと、納入後１、２カ月で支払うという一般的な政策のかわりに、代金を前払いすることで合意した。会社にとって残念なことには、それでも会社は倒産を宣言することを余儀なくされた。倒産が発表されたとき、未払代金を抱えるサプライヤーは、重大な結果に直面した。たとえば、家電製品のメーカーであるアムコア社は、GPS機器の納入に対する368万ドルの代金が未払いになっていた。倒産の過程で、アムコア社は未払金の50万～75万ドルが失われると予想した。この比較的小さな会社にとっては、相当な損失である。他の債権者には、カルファロン社、キッチンエイド社、ヤンキー・キャンドル社などが含まれていた。このケースが示すように、顧客が支払えない（支払わない）場合、信用を供与することは大きな損失につながる。結果として、信用管理は短期財務の重要な側面である。

28.1　信用と売掛金

企業が商品やサービスを販売する時、企業は、引渡日かその前に、現金を要求することができるし、あるいは、顧客に信用を供与して、支払をしばらく待つことができる。信用供与（与信）は顧客に対する投資―商品やサービスの販売と結びついた投資―である。

なぜ、企業は信用を供与するのだろうか。すべてが行うわけではないが、これはきわめて一般的である。明らかな理由は、信用供与は売上げを刺激する一つの方法だからである。信用供与に伴う費用は、些細なものではない。第一に、顧客が支払わない可能性がある。第二に、会社は売掛金を抱える費用を負わなければならない。したがって、信用政策の意思決定には、売上げ増加の利益と信用供与の費用がかかわっている。

会計の観点では、信用が供与されたとき、売掛金が生じる。このような売掛金には、*企業間信用（trade credit）*と呼ばれる他の企業に供与される信用と、*消費者信用（consumer credit）*と呼ばれる消費者に供与される信用が含まれる。米国事業法人の総資産の約6分の1は売掛金の形態なので、売掛金は明らかに米国企業にとって財務資源の主要な投資である。

信用政策の構成要素

もし企業が顧客に信用を供与することを決定したら、信用供与と回収の手順を確立しなければならない。特に、企業は以下の信用政策の構成要素に対応しなければならない。

1．販売条件（terms of sale）：販売条件は、企業がどのように商品やサービスを売るつもりなのかを確立する。基本的な意思決定は、企業が現金を要求するのか、あるいは信用を供与するのかである。もし企業が顧客に信用を供与するなら、販売条件は、与信期間、現金割引と割引期間、そして信用手段の種類を特定する（おそらく暗黙のうちに）。
2．信用分析（credit analysis）：信用供与の際、企業は、支払う顧客と支払わない顧客の識別を試みるために、どれだけの努力を費やすのか決める。企業は、顧客が支払わない確率の算定に、いくつかの方法や手続を用いる。これらはまとめて、信用分析と呼ばれる。
3．回収政策（collection policy）：信用を供与した後、企業は現金回収の潜在的な問題を抱える。そのために、回収政策を確立しなければならない。

次のいくつかの節で、信用供与の意思決定を集合的に形成するこれらの信用政策の構成要素を議論する。

信用供与からのキャッシュフロー

前の章で、売掛金期間を、販売代金を回収するのに要する時間として説明した。この期間に、いくつかのイベントが起こる。これらのイベントは、信用供与に伴うキャッシュフローで、キャッシュフロー図で表すことができる。

信用供与のキャッシュフロー

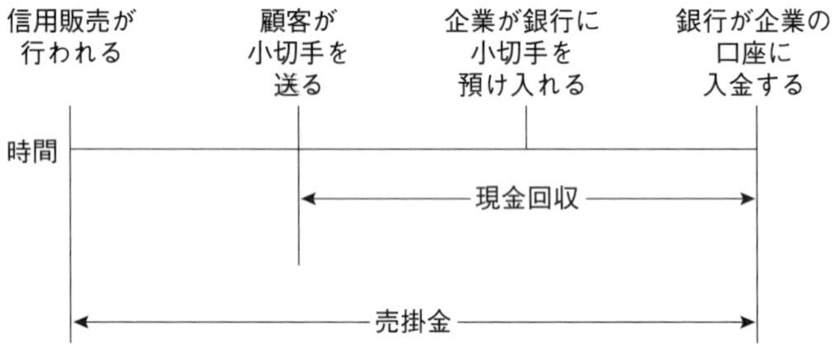

時間線が表すように、企業が信用供与を行う際の典型的なイベントの順番は、以下のとおりである。①信用販売が行われる、②顧客が企業に小切手を送る、③企業が小切手を銀行に預け入れる、④企業の口座に小切手の金額が入金される。

前の章での議論をもとにすると、売掛金期間に影響を及ぼす要因の一つがフロートであることは明白である。したがって、売掛金期間を短縮する一つの方法は、小切手の郵送、処理、そして決済を速めることである。このテーマに関してはほかで扱っているので、以下の議論ではフロートを無視し、売掛金期間の主要な決定要因である可能性が高いものにフォーカスする。すなわち、信用政策である。

> これらの会社は、企業の運転資本管理を支援する。
> www.pnc.com および www.treasurystrat.com/corp

売掛金への投資

企業の売掛金への投資は、信用販売の金額と平均回収期間の両方に左右される。たとえば、ある会社の平均回収期間（average collection period, ACP）が30日だとすると、所与の時点で30日分の売上げが未払いになっている。もし信用販売が１日当り１,000ドルだったら、会社の売掛金は平均で３万ドル（＝30日×＄１,000）になる。

この例が示すように、企業の売掛金は一般的に、平均日次売上高と平均回収期間を掛け合わせたものに等しい。

売掛金＝平均日次売上高×ACP　　(28.1)

したがって、企業の売掛金への投資は、信用販売と回収に影響を及ぼす要因に左右される。

第３章や第26章など、さまざまな箇所で平均回収期間を扱ってきた。われわれは、*売掛債権回収日数*、*売掛金期間*、*平均回収期間*、という用語を、販売代金の回収に要する時間を指すものとして互換的に用いることを思い出されたい。

28.2　販売条件

すでに述べたように、販売条件は三つの異なる要素からなる。

1．信用が供与される期間（与信期間）
2．現金割引と割引期間
3．信用手段の種類

同じ業種内では、販売条件は通常かなり標準化されているが、業種間では、これらの条件は非常に異なっている。多くの場合、販売条件は驚くほど古風で、文字どおり前世紀に端を発している。現在の慣行に似た企業間信用の組織化されたシステムは、中世ヨーロッパの大きな定期市まで簡単にさかのぼることが可能であり、そしてこれらはほぼ確実に、それよりずっと前から存在していた。

基本的形態

販売条件を理解する最も簡単な方法は、例を考察することである。２/10、ネット（net）60というような条件が一般的である。これは、顧客が全額を支払うのに、インボイス（明細記入請求書）の日付から60日間の猶予があることを意味する。しかしながら、もし10日以内に支払ったら、２％の現金割引を受けることができる。

ある買い手が、1,000ドルの注文を出し、販売条件は2/10、ネット60だとしよう。買い手は10日以内に980ドル［＝＄1000×（1－0.02)］を支払うか、あるいは60日後に1,000ドル全額を支払うかの、オプションをもっている。もし表示された条件が単にネット30なら、顧客は1,000ドル全額を支払うのに、インボイスの日付から30日の猶予があり、早期支払に対する割引は提供されない。

一般的に、信用条件は以下のように解釈される。

〈インボイス金額からこの割引を得る〉/〈もしこの日数内に支払ったら〉、〈あるいはこの日数内にインボイス金額すべてを支払う〉

したがって、5/10、ネット45は、もし10日以内に支払ったら、5％の割引価格を得るが、そうでなければ、45日以内に正価を支払うことを意味する。

小さなビジネスの信用プロセスについてのより詳しい情報は、以下を参照。
www.newyorkfed.org/education/addpub/credit.html

与信期間

与信期間（credit period）は、信用が供与される基本的な時間の長さである。与信期間は業界ごとに大きく異なるが、ほとんど常に30日から120日の間である。もし現金割引が提供されていたら、与信期間は二つの部分からなる。ネット与信期間と、現金割引期間である。

ネット与信期間は、顧客が支払わなければならない時間の長さである。現金割引期間は、割引が利用可能な期間である。たとえば、2/10、ネット30では、ネット与信期間が30日で、現金割引期間が10日である。

インボイス日

インボイス日は、与信期間の始まりである。インボイス（invoice）は、買い手に送られる商品の明細書である。個別の商品では通常、慣例によってインボイス日が発送日か請求日であり、買い手が商品または請求書を受け取る日ではない。

他の多くの取決めも存在する。たとえば、販売条件はROG（*receipt of goods*）かもしれない。この場合、与信期間は顧客が注文品を受け取った時から始まる。これは、顧客が遠隔地にいる際に、用いられるかもしれない。

EOM（end of month）づけでは、ある月の間のすべての売上げは、月末になされたものとみなされる。これは、買い手が月間を通して購入し、売り手が月に一度請求する場合に、便利である。

たとえば、2/10日、EOMは、買い手が月の10日までに支払ったら2％の割引を受け、そうでない場合は全額が支払われる。やや混乱するのは、月末は、時々その月の25日とされることである。MOM（middle of month）づけは月の中間で、もう一つの変形である。

季節づけも、オフ・シーズンに季節性商品の販売を促進するために時々用いられる。主に夏に売られる商品（たとえば日焼けオイル）は、1月に2/10，ネット30の信用条件で発送することができる。しかしながら、インボイスの日付は5月1日で、この日から実際の与信期間が始まるかもしれない。この慣行は、買い手が注文を速めることを促進する。

与信期間の長さ

いくつかの要因が与信期間の長さに影響を及ぼす。二つの重要な要因は、*買い手*の棚卸資産期間と営業循環である。他のすべてが等しいなら、これらが短ければ短いほど、与信期間は短くなる。

第26章で、営業循環には二つの構成要素があることを述べた。棚卸資産期間と売掛金期間である。買い手の棚卸資産期間は、買い手が棚卸資産を（われわれから）獲得し、処理し、販売するまでに要する時間である。買い手の売掛金期間は、買い手が販売代金を回収するのに要する時間である。われわれが提供する与信期間は、基本的に買い手の買掛金期間であることに注意されたい。

信用を供与することにより、われわれは買い手の営業循環の一部を資金手当し、それにより買い手の現金循環を短くする（図26.1参照）。もしわれわれの与信期間が買い手の棚卸資産期間より長かったら、われわれは買い手の棚卸資産購入だけでなく、買い手の売掛金の一部も資金手当していることになる。

さらに、もしわれわれの与信期間が買い手の営業循環より長かったら、われわれは実質的に、目下の商品の販売と購入の範囲を超えて、顧客の事業に資金調達を提供していることになる。理由は、買い手が商品を再販した後も、われわれから実質的に融資を受けていることになり、買い手はこの信用を他の目的に使うことができるからである。この理由があるので、買い手の営業循環がしばしば与信期間の適切な上限であるとみなされる。

与信期間に影響を及ぼす他の要因も数多く存在する。これらの多くもまた、顧客の営業循環に影響を及ぼすので、これらは関連するテーマである。これらのなかで最も重要なものは、以下を含む。

1. *商品の痛みやすさの程度と担保価値*：痛みやすい商品は、比較的速い回転率と、比較的低い担保価値をもっている。したがって、このような商品の与信期間は短くなる。たとえば、生鮮果物と生鮮野菜を販売する食料品卸売業者は、ネット7を用いるかもしれない。一方、宝石は5/30、ネット4カ月で販売されるかもしれない。
2. *顧客需要*：十分に定着した商品は通常、より速い回転率をもっている。新商品や売れ行きの悪い商品は、しばしば顧客を引き寄せるためにより長い与信期間を伴う。また、すでにみたように、顧客需要が低いシーズンオフには、売り手はより長い与信期間を選択するかもしれない。
3. *コスト、利益性、および標準化*：比較的安い商品は、より短い与信期間をもつ傾向にある。同じことは、比較的標準化された商品や原材料などにもいえる。これらはすべて、利鞘が小さく、高い回転率をもっており、両方がより短い与信期間につながる。とはいえ、例外もある。たとえば、自動車ディーラーは一般的に車を受け取るたびに支払を行う。
4. *信用リスク*：買い手の信用リスクが高ければ高いほど、与信期間は短くなる可能性が高い（もし信用が供与されたらの話だが）。
5. *取引の規模*：少額取引は管理によりコストがかかり、顧客の重要性も低いので、取引の規模が小さい場合、与信期間は短くなるかもしれない。
6. *競争*：売り手が競争の激しい業界にいる場合、顧客を引き付ける一つの方法として、より長い与信期間が提供されるかもしれない。
7. *顧客のタイプ*：売り手は異なる顧客に異なる信用条件を提供するかもしれない。たとえば、食品卸売業者は、食料雑貨、ベーカリー、レストランに商品を納入するかもしれない。それぞれのグループはおそらく異なる信用条件をもつだろう。より一般的には、売り手は卸売りと小売りの両方の顧客をもっており、二つのタイプの顧客にしばしば異なる条件を提示する。

現金割引

すでにみたように、現金割引（cash discount）はしばしば販売条件の一部である。米国における現金購入に対して割引を与える慣行は、南北戦争にまでさかのぼり、今日では広く用いられている。割引が提供される一つの理由は、売掛金の回収を速めることである。これは提供される信用額を減らす効果があり、企業はこれと割引費用との釣り合いをとらなければならない。

現金割引が提供される場合、割引期間の間、信用は実質的に無料であるということに注意されたい。買い手は割引期間が終わった後で、信用に対して支払う。2/10、ネット30では、合理的な買い手は、タダの信用を可能な限り最大限活用するために10日後に支払うか、あるいは割引を諦めるかわりに、お金を最大限長く使うために30日後に支払う。割引を諦めることによって、買い手は実質的に20日間（＝30－10）の信用を得ている。

現金割引のもう一つの理由は、それが信用で購入する顧客に対して高い価格を請求する方法だからである。この意味で、現金割引は信用供与を受けた顧客に請求する便利な方法である。

信用のコスト

われわれの例では、割引がむしろ小さいとみえるかもしれない。たとえば、2/10、ネット30では、早期支払で、買い手は2％の割引しか受けない。これは早期支払に対して重要なインセンティブを提供するだろうか。答えはイエスである。なぜなら、暗黙の金利はきわめて高いからである。

なぜ割引が重要かみるために、早期支払を行わない買い手のコストを計算してみよう。企業間信用に対して、買い手は実質的にどれだけの金利を支払うのか求めてみる。注文は1,000ドルの商品に対するものであるとする。買い手は10日以内に980ドルを支払うことも、さらに20日間待って1,000ドルを支払うこともできる。買い手が実質的に980ドルを20日間借りていて、「ローン」に対して20ドルの金利を支払うことは明らかである。

この金利は、第4章で議論した普通の割引金利である。借りた980ドルに対する20ドルの利息では、利率は2.0408％（＝＄20/980）である。これは比較的低いが、しかし20日間の金利であることを忘れてはいけない。1年間にこのような期間は18.25回（＝365/20）あるので、割引を受けないことによって、買い手は以下の実効年利率（EAR）を支払っている。

$$EAR = 1.020408^{18.25} - 1 = 44.6\%$$

買い手の観点からみると、これは高価な資金調達である。

ここではこれほど金利が高いので、売り手が早期支払から利益を得ることはまずない。買い手のデフォルトの可能性を無視すると、割引なしですませるという顧客の意思決定は、ほとんど確実に売り手のアドバンテージになる。

全国信用管理協会（National Association of Credit Management）を訪ねてみよう。
www.nacm.org

業者間割引

一部の状況では、割引は、早期支払の実際のインセンティブではなく、むしろある種の買い手に日常的に与えられる*業者間割引（trade discount）*である。たとえば、2/10日、EOMの条件では、もし10日までにインボイスが支払われれば、買い手は2％の割引を受けるが、請求書は10日が期限とみなされ、それ以降は期限超過となる。したがって、与信期間と割引期間は実質的に同じで、期限日前に支払うことに対する報酬はない。

現金割引と平均回収期間

現金割引が顧客に早期支払を奨励する範囲で、それは売掛金期間を短縮し、他のことがすべて同じなら、企業の売掛金への投資を減らすことになる。

たとえば、会社は現在ネット30の条件と、30日の平均回収期間（ACP）をもっているとする。もし会社が2/10、ネット30の条件を提供したら、おそらく50％の顧客（購入額の観点で）が10日以内に支払う。残りの顧客は、依然として支払うのに平均で30日かかる。新しい平均回収期間は何日になるだろうか。もし会社の年次売上高が1,500万ドル（割引前）だったら、売掛金には何が起こるだろうか。

もし顧客の半分が支払うのに10日かかり、残りの半分が30日かかるとしたら、新しい平均回収期間は以下のようになる。

$$\text{新 ACP} = 0.50 \times 10\text{日} + 0.50 \times 30\text{日} = 20\text{日}$$

したがって、平均回収期間は30日から20日に下がる。平均日次売上高は、4万1,096

ドル（＝＄1,500万/365）である。よって売掛金は41万960ドル（＝＄41,096×10）減ることになる。

信用手段

信用手段（credit instrument）は、負債があることの基本的な証拠である。ほとんどの企業間信用は、*オープン勘定*に対して供与される。これは唯一の正式な信用手段がインボイスであることを意味する。インボイスは商品の配送とともに送付され、顧客が商品受領の証拠として署名する。その後、企業と顧客は取引を帳簿に記録する。

時に企業は、顧客に*約束手形（promissory note）*に署名することを求めるかもしれない。これは基本的な借用証書で、注文量が大きい場合や、現金割引がない場合、あるいは企業が回収上の問題を予測する場合に、利用されるかもしれない。約束手形は一般的ではないが、負債の存在に関する将来の論争を排除することができる。

約束手形の一つの問題点は、商品の配達後に署名されることである。商品が配達される前に顧客から信用確約を得る一つの方法は、*商業手形（commercial draft）*の利用を通じたものである。通常、売り手は顧客に対して、特定の金額を特定の日に支払うことを求める商業手形を発行する。その後、手形は顧客の銀行に、配送インボイスとともに送付される。

もし手形に即時の支払が求められるなら、それは*一覧払い手形（sight draft）*と呼ばれる。もし即時の支払が求められないなら、それは*一覧後定期払い手形（time draft）*と呼ばれる。手形が呈示され、買い手が了承（将来支払うことを約束）したら、これは*買主引受手形（trade acceptance）*と呼ばれ、売り手企業に送り返される。売り手はその後、これを保有することも、あるいはだれかに売却することもできる。もし銀行が手形を了承（支払を保証）したら、手形は*銀行引受手形（banker's acceptance）*となる。これは国際貿易において一般的で、銀行引受手形はマネー・マーケットで活発に取引される。

企業はまた、信用手段として条件付販売契約を利用することができる。これは顧客が支払を完了するまで、企業が商品の法的所有権を留保するという契約である。通常、条件付販売契約は分割で支払われ、利息費用が織り込まれる。

28.3　信用政策の分析

この節では、信用供与の意思決定に影響を及ぼす要因を詳細にみていく。信用供与は、そうすることのNPVがプラスの場合にのみ、理にかなっている。したがって、信用を供与する意思決定のNPVを考察する必要がある。

信用政策の効果

1．*収益効果*：もし企業が信用を供与すると、一部の顧客は供与される信用を利用して後で支払うようになるので、収益への寄与に遅れがでる。とはいえ、企業は信用供与を行った場合、より高い価格を請求でき、また販売数をふやせるかもしれない。したがって、総収益は増加するかもしれない。

2．*費用効果*：信用供与を行った場合、収益に遅れが出るかもしれないが、企業は販売費用を依然としてすぐに負うことになる。企業が現金かあるいは信用のどちらで販売するにしても、いままでどおり商品を購入するか生産（そして支払も）しなければならない。

3．*負債の費用*：企業が信用供与を行う際、生み出される売掛債権の資金手当をしなければならない。結果として、企業の短期借入コストは、信用を供与する意思決定における決定要因の一つである[1]。

4．*支払わない確率*：もし企業が信用を供与すると、信用で購入する買い手の一部は支払わない。もちろんこれは、企業が現金で販売する場合には起こらない。

5．*現金割引*：企業が信用条件の一部として現金割引を提供すると、一部の顧客は割引を利用するために早期に支払うようになる。

1）　短期負債のコストは、一般的に売掛金に対して要求されるリターンであると仮定されるが、必ずしもそうである必要はない。通常、投資に対して要求されるリターンは、資金調達の源泉ではなく、投資のリスクに左右される。*買い手*の短期負債のコストが、概念的には正しい利率に近い。われわれは売り手と買い手が同じ短期負債コストをもつという暗黙の仮定を維持する。いずれにしても、信用の意思決定における期間は短いので、割引率の比較的小さな誤差は、推定されたNPVに大きな影響を与えない。

提案された信用政策の分析

信用政策をどのように分析できるのか例証するために、簡単な例から始める。ローカスト・ソフトウェア社は、2年前に設立された。会社は、コンピュータ・プログラム開発で成功した企業のうちの一つである。現在会社は現金販売しか行っていない。

ローカスト社は、現在の政策をネット1カ月(30日)に変更してほしいという主要顧客からの要望を評価していている。この提案を分析するために、以下を定義する。

P = 1個当りの価格
v = 1個当りの変動費
Q = 現在のひと月当りの販売数
Q' = 新政策のもとでの販売数
R = 月次要求リターン

いまのところ、割引とデフォルトの可能性は無視する。また、結論に影響しないので、税金も無視する。

政策を変更するNPV

$P = \$49$
$v = \$20$
$Q = 100$
$Q' = 110$

もし要求されるリターン（R）が月次2％だったら、ローカスト社は変更すべきだろうか。

現在、ローカスト社の月次売上高は、$P \times Q = \$4,900$である。各月の変動費は、$v \times Q = \$2,000$なので、現在の現金販売からのキャッシュフローは、以下のとおりである。

$$
\begin{aligned}
\text{旧政策のキャッシュフロー} &= (P - v)Q \\
&= (\$49 - 20) \times 100 \qquad (28.2) \\
&= \$2,900
\end{aligned}
$$

もちろんこれはローカスト社の総キャッシュフローではないが、変更してもしなくても固定費およびキャッシュフローの他の要素は同じなので、これだけを吟味すればよい。

もしローカスト社がネット30の販売条件に変更したら、販売数は $Q'=110$ にふえる。月次売上高は $P\times Q'$ に増加し、コストは $v\times Q'$ になる。したがって、新政策でのキャッシュフローは以下のようになる。

$$\begin{aligned}\text{新政策のキャッシュフロー} &= (P-v)Q' \\ &= (\$49-20)\times 110 \\ &= \$3,190\end{aligned} \tag{28.3}$$

第6章に戻ると、適切な増分キャッシュフローは、新旧キャッシュフローの差であることがわかる。

$$\begin{aligned}\text{増分キャッシュフロー} &= (P-v)(Q'-Q) \\ &= (\$49-20)\times(110-100) \\ &= \$290\end{aligned}$$

これは、政策を変更することによる毎月の利益が、販売1個当りの売上総利益29ドル（$=P-v$）に、販売増加数10（$=Q'-Q$）を掛け合わせたものであることを表している。したがって、将来の増分キャッシュフローの現在価値は、以下になる。

$$\mathrm{PV}=[(P-v)(Q'-Q)]/R \tag{28.4}$$

ローカスト社の場合では、この現在価値は以下のように算定される。

$$\mathrm{PV}=(\$29\times 10)/0.02=\$14,500$$

同じ利益が毎月永久に実現されるので、月次キャッシュフローをパーペチュイティとして取り扱っていることに注意されたい。

これで変更の利益がわかったが、コストはどうなるだろうか。二つの構成要素を考慮する必要がある。第一に、販売数が Q から Q' に上昇するので、ローカスト社は200ドル［$=v(Q'-Q)=\$20\times(110-100)$］のコストで、$Q'-Q$ だけ多く生産しなければならない。第二に、現在の政策で回収されるはずだった今月の売上高4,900ドル（$=P\times Q$）が、回収されなくなる。新しい政策では、今月の売上高は

30日後にならないと回収されない。変更のコストは、これら二つの構成要素の合計である。

$$\text{変更のコスト} = PQ + v\,(Q' - Q) \qquad (28.5)$$

ローカスト社では、これは5,100ドル（＝＄4,900＋＄200）になる。

すべてを一緒にすると、変更のNPVが以下であることがわかる。

$$\text{変更の NPV} = -[PQ + v(Q' - Q)] + [(P - v)(Q' - Q)]/R \qquad (28.6)$$

ローカスト社の場合、変更のコストは5,100ドルである。すでにみたように、利益は永久に毎月290ドルである。月次２％の割引率では、NPVは以下のようになる。

$$\begin{aligned} \text{NPV} &= -\$5{,}100 + 290/0.02 \\ &= -\$5{,}100 + 14{,}500 \\ &= \$9{,}400 \end{aligned}$$

したがって、変更は非常に利益になる。

例28.1　変更には断固反対する

会社は現金販売からネット30への変更を考えているが、販売数は変わらないとする。この変更のNPVはいくらだろうか。

この場合、$Q' - Q$ はゼロなので、NPVは $-PQ$ だけになる。これが何を表しているかというと、変更の効果は、何の利益もなしに、永久に回収を単純に１カ月遅らせるだけである。

損益分岐点分析

ここまでの議論から、ローカスト社の鍵となる変数は、販売数の増加、$Q' - Q$ である。予想された10個の増加は、単に推定値であるので、予測リスクが存在する。この状況では、損益がとんとんになるのに必要な販売数の増加がどれくらいなのか知りたくなるのは自然なことである。

先に、変更のNPVは以下のように定義された。

$$\text{NPV} = -[PQ + v(Q' - Q)] + [(P - v)(Q' - Q)]/R$$

NPVをゼロと置き、$(Q' - Q)$を解くことで、損益分岐点を明示的に計算することができる。

$$\text{NPV} = 0 = -[PQ + v(Q' - Q)] + [(P - v)(Q' - Q)]/R$$

$$Q' - Q = PQ/[(P - v)/R - v] \qquad (28.7)$$

したがって、ローカスト社の損益分岐点売上増加数は、以下のようになる。

$$Q' - Q = \$4,900/(29/0.02 - 20)$$
$$= 3.43\text{個}$$

これは、ローカスト社が毎月最低限3.43個多く売ることに自信がある限り、変更がよいアイデアであることを表している。

28.4　最適信用政策

これまで、信用政策の変更における純現在価値を、どのように計算するかについて議論してきた。信用供与の最適額、または最適信用政策については議論していない。原則として、信用供与の最適額は、増加した売上げによる増分キャッシュフローが、売掛金への投資の増加を維持する増分コストとちょうど一致する点で、算定される。

信用に関するビジネス・レポートについては、www.creditworthy.com を訪れてみよう。

総信用コスト曲線

信用を供与することと、しないことの間のトレードオフを認識することはむずかしくないが、正確に定量化することはむずかしい。結果として、最適信用政策を描写することだけが可能である。

最初に、信用供与に伴う維持費は、三つのかたちでもたらされる。

1．売掛金に要求されるリターン
2．不良債権からの損失
3．信用供与および回収を管理する費用

これらのうち、1番目と2番目はすでに議論した。3番目の信用を管理する費用は、信用管理部門を維持するのに伴う費用である。信用を供与しない企業は、このような部門をもたず、費用もない。信用政策が寛容になるにつれ、これら三つの費用はすべて増加する。

もし会社が非常に制限的な信用政策をもっていたら、関連する費用はすべて低くなる。この場合、会社には信用が「不足」するので、機会費用が発生する。この機会費用は、信用供与を拒否したために失われる信用販売からの追加の潜在的利益である。この失われた利益は二つの源泉からもたらされる。販売数の増加（$Q'-Q$）と、より高い価格である。信用政策が寛容になるにつれ、機会費用は下がっていく。

ある特定の信用政策の維持費用と機会費用の合計は、総信用コスト曲線（credit cost curve）と呼ばれる。図28.1はそのような曲線を描いている。図28.1が示すように、総信用コストが最小になる点が存在する。この点が、最適信用額、あるいは同等のものとして、売掛金への最適投資額である。

図28.1　信用供与の費用

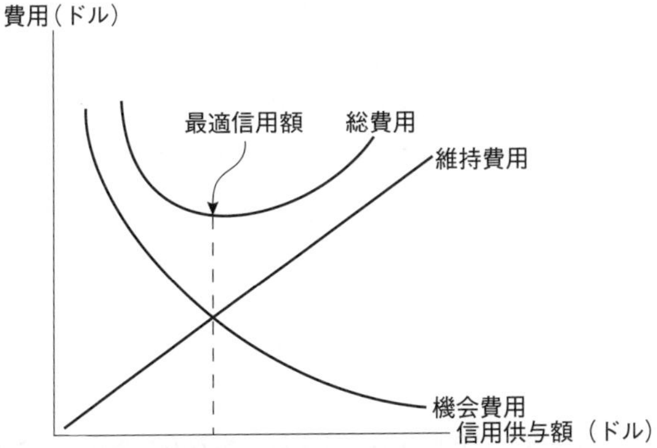

*維持費用*は、信用供与が行われた際に、必ず負わなければならない費用である。これらは信用供与額と正の関係にある。
*機会費用*は、信用供与拒否により失われた売上げである。信用供与が行われると、これらの費用は減少する。

もし会社がこの最小点より多く信用を供与すると、新しい顧客からの正味キャッシュフローは、売掛金投資の維持費用をカバーしなくなる。もし売掛金の水準が、この金額よりも少ないと、会社は価値のある利益機会を見過ごすことになる。

一般に、信用供与からの費用と利益は、特定の企業と産業の特徴に依存する。たとえば、他のすべてが等しいなら、①余剰生産能力、②低い営業変動費、そしてリピート客を伴う企業は、他の企業より寛容な信用供与を行う可能性が高い。なぜこれらの特徴のそれぞれが、より寛容な信用政策につながるのか、自分で説明できるか試してみるとよい。

信用機能の組織

信用を供与する企業には、信用管理部門を維持する費用がかかる。実際には、企業はしばしば、すべてか一部の信用機能を、ファクター（売掛債権回収代行業者）、保険会社、または金融子会社に外部委託することを選択する。第26章で、企業が売掛債権を売却する取引であるファクタリングを議論した。特定の取決めにより、ファクターは、信用調査、承認、そして回収のすべての責任を負うこともある。小さな企業では、このような取決めのほうが、信用管理部門を維持するより安くつくかもしれない。

企業が内部で信用を管理する場合は、デフォルトに対して自社で備えることになる。一つの選択肢は、保険会社から信用保険を購入することである。保険会社は、取引先に対して決められた金額までの補償を提供する。推察できるように、高い信用格付の取引先は、高い保証限度を得られる。このタイプの保険は、輸出業者にとって特に重要であり、ある種の輸出には、政府の保険が利用可能である。

大企業はしばしば、**金融子会社**（**captive finance company**）を通して信用供与を行う。金融子会社とは、単に親会社のために信用機能を取り扱う全額出資子会社である。フォード・モーター・クレジット（FMC）社はよく知られた例である。フォードはディーラーに車を売り、次にディーラーが顧客に販売する。FMCはディーラーの車の在庫に対する資金繰りを提供し、また車を購入する顧客にもローンを提供する。

なぜ企業は信用機能を取り扱う別会社を設立するのだろうか。多くの理由があるが、主要な理由は、企業の製品の生産と資金調達を、経営、資金調達、レポーティングで分けるためである。たとえば、金融子会社は売掛金を担保として用いて、自社の名前で借り入れることができ、また子会社はしばしば親会社よりも高い信用格付をもつ。これにより企業は、生産と資金調達が混ざり合った場合と比較して、負債の全体的なコストを低くすることができるかもしれない。

28.5 信用分析

ここまで、信用条件を確立することに焦点を当ててきた。いったん顧客に信用供与を行うことを決定したら、企業は、だれが信用で買うことを許され、だれが許されないのかを決めるガイドラインを確立しなければならない。*信用分析（credit analysis）*は、特定の顧客に信用を供与するかしないかを決定するプロセスを指す。これは通常、二つのステップを必要とする。関連情報の収集と、信用度の決定である。

売掛金の潜在的損失は相当なものになりうるので、信用分析は重要である。貸借対照表に企業は回収が見込めない売掛金の金額を報告する。2008年、IBM は2億4,900万ドルの売掛金が不良債権であると報告し、GE は44億ドルという唖然とするほどの貸倒引当金を報告した。

いつ信用を供与すべきか

ある会社が顧客に信用を供与すべきかどうか決定しようとしているとしよう。この意思決定は複雑になる可能性がある。たとえば、答えは信用が拒否された場合に何が起こるのかに依存する。顧客は単純に現金で支払うだろうか。あるいは、顧客は購入をやめてしまうだろうか。これやその他のことで身動きがとれなくなるのを避けるために、特別なケースを用いて、重要なポイントを例証する。

1回限りの販売

最もシンプルなケースを考慮することから始める。新しい顧客が製品1個を、1個当りの価格Pで、信用で購入したいとする。もし信用が拒否されたら、顧客は購入しない。

さらに、もし信用が供与されたら、顧客はそれから1カ月後に支払うか、あるいはデフォルトするとする。デフォルトの確率はπである。この場合、確率(π)は、

*新規*顧客のうちで支払わない者の割合として解釈することができる。このビジネスにリピート客はないので、これは厳密に１回限りの販売である。最後に売掛金に要求されるリターンは、ひと月当り R で、変動費は１個当り v である。

ここでの分析は簡単である。もし会社が信用を拒否したら、増分キャッシュフローはゼロである。もし会社が信用を供与したら、会社は今月 v（変動費）を費やし、来月（１－π）P の回収を期待する。信用供与のNPVは以下になる。

$$\text{NPV} = -v + (1-\pi)P/(1+R) \qquad (28.8)$$

たとえば、ローカスト社の場合、このNPVは

$$\text{NPV} = -\$20 + (1-\pi) \times 49/1.02$$

である。たとえば、20%のデフォルト率では、以下のようになる。

$$\text{NPV} = -\$20 + 0.80 \times 49/1.02 = \$18.43$$

したがって、信用は供与されるべきである。ここでは１回限りの取引を仮定しているので、R ではなく（１＋R）によって除したことに注意されたい。

この例は重要なポイントを例証している。新しい顧客に信用を供与する際、企業はその変動費（v）をリスクにさらす。それは正価（P）を得るためのものである。新しい顧客の場合、たとえデフォルト確率が高くても、信用が供与されるかもしれない。たとえば、この場合の損益分岐点確率は、NPVをゼロと置き、πを解くことによって求められる。

$$\text{NPV} = 0 = -\$20 + (1-\pi) \times 49/1.02$$
$$1-\pi = \$20/49 \times 1.02$$
$$\pi = 58.4\%$$

ローカスト社は、回収の確率が41.6%（＝１－0.584）以上ある限り、信用供与を行うべきである。これがなぜ利鞘の大きい企業が、緩い信用条件をもつ傾向にあるのか説明する。

この割合（58.4%）は、*新しい*顧客に対して受入可能な最大限のデフォルト確率である。もしこれまで現金で支払っていたリピート客が、信用に切り替えたい場合は、分析は異なるものになり、最大許容デフォルト確率はずっと低くなる。

重要な違いは、もしリピート客に信用を供与したら、総販売価格（P）をリスク

にさらすことになる点である。なぜなら、これが信用を供与しない場合に回収する金額だからである。新しい顧客に信用を供与する場合、変動費だけをリスクにさらすことになる。

リピート・ビジネス

留意すべき2番目の重要な要因は、リピート客の可能性である。1回限りの販売の例を拡張することによって、これを例証できる。一つの重要な仮定を置く。1回目にデフォルトしない新規顧客は、顧客であり続け、決してデフォルトしない。

会社が信用を供与すると、今月vを費やす。翌月、顧客がデフォルトしたら何も受け取れず、顧客が支払ったらPを受け取る。もし顧客が支払ったら、その後顧客はもう1個を信用で購入し、会社は再びvを費やす。したがって、この月の正味キャッシュインフローは$P-v$である。その後毎月、顧客が前月の支払を行い、新しい注文をするので、この同じ$P-v$が発生する。

この議論から、会社はひと月にπの確率で何も受け取れない。しかしながら、$(1-\pi)$の確率で、会社は永久に新しい顧客を得られる。新しい顧客の価値は、永久に毎月$(P-v)$を得る現在価値と等しい。

$$\mathrm{PV}=(P-v)/R$$

したがって信用を供与するNPVは、

$$\mathrm{NPV}=-v+(1-\pi)(P-v)/R \tag{28.9}$$

である。ローカスト社の場合、これは以下のようになる。

$$\begin{aligned}\mathrm{NPV}&=-\$20+(1-\pi)\times(49-20)/0.02\\&=-\$20+(1-\pi)\times1{,}450\end{aligned}$$

仮にデフォルト確率が90%であったとしても、NPVは

$$\mathrm{NPV}=-\$20+0.10\times1{,}450=\$125$$

になる。ローカスト社は、デフォルトが事実上確実でない限り、信用を供与すべきである。理由は、だれがよい顧客でだれが悪いのか知るのに、20ドルしかかからないからである。一方、よい顧客は1,450ドルの価値があるので、ローカスト社は多くのデフォルトに耐える余裕がある。

このリピート客の例は、おそらく許容可能なデフォルト確率を誇張しているが、これは信用分析を行う最善の方法が、往々にして単純にほぼすべての人に信用を供与することであるということを例証している。これはまた、リピート客の可能性が重要な考慮事項であることを指摘している。このような場合、重要なのは、潜在的な損失を限定するために、一人の顧客に初めに提供される信用量を管理することである。許容量は時間とともにふやせる。ほとんどの場合、だれかが将来支払うかどうかの最良の予測因子は、過去に支払ったかどうかである。

信用情報

1．*財務諸表*：企業は、顧客に貸借対照表や損益計算書といった財務諸表の提供を求めることができる。そして第3章で議論したような財務比率に基づく最低基準や経験則を、信用を供与するか拒否するかの基準に用いることができる。
2．*顧客の他社への支払履歴に関する信用報告*：多くの組織が、事業会社の信用力と信用履歴に関する情報を販売している。この種のなかで最も知られており、最も大きい企業はダン＆ブラッドストリート社で、加入者に個別企業の信用レポートを提供している。エクスペリアン社は、もう一つのよく知られた信用情報会社である。小さな企業を含む、膨大な数の企業に関する格付と情報が利用可能である。エクイファックス社、トランスユニオン社、そしてエクスペリアン社は、消費者信用情報の主要な提供企業である。
3．*銀行*：通常、銀行は、法人顧客が他社の信用力に関する情報を収集する際に支援する。
4．*顧客の自社への支払履歴*：顧客が支払わない可能性に関する、最も自明な方法は、過去の債務を支払ったか（そしてどれだけ速く）どうかである。

ネット・サーフィンをする学生は、ダン＆ブラッドストリート社のホームページを熟読すべきである。この信用情報の主要な提供企業は、以下で見出せる。www.dnb.com

信用評価とスコアリング

顧客が支払わない確率を評価する魔法の公式は存在しない。一般的には、伝統的な信用供与の５C（five Cs of credit）が評価すべき基本的な要素である。

1．*特性（character）*：信用債務の弁済に対する顧客の意欲
2．*能力（capacity）*：営業キャッシュフローで信用債務を弁済する顧客の能力
3．*資本（capital）*：顧客の財務的な備え
4．*担保（collateral）*：債務不履行の場合の担保資産
5．*状況（conditions）*：顧客の事業の一般的な経済状況

信用スコアリング（credit scoring）は、集められた情報をもとに、顧客の数値レーティングを計算するプロセスである。その後で、この結果に基づき、信用が供与されるか、あるいは拒否される。たとえば、会社は顧客に関するすべての利用可能な情報を用いて、それぞれの信用供与の５Cについて、顧客を１（非常に悪い）から10（非常によい）という尺度で評価するかもしれない。信用スコアは、これらの評価点を合計して計算される。経験に基づき、会社はスコアがたとえば30以上の顧客だけに信用供与を行う決定をするかもしれない。

クレジット・カードを発行しているような企業は、信用スコアリングの統計的モデルを開発している。通常、デフォルトとのヒストリカルな関係を見出すために、大規模な顧客プールの、関連性があり観察可能なすべての合法的な特徴が調査される。その結果に基づいて、顧客が支払うかどうかを最良に予測する変数を決定することが可能になり、それからこれらの変数をベースに信用スコアが計算される。

信用スコアリング・モデルおよび手順は、だれに信用力があり、だれにないかを決定するので、これらが政府規制の対象となってきたことは驚くに値しない。特に、信用決定に用いることができる素性やデモグラフィック情報の類は制限される。

28.6　回収政策

信用政策の最後の要素は回収政策である。回収政策とは、売掛金を監視して問題

を見つけ、期限が過ぎた売掛金の支払を得ることを指す。

売掛金の監視

顧客の支払を記録するために、ほとんどの企業が未払いの売掛金を監視する。まず第一に、企業は通常、時間を通して平均回収期間を追跡する。もし企業が季節的な事業を行っていたら平均回収期間は年間を通して変動するが、懸念されるのは平均回収期間の突然の上昇である。顧客の支払が全般的に遅くなっているのか、あるいは一部の売掛金が深刻な延滞に陥っているのかのどちらかである。

投資家にとって売掛金を期限どおりに回収することがどれだけ重要か理解するために、インターネット顧客管理および電子商取引ソフトウェアを提供する企業である、アート・テクノロジー・グループ（ATG）社のケースを考えてみよう。2000年後半、ATG 社は、銀行への異例な売掛金の売却を発表した。この売却は、ATG 社が報告した 9 月の売掛債権回転日数（売掛金管理の重要な指標である）を下げる助けになった。しかしながら、この情報が公開された後、投資家は会社の売上げの質に関して懸念を抱き、ATG 社の株式は18%下落した。

売掛金年齢表（**aging schedule**）は、売掛金を監視するための 2 番目の基本的なツールである。これを作成するために、信用管理部門は売掛金を経過期間で分類する[2)]。会社には10万ドルの売掛金があるとしよう。一部の売掛金はほんの数日過ぎただけだが、他の売掛金は相当長い間未回収になっている。以下は、売掛金年齢表の例である。

売掛金年齢表

売掛金経過期間	金額	売掛金合計額に対する割合
0～10日	$ 50,000	50%
11～60日	25,000	25
61～80日	20,000	20
80日超	5,000	5
	$ 100,000	100%

もしこの会社の与信期間が60日だったら、25%の売掛金は延滞している。これが重大かどうかは、会社の回収と顧客の特性による。多くの場合、ある期間を過ぎた

2）　年齢表はまた、在庫追跡といったビジネスの他の場所でも使われる。

売掛金はほとんどまったく回収されない。このような場合、売掛金の経過期間を監視することは非常に重要である。

季節的な売上げをもつ企業では、年間を通して売掛金年齢表の割合が変化する。たとえば、もし今月の売上げが非常に大きいと、売掛金の合計もまた急に上昇する。これは、総売掛金に対する古い売掛金の割合が小さくなり、あまり重要でないようにみえるかもしれないことを意味する。一部の企業は、売上げの山や谷に応じて売掛金年齢表がどのように変化すべきかわかるように、改良を加えている。

回収努力

企業は、通常、支払期限を過ぎた顧客に次の順番で手続を行う。

1．顧客に代金支払の期限が過ぎた状態にあることを知らせる滞納通知書を送付する。
2．顧客に電話をかける。
3．回収業者を雇う。
4．顧客に対して法的措置を講じる。

時として、企業は、延滞金が支払われるまで、顧客に対する追加的な信用供与を拒否するかもしれない。これは、通常は優良な顧客の反感を買い、回収部門と販売部門間の潜在的な利益対立を生むかもしれない。

たぶん最悪のケースでは、顧客が倒産を申請する。これが起こったとき、信用を供与している企業は、単なるもう一つの無担保債権者である。企業はただ待つか、あるいは売掛債権を売却することができる。たとえば、1996年８月にフォックスメイヤー・ヘルス社が倒産を申請したとき、会社はブリストル・マイヤーズ・スクイブ社に2,000万ドルの薬品購入代金を負っていた。フォックスメイヤー社が倒産を申請するやいなや、ブリストル・マイヤーズ社は、その売掛債権を割引で売ろうとした。購入者は倒産手続で債権者になり、倒産処理が決着したときに支払われることになる。フォックスメイヤー社に対する同様な取引債権は、当初１ドルに対して最高49セントで取引されたが、１カ月もたたないうちに、約20セントで落ち着いた。したがって、もしブリストル・マイヤーズ社がこの価格で現金化したとしたら、2,000万ドルの債権を400万ドルで売却したことになる。これはかなりの割引である。もちろん、ブリストル・マイヤーズ社は、不確かな将来の金額を待つよりはむしろ、すぐにお金を得ていただろう。

28.7 在庫管理

売掛金同様、多くの企業にとって、棚卸資産は重要な投資である。典型的な製造業では、棚卸資産は、しばしば総資産の15%を超える。小売業では、棚卸資産は、総資産の25%を超えることもある。第26章の議論で、企業の営業循環は、棚卸資産期間と売掛金期間からなることがわかっている。これが、信用政策と在庫政策を同じ章で考察する一つの理由である。さらに、信用政策と在庫政策の双方が販売を促進するために用いられ、二つは、棚卸資産を獲得する過程、販売、そして売上の回収が円滑に進むことを確かなものにするために、連携されなければならない。たとえば、販売を刺激するために意図された信用政策の変更は、適切な在庫計画を伴わなければならない。

財務管理者と在庫政策

典型的な企業の棚卸資産投資の規模にもかかわらず、企業の財務管理者は、在庫管理に関して主要な権限を有していない。かわりに、購入、生産、マーケティングといった他の部門が、通常、在庫に対する意思決定の権限を共有する。在庫管理は、それ自身で非常に重要な専門分野になりつつあり、財務管理者は多くの場合、意思決定に意見だけを述べることができる。この理由で、本書では、在庫と在庫政策の基本の一部をざっと概観する。

在庫管理協会のベンチマーク分析のために、www.simba.org を訪れてみるとよい。

在庫のタイプ

メーカーでは、在庫は次の三つのカテゴリーに分類される。１番目のカテゴリーは、*原材料*（*raw materials*）である。これは何であれ、企業が生産過程の最初に用いるものである。原材料は、製鉄会社の鉄鉱石のように最も基本的なものであるかもしれず、あるいはコンピュータ・メーカーのディスク・ドライブのように複雑なものであるかもしれない。

在庫の2番目のタイプは、*仕掛品*（*work-in-progress*）で、これはまさに名前が示唆するように、未完成品である。在庫のこの部分がどれだけ大きいかは、生産過程の長さに大部分依存する。たとえば、飛行機の機体メーカーにとって、仕掛品は相当なものになる。在庫の3番目で最後のタイプは、*製品*（*finished goods*）で、これは発送か販売の準備が整った完成品である。

在庫のタイプに関して三つの注意点がある。第一に、異なるタイプの名称は、若干誤解を招きやすい。なぜなら、ある企業にとっての原材料が、他の企業にとっての製品になりうるからである。たとえば、製鉄メーカーに戻ると、鉄鉱石が原材料で、鋼鉄が最終製品になるだろう。自動車の車体パネル・プレス加工では、鋼鉄が原材料で、車体パネルが製品になり、自動車組立メーカーでは、車体パネルが原材料で、自動車が完成品になる。

2番目の注意点は、在庫のさまざまなタイプは、流動性の観点できわめて異なる可能性があるということである。コモディティのような、または比較的標準化された原材料は、簡単に現金に交換できる。一方、仕掛品は非常に流動性が少なく、スクラップより少し上の価値しかないかもしれない。製品の流動性は、常に製品の特質に依存する。

最後に、製品と他の在庫タイプとの重要な違いは、他の在庫品の一部となる在庫品の需要は、通常、*派生需要*（*derived demand*）または*従属需要*（*dependent demand*）と呼ばれることである。なぜなら、これらの在庫タイプに対する会社の需要は、完成品の需要に依存するからである。対照的に、製品に対する会社の需要は、他の在庫品の需要に由来しないので、これは時に*独立需要*（*independent demand*）と呼ばれる。

在庫コスト

第26章で議論したように、一般的に二つの基本的な費用のタイプが、流動資産、特に棚卸資産に関連している。一つ目は*保有コスト*（*carrying costs*）*である。保

＊訳者注①在庫管理の分野では、一般的に「carrying cost」に「保管コスト」という用語が充てられるが、ここでは機会費用を含むものとして用いられており、また第26章との整合性も考慮して、引き続き「保有コスト」を用いる。

有コストは、在庫を手元に維持するための、すべての直接的な費用と機会費用である。これらは以下を含む。

1．保管と追跡費用
2．保険と税金
3．旧式化、劣化、または盗難による損失
4．投資金額に対する資本の機会費用

これらの費用の合計はかなりのもので、年間在庫価値のおよそ20～40%になりうる。

在庫に伴う他の費用のタイプは、*不足コスト*（*shortage costs*）*である。不足コストは、手元に不十分な在庫をもつことに関連した費用である。不足コストの二つの構成要素は、補充費用と安全備蓄にかかわる費用である。会社の事業によって、補充（または発注）費用は、サプライヤーに発注する費用か、あるいは生産工程をセットアップする費用のどちらかである。安全備蓄に関係する費用は、十分な在庫をもたないことによる、失われた売上げや顧客の評判を落とすといった機会損失である。

在庫管理には基本的なトレードオフが存在する。なぜなら、保有コストは在庫水準とともに上昇するが、一方で、不足（または補充）コストは在庫水準が上がると、減少するからである。したがって、在庫管理の基本的な目標は、これらの二つの費用の合計を最小化することである。次の節で、この目標に達する方法を考察する。

保有コストと不足コストのバランスをとることがいかに重要か知るために、ニンテンドーWiiのケースを考えてみよう。2007年12月、アナリストは会社が現在生産している180万台の2倍は売ることができると推定した。この低い生産量は、サプライヤーからの部品不足、任天堂のジャスト・イン・タイム在庫管理、そして会社によるサプライチェーン管理の失敗のせいであるとされた。その結果、会社は2007年のクリスマス・シーズンに、約13億ドルの追加売上げを逃してしまった。

＊訳者注②在庫管理の分野では、一般的に「shortage cost」に「品切れコスト」という用語が充てられるが、ここでは第26章との整合性を考慮して、引き続き「不足コスト」を用いる。

28.8　在庫管理法

すでに述べたように、通常、在庫管理の目標は、コストの最小化として枠組みがつくられる。この節では、比較的簡単なものから非常に複雑なものまで、三つの手法を議論する。

ABC 法

ABC 法は、在庫管理の簡単なアプローチで、基本的な考え方は在庫を三つ（またはそれ以上）のグループに分けることである。基本的な根拠は、数量的には小さな割合の在庫が、在庫価値では大きな割合であるかもしれないということである。たとえばこの状況は、製品の生産に、比較的高価なハイテク部品と比較的安価な基本材料を用いるメーカーに存在する。

図28.1は、各グループを、在庫価値の割合（%）で表したものに対して、在庫品目数の割合（%）で表したものを、ABC 比較したものである。図28.2が示すように、A グループは、在庫品目数では10%しかないが、在庫価値では半分以上である。したがって、A グループの品目はより注意深く監視し、在庫水準は比較的低く保たれる。もう一方の端には、ボルトやナットなどの基本在庫品目があるが、これ

図28.2　ABC 在庫分析

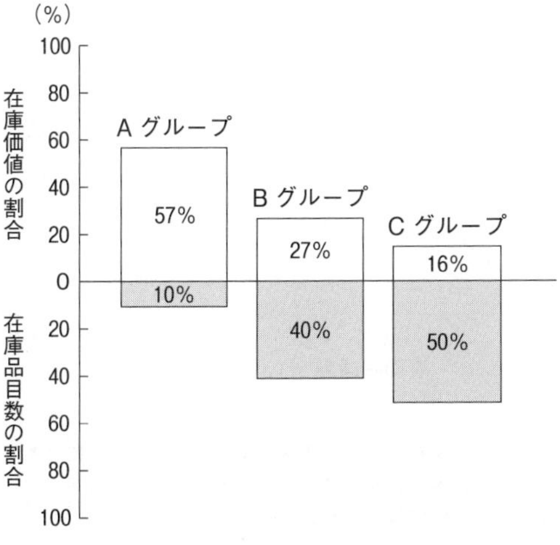

らは欠くことができず、かつ安価なので、大量に発注され、手元に維持される。これらはCグループの品目に当たるだろう。Bグループは、その中間的品目で構成される。

経済発注量モデル

経済発注量（economic order quantity, EOQ）モデルは、最適在庫水準を明示的に確立するための、最もよく知られたアプローチである。基本的な考え方は図28.3に、在庫保有に付随するさまざまなコスト（縦軸）に対する在庫水準（横軸）として描かれている。示されているように、在庫水準が上がると、在庫保有コストは上がり、補充コストは下がる。第26章の全般的な議論と本章の総信用コスト曲線の議論から、総在庫コスト曲線の一般的なかたちは、なじみ深いものである。EOQモデルでは、われわれは最小総費用ポイントQ^*の位置を具体的に特定することを試みる。

以下の議論では、在庫自体の実際のコストは含まれないことに注意されたい。理

図28.3　在庫を保有するコスト

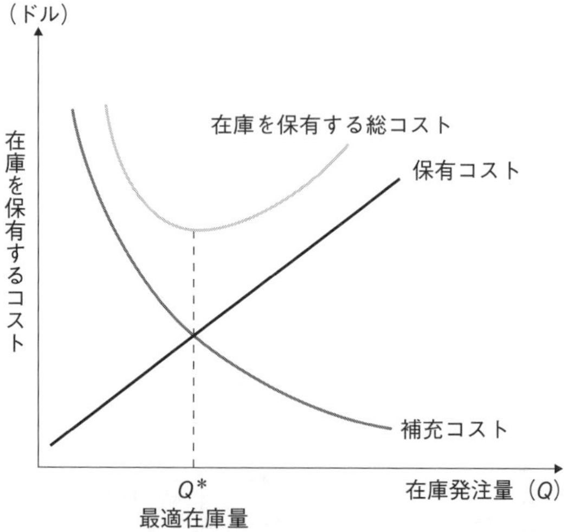

補充コストは、企業が少ない在庫量を保有するとき最大になる。保有コストは、手元に大量の在庫があるとき最大になる。総コストは、保有コストと補充コストの合計である。

由は、企業が所与の年に必要な総在庫量は、売上げによって決まるからである。ここで分析しているのは、企業が常に手元にどれだけ在庫を維持すべきかということである。より正確には、企業が在庫を補充する際に用いるべき発注量を求めようとしている。

在庫切れ

EOQを展開するために、企業の在庫はゼロになるまで一定の率で売られると仮定する。ゼロになると、企業は在庫をある最適水準まで補充する。たとえば、エイゼル社は今日、ある在庫品3,600個でスタートするとする。この商品の年間販売数は4万6,800個で、これは週次で900個である。もしエイゼル社が、毎週900個の在庫品を販売したら、すべての在庫は4週間後に売り切れ、エイゼル社はまた3,600個を発注（あるいは生産）することによって補充し、再スタートする。この販売と補充のプロセスは、のこぎりの歯のような在庫保有パターンをつくりだす。このパターンは図28.4に描かれている。図が示すように、エイゼル社は常に3,600個の在庫からスタートし、ゼロで終わる。したがって、平均すると、在庫は3,600個の半分の1,800個である。

図28.4　エイゼル社の在庫保有量

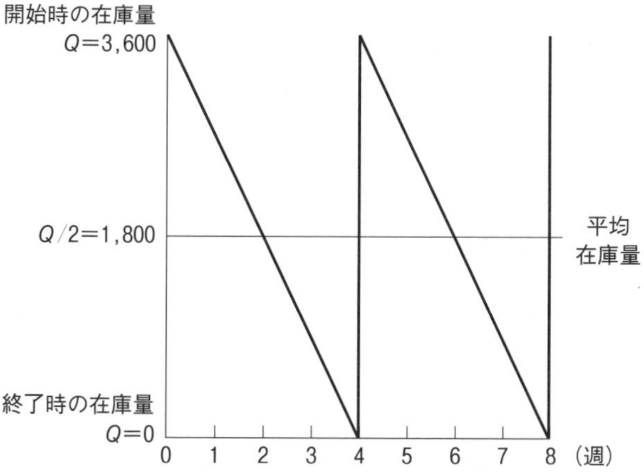

エイゼル社は、3,600個の在庫でスタートする。在庫量は4カ月後にゼロまで下がる。この期間の平均在庫量はQ/2=3,600/2=1,800である。

保有コスト

図28.3が描いているように、保有コストは通常、在庫水準に正比例すると仮定される。毎回エイゼル社が発注する在庫量（3,600個）をQとし、これを*補充量*（*restocking quantity*）と呼ぶ。すると平均在庫は$Q/2$で、1,800個になる。CCを1個当りの年間保有コストとすると、エイゼル社の総保有コストは次のようになる。

$$総保有コスト=平均在庫\times 1個当りの保有コスト$$
$$=(Q/2)\times \mathrm{CC} \qquad (28.10)$$

エイゼル社のケースでは、もし保有コストが1個当り年間0.75ドルだったら、総保有コストは、1,800個の平均在庫に0.75ドルを乗じたものになり、年間1,350ドルである。

不足コスト

いまのところ、補充コストにのみフォーカスする。基本的に、会社が実際に在庫不足に陥ることは決してなく、安全備蓄に関連するコストは重要ではないと仮定する。この点に関しては、後で言及する。

補充コストは通常一定であると仮定される。言い換えると、発注するたびに、固定された費用がかかる（ここでは在庫品のコストそのものは考慮されていないことを思い出されたい）。会社の年間販売個数をTとする。エイゼル社では、年間販売数は4万6,800個で、発注量は3,600個である。したがって、エイゼル社は年間13回（＝4万6,800/3,600）の発注を行う。もし発注当りの固定費用がFだったら、年間の総補充コストは以下のようになる。

$$総補充コスト=発注当りの固定費用\times 発注回数$$
$$=F\times(T/Q) \qquad (28.11)$$

エイゼル社では、発注費用が1回当り50ドルなので、13回の発注の総補充コストは、年間650ドル（＝＄50×13）になる。

総コスト

在庫保有に付随する総コストは、保有コストと補充コストの合計である。

総コスト＝保有コスト＋補充コスト

$$=(Q/2)\times CC+F\times(T/Q) \tag{28.12}$$

われわれの目的は、コストを最小化する補充量 Q の値を見つけることである。これがどのようになるかみるために、いくつかの Q の値に関して、総コストを計算することができる。エイゼル社では、保有コスト（CC）は1個当り年間0.75ドルで、固定費（F）は発注当り50ドル、そして年間販売数は4万6,800個だった。これらの値をもとに、以下はいくつかの可能な総コストである（練習のために自分でいくつか計算してみるとよい）。

補充量（Q）	保有コスト（$Q/2\times$CC）	＋	補充コスト（$F\times T/Q$）	＝	総コスト
500	$　187.5		$4,680.0		$4,867.50
1,000	375.0		2,340.0		2,715.00
1,500	562.5		1,560.0		2,122.50
2,000	750.0		1,170.0		1,920.00
2,500	937.5		936.0		1,873.50
3,000	1,125.0		780.0		1,905.00
3,500	1,312.5		668.6		1,981.10

数字を調べると、総コストはほぼ5,000ドルから始まり、ちょうど1,900ドル弱まで減少する。コストを最小化する補充量は、約2,500個である。

コスト最小化量を見つけるために、図28.3に戻る。ここで気づくのは、最小点が、二つの線がちょうど交わるところで起こるということである。この点において、保有コストと補充コストは等しい。ここで仮定した、特定のタイプのコストでは、これは常に正しいので、最小点はこれらのコストを等しく置き、Q^*について解くことで求められる。

保有コスト＝補充コスト

$$(Q^*/2)\times CC=F\times(T/Q^*) \tag{28.13}$$

代数を少し用いると、以下を得る。

$$Q^{*2}=\frac{2T\times F}{CC} \tag{28.14}$$

Q^*について解くために、両辺の平方根をとると、以下のようになる。

$$Q^{*}=\sqrt{\frac{2T\times F}{\text{CC}}} \tag{28.15}$$

この総在庫コストを最小化する再発注量は、**経済発注量**（economic order quantity, EOQ）と呼ばれる。エイゼル社の場合、EOQは以下になる。

$$\begin{aligned}Q^{*}&=\sqrt{\frac{2T\times F}{\text{CC}}}\\&=\sqrt{\frac{(2\times 46,800)\times \$50}{0.75}}\\&=\sqrt{6,240,000}\\&=2,498\text{個}\end{aligned}$$

したがって、エイゼル社では、経済発注量は2,498個である。この水準では、補充コストと保有コストは両方とも936.75ドルになることを確認されたい。

例28.2　保有コスト

シーウィズ・シューズ社は、各期100足のハイキング・シューズの在庫でスタートする。この在庫は各期でなくなり、再発注される。もしシューズ１足の保有コストが年間３ドルだとしたら、ハイキング・シューズの総保有コストはいくらになるだろうか。

在庫は常に100足でスタートし、ゼロで終わるので、平均在庫は50足である。１足当り３ドルの年間保有コストでは、総保有コストは150ドルになる。

例28.3　補充コスト

例28.2で、シーウィズ社は、年間600足を販売するとする。シーウィズ社は、年間何回補充するだろうか。もし補充コストが発注１回当り20ドルだったとしたら、総補充コストはいくらになるだろうか。

シーウィズ社は、毎回100足を発注する。総販売数は年間600足なので、シーウィズ社は、ほぼ２カ月に一度、年間６回補充する。補充コストは、１回の発注につき20ドルが6回なので、120ドルになる。

例28.4　EOQ

前の二つの例をもとに、シーウィズ社がコストを最小化するには、発注のサイズは何足になるべきだろうか。シーウィズ社は、どれくらい頻繁に補充するだろうか。総保有コストと補充コストはいくらになるだろうか。総コストはいくらになるだろうか。

シューズの年間総発注量（T）は600足である。補充コスト（F）は、発注当り20ドルで、保有コスト（CC）は、1足当り年間3ドルである。シーウィズ社のEOQは以下のように計算できる。

$$\mathrm{EOQ}=\sqrt{\frac{2T\times F}{\mathrm{CC}}}$$

$$=\sqrt{\frac{(2\times 600)\times \$20}{3}}$$

$$=\sqrt{8,000}$$

$$=89.44\text{足}$$

シーウィズ社は年間600足を販売するので、会社は6.71回（＝600/89.44）補充する。総補充コストは、134.16ドル(＝＄20×6.71)になる。平均在庫は44.72足（＝89.44/2）になる。保有コストは134.16ドル（＝＄3×44.72）で、補充コストと同じである。したがって、総コストは268.32ドルである。

EOQモデルの拡張

ここまで、会社は在庫がゼロになってから再発注すると仮定した。現実には、会社は二つの理由から、在庫がゼロになる前に再発注することを望むだろう。第一に、最低限いくらかの在庫を常に手元に置くことで、会社は在庫切れと、その結果生じる売上げおよび顧客を失うリスクを最小化する。第二に、会社が再発注するとき、在庫品が届くまでに時間の遅れがある。したがって、EOQの議論を終了するにあたって、二つの拡張を考慮する。安全在庫と再発注点である。

安全在庫

安全在庫（*safety stock*）は、会社が手元に維持する在庫の最小水準である。在庫の水準が安全在庫水準まで下がるたびに、在庫が再発注される。図28.5の上の図は、どのように安全在庫をEOQモデルに組み入れることができるのか表してい

図28.5　安全在庫と再発注点

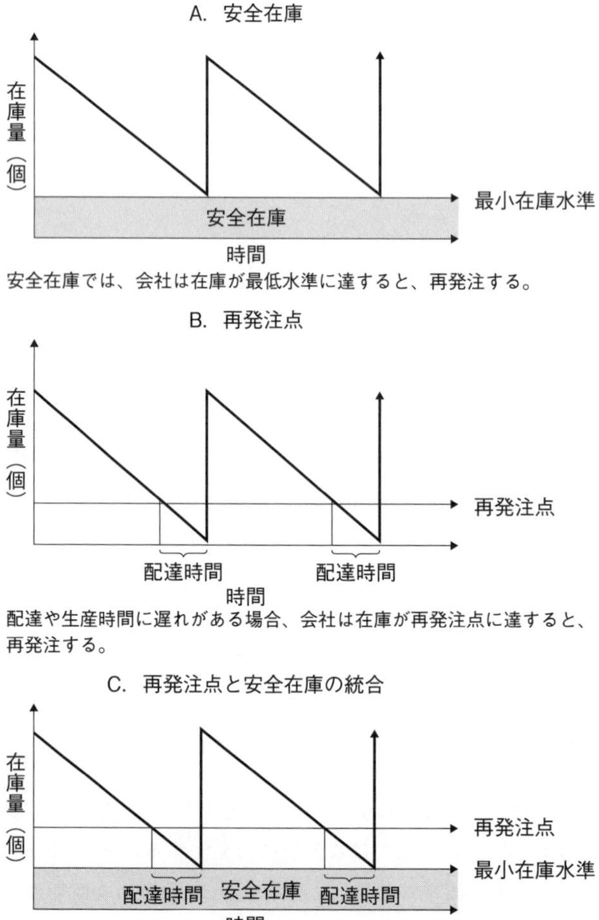

安全在庫では、会社は在庫が最低水準に達すると、再発注する。

配達や生産時間に遅れがある場合、会社は在庫が再発注点に達すると、再発注する。

安全在庫と再発注点を統合することにより、会社は予期せぬ出来事に対するバッファーを維持する。

る。安全在庫の追加は、単に会社が在庫をゼロまで下げないことを意味することに気づかれたい。これ以外は、ここでの状況は先の議論で解説したEOQと同じである。

再発注点

配達時間を考慮に入れて、企業は在庫が危険水準に達する前に、発注する。*再発注点*（*reorder point*）は、企業が実際に在庫品補充の発注を行う時点である。これらの点は、図28.5の中央の図に示されている。図からわかるように、再発注点は、在庫がゼロになると予測される日の、一定の日数（あるいは週、あるいは月）前に起こる。

企業が安全在庫を維持する一つの理由は、不確かな配達時間に備えるためである。したがって、再発注点と安全在庫の議論を、図28.5の下の図に統合することができる。これは一般化EOQモデルで、企業は予測される必要量を事前に発注し、また安全在庫を維持する。

派生需要在庫の管理

在庫管理法の3番目のタイプは、派生需要在庫を管理するのに用いられる。すでに述べたように、ある種の在庫は、他の在庫品ニーズから派生する（あるいは依存する）。一つのよい例は、完成品に対する需要が、顧客の需要、販売促進計画、そして予想販売台数に関連する他の要因に依存する、自動車製造業にみられる。タイヤ、バッテリー、ヘッドライト、および他の構成部品といった在庫品に対する需要は、計画された生産台数によって完全に決定される。資材所要量計画とジャスト・イン・タイム在庫管理は、派生需要在庫を管理する二つの手法である。

資材所要量計画

生産と在庫の専門家たちは、派生需要在庫の発注と生産計画の両方、またはいずれか一方のために、コンピュータ・システムを開発している。これらのシステムは、資材所要量計画（material requirement planning, MRP）という一般的な見出しの下に分類される。MRPの基本的な考え方は、いったん製品の需要水準が設定されたら、製品の需要を満たすために、仕掛品の在庫水準がどれだけ必要になるのか決定できるということである。そこから、手元に維持しなければならない原材料の量を計算することができる。製品在庫からスケジュールを逆算するこの能力は、仕掛品と原材料在庫の依存性から生まれる。MRPは、完成品をつくりだすのにさまざまな部品が必要になる複雑な生産品にとって、特に重要である。

ジャスト・イン・タイム在庫管理

ジャスト・イン・タイム（just-in-time, JIT）在庫管理は、派生在庫を管理する現代的な手法である。ジャスト・イン・タイム・システムの目標は、そのような在庫を最小化することによって、回転率を最大化することである。この手法は日本で始まったが、これは日本の生産哲学の基本的な部分である。名称が示唆するように、ジャスト・イン・タイム・システムの目標は、当面の生産ニーズを満たすために十分な在庫だけを手元にもつことである。

ジャスト・イン・タイム・システムでは、在庫は頻繁に再発注と再補充される。このようなシステムを機能させ、在庫切れを避けるためには、サプライヤー間の密接な協力が必要になる。日本のメーカーは多くの場合、必要な連携を達成するために密接に協力し合う比較的少数で組織化されたサプライヤー集団をもつ。これらのサプライヤーは、トヨタのような大きなメーカーの産業集団または*系列*（*keiretsu*）の一部である。それぞれの大メーカーが、自身の*系列*をもつ傾向にある。これはまた、サプライヤーが近くに位置することを促進するが、この状況は日本では一般的である。

かんばん（*kanban*）は、ジャスト・イン・タイム在庫管理システムの不可欠な部分であり、ジャスト・イン・タイム・システムは、時に*かんばん方式*（*kanban systems*）と呼ばれる。かんばんの文字どおりの意味は、「カード」や「サイン」であるが、おおまかにいうと、かんばんはサプライヤーに追加在庫を送るよう指示するシグナルである。たとえば、かんばんは部品が入った箱につけられた実際のカードであるかもしれない。作業者が箱を引くと、カードは切り離されてサプライヤーに送られ、サプライヤーは補充の箱を納入する。

ジャスト・イン・タイム在庫システムは、より大きな生産計画プロセスの重要な部分である。これに関するさらに詳細な議論は、必然的にファイナンスから生産管理にテーマが移ることになるので、ここでやめておく。

要約と結論

本章は、信用管理と在庫管理の基礎をカバーした。われわれが議論した主要なテーマは、以下を含む。

1．*信用政策の構成要素*：販売条件、信用分析、そして回収政策を議論した。販売条件の一般的なテーマのもとに、与信期間、現金割引、割引期間、そして信用手段を解説した。
2．*信用政策分析*：信用供与の意思決定からのキャッシュフローを考察し、どのように信用供与の意思決定がNPVで分析できるのかを示した。
3．*最適信用政策*：企業が提供すべき信用の最適額は、企業が事業を行う競争環境状況に依存する。これらの状況は、信用供与に伴う保有コストと、信用供与拒否により失われた売上げに伴う機会費用を決定する。最適な信用政策は、これら二つの費用の合計を最小化する。
4．*信用分析*：特定の顧客に信用供与する意思決定を考察した。販売価格に対する相対的なコストと、リピート・ビジネスの可能性の二つを考慮することが非常に重要であることをみた。
5．*回収政策*：回収政策は、売掛金年齢を監視する方法と延滞売掛金に対処する方法を決定する。どのように売掛金年齢表を作成し、そして企業が延滞売掛金を回収するのに用いるかもしれない手続を解説した。
6．*在庫のタイプ*：異なる在庫のタイプと、それらがどのように流動性と需要の観点で異なるのか解説した。
7．*在庫のコスト*：二つの基本的な在庫のコストは、保有コストと補充コストである。在庫管理がこれら二つのコストのトレードオフにどのようにかかわるのか議論した。
8．*在庫管理法*：在庫管理のABC法とEOQモデルを解説した。また、資材所要量計画（MRP）とジャスト・イン・タイム（JIT）在庫管理にも簡単に触れた。

Concept Questions

1．信用手段

以下のそれぞれを解説せよ。

a．一覧払手形（sight draft）

b．一覧後定期払手形（time draft）

c. 銀行引受手形（banker's acceptance）

d. 約束手形（promissory note）

e. 買主引受手形（trade acceptance）

2．企業間信用の形態

どのような形態の企業間信用が、一般的に提供されるか。この場合の信用手段は何か。

3．売掛金のコスト

売掛金を保有することに伴うコストは何か。信用供与を拒否することに伴うコストは何か。異なる売掛金水準に対するこれらのコストの合計を何と呼ぶか。

4．信用の5C

信用の5Cは何か。それぞれがなぜ重要なのか説明せよ。

5．与信期間の長さ

与信期間の長さを決定するいくつかの要因は何か。なぜ買い手の営業循環がしばしば与信期間の長さの上限とみなされるのか。

6．与信期間の長さ

以下のそれぞれについて、どちらの企業がより長い与信期間をもつか示し、理由を説明せよ。

a. 企業Aは奇跡の育毛剤を販売し、企業Bは男性用かつらを販売している

b. 企業Aは地主向けの商品に特化し、企業Bは借地人向けの商品に特化している。

c. 企業Aは棚卸資産回転率が10倍の顧客に販売し、企業Bは棚卸資産回転率が20倍の顧客に販売する。

d. 企業Aは新鮮なフルーツを販売し、企業Bはフルーツ缶詰を販売する。

e. 企業Aはカーペットの販売および床張り工事を行い、企業Bは敷物を販売する。

7．在庫のタイプ

在庫にはどんなタイプがあるか。これらはどのように異なるか。なぜ一部は派生需要をもち、他は独立需要をもつといわれるのか。

8．ジャスト・イン・タイム在庫管理

もし会社がジャスト・イン・タイム在庫管理に移行したら、棚卸資産回転率には何が起こるか。総資産回転率には何が起こるか。株主資本利益率（ROE）には何が起こるか（ヒント：第3章のデュポン恒等式を参照）。

9．在庫のコスト

もし会社の在庫保有コストが年間500万ドルで、固定費が年間800万ドルだったら、会社は在庫を過剰に保有していると思うか、それとも過小に保有していると思うか。なぜか。

10．棚卸資産期間

少なくともデルの企業利益の一部は、その在庫管理に由来する。ジャスト・イン・タイム在庫管理を用いて、デルは通常、3日か4日の売上分の在庫を維持する。ヒューレット・パッカードやIBMの競合他社は、デルの在庫政策に対抗しようとしたが、まだ相当遅れている。パソコン部品の価格が下落し続ける産業で、デルは明らかに競争優位性をもっている。なぜ、そのように短い棚卸資産期間をもつことが、デルのアドバンテージといえるのか。もしそうすることに価値があるなら、なぜ他のすべてのパソコン・メーカーが、デルの方法に変更しないのか。

質問と問題

◆基本（問題1－12）

1．現金割引

あなたは1個125ドルの価格で、在庫品400個を発注する。サプライヤーは、1/10、ネット30の販売条件を提供する。

a. 支払期限が過ぎるまで、何日あるか。もし期限日に支払うとしたら、いくら送金すべきか。

b. 提供される割引はどういうものか。割引を受けるためには、どれだけ早く支払わなければならないか。もし割引を受けるとしたら、いくら送金すべきか。

c. 割引を受けないとしたら、暗黙の金利をいくら支払っていることになるか。

何日間の信用を受けるか。

2．売掛金の規模

テイト社には4,700万ドルの年間売上高がある。平均回収期間は36日である。貸借対照表に示される売掛金への平均投資額はいくらか。

3．平均回収期間と売掛金

京都ジョー社は、日本株式向けの利益予想を販売している。会社の信用条件は2/10、ネット30である。過去の経験から、顧客の65％が割引を受ける。

a. 京都ジョー社の平均回収期間はいくらか。

b. もし京都ジョー社が、毎月1,300の予想を、予想1つ当り1,700ドルで販売するとしたら、売掛金の平均貸借対照表額はいくらか。

4．売掛金の規模

ティドウェル社は、1万9,400ドルの週次信用売上高をもち、平均回収期間は34日である。製造原価は販売価格の75％である。平均売掛金はいくらか。

5．販売条件

会社は1/10、ネット35の販売条件を提供している。顧客が割引を受けない場合、会社が得る実効年金利はいくらか。何も計算せずに、以下のそれぞれの場合、この実効金利になにが起こるか説明せよ。

a. 割引が2％に変更される。

b. 与信期間が60日に延ばされる。

c. 割引期間が15日に延ばされる。

6．平均回収期間と売掛金回転率

リップマン社の平均回収期間は39日である。会社の平均日次売掛金投資は4万7,500ドルである。年間信用売上高はいくらか。売掛金回転率はいくらか。

7．売掛金の規模

スカンク芳香エッセンス社は、毎年5,600本の香水を、1本当り425ドルで販売する。すべての販売が信用で、条件は1/10、ネット40である。顧客の60％が割引を受ける。会社の売掛金の総額はいくらか。競合相手の下水スプレー社の売上げに対抗して、スカンク芳香エッセンス社は、市場シェアを守るために2/10、ネット30の販売条件に信用政策を変更するか検討している。政策の変更は、売掛金にどのような影響を及ぼすか。

8．売掛金の規模

アリゾナ湾社は、ネット30の条件で信用販売している。売掛金は平均して8日間延滞している。もし年間信用売上高が840万ドルだったら、売掛金の貸借対照表額はいくらか。

9．信用政策の評価

エア・スペアズ社は、民間航空機産業用のエンジン部品とテスト機材の卸売業者である。新しい顧客が、8基の高バイパス・タービンエンジンを注文してきた。このエンジンは燃費を向上させる。1基当りの変動費は160万ドルで、信用価格は1基187万ドルである。信用は1期間に対して提供され、このような注文の200に一つは、回収不能である。1期間当りに要求されるリターンは2.9％である。

a. これは1回限りの注文だと仮定して、会社は注文に応じるべきか。顧客は信用販売でなければ購入しない。

b. (a)において、デフォルトの損益分岐点確率はいくらか。

c. デフォルトしない顧客はリピート客になり、毎期同じ注文を永久に繰り返すと仮定する。さらに、リピート客は決してデフォルトしないとする。注文に応じるべきか。デフォルトの損益分岐点確率はいくらか。

d. リピート注文の可能性がある場合、なぜ信用条件はより寛容になるのか、一般的な状況で説明せよ。

10．信用政策評価

リーロス社は現金のみの販売政策の変更を検討している。新しい販売条件はネット1カ月になる。以下の情報をもとに、リーロス社が変更すべきかどうか決定せよ。この場合の、売掛金の蓄積を解説せよ。要求されるリターンは月次1.5％である。

	現在の政策	新しい政策
1個当りの価格	$　720	$　720
1個当りの原価	$　495	$　495
月次販売数	1,305	1,380

11．EOQ

リーダン社は、毎週2,500個のスイッチ部品を使い、それから2,500個を再発注する。もし適切な保有コストがスイッチ部品1個当り9ドルで、固定発注費が1,700ドルだったら、リーダン社の在庫政策は最適か。なぜか、あるいはなぜそうでないのか。

12．EOQ

トレックトロニクス社は、毎週、整相器300個の在庫でスタートする。この在庫は1週間で使い切り、再発注される。もし保有コストが1個当り年間41ドルで、固定発注費が95ドルだったら、総保有コストはいくらか。補充コストはいくらか。トレックトロニクス社は、発注量をふやすべきか減らすべきか。発注量と発注頻度の観点で、トレックトロニクス社の最適在庫政策を説明せよ。

◆中級（問題13－16）

13. EOQの導出

保有コストと補充コストが、本章で説明されたものだったら、保有コストと補充コストが等しい点でEOQが起こらなければならないことを証明せよ。

14. 信用政策評価

ハリントン社は、現金のみの販売政策の変更を検討している。新しい条件は、ネット1期間になる。以下の情報に基づき、ハリントン社が変更すべきかどうか決定せよ。要求されるリターンは、1期間当り2.5％である。

	現在の政策	新しい政策
1個当りの価格	＄91	＄94
1個当りの原価	＄47	＄47
1期間当りの販売数	3,850	3,940

15. 信用政策評価

ハッピー・タイムズ社は現在、現金のみの信用政策をもっている。会社は、信用政策をネット30の条件に変更することを検討している。以下の情報に基づき、あなたはどう推奨するか。要求されるリターンは月次0.95％である。

	現在の政策	新しい政策
1個当りの価格	＄290	＄295
1個当りの原価	＄230	＄234
月次販売数	1,105	1,125

16. 信用政策

シルバー・スポーク自転車店は、春の販売シーズンの間、顧客に信用供与を行うことを決定した。売上は自転車500台と見込まれる。自転車の平均原価は1台当り490ドルである。オーナーは、96％の顧客だけが支払えることを知っている。残りの4％を特定するため、会社は信用調査機関に登録することを検討している。このサービスの初期費用は450ドルで、レポートごとに5ドルの追加費用がかかる。会社はこの機関に登録すべきか。

◆チャレンジ（問題17－20）

17. 損益分岐点販売数

問題14で、新しい信用政策の損益分岐点販売数はいくらか。

18. 信用利鞘

問題14で、新しい信用政策のもとでの、請求すべき１個当りの損益分岐点価格はいくらか。新しい政策のもとでの販売数は4,100個で、他の値は変わらないと仮定する。

19. 信用利鞘

問題15で、新しい信用政策の下での、１個当りの損益分岐点価格はいくらか。他の値は変わらないと仮定する。

20. 安全在庫と発注点

サーシュ社は、毎週デザイナー・スーツ700着の販売を見込んでいる。店は週に７日間営業し、毎日同じ数のスーツが売れると予想されている。会社のEOQは500着で、安全在庫は100着である。発注してから、サーシュ社がスーツを受け取るまでに３日かかる。会社は年間何回の注文を出すか。現在は開店前の月曜日の朝で、スーツの在庫が届いたばかりだとする。サーシュ社が次に発注するのはいつか。

付章28A　さらに信用政策分析

この付章では、いくつかの代替的手法を調査し、現金割引の影響と不払いの可能性を考察することによって、信用施策分析をより詳細に検討する。

二つの代替的手法

本章の議論から、提案された信用政策変更のNPVをどのように分析するかわかっている。次に、二つの代替的手法を議論する。ワンショット法と売掛金法である。これらは一般的な分析方法であり、ここでの目的は、これら二つとわれわれのNPV法が全部同じであると示すことである。その後は、三つのうちで最も便利なものを使えばよい。

ワンショット法

ローカスト・ソフトウェア社（第28.3節）の例に戻ると、もし変更が行われなかったら、ローカスト社は今月 $(P-v)Q=2{,}900$ ドル（＝＄29×100）の正味キャッシュフローをもつことになる。もし変更が行われたら、ローカスト社は今月 $vQ'=$ 2,200ドル（＝＄20×110）を投資して、来月 $PQ'=5{,}390$ ドル（＝＄49×110）を受け取る。他のすべての月とキャッシュフローを無視し、これを１回限り（ワンショット）の投資とみなすとする。ローカスト社は今月の2,900ドルの現金のほうがよいだろうか。それとも2,200ドルを投資して、来月5,390ドルを得るべきだろうか。

来月受け取る5,390ドルの現在価値は、5284.31ドル（＝＄5,390/1.02）である。コストは2,200ドルなので、正味利益は3,084.31ドル（＝＄5,284.31－2,200）になる。これを現在の政策のもとでの2,900ドルのキャッシュフローと比べると、ローカスト社は変更すべきであるのがわかる。NPVは184.31ドル（＝＄3,084.31－2,900）である。

事実上、ローカスト社はこのワンショット投資を毎月繰り返し、それによって毎月（今月も含めて）184.31ドルのNPVを生み出すことができる。この連続したNPVの現在価値は、以下のようになる。

$$現在価値 = \$184.31 + 184.31/0.02 = \$9{,}400$$

この現在価値は、第28.3節のわれわれの答えと同じである。

売掛金法

２番目の手法は、最も広く議論され、非常に有用なものである。信用を供与することにより、会社は売上総利益の増加を通してキャッシュフローを増加させる。しかしながら、会社は売掛金への投資をふやし、そうすることの保有コストを負わなければならない。売掛金法は、増加した売上総利益と比較して、売掛金への増分投資の費用にフォーカスする。

すでにみたように、信用供与からの月次利益は、１個当りの売上総利益 $(P-v)$ に販売増加量 $(Q'-Q)$ を乗じたものである。ローカスト社の場合、この利益は月に290ドル［＝(＄49－20)×(110－100)］である。

もしローカスト社が変更したら、売掛金はゼロ（なぜなら現在は信用販売を行っていない）から PQ' に上昇するので、ローカスト社は売掛金に投資しなければならない。必要な投資には二つの部分がある。最初の部分は、ローカスト社が古い政策で回収する額（PQ）である。回収は30日遅れるので、ローカスト社は売掛金のこの金額を毎月保有しなければならない。

2番目の部分は、売上げの増加による売掛金の増加に関連している。販売数量はQからQ'に増加するので、たとえ30日後になるまで回収できないとしても、ローカスト社は後者の数量を今日生産しなければならない。追加数量を生産するローカスト社の実際のコストは、1個当りvに等しいので、追加販売数量を提供するために必要な投資は、$v(Q'-Q)$である。

要約すると、もしローカスト社が変更したら、売掛金への投資は売上げの$P\times Q$に生産コストの追加額$v(Q'-Q)$を足したものに等しくなる。

$$\text{増分売掛金投資}=PQ+v(Q'-Q)$$

この投資に対して要求されるリターン（売掛金の保有コスト）は、月にRなので、ローカスト社の売掛金保有コストは以下になる。

$$\begin{aligned}\text{保有コスト}&=[PQ+v(Q'-Q)]\times R\\&=(\$4{,}900+200)\times 0.02\\&=\$102\ (\text{月})\end{aligned}$$

月次利益が290ドルで月次費用が102ドルしかないので、正味利益は月に188ドル（＝＄290－102）である。ローカスト社はこの188ドルを毎月稼ぐから、変更の現在価値は以下のようになる。

$$\begin{aligned}\text{現在価値}&=\$188/0.02\\&=\$9{,}400\end{aligned}$$

再び、これは前に計算したものと同じである。

売掛金に注目する一つの利点は、われわれの前のNPV計算の解釈を助けてくれることである。すでにみたように、変更を行うために必要な売掛金投資は、$PQ+v(Q'-Q)$である。2番目の量が$(P-v)(Q'-Q)$だけ小さくなることを確認するのは簡単である。この差は、新しい売上げに対する売上総利益で、信用政策を変更するために実際に諦めなくてよいものである。

言い方を変えると、そうでなければ購入しない新しい顧客に信用供与する場合はいつでも、われわれがリスクにさらすのは費用で、正価ではない。これは第28．5節で議論したのと同じ問題である。

例28A. 1　追加信用

ローカスト・ソフトウェア社に戻り、もし予想される販売数の増加が10個ではなく5個しかなかったら、変更のNPVはいくらになるだろうか。売掛金への投資はいくらになるだろうか。保有コストはいくらだろうか。変更の正味月次利益はいくらだろうか。

もし変更が行われたら、ローカスト社は今日$P \times Q =$ $4,900を諦める。追加の5個が1個20ドルの費用で生産されなければならないので、変更のコストは$4,900＋5×20＝$5,000になる。追加5個を売る毎月の利益は、5×($49－20)＝$145である。変更のNPVは－$5,000＋145/0.02＝2,250ドルなので、変更は依然として儲かる。

変更するコスト5,000ドルは、売掛金への投資として解釈できる。月次2％では、保有コストは0.02×$5,000＝$100である。毎月の利益は145ドルなので、変更による正味利益は月に45ドル（＝$145－100）である。永久に続く月次45ドルの2％での現在価値は、2,250ドル（＝$45/0.02）で、前に計算したものと同じである。

割引とデフォルト・リスク

次に現金割引、デフォルト・リスク、そしてこの二つの関係を考察する。まず、以下を定義する。

π＝未回収になる信用販売の割合(％)

d＝現金払いの顧客に認められる割引

P'＝信用価格（割引なしの価格）

現金価格Pは、信用価格P'に（$1-d$）を乗じたものであり［$P=P'(1-d)$］、また$P'=P/(1-d)$であることに注意されたい。

ローカスト社の状況はいまや少し複雑なものになった。もし現在の信用なしの政策から変更が行われると、変更の利益はより高い価格（P'）と潜在的な販売数（Q'）の増加の双方からもたらされる。

さらに、以前のケースでは、無料なのですべての顧客が信用を使うという仮定は妥当だった。いまは、割引が提供されるので、顧客全員が提供される信用を使うことはない。加えて、提供される信用を使う顧客のうち、ある一定の割合(π)は、支払わない。

以下の議論を簡単にするために、販売数（Q）は、変更によって影響を受けないと仮定する。この仮定は必須ではないが、作業の量を減らす。またすべての顧客が信用条件を利用することも仮定する。この仮定も必須ではない。実際、どれだけの割合の顧客が信用を利用するかは、関係ない[3]。

信用意思決定のNPV

現在ローカスト社は、49ドルの価格(P)で、Q 個を販売する。ローカスト社は、30日の信用と信用販売価格の値上げ（$P'=50$ドル）になる新しい政策を検討している。現金価格は49ドルなので、ローカスト社は実質的に現金販売に対して（＄50－49）/50＝２％の割引を提供する。

ローカスト社にとって、信用供与のNPVはいくらになるだろうか。ローカスト社はすでに毎月（$(P-v)Q$）を受け取っていることに注意されたい。新しい高い価格では、全員が支払うと仮定した場合、これは（$(P'-v)Q$）に上昇する。しかしながら、販売のπ%は回収できないので、ローカスト社は（$(1-\pi)\times P'Q$）のみを回収することになる。よって、総受領は $[(1-\pi)P'-v]\times Q$ である。

したがって、ローカスト社にとっての変更の正味の効果は、新しい政策のもとでのキャッシュフローと古い政策のもとでのキャッシュフローの差である。

$$\text{正味増分キャッシュフロー}=[(1-\pi)P'-v]\times Q-(P-v)\times Q$$

$P=P'\times(1-d)$ なので、これは以下のように簡略化できる[4]。

$$\text{正味増分キャッシュフロー}=P'Q\times(d-\pi) \tag{28A.1}$$

3）　理由はすべての顧客が同じ条件を提供されるからである。すべての顧客が変更すると仮定して、仮に信用供与のNPVが100ドルだったら、顧客の50%だけが変更した場合、NPVは50ドルになる。隠された仮定は、デフォルト率が信用販売の一定割合だということである。

4）　これを理解するためには、正味増分キャッシュフローが以下であることに注目する。

$$\begin{aligned}\text{正味増分キャッシュフロー}&=[(1-\pi)P'-v]\times Q-(P-v)\times Q\\&=[(1-\pi)P'-P]\times Q\end{aligned}$$

$P=P'\times(1-d)$ なので、これは以下のように表せる。

$$\begin{aligned}\text{正味増分キャッシュフロー}&=[(1-\pi)P'-(1-d)P']\times Q\\&=P'Q\times(d-\pi)\end{aligned}$$

もしローカスト社が変更を行ったら、売掛金への投資の観点からみたコストは、$Q=Q'$なので、ちょうど$P\times Q$である。したがって、変更のNPVは以下になる。

$$\mathrm{NPV}=-PQ+P'Q\times(d-\pi)/R \qquad (28\mathrm{A}.2)$$

たとえば、産業界の経験をもとにすると、「借金を踏み倒す奴」の割合(π)は1％になると期待されるとする。ローカスト社にとって、信用条件を変更するNPVはいくらになるだろうか。適切な数値を代入すると、以下のようになる。

$$\begin{aligned}\mathrm{NPV}&=-PQ+P'Q\times(d-\pi)/R\\&=-\$49\times100+50\times100\times(0.02-0.01)/0.02\\&=-\$2,400\end{aligned}$$

変更のNPVはマイナスなので、ローカスト社は変更すべきでない。

われわれのNPVの表現で、重要な要素は現金割引率(d)とデフォルト率(π)である。すぐにわかるのは、もし未回収になる販売の割合が、現金割引率を超えたら、$d-\pi$はマイナスになるということである。明らかに、変更のNPVもまたマイナスになる。より一般的に、この結果は、信用供与の意思決定が、より高い価格を得ること（これにより販売収益が増加する）と、売上げの一部を回収できなくなることの、トレードオフであることを教えてくれる。

これを念頭に、$P'Q\times(d-\pi)$は、売上げの増加から回収されない割合を引いたものであることに注意されたい。これは信用政策の変更からもたらされる増分キャッシュインフローである。たとえば、もしdが5％で、πが2％だったら、おおまかにいうと、収益はより高い価格によって5％増加するが、デフォルト率が2％なので、回収額は3％しか増加しない。$d>\pi$でない限り、変更からのキャッシュインフローは実際に減少する。

損益分岐点分析

現金割引率(d)は会社によって決められるので、この場合の重要な未知数はデフォルト率(π)である。ローカスト・ソフトウェア社にとって、損益分岐点デフォルト率はいくらになるだろうか。

NPVをゼロにするデフォルト率を見つけることによって、答えることができる。

$$\mathrm{NPV}=0=-PQ+P'Q\times(d-\pi)/R$$

少し変形すると、以下を得る。

$$PR = P'(d - \pi)$$
$$\pi = d - R \times (1 - d)$$

ローカスト社の場合、損益分岐点デフォルト率は以下のようになる。

$$\pi = 0.02 - 0.02 \times (0.98)$$
$$= 0.0004$$
$$= 0.04\%$$

これはきわめて小さい。なぜならローカスト社が信用顧客に請求する暗黙の金利（月に２%の現金割引金利、または0.02/0.98＝2.0408%）が、月次で要求されるリターンの２%より、若干高いだけだからである。結果として、もし変更が理にかなうなら、デフォルトを許容する余地はあまりない。

ミニケース

●ブラーム・インダストリーズ社における信用政策

ブラーム・インダストリーズ社の社長であるトリシア・ハルティウィンガーは、会社の財務パフォーマンスを向上させる方法を探求している。ブラーム・インダストリーズ社は、小売業者にオフィス機器を製造・販売する。会社の成長は近年比較的緩やかだが、経済が拡大期に入ったので、将来の売上高はもっと速く上昇すると見込まれている。トリシアは、財務部長のアンドリュー・プレストンに、他の信用政策が会社の利益性の向上に役立つかどうか検討するよう依頼した。

会社は現在ネット30の政策をとっている。他の信用販売同様、デフォルトが常に懸念材料である。ブラーム社の審査と回収プロセスのお陰で、信用販売のデフォルト率は現在1.5%しかない。アンドリューは、会社の信用政策を他の企業のものと比較し、三つの選択肢があると結論した。

最初の選択肢は、いつ信用供与するのかに関する会社の決定を緩和することである。２番目の選択肢は、与信期間をネット45に延ばすことであり、３番目の選択肢は、信用政策の緩和とネット45への与信期間延長の組合せである。プラスの面では、考慮中の三つの政策どれもが、売上げを増加させる。三つの政策の欠点は、デフォルト率が上昇し、会社の売掛金を管理する費用が増加し、そして売掛金期間が長くなることである。信用政策の変更はこれら四つのすべての変数に、程度の差はあれ、影響を与える。アンドリューは、これらの変数に対する影響をまとめた以下の表を作成した。

	年間売上高（100万）	デフォルト率（売上高の%）	管理費（売上高の%）	売掛金期間
現在の政策	$140	1.90%	1.60%	38日
選択肢1	158	2.90	2.70	41
選択肢2	149	2.50	2.10	49
選択肢3	167	2.20	1.90	51

ブラーム社の生産変動費は売上高の45%で、適切な金利は、実効年金利6%である。どの信用政策を会社は用いるべきか。また、選択肢3のデフォルト率と管理費が、選択肢2のものより低いことに注目されたい。これは妥当だろうか。なぜか、なぜそうでないのか。

第 VIII 部

スペシャル・トピックス

第29章

合併、買収、および会社分割

投資銀行にとって激動の時代の2009年1月1日、バンク・オブ・アメリカ（BOA）はメリルリンチの買収を完了した。ベア・スターンズが買収され、リーマン・ブラザーズが倒産を申請し、ゴールドマン・サックスとモルガン・スタンレーが銀行持株会社に移行した後、メリルリンチは生き残っていた最大の投資銀行だった。メリルリンチの買収は、株式で210億ドルと評価された。この買収で、メリルリンチの株主は、メリルリンチ株式1株につき、BOA 株式0.8595株を受け取った。

それではなぜ、BOA はメリルリンチを購入したのだろうか。多くの理由がある。新しい会社は、2.7兆ドルの資産をもつ米国最大の銀行になり、さらにグローバル高利回り債の最大のアンダーライター、グローバル株式の3番目に大きなアンダーライター、そしてグローバル M&A の9番目に大きなアドバイザーになる。また同様に重要なのは、BOA が毎年70億ドルのコスト削減を達成できると予測したことだった。不幸にも、BOA はメリルリンチの問題を過小評価していた。2008年の第4四半期、メリルリンチは150億ドルの巨額損失を報告し、銀行にとって戦略的に素晴らしい取引であるようにみえた買収に関して、BOA の株主をショックに陥れた。

BOA のような企業は、買収がよいアイデアかどうか、どのように判断するのだろうか。本章では、合併をすべき理由と、同様に重要な、なぜ合併すべきでないのかの理由を探求する。

29.1　買収の基本形態

買収は三つの基本的なかたちの一つをとる。①合併あるいは統合、②株式買収、③資産買収である。

合併あるいは統合

合併（merger）とは、ある企業が他の企業によって吸収されることを指す。買収企業は、その商号や主体性を維持し、被買収企業のすべての資産と負債を獲得する。合併後、被買収企業は独立した事業体としての存在を終える。

統合（consolidation）は、まったく新しい事業体が設立される点を除き、合併と同じある。統合では、買収企業と被買収企業の両方が、従来の法的な存在を終え、新しい会社の一部となる。

例29．1　合併の基礎

企業Ａが企業Ｂを合併により買収するとする。さらに、企業Ｂの株主は、企業Ｂの株式２株と引き換えに、企業Ａの株式を１株与えられるとする。法的な観点からは、企業Ａの株主は合併によって直接の影響は受けない。しかしながら、企業Ｂの株式は存在しなくなる。統合では、企業Ａと企業Ｂの株主は、それぞれの株式を新しい企業（たとえば企業Ｃ）の株式と交換することになる。

合併と統合は似ているので、再編の両方のタイプを合併と呼ぶことにする。以下は、合併と統合に関する二つの重要な点である。

1．合併は法的には単純であり、他の買収形態ほど費用もかからない。これは被買収企業の資産の権利を買収企業に移転する必要性を回避する。
2．それぞれの企業の株主が合併を承認しなければならない[1]。通常、承認するためには、株式所有者３分の２の投票が必要である。加えて、被買収企業の株主は*株式買取請求権*をもつ。これは、買収企業により、彼らの持分が公正な価格で買い取られるよう、株主が要求できることを意味する。しばしば、買収企業と被買収企業の異を唱える株主は、公正価格について合意できず、費用のかかる法的手続という結果に至る。

1）　企業間の合併は、州法への準拠が要求される。事実上すべての州で、それぞれの企業の株主が承認を与えなければならない。

株式買収

他の企業を買収するための二つ目の方法は、現金、株式、あるいはその他の証券と引き換えに、企業の議決権株式を購入することである。これは、ある企業の経営者から他の経営者への私的な提案により始まるかもしれない。ある時点で、提案は売り手企業の株主に、しばしば公開買付によって直接伝えられる。**公開買付け**（tender offer）とは、標的企業の株式を購入するための公開オファーである。これは、ある企業により、直接他の企業の株主に対して行われる。提案は、新聞広告などの公的な発表により、標的企業の株主に伝えられる。時には、公開買付けにおいて、一般的な郵送が利用される。しかしながら、株主の名前や住所は、通常利用可能ではないので、一般的な郵送はむずかしい。

以下は、株式買収と合併との間の選択にかかわる要因である。

1．株式買収では、株主総会が開かれる必要はなく、議決も要求されない。もし標的企業の株主が提案を気に入らなければ、それを受け入れることを要求されず、彼らは株式の提供を行わない。
2．株式買収では、入札企業は公開買付けを利用することで、標的企業の株主と直接交渉することができる。標的企業の経営陣と取締役会は迂回される。
3．標的企業の経営陣は多くの場合、買収に抵抗する。このようなケースでは、株式買収が標的企業の経営陣を迂回するために利用される。標的企業の経営陣による抵抗は、多くの場合、株式買収の費用を合併による費用よりも高くする。
4．しばしば、少数株主は公開買付けに抵抗し、その結果、標的企業を完全に吸収することができない。
5．ある企業の他の企業による完全な吸収は、合併を必要とする。多くの株式買収は後に正式な合併で終了する。

資産買収

企業は資産のすべてを購入することで、他の企業を買収することができる。売却企業は、その「外殻」を維持することが可能なので、必ずしも消え失せるわけではない。資産買収には、標的企業の株主の正式な投票が要求される。この場合のメリットは、株式買収では多くの場合、買収企業に少数株主が残されるが、資産買収ではこれが発生しないことである。少数株主はしばしば抵抗などの問題を生む。とはいえ、資産買収は個別資産の権利移転を伴い、これには多くの費用がかかる可能性がある。

分類法

ファイナンシャル・アナリストは、一般的に合併を三つのタイプに分類してきた。

1. *水平的買収*：ここでは、買収企業と被買収企業が、同じ業種である。1998年のエクソン社によるモービル社の買収は、石油業界における水平的買収の一例である。
2. *垂直的買収*：垂直的買収は、生産過程における異なる段階の企業がかかわる。航空会社による旅行代理店の買収は垂直的買収になるだろう。
3. *コングロマリット型買収*：買収企業と被買収企業は、相互に関連していない。コンピュータ会社による食品製造会社の買収は、コングロマリット型買収と考えられるだろう。

テイクオーバーに関する注意

*テイクオーバー*は、ある株主グループから他の株主への、企業の支配権の移転を指す、一般的かつ不正確な用語である[2]。他の企業をテイクオーバーすることを決めた企業は、通常ビッダー（bidder）と呼ばれる。ビッダーは他の企業の株式や資産を獲得するために、現金または証券で支払うことを提案する。提案が承認されると、標的企業は株式や資産に対する支配権を、*対価*（つまり、株式、負債、または現金）と引き換えにビッダーに引き渡す[3]。

テイクオーバーは、買収、委任状争奪戦、そして非公開化によって達成できる。したがって、テイクオーバーは、図29.1に描かれたように、買収よりも広範な一連

2） *支配権*は、取締役会における過半数議決権の保有と定義されるかもしれない。
3） Audra L. Boone and J. Harold Mulherin in “How Are Firms Sold?”, *Journal of Finance*（April 2007）は、テイクオーバーのプロセスと、交渉および競争的入札の連鎖を詳細に観察している。

図29.1　テイクオーバーの種類

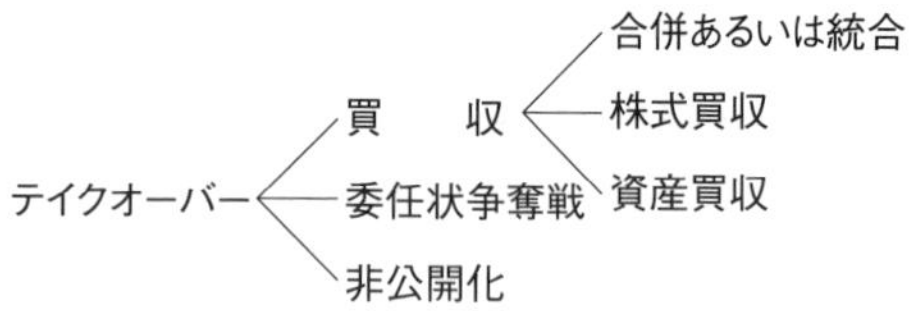

の活動を含んでいる。

もしテイクオーバーが買収によって達成されるなら、それは合併、株式の公開買付け、あるいは資産の購入によることになる。合併および公開買付けでは、買収企業は被買収企業の議決権付普通株式を購入する。

テイクオーバーは*委任状争奪戦*（*proxy contests*）によっても生じうる。委任状争奪戦は、株主のグループが取締役会の席を得ようと企てる時に生じる。*委任状*は、ある株主が他の株主の株式を投票するための権限付与の書面である。委任状争奪戦では、反旗を翻した株主グループが、他の株主からの委任状を懇請する。

*非公開化取引*では、ある公開企業のすべての株主持分が、小さな投資家グループによって購入される。グループは通常、現職の経営陣と外部投資家を含む。その会社の株式は株式取引所から上場廃止され、公開市場で購入できなくなる。

29.2　シナジー

前節では、買収の基本的な形態を議論した。次に、なぜ企業が買収されるのかを考察する（前節では、買収と合併が異なる定義をもつことを指摘したが、これらの違いは本節、そして以降の多くの節で重要ではない。したがって、明示的に述べない限り、買収と合併を同義語として用いることにする)。

ここでのわれわれの考え方は、以下の四つの質問にかかわるものとして整理できる。

1．合併に合理的な理由はあるか。イエス—ひとことでいえば、シナジーである。

　企業 A が企業 B の買収を検討しているとする。企業 A の価値は V_A で、企業 B の価値は V_B である（公開企業については、発行済証券の市場価格を調べ

ることで V_A と V_B を算定できると仮定することは妥当である)。結合企業の価値（V_{AB}）と、個別の主体としての企業価値の合計額との差が、買収によるシナジーである。

$$シナジー = V_{AB} - (V_A + V_B)$$

言葉で表すと、もし合併後の結合企業の価値が、合併前の買収企業の価値と被買収企業の価値の合計より大きければ、シナジーが発生している。

2．どこからこの魔法の力、シナジーは来るのか。

キャッシュフローの増加は価値をつくりだす。ΔCF_t を、結合企業の日付 t におけるキャッシュフローと、二つの個別企業のキャッシュフローの合計額との差として定義する。キャピタル・バジェッティングに関する数章から、所与の期間 t におけるキャッシュフローが以下で表せることを知っている。

$$\Delta CF_t = \Delta 収益_t - \Delta 費用_t - \Delta 税金_t - \Delta 必要資産_t$$

Δ 収益$_t$ は買収による増分収益、Δ 費用$_t$ は買収による増分費用、Δ 税金$_t$ は買収による増分税金、Δ 必要資産$_t$ は運転資本および固定資産で必要となる増分新規投資である。

増分キャッシュフローの分類から、シナジーの考えうる源泉は四つの基本的な区分に分けられる。すなわち、収益向上、費用削減、税金低減、資本コスト低減である[4)]。これらの四つの分類の少なくとも一つが向上すれば、シナジーが生み出される。これらの分類のそれぞれについては、次節で詳細に議論する。

加えて、これら四つの分類のなかで何も向上が期待できない、その他の合併

4）合併と買収を正当化するために、多くの理由が企業から主張される。二つの企業が合併する際、二つの企業の取締役会は*合併合意書*を承認する。U.S.スチール社とマラソン・オイル社の合併の合意書は典型的である。それは、合併により株主が期待できる経済的利益を列挙している（キーワードは斜字体にした)。

U.S.スチールは、マラソンの買収が、エネルギー・ビジネスへと*多角化*する魅力的な機会をU.S.スチールに提供することを確信している。合併の理由はこれらに限定されないが、以下の事実を含む。合併の完了は、U.S.スチールの連邦*所得税申告書*において、U.S.スチールがマラソンを連結することを可能にし、さらなる*効率性*に貢献し、U.S.スチールとマラソン間の資金移動を可能にすることで、資本管理の能力を向上させる。加えて、合併は、少数株主と大多数株主の利害衝突の可能性を取り除き、管理の柔軟性を向上させる。合併はマラソンの株主に、株式のヒストリカルな市場価格に対して、かなりのプレミアムを提供する。しかしながら、もはや株主は、会社の将来の見込みを共有し続けない。

の理由がしばしば提示される。これらの合併の「悪い」理由については、第29.4節で議論する。

3．これらのシナジーの利益はどのように共有されるか。

通常、買収企業は被買収（または標的）企業に対してプレミアムを支払わなければならない。たとえば、標的企業の株式が50ドルで売られている場合、買収企業は1株当り60ドルを支払う必要があるかもしれず、これは10ドルもしくは20％のプレミアムを意味する。この例では、標的企業の利益は10ドルである。合併によるシナジーが30ドルだとしよう。買収企業（またはビッダー）の利益は20ドル（＝＄30－＄10）になる。もしシナジーが10ドルのプレミアムより少なかったら、ビッダーは実際に損失を被る。第29.6節で、これらの利益と損失をより詳細に取り扱う。

4．シナジー以外に、合併の動機はあるか。イエス。

すでに述べたように、シナジーは株主への利益の源泉である。しかしながら、*経営陣*は潜在的な合併に対して、異なる見方をするかもしれない。たとえ標的企業に支払うプレミアムよりシナジーが少なかったとしても、買収企業の経営陣は依然として利益を得る。たとえば、合併後の結合企業の収益は、ほぼ確実に合併前よりも大きくなる。大きい企業を経営すれば、経営陣はより高い報酬が得られるかもしれない。報酬の増加以外にも、一般的により大きな企業を経営すれば、経営陣はさらに高い名声と力を得られる。逆に、標的企業の経営陣は買収後、職を失うかもしれない。たとえ株主がプレミアムから利益を得られるとしても、彼らはテイクオーバーに抵抗したほうが得かもしれない。これらの問題は、第29.9節でより詳細に議論する。

29.3　シナジーの源泉

この節では、シナジーの源泉について議論する[5]。

5）Mather Rhodes-Kropf and David Robinson, in "The Market for Mergers and the Boundaries of the Firm," *Journal of Finance* (June 2008) は、だれがだれを買うのかに関連する質問を扱っている。一般的な常識に反して、彼らは、比較的高い市場価値の企業が、比較的低い価値の企業を買収する傾向にあるとはみえないと主張する。そうではなく、同じような比率をもつ企業同士が合併する傾向にあることを示している。

収益向上

結合企業は、二つの個別の企業よりも多くの収益を生むかもしれない。増加収益は、マーケティング利益、戦略的利益、そして市場支配力からもたらされる。

マーケティング利益

合併と買収は、マーケティングの改善によって、より大きな営業収益を生み出せると、しばしば主張される。以下の分野で、改善がなされうる。

1．効果のないメディア・プログラミングと宣伝努力
2．脆弱な既存の販売網
3．偏った製品構成

戦略的利益

一部の買収は、戦略的利益を約束する。これは、標準的な投資機会というよりも、むしろオプションに似ている。たとえば、ミシン製造企業がコンピュータ企業を買収することを考えてみよう。将来、技術的な進歩により、コンピュータ駆動のミシンが実現した場合、同社は有利な立場に置かれるだろう。

Michael Porter は、新しい産業に参入する戦略的利益を表すために、*足がかり*という言葉を用いている[6)]。彼は、プロクター&ギャンブル社によるチャーミン・ペーパー社の買収を、プロクター&ギャンブル社に、使い捨ておむつ、ペーパータオル、女性用生理用品、およびトイレットペーパー等の、高度に相互関連した紙製品群を発展させることを可能にした、足がかりの例として用いている。

市場支配あるいは独占力

企業は、競争を減らすために他の企業を買収するかもしれない。もしそうなったら、価格を上げることができ、独占者利益が生み出される。しかしながら、競争を減少させる合併は社会に利益をもたらさず、米国司法省あるいは連邦取引委員会が異議を申し立てるかもしれない。

6） M. Porter, *Competitive Advantage*（New York：Free Press, 1998）.

費用削減

結合企業は、二つの個別の企業よりも効率的に運営されるかもしれない。バンク・オブ・アメリカがセキュリティ・パシフィック銀行を買収することに合意した際、より低いコストが主な理由としてあげられた。合併は、以下のような方法で営業効率を上げることができる。

規模の経済性

規模の経済性とは、生産水準が増加するにつれ、平均生産費用が減少することを意味する。図29.2は、典型的な企業の、単位費用と規模の関係を表している。図からわかるように、平均費用は初めに減少し、それから上昇する。言い換えると、企業は、最適規模に達するまでの間、規模の経済性を経験する。それ以降は、規模の不経済性が生じる。

規模の経済性の正確な性質は知られていないが、これは水平的合併の明確な利益の一つである。*間接費の分散*という表現が、規模の経済性との関連で、しばしば用いられる。これは、企業の本社、最高経営陣、そしてコンピュータ・システムのような中枢機能を共有することを指す。

垂直的統合の経済性

営業の経済性は、水平的統合と同様に、垂直的統合によっても得ることができる。垂直的買収の主な目的は、密接に関連する事業活動の調整を容易にすることである。これがたぶん、木材を伐採する林産物企業のほとんどが、製材工場や牽引機

図29.2　規模の経済性と企業の最適規模

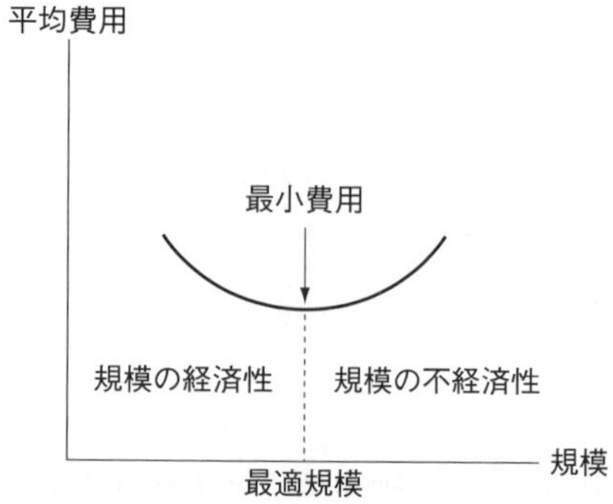

材も所有している理由である。石油はプラスチックや他の化学製品をつくるのに用いられるので、デュポン社とコノコ社の合併では、デュポン社の安定的な石油供給の必要性が動機になった。垂直的統合による経済性はたぶん、なぜほとんどの航空会社が航空機を保有するのかを説明する。これはまた、一部の航空会社がホテルやレンタカー会社を買収した理由も説明するかもしれない。

技術移転

技術移転は、合併のもう一つの理由である。もし航空宇宙技術が自動車の品質を向上できるなら、自動車メーカーは航空機会社を買収するかもしれない。この技術移転が、ゼネラル・モーターズとヒューズ・エアクラフト社の合併の動機である。

補完的資源

一部の企業は、既存の資源をより有効に活用するために他の企業を買収する。テニス用品店と合併するスキー用品店は、冬と夏の両シーズンにわたって売上げを一定化し、店舗能力をより有効に活用することができる。

非効率な経営陣の排除

経営陣の交代は、しばしば企業の価値を上げることができる。一部の経営陣は、役得と愛玩プロジェクトに浪費し、彼らを買収の機が熟したものにする。たとえば、RJR ナビスコ社のレバレッジド・バイアウトは、主に CEO だったロス・ジョンソンの浪費行動をやめさせるために行われた。あるいはまた、現職の経営陣が変化する市場の状況や新しい技術を理解しておらず、古い戦略を放棄することがむずかしい場合もある。取締役会がこれらの経営陣を交代させるべきであるが、取締役会は多くの場合、独立して行動できない。したがって、必要な交代のために、合併が必要になるかもしれない。

Michael C. Jensen は、石油産業を非効率な経営の例として引用している7)。1970 年代後半、石油産業における変化には、低い石油価格、探索および開発費用の増加、高い実質金利といった見通しが含まれていた。これらの変化の結果、探索および開発の相当な削減が求められた。しかしながら、多くの石油会社の経営陣は、企業を「縮小」させることができなかった。買収企業は、これらの石油会社の投資水

7）　M. C. Jensen, "Agency Costs of Free Cash Flow, Corporate Finance and Takeovers," *American Economic Review*（1986）.

準を削減するために石油会社を探し求めた。たとえば、メサ石油のT. ブーン・ピケンズは、より倹約的な経営陣を据えるために、三つの石油会社を買収しようと試みた。ユノカル社、フィリップス社、そしてゲティー社である。彼は買収を行うことができなかったが、彼の試みは、探索と開発の費用を減らすよう既存の経営陣を刺激し、彼を含むこれらの会社の株主に多大な利益をもたらした。

合併と買収は、最高経営陣の労働市場の一部とみることができる。Michael Jensen and Richard Ruback は、「企業支配権市場」という語句を用いているが、そこでは代替的な経営チームが、企業活動を管理する権利のために競争する[8)]。

税の利益

税の削減は、一部の買収にとって強力なインセンティブであるかもしれない。削減は、以下からもたらされうる。

1．税務上の欠損金の利用
2．未使用負債余力の利用
3．余剰資金の利用

純営業損失

儲かっている部門と、赤字を出している部門をもつ企業は、赤字部門の損失が、黒字部門の利益を相殺するので、支払う税金が少なくなる。しかしながら、もし二つの部門が実際には別々の会社だったら、黒字の会社は利益を相殺するために、赤字を出している会社の損失を使うことができない。したがって、適切な状況では、合併は税金を下げることができる。

表29.1を考えてみよう。表は企業 A と企業 B の、税引き前利益、税金、および税引き後利益を表している。企業 A は、状態1では200ドルを稼ぐが、状態2では損をする。会社は、状態1では税金を支払うが、状態2では税金の払戻しを受けられない。逆に、企業 B は状態1ではなく状態2で利益をあげる。この会社は状態2でのみ税金を支払う。表は、どちらの状態が起こっても、二つの個別企業の税金の合計が常に68ドルであることを示している。

8）　M.C. Jensen and R.S. Ruback, "The Market for Corporate Control: The Scientific Evidence," *Journal of Financial Economics* 11 (1983).

表29.1　企業 *A* と企業 *B* の合併の税効果

	合併前				合併後	
	企業 *A*		企業 *B*		企業 *AB*	
	状態 1	状態 2	状態 1	状態 2	状態 1	状態 2
課税所得	$200	－$100	－$100	$200	$100	$100
税　　金	68	0	0	68	34	34
純 利 益	$132	－$100	－$100	$132	$　66	$　66

（注）　どちらの企業も合併前の損失を控除することはできない。合併は、*A* からの損失で *B* の課税所得を相殺することを可能にし、また逆も同じである。

しかしながら、表の最後の二つの列は、合併後、結合企業が34ドルしか税金を支払わないことを示している。一部門の損失が、別の部門の利益を相殺するので、合併の後、税金は下がる。

この例のメッセージは、潜在的な税務上の損失を活用するためには、企業には課税利益が必要であるということである。これらの損失は、しばしば*純営業損失*（*net operating loss*）、もしくはNOLと呼ばれる。合併は時々、損失と利益を一緒にすることができる。しかしながら、前例に対して二つの要件がある。

1．連邦税法は、利益の期間と損失の期間が交互に生じる企業が、繰戻しおよび繰越しの規定により、税金を均等化することを認めている。会計規則は複雑だが、一般的に、これまで利益をあげていたが今年は損失を計上した企業は、*過去2年間*に支払われた所得税の還付を受けることができ、さらに*将来20年間*、損失を繰り越すことが可能である。したがって、未使用の節税効果を利用するための合併は、繰越しによって達成できるのと同等以上の節税を提供しなければならない[9]。
2．内国歳入庁（IRS）は、買収の主な目的が連邦税の回避にある場合、その買収を認めないかもしれない。これは内国歳入規約のジレンマの一つである。

負債余力

少なくとも二つのケースで、合併は負債の増加と、より大きな節税効果を許容する。最初のケースでは、標的企業は少なすぎる負債をもち、買収企業は不足分の負

9）　1986年の税制改正法によれば、株式の50%以上が3年の間に所有者が変わった場合、企業による純営業損失（およびその他の税額控除）の繰越しの可能性は制限される。

債を注入することができる。２番目のケースでは、標的企業と買収企業の両方が、最適負債水準にある。合併はリスクの削減につながり、より大きな負債余力と、より大きな節税効果を生み出す。

ケース１：未使用の負債余力

第17章で、すべての企業がある特定の量の負債余力をもつことを指摘した。より大きな負債はより大きな節税効果につながるので、この負債余力は有益なものである。もっと厳密には、すべての企業は、財務的困難の限界的費用が、限界的節税効果と等しくなるまで、ある特定の量の負債を借り入れることができる。この負債余力は、多くの因子の関数であるが、おそらく最も重要なのは、会社のリスクであろう。一般的にリスクが高い企業は、リスクが低い企業ほど借入れできない。たとえば、公益企業やスーパー・マーケット（どちらもリスクが低い）は、ハイテク企業より高い負債・価値比率をもつことができる。

理由は何であれ、一部の企業は最適よりも少ない負債を保有する。たぶん経営陣がリスク回避的であるか、あるいはたぶん経営陣が単に負債余力を適切に評価する方法を知らないのだろう。少なすぎる負債を保有することは、企業にとって悪いことだろうか。答えはイエスである。すでに述べたように、負債の最適水準は、財務的困難の限界的費用が、限界的節税効果と等しくなるときに生じる。少なすぎる負債は、企業の価値を減少させる。

ここで合併が絡んでくる。負債が少ないかまったくない企業は、魅力的な標的である。買収企業は、より大きな節税効果をつくりだすために、合併後に目標負債水準を引き上げることができる。

ケース２：負債余力の増加

第11章で提示した、現在ポートフォリオ理論の原理に戻ろう。同じリスク（または標準偏差）をもつ、異なる産業の二つの株式を考える。これら二つの株式のポートフォリオは、それぞれ別個の株式より、低いリスクをもっている。言い換えると、二つの株式のポートフォリオはやや分散化しているのに対して、それぞれの株式自体はまったく分散化していない[10)]。

10)　異なる産業の株式を考慮することによって、分散化は最も容易に説明できるが、鍵は二つの株式のリターン間の相関が１より低いことである。これは同じ産業内の株式間でさえ、起こるはずである。

次に、個人が両方の株式を買うのではなく、これら二つの株式の会社が合併する場合を考えてみよう。結合会社のリスクは、それぞれ別々の場合よりも小さくなるので、銀行は結合会社に、二つの会社に別々に融資する金額の合計よりも多くの金額を融資する気になるに違いない。言い換えると、合併が生み出すリスク削減は、より大きな負債余力につながる。

たとえば、合併前、それぞれの会社は100ドルを借りられるとする。おそらく結合会社は、合併後に250ドルが借りられるようになるだろう。この場合、負債余力は50ドル（＝＄250－＄200）増加した。

繰り返すと、負債は節税効果を生み出す。もし合併後に負債が増加すると、税金は減ることになる。すなわち、合併後のより大きな支払利息ゆえに、結合会社の税金は、合併前の別々の企業の合計よりも少なくなるはずである。言い換えれば、合併による負債余力の増加は、税金を削減する。

要約すると、最初に標的企業が少なすぎるレバレッジの場合を考察した。買収企業は、標的企業により大きな負債を注入し、より大きな節税効果をつくりだすことができる。次に、標的企業と買収企業の両方が、最適負債水準で始まるケースを考察した。この場合でさえ、合併はより大きな負債につながる。すなわち、合併によるリスク削減は、より大きな負債余力を生み出し、その結果、より大きな節税効果がつくりだされる。

余剰資金

税法のもう一つの奇癖は、余剰資金に関連している。フリー・キャッシュフローをもつ企業を考えてみよう。すなわち、すべての税金を支払い、そしてすべてのポジティブNPVプロジェクトが資金手当された後に、会社には利用可能なキャッシュフローが残っている。この状況では、証券を購入するほかに、会社は配当を支払うか、あるいは株式を買い戻すことができる。

配当政策に関する前述の議論において、特別配当が一部の投資家によって支払われる所得税を増加させることをすでに考察した。株式の買戻しでは、投資家はより少ない税金を支払う[11]。とはいえ、配当に対する税金の回避が唯一の目的である場合、株式の買戻しは適法な選択肢ではない。

かわりに、会社は余剰資金で買収を行うかもしれない。この場合、買収企業の株

11）　配当はすべての納税受取人にとって、課税対象である。買戻しは、利益のために売却を選択した者だけに、租税債務をつくりだす。

主は、配当に対して支払ったであろう税金を回避する[12]。そして、被買収企業から送金される配当に対して、税金は支払われない。

● コラム ●

彼ら自身の言葉で

Michael C. Jensen*：合併と買収について

経済的な分析と証拠は、テイクオーバー、LBO、そして企業再構築が、過去20年間において、主要な競争的変化に経済が適応するのを助ける、重要な役割を果たしてきたことを示している。代替的な経営チームおよび企業資産をコントロールするための組織構造の競争は、莫大な経済資源が、より素早く、最も有効活用される場所に移動することを可能にした。その過程において、株主だけでなく経済全体に対しても、かなりの利益が生み出された。1977～1988年の12年間における合併、買収、レバレッジド・バイアウト、およびその他の企業再構築による売り手企業の株主の全体的な利益は、1988年のドルで合計5,000億ドル以上に達した。私は、同期間における買い手企業の株主の利益が、少なくとも500億ドルになると推定する。これらの利益は、同時期に企業セクター全体で、投資家に対して支払われた現金配当合計額の53%（1988年のドルで測定）に等しい。

合併と買収は、企業の方向性あるいは資源の利用について、戦略的な変化を求める新技術あるいは市場状況に対する、一つの反応である。既存の経営陣と比べて、新たなオーナーは、往々にして既存の組織構造の主要な変更を、よりうまく実行できる。あるいはまた、レバレッジド・バイアウトは、経営陣に起業家的インセンティブを生み出すことと、大きな上場企業に内在する機動性を妨げる集権的官僚的障害を取り除くことによって、組織的変化をもたらす。

経営陣が組織の実質的所有権をもつ場合、企業のフリー・キャッシュフローの支出に関する、株主と経営陣の間の利害衝突は軽減される。経営陣のインセンティブは、株主価値を無視して帝国を築く―しばしば、不十分に検討された多角化買収を通じて―ことよりも、企業価値を最大化することに焦点が絞られ

12）　状況は実際には若干複雑である。標的企業の株主は、彼らのキャピタル・ゲインに対して税金を支払わなければならない。これらの株主は、この税金を相殺するために、買収企業にプレミアムを要求する可能性が高い。

る。最後に、必要となる負債の返済が、経営陣の配当支払に関する裁量と、現金を過剰保有する傾向に、置き換わる。こうして効率性の実質的な向上が生み出されるのである。

＊Michael C. Jensen は、ハーバード大学の Jesse Isidor Straus Professor of Business Administration, Emeritus である。傑出した学者および研究者であり、彼は現代企業と、その株主との関係に関する先駆的な分析で有名である。

必要資本の減少

本章の前のほうで、規模の経済性により、合併は営業費用を減らすことができると述べた。合併はまた、必要資本も減らすことができる。会計士は通常、資本を二つの部分に分ける。固定資本と運転資本である。

二つの企業が合併する場合、経営陣は重複する設備を見つける可能性が高い。たとえば、もし両社が独自の本社をもっていたら、合併企業のすべての経営陣は、一つの本社ビルに移り、もう一つの本社ビルを売却することができる。一部の工場もまた余分かもしれない。あるいは、同じ業種で合併する二つの企業は、研究開発部門を統合し、一部の R&D 設備を売却できるかもしれない。

同じことは、運転資本についてもいえる。売上高在庫比率と売上高現金比率は、多くの場合、企業規模が大きくなるにつれて減少する。合併はこれらの規模の経済性が実現するのを可能にし、運転資本を下げることができる。

29.4　買収の二つの財務的副作用

利益成長

買収は見かけ上の利益成長を生み出すことが可能であり、企業が実際以上の価値があると投資家が考えるよう欺くかもしれない。表29.2の初めの２列に示された、二つの企業、グローバル・リソース社とリージョナル・エンタープライズ社を考えてみよう。みてわかるように、１株当り利益は両社とも１ドルである。しかしながら、グローバル社は１株当り25ドルで売られていて、株価収益率は25（＝＄25/＄１）である。対照的に、リージョナル社は10ドルで売られていて、株価収益率は

表29.2　グローバル・リソース社およびリージョナル・エンタープライズ社の財務状態

	合併前のグローバル・リソース社	合併前のリージョナル・エンタープライズ社	合併後のグローバル・リソース社	
			市場が「賢明」	市場が「欺かれる」
1株当り利益	$　1.00	$　1.00	$　1.43	$　1.43
1株当り株価	$　25.00	$　10.00	$　25.00	$　35.71
株価収益率	25	10	17.5	25
株式数	100	100	140	140
総利益	$　100	$　100	$　200	$　200
総株価	$2,500	$1,000	$3,500	$5,000

（注）　交換比率：リージョナル社2.5株に対しグローバル社１株。

10である。これはグローバル社の投資家が25ドル払って１ドルの利益を得るのに対して、リージョナル社の投資家は同じ１ドルの利益を得るのに、10ドルだけの投資ですむことを意味する。投資家はリージョナル社で、よりよい取引をしているのだろうか。必ずしもそうではない。たぶんグローバル社の利益は、リージョナル社の利益より速く成長すると期待されている。もしそうなら、グローバル社の投資家は、後々、高い利益を得ることが見込まれ、当初の低い利益を埋め合わせることができる。実際、第９章は、企業の株価収益率の主要な決定要因が、企業の利益成長率に対する市場の期待であると主張している。

ここで、グローバル社がリージョナル社を買収すると想定しよう。この合併はなんら追加的な価値を生み出さない。もし市場が賢明なら、結合企業の価値は、個別企業の価値の合計であることを認識する。この場合、結合企業の市場価値は3,500ドルとなり、合併前の個別企業の価値の合計に等しい。

これらの値のもと、グローバル社は自社株40株をリージョナル株式100株と交換することによってリージョナル社を買収し、その結果、グローバル社は合併後に140株の発行済株式をもつことになる13)。グローバル社の株価は25ドル（＝＄3,500/140）のままである。買収後の140株の発行済株式と200ドルの利益では、グローバル社の１株当り利益は1.43ドル（＝＄200/140）である。会社の株価収益率は、合併前の25から下がって、17.5（＝＄25/1.43）になる。このシナリオは表29.2の３番目の列に示されている。なぜ株価収益率は下がったのだろうか。結合会社の株価収益率は、合併前のグローバル社の高い株価収益率とリージョナル社の低い株価収

13)　リージョナル株式はグローバル株式の価格の40%（＝＄10/＄25）で売られているので、この比率は公正な交換を意味する。

益率の平均になる。よく考えてみれば、これは常識である。グローバル社の株価収益率は、低成長の新しい部門を取り込んだとき、下がるはずである。

次に市場が欺かれる可能性を検討してみよう。ちょうど述べたように、買収により、グローバル社は、１株当り利益を１ドルから1.43ドルに増加できる。もし市場が欺かれたら、市場は１株当り利益における43%の増加を、真の成長と誤解するかもしれない。この場合、グローバル社の株価収益率は、合併後に下落しないかもしれない。グローバル社の株価収益率が25に等しいままだとしよう。結合企業の総価値は5,000ドル（＝25×＄200）に増加し、グローバル社の１株当り株価は35.71ドル（＝＄5,000/140）に上昇する。これは表の最後の列に反映されている。

これは利益成長のマジックである。このマジックは、現実の世界で機能すると期待できるだろうか。前の世代の経営陣は、そう考えたに違いなく、LTVインダストリーズ社、ITT社、そしてリットン・インダストリーズ社のような企業はみな、1960年代に株価収益率ゲームでプレーすることを試みた。しかしながら、後からみると、大した成功なしにゲームをプレーしたようである。これらのプレーヤーは、ほとんど補充されることなく、すべて脱落してしまった。市場はそれほど簡単に欺かれるには、賢すぎるようにみえる。

多角化

多角化は、ある企業が他の企業を買収する利益として、しばしばあげられる。本章の前半で、U.S.スチール社がマラソン・オイル社買収の利益として、多角化を含めていたことに言及した。合併当時、U.S.スチールは資産の20%以上が現金および市場性証券で、現金が潤沢な企業だった。余剰資金をもつ企業が、多角化の必要性をはっきり唱えるのをみるのは珍しいことではない。

しかしながらわれわれは、多角化が、それ自体としては、価値の増加を生み出すことができないと主張する。これを理解するために、事業のリターンの変動性が、二つの部分に分けられることを思い出されたい。①事業に特有で、*非システマティック*と呼ばれるものと、②すべての事業に共通で、*システマティック*なものである。

システマティックな変動性は、多角化（分散化）によって排除することができず、したがって合併はこのリスクをまったく排除しない。対照的に、非システマティック・リスクは、合併を通して、多角化により消すことができる。しかしながら投資家は、非システマティック・リスクを排除するために、ゼネラル・エレクトリック社のような広範に多角化した企業を必要としない。単純に異なる企業の普通株式を購入することで、株主は企業よりも容易に多角化することができる。たとえば、U.S.スチールの株主は、もしそうすることで多角化の利益が得られると考えたとしたら、マラソン株を購入することができた。したがって、コングロマリット型合併を通した多角化は、株主に利益をもたらさないかもしれない[14)]。

二つの点が当てはまる場合にのみ、多角化は買収企業に対して利益を生み出すことができる。

1．多角化が、投資家が個人のポートフォリオを調整して行うよりも低コストで、非システマティックな変動性を低減する。これは非常に起こりにくいと思われる。
2．多角化がリスクを減少させ、それにより負債余力を増加させる。この可能性は本章の前半で言及した。

29.5　リスクの減少による株主の費用

前節では、合併の二つの財務的副作用について議論した。これら二つのいずれかの理由で合併しても、必ずしも価値を損なわない。もっと正確にいえば、これら二つの理由で合併しても、価値が増加することはまずないということである。本節では、少なくとも株主の観点から、実際に価値を損なう買収の副産物について考察する。みていくように、合併は債券の安全性を増し、これらの債券の価値を上げ、株主に不利益を与える。

第11章で、すべてが同じリスクの個別証券を、一つずつポートフォリオに加えていく個人を考察した。証券の相関が互いに完全に1でない限り、このポートフォリオのリスクは、証券の数がふえるにつれて減少した。一言でいうと、このリスクの減少は*分散化*を反映していた。分散化は合併でも起こる。二つの企業が合併するとき、結合価値のボラティリティは、別々の主体としてのボラティリティよりも、通常は低くなる。

---

14)　実際、多くの研究者が、多角化は企業の集中度を弱めることによって、企業価値を減少させうると主張している。この点については、本章の後半でさらに議論する。

とはいえ、ここには驚くべき結果がある。個人はポートフォリオの分散化で利益を得るのに対して、合併からの分散化は株主に実際に害をなすかもしれない。理由は、債券が一つではなく二つの会社によって「保証」されるので、債券保有者が、合併による分散化で利益を得る可能性が高いからである。この債権者にとっての利益は、株主の費用でもたらされる。

基本ケース

企業Aが企業Bを買収する例を考えてみよう。表29.3のパネルⅠは、二つの起こりうる経済状態における、合併前の企業Aと企業Bの純現在価値を表している。各状態が起こる確率は0.50なので、それぞれの企業の市場価値は、二つの状態における価値の平均である。たとえば、企業Aの市場価値は以下のようになる。

$$0.50\times \$80+0.50\times \$20=\$50$$

次に、二つの企業の合併は、何のシナジーも生まないと想定する。結合企業ABは、企業Aと企業Bの価値を合計した、75ドル（＝＄50＋＄25）の市場価値をもつことになる。さらに、企業Bの株主は、企業Bの単独市場価値の25ドルに等しい企業ABの株式を受け取るとする。言い換えると、企業Bは何のプレミアムも受け取らない。企業ABの価値は75ドルなので、企業Aの株主は合併後に50ドル（＝＄75－＄25）の価値をもつ。これはちょうど彼らが合併前にもっていたものである。したがって、企業Aと企業B双方の株主は、提案された合併に関して無差別である。

両社が負債をもつ

かわりに、表29.3のパネルⅡに示されたように、企業Aは資本構成に額面30ドルの負債をもっているとしよう。合併なしでは、企業Aは状態2でこの負債をデフォルトする。なぜなら、状態2における企業Aの価値は20ドルで、これは負債の額面30ドルより少ないからである。その結果、企業Aは負債請求権の全額は支払えず、状態2において債券保有者は20ドルだけを受け取る。債権者はデフォルトの可能性を考慮に入れ、負債の価値を25ドル（＝0.5×＄30＋0.5×＄20）と評価する。

表29.3　株式交換による合併

	NPV		市場価値
	状態1	状態2	
確率	0.5	0.5	
Ⅰ　基本ケース（どちらの企業も資本構成に負債をもたない）			
合併前の価値：			
企業 *A*	$80	$20	$50
企業 *B*	10	40	25
合併後の価値：[1]			
企業 *AB*	$90	$60	$75
Ⅱ　企業 *A* の資本構成に額面30ドルの負債 企業 *B* の資本構成に額面15ドルの負債			
合併前の価値：			
企業 *A*	$80	$20	$50
負債	30	20	25
株主資本	50	0	25
企業 *B*	$10	$40	$25
負債	10	15	12.50
株主資本	0	25	12.50
合併後の価値：[2]			
企業 *AB*	$90	$60	$75
負債	45	45	45
株主資本	45	15	30

企業 *A* の負債と企業 *B* の負債の両方の価値が合併後に上昇する。
企業 *A* の株式と企業 *B* の株式の両方の価値が合併後に下落する。

（注）1　企業 *A* の株主は、企業 *AB* の株式50ドル相当を受け取る。企業 *B* の株主は、企業 *AB* の株式25ドル相当を受け取る。したがって、両社の株主は合併に対して無差別である。

2　企業 *A* の株主は、企業 *AB* の株式20ドル相当を受け取る。企業 *B* の株主は、企業 *AB* の株式10ドル相当を受け取る。合併による損益は、以下のとおりである。

企業 *A* の株主の損失：$20－$25＝－$5
企業 *B* の株主の損失：$10－$12.5＝－$2.50
両社の債券保有者の結合利益：
$45.00－$37.50＝$7.50

企業 *B* の負債の額面は15ドルである。状態1では、会社の価値が負債の額面15ドルより少ない10ドルなので、企業 *B* はデフォルトする。企業 *B* の負債の価値は12.50ドル（＝0.5×$10＋0.5×$15）である。したがって、企業 *A* の負債の価値と企業 *B* の負債の価値の合計は、37.50ドル（＝$25＋$12.50）である。

次に、合併後に何が起こるのかみてみよう。企業 *AB* は、状態1で90ドルの価値があり、状態２では60ドルの価値があるので、これは75ドル（＝0.5×＄90＋0.5×＄60）の市場価値を意味する。結合企業の負債の額面は、45ドル（＝＄30＋＄15）である。企業の価値はどちらの状態でも45ドルより大きいので、債券保有者は常に全額の支払を受ける。したがって、負債の価値は額面の45ドルである。この価値は、合併前の二つの負債の合計額37.50ドルより、7.50ドル大きい。したがって、合併は債券保有者に利益をもたらす。

株主はどうだろうか。合併前に、企業 A の株主資本には25ドルの価値があり、企業 B の株主資本には12.50ドルの価値があったので、企業 AB は、企業 B の株主に発行する１株につき、企業 A の株主には２株を発行するとする。企業 AB の株主資本は30ドルなので、企業 A の株主は20ドル相当の株式を受け取り、企業 B の株主は10ドル相当の株式を受け取る。企業 A の株主は合併で５ドル（＝＄20－＄25）を失う。同様に企業 B の株主は、2.50ドル（＝＄10－＄12.50）を失う。両社の株主の合計損失は7.50ドルで、これは債券保有者が合併から得る利益とちょうど等しい。

この例には多くの数字がある。要点は、合併で、債券保有者が7.50ドルの利益を得、株主が7.50ドルを失うということである。なぜこの価値の移転が起こるのだろうか。何が起こっているのか理解するために、二つの企業が別々だったとき、企業 B は企業 A の負債を保証しないということに注目しよう。すなわち、もし企業 A が負債をデフォルトしても、企業 B は企業 A の債券保有者を助けない。しかしながら合併後は、債券保有者は A と B の両方からのキャッシュフローに頼ることができる。結合企業の一部門が赤字に陥った場合、債権者は他の部門の利益から支払を受けることができるのである。この相互保証は、*共同保険効果（coinsurance effect）*と呼ばれ、負債を従来よりも低リスクかつ高価値にする。

全体としての企業に対する正味利益はない。債券保有者は共同保険効果を得るが、株主は共同保険効果を失う。いくつかの一般的な結論が、前述の分析から導かれる。

1．合併は通常、債券保有者を助ける。債券保有者に対する利益の大きさは、結合後の倒産確率の低減に依存する。すなわち、結合企業のリスクが低下すればするほど、債券保有者への利益が大きくなる。
2．株主は、債券保有者が得る利益分の損失を受ける。
3．結論２は、シナジーがない合併に当てはまる。実際には、シナジーの大きさに強く依存する。

株主はどのようにして共同保険効果による損失を軽減できるだろうか

共同保険効果は、株主の価値を低下させ、債券保有者の価値を上げる。しかしながら、株主が共同保険効果を軽減あるいは排除できる方法が、少なくとも二つある。まず、企業 A の株主は、合併発表日*前*に負債を回収し、合併後に同額の負債を再発行することができる。負債は低い合併前の価格で回収されるので、この種の借換え取引は、債券保有者に対する共同保険効果を無効にできる。

また、合併が財務的困難の確率を減少させるので、結合企業の負債余力は増加する可能性が高いことに注目されたい。したがって、株主の二つ目の代替案は、単純に合併後に、より多くの負債を発行することである。合併に続く負債の増加は、負債回収という事前の行動を伴わなくても、二つの効果をもつ。本章の前の方で議論したように、新たな企業負債による利息の節税効果は、企業価値を増加させる。加えて、合併後の負債の増加は財務的困難の確率を上昇させ、それにより共同保険効果による債券保有者の利益を減少あるいは排除する。

29.6　合併のNPV

企業は買収を行う際に、一般的にNPV分析を用いる。対価が現金の場合、分析は比較的単純である。対価が株式の場合、分析はより複雑になる。

現　金

企業 A と企業 B は、別々の主体として、それぞれ500ドルと100ドルの価値があるとする。両社は全額株式調達の会社である。もし企業 A が企業 B を買収すると、合併企業 AB は、100ドルのシナジーにより700ドルの結合価値をもつ。企業 B の取締役会は、現金で150ドルがオファーされた場合、企業 B を売却すると意思表示している。

企業 A は企業 B を買収すべきだろうか。企業 A が買収の資金調達を利益剰余金

表29.4　買収の費用：現金 vs 普通株式

	買収前		買収後：企業 A		
	(1)	(2)	(3)	(4)	(5)
	企業 A	企業 B	現金*	普通株式** 交換比率 (0.75：1)	普通株式** 交換比率 (0.6819：1)
市場価値（V_A, V_B）	$500	$100	$550	$700	$700
株式数	25	10	25	32.5	31.819
1株当り株価	$　20	$　10	$　22	$　21.54	$　22

（注）　＊買収後の企業 A の価値：現金　$V_A=V_{AB}-$現金
$500＝$700－$150
＊＊買収後の企業 A の価値：普通株式　$V_A=V_{AB}$
$700＝$700

から行うとすると、合併後の会社の価値は次のようになる[15]。

買収後の企業 A の価値＝結合企業の価値－支払われた現金
＝$700－$150
＝$550

企業 A は合併前に500ドルの価値だったので、企業 A の株主にとってのNPVは以下のとおりである。

$$\$50=\$550-\$500 \qquad (29.1)$$

企業 A の株式が25株あるとすると、会社の各株式は、合併前に20ドル（＝$500/25）の価値があり、合併後に22ドル（＝$550/25）になる。これらの計算は、表29.4の第1列および第3列に示されている。株価の上昇に注目すると、企業Aは合併を行うべきであるという結論を得る。

シナジーと合併のプレミアムについては、ともに初めのほうで述べた。買収企業にとっての合併のNPVはまた、次のように評価することもできる。

買収企業にとっての合併のNPV＝シナジー－プレミアム

結合企業の価値が700ドルで、A と B の合併前の価値が、それぞれ500ドルと100

15)　新株が発行されても、分析は本質的に同じである。しかしながら、合併の資金調達のために新たな負債が発行されると、負債に対する節税効果のために分析は異なるものになる。この場合、修正現在価値（APV）法が必要になるだろう。

ドルなので、シナジーは100ドル［＝＄700－(＄500＋＄100)］で、プレミアムは50ドル（＝＄150－＄100）である。したがって、買収企業にとっての合併のNPVは次のようになる。

企業Aにとっての合併のNPV＝＄100－＄50＝＄50

一つ注意が必要である。本書は一貫して、企業の市場価値が、真の価値の最良の予測値であると主張してきた。しかしながら合併を議論する場合、この分析を修正しなければならない。もし合併を*伴わない*企業Aの真の価格が500ドルであるとすると、合併交渉が生じた時点で、企業Aの市場価値は実際には500ドルを上回るかもしれない。これは合併が生じる可能性を市場価格が反映するために起こる。たとえば、合併が生じる確率が60%だとすると、企業Aの市場価格は、次のようになる。

	合併を伴う 企業Aの市場価値	×	合併の 確率	＋	合併を伴わない 企業Aの市場価値	×	合併しない 確率
＄530＝	＄550	×	0.60	＋	＄500	×	0.40

もし企業Aの市場価格が用いられると、経営陣は式29.1における合併からのNPVを過小評価することになるだろう。したがって、経営陣は買収を伴わない場合の自社を評価するという困難な仕事に直面する。

普通株式

もちろん、企業Aは企業Bを、現金ではなく普通株式で購入することもできた。残念ながらこの場合、分析はこれほど単純ではない。このシナリオを扱うために、企業Bに発行済株式が何株あるのかを知る必要がある。表29.4の第２列に示されているように、10株の発行済株式があるとする。

企業Aは7.5株の自社株を、企業Bの全株式10株と交換するとする。これを0.75：１の交換比率と呼ぶ。合併前の企業Aの１株の価値は20ドルである。7.5×＄20＝＄150なので、この交換は企業Bを150ドルの現金で購入することと同等であるようにみえる。

これは間違いである。本当の費用は150ドルよりも多い。これを確認するために、合併後に企業Aが32.5株（＝25＋7.5）の発行済株式をもつことに注目しよう。企業Bの株主は結合企業の23%（＝7.5/32.5）を所有する。彼らの保有株式は161ドル（＝23%×＄700）と評価される。これらの株主が161ドルの価値をもつ企業Aの株式を受け取るので、企業Aの株主にとっての合併の費用は、150ドルではなく161ドルでなければならない。

この結果は表29.4の第4列に示されている。株式交換による買収後の、企業A株式の1株の価値は21.54ドル（＝＄700/32.5）にすぎない。現金による株式買収後の、1株の価値は22ドルであることがわかっている。差額は、企業Aにとって株式交換による買収の費用のほうが高いということである。

企業Bの10株に対する企業Aの7.5株という交換比率が、二つの企業の*合併前*の価格に基づいているので、このような直感的でない結果が生じる。しかしながら、合併後に企業Aの株式が増加するので、企業Bの株主は企業Aの株式で150ドル以上を受け取る。

企業Bの株主が、150ドルの企業Aの株式を受け取るためには、交換比率がいくらになるべきだろうか。αを、企業Bの株主が所有する、結合企業における持分割合と定義することから始める。結合企業の価値は700ドルなので、合併後の企業Bの株主の価値は次のとおりである。

合併後の企業Bの株主の価値

$$\alpha \times \$700$$

$\alpha \times \$700 = \$150$と置くと、$\alpha = 21.43\%$であることがわかる。言い換えれば、企業$B$の株主は、合併後に企業の21.43%を受け取れば、150ドルの価値の株式を受け取ることになる。

次に、企業Bの株主に対して発行される株式数を算定する。結合企業において企業Bの株主が保有する割合αは次のように表される。

$$\alpha = \frac{\text{新たに発行される株式}}{\text{既存の株式} + \text{新たに発行される株式}} = \frac{\text{新たに発行される株式}}{25 + \text{新たに発行される株式}}$$

αの値を方程式に代入すると、次のようになる。

$$0.2143 = \frac{\text{新たに発行される株式}}{25 + \text{新たに発行される株式}}$$

未知数について解くと、以下を得る。

$$\text{新規株式} = 6.819\text{株}$$

合併後の発行済株式数合計は31.819（＝25＋6.819）となる。企業A6.819株が企業$B$10株と交換されるので、交換比率は0.6819：1である。

0.6819：1の交換比率における結果は、表29.4の第5列に示されている。普通株式1株は22ドル（＝700ドル/31.819）の価値があり、これはちょうど現金による株式買収取引における価値である。したがって、企業Bの取締役会が会社を150ドルで売却する場合、前述した0.75：1ではなく、これが公正な交換比率である。

現金 vs 普通株式

この節では、現金による買収と株式による買収を考察した。われわれの分析は以下の質問につながる。いつ買収企業は現金で支払うことを望み、いつ株式で支払うことを望むのだろうか。簡単な公式はない。この意思決定はいくつかの変数にかかっているが、たぶんいちばん重要なのは買収企業の株価である。

表29.4の例で、企業Aの買収前の株価は20ドルだった。ここで、そのとき企業Aの経営陣は「真」の価格が15ドルであると考えていたとしよう。言い換えると、経営陣は株式が過大評価されていると考えていた。経営陣が市場と異なる見通しをもつ可能性は高いだろうか。イエス—経営陣は多くの場合、市場よりたくさんの情報をもっている。結局のところ、経営陣は、顧客、サプライヤー、そして従業員と日々接しており、内密の情報を得る可能性が高い。

次に、企業Aの経営陣が、企業Bを現金か株式のどちらかで買収しようと考えているとしよう。現金による取引では、過大評価は買収条件に何の影響も及ぼさず、企業Bは依然として150ドルの現金を受け取る。しかしながら、過大評価は株式交換による取引に大きな影響を与える。企業Bは、市場価格で計算した150ドル相当のA社株を受け取るが、A社の経営陣は、株式の真の価値が150ドル未満なのを知っている。

企業Aはどのように買収の支払を行うだろうか。明らかに企業Aには、株式で支払うインセンティブがある。なぜなら、150ドル未満の価値の支払ですむからである。この結論は、ある意味で、企業Aが企業Bの株主をだまそうとしているので、むしろ冷笑的にみえるかもしれない。とはいえ、理論と実証証拠は、企業が自社の株式が過大評価されているときに、株式で買収する可能性が高いことを示唆している[16)]。

実は、話はそれほど単純ではない。企業の経営陣が戦略的に考えるのと同じように、企業Bの経営陣もまた、同じように考える可能性が高い。合併交渉で、企業

A の経営陣が株式交換による合併を推すとしよう。これは企業 B の経営陣に、企業 A が過大評価されていると、ヒントを与えるかもしれない。たぶん企業 B の経営陣は、企業 A が現在提供しているよりも、もっとよい条件を要求するだろう。あるいはまた、企業 B は現金を受け取るか、そうでなければ売るのをやめると決心するかもしれない。

そして、交渉から企業 B が知るように、市場もまた知ることになる。実証証拠は、買収企業の株価が、株式交換による合併を発表した途端、下落することを示している[17]。

とはいえ、この議論は間違いが決して起こらないということを意味しない。たとえば、2001年１月のインターネット・サービス・プロバイダーのAOL社とメディア企業のタイム・ワーナー社の株式交換による合併を考えてみよう。この取引は対等合併であると発表され、結合会社は現在タイム・ワーナーと呼ばれるが、振り返ってみると、AOLが買収会社だったようにみえる。合併は史上最も大きいものの一つで、2000年１月の発表時点における二つの企業の時価総額は、合計で３,500億ドルだった（合併の発表と合併の完了の間の約１年間の遅れは、規制のチェックによるものだった）。これはまた、史上最悪の取引の一つであるともみなされており、タイム・ワーナーの2009年初めの時価総額は、約350億ドルだった。

AOLは合併時、消費者がブロードバンドを切望しているときにナローバンドを提供する、危うい立場にあった。また、少なくとも振り返ってみれば、インターネット株は非常に過大評価されていた。この取引はAOLに、テクノロジー業界ではなく、したがって仮に過大評価されていたとしても、AOLほどではない会社に対して、異常に過大評価された株式を通貨として提供することを許容した。もしタイム・ワーナーが、取引をこのようにみていたら、あっさり取り消していたかもしれない（あるいはまた、会社は現金を要求できた。AOLには現金で支払う財務力はなかっただろうが）。

タイム・ワーナーの経営陣が合併のすべての含意を即座に理解しなかったように、市場もまた理解しなかったようである。タイム・ワーナーの株価は、合併発表

16）基本的な理論的考え方は、S. Myers and N. Majluf, "Corporate Financing and Investment Decisions When Firms Have Information That Investors Do Not Have," *Journal of Financial Economics*（1984）に提示されている。

17）たとえば、G. Andrade, M. Mitchell, and E. Stafford, "New Evidence and Perspectives on Mergers," *Journal of Economic Perspectives*（Spring 2001）、およびR. Heron and E. Lie, "Operating Performance and Method of Payment in Takeovers," *Journal of Financial and Quantitative Analysis*（2002）を参照。

の翌週、市場と比較して25%以上も上昇した。

29.7 友好的 vs 敵対的買収

合併は一般的に、被買収企業ではなく、買収企業によって開始される。したがって、買収企業は、他の企業を購入することを決定し、合併を達成するための戦術を選択し、支払ってもよい最大価格を決定し、最初の入札価格を設定し、それから標的企業にコンタクトをとらなければならない。多くの場合、買収企業のCEOが単純に標的企業のCEOに電話し、合併を提案する。標的企業が受け入れる気があれば、最終的に合併に至る。もちろん、価格、支払方法、そしてその他に関して、数多くの会議があるかもしれない。通常、標的企業の取締役会が買収を承認しなければならない。時に、買収企業の取締役会も承認しなければならないこともある。最終的に、株主による賛成投票が必要になる。しかし、すべてが片づいた後、このように進行する買収は、*友好的*とみなされる。

もちろん、すべての買収が友好的というわけではない。標的企業の経営陣は合併に抵抗するかもしれず、この場合、買収企業は合併を推し進めるべきか、そしてその場合どのような戦術を使うかを決めなければならない。抵抗に直面して、買収企業は標的企業の株式を秘密裏に買い始めるかもしれない。これはしばしば*足がかり*と呼ばれる。1968年に制定され、その時代の画期的な法律の一つであるウィリアムズ法は、買収企業に対して、標的企業の株式の５％以上を取得した10日以内に、証券取引委員会（SEC）に、スケジュール13Dを提出することを義務づけている。買収企業は、その意図と標的企業の持高を含む詳細な情報を、このスケジュール上で提供しなければならない。この時点で、買収企業は標的企業を買収する計画を明記しなければならないので、秘密状態は終わる。提出後、標的企業の株価はおそらく上がり、新しい株価は標的企業がプレミアムで買収される可能性を反映することになる。しかしながら、買収企業はこの10日間の猶予をフルに活用して、できる限りの株式を提出前の低い株価で購入する。

買収企業は、公開市場で株式を買い続けるかもしれないが、この方法で買収が達成されることはまずない。そうではなく、買収企業はある時点で、株式の*公開買付け（tender offer）*を行う。これは現行市場株価より上のプレミアムで、株式を買い取るというオファーを、直接株主に行うものである。公開買付けは、応じたすべての株式を買収企業が買い取ると明記するかもしれない。あるいはまた、買収企業が発行済み株式の、たとえば50%まで購入すると述べるかもしれない。もしそれ以上の株式が申し込まれたら、比例配分されることになる。たとえば極端な例として、もしすべての株式が申し込まれたら、各株主は申し込んだ2株につき、1株を売ることが許される。また、買収企業は、最低数の株式が申し込まれた場合にのみ、株式を購入するというかもしれない。

ウィリアムズ法では、公開買付けは最低でも20日間にわたって行われなければならない。この期間は、標的企業に反応する時間を与える。たとえば、標的企業は株主に買付けに応じないよう通知したいかもしれない。公開買付けを批判する声明をマスコミに発表するかもしれない。標的企業はまた、入札プロセスに参加するよう他の企業を促すかもしれない。

ある時点で公開買付けは終了し、買収企業はどれだけの株式が申し込まれたのかを知る。買収企業は、標的企業の支配権を得るのに、100%の株式を取得する必要は必ずしもない。一部の企業では、支配するのに20%程度の保有で十分である。その他の企業では、支配権に必要な割合はずっと高くなる。*支配権*はあいまいな用語であるが、機能的には取締役会に対する支配と考えればよいだろう。株主が取締役を選任し、それから取締役が経営陣を任命する。もし買収企業が取締役の過半数を選任するのに十分な株式を受け取れば、これらの役員が、買収企業の望む経営陣を任命することができる。また、実効支配力は、しばしば過半数以下でも達成できる。当初の取締役の一部が買収企業に同調する限り、過半数に満たない新たな役員で、買収企業は実質的な過半数を得ることが可能になる。

時々、実効支配権を得た途端、買収企業はまだ所有していない残りの株式を得るために、合併を提案する。この時点で、取締役会が承認するので、取引は友好的なものになる。このタイプの合併は、しばしば*クリーンアップ*合併と呼ばれる。

公開買付けが、*敵対的な*標的企業の支配権を得る唯一の方法ではない。かわりに、支配権が得られるまで、買収企業は公開市場で株式を買い続けるかもしれない。しばしば*ストリート・スイープ*と呼ばれるこの戦略は滅多に使われないが、おそらくそれは支配権を得るために十分な株式を購入することが困難なためだろう。また、すでに述べたように、多くの場合公開買付けでは、もし望んだ数の申込みに達しなかったら、買収企業は公開買付けをキャンセルできる。対照的に、公開市場で購入した株式は返却することができない。

支配権を得るもう一つの手段は*委任状争奪戦*（*proxy fight*）で、これは企業投票に関わる手続である。取締役の選任は通常、会社の会計年度が終了した4、5カ月後に開催される年次株主総会で行われる。標的企業の株式を購入した後、買収企業は現行の役員に対して、対立候補を推薦する。買収企業は通常、株主総会の前に株主にコンタクトを取り対立候補名簿を売り込むために委任状獲得業者を雇う。買収企業の候補者が取締役会の過半数に選任されれば、買収企業は会社の支配権を獲得することになる。公開買付けと同様、実効支配力は往々にして過半数以下で達成できる。買収企業は、キャピタル・バジェッティング・プログラムや多角化計画のような、会社のいくつかの特別な政策を変更したいだけかもしれない。あるいは、単純に経営陣をかえたいのかもしれない。もし当初の取締役の一部が、買収企業の計画に賛同すれば、少数の新取締役で実質的な過半数を得ることが可能になる。

たとえば、カール・アイカーンのブロックバスター社に対する委任状争奪戦を考えてみよう。2005年の初め、カール・アイカーンのグループは、ブロックバスター社のクラスA株式9.7%とクラスB株式7.7%を保有する最大株主だった。2004年に会社が10億ドル以上の損失を出したのを受けて、アイカーン氏は公にブロックバスター社を批判し、支出削減に関する数多くの変更を求めた。彼と二人の仲間は、2005年にブロックバスター社の取締役の席を得た。彼のグループは七人の取締役会の過半数に満たなかったが、評論家たちは、彼が自分の好きな方向に会社を動かせるだろうと主張した。

合併では、最終的に買収企業が標的企業の全株式を所有して終わるのに対して、委任状争奪戦の勝利者は、追加の株式を獲得しない。委任状争奪戦の勝利者の報酬は、勝利者の政策が有効であると証明された場合の、株価の上昇である。実際、委任状争奪戦の脅しだけで、経営陣は戦いを阻止するために経営を向上させるかもしれず、株価は上がるかもしれない。たとえば、アイカーン氏は、カー・マギー社を委任状争奪戦で脅かしたが、2005年4月、株価がカー・マギー社の新しい政策に反応して上昇すると、取り下げた。

29.8　防御戦術

標的企業の経営陣は、往々にしてテイクオーバーの企てに対して抵抗する。テイクオーバーの企てをくじく経営陣の行動は、もし入札企業がオファー価格を引き上げるか、他の企業が入札すれば、標的企業の株主に利益をもたらすことになるかもしれない。もちろん経営陣の抵抗は、単に株主を犠牲にした自己利益の追求を反映しているのかもしれない。すなわち、標的企業の経営陣は自分たちの仕事を維持するために、テイクオーバーに抵抗するかもしれない。時々経営陣は、抵抗すると同時に企業政策を向上させる。この場合、たとえテイクオーバーが失敗に終わったとしても、株主は利益を得られる。

この節では、テイクオーバーに抵抗するために、標的企業の経営陣が用いるさまざまな方法を解説する。会社は、買収に乗り気の企業が１社以上あるとき、「プレー中」であるといわれる。会社がプレー中になる前の防御戦術と、プレー中になってからの防御戦術を分けることは有益である。

プレー中になる前にテイクオーバーを阻止する

企業憲章

企業憲章とは、企業を統治する定款および内規を指す[18)]。多くの規程のなかで、企業憲章は買収を可能にする条件を確立する。企業はしばしば、買収をより困難にするために企業憲章を修正する。たとえば、以下の二つの修正を考えてみよう。

1. *クラス分けされた取締役会（classified board）*：クラス分けされていない取締役会では、株主はすべての役員を毎年選任する。クラス分けされた（あるいは時期をずらした）取締役会では、任期は複数年で、毎年取締役会の一部だけが選任される。たとえば、任期は３年で、毎年３分の１の取締役が選任されるかもしれない。クラス分けされた取締役会は、買収企業が過半数に必要な取締役を獲得する時間を長くする。先の例で、買収企業は、買収後の最初の年に、取締役会の３分の１の席をコントロールすることができる。買収企業が３分の２を獲得するには、もう１年待たなければならない。したがって、買収企業は望んだほど速く経営陣をかえられないかもしれない。しかしながら、一部の人々はクラス分けされた取締役会は、必ずしも有効ではないと主張する。なぜなら、古い取締役はしばしば買収企業に同調することを選択するからである。
2. *圧倒的過半数条項（supermajority provisions）*：企業憲章は、合併のような

18)　Ronald Masulis, Cong Wang, and Fei Xie in "Corporate Governance and Acquirer Returns," *Journal of Finance*（August 2007）は、反テイクオーバー条項を多くもつ買収企業は、そうでない企業より、株式市場のリターンが低いことを見出している。

重要な取引を承認するのに必要な株式議決権数の割合を規定する。企業憲章の圧倒的過半数条項は、この割合が50%超であることを意味する。3分の2の過半数が一般的であるが、なかにはずっと高いものある。圧倒的過半数条項は、明らかに敵対的買収を困難にする。圧倒的過半数条項を伴う企業憲章の多くはまた、*ボードアウト*（*board out*）条項として知られるものももつ。この場合、もし取締役会が合併を承認すれば、圧倒的過半数条項は適用されない。この条項は、圧倒的過半数条項が、敵対的テイクオーバーだけの妨げになることを確実にする。

ゴールデン・パラシュート

この彩り豊かな用語は、テイクオーバーが生じた場合に、経営陣に提供される気前のよい退職パッケージを指す。ゴールデン・パラシュートは、買収の費用を高くすることによって、テイクオーバーの妨げになるというのがその主張である。一部の専門家は、たとえ気前のよいものであっても、退職パッケージはおそらく企業を買収する費用の小さな部分でしかないので、抑止効果はほとんどない可能性が高いと指摘する。加えて、何人かはゴールデン・パラシュートが、実際にはテイクオーバーの確率を*上昇させる*と主張する。ここでの理由は、職を失う可能性があるので、経営陣にはいかなるテイクオーバーにも抵抗する自然な性向があるが、大きな退職パッケージは、テイクオーバーの痛手を和らげ、経営陣の抵抗する傾向を減らすというものである。

われわれはいま、将来の敵対的買収を抑止する手段を議論しているが、ゴールデン・パラシュートはまた、買収提案が行われた後にもかかわってくる。たとえば、スコットヴィル社の取締役会は、ファースト・シティ・プロパティーズ社からの5億2,300万ドルの公開買付けを承認した際、13人の最高経営陣が、それぞれ500万ドルの退職手当を受けられるように取り決めた。

ポイズン・ピル

ポイズン・ピル（毒薬）は、ニューヨークの有名な弁護士であるマーティン・ミラーが、1980年代の初めに開発した高度な防御戦術である。それ以降、数多くの変形が登場したので、ポイズン・ピルの単一の定義はない。たぶん、ピープルソフト社の例が、一般的な考え方を例証するだろう。2005年のある時点で、ピープルソフト社のポイズン・ピル条項は、ひとたびビッダーがピープルソフト社の株式の20%

以上を取得したら、買収企業を除くすべての株主が、会社から新株を半分の価格で買えると明記していた。当時、ピープルソフト社には約4億株の発行済み株式があった。もしどこかのビッダーが会社の20％（8,000万株）を獲得したら、ビッダーを除くすべての株主が、保有する1株につき新株16株を買えることになる。もしすべての株主がこのオプションを行使したら、ピープルソフト社は51.2億株（＝0.8×4億×16）の新株を発行しなければならず、総発行済株式数は55.2億株になる。会社は株式を半額で売るので、株価は下落する。ビッダーの会社の持分は20％から1.45％（＝8,000万/55.2億）に落ちる。これだけの規模の希薄化が、ポイズン・ピルには到底打ち勝つことができないと一部の批評家が主張する理由である。

プレー中になってからテイクオーバーを阻止する

グリーンメイルと買戻しスタンドスティル（停止）合意

経営陣はテイクオーバーの企てを未然に防ぐために、*標的買戻し（targeted repurchase）*を行うかもしれない。標的買戻しでは、企業は潜在的なビッダーから、特定の期間会社を買収しないと約束することを条件に、通常かなりのプレミアムで自社株を買い戻す。このような支払の批判者は、これを*グリーンメイル（greenmail）*と呼ぶ。

*スタンドスティル合意（standstill agreements）*とは、報酬と引き換えに、買収企業が標的企業の保有を制限することに同意する時に発生する。合意の一部として、買収企業はしばしば、買収企業が株式を売却する際に、標的企業に第一先買権を提供することを約束する。この約束は、大量の株式が他の潜在的買収企業の手に渡ることを防ぐ。

例29.2　テイクオーバーの防御

2008年4月2日、大手の独立系石油精製企業であるトーランス石油の発行済株式数は2,800万株で、会社の前日の終値は、ニューヨーク証券取引所において1株49.25ドルだったとする。さらに、4月2日にトーランス社の取締役会は二つの決定をしたとしよう。

1．取締役会は、カナダのストラウス家所有のトーランス株式260万株を、

１株51ドルで購入するという、ストラウス家と経営陣の契約を承認した。これは、ストラウス家がトーランス社の支配権を得ようとする企てを終わらせる、グリーンメイル合意の一部だった。

2．取締役会は、会社に750万株（発行済株式の27%）の自社株を買い戻すことを許可した。同時に、取締役会は、トーランス社株式490万株をベースに、従業員持株制度を設立するという提案を承認した。

これら二つの行動は、トーランス社を非友好的なテイクオーバーの企てに対して抵抗力をもつようにした。実質的に、会社はその株式の約20%を従業員持株制度に売却した。その前にトーランス社は、株主の80%がテイクオーバーを承認しなければならないとする条項を設けていた。トーランスの株価は翌２日間で0.25ドル下落した。この動きはたぶんランダムエラーで説明できるので、トーランス社の行動が株主の価値を減少させたという証拠はない。

グリーンメイルは、1970年代後半に最初に用いられて以来、金融目録の色彩豊かな部分だった。それ以降、専門家達は、倫理的か、あるいは非倫理的かに関して、何度も何度もコメントしてきた。グリーンメイルは近年減少してきているが、おそらく二つの理由がある。第一に、連邦議会はグリーンメイルからの利益に対して税金を課した。第二に、グリーンメイルに対する法律は現在未決着のままであり、受領者が潜在的な訴訟を心配する原因になっている。

ホワイト・ナイト（白馬の騎士）とホワイト・スクワイヤ（白馬の従者）

非友好的合併オファーに直面している企業は、一般的に*ホワイト・ナイト（white knight）*と呼ばれる他の好ましい相手に買収されるよう取りまとめるかもしれない。ホワイト・ナイトは、単純により高い買収価格を支払ってくれるので好まれるかもしれない。あるいはまた、従業員のレイオフ、経営陣の解雇、または部門の売却をしないと約束するかもしれない。

経営陣は、それよりも買収を完全に避けたいかもしれない。*ホワイト・スクワイヤ（white squire）*と呼ばれる第三者が、経営陣とともに投票し、かつ追加の株式を購入しないという条件のもとで、会社に相当な投資を行うために招かれるかもしれない。ホワイト・スクワイヤは、通常、株式を優遇価格で提供される。億万長者の投資家であるワーレン・バフェットは、チャンピオン・インターナショナル社やジレット社など多くの企業で、ホワイト・スクワイヤとして行動してきた。

資本再構成と買戻し

標的企業の経営陣は、しばしば配当を支払うために負債を発行する。この取引は*負債による資本再構成*（*leveraged recapitalization*）と呼ばれる。株式を買い戻すために負債を発行する株式買戻しは、同様な取引である。二つの取引は、いくつかの方法でテイクオーバーを防ぐ。第一に、おそらくより大きな負債による節税効果の増加により、株価が上昇する。株価の上昇は、ビッダーに買収の魅力を減らす。とはいえ、株価は、資本再構成前の会社の負債水準が最適よりも低かったときに上昇するので、負債による資本再構成は、すべての標的企業に勧められるものではない。コンサルタントは、低い負債水準で、安定したキャッシュフローをもつ企業が、再構成の理想的な候補であると指摘する。第二に、資本再構成の一部として、経営陣は、自分たちに再構成前より大きな投票権を与える新証券を発行するかもしれない。支配力の増加は、敵対的買収をより難しいものにする。第三に、貸借対照表に潤沢な現金をもつ企業は、往々にして魅力的な標的に映る。資本再構成の一部として、標的企業はこの現金を用いて配当を支払うか、株式を買い戻して、テイクオーバー候補としての会社の魅力を減らすかもしれない。

除外的自社公開買付け

除外的自社公開買付け（*exclusionary self-tender*）は標的買戻しの逆である。ここでは、企業は対象と定めた株主を除外しつつ、所与の量の自社株に対して公開買付けを行う。

特に有名な事例の一つにおいて、巨大統合石油企業であるユノカル社は、会社の最大株主であるメサ・パートナーズII社（T.ブーン・ピケンズにより率いられた）を除外しつつ、その株式の29%に対して公開買付けを行った。ユノカル社の自社公開買付けは１株当り72ドルで、一般的な市場価格を16ドル上回っていた。事実上、メサ社からユノカル社の他の株主に財産を移転させることで、ユノカル社に対するメサ社のテイクオーバーの企てをくじくために計画された。

資産再構築

資本構成を変更することに加えて、企業はテイクオーバーを避けるために、既存の資産を売却するか、あるいは新たな資産を購入するかもしれない。標的企業は通常、二つの理由で資産を売却または分離する。第一に、標的企業は異なる事業ラインから、さまざまな部分がうまくかみ合っていない、ごた混ぜの資産を集めてしまっているかもしれない。これらの部門を別会社に移すことによって、価値が増加するかもしれない。学者達はしばしば*企業の集中*（*corporate focus*）という概念を強調する。ここでの考え方は、企業は本当に理解している数少ない事業に集中することによって、最もよく機能するというものである。会社分割に続く株価の上昇は、ビッダーに対する標的企業の魅力を減らす。

2番目の理由は、ビッダーが標的企業の特定の部門に関心があるかもしれないということである。標的企業はこの部門を売却することによって、ビッダーの関心を減らすことができる。この戦略は合併を防ぐかもしれないが、もし部門が、部門の買い手よりも標的企業にとって価値があるものだったら、標的企業の株主の不利益になりうる。専門家はしばしば*王冠の宝石*（*crown jewels*）の売却や、*焦土作戦*（*scorched earth policy*）の購入について語る。

一部の標的企業は既存の資産を分離するが、他は新たな資産を購入する。これには一般的に二つの理由があげられる。第一に、ビッダーは標的企業の現状が好きかもしれない。無関係な事業の追加は、買収企業に標的企業の魅力を下げることになる。とはいえ、ビッダーはいつでも新しい事業を売却することができるので、この購入は強い防御にならない可能性が高い。第二に、独占禁止法は競争を減らす合併を禁止するよう意図されている。独占禁止法は、司法省と連邦取引委員会の双方によって執行される。標的企業は、新しい部門がビッダーにとって独占禁止法の問題を生み出すことを知っていて、会社を購入するかもしれない。しかしながら、ビッダーはこの無関係な事業を売却する意図を、司法省と連邦取引委員会への申請で申し立てることができるので、この戦略は効果的ではないかもしれない。

29.9　合併は価値を追加するか

第29.2節で、もし合併後の結合企業の価値が、合併前の買収企業の価値と被買収企業の価値の合計より大きければ、シナジーが生まれると述べた。第29.3節では、

表29.5　合併の%リターンとドル・リターン

期間	合併の利益または損失（合併企業と被合併企業の両方）		合併の利益または損失（合併企業のみ）	
	異常%リターン	総ドル利益または損失	異常%リターン	総ドル利益または損失
1980—2001	1.35%	－$790億	1.10%	－$2,200億
1980—1990	2.41	$120億	0.64	－$40億
1991—2001	1.04	－$900億	1.20	－$2,160億
1998—2001	0.29	－$1,340億	0.69	－$2,400億

（出所） Sara Moeller, Frederik Shlingemann, and René Stulz,“Wealth Destruction on a Massive Scale? A Study of Acquiring-Firm Returns in the Recent Merger Wave,” *Journal of Finance* (April 2005), Table I を修正。

合併におけるシナジーの源泉をいくつか提示し、合併が価値を生み出すことができることを示唆した。次に合併が実際に価値を創造するのかどうか知りたい。これは実証的な問題であり、実証証拠によって解答されなければならない。

価値の創造を測定するいくつかの方法があるが、多くの学者たちは*イベント・スタディ*を好む。これらの研究は、合併発表日近辺の異常な株式リターンを推定する。*異常リターン（abnormal return）*は、普通、実際の株式リターンと市場インデックスあるいは株式対照群のリターンとの差として定義される。この対照群は、市場全体または業界全体に対する影響を排除するために用いられる。

合併発表日近辺のリターンが報告されている表29.5を考察してみよう。1980～2001年までのすべての合併の平均異常リターン（%）は、1.35%である。この数字は、買収企業と被買収企業の両方のリターンを一緒にしている。1.35%はプラスなので、市場は合併が平均して価値を創造すると考えている。第1列の他の三つのリターンもまたプラスで、異なるサブ期間における価値の創造を示唆する。他の多くの学術研究も同様な結果を提供している。したがって、この列から、第29.3節で言及したシナジーは、現実の世界で発生しているようにみえる。

しかしながら、次の列はやや異なることを教えてくれる。1980～2001年までのすべての合併で、合併発表日近辺のドル変化の総計は、－790億ドルである。これは市場が、平均して、合併発表日近辺の買収企業と被買収企業の株式価値の合計を*減少*させていることを意味する。二つの列の違いは紛らわしくみえるかもしれないが、そこには説明がある。ほとんどの合併は価値を創造したが、非常に大きな企業が絡む合併は、価値を失っている。異常リターンは、すべての合併のリターンが同等に扱われる非加重平均である。この場合のプラスのリターンは、小さな合併が価値を創造したことを反映する。しかしながら、いくつかの大きな合併の損失が、ドル変化の総計をマイナスにする。

しかしそれだけではない。2列目は、総ドル損失が1998～2001年の期間だけで発生したことを示している。この期間に－1,340億ドルの損失があったが、1980～1990年には、120億ドルの利益があった。そして表を補完すると、1991～1997年には440億ドル(＝＄1,340－900)の利益があったことが示される。したがって、1998～2001年のいくつかの大合併が、きわめて大きな価値を失ったようにみえる。

表29.5のような結果は、連邦議会がいつも合併を促進すべきか、抑制すべきか迷っているので、公共政策に対して重要な含意をもつはずである。とはいえ、表の結果は残念ながらあいまいである。一方で、第1列に焦点を絞り、合併は平均して価値を創造するといえるかもしれない。この見方の支持者は、いくつかの大合併の大きな損失は単なる偶然で、再び起こることはまずないと主張するかもしれない。他方で、全体の期間を通して、合併が、創造するより多くの価値を損なったという事実を無視することはできない。この立場の支持者は、古いことわざを引用するかもしれない。「第一次世界大戦と第二次世界大戦を除いて、20世紀はきわめて平和だった」。

次に進む前に、いくつかの最終的な考察がある。読者は、合併のすべてのリターンが明らかになる前に、異常リターンが合併時の近辺だけで計測されることに対して、疑問を抱くかもしれない。学者達は長期リターンも調査するが、彼らは短期リターンを特に好む。もし市場が効率的なら、短期リターンは合併の総効果の不偏推定値を提供する。長期リターンは合併に関するより多くの情報をとらえるが、同時に多くの無関係なイベントの影響も反映してしまう。

ビッダーへのリターン

前述の結果は、ビッダーと標的企業のリターンを一緒にしていた。投資家は、ビッダーと標的企業を別々にしたい。表29.5の第3列と第4列は、買収企業のリターンだけを提示している。第3列は、ビッダーの異常リターンが、すべてのサンプル期間とそれぞれのサブ期間でプラスであることを示している。これはビッダーと標的企業が一緒にされたものと同様な結果である。第4列は、ドル損失の総額を表し、大きな合併が小さな合併より、平均して悪かったことを示唆している。ビッ

図29.3　買収企業の株主の年次総ドル利益または損失

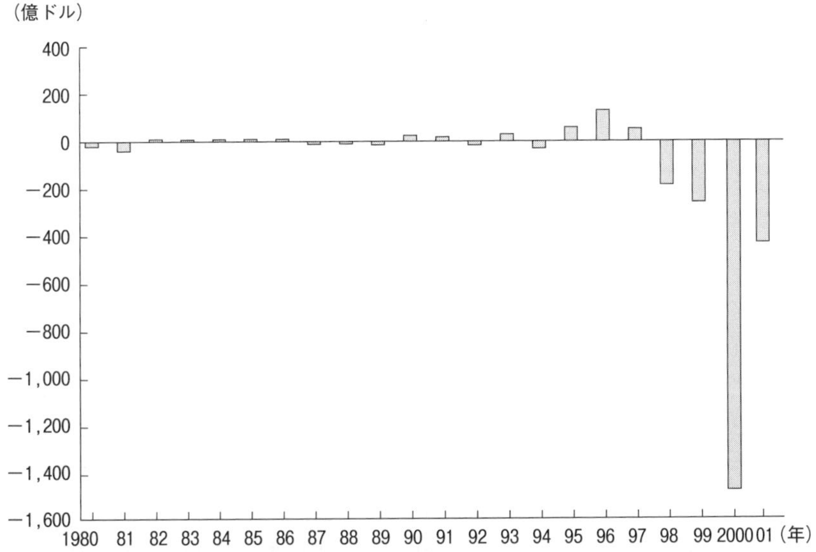

図は、1980～2001年までの、全買収企業の総ドル利益または損失を示している。

（出所）　Sara Moeller, Frederik Shlingemann, and Reńe Stulz, "Wealth Destruction on a Massive Scale? A study of Acquiring-Firm Returns in the Recent Merger Wave," *Journal of Finance*（April 2005）の図Ⅰより。

ダーへの総ドル損失の時間的パターンは、図29.3に提示されている。大きな損失は1998～2001年に起こり、最大の損失は2000年だった。

何十年か早送りし、あなたはある会社のCEOだとしよう。その地位にあって、あなたは潜在的な買収に確実に直面している。表29.5と図29.3の証拠は、あなたに買収を促すだろうか、促さないだろうか。一方で、あなたは表の第3列の平均値にフォーカスし、買収の欲望を強めるかもしれない。他方で、表の第4列と図は、あなたに躊躇させるかもしれない。

標的企業

先ほど提示した一緒の合計とビッダーのみの証拠はあいまいだったが、標的企業の証拠は非常に明瞭である。買収は標的企業の株主の利益になる。たとえば、米国における異なる期間の合併*プレミアム*の中央値を表している以下の表を考えてみよう[19]。

期間	1973～1998年	1973～1979	1980～1989	1990～1998
プレミアム	42.1%	47.2%	37.7%	34.5%

プレミアムは、1株当りの買収価格と標的企業の買収前株価の差を、標的企業の買収前株価で割ったものである。全サンプル期間および各サブ期間で、平均プレミアムはきわめて高い。たとえば、買収前の標的企業の株価が100ドルだったら、1株当り142.1ドルで買収されると、プレミアムは42.1%になる。明らかに、100ドルで取引されている会社の株主は、彼らの保有株式が1株当り142.1ドルで売れたら喜ぶだろう。

他の研究は平均プレミアムの異なる推定値を提供するかもしれないが、すべての研究がプラスのプレミアムを示している。したがって、合併は標的企業の株主に利益をもたらすと結論できる。この結論は、少なくとも二つの含意につながる。第一に、テイクオーバーに抵抗する標的企業の経営陣に対して、やや懐疑的になるべきである。これらの経営陣は、標的企業の株価が、会社の真の価値を反映していないと主張するかもしれない。これらの議論は特定の状況では正しいこともあるが、これらはまた、単に買収後に職を失うことをおそれる経営陣の言い訳なのかもしれない。第二に、プレミアムは買収企業にハードルをつくりだす。たとえ真のシナジーを伴う合併でも、プレミアムがこれらのシナジーの金銭価値を超えた場合、買収企業の株主は損失を被ることになる。

経営陣 vs 株主

ビッダー企業の経営陣

前述の議論は、株主の観点によるものだった。理論的には、株主が経営陣のサラリーを払うので、経営陣は株主の観点で物事をみると思うかもしれない。しかしながら、個人株主は経営陣にほとんど影響力がないことを認識するのは重要である。たとえば、典型的な株主は、ただ受話器を取り上げ、経営陣に意見をいえる立場にない。株主が、経営陣を監視する取締役会を選任することは事実である。しかしながら、選任された役員は、個人株主とのコンタクトがほとんどない。

したがって、経営陣が彼らの行動に対して完全に責任が問われているかどうか質

19）Gregor Andrade, Mark Mitchell, and Erik Stafford,“New Evidence and Perspectives on Mergers,” *Journal of Economic Perspectives*（Spring 2001），Table 1 より。

問するのは妥当である。この質問は、経済学者がエージェンシー*理論*と呼ぶものの根幹である。この分野の研究者たちは、株主が経営陣に対してより大きな支配力をもった場合に比べて、経営陣はあまり一生懸命働かず、より多くが支払われ、そして悪いビジネスの意思決定を下すと、しばしば主張する。そして、エージェンシー理論には、合併のための特別な場所がある。経営陣は往々にして、他の企業を買収するとボーナスがもらえる。加えて、彼らの報酬は多くの場合、会社の規模に正比例している。最後に、経営陣の社会的地位もまた、会社の規模に結びついている。会社の規模は買収で大きくなるので、おそらくたとえマイナスのNPVでも、経営陣には買収を好ましいものとしてみる傾向がある。

ある興味深い研究[20)]は、経営陣が報酬パッケージの一部として多くのストック・オプションを受け取っている企業と、受け取っていない企業を比較した。オプション価値は会社の株価とともに上がったり下がったりするので、オプションを受け取っている経営陣には、マイナスのNPVをもつ合併を見送るインセンティブがある。論文は、経営陣が数多くのオプションを受け取る企業による買収は、経営陣がわずかかあるいはまったくオプションを受け取らない企業による買収に比べて、より大きな価値を創造すると報告している。

エージェンシー理論はまた、なぜ合併の最大の失敗が大きな企業によるものなのか、説明するかもしれない。会社の株式のわずかな割合しか所有しない経営陣には、損失の大部分は他の株主が負担するので、責任ある行動をとるインセンティブが少なくなる。大きな企業の経営陣は、小さな企業の経営陣に比べて、会社の株式の保有持分比率は少なくなる可能性が高い（大企業の大きな持分比率は費用がかかりすぎて買えない）。したがって、大きな買収企業による合併の失敗は、経営陣の少ない持分比率が原因なのかもしれない。

本書の前のほうの章で、フリー・キャッシュフロー仮説を議論した。そこでの考え方は、経営陣はもっているだけしか使えないというものだった。少ないキャッシュフローをもつ企業の経営陣は、よい投資（プラスのNPV）が尽きる前に、資金が尽きてしまう可能性が高い。反対に、潤沢なキャッシュフローをもつ企業の経営陣は、たとえすべてのよい投資を採用したあとでも、手元に現金が残っている可能性が高い。経営陣は成長に対して報酬を受けるので、よいプロジェクトに必要な金額以上にキャッシュフローをもつ経営陣には、残りを悪い（マイナスのNPV）プ

20）Sudip Datta, Mai Iskandar-Datta, and Kartik Raman, "Executive Compensation and Corporate Acquisition Decisions," *Journal of Finance*（December 2001).

ロジェクトに費やすインセンティブがある。ある研究はこの推測を検証し、次のことを見出した。①現金が潤沢な企業は、他の企業に比べて、買収を企てる可能性が高い。②現金が潤沢なビッダーは、保有する現金備蓄の１ドルにつき７セントの価値を損なう。③株式リターンの証拠と一致して、現金が潤沢なビッダーの合併は、その後営業パフォーマンスに異常な下落が起こる[21)]。

前の議論は、一部の経営陣が悪党（株主の利益より自分の利益に興味がある）である可能性を考察した。しかしながら、最近の論文は、他の経営陣は悪党よりもあほうであるという考えを考慮した。Malmendir and Tate[22)]は、行使するのが合理的なときに、会社の株式に対するオプションの行使を拒絶するか、あるいはマスメディアが彼らを自信に満ちいている、または楽観的であると描写した場合のどちらかに当てはまった場合に、特定のCEOを自信過剰として分類した。筆者達は、これらの自信過剰な経営陣が、他の経営陣より、買収を行う可能性が高いことを見出した。加えて、株式市場は、買収企業のCEOが自信過剰だった場合、買収の発表に対して、よりネガティブに反応する。

標的企業の経営陣

われわれの議論は買収企業の経営陣に焦点を絞り、これらの経営陣が時々必要以上に多くの買収を行うことをみた。とはいえ、これは物語の半分でしかない。標的企業の株主も、同じように経営陣をコントロールするのに苦労しているかもしれない。標的企業の経営陣が、株主よりも自分たちを優先する方法はいくつもあるが、二つの理由が際立っているようにみえる。第一に、すでに述べたが、プレミアムはプラスなので、買収は標的企業の株主に利益をもたらす。しかしながら、会社が買収された後で経営陣が解雇されるかもしれない場合、経営陣はテイクオーバーに抵抗するかもしれない[23)]。一般的に防御戦術と呼ばれるテイクオーバーに抵抗するために使われる戦術は、すでに議論した。第二に、テイクオーバーを避けることができない経営陣は、株主を犠牲にして自分たちに有利な条件を得るためにビッダーと交渉するかもしれない。

---

21)　Jarrad Harford,“Corporate Cash Reserves and Acquisitions,” *Journal of Finance*（December 1999），p. 1969より。

22)　Ulrike, Malmendier and Geoffrey Tate,“Who Makes Acquisitions? CEO Overconfidence and tha Market's Reaction,” unpublished paper, Stanford University（December 2003）.

23)　しかしながら、先に述べたように、経営陣は合併を阻止するためではなく、買収価格を引き上げるために、テイクオーバーに抵抗するかもしれない。

Wulfの*対等合併（merger of equals）*に関する興味深い研究を考えてみよう[24]。一部の合併は対等合併として発表される。なぜなら、両社が、合併会社で同じ持分と同数の取締役をもつからである。AOLとタイム・ワーナー、ダイムラー・ベンツとクライスラー、モルガン・スタンレーとディーン・ウィッター、フリート・ファイナンシャル・グループとバンクボストンは、一般的に対等合併の例とされる。とはいうものの、専門家たちは、いかなる合併においても、通常、片方がもう一方より「より対等」であると指摘する。すなわち、一般的に、標的企業とビッダーを実際に見分けることができる。たとえば、ダイムラー・ベンツはビッダーとして、そしてクライスラーは標的企業として、分類されるのが通例である。

Wulfは、他の合併よりも対等合併において、標的企業が、合併利益（発表日近辺の異常リターンによって計測）の、低い割合を得ることを見出した。また、標的企業に行く利益の割合は、合併後の取締役会に、標的企業の役員や取締役がどれだけ入るのかと、負の関係にある。これらと他の研究結果をもとに、Wulfは次のように結論する。「研究結果は、対等合併において、経営陣がプレミアムを権力と交換することを示唆する」。

29.10　買収の課税関係

ある企業が他の企業を買収すると、その取引は課税対象となるかもしれないし、非課税となるかもしれない。*課税買収*では、被買収企業の株主は、その株式を売却したとみなされ、課税対象になるキャピタル・ゲインあるいはロスを実現させたことになる。課税買収では、以下に説明するように、売り手企業の資産の評価額が、再評価されるかもしれない。

*非課税買収*では、売り手の株主は旧株式を等価の新株式と交換したとみなされ、キャピタル・ゲインあるいはロスを実現していない。非課税買収では、資産は再評価されない。

24)　Julie Wulf,"Do CEOs in Mergers Trade Power for Premium? Evidence From 'Mergers of Equals,'" *Journal of Law, Economics, and Organization* (Spring 2004).

例29.3　税　金

15年前に、ビル・エバンス氏はサムライ機械社を創業し、８万ドルの費用をかけて工場と設備を購入した。これらがサムライ社の唯一の資産であり、負債はない。エバンス氏はサムライ社の唯一の経営者で、すべての株式を保有している。税務目的のため、サムライ社の資産は10年間にわたり定額法を使って減価償却されており、残存価額はゼロである。年間の減価償却費は8,000ドル（＝＄80,000/10）だった。機械には現在、帳簿上の価値がない（つまり帳簿から除却されている）。しかしながら、インフレのため、機械の公正市場価値は20万ドルである。この結果、S.A.スチール社はサムライ社のすべての発行済株式に対し、20万ドルで入札している。

非課税取引

エバンス氏が20万ドルの価値があるS.A.スチール*株式*を受け取った場合、IRSは売却を非課税取引として扱う。したがって、エバンス氏は株式から得た利益に対して税金を支払う必要がない。加えて、S.A.スチール社は、サムライ機械が認められていたのと同じ減価償却控除を認められる。資産はすでに完全に償却されているため、S.A.スチールは減価償却控除を受けられない。

課税取引

S.A.スチールが*現金*で20万ドルをサムライ機械へ支払う場合、これは課税取引となる。多くの税務上の効果がある。

1．合併の年にエバンス氏は、合併価格20万ドルと、彼の会社への当初の出資額８万ドルとの差額に対する税金を支払わなければならない。したがって、彼の課税所得は12万ドル（＝＄200,000－＄80,000）になる。
2．S.A.スチールは機械の価値の評価増し（*write up*）を*選択*するかもしれない。この場合、S.A.スチールは当初の課税ベース20万ドルから、機械を減価償却することが可能になる。もしS.A.スチールが10年間にわたって定額法で減価償却したら、年間の減価償却費は２万ドル（＝＄200,000/10）になる。

S.A.スチールが機械の評価を引き上げることを選択した*場合*、S.A.スチールは即座に20万ドルの評価増しを課税所得として扱わなければならない[25]。

3．S.A.スチールが評価増しを選択*しない*場合、減価償却の増加はない。したがって、この例では減価償却費はゼロのままである。加えて、評価増しがないので、S.A.スチールは追加的な課税所得を認識する必要がない。

減価償却費による課税上の利益はゆっくりと長い期間にわたって生じ、そして課税所得は即座に認識されるため、一般的に買収企業は課税取引において、機械の価値を評価増し*しない*ことを選択する。

評価増しは非課税取引では認められず、課税取引でも一般的には選択されないため、この２種類の取引における唯一の現実的な課税上の差異は、売り手の株主の税金に関連する。これらの個人は、非課税の状況では税金を繰り延べられるが、課税の状況では税金を即座に支払わなければならないので、非課税取引のほうが、より

表29.6　S.A.スチール社によるサムライ機械買収の増分税効果

	買収のタイプ	
売り手または買い手	課税買収	非課税買収
ビル・エバンス （売り手） S.A.スチール （買い手）	12万ドルに対する即座の課税 （＝＄200,000－＄80,000） S.A.スチールは資産の評価増しを選択するかもしれない。この場合： 1．サムライ社の資産が20万ドルまで評価増しされる（耐用年数は10年）。年間の減価償却費は２万ドル。 2．20万ドルの資産の評価増しに対する即座の課税。 あるいは、S.A.スチールは資産の評価増しをしないことを選択するかもしれない。この場合、追加的な減価償却も、即座の課税もない。一般的に買収企業は資産の評価増しをしないことを選択する。	エバンス氏がS.A.スチール株を売却するまで、キャピタル・ゲイン課税は支払われない。 追加的な減価償却なし。

（注）　S.A.スチールはサムライ機械を20万ドルで買収する。これは、サムライ社の設備の市場価値である。設備の帳簿価額は０ドルである。エバンス氏は、15年前に８万ドルの出資金でサムライ機械を創業した。

非課税買収において、売手は即座に税金を支払わないため、非課税買収の税効果は、課税買収の税効果よりもよい。

25）　技術的には、サムライ機械がこの税金を支払う。しかしながら、サムライ社は現在S.A.スチールの子会社であるため、S.A.スチールが実質的な納税者である。

有利な税効果をもつ。両方の種類の取引に対する税務上の含意は表29.6に示されている。

29.11　買収の会計

本書の前半において、企業が2種類の異なる帳簿セットを記録することを述べた。すなわち株主の帳簿と税金の帳簿である。前節は、税金帳簿に対する買収の影響を扱った。ここでは、株主帳簿を検討する。ある企業が他の企業を買収する際、買収はパーチェス法を用いて処理される。

パーチェス法（purchase method）は、被買収企業の資産が、公正な市場価値で買収企業の帳簿に報告されることを求める。これにより、買収企業は買収資産の新たな原価ベースを設定することができる。

パーチェス法では、「のれん」と呼ばれる会計用語が生み出される。のれん（goodwill）とは、個々の買収資産の公正市場価値の合計額に対する、購入価格の超過額である。

例29.4　買収と会計

表29.7　買収の会計：パーチェス法

（単位：100万ドル）

企業A				企業B			
現　金	$ 4	株主資本	$20	現　金	$ 2	株主資本	$10
土　地	16			土　地	0		
建　物	0			建　物	8		
合　計	$20		$20	合　計	$10		$10

企業AB			
現　金	$ 6	負　債	$19
土　地	16	株主資本	20
建　物	14		
のれん	3		
合　計	$39		$39

（注）　パーチェス法が用いられた場合、被買収企業（企業B）の資産は、結合企業の帳簿に公正市場価値で現れる。

企業Aが企業Bを買収し、企業ABを設立するとする。買収の日における企業Aおよび企業Bの財務状況は表29.7に示されている。買収の日における企業Bの帳簿価値は1,000万ドルである。これは、建物800万ドルと現金200万ドルの合計である。しかしながら、評価人によると、各建物の公正市場価値の合計は、1,400万ドルであるという。200万ドルの現金とあわせて、企業Bの個別資産の市場価値合計額は1,600万ドルである。これは、会社が清算された場合に、個々の資産を別々に売却して得られる価値を表す。とはいえ、ビジネスにおいては、往々にして部分の合計よりも全体のほうが価値がある。企業Aは企業Bに1,900万ドルを現金で支払う。300万ドル（＝＄1,900万－＄1,600万）の差額がのれんである。これは、企業全体を継続事業として維持することによる価値の増加を表す。企業Aは買収の資金調達のために、1,900万ドルの新たな負債を発行する。

企業ABの総資産は3,900万ドルに増加する。企業Bの建物は、新しい貸借対照表に、現在の市場価値で現れる。すなわち、被買収企業の資産の市場価値が、新企業の帳簿価値の一部になる。しかしながら、買収企業（企業A）の資産は、従来の帳簿価値のままである。新企業が設立されても、それらは高く再評価されない。

買収された個々の資産の公正市場価値合計額に対する、購入価格の超過額は300万ドルである。なんのキャッシュフローの結果も伴わないので、財務アナリストは一般に、のれんを無視する。現行の会計慣行では、企業は毎年、貸借対照表上ののれんの価値を評価しなければならない。もし価値が下がったら（これは会計用語で*減損*と呼ばれる）、会社は利益から減少分を控除しなければならず、そうでなければ、なんの減価償却も必要ない。

29.12　非公開化とレバレッジド・バイアウト

合併における非公開化取引とレバレッジド・バイアウトには共通点が多く、本章で議論する価値がある。*非公開化*（*going private*）とは、企業の公開株式が、通常は現行の経営陣により構成された私的グループによって購入される場合に生じる事象である。その結果、企業の株式は市場から引き上げられ（取引所で取引される株式の場合、上場廃止となる)、取引されなくなる。したがって、非公開化取引では、公開企業の株主は持分に対して現金を受け取ることを強いられる。

多くの場合、非公開化取引は*レバレッジド・バイアウト*(*leveraged buyouts, LBOS*)である。レバレッジド・バイアウトでは、現金オファー価格が、巨額の負債により資金調達される。LBOの魅力の一部は、準備にほとんど株主資本を必要としないことである。一般に、この株主資本は少人数の投資家グループにより供給され、その一部は購入される企業の経営陣であることが多い。

売り手の株主は、合併の場合と同様、LBOにおいて例外なく市場価格を超えるプレミアムの支払を受ける。合併と同じように、生み出されるシナジーがプレミアムよりも大きい場合にのみ、買い手は利益を得る。二つの企業の合併では、シナジーはかなり可能性が高く、本章ですでにシナジーの多くの種類を説明した。しかしながら、一つの企業のみがかかわるので、LBOにおけるシナジーを説明することはかなり困難である。

LBOが価値を生み出す能力に関して、一般的に二つの理由があげられる。第一に、追加的な負債は税務上の控除を提供し、先の章で示されているように、これは企業価値の増加をもたらす。ほとんどのLBOは、安定した利益と少額あるいは適度な負債をもつ企業を中心に行われる。LBOは単に、企業の負債を最適な水準に増加させるだけかもしれない。

第二に、価値の源泉は効率性の向上からもたらされ、しばしば「アメとムチ」の観点で説明される。LBOでは、経営陣が所有者になり、熱心に働くインセンティブを与える。このインセンティブは一般的にアメと呼ばれ、一部のMBOにおけるアメは巨額である。たとえば、かつてRCA社の一部門であり、経営陣のバイアウト・グループが約8,000万ドル支払ったギブソン・グリーティング・カード(GGC)社のLBOを考えてみよう。レバレッジド・バイアウトの性格が強かったので、グループは自身の資本として100万ドルだけを投資した。部門は1982年に非公開化されたが、それはほんの短い間だった。GGCは独立した会社として1984年に公開した。新規株式公開(IPO)の価値はほぼ3億ドルだった。バイアウト・グループの一人であるウィリアム・サイモン(元米国財務長官)は、35万ドル弱の投資に対して、このIPOから6,600万ドルを受け取った。

高い負債水準からの支払利息は、ムチである。巨額の支払利息は、LBOの前に利益をあげていた会社を、LBOの後、簡単に赤字会社に変えることができる。経営陣は、黒字に戻すために、収益の増加か、コストの削減のどちらかをとおして、会社を変革しなければならない。本章の前のほうで言及したエージェンシー理論は、大きなキャッシュフローをもつとき、経営陣が無駄遣いできるようになると示唆する。支払利息はこのキャッシュフローを減らし、経営陣に無駄を減らすよう強いる。

LBOによる追加的な節税効果を測定することは容易だが、向上した効率性による利益を測定することは、かなり困難である。それにもかかわらず、この効率性の向上は、LBO現象を説明する際に、少なくとも節税効果と同じぐらいに重要であると考えられている。

学術研究は、LBOが平均して価値を創造したことを示唆する。第一に、合併と同じようにプレミアムはプラスで、これは売却する株主が利益を得ることを意味する。第二に、研究は、最終的に公開するLBOが経営陣のグループに高い利益を生み出すことを示唆する。しかしながら、公開しないLBOに関するデータを集めることは困難なので、価値の創造に対して完全に確信することはできない。もしこれらのLBOが一般的に価値を損なうなら、公開する企業のサンプルは偏ったものになる。LBOを行う企業の平均パフォーマンスがどうであれ、一つのことには確信がもてる。大きな負債がかかわるので、リスクは巨大である。

29.13　企業分割

本章では主に買収を扱ってきたが、その反対である企業分割を検討することにもまた価値がある。企業分割はいくつかの異なるかたちをとるが、次に最も重要なものを議論する。

売　却

企業分割の最も基本的なタイプは、部門、事業ユニット、事業セグメント、または資産の、他企業への*売却*である。買い手は通常（しかし常にではない）、現金で支払う。売却に関していくつかの理由が提示されている。まず、本章の前のほうの節で、敵対的買収に対する防御として、資産売却を考察した。その節で、売却は往々にして企業の集中度を高め、売り手により大きな全体的価値をもたらすと指摘した。これと同じ理由が、売却企業がプレー中でない場合にも当てはまる。第二に、資産売却は、流動性が乏しい企業に必要な現金を提供する。第三に、個別事業セグメントに関するデータ不足は、大きな多角化企業の評価をむずかしくするとしばしば主張される。この透明性の欠如ゆえに、投資家は全体的な価値をディスカウントするかもしれない。売却は企業を簡素化し、評価をやさしくする。しかしながら、この議論は、大きな多角化企業が真の価値より安く売られるということを意味するので、市場効率性と整合的ではない。第四に、企業は単純に儲からない部門を売りたいかもしれない。とはいえ、儲からない部門はだれにとっても低い価値しかもたない可能性が高い。部門は、売り手よりも買い手にとって大きな価値をもつ場合のみに、売却されるべきである。

売却に関する相当量の研究があり、学者たちは二つの結論に達している。第一に、イベント・スタディは、売却発表日近辺の売り手の株式リターンがプラスであることを示し、これは売却が売り手に価値を生み出すことを意味する。第二に、買収の多くはやがて売却される。たとえば、Kaplan and Weisback[26]は、40％以上の買収が後に売却されたことを見出した。これは合併によい印象を与えない結果である。買収から売却までの平均期間は、約7年だった。

スピンオフ

スピンオフでは、親会社は部門を別会社にし、親会社の株主に、子会社の株式を分配する。スピンオフは、少なくとも二つの点で売却とは異なる。第一に、親会社はスピンオフから何の現金も受け取らない。株式は無料で株主に分配される。第二に、スピンオフ部門の最初の株主は、親会社の株主と同じである。対照的に、売却の買い手はほとんど常に他の企業である。しかしながら、部門の株式はスピンオフの後、公に取引されるので、株主構成は時間とともに替わる。

すくなくとも四つの理由が、一般的にスピンオフに対してあげられる。第一に、売却と同じように、スピンオフは企業の集中度を高めるかもしれない。第二に、スピンオフ部門は公開で取引されるので、証券取引委員会は追加の情報公開を要求する。これにより、投資家はスピンオフ後の親会社と子会社を評価することが容易になるかもしれない。第三に、企業はしばしば経営陣に、現金に加えて株式で報酬を支払う。株式はインセンティブとして働く。経営陣のよいパフォーマンスは、株価

26）　Steven Kaplan and Michael Weisbach, "The Success of Acquisitions : Evidence from Divestitures," *Journal of Finance*（March 1992）.

の上昇につながる。しかしながら、スピンオフの前は、経営陣は親会社の株式しか受け取ることができない。もし部門が企業全体に比べて比較的小さかったら、親会社の株価動向は、経営陣の部門のパフォーマンスよりも、会社の残りの部分のパフォーマンスに強く関係することになる。したがって、部門の経営陣は、彼らの努力と株価パフォーマンスとの間に、ほとんど関係を見出せないかもしれない。しかしながら、スピンオフの後、子会社の株式を経営陣に与えることができる。経営陣の努力は、子会社の株価動向に直接的な影響を及ぼすはずである。第四に、親会社はスピンオフから何の現金も受け取らないので、スピンオフからの税効果は、売却からのものより一般的によい。

カーブアウト

カーブアウトでは、企業は部門を別会社にし、それから部門を公開する。通常、親会社は部門の大きな持分を維持する。この取引はスピンオフと似ていて、スピンオフの利益の最初の三つは、カーブアウトにも同様に当てはまる。しかしながら、大きな違いは、会社がカーブアウトから現金を受け取るのに対して、スピンオフでは現金の受領はない。現金の受領はよい点と悪い点の両方がある。Michaely and Shaw27)は、大きな利益をあげている企業はカーブアウトを用いる可能性が高いのに対して、小さな儲かっていない企業はスピンオフを用いる可能性が高いことを見出した。一つの解釈は、企業はカーブアウトからもたらされる現金を好むが、小さな儲かっていない企業は、株式を発行するのが困難だというものである。これらの企業はスピンオフに頼るしかなく、子会社の株式は、単純に彼らの株主に分配される。

残念ながら、フリー・キャッシュフロー仮説で展開したように、現金には暗い側面がある。すなわち、儲かるキャピタル・バジェッティング・プロジェクトに必要な金額以上に現金を保有する企業は、儲からないプロジェクトに現金を費やすかもしれない。Allen and McConnell28)は、現金が負債を減らすために用いられる場合、株式市場がカーブアウトの発表に、ポジティブに反応することを見出した。現金が

27） Roni Michaely and Wayne Shaw,"The Choice of Going Public : Spin-offs vs. Carve-outs," *Financial Management*（Autumn 1995）.

28） Jeffrey Allen and John McConnell,"Equity Carve-outs and Managerial Discretion," *Journal of Finance*（February 1998）.

投資プロジェクトに用いられる場合、市場は中立的に反応する。

トラッキング株式

親会社は、会社の特定の部門のパフォーマンスを追従するためにトラッキング株式を発行する。たとえば、トラッキング株式が配当を支払う場合、配当の大きさは部門のパフォーマンスに依存する。しかしながら、トラッキング株式は親会社の株式とは別に取引されるものの、部門は親会社に残されたままである。対照的に、スピンオフでは、子会社は親会社から切り離される。最初のトラッキング株式は、ゼネラル・モーターズの子会社であるEDSのパフォーマンスに結びつけられた。その後、ウォルト・ディズニーやソニーなどの大企業がトラッキング株式を発行した。とはいえ、近年はトラッキング株式があまり発行されておらず、初期に発行されたものも、親会社が引き上げてしまった。

おそらくトラッキング株式の最大の問題は、明確に定義された所有権の欠如だろう。楽観的な会計士は、特定の部門の利益を増加させることができ、これは大きな配当につながる。悲観的な会計士にはその逆の効果がある。会計士は普通の企業の利益に影響を及ぼすが、利益の変更は部門に直接的な影響を及ぼさない。

要約と結論

1．企業はさまざまな方法で他の企業を買収することができる。買収の三つの法的形態は、合併と統合、株式買収、そして資産買収である。法的観点からは、合併と統合は取りまとめに最も費用がかからないが、株主による承認の投票を必要とする。株式買収は、株主投票を必要とせず、通常、公開買付けを通して行われる。しかしながら、公開買付けで100%の支配権を得ることは困難である。資産買収は、より困難な資産の所有権の移転を必要とするので、比較的費用がかさむ。

2．買収によるシナジーは、結合企業の価値（V_{AB}）から、個別主体としての二つの企業の価値（V_AとV_B）を差し引いたものである。

$$シナジー=V_{AB}-(V_A+V_B)$$

合併によるシナジーがプレミアムより大きい場合、買収企業の株主は利益を得ることになる。

3．買収の潜在的利益は、以下からもたらされる。

   a. 収益向上
   b. 費用削減
   c. 税金低減
   d. 必要資産低減

4．多角化や利益成長だけを目的にした合併から、株主は利益を得ないかもしれない。合併によるリスクの削減は、実際には債券保有者を助け、株主に害をなすかもしれない。

5．標的企業の経営陣が支持する場合、合併は友好的であるとされる。標的企業の経営陣が支持しない場合、合併は敵対的であるとされる。最も多彩なファイナンスの用語のいくつかは、敵対的買収闘争における防御戦術に由来する。*ポイズン・ピル*、*ゴールデン・パラシュート*、*クラウン・ジュエル*、および*グリーンメイル*は、さまざまな反テイクオーバー戦術を説明する用語である。

6．合併と買収の実証研究は広範にわたる。平均して、被買収企業の株主は多くの利益を得る。買収企業の株主に対する買収の影響は、あまり明確でない。

7．合併と買収には、複雑な税制や会計規則が絡んでくる。合併と買収は、課税取引か、あるいは非課税取引でありうる。課税取引では、それぞれの売り手株主は、株式の値上りに対して税金を支払わなければならない。買収企業が資産の評価増しを選択した場合、追加的な課税の可能性が生じる。しかしながら、税務上の目的で、買収企業は一般的に資産の評価増しを選択しない。売り手株主は、非課税買収のときには税金を支払わない。合併と買収の会計には、パーチェス法が用いられる。

8．*非公開化*取引では、通常会社の経営陣を含むバイアウト・グループが、他の株主のすべての株式を購入する。株式はもはや公に取引されない。*レバレッジド・バイアウト*は、非常に大きなレバレッジによって資金手当てされる非公開化取引である。

Concept Questions

1．合併の会計

持分プーリング法とパーチェス法の違いを説明せよ。会計方法の選択は、キャッシュフローに対してどのような影響を及ぼすか。1株当り利益に対してはどうか。

2．合併の概念

テイクオーバーに関する以下の主張を、正しいと考えるか、あるいは間違いと考えるか示せ。それぞれのケースで、解答を簡潔に説明せよ。

a. 競合他社を合併することで、テイクオーバーは、製品価格を上昇させ、生産を減少させ、そして消費者に損失を与える独占を生み出してきた。

b. 経営陣はときに自分自身の利害のために行動し、実際には、株主に対して説明できないかもしれない。テイクオーバーは、暴走した経営陣を反映しているかもしれない。

c. 効率的市場では、市場価格が企業の本当の価値を反映するので、テイクオーバーは起こらないだろう。したがって、標的企業に対し、市場価格を超えるプレミアムを支払うことを、入札企業は正当化できない。

d. トレーダーと機関投資家は、極度に短期的な視野をもつので、他の市場トレーダーの株式見通しをどう考えるかに影響され、ファンダメンタルな要因に基づいてテイクオーバーを評価しない。したがって、彼らは、企業の本当の価値にかかわらず、標的企業の株式を売却する。

e. 合併は、買収企業が被買収企業の資産の価値を評価増しできるようにするので、税金を回避する一つの方法である。

f. 多くの場合、買収の分析は、関与した企業の総価値に焦点を当てる。しかしながら、買収は通常、株式と社債の総価値だけでなく、それらの相対価値にも影響する。

3．合併の理由

なぜ多角化は、おそらくそれ自体では買収のよい理由ではないのか説明せよ。

4．企業分割

2005年5月、高級小売業のニーマン・マーカスは、プライベート・ラベルのクレジット・カード事業を売却する計画を発表した。他のクレジット・カードと異なり、プライベート・ラベルのクレジット・カードは、特定の店舗でしか使えない。なぜ会社は部門を分離するのか。逆シナジーの可能性はあるか。

5．ポイズン・ピル

ポイズン・ピルは株主にとってよいか悪いか。買収企業はポイズン・ピルをどのように回避できると思うか。

6．合併と税金

非課税合併と比較して、課税合併のメリットとデメリットを解説せよ。合併における課税性の基本的な決定要因は何か。LBOは課税されるかされないか。説明せよ。

7．規模の経済性

提案された合併が、規模の経済性のメリットを得るというのは、何を意味するか。イースタン電力とウェスタン電力は、異なる時間帯に位置しているとする。両社とも100%で稼働するピーク時を除いて、60%の能力で稼働する。ピークは現地時間午前9時～午後5時までの間に起こり、約45分間続く。なぜイースタン電力とウェスタン電力の合併が理にかなっているかもしれないのか、説明せよ。

8．敵対的買収

望まざる買収企業からの敵対的買収と戦うために、企業の経営陣はどのような行動をとるか。標的企業の株主は、会社の経営陣の防御戦術から、どのように利益を得るか。このような行動によって、買収企業の株主はどのように不利益を被るか。説明せよ。

9．合併のオファー

あなたが株式を保有する会社が、二つのテイクオーバーのオファーを受けたとする。会社の経営陣が安いオファーを選ぶことが理にかなう場合はあるか。支払の形態はあなたの解答に影響するか。

10．合併の利益

買収企業の株主は、テイクオーバーからほとんど利益を得ないようにみえる。なぜこの発見は謎なのか。これに対して提供されているいくつかの理由は何か。

質問と問題

◆基本（問題1－10）

1．シナジーの計算

エバン社は、タナー社のすべての普通株式に対して、6億2,000万ドルの現金をオファーした。最近の市場情報をもとにすると、タナー社には独立事業体として、5億8,500万ドルの価値がある。もし合併がエバン社にとって経済的に理にかなっているなら、合併のシナジー利益の最小推定値はいくらか。

2．合併の貸借対照表

企業 X と企業 Y に関する以下の情報を考える。

	企業 X	企業 Y
総利益	＄50,000	＄29,000
発行済株式数	26,000	20,000
1株当り価値：		
時価	＄　53	＄　19
簿価	＄　21	＄　9

企業 X が企業 Y を、すべての発行済株式に対して、1株当り5ドルのプレミアムを現金で支払うことによって、買収するとする。どちらの企業も合併前と後で、負債はないと仮定し、(a)持分プーリング法と(b)パーチェス法を用いて、企業 X の合併後の貸借対照表を作成せよ。

3．買収の貸借対照表

以下の貸借対照表は、簿価ベースで表されているとする。ジュリオン社がジェームズ社を買収すると仮定し、持分プーリング法を用いて、合併後の貸借対照表を作成せよ。

ジュリオン社

流動資産	＄8,000	流動負債	＄ 4,500
純固定資産	23,000	長期負債	8,500
		株主資本	18,000
合計	＄31,000	合計	＄31,000

ジェームズ社

流動資産	$2,600	流動負債	$1,900
純固定資産	7,100	長期負債	1,200
		株主資本	6,600
合計	$9,700	合計	$9,700

4．のれんを含める

前問で、ジェームズ社の公正市場価値は、示された簿価の7,100ドルではなく、1万2,000ドルだと仮定する。ジュリオン社は、ジェームズ社に1万7,000ドルを支払い、必要資金を、長期負債の発行で調達する。パーチェス法を用いて、合併後の貸借対照表を作成せよ。

5．買収の貸借対照表

シルバー・エンタープライゼズ社は、オール・ゴールド・マイニング社を買収した。合併が会計目的上、持分プーリング法として扱われた場合の、新しい会社の貸借対照表を作成せよ。以下の両社の貸借対照表は、合併前の簿価で表されている。

シルバー・エンタープライゼズ社

流動資産	$ 4,300	流動負債	$ 2,600
その他の資産	900	長期負債	1,800
純固定資産	7,900	株主資本	8,700
合計	$13,100	合計	$13,100

オール・ゴールド・マイニング社

流動資産	$1,300	流動負債	$1,200
その他の資産	450	長期負債	0
純固定資産	3,900	株主資本	4,450
合計	$5,650	合計	$5,650

6．のれんを含める

前問で、合併が会計目的上、パーチェス法として扱われた場合の、新しい会社の貸借対照表を作成せよ。オール・ゴールド・マイニング社の固定資産、流動資産、その他の資産の市場価値は、簿価と同じであるとする。シルバー・エンタープライゼズ社は、買収の資金調達のために、9,100ドルの新規長期負債を発行すると仮定する。

7．株式 vs 現金支払

ペン社は、テラー社の買収可能性を分析している。両社とも負債はない。ペン社は買収により、税引き後総年次キャッシュフローが、永久に160万ドル増加すると考えている。現在のテラー社の市場価値は6,500万ドルで、ペン社は9,800万ドルである。増分キャッシュフローに対する適切な割引率は12%である。ペン社はテラー社の株主に対して、自社株の40%をオファーするか、あるいは7,000万ドルの現金をオファーするか、どちらかに決めようとしている。

a．それぞれの選択肢のコストはいくらか。

b．それぞれの選択肢の NPV はいくらか。

c．どちらの選択肢をペン社は選ぶべきか。

8．1株当り利益、株価収益率、そして合併

フラネリー社の株主は、スタルツ社からの買収提案を受け入れることを評決した。各企業の情報は以下に示されている。

	フラネリー社	スタルツ社
株価収益率	5.25	21
発行済株式数	90,000	180,000
利益	$450,000	$675,000

フラネリー社の株主は保有株式3株に対し、スタルツ社株式1株を受け取る。

a．スタルツ社の1株当り利益（EPS）は、買収後いくらになるか。もし買収の NPV がゼロだったら、株価収益率はいくらになるか。

b．これら2社間のシナジーの価値に関して、スタルツ社はどう考えているに違いないと思うか。あなたの答えは、テイクオーバーに着手する意思決定と、どのように整合性がとれるか。

9．合併の理由

コラーン電力（CEC）は、電気をコロラド地区の中央部に供給する公益企業である。マイル・ハイ原子力発電所での最近の出来事は落胆させるものだった。何人かの株主は昨年の財務諸表に懸念を示している。

損益計算書（昨年）（単位：100万ドル）		貸借対照表（年末）（単位：100万ドル）	
収益	$ 110	資産	$ 400
燃料	50	負債	300
その他の費用	30	株主資本	100
利息	30		
純利益	$　0		

最近、裕福な個人グループが、公正市場価格でCECの資産の半分を購入する提案を行った。経営陣は、この提案が受け入れられるよう勧めている。その理由は次のとおりである。「われわれが発電および送電の資産を売却し、通信ビジネスに参入すれば、エネルギー産業におけるわれわれの専門性が、CECによってよりよく活用されると、われわれは確信している。通信は、公益企業として電力を供給するよりもリスクの大きい事業ではあるが、同時に、潜在的に非常に収益性が高い」。

経営陣はこの取引を承認すべきか。それはなぜか、あるいはなぜそうではないのか。

10. 現金 vs 株式による支払

買収企業Bと標的企業Tに関する、以下の合併前の情報を考える。両社とも発行済負債はないと仮定する。

	企業B	企業T
発行済株式数	2,900	1,400
1株当り株価	$ 39	$ 26

企業Bは、企業Tの買収によるシナジー利益の価値が、5,500ドルになると推定している。

a. もし企業Tが1株当り29ドルの現金で買収に応じるとしたら、合併のNPVはいくらか。

b. (a)の条件を仮定すると、合併企業の1株当りの株価はいくらになるか。

c. (a)で、買収プレミアムはいくらか。

d. 企業Tは、株式交換による買収に応じるとする。もし企業BがT社株式5株に対し、B社株式3株をオファーするとしたら、合併企業の1株当り株価はいくらになるか。

e. (d)の条件を仮定すると、合併のNPVはいくらか。

◆中級（問題11－16）

11. 現金 vs 株式による支払

問題10で、企業 T の株主は、現金オファーと株式オファーのどちらを好むか。B 社株と T 社株の交換比率がいくらだったら、企業 T の株主は二つのオファーに対して無差別になるか。

12. 株式交換の影響

企業 A と企業 B に関する、以下の合併前の情報を考える。

	企業 A	企業 B
総利益	$1,600	$700
発行済株式数	600	250
1株当り株価	$　50	$ 20

B 社株式1株に対して22ドルの価格で株式を交換することにより、企業 A が企業 B を買収するとする。A と B の両社とも、発行済負債はない。

a. 合併後の企業 A の1株当り利益はいくらになるか。

b. もし市場がこの報告された利益成長を誤って分析したら（すなわち、株価収益率は変化しない）、合併後の企業 A の1株当り株価はいくらになるか。

c. もし市場がこの取引を正しく分析したら、合併後の株価収益率はいくらになるか。

d. もしシナジーの利益がなかったら、合併後の企業 A の株価はいくらになるか。株価収益率はいくらになるか。あなたの答えは、A 社の B 社に対する入札金額に関して、何を教えてくれるか。これは高すぎたか。低すぎたか。説明せよ。

13. 合併の NPV

合併の NPV が、シナジー利益の価値（ΔV）引く合併プレミアムで表せることを示せ。

14. 合併の NPV

夜間飛行急便社は、線香花火レストランの買収可能性を分析している。いずれの企業にも負債はない。夜間飛行急便社の予測は、購入が無期限に会社の年間税引後キャッシュフローを50万ドル増加させることを示している。線香花火レストランの現在の市場価値は1,000万ドルである。夜間飛行急便社の現在の市場価値は2,600万ドルである。増分キャッシュフローに対する適切な割引率は8％である。夜間飛行急便社は線香花火レストランに対して、自社株の30%をオファーするか、あるいは1,300万ドルの現金をオファーするか、どちらかに決めようとしている。

a. 合併によるシナジーはいくらか。

b. 夜間飛行急便社にとっての線香花火レストランの価値はいくらか。

c. それぞれの代替案の夜間飛行急便社にとっての費用はいくらか。

d. それぞれの代替案の夜間飛行急便社にとってのNPVはいくらか。

e. 夜間飛行急便社はどちらの代替案を用いるべきか。

15. 合併のNPV

ハロッズPLCには、5億ポンドの市場価値と、発行済株式が3,000万株ある。セルフリッジ・デパートメント・ストアには、1億8,000ポンドの市場価値と、発行済株式が2,000万株ある。ハロッズはセルフリッジ・デパートメント・ストアを買収することを検討している。ハロッズのCFOは、結合企業の価値がシナジーにより7億2,000万ポンドになり、セルフリッジは2,500万ポンドのプレミアムで買収できると結論した。

a. もしハロッズがセルフリッジの2,000万株と交換するために、自社株1,200万株をオファーしたら、ハロッズの買収後の株価はいくらになるか。

b. 二つの株式の交換比率がいくらなら、株式オファーの価値と、2億500万ポンドの現金オファーが等しくなるか。

16. 合併と株主価値

ベントレー社とロールス・マニュファクチャリング社は、合併を考えている。経済の可能な状態と、経済状態におけるそれぞれの会社の価値は以下のとおりである。

経済状態	確率	ベントレー社	ロールス社
好況	0.70	$280,000	$250,000
景気後退	0.30	$100,000	$　70,000

ベントレー社には現在、額面12万5,000ドルの発行済債券がある。ロールス社は全額株式調達企業である。

a. 合併前のそれぞれの会社の価値はいくらか。

b. 合併前のそれぞれの会社の負債と株主資本の価値はいくらか。

c. もし両社が別々に事業を続けるとしたら、両社の合計価値、株主資本の合計価値、そして負債の合計価値はいくらか。

d. 合併会社の価値はいくらになるか。合併会社の負債と株主資本の価値はいくらになるか。

e. このケースで、富の移転はあるか。説明せよ。

f. ベントレー社の負債の額面が9万ドルだとする。これは富の移転に影響を及ぼすか。

◆チャレンジ（問題17－18）

17. NPVの計算

プラント社は、パルマー社を購入するオファーを行うことを検討している。プラント社の財務部長は以下の情報を収集した。

	プラント社	パルマー社
株価収益率	14.5	10
発行済株式数	1,000,000	500,000
利益	$2,800,000	$640,000
配当	700,000	380,000

プラント社はまた、証券アナリストが、パルマー社の利益と配当を、毎年4％の定率で成長すると予測していることを知っている。プラント社の経営陣は、買収がパルマー社に規模の経済性をもたらし、成長率を年間6％に増加させると考えている。

a. プラント社にとってのパルマー社の価値はいくらか。

b. この買収によるプラント社の利益はいくらか。

c. もしプラント社がパルマー社の各株式に対して、現金13ドルをオファーしたら、買収のNPVはいくらになるか。

d. プラント社がパルマー社の株式に対して、現金で支払ってもよい1株当りの最大額はいくらか。

e. もしプラント社がパルマー社の発行済株式との交換で、自社株15万株をオファーするとしたら、買収のNPVはいくらになるか。

f. 買収は試みられるべきか。もしそうなら、現金オファー(c)あるいは株式オファー(e)のどちらになるべきか。

g. プラント社の社外財務コンサルタントは、6％の成長率は楽観的すぎ、5％がより現実的だと考えている。これは、上記の問題の解答をどのように変えるか。

18. 合併と株主価値

チョコレート・アイスクリーム社とバニラ・アイスクリーム社は合併し、ファッジ・スワール・コンソリデイテッド社を設立することに同意した。両社は違う町に位置することを除き、完全に同じである。各会社の期末の価値は、気象によって次のように決まる。合併によるシナジーはない。

状態	確率	価値
雨が多い	0.1	$200,000
暖かい	0.4	350,000
暑い	0.5	800,000

それぞれの町の気象状態は、他の町の気象状態から独立している。さらに、それぞれの会社には35万ドルの発行済負債がある。合併でプレミアムは支払われないと仮定する。

a. 結合会社の価値の分布はどうなるか。

b. 合併後の期末における負債の価値および株式の価値の分布はどうなるか。

c. 企業が別々のままでいた場合に比べ、結合企業では、債券保有者が利益を得、株主が損失を被ることを示せ。

ミニケース

●バーディー・ゴルフ社とハイブリッド・ゴルフ社の合併

バーディー・ゴルフ社は、過去6カ月間、ハイブリッド・ゴルフ社と合併の協議を続けてきた。何回かの交渉を経て、議論はハイブリッド・ゴルフに対する4億4,000万ドルの現金オファーになった。両社はゴルフ・クラブ産業のニッチ市場で事業を行っており、合併は、生産と販売における規模の経済性ならびに一般管理費の大幅な節約によって、相当なシナジーを生み出すと考えられている

バーディー社の財務担当役員であるブライス・ビチョンは、合併交渉にかかわってきた。ブライスは、合併が行われると仮定して、以下のハイブリッド・ゴルフの見積財務諸表を作成した。財務諸表は、合併によるすべてのシナジー利益を反映している。

	2010年	2011	2012	2013	2014
売上げ	$640,000,000	$720,000,000	$800,000,000	$900,000,000	$1,000,000,000
製造原価	449,000,000	504,000,000	560,000,000	632,000,000	705,000,000
減価償却費	60,000,000	64,000,000	66,000,000	66,400,000	67,000,000
その他の費用	64,000,000	72,000,000	80,000,000	90,400,000	97,000,000
EBIT	$ 67,000,000	$ 80,000,000	$ 94,000,000	$111,200,000	$ 131,000,000
支払利息	15,200,000	17,600,000	19,200,000	20,000,000	21,600,000
課税所得	$ 51,800,000	$ 62,400,000	$ 74,800,000	$ 91,200,000	$ 109,400,000
税金（40％）	20,720,000	24,960,000	29,920,000	36,480,000	43,760,000
純利益	$ 31,080,000	$ 37,440,000	$ 44,880,000	$ 54,720,000	$ 65,640,000

ブライスはまた、ハイブリッド・ゴルフ部門には、事業継続のために毎年投資が必要であることを認識している。以下の表は、必要な投資と資金調達の源泉の概要を示している。

	2010年	2011	2012	2013	2014
投資					
純運転資本	$16,000,000	$20,000,000	$20,000,000	$ 24,000,000	$24,000,000
純固定資産	12,000,000	20,000,000	14,400,000	96,000,000	5,600,000
合計	$28,000,000	$40,000,000	$34,400,000	$120,000,000	$29,600,000
資金調達源					
正味負債	$28,000,000	$12,800,000	$12,800,000	$ 12,000,000	$9,600,000
利益剰余金	0	27,200,000	21,600,000	21,600,000	20,000,000
合計	$28,000,000	$40,000,000	$34,400,000	$ 33,600,000	$29,600,000

バーディー・ゴルフの経営陣は、ハイブリッド・ゴルフの資本構成が最適ではないと感じている。合併する場合、ハイブリッド・ゴルフは、すぐに8,800万ドルの負債を発行してレバレッジを引き上げ、その後バーディー・ゴルフに１億2,000万ドルの配当を支払う。これは、ハイブリッド・ゴルフの負債・株主資本比率を0.50から1.00に増加させる。バーディー・ゴルフはまた、2011年と2012年に、ハイブリッド・ゴルフの前期の営業から、2,000万ドルの欠損金の繰越しを活用することができる。ハイブリッド・ゴルフの総価値は、５年後に７億2,000万ドルになると期待され、会社はその時２億4,000万ドルの負債をもつ。

バーディー・ゴルフの株式は、現在１株当り94ドルで売られており、会社には発行済株式が1,440万株ある。ハイブリッド・ゴルフの発行済株式は640万株である。両社とも、８％の金利で借入れできる。無リスク金利は６％で、市場の期待リターンは13%である。プライスは、バーディー・ゴルフの現在の資本コストが11%であると考えている。現在の資本構成でのハイブリッド・ゴルフ株のベータは1.30である。

プライスはあなたに潜在的合併の財務の側面を分析するよう依頼した。具体的には、あなたに以下の質問に答えるよう要請した。

1．ハイブリッド社の株主が1株当り68.75ドルの合併価格に合意すると仮定する。バーディー社は合併を進めるめべきか。
2．バーディー社がハイブリッド社に支払ってもよい最大価格（1株当り）はいくらか。
3．バーディー社は、現金を支払うことには否定的で、株式交換なら考慮するとする。当初の1株当り68.75ドルの合併価格と同等にするには、交換比率がいくらになる必要があるか。
4．バーディー社が合併に着手するのに、支払ってもよい最大の交換比率はいくらか。

第30章

財務的困難

2008年後半、ゼネラル・モーターズ（GM）とフォードの財務問題は、ニュースをにぎわせた。二つの自動車メーカーは、巨大な債務負担に加えて、退職者の医療給付といったレガシー・コストを抱えていた。全体的な経済もまた、両社に問題を突きつけていた。9月に、フォードは販売が前年比34％落ち込んだと発表した。「従業員割引」といった積極的な割引販売促進策により、GMの販売は16％しか下落しなかった。両社は倒産*申請に抵抗し、米国連邦議会にまで行って救済を訴えた。連邦議会での証言で、GMのCEOリック・ワゴナーは、もしGMが倒産状態になったら、顧客の80％がGM車を買わないだろうと独立調査が示していることを述べた。

GMとフォードは、本章のテーマである著しい財務的困難を経験している企業の例である。支払利息のような契約上要求される債務を満たすのに不十分なキャッシュフローをもつ企業は、財務的困難に陥っている。必要な支払をデフォルトする企業は、資産の清算を強いられるかもしれないが、多くの場合で、債務不履行の企業は財務構造を再編成する。財務の再構築は、古い債務を新しいものと交換し、私的整理か法的倒産を伴う。私的整理は、支払を延期したり支払額を減額したりする、会社の負債を再構築する自発的な取決めである。もし私的整理が可能でないなら、正式な倒産が通常必要になる。

30.1　財務的困難とは何か

財務的困難（financial distress）は、正確に定義することが驚くほどむずかしい。

＊訳者注：原書の「bankruptcy」には一般に「破産」と「倒産」という二つの訳語が使われるが、本書では日本でいう清算型手続（破産、特別清算）と再建型手続（会社更生等）の両方を包含しているので、基本的に「倒産」に統一する。

これは、財務的困難のもとで企業に降りかかるさまざまな出来事のせいでもある。出来事のリストはほとんど際限がないが、いくつかの例をここにあげる。

・配当の削減
・工場閉鎖
・損失
・レイオフ
・CEO の辞職
・暴落する株価

財務的困難とは、企業の営業キャッシュフローが、流動負債（仕入債務や支払利息など）を返済するのに十分ではなく、企業が是正措置をとることを強いられる状況である[1]。財務的困難は企業に契約の不履行を起こさせるかもしれず、企業、債権者、そして株式投資家間における、財務再構築を伴うかもしれない。通常、企業は、十分なキャッシュフローがあればとらなかったであろう行動をとることを強いられる。

この財務的困難の定義は、支払不能（insolvency）と結びつけることで、いくらか拡大することができる。*Black's Law Dictionary* では、支払不能は、次のように定義されている[2]。

> 負債の支払ができないこと；負債を支払う方法の欠如。即座に利用可能な資産が、負債を履行するのに不十分であるような、ある女性（あるいは男性）の資産および負債の状態。

この定義は、ストックとフローという二つの一般的なテーマを含んでいる[3]。支払不能に関するこれらの二つの考え方は、図30.1に表されている。ストックに基づく支払不能は、企業がマイナスの正味財産をもつときに生じ、したがって資産の価

1） この定義は Karen Wruck, “Financial Distress： Reorganization and Organization Efficiency,” *Journal of Financial Economics* 27（1990），p. 425で用いられているものに近い。
2） *Black's Law Dictionary*, 5th ed.（St. Paul, MN: West Publishing Company），p. 716より引用。
3） Edward Altman は、ストックに基づく支払不能とフローに基づく支払不能を区別した最初の一人である。Edward Altman, *Corporate Financial Distress: A Complete Guide to Predicting, Avoiding and Dealing with Bankruptcy*, 2nd ed.（New York: John Wiley & Sons, 1993）を参照。

図30.1　支払不能

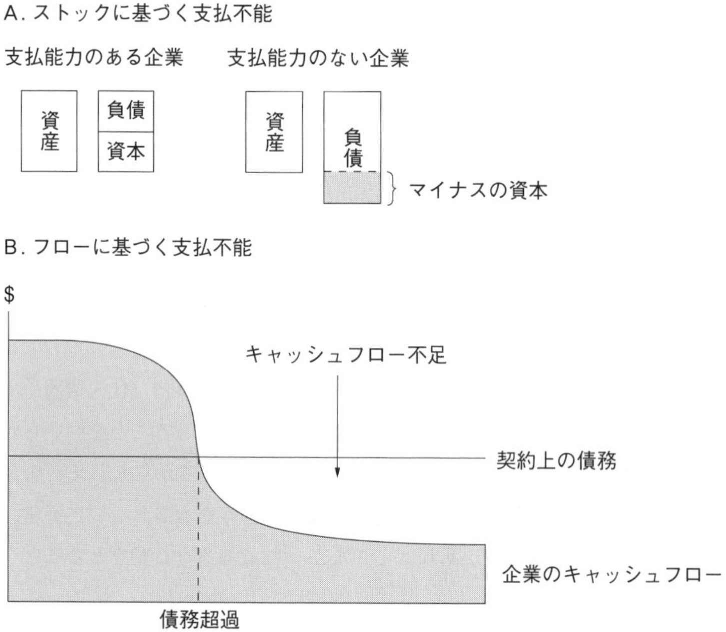

ストックに基づく支払不能は、企業の資産の価値が負債の価値よりも低いときに生じる。これはマイナスの資本を意味する。フローに基づく支払不能は、企業のキャッシュフローが、契約上必要な支払をカバーするのに十分でないときに生じる。

値は負債の価値よりも低い。フローに基づく支払不能は、営業キャッシュフローが流動負債を返済するのに十分でないときに生じる。フローに基づく支払不能とは、負債の支払ができないことを指す。支払不能は倒産につながるかもしれない。表30.1は米国における最も大きい倒産のいくつかをリストしている。

30.2　財務的困難では何が起きるのか

2008年6月、ゼネラル・モーターズ（GM）は、−1,500万ドルの第2四半期純利益を報告した。会社は2005年と2007年にも損失を出し、トヨタ、BMW、ホンダといったライバル・メーカーに着実にシェアを奪われていた。会社の会計上の株主資本は2006年にマイナスに転じ、株価は2003年後半の50ドルから、2009年には約1

表30.1　米国における最大の倒産

	企　　業	債務総額（単位：100万ドル）	倒産日
1	Lehman Brothers Holdings, Inc.	$ 613,000.00	2008.9.15
2	General Motors Corp.	172,810.00	2009.6.1
3	Conseco, Inc.	56,639.30	2002.12.2
4	Chrysler, LLC	55,200.00	2009.4.30
5	WorldCom, Inc.	45,984.00	2002.7.21
6	Refco, Inc.	33,300.00	2005.10.5
7	Enron Corp.	31,237.00	2001.12.2
8	Delta Air Lines, Inc.	28,546.00	2005.12.5
9	General Growth Properties, Inc.	27,293.00	2009.4.22
10	Pacific Gas & Electric Co.	25,717.00	2001.4.6
11	Thornburg Mortgage, Inc.	24,700.00	2009.5.1
12	Charter Communications, Inc.	24,185.67	2009.3.27
13	Calpine Corp.	23,358.00	2005.12.5
14	New Century Financial Corp.	23,000.00	2007.4.2
15	UAL Corp.	22,164.00	2002.12.2
16	Texaco, Inc.(incl. subsidiaries)	21,603.00	1987.4.1
17	Delphi Corp.	20,903.00	2005.10.5
18	Conseco Finance Corp.	20,278.50	2002.12.2
19	Olympia & York Realty Corp.	19,800.00	1992.5.15
20	Lyondell Chemical Co.	19,337.00	2009.1.6

（出所）　Edward I.Altman, NYU Salomon Center, Stern School of Business による提供。

ドルへと下落した。自動車顧客には、GM 車購入に不安を感じるもっともな理由があった。GM は、売上げを増加し、費用を削減し、資産（たとえばハマー・ブランド）の売却を試み、銀行融資を引き出し、より多くの長期資金調達を獲得するために、悪戦苦闘していた。明らかに、GM は財務的困難を経験している会社だった。GM は2009年 6 月 1 日に倒産を申請した。

企業は以下のようないくつかの方法で、財務的困難に対処する。

1．主要資産の売却
2．他企業との合併
3．資本支出および研究開発の削減
4．新規証券の発行
5．銀行およびその他債権者との交渉
6．負債の株主資本への転換
7．倒産の申請

項目１、２、３は企業の資産にかかわる。項目４、５、６、７は企業の貸借対照表の右側に関係し、財務再構築の例である。財務的困難は、資産再構築と財務再構築の両方を含むかもしれない（すなわち、貸借対照表の両側における変化）。

資産を再構築することで、財務的困難から実際に利益を得る企業もある。たとえば、負債による資本再構成は、企業の行動を変え、企業に無関係な事業を処分するよう強制することができる。負債による資本再構成に着手する企業は、大きな負債を追加し、その結果、必要な支払を行うのにキャッシュフローが足らず、周辺事業の売却を余儀なくされるかもしれない。企業によっては、財務的困難が、新たな組織形態と新たな事業戦略をもたらすこともある。しかしながら、本章では財務再構築に焦点を絞る。

財務再構築は、私的整理か、あるいは米国倒産法第11章（チャプター・イレブン）のもとでの倒産再編において生じるかもしれない。図30.2は、どのようにして大きな公開企業が財務的困難を経るかを示している。財務再構築の約半分が、私的整理により行われてきた。チャプター・イレブンによる倒産を申請したほとんどの公開大企業（83%）が、再編され、事業を継続することができる[4]。

財務的困難は、企業の問題点に対する「早期警告」システムとして役立てること

図30.2　財務的困難では何が起きるのか

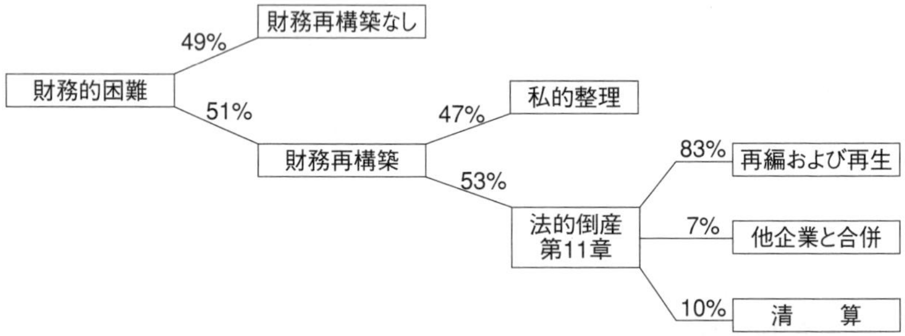

（出所） Karen H.Wruck, “Financial Distress: Reorganization and Organizational Efficiency,” *Journal of Financial Economics* 27 (1990), Figure2. また、Stuart C. Gilson, Kose John, and Larry N. P. Lang, “Troubled Debt Restructurings: An Empirical Study of Private Reorganization of Firms in Defaults,” *Journal of Financial Economics* 27 (1990)、そして Lawrence A. Weiss, “Bankruptcy Resolution: Direct Costs and Violation of Priority of Claims,” *Journal of Financial Economics* 27 (1990) も参照。

4） しかしながら、チャプター・イレブンによる倒産を経た全企業（公開あるいは非公開）のうち、20%弱だけがうまく再編された。

ができる。より多くの負債がある企業は、より少ない負債の企業よりも、早期に財務的困難を経験する。しかしながら、早期に財務的困難を経験する企業は、私的整理と再編のために、より多くの時間を費やすことができる。負債の少ない企業は財務的困難を経験するのが遅れ、多くの場合、清算を強いられる。

30.3　倒産による清算と再編

債権者に対して、契約で要求される支払ができない、あるいは支払わないことを選ぶ企業には、二つの基本的な選択肢がある。清算かあるいは再編である。この節では、倒産による清算および再編について議論する5)。

清算（liquidation）とは、継続企業としての会社の終了を意味する。これは、残存価額での企業資産の売却を必要とする。取引費用を差し引いた代金は、規定の優先順位に従って債権者に分配される。

再編（reorganization）は、継続企業として会社を維持する選択肢である。これは時に、新規証券を発行して、既存証券と置き換えることが必要になる。

清算と正式な再編は、倒産により行われるかもしれない。倒産は法的手続であり、企業が申請書を提出して自発的に行うか、あるいは債権者が申請書を提出して非自発的に行うことができる。

倒産による清算

1978年改正倒産法の第7章（チャプター・セブン）は、「ストレートな」清算を扱っている。次の出来事の順序が典型的である。

5）　倒産した企業が行わなければならない最も重要な選択の一つは、清算するか再編するかである。Arturo Bris, Ivo Welch, and Ning Zhu は “The Cost of Bankruptcy: Chapter 7　Liquidation versus Chapter 11 Reorganization,” *Journal of Finance*（June 2006）において、この選択を詳細に観察した。彼らは次のことを見出した。

- 非常に小さい企業（資産が10万ドル未満）は、大きな企業に比べて、再編よりも清算する可能性が高い。
- 多数の有担保債権者を伴う企業は、再編を試みる可能性が高い。
- 無担保債権者を伴う企業（特に銀行）は、清算を選択する可能性が高い。
- 大きなマイナスの株主資本をもつ企業は、再編を試みる可能性が高い。

1．申請書が連邦裁判所に提出される。企業は自発的な申請書を提出するかもしれないし、非自発的な申請書が企業に対して提出されるかもしれない。
2．債務者企業の資産を引き継ぐため、債権者により倒産管財人が選出される。管財人は資産の現金化を試みる。
3．資産が現金化されたら、管理費用の支払後、資産が債権者の間で分配される。
4．費用および債権者に対する支払の後、もし資産が残っていたら、それらは株主に分配される。

非自発的倒産となる条件

以下の両方の条件が満たされると、非自発的倒産申請書が債権者により提出されるかもしれない。

1．期日になっても、企業が負債を支払わない。
2．債権者が12人以上いる場合、合計して1万3,475ドル以上の請求権をもつ、最低3者が提出に加わらなければならない。債権者が12人未満の場合、1万3,475ドルの請求権をもつ1者のみが、提出のために必要とされる。

請求権の優先順位

いったん企業の倒産が決定されると、清算が行われる。清算による収入は、次の優先順位に従って分配される。

1．倒産企業の資産の清算に伴う管理費
2．非自発的倒産申請書の提出後に発生した無担保請求権
3．賃金、給与、および手数料
4．提出日前180日以内に生じた従業員福利プランに対する負担金
5．消費者の請求権
6．租税請求権
7．有担保および無担保債権者の請求権
8．優先株主の請求権
9．普通株主の請求権

清算における優先規定は、**絶対優先規定**（absolute priority rule, APR）である。

このリストへの一つの適格性が有担保債権者を懸念させる。財産に対する先取権はAPRの順番外である。しかしながら、担保財産が現金化され、彼らに対して負っている金額をカバーするのに十分でない場合、有担保債権者は無担保債権者と残りの清算価値を分ける。反対に、抵当財産が担保請求権を超える収入で現金化された場合、純収入は無担保債権者やその他の債権者に対する支払に用いられる。

● コラム ●

彼ら自身の言葉で

Edward I. Altman*：企業の財務的困難と倒産について

新しいミレニアムに入ると、企業の困難と倒産はもはや企業進化のニッチ分野ではなくなった。実際、米国企業の倒産比率は、2001/2002年に記録的割合に達した。77もの大企業が、10億ドル以上の*債務*を抱えて、チャプター・イレブンのもとでの保護を申請した。これは空前の数字である。遠距離通信企業が道を先導したが、航空会社、製鉄会社、小売会社、そしておおむね産業界の幅広い分野が、過大な負債と悪い営業成績に屈した。平均的米国企業はこんにち、ほんの20年前と比べてはるかにリスキーになっており、倒産裁判所と再構築の専門家はこれまでになく重要になっている。

世界中で、公開、非公開企業の財務的困難が頻発しているが、これは多くの利害関係者に対して重要な意味をもつ。企業倒産法の役割が、一時的な流動性の問題を抱える企業が継続的主体として再編、再生することを可能にする法的手続を提供すること、あるいは資産価値が浪費される前に、債権者の便益のために資産を現金化するための秩序あるプロセスを提供することであるのは明らかだが、倒産法制は国ごとに著しく異なる。米国の1978年の改正倒産法第11章の規定は、倒産した企業の資産に対して最大限の保護を提供し、その結果、債権者の利益のための清算と資産譲渡が生じやすい他の国よりも、うまく再編できる確率が高いということが一般に同意されている。しかし、米国法の手続は通常長くかかる（プレパッケージされたチャプター・イレブンを通じて十分な数の債権者が事前に合意するケースを除き、平均すると約２年である）ことに加えて、費用もかさみ、再編された主体が、必ずしもその後の困難をうまく回避するわけではない。再編が成功しなかった場合、通常チャプター・セブンのもとでの清算に入る。

米国以外の工業化世界における倒産手続は、優先債権者にきわめて有利であり、彼らが企業の支配権を獲得し、負債契約が守られることを、より強く求める。たとえば、英国の手続はより迅速で費用も少ないが、削減された費用は、望ましくない清算、失業、および過少投資という結果をもたらす可能性がある。ドイツの新たな倒産法は、優先債権者の大きな権力を低減することを試みているが、依然として英国のシステムに近い。米国では、債権者と所有者が「絶対優先規定」の「違反」を交渉できる。この「規定」は、より劣後する債権者や所有者に対する支払の前に、より優先する債権者が全額支払われなければならないということを規定する（しかしながら、絶対優先規定に対するいわゆる「違反」は、たとえば企業価値の10%以下と、比較的小さいことが実証的に示されている）。最後に、米国のシステムは裁判所に、既存の請求権に対して通常最優先の地位をもつ負債による、申請後の資金調達を認める権利を与えており、それにより企業の事業継続を容易にしている。最近では、フランスが同様の成功を経験している。

米国倒産システムのパフォーマンスの尺度は、うまく再生した企業の割合である。最近の米国における結果は、やや錯綜しており、約70%の大企業が再生しているが、おそらく小企業は20%以下である。そして、無視できない数の企業がその後困難に陥り、再度申請をする（チャプター22）。

場所にかかわらず、倒産やその他の困難における整理策の目的の一つは、債権者および他の資本供給者が、困難な状況下において、その権利と回収見通しを明確に知ることである。これらが透明でなく、および/または、恣意的で、不正な結果をもたらす可能性がある時代遅れのプロセスに基づく場合、経済システム全体が損害を受け、成長が抑えられる。いくつかの新興市場国では実際にそうであった。これらの時代遅れのシステムの修正は優先されるべきである。

異なる国家における再編システムの相対的利益に加え、多くの興味深い理論的かつ実証的な問題が、困難に陥った企業に関連している。それらには、企業の負債余力、経営者―債権者―所有者のインセンティブ、困難を予測する能力、デフォルト率推定のためのデータおよび計算、困難に陥った企業の証券への投資、そして再編後の業績評価が含まれる。

企業の困難は、債権者/債務者の関係に重大な影響をもち、さらに事業リスクと税金の考慮とあわせて、企業の資本構成に影響を及ぼす。一つの重要な問題は、負債利用の*期待*税務利益と比較して、困難の*期待*費用は、どのくらい高いのかという、いわゆる、トレードオフ理論である。ほとんどのアナリストは、直接（たとえば弁護士報酬）と間接費用の合計が、企業価値の10〜20%の範囲にあることに同意している。

過剰リスクをとることと過剰投資が、経営陣と債権者間のエージェンシー衝突の例であるかどうかは、困難に陥った企業の、真の最終的な所有者がだれなのかという見方による―再編された主体の新たな所有者になる可能性がより高いのは、既存の株主か債権者かということである。既存の経営陣は、最初の再編計画を、申請から120日以内に提出する独占的な権利をもち、独占の延長も可能である。しかしながら、彼らのインセンティブと影響は偏る可能性があり、常に他の利害関係者（主として債権者）と一致するわけではない。この独占を限定することは、プロセスを迅速化し、経営陣の濫用を制限するのに望ましいと思われる。

財務的困難の予測モデルは、50年以上も研究者や実務家の関心を引いてきた。モデルは、単変量財務諸表比率から、多変量統計分類モデル、条件付請求権および市場価値に基づくアプローチ、そしてついには人工知能技術の利用へと進化してきた。より洗練された信用リスク管理の枠組みが導入され、時には積極的な信用資産ポートフォリオ戦略と組み合わせられるようになるにつれ、ほとんどの大金融機関が、上記のモデルのタイプのうち、一つかまたはそれ以上を導入している。デフォルトおよびデフォルトにおける回収額の推定値を評価の決定的な入力要素として、ますます非公開の信用資産が証券として扱われるようになってきた。

おそらく、企業困難の最も興味深い副産物は、「ハゲタカ」として知られる、比較的新しい投資家層の発達である。これらの資金マネジャーは、困難に陥った企業とデフォルトした企業の証券に特化する。1930年代の大恐慌以来、デフォルトした社債には少数の支持者しかいなかったが、これが70社を超える専門「ハゲタカ」機関にまで成長しており、2003年には600億ドル以上を積極的に運用している。困難に陥ったかデフォルトした市場の規模は近年劇的に成長しており、2002年末には、筆者による推定では9,400億ドル（額面価額）以上で、公募および私募市場をあわせたもの（多くのデフォルトおよび困難に陥った公募債券と私募銀行ローン）は5,100億ドル（市場価値）だった。困難に陥った負債の投資家は15〜25%の年間利益率を目標とする。これらの年率リターンはときたま得られるが、1987年から2002年の全体的な年次利益率は約10%未満であった。これは高利回り債と同様であるが、株式市場におけるリターンよりはかなり低い。それにもかかわらず、この潜在的投資機会の信じられないほどの供給は、この*オルタナティブ*資産クラスに空前の関心を呼び起こしている。

＊Edward I. Altman は、Max L. Heine Professor of Finance, NYU Stern School of Business である。彼は、困難に陥った負債と高利回り債市場はもちろん、倒産と信用分析でも世界的な権威の一人と広くみなされている。

例30．1　APR

B.O.ドラッグ社が清算されるとする。会社の清算価値は270万ドルである。150万ドルの価値をもつ社債は、B.O.ドラッグ社の本社ビルに対する抵当により保証されており、ビルは100万ドルで売却される。20万ドルは管理費およびその他の請求権（未払賃金、年金給付、顧客の請求権、税金を含む）をカバーするために用いられる。20万ドルを管理上の優先請求権に対して支払った後、有担保および無担保債権者への支払に利用可能な金額は250万ドルである。これは400万ドルの未払いの負債額よりも少ない。

APRのもとでは、すべての債権者は株主よりも先に支払わなければならず、担保付社債保有者は、本社ビルの売却から得られた100万ドルに対して、最初の請求権を有する。

管財人は以下の分配を提案した。

請求権の種類	事前の請求額	清算により受領された現金
社債（担保により保証される）	$ 1,500,000	$1,500,000
劣後債	2,500,000	1,000,000
普通株主	10,000,000	0
合計	$14,000,000	$2,500,000

分配の計算	
資産の売却から得られた 分配に利用可能な現金	$2,500,000
有担保社債保有者に支払われる 抵当財産の売却による現金	1,000,000
社債および劣後債保有者の利用可能額	$1,500,000
合計残存請求権（400万ドル－ 有担保社債に対する100万ドルの支払）	3,000,000
300万ドルの合計残存請求権を カバーするための残りの150万ドルの支払	

残存請求権の種類	清算収入に対する請求権	受領された現金
社債	$　500,000	$　500,000
劣後債	2,500,000	1,000,000
合計	$3,000,000	$1,500,000

倒産による再編

企業の再編は、2005年の倒産乱用防止および消費者保護法（Bankruptcy Abuse Prevention and Consumer Reform Act of 2005）[6]によって修正された、1978年の改正連邦倒産法（Federal Bankruptcy Reform Act of 1978）のチャプター・イレブン（第11章）のもとで行われる。チャプター・イレブンのもとでの手続の一般的な目的は、債権者への返済に多少の配慮をしながら、企業の再構築を計画することである。典型的なイベントの順番は以下のとおりである。

1．自発的申請は企業が提出できるが、非自発的申請は３人以上の債権者（または全債権者が12人未満の場合は、１人の債権者。前節参照）により提出することが可能である。非自発的申請は、企業が負債を支払っていないことを申し立てなければならない。

2．通常、連邦裁判官が申請を承認し、債権者および株主の請求権の証拠を提出

6）　倒産法規は関係あるだろうか。Sergei A. Davydenko and Julian R. Franks in “Do Bankruptcy Codes Matter? A Study of Defaults in France, Germany, and the U.K.,” *Journal of Finance*（April 2008）によるとイエスである。彼らは、銀行は債権者の友好的あるいは非友好的法規に対応して相当な調整を行うものの、フランス、ドイツ、英国の倒産法政の違いが財務的困難の異なる結果を生み出すことを見出した。

する期日を設定する。

3．ほとんどのケースにおいて、企業（「占有継続債務者」）が事業を継続して運営する[7]。

4．120日の間、企業だけが再編計画を提出できる。もし提出すると、企業には、計画の承認を得るために、提出日から180日間が与えられる。

5．債権者および株主は、クラスに分割される。もしあるクラスの3分の2（ドル金額）と、そのクラスの2分の1（数）が承認を示すと、その債権者のクラスは計画を容認する[8]。

6．債権者による容認の後、再編計画が裁判所によって確認される。

7．現金、財産、そして証券による支払が、債権者および株主に対してなされる。計画は新規証券の発行を規定するかもしれない。

例30．2　チャプター・イレブン

B.O.ドラッグ社が、チャプター・イレブンのもとで再編することを決定したとする。一般的に、優先請求権は、他のさまざまな請求権がなんらかのものを受け取る前に、全額が支払われる。B.O.ドラッグ社の「継続企業」価値は300万ドルであり、会社の貸借対照表は以下に示すとおりであると仮定する。

資産	$3,000,000
負債	
担保付社債	1,500,000
劣後無担保社債	2,500,000
株主資本	−1,000,000

会社は以下の再編計画を提案した。

7）チャプター・イレブンによる倒産において、企業（「占有継続債務者」と呼ばれる）は事業を継続する。多くの場合、企業は新たな資金を借り入れ、その資金を、有担保債権者への返済と、再構築計画が承認されるまでの事業継続に用いる。

8）われわれは、倒産による再編の標準的なイベントを説明している。一般的なルールでは、債権者のクラスのすべてが容認した場合、再編計画は裁判所によって容認され、債権者のクラスのすべてが拒否した場合、再編計画は裁判所によって拒否される。しかしながら、1クラス以上（すべてではない）がそれを容認した場合、その計画はクラム・ダウン（強制）手続の資格があるかもしれない。もし倒産裁判所が計画を公正かつ公平と認め、すべての債権者のために計画を認めると、クラム・ダウンが行われる。

従来の証券	従来の請求権	再編計画による新たな請求権
担保付社債	＄1,500,000	＄1,500,000
劣後無担保社債	2,500,000	1,500,000

また、再編計画に伴う新たな請求権のもとでの新規証券の分配を提案した。

旧証券	提案された再編計画での受取り
担保付社債	9％の優先無担保社債＄1,000,000
	11％の劣後無担保社債＄500,000
劣後無担保社債	8％の優先株式＄1,000,000
	普通株式＄500,000

しかしながら、会社が、等しい額面価額の無担保社債の受入れに同意するよう、有担保債権者（担保付社債）を説得することは非常に困難である。加えて、会社は、古い株主が企業に一定の持分を保持することを認めるよう望むかもしれない。いうまでもなく、これは絶対優先規定の違反になり、無担保社債保有者は喜ばないだろう。

絶対優先規定（APR）

絶対優先規定は、劣後請求権がなんらかのものを受け取る前に、優先請求権が完全に返済されることを規定する。

規定からの逸脱

株主	期待：支払なし
	現実：81％のケースで支払われる
無担保債権者	期待：有担保債権者の後、全額支払われる
	現実：78％のケースで違反
有担保債権者	期待：全額支払われる
	現実：92％のケースで全額支払われる

違反の理由

債権者は訴訟費用を回避することを望んでいる。債務者には、遅延させ価値を損なうために120日間の機会が与えられる。

経営陣は往々にして株主資本を所有し、補償を受けることを要求する。

倒産裁判官は、合意された計画を好み、妥協するよう当事者に圧力をかける。

（出所）Lawrence A. Weiss, "Bankruptcy Resolution: Direct Costs and Violation of Priority of Claims," *Journal of Financial Economics* 27 (1990).

30.4　私的整理あるいは倒産：どちらが最善か

負債の支払をデフォルトした企業は、財務請求権を再構築する必要がある。企業には二つの選択肢がある。正式な倒産かあるいは**私的整理**（private workout）である。前節では正式な倒産の二つのタイプを説明した。倒産による清算と、倒産による再編である。この節では、私的整理を倒産による再編と比較する。両方の財務再構築のタイプはともに、古い財務請求権を、新たな財務請求権と交換することを伴う。通常、優先債務は劣後債務に置き換えられ、負債は株主資本によって置き換えられる。ごく最近の学術研究は、私的整理と正式な倒産において何が起きるのかを説明している[9)]。

- 歴史的には、財務再構築の２分の１が私的整理だったが、最近では、正式な倒産が優勢になっている。
- 私的整理から再生する企業は、正式な倒産から再生する企業よりも、より大きな株価の上昇を経験する。
- 私的整理の直接費用は、正式な倒産の費用よりもかなり少ない。
- 最高経営陣は通常、私的整理および正式な倒産の両方で、給料と、時には雇用を失う。

9）たとえば、Stuart Gilson, "Managing Default Some Evidence on How Firms Choose between Workouts and Bankruptcy," *Journal of Applied Corporate Finance* (Summer 1991)、および Stuart C. Gilson, Kose John, and Larry N. P. Lang, "Troubled Debt Restructuring: An Empirical Study of Private Reorganization of Firms in Defaults," *Journal of Financial Economics* 27 (1990) を参照。

これらの事実を総合的に考慮すると、私的整理が正式な倒産よりもずっと優れているということを示しているようにみえる。そこで質問しよう。なぜ企業は再構築のために正式な倒産を利用するのだろうか。

限界的企業

平均的な企業にとって、正式な倒産は私的整理よりも多くの費用がかかるが、その他の企業にとっては、正式な倒産のほうがよい。正式な倒産は、すでに負っているすべての負債に優先する負債を、企業が発行することを可能にする。この新たな負債が「占有継続債務者」(debtor in possession, DIP) 負債である。現金の一時的な注入を必要とする企業にとって、DIP 負債は倒産による再編を、私的整理に対する魅力的な代替案にする。倒産にはいくつかの税務上の有利な点がある。企業は倒産で税務上の繰越しを失わず、債務免除の税務上の取扱いは、倒産の場合のほうが有利である。また、倒産前の無担保負債に対する利息は、正式な倒産において発生を停止する。

抵　抗

倒産は、通常、債権者よりも株式投資家にとって好ましい。DIP 負債の利用と無担保負債に対する倒産前の利息の停止は、株主に利益をもたらし、債権者に損害を与える。その結果、通常、株式投資家は倒産において、よりよい分配を得るために抵抗することができる。絶対優先規定は、株式投資家よりも債権者を優遇するが、正式な倒産においては守られないのが普通である。最近のある研究は、最近の倒産の81%において、株式投資家がなんらかの補償を得ていることを見出した[10]。チャプター・イレブンのもとで、債権者は往々にして、経営陣と株式投資家の合意を

10) Lawrence A. Weiss, "Bankruptcy Dissolution: Direct Costs and Violation of Priority and Claims," *Journal of Financial Economics* 23 (1990). しかしながら、W. Beranek, R. Boehmer, and B. Smith, "Much Ado about Nothing: Absolute Priority Deviations in Chapter 11," *Financial Management* (Autumn 1996) は、倒産による再編の33.8%が株主に何も残さないことを見出した。さらに彼らは、権利放棄を最も利益になると債権者が認識した場合、債権者が権利放棄することを倒産法が認めているので、絶対優先規定からの逸脱は期待される結果であると指摘している。これに対する反論は、Allan C. Eberhart and Lawrence A. Weiss, "The Importance of Deviations from the Absolute Priority Rule in Chapter 11 Bankruptcy Proceedings," *Financial Management* 27 (1998) に見出せる。

得るために、優先権の一部を放棄することを強いられる。

複 雑 性

複雑な資本構成の企業は、私的整理をまとめるのに、より多くの問題を抱える。メーシーズ社やカーター・ホール社のような有担保債権者と取引債権者を伴う企業は、さまざまな種類の債権者と合意に至るのがあまりにも困難なので、通常は正式な倒産を利用する。

情報の欠如

株式投資家と債権者の間には本質的な利害対立があり、両者が財務的困難の状況に関して不完全な情報をもつとき、対立は助長される。企業がキャッシュフローの不足を最初に経験したとき、不足が永続的なものか、あるいは一時的なものか、企業はわからないかもしれない。もし不足が永続的なら、債権者は正式な再編か、あるいは清算を要求するだろう。しかしながら、もしキャッシュフローの不足が一時的なものなら、正式な再編あるいは清算は必要ないかもしれない。株式投資家はこの見解を強く押すだろう。この利害対立は、容易に解決できない。

これら最後の2点は特に重要である。これらは、複雑性が高く（低く）、情報が不完全（完全）な場合、財務的困難はより多くの（少ない）費用がかかることを示唆する。複雑性や情報の欠如は、費用が安い整理の可能性を少なくする。

30.5　プレパッケージ倒産[11)]

2004年10月5日、チョイス・ワン・コミュニケーションズ社（ブロードバンド・データ、インターネット・サービスおよび電話会社）は、連邦倒産法のもとでのチャプター・イレブンによる再編を申請した。申請時に、会社には約10億ドルの負債があった。このような状況の企業は、1年かそれ以上の間、倒産状態に置かれると見込まれるのが普通である。チョイス・ワンではそうではなかった。その再編計画

11）John McConnell and Henri Servaes, "The Economics of Pre-packaged Bankruptcy," *Journal of Applied Corporate Finance*（Summer 1991）は、プレパッケージ倒産について説明している。

は、2004年11月10日に米国倒産裁判所によって承認された。申請の6週間後である！

企業は通常、現在の構成では金融債務を支払えないことを基本的に認め、債権者からの保護を求めて倒産を申請する。いったん倒産状態になると、企業は存続できるように、財務状況の再編成を試みる。このプロセスの鍵は、債権者が最終的に再構築計画を承認しなければならないということである。チャプター・イレブンで企業が費やす時間は、多くのことに依存するが、通常、再編計画に対して債権者の同意を得るのに要する時間に最も依存する。

プレパッケージ倒産は、私的整理と法的倒産の組合せである。申請に先立ち、企業は再編計画をもって債権者にアプローチする。両サイドは和解案を交渉し、どのように会社の財務が倒産で再編築されるのか、その詳細に関して同意する。それから会社は倒産を申請するために、倒産裁判所に必要な書類を準備する。ちょうどチョイス・ワンが行ったように、会社が裁判所に行って再編計画の申請を行うときに、債権者の承認書類がそろっていれば、それはプレパッケージ倒産である。

プレパッケージ再編プロセスの鍵は、両サイドが何かを得、何かを失うことである。もし倒産が避けられないなら、たとえ再構築で金銭的損失を被る可能性が高いとしても、債権者がプロセスを速めるのは理にかなっている。チョイス・ワンの倒産は、ほとんどの債権者にとって、比較的痛みがなかった。倒産中も利息の支払は行われ、すべての納入業者が支払われた。チョイス・ワンのプレパッケージは、100%の債権者によって承認された。二つの種類の債券保有者がかかわっていた。優先債券保有者は、4億400万ドル相当の長期負債を、1億7,500万ドルの新しい債券および会社の新株の90%と交換した。劣後債券保有者は、2億5,200万ドル相当の債券を、新株の10%および将来に普通株式を買い増せる権利と交換した。もちろん、株主は何も得ず、実際彼らの株式は無効にされた。

プレパッケージ倒産の取決めは、ほとんどの債権者が私的に合意に至ることを必要とする。メーシーズやレブコD.S.といった小売流通企業のケースのように、何千もの気が進まない取引債権者がいる場合には、プレパッケージ倒産は機能しないようである[12)]。

12）S. Chattergee, U. S. Dhillon, and G. G. Ramirez "Prepackaged Bankruptcies and Workouts," *Financial Management* (Spring 1996) は、プレパッケージ倒産の取決めを利用する企業が、私的整理あるいはチャプター・イレブンを利用する企業よりも、小規模で、よい財務状態にあり、大きな短期流動性の問題を抱えていることを見出した。

プレパッケージ倒産の主な利益は、抵抗者に倒産による再編を受け入れるよう強いることである。もし企業の債権者の大部分が、再編計画に私的に合意できれば、抵抗の問題は避けられるかもしれない。これは正式な倒産における再編計画を、よりまとめやすくする13)。

McConnell、Lease、and Tashjianの研究は、プレパッケージ倒産が正式な倒産の利点の多くを提供し、さらに、より効率的でもあると報告している。彼らの結果は、費やされる時間と財務的困難を解決する直接費用が、正式な倒産よりも、プレパッケージ倒産におけるほうがより少ないことを示唆する14)。

30.6　企業倒産の予測：Zスコア・モデル

多くの潜在的な貸し手は、見込まれる借り手の信用力を評価するために、信用スコアリング・モデルを利用する。基本的な考え方は、よい信用リスクと悪い信用リスクを、貸し手が識別できるようにする要因を見つけることである。より正確にいえば、貸し手は、デフォルトや倒産の予測に用いることができる借り手の属性を見つけ出したい。

ニューヨーク大学の教授であるエドワード・アルトマンは、公開製造企業の倒産を予測するため、財務諸表の比率と重判別分析を用いたモデルを開発した。結果として得られたモデルは、以下の形態である。

$$Z=3.3\frac{\text{EBIT}}{\text{総資産}}+1.2\frac{\text{純運転資本}}{\text{総資産}}+1.0\frac{\text{売上高}}{\text{総資産}}+0.6\frac{\text{株主資本の時価}}{\text{負債の簿価}}+1.4\frac{\text{累積利益剰余金}}{\text{総資産}}$$

ここで、Zは倒産の指標である。

2.675以下のZスコアは、企業が1年以内に倒産する確率が95%であることを示す。しかしながらアルトマンの結果は、実際には1.81と2.99の間の範囲がグレーな領域として考えられるべきであることを示している。実際の利用では、Z≦1.81の

13)　倒産の間、提案された計画は、債権者のクラスに対して「クラム・ダウン」できる。倒産裁判所は、計画が「公正かつ公平」であると示せる場合、債権者に再編に参加するように強制することができる。

14)　John J. McConnell, Ronald Lease, and Elizabeth Tashjian,"Prepacks as a Mechanism for Resolving Financial Distress: The Evidence," *Journal of Applied Corporate Finance* 8 (1996).

表30.2　倒産１年前の財務諸表の比率：製造企業

	倒産１年前の平均比率	
	倒産する企業	倒産しない企業
$\frac{\text{純運転資本}}{\text{総資産}}$	−6.1%	41.4%
$\frac{\text{累積利益剰余金}}{\text{総資産}}$	−62.6%	35.5%
$\frac{\text{EBIT}}{\text{総資産}}$	−31.8%	15.4%
$\frac{\text{株主資本の時価}}{\text{総負債}}$	40.1%	247.7%
$\frac{\text{売上げ}}{\text{資産}}$	150%	190%

（出所）　Edward I. Altman, *Corporate Financial Distress and Bankruptcy*, （New York: John Wiley & Sons, 1993）, Table 3.1, p. 109.

とき倒産することが予測され、$Z \geqq 2.99$のとき倒産しないことが予測される。アルトマンは、倒産する企業と倒産しない企業が、倒産の１年前に、非常に異なった財務プロファイルをもっていることを明らかにしている。これらの異なった財務プロファイルが、Ｚスコア・モデルの背後にある主要な直観的洞察であり、表30.2に示されている。

アルトマンのオリジナルのＺスコア・モデルは、企業が上場株式をもち、製造業であることを必要とする。彼は、改良モデルを用いて、非公開企業および非製造業にも適用する。以下がそのモデルである。

$$Z = 6.56\frac{\text{純運転資本}}{\text{総資産}} + 3.26\frac{\text{累積利益剰余金}}{\text{総資産}} + 1.05\frac{\text{EBIT}}{\text{総資産}} + 6.72\frac{\text{株主資本の簿価}}{\text{総負債}}$$

ここで、$Z < 1.23$は倒産の予測を示す。

$1.23 \leqq Z \leqq 2.90$はグレーな領域を示す。

そして$Z > 2.90$は倒産しないことを示す。

例30.3　Ｚスコア・モデル

U.S.コンポジット社は、ファースト・ナショナル・ステート銀行の融資枠をふやそうとしている。ファースト・ナショナル・ステート銀行の信用管理部は、Ｚスコア・モデルを用いて信用力を算定する。U.S.コンポジット社は上場企業ではないので、改良Ｚスコア・モデルが用いられなければならない。

U.S.コンポジット社の貸借対照表と損益計算書は、表2.1と表2.2（第2章）に示されている。

最初のステップは、財務諸表の各変数の値と、改良Zスコア・モデルにおける値を算定することである。

（m＝100万ドル）

$$\frac{\text{純運転資本}}{\text{総資産}}=\frac{275\text{m}}{1,879\text{m}}=0.146$$

$$\frac{\text{累積利益剰余金}}{\text{総資産}}=\frac{390\text{m}}{1,879\text{m}}=0.208$$

$$\frac{\text{EBIT}}{\text{総資産}}=\frac{219\text{m}}{1,879\text{m}}=0.117$$

$$\frac{\text{株主資本の簿価}}{\text{総負債}}=\frac{805\text{m}}{588\text{m}}=1.369$$

改良Zスコアを計算するための次のステップは、以下のとおりである。

$$\begin{aligned}Z&=6.56\times0.146+3.26\times0.208+1.05\times0.117+6.72\times1.369\\&=10.96\end{aligned}$$

最後に、Zスコアが2.9より高いことを判定し、U.S.コンポジット社の信用リスクは良好であるという結論を得る。

要約と結論

本章は、企業が財務的困難を経験する際に何が起きるかを考察した。

1．財務的困難とは、企業の営業キャッシュフローが、契約上の債務をカバーするのに十分でない状況である。財務的困難に陥った企業は、多くの場合、是正措置をとり、財務を再構築することを強いられる。財務再構築は、古い財務請求権と新しい財務請求権を交換することを伴う。
2．財務再構築は、私的整理あるいは正式な倒産により達成できる。財務再構築は、清算あるいは再編を伴う可能性がある。とはいえ、清算は倒産ほど一般的ではない。

3．企業倒産は、チャプター・セブンの清算か、あるいはチャプター・イレブンの再編を伴う。連邦倒産法の本質的特徴は、絶対優先規定である。絶対優先規定は、劣後請求権がなんらかを受け取る前に、優先請求権が完全に返済されることを規定する。しかしながら、実際には絶対優先規定は、しばしば違反される。

4．財務再構築の新たな形態は、プレパッケージ倒産である。これは私的整理と正式な倒産の混成物である。

5．財務的困難を経験している企業は、財務プロファイルの違いによって識別することができる。Zスコア・モデルは、これらの違いの一部をとらえる。

Concept Questions

1．財務的困難

ストックおよびフローに基づくアプローチを用いて、*財務的困難*を定義せよ。

2．財務的困難

財務的困難のいくつかの利益とは何か。

3．プレパッケージ倒産

プレパッケージ倒産とは何か。プレパッケージ倒産の主な利益は何か。

4．財務的困難

財務的困難が、必ずしも企業が滅びる原因とならないのはなぜか。

5．清算 vs 再編

清算と再編の違いは何か。

6．APR

絶対優先規定（APR）とは何か。

7．DIP負債

DIP負債とは何か。DIP負債はAPRのどこに入るか。

8．倒産倫理

企業は時々、倒産申請の脅しを用いて債権者に条件を交渉するよう強制する。批評家は、このような場合、企業は倒産法制を「盾ではなく剣」として用いていると主張する。これは倫理的な戦術か。

9．倒産倫理

いくつかの企業は、少なくとも人件費を減らす手段を一部の理由として、倒産したか、あるいは倒産すると脅かした。この行為が倫理的であるか、あるいは適切であるか、熱い議論が交わされている。これは倒産の倫理的な利用か。

10．倒産 vs 私的整理

私的整理のほうがずっと費用が少ないのに、非常に多くの企業が正式な倒産を申請するのはなぜか。

質問と問題

◆基本（問題1－4）

1．チャプター・セブン

ビーコン・コンピュータ社（BCC）が連邦倒産法チャプター・セブンのもとでの倒産を申請したとき、会社は以下の貸借対照表情報をもっていた。

清算価値		請求権	
		仕入債務	$4,800
		有担保債	8,000
		上位劣後債	10,000
		下位劣後債	15,000
総資産	$28,500	株主資本	−9,300

倒産にかかわる法的費用はないと仮定し、管財人として、あなたはどのような清算価値の配分を提案するか。

2．チャプター・イレブン

マスター印刷社が倒産を申請したとき、会社は連邦倒産法チャプター・イレブンのもとで申請した。重要な情報は以下に示されている。

資産		請求権	
		有担保債	$19,000
		上位劣後債	9,500
		下位劣後債	7,500
継続企業価値	$27,000	株主資本	−9,000

管財人として、あなたはどのような再編計画を容認するか。

3．Zスコア

フェアツー・ミッドランド・マニュファクチャリング（FMM）社は、真正クレジット銀行に融資を申し込んだ。銀行の与信分析担当者であるジョン・フルカーソンは、会社の財務諸表から以下の情報を集めた。

総資産	＄42,000
EBIT	6,500
純運転資本	3,100
株主資本の簿価	19,000
累積利益剰余金	13,500
売上高	61,000

FMMの株価は18ドルで、5,000株が発行ずみである。この会社のZスコアはいくらか。

4．Zスコア

ジョン・フルカーソンはまた、非公開企業であるシーザーLLCからも融資の申込みを受けた。以下は会社が提供した財務情報の一部である。

総資産	＄75,000
EBIT	8,300
純運転資本	6,800
株主資本の簿価	26,000
累積利益剰余金	19,000
総負債	49,000

この会社のZスコアはいくらか。

第31章

インターナショナル・コーポレートファイナンス

2007年秋、カナダドル（広くルーニーと呼ばれている）が31年ぶりに米ドルと同価値（すなわち１ルーニーが１米ドルと交換できる）になり、カナダの人々は喝采した。そのわずか５年前には、１ルーニーは0.62米ドルの価値しかなかった。2007年11月には、１ルーニーは1.10米ドルという1870年代以来の高水準に達したが、2009年１月には、0.79米ドルまで再び下落した。同様に米ドルも地球の裏側に急落した。2008年６月、オーストラリアドルは、１米ドル当り0.96オーストラリアドルという23年ぶりの高水準に達したが、2009年１月には再び0.65オーストラリアドルまで下落した。

このような外国為替の動きはどのような効果をもたらしただろうか。カナダを例に用いると、ルーニーの価値の増加は、カナダからの輸出品の値段が米国で高くなることを意味するので、輸出は減少した。ルーニーの価値の増加はまた、カナダ（特に米国―カナダ国境近隣地域）で、26万8,000人の製造業の雇用が失われた原因にされた。米国人旅行者にとって、カナダ旅行はよりお金がかかるものになったので、米国からの観光客も35年ぶりの低水準となった。この章では、インターナショナル・ファイナンスにおける通貨や外国為替が果たす重要な役割を、他の多くの重要なトピックとともに探求する。

多くの国外事業をもつ企業は、しばしば*国際的企業*、あるいは*多国籍企業*と呼ばれる。国際的企業は、純粋な国内企業には直接影響しない多くの財務的要因を考慮しなければならない。これらは、外国為替レート、国ごとに異なる金利、国外事業に対する複雑な会計処理、外国の税率、そして外国政府の介入などである。

コーポレートファイナンスの基本原理は、国際的企業にも当てはまる。国内企業のように、彼らは、費用よりも多くの価値を株主にもたらすプロジェクトに投資することと、可能な限り低い費用で資金を調達することを追求する。言い換えれば、NPV原則を国外投資に適用することは、通常、より複雑であるものの、純現在価値の原則は、国外事業と国内事業の両方に当てはまる。

インターナショナル・ファイナンスの最も重要な複雑性の一つは外国為替である。国際的企業がキャピタル・バジェッティングと資金調達の意思決定を行う際に、外国為替市場は重要な情報と機会を提供する。これから議論するように、外国為替レート、金利、インフレ率は密接に関連している。この章のほとんどを費やして、これらの財務的変数間の関連性を探求する。

国際的事業における文化的、社会的相違が果たす役割については、ほとんど言及しない。また、異なる政治および経済システムの含意も議論しない。これらの要因は国際的事業にきわめて重要であるが、これらを適切に扱うためにはもう１冊必要になるだろう。結果として、われわれはいくつかの国際的事業における純粋に財務的な考慮事項と、外国為替市場の重要な側面に焦点を絞る。

31.1　用語法

ビジネス・ファイナンスを専攻する学生の共通の決まり文句は*グローバリゼーション*である。金融市場のグローバリゼーションを学ぶうえでの最初のステップは、新たな語彙を攻略することである。他の専門分野と同様、インターナショナル・ファイナンスは専門用語で溢れている。したがって、きわめて取捨選択したボキャブラリーの学習で、本章のテーマを開始する。

以下の専門用語は、アルファベット順に並べられているが、すべてが等しく重要ということではない。特にこれらの用語を選んだのは、金融新聞にしばしば登場するか、あるいはインターナショナル・ファイナンス用語の色鮮やかな特質を例証しているからである。

さらに詳しい情報は、www.adr.com を参照。

1．米国預託証書（American Depositary Receipt, ADR）とは、外国株式の持分を表すために米国で発行される証券であり、当該株式が米国で取引されることを可能にする。外国企業は潜在的な米国投資家の層を拡大するために ADR を利用し、これらは米ドルで発行される。ADR は二つの形態で利用可能であり、ADR を利用する外国企業は多く、さらにふえ続けている。企業スポンサー付

ADRは証券取引所に上場され、スポンサーなしADRは、通常、ADRの市場をつくる投資銀行によって保有される。個人投資家は両方の形態を入手できるが、企業のスポンサー付きの発行証券だけが、新聞に毎日相場が載る。

2．クロスレート（cross-rate）とは、二つの通貨（通常、米ドルではない）が第三の通貨（通常、米ドル）でクォート（呼び値）される際の、それらの間に内在する交換レートである。

3．ユーロカレンシー（Eurocurrency）とは、その通貨の母国以外の金融センターで預金される資金である。たとえば、ユーロドルという最も広く利用されるユーロカレンシーは、米国外の銀行に預金された米ドルである。

4．ギルト債（Gilts）とは、正式には英国およびアイルランド政府の証券であるが、英国地方当局の発行証券、およびいくつかの海外における公的部門の売出しも含む。

5．ロンドン銀行間貸手金利（London Interbank Offer Rate, LIBOR）とは、ほとんどの国際的な銀行が、ロンドン市場におけるユーロドルの翌日物ローンに対して、お互いに課す利率である。LIBORは、政府および企業により発行される、マネー・マーケット証券およびその他の短期負債の価格評価の基準である。金利はしばしばLIBORにスプレッドを乗せたかたちでクォートされ、LIBORレートとともに変動する。

現在のLIBORレートは、www.bloomberg.comを参照。

31.2　外国為替市場と為替レート

外国為替市場（foreign exchange market）は、間違いなく世界最大の金融市場である。これは、ある国の通貨が他の国の通貨と交換される市場である。ほとんどの取引は、わずかな種類の通貨で行われている。米ドル（$）、英ポンド（£）、日本円（¥）、ユーロ（€）、である。表31.1は、主要な通貨とその通貨記号をリストしている。

外国為替市場は店頭市場なので、トレーダーが集まる単一の場所は存在しない。そのかわり、トレーダーは世界中の主要商業銀行および投資銀行に所在している。

表31.1　国際通貨記号

国	通　貨	通貨記号
オーストラリア	ドル	A$
カナダ	ドル	Can$
デンマーク	クローネ	Dkr
EMU（経済通貨同盟）	ユーロ	€
インド	ルピー	Rs
イラン	リアル	RI
日本	円	¥
クウェート	ディナール	KD
メキシコ	ペソ	Ps
ノルウェー	クローネ	NKr
サウジアラビア	リヤル	SR
シンガポール	ドル	S$
南アフリカ	ランド	R
スウェーデン	クローネ	Skr
スイス	フラン	SF
英国	ポンド	£
米国	ドル	$

彼らはコンピュータの端末、電話、その他の通信機器を用いて連絡を取り合う。たとえば、国外取引のための通信ネットワークは、国際銀行間金融通信協会（Society for Worldwide Interbank Financial Telecommunications, SWIFT）によって運営されている。これはベルギーの非営利組合である。データ伝送線の使用により、ニューヨークの銀行はロンドンの銀行に、SWIFTの地域処理センターを通じてメッセージを送ることができる。

外国為替市場における、さまざまなタイプの参加者は以下を含む。

1．商品の支払に、外国通貨を使用する輸入業者
2．外国通貨を受け取り、自国通貨に両替することを望むかもしれない輸出業者
3．外国の株式と債券を売買するポートフォリオ・マネジャー
4．売買注文の相手を見つける外国為替ブローカー
5．外国為替の市場をつくるトレーダー
6．為替レートの変化から利益を得ようとするスペキュレーター

SWIFTを訪ねてみよう。www.swift.com

為替レート

為替レート（exchange rate）とは、単に他国の通貨に対する、ある国の通貨の価格である。実際は、ほとんどすべての通貨取引が米ドルを基準に行われる。たとえば、スイスフランと日本円の両方が、米ドルでクォートされた価格で取引される。為替レートは常に変化している。

為替レートの価格情報

図31.1は2008年の*ウォール・ストリート・ジャーナル紙*に掲載された為替レートの表を再現している。最初の列（「in US＄」）は外国通貨１単位を買うため必要なドルの価格を表している。これは、外国通貨１単位に対するドルの価格なので、*直接*、もしくは*アメリカン・クォート*と呼ばれる（「アメリカ人は直接的」だから？）。たとえば、オーストラリアドルが0.8009でクォートされている場合、それは、１オーストラリアドルを0.8009米ドルで購入できることを意味する。

２列目（「per US＄」）は、*間接*、もしくは*ヨーロピアン*為替レートを示している（といっても、通貨がヨーロッパ通貨である必要はないが）。これは、米ドルに対する外国通貨の価格である。ここではオーストラリアドルが1.2486でクォートされているので、１米ドルで、1.2486オーストラリアドルを手に入れることができる。当然、２番目の為替レートは、１番目の為替レートの逆数である（多少の四捨五入誤差の可能性はあるが）。すなわち、１/0.8009＝1.2486である。３番目の列は、他の通貨に対する米ドルの価値の年初来（YTD）の変化率を示している。

為替レートは多くのウェブサイトで入手可能である。あなたはたったいまジャマイカへの夢のような旅行から戻り、手元に１万ジャマイカドルが残っているので、裕福な気分になっているとしよう。このジャマイカドルは、米ドルに交換する必要がある。いくらになるだろうか。われわれはwww.xe.comのサイトに行き、通貨変換機能（currency converter）を使ってみた。結果は以下のようになった。

図31.1　為替レート・クォート

Currencies

September 29, 2008

U.S.-dollar foreign-exchange rates in late New York trading

Country/currency	Mon in US$	Mon per US$	US$ vs, YTD chg (%)
Americas			
Argentina peso*	.3207	3.1182	**−1.0**
Brazil real	.5108	1.9577	**10.0**
Canada dollar	.9578	1.0441	**5.1**
1-mos forward	.9584	1.0434	**5.0**
3-mos forward	.9590	1.0428	**5.0**
6-mos forward	.9592	1.0425	**5.0**
Chile peso	.001789	558.97	**12.2**
Colombia peso	.0004564	2191.06	**8.6**
Ecuador US dollar	1	1	**unch**
Mexico peso*	.0907	11.0302	**1.1**
Peru new sol	.3352	2.983	**−0.5**
Uruguay peso†	.04780	20.92	**−2.9**
Venezuela b. fuerte	.466287	2.1446	**unch**
Asia-Pacific			
Australian dollar	.8009	1.2486	**9.4**
China yuan	.1461	6.8451	**−6.3**
Hong Kong dollar	.1288	7.7613	**−0.5**
India rupee	.02151	46.490	**18.0**
Indonesia rupiah	.0001060	9434	**0.5**
Japan yen	.009589	104.29	**−6.4**
1-mos forward	.009621	103.94	**−6.4**
3-mos forward	.009693	103.17	**−6.5**
6-mos forward	.009754	102.52	**−6.3**
Malaysia ringgit§	.2901	3.4471	**4.2**
New Zealand dollar	.6709	1.4905	**14.2**
Pakistan rupee	.01282	78.003	**26.5**
Philippines peso	.0213	46.926	**13.8**
Singapore dollar	.6984	1.4318	**−0.7**
South Korea won	.0008435	1185.54	**26.7**
Taiwan dollar	.03120	32.051	**−1.2**
Thailand baht	.02939	34.025	**13.2**
Vietnam dong	.00006024	16600	**3.6**

Country/currency	Mon in US$	Mon per US$	US$ vs, YTD chg (%)
Europe			
Czech Rep. koruna**	.05863	17.056	**−6.2**
Denmark krone	.1937	5.1626	**1.1**
Euro area euro	1.4441	.6925	**1.1**
Hungary forint	.005922	168.86	**−2.6**
Norway krone	.1727	5.7904	**6.6**
Poland zloty	.4254	2.3507	**−4.8**
Russia ruble‡	.03951	25.310	**3.0**
Slovak Rep koruna	.04766	20.982	**−8.8**
Sweden krona	.1478	6.7659	**4.7**
Switzerland franc	.9188	1.0884	**−3.9**
1-mos forward	.9206	1.0862	**−3.9**
3-mos forward	.9242	1.0820	**−4.0**
6-mos forward	.9257	1.0803	**−3.8**
Turkey lira**	.7928	1.2613	**8.0**
UK pound	1.8091	.5528	**9.8**
1-mos forward	1.8084	.5530	**9.8**
3-mos forward	1.8066	.5535	**9.7**
6-mos forward	1.7974	.5564	**9.9**
Middle East/Africa			
Bahrain dinar	2.6522	.3770	**0.3**
Egypt pound*	.1834	5.4520	**−1.5**
Israel shekel	.2892	3.4578	**−10.3**
Jordan dinar	1.4116	.7084	**−0.1**
Kuwait dinar	3.7494	.2667	**−2.5**
Lebanon pound	.0006658	1501.95	**−0.7**
Saudi Arabia riyal	:2660	3.7594	**0.2**
South Africa rand	.1194	8.3752	**22.4**
UAE dirham	.2722	3.6738	**unch**
SDR††	1.5563	.6425	**1.4**

*Floating rate　†Financial　§Government rate　‡Russian Central Bank rate　**Rebased as of Jan 1, 2005
††Special Drawing Rights (SDR); from the International Monetary Fund; based on exchange rates for U.S., British and Japanese currencies.
Note: Based on trading among banks of $1 million and more, as quoted at 4 p.m. ET by Reuters.

xe.com Universal Currency Converter®結果

2006年3月1日　18：42：29協定世界時現在

10,000.00JMD＝153.645USD

ジャマイカドル　　米ドル

1 JMD＝0.0153645USD　　1 USD＝65.0850JMD

あなたはお金を使い果たす直前にジャマイカを出国したようである。

最新の為替レートは、www.xe.com と www.exchangerate.com で得られる。

例31.1　ユーロと円

1,000ドルをもっているとしよう。図31.1の為替レートを用いて、いくらの日本円を手に入れられるだろうか。また、1台のポルシェの値段が10万ユーロ（€）だったら、それを買うためにいくらの米ドルが必要になるだろうか。

ドルに対する日本円の為替レート（第2列目）は104.29（第2列目）である。したがって、1,000ドルで以下の日本円を手にすることができる。

＄1,000×¥104.29（＄1当り）＝¥104,290

1ユーロ当りのドルの為替レート（第1列目）は、1.4441なので、以下のドルが必要になる。

€100,000×＄1.4441（€1当り）＝＄144,410

クロスレートと三角裁定取引

為替レートをクォートする際の共通の尺度として米ドルを用いることで、潜在的なクロスレートのクォート数を大幅に減らすことができる。たとえば主要な5通貨では、4個の為替レートのかわりに、潜在的には10個の為替レートが存在する[1]。また、米ドルを一貫して使うことにより、為替レート・クォートの不整合性を減らすことができる。

先に、クロスレートを、米ドル以外の２通貨間の為替レートと定義した。たとえば、以下のユーロ（€）とスイスフラン（SF）の為替レートを観察したとする。

€/＄１＝1.00
SF/＄１＝2.00

クロスレートは以下のようにクォートされているとする。

€/SF＝0.40

あなたはどう思うだろか。

このクロスレートは為替レートと整合的ではない。これを理解するため、手元に100米ドルがあると考えてみよう。これをスイスフランに交換すると、以下のスイスフランを手に入れることができる。

＄100×SF２/＄１＝SF200

次に、この200スイスフランをクロスレートでユーロに交換すると、80ユーロを得ることになる。

SF200×€0.4/SF１＝€80

しかしながら、手元の100ドルを、スイスフランを経由せずにそのままユーロに交換したら、100ユーロを手にすることができる。

＄100×€１/＄１＝€100

ここでみているのは、ユーロをどのように得るかによって、ユーロには、１ドル当り、１ユーロと0.8ユーロという二つの値段が存在するということである。

お金を稼ぐためには、安く買って高く売りたい。気づくべき重要な点は、0.8ユーロのかわりに１ユーロが得られるので、ドルでユーロを購入したほうが安いということである。具体的には次のように進める。

1）　一つの為替レートは、それ自身の通貨と交換することになるので、為替レートは５個ではなく、４個になる。一般的には、５個の主要な通貨には25個の為替レートがあるようにみえるかもしれない。たしかに25個の組合せがあるが、そのうち、五つはそれ自身の通貨の交換になる。残りの20個のうち、半分は他の為替レートの単なる逆数なので、重複している。残りの10個のうち、共通の尺度を用いることによって、六つは除去できる。

1．100ドルで、100ユーロを購入する。

2．100ユーロを、クロスレートでスイスフランに交換する。１スイスフランを買うのに0.4ユーロかかるので、250スイスフラン（＝€100/0.4）を受け取る。

3．250スイスフランで米ドルを購入する。為替レートは１ドル当り２スイスフランなので、125ドル（＝SF250/２）を受け取る。１周の利益は25ドルになる。

4．ステップ１から３を繰り返す。

この特定の行動は、取引が三つの異なる為替レートを移動しながら行われるので、*三角裁定取引（triangle arbitrage）* と呼ばれる。

このような機会を防ぐには、１ドルで、１ユーロか２スイスフランが買えるので、クロスレートが以下になる必要があるのを理解することはむずかしくない。

(€１／＄１)／(SF２／＄１)＝€１／SF２

すなわち、クロスレートは、１ユーロ当り２スイスフランでなければならない。もしこれ以外のレートだったら、三角裁定取引の機会が存在することになる。

例31．2　数ポンド落とす

英ポンドとスイスフランの為替レートが以下であるとする。

＄１＝£0.6
＄１＝SF２

クロスレートは£１＝SF３である。これは整合的だろうか。どのようにしてお金を稼げるか説明できるだろうか。

クロスレートは、£１＝SF3.33（＝SF２/£0.6）であるべきである。あなたは、ある市場で、３スイスフランで１ポンドを購入し、別の市場で１ポンドを3.33スイスフランで売却することができる。そこで、まずいくらかのスイスフランを手に入れ、次にそのスイスフランを使ってポンドを購入し、最後にそのポンドを売却したい。あなたが100ドルをもっていると仮定すると、以下のように儲けることができる。

1．ドルをスイスフランに交換する：＄100×２＝SF200
2．スイスフランをポンドに交換する：SF200/３＝£66.67
3．ポンドをドルに交換する：£66.67/0.6＝＄111.12

この結果、１周で、11.12ドルの利益が得られる。

取引の種類

外国為替市場では、二つの基本的な取引タイプがある。スポット（直物）取引と、フォワード（先渡）取引である。**スポット（直物）取引（spot trade）**は、「その時点（on the spot）」で通貨を交換する契約で、実際には２営業日以内に取引が完了または決済されることを意味する。スポット取引の交換レートは、スポット（直物）為替レートと呼ばれる。暗黙のうちに、これまで議論してきた為替レートおよび取引は、このスポット市場（spot market）を指している。

フォワード（先渡）取引（forward trade）は、将来のある時点で通貨を交換する契約である。将来使用される為替レートを今日合意するもので、フォワード（先渡）為替レートと呼ばれる。通常、フォワード取引は12カ月以内に決済される。

ここで、図31.1に戻ると、いくつかの主要通貨のフォワード為替レートがクォートされているのを目にすることができる。たとえば、スイスフランのスポット為替レートはSF１＝＄0.9188で、180日（６カ月）フォワード為替レートは、SF１＝＄0.9257である。これは、今日0.9188ドルで１スイスフランを購入できるし、あるいは、180日後に１スイスフランを0.9257ドルで購入することに合意できることを意味する。

フォワード市場では、スイスフランが高くなっているのに注目されたい（＄0.9257 vs＄0.9188）。スイスフランは今日より将来のほうが高いので、ドルに対して*プレミアム*で売られているといわれる。同じ理由で、ドルはスイスフランに対して、*ディスカント*で売られているといわれる。

フォワード市場が存在するのはなぜだろうか。一つの答えは、企業や個人が将来の為替レートを今日固定でき、為替レートの好ましくない変化によるリスクを排除できることである。

例31.3　ルッキング・フォワード

あなたは6カ月後に100万英ポンドを受け取る予定であり、ポンドをドルに交換するフォワード取引に合意するとしよう。図31.1によると、あなたは6カ月後にいくらのドルを手に入れることができるだろうか。ポンドはドルに対して、ディスカウント、あるいはプレミアム、どちらで売られているだろうか。

図31.1で、ポンドに対するドルのスポット為替レートと180日フォワードレートは、それぞれ＄1.8091＝￡1と＄1.7974＝￡1である。もし180日後に100万英ポンドを受け取るとしたら、179万7,400ドル（＝￡100万×＄1.7974）を手にすることになる。スポット市場よりもフォワード市場のほうが安くポンドを購入できるので（＄1.7974vs＄1.8091）、ポンドはドルに対して、ディスカウントで売られているといえる。

前に言及したとおり、いくつかの例外を除き、為替レートは、米ドルの観点でクォートするのが世界中で標準的な慣行である。これは、レートが、1米ドル当りの通貨量でクォートされることを意味する。今後本章では、この形式に従う。もしこの原則を忘れると、非常に混乱しかねない。したがって、「為替レートが上昇する見込み」というような場合、1ドル当りの外国為替レートであることを忘れないことが重要である。

31.3　購買力平価

ここまで為替レートが何を意味するのか議論したので、次に、明らかな質問に取りかかることができる。すなわち、何がスポット為替レートの水準を決めるのだろうか。加えて、われわれは為替レートが時間とともに変化することを知っているので、関連する問題として、何か為替レートの変化を決定するのか問うことができる。双方のケースにおいて、少なくとも部分的な答えは、**購買力平価**（purchasing power parity, PPP）によって与えられる。これは、為替レートが、通貨間の購買力を一定に保つように調整されるという考え方である。次に議論するように、購買力平価には2種類の形態がある。*絶対的*および*相対的*購買力平価である。

絶対的購買力平価

*絶対的購買力平価（absolute purchasing power parity）*の背後にある考え方は、どの通貨で購入するか、あるいは、どこで売られているかにかかわらず、商品の値段は同一であるというものである。これは、非常にわかりやすい概念である。もしロンドンでビールが2ポンドで売られ、為替レートが1ドル当り0.60ポンドだったら、ニューヨークでのビールの値段は、3.33ドル（＝£2/0.60）になる。別の言い方をすれば、絶対的購買力平価によると、世界中どこの国でも、1ドルで同じ数量の、たとえばチーズバーガーを購入することができる（この考え方は、しばしば「一物一価の法則（law of one price）」と呼ばれる）。

より正式に表現すると、S_0を英国ポンドと米ドルの現時点（時点0）におけるスポット為替レートとし、われわれは為替レートを1ドル当りの外国通貨量として表すことを思い出そう。P_{US}とP_{UK}を、特定の商品、たとえばリンゴの、それぞれ米国と英国における現在の価格とする。絶対的購買力平価は、単純に以下のこと述べている。

$$P_{UK}=S_0\times P_{US}$$

これは、英国におけるあるものの価格が、米国での価格に為替レートを乗じたものに等しいことを表している。

絶対的購買力平価の背後にある理論的根拠は、三角裁定取引の根拠に似ている。もし購買力平価が成り立っていなかったら、リンゴをある国から別の国に移すことで、裁定取引が（原則として）可能になる。たとえば、ニューヨークではリンゴがブッシェル当り4ドルで売られており、ロンドンでは価格がブッシェル当り2.40ポンドであるとしよう。この場合、絶対的購買力平価は以下を意味する。

$$P_{UK}=S_0\times P_{US}$$
$$£2.40=S_0\times \$4$$

$$S_0 = £2.40/\$4 = £0.60$$

すなわち、暗黙のスポット為替レートは、1ドル当り0.60ポンドである。同様に、1ポンドは1.67ドル（＝＄1／£0.60）の価値をもつ。

かわりに、実際の為替レートが1ドル当り0.50ポンドだとしよう。4ドルで始めると、貿易業者は、ニューヨークで1ブッシェルのリンゴを購入して、ロンドンに輸送し、そこで2.40ポンドで売却できる。その後、貿易業者は2.40ポンドを実勢為替レート（S_0＝£0.5）でドルに交換し、合計で4.80ドル（＝£2.40/0.50）を得る。1周の利益は0.8ドル（＝＄4.8－＄4）になる。

この潜在的利益のため、為替レートおよび/またはリンゴの価格を変化させる力が働く。われわれの例では、リンゴがニューヨークからロンドンに移動し始める。ニューヨークにおけるリンゴの供給の減少は、そこでのリンゴの価格を上昇させ、そして英国における供給の増加は、ロンドンのリンゴ価格を下落させることになる。

リンゴの移動に加えて、リンゴ貿易業者は、リンゴを購入するために、せわしなくポンドをドルに両替する。この活動は、ポンドの供給量をふやし、同時に、ドルの需要を増加させる。ポンドの価値は減少することになるだろう。これは、ドルの価値が高くなり、1ドルを購入するために、より多くのポンドが必要になることを意味する。為替レートは、1ドル当りのポンドで表されているので、為替レートは、0.50ポンドから上昇することが期待される。

絶対的購買力平価が厳密に成立するためには、いくつかの仮定が成立する必要がある。

1．輸送、保険、損傷等の、リンゴを売買する取引費用がゼロでなければならない。
2．リンゴ取引に、関税、税金または他の政治的障害等の障壁は存在しえない。
3．最後に、ニューヨークのリンゴはロンドンのリンゴとまったく同一でなければならない。イギリス人が青リンゴだけを食べるとすると、ロンドンへ赤リンゴを輸送しても仕方がない。

取引費用がゼロではなく、その他の条件も正確に満たされるのがまれという事実に基づけば、絶対的購買力平価が実際には、貿易商品のみ、しかも非常に均一なもののみに当てはまるとしてもなんら驚くに値しない。

このような理由により、絶対的購買力平価は、メルセデス・ベンツはフォードと同じ値段であるとか、フランスの原子力発電所はニューヨークのものと同じ金額がかかるということを意味しない。自動車の例では、それらは同一ではない。発電所の例では、仮にそれらが同一だとしても、輸送には、非常に費用がかかり、きわめて困難である。一方で、金に絶対的購買力平価の大きな逸脱をみたら、非常に驚くだろう。

絶対的購買力平価に反する一例として、2003年後半、ユーロのレートは約1.3ドルだった。ポルシェの新しい（そして非常に魅力的な）カレラ GT は、米国内で約44万ドルで売られていた。これをユーロに換算すると、税引き前で33万8,462ユーロになり、税込みで39万2,615ユーロになる。ドイツでの実際の車の値段は45万2,690ユーロだった。これは、もしドイツ居住者が、ドイツに6万ドル未満で輸送できたら、米国でこの車を購入したほうがよかったことを意味する。

企業は実際に購買力平価の逸脱を探している。たとえば、2004年半ばに、アルコア社は、カリブ海のトリニダード島に10億ドルのアルミニウム精錬工場を建設すると発表した。同時に、会社はアイスランドに10億ドルで別な工場の着工を開始し、ほかにも、インド、ブルネイ、バーレーン、ブラジル、カナダに建設候補地を探していた。いずれのケースにおいても、エネルギーコストが安いことが魅力だった（アルミニウムの精錬は非常にエネルギー集約的である）。一方、会社は太平洋岸北西部に、電気の値段が高くて不採算になったので閉鎖した、いくつかの工場も所有していた。

絶対的購買力平価の最も有名な逸脱の一つは、*エコノミスト誌*によって開発されたビッグマック指数である。その指数を構築するため、ビッグマック1個の価格が、世界各国のマクドナルドから集められる。www.economist.com からの最近のビッグマック指数は、以下の図に示されている（直近のインデックスをチェックするのは読者に委ねる）。

この指数をみてわかるとおり、絶対的購買力平価は、少なくともビッグマックについては成立していないようである。実際、*エコノミスト誌*が調査した29の通貨のうち、たった5通貨だけが、絶対的購買力平価によって予測された為替レートの10％以内となっている。差違が最も大きいのはスイスで、通貨はみたところ約60％過大評価されている。また、29通貨のうち11通貨は、40％超の「誤った」価格づけがなされている。なぜだろうか。

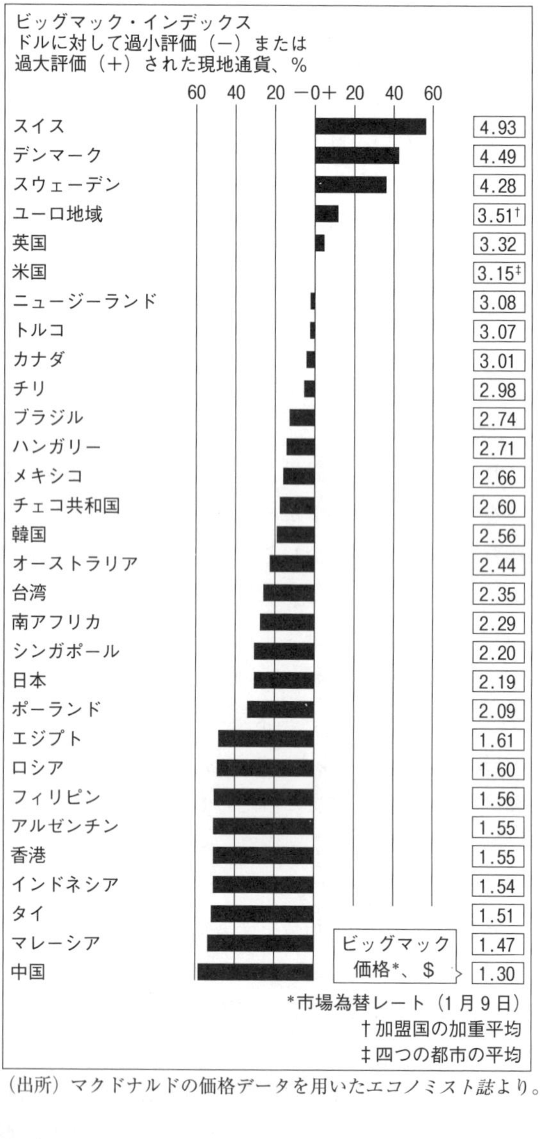

（出所）マクドナルドの価格データを用いたエコノミスト誌より。

いくつかの理由がある。第一に、ビッグマックは、実際には輸送可能ではない。たしかに、ビッグマックを船積みし、通貨が40%以上超過大評価されていると推定されたデンマークに輸送することはできる。しかし、人々は本当にこのビッグマックを購入するだろうか。たぶん買わないだろう。ビッグマックを輸送することは比較的たやすいものの、コストは比較的高く、また、輸送の途中で、ハンバーガーの質が落ちてしまうだろう。

また、よくみると、ビッグマックの価格は、ニューヨーク、シカゴ、サンフランシスコ、アトランタの平均価格である。理由は、米国内ではたぶんすべてがドルで購入されるものの、ビッグマックが同じ価格で売られていないからである。米国におけるビッグマックの価格に影響を与える要因としては、生活費や競争などがある。もしビッグマックが同じ通貨内で、同じ価格づけがされていないなら、異なる通貨間で絶対的購買力平価が成り立つと期待できるだろうか。

最後に、異なる嗜好がこの明らかな差違を説明できる。米国では、ハンバーガーとファースト・フードは、アメリカ人の食生活の常食になっている。他の国では、ハンバーガーは確立した食習慣になっていない。米国では、はげしい競争があるので、ビッグマックの価格は低くなると予想されるだろう。

ビッグマックについて検証したが、絶対的購買力平価は、容易に移動できる商品では、もっと正確に成立するはずである。たとえば、ニューヨーク証券取引所と別の国の証券取引所の両方に上場している多くの企業がある。もし二つの取引所の株価を検証すれば、株価は絶対的購買力平価が予想するのとほぼピッタリであるのが見出せるだろう。これは、ある特定の会社の株式が、買う場所や使用する通貨にかかわらず、（通常は）同じであるからである。

相対的購買力平価

実際問題として、購買力平価の相対的バージョンも発展してきた。*相対的購買力平価（relative purchasing power parity）*は、何が為替レートの絶対的水準を決定するのかは、教えてはくれない。そのかわり、時間の経過とともに、何が為替レートの*変化*を決定するのか教えてくれる。

基本的な考え方

英国ポンド―米ドルの為替レートが、現在$S_0=£0.50$であるとしよう。さらに、来年の英国のインフレ率が10%で、米国のインフレ率は、（当面）ゼロと予測されているとする。1年後の為替レートはいくらになるだろうか。

考えてみれば、現在、英国において、1ドルは0.50ポンドの価値があることがわかる。10%のインフレで、英国の物価は全般的に10%上昇すると期待される。そこで、ドルの値段も10%上がることが期待され、為替レートは、0.55ポンド(＝£0.50×1.1）に上昇するはずである。

もし米国のインフレ率がゼロでなかったら、2国間の*相対的*なインフレ率を考慮する必要がある。たとえば、米国のインフレ率は4%になると予測されているとしよう。米国の物価に比べ、英国の物価は、相対的に、年間6%（＝10%－4%）上昇する。したがって、ドルの値段は6%上昇すると期待され、期待為替レートは、0.53ポンド（＝£0.50×1.06）になる。

結　　論

一般的に、相対的購買力平価によると、為替レートの変化は、2国間のインフレ率の差によって決定される。正確を期すため、次の記号を使用する。

S_0＝現時点（時点0）のスポット為替レート（1ドル当りの外国通貨）

$E(S_t)$＝t時点における期待為替レート

h_{US}＝米国におけるインフレ率

h_{FC}＝外国のインフレ率

これまでの議論をふまえると、相対的購買力平価によれば、来年の為替レートの期待変化率［$E(S_1)-S_0)/S_0$］は、以下のようになる。

$$[E(S_1)-S_0]/S_0 \cong h_{FC}-h_{US} \tag{31.1}$$

言葉で表すと、相対的購買力平価は単に、為替レートの期待変化率（%）が、インフレ率の差と等しいといっている[2)]。この式を少し変形すると、以下を得る。

$$E(S_1) \cong S_0 \times [1+(h_{FC}-h_{US})] \tag{31.2}$$

この結果は、ある程度妥当であるが、しかし、為替レートをクォートする際には

2）　式31.1は実際には近似値である。相対的購買力平価は、

$$\frac{E(S_1)}{S_0}=\frac{1+h_{FC}}{1+h_{FC}} \quad と \quad \frac{E(S_1)-S_0}{S_0}=\frac{E(S_1)}{S_0}-1$$

が厳密に成立すると予測する。したがって、この例では、1ドル当りの英国ポンドの価値の変化は、

$$1.058=\frac{1+0.10}{1+0.04}$$

となり、6%ではなく5.8%である。これは広く用いられる近似式であり、説明が簡単なのでわれわれも時々用いる。

注意が必要である。

英国と米国との例において、相対的購買力平価は、為替レートが６％（$= h_{FC} - h_{US} = 10\% - 4\%$）上昇すると教えてくれる。したがって、インフレ率の差が変わらないとすると、２年後の期待為替レートは次のようになる。

$$
\begin{aligned}
E(S_2) &= E(S_1) \times (1 + 0.06) \\
&= 0.53 \times 1.06 \\
&= 0.562
\end{aligned}
$$

これは、次のようにも書ける。

$$
\begin{aligned}
E(S_2) &= 0.53 \times 1.06 \\
&= 0.50 \times (1.06 \times 1.06) \\
&= 0.50 \times 1.06^2
\end{aligned}
$$

一般的に、相対的購買力平価によると、将来のある時点の期待為替レートは次のように表される。

$$
E(S_t) \cong S_0 \times [1 + (h_{FC} - h_{US})]^t \qquad (31.3)
$$

後でみるように、これは非常に有用な関係である。

ほとんどの商品に関して、絶対的購買力平価が成立するとは現実的に期待できないので、これ以降は、相対的購買力平価に焦点を当てる。今後、特に限定せずに購買力平価に言及する際は、相対的購買力平価を意味している。

例31．4　すべて相対的

日本円の為替レートは、現在１ドル105円であるとしよう。日本の今後３年間のインフレ率は２％で、米国のインフレ率は６％になるとする。相対的購買力平価に基づくと、３年後の為替レートはいくらになるだろうか。

米国のインフレ率のほうが高いため、ドルは価値を下げると期待される。為替レートの変化は、年－４％（＝２％－６％）になる。今後３年間では、為替レートは次のようになる。

$$
E(S_3) \cong S_0 \times [1 + (h_{FC} - h_{US})]^3
$$

$$\cong 105 \times [1 + (-0.04)]^3$$
$$\cong 92.90$$

通貨価値の上昇・下落

われわれはしばしば、「今日の金融市場でドルは強くなった（または弱くなった）」とか、「ドルはポンドに対して上昇（下落）が予想される」というような表現を耳にする。ドルが強くなる、または上昇するというときは、ドルの価値が上がり、１ドルを買うのに、より多くの外貨が必要になることを意味する。

通貨の価値の変動とともに、為替レートに何が起こるかは、為替レートがどのようにクォートされるかによる。われわれは、１ドル当りの外国通貨量でクォートしているので、為替レートは、ドルの価値と同方向に動くことになる。すなわち、ドルが強くなれば上昇し、弱くなれば下落する。

相対的購買力平価によると、米国のインフレ率が他国のインフレ率より低ければ、為替レートは上昇することになる。これは、外国通貨の価値が下がり、ドルに対して弱くなるので起こる。

31.4　金利平価、不偏フォワードレート、国際フィッシャー効果

次に議論が必要なテーマは、スポット為替レート、フォワード為替レート、金利の関係である。議論を始めるのに、いくつかの追加的な表記が必要である。

F_t＝時点 t で決済されるフォワードレート
R_{US}＝米国の名目無リスク金利
R_{FC}＝外国の名目無リスク金利

これまでと同様、スポット為替レートとして、S_0を使用する。米国名目無リスク金利（R_{US}）は、Ｔビル金利とみなすことができる。

カバー付金利裁定取引

米国およびスイス通貨に関して、市場で以下の情報を観察したとする。

S_0＝SF2.00

F_1＝SF1.90

R_{US}＝10%

R_S＝5%

R_Sは、スイスの名目無リスク金利である。期間は1年なので、F_1は、360日フォワードレートである。

ここに、裁定取引の機会はあるだろうか。一つ存在する。あなたは投資用の1ドルをもっていて、無リスクの投資を望んでいるとする。一つの選択肢として、1ドルを無リスク資産、たとえば360日物Tビルに投資する方法がある。これを実行すると、あなたの1ドルは1年後に以下の価値をもつことになる。

1ドルの1年後の価値＝＄1×(1＋R_{US})
＝＄1.10

かわりに、スイスの無リスク資産に投資することもできる。その場合、1ドルをスイスフランに交換し、同時に、1年後にスイスフランをドルに再交換するためのフォワード取引を実行する必要がある。必要なステップは次のとおりである。

1．1ドルを2スイスフラン（＝＄1×S_0）に交換する
2．同時に、1年後にスイスフランをドルに再交換するフォワード契約を締結する。フォワードレートは1.90スイスフランなので、1年後に得られる1.90スイスフランにつき、1ドルを手にすることができる。
3．あなたの2スイスフランを、R_Sの金利でスイスに投資する。1年後、次の金額となる。

1年後のスイスフランの価値＝SF2.00×(1＋R_S)
＝SF2.00×1.05
＝SF2.10

4．2.10スイスフランを、合意ずみの1ドル1.90スイスフランのレートで、ドルに戻す。結果として、あなたは以下の金額を得る。

1年後のドルの価値＝SF2.10/1.90
＝＄1.1053

この戦略から得られる1年後の価値は、以下のように表せる。

$$1年後の1ドルの価値 = \$1 \times S_0 \times (1 + R_S)/F_1$$
$$= \$1 \times 2 \times 1.05/1.90$$
$$= \$1.1053$$

この投資に対する利回りは、明らかに10.53%である。これは、米国で投資することによって得られる10%の利回りよりも高い。両方の投資は無リスクなので、裁定取引の機会が存在する。

金利差を利用して儲けるためには、金利の低い米国で、たとえば500万ドルを借り入れ、金利の高いスイスで投資する必要がある。これによる1周の利益はいくらになるだろうか。それを知るには、先に示したステップを踏めばよい。

1．500万ドルを、SF 2 = $ 1のレートで交換し、1,000万スイスフランを手に入れる。
2．1年後にスイスフランを1.90スイスフランでドルに交換することに合意する。
3．1,000万スイスフランを、R_S = 5%で1年間投資する。あなたは1,050万スイスフランを得ることになる。
4．フォワード契約を履行して、1,050万スイスフランをドルに交換する。あなたは、552万6,316ドル（=SF1,050万/1.90）を受け取る。
5．借入金を利息とともに返済する。あなたには、500万ドルに10%の利息を足して、合計550万ドルの返済義務がある。あなたは552万6,313ドルをもっているので、1周の利益は、無リスクで、2万6,316ドルである。

ここで例証した行為は、カバー付金利裁定取引（covered interest arbitrage）と呼ばれる。「*カバー付き*」という用語は、今日、フォワード為替レートで固定するので、為替レートの変化に対して保護されているという事実を指す。

金利平価

カバー付金利裁定取引の機会があまり存在しないと仮定すると、スポット為替レート、フォワード為替レート、そして相対金利の間になんらかの関係が存在するはずである。この関係を理解するため、一般的に先の議論の戦略1では、米国の無リスク資産に投資し、投資1ドルに対して $1+R_{US}$ がもたらされることに注目する。戦略2では、外国の無リスク資産に投資し、1ドルに対して $S_0\times(1+R_{FC})/F_1$ が得られる。裁定取引を防ぐためには、両者は等しくなければならず、次の関係が成立する。

$$1+R_{US}=S_0\times(1+R_{FC})/F_1$$

これを少し変形すると、以下の有名な金利平価（interest rate parity, IRP）条件が得られる。

$$F_1/S_0=(1+R_{FC})/(1+R_{US}) \tag{31.4}$$

何が起こっているか明確に説明し、かつ覚えやすい、金利平価の非常に有用な近似値がある[3]。フォワードのプレミアム（またはディスカウント）の率（%）を、$(F_1-S_0)/S_0$ と定義すると、金利平価によれば、このプレミアム（またはディスカウント）の率は、おおよそ2国間の金利差に等しくなる。

$$(F_1-S_0)/S_0\cong R_{FC}-R_{US} \tag{31.5}$$

おおまかにいえば、金利平価によると、ある期間の2国間の金利差は、通貨の相対的な価値の変化によってちょうど打ち消され、あらゆる裁定取引機会を消失させる。先の式は次のように書き表せる。

$$F_1\cong S_0\times[1+(R_{FC}-R_{US})] \tag{31.6}$$

一般的に、もし1期間だけでなく t 期間あるとすると、金利平価の近似値は、次のようになる。

$$F_t\cong S_0\times[1+(R_{FC}-R_{US})]^t \tag{31.7}$$

3）　ここでは、$F_1/S_0-1=(F_1-S_0)/S_0$ と $(1+R_{FC})/(1+R_{US})$ が、$R_{FC}-R_{US}$ におおよそ等しいことに注目する。

例31．5　**平価の確認**

日本円の為替レート（S_0）は、現在１ドル120円であるとしよう。もし米国の金利（R_{US}）が10%で、日本の金利（R_J）が５%だったら、カバー付裁定取引を防ぐためには、フォワードレートはいくらでなければならないだろうか。

金利平価から、以下を得る。

$$\begin{aligned} F_1 &\cong S_0 \times [1+(R_J-R_{US})] \\ &\cong ¥120 \times [1+(0.05-0.10)] \\ &\cong ¥120 \times 0.95 \\ &\cong ¥114 \end{aligned}$$

円はドルに対して、プレミアムで売られることに気づいただろうか（なぜ？）。

フォワードレートと将来のスポットレート

購買力平価、金利平価のほかに、議論が必要なもう一つの基本的な関係がある。フォワード為替レートと、期待される将来のスポット為替レートとの関係はどのようなものだろうか。不偏フォワードレート（unbiased forward rates, UFR）条件によれば、フォワードレート（F_1）は、*期待される*将来のスポットレート$\mathrm{E}(S_1)$と等しくなる。

$$F_1=\mathrm{E}(S_1)$$

t期間では、不偏フォワードレートは、次のように書くことができる。

$$F_t=\mathrm{E}(S_t)$$

おおまかにいえば、不偏フォワードレート条件によると、平均して、フォワード為替レートは、将来のスポット為替レートと等しい。

もしリスクを無視したら、不偏フォワードレート条件は成立するはずである。円のフォワードレートが常に将来のスポットレートより、たとえば10円低いとしよう。これは、将来、ドルを円に交換したいと思うだれもが、フォワードレートに合意しないことによって、常に、より多くの円を手に入れることを意味する。そうすると、人々がフォワード取引に関心をもつようにするために、フォワードレートは上昇せざるをえなくなる。

同様に、フォワードレートのほうが将来のスポットレートより常に高い場合、円をドルに交換したいと思うだれもが、フォワードレートに合意しないことによって、より多くのドルを手に入れることになる。そのようなトレーダーを引き付けるために、フォワード為替レートは下落しなければならないだろう。

このような理由から、フォワードレートと、実際の将来スポットレートは、平均して、互いに等しくなるはずである。もちろん、将来のスポットレートがいくらになるかは不確実である。もしトレーダーがこの不確実性を避けるためにプレミアムを進んで支払うとしたら、不偏フォワードレート条件は成立しないかもしれない。もし不偏フォワードレート条件がたしかに成立するなら、今日観察できる180日フォワードレートは、180日後の実際の為替レートの値に関する、偏りのない予測値に違いない。

すべてを統合する

ここまで、金利、為替レート、インフレ率といった重要な財務変数間の相互関係を説明する三つの関係式（購買力平価、金利平価、不偏フォワードレート）を展開した。次に、一つのグループとしてこれらの関係の含意を探求する。

カバーなし金利平価（UIP）

最初に、国際金融市場における三つの関係式を一つの場所に集めることは役に立つ。

購買力平価（PPP）：　$E(S_1) \cong S_0 \times [1 + (h_{FC} - h_{US})]$

金利平価（IRP）：　$F_1 \cong S_0 \times [1 + (R_{FC} - R_{US})]$

不偏フォワードレート（UFR）：$F_1 = E(S_1)$

UFRとIRPを統合することから始める。UFR条件から、$F_1 = E(S_1)$ であることがわかっているので、IRPの F_1 に $E(S_1)$ を代入できる[4]。結果は次のようになる。

$$\text{UIP}: E(S_1) \cong S_0 \times [1 + (R_{FC} - R_{US})] \qquad (31.8)$$

この重要な関係式は、カバーなし金利平価（uncovered interest parity, UIP）と呼ばれ、次に議論する国際キャピタル・バジェッティングにおいて重要な役割を担うことになる。t 期間では、UIP は以下のようになる。

$$E(S_t) \cong S_0 \times [1 + (R_{FC} - R_{US})]^t \tag{31.9}$$

国際フィッシャー効果

次に、購買力平価（PPP）とカバーなし金利平価（UIP）を比較する。両者とも、左辺が $\mathrm{E}(S_1)$ なので、右辺も等しくなければならない。したがって、以下を得る。

$$S_0 \times [1 + (h_{FC} - h_{US})] = S_0 \times [1 + (R_{FC} - R_{US})]$$
$$h_{FC} - h_{US} = R_{FC} - R_{US}$$

これは、米国と外国とのリターンの差が、インフレ率の差とちょうど等しいことを教えてくれる。この式を少し再整理すると、国際フィッシャー効果（international Fisher effect, IFE）式が得られる。

$$\mathrm{IFE}: R_{US} - h_{US} = R_{FC} - h_{FC} \tag{31.10}$$

IFE 式によると、国が異なっても*実質*金利は同じである[5]。

国ごとの実質リターンが等しいという結論は、実際に基本的な経済学である。もし、米国よりも、たとえばブラジルの実質リターンが高かったとしたら、お金は米国金融市場からブラジル市場へ流出してしまうだろう。ブラジルの資産価格は上昇し、リターンは下落することになる。同時に、米国の資産価格は下落し、米国のリターンは上昇することになる。

多くのことを議論したが、二つのことに注意が必要である。第一に、これまでの議論でリスクについては明確に取り扱ってこなかった。特に、もし異なる国の人々

4）ここでは再度、説明を容易にするために、概算値を扱っている。正確な式は以下のとおりである。

$$\mathrm{PPP}: \mathrm{E}(S_1) = S_0 \times \left[\frac{(1 + h_{FC})}{(1 + h_{US})}\right]$$

$$\mathrm{IRP}: F_1 = S_0 \times \left[\frac{(1 + R_{FC})}{(1 + R_{US})}\right]$$

5）ここでの結果は、購買力平価と金利平価の概算値を用いたので、おおよその実質金利 $R - h$ の観点によるものであることに注意されたい（第 6 章参照）。正確な結果については、章末の問題18を参照。

が、リスクに対して異なる嗜好や態度をもっていたら、リスクを考慮した場合、実質リターンに関して別の結論に到達するかもしれない。第二に、お金と資本の移動に対して、世界中に多くの障壁が存在する。もし、お金が2国間を自由に移動できなかったら、実質リターンは長期間にわたり2国間で異なるかもしれない。

これらの問題にもかかわらず、資本市場は、ますます国際化していくと期待される。そうなると、実質金利の違いは、おそらく消滅するだろう。経済学の法則は、国境にほとんど敬意を払わない。

31.5　国際的キャピタル・バジェッティング

米国を拠点とする国際的企業、カールストローム・エクイップメント社は、外国での投資を評価している。カールストローム社のドリル・ビット（ドリル用の刃）の輸出は、会社がフランスにおける配送センターを検討するほどに増加してきている。このプロジェクトは、着手するのに200万ユーロの費用がかかる。キャッシュフローは今後3年間にわたり、年間90万ユーロになると期待されている。

ユーロの現在のスポット為替レートは、0.5ユーロである。これは、1ドル当りのユーロなので、1ユーロは2ドル（＝＄1/0.5）の価値がある。米国の無リスク金利は5％で、フランスの無リスク金利は7％である。為替レートと両国の金利は、金融市場で観察されたものであり、推定されたものではないことに注意されたい[6)]。カールストローム社の、この種のドル投資に対するWACCは10%である[7)]。

カールストローム社は、この投資を行うべきだろうか。いつものように、その答

6）たとえば、金利は短期ユーロドルや大銀行がオファーするユーロ預金の利率かもしれない。

7）カールストローム社のWACCは通常の方法で算定される。負債と株主資本の市場価値と関連する資本コストは、以下であるとしよう。

負債	＄500	5％
株主資本	＄500	16%
	＄1,000	

法人税率は20%である。したがって、WACCは次のように算定される。

$$\begin{aligned}\text{WACC} &= \frac{S}{B+S}R_0(1-T_C)+\frac{B}{B+S}R_B\\ &= \left(\frac{1}{2}\right)(5\%)(1-0.20)+\left(\frac{1}{2}\right)16\%\\ &= 10\%\end{aligned}$$

えはNPVに依存する。しかし、どのようにしてこのプロジェクトの米ドルでの純現在価値を計算できるだろうか。二つの基本的な方法がある。

1．*自国通貨法*：ユーロのキャッシュフローすべてをドルに変換し、それから10%で割り引いてドルでのNPVを求める。この手法では、将来のユーロの予想キャッシュフローをドルに変換するために、将来の為替レートを算出しなければならないことに注意されたい。

2．*外国通貨法*：ユーロ投資に対して要求されるリターンを算定し、それからユーロでのNPVを求めるために、ユーロのキャッシュフローを割り引く。次に、ユーロのNPVをドルのNPVに変換する。この手法では、ドルで要求されるリターン10%を、なんらかの方法で、同等のユーロで要求されるリターンに変換する必要がある。

これら二つの手法の違いは、主に、いつの時点でユーロをドルに変換するかということである。最初のケースではNPVを推定する前に変換する。2番目のケースでは、NPVを推定した後に変換する。

一つの数値（ユーロの割引率）だけを求めればよいので、2番目の手法のほうが優れているようにみえるかもしれない。さらに、1番目の手法では将来の為替レートを予測する必要があるので、おそらく間違える余地が大きいようにみえる。しかしながら、次に例証するように、これまでの結論をふまえると、二つの手法はまったく同じものである。

方法1：自国通貨法

プロジェクトの将来キャッシュフローをドルに変換するために、カバーなし金利平価（UIP）関係式を用いて、予測為替レートを算出する。先の議論に基づくと、t時点における期待為替レート$\mathrm{E}(S_t)$は、以下になる。

$$\mathrm{E}(S_t) = S_0 \times [1 + (R_{€} - R_{US})]^t$$

$R_{€}$はフランスの名目無リスク金利である。$R_{€}$は7%、R_{US}は5%、そして現在の為替レート（S_0）は0.5ユーロなので、以下のようになる。

$$E(S_t) = 0.5 \times [1 + (0.07 - 0.05)]^t$$
$$= 0.5 \times 1.02^t$$

ドリル・ビット輸出プロジェクトに用いる予測為替レートは以下に示されている。

年	期待為替レート
1	€0.5×1.02^1=€0.5100
2	€0.5×1.02^2=€0.5202
3	€0.5×1.02^3=€0.5306

現在の為替レートとともに、これらの予測為替レートを用いて、将来のユーロ・キャッシュフローのすべてをドルに変換できる（この例におけるキャッシュフローはすべて100万単位であることに注意）。

年	(1) キャッシュフロー （単位：100万ユーロ）	(2) 期待為替レート	(3) キャッシュフロー （単位：100万ドル） (1)/(2)
0	−€2.0	€0.5000	−＄4.00
1	0.9	€0.5100	1.76
2	0.9	€0.5202	1.73
3	0.9	€0.5306	1.70

最後に、通常の方法でNPVを計算する（m＝100万）。

$$NPV_{\$} = -\$4 + \$1.76/1.10 + \$1.73/1.10^2 + \$1.70/1.10^3$$
$$= \$0.3m$$

したがって、プロジェクトは利益をあげられるようである。

方法２：外国通貨法

カールストローム社は、ドルベースのキャッシュフローに対して10%の名目リターンを要求する。これをユーロベースのキャッシュフローに適した割引率に変換する必要がある。国際フィッシャー効果に基づくと、名目金利の差は以下になることがわかっている。

$$R_{€} - R_{US} = h_{€} - h_{US}$$
$$= 7\% - 5\% = 2\%$$

ドリル・ビット輸出プロジェクトからのユーロ・キャッシュフローを見積もるための適切な割引率は、10％に、インフレ率の差を補うための２％を足したものにおおよそ等しい。

この割引率で、ユーロ・キャッシュフローのNPVを計算すると、以下を得る。

$$\text{NPV}_{€} = -€2 + €0.9/1.12 + €0.9/1.12^2 + €0.9/1.12^3$$
$$= €0.16\text{m}$$

このプロジェクトのNPVは16万ユーロである。このプロジェクトを採用することにより、われわれは今日、16万ユーロ分、豊かになれる。これはドルではいくらだろうか。今日の為替レートは0.50ユーロなので、プロジェクトのドルでのNPVは次のようになる。

$$\text{NPV}_{\$} = \text{NPV}_{€}/S_0 = €0.16/0.5 = \$0.3\text{m}$$

これは先に計算したものと同じドルでのNPVである。

この例から確認すべき重要な点は、二つのキャピタル・バジェッティング手法は実際には同じであり、常に同じ答えをもたらすということである8)。この２番目の手法では、為替レートを暗黙的に予測しているという事実は単に隠されている。それでも、外国通貨法は、計算が少し簡単である。

送金されないキャッシュフロー

前例では、外国での投資からのすべての税引き後キャッシュフローが、親会社に送金（回収）できると仮定した。実際には、外国のプロジェクトから生み出されるキャッシュフローと、親会社に送金される金額との間には、相当の差異が存在する可能性がある。

外国子会社は親会社に対して多くの方法で資金を送金することが可能で、以下を

8）　われわれは概算の関係式を用いているので、実際にはわずかな違いがある。もし要求されるリターンを、1.10×（1＋0.02）－1＝0.122（12.2％）として計算すれば、まったく同じNPVを得る。詳細は問題18を参照。

含む。

1．配当
2．中枢サービスに対する管理報酬
3．商標や特許の利用に対するロイヤルティ

どのようにキャッシュフローが親会社に送り返されるにしても、国際的企業は、現在および将来、為替統制があるかもしれず、送金に対して特別な注意を払わなければならない。多くの政府は、外国企業によって搾取されているという非難に対して敏感である。そのような場合、政府は、国際的企業のキャッシュフローを送金する能力を制限しようという気になる。現在、送金できない資金は、*ブロックされている（blocked）*と呼ばれることがある。

国際的企業の資本コスト

前の章で、多角化の利益に関して、いくらか懐疑的な見方を示した。国際的企業における多角化については、純粋な国内企業よりも強い擁護論を唱えることができる。米国の株主が海外の証券を保有することを、障壁が妨げているとしよう。すなわち各国の金融市場が分断されているということである。さらに米国の企業には、同様の障壁がないものとする。このような場合、国際投資を行う企業は、米国の株主に対し、株主自身が米国内での投資からは達成できない分散化を、間接的に提供できることになる。これは、国際プロジェクトに対するリスク・プレミアムの低下につながりうるだろう。一般的に、企業にとっての外国投資の費用が、株主にとってのものよりも低ければ、企業による国際的な多角化には利点があり、この利点が、より低いリスク調整済割引率として反映される。

かわりに、もし株主に対して国際投資の障壁がなければ、株主は国際分散化の利益を、自ら外国証券を購入することによって得ることができる。この場合、米国に居を構える企業に対するプロジェクトの資本コストは、プロジェクトが米国におけるものか、外国におけるものかに依存しない。実際には、外国証券の保有は多大な費用を伴う。これらの費用は、税金、情報収集の費用、および取引費用を含む。これは、米国の投資家が自由に外国証券を保有できても、完全には国際的に分散化されないことを意味する。

企業は、国際投資が国内投資よりも大きな政治的リスクを本質的に伴うと判断するかもしれない。この追加的なリスクは、国際的多角化による利得を相殺するかもしれない。企業は、収用や外国通貨の送金規制のリスクを許容するために、割引率を上昇させるかもしれない。

31.6 為替リスク

為替リスク（exchange rate risk）は、相対的な通貨の価値が上下する世界における国際的事業の当然の結果である。為替リスクを管理することは、インターナショナル・ファイナンスの重要な部分である。次に議論するように、為替リスクには三つのタイプがある。短期リスク（short-term exposure）、長期リスク（long-term exposure）、換算リスク（translation exposure）である。

短期リスク

日々の為替レートの変動は、国際的企業に短期リスクを生み出す。多くの国際的企業は、近い将来一定の価格で商品を売買する契約を締結している。異なる通貨がかかわる場合、そのような取引には追加的なリスク要因がある。

たとえば、イミテーション・パスタをイタリアから輸入し、米国でイミパスタの商品名で再販するとしよう。最大の顧客が１万ケースのイミパスタを注文したとする。今日、輸入元に発注するが、60日後に商品が到着するまで代金は支払わない。販売価格は１ケース当り６ドルである。コストは１ケース当り8.4ユーロで、為替レートは現在1.5ユーロ（１ドルを買うのに、1.5ユーロが必要）である。

現在の為替レートでは、１ケース注文するのに5.6ドル（＝€8.4/1.5）のコストがかかるので、税引前の利益は、4,000ドル［＝10,000×（＄６－＄5.60)］になる。とはいえ、60日後の為替レートはおそらく現在と違なるので、利益がいくらになるかは、将来の為替レート次第である。

たとえば、もし為替レートが1.6ユーロになったら、１ケースのコストは5.25ドル（＝€8.4/1.6）になり、利益は7,500ドルに上がる。もし為替レートが1.4ユーロになったら、コストは６ドル（＝€8.4/1.4）になり、利益はゼロである。

この例の短期リスクは、いくつかの方法で、減少させるか、あるいは排除することが可能である。最も自明な方法は、為替レートを固定するために、フォワード契約を締結することである。たとえば、60日フォワードレートが1.58ユーロであるとしよう。ヘッジした場合の利益はいくらになるだろうか。ヘッジしなかった場合、いくらの利益を期待すべきだろうか。

ヘッジした場合、為替レートは1.58ユーロに固定される。したがって1ケース当りのコストは5.32ドル（=€8.4/1.58）になり、利益は6,800ドル［=10,000×(＄6－＄5.32)］になる。ヘッジしない場合、フォワードレートが不偏推定値であると仮定すると（言い換えると、UFR条件が成立すると仮定）、実際の60日後の為替レートは、1.58ユーロになると期待される。6,800ドルの利益を期待すべきである。

かわりに、もしこの戦略が実現可能でなかったら、単純に今日ドルでお金を借り入れ、それをユーロに交換し、利息を得るために、ユーロを60日間投資できる。金利平価（IRP）をもとにすると、これは、フォワード契約を締結した場合と等しい金額になる。

● コラム ●

彼ら自身の言葉で

Richard M. Levich*：外国為替について

市場で確認できる今日の３カ月フォワード為替レートと、将来まで確認できない今日から３カ月後のスポット為替レートには、どのような関係があるのだろうか。一つの一般的な回答は、関係はないというものである。すべての銀行トレーダーが知っているように、自国と外国証券の間のカバー付金利裁定取引の可能性は、フォワードプレミアムと金利差間の密接な結びつきを確立する。特にユーロ通貨金利が使用される場合、いつでも、トレーダーは画面をチェックし、フォワードプレミアムと金利差がほぼ等しいことを確認できる。したがって、トレーダーは「フォワードレートは今日の金利差を反映している。期待とは何の関係もない」というかもしれない。

フォワードレートが為替レートに対する期待を反映するという、２番目に一般的な信念を考察するには、少しだけ多くの手間を要する。１月15日における今日の３カ月フォワードレートと、３カ月後の４月15日に実際に生じているスポット為替レートとを比較してみよう。これは、予測値としてのフォワードレートに関する一つの観察値を提供するが、理論を容認あるいは棄却するには十分でない。フォワードレートが将来のスポットレートの不偏推定値かもしれないという考え方は、多くの観測値を調べれば、平均して予測誤差が小さいということを示唆する。したがって、4月15日のフォワードレートと7月15日のスポットレートを照合し、7月15日のフォワードレートと10月15日のスポットレートと照合し、ということを繰り返し、もっと多くのデータを集めるとしよう。8～10年間のデータを調べて、観測値の大きなサンプルを得る。

これらのデータは、ドルが非常に強かった1980年代初めに、フォワードレートはドルの強さをかなり*過小*に予測し、フォワードレートが偏った推定値であったことを示唆する。しかし、ドルが急激に減価した1985～1987年では、フォワードレートはドルの強さを*過大*に予測する傾向があり、またしてもフォワードレートは偏った予測値であったが、前の期間とは逆の符号だった。1980年代のすべてを調べると、推測されるように、フォワードレートは平均すると将来のスポット為替レートに非常に近かった。

ここには二つのメッセージがある。第一に、たとえ仮にフォワードレートと将来のスポットレートの間に「関連性がない」としても、ゼネラル・モーターズの財務管理者は、「関連性がない」とは何なのか、正確に知ることを望むだろう。もしフォワードレートが将来のスポットレートよりも、*一貫して*3％高い、あるいは*一貫して*5％低ければ、財務管理者は興味を引かれる利益機会に直面することになる。ズレがあらかじめわかっていて、かつ一貫している限り、3分進んだ、あるいは5分遅れた腕時計は、非常に有用な腕時計である。

＊Richard M Levichは、ニューヨーク大学のファイナンスおよび国際ビジネスの教授である。彼は国際経済とファイナンスにおける為替レートやその他の論点について、広範に著述している。

長期リスク

長期的には、相対的な経済状態の予期せぬ変化のせいで、国外事業の価値は変動する可能性がある。たとえば、低賃金のメリットを得るために、別の国に労働集約型の組立工場を所有しているとしよう。時間の経過とともに、経済状態の予想外の変化により、外国の賃金水準が上昇し、コスト優位性は消滅するか、あるいはマイナスにさえなるかもしれない。

為替レートの変化が及ぼす影響は相当なものでありうる。たとえば、2005年を通じ、米国ドルは他国通貨に対して下落を続けた。これは、国内生産者が国外販売から本国に持ち込むドルが多くなることを意味し、大きな利益変動につながる可能性がある。たとえばペプシコは、2005年を通じて、為替変動により2億5,100万ドルの利益を得たと推定した。利益に対する為替レートの変化が及ぼす劇的な影響はまた、オーストラリアの資源会社であるイルカ・リソーシズ社が行った分析でも示された。分析は、オーストラリアドルと米ドル間の為替レートの1セントの変化が、会社の純利益を500万ドル変化させることを示した。

長期リスクをヘッジすることは、短期リスクをヘッジすることよりむずかしい。一つには、そのような長期ニーズのための組織的なフォワード市場は存在しない。かわりに、企業がもつ主要な選択肢は、外国通貨の流入と流出をできる限りマッチさせることである。同じことは、外貨建の資産と負債についてもいえる。たとえば、外国で販売する企業は、原材料の購入と労務費を、その国のなかに集中しようと試みるかもしれない。こうすることで、収益と費用のドルでの価値は、一緒に上がったり下がったりするようになる。おそらくこのタイプのヘッジの代表例は、BMW、ホンダ、メルセデス、トヨタといった、いわゆる現地生産の自動車メーカーである。これらの企業は、米国で販売する車のかなりの部分を米国内の工場で製造することによって、為替レートの変化に対するある程度の免疫化を図っている。

たとえば、BMW はサウスカロライナ州で16万台の車を生産し、そのうち10万台を輸出している。車を生産するコストはほとんどがドルで支払われ、ヨーロッパに輸出した分についてはユーロを受け取る。ドルが弱くなると、これらの車は BMW にとってより採算性の高いものになる。同時に、BMW は毎年、約21万7,000台の車を米国に輸出する。これらの輸入車を生産するコストはほとんどがユーロなので、ドルが弱くなると採算性は悪化する。これらをあわせると、利益と損失は相殺される傾向にあり、BMW に自然なヘッジをもたらしている。

同様に、企業は外国で借り入れることにより、長期の為替リスクを減らすことができる。外国子会社の資産価値の変動は、少なくとも部分的に、負債の価値の変化によって相殺される。

換算リスク

米国企業がある期間の会計上の純利益と1株当り利益（EPS）を計算する際、会社はすべてをドルに換算する必要がある。相当な国外事業がある場合、これは会計士にいくつかの問題をつくりだす可能性がある。特に、二つの問題が生じる。

1．各貸借対照表残高の換算のために用いる、適切な為替レートとは何か。
2．外国通貨換算による未実現の会計上の利益と損失は、どのように扱われるべきか。

この会計上の問題を例証するために、1年前、リリパット国に小さな外国子会社を設立したとしよう。現地通貨はガリバーで、GLと略す。年初に、為替レートはGL2＝＄1で、ガリバー建ての貸借対照表は以下のとおりだった。

資産	GL1,000	負債	GL500
		株主資本	500

1ドルは2ガリバーなので、ドル建ての期首貸借対照表は以下のとおりだった。

資産	＄500	負債	＄250
		株主資本	250

リリパット国は静かな場所で、その年はまったく何も起こらなかった。その結果、純利益はゼロだった（為替レートの変化を考慮する前）。しかしながら、リリパット国のインフレ率は米国のインフレ率よりずっと高いので、為替レートは＄1＝GL4に変化した。

何も起きなかったので、ガリバー建ての期末貸借対照表は期首のものと同じである。しかしながら、新たな為替レートでドルに換算すると次のようになる。

資産	＄250	負債	＄125
		株主資本	125

純利益がきっかりゼロだったのに、株主資本の価値が125ドル減少したことに注目されたい。まったく何も起こらなかったという事実にもかかわらず、会計上は125ドルの損失が生じている。この125ドルの損失をどのように取り扱うかは、会計上の問題として物議をかもしてきた。

この損失を取り扱う、わかりやすく一貫した方法は、親会社の損益計算書で単純に損失を報告することである。為替レートが激しく変動する期間では、この種の取扱いは、国際的企業の報告された１株当り利益に劇的な影響を及ぼす可能性がある。これは純粋に会計上の現象にすぎないとはいえ、一部の財務管理者はこのような変動を嫌う。

損益の換算の取扱いに関する現在のアプローチは、1981年12月に発表された、*財務会計基準審議会（FASB）基準書52号（FASB 52）*に定められた基準に基づいている。基準書52号は、すべての資産と負債が、現在の為替レートを用いて、子会社の通貨から親会社の通貨に換算されることを要求する。

発生した換算差損益は、貸借対照表の株主持分の部にある特別の勘定に累積される。この勘定は「未実現為替差損益」のような名称で表示されるかもしれない。少なくとも会計上の観点からは、そこに含まれる金額は相当なものになりうるが、これらの差損益は損益計算書には反映されない。結果として、対象となる資産や負債が売却されるか、または現金化されるまで、換算差損益は純利益として明示的に認識されない。

為替リスクの管理

巨大な多国籍企業では、多くの異なる子会社に多くの異なる通貨がかかわりうるという事実によって、為替リスクの管理は複雑になる。ある通貨の為替レートの変化は、一部の子会社に利益をもたらし、他の子会社には不利益となる可能性が高い。会社全体に対する正味の影響は、正味の為替リスク・エクスポージャーに依存する。

たとえば、会社は二つの部門をもっているとする。部門 A は、米国においてドルで商品を購入し、それを英国にポンド建てで販売する。部門 B は、英国においてポンドで商品を購入し、それを米国にドル建てで販売する。もしこの二つの部門が、現金の流入・流出の観点でほぼ同じ規模だったら、明らかに会社全体の為替リスクは小さい。

この例では、もし会社のポンドの正味ポジション（＝流入量－流出量）が小さかったら、為替リスクは小さい。しかしながら、もし一つの部門が勝手に為替リスクのヘッジを始めたら、会社全体の為替リスクは上昇するだろう。この話の教訓は、多国籍企業は、会社がもつ外貨の全体的なポジションを意識していなければならないということである。この理由から、為替リスクは、おそらく集中化して管理されるのが最善である。

31.7　政治的リスク

国際投資におけるリスクの最後の要素は、**政治的リスク**（political risk）で、政治的行動の結果として生じる価値の変化である。これは、国際的企業のみが直面する問題ではない。たとえば、米国の税法や規制の変更は、一部の米国企業に利益をもたらし、他に不利益を与えるかもしれない。したがって、政治的リスクは、国際的なものと同様、国内的にも存在する。

とはいえ、一部の国々の政治的リスクは他の国よりも高い。これらの高リスクの国で事業を行う場合、追加的な政治的リスクは、送金停止、事業妨害、そして契約破棄といった可能性に対して補償するために、海外の投資に対して、企業がより高いリターンを要求することにつながるかもしれない。最も極端な場合、相対的に不安定な政治環境にある国では、財産没収の可能性も問題になるかもしれない。

政治的リスクはまた、事業の性質にも依存する。一部の事業は他の所有者の手に渡ったとしても特に価値がないので、没収される可能性は低い。たとえば、親会社のみが使用する部品を供給する組立工場は、没収の魅力的な対象にはならないだろう。同様に、親会社からの特別な部品の使用が不可欠な製造拠点も、親会社の協力なしでは、ほとんど価値がない。

銅採鉱や石油採掘のような資源開発は、ちょうどその反対である。いったん事業が開始されると、価値のほとんどは、その産出物にある。それゆえ、このような投資の政治的リスクは、はるかに高い。また、搾取の問題は、このような投資ではずっと深刻で、政治的リスクは高くなる。

政治的リスクは、特に没収や国有化が懸念される場合、いくつかの方法でヘッジすることができる。現地借入れの利用（ことによると問題となっている外国の政府から）は、好ましくない政治活動の事態が発生した際に、会社が返済を拒否できるので、潜在的な損失を減らす。この節での議論をもとにすると、通常に機能するために親会社の相当な関与が必要になるように事業運営を構築することは、政治的リスクを減少させるもう一つの方法である。

要約と結論

国際企業は、純粋な国内企業よりもずっと複雑な世界に生きている。経営陣は、金利、外国為替レート、およびインフレの関係を理解しなければならず、また、多くの異なる金融市場の規制や税制を理解する必要がある。この章は、インターナショナル・ファイナンスに登場するいくつかの財務問題に対する、簡潔な序論となることを意図している。

われわれが解説した内容は必然的に簡潔なものだった。この章で議論した主要なテーマは次のとおりである。

1．いくつかの基本的用語：LIBORやユーロカレンシーといったエキゾチックな用語を簡潔に定義した。

2．為替レートをクォートする際の基本的なメカニズム：スポット市場とフォワード市場、そして為替レートがどのように解釈されるのか議論した。

3．国際ファイナンス変数間の基本式：

a．絶対的および相対的購買力平価（PPP）

b．金利平価（IRP）

c．不偏フォワードレート（UFR）

絶対的購買力平価によると、1ドルは各国において同じ購買力をもつはずである。これは、ニューヨークで買っても、東京で買っても、オレンジは同じ値段であることを意味する。

相対的購買力平価は、2カ国間の為替レートの期待変化率が、両国のインフレ率の差に等しくなることを意味する。

金利平価は、フォワード為替レートとスポット為替レート間の差が、2国間の金利差に等しくなることを意味する。カバー付金利裁定取引が、どのようにこの関係を成立させる力になるのか示した。

不偏フォワードレート条件は、現在のフォワードレートが、将来のスポット為替レートのよい予測値であることを示唆する。

4．**国際的キャピタル・バジェッティング**：基本的な外国為替の関係は、次の二つの条件を意味することを示した。

a. カバーなし金利平価（uncovered interest parity）

b. 国際フィッシャー効果（international Fisher effect）

この二つの条件を用いることによって、外国通貨のNPVをどのように推定するのか、また通常の方法でNPVを推定する場合に、外国通貨をどのようにドルに換算するのか学習した。

5．**為替レートと政治的リスク**：さまざまなタイプの為替リスクを解説し、変動する為替レートが国際企業のキャッシュフローと価値に与える影響を管理する、いくつかの一般的なアプローチを議論した。また、政治的リスクと、そのリスクを管理するいくつかの方法を議論した。

Concept Questions

1．**スポットおよびフォワードレート**

スイスフランの為替レートは、スポット市場で1.50スイスフランとクォートされ、90日フォワード市場で1.53スイスフランとクォートされているとする。

a. ドルはフランに対して、プレミアムか、あるいはディスカウントで売られているか。

b. 金融市場は、フランがドルに対して強くなると期待しているか。説明せよ。

c. 米国とスイスの相対的な経済状態に関して、何が正しいと推測するか。

2．**購買力平価**

メキシコのインフレ率は、今後数年間、米国のインフレ率より約3％高い状態が続くとする。他のすべてが同じであると仮定した場合、メキシコペソとドルの為替レートに何が起こるか。あなたの答えは、どのような関係に依拠しているか。

3．**為替レート**

オーストラリアドルの為替レートは、現在1.40オーストラリアドルである。来年、為替レートは10％上昇すると期待されている。

a. オーストラリアドルは、強くなるか、あるいは弱くなると期待されるか。

b. 米国とオーストラリアの相対的なインフレ率について、どう考えるか。

c. 米国とオーストラリアの相対的な名目金利について、どう考えるか。実質金利は？

4．為替レート

為替レートの変化は、特定の企業にとって、必然的によいことか、それとも悪いことか。

5．国際的リスク

ある時点で、デュラセル・インターナショナル社は、中国とインドに電池の生産工場を建設することを計画していた。これらの国で生産することで、デュラセル社は、30～50％の輸入関税（一部の消費者がアルカリ電池を高額すぎて購入できなかった原因）を回避することが可能になる。この計画でデュラセル社は、どのような追加的メリットを見出していたかもしれないか。デュラセル社にとって、どのようなリスクがあるか。

6．多国籍企業

多くの国で活動する多国籍企業の多くは、彼らの国内市場より海外市場でずっと多くの売上げがある。その場合、自国通貨への特定の関連性は何か。

7．為替レート変動

次の文章は正しいか、誤りか。説明せよ。

a. もし一般物価指数が米国より英国で速く上昇したら、ポンドはドルに対して価値が上昇すると期待される。

b. あなたはドイツの機械工具輸出業者で、販売のすべてを外国通貨で請求するとする。さらに、ユーロの金融当局が金融緩和政策を始めるとする。もし金融緩和政策が、ドイツのインフレ率を他国より高める結果になることが確実だとしたら、ユーロの価値の下落から生じる損失を回避するために、フォワード市場を活用すべきである。

c. もしあなたが、長期にわたって2国間のインフレ率の差異を正確に予測でき、他のマーケット参加者にはそれができないとしたら、あなたはスポット通貨市場で成功裡に投機を行うことが可能である。

8．為替レート変動

いくつかの国は、外国との貿易不均衡を解消する短期的手段として、それらの国との為替レートが変動するよう誘導する。以下のそれぞれのシナリオで、外国とビジネスを行う米国の輸入業者および輸出業者に対して、発表が与える影響を評価せよ。

a. 米国政府の当局者が、ドルに対してユーロが上昇することに満足していると発表する。

b. 英国金融当局が、投機筋によって、ポンドがドルに対して安くなりすぎたと感じていると発表する。

c. ブラジル政府が、失業率を減らすために、新レアル紙幣を大量に印刷し、経済に投入すると発表する。

9．国際資本市場関係式

われわれは五つの国際資本市場関係式を議論した。相対的購買力平価、金利平価、不偏フォワードレート、カバーなし金利平価、国際フィッシャー効果である。これらのどれが最も現実に即して成立すると思うか。どれが最も現実から逸脱すると思うか。

10. 為替リスク

もしあなたが、発送の受取りから3カ月後に、外国通貨で支払を行わなければならない輸出業者で、この期間に自国通貨の価値が上昇すると予測していたら、あなたの通貨エクスポージャーをヘッジすることに価値はあるか。

11. 国際的キャピタル・バジェッティング

自国と外国に設立する二つの異なる新子会社への投資を評価するのが、あなたの仕事であるとする。あなたは、為替レートの差を考慮した後、両方のプロジェクトのキャッシュフローが同一であると計算する。どのような状況下で、あなたは外国子会社に投資することを選択するかもしれないか。この決定を変更し自国に投資するようあなたに影響を及ぼすかもしれない、特定の要因が存在する国の例を一つ上げよ。

12. 国際的キャピタル・バジェッティング

ある外国子会社への投資は、政治リスクと分散化のメリットを考慮して調整した割引率を適用した後、プラスのNPVをもつと予測されている。これは、プロジェクトが許容可能であることを意味するのか。なぜか、あるいはなぜそうでないのか。

13. 国際的資金調達

もし米国企業が外国子会社のために資金を調達したら、米国内で借入れを行うデメリットには、どのようなものがあるか。あなたはそれをどのように克服するか。

14. 国際投資

もし金融市場が完全に競争的で、ユーロドル金利が米国のローン市場で提供される金利よりも高かったら、あなたは即座に米国で借り入れ、ユーロドルに投資したいと思うだろう。正しいか、間違っているか。

質問と問題

◆基本（問題１－13）

1．為替レートを使う

図31.1を参照して、以下の質問に答えよ。

a. もし100ドルもっていたら、いくらのユーロに交換できるか。

b. １ユーロの価値はいくらか。

c. 500万ユーロは、いくらのドルと等しいか。

d. １ニュージーランドドルと１シンガポールドルでは、どちらが価値が高いか。

e. １メキシカンペソと１チリペソでは、どちらが価値が高いか。

f. １ユーロでいくらのメキシコペソを入手できるか。このレートを何と呼ぶか。

g. リストのうち、１単位で、最も価値の高い通貨はどれか。最も価値の低い通貨はどれか。

2．クロスレートを使う

図31.1の情報を用いて、次の質問に答えよ。

a. 100ドルと100ポンドでは、どちらをもっていたいか。なぜか。

b. 100スイスフランと100ポンドでは、どちらをもっていたいか。なぜか。

c. 英国ポンドの観点で、スイスフランのクロスレートはいくらか。スイスフランの観点で、英国ポンドのクロスレートはいくらか。

3．フォワード為替レート

図31.1の情報を用いて、次の質問に答えよ。

a. 1ドル当りの、日本円の6カ月フォワードレートはいくらか。円はプレミアムかディスカウント、どちらで売られているか。説明せよ。

b. ドルに対する英国ポンドの3カ月フォワードレートは、1ポンド当りいくらか。ドルはプレミアムかディスカウント、どちらで売られているか。説明せよ。

c. 図の情報をもとに、円とポンドに対するドルの価値には何が起こると思うか。説明せよ。

4．スポットおよびフォワード為替レートを使う

カナダドルのスポット為替レートは1.18カナダドルで、6カ月フォワードレートは1.13カナダドルであると仮定する。

a. 米ドルとカナダドルでは、どちらが価値が高いか。

b. 絶対的購買力平価が成立すると仮定した場合、カナダでの価格が2.19カナダドルであるエルクヘッド・ビールの、米国での値段はいくらになるか。なぜこのビールは、実際には米国で異なる価格で売られるかもしれないのか。

c. 米ドルはカナダドルに対して、プレミアムかディスカウント、どちらで売られているか。

d. どちらの通貨の価値が上昇すると見込まれるか。

e. 米国とカナダでは、どちらの国の金利のほうが高いと思うか。説明せよ。

5．クロスレートと裁定取引

日本円の為替レートは＄1＝¥110で、英国ポンドの為替レートは£1＝＄1.65であるとする。

a. 1ポンド当りの円のクロスレートはいくらか。

b. クロスレートは£1＝¥183であるとする。裁定取引の機会はあるか。もしあるなら、誤った価格づけを利用して儲けるにはどうするか説明せよ。

6．金利平価

図31.1を用いて、次の質問に答えよ。金利平価が成立し、米国の現在の6カ月無リスク金利は2.6%であるとする。その場合、英国の6カ月無リスク金利はいくらでなければならないか。日本は？　スイスは？

7．金利と裁定取引

ある大手米国企業の財務部長は、3カ月間の投資資金として3,000万ドルを有している。米国の金利は月0.25%で、英国の金利は月0.41%である。スポット為替レートは0.54ポンドで、3カ月フォワードレートは0.53ポンドである。取引コストを無視すると、財務部長は会社の資金をどちらの国へ投資したいと考えるか。なぜか。

8．インフレーションと為替レート

ポーランドの現在の為替レートは、4.27ズロチだとする。3年後の期待為替レートは、4.51ズロチである。この期間の米国とポーランドの年間インフレ率の差はいくらか。期待されるインフレ率は、両国とも一定であると仮定する。あなたの答えはどのような関係に依拠しているか。

9．為替リスク

あなたの会社は、シンガポールからコンピュータのマザーボードを輸入しているとする。為替レートは図31.1に与えられている。あなたは1枚当り168.5シンガポールドルの価格で、3万枚のマザーボードを発注したところである。支払は発注品が届く90日後に行う。マザーボードは1枚125米ドルで販売できる。今後90日間で、為替レートが10%上昇するか下落した場合の利益を、それぞれ計算せよ。損益分岐点となる為替レートはいくらか。これは米ドルに対して、シンガポールドルが何%上昇または下落することを意味するか。

10．為替レートと裁定取引

ノルウェークローネのスポットレートと6カ月フォワードレートは、それぞれKr 6.84とKr6.96であるとする。無リスク金利は、米国が年4%で、ノルウェーが年7%である。

a. ここに裁定取引の機会は存在するか。もしあったら、どのように活用するか。

b. 裁定取引を防ぐためには、6カ月フォワードレートはいくらであるべきか。

11．国際フィッシャー効果

米国のインフレ率は年2.5%で、Tビルの現在の利回りは年4.1%である。以下の国のインフレ率はいくらと推定されるか。

a. 短期政府証券の利回りが年4%の場合のオーストラリア

b. 短期政府証券の利回りが年6%の場合のカナダ

c. 短期政府証券の利回りが年9%の場合の台湾

12. スポット vs フォワードレート

スポットレートと3カ月フォワードレートは、それぞれ118.15円と116.32円であるとする。

a. 円は強くなるか、あるいは弱くなると期待されているか。

b. 米国と日本のインフレ率の差を、いくらと推定するか。

13. 期待スポットレート

ハンガリーフォリントのスポット為替レートは、HUF209であるとする。インフレ率は、米国が年3.5%で、ハンガリーが年5.7%である。あなたは為替レートが1年後いくらになると予測するか。2年後は？　5年後は？　あなたはどの関係式を用いているか。

◆中級（問題14−16）

14. キャピタル・バジェッティング

ラコニショック・エクイップメント社は、ヨーロッパに投資機会を有している。プロジェクトは1,800万ユーロの費用がかかり、1年目に360万ユーロ、2年目に410万ユーロ、3年目に510万ユーロのキャッシュフローを生み出すと期待されている。現在のスポット為替レートは＄1.22/€で、米国の現在の無リスク金利は4.8%、ヨーロッパの無リスク金利は4.1%である。プロジェクトに対する適切な割引率は13%と推定され、これは会社の米国での資本コストである。加えて、子会社は3年目の終わりに、推定1,220万ユーロで売却できる。プロジェクトのNPVはいくらか。

15. キャピタル・バジェッティング

あなたはスイスにある既存現地法人の拡大策の評価を行っている。拡大のための費用は2,500万スイスフランになる。プロジェクトからのキャッシュフローは、今後5年間、年720万スイスフランになる。ドルで要求されるリターンは年13%で、現在の為替レートは1.72スイスフランである。ユーロドルの現行利率は年8%で、ユーロスイスフランは年7%である。

a. 今後4年間で為替レートはどうなると予測するか。

b. (a)の解答に基づき、スイスフランのキャッシュフローをドルに変換し、NPVを計算せよ。

c. スイスフランのキャッシュフローに要求されるリターンはいくらか。あなたの答えに基づき、スイスフランでのNPVを計算し、ドルに変換せよ。

16. 換算リスク

アトレイズ・インターナショナル社は、アラキスに拠点をもっている。この部門の貸借対照表は、資産が２万3,000ソラリス（仮想の通貨）で、負債は9,000ソラリス、資本は１万4,000ソラリスである。

a. もし現在の為替レートが１ドル当り1.2ソラリスだったら、ドル建ての貸借対照表はどのようになるか。

b. いまから１年後、ソラリス建ての貸借対照表は、年初とまったく同じであるとする。もし為替レートが１ドル当り1.4ソラリスだったら、ドル建ての貸借対照表はどのようになるか。

c. 為替レートを１ドル当り1.12ソラリスと仮定して、(b)を再度行え。

◆チャレンジ（問題17−18）

17. 換算リスク

前問で、留保利益により株主資本が1,250ソラリス増加すると仮定する。もし年度末の為替レートが１ドル当り1.24ソラリスだったら、貸借対照表はどのようになるか。

18. 正確な国際フィッシャー効果を使用する

第６章でのフィッシャー効果の議論から、名目金利（R）、実質金利（r）、インフレ率（h）の実際の関係は、以下のように表せることがわかっている。

$$1+r=(1+R)/(1+h)$$

これは、*国内フィッシャー効果*である。

a. 国際フィッシャー効果の正確な式は何か。

b. (a)の解答に基づくと、カバーなし金利平価（UIP）の正確な式は何か（ヒント：金利平価（IRP）を思い出し、不偏フォワードレート（UFR）を使う）。

c. 相対的購買力平価の正確な式は何か（ヒント：前の二つを組み合わせる）。

d. 正確なカバーなし金利平価（UIP）と国際フィッシャー効果を用いて、カールストローム社のドリル・ビット輸出プロジェクト（第31.5節で議論）のNPVを再計算せよ。どちらの方法でも、まったく同じ答えが得られることを確認せよ。

ミニケース

●イーストコースト・ヨット社の国際化

イーストコースト・ヨット社のオーナーであるラリッサ・ワレンは、モナコのヨットディーラーと、会社のヨットをヨーロッパで販売することについて協議してきた。ディーラーのヤーレク・ヤホーヴィッチは、イーストコースト・ヨットを現在の商品ラインに加えたい。ヤーレクはラリッサに、商品の売上げが、だいたい月800万ユーロになると考えていることを伝えた。すべての販売がユーロ建てで行われ、ヤーレクは手数料として販売額の５％をユーロで受け取る。ヨットは注文によりカスタムメイドされるので、最初の販売は１月後になる。ヤーレクは、イーストコースト・ヨット社に、発注してから90日後に支払を行う。この支払スケジュールは、両社の契約期間にわたって継続される。

ラリッサは、既存の設備で追加生産に対応できる自信はあるが、ヨーロッパでヨットを販売することに伴う潜在的な財務リスクに関しては、確信がもてない。ヤーレクとの会話で、ラリッサは、現在の為替レートが、＄1.45/€であることを知った。この為替レートでは、販売収入の80％を製造費用に費やすことになる。この数字には、ヤーレクに支払う販売手数料は反映されていない。ラリッサは、会社のファイナンシャル・アナリストであるダン・アービンに、提案されている国外販売の分析を依頼することにした。彼女はダンに、特に次の質問に答えるよう要請した。

1．国外販売計画の長所・短所は何か。会社はどのような追加的リスクに直面することになるか。

2．もしドルが強くなったら、会社の利益はどうなるか。もしドルが弱くなったらどうか。

3．税金を無視すると、現在の為替レート＄1.45/€では、この提案された取決めから得られるイーストコースト・ヨット社の損益はいくらと予測されるか。もし為替レートが＄1.30/€に変わったら、利益はどうなるか。損益分岐点となる為替レートはいくらか。

4．会社は為替リスクをどのようにヘッジできるか。このアプローチは、何を意味するか。

5．すべての要因を考慮すると、会社は国外販売をさらに推し進めるべきか。なぜか、あるいはなぜそうでないのか。

付章 A

数値表

表 A.1　T 期後に受け取る1ドルの現在価値$=1/(1+r)^T$

期間	金利								
	1%	2%	3%	4%	5%	6%	7%	8%	9%
1	0.9901	0.9804	0.9709	0.9615	0.9524	0.9434	0.9346	0.9259	0.9174
2	0.9803	0.9612	0.9426	0.9246	0.9070	0.8900	0.8734	0.8573	0.8417
3	0.9706	0.9423	0.9151	0.8890	0.8638	0.8396	0.8163	0.7938	0.7722
4	0.9610	0.9238	0.8885	0.8548	0.8227	0.7921	0.7629	0.7350	0.7084
5	0.9515	0.9057	0.8626	0.8219	0.7835	0.7473	0.7130	0.6806	0.6499
6	0.9420	0.8880	0.8375	0.7903	0.7462	0.7050	0.6663	0.6302	0.5963
7	0.9327	0.8706	0.8131	0.7599	0.7107	0.6651	0.6227	0.5835	0.5470
8	0.9235	0.8535	0.7894	0.7307	0.6768	0.6274	0.5820	0.5403	0.5019
9	0.9143	0.8368	0.7664	0.7026	0.6446	0.5919	0.5439	0.5002	0.4604
10	0.9053	0.8203	0.7441	0.6756	0.6139	0.5584	0.5083	0.4632	0.4224
11	0.8963	0.8043	0.7224	0.6496	0.5847	0.5268	0.4751	0.4289	0.3875
12	0.8874	0.7885	0.7014	0.6246	0.5568	0.4970	0.4440	0.3971	0.3555
13	0.8787	0.7730	0.6810	0.6006	0.5303	0.4688	0.4150	0.3677	0.3262
14	0.8700	0.7579	0.6611	0.5775	0.5051	0.4423	0.3878	0.3405	0.2992
15	0.8613	0.7430	0.6419	0.5553	0.4810	0.4173	0.3624	0.3152	0.2745
16	0.8528	0.7284	0.6232	0.5339	0.4581	0.3936	0.3387	0.2919	0.2519
17	0.8444	0.7142	0.6050	0.5134	0.4363	0.3714	0.3166	0.2703	0.2311
18	0.8360	0.7002	0.5874	0.4936	0.4155	0.3503	0.2959	0.2502	0.2120
19	0.8277	0.6864	0.5703	0.4746	0.3957	0.3305	0.2765	0.2317	0.1945
20	0.8195	0.6730	0.5537	0.4564	0.3769	0.3118	0.2584	0.2145	0.1784
21	0.8114	0.6598	0.5375	0.4388	0.3589	0.2942	0.2415	0.1987	0.1637
22	0.8034	0.6468	0.5219	0.4220	0.3418	0.2775	0.2257	0.1839	0.1502
23	0.7954	0.6342	0.5067	0.4057	0.3256	0.2618	0.2109	0.1703	0.1378
24	0.7876	0.6217	0.4919	0.3901	0.3101	0.2470	0.1971	0.1577	0.1264
25	0.7798	0.6095	0.4776	0.3751	0.2953	0.2330	0.1842	0.1460	0.1160
30	0.7419	0.5521	0.4120	0.3083	0.2314	0.1741	0.1314	0.0994	0.0754
40	0.6717	0.4529	0.3066	0.2083	0.1420	0.0972	0.0668	0.0460	0.0318
50	0.6080	0.3715	0.2281	0.1407	0.0872	0.0543	0.0339	0.0213	0.0134

＊小数点第5位以下切捨

表 A.2　T 期間における、期間当り1ドルのアニュイティの現在価値$=[1-1/(1+r)^T]/r$

期間数	金利								
	1%	2%	3%	4%	5%	6%	7%	8%	9%
1	0.9901	0.9804	0.9709	0.9615	0.9524	0.9434	0.9346	0.9259	0.9174
2	1.9704	1.9416	1.9135	1.8861	1.8594	1.8334	1.8080	1.7833	1.7591
3	2.9410	2.8839	2.8286	2.7751	2.7232	2.6730	2.6243	2.5771	2.5313
4	3.9020	3.8077	3.7171	3.6299	3.5460	3.4651	3.3872	3.3121	3.2397
5	4.8534	4.7135	4.5797	4.4518	4.3295	4.2124	4.1002	3.9927	3.8897
6	5.7955	5.6014	5.4172	5.2421	5.0757	4.9173	4.7665	4.6229	4.4859
7	6.7282	6.4720	6.2303	6.0021	5.7864	5.5824	5.3893	5.2064	5.0330
8	7.6517	7.3255	7.0197	6.7327	6.4632	6.2098	5.9713	5.7466	5.5348
9	8.5660	8.1622	7.7861	7.4353	7.1078	6.8017	6.5152	6.2469	5.9952
10	9.4713	8.9826	8.5302	8.1109	7.7217	7.3601	7.0236	6.7101	6.4177
11	10.3676	9.7868	9.2526	8.7605	8.3064	7.8869	7.4987	7.1390	6.8052
12	11.2551	10.5753	9.9540	9.3851	8.8633	8.3838	7.9427	7.5361	7.1607
13	12.1337	11.3484	10.6350	9.9856	9.3936	8.8527	8.3577	7.9038	7.4869
14	13.0037	12.1062	11.2961	10.5631	9.8986	9.2950	8.7455	8.2442	7.7862
15	13.8651	12.8493	11.9379	11.1184	10.3797	9.7122	9.1079	8.5595	8.0607
16	14.7179	13.5777	12.5611	11.6523	10.8378	10.1059	9.4466	8.8514	8.3126
17	15.5623	14.2919	13.1661	12.1657	11.2741	10.4773	9.7632	9.1216	8.5436
18	16.3983	14.9920	13.7535	12.6593	11.6896	10.8276	10.0591	9.3719	8.7556
19	17.2260	15.6785	14.3238	13.1339	12.0853	11.1581	10.3356	9.6036	8.9501
20	18.0456	16.3514	14.8775	13.5903	12.4622	11.4699	10.5940	9.8181	9.1285
21	18.8570	17.0112	15.4150	14.0292	12.8212	11.7641	10.8355	10.0168	9.2922
22	19.6604	17.6580	15.9369	14.4511	13.1630	12.0416	11.0612	10.2007	9.4424
23	20.4558	18.2922	16.4436	14.8568	13.4886	12.3034	11.2722	10.3741	9.5802
24	21.2434	18.9139	16.9355	15.2470	13.7986	12.5504	11.4693	10.5288	9.7066
25	22.0232	19.5235	17.4131	15.6221	14.0939	12.7834	11.6536	10.6748	9.8226
30	25.8077	22.3965	19.6004	17.2920	15.3725	13.7648	12.4090	11.2578	10.2737
40	32.8347	27.3555	23.1148	19.7928	17.1591	15.0463	13.3317	11.9246	10.7574
50	39.1961	31.4236	25.7298	21.4822	18.2559	15.7619	13.8007	12.2335	10.9617

金利										
10%	12%	14%	15%	16%	18%	20%	24%	28%	32%	36%
0.9091	0.8929	0.8772	0.8696	0.8621	0.8475	0.8333	0.8065	0.7813	0.7576	0.7353
0.8264	0.7972	0.7695	0.7561	0.7432	0.7182	0.6944	0.6504	0.6104	0.5739	0.5407
0.7513	0.7118	0.6750	0.6575	0.6407	0.6086	0.5787	0.5245	0.4768	0.4348	0.3975
0.6830	0.6355	0.5921	0.5718	0.5523	0.5158	0.4823	0.4230	0.3725	0.3294	0.2923
0.6209	0.5674	0.5194	0.4972	0.4761	0.4371	0.4019	0.3411	0.2910	0.2495	0.2149
0.5645	0.5066	0.4556	0.4323	0.4104	0.3704	0.3349	0.2751	0.2274	0.1890	0.1580
0.5132	0.4523	0.3996	0.3759	0.3538	0.3139	0.2791	0.2218	0.1776	0.1432	0.1162
0.4665	0.4039	0.3506	0.3269	0.3050	0.2660	0.2326	0.1789	0.1388	0.1085	0.0854
0.4241	0.3606	0.3075	0.2843	0.2630	0.2255	0.1938	0.1443	0.1084	0.0822	0.0628
0.3855	0.3220	0.2697	0.2472	0.2267	0.1911	0.1615	0.1164	0.0847	0.0623	0.0462
0.3505	0.2875	0.2366	0.2149	0.1954	0.1619	0.1346	0.0938	0.0662	0.0472	0.0340
0.3186	0.2567	0.2076	0.1869	0.1685	0.1372	0.1122	0.0757	0.0517	0.0357	0.0250
0.2897	0.2292	0.1821	0.1625	0.1452	0.1163	0.0935	0.0610	0.0404	0.0271	0.0184
0.2633	0.2046	0.1597	0.1413	0.1252	0.0985	0.0779	0.0492	0.0316	0.0205	0.0135
0.2394	0.1827	0.1401	0.1229	0.1079	0.0835	0.0649	0.0397	0.0247	0.0155	0.0099
0.2176	0.1631	0.1229	0.1069	0.0930	0.0708	0.0541	0.0320	0.0193	0.0118	0.0073
0.1978	0.1456	0.1078	0.0929	0.0802	0.0600	0.0451	0.0258	0.0150	0.0089	0.0054
0.1799	0.1300	0.0946	0.0808	0.0691	0.0508	0.0376	0.0208	0.0118	0.0068	0.0039
0.1635	0.1161	0.0829	0.0703	0.0596	0.0431	0.0313	0.0168	0.0092	0.0051	0.0029
0.1486	0.1037	0.0728	0.0611	0.0514	0.0365	0.0261	0.0135	0.0072	0.0039	0.0021
0.1351	0.0926	0.0638	0.0531	0.0443	0.0309	0.0217	0.0109	0.0056	0.0029	0.0016
0.1228	0.0826	0.0560	0.0462	0.0382	0.0262	0.0181	0.0088	0.0044	0.0022	0.0012
0.1117	0.0738	0.0491	0.0402	0.0329	0.0222	0.0151	0.0071	0.0034	0.0017	0.0008
0.1015	0.0659	0.0431	0.0349	0.0284	0.0188	0.0126	0.0057	0.0027	0.0013	0.0006
0.0923	0.0588	0.0378	0.0304	0.0245	0.0160	0.0105	0.0046	0.0021	0.0010	0.0005
0.0573	0.0334	0.0196	0.0151	0.0116	0.0070	0.0042	0.0016	0.0006	0.0002	0.0001
0.0221	0.0107	0.0053	0.0037	0.0026	0.0013	0.0007	0.0002	0.0001	*	*
0.0085	0.0035	0.0014	0.0009	0.0006	0.0003	0.0001	*	*	*	*

金利									
10%	12%	14%	15%	16%	18%	20%	24%	28%	32%
0.9091	0.8929	0.8772	0.8696	0.8621	0.8475	0.8333	0.8065	0.7813	0.7576
1.7355	1.6901	1.6467	1.6257	1.6052	1.5656	1.5278	1.4568	1.3916	1.3315
2.4869	2.4018	2.3216	2.2832	2.2459	2.1743	2.1065	1.9813	1.8684	1.7663
3.1699	3.0373	2.9137	2.8550	2.7982	2.6901	2.5887	2.4043	2.2410	2.0957
3.7908	3.6048	3.4331	3.3522	3.2743	3.1272	2.9906	2.7454	2.5320	2.3452
4.3553	4.1114	3.8887	3.7845	3.6847	3.4976	3.3255	3.0205	2.7594	2.5342
4.8684	4.5638	4.2883	4.1604	4.0386	3.8115	3.6046	3.2423	2.9370	2.6775
5.3349	4.9676	4.6389	4.4873	4.3436	4.0776	3.8372	3.4212	3.0758	2.7860
5.7590	5.3282	4.9464	4.7716	4.6065	4.3030	4.0310	3.5655	3.1842	2.8681
6.1446	5.6502	5.2161	5.0188	4.8332	4.4941	4.1925	3.6819	3.2689	2.9304
6.4951	5.9377	5.4527	5.2337	5.0286	4.6560	4.3271	3.7757	3.3351	2.9776
6.8137	6.1944	5.6603	5.4206	5.1971	4.7932	4.4392	3.8514	3.3868	3.0133
7.1034	6.4235	5.8424	5.5831	5.3423	4.9095	4.5327	3.9124	3.4272	3.0404
7.3667	6.6282	6.0021	5.7245	5.4675	5.0081	4.6106	3.9616	3.4587	3.0609
7.6061	6.8109	6.1422	5.8474	5.5755	5.0916	4.6755	4.0013	3.4834	3.0764
7.8237	6.9740	6.2651	5.9542	5.6685	5.1624	4.7296	4.0333	3.5026	3.0882
8.0216	7.1196	6.3729	6.0472	5.7487	5.2223	4.7746	4.0591	3.5177	3.0971
8.2014	7.2497	6.4674	6.1280	5.8178	5.2732	4.8122	4.0799	3.5294	3.1039
8.3649	7.3658	6.5504	6.1982	5.8775	5.3162	4.8435	4.0967	3.5386	3.1090
8.5136	7.4694	6.6231	6.2593	5.9288	5.3527	4.8696	4.1103	3.5458	3.1129
8.6487	7.5620	6.6870	6.3125	5.9731	5.3837	4.8913	4.1212	3.5514	3.1158
8.7715	7.6446	6.7429	6.3587	6.0113	5.4099	4.9094	4.1300	3.5558	3.1180
8.8832	7.7184	6.7921	6.3988	6.0442	5.4321	4.9245	4.1371	3.5592	3.1197
8.9847	7.7843	6.8351	6.4338	6.0726	5.4509	4.9371	4.1428	3.5619	3.1210
9.0770	7.8431	6.8729	6.4641	6.0971	5.4669	4.9476	4.1474	3.5640	3.1220
9.4269	8.0552	7.0027	6.5660	6.1772	5.5168	4.9789	4.1601	3.5693	3.1242
9.7791	8.2438	7.1050	6.6418	6.2335	5.5482	4.9966	4.1659	3.5712	3.1250
9.9148	8.3045	7.1327	6.6605	6.2463	5.5541	4.9995	4.1666	3.5714	3.1250

表A.3 T期間後における1ドルの将来価値＝$(1+r)^T$

期間	金利								
	1%	2%	3%	4%	5%	6%	7%	8%	9%
1	1.0100	1.0200	1.0300	1.0400	1.0500	1.0600	1.0700	1.0800	1.0900
2	1.0201	1.0404	1.0609	1.0816	1.1025	1.1236	1.1449	1.1664	1.1881
3	1.0303	1.0612	1.0927	1.1249	1.1576	1.1910	1.2250	1.2597	1.2950
4	1.0406	1.0824	1.1255	1.1699	1.2155	1.2625	1.3108	1.3605	1.4116
5	1.0510	1.1041	1.1593	1.2167	1.2763	1.3382	1.4026	1.4693	1.5386
6	1.0615	1.1262	1.1941	1.2653	1.3401	1.4185	1.5007	1.5869	1.6771
7	1.0721	1.1487	1.2299	1.3159	1.4071	1.5036	1.6058	1.7138	1.8280
8	1.0829	1.1717	1.2668	1.3686	1.4775	1.5938	1.7182	1.8509	1.9926
9	1.0937	1.1951	1.3048	1.4233	1.5513	1.6895	1.8385	1.9990	2.1719
10	1.1046	1.2190	1.3439	1.4802	1.6289	1.7908	1.9672	2.1589	2.3674
11	1.1157	1.2434	1.3842	1.5395	1.7103	1.8983	2.1049	2.3316	2.5804
12	1.1268	1.2682	1.4258	1.6010	1.7959	2.0122	2.2522	2.5182	2.8127
13	1.1381	1.2936	1.4685	1.6651	1.8856	2.1329	2.4098	2.7196	3.0658
14	1.1495	1.3195	1.5126	1.7317	1.9799	2.2609	2.5785	2.9372	3.3417
15	1.1610	1.3459	1.5580	1.8009	2.0789	2.3966	2.7590	3.1722	3.6425
16	1.1726	1.3728	1.6047	1.8730	2.1829	2.5404	2.9522	3.4259	3.9703
17	1.1843	1.4002	1.6528	1.9479	2.2920	2.6928	3.1588	3.7000	4.3276
18	1.1961	1.4282	1.7024	2.0258	2.4066	2.8543	3.3799	3.9960	4.7171
19	1.2081	1.4568	1.7535	2.1068	2.5270	3.0256	3.6165	4.3157	5.1417
20	1.2202	1.4859	1.8061	2.1911	2.6533	3.2071	3.8697	4.6610	5.6044
21	1.2324	1.5157	1.8603	2.2788	2.7860	3.3996	4.1406	5.0338	6.1088
22	1.2447	1.5460	1.9161	2.3699	2.9253	3.6035	4.4304	5.4365	6.6586
23	1.2572	1.5769	1.9736	2.4647	3.0715	3.8197	4.7405	5.8715	7.2579
24	1.2697	1.6084	2.0328	2.5633	3.2251	4.0489	5.0724	6.3412	7.9111
25	1.2824	1.6406	2.0938	2.6658	3.3864	4.2919	5.4274	6.8485	8.6231
30	1.3478	1.8114	2.4273	3.2434	4.3219	5.7435	7.6123	10.063	13.268
40	1.4889	2.2080	3.2620	4.8010	7.0400	10.286	14.974	21.725	31.409
50	1.6446	2.6916	4.3839	7.1067	11.467	18.420	29.457	46.902	74.358
60	1.8167	3.2810	5.8916	10.520	18.679	32.988	57.946	101.26	176.03

*FVIV>99, 999.

表A.4 T期間における、期間当り1ドルのアニュイティの合計＝$[(1+r)^T-1]/r$

期間数	金利								
	1%	2%	3%	4%	5%	6%	7%	8%	9%
1	1.0000	1.0000	1.0000	1.0000	1.0000	1.0000	1.0000	1.0000	1.0000
2	2.0100	2.0200	2.0300	2.0400	2.0500	2.0600	2.0700	2.0800	2.0900
3	3.0301	3.0604	3.0909	3.1216	3.1525	3.1836	3.2149	3.2464	3.2781
4	4.0604	4.1216	4.1836	4.2465	4.3101	4.3746	4.4399	4.5061	4.5731
5	5.1010	5.2040	5.3091	5.4163	5.5256	5.6371	5.7507	5.8666	5.9847
6	6.1520	6.3081	6.4684	6.6330	6.8019	6.9753	7.1533	7.3359	7.5233
7	7.2135	7.4343	7.6625	7.8983	8.1420	8.3938	8.6540	8.9228	9.2004
8	8.2857	8.5830	8.8932	9.2142	9.5491	9.8975	10.260	10.637	11.028
9	9.3685	9.7546	10.159	10.583	11.027	11.491	11.978	12.488	13.021
10	10.462	10.950	11.464	12.006	12.578	13.181	13.816	14.487	15.193
11	11.567	12.169	12.808	13.486	14.207	14.972	15.784	16.645	17.560
12	12.683	13.412	14.192	15.026	15.917	16.870	17.888	18.977	20.141
13	13.809	14.680	15.618	16.627	17.713	18.882	20.141	21.495	22.953
14	14.947	15.974	17.086	18.292	19.599	21.015	22.550	24.215	26.019
15	16.097	17.293	18.599	20.024	21.579	23.276	25.129	27.152	29.361
16	17.258	18.639	20.157	21.825	23.657	25.673	27.888	30.324	33.003
17	18.430	20.012	21.762	23.698	25.840	28.213	30.840	33.750	36.974
18	19.615	21.412	23.414	25.645	28.132	30.906	33.999	37.450	41.301
19	20.811	22.841	25.117	27.671	30.539	33.760	37.379	41.446	46.018
20	22.019	24.297	26.870	29.778	33.066	36.786	40.995	45.762	51.160
21	23.239	25.783	28.676	31.969	35.719	39.993	44.865	50.423	56.765
22	24.472	27.299	30.537	34.248	38.505	43.392	49.006	55.457	62.873
23	25.716	28.845	32.453	36.618	41.430	46.996	53.436	60.893	69.532
24	26.973	30.422	34.426	39.083	44.502	50.816	58.177	66.765	76.790
25	28.243	32.030	36.459	41.646	47.727	54.865	63.249	73.106	84.701
30	34.785	40.568	47.575	56.085	66.439	79.058	94.461	113.28	136.31
40	48.886	60.402	75.401	95.026	120.80	154.76	199.64	259.06	337.88
50	64.463	84.579	112.80	152.67	209.35	290.34	406.53	573.77	815.08
60	81.670	114.05	163.05	237.99	353.58	533.13	813.52	1253.2	1944.8

*FVIFA>99, 999.

金利										
10%	12%	14%	15%	16%	18%	20%	24%	28%	32%	36%
1.1000	1.1200	1.1400	1.1500	1.1600	1.1800	1.2000	1.2400	1.2800	1.3200	1.3600
1.2100	1.2544	1.2996	1.3225	1.3456	1.3924	1.4400	1.5376	1.6384	1.7424	1.8496
1.3310	1.4049	1.4815	1.5209	1.5609	1.6430	1.7280	1.9066	2.0972	2.3000	2.5155
1.4641	1.5735	1.6890	1.7490	1.8106	1.9388	2.0736	2.3642	2.6844	3.0360	3.4210
1.6105	1.7623	1.9254	2.0114	2.1003	2.2878	2.4883	2.9316	3.4360	4.0075	4.6526
1.7716	1.9738	2.1950	2.3131	2.4364	2.6996	2.9860	3.6352	4.3980	5.2899	6.3275
1.9487	2.2107	2.5023	2.6600	2.8262	3.1855	3.5832	4.5077	5.6295	6.9826	8.6054
2.1436	2.4760	2.8526	3.0590	3.2784	3.7589	4.2998	5.5895	7.2058	9.2170	11.703
2.3579	2.7731	3.2519	3.5179	3.8030	4.4355	5.1598	6.9310	9.2234	12.166	15.917
2.5937	3.1058	3.7072	4.0456	4.4114	5.2338	6.1917	8.5944	11.806	16.060	21.647
2.8531	3.4785	4.2262	4.6524	5.1173	6.1759	7.4301	10.657	15.112	21.199	29.439
3.1384	3.8960	4.8179	5.3503	5.9360	7.2876	8.9161	13.215	19.343	27.983	40.037
3.4523	4.3635	5.4924	6.1528	6.8858	8.5994	10.699	16.386	24.759	36.937	54.451
3.7975	4.8871	6.2613	7.0757	7.9875	10.147	12.839	20.319	31.691	48.757	74.053
4.1772	5.4736	7.1379	8.1371	9.2655	11.974	15.407	25.196	40.565	64.359	100.71
4.5950	6.1304	8.1372	9.3576	10.748	14.129	18.488	31.243	51.923	84.954	136.97
5.0545	6.8660	9.2765	10.761	12.468	16.672	22.186	38.741	66.461	112.14	186.28
5.5599	7.6900	10.575	12.375	14.463	19.673	26.623	48.039	86.071	148.02	253.34
6.1159	8.6128	12.056	14.232	16.777	23.214	31.948	59.568	108.89	195.39	344.54
6.7275	9.6463	13.743	16.367	19.461	27.393	38.338	73.864	139.38	257.92	468.57
7.4002	10.804	15.668	18.822	22.574	32.324	46.005	91.592	178.41	340.45	637.26
8.1403	12.100	17.861	21.645	26.186	38.142	55.206	113.57	228.36	449.39	866.67
8.9543	13.552	20.362	24.891	30.376	45.008	66.247	140.83	292.30	593.20	1178.7
9.8497	15.179	23.212	28.625	35.236	53.109	79.497	174.63	374.14	783.02	1603.0
10.835	17.000	26.462	32.919	40.874	62.669	95.396	216.54	478.90	1033.6	2180.1
17.449	29.960	50.950	66.212	85.850	143.37	237.38	634.82	1645.5	4142.1	10143.
45.259	93.051	188.88	267.86	378.72	750.38	1469.8	5455.9	19427.	66521.	*
117.39	289.00	700.23	1083.7	1670.7	3927.4	9100.4	46890.	*	*	*
304.48	897.60	2595.9	4384.0	7370.2	20555.	56348.	*	*	*	*

金利										
10%	12%	14%	15%	16%	18%	20%	24%	28%	32%	36%
1.0000	1.0000	1.0000	1.0000	1.0000	1.0000	1.0000	1.0000	1.0000	1.0000	1.0000
2.1000	2.1200	2.1400	2.1500	2.1600	2.1800	2.2000	2.2400	2.2800	2.3200	2.3600
3.3100	3.3744	3.4396	3.4725	3.5056	3.5724	3.6400	3.7776	3.9184	4.0624	4.2096
4.6410	4.7793	4.9211	4.9934	5.0665	5.2154	5.3680	5.6842	6.0156	6.3624	6.7251
6.1051	6.3528	6.6101	6.7424	6.8771	7.1542	7.4416	8.0484	8.6999	9.3983	10.146
7.7156	8.1152	8.5355	8.7537	8.9775	9.4420	9.9299	10.980	12.136	13.406	14.799
9.4872	10.089	10.730	11.067	11.414	12.142	12.916	14.615	16.534	18.696	21.126
11.436	12.300	13.233	13.727	14.240	15.327	16.499	19.123	22.163	25.678	29.732
13.579	14.776	16.085	16.786	17.519	19.086	20.799	24.712	29.369	34.895	41.435
15.937	17.549	19.337	20.304	21.321	23.521	25.959	31.643	38.593	47.062	57.352
18.531	20.655	23.045	24.349	25.733	28.755	32.150	40.238	50.398	63.122	78.998
21.384	24.133	27.271	29.002	30.850	34.931	39.581	50.895	65.510	84.320	108.44
24.523	28.029	32.089	34.352	36.786	42.219	48.497	64.110	84.853	112.30	148.47
27.975	32.393	37.581	40.505	43.672	50.818	59.196	80.496	109.61	149.24	202.93
31.772	37.280	43.842	47.580	51.660	60.965	72.035	100.82	141.30	198.00	276.98
35.950	42.753	50.980	55.717	60.925	72.939	87.442	126.01	181.87	262.36	377.69
40.545	48.884	59.118	65.075	71.673	87.068	105.93	157.25	233.79	347.31	514.66
45.599	55.750	68.394	75.836	84.141	103.74	128.12	195.99	300.25	459.45	700.94
51.159	64.440	78.969	88.212	98.603	123.41	154.74	244.03	385.32	607.47	954.28
57.275	72.052	91.025	102.44	115.38	146.63	186.69	303.60	494.21	802.86	1298.8
64.002	81.699	104.77	118.81	134.84	174.02	225.03	377.46	633.59	1060.8	1767.4
71.403	92.503	120.44	137.63	157.41	206.34	271.03	469.06	812.00	1401.2	2404.7
79.543	104.60	138.30	159.28	183.60	244.49	326.24	582.63	1040.4	1850.6	3271.3
88.497	118.16	158.66	184.17	213.98	289.49	392.48	723.46	1332.7	2443.8	4450.0
98.347	133.33	181.87	212.79	249.21	342.60	471.98	898.09	1706.8	3226.8	6053.0
164.49	241.33	356.79	434.75	530.31	790.95	1181.9	2640.9	5873.2	12941.	28172.3
442.59	767.09	1342.0	1779.1	2360.8	4163.2	7343.9	22729.	69377.	*	*
1163.9	2400.0	4994.5	7217.7	10436.	21813.	45497.	*	*	*	*
3034.8	7471.6	18535.	29220.	46058.	*	*	*	*	*	*

表A.5　T期間における連続複利率 r での1ドルの将来価値：e^{rT} の値

期間 (T)	連続複利 (r)									
	1%	2%	3%	4%	5%	6%	7%	8%	9%	10%
1	1.0101	1.0202	1.0305	1.0408	1.0513	1.0618	1.0725	1.0833	1.0942	1.1052
2	1.0202	1.0408	1.0618	1.0833	1.1052	1.1275	1.1503	1.1735	1.1972	1.2214
3	1.0305	1.0618	1.0942	1.1275	1.1618	1.1972	1.2337	1.2712	1.3100	1.3499
4	1.0408	1.0833	1.1275	1.1735	1.2214	1.2712	1.3231	1.3771	1.4333	1.4918
5	1.0513	1.1052	1.1618	1.2214	1.2840	1.3499	1.4191	1.4918	1.5683	1.6487
6	1.0618	1.1275	1.1972	1.2712	1.3499	1.4333	1.5220	1.6161	1.7160	1.8221
7	1.0725	1.1503	1.2337	1.3231	1.4191	1.5220	1.6323	1.7507	1.8776	2.0138
8	1.0833	1.1735	1.2712	1.3771	1.4918	1.6161	1.7507	1.8965	2.0544	2.2255
9	1.0942	1.1972	1.3100	1.4333	1.5683	1.7160	1.8776	2.0544	2.2479	2.4596
10	1.1052	1.2214	1.3499	1.4918	1.6487	1.8221	2.0138	2.2255	2.4596	2.7183
11	1.1163	1.2461	1.3910	1.5527	1.7333	1.9348	2.1598	2.4109	2.6912	3.0042
12	1.1275	1.2712	1.4333	1.6161	1.8221	2.0544	2.3164	2.6117	2.9447	3.3201
13	1.1388	1.2969	1.4770	1.6820	1.9155	2.1815	2.4843	2.8292	3.2220	3.6693
14	1.1503	1.3231	1.5220	1.7507	2.0138	2.3164	2.6645	3.0649	3.5254	4.0552
15	1.1618	1.3499	1.5683	1.8221	2.1170	2.4596	2.8577	3.3201	3.8574	4.4817
16	1.1735	1.3771	1.6161	1.8965	2.2255	2.6117	3.0649	3.5966	4.2207	4.9530
17	1.1853	1.4049	1.6653	1.9739	2.3396	2.7732	3.2871	3.8962	4.6182	5.4739
18	1.1972	1.4333	1.7160	2.0544	2.4596	2.9447	3.5254	4.2207	5.0531	6.0496
19	1.2092	1.4623	1.7683	2.1383	2.5857	3.1268	3.7810	4.5722	5.5290	6.6859
20	1.2214	1.4918	1.8221	2.2255	2.7183	3.3201	4.0552	4.9530	6.0496	7.3891
21	1.2337	1.5220	1.8776	2.3164	2.8577	3.5254	4.3492	5.3656	6.6194	8.1662
22	1.2461	1.5527	1.9348	2.4109	3.0042	3.7434	4.6646	5.8124	7.2427	9.0250
23	1.2586	1.5841	1.9937	2.5093	3.1582	3.9749	5.0028	6.2965	7.9248	9.9742
24	1.2712	1.6161	2.0544	2.6117	3.3201	4.2207	5.3656	6.8210	8.6711	11.0232
25	1.2840	1.6487	2.1170	2.7183	3.4903	4.4817	5.7546	7.3891	9.4877	12.1825
30	1.3499	1.8221	2.4596	3.3204	4.4817	6.0496	8.1662	11.0232	14.8797	20.0855
35	1.4191	2.0138	2.8577	4.0552	5.7546	8.1662	11.5883	16.4446	23.3361	33.1155
40	1.4918	2.2255	3.3201	4.9530	7.3891	11.0232	16.4446	24.5235	36.5982	54.5982
45	1.5683	2.4596	3.8574	6.0496	9.4877	14.8797	23.3361	36.5982	57.3975	90.0171
50	1.6487	2.7183	4.4817	7.3891	12.1825	20.0855	33.1155	54.5982	90.0171	148.4132
55	1.7333	3.0042	5.2070	9.0250	15.6426	27.1126	46.9931	81.4509	141.1750	244.6919
60	1.8221	3.3201	6.0496	11.0232	20.0855	36.5982	66.6863	121.5104	221.4064	403.4288

表A.6　T期間における連続割引率 r での1ドルの現在価値：e^{-rT} の値

期間 (T)	連続割引率 (r)								
	1%	2%	3%	4%	5%	6%	7%	8%	9%
1	0.9900	0.9802	0.9704	0.9608	0.9512	0.9418	0.9324	0.9231	0.9139
2	0.9802	0.9608	0.9418	0.9231	0.9048	0.8869	0.8694	0.8521	0.8353
3	0.9704	0.9418	0.9139	0.8869	0.8607	0.8353	0.8106	0.7866	0.7634
4	0.9608	0.9231	0.8869	0.8521	0.8187	0.7866	0.7558	0.7261	0.6977
5	0.9512	0.9048	0.8607	0.8187	0.7788	0.7408	0.7047	0.6703	0.6376
6	0.9418	0.8869	0.8353	0.7866	0.7408	0.6977	0.6570	0.6188	0.5827
7	0.9324	0.8694	0.8106	0.7558	0.7047	0.6570	0.6126	0.5712	0.5326
8	0.9231	0.8521	0.7866	0.7261	0.6703	0.6188	0.5712	0.5273	0.4868
9	0.9139	0.8353	0.7634	0.6977	0.6376	0.5827	0.5326	0.4868	0.4449
10	0.9048	0.8187	0.7408	0.6703	0.6065	0.5488	0.4966	0.4493	0.4066
11	0.8958	0.8025	0.7189	0.6440	0.5769	0.5169	0.4630	0.4148	0.3716
12	0.8869	0.7866	0.6977	0.6188	0.5488	0.4868	0.4317	0.3829	0.3396
13	0.8781	0.7711	0.6771	0.5945	0.5220	0.4584	0.4025	0.3535	0.3104
14	0.8694	0.7558	0.6570	0.5712	0.4966	0.4317	0.3753	0.3263	0.2837
15	0.8607	0.7408	0.6376	0.5488	0.4724	0.4066	0.3499	0.3012	0.2592
16	0.8521	0.7261	0.6188	0.5273	0.4493	0.3829	0.3263	0.2780	0.2369
17	0.8437	0.7118	0.6005	0.5066	0.4274	0.3606	0.3042	0.2567	0.2165
18	0.8353	0.6977	0.5827	0.4868	0.4066	0.3396	0.2837	0.2369	0.1979
19	0.8270	0.6839	0.5655	0.4677	0.3867	0.3198	0.2645	0.2187	0.1809
20	0.8187	0.6703	0.5488	0.4493	0.3679	0.3012	0.2466	0.2019	0.1653
21	0.8106	0.6570	0.5326	0.4317	0.3499	0.2837	0.2299	0.1864	0.1511
22	0.8025	0.6440	0.5169	0.4148	0.3329	0.2671	0.2144	0.1720	0.1381
23	0.7945	0.6313	0.5016	0.3985	0.3166	0.2516	0.1999	0.1588	0.1262
24	0.7866	0.6188	0.4868	0.3829	0.3012	0.2369	0.1864	0.1466	0.1153
25	0.7788	0.6065	0.4724	0.3679	0.2865	0.2231	0.1738	0.1353	0.1054
30	0.7408	0.5488	0.4066	0.3012	0.2231	0.1653	0.1225	0.0907	0.0672
35	0.7047	0.4966	0.3499	0.2466	0.1738	0.1225	0.0863	0.0608	0.0429
40	0.6703	0.4493	0.3012	0.2019	0.1353	0.0907	0.0608	0.0408	0.0273
45	0.6376	0.4066	0.2592	0.1653	0.1054	0.0672	0.0429	0.0273	0.0174
50	0.6065	0.3679	0.2231	0.1353	0.0821	0.0498	0.0302	0.0183	0.0111
55	0.5769	0.3329	0.1920	0.1108	0.0639	0.0369	0.0213	0.0123	0.0071
60	0.5488	0.3012	0.1653	0.0907	0.0498	0.0273	0.0150	0.0082	0.0045

（続き）

連続複利(r)										
11%	12%	13%	14%	15%	16%	17%	18%	19%	20%	21%
1.1163	1.1275	1.1388	1.1503	1.1618	1.1735	1.1853	1.1972	1.2092	1.2214	1.2337
1.2461	1.2712	1.2969	1.3231	1.3499	1.3771	1.4049	1.4333	1.4623	1.4918	1.5220
1.3910	1.4333	1.4770	1.5220	1.5683	1.6161	1.6653	1.7160	1.7683	1.8221	1.8776
1.5527	1.6161	1.6820	1.7507	1.8221	1.8965	1.9739	2.0544	2.1383	2.2255	2.3164
1.7333	1.8221	1.9155	2.0138	2.1170	2.2255	2.3396	2.4596	2.5857	2.7183	2.8577
1.9348	2.0544	2.1815	2.3164	2.4596	2.6117	2.7732	2.9447	3.1268	3.3201	3.5254
2.1598	2.3164	2.4843	2.6645	2.8577	3.0649	3.2871	3.5254	3.7810	4.0552	4.3492
2.4109	2.6117	2.8292	3.0649	3.3201	3.5966	3.8962	4.2207	4.5722	4.9530	5.3656
2.6912	2.9447	3.2220	3.5254	3.8574	4.2207	4.6182	5.0531	5.5290	6.0496	6.6194
3.0042	3.3201	3.6693	4.0552	4.4817	4.9530	5.4739	6.0496	6.6859	7.3891	8.1662
3.3535	3.7434	4.1787	4.6646	5.2070	5.8124	6.4883	7.2427	8.0849	9.0250	10.0744
3.7434	4.2207	4.7588	5.3656	6.0496	6.8210	7.6906	8.6711	9.7767	11.0232	12.4286
4.1787	4.7588	5.4195	6.1719	7.0287	8.0045	9.1157	10.3812	11.8224	13.4637	15.3329
4.6646	5.3656	6.1719	7.0993	8.1662	9.3933	10.8049	12.4286	14.2963	16.4446	18.9158
5.2070	6.0496	7.0287	8.1662	9.4877	11.0232	12.0871	14.8797	17.2878	20.0855	23.3361
5.8124	6.8210	8.0045	9.3933	11.0232	12.9358	15.1803	17.8143	20.9052	24.5325	28.7892
6.4883	7.6906	9.1157	10.8049	12.8071	15.1803	17.9933	21.3276	25.2797	29.9641	35.5166
7.2427	8.6711	10.3812	12.4286	14.8797	17.8143	21.3276	25.5337	30.5694	36.5982	43.8160
8.0849	9.7767	11.8224	14.2963	17.2878	20.9052	25.2797	30.5694	36.9661	44.7012	54.0549
9.0250	11.0232	13.4637	16.4446	20.0855	24.5325	29.9641	36.5982	44.7012	54.5982	66.6863
10.0744	12.4286	15.3329	18.9158	23.3361	28.7892	35.5166	43.8160	54.0549	66.6863	82.2695
11.2459	14.0132	17.4615	21.7584	27.1126	33.7844	42.0980	52.4573	65.3659	81.4509	101.4940
12.5535	15.7998	19.8857	25.0281	31.5004	39.6464	49.8990	62.8028	79.0436	99.4843	125.2110
14.0132	17.8143	22.6464	28.7892	36.5982	46.5255	59.1455	75.1886	95.5835	121.5104	154.4700
15.6426	20.0855	25.7903	33.1155	42.5211	54.5982	70.1054	90.0171	115.5843	148.4132	190.5663
27.1126	36.5982	49.4024	66.6863	90.0171	121.5104	164.0219	221.4064	298.8674	403.4288	544.5719
46.9931	66.6863	94.6324	134.2898	190.5663	270.4264	383.7533	544.5719	772.7843	1096.633	1556.197
81.4509	121.5104	181.2722	270.4264	403.4288	601.8450	897.8473	1339.431	1998.196	2980.958	4447.067
141.1750	221.4064	347.2344	544.5719	854.0588	1339.431	2100.646	3294.468	5166.754	8103.084	12708.17
244.6919	403.4288	665.1416	1096.633	1808.042	2980.958	4914.769	8103.084	13359.73	22026.47	36315.50
424.1130	735.0952	1274.106	2208.348	3827.626	6634.244	11498.82	19930.37	34544.37	59874.14	103777.0
735.0952	1339.431	2440.602	4447.067	8103.084	14764.78	26903.19	49020.80	89321.72	162754.8	296558.6

（続き）

連続割引率(r)									
10%	11%	12%	13%	14%	15%	16%	17%	18%	19%
0.9048	0.8958	0.8869	0.8781	0.8694	0.8607	0.8521	0.8437	0.8353	0.8270
0.8187	0.8025	0.7866	0.7711	0.7558	0.7408	0.7261	0.7118	0.6977	0.6839
0.7408	0.7189	0.6977	0.6771	0.6570	0.6376	0.6188	0.6005	0.5827	0.5655
0.6703	0.6440	0.6188	0.5945	0.5712	0.5488	0.5273	0.5066	0.4868	0.4677
0.6065	0.5769	0.5488	0.5220	0.4966	0.4724	0.4493	0.4274	0.4066	0.3867
0.5488	0.5169	0.4868	0.4584	0.4317	0.4066	0.3829	0.3606	0.3396	0.3198
0.4966	0.4630	0.4317	0.4025	0.3753	0.3499	0.3263	0.3042	0.2837	0.2645
0.4493	0.4148	0.3829	0.3535	0.3263	0.3012	0.2780	0.2576	0.2369	0.2187
0.4066	0.3716	0.3396	0.3104	0.2837	0.2592	0.2369	0.2165	0.1979	0.1809
0.3679	0.3329	0.3012	0.2725	0.2466	0.2231	0.2019	0.1827	0.1653	0.1496
0.3329	0.2982	0.2671	0.2393	0.2144	0.1920	0.1720	0.1541	0.1381	0.1237
0.3012	0.2671	0.2369	0.2101	0.1864	0.1653	0.1466	0.1300	0.1154	0.1023
0.2725	0.2393	0.2101	0.1845	0.1620	0.1423	0.1249	0.1097	0.0963	0.0846
0.2466	0.2144	0.1864	0.1620	0.1409	0.1225	0.1065	0.0926	0.0805	0.0699
0.2231	0.1920	0.1653	0.1423	0.1225	0.1054	0.0907	0.0781	0.0672	0.0578
0.2019	0.1720	0.1466	0.1249	0.1065	0.0907	0.0773	0.0659	0.0561	0.0478
0.1827	0.1541	0.1300	0.1097	0.0926	0.0781	0.0659	0.0556	0.0469	0.0396
0.1653	0.1381	0.1153	0.0963	0.0805	0.0672	0.0561	0.0469	0.0392	0.0327
0.1496	0.1237	0.1023	0.0846	0.0699	0.0578	0.0478	0.0396	0.0327	0.0271
0.1353	0.1108	0.0907	0.0743	0.0608	0.0498	0.0408	0.0334	0.0273	0.0224
0.1225	0.0993	0.0805	0.0652	0.0529	0.0429	0.0347	0.0282	0.0228	0.0185
0.1108	0.0889	0.0714	0.0573	0.0460	0.0369	0.0296	0.0238	0.0191	0.0153
0.1003	0.0797	0.0633	0.0503	0.0400	0.0317	0.0252	0.0200	0.0159	0.0127
0.0907	0.0714	0.0561	0.0442	0.0347	0.0273	0.0215	0.0169	0.0133	0.0105
0.0821	0.0639	0.0498	0.0388	0.0302	0.0235	0.0183	0.0143	0.0111	0.0087
0.0498	0.0369	0.0273	0.0202	0.0150	0.0111	0.0082	0.0061	0.0045	0.0033
0.0302	0.0213	0.0150	0.0106	0.0074	0.0052	0.0037	0.0026	0.0018	0.0013
0.0183	0.0123	0.0082	0.0055	0.0037	0.0025	0.0017	0.0011	0.0007	0.0005
0.0111	0.0071	0.0045	0.0029	0.0018	0.0012	0.0007	0.0005	0.0003	0.0002
0.0067	0.0041	0.0025	0.0015	0.0009	0.0006	0.0003	0.0002	0.0001	0.0001
0.0041	0.0024	0.0014	0.0008	0.0005	0.0003	0.0002	0.0001	0.0001	0.0000
0.0025	0.0014	0.0007	0.0004	0.0002	0.0001	0.0001	0.0000	0.0000	0.0000

(A.5 終り)

期間 (T)	連続複利 (*r*)						
	22%	23%	24%	25%	26%	27%	28%
1	1.2461	1.2586	1.2712	1.2840	1.2969	1.3100	1.3231
2	1.5527	1.5841	1.6161	1.6487	1.6820	1.7160	1.7507
3	1.9348	1.9937	2.0544	2.1170	2.1815	2.2479	2.3164
4	2.4109	2.5093	2.6117	2.7183	2.8292	2.9447	3.0649
5	3.0042	3.1582	3.3201	3.4903	3.6693	3.8574	4.0552
6	3.7434	3.9749	4.2207	4.4817	4.7588	5.0351	5.3656
7	4.6646	5.0028	5.3656	5.7546	6.1719	6.6194	7.0993
8	5.8124	6.2965	6.8210	7.3891	8.0045	8.6711	9.3933
9	7.2427	7.9248	8.6711	9.4877	10.3812	11.3589	12.4286
10	9.0250	9.9742	11.0232	12.1825	13.4637	14.8797	16.4446
11	11.2459	12.5535	14.0132	15.6426	17.4615	19.4919	21.7584
12	14.0132	15.7998	17.8143	20.0855	22.6464	25.5337	28.7892
13	17.4615	19.8857	22.6464	25.7903	29.3708	33.4483	38.0918
14	21.7584	25.0281	28.7892	33.1155	38.0918	43.8160	50.4004
15	27.1126	31.5004	36.5982	42.5211	49.4024	57.3975	66.6863
16	33.7844	39.6464	46.5255	54.5982	64.0715	75.1886	88.2347
17	42.0980	49.8990	59.1455	70.1054	83.0963	98.4944	116.7459
18	52.4573	62.8028	75.1886	90.0171	107.7701	129.0242	154.4700
19	65.3659	79.0436	95.5835	115.5843	139.7702	169.0171	204.3839
20	81.4509	99.4843	121.5104	148.4132	181.2722	221.4064	270.4264
21	101.4940	125.2110	154.4700	190.5663	235.0974	290.0345	357.8092
22	126.4694	157.5905	196.3699	244.6919	304.9049	379.9349	473.4281
23	157.5905	198.3434	249.6350	314.1907	395.4404	497.7013	626.4068
24	196.3699	249.6350	317.3483	403.4288	512.8585	651.9709	828.8175
25	244.6919	314.1907	403.4288	518.0128	665.1416	854.0588	1096.633
30	735.0952	992.2747	1339.431	1808.042	2440.602	3294.468	4447.067
35	2208.348	3133.795	4447.067	6310.688	8955.293	12708.17	18033.74
40	6634.244	9897.129	14764.78	22026.47	32859.63	49020.80	73130.44
45	19930.37	31257.04	49020.80	76879.92	120571.7	189094.1	296558.6
50	59874.14	98715.77	162754.8	268337.3	442413.4	729416.4	1202604
55	179871.9	311763.4	540364.9	936589.2	1623346	2813669	4876801
60	540364.9	984609.1	1794075	3269017	5956538	10853520	19776403

(続き)

期間 (*T*)	連続割引率 (*r*)								
	20%	21%	22%	23%	24%	25%	26%	27%	28%
1	0.8187	0.8106	0.8025	0.7945	0.7866	0.7788	0.7711	0.7634	0.7558
2	0.6703	0.6570	0.6440	0.6313	0.6188	0.6065	0.5945	0.5827	0.5712
3	0.5488	0.5326	0.5169	0.5016	0.4868	0.4724	0.4584	0.4449	0.4317
4	0.4493	0.4317	0.4148	0.3985	0.3829	0.3679	0.3535	0.3396	0.3263
5	0.3679	0.3499	0.3329	0.3166	0.3012	0.2865	0.2725	0.2592	0.2466
6	0.3012	0.2837	0.2671	0.2516	0.2369	0.2231	0.2101	0.1979	0.1864
7	0.2466	0.2299	0.2144	0.1999	0.1864	0.1738	0.1620	0.1511	0.1409
8	0.2019	0.1864	0.1720	0.1588	0.1466	0.1353	0.1249	0.1153	0.1065
9	0.1653	0.1511	0.1381	0.1262	0.1153	0.1054	0.0963	0.0880	0.0805
10	0.1353	0.1225	0.1108	0.1003	0.0907	0.0821	0.0743	0.0672	0.0608
11	0.1108	0.0993	0.0889	0.0797	0.0714	0.0639	0.0573	0.0513	0.0460
12	0.0907	0.0805	0.0714	0.0633	0.0561	0.0498	0.0442	0.0392	0.0347
13	0.0743	0.0652	0.0573	0.0503	0.0442	0.0388	0.0340	0.0299	0.0263
14	0.0608	0.0529	0.0460	0.0400	0.0347	0.0302	0.0263	0.0228	0.0198
15	0.0498	0.0429	0.0369	0.0317	0.0273	0.0235	0.0202	0.0174	0.0150
16	0.0408	0.0347	0.0296	0.0252	0.0215	0.0183	0.0156	0.0133	0.0113
17	0.0334	0.0282	0.0238	0.0200	0.0169	0.0143	0.0120	0.0102	0.0086
18	0.0273	0.0228	0.0191	0.0159	0.0133	0.0111	0.0093	0.0078	0.0065
19	0.0224	0.0185	0.0153	0.0127	0.0105	0.0087	0.0072	0.0059	0.0049
20	0.0183	0.0150	0.0123	0.0101	0.0082	0.0067	0.0055	0.0045	0.0037
21	0.0150	0.0122	0.0099	0.0080	0.0065	0.0052	0.0043	0.0034	0.0028
22	0.0123	0.0099	0.0079	0.0063	0.0051	0.0041	0.0033	0.0026	0.0021
23	0.0101	0.0080	0.0063	0.0050	0.0040	0.0032	0.0025	0.0020	0.0016
24	0.0082	0.0065	0.0051	0.0040	0.0032	0.0025	0.0019	0.0015	0.0012
25	0.0067	0.0052	0.0041	0.0032	0.0025	0.0019	0.0015	0.0012	0.0009
30	0.0025	0.0018	0.0014	0.0010	0.0007	0.0006	0.0004	0.0003	0.0002
35	0.0009	0.0006	0.0005	0.0003	0.0002	0.0002	0.0001	0.0001	0.0001
40	0.0003	0.0002	0.0002	0.0001	0.0001	0.0000	0.0000	0.0000	0.0000
45	0.0001	0.0001	0.0001	0.0000	0.0000	0.0000	0.0000	0.0000	0.0000
50	0.0000	0.0000	0.0000	0.0000	0.0000	0.0000	0.0000	0.0000	0.0000
55	0.0000	0.0000	0.0000	0.0000	0.0000	0.0000	0.0000	0.0000	0.0000
60	0.0000	0.0000	0.0000	0.0000	0.0000	0.0000	0.0000	0.0000	0.0000

(A.6 終り)

連続割引率(r)						
29%	30%	31%	32%	33%	34%	35%
0.7483	0.7408	0.7334	0.7261	0.7189	0.7118	0.7047
0.5599	0.5488	0.5379	0.5273	0.5169	0.5066	0.4966
0.4190	0.4066	0.3946	0.3829	0.3716	0.3606	0.3499
0.3135	0.3012	0.2894	0.2780	0.2671	0.2567	0.2466
0.2346	0.2231	0.2122	0.2019	0.1920	0.1827	0.1738
0.1755	0.1653	0.1557	0.1466	0.1381	0.1300	0.1225
0.1313	0.1225	0.1142	0.1065	0.0993	0.0926	0.0863
0.0983	0.0907	0.0837	0.0773	0.0714	0.0659	0.0608
0.0735	0.0672	0.0614	0.0561	0.0513	0.0469	0.0429
0.0550	0.0498	0.0450	0.0408	0.0369	0.0334	0.0302
0.0412	0.0369	0.0330	0.0296	0.0265	0.0238	0.0213
0.0308	0.0273	0.0242	0.0215	0.0191	0.0169	0.0150
0.0231	0.0202	0.0178	0.0156	0.0137	0.0120	0.0106
0.0172	0.0150	0.0130	0.0113	0.0099	0.0086	0.0074
0.0129	0.0111	0.0096	0.0082	0.0071	0.0061	0.0052
0.0097	0.0082	0.0070	0.0060	0.0051	0.0043	0.0037
0.0072	0.0061	0.0051	0.0043	0.0037	0.0031	0.0026
0.0054	0.0045	0.0038	0.0032	0.0026	0.0022	0.0018
0.0040	0.0033	0.0028	0.0023	0.0019	0.0016	0.0013
0.0030	0.0025	0.0020	0.0017	0.0014	0.0011	0.0009
0.0023	0.0018	0.0015	0.0012	0.0010	0.0008	0.0006
0.0017	0.0014	0.0011	0.0009	0.0007	0.0006	0.0005
0.0013	0.0010	0.0008	0.0006	0.0005	0.0004	0.0003
0.0009	0.0007	0.0006	0.0005	0.0004	0.0003	0.0002
0.0007	0.0006	0.0004	0.0003	0.0003	0.0002	0.0002
0.0002	0.0001	0.0001	0.0001	0.0001	0.0000	0.0000
0.0000	0.0000	0.0000	0.0000	0.0000	0.0000	0.0000
0.0000	0.0000	0.0000	0.0000	0.0000	0.0000	0.0000
0.0000	0.0000	0.0000	0.0000	0.0000	0.0000	0.0000
0.0000	0.0000	0.0000	0.0000	0.0000	0.0000	0.0000
0.0000	0.0000	0.0000	0.0000	0.0000	0.0000	0.0000
0.0000	0.0000	0.0000	0.0000	0.0000	0.0000	0.0000

付 章 B

章末問題の一部の解答

第2章

2　$148,850；$98,850
6　$364,000
10　$789,000
14　*a*．$52,540
　b．$18,100
　c．$2,250
　d．$1,790
16　$393,000

第3章

2　1.90倍；19.19%；$123,775.50
6　15.61%
10　6.72%
14　33.63日
16　8.54倍

第4章

2　*a*．$1,790.85
　b．$2,367.36
　c．$3,207.14
6　8.04年；16.09年
10　*a*．$3,462.03
　b．$2,564.73
　c．$3,132.57
　d．$3,326.28
14　$307,692.31；5.88%
18　EAR＝176.68%
22　4.81%
26　$3,257,576
30　$325,001.73
34　$1,660,364
38　$504,129.05
42　－$2,438.23；12.04%
44　$123,869.69
52　$8,148.66
56　$15,456.89
60　EAR＝16.28%
64　APR＝31.65%；EAR＝36.67%

第5章

2　4.23年；6.39年；回収不能
6　33.37%；29.32%
10　*a*．14.81%
　d．－$683.42；$635.42
14　*a*．0.86年；1.56年
　b．$235.46；$417.05
　c．42.43%；25.03%
　d．18.78%
18　*a*．1.63年；1.60年
　b．$605,259.20；$386,476.33
　c．34.45%；41.87%
　d．27.49%
22　25.00%；33.33%；42.86%；66.67%

第6章

2　$1,154.53
6　22.01%
10　－$106,311.69；－$105,895.27
16　$22,522,500
18　$968,750
22　$43,748.88
28　$1,395,938；20.72%
32　$264.41

第7章

2　NPV$_{最善}$＝$2,528,859
　NPV$_{最悪}$＝－$1,379,598
6　すぐに市場投入するNPV＝$15,500,000
　テスト・マーケティングNPV
　＝$15,977,477
10　6,366ユニット
14　回収期間＝3.19年
　NPV＝$7,507,381
　IRR＝25.15%
20　*a*．1,067
　b．2,379

第8章

2　*a*．$1,000
　b．$802.38
　c．$1,283.62
6　6.56%
10　6.84%
16　直接利回り＝7.71%

最終利回り＝8.03％
実効年利回り＝8.19％
18　$1,062

第９章

2　10.91％
6　$3.91
8　6.21％
13　$38.57
18　$92.41
23　14.13％
29　*a*．$63.64
b．$91.53

第10章

2　1.58％；13.04％
6　2.91％；3.01％
10　*a*．6.72％
b．6.10％
14　7.30％
20　算術平均＝7.17％
幾何平均＝2.45％

第11章

2　12.74％
6　$E(R_A)$＝7.65％
σ_A＝1.71％
$E(R_B)$＝12.05％
σ_B＝15.57％
10　*a*．6.98％
b．σ^2＝0.03312；σ＝18.20％
14　1.46
18　市場リスク・プレミアム＝6.77％

第12章

2　*a*．2.81％
b．11.01％
5　F_1＝6.49％
F_2＝5.64％

第13章

2　10.37％
6　簿価＝$140,000,000
市場価値＝$123,200,000
R_D＝3.57％
10　*a*．0.2143；0.7857
b．0.7793；0.2207
14　*a*．0.3196；0.6084
b．10.27％
18　$42,385,321
22　$9,719,777

第15章

2　1,151
6　$1,112.79
10　7.42％
14　$119.73

第16章

2　*a*．$0.99；$2.47；$3.21
b．$0.09；$2.56；$3.79
6　*a*．$6.67；$8.18；$5.22
b．$5,750
c．$5,750
d．$4.00；$4.91；$3.13
損益分岐点＝$5,750
10　$4,730,000
14　V_U＝$535,294.12
V＝$585,544.12

第17章

4　$750,000
8　*a*．$85,000,000
b．27.66％
c．12.77％

第18章

2　$102,373.23
6　*a*．$1,148,766
b．$1,099,840
10　$2,584,826

13　＄4,837,789

第19章

2　*a*．新株発行＝2,000
　b．新株発行＝5,000
6　7,731；＄47.50
10　*a*．＄115
　b．＄120
　c．25,000
14　*a*．＄1,054,821
　b．＄72.99；＄1,504,821.43
　c．665.34

第20章

2　*a*．＄34
　b．1,333,333；2.55
　c．＄32.87；＄1.13
　d．34,000；34,000
6　1,258,766
12　19.18%
15　＄28.15

第21章

2　−＄13,074.25
6　−＄22,969.80
10　＄1,514,203
14　*a*．−＄40,065.81
　b．＄1,483,252

第22章

4　*a*．＄13.40
　b．＄2.17
6　＄1.51
10　コール＝＄3.65；プット＝＄6.90
14　＄246,505.71
18　＄75.00
22　プロジェクトＡ：株主資本＝＄4,919.05；負債＝＄12,080.95
　プロジェクトＢ：株主資本＝＄4,052.51；負債＝＄13,347.59
26　*a*．＄5.44
　b．0.46；借入れ＄31.71
　c．＄5.44
34　＄10.80

第23章

2　＄1,213,088
6　＄107,101.33
10　＄6,161,619

第24章

2　14.23
5　＄18
10　*a*．＄563.75
　b．13.95年
14　＄895.03

第25章

2　−＄11,500；＄22,000
6　2.783年
9　＄22,400
14　*a*．＄410.78
　b．＄494.10

第26章

2　現金＝＄2,035
　流動資産＝＄5,590
6　営業循環＝85.95日
　現金循環＝38.50日
10　期末現金残高＝＄398,160；＄508,544；＄754,464

第27章

2　*a*．支出フロート＝＄56,000
　　回収フロート＝−＄52,000
　　正味フロート＝＄4,000
　b．支出フロート＝＄56,000
　　回収フロート＝−＄26,000
　　正味フロート＝＄30,000
6　*a*．＄28,620
　b．2.49日
　c．＄28,620
　d．＄5.31

e.　＄17,225

10　＄3,900,000；＄195,000

第28章

2　＄4,635,616

6　9.3590回；＄444,551.28

10　＄148,275

14　＄276,620

18　＄90.53

第29章

2　*a*．資産＝＄726,000

b．資産＝＄1,026,000

6　のれん＝＄3,450

10　*a*．＄1,300

b．＄39.45

c．＄4,200

d．＄41.44

e．＄7,087.17

14　*a*．＄6,250,000

b．＄16,250,000

c．＄13,000,000；＄12,675,000

d．$\text{NPV}_{\text{現金}}$＝＄3,250,000

$\text{NPV}_{\text{株式}}$＝＄3,575,000

第30章

4　5.103

第31章

2　£＝＄55.276

SF/£＝1.9690

£/SF＝0.5079

6　英国＝3.25％

日本＝0.90％

スイス＝1.86％

10　Kr/＄＝6.9418

14　＄847,605.21

訳者あとがき

時折、学生たちに他のより専門的なファイナンスの教科書も翻訳してくれと頼まれるが、私は即座に「まっぴらご免だ！」と答える。英語で読むのは簡単だが、正確に翻訳するとなると話はまったく別である。校正時のエラーチェックも含めると、１ページを仕上げるのに優に１時間は必要になる。とても他の教科書まで翻訳する余裕はないし、そんな気にもなれない。そもそも、こうして翻訳作業が終わり、あとがきを書いている時はいつも、金輪際この底なし沼のようなことはやりたくないという気持ちになっている。

それでも再び翻訳を行ったのは、ひとえに日本人に「ファイナンス力」を強化してほしいからである。金融の世界では、賢い者が愚かな者を出し抜くのは当然で、出し抜かれたのは自己責任であるというのが常識になっているが、この「出し抜く」というのは、普通の日本人にとって「騙す」という感覚に近い。とはいえ、これがグローバル・スタンダードなのだから、誠実でお人好しの日本人は、ひたすら自分の知識と能力を高めて、出し抜かれないようにするしかない。そのために、本書のようなファイナンスの本場で熾烈な競争を生き抜いてきた教科書は、必要不可欠なものである。今回もそのためのボランティアであるという気持ちを奮い立たせて、底なし沼に足を踏み入れた。多くの人が、本書をしっかりと学習し、日本のファイナンス力を高めることにつながることを願ってやまない。

前の版でも述べたが、翻訳に際しては、教科書であることにかんがみ、「何も足さない、何も引かない」ということを基本に、ひたすら正確さを心がけた。専門用語に関しても、慣習にとらわれずに、できるだけ正確に意味が伝わるものを優先したが、この教科書で初めてファイナンスや会計を学習する読者のことも考慮し、「業界用語」も尊重した。とはいえ、会計、金融、経済、ビジネスといった分野で、異なる用語が使われている場合も多く、多少恣意的になってしまっているかもしれない。またこれだけの大部になると、訳者によるミスに加えて、どうしても作業のさまざまな過程でエラーが忍び込んでしまう。これもあわせてご容赦願いたい。適時、正誤表をアップデートしているので、時々きんざいのホームページ（https://store.kinzai.jp/public/top/）でチェックしてもらいたい。

６版と７版では以下の方々にご助力をいただいた（敬称略）。

新谷秀一、岩澤俊裕、川北英隆、木本奈穂、小堀一英、斎藤善之、
杉田ゆみか、中島健二、永原健太郎、長谷川直彦、茨田雅行、柳真一

この９版では、藤田章氏に数字・数式を中心にエラーのチェックを手伝っていただいた。また、編集を担当した島田裕之氏と伊藤雄介氏、ならびに校正にかかわった方々にも、再び大変なご苦労をお掛けした。

これらの方々に、この場所を借りて、お礼を申しあげたい。

大 野　薫

索 引

あ行

か行

さ行

ま行

や行

ら行

わ行

【訳者略歴】

大野　薫（おおの かおる）

1986年イリノイ大学大学院博士課程卒業。Ph.D. 専門は意思決定科学。イリノイ大学研究員、外資系投資銀行等を経て、現在中央大学専門職大学院国際会計研究科教授。

コーポレートファイナンスの原理【第9版】

2012年10月17日　第1刷発行
2021年4月14日　第2刷発行
（2004年12月24日　第6版発行
2007年4月12日　第7版発行）

著　者　Stephen A. Ross
　　　　Randolph W. Westerfield
　　　　Jeffrey F. Jaffe
訳　者　大野　薫
発行者　加藤一浩
印刷所　三松堂株式会社

〒160-8520　東京都新宿区南元町19
発　行　所　**一般社団法人　金融財政事情研究会**
　編　集　部　TEL 03(3355)2251　FAX 03(3357)7416
販　　　売　**株式会社　きんざい**
　販売受付　TEL 03(3358)2891　FAX 03(3358)0037
　　　　　　URL https://www.kinzai.jp/

ISBN978-4-322-11338-9